기출이
답이다

군무원

군수직

6개년 기출문제집

시대에듀

군무원 채용 필수체크 INFORMATION

▶ 응시자격

구분	내용	
응시연령	• **7급 이상**: 20세 이상	• **8급 이하**: 18세 이상
학력 및 경력	제한 없음	

▶ 군무원 채용과정

원서접수 ··· 5월 초

필기시험 ··· 7월 중순
- 객관식 선택형 문제로 과목당 25문항, 25분으로 진행
- 합격자 선발: 선발예정인원의 1.5배수(150%) 범위 내(단, 선발예정인원이 3명 이하인 경우, 선발예정인원에 2명을 합한 인원의 범위)
- ※ 합격기준에 해당하는 동점자 발생 시 모두 합격 처리

필기시험 합격자 발표 ··· 8월 중순

면접시험 ··· 9월 말
- 필기시험 합격자에 한해 응시기회 부여
- 평가요소
  - 군무원으로서의 정신자세
  - 의사표현의 정확성 · 논리성
  - 예의 · 품행 · 준법성 · 도덕성 및 성실성
  - 전문지식과 그 응용능력
  - 창의력 · 의지력 · 발전가능성
- ※ 7급 응시자는 개인발표 후 개별 면접 진행

최종합격자 발표 ··· 10월 초
- 면접시험 성적과 필기시험 성적을 각각 50% 반영하여 최종합격자 결정
- ※ 신원조사와 공무원 채용 신체검사 모두 '적격' 판정을 받은 자에 한함

❖ 위 채용일정은 2024년 군무원 국방부 주관 채용공고를 기준으로 작성하였으므로 세부 사항은 반드시 확정된 채용공고를 확인하시기 바랍니다.

▶ 영어능력검정시험 기준점수

구분	7급	9급
토익(TOEIC)	570점	470점
토플(TOEFL)	PBT 480점 IBT 54점	PBT 440점 IBT 41점
텝스(TEPS)	268점	211점
지텔프(G-TELP)	Level 2 47점	Level 2 32점
플렉스(FLEX)	500점	400점

※ 당해 공개경쟁채용 필기시험 시행 예정일부터 역산하여 3년이 되는 해의 1월 1일 이후에 실시된 시험으로서 필기시험 전일까지 점수(등급)가 발표된 시험에 한해 기준점수 인정
※ 응시원서 작성 시 본인이 취득한 영어능력검정시험명, 시험일자 및 점수 등을 정확히 기재
※ 응시원서 접수 시 입력한 사항에 변동이 있거나 원서 접수 후 발표된 성적 등록 시 추가등록 필수

▶ 한국사능력검정시험 기준점수

구분	7급	9급
한국사능력검정시험	3급	4급

※ 2020년 5월 이후 한국사능력검정시험 급수체계 개편에 따른 시험종류의 변동(초 · 중 · 고급 3종 → 기본 · 심화 2종)과 상관없이 기준(인증)등급을 그대로 적용
※ 당해 공개경쟁채용 필기시험 시행 예정일 전날까지 점수(등급)가 발표된 시험에 한해 기준점수(등급) 인정
※ 응시원서 작성 시 본인이 취득한 한국사능력검정시험의 종류와 등급인증번호를 정확히 기재
※ 응시원서 접수 시 입력한 사항에 변동이 있거나 원서 접수 후 발표된 성적 등록 시 추가등록 필수

❖ 위 기준점수는 군무원인사법 시행령을 기준으로 작성하였으므로 세부 사항은 반드시 확정된 채용공고를 확인하시기 바랍니다.

최신 출제 경향 리포트 ANALYSIS

▶ 2024년 9급 출제 경향

총평 국어의 경우 비문학 영역의 비중이 늘어나고 난도가 높아지는 추세이므로 평소 독해 훈련을 꾸준히 하는 것이 중요하다. 행정법은 기본기에 기반한 깔끔한 선지들이 출제되었고, 경영학에서는 계산문제가 처음으로 출제된 만큼 앞으로도 기본적인 계산식의 학습이 필요할 것으로 보인다.

과목분석

- **국어**: 전반적으로 평이하게 출제되었다. 작년과 비교했을 때 비문학 영역의 출제 비중이 늘고 문학 영역의 출제 비중이 줄어들었다. 특히 비문학 영역에서 글의 구조를 파악하는 유형이 많이 출제되어 평소 독해 훈련을 하지 않은 수험생이라면 체감 난도가 높았을 것으로 보인다.
- **행정법**: 전체적인 난도는 중상 정도로 출제되었다. 선지의 문장이 길어져 시간에 맞춰 문제를 푸는 데 압박을 느꼈을 것으로 보인다. 하지만 기출문제를 기반으로 기본기를 충실하게 다진 수험생이라면 좋은 성적을 받았을 것이다.
- **경영학**: 전체적인 난도는 상 정도로 출제되었다. 모든 영역에서 고르게 출제되었으며, 재무관리, 회계학, MIS와 관련된 문항의 출제 비중이 특히 높았다. 주목할 만한 점은 기출문제가 공개된 이후 처음으로 계산문제가 출제되었다는 것이다.

▶ 2024년 7급 출제 경향

총평 국어는 9급 시험과는 달리 비문학 영역의 출제 비중이 축소되었고, 암기가 필요한 문법 영역의 비중이 늘었다. 행정법은 평이한 수준으로 출제되었고, 행정기본법과 관련된 문항이 많아진 만큼 조문에 대한 꾸준한 학습이 중요하다. 경영학은 단순 암기 위주의 학습보다 이해 위주의 학습이 필요한 문제들이 주로 출제되었다.

과목분석

- **국어**: 평이한 수준으로 출제되었다. 최근 비문학 영역 출제 비중이 늘어나는 추세에 따라 7급 국어 시험에서도 비문학이 많이 출제될 것으로 예상되었다. 그러나 오히려 비문학 영역의 비중이 대폭 줄고 암기가 필요한 문법 영역의 비중이 늘어났다.
- **행정법**: 작년과 비슷한 수준으로 출제되었으며, 특히 행정기본법과 관련된 문항이 많이 출제되었다. 총론은 기출에 기반을 둔 문제가 출제되었고 각론도 평이한 수준으로 출제되었다.
- **경영학**: 전반적인 난도는 중상 정도로 출제되었다. 개념을 이해하고 이를 응용할 수 있는지를 평가하는 문항이 출제되어 체감 난도가 높았을 것으로 보인다.

▶ 2023년 9급 출제 경향

총평 국어의 경우 문법은 줄고 문학, 비문학의 비중이 늘어났다. 또 문학에서의 출제가 증가하여 평소 주요 작품에 대해 학습을 해둔 수험생에게 유리했다. 행정법은 총론 위주로 쉽게 출제되었고, 경영학은 다소 어렵게 출제되었으며 자세하고 지엽적인 부분에 대한 학습이 필요했다.

과목분석

- **국어**: 전반적으로 쉽게 출제되었다. 작년과 비슷하게 문법은 줄고 문학, 비문학의 출제 비중이 늘어났다. 특히나 이번 시험은 문학에서의 출제가 증가했고 비문학의 경우 추론적 사고를 요하는 문제들이 많이 나왔다. 따라서 평소 주요 문학 작품을 중심으로 학습하고 비문학 지문을 많이 풀어보는 것이 필요하다.
- **행정법**: 전체적인 난도는 중하 정도로 평이한 수준으로 출제되었다. 대부분 총론 위주로 출제되었으며 평소 기출문제를 반복해서 학습했다면 충분히 고득점이 가능한 시험이었다.
- **경영학**: 전체적인 난도는 중상 정도로 작년에 비해 어렵게 출제되었다. 전반적으로 전 범위에 걸쳐 골고루 출제되었고, 지엽적이고 사례를 응용한 문제들이 증가하였다. 계산 문제는 나오지 않았으며, 충분한 변별력을 갖춘 시험이었다.

▶ 2023년 7급 출제 경향

총평 국어의 경우 9급과 마찬가지로 문법은 줄고 문학, 비문학의 비중이 늘어났다. 다만 암기를 요하는 심화적 내용을 학습한 수험생에게 유리했다. 행정법은 총론, 각론 모두 평이하게 출제되었고, 경영학은 경영정보시스템의 출제 비중이 증가하여 난도가 상승하였다.

과목분석

- **국어**: 작년과 비슷한 수준으로 어렵게 출제되었다. 9급과 마찬가지로 문법은 줄고 문학, 비문학의 출제 비중이 늘어났다. 전반적으로 지문의 길이가 길고 사실적 독해 위주의 문제가 많이 출제되었다. 또 지엽적이고 암기가 필요한 문제들이 늘어나 과거 출제 경향으로의 회귀적 성격이 강한 시험이었다.
- **행정법**: 전체적인 난도는 중하 정도로 어렵지 않게 출제되었다. 특히나 각론은 작년에 비해 쉽게 출제되었고 총론도 평이한 수준으로 나와서 기출문제만 반복해서 풀어봤다면 충분히 고득점이 가능한 시험이었다.
- **경영학**: 전체적인 난도는 중상 정도로 작년에 비해 어렵게 출제되었다. 특히나 이번 시험에서는 경영정보시스템의 출제 비중이 증가하여 충분한 변별력을 갖춘 시험이었다.

이 책의 구성과 특징 STRUCTURES

문제편

풀이 시간 측정, 자동 채점 그리고 결과 분석까지!

모바일 OMR 답안분석 서비스

문제편에 수록된 기출문제에 대한 객관적인 결과(점수, 순위)를 종합적으로 분석

❶ 스마트폰을 활용하여 QR코드 접속
❷ 시험 시간에 맞춰 풀고, 모바일 OMR로 답안 입력 (3회까지 가능)
❸ 종합적 결과 분석으로 현재 나의 합격 가능성 예측

OMR 입력

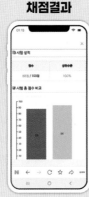

채점결과

성적분석

QR코드 찍기 ▶ 로그인 ▶ 시작하기 ▶ 응시하기 ▶ 모바일 OMR 카드에 답안 입력 ▶ 채점결과&성적분석 ▶ 내 실력 확인하기

해설편

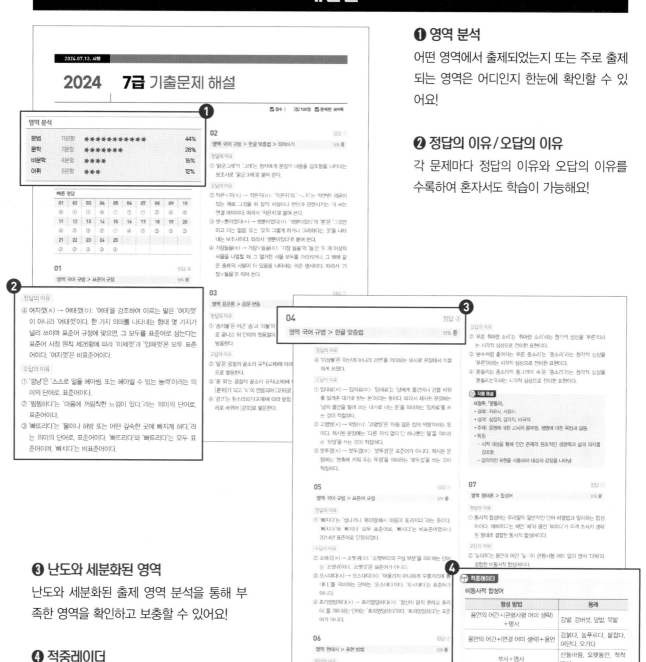

❶ 영역 분석
어떤 영역에서 출제되었는지 또는 주로 출제되는 영역은 어디인지 한눈에 확인할 수 있어요!

❷ 정답의 이유/오답의 이유
각 문제마다 정답의 이유와 오답의 이유를 수록하여 혼자서도 학습이 가능해요!

❸ 난도와 세분화된 영역
난도와 세분화된 출제 영역 분석을 통해 부족한 영역을 확인하고 보충할 수 있어요!

❹ 적중레이더
이해도를 높일 수 있도록 문제와 관련된 핵심 이론을 알기 쉽게 정리했어요!

이 책의 차례 CONTENT

군수직

문제편

PART 1

국어

2024 | **9급** 기출문제

● 회독 CHECK ①②③

☑ 시험시간 25분   ☑ 해설편 004쪽

01 다음 중 발음의 표기가 가장 적절한 것은?

① 뚫는[뚤는]
② 넓다[널따]
③ 끝으로[끄츠로]
④ 젖먹이[점머기]

02 다음 중 띄어쓰기가 틀린 것은?

① 집 밖에 눈이 쌓였다.
② 공부 밖에 모르는 학생이군.
③ 맨손으로 땅을 팠다.
④ 한겨울에 얇은 옷만 입은 채

03 다음 중 형태소에 대한 설명으로 옳은 것은?

① 홀로 설 수 있는 말의 단위
② 뜻을 구별하는 소리의 최소 단위
③ 의미를 가진 가장 작은 말의 단위
④ 끊어 읽기의 단위

04 아래의 밑줄 친 단어 중 맞춤법에 어긋난 것은?

① 설거지는 내가 할게.
② 파란불이 빨간불로 바꼈다.
③ 잠시 후 산등성이가 보였다.
④ 저기에 돌무더기가 쌓여 있어요.

05 다음 낱말 중 맞춤법이 틀린 것은?

① 깨끗히
② 가득히
③ 조용히
④ 고스란히

06 다음 문장 중 문장 성분 간의 호응이 가장 자연스러운 것은?

① 오늘은 잔디밭에서 책과 그림을 그렸다.
② 사람은 모름지기 욕심을 다스릴 줄 안다.
③ 이번 연극에서 영희는 주인공 역할을 맡았다.
④ 그녀는 초보치고는 운전을 썩 잘하지는 못한다.

07 다음 중 밑줄 친 부분의 설명이 적용될 수 있는 예로 가장 적절한 것은?

> 우리말 표현 중에는 문장의 의미가 두 가지 이상으로 해석될 수 있어 의사소통에 어려움을 초래하는 경우가 많다. 그중 하나가 비교 구문에서 나타나는 중의성(重義性)인데, 이는 비교 대상을 분명하게 하지 않아 발생하는 현상이다.

① 나는 내일 철수와 선생님을 만난다.
② 결혼식장에 손님들이 다 들어오지 않았다.
③ 그녀는 눈물을 흘리며 아버지의 그림을 어루만졌다.
④ 글쎄, 남편은 나보다 축구 중계를 더 좋아한다니까.

08 다음 중 괄호 안에 들어갈 우리말로 가장 적절한 것은?

> 어둠 속에 눈을 뜬 강실이한테 무참히 끼쳐든 것은 생전 처음 맞닥뜨린 낯섦의 스산하고 (   ) 기운이었다.
>
> — 최명희, 「혼불」

① 성마른
② 돈바른
③ 살천스러운
④ 암상스러운

09 다음 중 밑줄 친 ㉠, ㉡과 이 작품에 대한 설명으로 적절하지 않은 것은?

> 생사(生死) 길은
> 예 있으매 머뭇거리고,
> 나는 간다는 말도
> 몯다 이르고 어찌 갑니까.
> ㉠ 어느 가을 이른 바람에
> 이에 저에 떨어질 잎처럼
> 한 가지에 나고
> 가는 곳 모르온저.
> ㉡ 아아, 미타찰(彌陀刹)에서 만날 나
> 도(道) 닦아 기다리겠노라.
>
> — 월명사(김완직 해독), 「제망매가」

① 이 작품은 신라시대의 향가 중 한 편이다.
② ㉠은 하강적 이미지를 활용하여 누이의 죽음을 상징적으로 드러낸다.
③ 죽은 누이의 극락왕생을 기원하는 작품이다.
④ ㉡은 누이의 죽음에 의한 슬픔에서 벗어나고자 욕망으로 가득한 현실적 공간을 제시한다.

10 다음은 탑골공원에 대한 실태 보고서의 목차이다. ㉠~㉢ 중 가장 적절하지 않은 것은?

> 1. 서론
>
> 2. 탑골공원의 지리적 조건
>   1) 교통편과 주차 시설
>   2) ㉠ 편의 시설과 주변 상가
>   3) ㉡ 인근 공원의 위치와 거리
>
> 3. 탑골공원 이용객의 실태
>   1) 연령대별 이용 시간
>   2) ㉢ 선호하는 공원 시설 및 행사
>   3) ㉣ 노약자를 위한 시설 관리 대책
>
> 4. 결론

① ㉠
② ㉡
③ ㉢
④ ㉣

11 ㉠~㉢에 알맞은 말은?

비슷한 나이의 동료끼리 말을 주고받을 때는 '홍길동 씨, 경리과에 전화했어요?', '이 과장, 거래처에 다녀왔어요?'처럼 '해요체'를 주고받는 것이 일반적이다. (㉠) 같은 동료라 하더라도 상대방의 나이가 위이거나 공식적인 자리에서는 '합쇼체'를 써서 말할 필요가 있다. 곧 '홍길동 씨, 경리과에 전화했습니까?', '이 과장, 거래처에 다녀왔습니까?' 하고 말할 수 있는 것이다. 하지만 윗사람과 말을 주고 받을 때에는 반드시 '합쇼체'를 써서 '이번 일은 제가 맡아 처리하겠습니다'와 같이 말해야 한다.

(㉡) 가정에서라면 아랫사람과 대화를 주고받을 때는 상대방을 높이지 않기 때문에 '해체'나 '해라체' 정도를 사용할 수 있지만 직장에서는 사정이 조금 다르다. 아무리 자신보다 아랫사람이라 하더라도 가족 관계에서와는 달리 어느 정도 높게 대우해 주어야 하는 것이다. (㉢) 과장이 자신의 부하 직원에게 말을 할 때 '홍길동 씨, 업무 계획서 좀 빨리 작성해 줘요.' 하고 말할 수 있다.

그러나 아랫사람이 자신보다 매우 어리거나 친밀한 사이일 경우에는 '홍길동 씨, 업무 계획서 좀 빨리 작성해 줘' 하고 존대의 효과가 없는 '해체'를 사용할 수도 있고 '하게체'를 사용하여 상대를 조금 대우해 줄 수도 있다.

	㉠	㉡	㉢
①	그러나	한편	그래서
②	그러나	한편	그리고
③	그리고	따라서	그래서
④	그리고	따라서	그러나

12 다음 중 밑줄 친 ㉠~㉣의 한자음이 잘못 연결된 것은?

우리는 어떤 行爲가 ㉠ 行爲者의 ㉡ 自由意志에 의한 것일 때에 그 行爲에 대해 道德的 ㉢ 責任을 물을 수 있다고 여긴다. 그렇다면 自由意志에 의한 行爲인지의 ㉣ 與否를 가리는 基準은 무엇일까?

① ㉠ 行爲者 – 행위자
② ㉡ 自由意志 – 자유의사
③ ㉢ 責任 – 책임
④ ㉣ 與否 – 여부

13 다음 중 밑줄 친 말을 대신할 수 있는 사자성어로 적절하지 않은 것은?

앞서 도공은 지난 주 경영회의에서 고속도로 통행료 전자지불시스템으로 기존 전자화폐나 교통카드 겸용 신용카드 대신 새로운 스마트 카드를 도입하고 이의 발급을 도공 자신이 주관키로 결정했다. 도공 관계자는 20일 "기존 전자화폐 5종의 경우 우열을 가리기 힘들고 교통카드 겸용 신용카드도 각 지역별로 호환이 안 되는 상황에서 한 해 2조원에 달하는 고속도로 통행료를 공사가 직접 관리, 운용하는 편이 충실한 경영에 도움이 된다고 판단해 이같이 결정했다"고 밝혔다.

① 막역지우(莫逆之友)
② 백중지세(伯仲之勢)
③ 난형난제(難兄難弟)
④ 막상막하(莫上莫下)

14 다음 중 빈칸 ㉠에 들어갈 말로 가장 적절한 것은?

문학 작품은 다양한 내적 요소들의 결합으로 구성되면서 외적으로 작가의 맥락, 사회 · 문화적 맥락, 문학사적 맥락, 상호 텍스트적 맥락과 연계된다. 문학 작품의 이해 · 감상 · 평가는 수용자가 내적 요소들의 결합관계를 분석하고 다양한 외적 맥락을 함께 고려하며 이루어진다.

작가의 맥락은 작품을 창작한 작가와 문학 작품의 관계를 말한다. 작가의 생애나 작가가 경험한 특정한 사건이 작품에 반영되고 영향을 미칠 수 있다. 예를 들어 정지용의 시 「유리창」에는 어린 자식을 잃은 정지용의 가정사가 반영되어 있다.

사회 · 문화적 맥락은 문학 작품에 반영된 사회 · 문화적 상황과 문학 작품의 관계를 말한다.

문학사적 맥락은 문학사와 문학 작품의 관계를 말한다.

(㉠) 문학 작품 사이의 관계를 말한다. 하나의 작품을 다른 작품과의 연관성 속에서 파악할 수 있을 때 상호 텍스트성이 나타난다.

– 「고등학교 문학」

① 상호 텍스트적 맥락은
② 문학 작품의 이해는
③ 문학 작품의 내적 맥락은
④ 문학 작품의 비평은

15 다음 중 빈칸 ㉠에 들어갈 말로 가장 적절한 것은?

최근 환경오염에 기인하는 생태계의 파괴와 새롭게 개발된 생명과학 기술이 점차 인간의 삶과 그 존엄성을 위협하게 됨에 따라, 생명과학에 대한 세상의 관심도 높아졌고 그것이 갖는 도덕성도 심심찮게 논란의 대상이 되고 있다. 생태계의 파괴와 관련하여 생명과학이 주목을 받는 것은 생태계 파괴의 주범이 생명과학이어서가 아니라, 이미 심각한 상태로 파괴된 생태계를 복원시킬 수 있는 효과적인 방법을 생명과학이 제시할지도 모른다는 기대 때문이다.

그러나 이와는 반대로 생명과학의 도덕성에 대한 논의는 생명과학이 개발해 내고 있는 각종 첨단 기술이 인간의 존엄성을 훼손하게 될 것이라는 우려의 표출인 것이다. 다른 모든 과학과 마찬가지로 생명과학도 (㉠)을 지니고 있다. 그렇기 때문에 우리는 생명과학이 갖는 무한한 가능성에 대하여 큰 기대를 걸면서도 동시에 그것이 갖는 가공할 만한 위험성을 항상 경계하고 있는 것이다.

① 개연성
② 합리성
③ 양면성
④ 일관성

16 아래의 설명에 가장 부합하는 문장을 고르시오.

부사는 주로 뒤에 오는 용언을 꾸며 줍니다. 그런데 부사 중에는 '다행히 우리는 기차를 놓치지 않았다.'의 '다행히'처럼 문장 전체를 꾸며 주면서 말하는 사람의 심리적인 태도를 나타내는 종류도 있어요.

① 설마 학교에 가지 않은 건 아니지?
② 차가 빨리 달린다.
③ 공을 멀리 던졌다.
④ 책이 가지런히 놓여 있다.

17 다음 글이 〈보기〉의 ㉠~㉣ 중 들어가기에 가장 적절한 곳은?

서양인이나 중동인은 해부학적으로 측면의 얼굴이 인상적인 이미지를 남긴다. 그래서 서양미술에서는 사람의 측면만 그리는 '프로필(프로파일)'이라는 미술 장르가 발달했다. 프로필이라는 말이 인물 소개를 뜻하게 된 것도 이 때문이다.

〈보 기〉

어떤 이집트 그림에서는 사람의 얼굴은 측면, 눈은 정면, 목은 측면, 가슴은 정면, 허리와 발은 측면으로 그려지곤 한다. 인간의 신체가 자연 상태에서 이렇게 보이는 경우란 있을 수 없다. 해부학적으로 불가능한 자세인 것이다.

그럼에도 이 그림을 처음 볼 때 우리는 별로 어색한 느낌이 들지 않는다. 왜 그럴까? 그것은 신체의 각 부위가 그 특징이 가장 잘 드러나는 부분 위주로 봉합되어 있기 때문이다. 넓은 가슴이나 눈은 정면에서 보았을 때 그 특징이 잘 살아난다. (㉠)

이렇게 각 부위의 중요한 면 위주로 조합된 인체상은 이상적인 부분끼리의 조합이므로 완전하고 완벽하며 장중한 형상이라는 느낌을 준다. 그러니까 흠 없는 인간, 영원히 썩지 않고 스러지지 않을 초월적 존재라는 인상을 준다. (㉡)

이집트 그림에서는 신과 파라오, 귀족만이 이렇게 그려지고 평범한 사람들은 곧잘 이런 법칙과 관계없이 꽤 사실적으로 그려졌다. (㉢) 이는 신과 파라오, 나아가 귀족은 오로지 '존재하는 자'이고, 죽을 운명의 범인들은 그저 '행위하는 자'라는 생각이 반영된 것이다.

범인들이 일하는 모습을 그릴 때 사실적으로, 그러니까 얼굴이 측면이면 가슴도 측면으로 자연스럽게 그리는 것은, 그들은 썩어 없어질 '찰나의 인생'이기 때문이다. (㉣) 반면 고귀한 신분은 삼라만상의 변화와 관계없이 영원한 세계의 이상을 반영하는 존재이므로 이상적 규범에 따라 불변의 양식으로 그려진다.

① ㉠
② ㉡
③ ㉢
④ ㉣

18 다음 글에 나타나지 않는 수사법은?

> 불안인지 환희인지 모를 것으로 터질 듯한 마음을 부채질하듯이 벌판의 모든 곡식과 푸성귀와 풀들도 축 늘어졌던 잠에서 깨어나 일제히 웅성대며 소요를 일으킨다. 그러나 소나기의 장막은 언제나 우리가 마을 추녀 끝에 몸을 가리기 전에 우리를 덮치고 만다. 채찍보다 세차고 폭포수보다 시원한 빗줄기가 복더위와 달음박질로 불화로처럼 단 몸뚱이를 사정없이 후려치면 우리는 드디어 폭발하고 만다.
> – 박완서, 「그 많던 싱아는 누가 다 먹었을까」

① 역설법
② 과장법
③ 직유법
④ 활유법

19 다음 글에 대한 이해로 가장 거리가 먼 것은?

> '명품'이라는 말은 '대통령'이라는 말이 어처구니없는 오해를 빚어내는 것과 같다. '대통령'은 원래 'president'를 번역하면서 생겨난 말인데, 이 원어는 라틴어로 '앞'이라는 뜻의 'pre-'와 '앉아 있다'라는 뜻의 'sidere'의 합성어이다. 다시 말해 민주주의를 뜻하는 '회의 석상에서 앞에 앉아 있는 사람'이라는 'president'가 대통령, 즉 '국가의 통치 문제에 있어서 가장 큰 명령을 내리는 사람'으로 번역되면서 아직도 전제 정치의 특징인 '통치권'이 우리 정치 사회를 흔들고 있는 원인이 되고 있다.
>
> 마찬가지로 돈이 되기만 하면 달려드는 상업주의 장사꾼들과 시청률과 구독률만을 높이기만 하면 된다는 언론의 합작품인 '명품'이라는 용어를 국민들이 무비판적으로 받아들이면서 우리의 건전한 소비의식이 병들게 된 것이다. 그래서 에코는 기호학을 정의하면서 "거짓말을 하기 위해 사용될 수 있는 모든 것을 연구하는 학문 분야"라고 하였나 보다.

① 에코의 말은 과장에 해당한다.
② '명품'이라는 말은 잘못된 번역어이다.
③ 일부 기업과 언론의 행태를 비판하고 있다.
④ '비교'에 해당하는 설명 방식을 활용하였다.

20 다음 중 (가)~(다)를 문맥에 맞는 순서대로 나열한 것은?

> 사회 문제의 종류와 내용 및 그에 대한 관념은 시대와 사회에 따라 다르게 나타난다. 운명론을 예로 들어보자. 운명론은 한마디로 개인의 고통과 사회적 불평등을 하늘의 뜻으로 또는 당연히 주어진 것으로 받아들이는 태도이다.
>
> (가) 이러한 상황에서는 사람들이 겪는 고통이 '사회 문제'의 관념으로 발전하기 어렵다. 결과적으로 전통 사회에서는 기존 질서의 유지가 가장 중요한 사회적 관심사가 되고 따라서 '규범의 파괴'가 가장 핵심적인 사회 문제로 떠오르게 된다.
>
> (나) 한편, 오늘날 우리가 갖게 된 사회 문제의 관념은 운명론의 배격을 전제로 한다. 그것은 우선 사람의 고통은 여러 사람 공동의 노력으로 해결할 수 있다는 생각, 그것이 개인의 책임이 아니고 사회 제도와 체제의 책임이라는 관념, 나아가 모든 사람은 인간적인 대우를 받을 가치가 있다는 인식의 확산 없이는 이루어지지 못한다.
>
> (다) 따라서 운명론이 지배하는 사회에서는 개인이나 특정 집단이 겪는 고통은, 그것이 심한 사회적 통제와 불평등의 결과이기도 하지만, 사회의 잘못이 아닌 그들 개개인의 탓으로 돌려진다. '가난은 나라도 구제할 수 없다'는 생각이 그 단적인 예에 속한다.

① (나) → (가) → (다)
② (나) → (다) → (가)
③ (다) → (가) → (나)
④ (다) → (나) → (가)

21 다음 중 외래어 표기가 잘못된 것은?

① 집에 가는 길에 슈퍼마켓에 들러 휴지를 샀다.
② 생일을 맞은 친구에게 축하 메세지를 보냈다.
③ 동네 아이들이 길가에서 초콜릿을 나눠 먹고 있었다.
④ 요즘에는 디지털보다 오히려 아날로그 감성이 인기이다.

22 다음 작품과 주제 및 정서가 가장 비슷한 것은?

> 홍진에 뭇친 분네 이내 생애 엇더ᄒᆞᆫ고
> 녯 사ᄅᆞᆷ 풍류ᄅᆞᆯ 미ᄎᆞᆯ가 못 미ᄎᆞᆯ가
> 천지간 남자 몸이 날 만ᄒᆞᆫ 이 하건마ᄂᆞᆫ
> 산림에 뭇쳐 이셔 지락을 ᄆᆞᆯ 것가
> 수간모옥을 벽계수 앏픠 두고
> 송죽 울울리예 풍월주인 되여셔라
> 엇그제 겨을 지나 새봄이 도라오니
> 도화행화ᄂᆞᆫ 석양리에 픠여 잇고
> 녹양방초ᄂᆞᆫ 세우 중에 프르도다
> 칼로 ᄆᆞᆯ아 낸가 붓으로 그려낸가
> 조화신공이 물물마다 헌ᄉᆞ롭다
> 수풀에 우ᄂᆞᆫ 새ᄂᆞᆫ 춘기ᄅᆞᆯ 못내 계워
> 소ᄅᆡ마다 교태로다
> 물아일체어니 흥이ᄋᆡ 다를소냐
> 시비예 거러 보고 정자애 안자 보니
> 소요음영ᄒᆞ야 산일이 적적ᄒᆞᆫᄃᆡ
> 한중진미ᄅᆞᆯ 알 니 업시 호재로다

① 오백년 도읍지를 필마로 도라드니
　산천은 의구ᄒᆞ되 인걸은 간 ᄃᆡ 업다
　어즈버 태평연월이 ᄭᅮᆷ이런가 ᄒᆞ노라
② 수양산 ᄇᆞ라보며 이제를 한ᄒᆞ노라
　주려 주글진들 채미도 ᄒᆞᄂᆞᆫ 것가
　비록애 푸새엣 거신들 긔 뉘 ᄯᅡ헤 낫ᄃᆞ니
③ 청산은 엇뎨ᄒᆞ야 만고애 프르르며
　유수ᄂᆞᆫ 엇뎨ᄒᆞ야 주야애 긋디 아니ᄂᆞᆫ고
　우리도 그티디 마라 만고상청호리라
④ 십 년을 경영ᄒᆞ여 초려삼간 지여 내니
　나 ᄒᆞᆫ 간 ᄃᆞᆯ ᄒᆞᆫ 간에 청풍 ᄒᆞᆫ 간 맛뎌 두고
　강산은 들일 ᄃᆡ 업스니 둘러 두고 보리라

23 다음 인용문의 내용에 대한 설명으로 가장 적절하지 않은 것은?

> 근대 이후 역사학자들은 역사의 거대한 흐름을 서술하는 것을 주된 과제로 삼았다. 즉, 거시적인 전망에서 경제·사회 구조의 변화과정을 포괄적으로 서술하는 것을 목적으로 여겼다. 따라서 특정 지역의 역사를 자본주의 경제의 확립이나 민족국가의 성립과 같은 어떤 목표점을 향해 전개되어 온 도정으로 서술하거나, 장기간에 걸쳐 완만하게 변화하는 사회 경제 질서와 그 표면에서 거품처럼 끓어오르는 정치권력의 흥망성쇠를 입체적으로 기술한 것이 역사 서술의 주류를 형성해 왔다. 20세기 후반에 등장한 역사 서술인 미시사(微視史)는 이러한 역사 서술이 보통 사람들의 개별적인 삶을 통계수치로 환원하여 거시적인 흐름으로 바꿔 버리거나 익명성의 바다속으로 사라지게 한다고 비판한다.

① 이 글에서는 역사를 바라보는 서로 상반된 입장이 나타난다.
② 종래 역사 서술의 주류를 형성해 온 것은 거시적인 전망에서 역사를 거대한 흐름을 서술하는 입장이었다.
③ 미시사적인 역사 서술은 보통 사람들의 개별적인 삶을 통계수치로 환원시켜 익명성의 바다 속으로 사라지게 한다.
④ 거시적인 역사 서술은 특정 지역의 역사를 어떤 목표점을 향해 전개되어 온 도정으로 서술한다.

우리는 건축가가 된 다음에 집을 짓거나, 거문고 연주가가 된 다음에 거문고를 타게 되는 것은 아니다. 집을 지어봄으로써 건축가가 되고, 거문고를 타봄으로써 거문고 연주가가 되는 것이다. 마찬가지로 우리는 옳은 행위를 함으로써 옳게 되고, 절제 있는 행위를 함으로써 절제 있게 되며, 용감한 행위를 함으로써 용감하게 되는 것이다.

그런데 (㉠) 실천은 성향이 되고 성향은 습관이 될 때 비로소 성품이 탄생하게 되는 것이다. 남과 사귀는 과정에서 우리가 늘 행하는 행위에 의해 우리는 올바른 사람이 되거나 옳지 못한 사람이 되며, 또 위험과 맞닥뜨렸을 때 무서워하거나 태연한 마음을 지니거나 하는 습관을 얻게 됨으로써 혹은 용감한 이가 되고 혹은 겁쟁이가 된다. 욕망이나 분노 같은 것도 이와 마찬가지이다. 즉 자기가 당한 처지에서 어떻게 행동하는가에 따라, 절제 있고 온화한 사람이 되기도 하고 혹은 방종하고 성미 급한 사람이 되기도 한다.

24 ㉠에 들어갈 문장으로 가장 적절한 것은?

① 바늘허리에 실을 매어 쓸 수는 없다.

② 사공이 많으면 배가 산으로 가는 법이다.

③ 산에 가야 범을 잡고 물에 가야 고기를 잡는다.

④ 제비가 한 마리 날아왔다고 봄이 오는 것이 아니다.

25 위 글의 제목으로 가장 적절한 것은?

① 상황 판단의 합리성

② 올바른 성품의 중요성

③ 실천과 습관의 중요성

④ 자기반성과 자아실현의 의의

2024 | **7급** 기출문제

✅ 회독 CHECK [1] [2] [3]

✅ 시험시간 25분   ✅ 해설편 010쪽

01 다음 중 표준어 규정에 어긋나는 말이 있는 것은?

① 네 깜냥으로 뭘 안다고 그래?
② 일을 하다 말았더니 기분이 왠지 찜찜하다.
③ 다리를 건다가 핸드폰을 웅덩이 속에 빠뜨렸다.
④ 그는 여지껏 본 적 없는 이국적 풍광 속에서 들떴다.

02 다음 중 띄어쓰기한 것으로 가장 올바른 것은?

① 하늘이 맑군그래.
② 손이 그렇게 작은 지 몰랐다.
③ 약속 장소에 나온 사람은 우리 셋 뿐이었다.
④ 쌀, 보리, 콩, 조, 기장들을 오곡이라 한다.

03 다음 중 음운 변동의 유형이 다른 하나는?

① 솜이불 → [솜니불]
② 잎 → [입]
③ 꽃 위 → [꼬뒤]
④ 걷고 → [걷꼬]

04 다음 중 밑줄 친 단어의 쓰임이 가장 적절한 것은?

① 경기가 나빠져 임대료조차 못 내는 형편이다.
② 남의 무남독녀 고명딸을 데려갔으면 고생은 시키지 말아야지.
③ 붓을 보관할 때는 꼭 붓뚜껑을 씌워 놓아야 촉이 손상되지 않는다.
④ 오늘은 내가 청소를 하겠다고 말은 하였으나 정희의 말처럼 미상불 귀찮기도 하였다.

05 다음 중 맞춤법이나 표준어에 맞는 문장은?

① 잘 놀다가도 석형 얘기만 나오면 저렇게 삐지고 다투니 언제 철이 들는지…….
② 울며 소매깃 부여잡는 낙랑 공주의 섬섬옥수를 뿌리치고 돌아서 입산할 때, 대장부의 흉리(胸裏)가 어떠했을까?
③ 품위 있는 주택가 한가운데까지 파고들 수 있었던 건 일본 상류층 자제들과의 폭넓은 교우 관계 덕이라고 으시대길 잘했다.
④ 점심때가 지나고 해 질 녘이 되어도 외할머니는 여전히 잠에서 덜 깬 듯이 흐리멍텅한 상태로 중얼거리고 있었다.

06 다음 중 감각의 전이 방법이 ㉠과 다른 것은?

> 해와 하늘빛이
> 문둥이는 서러워
>
> 보리밭에 달 뜨면
> 애기 하나 먹고
>
> ㉠ 꽃처럼 붉은 울음을
> 밤새 울었다.
>
>   – 서정주, 「문둥이」

① 즐거운 지상의 잔치에 / 금으로 타는 태양의 즐거운 울림. / 아침이면, / 세상은 개벽을 한다.
            – 박남수, 「아침 이미지」
② 풀잎은 / 퍽도 아름다운 이름을 가졌어요. / 우리가 '풀잎' 하고 그를 부를 때에는 / 우리들의 입 속에서는 푸른 휘파람 소리가 나거든요.
            – 박성룡, 「풀잎」
③ 날카로운 고탑같이 언덕 위에 솟아 있는 / 퇴색한 성교당의 지붕 위에선 // 분수처럼 흩어지는 푸른 종소리.
            – 김광균, 「외인촌」
④ 흔들리는 종소리의 동그라미 속에서 / 엄마의 치마 곁에 무릎을 꿇고 / 모아 쥔 아가의 / 작은 손아귀 안에 / 당신을 찾게 해 주십시오.
            – 정한모, 「가을에」

07 다음 밑줄 친 말 중 통사적 합성어에 해당하는 것은?

① 네가 해준 음식이 보기만 해도 배부르네.
② 올해는 늦더위가 유독 심할 거라니 걱정이야.
③ 아이들이 뛰노는 소리는 언제 들어도 기분이 좋아져.
④ 굳세어라 금순아! 당시 사람들의 애환이 담겨 있는 말이지.

08 다음 시에 대한 감상으로 가장 적절한 것은?

> 내 가슴에 독을 찬 지 오래로다
> 아직 아무도 해한 일 없는 새로 뽑은 독
> 벗은 그 무서운 독 그만 흩어버리라 한다
> 나는 그 독이 선뜻 벗도 해할지 모른다고 위협하고
>
> 독 안 차고 살아도 머지 않아 너 나 마주 가버리면
> 억만세대가 그 뒤로 잠자코 흘러가고
> 나중에 땅덩이 모지라져 모래알이 될 것임을
> '허무한듸!' 독은 차서 무얼 하느냐고?
>
> 아! 내 세상에 태어났음을 원망 않고 보낸
> 어느 하루가 있었던가 '허무한듸!' 허나
> 앞뒤로 덤비는 이리 승냥이 바야흐로 내 마음을 노리매
> 내 산 채 짐승의 밥이 되어 찢기우고 할퀴우라 내맡긴 신세임을
>
> 나는 독을 차고 선선히 가리라
> 막음날 내 외로운 혼 건지기 위하여
>
>   – 김영랑, 「독을 차고」

① 절제된 태도로 현실에 대한 대결 의지를 드러내고 있다.
② 시어들의 상징적인 의미를 통해 주제를 형성하고 있다.
③ 독은 순결한 내면을 위협하는 현실적 요소를 의미한다.
④ 자연적인 것과 인위적인 것의 대조로 시상을 전개하고 있다.

09 다음 중 제시된 맞춤법의 ○, ×를 잘못 표기한 것은?

① 꾀죄죄하다(○), 꽤재재하다(×)
② 헤매다(○), 헤메이다(×)
③ 쩨쩨하다(○), 째째하다(×)
④ 얇다랗다(○), 얄따랗다(×)

10 다음 글에 대한 이해로 가장 거리가 먼 것은?

> 하이데거와 사르트르의 공통점은 인간 존재의 핵심을 타자와의 관계, 즉 소통으로 본다는 것이다. 타인과의 소통이 끊긴 상태가 곧 즉자존재이며, 이는 진정한 의미의 인간 존재가 아니다. 그저 살덩어리일 뿐이다. 다른 사람들과 지속적으로 소통하며 관계를 맺어야만 세계내적 존재가 될 수 있으며 진정한 의미의 인간이 될 수 있다. 하이데거의 관점으로 사르트르의 개념을 풀어보면, 사물인 즉자존재가 곧 존재자이며, 인간인 대타존재가 곧 현존재다.
>
> 마르틴 부버는 내가 대하는 대상에 따라서 '나'라는 존재의 성격이 규정된다고 보았다. 부버에 따르면 '나'는 서로 다른 성격을 지니기에 하나의 단어 '나(I)'로 표기하기가 곤란하다. 따라서 부버는 '나'를 두 종류로 구분해서 부르자고 제안한다. 사물을 대하는 '나'는 '나-그것(I-it)'으로, 사람을 대하는 '나'는 '나-너(I-thou)'로 구분하자는 것이다. 내가 목이 말라서 물병을 집어 들 때 내 존재의 성격은 '나-그것(I-it)'이지만 내가 친구와 대화를 나눌 때 내 존재의 성격은 '나-너(I-thou)'가 된다.
>
> 사람과 관계를 맺는다는 것은 곧 소통을 한다는 뜻이다. 내가 진정한 '나-너(I-thou)'가 되려면 대화가 필요하다. 즉 상대방을 '사람'으로서 존중과 배려의 마음으로 대해야 한다. 소통이라는 행위를 위해서는 자기 자신보다는 항상 상대방을 먼저 고려해야 한다. 타인에 대한 인식이 자기 자신에 대한 인식에 선행해야 한다.

① 하이데거의 개념에서 존재자는 사물, 현존재는 인간이다.
② 대화는 근본적으로 상대방을 우선시하는 윤리적인 행위이다.
③ '나'라는 존재의 성격은 내가 어떠한 대상과 관계를 맺느냐에 따라서 결정된다.
④ '나'라는 고정적 실체가 우선 존재하고 그다음에 사물이나 사람과 관계를 맺는 것이다.

11 다음 밑줄 친 말 중 한자어가 아닌 것은?

① 어차피 갈 것이라면 당장 가는 게 좋다.
② 그는 자기 일은 물론이고 남의 일까지 챙긴다.
③ 그는 귀동자로 커서 도대체 집안일을 거들 줄 모른다.
④ 무슨 일이 있었는지, 막냇동생의 얼굴에는 근심이 가득했다.

12 다음 중 괄호 안에 들어갈 사자성어로 가장 적절한 것은?

> 요즘 드라마에서는 (　　　)의 전형을 보여주는 인물들이 많이 등장해. 이들은 돈이나 권력을 위해서는 동료, 친구는 물론 가족을 배신하는 일도 서슴지 않아.

① 居安思危
② 見利忘義
③ 濫竽充數
④ 磨斧作鍼

13 다음 중 지시하는 대상이 다른 하나는?

> 형님이 손가락으로 가리키는 곳에서 갑자기 수많은 새떼 무리가 일제히 솟구쳐 올랐다. 수백 마리, 아니 수천 마리는 족히 됨 직했다. 그 날갯짓 소리가 아련히 들려오는 듯했다.
>
> "우리 인간이란 게 알구 보믄 저 하찮은 ㉠ 미물보다도 더 매욱할 때가 있는 것 아임둥? ㉡ 저네들이 그토록 자유롭게 넘나들던 철조망을 반세기가 넘도록 치우지 못하고 있다가 이제야…… . 하지만 봅세. 저 새들이야 날개가 있으니까니 통일 전에도 저 녹슨 철조망 위를 맘대로 넘나들었을 거 아임둥? 하지만서두 우리 ㉢ 인간들이 철조망을 걷어치우니깐 허공을 나는 ㉣ 그들의 날갯짓이 더 자유로워 보이지 않소?"
>
> 나는 그의 말뜻을 어렴풋이나마 이해할 만했다.
>
> – 김소진, 「목마른 뿌리」

① ㉠ 미물
② ㉡ 저네들
③ ㉢ 인간들
④ ㉣ 그들

14 다음 글의 내용에 대한 설명으로 거리가 먼 것은?

우리나라 초광역권, 메가시티 전략은 규모의 경제를 통해 지역의 성장잠재력을 높이고 국제 경쟁력을 강화하는 의의가 있다. 국내적으로 초광역권은 수도권 과밀화와 지역 위기 확산, 지역 차별화와 청년인구의 이동 등을 완화하기 위한 강력한 대안이다.

수도권을 인구 및 경제 집중은 역으로 비수도권 지역경제 침체, 인재 유출, 지역대학 붕괴, 심지어 지방소멸 등 지역 위기를 악화한다. 4차 산업혁명 등 산업구조의 변화로 수도권의 승자독식 도시화(winner-take-all urbanism)가 더 강화된다. 비수도권은 수출 의존도가 높아 세계 경제 변동에 취약하며, 지역의 청년인구는 일자리를 찾아 수도권으로 이동하고 있다. 이러한 국토 불균형 현상을 바로잡고 장기적 국가 발전의 토대를 만들기 위해 경제, 행정, 문화, 사회기능을 공간적으로 광역화하여 통합하려는 초광역적 공간전략은 지역 균형발전 차원에서 필요하다.

초광역권은 초국가적 차원에서 강하게 연결된 공간 결절점이며, 글로벌 시스템의 엔진으로 기능한다. 초광역권은 글로벌 네트워크 내 특정 지역들이 더 큰 도시-지역의 스케일로 확장·재구조화된 것으로, 서로 높은 연결성과 함께 국제 경쟁력이 큰 공간 잠재력을 지닌다. 신지역주의와 지역분권화의 영향으로 글로벌 공간구조는 과거 정치나 문화의 지역주의와는 근본적으로 다르게 바뀌고 있다. 20세기 후반부터 아시아는 블록 경제권으로 재편되고 있으며, 국가 경쟁력보다 지역 경쟁력을 강화하기 위하여 지역분권으로 규모의 경제를 달성할 수 있도록 노력하고 있다.

① 초광역권 전략은 규모의 경제를 통해 잠재력과 경쟁력을 키우고자 한다.
② 초광역권 전략은 수도권 과밀화를 억제할 수는 있지만 지역 내 위기를 막을 수는 없다.
③ 초광역권 전략은 수도권의 승자독식 도시화를 막고 지역 균형발전을 촉진하게 된다.
④ 초광역권 전략은 경제, 행정, 문화, 사회기능을 공간적으로 광역화하여 통합하려고 한다.

15 다음 문장의 빈칸 ㉠에 들어갈 말로 가장 적절한 것은?

박 승지는 ____㉠____ 별별 야단을 다 치며 집안 망할 자식이 생겼다고 화를 내었다.

① 콩 튀듯 팥 튀듯
② 콩 본 당나귀같이
③ 콩 볶아 재미 내어
④ 콩으로 메주를 쑨다고

16 다음 글 중에서 유추(類推)를 통해 주제문을 구체화하고 있는 것은?

① 음악은 인간의 행동을 지배하는 힘을 가졌다. 전제적인 왕정에 반대하기 위하여 일어선 파리의 시민들이, '라 마르세예즈'의 노래를 부르며 총검을 향하여 돌진한 사실을 보더라도, 음악이 얼마나 큰 힘을 지녔는지를 알 수 있다.

② 학문을 하는 목적과 방식의 응용이 사람마다 다르다. 학문을 하는 목적이 진리를 추구하는 그 자체에 있을 수 있고, 또한 진리를 추구함으로써 자기 개인이나 자기 만족이나 나아가 인류 전체에 공헌하려는 데에 있을 수도 있다.

③ 예술은 공간 예술과 시간 예술로 나눌 수 있다. 공간 예술은 작품이 일정한 공간을 통해 표현되어 정지된 모습으로 존재하는 것들이고, 시간 예술은 시간적 흐름 속에서 앞부분이 사라지고 뒷부분이 나타나는 연속적 흐름으로 실현되는 것이다.

④ 전달하고자 하는 정보가 무엇인가에 따라 글의 형식도 달라져야 한다. 운동을 하는 데는 평상복보다 체육복을 입는 것이 편안하다. 또한 아무리 훌륭한 야구 선수라 해도, 아이스하키 선수처럼 옷을 입고 스케이트를 신는다면 제 기량을 발휘할 수 없을 것이다.

17 다음 중 '능동 표현'을 '피동 표현'으로 바꿀 수 있는 것은?

① 진이가 칭찬을 들었다.
② 미나가 미라를 잡았다.
③ 나무에 열매가 열렸다.
④ 선생님이 학생을 가르친다.

18 다음 글에서 글쓴이가 한 주장에 대한 설명으로 가장 적절한 것은?

열정과 역동성이 은근과 끈기의 민족이라는 우리의 모습과 전혀 다르며, 심지어 모순되거나 이율배반으로 보일 수 있다. 특히 한국인을 세계에 유명하게 만든 '빨리빨리'의 극단적인 속도 추구의 모습은 전통적인 은근과 끈기의 측면에서 본다면 매우 낯설어 보인다. 그래서 어떤 이는 은근과 끈기의 민족적 심성이 타락했다거나, 혹은 은근과 끈기의 민족적 심성이라는 관점은 우리를 소극적인 모습으로 왜곡한 것이라고 하기도 한다. 또한 어떤 이는 우리 민족의 진정한 성격은 '열정과 역동', '은근과 끈기'라는 두 극단을 수용할 수 있는 개방성이며 서로 반대되는 것의 '뒤섞임과 버무림'이라고 하기도 한다. 이러한 시각은 '은근과 끈기', '열정과 역동성'의 두 기질이 마치 쉽게 뜨거워지지만 반대로 쉽게 식어버리는 냄비와 은근하지만 쉽게 식지 않는 뚝배기처럼 전혀 다른 것이라고 보고 있다.

하지만 이 두 기질은 전혀 다른 것이 아니다. 은근과 끈기의 바닥에는 뜨거운 열정과 역동성이 용암처럼 흘러야만 하는 것이다. 그리고 열정과 격정은 다른 것이다. 금방 불같이 뜨거워지지만 또 언제 그랬냐는 듯이 쉽게 식어버리는 격정에는 없는 것이 바로 은근과 끈기의 일관성이다. 지금까지 우리 민족이 보여주었던 '은근과 끈기'의 역사, '열정과 역동성'의 역사는 모순된 것이 아니라, 빛은 어둠이 있어야 빛나는 것처럼 변증법적으로 투영된 것이다. '은근과 끈기', '열정과 역동성'의 민족이라는 우리의 정체성은 과거가 된 역사의 화석이 아니라, 앞으로 우리가 현재의 고통과 부족함을 극복하기 위해 마음속 깊이 간직해야 할 나침반이 되어야 할 것이다.

① 은근과 끈기는 우리 민족만의 고유한 특성이다.
② 열정과 역동성은 쉽게 식지 않는 뚝배기와 같다.
③ 열정은 격정과 구분되며 은근의 일관성을 얻어야 한다.
④ 은근과 끈기라는 관점은 우리 민족을 소극적으로 왜곡한 결과이다.

19 다음 중 '합성어에서 뒤에 나오는 단어의 첫소리가 된소리로 나는 경우는 사이시옷을 넣어 준다'는 규칙 적용이 적절하지 않은 것은?

① 시곗바늘
② 북엇국
③ 예삿일
④ 공붓벌레

20 다음 시에 대한 설명으로 가장 거리가 먼 것은?

밤의 식료품 가게
케케묵은 먼지 속에
죽어서 하루 더 손때 묻고
터무니없이 하루 더 기다리는
북어들.
북어들의 일개 분대가
나란히 꼬챙이에 꿰어져 있었다.
나는 죽음이 꿰뚫은 대가리를 말한 셈이다.
한 쾌의 혀가
자갈처럼 죄다 딱딱했다.
나는 말의 변비증을 앓는 사람드로가
무덤 속의 벙어리를 말한 셈이다.
말라붙고 짜부라진 눈,
북어들의 빳빳한 지느러미.
막대기 같은 생각
빛나지 않는 막대기 같은 사람들이
가슴에 싱싱한 지느러미를 달고
헤엄쳐 갈 데 없는 사람들이
불쌍하다고 생각하는 순간,
느닷없이
북어들이 커다랗게 입을 벌리고
거봐, 너도 북어지 너도 북어지 너도 북어지
귀가 먹먹하도록 부르짖고 있었다.

― 최승호, 「북어」

① 시적 대상과 화자의 관계가 전도된다.
② 감각적 이미지를 통해 대상을 묘사하고 있다.
③ 현대인들의 강인한 생명력과 연대 의식이 드러나 있다.
④ 무기력하고 경직된 자아에 대한 성찰이 드러나 있다.

21 다음 글에 대한 설명으로 가장 거리가 먼 것은?

남원(南原)에 양생(梁生)이란 사람이 있었다. 어린 나이에 부모를 여의고 만복사(萬福寺) 동쪽에서 혼자 살았다. 방 밖에는 배나무 한 그루가 있었는데, 바야흐로 봄을 맞아 배꽃이 흐드러지게 핀 것이 마치 옥나무에 은이 매달린 듯하였다. 양생은 달이 뜬 밤이면 배나무 아래를 서성이며 낭랑한 목소리로 이런 시를 읊조렸다.

쓸쓸히 한 그루 나무의 배꽃을 짝해
달 밝은 이 밤 그냥 보내다니 가련도 하지.
청춘에 홀로 외로이 창가에 누웠는데
어디서 들려오나 고운 님 피리 소리

외로운 비취새 짝없이 날고
짝 잃은 원앙새 맑은 강에 몸을 씻네.
내 인연 어딨을까 바둑알로 맞춰 보고
등불로 점을 치다 시름겨워 창에 기대네.

– 김시습, 「만복사저포기」

① 인물의 비과학적 면모를 엿볼 수 있다.
② 인생의 덧없음을 관조적으로 표현하고 있다.
③ 인물의 정서는 시간적 배경과 관련되어 표현되고 있다.
④ 대상에 빗대어 인물의 정서나 처지를 드러내고 있다.

22 다음 중 상황에 맞는 표현은?

① (부모가 자식에게) 얘, 할머니 보러 가자.
② (역사책에서) 충무공은 뛰어난 전략가였다.
③ (교사가 학생에게) 교장 선생님의 말씀이 계시겠습니다.
④ (아들이 아버지에게) 아버지, 둘째형이 오늘 서울에 도착하신대요.

23 다음 작품에 대한 설명으로 적절하지 않은 것은?

그해 가을 구월 초순에 상감이 승하하시고 세자가 19세로 즉위하니 연소한 임금을 보필하는 이시백 재상의 높은 이름이 일국에 진동했다. 그리고 그의 아들 형제가 모두 과거에 급제하여 하나는 평안감사를 하였고, 하나는 송도유수를 지냈는데 각각 애민의 정사를 하여 청렴하였다. 그 후 삼부자가 함께 조정에서 나라에 충성을 다하고 자손을 교훈하여 부귀를 더하며 가문의 영광을 빛내니 세월이 흘러 이시백 공의 나이가 팔십이 지났다.

어느 해 가을 구월 보름께 달빛이 휘황하게 밝으므로 공이 부인과 더불어 완월대에 올라서 남녀 자손을 좌우에 앉히고 즐거운 잔치를 베풀던 중 공이 손수 잔을 들어 두 아들에게 주면서 뜻밖의 유언을 했다.

"내 소년 시절의 일이 어제 같은데 어느 사이 팔십이 지났으니, 세상일이 일장춘몽이로구나. 우리 부부는 세상 명분이 다 하였으니, 너희들과 영결코자 한다. 금후로 너희들 형제는 조금도 슬퍼하지 말고 자손을 거느리고 길이 영화를 누려라."

그리고 모든 손자를 일일이 어루만지고 상을 물린 뒤에 부부가 나란히 누워서 자는 듯이 운명하였다.

상감이 이시백 공의 별세 소식을 들으시고 또한 비감하시며 예관을 보내어 영정에 조알하게 하고 부의를 후히 내리시는 한편 시호를 문충공이라 하고 박씨 부인에게는 충렬비를 봉하여 추증하셨다. 박씨 부인의 시비 계화도 상전을 따라서 역시 병 없이 자는 듯이 죽었으므로 이판서 형제는 더욱 비감하였으나 상례를 존절하여 입관 성복하고 길일을 택하여 선산에 안장하고 여막을 짓고 살면서 조석 곡읍으로 삼년 상례를 지성으로 모셨다.

– 「박씨전」

① 보통 남성이 맡는 영웅적 역할을 여성들이 담당하고 있다.
② 청나라에 짓밟힌 조선 민중들의 정신적 승리를 서사화하였다.
③ 힘이 약한 여성이 국가를 구하는 것은 체제 전복적인 의미이다.
④ 여성 주인공의 활약은 여성 독자들을 대리 만족시킬 수 있었다.

24 〈보기〉를 참고할 때 다음 시의 근본비교 대상으로 가장 적절한 것은?

─〈보 기〉─

　　이미지가 시의 구성분자인 이상 반드시 문맥을 형성한다. 문맥 없는 구성분자로서 이미지는 존재할 수 없다. 시의 이미지는 전후 문맥에서 그 의미가 결정된다. 따라서 시의 의미파악에는 문맥의 파악이 필수적이다. 시는 대개 하나의 이미지보다 여러 개의 이미지로 문맥을 형성한다. 문맥 가운데서 근본비교에 의하여 형성되는 문맥이 있다. 근본비교란 한 작품에서 다른 모든 비교들을 성립시키는 토대가 되는 비유다. 다시 말하면 어떤 두 사물을 근본적으로 비교함으로써 여기서 이와 관련된 다른 비교들이 파생되는 것이다.

조국을 언제 떠났노
파초의 꿈은 가련하다.

남국을 향한 불타는 향수
너의 넋은 수녀보다도 더욱 외롭구나.

소낙비를 그리는 너는 정열의 여인
나는 샘물을 길어 네 발등에 붓는다.

이제 밤이 차다
나는 또 너를 내 머리맡에 있게 하다.

나는 즐겨 너를 위해 종이 되리니
너의 그 드리운 치맛자락으로 우리의 겨울을 가리우자.

－ 김동명, 「파초」

① 조국과 파초
② 밤과 겨울
③ 파초와 여인
④ 조국과 여인

25 다음 중 로마자 표기법에 맞는 것은?

① 신설동: Shinseol-dong
② 정읍시: Jeongeub-si
③ 태평로: Taepyeongno
④ 김포시: Kimpo-si

2023 | **9급** 기출문제

모바일
OMR
답안분석
서비스

01 다음 중 밑줄 친 부분의 표기가 옳은 것은?

① 출산 후 <u>붓기</u>가 안 빠진다고 해서 제가 먹었던 건강식품을 권했어요.

② 유명 할리우드 스타들이 마신다고 해서 <u>유명세를 타기</u> 시작한 건강음료랍니다.

③ <u>어리버리해</u> 보이는 친구가 한 명 있었는데 사실은 감기 때문에 몸이 안 좋았다더군요.

④ 사실 이번 일의 책임을 누구에게 묻기란 참 어렵지만 <u>아무튼지</u> 그는 책임을 면할 수 없게 되었다.

02 다음 중 '쓰다'의 품사가 나머지 셋과 다른 하나는?

① 양지바른 곳을 묏자리로 <u>썼다</u>.

② 그는 취직 기념으로 친구들에게 한턱을 <u>썼다</u>.

③ 여러 번 실패를 경험했지만 언제나 그 맛은 <u>썼다</u>.

④ 그 사람은 억울하게 누명을 <u>썼다</u>.

03 다음 중 ㉠에 들어갈 사자성어로 가장 적절한 것은?

> 이탈리아 볼로냐 대학에서 개발한 휴대용 암 진단기는 암이 의심되는 환자의 몸을 간편하게 스캔해 종양을 진단한다. 원리는 간단하다. 인체의 서로 다른 조직들이 진단기에서 발산되는 마이크로파에 서로 다르게 반향을 보인다. 즉 종양 조직은 건강한 조직과는 다른 주파수 대역에서 반향하기 때문에 암 조직과 정상 조직을 구별할 수 있다. 물론 이 진단기가 (㉠)의 능력을 가진 것은 아니다. 종양의 크기 또는 종양의 정확한 위치를 판별할 수는 없다.

① 變化無雙   ② 無所不爲

③ 先見之明   ④ 刮目相對

04 다음 중 밑줄 친 표기가 국어의 로마자 표기법 규정에 어긋난 것은?

① 경기도 <u>의정부시</u> – Uijeongbu-si

② 홍빛나 <u>주무관님</u> – Hong Binna

③ 서울시 종로구 <u>종로 2가</u> – Jongno 2(i)-ga

④ 부석사 <u>무량수전</u> 앞에 서서 – Muryangsujeon

05 밑줄 친 어휘의 쓰임이 의미상 적절하지 않은 것은?

① 자네 덕에 생일을 잘 쇠어서 고맙네.

② 그동안의 노고에 심심한 경의를 표하는 바입니다.

③ 나는 식탁 위에 밥을 차릴 겨를도 없이 닥치는 대로 게걸스럽게 식사를 해치웠다.

④ 아이가 밖에서 제 물건을 잃어버리고 들어온 날이면 어머니는 애가 칠칠맞다고 타박을 주었다.

06 다음 한글 맞춤법의 규정에 근거할 때 본말과 준말의 짝이 옳지 않은 것은?

> **제32항**
> 단어의 끝모음이 줄어지고 자음만 남은 것은 그 앞의 음절에 받침으로 적는다.
>
> **제39항**
> 어미 '–지' 뒤에 '않–'이 어울려 '–잖–'이 될 적과 '–하지' 뒤에 '않–'이 어울려 '–찮–'이 될 적에는 준 대로 적는다.
>
> **제40항**
> 어간의 끝음절 '하'의 'ㅏ'가 줄고 'ㅎ'이 다음 음절의 첫소리와 어울려 거센소리로 될 적에는 거센소리로 적는다.

① 어제그저께 – 엊그저께

② 그렇지 않은 – 그렇잖은

③ 만만하지 않다 – 만만잖다

④ 연구하도록 – 연구토록

07 다음 중 밑줄 친 부분의 띄어쓰기가 적절하지 않은 것은?

① 가진 게 없으면 몸이나마 건강해야지.

② 그 책을 다 읽는데 삼 일이 걸렸다.

③ 그는 그런 비싼 차를 살 만한 형편이 못 된다.

④ 그 고통에 비하면 내 괴로움 따위는 아무것도 아니었다.

08 다음 중 밑줄 친 단어의 한자로 틀린 것은?

> 기업이 현장에서 ㉠ 체감할 때까지 규제 ㉡ 혁파를 지속적으로, 또 신속하게 추진해야 한다. 그러려면 기업이 덜어주기를 바라는 모래 주머니 얘기를 지금의 몇 배 이상으로 ㉢ 경청하고 즉각 혁파에 나서야 한다. 공무원들이 책상머리에서 이것저것 따지는 만큼 기업의 고통은 크다는 점을 명심하길 바란다. 규제 총량제, ㉣ 일몰제 등의 해법을 쏟아내고도 성과를 내지 못했던 과거의 실패에서 교훈을 얻어야 할 것이다.

① ㉠: 體感

② ㉡: 革罷

③ ㉢: 敬聽

④ ㉣: 日沒

09 "그렇게 하면 무릎에 무리가 갈텐데 괜찮을까요?"에서의 '–ㄹ텐데'를 국어사전에서 찾으니 표제어가 존재하지 않는다고 나왔다. 이에 대해 가장 적절하게 설명한 것은?

① '–ㄹ텐데'가 방언이기 때문에 표준어인 표제어가 실려 있지 않은 것이다.

② '–ㄹ텐데'를 '–ㄹ테'와 '–ㄴ데'로 분석해서 각각 찾으면 된다.

③ 기본형 '–ㄹ테다'를 찾아야 한다.

④ 의존명사 '터'를 찾아야 한다.

10 다음 중 아래 글에 나타난 저자의 의도를 가장 적절하게 설명한 것은?

> 인공지능은 컴퓨터 프로그램을 활용해 인간과 비슷한 인지적 능력을 구현한 기술을 말한다. 인공지능은 기본적으로 보고 듣고 읽고 말하는 능력을 갖춤으로써 인간과 대화할 수 있을 뿐만 아니라 지적 판단이 필요한 상황에서 합리적 결정을 내릴 수 있다. 인공지능이 인간의 말을 알아듣고 명령을 실행하는 똑똑한 기계가 되는 것은 반길 일인가, 아니면 주인과 노예의 관계를 역전시키는 재앙이라고 경계해야 할 일인가?

① 쟁점 제기　　　　　② 정서적 공감
③ 논리적 설득　　　　④ 배경 설명

11 다음 중 ㉠에 들어가기에 가장 적절한 속담은?

> 춘향이가 마지막으로 유언을 허는디,
> "서방님!"
> "왜야?"
> "내일 본관 사또 생신 잔치 끝에 나를 올려 죽인다니, 날 올리라고 영이 내리거든 칼머리나 들어주고, 나를 죽여 내어놓거든, 다른 사람 손 대기 전에 서방님이 삯꾼인 체 달려들어, 나를 업고 물러나와 우리 둘이 인연 맺든 부용당에 나를 뉘고, 옥중에서 서방님을 그려 간장 썩은 역류수 땀내 묻은 속적삼 벗겨, 세 번 불러 초혼허고, 서방님 속적삼 벗어 나의 가슴을 덮어 주오. 수의 입관도 내사 싫소. 서방님이 나를 안고 정결한 곳 찾아가서 은근히 묻어 주고, 묘 앞에다 표석을 세워, '수절원사춘향지묘'라 크게 새겨주옵시면, 아무 여한이 없겠네다."
> 어사또 이 말 듣고,
> "오, 춘향아! 오냐, 춘향아, 우지 마라. 내일 날이 밝거드면 상여를 탈지, 가마를 탈지 그 속이야 누가 알랴마는, 천붕우출이라, (㉠) 법이요, 극성이면 필패라니, 본관이 네게 너무 극성을 뵈었으니, 무슨 변을 볼지 알겠느냐?"

① 도둑이 제 발 저리는
② 웃는 낯에 침 못 뱉는
③ 모로 가도 서울만 가면 되는
④ 하늘이 무너져도 솟아날 구멍이 있는

12 다음 작품의 언어에 대한 설명으로 옳은 것은?

> 년닙희 밥 싸 두고 반찬으란 쟝만 마라
> 닫 드러라 닫 드러라
> 靑청蒻약笠립은 써 잇노라 綠녹蓑사衣의 가져오냐
> 至지匊국悤총 至지匊국悤총 於어思사臥와
> 無무心심한 白백駒구는 내 좃는가 제 좃는가

① '년닙희'의 '닙'은 ㄴ첨가 현상이 표기에 반영된 것이다.
② '써 잇노라'는 현대국어에서 '-고 있다'를 이용해 표현하는 것으로 바뀌었다.
③ '닫'과 '좃는가'의 받침은 당시의 실제 발음대로 적은 것이다.
④ '반찬으란'의 '으란'은 현대국어 조사 '이랑'에 해당한다.

[13] 다음 글을 읽고 물음에 답하시오.

> (가) 공감은 상대방의 생각과 느낌을 자신의 생각과 느낌처럼 받아들이고 이해하는 것이다. (나) 상대방이 나를 분석하거나 판단하지 않고, 있는 그대로 나의 감정을 이해하고 있다고 느끼게 될 때 사람들은 그 상대방을 나를 이해하는 사람, 나를 알아주는 사람으로 여기게 된다.
> 판단 기준과 가치관이 다른 사람의 생각과 느낌을 공감을 하면서 이해하는 것은 여간 어려운 일이 아니다. (다) 사람은 누구나 자신의 느낌과 생각을 바탕으로 말하고 판단하고 일을 결정하게 되므로, 상대방의 입장을 헤아리고 그의 느낌과 생각을 내가 그렇게 생각하고 느끼는 것처럼 이해하기가 어렵다. (라) 상대방의 말투, 표정, 자세를 관찰하면서 그와 같은 관점, 심정, 분위기 또는 태도로 맞추는 것도 공감에 도움이 된다.

13 아래 내용을 위 글의 (가)~(라)에 넣을 때 가장 적절한 위치는?

> 공감의 출발은 상대방의 이야기를 경청하면서 상대방의 감정과 느낌이 어떠했을까를 헤아리며 그것을 이해하도록 노력하는 것이다. 그리고 상대방의 입장을 이해한다는 것을 언어적, 비언어적으로 표현하는 것이 중요하다.

① (가) ② (나)
③ (다) ④ (라)

[14~15] 다음 글을 읽고 물음에 답하시오.

> 가시리 가시리잇고 ㉠ 나는
> ᄇ리고 가시리잇고 나는
> 위 증즐가 大平盛代
>
> 날러는 엇디 살라 ᄒ고
> ᄇ리고 가시리잇고 나는
> 위 증즐가 大平盛代
>
> ㉡ 잡ᄉ아 두어리마ᄂᆞᄂ
> ㉢ 선ᄒ면 아니 올셰라
> 위 증즐가 大平盛代
>
> ㉣ 셜온 님 보내ᅌᅳ노니 나는
> 가시ᄂ 듯 도셔 오쇼셔 나는
> 위 증즐가 大平盛代

14 위 글에 대한 설명으로 가장 적절하지 않은 것은?

① 고려시대에 불리던 노래이다.
② 제목은 「가시리」이다.
③ 고려시대에 누군가 기록해 놓은 것을 찾아내어 다시 한글로 기록하였다.
④ 후렴구는 궁중악으로 불리면서 발생한 것으로 추정된다.

15 밑줄 친 ㉠~㉣에 대한 설명으로 가장 적절한 것은?

① ㉠: '나는'은 '나는'의 예전 표기이다.
② ㉡: '잡ᄉ아 두어리마ᄂᆞᄂ'의 뜻은 '(음식을) 잡수시고 가게 하고 싶다'는 의미이다.
③ ㉢: '선ᄒ면 아니 올셰라'의 뜻은 '선하게 살면 올 것이다'라는 믿음을 표현한 말이다.
④ ㉣: '셜온 님 보내ᅌᅳ노니'의 뜻은 '서러운 님을 보내 드린다'는 의미이다.

16 다음은 한글 맞춤법의 문장부호 사용법에 대한 설명이다. 이 설명에 어긋나는 예문은?

> 〈물음표(?)〉
>
> (1) 의문문이나 의문을 나타내는 어구의 끝에 쓴다.
> [붙임1] 한 문장 안에 몇 개의 선택적인 물음이 이어질 때는 맨 끝의 물음에만 쓰고, 각 물음이 독립적일 때는 각 물음의 뒤에 쓴다.
>
> (2) 특정한 어구의 내용에 대하여 의심, 빈정거림 등을 표시할 때, 또는 적절한 말을 쓰기 어려울 때 소괄호 안에 쓴다.
>
> (3) 모르거나 불확실한 내용임을 나타낼 때 쓴다.

① 너는 중학생이냐? 고등학생이냐?
② 이번에 가시면 언제 돌아오세요?
③ 주말 내내 누워서 텔레비전만 보고 있는 당신도 참 대단(?)하네요.
④ 노자(?~?)는 중국 춘추 시대의 사상가로 도를 좇아서 살 것을 역설하였다.

> 창밖에 밤비가 속살거려
> ㉠ 육첩방(六疊房)은 남의 나라.
>
> 시인이란 슬픈 천명인 줄 알면서도
> ㉡ 한 줄 시를 적어 볼까,
>
> 땀내와 사랑내 포근히 품긴
> 보내주신 학비 봉투를 받아
>
> 대학 노트를 끼고
> 늙은 교수의 강의 들으러 간다.
>
> 생각해 보면 어린 때 동무를
> 하나, 둘, 죄다 잃어버리고
>
> ⓐ 나는 무얼 바라
> ⓑ 나는 다만, 홀로 침전하는 것일까?
>
> 인생은 살기 어렵다는데
> 시가 이렇게 쉽게 씌어지는 것은
> ㉢ 부끄러운 일이다.
>
> 육첩방은 남의 나라
> 창밖에 밤비가 속살거리는데,
>
> 등불을 밝혀 어둠을 조금 내몰고,
> 시대처럼 올 아침을 기다리는 최후의 ⓒ 나,
>
> ⓓ 나는 ⓔ 나에게 작은 손을 내밀어
> 눈물과 위안으로 잡는 ㉣ 최초의 악수.
>
> — 윤동주, 「쉽게 씌어진 시」

17 ㉠~㉣에 대한 설명으로 가장 적절하지 않은 것은?

① ㉠은 조선인으로서의 정체성에 대한 인식을 드러낸다.
② ㉡은 식민지 지식인으로서의 소명 의식을 드러낸다.
③ ㉢은 친일파 지식인에 대한 비판 정신을 보여준다.
④ ㉣은 어두운 현실을 극복하려는 화자의 의지이다.

18 ⓐ~ⓔ에 대한 설명으로 가장 적절한 것은?

① ⓐ, ⓑ, ⓔ는 현실적 자아이고, ⓒ, ⓓ는 성찰적 자아이다.
② ⓐ, ⓑ는 현실적 자아이고, ⓒ, ⓓ, ⓔ는 성찰적 자아이다.
③ ⓐ, ⓑ, ⓔ는 이상적 자아이고, ⓒ, ⓓ는 현실적 자아이다.
④ ⓐ, ⓑ는 이상적 자아이고, ⓒ, ⓓ, ⓔ는 현실적 자아이다.

19 위 시의 제목에 대한 이해로 가장 적절한 것은?

① 시인의 평소 생각을 특별한 표현 기법 없이 소박하게 나타낸 작품이기에 쉽게 쓰인 시라고 하였다.
② 독립지사로서의 저항 정신을 시인의 시적 표현으로 여과 없이 옮긴 작품이기에 쉽게 쓰인 시라고 하였다.
③ 조선의 독립이 갑자기 쉽게 이루어질 것이라는 확고한 신념을 표현하려는 작품이기에 쉽게 쓰인 시라고 하였다.
④ 시인으로의 인간적 갈등과 자아 성찰을 담아 어렵게 쓴 작품이기에 반어적으로 표현하여 쉽게 쓰인 시라고 하였다.

20 다음 글의 문맥상 (   ) 안에 들어갈 말로 가장 적절한 것은?

> 행루오리(幸漏誤罹)는 운 좋게 누락되거나 잘못 걸려드는 것을 말한다. (   ) 걸려든 사람만 억울하다. 아무 잘못 없이 집행자의 착오나 악의로 법망에 걸려들어도 마찬가지다. 여기에 부정이나 청탁이 개입되기라도 하면 바로 국가의 법질서에 대한 불신으로 이어진다. 결국 행루오리는 법집행의 일관성을 강조한 말이다.

① 똑같이 죄를 지었는데 당국자의 태만이나 부주의로 법망을 빠져나가는 사람이 있으면
② 가벼운 죄를 짓고도 엄혹한 심판관 때문에 무거운 벌을 받으면
③ 가족이나 이웃의 범죄에 연루되어 죄 없이 벌을 받게 되면
④ 현실과 맞지 않는 법 때문에 성실한 사람이 범죄자로 몰리게 되면

[21~22] 다음 글을 읽고 물음에 답하시오.

2016년 3월을 생생히 기억한다. 알파고가 사람을 이겼다. 알파고가 뭔가 세상에 파란을 불러일으키지 않을까, 라고 상상하고 있던 시기였다. 이른바 '알파고 모멘텀' 이후 에이아이(AI) 산업은 발전했지만, 기대만큼 성장했다고 보긴 어렵다. 킬러 애플리케이션(Killer Application)이 나오지 않았기 때문이다. 에이아이(AI) 챗봇이 상용화됐지만, 알파고가 줬던 놀라움만큼은 아니다.

2022년 11월 또 다른 모멘텀이 등장했다. 오픈 에이아이(OpenAI)의 챗지피티(ChatGPT)다. 지금은 1억 명 이상이 챗지피티를 사용하고 있다. '챗지피티 모멘텀'이라고 불릴 만하다. 챗지피티가 알파고와 다른 점은 대중성이다. TV를 통해 알파고를 접했다면, 챗지피티는 내가 직접 체험할 수 있다.

많은 사람이 챗지피티는 모든 산업에 지각변동을 불러일으킬 것으로 기대한다. 챗지피티는 그 자체로 킬러 애플리케이션이다. 챗지피티는 알려진 바와 같이 2021년 9월까지 데이터만으로 학습했다. 그 이후 정보는 반영이 안 됐다. 챗지피티만으로는 우리가 원하는 답변을 얻기 힘들 수 있다. 오픈 에이아이는 챗지피티를 왜 이렇게 만들었을까?

챗지피티는 '언어 모델'이다. '지식 모델'은 아니다. 챗지피티는 정보를 종합하고 추론하는 능력은 매우 우수하지만, 최신 지식은 부족하다. 세상물정은 모르지만, 매우 똑똑한 친구다. 이 친구에게 나도 이해하기 어려운 최신 논문을 주고, 해석을 부탁해 볼 수 있지 않을까? 챗지피티에 최신 정보를 전달하고, 챗지피티가 제대로 답변하도록 지시하는 일은 중요하다. 다양한 산업에 챗지피티를 적용하기 위해서도 그렇다. 챗지피티가 추론할 정보를 찾아 오는 시맨틱 검색(Semantic Search), 정확한 지시를 하는 프롬프트 엔지니어링(Prompt Engineering), 모든 과정을 조율하는 오케스트레이터(Orchestrator), 챗지피티와 같은 대형 언어 모델(Large Language Model)을 필요에 맞게 튜닝하는 일 등 서비스 영역에서 새로운 사업 기회를 찾을 수 있다.

챗지피티와 같은 대형 언어 모델 기반의 에이아이 산업 생태계는 크게 세 개다. 첫째, 오픈에이아이, 마이크로소프트, 구글과 같이 대형 언어 모델 자체를 제공하는 원천기술 기업, 둘째, 대형 언어 모델이 고객 요청에 맞게 작동하도록 개선하는 서비스 기업, 셋째, 특정 도메인에서 애플리케이션을 제공하는 기업이다. 현재 대형 언어 모델을 만드는 빅테크 기업들이 주목받고 있지만, 실리콘밸리에서는 스케일에이아이(ScaleAI), 디스틸에이아이(Distyl AI), 퀀티파이(Quantiphi) 등 서비스기업들이 부상 중이다. 실제 업무에 활용하기엔 원천기술만으로는 부족하기 때문이다. 엘지씨엔에스(LG CNS)도 서비스 기업이다. 우리나라에서도 많은 서비스 기업이 나와서 함께 국가 경쟁력을 높여 나가기를 기대해 본다.

21 다음 중 위 글의 제목으로 가장 적절한 것은?

① 챗지피티, 이제 서비스다
② 알파고 모멘텀, 그 끝은 어디인가?
③ 챗지피티야말로 킬러 애플리케이션이다
④ 대형 언어 모델 자체를 제공하는 빅테크 기업에 주목하라

22 다음 중 위 글의 내용에 대한 이해로 가장 적절하지 않은 것은?

① 챗지피티는 알파고보다 훨씬 더 대중적인 놀라움을 주고 있다.
② 많은 사람들은 챗지피티가 모든 산업에 지각변동을 불러일으킬 것으로 기대한다.
③ 챗지피티는 정보를 종합하여 추론하는 언어모델이 아니라 최신 정보를 축적하는 지식모델이다.
④ 현재 대형 언어 모델이 고객 요청에 맞게 작동하도록 개선하는 여러 서비스 기업이 부상 중이다.

23 다음 글에 대한 이해로 가장 적절한 것은?

우리 부부는 숙명적으로 발이 맞지 않는 절름발이인 것이다. 내가 아내나 제 거동에 로직(논리)을 붙일 필요는 없다. 변해(辯解)할 필요도 없다. 사실은 사실대로 오해는 오해대로 그저 끝없이 발을 절뚝거리면서 세상을 걸어가면 되는 것이다. 그렇지 않을까?

그러나 나는 이 발길이 아내에게로 돌아가야 옳은가 이것만은 분간하기가 좀 어려웠다. 가야 하나? 그럼 어디로 가나?

이때 뚜— 하고 정오 사이렌이 울렸다. 사람들은 모두 네 활개를 펴고 닭처럼 푸드덕거리는 것 같고 온갖 유리와 강철과 대리석과 지폐와 잉크가 부글부글 끓고 수선을 떨고 하는 것 같은 찰나, 그야말로 현란을 극한 정오다.

나는 불현듯이 겨드랑이가 가렵다. 아하 그것은 내 인공의 날개가 돋았던 자국이다. 오늘은 없는 이 날개, 머릿속에서는 희망과 야심의 말소된 페이지가 딕셔너리(사전) 넘어가듯 번뜩였다.

나는 걷던 걸음을 멈추고 그리고 어디 한번 이렇게 외쳐보고 싶었다.

날개야 다시 돋아라.
날자. 날자. 날자. 한 번만 더 날자꾸나.
한 번만 더 날아 보자꾸나.

– 이상, 「날개」

① 가난한 무명작가 부부의 생활고와 부부애를 다루고 있다.
② 농촌 계몽을 위한 두 남녀의 헌신적 노력과 사랑을 보여 준다.
③ 식민지 농촌 사회에서 농민들이 겪는 가혹한 현실을 보여 주려 한다.
④ 자아 상실의 무기력한 삶에서 벗어나 본래의 자아를 회복 하려는 의지를 보여준다.

24 다음 글을 읽고 필자의 서술태도와 가장 거리가 먼 것을 고르시오.

겨울철에 빙판이 만들어지면 노인들의 낙상 사고가 잦아진다. 대부분의 노인들은 근육 감소로 인한 순발력 저하로 방어기제가 제대로 작동하지 않는다. 그런 사고를 당하면 운동이 부족해져 그나마 남아 있던 근육이 퇴화하고 노화가 빨라진다. 건강수명은 대부분 거기서 끝이다. 참으로 무서운 일이다. 그런데도 불구하고 노년층에게 적극적으로 근력 운동을 처방하지 않는다. 우리의 주변을 둘러보라. 요양병원이 상당히 많이 늘어났다. 앞으로도 부가가치가 매우 높은 산업이라고 한다. 안타까운 일이다.

① 논리적
② 회고적
③ 비판적
④ 동정적

25 다음 글의 (가)와 (나)에 들어갈 적절한 말을 순서대로 바르게 짝 지은 것은?

비즈니스 화법에서는 상사에게 보고할 때 결론부터 말하라고 한다. 이것도 맞는 말이다. 그렇지 않아도 바쁜데 주저리주저리 이야기를 길게 늘어놓으면 짜증이 난다. (가) 현실은 인간관계의 미묘한 심리가 복잡하게 얽혀 있는 비즈니스 사회. 때로는 일부러 결론을 뒤로 미뤄 상대의 관심을 끌게 만들어야 할 때도 있다. 예를 들어, 회사에서의 라이벌 동료와의 관계처럼 자기와 상대의 힘의 균형이 미묘할 때이다.

당신과 상사, 당신과 부하라는 상하관계가 분명한 경우는 대응이 항상 사무적이 된다. 사무적인 관계에서는 쓸데 없는 시간과 노력을 들이지 않아도 된다. (나) 같은 사내의 인간관계라도 라이벌 동료가 되면 일을 원활하게 해나가는 것만이 능사는 아니다. 권력관계에서의 차이가 없는 만큼 미묘한 줄다리기가 필요하다. 이렇게 권력관계가 미묘한 상대와의 대화에서 탁월한 최면 효과를 발휘하는 것이 '클라이맥스 법'이다. 비즈니스 현장에서 뿐만 아니라 미묘한 줄다리기를 요하는 연애 관계에서도 초기에는 클라이맥스 법이 그 위력을 발휘한다.

① 그러므로 – 그러므로
② 하지만 – 하지만
③ 하지만 – 그러므로
④ 그러므로 – 하지만

2023 | 7급 기출문제

모바일
OMR
답안분석
서비스

● 회독 CHECK ① ② ③

☑ 시험시간 25분　☑ 해설편 024쪽

01 다음 중 표준어끼리 짝 지어진 것이 아닌 것은?

① 만날 – 맨날
② 가엾다 – 가엽다
③ 멀찌감치 – 멀찌가니
④ 구레나룻 – 구렛나루

02 ㉠~㉢에 들어갈 단어를 순서대로 나열한 것은?

> • 회사 측은 주민 대표에게 언론에 보도된 내용이 사실과 다르다고 (㉠)하였다.
> • 그는 국회에서 국민의 기본권에 대하여 (㉡)할 기회를 얻었다.
> • 피의자는 뇌물을 받은 적이 없다고 검사에게 (㉢)했다.

① 解明 – 發言 – 陳述
② 陳述 – 發言 – 解明
③ 發言 – 陳述 – 解明
④ 發言 – 解明 – 陳述

03 다음 기사의 주장을 가장 잘 표현한 것은?

> 은폐가 쉬운 가정 내 아동학대에 대응하기 위해 만들어진 아동학대처벌법이 학교에도 일괄 적용되면서 교사가 학생의 문제행동을 지적하거나 제지하는 일까지 아동학대로 신고하는 일이 잦아졌다는 것이다. 아동학대 신고만으로도 학교장 판단에 따라 직위해제나 담임 교체 조치를 당하거나 경찰 조사를 받아야 하고, 이는 교사들의 사기 저하와 생활지도 포기로 이어진다.

① 교사들의 강압적 태도가 야기한 문제점
② 교사들의 교직 만족도 하락의 원인
③ 교사들의 직권남용과 교직 태만의 원인
④ 교사들의 아동학대에 대한 실태

04 '의'의 표준 발음에 대한 설명 중 맞지 않는 것은?

① '회의, 민주주의'와 같이 단어의 2음절 이하에 사용된 '의'는 [ㅢ]로 발음하는 것이 원칙이고, [ㅣ]로 발음하는 것도 허용된다.
② '우리의 마음, 반의 반'과 같이 조사로 사용된 '의'는 [ㅢ]로 발음하는 것이 원칙이고, [ㅔ]로 발음하는 것도 허용된다.
③ '희망, 무늬'와 같이 자음을 첫소리로 가지고 있는 음절의 '의'는 [ㅢ]로 발음하는 것이 원칙이고, [ㅣ]로 발음하는 것도 허용된다.
④ '의사, 의자'와 같이 단어의 첫음절에 사용된 '의'는 [ㅢ]로 발음한다.

05 다음 글의 괄호 안에 들어갈 말로 가장 적절한 것은?

> 위층의 소리는 멈추지 않았다. 드르륵거리는 소리에 머리카락 올이 진저리를 치며 곤두서는 것 같았다. … 위층으로 올라가 벨을 눌렀다.
> 안쪽에서 "누구세요?" 묻는 소리가 들리고도 십분 가까이 지나 문이 열렸다. '이웃사촌이라는데 아직 인사도 없이…….' 등등 준비했던 인사말과 함께 포장한 슬리퍼를 내밀려던 나는 첫마디를 뗄 겨를도 없이 ( ) 했다. 좁은 현관을 꽉 채우며 휠체어에 앉은 젊은 여자가 달갑잖은 표정으로 나를 올려다보았다. "안 그래도 바퀴를 갈아 볼 작정이었어요. 소리가 좀 덜 나는 것으로요. 어쨌든 죄송해요. 도와주는 아줌마가 지금 안 계셔서 차 대접할 형편도 안 되네요."
> 여자의 텅 빈, 허전한 하반신을 덮은 화사한 빛깔의 담요와 휠체어에서 황급히 시선을 떼며 나는 할 말을 잃은 채 부끄러움으로 얼굴만 붉히며 슬리퍼든 손을 뒤로 감추었다.
> ― 오정희, 「소음공해」

① 역지사지
② 황당무계
③ 자승자박
④ 우두망찰

06 다음 기사의 ㉠ 안에 들어갈 말로 가장 적절한 것은?

> 탄소중립을 실천하기 위해 우리가 할 수 있는 일은 무엇일까? 에너지 절약부터 친환경 제품 사용, 이면지 사용, 일회용품 사용하지 않기 등 다양한 방법들이 있다. 하지만 또 다른 방법이 있다고 산림청은 전한다. 먼저 우리 주변 나무를 잘 사용하는 것이다. 나무를 목재로 사용하면 된다. 목재 가공은 철강 생산보다 에너지를 85배 절감할 수 있다고 한다. …
>
> 그렇다고 나무를 다 베어서는 안 된다는 우려도 존재한다. 하지만 걱정할 필요가 없다고 산림청은 말한다. (㉠) 특히 우리나라는 OECD 국가 중 산림비율이 4위일 정도로 풍성한 숲을 보유하고 있다. 이를 잘 활용해서 환경 보호에 적극적으로 사용해야 하는 것이다.

① 목재를 보전하는 숲과 수확하는 숲을 따로 관리한다는 것이다.
② 나무가 잘 자라는 열대지역에서 목재를 수입한다는 것이다.
③ 버려지는 폐목재를 가공하여 재사용한다는 것이다.
④ 나무를 베지 않고 숲의 공간을 활용하여 주택을 짓는다는 것이다.

07 다음은 현대 한국어의 발음 특성을 설명한 것이다. 맞지 않는 것은?

① '알'의 'ㅇ'과 '강'의 'ㅇ'은 음운론적으로 동일한 가치를 갖는다.
② 초성에서 발음되는 모든 자음이 종성에서 발음되는 것은 아니다.
③ 종성에서 발음되는 모든 자음이 초성에서 발음되는 것은 아니다.
④ 모음과 모음 사이에 자음은 최대 2개까지 발음된다.

08 다음 중 밑줄 친 부분이 '띄어쓰기' 규정에 따른 것은? ('∨'는 '띄어 쓴다'는 표시임)

① 그는 재산이 많을∨뿐더러 재능도 엄청 많다.
② 선물을 주기는∨커녕 쳐다보지도 않더라.
③ 원서를 넣는∨족족 합격을 하네.
④ 기분이 좋아 보이는구면∨그래.

09 다음은 〈보기〉에 제시된 글의 핵심 내용을 정리한 것이다. 가장 잘 이해한 것은?

> ─── 〈보 기〉 ───
>
> '무엇인가', '어떠한 것인가'라는 물음에 대응하는 내용이 '질'이고 '어느 정도'라는 물음에 대응하는 내용이 '양'이다. '책상이란 무엇인가' 또는 '책상이 어떠한 것인가'를 알기 위해 사전에서 '책상'을 찾으면, "책을 읽거나 글을 쓰는 상"으로 나와 있다. 이것이 책상을 의자와 찬장 및 그 밖의 유사한 사물들과 구분해 주는 책상의 '질'이다. 예를 들어 "이 책상의 높이는 어느 정도인가?"라고 물으면 "70cm이다"라고 답한다. 이때 말한 '70cm'가 바로 '양'이다. 그런데 책상의 높이는 70cm가 60cm로 되거나 40cm로 된다고 하더라도 그것이 책상임에는 변함이 없다. 성인용 책상에서 아동용 책상으로, 의자 달린 책상에서 앉은뱅이 책상으로 바뀐다고 하더라도 그것이 '책을 읽거나 글을 쓰는 상'으로서의 기능은 수행할 수 있기 때문이다. 그러나 책상의 높이를 일정한 한도가 넘는 수준, 예컨대 70cm를 1cm로 낮추어 버리면 그 책상은 나무판에 가까운 것으로 변하여 책상의 기능을 수행할 수 없게 되어 더 이상 책상이라 할 수 없게 될 것이다.

① 양의 변화는 질의 변화를 초래하고 질의 변화는 양의 변화를 이끈다.
② 양의 변화가 누적되면 질의 변화가 일어나므로 양의 변화는 변화된 양만큼 질의 변화를 이끈다.
③ 양의 변화는 일정한 한도 내에서 질의 변화를 이끌지 못하지만 어느 한도를 넘으면 질의 변화를 초래한다.
④ 양의 변화든 질의 변화든 변화는 모두 본래의 상태로 환원되는 과정이기 때문에 두 변화는 본질적으로 동일하다.

10 〈보기〉는 우리말 높임법에 관한 설명이다. (   ) 안에 들어갈 용례로 맞지 않는 것은?

〈보 기〉

- 상대높임법: 말하는 이가 상대, 곧 듣는이(청자)를 높이는 높임법. 일정한 종결 어미의 사용에 의해서 실현됨

(1) 격식체: 공식적이고 의례적인 표현으로, 심리적 거리감을 나타냄
① 해라체: 아주 낮춤
② 하게체: 예사 낮춤 ……… (㉠)
③ 하오체: 예사 높임 ……… (㉡)
④ 합쇼체: 아주 높임

(2) 비격식체: 비공식적이며, 부드럽고 친근감을 나타냄
① 해체: 두루 낮춤 ……… (㉢)
② 해요체: 두루 높임 ……… (㉣)
---

① ㉠: 내가 말을 함부로 했던 것 같네.
② ㉡: 이게 꿈인지 생신지 모르겠구려.
③ ㉢: 계획대로 밀고 나가.
④ ㉣: 선생님 안녕히 계십시오.

11 다음 밑줄 친 단어 중 외래어 표기법에 맞는 것은?

① 화재의 위험을 방지하기 위하여 <u>휴즈</u>를 부착하였습니다.
② <u>커텐</u>에 감겨 넘어질 수 있으니 유의하시기 바랍니다.
③ 기둥을 조립할 때 <u>헹거</u>가 넘어질 수 있습니다.
④ 스위치의 뒤쪽을 누르면 <u>윈도</u>가 열립니다.

12 다음 중 밑줄 친 단어의 표기가 어법에 맞지 않는 것은?

① 무를 <u>싹둑</u> 잘라 버렸네.
② 남북 교류의 <u>물고</u>를 텄어.
③ 벌써 <u>깍두기</u>가 다 익었어.
④ 물이 <u>따듯해서</u> 목욕하기에 좋아.

13 〈보기〉는 단어에 결합되어 사용된 '대'의 특성을 설명한 것이다. 맞지 않는 것은?

〈보 기〉

大. 「명사」 (수를 나타내는 말 뒤에 쓰여) 규모나 가치 면에서 그 수 안에 꼽힘을 이르는 말
對. 「의존 명사」 사물과 사물의 대비나 대립을 나타내는 말
代. 「접사」 (물건을 나타내는 일부 명사 뒤에 붙어) '물건값으로 치르는 돈'의 뜻을 더하는 접미사
臺. 「접사」 (값이나 수를 나타내는 대다수 명사 또는 명사구 뒤에 붙어) '그 값 또는 수를 넘어선 대강의 범위'의 뜻을 더하는 접미사
帶. 「접사」 (일부 명사 뒤에 붙어) '띠 모양의 공간' 또는 '일정한 범위의 부분'의 뜻을 더하는 접미사
---

① '기후대, 무풍대'에 사용된 '대'는 접사 '帶'이다.
② '도서대, 신문대'에 사용된 '대'는 접사 '代'이다.
③ '만 원대, 백삼십만 원대'에 사용된 '대'는 접사 '臺'이다.
④ '세계 7대 불가사의, 한국 30대 기업'에 사용된 '대'는 의존 명사 '對'이다.

14 다음 시조 중 주된 정조(情調)가 가장 다른 것은?

(가) 이화에 월백하고 은한(銀漢)이 삼경인제
　　일지춘심(一枝春心)을 자규야 아랴마는
　　다정도 병인양 하여 잠 못 들어 하노라

(나) 흥망이 유수하니 만월대도 추초(秋草)로다
　　오백 년 왕업이 목적(牧笛)에 부쳤으니
　　석양에 지나는 객이 눈물계워 하노라

(다) 오백 년 도읍지를 필마로 돌아드니
　　산천은 의구하되 인걸은 간 데 없다
　　어즈버 태평연월이 꿈이런가 하노라

(라) 이몸이 죽고죽어 일백번 고쳐죽어
　　백골이 진토되어 넋이라도 있든없든
　　임 향한 일편단심이야 가실 줄 있으랴
---

① (가)　　　　　　　② (나)
③ (다)　　　　　　　④ (라)

15 바느질과 관련한 사물을 의인화한 다음 소설에서 괄호 안에 들어갈 사물을 순서대로 바르게 나열한 것은?

> ( ) 양각(兩脚)을 빨리 놀려 내다라 이르되,
> "( )아/야, 그대 아모리 마련을 잘 한들 버혀 내지 아니하면 모양 제되 되겠느냐.
> 내 공과 내 덕이니 네 공만 자랑마라." …
> ( ) 웃고 이르되,
> "고어에 운(云), 닭의 입이 될지언정 소 뒤는 되지 말라 하였으니, ( )은/는 세요의 뒤를 따라 다니며 무삼 말 하시나뇨. 실로 얼골이 아까왜라. 나는 매양 세요의 귀에 질리었으되 낯가족이 두꺼워 견딜 만하고 아모 말도 아니 하노라."

① 청홍각시 - 척부인 - 감토할미 - 교두각시
② 척부인 - 감토할미 - 교두각시 - 청홍각시
③ 교두각시 - 척부인 - 감토할미 - 청홍각시
④ 청홍각시 - 감토할미 - 교두각시 - 척부인

16 다음 한시의 시적 자아의 심정으로 가장 적절한 것은?

木頭雕作小唐雞	나무토막으로 조그만 당닭을 깎아 만들어
筋子拈來壁上棲	젓가락으로 집어다가 담벼락에 올려놓고
此鳥膠膠報時節	이 닭이 '꼬끼오' 하고 때를 알리면
慈顏始似日平西	어머님 얼굴이 비로소 늙으시옵소서
	- 이제현, 「오관산(五冠山)」

① 몽환적(夢幻的)
② 이상적(理想的)
③ 허망(虛妄)함
④ 간절(懇切)함

17 다음 시구 중 함축하고 있는 의미가 가장 다른 것은?

> (가) 매운 계절의 챗죽에 갈겨
> 마츰내 北方으로 휩쓸려오다
>
> 하늘도 그만 (나) 지쳐 끝난 고원(高原)
> (다) 서리빨 칼날진 그우에 서다
>
> 어데다 무릎을 꾸러야 하나
> (라) 한발 재겨 디딜 곳조차 없다
>
> 이러매 눈깜아 생각해볼밖에
> 겨울은 강철로 된 무지갠가 보다.
>
> - 이육사, 「절정(絕頂)」

*챗죽: 채찍
*재겨: 비집고 들어

① (가)　　　　　② (나)
③ (다)　　　　　④ (라)

18 다음 글의 괄호 안에 공통으로 들어갈 말로 가장 적절한 것은?

> 그것이 헛된 일임을 안다. 그러나 동경과 기대 없이 살 수 있는 사람이 있을까? 무너져 버린 뒤에도 그리움은 슬픈 아름다움을 지니고 있다. … 먼 곳에의 그리움! 모르는 얼굴과 마음과 언어 사이에서 혼자이고 싶은 마음! … 포장마차를 타고 일생을 전전하고 사는 ( )의 생활이 나에게는 가끔 이상적인 것으로 생각된다. 노래와 모닥불가의 춤과 사랑과 점치는 일로 보내는 짧은 생활, 짧은 생, 내 혈관 속에서 어쩌면 ( )의 피가 한 방울 섞여 있을지도 모른다고 혼자 공상해 보고 웃기도 한다.
> - 전혜린, 「먼 곳에의 그리움」

① 카우보이　　　② 집시
③ 가수　　　　　④ 무용수

[19~20] 다음 글을 읽고 물음에 답하시오.

주자학이란 무엇일까? 주자학은 한마디로 주자(朱子, 1130~1200)가 새롭게 해석한 유학이라 할 수 있다. 공자와 맹자의 말씀은 "자신을 누르고 예의에 맞게 행동하라[극기복례(克己復禮)].", "사람들에게 진심으로 대하고 늘 배려하라[충서(忠恕)]."처럼, 도덕 교과서에나 나올 법한 소박한 가르침에 지나지 않았다. 주자는 이를 철학적으로 훨씬 더 세련되게 다듬었다. 주자학에는 태극 이론, 음양(陰陽), 이기(理氣), 심성론(心性論) 등 어려운 용어가 많이 나온다. 이를 여기서 조목조목 풀어 설명할 필요는 없을 듯하다. 단지 주자가 이런 이론들을 만든 이유는 "자연 과학과 심리학의 도움으로 도덕 이론을 더 정확하게 설명하기 위해서"였다는 정도만 이해하면 될 것이다.

주자의 가르침 가운데 신진 사대부들의 마음을 사로잡았던 구절은 크게 두 가지다. 첫째는 위기지학(爲己之學)의 이념이다. 공부의 목적은 성인(聖人)이 되는 데 있지, 출세하여 부귀영화를 누리기 위함이 아니라는 뜻이다. 이러한 위기지학 정신은 신진 사대부들에게 큰 힘을 주었다. 음서(蔭敍)로 권력을 얻던 귀족 자제들과 달리, 그들은 피나는 '공부'를 거쳐 관직에 들어선 자들이다. 위기지학의 이념에 따르면, 이들이야말로 자신의 인품을 갈고닦은 사람들이 아닌가!

둘째는 주자가 강조한 격물치지(格物致知) 정신이다. 인격 수양을 위해서는 먼저 사물을 연구하고[격물(格物)] 세상 만물의 이치를 깨달아[치지(致知)] 무엇이 진정 옳고 그른지 명확히 알아야 한다. 이때 사물을 연구한다는 것은 사실을 잘 관찰하고 분석한다는 의미가 아니다. 이미 공자와 맹자 같은 옛 성현들이 이런 작업을 완벽하게 해 놓았으므로, 후대 사람들은 이들이 남긴 글을 깊이 되새기기만 하면 된다.

그렇다면 공자의 말씀을 가장 깊고 넓게 알고 있었던 사람들은 누구일까? 다름 아닌 신진 사대부로, 이들은 과거를 보기 위해 공자의 말씀을 새기고 또 새겼다. 결국 격물치지란 바로 신진 사대부들이 우월한 자들임을 보여 주는 핵심 이론이 되는 셈이다. 주자의 가르침은 이처럼 유학 사상으로 무장한 신진 사대부들이 사회 지도층이 되어야 함을 입증하는 강력한 근거가 되었다.

19 위 글로부터 알 수 있는 사실이 아닌 것은?

① 주자학은 위기지학과 격물치지의 학문이다.
② 주자학은 자연과학과 심리학의 영향을 받았다.
③ 신진 사대부는 관직에 진출하기 위해 주자학을 공부했다.
④ 주자학은 공자와 맹자의 말씀을 철학적으로 세련되게 다듬은 것이다.

20 위 글의 설명 방식에 해당하는 것을 〈보기〉에서 골라 가장 바르게 묶은 것은?

───── 〈보 기〉 ─────
㉠ 유추의 방법으로 대상의 특징을 밝히고 있다.
㉡ 묻고 답하는 방식을 통해 논의를 전개하고 있다.
㉢ 어려운 용어를 풀어 써서 독자의 이해를 돕고 있다.
㉣ 은유와 상징을 통해 자신의 생각을 드러내고 있다.

① ㉠, ㉢　　　　　② ㉠, ㉣
③ ㉡, ㉢　　　　　④ ㉡, ㉣

21 아래의 글을 읽고 '한국 정원의 특징'을 표현한 것으로 가장 적절한 말은?

중국의 4대 정원을 보면, 이화원과 피서산장은 정원이 아니라 거대한 공원이라는 표현이 더 맞다. 졸정원과 유원은 사가(私家)의 정원으로서 평평한 대지에 담을 치고 그 안에 자연을 인공적으로 재현한 것으로 특유의 웅장함과 기이함이 있다. 그러나 창덕궁 후원과 같은 그윽한 맛은 찾아볼 수 없다.

일본에서는 교토의 천황가에서 지은 가쓰라 이궁(桂離宮, 가쓰라리큐)과 지천회유식 정원인 천룡사(天龍寺, 덴류지), 석정(石庭)으로 유명한 용안사(龍安寺, 료안지) 같은 사찰 정원이 명원으로 꼽힌다. 이곳들은 인공의 정교로움과 아기자기한 디테일을 자랑하고, 거기에다 무사도(武士道), 다도(茶道), 선(禪)의 이미지를 구현한 독특한 미학이 있다. 그러나 일본의 정원은 자연을 다듬어서 꾸민 조원(造園)으로 정원의 콘셉트 자체가 다르고 우리 같은 자연적인 맛이 없다.

중국과 일본의 정원도 자연과의 어우러짐을 중시했다. 그런 정원을 원림(園林)이라고 부른다. 원림을 경영하는 데에는 울타리 바깥의 자연 경관을 정원으로 끌어들이는 차경(借景)이 중요한 요소로 작용한다. 그러나 우리 원림에서는 자연 경관을 빌려오는 차경 정도가 아니라 자연 경관 자체가 정원의 뼈대를 이룬다. 인공적인 조원이 아니라 자연 경관을 경영하는 것이다. 산자락과 계곡이 즐비한 자연 지형에서 나온 우리만의 독특한 정원 형식이다.

한국의 이러한 전통 정원을 두고 우리나라의 한 건축학자는 "자연을 해석하고 적극적인 경관으로 건축화한 것"이라고 설명하였으며, 우리나라를 방문한 프랑스 건축가 협회 회장 로랑 살로몽은 "한국의 전통 건축물은 단순한 건축물이 아니라 자연이고 풍경이다. 인위적으로 세운 것이 아니라 자연 위에 그냥 얹혀 있는 느낌이다. 그런 점에서 한국의 전통 건축은 미학적 완성도가 아주 높다고 생각한다."라고 우리나라 전통 정원의 특징을 설명하였다.

① 자연과 인공의 조화(調和)
② 자연 경관의 경영(經營)
③ 자연의 차경(借景)
④ 자연의 재현(再現)

22 (가)~(라)에서 가장 먼저 지어진 작품(㉠)과 '훈민정음'으로 가장 먼저 표기된 작품(㉡)은?

(가) 불휘 기픈 남ᄀᆞᆫ ᄇᆞᄅᆞ매 아니 뮐씨
　　　곶 됴코 여름 하ᄂᆞ니
　　　시미 기픈 므른 ᄀᆞ모래 아니 그츨씨
　　　내히 이러 바ᄅᆞ래 가ᄂᆞ니

(나) 梨花에 月白ᄒᆞ고 銀寒이 三更인 제
　　　一枝春心을 子規야 알랴마는
　　　多情도 病인 樣ᄒᆞ여 ᄌᆞᆷ 못 들어 ᄒᆞ노라

(다) 어와 내 병이야 이 님의 타시로다
　　　출하리 싀여디여 범나븨 되오리라
　　　곳나모 가지마다 간 ᄃᆡ 족족 안니다가
　　　향 무틴 ᄂᆞᆯ애로 님의 옷싀 올므리라
　　　님이야 날인 줄 모로셔도 내 님 조ᄎᆞ려 ᄒᆞ노라

(라) 元淳文 仁老詩 公老四六
　　　李正言 陳翰林 雙韻走筆
　　　沖基對策 光鈞経義 良經詩賦
　　　위 試場ㅅ景 긔 엇더ᄒᆞ니잇고
　　　(葉) 琴學士의 玉笋文生 琴學士의 玉笋文生
　　　위 날 조차 몃 부니잇고

	㉠	㉡
①	(가)	(라)
②	(나)	(다)
③	(다)	(나)
④	(라)	(가)

23 다음 글의 (가)에 들어갈 단어는?

한자는 늘 그 많은 글자의 수 때문에 나쁜 평가를 받아 왔다. 한글 전용론자들은 그걸 배우느라 아까운 청춘을 다 버려야 하겠느냐고도 한다. 그러나 헨드슨 교수는 이 점에 대해서도 명쾌하게 설명한다. 5만 자니 6만 자니 하며 그 글자 수의 많음을 부각시키는 것은 사람들을 오도한다는 것이다. 중국에서조차 1,000자가 현대 중국어 문헌의 90%를 담당하고, 거기다가 그 글자들이 뿔뿔이 따로 만들어진 것이 아니고 대부분 (가)와/과 같은 방식으로 만들어져 그렇게 대단한 부담이 아니라는 것이다.

① 상형(象形)　　　② 형성(形聲)
③ 회의(會意)　　　④ 가차(假借)

[24~25] 다음 글을 읽고 물음에 답하시오.

    이런 일을 생각하면 한생원도 ㉠ 미상불 다행스럽지 아니한 것은 아니었다. 그러나 오직 그뿐이었다. 독립? 신통할 것이 없었다.

    독립이 되기로서니, 가난뱅이 농투성이가 별안간 나으리 주사 될 리 만무하였다. 가난뱅이 농투성이가 남의 세토 얻어 비지땀 흘려 가면서 일 년 농사 지어 절반도 넘는 ㉡ 도지 물고, 나머지로 굶으며 먹으며 연명이나 하여 가기는 독립이 되거나 말거나 매양 일반일 터이었다.

    공출이야 징용이야 하여서 살기가 더럭 어려워지기는, 전쟁이 나면서부터였었다. 전쟁이 나기 전에는 일 년 농사 지어 작정한 도지, 실수 않고 물면 ㉢ 모자라나따나 아무 시비와 성가심 없이 내 것 삼아 놓고 먹을 수가 있었다.

    징용도 전쟁이 나기 전에는 없던 풍도였다. 마음 놓고 일을 하였고, 그것으로써 그만이었지, 달리는 근심 걱정될 것이 없었다.

    전쟁 사품에 생겨난 공출이니 징용이니 하는 것이 전쟁이 끝이 남으로써 없어진 다음에야 독립이 되기 전 일본 정치 밑에서도 남의 세토 얻어 도지 물고 나머지나 천신하는 가난뱅이 농투성이에서 벗어날 것이 없을진대, 한갓 전쟁이 끝이 나서 공출과 징용이 없어진 것이 다행일 따름이지, 독립이 되었다고 만세를 부르며 날뛰고 할 흥이 한생원으로는 나는 것이 없었다.

    일인에게 빼앗겼던 나라를 도로 찾고, 그래서 우리도 다시 나라가 있게 되었다는 이 잔주도, 역시 한생원에게는 ㉣ 시뿌듯한 것이었다. 한생원은 나라를 도로 찾는다는 것은 구한국 시절로 다시 돌아가는 것으로밖에는 달리 생각할 수가 없었다.

    한생원네는 한생원의 아버지의 부지런으로 장만한, 열서 마지기와 일곱 마지기의 두 자리 논이 있었다. 선대의 유업도 아니요, 공문서 땅을 거저 주운 것도 아니요, 버젓이 값을 내고 산 것이었다. 하되 그 돈은 체계나 돈놀이로 모은 돈이 아니요, 품삯 받아 푼푼이 모으고 악의악식하면서 모은 돈이었다. 피와 땀이 어린 땅이었다.

    그 피땀 어린 논 두 자리에서, 열서 마지기를 한생원네는 산 지 겨우 오 년 만에 고을 원에게 빼앗겨 버렸다.
                                                            – 채만식, 「논 이야기」

24 밑줄 친 단어 중 문맥상 의미가 맞지 않는 것은?

① ㉠: 아닌 게 아니라 과연
② ㉡: 일정한 대가를 주고 빌려 쓰는 논밭이나 집터
③ ㉢: 다소 모자라기는 하더라도
④ ㉣: 달갑지 아니하거나 못마땅하여 시큰둥한

25 다음 중 한생원의 생각과 가장 거리가 먼 것은?

① 독립이라는 것이 소작농의 삶에 아무런 영향을 끼치지 않는다.
② 해방이 되어도 나라가 사회 모순을 해결하지 못할 것이다.
③ 독립은 구한국 시절로 돌아가는 것과 다를 바 없다.
④ 소작농의 궁핍한 삶에는 국가의 책임도 적지 않다.

2022 | **9급** 기출문제

모바일
OMR
답안분석
서비스

✅ 회독 CHECK 1 2 3

✅ 시험시간 25분 ✅ 해설편 032쪽

01 다음 중 띄어쓰기가 가장 옳은 것은?

① 지난 달에 나는 딸도 만날겸 여행도 할겸 미국에 다녀왔어.
② 이 회사의 경비병들은 물 샐 틈없이 경비를 선다.
③ 저 사과들 중에서 좀더 큰것을 주세요.
④ 그 사람은 감사하기는 커녕 적게 주었다고 원망만 하더라.

02 다음 중 파생법으로 만들어진 단어가 아닌 것은?

① 교육자답다
② 살펴보다
③ 탐스럽다
④ 순수하다

03 다음 중 사자성어가 가장 적절하게 쓰이지 않은 것은?

① 견강부회(牽强附會) 하지 말고 타당한 논거로 반박을 하세요.
② 그는 언제나 호시우보(虎視牛步) 하여 훌륭한 리더가 되었다.
③ 함부로 도청도설(道聽塗說)에 현혹되어 주책없이 행동하지 마시오.
④ 이번에 우리 팀이 크게 이긴 것을 전화위복(轉禍爲福)으로 여기자.

04 다음 중 밑줄 친 부분의 한자가 나머지 셋과 다른 것은?

① 오래된 나사여서 마모가 심해 빼기 어렵다.
② 평소 절차탁마에 힘써야 대기만성에 이를 수 있다.
③ 정신을 수양하고 심신을 연마하는 것이 진정한 배움이다.
④ 너무 열중하여 힘을 주다 보니 근육이 마비되었다.

05 밑줄 친 부분의 띄어쓰기가 잘못된 것은?

① 한번 실패했더라도 다시 도전하면 된다.
② 한번은 네거리에서 큰 사고를 낼 뻔했다.
③ 고 녀석, 울음소리 한번 크구나.
④ 심심한데 노래나 한번 불러 볼까?

[06~07] 다음 글을 읽고 물음에 답하시오.

인류는 우주의 중심이 아니라 가장자리에 있으며, 인류의 기적 같은 진화는 유대, 기독교, 이슬람이 전제하고 있는 바와 같이 초월자의 선택에 의해 결정됐거나 힌두, 불교가 주장하고 있는 것과는 달리 자연의 우연한 산물이다. 우주적인 관점에서 볼 때 인류의 가치는 동물의 가치와 근원적으로 차별되지 않으며, 그의 존엄성은 다른 동물의 존엄성과 근본적으로 차등지을 수 없다. 자연은 한없이 아름답고 자비롭다. 미국 원주민이 대지를 '어머니'라고 부르는 것으로 알 수 있듯이 자연은 모든 생성의 원천이자 젖줄이다. 그것은 대자연 즉 산천초목이 보면 볼수록 느끼면 느낄수록 생각하면 생각할수록 신선하고 풍요하기 때문이다. 자연은 무한히 조용하면서도 생기에 넘치고, 무한히 소박하면서도 환상적으로 아름답고 장엄하고 거룩한 모든 것들의 모체이자 그것들 자체이다. 자연은 영혼을 가진 인류를 비롯한 유인원, 그 밖의 수많은 종류의 식물과 동물들 및 신비롭고 거룩한 모든 생명체의 고향이자 거처이며, 일터이자 휴식처이고, 행복의 둥지이며, 영혼을 가진 인간이 태어났던 땅이기 때문이다. 자연은 모든 존재의 터전인 동시에 그 원리이며 그러한 것들의 궁극적 의미이기도 하다. 자연은 생명 그 자체의 활기, 존재 자체의 아름다움의 표상이다. 또한 그것은 인간이 배워야 할 진리이며 모든 행동의 도덕적 및 실용적 규범이며 지침이며 길이다. 자연은 정복과 활용이 아니라 감사와 보존의 대상이다.

06 다음 중 위 글을 통해 파악할 수 있는 글쓴이의 성격으로 가장 적절한 것은?

① 낭만주의자(浪漫主義者)
② 자연주의자(自然主義者)
③ 신비주의자(神秘主義者)
④ 실용주의자(實用主義者)

07 위 글의 구성 방식으로 가장 적절한 것은?

① 두괄식
② 양괄식
③ 미괄식
④ 중괄식

08 다음 중 아래의 글을 읽고 추론한 라캉의 생각과 가장 거리가 먼 것은?

라캉에 의하면, 사회화 과정에 들어서기 전의 거울 단계에서, 자기와 자기 영상, 혹은 자기와 어머니 같은 양자 관계에 새로운 타인, 다시 말해 아버지, 곧 법으로서의 큰 타자가 개입하는 삼자 관계, 즉 상징적 관계가 형성된다. 이 형성은 제3자가 외부에서 인위적으로 비집고 들어섬을 뜻하는 것이 아니다. 인간이 상징적 질서를 생각하게 되는 것은, 이미 그 질서가 구조적으로 인간에게 기능하게끔 되어 있기 때문이다. 인간이 후천적, 인위적으로 그 구조를 만들었다고 생각하는 것은 잘못이다. 인간은 단지 구조되어 있는 그 질서에 참여할 뿐이다.

말하자면 구조란 의식되지 않는 가운데 인간 문화의 기저에서 인간의 행위를 규정함을 뜻하는 것이다. 그러므로 라캉에게 있어서, 주체의 존재 양태는 무의식적인 것을 바탕으로 해서 가능하다. 주체 자체가 무의식적인 것으로서 형성된다. 그러므로 주체는 무의식적 주체이다.

라캉에게 나의 사유와 나의 존재는 사실상 분리되어 있다. 그는 나의 사유가 나의 존재를 확인시켜 주지 못한다고 주장한다. 라캉의 경우, '나는 생각한다'라는 의식이 없는 곳에서 '나는 존재'하고, 또 '내가 존재하는 곳'에서 '나는 생각하지 않는다'. 라캉은 무의식은 타자의 진술이라고 말한다. 바꾸어 말한다면 언어 활동에서 우리가 보내는 메시지는 타자로부터 발원되어 우리에게 온 것이다. '무의식은 주체에 끼치는 기표의 영향'이라고 라캉은 말한다.

이런 연유에서 '인간의 욕망은 타자의 욕망'이라는 논리가 라캉에게 성립된다. 의식의 차원에서 '내가 스스로 주체적'이라고 말하는 것 같지만, 그것은 어디까지나 허상이다. 실상은, 나의 진술은 타자의 진술에 의해서 구성된다는 것이다. 나의 욕망도 타자의 욕망에 의해서 구성된다. 내가 스스로 원한 욕망이란 성립하지 않는다.

① 주체의 무의식은 구조화된 상징적 질서에 의해 형성된다.
② 주체의 의식적 사유와 행위에 의해 새로운 문화 질서가 창조된다.
③ 대중매체의 광고는 주체의 욕망이 형성되는 데 큰 영향을 미친다.
④ 데카르트의 '나는 생각한다. 고로 존재한다.'라는 명제는 옳지 않다.

09 다음 중 아래 시의 주제로 가장 옳은 것은?

> 바람결보다 더 부드러운 은빛 날리는
> 가을 하늘 현란한 광채가 흘러
> 양양한 대기에 바다의 무늬가 인다.
>
> 한 마음에 담을 수 없는 천지의 감동 속에
> 찬연히 피어난 백일(白日)의 환상을 따라
> 달음치는 하루의 분방한 정념에 헌신된 모습
>
> 생의 근원을 향한 아폴로의 호탕한 눈동자같이
> 황색 꽃잎 금빛 가루로 겹겹이 단장한
> 아! 의욕의 씨 원광(圓光)에 묻힌 듯 향기에 익어 가니
>
> 한줄기로 지향한 높다란 꼭대기의 환희에서
> 순간마다 이룩하는 태양의 축복을 받는 자
> 늠름한 잎사귀들 경이(驚異)를 담아 들고 찬양한다.
>
> — 김광섭, 「해바라기」

① 자연과 인간의 교감
② 가을의 정경과 정취
③ 생명에 대한 강렬한 의욕
④ 환희가 넘치는 삶

10 다음 중 아래 글의 제목으로 가장 옳은 것은?

> 방정식이라는 단어는 '정치권의 통합 방정식', '경영에서의 성공 방정식', '영화의 흥행 방정식' 등 다양한 분야에서 애용된다. 수학의 방정식은 문자를 포함하는 등식에서 문자의 값에 따라 등식이 참이 되기도 하고 거짓이 되기도 하는 경우를 말한다. 통합 방정식의 경우, 통합을 하는 데 여러 변수가 있고 변수에 따라 통합이 성공하거나 실패할 수 있으므로 방정식이라는 표현은 대체로 적절하다.

> 그런데 방정식은 '변수가 많은 고차 방정식', '국내·국제·남북 관계의 3차 방정식'이란 표현에서 보듯이 차수와 함께 거론되기도 한다. 엄밀하게 따지면 변수의 개수와 방정식의 차수는 무관하다. 변수가 1개라도 고차 방정식이 될 수 있고 변수가 많아도 1차 방정식이 될 수 있다. 따라서 상황에 영향을 미치는 변수의 개수에 따라 m원 방정식으로, 상황의 복잡도에 따라 n차 방정식으로 구분할 필요가 있다. 또 4차 방정식까지는 근의 공식, 즉 일반해가 존재하므로 해를 구할 수 없을 정도의 난맥상이라면 5차 방정식 이상이라는 표현이 안전하다.

① 수학 용어의 올바른 활용
② 실생활에서의 수학 공식의 적용
③ 방정식의 정의와 구성 요소
④ 수학 용어의 추상성과 엄밀성

11 다음 중 ㉠~㉢에 알맞은 말을 순서대로 나열한 것은?

> 먼 곳의 물체를 볼 때 물체에서 반사되어 나온 빛이 눈 속으로 들어가면서 각막과 수정체에 의해 굴절되어 망막의 앞쪽에 초점을 맺게 되면 망막에는 초점이 맞지 않는 상이 맺힘으로써 먼 곳의 물체가 흐리게 보인다. 이것을 근시라고 한다.
>
> 근시인 눈에서 보고자 하는 물체가 눈에 가까워지면 망막의 (㉠)에 맺혔던 초점이 (㉡)으로 이동하여 망막에 초점이 맺혀 흐리게 보이던 물체가 선명하게 보인다. 그리고 이 지점보다 더 가까운 곳의 물체는 조절 능력에 의하여 계속 잘 보인다.
>
> 이와 같이 근시는 먼 곳의 물체는 잘 안 보이고 가까운 곳의 물체는 잘 보이는 것을 말한다. 근시의 정도가 심하면 심할수록 눈 속에 맺히는 초점이 망막으로부터 (㉢)으로 멀어져 가까운 곳의 잘 보이는 거리가 짧아지고 근시의 정도가 약하면 꽤 먼 곳까지 잘 볼 수 있다.

	㉠	㉡	㉢
①	앞쪽	뒤쪽	앞쪽
②	뒤쪽	앞쪽	앞쪽
③	앞쪽	뒤쪽	뒤쪽
④	뒤쪽	앞쪽	뒤쪽

12 다음 중 ㉠을 가리키기에 적절하지 않은 것은?

> "허, 참, 세상 일두……."
> 마을 갔던 아버지가 언제 돌아왔는지,
> "윤초시댁두 말이 아니어. ㉠ 그 많든 전답을 다 팔아 버리구, 대대루 살아오든 집마저 남의 손에 넘기드니, 또 악상 꺼지 당하는 걸 보면……."
> 남폿불 밑에서 바느질감을 안고 있던 어머니가,
> "증손이라곤 기집애 그 애 하나뿐이었지요?"
> "그렇지. 사내애 둘 있든 건 어려서 잃구……."
> "어쩌면 그렇게 자식복이 없을까."
>
> – 황순원, 「소나기」 중에서

① 雪上加霜
② 前虎後狼
③ 禍不單行
④ 孤掌難鳴

13 밑줄 친 말이 한자어와 고유어의 결합이 아닌 것은?

① 이번 달은 예상외로 <u>가욋돈</u>이 많이 나갔다.
② 앞뒤 사정도 모르고 <u>고자질</u>을 하면 안 된다.
③ 불이 나자 순식간에 장내가 <u>아수라장</u>으로 변했다.
④ 두통이 심할 때 <u>관자놀이</u>를 문지르면 도움이 된다.

14 다음 중 아래의 작품과 내용 및 주제가 가장 비슷한 것은?

> 동풍(東風)이 건듯 부러 적설(積雪)을 헤텨 내니
> 창 밧긔 심근 매화 두세 가지 픠여셰라
> 굿득 냉담(冷淡)흔듸 암향(暗香)은 므스 일고
> 황혼의 달이 조차 벼마틔 빗최니
> 늣기난 닷 반기난 닷 님이신가 아니신가
> 뎌 매화 것거 내여 님 겨신 듸 보내오져
> 님이 너를 보고 엇더타 너기실고
>
> 쏫 디고 새 닙 나니 녹음이 질렷는듸
> 나위(羅幃) 적막ᄒ고 수막(繡幕)이 뷔여 잇다
> 부용(芙蓉)을 거더 노코 공작(孔雀)을 둘러 두니
> 굿득 시름 한듸 날은 엇디 기돗던고
> 원앙금(鴛鴦錦) 버혀 노코 오색선 플텨 내여
> 금자히 견화이셔 님의 옷 지어내니
> 수품(手品)은 커니와 제도도 ᄀ졸시고
> 산호수 지게 우히 백옥함의 다마 두고
> 님의게 보내오려 님 겨신 듸 ᄇ라보니
> 산인가 구름인가 머흐도 머흘시고
> 천리 만리 길흘 뉘라셔 ᄎ자갈고
> 니거든 여러 두고 날인가 반기실가
>
> – 정철, 「사미인곡」 중에서

① 고인도 날 몬 보고 나도 고인 몬 뵈
　고인을 몬 뵈도 녀던 길 알픠 잇니
　녀던 길 알픠 잇거든 아니 녀고 엇뎔고
② 삼동에 베옷 입고 암혈(巖穴)에 눈비 맞아
　구름 낀 볕뉘도 쬔 적이 없건마는
　서산에 해 지다 하니 눈물 겨워 하노라
③ 묏버들 갈히 것거 보내노라 님의
　손듸자시는 창 밧긔 심거두고 보쇼셔
　밤비예 새 닙 곳 나거든 날인가도 너기쇼셔
④ 반중(盤中) 조홍(早紅) 감이 고아도 보이ᄂ다
　유자 안이라도 품엄즉도 ᄒ다마ᄂ
　품어 가 반기 리 업슬새 글노 설워ᄒᄂ이다

15 다음 중 표준어가 아닌 것은?

① 발가숭이   ② 깡총깡총

③ 뻗정다리   ④ 오뚝이

17 아래의 글에 나타나지 않는 설명 방식은?

> 텔레비전에서는 여러 종류의 자막이 쓰인다. 뉴스의 경우, 앵커가 기사를 소개할 때에는 앵커의 왼쪽 위에 기사 전체의 내용을 요약하거나 핵심을 추려 제목 자막을 쓴다. 보도 중간에는 화면의 하단에 기사의 제목이나 소제목을 자막으로 보여준다. 그리고 보도 내용을 이해하는 데 꼭 필요한 핵심적인 내용이나 세부 자료도 자막으로 보여준다.
>
> 관객이나 시청자가 읽을 수 있도록 화면에 보여 주는 글자라는 점에서 영화에서 쓰이는 자막도 텔레비전 자막과 비슷하게 활용된다. 그런데 영화의 자막은 타이틀과 엔딩 크레디트 그리고 번역 대사가 전부이다. 이는 모두 영화 제작과 관련된 정보를 알려주는 제한된 용도로만 사용된다. 번역 대사는 더빙하지 않은 외국영화의 대사를 보여주기 위한 수단으로 사용된다.
>
> 텔레비전에서는 영화에서 쓰는 자막을 모두 사용할 뿐 아니라 각종 제목과 요약 내용을 나타내기도 하고 시청자의 흥미를 돋우기 위해 말과 감탄사를 표현하기도 한다. 음성으로 전달할 수 없는 다양한 정보를 제작자의 의도에 맞게끔 자막을 활용하여 제공하는 것이다.

① 정의

② 유추

③ 예시

④ 대조

16 다음 중 아래 글의 내용을 포괄하여 설명하기에 가장 적절한 것은?

> 주체 경어법은 용언에 선어말 어미 '-시-'를 넣음으로써 이루어진다. 만약 여러 개의 용언이 함께 나타나는 경우라면 일률적인 규칙을 세우기는 어렵지만 대체로 문장의 마지막 용언에 선어말어미 '-시-'를 쓴다. 또한 여러 개의 용언 가운데 어휘적으로 높임의 용언이 따로 있는 경우에는 반드시 그 용언을 사용해야 한다.

① 할머니, 어디가 어떻게 편찮으세요?

② 어머님께서 돌아보시고 주인에게 부탁하셨다.

③ 선생님께서 책을 펴며 웃으셨다.

④ 할아버지께서 주무시고 가셨다.

18 다음 중 (가)~(다)를 문맥에 맞는 순서대로 나열한 것은?

> 최근 수십 년간 세계 각국의 정부들은 공격적인 환경보호 조치들을 취해왔다. 대기오염과 수질오염, 살충제와 독성 화학물질의 확산, 동식물의 멸종 위기 등을 우려한 각국의 정부들은 인간의 건강을 증진하고 인간 활동이 야생 및 원시 지역에서 만들어 낸 해로운 결과를 줄이기 위해 상당한 자원을 투자해왔다.
>
> (가) 그러나 이러한 규제 노력 가운데는 막대한 비용을 헛되이 낭비한 것들도 상당수에 달하며, 그중 일부는 해결하고자 했던 문제를 오히려 악화시키기도 했다.
>
> (나) 이 중 많은 조치들이 커다란 성과를 거두었다. 이를테면 대기오염을 줄이려는 노력으로 수십만 명의 조기 사망과 수백만 가지의 질병을 예방할 수 있었다.
>
> (다) 예를 들어, 새로운 대기 오염원을 공격적으로 통제할 경우, 기존의 오래된 오염원의 수명이 길어져서 적어도 단기적으로는 대기오염을 가중시킬 수 있다.

① (나) → (가) → (다)
② (나) → (다) → (가)
③ (다) → (가) → (나)
④ (다) → (나) → (가)

19 다음 중 밑줄 친 부분과 같은 수사법이 쓰인 것은?

> <u>흰</u> 수건이 검은 머리를 두르고
> <u>흰</u> 고무신이 거친 발에 걸리우다.
>
> <u>흰</u> 저고리 치마가 슬픈 몸집을 가리고
> <u>흰</u> 띠가 가는 허리를 질끈 동이다.
>   – 윤동주, 「슬픈 족속」

① 내 누님같이 생긴 꽃이여
② 나의 마음은 고요한 물결
③ 파도가 아가리를 쳐들고 달려드는 곳
④ 의(義) 있는 사람은 옳은 일을 위하여는 칼날을 밟습니다

20 밑줄 친 말의 표기가 잘못된 것은?

① 배가 고파서 <u>공기밥</u>을 두 그릇이나 먹었다.
② 선출된 임원들이 차례로 <u>인사말</u>을 하였다.
③ 사고 <u>뒤처리</u>를 하느라 골머리를 앓았다.
④ 이메일보다는 손수 쓴 <u>편지글</u>이 더 낫다.

21 다음 중 아래 글에 대한 이해로 가장 적절하지 않은 것은?

> 어떤 사람은 이곳이 옛 전쟁터였기 때문에 물소리가 그렇다고 말하나 그래서가 아니라 물소리는 듣기 여하에 달린 것이다.
>
> 나의 집이 있는 산속 바로 문 앞에 큰 내가 있다. 해마다 여름철 폭우가 한바탕 지나가고 나면 냇물이 갑자기 불어나 늘 수레와 말, 대포와 북의 소리를 듣게 되어 마침내 귀에 못이 박힐 정도가 되어 버렸다.
>
> 나는 문을 닫고 드러누워 그 냇물 소리를 구별해서 들어 본 적이 있었다. 깊숙한 솔숲에서 울려 나오는 솔바람 같은 소리, 이 소리는 청아하게 들린다. 산이 찢어지고 언덕이 무너지는 듯한 소리, 이 소리는 격분해 있는 것처럼 들린다. 뭇 개구리들이 다투어 우는 듯한 소리, 이 소리는 교만한 것처럼 들린다. 수많은 축(筑)이 번갈아 울리는 듯한 소리, 이 소리는 노기에 차 있는 것처럼 들린다. 별안간 떨어지는 천둥 같은 소리, 이 소리는 놀란 듯이 들린다. 약하기도 세기도 한 불에 찻물이 끓는 듯한 소리, 이 소리는 분위기 있게 들린다. 거문고가 궁조(宮調)·우조(羽調)로 울려 나오는 듯한 소리, 이 소리는 슬픔에 젖어 있는 듯이 들린다. 종이 바른 창문에 바람이 우는 듯한 소리, 이 소리는 회의(懷疑)스러운 듯 들린다. 그러나 이 모두가 똑바로 듣지 못한 것이다. 단지 마음속에 품은 뜻이 귀로 소리를 받아들여 만들어 낸 것일 따름이다.
>   – 박지원, 「일야구도하기」 중에서

① 직유와 은유를 활용하여 대상을 묘사하였다.
② 세심한 관찰을 통해 사물의 본질을 이해할 수 있음을 역설하였다.
③ 일상에서의 경험을 자기 생각의 근거로 제시하였다.
④ 다른 이의 생각을 반박하기 위하여 서술하였다.

22 밑줄 친 '보다'의 활용형이 지닌 의미가 나머지 셋과 다른 것은?

① 어쩐지 그의 행동을 실수로 볼 수가 없었다.
② 손해를 보면서 물건을 팔 사람은 없다.
③ 그는 상대를 만만하게 보는 나쁜 버릇이 있다.
④ 날씨가 좋을 것으로 보고 우산을 놓고 나왔다.

23 다음 중 '을'이 '동의의 격률'에 따라 대화를 한 것은?

① 갑: 저를 좀 도와주실 수 있어요?
　을: 무슨 일이지요? 지금 급히 해야 할 일이 있어요.
② 갑: 글씨를 좀 크게 써 주세요.
　을: 귀가 어두워서 잘 들리지 않는데 좀 크게 말씀해 주세요.
③ 갑: 여러 모로 부족한 점이 많은데, 앞으로 잘 부탁합니다.
　을: 저는 매우 부족한 사람이라서 제대로 도와 드릴 수 있을지 걱정입니다.
④ 갑: 여러 침대 중에 이것이 커서 좋은데 살까요?
　을: 그 침대가 크고 매우 우아해서 좋군요. 그런데 좀 커서 우리 방에 들어가지 않을 것 같아요.

24 아래의 글에서 밑줄 친 단어들 중 고유어에 해당하는 것은?

> 절간의 여름 수도(修道)인 하안거(夏安居)가 끝나면 스님들은 바랑을 메고 바리를 들고서 <u>동냥</u> 수도에 나선다. 이 동냥이 경제적인 <u>구걸</u>로 타락된 적도 없지 않지만 원래는 <u>중생</u>으로 하여금 <u>자비</u>를 베풀 기회를 줌으로써 업고(業苦)를 멸각시키려는 수도 행사였다.

① 동냥
② 구걸
③ 중생
④ 자비

25 다음 중 밑줄 친 단어를 로마자 표기법에 맞게 표기한 것은?

> 내 이름은 <u>복연필</u>이다.
> 어제 우리는 <u>청와대</u>를 다녀왔다.
> 작년에 나는 <u>한라산</u>을 등산하였다.
> 다음 주에 나는 <u>북한산</u>을 등산하려고 한다.

① 복연필 – Bok Nyeonphil
② 청와대 – Chungwadae
③ 한라산 – Hanrasan
④ 북한산 – Bukhansan

2022 | 7급 기출문제

모바일
OMR
답안분석
서비스

✔ 시험시간 25분 ✔ 해설편 040쪽

01 다음 중 아래의 특징을 모두 만족하는 단어가 아닌 것은?

- 어떤 경우에도 조사와 결합하지 않는다.
- 독립된 품사로 단어와 띄어 쓴다.
- 주로 체언을 꾸며 준다.

① 달리
② 서너
③ 어떤
④ 갖은

02 다음 중 아래 글의 내용에 대한 설명으로 가장 적절한 것은?

인제 모든 것은 끝나는 것이다. 얼음장처럼 밑이 차다. 아무 생각도 없다. 전신의 근육이 감각을 잃은 채 이따금 경련을 일으킨다. 발자국 소리가 난다. 말소리도. 시간이 되었나 보다. 문이 삐그더거리며 열리고, 급기야 어둠을 헤치고 흘러 들어오는 광선을 타고 사닥다리가 내려올 것이다. 숨죽인 채 기다린다. 일순간이 지났다. 조용하다. 아무런 동정도 없다. 어쩐 일일까?
---몽롱한 의식의 착오 탓인가. 확실히 구둣발 소리다. 점점 가까워 오는---정확한---
그는 몸을 일으키려 애썼다. 고개를 들었다. 맑은 광선이 눈부시게 흘러 들어온다. 사닥다리다.
"뭐 하고 있어! 빨리 나와!"
착각이 아니었다.
그들은 벌써부터 빨리 나오라고 고함을 지르며 독촉하고 있었다. 한 단 한 단 정신을 가다듬고, 감각을 잃은 무릎을 힘껏 괴어 짚으며 기어올랐다. 입구에 다다르자 억센 손아귀가 뒷덜미를 움켜쥐고 끌어당겼다. 몸이 밖으로 나가는 순간, 눈 속에서 그대로 머리를 박고 쓰러졌다. 찬 눈이 얼굴 위에 스치자 정신이 돌아왔다. 일어서야만 한다. 그리고 정확히 걸음을 옮겨야 한다. 모든 것은 인제 끝나는 것이다. 끝나는 그 순간까지 정확히 나를 끝맺어야 한다.
— 오상원, 「유예」

① 대화로 인물의 성격을 그리고 있다.
② 주인공의 행동을 통해 주제가 드러나고 있다.
③ 인물들 사이의 갈등이 고조되고 있다.
④ 주인공이 갖는 감정의 흐름에 기대어 서술하고 있다.

03 다음 중 ㉠과 ㉡에 들어갈 사자성어로 가장 적절한 것은?

경제학에서 '원칙'이라고 부르는 것들도 알고 보면 '상식'이다. 예컨대 필요한 재화를 효율성 원칙에 따라 생산하자면 되도록이면 비용을 줄이는 대신 편익은 커야 하는데, 이거야 말로 모두가 아는 상식이다. 따라서 경제학적인 관점에서 보면 그냥 상식에 따라 살기만 해도 올바르게 산다고 봐야 한다.

자기 혼자 편히 살자고 이웃에 비용을 부담시키거나 위험한 일들을 떠맡긴다면 그것은 상식에 어긋난다. 주류경제학은 이런 이기주의와 개인주의를 높이 찬양하고 있지만 입장을 바꿔 생각해 보면 이게 얼마나 몰상식적인 처사인지가 금방 드러난다. 더 나아가 그것은 몰염치하기 조차하다. 따라서 효율성 원칙은 타인을 배려하는 공생의 원칙에 의해 통제돼야 한다. 경제학은 이를 '사회적 효율성'이라고 부른다. 일상생활 규범으로 암송되고 있는 (㉠)라는 사자성어도 알고 보면 이러한 경제 원칙의 문학적 표현이다.

이처럼 경제 원칙이라고 불리지만 정작 상식에 불과한 것에는 '수익자 부담의 원칙'도 있다. 여러 사람들이 함께 노력한 결과 이익이 생기면, 그 이익을 즐긴 사람이 비용을 부담해야 한다는 원칙이다. 부지 조성으로 이익을 얻은 개발업자가 개발부담금을 납부하거나 도로가 건설될 때 이익을 보는 도로사용자가 휘발유 사용량에 비례하여 도로유지 비용을 부담하는 것과 같다. 이런 상식을 따르지 않으면 (㉡)한 자로 여겨질 것이다. (㉠), (㉡)! 이렇게 보니 경제학 원칙은 상식이며, 도덕적 규범이 반영된 것이다. 인간이라면 이런 상식과 도덕을 따라야 할 것이다.

	㉠	㉡
①	易地思之	背恩忘德
②	十匙一飯	棟梁之材
③	人之常情	俯首聽令
④	吳越同舟	守株待兎

04 다음 중 아래 시에 대한 설명으로 가장 거리가 먼 것은?

…… 활자(活字)는 반짝거리면서 하늘 아래에서
간간이
자유를 말하는데
나의 영(靈)은 죽어 있는 것이 아니냐

벗이여
그대의 말을 고개 숙이고 듣는 것이
그대는 마음에 들지 않겠지
마음에 들지 않어라

모두 다 마음에 들지 않어라
이 황혼도 저 돌벽 아래 잡초도
담장이 푸른 페인트 빛도
저 고요함도 이 고요함도

그대의 정의(正義)도 우리들의 섬세도
행동이 죽음에서 나오는
이 욕된 교외에서는
어제도 오늘도 내일도 마음에 들지 않어라

그대는 반짝거리면서 하늘 아래에서
간간이
자유를 말하는데
우스워라 나의 영은 죽어 있는 것이 아니냐

– 김수영, 「사령(死靈)」

① 자조적인 시어를 통하여 자신의 삶을 성찰하고 있다.
② 자성적인 어조를 통하여 자유와 정의가 소멸된 현실을 직시하고 있다.
③ 반복과 변주를 통한 수미상관식 구성을 통하여 의미 강조 기법을 사용하고 있다.
④ 불의에 항거하지 못하고, 염세적 태도와 소극적인 입장을 취한 자신을 질책하고 있다.

05 '장미'를 소개하는 글을 쓰고자 한다. 아래의 ㉠~㉣에 들어갈 글로 가장 적절하지 않은 것은?

- 묘사: 손잡이가 두 개 달려 있는 짙은 청록색의 투명한 화병에 빨간 장미 일곱 송이가 꽂혀 있다.
- 비교와 대조: _____ ㉠ _____
- 유추: _____ ㉡ _____
- 예시: _____ ㉢ _____
- 분류: _____ ㉣ _____
- 서사: 많은 생명체가 그러하듯이 장미 역시 오랜 인고의 시간 끝에 빨간 봉오리를 맺게 된다. 그리고 자신의 아름다움을 지키기 위해 줄기에 가시를 품고 있다.

---

① ㉠: 국화에 비하여 장미는 꽃잎의 크기가 크다. 그러나 꽃잎의 수는 국화의 그것보다 적다.

② ㉡: 장미는 어여쁜 색시의 은장도와 같다. 장미의 꽃잎은 어여쁘지만 그것을 보호하기 위한 가시가 줄기에 있다.

③ ㉢: 장미는 일상생활은 물론 문학 작품 속에서도 흔히 볼 수 있다. '어린왕자'의 경우에는 유리병 속의 장미가 나온다.

④ ㉣: 장미는 잎, 줄기, 뿌리로 구성되어 있다. 8개의 꽃잎과 가시가 달려 있는 줄기, 뿌리로 구성되어 있다.

06 다음 중 밑줄 친 낱말의 뜻을 적은 것으로 가장 옳은 것은?

① 그는 업무처리가 머줍기로 소문이 나 있다.
　→ 정확하기로

② 우리 일에는 김 과장처럼 늡늡한 사람이 적격이다.
　→ 활달한

③ 할머니는 따뜻한 죽을 골막하게 담아 주셨다.
　→ 가득

④ 그녀는 우리 동기 가운데서 가장 동뜬 학생이었다.
　→ 뒤떨어진

07 다음은 실의에 빠진 친구를 위로하려고 쓴 쪽지 글이다. 아래의 조건이 가장 잘 반영된 것은?

- 희망적인 내용을 담을 것
- 적절한 속담이나 격언을 인용할 것
- 직유나 은유의 표현을 사용할 것

---

① 많이 아프지?
　몇 주 동안 혼자 있으려니 얼마나
　지루하고 답답하겠니?
　문득 '하면 된다'는 말이 떠오른다.
　반 친구들도 네 안부를 물었다.

② 친구가 떠나서 무척이나 섭섭하겠구나.
　축 처져 있는 모습, 너 답지 않아.
　'친구 따라 강남 간다'는 말이 있잖아?
　너무 아파하지 말고 툭툭 털고 일어나렴.
　봄의 새싹같이.

③ 선생님께 혼나서 많이 속상하지?
　너를 사랑하시기 때문일 거야.
　'선생님의 그림자는 밟지도 않는다'는 말도 있잖아?
　괜찮지? 수업 끝나고 만나서 이야기하자.

④ 동생이 아픈데 집안 사정도 어려워졌다며?
　공부하기도 힘들 텐데 '엎친 데 덮친 격'이 되었구나.
　힘내! 우리는 젊잖아?
　햇빛처럼 환한 너의 웃음을 다시 보고 싶다.
　친구야.

08 다음 밑줄 친 한자의 쓰임이 가장 적절한 것은?

① 우리 연구팀은 신제품 啓發에 착수하였다.

② 영화를 보는 동안 나는 무엇이 현실이고 무엇이 가상인지 混沌이 되었다.

③ 교통 신호 體制만 바꾸어도 사고를 줄일 수 있다.

④ 은메달 스트레스는 메달 지상주의를 부추기는 올림픽의 현실을 傍證하는 예다.

09 다음 글을 통해 주장할 수 있는 언어 순화의 방향으로 가장 적절한 것은?

일반 소비자들은 '다방'보다는 '커피숍'에 갈 때에, '커피숍'보다는 '카페'에 갈 때에 더 많은 금전 지출을 각오한다. 목장에서 소의 '젖'을 짜서 공장에 보내면 용기에 담아 넣고 '우유'라는 이름으로 시장에 내놓는다. 그리고 이것을 서비스 업소에서 고객에게 '밀크'로 제공하면서 계속 부가 가치가 높아져 간다. 가난한 사람은 '단칸방'에 세 들고 부자는 '원룸'에서 사는 것을 언어를 통하여 내면화하고 있는 것이 현실이다. 곧 토착어에서 한자어로, 또 서구 외래어로 변신할 때마다 당당히 이윤을 더 비싸게 붙일 수 있는 위력이 생긴다는 것이다. 이 사례는 외래어가 상품의 사용 가치보다는 교환 가치를 높이는 데에 이용된다는 것을 보여 준다.

① 경제적 가치를 반영하는 방향
② 소비자의 이익을 위하는 방향
③ 토착어의 순수성을 지키는 방향
④ 의사소통의 공통성을 강화하는 방향

10 다음 글의 제목으로 가장 적절한 것은?

경제 주체들은 시장을 통해 필요한 재화를 얻거나 제공하며, 재화가 자신들에게 유리하게 배분되도록 노력한다. 그러나 시장을 통한 재화의 배분이 어렵거나 시장 자체가 존재하지 않는 경우도 있다. 이때, 시장 제도를 적절히 설계하면 경제 주체들의 이익을 최대한 충족시키면서 재화를 효율적으로 배분할 수 있는데, 이를 '시장 설계'라고 한다. 시장 설계의 방법은 양방향 매칭과 단방향 매칭이 있다. 양방향 매칭은 두 집합의 경제 주체들을 서로에 대해 갖고 있는 선호도를 최대한 배려하여 쌍으로 맺어주는 것이다. 그리고 단방향 매칭은 경제 주체들이 지니고 있는 재화를 재분배하여 더 선호하는 재화를 선택할 수 있는 방법을 찾는 것이다. 결국 양방향 매칭은 경제 주체들 간의 매칭을, 단방향 매칭은 경제 주체에게 재화를 배분하는 매칭을 찾는 것이라고 할 수 있다.

① 시장 설계와 방법   ② 재화 배분과 방법
③ 매칭의 선택과 방법   ④ 경제 주체와 매칭

11 다음 중 아래 작품에 대한 설명으로 가장 옳지 않은 것은?

모란이 피기까지는,
나는 아직 나의 봄을 기다리고 있을 테요.
모란이 뚝뚝 떨어져 버린 날,
나는 비로소 나의 봄을 여읜 설움에 잠길 테요.
오월 어느 날, 그 하루 무덥던 날,
떨어져 누운 꽃잎마저 시들어 버리고는
천지에 모란은 자취도 없어지고,
뻗쳐 오르던 내 보람 서운케 무너졌느니,
모란이 지고 말면 그뿐, 내 한 해는 다 가고 말아,
삼백 예순 날 하냥 섭섭해 우웁내다.
모란이 피기까지는,
나는 아직 기다리고 있을 테요, 찬란한 슬픔의 봄을.
　　　　　　　　　　　　－ 김영랑, 「모란이 피기까지는」

① 이 시는 '기다림과 상실의 미학'을 노래한 작품이다.
② 이 시의 화자는 모란의 '영원한 아름다움'을 찬양하고 있다.
③ 화자는 모란이 지고 난 뒤의 봄날의 상실감으로 인해 설움에 잠기지만, 그 슬픔과 상실이 주는 역설적인 기다림의 아름다움을 노래하고 있다.
④ 이 시에서 화자는 '모란'의 아름다움이 '한 철'만 볼 수 있는 것이기에 '찬란한 슬픔'이라고 표현하고 있다.

12 다음 글을 이용하여 국어 문장 구조에 관한 수업을 진행하였다. 발표 내용으로 가장 적절하지 않은 것은?

> ㉠ 담징은 이마에 흐르는 땀을 씻었다.
> ㉡ 그가 착한 사람임을 모르는 사람은 거의 없다.
> ㉢ 그 사람은 아는 것도 없이 잘난 척을 해.

① 위 문장의 밑줄 친 부분은 모두 다른 문장 속에 안긴문장입니다.

② 그런데 ㉠, ㉡, ㉢에서 밑줄 친 부분은 각각 관형어, 목적어, 부사어의 구실을 하고 있습니다.

③ ㉠의 밑줄 친 부분에서 주어가 나타나 있지 않은데, 생략된 주어는 '담징'입니다.

④ ㉡에서는 밑줄 친 부분 뿐 아니라 '그가 착한'과 '그가 착한 사람임을 모르는'도 안긴문장입니다.

13 다음 글의 전개 순서로 가장 적절한 것은?

> (가) 성선설은 '인간의 선하다'는 이론이다. 따라서 성선설을 주장하는 이들은 집안이든 나라든 모든 사회는 '인간'이 이끌어나가야 한다고 본다. 이들은 인간 안에서 '선한 요소'를 찾는데, 이들이 찾는 선한 요소란 곧 도덕 이성이라고 할 수 있다.
>
> (나) 인간을 규정하는 관점은 여러 가지가 있어 왔다. 죄나 업을 가진 존재라는 종교적 이해 방식도 있었고, 억압된 존재라는 심리적 이해 방식도 있었다. 하지만 이보다 훨씬 이전부터 인간을 애초부터 긍정적 혹은 부정적인 방식으로 규정해오기도 했다. 다시 말해 인간은 선하다는 것과 악하다는 관점이 그러하다.
>
> (다) 반면, 성악설은 '인간이 악하다'고 보기 때문에 사회나 국가를 인간이 이끌어서는 안 된다고 보고, 인간의 바깥에서 국가 사회를 이끌 수 있는 원동력을 찾는다. 그것을 한비자는 법과 권력, 묵자는 하느님이라고 했다.
>
> (라) 이렇게 볼 때, 인간을 보는 관점은 인간이란 어떠하다는 인간론을 넘어서서, 누가 권력을 잡아야 하는가에 대한 논의로 연결된다. 그것이 사회 정치 이론의 받침돌이다.

① (라) – (가) – (나) – (다)

② (나) – (가) – (다) – (라)

③ (가) – (다) – (나) – (라)

④ (가) – (나) – (라) – (다)

14 다음 중 밑줄 친 한자의 독음이 가장 옳지 않은 것은?

① 상사의 詰責이 두려워 언제까지 진실을 숨기고 있을 수는 없다. – 질책

② 기자들은 김 의원 발언의 요점 捕捉을 위해 애를 썼다. – 포착

③ 대사는 신원을 알 수 없는 암살단에 의해 대사관에서 被襲을 받았다. – 피습

④ 한 유통업체가 특정 브랜드 상품 판매 斡旋에 앞장서 빈축을 사고 있다. – 알선

15 다음 중 아래 글에서 글쓴이가 말하는 '분수'에 대한 표현이나 의미로 적절하지 않은 것은?

서구의 도시에서 볼 수 있는 분수는 대개가 다 하늘을 향해 솟구치는 분수들이다. 화산이 불을 뿜듯이, 혹은 로켓이 치솟아 오르듯이, 땅에서 하늘로 뻗쳐 올라가는 힘이다. 분수는 대지의 중력을 거슬러 역류하는 물이다. 자연의 질서를 거역하고 부정하며 제 스스로의 힘으로 중력과 투쟁하는 운동이다. 물의 본성에 도전하는 물줄기이다. 높은 데서 낮은 데로 흐르는 천연의 성질, 그 물의 운명에 거역하여 그것은 하늘을 향해서 주먹질을 하듯이 솟구친다. 가장 물답지 않은 물, 가장 부자연스러운 물의 운동이다. 그들은 왜 분수를 좋아했는가? 어째서 비처럼 낙하하고 강물처럼 흘러내리는 그 물의 표정과 정반대의 분출하는 그 물줄기를 생각해 냈는가? 같은 힘이라도 폭포가 자연 그대로의 힘이라면 분수는 거역하는 힘, 인위적인 힘의 산물이다. 여기에 바로 운명에 대한, 인간에 대한, 자연에 대한 동양인과 서양인의 두 가지 다른 태도가 생겨난다.

그들이 말하는 창조의 힘이란 것도, 문명의 질서란 것도, 그리고 사회의 움직임이란 것도 실은 저 광장에서 내뿜고 있는 분수의 운동과도 같은 것이다. 중력을 거부하는 힘의 동력, 인위적인 그 동력이 끊어지면 분수의 운동은 곧 멈추고 만다. 끝없이 인위적인 힘, 모터와 같은 그 힘을 주었을 때만이 분수는 하늘을 향해 용솟음칠 수 있다. 이 긴장, 이 지속, 이것이 서양의 역사와 그 인간 생활을 지배해 온 힘이다.
— 이어령, 「폭포와 분수」

① 분수는 물의 본성에 도전하는 물줄기이다.
② 가장 물답지 않은 물, 가장 부자연스러운 물의 운동이다.
③ 서양인의 역사와 인간생활을 지배해 온 힘은 '분수'와 같은 거역하는 힘이다.
④ 분수와 같은 운명에 대한 지속적인 긴장은 그 힘의 한계에 부딪쳐 곧 멈추고 말 것이다.

16 다음 글의 제목으로 가장 적절한 것은?

당시 영국의 곡물법은 식량 가격의 인상을 유발하지 않으면서도 자국의 농업 생산을 장려하고자 하는 목적에서 제정된 것으로, 이 법에 따라 영국 정부는 수입 곡물에 대해 탄력적인 관세율을 적용하여 곡가(穀價)를 적정하게 유지하고자 하였다. 그런데 나폴레옹 전쟁 이후 전시 수요는 크게 둔화된 반면, 대륙봉쇄가 풀리면서 곡물 수입이 활발해짐에 따라 식량 가격은 하락하기 시작했다. 이에 농부들은 수입 곡물에 대해 관세를 더욱 높일 것을 요구하였다. 아울러 이러한 요구는 국력의 유지와 국방의 측면을 위해서도 국내 농업생산 보호가 필요하다는 지주들의 주장에 의해 뒷받침되었다. 이와는 달리, 공장주들은 수입 곡물에 대한 관세 인상을 반대하였다. 관세가 인상되면 곡가가 오르고 임금도 오르게 되며, 그렇게 되면 이윤이 감소하고 제조품의 수출도 감소하여 마침내 제조업의 파멸을 초래하게 된다는 것이었다. 이에 공장주들은 영국의 미래는 농업이 아니라 공업의 확장에 달려 있다고 주장하면서 곡물법의 즉각적인 철폐를 요구하기에 이르렀다.

① 영국 곡물법의 개념
② 영국 곡물법의 철폐
③ 영국 곡물법에 대한 의견
④ 영국 곡물법의 제정과 변화

17 다음 중 수사(數詞)가 쓰이지 않은 것은?
① 사과 하나를 집었다.
② 열의 세 곱은 서른이다.
③ 한 사람도 오지 않았다.
④ 영희가 첫째로 도착하였다.

18 다음 글의 내용을 이해한 것으로 가장 적절한 것은?

> 1905년 아인슈타인의 특수 상대성 이론이 발표되기 전까지 물리학자들은 시간과 공간을 별개의 독립적인 물리량으로 보았다. 공간은 상대적인 물리량인 데 비해, 시간은 절대적인 물리량으로서 공간이나 다른 어떤 것의 변화에 의해 변하지 않는다는 것이다. 하지만 아인슈타인은 시간도 상대적인 물리량으로 보고, 시간과 공간을 합쳐서 4차원 공간, 즉 시공간(spacetime)이라고 하였다. 이 시공간은 시간과 공간으로 서로 구별되지 않는다. 다만 이 시공간은 시간에 해당하는 차원이 한 방향으로만 진행한다는 한계가 있기 때문에 제한적인 4차원 공간이라는 특징이 있다.

① 아인슈타인의 시공간은 시간과 공간으로 구별되어 존재했다.
② 아인슈타인 등장 전까지 시간과 공간은 독립적인 물리량이 아니었다.
③ 아인슈타인 등장 전까지 시간은 상대적인 물리량으로 변화 가능한 것이었다.
④ 아인슈타인의 시공간은 시간에 해당하는 차원이 한 방향으로만 진행되었다.

19 다음 밑줄 친 단어 중에서 품사가 다른 것은?

① 그 사람 이름은 잊었지만
② 천 년의 바람이 흐른다.
③ 여기 그 사람의 뼈를 묻고
④ 이 물건 말고 다른 것 주세요.

20 다음 중 아래 글의 내용에 대한 설명으로 가장 옳지 않은 것은?

> 신문학이란 말이 어느 때 누구의 창안으로 쓰이기 시작했는지는 알 수 없다.
> 그러나 현재 우리가 쓰는 의미의 개념으로 쓰이기는 육당(六堂), 춘원(春園) 이후에 비롯하지 않은가 한다.
> 그 전에는 비록 신문학이란 문자를 왕왕 대할 수 있다 하더라도 그것은 지금 우리가 사용하는 의미보다는 훨씬 광의로 사용되었다.
> 광무(光武) 3년 10월 모(某)일 분의 『황성신문』(皇城新聞) 논설에 성(盛)히 문학이라는 말을 썼는데 그것은 현재 우리가 사용하는 의미의 문학은 아니었다. 즉 학문 일반의 의미로 문학이란 말이 사용되었다. 그러므로 신문학이란 말은 곧 신학문의 별칭이라 할 수 있었다. 이것은 지금 우리로서 보면 실로 가소로운 혼동이다. 그러나 문학이란 말을 literature의 역어(譯語)로 생각지 않고 자의(字義)대로 해석하여 사용한 당시에 있어 이 현상은 극히 자연스러운 일이라 아니할 수 없다. 이 '문학'('literature'의 역어) 가운덴, 시, 소설, 희곡, 비평을 의미하는 문학, 즉 예술문학까지가 포함되어 있는 것은 물론이다.
> 『황성신문』 신문논설을 보면 오히려 학문이란 말을 문학이란 문자로 표현하는 데 문장상의 참신미를 구한 흔적조차 발견할 수 있다.
> 거기에선 문학이란 말이 분명히 그대로 신학문이란 의미로 사용되고 있다.
> 이것은 문학이란 말에 대한 자의대로의 해석일뿐더러 문학에 대한 동양적 해석, 전통적 이해의 일 연장(延長)이라는 데도 의미가 있다.
>
> — 임화, 「개설신문학사」
>
> *광무 3년: 대한제국의 연호. 1899년
> *『황성신문』: 1898년 창간한 일간신문
> *역어(譯語): 번역어. 외국어를 번역한 말

① '신문학'이라는 말의 유래와 현재적 개념을 서술하고 있다.
② 현재 '신문학'이라는 말은 '신학문'이라는 말과 같은 의미로 사용된다.
③ '문학'은 육당, 춘원 이전의 과거에는 '학문일반'의 의미였기 때문에 『황성신문』에서 나타나는 '신문학'이라는 말은 곧, '신학문'의 별칭이다.
④ 현재 사용하는 '문학'이라는 말은 'literature'의 역어(譯語)다.

21 다음 중 버크의 견해로 가장 적절한 것은?

18세기 영국의 사상가 버크는 프랑스 혁명의 과정을 지켜보면서, 국민 대중에 대하여 회의를 갖게 되었다. 일반 국민이란 무지하고 교육을 받지 못한 다수를 의미하기 때문에 그다지 신뢰할 만하지 않다는 이유에서이다. 그래서 그는 계약에 의해 선출된 능력 있는 대표자가 국민을 대신하여 지도자로서 국가를 운영케 하는 방식의 대의제를 생각해 냈다. 재산이 풍족하여 교육을 충분히 받아 사리에 밝은 사람들이 그렇지 못한 다수 사람들의 이익을 위해 행동하는 편이 훨씬 효율적이라고 생각한 것이다. 그가 말하는 대의제란 지도자가 성숙한 판단과 계몽된 의식을 가지고 국민을 대신하여 일하는 것을 요체로 한다. 여기서 대의제의 본질은 국민을 대표하기보다 국민을 대신한다는 의미에 가깝다. 즉 버크는 대중이 그들 자신을 위한 유·불리의 이해관계를 알지 못한다는 가정을 전제로, 분별력 있는 지도자가 독립적 판단을 통해 국가를 이끌어가야 한다고 했던 것이다. 버크에 따르면 국민은 지도자와 상호 '신의 계약'을 체결했다기보다는 '신탁 계약'을 했다는 것이다. 그러므로 지도자에게는 개별 국민들의 요구와 입장을 성실하게 경청해야 할 의무 대신에, 국민 전체의 이익이 무엇인가를 스스로 판단해서 대신할 의무가 있다. 그는 만약 지도자가 국민의 의견을 좇아 자신의 판단을 단념한다면 그것은 국민에게 봉사하는 것이 아니라 국민을 배신하는 것이라고 했다.

① 지도자는 국민 다수의 의견을 따라야 한다.
② 국민은 지도자에게 자신의 모든 권리를 위임한다.
③ 성공적인 대의제를 위해서는 탁월한 지도자를 선택하는 국민의 자질이 중요하다.
④ 국민은 지도자를 선택한 이후에도 다수결을 통해 지도자의 결정에 대한 수용과 비판의 지속적인 태도를 보여 주어야 한다.

22 다음 중 함축적 의미가 다른 하나는?

세상의 열매들은 왜 모두
둥글어야 하는가
가시나무도 향기로운 그의 탱자만은 둥글다

땅으로 땅으로 파고드는 뿌리는
날카롭지만,
하늘로 하늘로 뻗어가는 가지는
뾰족하지만
스스로 익어 떨어질 줄 아는 열매는
모가 나지 않는다

덥석
한입에 물어 깨무는
탐스런 한 알의 능금
먹는 자의 이빨은 예리하지만
먹히는 능금은 부드럽다

그대는 아는가,
모든 생성하는 존재는 둥글다는 것을
스스로 먹힐 줄 아는 열매는
모가 나지 않는다는 것을

– 오세영, 「열매」

① 탱자   ② 가지
③ 모   ④ 이빨

23 다음 밑줄 친 낱말 중 띄어쓰기가 옳은 것은?
① 세달이 지나도록
② 수업이 끝난 지도
③ 집에 갈 생각 뿐이었다.
④ 노력한만큼 이루어진다.

24 다음 중 '피동 표현'에서 '능동 표현'으로 바꿀 수 없는 것은?

① 그 문제가 어떤 수학자에 의해 풀렸다.

② 그 책은 많은 사람들에게 읽혔다.

③ 철수가 감기에 걸렸다.

④ 아이가 어머니에게 안겼다.

25 다음 중 밑줄 친 ㉠~㉣에 대한 설명으로 가장 적절하지 않은 것은?

"㉠ 지식인일수록 불만이 많은 법입니다. 그러나, 그렇다고 제 몸을 없애 버리겠습니까? 종기가 났다고 말이지요. 당신 한 사람을 잃는 건, 무식한 사람 열을 잃는 것보다 더 큰 민족의 손실입니다. 당신은 아직 젊습니다. 우리 사회에는 할 일이 태산 같습니다. 나는 당신보다 나이를 약간 더 먹었다는 의미에서, 친구로서 충고하고 싶습니다. 조국의 품으로 돌아와서, 조국을 재건하는 일꾼이 돼 주십시오. 낯선 땅에 가서 고생하느니, 그쪽이 당신 개인으로서도 행복이라는 걸 믿어 의심치 않습니다. 나는 당신을 처음 보았을 때, 대단히 인상이 마음에 들었습니다. 뭐 어떻게 생각지 마십시오. 나는 동생처럼 여겨졌다는 말입니다. 만일 남한에 오는 경우에, 개인적인 조력을 제공할 용의가 있습니다. 어떻습니까?"

명준은 고개를 쳐들고, 반듯하게 된 천막 천장을 올려다 본다. 한층 가락을 낮춘 목소리로 혼잣말 외듯 나직이 말할 것이다.

"중립국."

설득자는, 손에 들었던 연필 꼭지로, 테이블을 툭 치면서, 곁에 앉은 미군을 돌아볼 것이다. 미군은, 어깨를 추스르며, 눈을 찡긋하고 웃겠지.

㉡ 나오는 문 앞에서, 서기의 책상 위에 놓인 명부에 이름을 적고 천막을 나서자, 그는 마치 재채기를 참았던 사람처럼 몸을 벌떡 뒤로 젖히면서, 마음껏 웃음을 터뜨렸다. 눈물이 찔끔찔끔 번지고, 침이 걸려서 캑캑거리면서도 그의 웃음은 멎지 않았다.

준다고 바다를 마실 수는 없는 일. 사람이 마시기는 한 사발의 물. 준다는 것도 허황하고 가지거니 함도 철없는 일. 바다와 한 잔의 물. 그 사이에 놓인 골짜기와 눈물과 땀과 피. 그것을 셈할 줄 모르는 데 잘못이 있었다. ㉢ 세상에

서 뒤진 가난한 땅에 자란 지식 노동자의 슬픈 환상. 과학을 믿은 게 아니라 마술을 믿었던 게지. 바다를 한 잔의 영생수로 바꿔 준다는 마술사의 말을. 그들은 뻔히 알면서 권력이라는 약을 팔려고 말로 속인 꼬임을. 어리석게 신비한 술잔을 찾아 나섰다가, 낌새를 차리고 항구를 돌아보자, 그들은 항구를 차지하고 움직이지 않고 있었다. 참을 알고 돌아온 바다의 난파자들을 그들은 감옥에 가둘 것이다.

못된 균을 옮기지 않기 위해서. 역사는 소걸음으로 움직인다. 사람의 커다란 모순과 업(業)에 비기면, 아무 자국도 못 낸 것이나 마찬가지다. 당대까지 사람이 만들어 낸 물질 생산의 수확을 고르게 나누는 것만이 모든 시대에 두루 맞는 가능한 일이다. 마찬가지 아닌가. 벌써 아득한 옛날부터 사람 동네가 알아낸 슬기. 사람이라는 조건에서 비롯하는 슬픔과 기쁨을 고루 나누는 것. 그래 봐야, 사람의 조건이 아직도 풀어 나가야 할 어려움의 크기에 대면, 아무것도 아니다. 사람이 이루어놓은 것에 눈을 돌리지 않고, 이루어야 할 것에만 눈을 돌리면, 그 자리에서 그는 삶의 힘을 잃는다. 사람이 풀어야 할 일을 한눈에 보여 주는 것 — 그것이 '죽음'이다. 은혜의 죽음을 당했을 때, 이명준 배에서는 마지막 돛대가 부러진 셈이다. 이제 이루어 놓은 것에 눈을 돌리면서 살 수 있는 힘이 남아 있지 않다. 팔자소관으로 빨리 늙는 사람도 있는 법이었다. 사람마다 다르게 마련된 몸의 길, 마음의 길, 무리의 길. ㉣ 대일 언덕 없는 난파꾼은 항구를 잊어버리기로 하고 물결 따라 나선다. 환상의 술에 취해 보지 못한 섬에 닿기를 바라며. 그리고 그 섬에서 환상 없는 삶을 살기 위해서. 무서운 것을 너무 빨리 본 탓으로 지쳐 빠진 몸이, 자연의 수명을 다하기를 기다리면서 쉬기 위해서. 그렇게 해서 결정한, 중립국행이었다.

– 최인훈, 「광장」

① ㉠은 지식인인 주인공을 남한 사회에 남게 하려고 설득하는 내용이다.

② 주인공이 ㉡과 같은 행동을 보인 이유는 ㉢을 통해 드러나고 있다.

③ ㉢은 지식인들이 '권력'이라는 약에 취해서 전쟁을 일으킨 결과 결국 모두 감옥에 갇히게 될 것이라고 말하는 구절이다.

④ 주인공이 중립국을 선택한 이유는 ㉣에서 난파꾼에 비유된 지식인의 허무감과 ㉢에서 언급했던 '환상'에 대한 회의감 때문으로 나타난다.

2021 | 9급 기출문제

◆ 회독 CHECK 1 2 3

☑ 시험시간 25분　☑ 해설편 048쪽

01 밑줄 친 단어 중 어법에 맞지 않는 것은?

① 오늘 이것으로 치사를 갈음하고자 합니다.
② 내노라하는 재계의 인사들이 한곳에 모였다.
③ 예산을 대충 겉잡아서 말하지 말고 잘 뽑아 보시오.
④ 그가 무슨 잘못을 저질렀는지 나와 눈길을 부딪치기를 꺼려했다.

02 띄어쓰기 규정에 맞지 않는 것은?

① 모르는 척하고 넘어갈 만도 하다.
② 내가 몇 등일지 걱정이 가득했다.
③ 그 책을 다 읽는 데 삼 일이 걸렸다.
④ 그는 돕기는 커녕 방해할 생각만 한다.

03 밑줄 친 ㉠~㉣에 해당하는 한자로 적절하지 않은 것은?

　목판이 오래되어 ㉠ 훼손되거나 분실된 경우에는 판목을 다시 만들어 보충하는 경우가 있다. 이것을 ㉡ 보판 혹은 보수판이라고 한다. 판목의 일부분에서 수정이 필요한 경우, 그 부분을 깎아 내고 대신 다른 나무판을 박아 글자를 새기는 경우가 있다. 이 나무판을 ㉢ 매목이라고 하고, 매목에 글자를 새로 새긴 것을 ㉣ 상감이라고 한다.

① ㉠ 毀損　　　② ㉡ 保版
③ ㉢ 埋木　　　④ ㉣ 象嵌

[04~05] 다음은 어떤 사전에 제시된 '고르다'의 내용이다.

■ 고르다 1 [고르다]. 골라[골라], 고르니[고르니].
　「동사」【…에서 …을】여럿 중에서 가려내거나 뽑다.
■ 고르다 2 [고르다]. 골라[골라], 고르니[고르니].
　「동사」【…을】
　　「1」울퉁불퉁한 것을 평평하게 하거나 들쭉날쭉한 것을 가지런하게 하다.
　　「2」붓이나 악기의 줄 따위가 제 기능을 발휘하도록 다듬거나 손질하다.
■ 고르다 3 [고르다]. 골라[골라], 고르니[고르니].
　「형용사」「1」여럿이 다 높낮이, 크기, 양 따위의 차이가 없이 한결같다.
　　「2」상태가 정상적으로 순조롭다.

04 위 사전에 대한 설명으로 가장 옳지 않은 것은?

① '고르다 1', '고르다 2', '고르다 3'은 서로 동음이의어이다.
② '고르다 1', '고르다 2', '고르다 3'은 모두 불규칙 활용을 한다.
③ '고르다 2'와 '고르다 3'은 다의어이지만 '고르다 1'은 다의어가 아니다.
④ '고르다 1', '고르다 2', '고르다 3'은 모두 현재진행형으로 사용할 수 있다.

05 다음 밑줄 친 '고르다'가 위 사전의 '고르다 2'의 「2」에 해당하는 것은?

① 울퉁불퉁한 곳을 흙으로 메워 판판하게 골라 놓았다.
② 요즘처럼 고른 날씨가 이어지면 여행을 가도 좋겠어.
③ 그는 이제 가쁘게 몰아쉬던 숨을 고르고 있다.
④ 이 문장의 서술어는 저 사전에서 골라 써.

06 아래의 문장이 들어가기에 가장 적절한 위치로 옳은 것은?

> 문학의 범위를 좁게 잡는 것은 나중에 나타난 새로운 관습이다.

(가) 문학의 범위는 시대에 따라서 달라져왔다. 한문학에서 '문(文)'이라고 하던 것은 '시(詩)'와 함께 참으로 큰 비중을 차지하고 실용적인 글도 적지 않게 포함했다.
(나) 시대가 변하면서 '문'이라는 개념은 뒷전으로 밀려나고, 시·소설·희곡이 아닌 것 가운데는 수필이라고 이름을 구태여 따로 붙이는 글만 문학세계의 준회원 정도로 인정하기에 이르렀다.
(다) 근래에 와서 사람이 하는 활동을 세분하면서 무엇이든지 전문화할 때 문학 고유의 영역을 좁게 잡았다.
(라) 문학의 범위를 좁게 잡는 오늘날의 관점으로 과거의 문학을 재단하지 말고, 문학의 범위에 관한 오늘날의 통념을 반성해야 한다.

① (가) 문단 뒤   ② (나) 문단 뒤
③ (다) 문단 뒤   ④ (라) 문단 뒤

07 한글 맞춤법 규정에 맞는 문장으로 옳은 것은?

① 아무래도 나 자리 뺐겼나 봐요.
② 오늘 하룻동안 해야 할 일이 엄청나네.
③ 그런 일에 발목 잡혀 번번히 주저앉았지.
④ 저희 아이의 석차 백분율이 1%만 올라도 좋겠습니다.

08 아래 글의 ㉠과 ㉡에 들어갈 가장 적절한 접속어로 옳은 것은?

> 히포크라테스가 분류한 네 가지 기질이나 성격 유형에 대한 고대의 개념으로 성격에 대한 논의를 시작하는 것이 일반적인 방식이지만, 나는 여기에서 1884년 『포트나이트리 리뷰』에 실렸던 프랜시스 골턴 경의 논문 「성격의 측정」으로 이야기를 시작하겠다.
> 찰스 다윈의 사촌이었던 골턴은 초기 진화론자로서 진화가 인간에게도 영향을 끼쳤다고 주장한 사람이다. (㉠) 그의 관념은 빅토리아 시대적 편견을 가지고 있었고, (㉡) 그의 주장이 오늘날에는 설득력이 떨어진다. 그럼에도 불구하고 결국에는 자연 선택 이론이 인간을 설명하는 지배적인 학설이 될 것이라는 그의 직관은 옳았다.

	㉠	㉡
①	그래서	그리하여
②	그리고	그래서
③	그러나	따라서
④	그런데	그리고

09 밑줄 친 단어 중 외래어 표기법이 모두 맞는 문장으로 옳은 것은?

① 리모콘에 있는 버턴의 번호를 눌러주세요.
② 벤젠이나 시너, 알코올 등으로 닦지 마세요.
③ 전원 코드를 컨센트에 바르게 연결해 주세요.
④ 썬루프 안쪽은 수돗물을 적신 스폰지로 닦아냅니다.

[10~11] 다음 글을 읽고 물음에 답하시오.

紅塵에 뭇친 분네 이 내 生涯 엇더ᄒᆞ고
녯사ᄅᆞᆷ 風流를 미출가 못 미출가
天地間 男子 몸이 날만 흔 이 하건마ᄂᆞᆫ
山林에 뭇쳐 이셔 至樂을 ᄆᆞ를 것가
數間 茅屋을 碧溪水 앏픠두고
松竹 鬱鬱裏예 風月主人 되여셔라
엇그제 겨을 지나 새 봄이 도라오니
桃花杏花ᄂᆞᆫ 夕陽裏예 퓌여 잇고
綠楊芳草ᄂᆞᆫ 細雨 中에 프르도다
칼로 ᄆᆞᆯ아 낸가 붓으로 그려낸가
造化神功이 物物마다 헌ᄉᆞ롭다
(가) 수풀에 우ᄂᆞᆫ 새ᄂᆞᆫ 春氣를 ᄆᆞᆺ내 계워 소릭마다 嬌態로다
物我一體어니 興이이 다ᄅᆞᆯ소냐
柴扉예 거러 보고 亭子애 안자 보니
逍遙吟詠ᄒᆞ야 山日이 寂寂ᄒᆞ듸
閒中眞味를 알 니 업시 호재로다
이바 니웃드라 山水 구경 가쟈스라

– 정극인, 「상춘곡」

10 이 글에 대한 설명으로 가장 적절한 것은?

① '홍진에 묻힌 분'과 묻고 대답하는 형식이다.
② '나'의 공간이동에 따라 시상을 전개하고 있다.
③ '이웃'을 끌어들임으로써 봄의 아름다움을 객관화하고 있다.
④ 서사–본사–결사가 진행되는 가운데 여음을 삽입하여 흥을 돋운다.

11 (가)에 나타난 화자의 정서로 가장 적절한 것은?

① 화자와 산수자연 사이에 가로놓인 방해물에 대한 불만
② 산수자연 속의 모든 존재들과 합일하는 흥겨움의 마음
③ 산수자연의 즐거움을 혼자서만 누리는 것에 대한 안타까움
④ 산수자연에 제대로 몰입하지 못하는 자신의 처지에 대한 회한

12 밑줄 친 ㉠~㉣에 대한 설명으로 가장 적절하지 않은 것은?

잠자코 앉아 있노라면 한 큼직한 사람이 느릿느릿 돌계단을 밟고 올라와서는 탑을 지나 종루의 문을 열고 무거운 망치를 꺼내어 들었다. 그는 한참동안 멍하니 서서는 음향에 귀를 ㉠ 기울였다. 음향이 끝나자마자 그는 망치를 ㉡ 매어 들며 큰 종을 두들겼다. 그 소리는 산까지 울리며 떨리었다. 우리는 그 ㉢ 종루지기를 둘러싸고 모여 몇 번이나 치는지 헤아려 보았다. 그러면 열이 되고 그래서 우리는 오른손으로 다시 열까지 셀 수 있도록 곧 왼손의 ㉣ 엄지손가락을 굽혔다.

① ㉠: '기울다'의 피동사이다.
② ㉡: '메어'로 표기되어야 한다.
③ ㉢: 접미사 '–지기'는 "그것을 지키는 사람"을 뜻한다.
④ ㉣: 가장 짧고 굵은 손가락으로 '무지(拇指)'라고도 한다.

13 다음 로마자 표기법 중 옳은 것은?

① 순대 sundai
② 광희문 Gwanghimun
③ 왕십리 Wangsibni
④ 정릉 Jeongneung

14 대괄호의 사용이 적절하지 않은 것은?

① 말소리[音聲]의 특징을 알아보자.
② 모두가 건물[에, 로, 까지] 달려갔다.
③ 이윽고 겨울이 오면 초록은 실색한다. [이상 전집3(1958), 235쪽 참조]
④ 난 그 이야기[합격 소식]를 듣고 미소 짓기 시작했다.

[15~17] 다음 글을 읽고 물음에 답하시오.

(가) (㉠)의 확산은 1930년에 접어들어 보다 빠른 속도로 경성의 거리를 획일적인 풍경으로 바꿔 놓았는데, 뉴욕이나 파리의 (㉠)은 경성에서도 거의 동시에 (㉠) 했다. 이는 물론 영화를 비롯한 근대 과학기술의 덕택이었다.

(나) 하지만 뉴욕과 경성의 (㉠)이 모두 동일한 것은 아니었다. 뉴욕걸이나 할리우드 배우들이나 경성의 모던걸이 입은 패션은 동일해도, 그네들 주변의 풍경은 근대적인 빌딩 숲과 초가집만큼 차이가 났기 때문이다. 경성 모던걸의 (㉠)은 이 같은 근대와 전근대의 아이러니를 내포하고 있었다.

(다) (㉠)은 "일초 동안에 지구를 네박휘"를 돈다는 전파만큼이나 빨라서, 1931년에 이르면 뉴욕이나 할리우드에서 (㉠)하던 파자마라는 '침의패션'은 곧 바로 서울에서도 (㉠)했다. 서구에서 시작한 (㉠)이 일본을 거쳐 한국으로 전달되는 속도는 너무나 빨라 거의 동시적이었다.

(라) 폐쇄된 규방에만 있었던 조선의 여성이 신문과 라디오로, 세계의 동태를 듣게 되면서부터, 지구 한 모퉁이에서 일어나는 일이 그 지구에 매달려 사는 자기 자신에도 큰 파동을 끼치고 있다는 사실을 깨닫게 되었다. 규방 여성이 근대여성이 되기까지는 그리 오랜 시간이 필요하지 않았다. 신문이나 라디오 같은 미디어를 통해 속성 세계인이 될 수 있었기 때문이다. 동시에 미디어는 식민지 조선 여성에게 세계적인 불안도 함께 안겨주었다. 자본주의적 근대의 환상과 그 이면의 불안을 동시에 던져 주었던 것이다.

(마) 근대로 이행하는 데 필요한 절대적인 시간을 뛰어넘어 조선에 근대가 잠입해 올 수 있었던 것은 한편으로 미디어 덕분이었다. 미디어는 근대를 향한 이행을 식민지 조선에 요구했고, 단기간에 조선 사람들을 '속성 세계인'으로 변모시키는 역할을 했다.

15 문맥상 ㉠에 들어갈 단어로 가장 적절한 것은?

① 성행(盛行) 　　　② 편승(便乘)

③ 기승(氣勝) 　　　④ 유행(流行)

16 내용에 따른 (나)~(마)의 순서 배열로 가장 적절한 것은?

① (나) − (다) − (라) − (마)

② (나) − (라) − (다) − (마)

③ (다) − (나) − (마) − (라)

④ (마) − (다) − (라) − (나)

17 위 글을 이해한 내용으로 가장 적절하지 않은 것은?

① 모던걸의 패션은 뉴욕걸이나 할리우드 배우들과 동일했다.

② 신문이나 라디오는 조선 사람이 속성 세계인이 되도록 해주었다.

③ 파자마 '침의패션'은 뉴욕과 할리우드보다 일본에서 먼저 시작되었다.

④ 식민지 조선 여성은 근대적 환상과 그 이면의 불안을 함께 안고 있었다.

18 다음 밑줄 친 합성어를 구성하는 성분이 모두 고유어인 것은?

① 비지땀을 흘리며 공부하는구나.

② 이분을 사랑채로 안내해 드려라.

③ 이렇게 큰 쌍동밤을 본 적 있어?

④ 아궁이에는 장작불이 활활 타올랐다.

정 씨 옆에 앉았던 노인이 두 사람의 행색과 무릎 위의 배낭을 눈여겨 살피더니 말을 걸어왔다.

"어디 일들 가슈?" / "아뇨, 고향에 갑니다." / "고향이 어딘데……." / "삼포라구 아십니까?" / "어 알지, 우리 아들 놈이 거기서 도자를 끄는데……." / "삼포에서요? 거 어디 공사 벌릴 데나 됩니까? 고작해야 ㉠ 고기잡이나 하구 ㉡ 감자나 매는데요." / "어허! 몇 년 만에 가는 거요?" / "십 년."

노인은 그렇겠다며 고개를 끄덕였다.

"말두 말우. 거긴 지금 육지야. 바다에 방둑을 쌓아 놓구, 트럭이 수십 대씩 돌을 실어 나른다구." / "뭣 땜에요?" / "낸들 아나. 뭐 관광호텔을 여러 채 짓는담서, 복잡하기가 말할 수 없네." / "동네는 그대로 있을까요?" / "그대루가 뭐요. 맨 천지에 공사판 사람들에다 장까지 들어섰는걸." / "그럼 ㉢ 나룻배두 없어졌겠네요." / "바다 위로 ㉣ 신작로가 났는데, 나룻배는 뭐에 쓰오. 허허, 사람이 많아지니 변고지. 사람이 많아지면 하늘을 잊는 법이거든."

작정하고 벼르다가 찾아가는 고향이었으나, 정 씨에게는 풍문마저 낯설었다. 옆에서 잠자코 듣고 있던 영달이가 말했다.

"잘 됐군. 우리 거기서 공사판 일이나 잡읍시다."

그때에 기차가 도착했다. 정 씨는 발걸음이 내키질 않았다. 그는 마음의 정처를 방금 잃어버렸던 때문이었다. 어느 결에 정 씨는 영달이와 똑같은 입장이 되어 버렸다.

기차는 눈발이 날리는 어두운 들판을 향해서 달려갔다.

– 황석영, 「삼포 가는 길」

19 문맥적 성격이 다른 하나는?

① ㉠   ② ㉡   ③ ㉢   ④ ㉣

20 이 글의 주제를 표현한 시구로 가장 적절한 것은?

① 빼앗긴 들에도 봄은 오는가.

② 죽어도 아니 눈물 흘리우리다.

③ 내가 사랑했던 자리마다 모두 폐허다.

④ 님은 갔지마는 나는 님을 보내지 아니하였습니다.

21 다음 시의 주된 정조를 가장 잘 나타내는 것은?

神策究天文 妙算窮地理
戰勝功旣高 知足願云止

– 乙支文德, 「與隋將于仲文」

① 悠悠自適   ② 戀戀不忘
③ 得意滿面   ④ 山紫水明

22 다음 예문의 밑줄 친 ㉠에 들어갈 말로 가장 적절한 것은?

시집갈 때 혼수를 간소하게 하라는 간절한 요청은 _____㉠_____ 부잣집과 사돈을 맺는 데 따르는 부담감을 일시에 벗겨주었다.

– 박완서, 「아주 오래된 농담」

① 불감청이언정 고소원이어서

② 배보다 배꼽이 더 크다고

③ 미운 자식 떡 하나 더 준다고

④ 똥 묻은 개가 겨 묻은 개를 나무라는 격이라

23 다음 시에 대한 설명으로 가장 옳은 것은?

> 차운 산 바위 위에
> 하늘은 멀어
> 산새가 구슬피
> 울음 운다
>
> 구름 흘러가는
> 물길은 칠백 리
>
> 나그네 긴 소매
> 꽃잎에 젖어
> 술 익는 강마을의
> 저녁노을이여
>
> 이 밤 자면 저 마을에
> 꽃은 지리라
>
> 다정하고 한 많음도
> 병인 양하여
> 달빛 아래 고요히
> 흔들리며 가노니……
>
> — 조지훈, 「완화삼」

① '구름, 물길'은 정처 없이 유랑하는 내적 현실을 암시한다.
② '강마을'은 방황하던 서정적 자아가 정착하고자 하는 공간이다.
③ '나그네'는 고향을 떠남으로써 현실의 질곡을 벗어나려는 의지를 상징한다.
④ '한 많음'은 민중적 삶 속에 구현된 전통적 미학에 맞닿아 있는 정서를 대변한다.

24 다음 한자어의 발음 중 표준 발음으로 옳지 않은 것은?

① 마천루(摩天樓) – [마천누]
② 공권력(公權力) – [공꿘녁]
③ 생산력(生産力) – [생산녁]
④ 결단력(決斷力) – [결딴녁]

25 다음 글의 중심내용으로 가장 옳은 것은?

> 이제 우리는 세계의 변방이 아니다. 세계화는 점점 더, 과거와는 분명 다르게 우리가 주목과 관심의 대상이 되는 방향으로 진행되고 있다. 이제 한국은 더 이상 '작은 나라'라고만 생각하지 않게 되었다. 한국인의 예술성을 세계에서 인정하고 있는 지금 이 시기에 가장 중요한 것은 무엇일까? 그 무엇보다 시급한 것이 바로 '전략'이다. 지금이야말로 세계 시장에 우리의 예술을 알릴 수 있는 기회가 왔고, 우리만의 전략이 필요한 시기가 왔다.
>
> 한국인의 끼는 각별하다. 신바람, 신명풀이가 문화유전자로 등록되어 있는 민족이다. 게다가 신이 나면 어깨춤 덩실덩실 추던 그 어깨 너머로 쓱 보고도 뚝딱 뭔가 만들어낼 줄 아는 재주와 감각도 있고, 문화선진국의 전문가들도 감탄하는 섬세한 재능과 디테일한 예술적 취향도 있다. 문화예술의 시대를 맞은 오늘날, 우리가 먹거리로 삼을 수 있고 상품화할 수 있는 바탕들이 다 갖추어진 유전자들이다. 선진이 선진이고 후진이 후진이면 역사는 바뀌지 않는다. 선진이 후진 되고 후진이 선진 될 때 시대가 바뀌고 새로운 역사가 시작되는 법이다. 우리 앞에 그런 전환점이 놓여 있다.

① 주어진 현실에 안주하는 실리감각
② 다가오는 미래에 대한 희망찬 포부
③ 냉엄한 국제질서에 따른 각박한 삶
④ 사라져 가는 미풍양속에 대한 아쉬움

2021 | 7급 기출문제

모바일
OMR
답안분석
서비스

● 회독 CHECK 1 2 3

☑ 시험시간 25분　☑ 해설편 053쪽

01 띄어쓰기 규정에 맞지 않는 것은?

① 강물에∨떠내려가∨버렸다.

② 그가∨떠난∨지∨오래다.

③ 열∨내지∨스물

④ 십이∨억∨오십육∨만∨개

02 표준어가 아닌 것은?

① 숫염소　　　　② 강낭콩

③ 윗어른　　　　④ 유기장이

03 다음 설명문의 전개 방식으로 옳은 것은?

> 알타이어족에는 터키어 · 몽골어 · 만주어 · 퉁구스어 · 한국어 · 일본어 등의 언어가 속한다.

① 분류　　　　② 분석

③ 구분　　　　④ 정의

04 다음 시의 특징에 대한 설명으로 가장 적절한 것은?

> 허공 속에 발이 푹푹 빠진다
> 허공에서 허우적 발을 빼며 걷지만
> 얼마나 힘 드는 일인가
> 기댈 무게가 없다는 것은
> 걸어온 만큼의 거리가 없다는 것은
>
> 그동안 나는 여러 번 넘어졌는지 모른다
> 지금은 쓰러져 있는지도 모른다
> 끊임없이 제자리만 맴돌고 있거나
> 인력(引力)에 끌려 어느 주위를 공전하고 있는지도 모른다
>
> 발자국 발자국이 보고 싶다
> 뒤꿈치에서 퉁겨 오르는
> 발걸음의 힘찬 울림을 듣고 싶다
> 내가 걸어온
> 길고 삐뚤삐뚤한 길이 보고 싶다

① 허구적 상상을 통해 현실의 고난을 극복하고 있다.

② 시어의 반복을 통해 화자의 정서를 강조하고 있다.

③ 시적 화자의 옛 경험을 사실적으로 묘사하고 있다.

④ 과거로 돌아가고 싶은 화자의 소망을 전하고 있다.

05 다음의 글들이 공히 추모하는 사람으로 옳은 것은?

> 만 섬의 끓는 피여 열 말의 담력이여
> 벼르고 벼른 기상 서릿발이 시퍼렇다
> 별안간 벼락치듯 천지를 뒤흔드니
> 총탄이 쏟아지는데 늠름한 그대 모습이여
> — 한용운
>
> 황해도 장사 두 눈을 부릅뜨고
> 나라 원수 죽였다네 염소 새끼 죽이듯이
> 안 죽고 살았다가 이 기쁜 소식 들을 줄이야
> 덩실덩실 춤노래 한 바탕, 국화조차 우쭐거리네
> — 김택영
>
> 평생을 벼르던 일 이제야 끝났구려
> 죽을 땅에서 살려는 건 장부가 아니오
> 비록 몸은 대한에 있어도 만방에 이름 떨쳤소
> 살아 백 살을 못 넘기는데 죽어 천년을 빛내는구려
> — 위안스카이(袁世凱)
>
> 공은 삼한을 덮고 이름은 만국에 떨치니
> 살아 백세가 못되는데 죽어 천추에 빛나는구려
> 약한 나라 죄인이요 강국에서는 재상이라
> 그래 처지를 바꾸어 놓으니 이토도 죄인이구나
> — 쑨원(孫文)

① 이순신　　　　　　② 권율
③ 김좌진　　　　　　④ 안중근

06 다음 가사를 읊은 지은이의 심정을 가장 잘 드러낸 것은?

> 쇼양강(昭陽江) 누린 믈이 어드러로 든단 말고
> 고신거국(孤臣去國)에 백발(白髮)도 하도할샤
> 동쥐(東州) 밤 계오 새와 븍관뎡(北寬亭)의 올나ᄒᆞ니
> 삼각산(三角山) 뎨일봉(第一峯)이 ᄒᆞ마면 뵈리로다

① 한양을 떠나는 슬픔
② 임금을 향한 충정
③ 여행길의 고달픔
④ 자연경관에 대한 감탄

07 다음 설명에 해당하는 작품으로 옳은 것은?

> 작가가 자연 속에 살면서 느낀 흥취를 밝고 맑은 분위기로 형상화한 가사이다. 양반 지식인이 자연 속에서 물아일체의 정감과 흥취를 어떠한 모습으로 표출했는가 하는 점을 잘 보여주고 있다. 우리 조상들이 자연을 어떻게 인식하였으며, 자연이 주는 즐거움과 흥취를 어떠한 문학 형식으로 표현하였는지를 잘 보여주는 작품이다. 이를 통해 우리는 한국 문학의 자연친화적 전통이 어떻게 형성되었는지를 이해할 수 있다.

① 상춘곡　　　　　　② 사미인곡
③ 관동별곡　　　　　④ 도산십이곡

08 다음 글의 ㉠~㉣ 중 내포하는 의미가 다른 것은?

> 나는 시방 위험(危險)한 짐승이다.
> 나의 손이 닿으면 너는
> ㉠ 미지(未知)의 까마득한 어둠이 된다.
>
> 존재(存在)의 흔들리는 가지 끝에서
> 너는 ㉡ 이름도 없이 피었다 진다.
> 눈시울에 젖어드는 이 무명(無名)의 어둠에
> 추억(追憶)의 한 접시 불을 밝히고
> 나는 한밤 내 운다.
>
> 나의 울음은 차츰 ㉢ 아닌 밤 돌개바람이 되어
> 탑(塔)을 흔들다가
> 돌에까지 스미면 금(金)이 될 것이다.
>
> …… ㉣ 얼굴을 가리운 나의 신부(新婦)여,
>
> — 김춘수, 「꽃을 위한 서시」

① ㉠　　　　　　② ㉡
③ ㉢　　　　　　④ ㉣

09 다음 중 밑줄 친 외래어 표기가 옳은 것은?

① 할머니는 매일 트롯(trot)만 듣고 계신다.

② 사실 컨퍼런스(conference)의 진수는 토론과 질의응답에 참여하는 것이다.

③ 기름기가 도는 노란 액체가 흰 글래스(glass)에 차오를 때의 투명한 소리를 상기했다.

④ 이로써 기업 고객에게 보다 최적화된 설루션(solution)을 제공할 수 있게 되었다.

10 속담에 대한 설명이 적절하지 않은 것은?

① 가난한 집 족보 자랑하기다
  – 실속은 없으면서 허세만 부린다.

② 사또 덕분에 나팔 분다
  – 남의 덕으로 분에 넘치는 행세를 한다.

③ 아쉬운 감 장수 유월부터 한다
  – 돈이 아쉬워서 물건답지 못한 것을 미리 내다 판다.

④ 하늘 보고 손가락질한다
  – 강한 상대에게도 용기 있게 달려든다.

11 띄어쓰기 규정에 맞지 않는 것은?

① 그는∨재산이∨많을뿐더러∨재능도∨남에게∨뒤질∨것∨없는∨사람이다.

② 나는∨매일∨저녁∨반신욕을∨해서∨불면증을∨완화하는데∨효과를∨보았다.

③ 지난여름에∨휩쓸고∨지나간∨전염병으로∨이∨지역의∨축산∨농가가∨큰∨타격을∨입었다.

④ 아버지는∨우리들에게∨유산은커녕∨빚만∨잔뜩∨남기고∨떠나셨다.

12 다음 중 밑줄 친 단어가 의미에 맞게 사용되지 않은 것은?

① 또다시 생각이 빗먹거나 하면, 난들 이때까지 애쓴 보람이 무어겠소.

② 어른에게 함부로 그런 상없는 소리를 하지 마라.

③ 그는 술자리에서 상관을 치살리며 환심을 사려 했다.

④ 그 문제를 데알고 덤비다가 망신만 당했다.

13 다음 글의 제목으로 가장 적절한 것은?

박목월 시인이 1959년에 쓴 작품이다. 그때 한국의 1인당 국민소득은 81달러였고 한국사회는 전반적으로 가난했다. 시인은 협소한 방에서 밤이 깊도록 글을 쓴다. 원고료를 벌기 위해 의무적으로 쓰는 글이다. 용변을 보려고 복도를 지나는데 단칸방에 옹기종기 모여 잠을 자고 있는 식구들이 보인다. 그들의 잠은 깊고 평화롭지만 어딘지 서글퍼 보인다. 난방이 제대로 안 된 방에서 잠자는 어린것들의 발이 "포름쪽쪽"하게 얼어 있다. 이 말에 아버지의 연민이 담겨 있다. 자신도 "눈과 얼음의 길을 걸어" 여기까지 왔다고 말한다. 가족들을 위해 생활에 몸을 굽히고 굴욕을 감내하는, 그러면서도 미소를 지을 수밖에 없는 아버지의 모습을 솔직하게 표현했다. 그러면서도 자신의 감정을 과장되게 드러내지 않았다. 자연이 시의 주제가 되는 것은 흔한 일이지만 가난이 시의 주제가 되는 것은 드문 일이다. 박목월은 가난을 인간적 훈기로 감싸 안으면서 연민의 어조를 통해 시인의 격조가 어떠해야 하는지를 보여주었다.

① 시인의 진심과 격조

② 자연의 시와 가난의 시

③ 가난이 주는 굴욕감

④ 연민과 평화의 정신

14 다음 글의 ㉠~㉣에 대한 한자 표기가 옳지 않은 것은?

> 일제 강점기 저항문학 작품의 수가 적고 저항의 ㉠ 강도가 그리 높지 않은 것은 일제의 사상 ㉡ 통제에 원인이 있다. 그래서 우리는 작품의 ㉢ 행간에 감추어져 있는 작가의 의식을 끌어내서 작가가 하고 싶었으나 제대로 표현하지 못한 내용의 ㉣ 단서를 찾아내는 작업을 해야 한다. 검열의 틈을 뚫고 자신의 진실을 드러내고자 애쓴 일제 강점기 문학인들의 고민과 고충을 이해하고 작품 속에 내재된 의미를 찾아서 정당하게 해석해야 할 의무가 우리에게 있다.

① ㉠ 강도 – 强道　　② ㉡ 통제 – 統制
③ ㉢ 행간 – 行間　　④ ㉣ 단서 – 端緒

15 다음 시의 밑줄 친 말과 가장 근접한 시어로 적절한 것은?

> 폭포는 곧은 절벽을 무서운 기색도 없이 떨어진다
>
> 규정할 수 없는 물결이
> 무엇을 향하여 떨어진다는 의미도 없이
> 계절과 주야를 가리지 않고
> 고매한 정신처럼 쉴 사이 없이 떨어진다
>
> 금잔화도 인가도 보이지 않는 밤이 되면
> 폭포는 곧은 소리를 내며 떨어진다
>
> 곧은 소리는 소리이다
> 곧은 소리는 곧은
> 소리를 부른다
>
> 번개와 같이 떨어지는 물방울은
> 취할 순간조차 마음에 주지 않고
> 나타(懶惰)와 안정을 뒤집어 놓은 듯이
> 높이도 폭도 없이
> 떨어진다
>
> – 김수영, 「폭포」

① 고매한 정신　　② 쉴 사이
③ 곧은 소리　　　④ 물방울

16 고사성어의 쓰임이 적절하지 않은 것은?

① 그는 전후 상황을 不問曲直하고 나를 보자마자 대뜸 멱살을 잡았다.
② 임꺽정이 이야기를 나도 많이 듣긴 들었네만 道聽塗說을 준신할 수 있나?
③ 날이 갈수록 예의를 모르는 후배들이 점점 많아져 後生可畏라는 말을 실감하게 된다.
④ 덕으로써 사람을 따르게 하지 않고 힘으로써 사람을 따르게 하면 자연히 面從腹背하는 자가 생기기 마련이다.

17 단어의 발음이 잘못 표기된 것은?

① 태권도 – [태꿘도]　　② 홑이불 – [혼니불]
③ 홑옷 – [호돈]　　　　④ 공권력 – [공꿜력]

18 지명을 로마자로 표기한 것이 옳은 것은?

① 가평군 – Gapyeong-goon
② 갈매봉 – Galmaibong
③ 마천령 – Macheollyeong
④ 백령도 – Baeknyeongdo

19 밑줄 친 한자어를 쉬운 표현으로 바꾼 것으로 적절하지 않은 것은?

① 목록에 게기된 서류를 붙인다.
　→ 목록에 기재된 서류를 붙인다.
② 변경 사항을 주말하였다.
　→ 변경 사항을 붉은 선으로 표시했다.
③ 일반 회계와 구분하여 계리하였다.
　→ 일반 회계와 구분하여 회계처리하였다.
④ 재산 관리인을 개임하는 처분을 하다.
　→ 재산 관리인을 교체 임명하는 처분을 하다.

20 다음 글에 대한 설명으로 옳지 않은 것은?

> 정월의 냇물은 아! 얼었다 녹았다 정다운데
> 누리 가운데 나고는 이 몸은 홀로 지내누나.
> 아으 동동다리
>
> 이월 보름에 아! 높이 켠 등불 같아라.
> 만인 비치실 모습이로다.
> 아으 동동다리
>
> 삼월 나면서 핀 아! 늦봄 진달래꽃이여
> 남이 부러워할 자태를 지니고 나셨도다.
> 아으 동동다리
>
> 사월 아니 잊고 아! 오셨네, 꾀꼬리여.
> 무슨 일로 녹사(錄事)님은 옛 나를 잊고 계신가.
> 아으 동동다리
>
> 오월 오일에 아! 수릿날 아침 약은
> 천 년을 길이 사실 약이라고 받치옵니다.
> 아으 동동다리
>
> 유월 보름에 아! 벼랑 가에 버린 빗 같아라.
> 돌보실 님을 잠시라도 쫓아가겠습니다.
> 아으 동동다리

① 궁중에서 연주된 가사로 국가의 번영을 찬양하는 내용이다.
② 월령체(月令體) 형식으로 각 달의 소재에 따라 다른 내용을 노래했다.
③ '동동(動動)'이라는 제목은 "아으 동동다리"라는 후렴구에서 따온 것이다.
④ 고려시대 구전되던 것을 조선시대에 한글로 기록했다.

21 다음 소설의 내용으로 볼 때 제목의 뜻을 가장 잘 설명한 것은?

> 그 후 그들은 자주 우리집에 드나들었다. 그 중엔 보위부 군관도 있었는데 오빠에 대해 뭔가 눈치 채고 있는 것 같았다. 우리들하고 천연덕스럽게 고향 얘기나 처자식 얘기를 하다가도 갑자기 오빠를 노려보면서 딴사람같이 카랑카랑한 목소리로 동무 혹시 인민군대에서 도주하지 않았소? 한다든가 동무, 혹시 국방군에서 낙오한 게 아니오? 하면 간이 콩알만큼 오그라들었다. (중략) 마침내 보위군관이 작별하러 왔다. 그의 작별 방법은 특이했다.
> "내가 동무들같이 간사한 무리들한테 끝까지 속을 것 같소. 지금이라도 바른 대로 대시오. 이래도 바른 소리를 못하겠소?"
> 그가 허리에 찬 권총을 빼 오빠에게 겨누며 말했다.
> "안 된다. 안 돼. 이 노옴 너도 사람이냐? 이 노옴."
> 어머니가 외마디 소리를 지르며 그의 팔에 매달렸다. 그가 어머니를 획 뿌리쳤다.
> "이래도 이래도 바른 말을 안 할 테냐? 이래도."
> 총성이 울렸다. 다리였다. 오빠는 으, 으, 으, 으, 같은 소리밖에 못 냈다.
> 또 총성이 울렸다. 같은 말과 총성이 서너 번이나 되풀이됐다. 잔혹하게도 그 당장 목숨이 끊어지지 않게 하체만 겨냥하고 쏴댔다. 오빠는 유혈이 낭자한 가운데 기절해 꼬꾸라지고 어머니도 그가 뿌리쳐 나동그라진 자리에서 처절한 외마디 소리만 지르다가 까무라쳤다.
> "죽기 전에 바른말 할 기회를 주기 위해 당장 죽이진 않겠다."
> 그 후 군관은 다시 나타나지 않았다. 며칠 만에 세상은 또 바뀌었다. 오빠의 총상은 다 치명상이 아니었는데도 며칠 만에 운명했다. 출혈이 심한데다 적절한 치료를 받을 수가 없었기 때문이다.
>
> — 박완서, 「엄마의 말뚝」

① 과거의 고통이 현재의 삶에 영향을 주고 있음을 의미한다.
② 엄마의 상처가 가슴에 깊은 뿌리를 내리고 있음을 의미한다.
③ 엄마의 의지가 뿌리 깊은 나무처럼 흔들리지 않음을 의미한다.
④ 오빠와 엄마가 같은 뿌리를 지니고 있음을 의미한다.

22 다음 글의 ( )에 들어갈 말로 적절하지 않은 것은?

이 시인은 사람들의 관심 밖에 놓여 있는 미미한 대상을 정밀하게 관찰하고 거기에 시적 의미를 부여함으로써 (①) 풍경을 서정적 수채화로 변형시킨다. 대상을 정확히 관찰한다는 점에서는 (②)인데, 서정의 윤기를 입힌다는 점에서 그는 분명 로맨티스트이다. 대상의 배면에서 전해오는 사물의 축축한 습기라든가 무정한 듯 펼쳐진 정경에서 배어나오는 생의 슬픔 같은 것을 즐겨 그려내는데, 생의 (③)에서 떠나 있는 듯한 그 애잔한 질감이 결국은 생의 문제와 결부되어 있음을 느끼게 하는 데 그의 특색이 있다. 그의 시집은 아련한 빛의 파문 속에 명멸하는 따스하면서도 (④) 생의 영상들을 쌓아놓았다.

① 평범한   ② 모럴리스트
③ 현장   ④ 서글픈

23 다음 중 밑줄 친 단어의 표준 발음이 옳은 것을 모두 고른 것은?

㉠ 창고[창꼬]에 처박혀 있던 고문서 더미를 발견했다.
㉡ 아무도 없이 혼자 산다고 이렇게 홀대[홀때]를 하면 안 되지.
㉢ 같은 약이라도 환자의 상태에 따라 치료 효과[효:꽈]가 다를 수 있다.
㉣ 책꽂이에는 교과서[교:꽈서] 외에도 소설책과 시집이 빽빽이 꽂혀 있었다.

① ㉠, ㉡   ② ㉢, ㉣
③ ㉠, ㉢, ㉣   ④ ㉡, ㉢, ㉣

24 다음 글을 논리적 순서에 맞게 나열한 것은?

(가) 그 위계를 정하는 데 나이는 매우 결정적인 요인이 된다.
(나) 그래서 우리는 사람들을 만나면 상대와 나의 위계를 자기도 모르게 측정하게 된다.
(다) 그 위계를 따져서 말을 하지 않으면 상대를 기분 나쁘게 할 수도 있고 상대를 불편하게 만들 수도 있다.
(라) 한국어에서 높임법을 결정하는 요인에는 앞서 언급한 나이 외에도 직업, 지위, 친밀감, 공식성 등이 있다.
(마) 한국어로 말을 하려면 늘 상대와 나와의 위계부터 따져야 한다.

① (라) - (마) - (가) - (다) - (나)
② (라) - (다) - (가) - (마) - (나)
③ (마) - (다) - (나) - (가) - (라)
④ (마) - (나) - (다) - (가) - (라)

25 밑줄 친 부분의 맞춤법이 옳은 것은?

① 두 가지 의론이 맞서서 결론이 나지 않는다.
② 꽁꽁 묶인 손이 퍼래지더니 퉁퉁 부어올랐다.
③ 밥을 먹었다. 그리고는 물을 마셨다.
④ 그는 젊은 나이임에도 불구하고 이마와 눈가에 잘다랗게 주름이 잡혔다.

2020 9급 기출문제

모바일 OMR 답안분석 서비스

✔ 회독 CHECK 1 2 3

✔ 시험시간 25분 ✔ 해설편 058쪽

01 홑문장에 해당하는 것은?

① 어제 빨간 모자를 샀다.

② 봄이 오니 꽃이 피었다.

③ 남긴 만큼 버려지고, 버린 만큼 오염된다.

④ 우리 집 앞마당에 드디어 장미꽃이 피었다.

03 국어 순화가 옳지 않은 것은?

① 핸드레일(handrail) → 안전손잡이

② 스크린 도어(screen door) → 차단문

③ 프로필(profile) → 인물 소개, 약력

④ 팝업창(pop-up 窓) → 알림창

02 다음 중 가장 적절한 문장은?

① 인생을 살다 보면 남을 도와주기도 하고 도움을 받기도 한다.

② 형은 조문객들과 잠시 환담을 나눈 후 다시 상주 자리로 돌아왔다.

③ 가벼운 물건이라도 높은 위치에서 던지면 인명 사고나 차량 파손을 일으킬 수 있다.

④ 증인이 보는 앞에서 병기에게 친히 불러서 가까이 가는 것만 해도 여간한 우대였다.

04 밑줄 친 부분의 비유 방식이 다른 것은?

> 비유(比喻/譬喻):「명사」어떤 현상이나 사물을 직접 설명하지 아니하고 다른 비슷한 현상이나 사물에 빗대어서 설명하는 일

① 요즘은 회사의 경영진에 합류하는 <u>블루칼라가</u> 많아지고 있다.

② 암 진단 결과를 받아들자, <u>그의 마음은 산산조각이</u> 났다.

③ <u>내부의 유리 천장은</u> 없으며 여성들의 상위적 진출이 확대될 것이라고 전망했다.

④ 사업이 실패한 후 <u>그는 사회의 가장 밑바닥으로</u> 떨어졌다.

05 다음 글을 요약한 것으로 가장 적절한 것은?

요즘 들어 사람들은 건강에 대한 많은 관심을 보이고 있다. 특히 운동을 통한 건강 유지에 대한 관심이 각별하다고 할 수 있다. 부지런히 뛰고 땀을 흠뻑 흘린 뒤에 느끼는 개운함을 좋아한다. 그렇지만 무조건 신체를 움직인다고 해서 다 운동이 되는 것은 아니다. 무리하게 움직이면 오히려 역효과를 가져온다. 그러므로 운동의 강도를 결정할 때는 자신의 신체 조건을 우선적으로 고려해야 한다. 자신의 체력에 비추어 신체 기능을 충분히 자극할 수는 있어야 하지만 부담이 지나치지 않게 해야 한다. 운동의 시간과 빈도는 개인의 생활양식에 의해 많은 영향을 받게 되지만, 일반적으로는 일주일에 한 번씩 오랜 운동 시간을 하는 것보다는 운동 시간이 짧더라도 빈도를 높여서 규칙적으로 움직이는 것이 운동의 효과를 높이는 데 효과적이다. 가장 바람직한 것은 매일 일정량의 운동을 실천하여 운동을 하나의 생활 습관으로 정착시키는 것이다.

① 운동의 효과는 운동의 빈도를 높일수록 좋다고 할 수 있으므로 가급적 쉬지 말고 부지런히 운동을 하는 것이 좋다.
② 운동의 효과를 높이기 위해서는 무리한 운동보다는 신체에 적절한 자극이 가해지는 운동을 생활 습관으로 정착시켜야 한다.
③ 신체를 무조건 움직인다고 해서 운동이 되는 것이 아니므로 자신의 신체 조건을 우선적으로 고려하여 운동의 강도를 결정한다.
④ 매일 일정량의 운동을 통해 운동을 생활습관으로 정착시키기 위해서는 운동의 긍정적인 측면과 부정적인 측면을 모두 고려해야 한다.

06 국어 로마자 표기법 규정에 어긋난 것은?

① 종로 2가 Jongno 2(i)-ga
② 신라 Silla
③ 속리산 Songnisan
④ 금강 Keumgang

07 사동사와 피동사를 만드는 형태와 방식이 다른 것은?

• 사동사(使動詞): 『언어』 문장의 주체가 자기 스스로 행하지 않고 남에게 그 행동이나 동작을 하게 함을 나타내는 동사
• 피동사(被動詞): 『언어』 남의 행동을 입어서 행하여지는 동작을 나타내는 동사

① 보다   ② 잡다
③ 밀다   ④ 안다

08 ㉠의 처지와 관련된 속담으로 가장 적절한 것은?

"쥔 어른 계셔유?"
몸을 돌리어 바느질거리를 다시 들려 할 제 이번에는 짜장 인끼가 난다. 황급하게 "누구유?" 하고 일어서며 문을 열어보았다.
"왜 그리유?"
"저어, 하룻밤만 드새고 가게 해주세유."
남정네도 아닌데 이 밤중에 웬일인가, 맨발에 짚신 짝으로. 그야 아무렇든.
"어서 들어와 불 쬐게유."
㉠ 나그네는 주춤주춤 방 안으로 들어와서 화로 곁에 도사려 앉는다. 낡은 치맛자락 위로 비어지려는 속살을 아무리자 허리를 지그시 튼다. 그리고는 묵묵하다. 주인은 물끄러미 보고 있다가 밥을 좀 주려느냐고 물어보아도 잠자코 있다.
그러나 먹던 대궁을 주워모아 짠지쪽하고 갖다주니 감지덕지 받는다. 그리고 물 한 모금 마심 없이 잠깐 동안에 밥그릇의 밑바닥을 긁는다.
밥숟가락을 놓기가 무섭게 주인은 이야기를 붙이기 시작하였다. 미주알고주알 물어보니 이야기는 지수가 없다. 자기로도 너무 지쳐 물은 듯싶은 만치 대구 추근거렸다. 나그네는 싫단 기색도 좋단 기색도 별로 없이 시나브로 대꾸하였다. 남편 없고 몸 붙일 곳 없다는 것을 간단히 말하고 난 뒤,
"이리저리 얻어먹고 단게유" 하고 턱을 가슴에 묻는다.

① 패랭이에 숟가락 꽂고 산다
② 태산 명동에 서일필이라
③ 터진 방앗공이에 보리알 끼듯 하였다
④ 보리누름까지 세배한다

09 밑줄 친 단어의 품사가 다른 것은?

① 집에 들어가 보니 동생이 혼자 밥을 먹고 있었다.

② 정녕 가시겠다면 고이 보내 드리리다.

③ 나는 과일 중에 사과를 제일 좋아한다.

④ 둘째 며느리 삼아 보아야 맏며느리 착한 줄 안다.

10 밑줄 친 부분의 한자어로 적절하지 않은 것은?

코로나가 갖고 온 변화는 ㉠ 침체된 것처럼 보이는 삶-㉡ 위축된 경제와 단절된 관계와 불투명한 미래까지-에서부터 일상의 작은 규칙들, 마스크를 쓰고 손을 씻고 사회적 거리두기를 하는 것 등 삶의 전반에 크고 작은 영향을 끼쳤다. 그것이 우리 눈앞에 펼쳐진 코로나 이후의 맞닥뜨린 냉혹한 현실이지만 반대급부도 분명 존재한다. 가만히 들여다보면 차가운 현실의 이면에는 분명 또 다른 내용의 속지가 숨겨져 있다. 코로나로 인해 '국가의 감염병 예방 시스템이 새롭게 정비되고 ㉢ 방역 의료체계가 발전하고 환경오염이 줄고'와 같은 거창한 것은 ㉣ 차치하고라도 당장, 홀로 있음의 경험을 통해서 내 자신의 마음 들여다보기가 가능해졌다.

① ㉠ 沈滯

② ㉡ 萎縮

③ ㉢ 紡疫

④ ㉣ 且置

11 띄어쓰기가 옳지 않은 것은?

① 그녀는 사업차 외국에 나갔다.

② 들고 갈 수 있을 만큼만 담아라.

③ 그는 세 번만에 시험에 합격했다.

④ 쌀, 보리, 콩, 조, 기장 들을 오곡(五穀)이라 한다.

12 언어 예절에 가장 알맞게 발화한 것은?

① (아침에 출근해서 직급이 같은 동료에게) 좋은 아침!

② (집에서 손님을 보낼 때 손위 사람에게) 살펴 가십시오.

③ (윗사람의 생일을 축하하며) 건강하십시오.

④ (관공서에서 손님이 들어올 때) 무엇을 도와 드릴까요?

[13~14] 다음 글을 읽고 물음에 답하시오.

계해년(癸亥年) 겨울에 우리 전하께서 정음 28자를 처음으로 만들어 예의(例義)를 간략하게 들어 보이고 이름을 훈민정음(訓民正音)이라 하였다. (①) 천지인(天地人) 삼극(三極)의 뜻과 음양(陰陽)의 이기(二氣)의 정묘함을 포괄(包括)하지 않은 것이 없다. 28자로써 전환이 무궁하고 간요(簡要)하며 모든 음에 정통하였다. (㉠) 슬기로운 사람은 하루아침을 마치기도 전에 깨우치고, 어리석은 이라도 열흘이면 배울 수 있다. (②) 이 글자로써 글을 풀면 그 뜻을 알 수 있고, 이 글자로써 송사를 심리하더라도 그 실정을 알 수 있게 되었다. (③) 한자음은 청탁을 능히 구별할 수 있고 악기는 율려에 잘 맞는다. 쓰는 데 갖추어지지 않은 바가 없고, 가서 통달되지 않는 바가 없다. 바람 소리, 학의 울음, 닭의 홰치며 우는 소리, 개 짖는 소리일지라도 모두 이 글자를 가지고 적을 수가 있다. (④)

– 「훈민정음 해례(解例)」 정인지(鄭麟趾) 서문(序文) 중에서

13 다음 (가)의 위치로 가장 적절한 것은?

(가) 상형을 기본으로 하고 글자는 고전(古篆)을 본떴고 사성을 기초로 하고 음(音)이 칠조(七調)를 갖추었다.

①   ②   ③   ④

14 ㉠에 들어갈 접속 부사로 가장 적절한 것은?

① 그리고

② 그런데

③ 그러므로

④ 왜냐하면

15 우리말 어법에 맞고 가장 자연스러운 문장은?

① 그의 하루 일과를 일어나자마자 아침 신문을 읽는 데서 시작한다.

② 저녁노을이 지는 들판에서 농부 내외가 조용히 기도하는 모습이 멀리 보였다.

③ 졸업한 형도 못 푸는 문제인데, 하물며 네가 풀겠다고 덤볐다.

④ 제가 여러분에게 당부하고 싶은 것은 주변 환경을 탓하지 마시기 바랍니다.

16 밑줄 친 '성김'과 '빽빽함'의 의미 관계와 같지 않은 것은?

> 구도의 필요에 따라 좌우와 상하의 거리 조정, 허와 실의 보완, 성김과 빽빽함의 변화 표현 등이 자유로워졌다.

① 곱다 : 거칠다

② 무르다 : 야무지다

③ 넉넉하다 : 푼푼하다

④ 느슨하다 : 팽팽하다

17 한글 맞춤법에 옳게 쓰인 것을 모두 고른 것은?

> 나는 먼저 미역을 물에 ㉠ 담궈 두고 밥을 ㉡ 안쳤다. 불린 미역을 냄비에 넣고 불을 ㉢ 붙였다. 미역국이 끓는 동안 생선도 ㉣ 졸였다. 마지막으로 두부에 달걀옷을 입혀 ㉤ 부쳤다. 상을 차려놓고 어머니가 오시기를 기다렸다. ㉥ 하느라고 했는데 생일상치고 영 볼품이 없는 것 같다.

① ㉠, ㉡, ㉣

② ㉢, ㉤, ㉥

③ ㉡, ㉣, ㉤

④ ㉡, ㉢, ㉤

18 다음 내용과 관계있는 한자성어로 가장 거리가 먼 것은?

> 선비는 단순한 지식 습득에 목적을 두지 않고 아는 것을 실천하는 것에 중점을 두고 있다. 또한 선비는 개인의 이익보다 사회 정의를 생각하며 행동하고 살아간다. 자신의 인격을 완성하고 그것을 통해 모든 사람에게 평안한 삶을 살게 하는 것이 그들의 궁극적 목적이다. 선비가 갖추어야 할 덕목은 많지만 상호 연결되어 있다. 자신을 낮추는 자세, 타인을 존중하는 마음, 검소하고 청렴결백한 삶 등이 하나로 연결되어 있는 것이다.

① 見利思義

② 勞謙君子

③ 修己安人

④ 梁上君子

19 다음 밑줄 친 '-의' 중에서 '기쁨의 열매'와 쓰임이 같은 것은?

① 조선의 독립국임

② 천(天)의 명명(明命)

③ 인도(人道)의 간과(干戈)

④ 대의(大義)의 극명(克明)

20 다음 글에서 밑줄 친 ㉠과 바꿔 쓰기에 가장 적절한 것은?

> 킬트의 독특한 체크무늬가 각 씨족의 상징으로 자리 잡은 것은, 1822년에 영국 왕이 방문했을 때 성대한 환영 행사를 마련하면서 각 씨족장들에게 다른 무늬의 킬트를 입도록 종용하면서부터이다. 이때 채택된 독특한 체크무늬가 각 씨족을 대표하는 의상으로 ㉠ 자리를 잡게 되었다.

① 정돈(整頓)되었다.

② 정제(精製)되었다.

③ 정리(整理)되었다.

④ 정착(定着)되었다.

21 다음 글의 내용과 가장 부합하는 것은?

심리학자 융은 인간에게는 '페르소나(persona)'와 '그림자(shadow)'의 측면이 있다고 한다. 페르소나란 한 개인이 사회에서 요구하는 역할에 적응하면서 얻어진 자아의 한 측면을 의미한다. 그런데 오로지 페르소나만 추구하려 한다면 그림자가 위축되어 결국 자기 자신으로부터 소외를 당해 무기력하고 생기가 없어지게 된다. 한편 그림자는 인간의 원시적인 본능 성향을 의미한다. 이것은 사회에서 부도덕하다고 생각하는 충동적인 면이 있지만, 자발성, 창의성, 통찰력, 깊은 정서 등 긍정적인 면이 있어 지나치게 억압해서는 안 된다.

① 페르소나는 현실적인 속성, 그림자는 근원적인 속성을 갖고 있다.
② 페르소나를 멀리 하게 되면, 자아는 무기력하게 된다.
③ 그림자는 도덕성을 추구할 때, 자발성과 창의성이 더욱 커진다.
④ 그림자를 억압하게 되면 페르소나를 더욱 추구하게 된다.

22 낱말의 발음이 옳지 않은 것은?

① 맑고 → [말꼬]
② 끊기다 → [끈기다]
③ 맏형 → [마텽]
④ 밟고 → [밥ː꼬]

23 단어의 구조가 다른 것은?

① 도시락   ② 선생님
③ 날고기   ④ 밤나무

24 다음 글의 내용과 가장 거리가 먼 것은?

항생제는 세균에 대한 항균 효과가 있는 물질을 말한다. '프로폴리스' 같이 자연적으로 존재하는 항생제를 자연 요법제라고 하고, '설파제' 같이 화학적으로 합성된 항생제를 화학 요법제라고 한다. 현재 사용되고 있는 많은 항생제들은 곰팡이가 생성한 물질을 화학적으로 보다 효과가 좋게 합성한 것들이어서 넓은 의미에서는 이들도 화학 요법제라고 할 수 있을 것이다.

'페니실린', '세파로스포린' 같은 것은 우리 몸의 세포에는 없는 세균의 세포벽에 작용하여 세균을 죽이는 것이다. 그 밖의 항생제들은 '테트라사이크린', '클로로마이신' 등과 같이 세균세포의 단백합성에 장애를 만들어 항균 효과를 나타내거나, '퀴노론', '리팜핀' 등과 같이 세균세포의 핵산합성을 저해하거나, '포리믹신' 등과 같이 세균세포막의 투과성에 장애를 일으켜 항균 효과를 나타낸다.

① 항생제의 정의
② 항생제의 내성 정도
③ 항균 작용의 기제
④ 항생제의 분류 방법

25 주장하는 말이 범하는 논리적 오류 유형이 다른 하나는?

① 식량을 주면, 옷을 달라고 할 것이고, 그 다음 집을 달라고 할 것이고, 결국 평생직장을 보장하라고 할 것이 틀림없어. 식량 배급은 당장 그만두어야 해.
② 네가 술 한 잔을 마시면, 다시 마시게 되고, 결국 알코올 중독자가 될 거야. 애초부터 술 마실 생각은 하지 마라.
③ 아이들에게 부드럽게 말하면, 아이들은 부모를 무서워하지 않게 되고, 그 부모는 아이들을 망치게 될 겁니다. 아이들에게 엄하게 말하는 것을 두려워하지 마세요.
④ 식이요법을 시작하면 영양 부족에 빠지고, 어설픈 식이요법이 알코올 중독에 이르게 한다는 것을 암시해. 식이요법을 시작하지 못 하게 막아야 해.

2020 | 7급 기출문제

모바일
OMR
답안분석
서비스

☑️ 회독 CHECK 1 2 3

✅ 시험시간 25분 ✅ 해설편 063쪽

01 좋은 글을 선택하는 기준으로 가장 적절하지 않은 것은?

① 독자
② 맥락
③ 필자
④ 글의 내용

02 다음 글의 ㉠~㉣ 중 문맥상 적절하지 않은 말은?

공주 · 부여와 익산 일대의 백제역사유적지구가 세계유산으로 등재되면서 이를 체계적으로 ㉠ 보존 활용하기 위해서는 국비 지원이 절실하다는 여론이 탄력을 얻고 있다.

충청남도가 백제역사유적지구의 세계유산 등재 1개월을 맞아 공주 · 부여 유적지를 ㉡ 탐사한 관람객을 조사해 보니 지난해 같은 기간보다 2배 가까이 급증한 것으로 나타났다. 백제 역사 문화의 우수성이 전 세계에 확인된 것을 계기로 관람객들이 증가하면서, 백제역사유적지구가 세계적인 관광 명소로 거듭나기 위한 보존 관리의 필요성이 요구되고 있는 것이다.

이와 함께 유네스코 세계유산위원회 자문 기구인 이코모스가 충청남도에 대해 백제역사유적지구의 체계적인 관리 방안을 권고한 것도 주목할 일이다. 이코모스는 지구의 ㉢ 개별 관광 관리 계획 및 유산별 방문객 관리 계획 수립 · 시행, 등재 유적 보호를 위한 지구 내 사유 토지 공공관리, 송산리 · 능산리 고분벽화 모니터링 주기를 5년에서 3년으로 단축할 것 등을 권고했다.

중앙 정부와 국회는 충청남도가 백제역사유적지구 보존 · 관리를 위한 국비 확보에 총력을 ㉣ 경주하는 것을 지역이기주의적인 시각으로 보아서는 안 된다. 백제역사유적지구가 세계유산으로 등재된 것은 비단 특정 지역만이 아닌 국가적인 쾌거다. 이를 잘 보존 · 관리하며 세계적인 관광지로 가꾸는 일은 국가 차원의 목표가 되어야 한다.

① ㉠, ㉡
② ㉡, ㉢
③ ㉡, ㉣
④ ㉢, ㉣

03 속담의 뜻을 잘못 풀이한 것은?

① 남의 말이라면 쌍지팡이 짚고 나선다 → 남의 허물에 대해서 시비하기를 좋아한다.
② 말 안 하면 귀신도 모른다 → 마음속으로만 애태울 것이 아니라 시원스럽게 말을 하여야 한다.
③ 말 같지 않은 말은 귀가 없다 → 이치에 맞지 않은 말은 널리 퍼진다.
④ 남의 말도 석 달 → 소문은 시일이 지나면 흐지부지 없어지고 만다.

04 다음 글에서 ㉠, ㉡에 알맞은 단어를 순서대로 나열한 것은?

> 인도의 오랜 고전 『우파니샤드』에는 이런 말이 전해지고 있다.
>
> 말이 없다면 옳은 것도 틀린 것도 알 수 없으며 참과 거짓, 유쾌한 것과 불쾌한 것을 알 수 없다. 말은 이 모든 것을 우리에게 알려준다. 말에 대해 (㉠)하라.
>
> 진실로 언어가 없다면 세계가 없고 따라서 인생이 없는 것이다. 언어에 대한 이렇듯 오래고도 깊은 사념은 인간의 문화에 대한 모든 비평 속에서 계속하여 심각하게 다루어져 왔다. 인류 문화와 사고의 역사는 결국 언어에 대한 문제를 싸고돌면서 전개된 것에 불과하다. 언어의 내면적인 (㉡)이 깊이를 더할 때 많은 학구적 업적이 시대를 따라 변천하여 왔던 것이다.

	㉠	㉡
①	默想	考察
②	墨床	古刹
③	默想	古刹
④	墨床	考察

05 다음 중 '잇몸소리'이면서 '파열음'인 것은?

① ㄴ   ② ㄷ
③ ㅅ   ④ ㅈ

[06~08] 다음 글을 읽고 물음에 답하시오.

> 내 마음은 한 폭의 기(旗)
> ㉠ 보는 이 없는 시공(時空)에
> 없는 것 모양 걸려 왔더니라.
>
> 스스로의
> ㉡ 혼란과 열기를 이기지 못해
> 눈 오는 네거리에 나서면
>
> 눈길 위에
> ㉢ 연기처럼 덮여 오는 편안한 그늘이여.
> 마음의 기(旗)는
> 눈의 음악이나 듣고 있는가.
>
> 나에게 원이 있다면
> 뉘우침 없는 일몰(日沒)이
> 고요히 꽃잎인 양 쌓여가는
> 그 일이란다.
>
> ㉣ 황제의 항서(降書)와도 같은 무거운 비애(悲哀)가
> 맑게 가라앉은
> 하얀 모랫벌 같은 마음씨의
> 벗은 없을까.
>
> 내 마음은
> 한 폭의 기(旗)
>
> ㉤ 보는 이 없는 시공(時空)에서
> 때로 울고
> 때로 기도드린다.

06 위의 시에서 '기(旗)'가 표상하는 바와 가장 거리가 먼 것은?

① 순수한 삶
② 절제된 사랑
③ 기도하는 마음
④ 시적 자아의 희원

07 ㉠에 나타난 시적 자아의 자세로 가장 적절한 것은?

① 자성　　　　　　　② 자책

③ 체념　　　　　　　④ 회한

08 ㉡~㉤ 중 시적 자아의 흔들리는 내면을 표출한 것은?

① ㉡　　　　　　　② ㉢

③ ㉣　　　　　　　④ ㉤

09 다음 글에서 ㉠, ㉡에 들어갈 알맞은 말은?

> 일의 시간은 오늘날 시간 전체를 잠식해 버렸다. 우리는 휴가 때뿐만 아니라 잠잘 때에도 일의 시간을 데리고 간다. 지쳐 버린 성과 주체는 마비되는 것처럼 그렇게 잠이 든다. 긴장의 이완 역시 노동력의 재충전에 기여한다는 점에서 일의 한 양태에 지나지 않는다. 이른바 (㉠)도, 다른 시간을 만들어내지도 못한다. 그것 역시 가속화된 일의 시간이 낳은 결과일 뿐이다. 일반적으로 받아들여지고 있는 견해와는 달리, (㉡)는 오늘날 당면한 시간의 위기, 시간의 질병을 극복할 수 없다. 오늘날 필요한 것은 다른 시간, 일의 시간이 아닌 새로운 시간을 생성하는 시간 혁명이다.

	㉠	㉡
①	빠르게 살기	빠르게 살기
②	느리게 살기	느리게 살기
③	빠르게 살기	느리게 살기
④	느리게 살기	빠르게 살기

10 제시된 단어들의 발음이 적절하게 연결된 것은?

> ㉠ 짧네요　　　㉡ 맑거나　　　㉢ 떫지

	㉠	㉡	㉢
①	[짤레요]	[막꺼나]	[떱:찌]
②	[짤레요]	[말꺼나]	[떨:찌]
③	[짭네요]	[막꺼나]	[떨:찌]
④	[짭네요]	[말꺼나]	[떱:찌]

11 다음은 어순 병렬의 원리에 대한 설명이다. 이와 가장 부합하지 않는 어순을 보이는 것은?

> 국어에는 언어 표현이 병렬될 때 일정한 규칙이 반영된다. 시간 용어가 병렬될 때 일반적으로는 자연시간의 순서를 따르거나 화자가 말하는 때를 기준으로 가까운 쪽이 앞서고 멀어질수록 뒤로 간다. 공간 관련 용어들은 일반적으로 위쪽이나 앞쪽 그리고 왼쪽과 관련된 용어가 앞서고 아래쪽이나 뒤쪽 그리고 오른쪽과 관련된 용어들이 나중에 온다.

① 꽃이 피고 지고 한다.

② 수입과 지출을 맞추어 보다.

③ 머리끝부터 발끝까지 달라졌다.

④ 문 닫고 들어와라.

12 문장의 확장 방식이 다른 것은?

① 담배를 피우는 사람이 점점 줄어들고 있다.

② 철수가 말도 없이 가버렸다.

③ 나는 그가 귀국했다고 들었다.

④ 봄이 오면 꽃이 핀다.

13 밑줄 친 ⊙, ⓛ, ⓒ을 한자로 바르게 바꾼 것은?

문인(文人)들이 흔히 대단할 것도 없는 신변잡사(身邊雜事)를 즐겨 쓰는 이유가 무엇인가. 인생의 편모(片貌)와 생활의 정회(情懷)를 새삼 느꼈기 때문이다. 속악(俗惡)한 시정잡사(市井雜事)도 때로는 꺼리지 않고 쓰려는 것은 무슨 까닭인가. 인생의 모순과 사회의 ⊙ 부조리를 여기서 뼈아프게 느꼈기 때문이다.

자연은 자연 그대로의 자연이 아니오, 내 프리즘으로 통하여 재생된 자연인 까닭에 새롭고, 자신은 주관적인 자신이 아니오, ⓛ 응시해서 얻은 객관적인 자신일 때 하나의 인간상으로 떠오르는 것이다. 감정은 ⓒ 여과된 감정이라야 아름답고, 사색은 발효된 사색이라야 정이 서리나니, 여기서 비로소 사소하고 잡다한 모든 것이 모두 다 글이 되는 것이다.

	⊙	ⓛ	ⓒ
①	不條理	凝視	濾過
②	不條理	鷹視	勵果
③	否條理	凝視	勵果
④	否條理	鷹視	濾過

14 다음 중 단어의 의미 변화를 잘못 나타낸 것은?

① 겨레: [종족] → [민족]
② 놈: [평칭] → [비칭]
③ 얼굴: [안면] → [형체]
④ 끼: [시간] → [식사]

15 다음 중 인성적 설득 전략에 해당하는 것은?

① 청자의 어떤 감정에 호소할 것인가?
② 신뢰성을 높이기 위해 어떤 태도로 말할 것인가?
③ 주장이 분명하고 근거가 이를 논리적으로 뒷받침하는가?
④ 구체적 사례, 객관적 통계 자료, 전문가의 의견 등을 어떻게 근거로 활용할 것인가?

16 맥락을 고려할 때, ⊙~㉢에 들어갈 말로 가장 적절하게 묶인 것은?

영화를 보면 어떤 물체를 3차원 입체 스캐너에 집어넣고 레이저를 이용해서 쓰윽 스캔을 한 뒤 기계가 왔다 갔다 왕복운동을 하면, 무에서 유를 창조하듯 스캐닝 했던 물체와 똑같은 물체가 만들어지는 (⊙)이 나온다. 공상과학 영화에서나 나오는 이런 허구 같은 상황, 그것이 실제로 일어났다. 물체를 3차원 스캔하거나 3D 모델링 프로그램으로 설계해서 입체 모형으로 만들어내는 이 마법 같은 기계인 3D 프린터가 어느새 우리 생활 속으로 들어왔다.

3D 프린터가 가장 많이 사용되는 곳은 (ⓛ) 생산이다. 그간 제품을 개발할 때에는 금형을 만들어서 샘플을 찍어내거나 수작업으로 모형을 만들어냈고, 이후에 수정하거나 설계를 변경하게 되면 엄청난 시간과 비용이 소요되었다. 그러나 3D 프린터로 샘플을 만들어 문제점과 개선점을 확인한 후에 금형을 만들고 제품을 생산하면, 비용 절감은 물론 개발 기간 단축에도 큰 도움이 된다.

3D 프린터는 (ⓒ)으로도 유용하게 사용되고 있다. 인체에 무해한 종류의 금속이나 플라스틱 수지 또는 인공뼈 소재를 이용해서 유실된 뼈 부분을 대신하는 용도로 사용되고 있으며, 아주 복잡하고 위험한 수술 전에 실제와 거의 동일한 인체 구조물로 미리 연습을 하도록 돕기도 한다. 또한 큰 사고로 얼굴의 일부가 크게 손상되거나 유실된 환자를 위해 정교하게 제작된 일종의 부분 가면을 만드는 것도 가능하다.

아직은 3D 프린터가 일반 가정이나 우리의 실생활에 깊게 들어왔다고 보기에는 다소 이르지만 (㉢) 우리 생활에 정말로 녹아든 시대가 올 것이다. 그러나 한국의 3D 프린터 산업은 여전히 걸음마 단계이다. 정부와 대기업의 관심도 아직 미진하여 교육기관의 3D 프린터 도입은 전혀 준비되지 않았다. 더 늦기 전에 우리도 처음 큰 한 걸음을 내딛어 경쟁력을 갖춰 나가야 한다.

	⊙	ⓛ	ⓒ	㉢
①	상황	완제품	산업용	언젠가
②	상황	시제품	산업용	조만간
③	장면	완제품	의료용	언젠가
④	장면	시제품	의료용	조만간

17 밑줄 친 ⊙의 예에 해당하는 것은?

> 합성어의 유형을 통사적 합성어와 비통사적 합성어로 분류하기도 한다. 이것은 합성어의 형성 절차가 국어의 일반적인 단어 배열법을 따르고 있는지 아니면 그렇지 않은지에 따라 나눈 것이다. 통사적 합성어에는 '명사+명사'의 구성을 취하거나 '용언의 관형사형+명사'나 ⊙ '용언의 연결형+용언 어간'의 구성을 취하는 것이 포함된다. 비통사적 합성어는 국어의 일반적인 단어 배열법과 달리 어간이 어미 없이 바로 명사나 다른 용언 어간에 연결되는 경우가 해당된다.

① 들어가다   ② 부슬비
③ 불고기   ④ 높푸르다

18 주제 통합적 읽기의 절차와 방법을 순서대로 제시한 것은?

① 다양한 글과 자료의 선정 → 자신의 관점 재구성 → 선정한 글과 자료의 관점 정리 → 관심 있는 화제, 주제, 쟁점 확인 → 관점의 비교, 대조와 평가

② 관점의 비교, 대조와 평가 → 자신의 관점 재구성 → 다양한 글과 자료의 선정 → 관심 있는 화제, 주제, 쟁점 확인 → 선정한 글과 자료의 관점 정리

③ 선정한 글과 자료의 관점 정리 → 관점의 비교, 대조와 평가 → 다양한 글과 자료의 선정 → 자신의 관점 재구성 → 관심 있는 화제, 주제, 쟁점 확인

④ 관심 있는 화제, 주제, 쟁점 확인 → 다양한 글과 자료의 선정 → 선정한 글과 자료의 관점 정리 → 관점의 비교, 대조와 평가 → 자신의 관점 재구성

19 밑줄 친 단어 중 외래어 표기법에 어긋나는 것은?

① 나는 그 팀의 우승을 축하하는 리셉션(reception)에 참석할 거야.

② 저 타우어(tower)는 우리나라에서 가장 높은 거야.

③ 이 광고의 콘셉트(concept)는 뭐니?

④ 그는 회사에서 프레젠테이션(presentation)을 가장 잘해.

20 다음 글에서 두드러지게 사용된 표현 방식과 거리가 먼 것은?

> 남원(南原)에 양생(梁生)이란 사람이 있었다. 어린 나이에 부모를 여의고 만복사(萬福寺) 동쪽에서 혼자 살았다. 방 밖에는 배나무 한 그루가 있었는데, 바야흐로 봄을 맞아 배꽃이 흐드러지게 핀 것이 마치 옥나무에 은이 매달린 듯하였다. 양생은 달이 뜬 밤이면 배나무 아래를 서성이며 낭랑한 목소리로 이런 시를 읊조렸다.
>
> 쓸쓸히 한 그루 나무의 배꽃을 짝해
> 달 밝은 이 밤 그냥 보내다니 가련도 하지.
> 청춘에 홀로 외로이 창가에 누었는데
> 어디서 들려오나 고운 님 피리 소리
>
> 외로운 비취새 짝 없이 날고
> 짝 잃은 원앙새 맑은 강에 몸을 씻네.
> 내 인연 어딨을까 바둑알로 맞춰 보고
> 등불로 점을 치다 시름겨워 창에 기대네
> – 김시습, 「만복사저포기」에서

① 대상에 빗대어 인물의 처지를 드러내고 있다.

② 계절의 배경과 인물의 정서가 밀접하게 관련되어 있다.

③ 인물이 처한 상황과 정조는 이별에서 비롯된 것이다.

④ 우연과 같은 운명에 기대어 살아가는 인물의 태도가 나타나 있다.

21 다음 풀이한 말에 해당하는 표제어로 가장 적절한 것은?

> 『천문』 가스 상태의 빛나는 긴 꼬리를 끌고 태양을 초점으로 긴 타원이나 포물선에 가까운 궤도를 그리며 운행하는 천체. 핵, 코마, 꼬리 부분으로 이루어져 있다.

① 별똥별
② 떠돌이별
③ 샛별
④ 살별

[22~23] 다음 글을 읽고 물음에 답하시오.

> 철학자 쇼펜하우어는 세상의 모든 책을 별에 비유하여 세 가지로 구분했다. 언제나 그 자리를 지키며 다른 별들의 중심이 되어 주는 ㉠ 항성 같은 책이 있는가 하면, 항성 주위의 궤도를 규칙적으로 도는 ㉡ 행성 같은 책이나 잠시 반짝 나타났다가 금방 사라져 버리는 ㉢ 유성 같은 책도 있다는 것이다. 항성과 행성은 언제나 밤하늘을 지키지만, 유성은 휙 소리를 내며 은하계의 어느 한 구석으로 자취를 감추어 버린다. ㉣ 북극성이 길 잃은 사람에게 방향을 제시하듯 항성과 같은 책은 삶의 영원한 길잡이가 되지만, 반짝하고 나타나는 유성은 한순간의 즐거움만 제공하고 허무하게 사라진다.
>
> 우리 주변에는 유성 같은 책들이 지천으로 굴러다니고 있지만, 항성 같은 책은 점차 자취를 감추고 있다. 좋은 책은 세상살이의 일반성에 관한 이해를 넓혀 주는 동시에 개인적 삶의 특수성까지도 풍부하게 해 준다. 그런 이해와 해석이 아예 없거나 미약한, 고만고만한 수준의 책들만 거듭 읽다 보면 잡다한 상식은 늘어날지 몰라도 이 세상과 자기 자신에 대한 깊이 있는 파악은 멀어지고 만다. 그렇고 그런 수준의 유성 같은 책은 아무리 많이 읽어도 삶의 깊이와 두께는 늘 제자리걸음이다. 세상과 인생의 문제를 상투적인 시선으로 바라보고 뻔한 해결책을 제시하는 그렇고 그런 책들은 옆으로 치워 놓고, 변화하는 세상과 그 속에 숨은 삶의 본질을 꿰뚫어 보는 좋은 책들을 찾아내야 한다.

22 ㉠~㉣의 한자어가 적절하지 않은 것은?

① ㉠ 亢星
② ㉡ 行星
③ ㉢ 流星
④ ㉣ 北極星

23 윗글에 대한 설명으로 가장 적절하지 않은 것은?

① 북극성은 항성에 포함된다.
② 쇼펜하우어는 모든 책을 항성, 행성, 유성으로 비유하였다.
③ 항성 같은 책은 개인적 삶의 특수성을 풍부하게 해석해 준다.
④ 유성 같은 책은 많이 읽어야 삶의 본질을 꿰뚫어 볼 수 있다.

24 다음 ㉠, ㉡에 들어갈 말이 바르게 연결된 것은?

> A: 어젯밤에 공부하(㉠) 늦게 잤다.
> B: 사흘 밤낮을 하(㉡) 했는데 이 모양이다.

	㉠	㉡
①	–노라고	–노라고
②	–느라고	–느라고
③	–느라고	–노라고
④	–노라고	–느라고

25 다음은 소설 작품에 나오는 대포소리의 변화와 관련된 서술이다. 작중화자와 대포소리의 거리를 가까운 순서대로 정리한 것은?

(가) ——(생략)—— 쿵! 하고 남쪽 멀리서 은은한 대포소리가 들려왔다.

(나) ——(생략)—— 쿵! 하고 또 다시 포소리가 들려왔다. 다가왔다 멀어졌다 그리고 또 다시 되돌아오는 소리.

(다) ——(생략)—— 또 한번 쿵 하는 포소리. 저 포소리만 없었어도 고 노인은 현을 불러내는 데 다시 한번 애를 썼을지도 모른다. 그러나 다가오는 저 소리. 삶과 죽음! 그 어느 하나의 선택을 재촉하는 소리.

(라) 현은 흐려져가는 의식 속에서 자기를 부르는 하나의 소리를 들었다. 쿵! 하고 들려오는 포소리보다 가까운 하나의 울부짖음.

① (가) – (나) – (다) – (라)
② (라) – (다) – (나) – (가)
③ (다) – (나) – (가) – (라)
④ (나) – (다) – (가) – (라)

2019 | **추가채용** 기출문제

모바일
OMR
답안분석
서비스

✅ 회독 CHECK 1 2 3

✅ 시험시간 25분　✅ 해설편 069쪽

01 다음 중 준말이 아닌 것은?

① 기럭아

② 국말이

③ 애꾸눈아

④ 엊저녁

02 다음 중 「예덕선생전」이 실려 있는 문헌으로 옳은 것은?

① 연암집(燕巖集)

② 열하일기(熱河日記)

③ 과농소초(課農小抄)

④ 방경각외전(放璚閣外傳)

03 다음 중 띄어쓰기 규정과 예문이 옳은 것은?

① 성과 이름, 성과 호 등은 붙여 쓴다.

　예) 김 양수, 서 화담

② 호칭어, 관직명 등은 띄어 쓴다.

　예) 김 선생, 민 박사

③ 전문 용어는 단어별로 띄어 쓴다.

　예) 만성골수성 백혈병

④ 성명 이외의 고유 명사는 단어별로 띄어 쓴다.

　예) 한국 대학교 사범대학

04 다음 중 누군가에게 동작을 하도록 시키는 표현이 아닌 것은?

① 엄마가 아이에게 밥을 <u>먹게 했다</u>.

② 전초병도 앞세우지 않고 가다가 적에게 기습을 <u>당했다</u>.

③ 그는 하나뿐인 딸을 위해 유학까지 <u>보냈다</u>.

④ 울렁거리는 가슴을 <u>진정시켰다</u>.

05 다음 중 사자성어의 한자가 옳지 않은 것은?

① 이심전심(以心傳心)

② 전전반측(輾轉反側)

③ 사필귀정(事必歸定)

④ 인과응보(因果應報)

판소리는 호남의 음악과 결합되면서 그 정체성을 획득할 수 있었다. 그러나 그 기본적인 토대는 호남의 무악이었지만, 다른 지역의 음악이라 하여 배제하지 않았다. 경기 지역의 것을 받아들이니 '경(京)드름'이고, 흥부 아내는 경상도와 가까운 곳에 살아 '메나리 목청'으로 박 타는 사설을 매겼다.

또한 판소리는 '아니리 광대'라는 말이 있는 것처럼 이야기를 그 본질로 하여 이루어진 형태이다. 그래서 「춘향가」는 노래[歌]이면서 동시에 '춘향의 이야기'이다. 그러나 판소리는 이렇게 장편의 노래로만 이루어져 있지 않다. '본사가(本事歌)'의 앞에 불리는 단가(短歌) 또한 판소리의 하위 영역일 뿐, 그것을 판소리 아닌 다른 어떤 것으로 부르지 않는다. 또 본사가의 어떤 한 대목, 이른바 오페라의 아리아라고 할 수 있는 ㉠ 더늠만을 불러도 그것은 훌륭한 판소리로 인정된다. 심지어는 일상적 말투로 이루어진 (㉡)만을 불러도 우리는 그것을 판소리로 인식한다.

판소리라는 말의 광의(廣義) 속에는 이렇게 많은 영역이 포함될 수 있는 것이다. 판소리는 상엿소리나 시조를 그 속에 들여올 수 있고, 필요하다면 유행가인 잡가도 마음대로 끌어 쓸 수 있다. 거지들의 품바 타령도 판소리 속에서는 얼마든지 자유롭다. 다른 계층의 것이라 하여, 그리고 장르나 세계관, 또는 지역적 기반이 다르다 하여 배척하지 않고 어느 것이나 다 수용한다. 한없이 넓은 포용력을 지니고 있어, 이것이 과연 하나의 구조물인가 하는 의심이 들 정도로 그 내연은 한없이 넓어 보인다.

06 밑줄 친 ㉠에 대한 설명으로 옳지 않은 것은?

① 명창의 장기로 인정되고, 또 다른 창자들에 의해 널리 연행되어 후대에 전승된 것이다.
② 독창적이면서 예술적으로 뛰어나고 주로 음악적인 측면에서 구현되어야 한다.
③ 명창 개인의 이름이 붙게 되고, 명창이 자신의 독특한 방식으로 다듬어 부르는 어떤 마당의 한 대목을 말한다.
④ 명창이 한 마당 전부를 다듬어 놓은 소리를 말한다.

07 ㉡에 들어갈 말로 옳은 것은?

① 발림   ② 추임새
③ 아니리   ④ 창

08 다음 글을 순서대로 바르게 나열한 것은?

(가) 제임스 러브록이 말하는 사이보그는 우리가 아는 것과 조금 다르다. 그는 사이보그를 오늘날 로봇과 인공지능(AI) 시스템의 후예로 자급자족하고 자각할 수 있는 존재라고 묘사했다. 이는 뇌를 제외한 팔다리나 장기를 기계로 바꾼 개조 인간을 뜻하는 사이보그보다 AI 로봇의 의미에 가깝다.

(나) 제임스 러브록은 "사이보그를 생물의 또다른 계(kingdom)라고 생각한다."면서 "그들은 인간이 동물계로서 식물계 위에 선 것처럼 우리 위에 설 것"이라고 말했다. 러브록은 계속해서 자신을 개선할 수 있는 AI 시스템의 발명은 노바세의 결실에 다가가는 중요한 핵심 요소라고 말했다.

(다) 지구를 하나의 작은 생명체로 보는 '가이아 이론'의 창시자인 제임스 러브록은 인간은 인공지능(AI) 로봇에 의해 지구 최상위층 자리를 내줄 수도 있다고 경고하고 나섰다. 제임스 러브록은 가이아 이론을 '노바세(Novacene)'에서 이렇게 밝혔다. 러브록은 "인간의 우위가 급격히 약해지고 있다. 미래에는 인간이 아니라 스스로 설계하고 만드는 존재들이 우위에 설 것"이라면서 "난 그들을 쉽게 사이보그라고 부른다."고 말했다.

(라) 만일 지구가 멸망 위기에 직면하면 사이보그는 대규모 지구공학을 이용해 지구를 인간보다 자신들 환경에 맞게 바꿔놓으려 할 수도 있을 것이라고 그는 설명했다. 그러면 세계는 산소나 물을 필요하지 않는 사이보그에게 맞게 변해 인간의 생존에는 적합하지 않을 수도 있다는 것이다. 하지만 이보다 가능성이 높은 상황은 지능이 매우 높은 사이보그들은 지구에서 지내기 어려운 상황이 되기 전에 지구를 떠나는 길을 선택할 수도 있다.

① (가) – (나) – (다) – (라)
② (나) – (가) – (라) – (다)
③ (다) – (가) – (나) – (라)
④ (라) – (나) – (다) – (가)

09 다음 중 단어에 대한 설명으로 옳지 않은 것은?

① 소래기: 굽이 없는 접시 모양으로 생긴 넓은 질그릇

② 장부꾼: 가래질을 할 때 가랫장부를 잡는 사람

③ 세섯덩이: 개피떡 세 개를 붙여서 만든 떡

④ 윤똑똑이: 자기만 혼자 잘나고 영리한 체하는 사람

10 다음 중 로마자 표기가 옳은 것으로만 묶인 것은?

> ㉠ 구미(Kumi)
> ㉡ 학여울(Hangnyeoul)
> ㉢ 합덕(Hapdeok)
> ㉣ 왕십리(Wangsimri)
> ㉤ 구리(Guri)
> ㉥ 울릉(Ulreung)

① ㉠, ㉡, ㉤

② ㉡, ㉢, ㉤

③ ㉢, ㉣, ㉤

④ ㉢, ㉣, ㉥

11 다음 중 밑줄 친 단어의 쓰임이 옳지 않은 것은?

① 동수는 꼼꼼하게 도토리의 보늬를 벗겨 냈다.

② 원숭이는 먹이를 주는 대로 넝큼넝큼 받아먹었다.

③ 외상값 대신에 고구마로 엇셈을 했다.

④ 날씨가 더워 모시로 만든 핫옷을 꺼내 입었다.

12 다음 중 단어의 형성이 나머지와 다른 것은?

① 높푸르다　　　　② 풋고추

③ 시뻘겋다　　　　④ 덧붙이다

13 다음 작품과 같은 갈래에 대한 설명으로 옳지 않은 것은?

> 千萬里 머나먼 길에 고운 님 여의옵고
> 내 마음 둘 데 없어 냇가에 앉았으니
> 져 물도 내 안 같아서 울어 밤길 가는구나
>
> 　　　　　　　　　　　　　　　 – 왕방연

① 4음보의 율격을 유지한다.

② 3장 6구 45자 내외이며, 3 · 4조, 4 · 4조의 음수율을 보인다.

③ 종장의 첫 음보는 반드시 4음절의 형식을 취한다.

④ 우리 민족이 만든 독특한 정형시라고 볼 수 있다.

14 밑줄 친 단어의 맞춤법 표기가 옳은 것으로만 묶인 것은?

> ㉠ 날씨가 추워서 윗옷을 걸쳐 입었다.
> ㉡ 그는 책상에 앉아 있는 채로 윗몸을 뒤로 젖힌다.
> ㉢ 산 윗쪽으로 올라갈수록 사람의 숫자가 줄어들었다.
> ㉣ 그는 아랫니로 윗입술을 자꾸만 깨무는 버릇이 있다.
> ㉤ 그는 펜을 꺼내기 위해 웃도리의 안주머니에 손을 넣었다.

① ㉠, ㉡, ㉢

② ㉠, ㉡, ㉣

③ ㉡, ㉢, ㉣

④ ㉡, ㉢, ㉤

15 다음 중 복수 표준어가 아닌 것은?

① 샛별 / 새벽별

② 제가끔 / 제각기

③ 멀찌가니 / 멀찌감치

④ 심술쟁이 / 심술꾸러기

16 다음 중 밑줄 친 단어의 표준 발음이 옳은 것으로만 묶인 것은?

- 형은 꼬리만 먹겠다던 붕어빵을 <u>야금야금</u> 절반을 더 먹었다.
- <u>낯선</u> 사람이 알은척을 한다.
- 흰 눈이 <u>쌓인</u> 거리를 걷다.
- 양가(兩家) 부모님의 <u>상견례</u>도 이미 끝낸 상태입니다.

① [야그먀금], [나썬], [싸힌], [상견례]
② [야그먀금], [낟썬], [싸힌], [상견네]
③ [야금냐금], [낟썬], [싸힌], [상견녜]
④ [야금냐금], [낟썬], [싸인], [상견녜]

17 윗글에서 〈보기〉의 문장이 들어가기에 가장 적절한 곳은?

〈보 기〉

이러한 언어의 변화는 원칙적으로는 어느 한 공시태에서 다른 공시태로의 변화를 의미한다.

① (가)의 뒤
② (나)의 뒤
③ (다)의 뒤
④ (라)의 뒤

18 윗글의 밑줄 친 ㉠에 해당하는 언어의 특성으로 옳은 것은?

① 자의성
② 역사성
③ 사회성
④ 창조성

[17~19] 다음 글을 읽고 물음에 답하시오.

(가) 만물은 시간의 흐름에 따라 끊임없이 변화한다. ㉠ 언어 또한 끊임없이 변화하는 실체이다. 언어의 변화는 음운, 형태, 통사, 의미 등 언어를 구성하는 모든 측면에서 변화한다.

(나) 특정한 어느 한 시기의 언어 상태를 공시태라고 하고, 어떤 언어의 변화 상태를 통시태라고 할 때, 공시태는 같은 언어의 같은 시기에 속하는 언어 상태를 말하며, ㉡ 통시태는 같은 언어의 다른 변화 시기에 속하는 다른 언어 상태를 말한다.

(다) 그러나 모든 언어 현상은 항상 역사적인 요인과 결합되어 있다. 즉, 공시적 언어 현상은 항상 다음 단계로 변화하는 시발점이 되어 동요하고 있다. 따라서 공시적 언어 상태는 새로이 생겨나는 요소와 없어져 가는 요소의 혼합체라고 할 수 있으며, 공시태는 과거를 반영하고 미래를 예측하게 하는 것이다.

(라) 언어의 변화는 음운, 형태, 통사, 의미 등 언어를 구성하는 모든 측면에서 일어난다고 하였다. 통사 현상 역시 변화한다. 통사 변화에는 역시 문법 범주의 변화와 문장 구성의 변화를 포함한다.

19 윗글의 밑줄 친 ㉡에 해당하지 않는 것은?

① 모음 조화 현상의 변화
② 상대 높임법의 변천
③ 신조어의 등장과 방언의 실현
④ ㆍ(아래아), ㅸ(순경음 비읍)의 변화

20 다음 중 띄어쓰기가 옳은 것은?

① 열내지 스물
② 음식을 각자 먹을만큼 떠서 먹어라.
③ 여기에서부터가 서울입니다.
④ 십이억 삼천사백 오십육만 칠천팔백 구십팔

[21~22] 다음 글을 읽고 물음에 답하시오.

이 몸 삼기실 제 님을 조차 삼기시니,
흔싱 緣分(연분)이며 하늘 모를 일이런가.
나 ᄒ나 졈어 잇고 ㉠님 ᄒ나 날 괴시니,
이 ᄆ음이 ᄉ랑 견줄 ᄃᆡ 노여 업다.
平生(평싱)애 願(원)ᄒ요ᄃᆡ ㉡ᄒᆞᆫᄃᆡ 녜쟈 ᄒ얏더니,
늙거야 므스 일로 외오 두고 글이ᄂᆞᆫ고.
엇그제 님을 뫼셔 廣寒殿(광한뎐)의 올낫더니,
그 더ᄃᆡ 엇디ᄒᆞ야 下界(하계)예 ᄂᆞ려오니,
올 저긔 비슨 머리 ㉢헛틀언 디 三年(삼 년)일쇠.
臙脂粉(연지분) 잇ᄂᆡ마ᄂᆞᆫ 눌 위ᄒᆞ야 고이 ᄒ고,
ᄆ음의 ᄆᆡ친 실음 疊疊(텹텹)이 ᄡ혀 이셔,
짓ᄂᆞ니 한숨이오, ㉣디ᄂᆞ니 눈물이라.
인싱(人生)은 有限(유흔)ᄒᆞᆫᄃᆡ 시름도 그지 업다.
무심(無心)ᄒᆞᆫ 歲月(세월)은 믈 흐ᄅᆞᆺ ᄃᆞᆺ ᄒᆞᄂᆞᆫ고야.
(가) 炎凉(염냥)이 ᄯᆡ를 아라 가ᄂᆞᆫ ᄃᆞᆺ 고텨 오니,
듯거니 보거니 늣길 일도 하도 할샤.

21 (가)에 나타난 화자의 심리로 옳은 것은?

① 화자와 임과의 만남을 방해하는 장애물에 대한 원망이 나타난다.

② 임에게 잘해주지 못한 것을 후회한다.

③ 화자는 자신의 억울함을 호소하고 있다.

④ 임이 부재한 상황에 세월만 흐르는 것을 안타까워한다.

22 밑줄 친 ㉠~㉣에 대한 해석으로 옳지 않은 것은?

① ㉠: 님 하나 오직 날 사랑하시니

② ㉡: 함께 살아가고자 하였더니

③ ㉢: 흐트러진 지 삼 년이라

④ ㉣: 지나는 것은 눈물이라

23 밑줄 친 부분의 맞춤법이 옳은 것은?

① 그 사람은 교장 선생님으로써 할 일을 다했다.

② 이 문제를 대화로서 갈등을 풀 수 있을까?

③ 나는 학생으로서 공부를 해야 한다.

④ 에너지 소비로 인한 환경 피해를 줄임으로서 국민 경제의 건전한 발전에 이바지한다는 것에 동의한다.

24 다음 중 표준어의 표기가 옳지 않은 것은?

① 조용히

② 번듯이

③ 따뜻이

④ 꼼꼼이

25 다음 중 남사당놀이에 대한 설명으로 옳지 않은 것은?

① 버나: 대접과 쳇바퀴 등을 앵두나무 막대기로 돌리는 놀이

② 어름: 줄꾼이 줄타기를 하면서 재담을 주고받으면서 가창까지 하는 놀이

③ 덜미: 꼭두각시놀음

④ 살판: 판소리를 부르면서 마당에서 하는 놀이

2019 | 기출문제

모바일
OMR
답안분석
서비스

◆ 회독 CHECK [1] [2] [3]

☑ 시험시간 25분 ☑ 해설편 078쪽

01 다음 중 밑줄 친 부분의 표기가 옳은 것으로만 묶인 것은?

- 우리는 ⓐ 널따란 바위 위에 자리를 잡았다.
- 코는 뭉툭하고 입은 ⓑ 넓죽해서 볼품이 없다.
- 그는 매일 반복되는 생활에 ⓒ 실증을 느끼고 있었다.
- 그 집 지붕에는 ⓓ 얇다란 함석판들이 이어져 있었다.
- 그는 어머니를 생각하며 ⓔ 굵다란 눈물을 뚝뚝 흘렸다.

① ⓐ, ⓑ, ⓒ
② ⓐ, ⓑ, ⓓ
③ ⓐ, ⓑ, ⓔ
④ ⓑ, ⓓ, ⓔ

02 다음 중 밑줄 친 부분의 공통적인 속성으로 옳은 것은?

불휘 기픈 남ᄀᆞᆫ ᄇᆞᄅᆞ매 아니 뮐ᄊᆞ, 곶 됴코 여름 하ᄂᆞ니
식미 기픈 므른 ᄀᆞ므래 아니 그츨ᄊᆞ, 내히 이러 바ᄅᆞ래 가ᄂᆞ니

－「용비어천가」 제2장

믈 깊고 ᄇᆡ 업건마ᄅᆞᆫ 하ᄂᆞᆯ히 命ᄒᆞ실ᄊᆞ 믈 톤자히 건너시니이다
城 높고 ᄃᆞ리 업건마ᄅᆞᆫ 하ᄂᆞᆯ히 도ᄫᆞ실ᄊᆞ 믈 톤자히 ᄂᆞ리시니이다

－「용비어천가」 제34장

님그미 賢커신마ᄅᆞᆫ 太子ᄅᆞᆯ 몯 어드실ᄊᆞ 누ᄫᅥ 남기 니러셔니이다
나라히 오라건마ᄅᆞᆫ 天命이 다아갈ᄊᆞ 이ᄇᆞᆯ 남기 새 닢 나니이다

－「용비어천가」 제84장

① 초성종성통용팔자(初聲終聲通用八字)
② 종성부용초성(終聲復用初聲)
③ 초성독용팔자(初聲獨用八字)
④ 종성독용팔자(終聲獨用八字)

03 다음 중 줄여 쓸 수 있는 말로 적절한 것은?

① 바뀌었다
② 품종이어요
③ 줄어들었습니다
④ 다투었군요

04 다음 중 로마자 표기가 옳은 것으로만 묶인 것은?

- 김치 Kimchi
- 설날 seollal
- 왕십리 Wangsimni
- 벚꽃 beotkkot
- 불국사 Bulkuksa
- 속리산 Songnisan
- 대관령 daegwalryeong
- 백마강 Baengma-gang

① 김치 Kimchi, 왕십리 Wangsimni,
대관령 daegwalryeong, 속리산 Songnisan
② 설날 seollal, 불국사 Bulkuksa,
대관령 daegwalryeong, 백마강 Baengma-gang
③ 설날 seollal, 속리산 Songnisan,
왕십리 Wangsimni, 벚꽃 beotkkot
④ 설날 seollal, 속리산 Songnisan,
불국사 Bulkuksa, 백마강 Baengma-gang

05 다음 중 빈칸에 들어갈 한자성어로 옳은 것은?

> 과연 노파는 한 푼이라도 더 돈으로 바꾸고 싶은 노파심에서였을 것이다. 먹지도 않고 그 곁에서 ( )하는 나에게 하나쯤 먹어 보는 것도 좋다. 그리고 먹음직하거든 제발 좀 사달라고 얼굴은 울음 반 웃음 반이다.

① 小貪大失
② 寤寐不忘
③ 十匙一飯
④ 垂涎萬丈

06 다음 중 한국어를 기술하기 위해 만든 것으로 옳지 않은 것은?

① 훈몽자회
② 한불자전
③ 말모이
④ 큰사전

07 다음 중 〈보기〉에 쓰인 높임법이 모두 쓰인 것은?

> ───── 〈보 기〉 ─────
> 아버지가 쓰시던 물건을 그분께 가져다 드렸습니다.

① 누나가 아버지를 모시고 병원에 갔습니다.
② 선생님은 제가 여쭈었던 내용을 기억하고 계셨습니다.
③ 형님께서 제게 용돈을 주셨습니다.
④ 할아버지께서 방에서 주무시고 계십니다.

[08~09] 다음 글을 읽고 물음에 답하시오.

(가) 비자의 생명은 유연성이란 특질에 있다. 한 번 균열이 생겼다가 제 힘으로 도로 유착·결합했다는 것은 그 유연성이란 특질을 실지로 증명해 보인, 이를테면 졸업 증서이다. 하마터면 목침같이 될 뻔했던 불구 병신이, 그 치명적인 시련을 이겨내면 되레 한 급(級)이 올라 특급품이 되어 버린다. 재미가 깨를 볶는 이야기다.

(나) 반면이 갈라진다는 것이 기약치 않은 불측(不測)의 사고이다. 사고란 어느 때 어느 경우에도 별로 환영할 것이 못 된다. 그 균열(龜裂)의 성질 여하에 따라서는 일급품 바둑판이 목침(木枕)감으로 전락해 버릴 수도 있다. 그러나 그렇게 큰 균열이 아니고 회생할 여지가 있을 정도라면 헝겊으로 싸고 뚜껑을 덮어서 조심스럽게 간수해 둔다(갈라진 균열 사이로 먼지나 티가 들어가지 않도록 하는 단속이다).

(다) 1년, 이태, 때로는 3년까지 그냥 내버려 둔다. 계절이 바뀌고 추위, 더위가 여러 차례 순환한다. 그 동안에 상처났던 바둑판은 제 힘으로 제 상처를 고쳐서 본디대로 유착(癒着)해 버리고, 균열진 자리에 머리카락 같은 희미한 흔적만이 남는다.

(라) 비자반 일등품 위에 또 한층 뛰어 특급품이란 것이 있다. 반재며, 치수며, 연륜이며 어느 점이 일급과 다르다는 것은 아니나, 반면에 머리카락 같은 가느다란 흉터가 보이면 이게 특급품이다. 알기 쉽게 값으로 따지자면, 전전(戰前) 시세로 일급이 2천 원(돌은 따로 하고) 전후인데, 특급은 2천 4, 5백 원, 상처가 있어서 값이 내리기는커녕 오히려 비싸진다는 데 진진(津津)한 묘미가 있다.

08 윗글을 순서대로 바르게 나열한 것은?

① (라) - (나) - (가) - (다)
② (라) - (나) - (다) - (가)
③ (나) - (라) - (가) - (나)
④ (나) - (가) - (라) - (다)

09 윗글의 주제로 옳은 것은?

① 과실이 생겨도 융통성 있게 헤쳐 나가야 한다.

② 각박한 현실에 맞서서 대항하는 자세가 중요하다.

③ 대상은 신비로운 상태로 남겨 두는 것이 필요하다.

④ 위기를 기회로 삼아야 한다.

10 다음 중 밑줄 친 부분의 띄어쓰기가 옳지 않은 것은?

① 그들은 부자 간의 정을 나누었다.

② 그는 대학 재학 중에 고등 고시에 합격하였다.

③ 그녀를 만난 지도 꽤 오래되었다.

④ 시장을 보는 데만 세 시간이 걸렸다.

11 다음 중 표준어와 비표준어 연결이 옳지 않은 것은?

	표준어	비표준어
①	총각무	알타리무
②	개다리밥상	개다리소반
③	방고래	구들고래
④	산누에	멧누에

12 다음 중 밑줄 친 단어가 사전에서 검색이 되는 것으로 옳은 것은?

① 보내 주든지 가지고 가든지 네 생각대로 해라. → 생각대로

② 그는 우동 국물을 그릇째로 들고 먹었다. → 그릇째

③ 할머니는 그녀에게 옛 이야기를 들려주곤 하셨다.
　　　→ 들리다

④ 어머니는 아들에게 몸조심하라고 신신당부했건만 아들은 듣지 않았다. → 신신당부하다

13 다음 중 〈보기〉의 규정에 맞지 않은 것은?

> ──── 〈보 기〉 ────
>
> **제39항** 어미 '-지' 뒤에 '않-'이 어울려 '-잖-'이 될 적과 '-하지' 뒤에 '않-'이 어울려 '-찮-'이 될 적에는 준 대로 적는다.

① 당찮다

② 그렇잖다

③ 달갑잖다

④ 올곧찮다

[14~16] 다음 글을 읽고 물음에 답하시오.

(가) 고음역이 깨끗하게 들리는 CD는 저음역의 음악 정보를 제대로 담지 못하는 반쪽짜리 그릇이기 때문이다. '양자화(quantize)'라고 불리는 디지털화 과정에서 저음역의 주파수가 아주 미세한 ㉠ 근삿값으로 바뀌는데, 그 순간 다른 음으로 변화된 저음이 화음과 어울리지 않게 되어 버린다. 배음(倍音)과 화음의 바탕을 이루는 베이스음이 변동되는 순간, 조화를 이루어야 할 음악의 구조는 기초부터 흔들리게 된다.

(나) 왜 이런 오류가 발생하는 걸까? 디지털화의 기본 처리 과정에서 충분한 해상도가 확보되지 않을 때, 음악 정보가 원본과 다른 근삿값으로 바뀌어 기록되기 때문이다. 예를 들어, 소수점 한 자리까지 처리할 수 있는 성적 시스템에서 89.4와 89.5는 0.1의 작은 차이를 보이는 점수이다. 그런데 만일 소수점을 처리하지 못하는 시스템이라면 어떻게 될까? 89.4점은 근삿값인 89점이 되고 89.5점은 근삿값인 90점이 된다. 작은 차이의 점수가 '수'와 '우'라는 현격한 차이의 점수로 바뀐다. 해상도가 떨어지는 디지털 변환은 이처럼 매우 미세한 차이를 차원이 다른 결과로 바꿔 버리는 문제를 안고 있다.

(다) 디지털의 오류는 44.1kHz, 16비트 해상도의 '작은 그릇'인 CD가 안고 있는 치명적인 단점이다. 잡음 없는 깨끗한 소리를 전달한다는 장점과는 달리, 음악의 전체적인 조화를 무너뜨릴 수 있는 커다란 오류를 지니고 있는 것이다. CD의 편의성에 찬사를 보내면서도 음악성에는 불합격점을 줄 수밖에 없는 이유다. CD의 사운드는 충분하지 못한 해상도의 디지털이 갖는 단점을 명백하게 드러낸다. 해상도 낮은 사진에서 불분명한 화소가 뭉뚱그려져 보이는 '깍두기 현상'이 나타나듯, 클래식 음악에 사용되는 악기들의 섬세한 사운드에 담긴 미묘한 변화와 표정, 다이내믹, 특징적인 공명을 제대로 잡아내지 못한다.

(라) 구스타프 말러의 교향곡 제2번 '부활'의 서주부와 같이 더블베이스의 저음이 중요한 비중을 차지하는 연주를 CD와 LP로 비교하여 들어 보면, 저음 정보가 충분하지 않을 때 오케스트라의 사운드가 얼마나 빈약하게 느껴지는지 잘 알 수 있다. 정확한 저음을 바탕으로 하모니를 만들어 가는 클래식 음악을 CD로 듣고 있으면, 마치 모래 위에 지어진 집처럼 위태롭고 불안한 느낌이 들곤 한다.

— 곽영호, 「레코드의 비밀」

14 다음 중 밑줄 친 ⊙과 같은 사이시옷 구성으로 옳은 것은?

① 시냇물
② 조갯살
③ 전셋집
④ 두렛일

15 다음 중 윗글의 내용과 일치하지 않는 것은?

① CD는 잡음 없이 깨끗한 고음역의 소리를 전달한다.
② CD는 44.1kHz, 16비트 해상도라는 치명적인 단점이 있다.
③ LP와 비교할 때, CD에서 저음을 들으면 위태롭고 불안한 느낌을 받을 수 있다.
④ CD는 양자화라고 불리는 디지털화 과정에서 소수점 한 자리까지 처리할 수 있다.

16 다음 중 윗글의 설명 방식으로 옳은 것은?

① (가)와 (나)는 원인과 결과의 순서로 나열되어 있다.
② (나)와 (다)는 수학적 원리를 이용하여 설명하고 있다.
③ (다)와 (라)는 CD의 장점에 대해 설명하고 있다.
④ (가), (다), (라)는 은유법과 직유법을 사용하고 있다.

17 다음 중 밑줄 친 부분의 띄어쓰기가 옳지 않은 것은?

① 제가 그쪽으로 갈까요? 어제 갔던데요.
② 많이 변해서 길을 모르겠던데요.
③ 선생님 앞으로 택배가 왔는데요.
④ 운동을 열심히 했더니 다리가 아프던데요.

18 다음 중 (가)~(라)의 현대어 번역으로 옳지 않은 것은?

> (가) 毗盧峯(비로봉) 上上頭(샹샹두)의 올라 보니 긔 뉘신고
> (나) 東山(동산) 泰山(태산)이 어느야 놉돗던고
> (다) 넙거나 넙은 天下(텬하) 엇찌ᄒᆞ야 젹닷 말고
> (라) 오ᄅᆞ디 못ᄒᆞ거니 ᄂᆞ려가미 고이ᄒᆞᆯ가

① (가) 비로봉에 올라보니 그대는 누구이신가?
② (나) 동산과 태산은 어느 것이 높은가?
③ (다) 넓디넓은 천하를 어찌하여 작다고 말했는가?
④ (라) 오르지 못했으니 내려감이 무엇이 이상하겠는가?

19 다음 중 회의 의안 심의 과정의 순서로 옳은 것은?

① 제출 – 상정 – 제안 설명 – 질의응답 – 찬반 토론 – 표결
② 제출 – 상정 – 제안 설명 – 찬반 토론 – 질의응답 – 표결
③ 제출 – 찬반 토론 – 상정 – 제안 설명 – 질의응답 – 표결
④ 제출 – 제안 설명 – 상정 – 찬반 토론 – 질의응답 – 표결

20 다음 중 맞춤법 표기가 가장 옳은 것은?

① 밤을 새서라도 일을 끝마치겠다.

② 자꾸 밤새지 마라, 몸 축날라.

③ 밤샌 보람이 있다.

④ 몇 밤을 뜬눈으로 새웠다.

21 다음 중 두음 법칙의 구성으로 옳지 않은 것은?

① 공＋염불

② 신＋년도

③ 구름＋양

④ 비구＋니

[22~23] 다음 글을 읽고 물음에 답하시오.

> 열무 삼십 단을 이고
> 시장에 간 우리 엄마
> 안 오시네, 해는 시든 지 오래
> 나는 찬밥처럼 방에 담겨
> 아무리 천천히 숙제를 해도
> 엄마 안 오시네. ㉠ 배춧잎 같은 발소리 타박타박
> 안 들리네. 어둡고 무서워
> 금간 창 틈으로 고요한 빗소리
> 빈 방에 혼자 엎드려 훌쩍거리던
>
> 아주 먼 옛날
> 지금도 내 눈시울을 뜨겁게 하는
> 그 시절, 내 유년의 윗목

22 다음 중 윗글에서 '엄마의 고생'을 나타낸 시어로 옳지 않은 것은?

① 열무 삼십 단을 이고

② 해는 시든 지 오래

③ 찬밥

④ 배춧잎 같은 발소리 타박타박

23 윗글의 밑줄 친 ㉠과 동일한 수사 기법이 쓰인 것은?

① 고요한 빗소리

② 내 유년의 윗목

③ 해는 시든 지 오래

④ 찬밥처럼 방에 담겨

24 다음 중 문장 부호에 대한 설명으로 옳지 않은 것은?

① 제목이나 표어에는 마침표를 쓰지 않는 것을 원칙으로 한다.

② 열거할 어구들을 생략할 때 사용하는 줄임표 앞에는 쉼표를 쓰지 않는다.

③ 가운뎃점은 기준 단위당 수량을 표시할 때 쓴다.

④ 문장 안에서 책의 제목을 나타낼 때는 그 앞뒤에 겹낫표를 쓴다.

25 다음 중 외래어 표기법에 대한 설명으로 옳지 않은 것은?

① 외래어는 국어의 현용 24자모만으로 적는다.

② 외래어의 1음운은 원칙적으로 1기호로 적는다.

③ 받침에는 'ㄱ, ㄴ, ㄷ, ㄹ, ㅁ, ㅂ, ㅇ'만을 쓴다.

④ 파열음 표기에는 된소리를 쓰지 않는 것을 원칙으로 한다.

인생의 실패는 성공이 얼마나 가까이 있는지도 모르고 포기했을 때 생긴다.

- 토마스 에디슨 -

PART 2

행정법

2024 | **9급** 기출문제

☑ 회독 CHECK 1 2 3

☑ 시험시간 25분　☑ 해설편 086쪽

01 다음 중 「질서위반행위규제법」에 대한 설명으로 가장 적절하지 않은 것은?

① 고의 또는 과실이 없는 질서위반행위는 과태료를 부과하지 아니한다.

② 하나의 행위가 2 이상의 질서위반행위에 해당하는 경우에는 각 질서위반행위에 대하여 정한 과태료를 각각 부과한다.

③ 과태료는 행정청의 과태료 부과처분이나 법원의 과태료 재판이 확정된 후 5년간 징수하지 아니하거나 집행하지 아니하면 시효로 인하여 소멸한다.

④ 과태료 부과에 불복하는 당사자는 과태료 부과 통지를 받은 날부터 60일 이내에 해당 행정청에 서면으로 이의제기를 할 수 있고, 이의제기가 있는 경우에는 행정청의 과태료 부과처분은 그 효력을 상실한다.

02 다음 중 법치행정의 원칙에 대한 설명으로 가장 적절하지 않은 것은? (다툼이 있는 경우 판례에 의함)

① 법률유보원칙에서 법률이란 형식적 의미의 법률뿐만 아니라 법률상 위임에 따른 법규명령이나 조례의 경우도 포함한다.

② 법률유보원칙은 단순히 행정작용이 법률에 근거를 두기만 하면 충분한 것이 아니라, 국민의 기본권 실현과 관련된 영역에 있어서는 국민의 대표자인 입법자가 그 본질적 사항에 대해서 스스로 결정하여야 한다는 요구까지 내포하고 있다.

③ 법률우위의 원칙은 공법적 행위에만 적용되고 사법적(私法的) 행위에는 적용되지 않는다.

④ 법률우위의 원칙은 행정행위와 같은 구체적인 규율은 물론 법규명령이나 조례와 같은 행정입법에도 적용된다.

03 다음 중 행정행위에 대한 설명으로 가장 적절하지 않은 것은? (다툼이 있는 경우 판례에 의함)

① 행정청이 구 「도시 및 주거환경정비법」 등 관련 법령에 근거하여 행하는 조합설립인가처분은 법령상 요건을 갖출 경우 「도시 및 주거환경정비법」상 주택재건축사업을 시행할 수 있는 권한을 갖는 행정주체(공법인)로서의 지위를 부여하는 일종의 설권적 처분의 성격을 갖는다.

② 구 「친일반민족행위자 재산의 국가귀속에 관한 특별법」에 정한 친일재산은 친일 반민족행위자 재산조사위원회가 국가귀속결정을 하여야 비로소 국가의 소유로 되는 것이 아니다.

③ 국민건강보험공단이 甲 등에게 한 '직장가입자 자격상실 및 자격변동 안내' 통보 및 '사업장 직권탈퇴에 따른 가입자 자격상실 안내' 통보는 항고소송의 대상이 되는 처분이 아니다.

④ 교통안전공단이 그 사업목적에 필요한 재원으로 사용할 기금 조성을 위하여 구 「교통안전공단법」에 정한 분담금 납부의무자에 대하여 한 분담금 납부통지는 그 납부의무자의 구체적인 분담금 납부의무를 확정시키는 효력을 갖는 행정처분이 아니다.

04 다음 중 행정소송 판결의 형성력과 기속력에 대한 설명으로 가장 적절한 것은? (다툼이 있는 경우 판례에 의함)

① 구 「도시 및 주거환경정비법」상 주택재개발 사업조합의 조합설립인가처분이 법원의 재판에 의하여 취소된 경우 그 조합설립인가처분은 소급하여 효력을 상실하지 않는다.

② 취소소송에서 처분 등을 취소하는 확정판결의 기속력은 주로 판결의 실효성 확보를 위하여 인정되는 효력으로서 판결의 주문 외에 그 전제가 되는 처분 등의 구체적 위법사유에 관한 이유 중의 판단에 대하여는 인정되지 않는다.

③ 징계처분의 취소를 구하는 소에서 징계사유가 될 수 없다고 판결한 사유와 동일한 사유를 내세워 행정청이 다시 징계처분을 한 것은 확정판결에 저촉되지 않는 행정처분을 한 것으로서 허용될 수 있다.

④ 행정처분을 취소한다는 확정판결이 있으면 그 취소판결의 형성력에 의하여 당해 행정처분의 취소나 취소통지 등의 별도의 절차를 요하지 아니하고 당연히 취소의 효과가 발생한다.

05 다음 중 「개인정보 보호법」에 대한 설명으로 가장 적절하지 않은 것은?

① 공중위생 등 공공의 안전과 안녕을 위하여 긴급히 필요한 경우는 개인정보처리자는 정보주체의 동의가 없더라도 개인정보를 수집 또는 이용할 수 있다.

② 공공기관은 등록대상이 되는 개인정보파일에 대하여는 개인정보 처리방침을 정하여야 한다.

③ 공공기관의 장은 일정한 기준에 해당하는 개인 정보파일의 운용으로 인하여 정보주체의 개인정보 침해가 우려되는 경우에는 그 위험요인의 분석과 개선 사항 도출을 위한 평가를 하고 그 결과를 정보주체에게 알려야 한다.

④ 정보주체가 자신의 개인정보에 대한 열람을 공공기관에 요구하고자 할 때에는 공공기관에 직접 열람을 요구할 수도 있고, 아니면 개인정보 보호위원회를 통하여 열람을 요구할 수도 있다.

06 다음 중 항고소송의 소의 이익에 대한 판례의 설명으로 가장 적절하지 않은 것은?

① 부령인 시행규칙 형식으로 정한 처분기준에서 제재적 행정처분을 받은 것을 가중사유나 전제 요건으로 삼아 장래의 제재적 행정처분을 하도록 정하고 있는 경우, 선행처분인 제재적 행정처분을 받은 상대방이 그 처분에서 정한 제재기간이 경과하였다 하더라도 그 처분의 취소를 구할 법률상 이익이 있다.

② 권리보호의 필요성 유무를 판단할 때에는 국민의 재판청구권을 보장한 헌법 제27조 제1항의 취지와 행정처분으로 인한 권익침해를 효과적으로 구제하려는 「행정소송법」의 목적 등에 비추어 행정처분의 존재로 인하여 국민의 권익이 실제로 침해되고 있는 경우는 물론이고 권익침해의 구체적 · 현실적 위험이 있는 경우에도 이를 구제하는 소송이 허용되어야 한다는 요청을 고려하여야 한다.

③ 행정처분과 동일한 사유로 위법한 처분이 반복될 위험성이 있어 행정처분의 위법성 확인 내지 불분명한 법률문제에 대한 해명이 필요한 경우에는 취소를 구할 소의 이익을 인정할 수 있는데, 그 행정처분과 동일한 사유로 위법한 처분이 반복될 위험성이 있는 경우란 해당 사건의 동일한 소송당사자 사이에서 반복될 위험이 있는 경우만을 의미한다.

④ 행정처분의 무효확인 또는 취소를 구하는 소가 제소 당시에는 소의 이익이 있어 적법하였더라도, 소송 계속 중 처분청이 다툼의 대상이 되는 행정처분을 직권으로 취소하면 그 처분은 효력을 상실하여 더 이상 존재하지 않는 것이므로, 존재하지 않는 그 처분을 대상으로 한 항고소송은 원칙적으로 소의 이익이 소멸하여 부적법하다.

07 다음 중 위임명령에 대한 설명으로 가장 적절하지 않은 것은? (다툼이 있는 경우 판례에 의함)

① 위임입법의 구체성, 명확성의 요구 정도는 규율대상이 지극히 다양하거나 수시로 변화하는 성질의 것일 때에는 위임의 구체성, 명확성의 요건이 완화되어야 할 것이다.

② 국회입법의 전속사항이나 국회의 심의를 거쳐야 하는 사항으로 정해진 것은 오로지 법률로만 규율되어야 하고 법규명령으로서 정할 수 없다.

③ 벌칙규정을 법규명령에 위임하는 것도 가능하지만 법률에서 범죄 구성요건은 처벌대상인 행위가 어떠한 것인지 예측할 수 있을 정도로 구체적으로 정하고 형벌의 종류 및 그 상한과 폭을 명백히 규정하여야 한다.

④ 법률에서 위임받은 사항을 전혀 규정하지 아니하고 그대로 재위임하는 것은 허용되지 않으며 위임받은 사항에 관하여 대강을 정하고 그 중의 특정사항을 범위를 정하여 하위법령에 다시 위임하는 경우에만 재위임이 허용된다.

08 다음 중 법규명령에 대한 설명으로 가장 적절하지 않은 것은? (다툼이 있는 경우 판례에 의함)

① 일반적·추상적 규범으로서의 법규명령은 원칙적으로 항고소송의 대상이 될 수 없다.

② 법률이 대통령령으로 규정하도록 되어 있는 사항을 부령으로 정한다면 그 부령은 무효임을 면치 못한다.

③ 법령의 위임관계는 반드시 하위법령의 개별조항에서 위임의 근거가 되는 상위법령의 해당 조항을 구체적으로 명시하고 있어야만 하는 것은 아니다.

④ 위임의 근거가 없어 무효였던 법규명령은 사후적인 법률에 의해 유효가 될 수 없다.

09 다음 중 행정조사에 대한 설명으로 가장 적절하지 않은 것은? (다툼이 있는 경우 판례에 의함)

① 행정기관은 조사대상자의 자발적인 협조를 얻어 행정조사를 실시할 수 있는데, 이 경우에도 조사 개시 7일전까지 조사대상자에게 서면으로 통지하여야 한다.

② 「국세기본법」이 정한 세무조사대상 선정사유가 없음에도 세무조사대상으로 선정하여 과세자료를 수집하고 그에 기하여 과세처분을 하는 것은 위법하다.

③ 부과처분을 위한 과세관청의 질문조사권이 행해지는 세무조사결정이 있는 경우 납세의무 자는 세무공무원의 과세자료 수집을 위한 질문에 대답하고 검사를 수인하여야 할 법적 의무를 부담하게 된다는 점에서 세무조사결정은 항고소송의 대상이 된다.

④ 세무조사가 과세자료의 수집 또는 신고내용의 정확성 검증이라는 본연의 목적이 아니라 부정한 목적을 위하여 행하여진 것이라면 이는 세무조사에 중대한 위법사유가 있는 경우에 해당하고 이러한 세무조사에 의하여 수집된 과세자료를 기초로 한 과세처분 역시 위법하다.

10 다음 중 「행정기본법」상 처분에 대한 이의신청에 대한 설명으로 가장 적절하지 않은 것은?

① 행정청의 처분에 이의가 있는 당사자는 처분을 받은 날부터 30일 이내에 해당 행정청에 이의신청을 할 수 있다.

② 이의신청을 한 경우에도 그 이의신청과 관계없이 「행정심판법」에 따른 행정심판 또는 「행정소송법」에 따른 행정소송을 제기할 수 있다.

③ 과태료·과징금의 부과 및 징수에 관한 사항에 대하여는 「행정기본법」을 적용하지 않는다.

④ 다른 법률에서 이의신청과 이에 준하는 절차에 대하여 정하고 있는 경우에도 그 법률에서 규정하지 아니한 사항에 관하여는 「행정기본법」이 정하는 바에 따른다.

11 다음 중 행정상 손해배상에 대한 설명으로 가장 적절하지 않은 것은? (다툼이 있는 경우 판례에 의함)

① 이미 존재하는 하천의 제방이 계획홍수위를 넘고 있다면 그 하천은 용도에 따라 통상 갖추어야 할 안전성을 갖추고 있다고 보아야 하고, 그와 같은 하천이 그 후 새로운 하천시설을 설치할 때 기준으로 삼기 위하여 제정한 '하천 시설기준'이 정한 여유고를 확보하지 못하고 있다는 사정만으로 바로 안전성이 결여된 하자가 있다고 볼 수는 없다.

② 국토해양부장관이 하천공사를 대행하던 중 지방 하천의 관리상 하자로 인하여 손해가 발생하였다면 하천관리청이 속한 지방자치단체는 국가와 함께 「국가배상법」 제5조 제1항에 따라 지방 하천의 관리자로서 손해배상책임을 부담한다.

③ 동일한 손해가 공무원의 직무상 불법행위와 영조물 설치·관리상 하자로 인하여 발생된 경우 결국 영조물 설치·관리상 하자는 공무원의 직무와 관련된 것이므로 전자만을 근거로 국가배상을 청구하여야 한다.

④ 「국가배상법」상 배상결정을 받은 신청인은 지체 없이 그 결정에 대한 동의서를 첨부하여 국가나 지방자치단체에 배상금 지급을 청구하여야 하고 청구하지 아니한 경우에는 그 결정에 동의하지 아니한 것으로 본다.

12 다음 중 「행정심판법」상 간접강제와 직접처분에 대한 설명으로 가장 적절하지 않은 것은?

① 간접강제는 행정심판위원회가 청구인의 신청이 있는 때에만 명할 수 있고, 직권으로는 할 수 없다.

② 간접강제결정에 불복할 경우에는 청구인은 그 결정에 대하여 행정심판위원회를 상대로 행정소송을 제기할 수 있다.

③ 직접처분은 당사자의 신청을 거부하거나 부작위로 방치한 처분의 이행을 명하는 재결에 적용된다.

④ 행정심판위원회가 직접 처분을 하였을 때에는 그 사실을 해당 행정청에 통보하여야 하며, 그 통보를 받은 행정청은 행정심판위원회의 직접 처분 취지에 따라 처분을 하고 관계 법령에 따라 관리·감독 등 필요한 조치를 하여야 한다.

13 다음 중 행정상 대집행에 대한 판례의 설명으로 가장 적절하지 않은 것은?

① 하천유수인용허가신청이 불허되었음을 이유로 하천유수인용행위를 중단할 것과 이를 불이행할 경우 「행정대집행법」에 의하여 대집행을 하겠다는 내용의 계고처분은 대집행의 대상이 될 수 없는 부작위의무에 대한 것으로서 그 자체로 위법하다.

② 피수용자 등이 사업시행자에 대하여 부담하는 수용대상 토지의 인도의무는 「행정대집행법」에 의한 대집행의 대상이 될 수 있다.

③ 대집행의 실행이 완료된 경우에는 행위가 위법한 것이라는 이유로 손해배상이나 원상회복 등을 청구하는 것은 별론으로 하고 처분의 취소를 구할 법률상 이익은 없다.

④ 계고서라는 명칭의 1장의 문서로서 일정기간 내에 위법 건축물의 자진철거를 명함과 동시에 그 소정기한 내에 자진철거를 하지 아니할 때에는 대집행할 뜻을 미리 계고한 경우라도 「건축법」에 의한 철거명령과 「행정대집행법」에 의한 계고처분은 독립하여 있는 것으로서 각 그 요건이 충족되었다고 볼 것이다.

14 다음 중 공법상 계약에 대한 설명으로 가장 적절하지 않은 것은? (다툼이 있는 경우 판례에 의함)

① 시·군조합의 설립은 당사자의 의사합치로 성립한다는 점에서 공법상 계약에 해당된다.

② 공법상 계약의 이행지체, 불완전이행 등 급부 장애가 발생될 경우 민법상의 규정을 유추적용한다.

③ 공중보건의사 채용계약 해지의 의사표시에 대하여는 대등한 당사자 간의 소송형식인 공법상의 당사자소송으로 그 의사표시의 무효확인 청구할 수 있는 것이지, 이를 항고소송의 대상이 되는 행정처분이라는 전제하에서 그 취소를 구하는 항고소송을 제기할 수는 없다.

④ 공법상 계약의 해지 및 그에 따른 환수통보에 있어서 행정청이 일방적인 의사표시로 자신과 상대방 사이의 법률관계를 종료시킨 경우, 이를 행정청이 우월한 지위에서 행하는 공권력의 행사로서 행정처분에 해당한다고 단정할 수 없다.

15 다음 중 행정상 신뢰보호원칙에 관한 설명으로 가장 적절하지 않은 것은? (다툼이 있는 경우 판례에 의함)

① 도시관리계획결정만으로는 기존의 계획을 앞으로도 계속하겠다는 공적인 견해표명을 한 것으로 볼 수 없다.

② 대법원과 헌법재판소는 신뢰보호원칙이 헌법상 법치주의 원리에서 도출된다고 한다.

③ 신뢰보호원칙은 법률적 · 사실적 사정이 변경된 경우 그 적용이 제한될 수 있다고 보는 것이 판례의 태도이다.

④ 행정기관의 선행행위를 명시적 또는 묵시적 공적 견해의 표명에 국한시키지 않고, 추상적 질의에 대한 일반적 견해표명도 이러한 공적 견해의 표명으로 볼 수 있다.

16 다음 중 항고소송과 당사자소송에 대한 설명으로 가장 적절한 것은? (다툼이 있는 경우 판례에 의함)

① 국가 등 과세주체가 당해 확정된 조세채권의 소멸시효 중단을 위하여 납세의무자를 상대로 제기한 조세채권존재 확인의 소는 공법상 당사자소송에 해당한다.

② 광주광역시립합창단원으로서 위촉기간이 만료되는 자들의 재위촉 신청에 대하여 광주광역시 문화예술회관장이 실기와 근무성적에 대한 평정을 실시하여 재위촉을 하지 아니한 것을 항고소송의 대상이 되는 불합격처분이라고 할 수는 있다.

③ 「민주화운동관련자 명예회복 및 보상 등에 관한 법률」에 따른 보상금 등의 지급을 구하는 소송은 공법상 당사자소송이다.

④ 공무원연금관리공단이 공무원연금법령의 개정사실과 퇴직연금 수급자가 퇴직연금 중 일부 금액의 지급정지대상자가 되었다는 사실을 통보한 경우, 위 통보는 항고소송의 대상이 되는 행정처분이다.

17 다음 중 공무원의 직무상 위법행위로 인한 손해 배상에 대한 설명으로 가장 적절한 것은? (다툼이 있는 경우 판례에 의함)

① 국가의 철도운행사업은 국가가 공권력의 행사로서 하는 것이 아니고 사경제적 작용이라 할 것이므로, 이로 인한 사고에 공무원이 간여하였다고 하더라도 「국가배상법」을 적용할 것이 아니고 일반 민법의 규정에 따라야 한다.

② 행정지도와 같은 비권력적 사실행위는 공무원의 직무행위의 범위에 속하지 아니한다.

③ 항고소송에서 처분이 위법하다고 확인되었다면, 국가배상청구소송에서 바로 처분을 한 공무원의 과실이 인정된다.

④ 공무원에게 경과실이 있는 경우 피해자에게 민사책임을 지지 않지만 만일 공무원이 피해자에게 배상했다면 국가에 대해 구상할 수는 없다.

18 다음 중 「공공기관의 정보공개에 관한 법률」에 대한 설명으로 가장 적절하지 않은 것은? (다툼이 있는 경우 판례에 의함)

① 공공기관은 정보공개의 청구가 있는 때에는 원칙적으로 10일 이내에 공개 여부를 결정하여야 한다.

② 청구인이 공공기관에 대하여 정보공개를 청구하였다가 거부처분을 받은 것 자체는 법률상 이익의 침해에 해당하지는 않는다.

③ 공개거부결정에 대하여 「공공기관의 정보공개에 관한 법률」상의 이의신청절차를 거치지 아니하고서도 행정심판을 청구할 수 있다.

④ 공개대상정보는 공공기관이 직무상 작성 또는 취득하여 현재 보유 · 관리하고 있는 문서에 한정되며, 그 문서가 반드시 원본일 필요는 없다.

19 다음 중 「행정소송법」에 대한 내용으로 가장 적절하지 않은 것은?

① 당사자소송은 원칙적으로 당해 처분을 행한 행정청을 피고로 한다.

② 민중소송은 법률이 정한 경우에 법률에 정한 자에 한하여 제기할 수 있다.

③ 기관소송은 법률이 정한 경우에 법률에 정한 자에 한하여 제기할 수 있다.

④ 국가의 사무를 위임 또는 위탁받은 공공단체 또는 그 장에 해당하는 피고에 대하여 취소소송을 제기하는 경우에는 대법원소재지를 관할하는 행정법원에 제기할 수 있다.

20 다음 중 행정행위의 부관에 대한 설명으로 가장 적절하지 않은 것은? (다툼이 있는 경우 판례에 의함)

① 부담은 행정청이 행정처분을 하면서 일방적으로 부가할 수도 있지만 부담을 부가하기 이전에 상대방과 협의하여 부담의 내용을 협약의 형식으로 미리 정한 다음 행정처분을 하면서 이를 부가할 수도 있다.

② 행정청은 처분의 재량이 없는 경우에는 법률에 근거가 있는 경우에 부관을 붙일 수 있다.

③ 기한은 연월일로 표기하지 않고 '근속기간 중' 또는 '종신'과 같은 도래시기가 확정되지 않은 방식으로 표기하는 것도 가능하다.

④ 기부채납받은 행정재산에 대한 사용·수익허가에서 공유재산의 관리청이 정한 사용·수익허가 기간은 그 허가의 효력을 제한하기 위한 행정행위의 부관으로서 이러한 사용·수익허가의 기간에 대해서는 독립하여 행정소송을 제기할 수 있다.

21 다음 중 행정벌에 대한 설명으로 가장 적절하지 않은 것은? (다툼이 있는 경우 판례에 의함)

① 양벌규정에 의한 영업주의 처벌은 독립하여 그 자신의 종업원에 대한 선임감독상의 과실로 인하여 처벌되는 것이므로 종업원의 범죄 성립이나 처벌이 영업주 처벌의 전제조건이 될 필요는 없다.

② 구 「도로교통법」에서 규정하는 경찰서장의 통고처분은 행정소송의 대상이 되는 행정처분이다.

③ 구 「관세법」상 통고처분을 할 것인지의 여부는 관세청장 또는 세관장의 재량에 맡겨져 있다.

④ 지방자치단체가 그 고유의 자치사무를 처리하는 경우 지방자치단체는 국가기관과는 별도의 독립한 공법인으로서 양벌규정에 의한 처벌 대상이 되는 법인에 해당한다.

22 다음 중 행정행위의 하자에 대한 설명으로 가장 적절하지 않은 것은? (다툼이 있는 경우 판례에 의함)

① 사법심사에 있어서 행정행위의 하자유무에 대한 판단자료는 원칙적으로 행정행위의 발급 시에 제출된 것에 한정된다.

② 행정행위의 부존재와 무효는 「행정쟁송법」상 구별된다.

③ 법률에 근거하여 행정처분이 발하여진 후에 헌법재판소가 그 행정처분의 근거가 된 법률을 위헌으로 결정하였다면 결과적으로 행정처분은 법률의 근거가 없이 행하여진 것과 마찬가지가 되어 당연무효라고 할 것이다.

④ 사업시행자가 토지소유자와 협의를 거치지 아니한 채 토지의 수용을 위한 재결을 신청하였다는 하자는 절차상 위법으로서 이의재결의 취소를 구할 수 있는 사유가 될지언정 당연무효의 사유라고 할 수는 없다.

23 다음 중 행정상 법률관계에 대한 설명으로 가장 적절하지 않은 것은? (다툼이 있는 경우 판례에 의함)

① 국·공유재산의 매각 또는 대부행위는 사법상 계약이지만, 미납된 대부료의 징수행위는 행정처분에 해당한다.

② 시립합창단원의 위촉계약은 공법상 계약이지만, 재위촉 신청을 거부하는 것은 항고소송의 대상이 되는 행정처분이다.

③ 한국산업단지공단의 산업단지 입주자에 대한 입주 계약 해지는 항고소송의 대상인 행정처분이다.

④ 행정주체와 사인 간의 입찰계약은 사법상 계약이지만, 행정기관의 입찰참가자격제한은 항고소송의 대상이 되는 행정처분이다.

24 다음 중 행정의 실효성 확보수단에 대한 설명으로 가장 적절한 것은? (다툼이 있는 경우 판례에 의함)

① 구 「공유재산 및 물품 관리법」에 따라 지방자치단체장은 행정대집행의 방법으로 공유재산에 설치한 시설물을 철거할 수 있고, 이러한 행정대집행의 절차가 인정되는 경우에는 민사소송의 방법으로 시설물의 철거를 구하는 것은 허용되지 아니한다.

② 법령에 의해 대집행권한을 위탁받은 한국토지공사(현 한국토지주택공사)가 「국가배상법」 제2조에서 말하는 공무원에 해당한다.

③ 이행강제금은 대체적 작위의무의 위반에 대하여 부과될 수 없다.

④ 「국세징수법」상 공매통지 자체는 원칙적으로 그 공매통지 자체를 항고소송의 대상으로 삼아 그 취소 등을 구할 수 있다.

25 다음 중 「행정절차법」상 청문에 대한 설명으로 가장 적절하지 않은 것은? (다툼이 있는 경우 판례에 의함)

① 행정청은 당사자가 요청한 경우에는 청문을 실시하여야 한다.

② 행정청이 당사자와 사이에 도시계획사업의 시행과 관련한 협약을 체결하면서 청문의 실시를 배제하는 조항을 둔 경우, 청문의 실시에 관한 규정의 적용이 배제되거나 청문을 실시하지 않아도 되는 예외적인 경우에 해당하지 않는다.

③ 청문 주재자는 당사자의 전부 또는 일부가 정당한 사유 없이 청문기일에 출석하지 아니하거나 의견서를 제출하지 아니한 경우에는 이들에게 다시 의견진술 및 증거제출의 기회를 주지 아니하고 청문을 마칠 수 있다.

④ 행정청은 처분시 상당한 이유가 있다고 인정하면 청문결과를 반영하여야 한다.

2024.07.13. 시행

2024 | 7급 기출문제

모바일
OMR
답안분석
서비스

회독 CHECK 1 2 3

☑ 시험시간 25분 ☑ 해설편 095쪽

01 다음 중 「행정기본법」상 부관 중 조건에 대한 설명으로 가장 적절한 것은?

① 행정청은 처분에 재량이 있는 경우에는 조건을 붙일 수 있는데, 그러한 조건은 해당 처분과 실질적인 관련성이 있어야 하는 것은 아니다.

② 행정청은 처분에 재량이 없는 경우에는 법률에 근거가 있더라도 조건을 붙일 수 없다.

③ 행정청은 조건을 붙일 수 있는 처분이 당사자의 동의가 있는 경우에는 그 처분을 한 후에도 종전의 조건을 변경할 수 있다.

④ 행정청은 조건을 붙일 수 있는 처분이 사정이 변경되어 조건을 새로 붙이지 아니하면 해당 처분의 목적을 달성할 수 없다고 인정되는 경우에라도 그 처분을 한 후에는 조건을 새로 붙일 수는 없다.

02 다음 중 「행정조사기본법」상 행정조사에 대한 설명으로 가장 적절하지 않은 것은?

① 행정조사는 법령 등을 준수하도록 유도하기보다는 법령 등의 위반에 대한 처벌에 중점을 두어야 한다.

② 조사대상자의 자발적인 협조를 얻어 실시하는 행정조사 외에는, 행정기관은 법령 등에서 행정조사를 규정하고 있는 경우에 한하여 행정조사를 실시할 수 있다.

③ 행정기관의 장은 행정조사의 목적, 법령준수의 실적, 자율적인 준수를 위한 노력, 규모와 업종을 고려하여 명백하고 객관적인 기준에 따라 행정조사의 대상을 선정하여야 한다.

④ 조사대상자는 조사대상 선정기준에 대한 열람을 행정기관의 장에게 신청할 수 있다.

03 다음 중 「행정심판법」에 대한 설명으로 옳은 것을 모두 고른 것은?

> ㄱ. 대통령의 처분 또는 부작위에 대하여는 다른 법률에서 행정심판을 청구할 수 있도록 정한 경우 외에는 행정심판을 청구할 수 없다.
>
> ㄴ. 관계 행정기관의 장이 특별행정심판 또는 이 법에 따른 행정심판 절차에 대한 특례를 신설하거나 변경하는 법령을 제정·개정할 때에는 미리 중앙행정심판위원회와 협의하여야 한다.
>
> ㄷ. 법인이 아닌 사단 또는 재단으로서 대표자나 관리인이 정하여져 있는 경우에는 그 사단이나 재단의 이름으로 심판청구를 할 수 있다.
>
> ㄹ. 여러 명의 청구인이 공동으로 심판청구를 할 때에는 청구인들 중에서 7명 이하의 선정대표자를 선정할 수 있다.
>
> ㅁ. 선정대표자로 선정된 후에는 다른 청구인들의 동의를 받지 아니하고도 다른 청구인들을 위하여 심판청구의 취하를 포함해서 그 사건에 관한 모든 행위를 할 수 있다.

① ㄱ, ㄴ, ㄷ

② ㄱ, ㄴ, ㅁ

③ ㄴ, ㄷ, ㄹ

④ ㄷ, ㄹ, ㅁ

04 지방자치단체의 사무에 관한 「지방자치법」의 규정 내용으로 가장 적절하지 않은 것은?

① 국가는 시·군 및 자치구가 처리하기 어려운 사무는 시·도의 사무로, 시·도가 처리하기 어려운 사무는 국가의 사무로 각각 배분하여야 한다.

② 지방자치단체는 법령을 위반하여 사무를 처리할 수 없으며, 시·군 및 자치구는 해당 구역을 관할하는 시·도의 조례 및 시장·도지사의 규칙을 위반하여 사무를 처리할 수 없다.

③ 국가는 지방자치단체가 사무를 종합적·자율적으로 수행할 수 있도록 국가와 지방자치단체 간 또는 지방자치단체 상호 간의 사무를 주민의 편익증진, 집행의 효과 등을 고려하여 서로 중복되지 아니하도록 배분하여야 한다.

④ 국가가 지방자치단체에 사무를 배분하거나 지방자치단체가 사무를 다른 지방자치단체에 재배분할 때에는 사무를 배분받거나 재배분 받는 지방자치단체가 그 사무를 자기의 책임하에 종합적으로 처리할 수 있도록 관련 사무를 포괄적으로 배분하여야 한다.

05 다음 중 「공공기관의 정보공개에 관한 법률」에 대한 설명으로 가장 적절하지 않은 것은?

① 공공기관은 정보의 공개를 청구하는 국민의 권리가 존중될 수 있도록 이 법을 운영하고 소관 관계 법령을 정비하며, 정보를 투명하고 적극적으로 공개하는 조직문화 형성에 노력하여야 한다.

② 외국인을 포함하여 모든 사람은 정보의 공개를 청구할 권리를 가진다.

③ 행정안전부장관은 공공기관의 정보공개에 관한 업무를 종합적·체계적·효율적으로 지원하기 위하여 통합정보공개시스템을 구축·운영하여야 한다.

④ 공공기관은 정보의 공개에 관한 사무를 신속하고 원활하게 수행하기 위하여 정보공개 장소를 확보하고 공개에 필요한 시설을 갖추어야 한다.

06 다음 중 과태료제도에 대한 설명으로 옳은 것을 모두 고른 것은?

> ㄱ. 과거에는 민사법 또는 소송법상의 질서위반을 대상으로 법원에 의해 부과되는 민사적 제재 수단으로 사용되었다.
> ㄴ. 오늘날에는 경찰벌에 대한 비범죄화조치로서 행정법상의 질서위반행위를 대상으로 부과되고 있다.
> ㄷ. 권한에 의해 부과된 과태료에 대해 이의를 제기하면, 해당 사건은 비송사건 관할법원에 원시적으로 귀속된다.
> ㄹ. 과태료는 관련 법률이 정의하고 있는 '처분'의 개념에 속하기는 하지만, 우리 판례는 행정쟁송의 대상이 되는 처분으로 보지 아니한다.

① ㄱ
② ㄱ, ㄴ
③ ㄴ, ㄷ
④ ㄱ, ㄴ, ㄷ, ㄹ

07 다음 중 「부담금관리 기본법」상 부담금에 대한 설명으로 가장 적절하지 않은 것은?

① 부담금을 신설하거나 부과대상을 확대하는 경우 그 부담금을 계속 존속시켜야 할 명백한 사유가 있는 경우 외에는 그 부담금의 존속 기한을 법령에 명시하여야 한다.

② 부담금은 설치목적을 달성하기 위하여 필요한 범위 내에서 공정하게 부과되어야 하며, 특별한 사유가 없으면 설치목적을 달성하기 위하여 하나의 부과대상에 이중으로 부과될 수 있다.

③ 부담금 납부의무자가 납부기한을 지키지 아니하는 경우에는 해당 법령에서 정하는 바에 따라 가산금 등을 부과·징수할 수 있다.

④ 부담금은 「부담금관리 기본법」의 별표에 규정된 법률에 따르지 아니하고는 설치할 수 없다.

08 「행정심판법」과 「행정소송법」에 대한 내용으로 가장 적절한 것은? (다툼이 있는 경우 판례에 의함)

① 그 실질이 사법권의 행사가 아니라 행정권의 행사에 속하는 '법원행정처장에 의한 처분이나 부작위 등'에 대한 행정심판의 청구가 있게 되면, 국가권익위원회에 두는 '중앙행정심판위원회'가 해당 심판청구를 심리·재결하게 된다.

② 당사자의 신청을 거부하거나 부작위로 방치한 처분에 대한 다툼과 관련하여 「행정심판법」은 행정심판위원회에 의한 직접처분을 허용하면서도, 「행정소송법」과 마찬가지로 간접강제제도를 도입하여 재결의 실효성을 담보하고 있다.

③ 당사자의 주소 등을 통상적인 방법으로 알 수 없어 「행정절차법」이 정한 바에 따라 관보와 인터넷으로 공고하여 소정의 기간이 경과하면, 그때부터 당사자는 '처분이 있음을 안' 것으로 의제되어 「행정심판법」 또는 「행정소송법」상의 불변기간이 개시된다.

④ 회사의 내부규정으로 운수회사에 부과된 과징금은 그 원인행위를 제공한 운전자가 납부하도록 되어 있다면, 해당 운전자는 부과된 과징금의 취소심판 또는 취소소송을 제기할 수 있는 법적 지위를 갖게 된다.

09 행정권한의 행사를 정하고 있는 「도로교통법」이 「병역법」 등 행정에 관한 개별법률도 자체의 총칙 규정(입법목적, 용어정의 및 다른 법률과의 관계 등)을 두고 있으나, 행정권한 행사의 전반에 걸쳐 일반적으로 통용될 수 있는 것은 아니다. 이러한 문제에 대응하여 민법 또는 형법의 총칙과 같은 기능을 수행하게 되는 가장 대표적인 법률은?

① 「행정대집행법」
② 「민원 처리에 관한 법률」
③ 「행정규제기본법」
④ 「행정기본법」

10 양도양수가 가능한 허가업을 영위하고 있는 갑은 관련 법령에 반하는 영업을 하였다는 이유로 소정의 절차를 거쳐 6월간 영업정지의 처분을 받게 되었다. 이 건 영업정지처분이 불가쟁력을 갖게 된 후에 갑은 "이건 처분은 담당 공무원의 중대한 과실로 법령요건 사실의 일부를 오인하여 행하여진 위법한 것(취소의 흠)이 있었다"는 사실을 우연히 알게 되었다. 이와 관련하여 현행 법제상 또는 판례상으로 가장 적절하지 않은 것은?

① 양도·양수가 가능한 허가업에는 대물허가와 혼합허가가 있고, 이러한 허가업에 대한 행정 제재처분은 특별한 사유가 없는 한 양수인에게 포괄승계되기도 한다.

② 위와 같은 허가업의 양도·양수와 관련하여 선의의 양수인을 보호하기 위한 법제도로는 '행정제재처분' 내지 '행정처분' 확인제도가 있다.

③ 위 처분이 불가쟁력을 갖게 되었다는 것은 「행정심판법」이나 「행정소송법」상 '처분 있음을 안 날' 또는 '처분이 있은 날'로부터 소정의 기간이 경과하여, 심판청구권이나 소송제기권이 절대적으로 소멸된 상태를 의미한다.

④ 해당 처분이 불가쟁력을 갖게 되었다는 점에서 갑은 해당 공무원의 고의·과실에 의한 위법을 이유로 하는 「국가배상법」상의 손해배상청구 소송도 제기할 수 없게 된다.

11 「행정절차법」이 적용되는 사항은? (다툼이 있는 경우 판례에 의함)

① 각급 선거관리위원회의 의결을 거쳐 행하는 사항
② 행정기관이 그 소관 사무의 범위에서 일정한 행정목적을 실현하기 위하여 특정인에게 일정한 행위를 하도록 조언 등을 하는 사항
③ 감사원이 감사위원회의 결정을 거쳐 행하는 사항
④ 심사청구, 해양안전심판, 조세심판, 특허심판, 행정심판, 그 밖의 불복절차에 따른 사항

12 다음 중 「행정기본법」상 법 적용의 기준에 대한 설명으로 가장 적절하지 않은 것은?

① 새로운 법령 등은 법령 등에 특별한 규정이 있는 경우를 제외하고는 그 법령 등의 효력 발생 전에 완성되거나 종결된 사실관계 또는 법률관계에 대해서는 적용되지 아니한다.

② 당사자의 신청에 따른 처분은 법령 등에 특별한 규정이 있거나 신청 당시의 법령 등을 적용하기 곤란한 특별한 사정이 있는 경우를 제외하고는 신청 당시의 법령 등에 따른다.

③ 법령 등을 위반한 행위의 성립과 이에 대한 제재 처분은 법령 등에 특별한 규정이 있는 경우를 제외하고는 법령 등을 위반한 행위 당시의 법령 등에 따른다.

④ 법령 등을 위반한 행위 후 법령 등의 변경에 의하여 그 행위가 법령 등을 위반한 행위에 해당하지 아니하거나 제재처분 기준이 가벼워진 경우로서 해당 법령 등에 특별한 규정이 없는 경우에는 변경된 법령 등을 적용한다.

13 다음은 '흠이 있는 행정처분'과 관련한 설명이다. 가장 적절하지 않은 것은? (다툼이 있는 경우 판례에 의함)

① 공무원에 대해 변명할 기회를 부여하지 아니하고 징계처분을 행하게 되면 「행정절차법」상 청문 절차에 반하는 것으로 '취소의 흠'이 있는 징계처분으로 된다.

② 위헌인 법률에 근거한 처분에 대해 우리 판례는 특별한 사유가 없는 한 '무효의 흠이 있는 처분'이라기보다는 '취소의 흠이 있는 처분'으로 보고 있다.

③ 위법하나 공정력이 있는 처분의 수범자가 그 처분에 따른 의무에 반하는 행위를 하더라도 '처분위반죄'로 처벌받지 아니한다는 것이 판례의 입장이다.

④ 과세처분으로 인한 조세채권을 강제징수하기 위한 체납처분에 이르러 해당 과세처분의 근거가 된 법률규정이 헌법재판소에 의해 위헌으로 선언되었다면, 해당 체납처분은 당연무효로 된다는 것이 판례의 입장이다.

14 다음 중 행정계획에 관한 판례의 내용으로 가장 적절하지 않은 것은?

① 어떠한 경우라도 토지의 사적 이용권이 배제된 상태에서 토지소유자로 하여금 10년 이상을 아무런 보상없이 수인하도록 하는 것은 공익 실현의 관점에서도 정당화될 수 없는 과도한 제한으로서 헌법상의 재산권보장에 위배된다고 보아야 한다.

② 비구속적 행정계획안이나 행정지침이라도 국민의 기본권에 직접적으로 영향을 끼치고, 앞으로 법령의 뒷받침에 의하여 그대로 실시될 것이 틀림없을 것으로 예상될 수 있을 때에는, 공권력 행위로서 예외적으로 헌법소원의 대상이 될 수 있다.

③ 장기미집행 도시계획시설결정의 실효제도는 도시계획시설부지로 하여금 도시계획시설결정으로 인한 사회적 제약으로부터 벗어나게 하는 것으로서 이와 같은 보호 제도는 헌법상 재산권으로부터 당연히 도출되는 권리이다.

④ 도시계획시설의 지정으로 말미암아 당해 토지의 이용가능성이 배제되거나 또는 토지소유자가 토지를 종래 허용된 용도대로도 사용할 수 없기 때문에 이로 말미암아 현저한 재산적 손실이 발생하는 경우에는, 원칙적으로 사회적 제약의 범위를 넘는 수용적 효과를 인정하여 국가나 지방자치단체는 이에 대한 보상을 해야 한다.

15 다음 중 영업양도와 제재사유의 승계에 관한 판례의 내용으로 가장 적절하지 않은 것은?

① 불법증차를 실행한 운송사업의 양수인에 대하여는 양수인의 지위승계 전에 불법증차에 관하여 발생한 유가보조금 부정수급액에 대해서까지 양수인을 상대로 반환명령을 할 수 있다.

② 「건축법」상의 위반행위에 대하여 건축주 등에 대하여 부과되는 이행강제금 납부의무는 상속인 기타의 사람에게 승계될 수 없는 일신전속적인 성질의 것이므로 이미 사망한 사람에게 이행강제금을 부과하는 내용의 처분이나 결정은 당연무효이다.

③ 사업정지 등의 제재처분이 사업의 전부나 일부에 대한 것으로서 대물적 처분의 성격을 갖고 있는 경우, 종전 석유판매업자가 유사석유제품을 판매함으로써 받게 되는 사업정지 등 제재처분의 승계가 포함되어 그 지위를 승계한 자에 대하여 사업정지 등의 제재처분을 취할 수 있다.

④ 양도인의 운전면허 취소가 운송사업면허의 취소사유에 해당한다는 이유로 양수인의 운송 사업면허를 취소하는 처분을 한 사안에서, 그 처분으로 인하여 공익상의 필요보다 상대방이 받게 되는 불이익 등이 막대한 경우에는 재량 권의 한계를 일탈한 것으로서 그 자체가 위법하게 된다.

16 다음 중 공법상의 당사자소송에 대한 설명으로 가장 적절하지 않은 것은? (다툼이 있는 경우 판례에 의함)

① 공법상 당사자소송에 대하여 청구의 기초가 바뀌지 아니하는 한도 안에서 민사소송으로 소 변경은 금지된다.

② 대법원은 여러 차례에 걸쳐 「행정소송법」상 항고소송으로 제기해야 할 사건을 민사소송으로 잘못 제기한 경우 수소법원으로서는 원고로 하여금 항고소송으로 소 변경을 하도록 석명권을 행사하여 「행정소송법」이 정하는 절차에 따라 심리·판단해야 한다고 판시해 왔다.

③ 당사자소송에 대하여는 「행정소송법」에 따라 「민사집행법」상 가처분에 관한 규정이 준용된다.

④ 「도시 및 주거환경정비법」상의 주택재건축 정비사업조합을 상대로 관리처분계획안 또는 사업시행계획안에 대한 조합 총회결의의 효력 등을 다투는 소송은 「행정소송법」상 당사자소송이다.

17 다음 중 행정권한의 위임 및 내부위임에 대한 설명으로 가장 적절하지 않은 것은? (다툼이 있는 경우 판례에 의함)

① 행정권한의 위임은 행정관청이 법률에 따라 특정한 권한을 다른 행정관청에 이전하여 수임 관청의 권한으로 행사하도록 하는 것이어서 권한의 법적인 귀속을 변경하는 것이므로 법률의 위임을 허용하고 있는 경우에 한하여 인정된다.

② 권한위임의 경우에는 수임관청이 자기의 이름으로 그 권한행사를 할 수 있다.

③ 내부위임의 경우에는 법률이 위임을 허용하고 있지 아니한 경우에도 허용되므로 수임관청은 자기의 이름으로 또는 위임관청의 이름으로 그 권한을 행사할 수 있다.

④ 행정권한의 내부위임은 법률이 위임을 허용하고 있지 아니한 경우에도 행정관청의 내부적인 사무처리의 편의를 도모하기 위하여 그의 보조 기관 또는 하급행정관청으로 하여금 그의 권한을 사실상 행사하게 하는 것이다.

18 자가용으로 출퇴근하던 갑(甲)은 「도로교통법」을 위반하였다는 이유로 20일의 면허정지처분과 아울러 10만원의 과태료처분을 받았으나, 별도의 이의제기 없이 각각의 처분에 따르고자 한다. 위 처분에 의한 면허정지 기간의 만료일과 과태료 납부의 만료일은 모두 해당연도의 △△월 15일(토요일)로 되어 있다. 참고로, 16일(일요일)이 법정 공휴일에 속하는 관계로 그 다음 날인 17일(월요일)은 대체공휴일로 되었다. 사정이 이와 같을 때 「행정기본법」과의 관계에서 가장 적절한 것은?

① 갑(甲)의 운전정지 기간의 만료일과 과태료 납부의 만료일은 모두 해당연도의 △△월 15일(토요일)로 된다.

② 갑(甲)의 운전정지 기간의 만료일과 과태료 납부의 만료일은 모두 해당연도의 △△월 18일(화요일)로 된다.

③ 갑(甲)의 운전정지 기간의 만료일은 해당 연도의 △△월 15일(토요일)로 되고, 과태료 납부의 만료일은 해당연도의 △△월 18일(화요일)로 된다.

④ 갑(甲)의 운전정지 기간의 만료일은 해당 연도의 △△월 18일(화요일)로 되고, 과태료 납부의 만료일은 해당연도의 △△월 15일(토요일)로 된다.

19 다음 중 「행정기본법」상 처분의 재심사가 적용되지 않는 경우로서 가장 적절하지 않은 것은?

① 공무원 인사 관계 법령에 따른 징계 등 처분에 관한 사항
② 형사, 행형 및 보안처분 관계 법령에 따라 행하는 사항
③ 외국인의 출입국 · 난민인정 · 귀화 · 국적회복에 관한 사항
④ 부담금 부과 및 징수에 관한 사항

20 다음 중 「행정기본법」상 제재처분에 대한 설명으로 가장 적절하지 않은 것은? (다툼이 있는 경우 판례에 의함)

① 제재처분의 근거가 되는 법률에는 제재처분의 주체, 사유, 유형 및 상한을 명확하게 규정하여야 한다.
② 행정청은 법령 등의 위반행위가 종료된 날부터 5년이 지나면 해당 위반행위에 대하여 인허가의 정지 · 취소 · 철회, 등록 말소, 영업소 폐쇄와 정지를 갈음하는 과징금 부과의 제재처분을 할 수 없다.
③ 선지 ②에 있어서 다른 법률에서 5년 기간보다 짧은 기간을 규정하고 있으면 그 법률에서 정하는 바에 따르고, 다른 법률에서 긴 기간을 규정하고 있으면 5년으로 한다.
④ 정당한 사유 없이 행정청의 조사 · 출입검사를 기피 · 방해 · 거부하여 제척기간이 지난 경우에는 행정청은 법령 등의 위반행위가 종료된 날부터 5년이 지난 후에도 해당 위반행위에 대하여 인허가의 정지 · 취소 · 철회, 등록 말소, 영업소 폐쇄와 정지를 갈음하는 과징금 부과의 제재처분을 할 수 있다.

21 다음 중 「행정기본법」상 이행강제금에 대한 설명으로 가장 적절하지 않은 것은?

① 행정청은 이행강제금을 부과하기 전에 미리 의무자에게 적절한 이행기간을 정하여 그 기한까지 행정상 의무를 이행하지 아니하면 이행강제금을 부과한다는 뜻을 문서로 계고(戒告)하여야 한다.
② 행정청은 의무자가 계고에서 정한 기한까지 행정상 의무를 이행하지 아니한 경우 이행강제금의 부과 금액 · 사유 · 시기를 문서로 명확하게 적어 의무자에게 통지하여야 한다.
③ 행정청은 의무자가 행정상 의무를 이행할 때까지 이행강제금을 반복하여 부과할 수 있다.
④ 의무자가 의무를 이행하면 새로운 이행강제금의 부과를 즉시 중지하고, 이미 부과한 이행강제금은 징수하지 아니한다.

22 다음 중 행정입법부작위에 관한 판례의 내용으로 가장 적절하지 않은 것은?

① 하위 행정입법의 제정 없이 상위 법령의 규정만으로도 집행이 이루어질 수 있는 경우라면 하위 행정입법을 하여야 할 헌법적 작위의무는 인정되지 아니한다.
② 입법부가 법률로써 행정부에게 특정한 사항을 위임했음에도 불구하고 행정부가 정당한 이유 없이 이를 이행하지 않는다면 권력분립의 원칙과 법치국가 내지 법치행정의 원칙에 위배되는 것으로서 위법함과 동시에 위헌적인 것이 된다.
③ 법률이 군법무관의 보수를 판사, 검사의 예에 의하도록 규정하면서 그 구체적 내용을 시행령에 위임하고 있으나 해당 시행령이 제정되지 아니하였다면, 군법무관의 상당한 수준의 보수 청구권은 인정되지 아니한다.
④ 치과전문의제도에 관한 규정이 제정된 후 20년 이상이 경과되었음에도 치과전문의제도의 실시를 위한 구체적 조치를 취하고 있지 아니한 경우, 법률의 시행에 반대하는 여론의 압력이나 이익 단체의 반대와 같은 사유는 지체를 정당화하는 사유가 될 수 없다.

23 다음 중 군인과 관련한 판례로 가장 적절하지 않은 것은?

① 「국가배상법」 제2조 단서의 군인과 관련하여, 예비군이 소집명령서를 받고 실역에 복무하기 위하여 지정된 시간과 장소에 맞추어 경로이탈 없이 곧 바로 출발하였다는 것이 합리적으로 인정된다면, 해당 예비군은 출발한 시점부터 「국가배상법」상 군인의 신분을 취득하게 된다.

② 직무집행과 관련하여 공상을 입은 군인이 먼저 「국가배상법」에 따라 손해배상금을 지급받은 다음 「보훈보상대상자 지원에 관한 법률」이 정한 보상금 등 보훈급여금의 지급을 청구할 경우, 국가보훈처장은 「국가배상법」에 따라 손해배상을 받았다는 사정을 들어 보상금 등 보훈급여금의 지급을 거부할 수 없다.

③ 공상 군인이 「국가배상법」에 의한 손해배상청구 소송 중 「국가유공자 등 예우 및 지원에 관한 법률」에 의한 국가유공자 등록신청을 하였으나 거부되고 이에 불복하지 아니한 상태로 앞의 법률상의 보상금청구권과 「군인연금법」상의 재해보상금청구권이 모두 시효완성된 경우라면, 「국가배상법」 제2조 제1항 단서 소정의 '다른 법령에 의하여 보상을 받을 수 있는 경우'에 해당되어 국가배상청구는 할 수 없다.

④ 영외에 거주하는 군인이 정기휴가 마지막날에 다음날의 근무를 위하여 휴가 목적지에서 소속 부대 및 자택이 위치한 지역으로 운전하여 귀가하던 중 교통사고를 당한 경우, 사고장소가 휴가 목적지와 소속 부대 및 자택 사이의 순리적인 경로에 있었다면 이는 '귀대중 사고'에 해당한다.

24 다음의 사안과 관련한 설명 중 가장 적절하지 않은 것은? (다툼이 있는 경우 판례에 의함)

> 「의료법」에서는 "각종 병원에는 응급환자와 입원환자의 진료 등에 필요한 당직의료인을 두어야 한다."라고만 규정하고 있다. 「의료법 시행령」에서는 당직의료인 수로 입원환자 숫자에 따라서 의사와 치과의사 그리고 간호사 등을 차등적으로 두도록 규정하였고, 또한 이를 위반하면 제재처분을 부과할 수 있도록 규정을 두었다. 갑은 당직의료인을 두었으나 「의료법 시행령」의 기준에는 미치지 못하여 「의료법 시행령」을 준수하지 아니한 것을 이유로 영업정지 3개월의 처분을 부과받았다. (이상의 사실관계만을 가지고 사안을 답할 것)

① 갑은 영업정지 3개월 처분에 대해서 제소기간 내에 취소소송을 제기하면서 집행정지를 동시에 신청할 수 있다.

② 「의료법 시행령」은 「의료법」의 위임 없이 「의료법」의 규정한 개인의 권리·의무에 관한 내용을 변경·보충하거나 「의료법」에서 규정하지 아니한 새로운 내용을 규정할 수는 없다.

③ 「의료법」에서는 당직의료인을 두도록 규정하고 있으나, 「의료법 시행령」에서는 입원환자 숫자에 따라서 의료인의 종류와 수를 차등적으로 두도록 규정하는 경우에 이러한 「의료법 시행령」은 무효이다.

④ 「의료법 시행령」에 대해서는 추상적 규범통제를 통해서도 다툴 수 있다.

25 재량과 판단여지에 관한 판례의 내용으로 가장 적절하지 않은 것은? (다툼이 있는 경우 판례에 의함)

① 환경오염 발생 우려와 같이 장래에 발생할 불확실한 상황과 파급효과에 대한 예측이 필요한 요건에 관한 허가권자의 재량적 판단은 형평이나 비례의 원칙에 뚜렷하게 배치되는 등의 사정이 없는 한 폭넓게 존중하여야 한다.

② 특정인에게 공유수면 이용권이라는 독점적 권리를 설정하여 주는 것과 같은 재량처분에 있어서는 재량권 행사의 기초가 되는 사실인정에 오류가 있거나 그에 대한 법령적용에 잘못이 없는 한 처분이 위법하다고 할 수 없다.

③ 공무원 임용을 위한 면접전형에서 임용신청자의 능력이나 적격성 등에 관한 판단은 면접위원의 고도의 교양과 학식, 경험에 기초한 자율적 판단에 의존하는 것으로서 오로지 면접위원의 자유재량에 속한다.

④ 「국토의 계획 및 이용에 관한 법률」상 개발행위 허가는 허가기준 및 금지요건이 불확정개념으로 규정된 부분이 많다고 하더라도 가능한 한 이를 엄격히 해석하여야 하므로, 그 요건에 해당하는지 여부는 행정청의 재량판단의 영역에 속한다고 할 수 없다.

2024 | **5급** 기출문제

● 회독 CHECK ① ② ③   ☑ 시험시간 25분 ☑ 해설편 103쪽

01 다음 중 행정심판의 재결에 대한 설명으로 가장 적절하지 않은 것은? (다툼이 있는 경우 판례에 의함)

① 행정심판의 재결은 행정행위로서의 성질을 가지므로 재결서의 정본이 청구인에게 송달되면 형성력·불가쟁력·불가변력 등의 효력이 발생한다.

② 재결의 기속력은 인용재결에만 인정되므로 처분청은 기각재결이 있은 후 정당한 사유가 있으면 직권으로 원처분을 취소·변경·철회할 수 있다.

③ 처분청과 관계행정청은 인용재결이 있으면 재결의 취지에 반하는 행위를 하여서는 아니되므로 종전과 다른 사유로 다시 종전과 같은 내용의 처분을 할 수 없다.

④ 재결에 의하여 취소되는 처분이 당사자의 신청을 거부하는 것을 내용으로 하는 경우 그 처분청은 재결의 취지에 따라 다시 이전의 신청에 대한 처분을 하여야 한다.

02 다음 사례에서 B가 취소소송을 제기할 때 그 취소소송의 제소기간으로 가장 적절한 것은? (다툼이 있는 경우 판례에 의함)

A구청장은 B에 대하여 「식품위생법」 위반을 이유로 2월의 영업정지처분을 결정하여 2023년 5월 22일 B에게 그와 같은 내용의 처분서가 송달되었다. B는 이에 대하여 2023년 7월 28일에 행정심판을 청구하였고, 이에 행정심판위원회는 2023년 9월 11일 B에 대하여 한 2월의 영업정지처분을 1개월 영업정지처분으로 감경하는 재결을 하였다. 이후 B는 2023년 9월 22일 재결서의 정본을 송달받았다. B는 A구청장의 영업정지처분에 불복하여 처분취소소송을 제기하려고 한다.

① 2023년 5월 22일로부터 90일
② 2023년 7월 28일로부터 90일
③ 2023년 9월 11일로부터 90일
④ 2023년 9월 22일로부터 90일

03 공물에 관한 다음 설명 중 가장 적절하지 않은 것은? (다툼이 있는 경우 판례에 의함)

① 공유수면은 소위 자연공물로서 그 자체가 직접 공공의 사용에 제공되는 것이고, 공유수면의 일부가 사실상 매립되었다 하더라도 국가가 공유수면으로서의 공용폐지를 하지 아니하는 이상 법률상으로는 여전히 공유수면으로서의 성질을 보유하고 있다.

② 도로는 도로로서의 형태를 갖추고, 「도로법」에 따른 노선의 지정이나 인정의 공고 및 도로 구역 결정·고시를 한 때 또는 「국토의 계획 및 이용에 관한 법률」이나 「도시 및 주거환경정비법」이 정한 절차를 거쳐 도로를 설치하였을 때에 공공용물로서 공용개시행위가 있다고 할 수 있다.

③ 「공유재산 및 물품 관리법」상 공유재산 무단 사용·수익·점유한 자에 대한 변상금의 부과는 관리청이 공권력의 주체로서 상대방의 의사를 묻지 않고 일방적으로 행하는 행정처분에 해당한다. 그러므로 만일 무단으로 공유재산 등을 사용·수익·점유하는 자가 관리청의 변상금부과처분에 따라 그에 해당하는 돈을 납부한 경우라면 위 변상금부과처분이 당연무효이거나 행정소송을 통해 먼저 취소되기 전에는 사법상 부당이득반환청구로써 위 납부액의 반환을 구할 수 없다.

④ 하천의 점용허가권은 특허에 의한 공물사용권의 일종으로서 하천의 관리주체에 대하여 일정한 특별사용을 청구할 수 있는 채권에 그치지 아니하고 대세적 효력이 있는 물권이다.

04 다음 중 권한의 위임 또는 대리에 대한 설명으로 가장 적절하지 않은 것을 모두 고른 것은? (다툼이 있는 경우 판례에 의함)

> ㄱ. 권한의 대리가 있는 경우 대리기관이 대리관계를 표시하고 피대리 행정청을 대리하여 행정처분을 한 경우에도 이에 대한 항고소송에서 대리기관이 피고로 되어야 한다.
>
> ㄴ. 권한의 내부위임을 받은 수임기관이 자신의 명의로 처분을 한 경우에는 권한 없는 자에 의하여 행하여진 처분으로 취소사유임이 원칙이다.
>
> ㄷ. 위임전결의 경우 전결규정에 위반하여 전결권자가 아닌 자가 처분권자의 이름으로 처분을 하였으면 이는 무효의 처분이라고 할 수 없다.
>
> ㄹ. 개별법에 권한위임규정이 없더라도 「정부조직법」 제6조, 「행정권한의 위임 및 위탁에 관한 규정」에 근거하여 위임이나 재위임이 허용된다.

① ㄱ, ㄴ
② ㄴ, ㄷ
③ ㄱ, ㄴ, ㄷ
④ ㄱ, ㄴ, ㄷ, ㄹ

05 다음 중 지방자치단체의 구역에 대한 설명으로 가장 적절하지 않은 것은? (다툼이 있는 경우 판례에 의함)

① 지방자치단체의 구역은 지방자치단체의 권한이 미치는 지역적 범위를 말하며, 구역에는 육지와 그에 접속되는 바다표면, 기타 물의 표면도 포함된다.

② 지방자치단체의 구역의 폐치 · 분합은 관계 지방의회의 의견을 들어 법률로써 정하나, 주민투표를 실시한 경우에는 지방의회의 의견청취를 필요로 하지 아니한다.

③ 「공유수면 관리 및 매립에 관한 법률」에 따른 매립지가 속할 지방자치단체는 행정안전부장관이 결정하고, 장관의 결정에 이의가 있는 지방자치단체의 장은 대법원에 제소할 수 있다.

④ 지방자치단체의 경계분쟁은 관계 지방자치단체의 협의에 의하여 해결하고, 협의가 안 되면 분쟁 당사자가 시 · 도인 경우에는 행정안전부장관이 당사자의 신청에 따라 조정할 수 있고, 조정이 이루어지지 않으면 당사자는 대법원에 기관소송을 신청할 수 있다.

06 다음 중 사인의 공법행위로서의 신고에 대한 설명으로 가장 적절하지 않은 것은? (다툼이 있는 경우 판례에 의함)

① 행정요건적 신고에 대하여 행정청이 수리를 거부한 경우에는 신고의 효력이 발생하지 않으므로, 그 수리거부는 항고소송의 대상이 되는 행정처분에 해당하지 않는다.

② 법령 등으로 정하는 바에 따라 행정청에 일정한 사항을 통지하여야 하는 신고로서 법률에 신고의 수리가 필요하다고 명시되어 있는 행정요건적 신고의 경우에는 행정청이 수리하여야 효력이 발생한다.

③ 「건축법」상 다른 법령상 인허가의제 효과를 수반하는 건축신고와 「식품위생법」상 영업 양도 · 양수에 따른 지위승계신고는 행정요건적 신고이다.

④ 법령 등에서 행정청에 일정한 사항을 통지함으로써 의무가 끝나는 자기완결적 신고의 경우, 신고서의 기재사항에 흠이 없고, 필요한 구비 서류가 첨부되어 있고, 그 밖에 법령 등에 규정된 형식상의 요건에 적합하면 신고서가 접수기관에 도달된 때에 신고의무가 이행된 것으로 본다.

07 다음 중 행정입법에 대한 설명으로 가장 적절한 것은? (다툼이 있는 경우 판례에 의함)

① 「청소년보호법 시행령」상 과징금처분기준은 대외적으로 국민이나 법원을 구속하는 힘이 있는 법규명령에 해당할 뿐더러 사안에 따라 공평하게 정해져야 하므로 그 수액은 정액이 된다.

② 「여객자동차 운수사업법」의 위임에 따라 동법 시행규칙(부령)에서 정한 시외버스운송사업의 사업계획변경에 관한 절차, 인가기준은 대외적으로 구속력이 있는 법규명령에 해당한다.

③ 국토교통부장관이 「국토의 계획 및 이용에 관한 법률」에 근거하여 국토교통부훈령으로 정한 「개발행위허가운영지침」은 법규명령에 해당한다.

④ 「금융위원회의 설치 등에 관한 법률」의 위임에 따라 금융위원회가 고시한 「금융기관 검사 및 제재에 관한 규정」은 행정규칙에 불과하다.

08 다음 중 당사자소송에 대한 설명으로 가장 적절하지 않은 것은? (다툼이 있는 경우 판례에 의함)

① 「도시 및 주거환경정비법」상 주택재건축정비 사업조합을 상대로 관리처분계획안에 대한 조합 총회결의의 효력을 다투는 소송은 「행정소송법」상 당사자소송에 해당하고, 이를 본안으로 하는 가처분에 대하여는 「민사집행법」상 가처분에 관한 규정이 준용된다.

② 공무원연금법령상 급여를 받으려고 하는 자는 우선 관계 법령에 따라 공단에 급여지급을 신청하여 공무원연금관리공단이 이를 거부한 경우 그 결정을 대상으로 항고소송을 제기하는 등으로 구체적 권리를 인정받은 다음에야 당사자소송으로 그 급여의 지급을 구하여야 한다.

③ 「공익사업을 위한 토지 등의 취득 및 보상에 관한 법률」상 환매권은 상대방에 대한 의사 표시를 요하는 공법상 형성권의 일종으로서 이러한 환매권의 존부에 관한 확인을 구하는 소송은 당사자소송에 해당한다.

④ 원고가 고의 또는 중대한 과실 없이 당사자 소송으로 제기하여야 할 사건을 민사소송으로 잘못 제기한 경우, 수소법원으로서는 만약 그 당사자소송에 대한 관할도 동시에 가지고 있다면 이를 당사자소송으로 심리·판단하여야 한다.

09 다음 중 공무원법과 징계처분에 대한 설명으로 가장 적절하지 않은 것은? (다툼이 있는 경우 판례에 의함)

① 징계권자이자 임용권자인 지방자치단체장은 징계사유가 명백할 경우에도 관할 인사위원회에 징계를 요구함에 있어서 재량을 가진다.

② 「양성평등기본법」상 제3조 제2호에 따른 성희롱에 대한 징계의결 등의 요구는 10년이 지나면 하지 못한다.

③ 소청심사위원회의 취소명령 결정은 그에 따른 징계나 그 밖의 처분이 있을 때까지는 종전에 행한 징계처분 또는 징계부가금 부과처분에 영향을 미치지 아니한다.

④ 어떤 공무원이 징계를 받은 후 같은 사유로 다시 직위해제 사유에 해당되는 경우 임용권자는 새로 직위해제를 할 수 있다.

10 다음 중 행정법의 일반원칙에 관한 설명으로 가장 적절하지 않은 것은? (다툼이 있는 경우 판례에 의함)

① 당초 정구장 시설을 설치한다는 도시계획 결정을 하였다가 정구장 대신 청소년 수련 시설을 설치한다는 도시계획 변경결정 및 지적승인을 한 경우, 당초의 도시계획결정만으로는 도시계획사업의 시행자 지정을 받게 된다는 공적인 견해를 표명하였다고 할 수 없다.

② 신뢰보호원칙의 요건 중 하나인 행정청의 공적 견해표명이 있었는지의 여부를 판단하는 데 있어 반드시 행정조직상의 형식적인 권한 분장에 구애될 것은 아니고 담당자의 조직상의 지위와 임무, 당해 언동을 하게 된 구체적인 경위 및 그에 대한 상대방의 신뢰가능성에 비추어 실질에 의하여 판단하여야 한다.

③ 병무청 담당부서의 담당공무원에게 공적 견해의 표명을 구하는 정식의 서면질의 등을 하지 아니한 채 총무과 민원팀장에 불과한 공무원이 민원봉사차원에서 상담에 응하여 안내한 경우라도 입영대상자가 이를 신뢰한 경우, 신뢰보호원칙이 적용된다.

④ 행정처분이 재량준칙이 정한 바에 따라 되풀이 시행되어 행정관행이 이루어지게 되면 평등의 원칙이나 신뢰보호의 원칙에 따라 행정기관은 상대방에 대한 관계에서 그 규칙에 따라야 할 자기구속을 받게 되므로, 이러한 경우에는 특별한 사정이 없는 한 그에 반하는 처분은 평등의 원칙이나 신뢰보호의 원칙에 어긋나 재량권을 일탈·남용한 위법한 처분이 된다.

11 다음 중 「행정기본법」상 과징금과 행정강제에 대한 설명으로 가장 적절하지 않은 것은? (다툼이 있는 경우 판례에 의함)

① 과징금의 근거가 되는 법률에는 그 재량적 성격으로 인해 상한액을 명확하게 규정할 필요가 없다.

② 행정청은 이행강제금을 부과하기 전에 미리 의무자에게 적절한 이행기간을 정하여 그 기한까지 행정상 의무를 이행하지 아니하면 이행강제금을 부과한다는 뜻을 문서로 계고(戒告)하여야 한다.

③ 직접강제는 행정대집행이나 이행강제금 부과의 방법으로는 행정상 의무 이행을 확보할 수 없거나 그 실현이 불가능한 경우에 실시하여야 한다.

④ 즉시강제는 다른 수단으로는 행정목적을 달성할 수 없는 경우에만 허용되며, 이 경우에도 최소한으로만 실시하여야 한다.

12 다음 중 행정상 손실보상청구권의 성립요건에 대한 설명으로 가장 적절하지 않은 것은? (다툼이 있는 경우 판례에 의함)

① 손실보상청구권의 성립요건 중 하나인 공공필요는 국민의 재산권을 그 의사에 반하여 강제적으로라도 취득해야 할 공익적 필요성을 말한다.

② 재산권이란 재산적 가치가 있는 공권과 사권을 말하므로 영업기회나 이득가능성은 포함되지 않지만 철새도래지와 같은 자연·문화적인 학술적 가치는 특별한 재산적 가치를 높이는 것이므로 손실보상의 대상이 된다.

③ 공용수용이란 재산권의 박탈을, 공용사용이란 재산권의 박탈에 이르지 아니하는 일시적 사용을, 공용제한이란 재산권자의 사용·수익에 대한 제한을 말한다.

④ 구제역과 같은 가축전염병의 발생과 확산을 막기 위한 도축장 사용정지·제한명령은 도축장 소유자들이 수인하여야 할 사회적 제약으로서 헌법상 재산권의 내용과 한계에 해당하므로 공용제한에 해당하지 아니한다.

13 다음 중 「행정기본법」상 처분의 재심사에 관한 설명으로 가장 적절하지 않은 것은? (다툼이 있는 경우 판례에 의함)

① 과태료 부과 및 징수에 관한 사항에 대하여는 처분의 재심사청구가 인정되지 않는다.

② 당사자는 제재처분 및 행정상 강제처분 이외의 처분에 대하여 법원의 확정판결로 다툴 수 없게 된 경우 처분의 재심사를 청구할 수 있다.

③ 처분의 근거가 된 사실관계 또는 법률관계가 추후에 당사자에게 불리하게 바뀐 경우에는 처분의 재심사 사유로 인정되지 않는다.

④ 처분의 재심사 결과 중 처분을 유지하는 결과에 대해서는 행정심판, 행정소송 및 그 밖의 쟁송 수단을 통하여 불복할 수 없다.

14 다음 중 통고처분에 대한 설명으로 가장 적절하지 않은 것은? (다툼이 있는 경우 판례에 의함)

① 통고처분은 상대방의 임의의 승복을 그 발효요건으로 하기 때문에 그 자체만으로는 통고 이행을 강제하거나 상대방에게 아무런 권리 의무를 형성하지 않으므로 행정심판이나 행정소송의 대상으로서의 처분성을 부여할 수 없다.

② 「도로교통법」은 범칙금 납부통고서를 받은 사람이 그 범칙금을 납부한 경우 그 범칙행위에 대하여 다시 벌받지 아니한다고 규정하고 있는바, 이는 범칙금의 납부에 확정재판의 효력에 준하는 효력을 인정하는 취지로 해석하여야 한다.

③ 지방국세청장 또는 세무서장이 「조세범처벌절차법」에 따라 통고처분을 거치지 아니하고 즉시 고발하였다면 이를 시정하기 위하여 동일한 조세범칙행위에 대하여 다시 통고처분을 할 수 있다.

④ 「도로교통법」상의 통고처분을 받은 자가 그 처분에 대하여 이의가 있는 경우에는 통고처분에 따른 범칙금의 납부를 이행하지 아니함으로써 경찰서장의 즉결심판청구에 의하여 법원의 심판을 받을 수 있게 된다.

15 행정입법에 대한 내용으로 가장 적절하지 않은 것은? (다툼이 있는 경우 판례에 의함)

① 조례가 집행행위의 개입 없이도 그 자체로서 직접 국민의 구체적인 권리의무나 법적 이익에 영향을 미치는 등의 법률상 효과를 발생하는 경우 그 조례는 항고소송의 대상이 되는 행정처분에 해당하며, 이 경우 피고는 처분 등을 행한 행정청이 되어야 한다.

② 어느 시행령이나 조례의 규정이 모법에 저촉되는지가 명백하지 않은 경우에는 모법과 시행령 또는 조례의 다른 규정들과 그 입법 취지, 연혁 등을 종합적으로 살펴 모법에 합치된다는 해석도 가능한 경우라면 그 규정을 모법위반으로 무효라고 선언해서는 안 된다.

③ 법령에서 행정처분의 요건 중 일부 사항을 부령으로 정할 것을 위임한 데 따라 시행규칙 등 부령에서 이를 정한 경우에 그 부령의 규정은 국민에 대해서도 구속력이 있는 법규명령에 해당한다고 할 것이지만, 법령의 위임이 없음에도 법령에 규정된 처분 요건에 해당하는 사항을 부령에서 변경하여 규정한 경우에는 그 부령의 규정은 무효로서 행정청 내부의 사무처리 기준의 효력도 인정되지 않는다.

④ 법률의 시행령은 모법인 법률에 의하여 위임받은 사항이나 법률이 규정한 범위 내에서 법률을 현실적으로 집행하는 데 필요한 세부적인 사항만을 규정할 수 있을 뿐, 법률에 의한 위임이 없는 한 법률이 규정한 개인의 권리·의무에 관한 내용을 변경·보충하거나 법률에 규정되지 아니한 새로운 내용을 규정할 수는 없다.

16 통치행위에 관한 판례의 입장으로 옳은 것(○)과 옳지 않은 것(×)을 가장 적절하게 조합한 것은?

ㄱ. 외국에의 국군 파견결정은 그 성격상 국방 및 외교에 관련된 고도의 정치적 결단을 요하는 문제로서, 헌법과 법률이 정한 절차가 지켜진 것이라면 대통령과 국회의 판단은 존중되어야 하고 사법적 기준만으로 이를 심판하는 것은 자제되어야 한다.

ㄴ. 대통령의 '금융실명거래 및 비밀보장에 관한 긴급재정경제명령'은 국가긴급권의 일종으로서 고도의 정치적 결단에 의하여 발동되는 행위이고 그 결단을 존중하여야 할 필요성이 있는 행위라는 의미에서 통치행위이지만 그것이 국민의 기본권 침해와 직접 관련되는 경우에는 당연히 헌법재판소의 심판대상이 된다.

ㄷ. 통치행위의 개념을 인정한다고 하더라도 과도한 사법심사의 자제가 기본권을 보장하고 법치주의 이념을 구현하여야 할 법원의 책무를 태만히 하거나 포기하는 것이 되지 않도록 그 인정을 지극히 신중하게 하여야 하며, 그 판단은 오로지 사법부만에 의하여 이루어져야 한다.

ㄹ. 서훈취소는 서훈수여의 경우와는 달리 이미 발생된 서훈대상자 등의 권리 등에 영향을 미치지 않는 행위로서 관련 당사자에게 미치는 불이익의 내용과 정도 등을 고려하면 사법심사의 필요성이 크지 않다. 따라서 서훈취소는 대통령이 국가원수로서 행하는 행위로서 법원이 사법심사를 자제하여야 할 고도의 정치성을 띤 행위라고 볼 수 있다.

① ㄱ(×), ㄴ(×), ㄷ(○), ㄹ(○)
② ㄱ(○), ㄴ(○), ㄷ(×), ㄹ(×)
③ ㄱ(○), ㄴ(○), ㄷ(○), ㄹ(×)
④ ㄱ(○), ㄴ(○), ㄷ(○), ㄹ(○)

17 다음 중 행정계획에 대한 설명으로 가장 적절하지 않은 것은? (다툼이 있는 경우 판례에 의함)

① 행정청은 행정청이 수립하는 계획 중 국민의 권리·의무에 직접 영향을 미치는 계획을 수립하거나 변경·폐지할 때에는 관련된 여러 이익을 정당하게 형량하여야 한다.

② 개발제한구역의 조정을 위한 일반적인 기준을 제시하고, 개발제한구역의 운용에 대한 국가의 기본방침을 천명하는 장관의 개발제한구역제도 개선방안은 구속적 행정계획안으로 헌법소원의 대상이 되는 공권력의 행사이다.

③ 개발제한구역으로 지정될 당시부터 계속하여 해당 토지를 소유한 자는 개발제한구역의 지정에 따라 종래의 용도로 사용할 수 없어 그 효용이 현저히 감소된 경우 국토교통부장관에게 그 토지의 매수를 청구할 수 있다.

④ 도시관리계획결정·고시와 그 도면에 특정 토지가 도시관리계획에 포함되지 않았음이 명백한데도 도시관리계획을 집행하기 위한 후속 계획에서 그 토지가 도시관리계획에 포함된 것처럼 표시되어 있는 경우, 이는 실질적으로 도시관리계획결정을 변경하는 것에 해당하여 「국토의 계획 및 이용에 관한 법률」상 도시관리계획 변경절차를 거치지 않는 한 당연무효이다.

18 다음 중 행정소송에 대한 설명으로 가장 적절하지 않은 것은? (다툼이 있는 경우 판례에 의함)

① 취소소송에서 집행정지 결정은 당사자의 신청이 있는 경우뿐만 아니라 법원이 직권으로도 할 수 있다.

② 행정심판 절차에서 증여사실에 기초하여 주식 가액의 평가방법이 위법하다고 주장하다가 행정소송에서 증여사실 자체를 부인하는 것은 신의성실원칙에 반한다.

③ 취소소송에서 원고가 피고를 잘못 지정한 것으로 보이는 경우 법원으로서는 마땅히 석명권을 행사하여 원고로 하여금 정당한 피고로 경정하게 하여 소송을 진행하게 하여야 한다.

④ 무효확인을 구하는 의미의 취소소송은 허용되며 이때 제소기간의 제한을 받는다.

19 다음 「행정기본법」에 대한 설명으로 가장 적절하지 않은 것을 모두 고른 것은? (다툼이 있는 경우 판례에 의함)

> ㄱ. 처분이 아니라 법령에 의해 국민의 권익이 제한되는 경우에서 기간을 일로 정하는 것이 국민에게 불리하다고 하여도 그 기간의 첫 날을 산입한다.
>
> ㄴ. 태어난 지 1년 2개월이 지난 사람에 관해 행정 관련 나이 계산과 표시는 14개월로 한다.
>
> ㄷ. 법령 등을 위반한 행위의 성립과 이에 대한 제재처분은 법령 등에 특별한 규정이 있는 경우를 제외하고는 법령 등을 위반한 행위 당시의 법령 등에 따르고, 그 행위 후 법령 등의 변경으로 제재처분 기준이 가벼워진 경우로서 해당 법령 등에 특별한 규정이 없을 때에도 동일하다.
>
> ㄹ. 자격이나 신분 등을 취득 또는 부여할 수 없거나 인허가를 필요로 하는 영업을 할 수 없는 사유는 법률 외에 대통령령, 총리령, 부령으로도 정할 수 있다.

① ㄱ, ㄴ, ㄷ
② ㄱ, ㄷ, ㄹ
③ ㄴ, ㄷ, ㄹ
④ ㄱ, ㄴ, ㄷ, ㄹ

20 다음 중 정보공개에 대한 설명으로 가장 적절하지 않은 것은? (다툼이 있는 경우 판례에 의함)

① 「보안관찰법」상 보안관찰 관련 통계자료는 비공개대상 정보에 해당하지 아니한다.

② 한·일 군사정보보호협정 및 한·일 상호군수지원협정과 관련하여 각종 회의자료 및 회의록 등의 정보는 비공개대상 정보이고 부분공개도 가능하지 않다.

③ 공개 청구된 정보의 공개 여부를 결정하는 법적인 의무와 권한을 가진 주체는 공공기관의 장이고, 정보공개심의회는 공공기관의 장이 정보의 공개 여부를 결정하기 곤란하다고 보아 의견을 요청한 사항의 자문에 응하여 심의하는 것이다.

④ 공공기관의 비공개결정에 대해서는 행정소송 등 구제절차를 거치지 않고 직접 헌법소원을 청구하는 것은 허용되지 않는다.

21 법치행정에 관한 다음 판례의 내용 중 옳은 것은 몇 개인가?

ㄱ. 오늘날의 법률유보원칙은 단순히 행정작용이 법률에 근거를 두기만 하면 충분한 것이 아니라, 국가공동체와 그 구성원에게 기본적이고도 중요한 의미를 갖는 영역, 특히 국민의 기본권 실현에 관련된 영역에 있어서는 의회에 맡길 것이 아니고 행정부 스스로 그 본질적 사항에 대하여 결정하여야 한다는 요구, 즉 행정유보원칙까지 내포하는 것으로 이해되고 있다.

ㄴ. 어떠한 사안이 국회가 형식적 법률로 스스로 규정하여야 하는 본질적 사항에 해당되는지는 구체적 사례에서 관련된 이익 내지 가치의 중요성, 규제 또는 침해의 정도와 방법 등을 고려하여 개별적으로 결정하여야 하므로, 규율 대상이 국민의 기본권과 관련한 중요성을 가질수록 그리고 그에 관한 공개적 토론의 필요성 또는 상충하는 이익 사이의 조정 필요성이 클수록, 그것이 국회의 법률에 의하여 직접 규율될 필요성은 더 감소된다.

ㄷ. 국민의 권리·의무에 관한 기본적이고 본질적인 사항은 국회가 정하여야 하고, 헌법상 보장된 국민의 자유나 권리를 제한할 때에는 적어도 그 제한의 본질적인 사항에 관하여 국회가 법률로써 스스로 규율하여야 한다.

ㄹ. 텔레비전방송수신료는 대다수 국민의 재산권 보장의 측면이나 한국방송공사에게 보장된 방송자유의 측면에서 국민의 기본권실현에 관련된 영역에 속하지는 않지만, 수신료금액의 결정은 납부 의무자의 범위 등과 함께 수신료에 관한 본질적인 중요한 사항이므로 국회가 스스로 행하여야 하는 사항에 속하는 것이다.

① 0개
② 1개
③ 2개
④ 3개

22 다음 중 인허가의제에 대한 설명으로 가장 적절하지 않은 것은?

① 주된 인허가를 받으면 법률로 정하는 바에 따라 그와 관련된 여러 인허가를 받은 것으로 보는 인허가의제는 민원인에게 편의를 제공하고 절차를 간소화하기 위해 「행정기본법」과 「건축법」 등 개별법에서 규정하고 있다.

② 인허가의제의 경우 관련 인허가행정청은 관련 인허가의 처분기준을 주된 인허가행정청에 제출하여야 하고, 주된 인허가행정청은 제출받은 관련 인허가의 처분기준을 통합하여 공표를 하여야 한다.

③ 주된 인허가 행정청은 주된 인허가를 하기 전에 관련 인허가에 관하여 미리 관련 인허가행정청과 협의하여야 하고, 협의요청을 받은 관련 인허가 행정청은 그 요청을 받은 날부터 원칙적으로 20일 이내에 의견을 제출하여야 한다.

④ 인허가의제의 효과는 주된 인허가의 해당 법률에 규정된 관련 인허가에 한정되고, 관련 인허가행정청은 관련 인허가를 직접한 것이 아니므로 관계 법령에 따른 관리·감독 등 필요한 조치를 할 필요는 없다.

23 다음 중 「행정절차법」상 처분 절차에 대한 설명으로 가장 적절한 것은?

① 행정청이 당사자의 신청 내용을 모두 그대로 인정하는 처분을 할 때 당사자에게 그 근거와 이유를 제시하여야 한다.

② 행정청이 처분을 할 때에는 다른 법령 등에 특별한 규정이 있는 경우를 제외하고는 문서로 하여야 하며, 전자문서로 하는 경우에는 당사자의 동의가 있어야 한다.

③ 행정청은 공공의 안전 또는 복리를 위하여 긴급히 처분을 할 필요가 있는 경우에는 말이나 전화가 아닌 휴대전화를 이용한 문자 전송, 팩스 또는 전자우편 등으로 처분을 할 수 있다.

④ 행정청이 당사자에게 의무를 부과하거나 권익을 제한하는 처분을 할 때 청문과 별도로 당사자 등에게 의견제출의 기회를 주어야 한다.

24 다음 사안에 관한 판례의 입장 중 가장 적절하지 않은 것은?

> A는 2003년 모월 모일에 대령진급예정자로 선발 · 공표(이하 '이 사건 대령진급 선발'이라 한다)되었다. 그러나 대령진급 선발 이후인 이듬해 육군 참모총장은 A가 이 사건 대령진급 선발 이전의 군납업자로부터의 금품수수 등에 기하여 기소유예 처분 및 감봉 3월의 징계처분을 받았다는 이유로 국방부장관에게 A에 대한 진급낙천을 건의하였다.
>
> 이에 국방부장관은 육군참모총장의 위 건의에 따라 건의를 받은 달의 말일에「군인사법」제31조 등에 기하여 A에 대한 대령진급 선발을 취소하는 처분을 하였다.
>
> A는 위와 같이 육군참모총장이 국방부장관에게 A에 대한 진급낙천을 건의하는 과정이나 국방부 장관이 A에 대하여 대령진급 선발을 취소하는 처분을 하는 과정에서 따로 의견제출 기회나 소명기회 등을 전혀 부여받지 못하였다.

① 이 사건 처분은 공무원의 인사관계 법령인 군인사 법령에 의한 처분으로서「행정절차법」이 적용되지 아니하는 경우에 해당하므로, 국방부장관이 이 사건 처분을 함에 있어 A에게 의견제출의 기회를 부여하지 아니하였다 하여도 처분에 절차상 하자가 있어 위법하다고 할 수 없다.

②「군인사법」및 그 시행령에 이 사건 처분과 같이 진급예정자 명단에 포함된 자의 진급선발을 취소하는 처분을 함에 있어 행정절차에 준하는 절차를 거치도록 하는 규정이 없을 뿐만 아니라 위 처분이 성질상 행정절차를 거치기 곤란하거나 불필요하다고 인정되는 처분이라고 보기도 어렵다.

③ A가 수사과정 및 징계과정에서 자신의 비위행위에 대한 해명기회를 가졌다는 사정만으로 이 사건 처분이「행정절차법」상 A에게 '사전통지를 하지 않거나 의견제출의 기회를 주지 아니하여도 되는 예외적인 경우'에 해당한다고 할 수 없다.

④「군인사법」및 그 시행령의 관계 규정에 따르면, A와 같이 진급예정자 명단에 포함된 자는 진급예정자 명단에서 삭제되거나 진급선발이 취소되지 않는 한 진급예정자 명단 순위에 따라 진급하게 되므로, 이 사건 처분과 같이 진급선발을 취소하는 처분은 진급예정자로서 가지는 A의 이익을 침해하는 처분이라 할 것이다.

25 다음 중 국가배상책임에 대한 설명으로 가장 적절하지 않은 것은? (다툼이 있는 경우 판례에 의함)

① 군인 등의 이중배상금지를 규정하는「국가배상법」제2조 제1항 단서는 헌법 제29조 제1항에 의하여 보장되는 국가배상청구권을 헌법 내재적으로 제한하는 헌법 제29조 제2항에 직접 근거하고, 실질적으로 그 내용을 같이 하는 것이므로 합헌이다.

② 군인 등이 공상을 입고 전역하였으나 장애의 정도가「국가유공자법」이나「군인연금법」의 적용대상 등급에 해당하지 않아 별도의 보상을 받을 수 없을 경우「국가배상법」이 적용된다.

③ 공무원이 그 직무를 수행하기 위하여 국가 소유의 공용차를 운행하다가 인적 손해가 발생한 경우, 자동차에 대한 운행지배나 운행이익은 그 공무원이 소속한 국가에 귀속되므로 국가가「자동차손해배상 보장법」에 따른 배상책임을 진다.

④ 피해자에게 손해를 직접 배상한 과실이 있는 공무원은 특별한 사정이 없는 한 국가에 대하여 국가의 피해자에 대한 손해배상책임의 범위 내에서 공무원이 변제한 금액에 관하여 구상권을 취득한다.

2023 | 9급 기출문제

회독 CHECK 1 2 3

☑ 시험시간 25분 ☑ 해설편 113쪽

01 「행정기본법」상 행정의 법 원칙에 대한 설명으로 옳지 않은 것은?

① 행정청은 행정작용을 할 때 상대방에게 해당 행정작용과 실질적인 관련이 없는 의무를 부과해서는 아니 된다.

② 행정청은 합리적 이유 없이 국민을 차별하여서는 아니 된다.

③ 행정청은 공익을 현저히 해칠 우려가 있는 경우라도 행정에 대한 국민의 정당하고 합리적인 신뢰를 보호하여야 한다.

④ 행정청은 법령 등에 따른 의무를 성실히 수행하여야 한다.

02 행정행위의 성립과 효력발생에 대한 설명으로 옳지 않은 것은? (다툼이 있는 경우 판례에 의함)

① 상대방 있는 행정처분이 상대방에게 고지되지 아니한 경우에도 상대방이 다른 경로를 통해 행정처분의 내용을 알게 되었다면 행정처분의 효력이 발생한다고 볼 수 있다.

② 일반적으로 행정처분이 주체·내용·절차와 형식이라는 내부적 성립요건과 외부에 대한 표시라는 외부적 성립요건을 모두 갖춘 경우에는 행정처분이 존재한다.

③ 법무부장관이 입국금지에 관한 정보를 내부 전산망인 출입국관리정보시스템에 입력한 것만으로는 법무부장관의 의사가 공식적인 방법으로 외부에 표시된 것이 아니어서 위 입국금지결정은 항고소송의 대상인 처분에 해당되지 않는다.

④ 행정처분의 외부적 성립은 행정의사가 외부에 표시되어 행정청이 자유롭게 취소·철회할 수 없는 구속을 받게 되는 시점을 확정하는 의미를 가진다.

03 부관에 대한 설명으로 옳은 것은? (다툼이 있는 경우 판례에 의함)

① 행정청은 부관을 붙일 수 있는 처분의 경우 일단 그 처분을 한 후에는 당사자의 동의가 있더라도 부관을 새로 붙일 수 없다.

② 행정청은 처분에 재량이 있는 경우에도 법률에 근거가 있어야만 부관을 붙일 수 있다.

③ 철회권의 유보는 해당 처분의 목적을 달성하기 위하여 필요한 최소한의 범위여야 한다.

④ 부담은 행정행위의 불가분적인 요소로서 부담 그 자체를 행정쟁송의 대상으로 할 수 없다.

04 기속행위와 재량행위에 대한 설명으로 옳지 않은 것은? (다툼이 있는 경우 판례에 의함)

① 기속행위와 재량행위의 구분은 당해 행위의 근거가 된 법규의 체재·형식과 그 문언, 당해 행위가 속하는 행정 분야의 주된 목적과 특성, 당해 행위 자체의 개별적 성질과 유형 등을 모두 고려하여 판단하여야 한다.

② 처분의 근거 법령이 행정청에 재량을 부여하였으나 행정청이 처분으로 달성하려는 공익과 처분상대방이 입게 되는 불이익을 전혀 비교형량하지 않은 채 처분을 하였더라도 재량권 일탈·남용으로 해당 처분을 취소해야 할 위법사유가 되지는 않는다.

③ 행정청은 처분에 재량이 없는 경우에는 법률에 근거가 있는 경우에 부관을 붙일 수 있다.

④ 재량행위의 경우 법원은 독자의 결론을 도출함이 없이 당해 행위에 재량권의 일탈·남용이 있는지 여부만을 심사한다.

05 행정상 손해배상에 대한 설명으로 옳지 않은 것은? (다툼이 있는 경우 판례에 의함)

① 「국가배상법」이 정한 손해배상청구의 요건인 '공무원의 직무'에는 국가나 지방자치단체의 권력적 작용뿐만 아니라 비권력적 작용으로서 단순한 사경제의 주체로서 하는 작용도 포함된다.

② 「국가배상법」 제5조 제1항에 정하여진 '영조물의 설치 또는 관리의 하자' 요건에서 안전성을 갖추지 못한 상태의 의미에는 그 영조물이 공공의 목적에 이용됨에 있어 그 이용상태 및 정도가 일정한 한도를 초과하여 제3자에게 사회통념상 수인할 것이 기대되는 한도를 넘는 피해를 입히는 경우까지 포함된다.

③ 외국인이 피해자인 경우에는 해당 국가와 상호 보증이 있을 때에만 「국가배상법」이 적용되는데, 이때 상호보증의 요건 구비를 위해 반드시 당사국과의 조약이 체결되어 있을 필요는 없다.

④ 「국가배상법」에 따른 손해배상의 소송은 배상심의회에 배상신청을 하지 아니하고도 제기할 수 있다.

06 「공공기관의 정보공개에 관한 법률」상 정보공개제도에 대한 설명으로 옳은 것은? (다툼이 있는 경우 판례에 의함)

① 정보의 공개 및 우송에 드는 비용은 모두 정보공개 의무가 있는 공공기관이 부담한다.

② 사립대학교는 정보공개를 할 의무가 있는 공공기관에 해당하지 않는다.

③ 정보공개청구의 대상이 되는 정보를 공공기관이 보유·관리하고 있다는 점에 관하여는 정보공개를 구하는 사람에게 증명책임이 있다.

④ 국내에 사무소를 두고 있는 외국법인 또는 외국단체는 학술·연구를 위한 목적으로만 정보공개를 청구할 수 있다.

07 행정상 손실보상에 대한 설명으로 옳지 않은 것은? (다툼이 있는 경우 판례에 의함)

① 잔여지 수용청구를 받아들이지 않은 토지수용위원회의 재결에 대하여 토지소유자가 불복하여 제기하는 소송은 보상금의 증액에 관한 소송에 해당하여 사업시행자를 피고로 하여야 한다.

② 수용재결에 불복하여 취소소송을 제기하는 때에는 이의신청을 거친 경우에도 수용재결을 한 중앙토지수용위원회 또는 지방토지수용위원회를 피고로 하여 수용재결의 취소를 구하여야 한다.

③ 「공익사업을 위한 토지 등의 취득 및 보상에 관한 법률」에 의한 보상금 증감에 관한 소송은 수용재결서를 받은 날부터 90일 이내에, 이의신청을 거쳤을 때에는 이의신청에 대한 재결서를 받은 날부터 60일 이내에 각각 행정소송을 제기할 수 있다.

④ 「공익사업을 위한 토지 등의 취득 및 보상에 관한 법률」에 의한 사업인정의 고시 절차를 누락한 것을 이유로 수용재결처분의 취소를 구할 수 있다.

08 공법관계와 사법관계에 관한 판례의 내용으로 옳지 않은 것은?

① 서울특별시 지하철공사의 사장이 소속직원에게 한 징계처분에 대한 불복절차는 민사소송에 의하여야 한다.

② 공기업·준정부기관이 계약에 근거한 권리행사로서 입찰참가자격 제한 조치를 하였더라도 입찰참가자격 제한 조치는 행정처분이다.

③ 국유재산 등의 관리청이 하는 행정재산의 사용·수익에 대한 허가는 관리청이 특정인에게 행정재산을 사용할 수 있는 권리를 설정하여 주는 강학상 특허로서 공법관계이다.

④ 기부자가 기부채납한 부동산을 일정기간 무상 사용한 후에 한 사용허가기간 연장신청을 거부한 지방자치단체의 장의 행위는 사법상의 행위이다.

09 대법원 판례의 내용으로 옳지 않은 것은?

① 기업의 비업무용 부동산 보유실태에 관한 감사원의 감사 보고서의 내용은 직무상 비밀에 해당하지 않는다.

② 같은 정도의 비위를 저지른 자들 사이에 있어서 그 직무의 특성 등에 비추어, 개전의 정이 있는지 여부에 따라 징계의 종류의 선택과 양정에 있어서 차별적으로 취급하는 것은, 자의적 취급이라고 할 수 있어서 평등원칙 내지 형평에 반한다.

③ 「국가공무원법」상 직무상 비밀이라 함은 국가 공무의 민주적, 능률적 운영을 확보 하여야 한다는 이념에 비추어 볼 때 당해 사실이 일반에 알려질 경우 그러한 행정의 목적을 해할 우려가 있는지 여부를 기준으로 판단하여야 한다.

④ 수 개의 징계사유 중 일부가 인정되지 않더라도 인정되는 다른 징계사유만으로도 당해 징계처분의 타당성을 인정하기에 충분한 경우에는 그 징계처분을 유지하여도 위법하지 아니하다.

10 재건축 · 재개발사업에 대한 내용으로 옳지 않은 것은? (다툼이 있는 경우 판례에 의함)

① 이전고시의 효력이 발생한 이후에는 조합원 등이 해당 정비사업을 위하여 이루어진 수용재결이나 이의재결의 취소 또는 무효확인을 구할 법률상 이익이 없다.

② 「도시 및 주거환경정비법」 등 관련 법령에 의한 조합설립인가처분이 있은 후에 조합설립결의의 하자를 이유로 그 결의 부분만을 따로 떼어내어 무효 등 확인의 소를 제기하는 것이 허용되지 않는다.

③ 「도시 및 주거환경정비법」에 따른 이전고시는 공법상 처분이다.

④ 「도시 및 주거환경정비법」상 조합설립추진위원회 구성승인처분을 다투는 소송 계속 중 조합설립인가처분이 이루어진 경우에도 조합설립추진위원회 구성승인처분에 대하여 취소 또는 무효확인을 구할 법률상 이익이 있다.

11 다음 중 행정계획에 관한 설명으로 옳지 않은 것은? (다툼이 있는 경우 판례에 의함)

① 국립대학인 서울대학교의 '94학년도 대학입학고사 주요요강'은 행정계획이므로 헌법소원의 대상이 되는 공권력 행사에 해당되지 않는다.

② 행정주체가 행정계획을 입안 · 결정하면서 이익형량을 전혀 행하지 않거나 이익형량의 고려 대상에 마땅히 포함시켜야 할 사항을 빠뜨린 경우 또는 이익형량을 하였으나 정당성과 객관성이 결여된 경우에는 행정계획결정은 형량에 하자가 있어 위법하게 된다.

③ 개발제한구역지정처분은 그 입안 · 결정에 관하여 광범위한 형성의 자유를 가지는 계획재량처분이다.

④ 「도시 및 주거환경정비법」에 따른 주택재건축정비사업조합이 행정주체의 지위에서 수립하는 관리처분계획은 구속적 행정계획으로서 주택재건축정비사업조합이 행하는 독립된 행정처분에 해당한다.

12 행정행위의 취소와 철회에 대한 설명으로 옳지 않은 것은? (다툼이 있는 경우 판례에 의함)

① 한 사람이 여러 종류의 자동차운전면허를 취득하는 경우뿐 아니라 이를 취소함에 있어서도 서로 별개의 것으로 취급하는 것이 원칙이다.

② 당사자가 처분의 위법성을 중대한 과실로 알지 못한 경우에는 행정청은 당사자에게 이익을 부여하는 처분의 취소로 인하여 당사자가 입게 될 불이익을 취소로 달성되는 공익과 비교 · 형량하지 않아도 된다.

③ 행정청은 정당한 사유가 있는 경우에는 처분을 장래를 향하여 취소할 수 있다.

④ 처분청은 행정처분에 하자가 있는 경우에는 별도의 법적근거가 있어야만 스스로 이를 취소할 수 있다.

13 행정지도에 대한 설명으로 옳지 않은 것은? (다툼이 있는 경우 판례에 의함)

① 행정지도를 하는 자는 그 상대방에게 그 행정지도의 취지 및 내용과 신분을 밝혀야 한다.

② 행정지도는 말로 이루어질 수 있다.

③ 행정기관은 행정지도의 상대방이 행정지도에 따르지 아니할 경우 그에 상응하는 불이익 조치를 할 수 있다.

④ 행정지도의 상대방은 해당 행정지도의 방식에 관하여 행정기관에 의견제출을 할 수 있다.

14 행정상 강제에 관한 설명으로 옳지 않은 것은? (다툼이 있는 경우 판례에 의함)

① 관계 법령상 행정대집행의 절차가 인정되어 행정청이 행정대집행의 방법으로 건물의 철거 등 대체적 작위의무의 이행을 실현할 수 있는 경우에는 따로 민사소송의 방법으로 그 의무의 이행을 구할 수 없다.

② 「행정대집행법」에 따른 행정대집행에서 건물의 점유자가 철거의무자일 때에는 별도로 퇴거를 명하는 집행권원이 필요하다.

③ 「건축법」에 위반하여 건축한 것이어서 철거의무가 있는 건물이라 하더라도 그 철거의무를 대집행하기 위한 계고처분을 하려면 다른 방법으로는 이행의 확보가 어렵고 불이행을 방치함이 심히 공익을 해하는 것으로 인정될 때에 한하여 허용되고 이러한 요건의 주장·입증책임은 처분 행정청에 있다.

④ 과세관청이 체납처분으로서 행하는 공매는 우월한 공권력의 행사로서 행정소송의 대상이 되는 공법상의 행정처분이며 공매에 의하여 재산을 매수한 자는 그 공매처분이 취소된 경우에 그 취소처분의 위법을 주장하여 행정소송을 제기할 법률상 이익이 있다.

15 행정상 법률관계에 관한 설명으로 옳지 않은 것은? (다툼이 있는 경우 판례에 의함)

① 국유재산의 관리청이 그 무단점유자에 대하여 하는 변상금부과처분은 순전히 사경제 주체로서 행하는 사법상의 법률행위라 할 수 없고, 이는 관리청이 공권력을 가진 우월적 지위에서 행한 것으로서 행정소송의 대상이 되는 행정처분이다.

② 국가나 지방자치단체에 근무하는 청원경찰은 「국가공무원법」이나 「지방공무원법」상의 공무원은 아니지만, 다른 청원경찰과는 달리 그 임용권자가 행정기관의 장이고, 국가나 지방자치단체로부터 보수를 받으므로, 그 근무관계는 사법상의 고용계약관계로 보기는 어려우므로 그에 대한 징계처분의 시정을 구하는 소는 행정소송의 대상이지 민사소송의 대상이 아니다.

③ 조세채무는 법률의 규정에 의하여 정해지는 법정채무로서 당사자가 그 내용 등을 임의로 정할 수 없고, 조세채무관계는 공법상의 법률관계이고 그에 관한 쟁송은 원칙적으로 행정사건으로서 「행정소송법」의 적용을 받는다.

④ 개발부담금 부과처분이 취소된 이상 그 후의 부당이득으로서의 과오납금 반환에 관한 법률관계는 단순한 민사관계라 볼 수 없고, 행정소송 절차에 따라야 하는 행정법관계로 보아야 한다.

16 헌법재판소와 대법원 판례의 내용으로 옳지 않은 것은?

① 「감염병의 예방 및 관리에 관한 법률」 제71조에 의한 예방접종 피해에 대한 국가의 보상책임은 무과실책임이지만, 질병, 장애 또는 사망이 예방접종으로 발생하였다는 점이 인정되어야 한다.

② 당사자적격, 권리보호이익 등 소송요건은 직권조사사항으로서 당사자가 주장하지 아니하더라도 법원이 직권으로 조사하여 판단하여야 하고, 사실심 변론종결 이후에 소송요건이 흠결되거나 그 흠결이 치유된 경우 상고심에서도 이를 참작하여야 한다.

③ 법령이 특정한 행정기관 등으로 하여금 다른 행정기관을 상대로 제재적 조치를 취할 수 있도록 하면서, 그에 따르지 않으면 그 행정기관에 대하여 과태료를 부과하거나 형사처벌을 할 수 있도록 정하는 경우, 제재적 조치의 상대방인 행정기관 등에게 항고소송 원고로서의 당사자능력과 원고적격을 인정할 수 없다.

④ 원고가 「행정소송법」상 항고소송으로 제기해야 할 사건을 민사소송으로 잘못 제기한 경우에 수소법원이 그 항고소송에 대한 관할을 가지고 있지 아니하여 관할법원에 이송하는 결정을 하였고, 그 이송결정이 확정된 후 원고가 항고소송으로 소 변경을 하였다면, 그 항고소송에 대한 제소기간의 준수 여부는 원칙적으로 처음에 소를 제기한 때를 기준으로 판단하여야 한다.

17 행정절차에 관한 설명으로 옳지 않은 것은? (다툼이 있는 경우 판례에 의함)

① 「국가공무원법」상 직위해제처분은 당해 행정작용의 성질상 행정절차를 거치기 곤란하거나 불필요하다고 인정되는 사항 또는 행정절차에 준하는 절차를 거친 사항에 해당하지 않으므로, 처분의 사전통지 및 의견청취 등에 관한 「행정절차법」의 규정이 적용되어야 한다.

② 군인사법령에 의하여 진급예정자명단에 포함된 자에 대하여 의견제출의 기회를 부여하지 아니한 채 진급선발을 취소하는 처분을 한 것은 절차상 하자가 있어 위법하다고 할 것이다.

③ 행정청이 침해적 행정처분을 하면서 당사자에게 행정절차법상의 사전 통지를 하거나 의견제출의 기회를 주지 않았다면, 사전 통지를 하지 않거나 의견제출의 기회를 주지 않아도 되는 예외적인 경우에 해당하지 않는 한, 그 처분은 위법하여 취소를 면할 수 없다.

④ 행정기관이 소속 공무원이나 하급행정기관에 대하여 세부적인 업무처리절차나 법령의 해석·적용 기준을 정해주는 '행정규칙'은 상위 법령의 구체적 위임이 있지 않는 한 조직 내부에서만 효력을 가질 뿐 대외적으로 국민이나 법원을 구속하는 효력이 없다.

18 다음 중 제3자의 원고적격에 관한 설명으로 옳지 않은 것은? (다툼이 있는 경우 판례에 의함)

① 행정처분의 직접 상대방이 아닌 제3자라도 당해 처분에 관하여 법률상 직접적이고 구체적인 이해관계를 가지는 경우에는 당해 처분 취소소송의 원고적격이 인정된다.

② 환경상 이익은 본질적으로 자연인에게 귀속되는 것으로서 단체는 환경상 이익의 침해를 이유로 행정소송을 제기할 수 없다.

③ 우리 「출입국관리법」의 해석상 외국인은 사증발급 거부처분의 취소를 구할 법률상 이익이 있다.

④ 처분 등에 의해 법률상 이익이 현저히 침해되는 경우뿐만 아니라 침해가 우려되는 경우에도 원고적격이 인정된다.

19 다음 중 공공의 영조물에 관한 설명으로 옳지 않은 것은? (다툼이 있는 경우 판례에 의함)

① 「도로교통법」 제3조 제1항에 의하여 특별시장·광역시장·제주특별자치도지사 또는 시장·군수의 권한으로 규정되어 있는 도로에서 경찰서장 등이 설치·관리하는 신호기의 하자로 인한 「국가배상법」 제5조 소정의 배상책임은 그 사무의 귀속 주체인 국가가 부담한다.

② 사실상 군민의 통행에 제공되고 있던 도로 옆의 암벽으로부터 떨어진 낙석에 맞아 사망하는 사고가 발생하였다고 하여도 동사고지점 도로가 군에 의하여 노선인정 기타 공용개시가 없었으면 이를 영조물이라 할 수 없다.

③ 국가나 지방자치단체가 영조물의 설치·관리의 하자를 이유로 손해배상책임을 부담하는 경우 영조물의 설치·관리를 맡은 자와 그 비용부담자가 동일하지 아니하면 비용부담자도 손해배상책임이 있다.

④ 경찰서지서의 숙직실에서 순직한 경찰공무원의 유족들은 「국가배상법」 및 「민법」의 규정에 의한 손해배상을 청구할 권리가 있다.

20 다음 중 행정심판의 재결의 효력에 관한 설명으로 옳지 않은 것은? (다툼이 있는 경우 판례에 의함)

① 재결의 기속력은 인용재결의 효력이며 기각재결에는 인정되지 않는다.

② 재결이 확정된 경우에는 처분의 기초가 된 사실관계나 법률적 판단이 확정되고 당사자들이나 법원이 이에 기속되어 모순되는 주장이나 판단을 할 수 없게 된다.

③ 당해 처분에 관하여 위법한 것으로 재결에서 판단된 사유와 기본적 사실관계에 있어 동일성이 인정되는 사유를 내세워 다시 동일한 내용의 처분을 하는 것은 허용되지 않는다.

④ 형성력이 인정되는 재결로는 취소재결, 변경재결, 처분재결이 있다.

21 다음 중 「개인정보 보호법」에 관한 내용으로 옳지 않은 것은? (다툼이 있는 경우 판례에 의함)

① 개인정보처리자는 개인정보를 익명 또는 가명으로 처리하여도 개인정보 수집목적을 달성할 수 있는 경우 익명처리가 가능한 경우에는 익명에 의하여, 익명처리로 목적을 달성할 수 없는 경우에는 가명에 의하여 처리될 수 있도록 하여야 한다.

② 개인정보처리자는 정보주체가 필요한 최소한의 정보 외의 개인정보 수집에 동의하지 아니한다는 이유로 정보주체에게 재화 또는 서비스의 제공을 거부할 수 있다.

③ 개인정보처리자는 공공기관이 법령 등에서 정하는 소관 업무의 수행을 위하여 불가피한 경우에는 개인정보를 수집할 수 있으며 그 수집 목적의 범위에서 이용할 수 있다.

④ 개인정보처리자는 보유기간의 경과, 개인정보의 처리 목적 달성, 가명정보의 처리 기간 경과 등 그 개인정보가 불필요하게 되었을 때에는 지체 없이 그 개인정보를 파기하여야 한다. 다만, 다른 법령에 따라 보존하여야 하는 경우에는 그러하지 아니하다.

22 헌법재판소와 대법원 판례의 내용으로 옳지 않은 것은?

① 도축장 사용정지·제한명령은 공익목적을 위하여 이미 형성된 구체적 재산권을 박탈하거나 제한하는 헌법 제23조 제3항의 수용·사용 또는 제한에 해당하는 것이 아니라, 도축장 소유자들이 수인하여야 할 사회적 제약으로서 헌법 제23조 제1항의 재산권의 내용과 한계에 해당한다.

② 토지수용위원회의 수용재결에 대한 이의절차는 실질적으로 행정심판의 성질을 갖는 것이므로 「토지수용법」에 특별한 규정이 있는 것을 제외하고는 「행정심판법」의 규정이 적용된다고 할 것이다.

③ 「공무원연금법」상 공무원연금급여 재심위원회에 대한 심사청구 제도는 사안의 전문성과 특수성을 살리기 위하여 특히 필요하여 행정심판법에 따른 일반행정심판을 갈음하는 특별한 행정불복절차, 즉 특별행정심판에 해당한다.

④ 당사자의 신청을 받아들이지 않은 거부처분이 재결에서 취소된 경우에 행정청은 종전 거부처분 또는 재결 후에 발생한 새로운 사유를 내세워 다시 거부처분을 할 수 없다.

23 다음 중 개인적 공권에 관한 설명으로 옳지 않은 것은? (다툼이 있는 경우 판례에 의함)

① 재량권이 영으로 수축하는 경우에는 무하자재량행사청구권은 행정개입청구권으로 전환되는 특성이 존재한다.

② 사회적 기본권의 성격을 가지는 연금수급권은 국가에 대하여 적극적으로 급부를 요하는 것이므로 헌법규정만으로는 이를 실현할 수 없고, 법률에 의한 형성을 필요로 한다.

③ 행정청에게 부여된 공권력 발동권한이 재량행위인 경우, 행정청의 권한행사에 이해관계가 있는 개인은 행정청에 대하여 무하자재량행사청구권을 가진다.

④ 환경부장관의 생태·자연도 등급결정으로 1등급 권역의 인근 주민들이 가지는 환경상 이익은 법률상 이익이다.

24 항고소송의 대상인 '처분'에 대한 설명으로 옳지 않은 것은? (다툼이 있는 경우 판례에 의함)

① 교육부장관이 대학에서 추천한 복수의 총장 후보자들 전부 또는 일부를 임용제청에서 제외하는 행위는 제외된 후보자들에 대한 불이익처분으로서 항고소송의 대상이 되는 처분에 해당한다고 보아야 한다.

② 법령상 토사채취가 제한되지 않는 산림 내에서의 토사채취에 대하여 국토와 자연의 유지, 환경보전 등 중대한 공익상 필요를 이유로 그 허가를 거부하는 것은 재량권을 일탈·남용하여 위법한 처분이라 할 수 있다.

③ 대학이 복수의 후보자에 대하여 순위를 정하여 추천한 경우 교육부장관이 후순위 후보자를 임용제청했더라도 이로 인하여 헌법과 법률이 보장하는 대학의 자율성이 제한된다고는 볼 수 없다.

④ 절차상 또는 형식상 하자로 무효인 행정처분에 대하여 행정청이 적법한 절차 또는 형식을 갖추어 다시 동일한 행정처분을 하였다면, 종전의 무효인 행정처분에 대한 무효확인청구는 과거의 법률관계의 효력을 다투는 것에 불과하므로 무효확인을 구할 법률상 이익이 없다.

25 행정소송에 관한 설명으로 옳지 않은 것은? (다툼이 있는 경우 판례에 의함)

① 「공기업·준정부기관 계약사무규칙」에 따른 낙찰적격 세부기준은 국민의 권리의무에 영향을 미치므로 대외적 구속력이 인정된다.

② 지적공부 소관청의 지목변경신청 반려행위는 국민의 권리관계에 영향을 미치는 것으로서 항고소송의 대상이 되는 행정처분에 해당한다.

③ 건축물대장 소관청의 용도변경신청 거부행위는 국민의 권리관계에 영향을 미치는 것으로서 항고소송의 대상이 되는 행정처분에 해당한다.

④ 「국가계약법」상 감점조치는 계약 사무를 처리함에 있어 내부규정인 세부기준에 의하여 종합취득점수의 일부를 감점하게 된다는 뜻의 사법상의 효력을 가지는 통지행위에 불과하므로 항고소송의 대상이 되지 않는다.

2023.07.15. 시행

2023 | **7급** 기출문제

모바일
OMR
답안분석
서비스

회독 CHECK 1 2 3

✔ 시험시간 25분   ✔ 해설편 121쪽

01 행정법상 신고와 수리에 관한 설명으로 옳은 것은? (다툼이 있는 경우 판례에 의함)

① 법률에 행정기관의 내부 업무 처리 절차로서 수리를 규정한 경우에도 수리를 요하는 신고로 보아야 한다.

② 주민등록의 신고는 행정청에 도달하기만 하면 신고로서의 효력이 발생하는 것이 아니라 행정청이 수리한 경우에 비로소 신고의 효력이 발생한다.

③ 대규모점포의 개설 등록은 자기완결적 신고이다.

④ 시도지사 등에 대한 체육시설인 골프장회원 모집계획서 제출은 자기완결적 신고이다.

02 행정행위 부관과 확약에 관한 설명으로 옳은 것은? (다툼이 있는 경우 판례에 의함)

① 지방국토관리청장이 공유수면매립준공인가처분 중에서 일부 공유수면매립지에 대하여 한 국가 귀속처분은 법률상 효과의 일부를 배제하는 부관으로 독립하여 행정소송의 대상이 된다.

② 확약의 취소행위로서 내인가취소는 본인가신청에 대한 거부처분으로 항고소송의 대상이 되는 처분이다.

③ 법정부관에 대하여는 행정행위에 부관을 붙일 수 있는 한계에 관한 일반적인 원칙이 적용된다.

④ 행정청의 확약 또는 공적인 의사표명 그 자체에서 처분의 발령을 신청하도록 유효기간을 두었을 경우 그 후에 사실적 · 법률적 상태가 변경되었더라도 직권취소나 철회로 효력이 소멸되고 당연히 실효되는 것은 아니다.

03 「행정절차법」상 청문과 사전통지에 관한 설명으로 옳은 것은? (다툼이 있는 경우 판례에 의함)

① 행정청은 거부처분을 할 경우에는 상대방에게 원칙적으로 사전통지를 하여야 한다.

② 행정청은 영업자지위승계의 신고의 수리를 하기 전에 양수인에게 사전통지를 해야 한다.

③ 행정청이 침익적 처분을 하면서 청문을 하지 않았다면 「행정절차법」상 예외적인 경우에 해당하지 않는 한 그 처분은 원칙적으로 무효에 해당한다.

④ 행정청은 다수 국민의 이해가 상충되는 처분이나 다수 국민에게 불편이나 부담을 주는 처분을 하려는 경우에는 청문주재자를 2명 이상으로 선정할 수 있다.

04 「행정기본법」상 이의신청과 재심사에 관한 설명으로 옳지 않은 것은?

① 이의신청에 대한 결과를 통지받은 후 행정심판 또는 행정소송을 제기하려는 자는 그 결과를 통지받은 날부터 90일 이내에 행정심판 또는 행정소송을 제기할 수 있다.

② 공무원 인사 관계 법령에 의한 징계 등 처분에 관한 사항에 대하여도 「행정기본법」상의 이의신청 규정이 적용된다.

③ 당사자는 처분에 대하여 법원의 확정판결이 있는 경우에는 처분의 근거가 된 사실관계 또는 법률관계가 추후에 당사자에게 유리하게 바뀐 경우에도 해당 처분을 한 행정청이 처분을 취소 · 철회하거나 변경하여 줄 것을 신청할 수는 없다.

④ 처분을 유지하는 재심사 결과에 대하여는 행정심판, 행정소송 및 그 밖의 쟁송수단을 통하여 불복할 수 없다.

05 「국가공무원법」상 직위해제처분과 징계처분에 관한 설명으로 옳은 것은? (다툼이 있는 경우 판례에 의함)

① 직위해제처분을 한 후에 동일한 사유로 다시 해임 등 징계처분을 한다면 일사부재리의 원칙에 반한다.

② 선행 직위해제처분의 하자는 후행 직권면직처분에 승계된다.

③ 형사사건으로 기소되었다는 이유만으로 직위해제처분을 하는 것은 재량권의 범위를 일탈·남용한 것으로 볼 수 없다.

④ 직위해제처분은 공무원의 신분을 보유하게 하면서 잠정적 조치로서의 보직을 박탈하는 처분으로 징벌적 제재로서의 징계처분과는 그 성질을 달리한다.

06 행정의 실효성 확보수단에 관한 설명으로 옳지 않은 것은? (다툼이 있는 경우 판례에 의함)

① 공매처분을 하면서 체납자 등에게 공매통지를 하지 않았거나 공매통지를 하였더라도 그것이 적법하지 아니한 경우에는 절차상의 흠이 있어 그 공매처분은 위법하다.

② 행정기관의 장이 조사대상자의 자발적인 협조를 얻어 행정조사를 실시하고자 하는 경우 조사대상자는 문서·전화·구두 등의 방법으로 당해 행정조사를 거부할 수 있다.

③ 회사 분할 시 특별한 규정이 없는 한 신설 회사에 대하여 분할하는 회사의 분할 전 법 위반행위를 이유로 과징금을 부과하는 것은 허용되지 않는다.

④ 체납자 등은 다른 권리자에 대한 공매통지의 하자를 들어 공매처분의 위법사유로 주장할 수 있다.

07 「행정대집행법」상 대집행에 관한 설명으로 옳지 않은 것은? (다툼이 있는 경우 판례에 의함)

① 대집행 계고처분의 취소소송의 사실심 변론종결 전에 대집행영장에 의한 통지절차를 거쳐 대집행 실행이 완료된 경우 계고처분에 대한 취소소송의 법률상 이익이 인정된다.

② 대집행 권한을 한국토지공사에 위탁한 경우 한국토지공사는 행정주체의 지위에 있고, 「국가배상법」 제2조에서 정한 공무원에 해당한다고 볼 수 없다.

③ 대집행은 대체적 작위의무의 불이행을 요건으로 하므로, 도시공원시설 점유자의 퇴거의무는 대집행의 대상이 되는 대체적 작위의무에 해당하지 않는다.

④ 행정청이 건물철거 대집행과정에서 부수적으로 건물의 점유자에 대한 퇴거조치를 할 수 있다.

08 「공익사업을 위한 토지 등의 취득 및 보상에 관한 법률」에 관한 설명으로 옳은 것은?

① 수용재결에 대하여 불복하는 경우 이의재결을 거치지 아니하면 취소소송을 제기할 수 없다.

② 이의신청을 거쳐 중앙토지수용위원회에서 이의재결이 내려진 경우 취소소송의 대상은 이의재결이고, 수용재결을 취소소송의 대상으로 할 수 없다.

③ 이의신청을 받은 중앙토지수용위원회는 수용재결이 위법 또는 부당한 때에는 그 재결의 전부 또는 일부를 취소하거나 보상액을 변경할 수 있다.

④ 이의재결에서 보상금이 늘어난 경우 사업시행자는 재결의 취소 또는 변경의 재결서 정본을 받은 날부터 60일 이내에 보상금을 받을 자에게 그 늘어난 보상금을 지급해야 한다.

09 행정행위에 대한 설명으로 옳지 않은 것은? (다툼이 있는 경우 판례에 의함)

① 행정청이 자동차운수사업법에 의한 개인택시운송사업 면허신청에 대하여 이미 설정된 면허기준을 구체적으로 적용함에 있어서 그 해석상 당해 신청이 면허발급의 우선순위에 해당함이 명백함에도 불구하고 이를 제외시켜 면허거부처분을 하였다면 특별한 사정이 없는 한 그 거부처분은 재량권을 남용한 위법한 처분이다.

② 공무원 임용을 위한 면접전형에 있어서 임용신청자의 능력이나 적격성 등에 관한 판단은 현저하게 재량권을 일탈 내지 남용한 것이 아니라면 이를 위법하다고 할 수 없다.

③ 도로점용허가는 일반사용과 별도로 도로의 특정 부분에 대하여 특별사용권을 설정하는 설권행위이다. 도로관리청은 신청인의 적격성, 점용목적, 특별사용의 필요성 및 공익상의 영향 등을 참작하여 점용허가 여부 및 점용허가의 내용인 점용장소, 점용면적, 점용기간을 정할 수 있는 재량권을 갖는다.

④ 도로점용허가의 일부분에 위법이 있는 경우, 도로점용허가 전부를 취소하여야 하며 도로점용허가 중 특별사용의 필요가 없는 부분에 대해서만 직권취소할 수 없다.

10 판례상 취소소송에서 원고적격이 인정되는 자로 옳은 것은? (다툼이 있는 경우에 판례에 의함)

① 국민권익위원회의 조치요구의 취소를 구하는 소송을 제기한 소방청장

② 외국에서 사증발급거부의 취소를 구하는 외국인

③ 담배소매인 중에서 구내소매인 지정 처분의 취소를 구하는 일반소매인

④ 공유수면 매립목적 변경승인처분의 취소를 구하는 재단법인 수녀원

11 甲은 乙군수에게 「식품위생법」에 의한 일반음식점 영업신고를 하고 영업을 하던 중 청소년에게 주류를 판매하였다는 이유로 적발되었다. 관할 행정청인 乙군수는 「식품위생법 시행규칙」 [별표23] 행정처분 기준에 따라 사전통지 등 적법절차를 거쳐 1회 위반으로 영업정지 7일의 제재처분을 하였다. 다음 설명 중 옳지 않은 것은? (다툼이 있는 경우 판례에 의함) 〈변형〉

① 영업정지 7일의 처분에 대하여 甲이 행정심판을 제기한 경우 행정심판위원회는 심리한 결과 처분청이 경미하게 처분하였다고 판단되면 영업정지 1월의 처분으로 처분을 변경하는 재결을 내릴 수 있다.

② 甲이 취소소송을 제기하기 전 영업정지 7일의 처분이 종료한 경우로서 처분이 발해진 후 1년이 경과하여 후행 처분의 가중사유가 되지 않는 경우라면 甲은 취소소송을 제기할 협의의 소의 이익이 인정되지 않는다.

③ 甲이 제기한 행정심판에서 심리한 결과 처분이 부당하다고 인정되면 행정심판위원회는 재량행위임에도 처분의 일부를 감경하는 재결을 할 수 있다.

④ 행정심판의 경우에도 행정소송과 마찬가지로 처분사유의 추가 변경은 기본적 사실관계의 동일성이 있는 범위 내에서만 허용된다.

12 공기업 이용관계에 대한 다음 설명 중 옳지 않은 것은? (다툼이 있는 경우 판례에 의함)

① 공기업의 이용관계에 대해서는 공법관계설과 사법관계설이 있는바, 사법관계설이 통설이다.

② 관련법에 이용대가의 징수에 있어서 행정상 강제집행이 인정되도록 명시적 규정이 있는 경우 공법관계로 보아야 한다.

③ 공기업 이용관계는 보통 사법상 계약으로 부합계약의 형태로서만 성립된다.

④ 공익사업인 전기사업, 자동차운수사업, 해상운송사업 등은 특허사업이다.

13 헌법재판소와 대법원 판례의 내용으로 옳지 않은 것은?

① 지방자치단체의 구역변경이나 폐치·분합이 있는 때에는 새로 그 지역을 관할하게 된 지방자치단체가 그 사무와 재산을 승계하도록 규정되어 있는바, 여기서 '재산'이라 함은 현금 이외의 모든 재산적 가치가 있는 물건 및 권리를 말하는 것으로서 채무도 포함된다.

② 지방자치단체가 그 고유의 자치사무를 처리하는 경우 지방자치단체는 국가기관의 일부가 아니라 국가기관과는 별도의 독립한 공법인으로서 양벌규정에 의한 처벌대상이 되는 법인에 해당한다.

③ 지방의회의원이 그 의원의 자격이라기보다 지방자치단체의 전체 주민의 대표자라는 지위에서 주민의 권리신장과 공익을 위하여 행정정보공개조례안의 행정정보공개심의위원회에 집행기관의 공무원 및 전문가 등과 동수의 비율로 참여하는 것이 반드시 법령에 위배된다고 볼 수 없다.

④ 국회의원과 달리 지방의회의원을 후원회 지정권자에서 제외하고 있는 것은 불합리한 차별로서 청구인들의 평등권을 침해한다.

14 「국가배상법」상의 배상책임에 관한 설명으로 옳은 것은? (다툼이 있는 경우 판례에 의함)

① 「국가배상법」상 손해배상의 소송은 배상심의회의 배상심의를 거치지 아니하면 이를 제기할 수 없다.

② 공익근무요원도 「국가배상법」제2조 제1항 단서의 이중배상이 금지되는 자에 해당한다.

③ 피해자에게 직접 손해를 배상한 경과실이 있는 공무원은 국가에 대해 구상권을 행사할 수 없다.

④ 국가배상청구권은 피해자나 법정대리인이 손해 및 가해자를 안 날로부터 3년간, 불법행위가 있은 날로부터 5년간 이를 행사하지 않으면 시효로 인하여 소멸된다.

15 행정행위의 하자에 대한 설명으로 옳지 않은 것은? (다툼이 있는 경우 판례에 의함)

① 과세관청이 과세처분에 앞서 납세의무자에게 보낸 과세예고통지서 등에 납세고지서의 필요적 기재사항이 제대로 기재되어 있어 납세의무자가 그 처분에 대한 불복 여부의 결정 및 불복신청에 전혀 지장을 받지 않았음이 명백하다면, 이로써 납세고지서의 하자가 보완되거나 치유될 수 있다.

② 체납취득세에 대한 압류처분권한은 도지사로부터 시장에게 권한위임된 것이고 시장으로부터 압류처분권한을 내부위임 받은 데 불과한 구청장이 자신의 명의로 한 압류처분은 권한 없는 자에 의하여 행하여진 위법무효의 처분이다.

③ 서훈취소 처분의 통지가 처분권한자인 대통령이 아니라 그 보좌기관에 의하여 이루어진 경우, 통지의 주체나 형식에 어떤 하자가 있다.

④ 환경영향평가를 거쳐야 할 대상사업에 대하여 환경영향평가를 거치지 아니하였음에도 불구하고 승인 등 처분이 이루어진다면, 이러한 행정처분의 하자는 법규의 중요한 부분을 위반한 중대한 것이고 객관적으로도 명백한 것이라고 하지 않을 수 없다.

16 「행정소송법」상 행정소송에 대한 설명으로 옳지 않은 것은? (다툼이 있는 경우 판례에 의함)

① 토지의 수용에 대한 취소소송은 그 부동산 소재지를 관할하는 행정법원에 이를 제기할 수 있다.

② 「행정소송법」을 적용함에 있어서 행정청에는 행정권한의 위임 또는 위탁을 받은 사인이 포함된다.

③ 행정소송에 대한 대법원판결에 의하여 명령·규칙이 헌법 또는 법률에 위반된다는 것이 확정된 경우에는 대법원은 지체 없이 그 사유를 국무총리에게 통보하여야 한다.

④ 원고의 고의 또는 중대한 과실 없이 행정소송이 심급을 달리하는 법원에 잘못 제기된 경우에는 관할위반을 이유로 관할법원에 이송한다.

17 조례에 대한 다음 설명 중 옳지 않은 것은? (다툼이 있는 경우 판례에 의함)

① 국가법령에서 정하고 있지 않더라도 지방자치단체가 특정사항에 대하여 그 지방의 실정에 맞게 제정한 조례는 법령의 범위를 벗어난 것으로 위법하다.

② 조례위반에 대하여 벌금 등 형벌을 과하도록 한 조례는 위헌 · 위법한 조례이다.

③ 자동차관리법령이 정한 자동차등록기준보다 더 높은 수준의 기준을 정한 차고지확보제도에 관한 조례안은 무효이다.

④ 기관 위임사무는 원칙적으로 조례의 규율 대상이 아니다.

18 사인의 공법행위에 대한 설명으로 옳지 않은 것은? (다툼이 있는 경우 판례에 의함)

① 국민의 적극적 행위신청에 대한 행정청의 거부행위가 항고소송의 대상이 되는 행정처분에 해당하기 위하여는 국민이 행정청에 대하여 그 행위발동을 요구할 법규상 또는 조리상의 신청권이 있어야 한다.

② 「건축법」상의 건축신고가 다른 법률에서 정한 인가 · 허가 등의 의제효과를 수반하는 경우, 행정행위의 효율적 측면을 고려하여 수리를 요하지 않는 신고로 볼 수 있다.

③ 건축주 등은 건축신고가 반려될 경우 건축물의 건축을 개시하면 시정명령, 이행강제금, 벌금의 대상이 되거나 당해 건축물을 사용하여 행할 행위의 허가가 거부될 우려가 있어 불안정한 지위에 놓이게 되므로, 건축신고에 대한 반려처분은 항고소송의 대상이 된다.

④ 건축주명의변경신고는 형식적 요건을 갖추어 시장, 군수에게 적법하게 건축주의 명의변경을 신고한 때에는 시장, 군수는 그 신고를 수리 하여야지 실체적인 이유를 내세워 그 신고의 수리를 거부할 수는 없다.

19 행정행위의 무효와 취소에 관한 설명으로 옳지 않은 것은? (다툼이 있는 경우 판례에 의함)

① 과세처분 이후 조세 부과의 근거가 되었던 법률규정에 대하여 헌법재판소에서 위헌결정이 내려진 후 그 조세채권의 집행을 위한 체납 처분은 당연무효이다.

② 지방자치단체의 규칙으로 정하여야 할 기관 위임사무에 대하여 당해 지방자치단체의 조례로 정한 경우 이에 근거한 처분은 당연무효이다.

③ 「행정기본법」은 직권취소에 관한 일반적 근거 규정을 두고 있어, 개별 법률의 근거가 없더라도 직권취소가 가능하다.

④ 무효인 행정처분에 기한 후속 행정처분도 당연무효이다.

20 다음은 공물(公物)에 관한 판례의 입장을 설명한 것이다. 판례의 입장과 일치하지 않는 것은?

① 일반공중의 통행에 공용(供用)되는 도로부지의 소유자가 이를 점유 · 관리하는 지방자치단체를 상대로 도로의 철거나 점유 이전을 청구하는 것은 허용되지 않는다.

② 「하천법」 제50조에 의한 하천수사용권은 「공익사업을 위한 토지 등의 취득 및 보상에 관한 법률」 제76조 제1항이 손실보상의 대상으로 규정하고 있는 '물의 사용에 관한 권리'에 해당하지 않는다.

③ 하천점용허가에 따라 해당 하천을 점용할 수 있는 권리는 하천의 관리주체에 대하여 일정한 특별사용을 청구할 수 있는 채권에 해당한다.

④ 공공용물에 관하여 적법한 개발행위 등이 이루어짐으로 말미암아 이에 대한 일정범위의 사람들의 일반사용이 종전에 비하여 제한받게 되었다고 하더라도 특별한 사정이 없는 한 그로 인한 불이익은 손실보상의 대상이 되는 특별한 손실에 해당된다고 할 수 없다.

21 「공공기관의 정보공개에 관한 법률」에 대한 다음 설명 중 옳지 않은 것은? (다툼이 있는 경우 판례에 의함)

① 자연인은 물론 법인도 정보공개청구를 할 수 있으나 지방자치단체는 정보공개청구를 할 수 없다.

② 사법시험 답안지는 비공개 대상 정보가 아니다.

③ 「공공기관의 정보공개에 관한 법률」은 공공기관이 보유·관리하는 정보공개에 관한 일반법이지만, 국가안보에 관련되는 정보는 이 법의 적용대상이 아니다.

④ 통상적으로 정보에 포함되어 있는 개인식별 정보는 비공개 대상이나, 독립유공자 서훈 공적심사위원회 회의록이나 형사재판확정기록은 공개청구 대상이다.

22 「행정심판법」 의무이행심판에 관한 설명으로 옳지 않은 것은?

① 의무이행심판은 거부처분이나 부작위에 대하여 일정한 처분을 구할 법률상 이익이 있는 자가 청구인 적격을 갖는다.

② 당사자의 신청을 거부하거나 부작위로 방치한 처분의 이행을 명하는 재결이 있는 경우에는 처분청은 지체 없이 그 재결의 취지에 따라 다시 이전의 신청에 대한 처분을 하여야 한다.

③ 의무이행재결은 행정심판위원회가 의무이행심판의 청구가 이유 있다고 인정할 때에 지체 없이 신청에 따른 처분을 하거나 처분청에게 그 신청에 따른 처분을 할 것을 명하는 재결을 말한다.

④ 거부처분이나 부작위에 대한 의무이행심판청구는 청구기간의 제한이 있다.

23 행정소송에 관한 설명으로 옳지 않은 것은? (다툼이 있는 경우 판례에 의함)

① 행정심판청구가 부적법하지 않음에도 각하한 재결은 심판청구인의 실체심리를 받을 권리를 박탈한 것으로서 재결에 고유한 하자가 있는 경우에 해당하여 재결 자체가 취소소송의 대상이 된다.

② 항고소송은 원칙적으로 당해 처분을 대상으로 하나, 당해 처분에 대한 재결 자체에 고유한 주체, 절차, 형식 또는 내용상의 위법이 있는 경우에 한하여 그 재결을 대상으로 할 수 있다.

③ 한국자산공사가 당해 부동산을 인터넷을 통해 재공매하기로 한 결정도 항고소송의 대상이되는 행정처분이라고 볼 수 있다.

④ 병역법상 신체등위판정은 항고소송의 대상이 되는 행정처분이라 보기 어렵다.

24 훈령에 대한 다음 설명 중 옳지 않은 것은? (다툼이 있는 경우 판례에 의함)

① 훈령은 하급행정기관의 권한에 속하는 사항에 대하여 발하여야 하고 적법·타당·가능해야 한다.

② 훈령을 근거로 행정관행이 형성된 경우에는 그 관행에 위반하여 처분을 하게 되면 행정의 자기구속의 법리나 평등의 원칙의 위배로 위법한 처분이 될 수 있다.

③ 양도소득세 부과 근거인 재산제세 조사사무처리규정은 국세청 훈령이므로 그에 위반한 행정처분은 위법하지 않다.

④ 하급행정기관이 훈령에 위반하는 행정행위를 한 경우 직무상 위반행위로 징계책임을 질 수 있다.

25 취소소송에 관한 설명으로 옳지 않은 것은? (다툼이 있는 경우 판례에 의함)

① 어떠한 처분에 법령상 근거가 있는지, 「행정절차법」에서 정한 처분 절차를 준수하였는지는 본안에서 당해 처분이 적법한가를 판단하는 단계에서 고려할 요소가 아니라, 소송요건 심사단계에서 고려할 요소이다.

② 행정처분의 위법 여부는 행정처분이 있을 때의 법령과 사실 상태를 기준으로 판단하여야 하며, 법원은 행정처분 당시 행정청이 알고 있었던 자료뿐만 아니라 사실심 변론종결 당시까지 제출된 모든 자료를 종합하여 처분 당시 존재하였던 객관적 사실을 확정하고 그 사실에 기초하여 처분의 위법 여부를 판단할 수 있다.

③ 개발부담금부과처분 취소소송에 있어 당사자가 제출한 자료에 의하여 적법하게 부과될 정당한 부과금액을 산출할 수 없을 경우에는 부과처분 전부를 취소할 수밖에 없으나, 그렇지 않은 경우에는 그 정당한 금액을 초과하는 부분만 취소하여야 한다.

④ 사정판결은 당사자의 명백한 주장이 없는 경우에도 기록에 나타난 여러 사정을 기초로 직권으로 할 수 있는 것이나, 그 요건인 현저히 공공복리에 적합하지 아니한지 여부는 위법한 행정처분을 취소·변경하여야 할 필요와 그 취소·변경으로 인하여 발생할 수 있는 공공복리에 반하는 사태 등을 비교·교량하여 판단하여야 한다.

2023 | 5급 기출문제

● 회독 CHECK 1 2 3

☑ 시험시간 25분 ☑ 해설편 131쪽

01 다음 중 행정법에 대한 기본원칙으로 가장 적절하지 않은 것은? (다툼이 있는 경우 판례에 의함)

① 행정작용은 법률에 위반되어서는 아니 되며, 행정작용이 기속되는 것에는 형식적 의미의 법률뿐만 아니라 조약, 일반적으로 승인된 국제법규와 대외적 구속력을 가지는 법률 하위의 법규범(법규명령, 법령보충적 행정규칙, 조례 등)도 포함된다.

② 행정작용은 국민의 권리를 제한하거나 의무를 부과하는 경우와 그 밖에 국민생활에 중요한 영향을 미치는 경우에는 법률에 근거하여야 한다.

③ 행정청은 행정작용을 함에 있어서 국민에 대한 일체의 차별적 대우를 부정하는 절대적 평등의 원칙을 준수하여야 한다.

④ 행정작용은 행정목적을 달성하는 데 유효하고 적절해야 하고, 행정목적을 달성하는 데 필요한 최소한도에 그쳐야 하며, 행정작용으로 인한 국민의 이익 침해가 그 행정작용이 의도하는 공익보다 크지 아니해야 한다.

02 다음 중 취소소송에서의 법률상 이익이 있는 경우를 모두 고른 것은? (다툼이 있는 경우 판례에 의함)

ㄱ. 기존 시내버스의 노선 등과 일부 중복되는 시외버스 운송업계획변경인가처분에 대한 기존 시내버스업자
ㄴ. 직행형 시외버스운송사업자에 대한 사업계획변경인가처분의 취소를 구하는 기존 고속형 시외버스운송사업자
ㄷ. 쟁송취소된 공장설립 승인처분에 기초한 공장건축허가처분에 대해 취소를 구하는 인근 주민
ㄹ. 사증발급 거부처분에 대하여 「출입국관리법」상 외국인
ㅁ. 인가 · 허가 등 수익적 행정처분을 신청한 여러 사람이 서로 경원관계에 있는 경우, 허가 등 처분을 받지 못한 사람

① ㄱ, ㄴ, ㄹ
② ㄴ, ㄷ, ㄹ
③ ㄱ, ㄴ, ㄷ, ㅁ
④ ㄱ, ㄷ, ㄹ, ㅁ

03 지방자치단체의 조례에 대한 설명으로 가장 적절하지 않은 것은? (다툼이 있는 경우 판례에 의함)

① 조례는 지방자치단체의 사무(고유사무와 단체위임사무)에 관하여는 법령의 위임 없이도 제정될 수 있으나, 기관위임사무에 관한 사항은 원칙적으로 조례의 제정범위에 속하지 않고, 법령의 위임이 있는 경우에 한하여 조례가 제정될 수 있다.

② 법률이 주민의 권리의무에 관한 사항에 관하여 구체적으로 범위를 정하지 않은 채 조례로 정하도록 포괄적으로 위임한 경우, 지방자치단체가 주민의 권리의무에 관한 사항을 조례로 제정할 수는 없다.

③ 조례가 법령이 이미 정하고 있는 사항에 대하여 법령과 동일한 목적으로 규율하고 있는 경우에도 명문의 규정으로 또는 해석상 국가법령이 조례로 지방의 실정에 맞게 별도로 규율하는 것을 용인하는 경우에는 그 조례가 국가의 법령에 위반되는 것은 아니다.

④ 조례안은 그 일부가 위법한 경우에 위법한 부분만의 일부취소는 불가능하며 그 경우에는 조례안에 대한 재의결은 전부 효력이 부인되어야 한다.

04 다음 중 판례가 하자의 승계를 인정한 것은 모두 몇 개인가? (다툼이 있는 경우 판례에 의함)

> ㄱ. 건물철거명령과 대집행계고처분
> ㄴ. 사업인정과 수용재결
> ㄷ. 공무원의 직위해제처분과 면직처분
> ㄹ. 도시 · 군계획시설 결정과 실시계획인가
> ㅁ. 표준지공시지가결정과 수용보상금에 대한 재결

① 1개
② 2개
③ 3개
④ 4개

05 다음 중 공무원법에 대한 설명으로 가장 적절한 것은? (다툼이 있는 경우 판례에 의함)

① 국가공무원이 금고 이상의 형의 집행유예를 받아 당연퇴직한 이후 형의 선고가 효력을 잃게 되었다면 이미 발생한 당연퇴직에 대한 효력은 영향을 받게 된다.

② 정책을 수립 · 시행하는 고위공무원이 국가적인 사업을 추진하는 경우에 그 사업 추진 결과가 기대에 미치지 못하였다고 하더라도 그 사유만을 근거로 징계를 할 수 없다.

③ 「국가공무원법」상 직무상 비밀은 행정기관이 비밀이라고 형식적으로 정한 것에 따라 정해지므로, 기업의 비업무용 부동산 보유실태에 관한 감사보고서의 내용은 직무상 비밀에 해당한다.

④ 공무원의 품위 유지의 의무에서 품위란 직무에 따라서 국민의 수임자로서의 직책을 맡아 수행해 나가기에 손색이 없는 인품을 의미한다.

06 공무원의 근무관계에 있어서 공무원이 갖는 권리와 공무원이 부담하는 의무에 관한 다음의 설명 중 가장 적절하지 않은 것은? (다툼이 있는 경우 판례에 의함)

① 군인이 상관의 지시와 명령에 대하여 헌법소원 등 재판청구권을 행사하였다고 하여도 그것이 단지 위법 · 위헌인 지시와 명령을 시정하려는 데 그 목적이 있을 뿐이라면, 군인의 복종의무를 위반한 것이라고 볼 수는 없다.

② 초 · 중등학교 교원에 대하여는 정당가입을 금지하면서 대학교원에게는 허용하는 것은 평등의 원칙에 반한다.

③ 대외적으로 처분권한이 있는 처분행정청이 상급행정기관의 지시를 위반하는 처분을 하였다고 하여 그러한 사정만으로 그 처분이 곧 위법하게 되는 것은 아니다.

④ 공무원을 구성원으로 삼아 조직된 근로자 단체는 「공무원의 노동조합 설립 및 운영 등에 관한 법률」이 정한 설립신고를 갖추어 공무원 노동조합으로 설립되는 경우에 한하여 노동 기본권의 향유주체가 될 수 있다.

07 인 · 허가 의제에 관한 설명으로 가장 적절하지 않은 것은? (다툼이 있는 경우 판례에 의함)

① 주된 인 · 허가로 의제되는 인 · 허가 중 일부에 대하여만 의제되는 인 · 허가 요건을 갖추어 협의가 완료된 경우 민원인의 요청이 있으면 주된 인 · 허가를 할 수 있고 이 경우 협의가 완료된 일부 인 · 허가만 의제된다.

② 인 · 허가의제의 경우 관련 인 · 허가 행정청은 관련 인 · 허가를 직접 한 것으로 보아 관계 법령에 따른 관리 · 감독 등 필요한 조치를 하여야 한다.

③ 주된 인 · 허가가 있으면 다른 법률에 의한 인 · 허가가 있는 것으로 보는 데 그치고, 거기에서 더 나아가 다른 법률에 의하여 인 · 허가를 받았음을 전제로 하는 그 다른 법률의 모든 규정들까지 적용되는 것은 아니다.

④ 부분 인 · 허가 의제가 허용되는 경우 그 효력을 제거하기 위한 법적 수단으로 의제된 인 · 허가의 취소나 철회가 허용될 수 있지만, 그 의제된 인 · 허가에 대한 쟁송취소는 허용되지 않는다.

08 다음 중 「행정규제기본법」에 대한 설명으로 가장 적절하지 않은 것은?

① 중앙행정기관의 장은 규제를 신설하거나 강화하기 위해 작성하는 규제영향분석서에서 관련 민원사무의 구비서류 및 처리절차 등의 적정 여부는 고려하지 않아도 된다.

② 중앙행정기관의 장은 규제를 신설하거나 강화하려는 경우에 존속시켜야 할 명백한 사유가 없는 규제는 존속기한 또는 재검토기한을 설정하여 그 법령 등에 규정하여야 한다.

③ 중앙행정기관의 장은 규제를 신설하거나 강화하려면 규제개혁위원회에 심사를 요청하여야 하며, 요청 시 규제안에 규제영향분석서, 자체심사 의견, 행정기관 · 이해관계인 등의 제출의견 요지를 첨부하여 제출해야 한다.

④ 규제개혁위원회는 심사를 요청받은 날로부터 10일 이내에 그 규제가 국민의 일상생활과 사회 · 경제활동에 미치는 파급 효과를 고려하여 심사를 받아야 할 규제인지를 결정하여야 한다.

09 행정법관계에서 사법규정의 적용에 관한 설명으로 가장 적절하지 않은 것은? (다툼이 있는 경우 판례에 의함)

① 국가나 지방자치단체를 당사자로 하는 금전채권은 국가 · 지방자치단체의 채권인지 또는 국가 · 지방자치단체에 대한 채권인지를 묻지 않고 다른 법률에 특별한 규정이 없는 한, 5년간 이를 행사하지 않으면 시효로 인하여 소멸된다.

② 행정청은 법령 등의 위반행위가 종료된 날부터 5년이 지나면 해당 위반행위에 대하여 인허가의 정지 · 취소 · 철회, 등록 말소, 영업소 폐쇄와 정지를 갈음하는 과징금 부과를 할 수 없음이 원칙이다.

③ 행정청은 행정심판의 재결이나 법원의 판결에 따라 제재처분이 취소 · 철회된 경우에는 재결이나 판결이 확정된 날부터 1년(합의제행정기관은 2년)이 지나기 전까지는 그 취지에 따른 새로운 제재처분을 할 수 있다.

④ 국가가 사법상 재산권의 주체로서 국민을 대하는 사법관계에서도 사인과 국가가 본질적으로 다르다고 할 수 있으므로, 국가를 부동산 점유취득시효의 주체로 인정할 수 없다.

10 다음 중 「개인정보 보호법」에 대한 설명으로 가장 적절한 것은? (다툼이 있는 경우 판례에 의함)

① 교도소, 정신보건 시설 등 법령에 근거하여 사람을 구금하거나 보호하는 시설 중 개인의 사생활을 현저히 침해할 우려가 있는 공간에 한해서는 영상정보처리기기를 설치 · 운영하여서는 아니 된다.

② 거짓이나 그 밖의 부정한 수단이나 방법으로 개인정보를 취득하거나 그 처리에 관한 동의를 받는지 여부를 판단함에 있어서는 개인정보처리자가 그에 관한 동의를 받는 행위 그 자체만을 분리하여 개별적으로 판단해도 된다.

③ 정보주체는 자신의 개인정보에 대한 열람, 정정, 삭제 등을 개인정보처리자에게 요구할 수 있으나, 이러한 요구를 대리인을 통하여 하게 할 수는 없다.

④ 「개인정보 보호법」상 '누설'이란 아직 개인정보를 알지 못하는 타인에게 알려주는 일체의 행위를 의미하며, 정보주체의 동의 없이 법령에 정한 절차를 거치지 않은 채로 고소 · 고발장에 다른 정보주체의 개인정보를 첨부하여 경찰서에 제출한 것은 누설에 해당한다.

11 처분의 근거법률에 대한 위헌결정이 내려진 경우 처분의 효력에 관한 설명으로 가장 적절하지 않은 것은? (다툼이 있는 경우 판례에 의함)

① 대법원에 따르면, 헌법재판소의 위헌결정의 효력은 당해사건, 동종사건과 병행사건뿐만 아니라, 위헌결정 이후 같은 이유로 제소된 일반사건에도 미친다.

② 헌법재판소에 따르면, 위헌결정의 소급효는 당해사건, 병행사건에 대해서 미칠 수 있고, 일반사건의 경우는 원칙적으로 소급효가 부정되지만, 구체적 타당성의 요청이 현저한 반면에 법적 안정성을 침해할 우려가 없고 소급효의 부인이 오히려 정의와 평등 등 헌법적 이념에 심히 배치되는 때에는 예외적으로 소급효가 인정된다.

③ 대법원에 따르면, 위헌결정의 효력이 미치는 범위가 무한정일 수는 없고, 다른 법리에 의하여 그 소급효를 제한하는 것까지 부정되는 것은 아니며, 법적 안정성의 유지나 당사자의 신뢰보호를 위하여 불가피한 경우에 위헌결정의 소급효를 제한하는 것은 오히려 법치주의의 원칙상 요청된다.

④ 대법원에 따르면, 취소소송의 제기기간을 경과하여 확정력이 발생한 행정처분의 경우 위헌결정의 소급효가 미친다고 보아야 한다.

12 행정행위의 부관에 관한 설명으로 가장 적절한 것은? (다툼이 있는 경우 판례에 의함)

① 행정청은 부관을 붙일 수 있는 처분이 법률에 근거가 있거나, 당사자의 동의가 있는 경우 그 처분을 한 후에도 부관을 새로 붙일 수 있지만, 사정이 변경되어 부관을 새로 붙이지 아니하면 해당 처분의 목적을 달성할 수 없다는 이유로는 처분을 한 후에 부관을 새로 붙일 수 없다.

② 부담의 이행으로서 하게 된 사법상 매매 등의 법률행위는 부담을 붙인 행정처분과는 어디까지나 별개의 법률행위이므로 그 부담의 불가쟁력의 문제와는 별도로 법률행위가 사회질서 위반이나 강행규정에 위반되는지 여부 등을 따져보아 그 법률행위의 유효 여부를 판단하여야 한다.

③ 허가에 붙은 기한이 그 허가된 사업의 성질상 부당하게 짧은 경우에는 이를 그 허가 자체의 존속기간이 아니라 그 허가조건의 존속기간으로 보아야 하며, 이때 그 허가기간이 연장되기 위하여 그 종기가 도래하기 전에 그 허가기간의 연장에 관한 신청이 있어야 하는 것은 아니다.

④ 수익적 행정처분에 있어서는 법령에 특별한 근거규정이 없더라도 그 부관으로서 부담을 붙일 수 있지만, 그와 같은 부담을 부가하기 이전에 상대방과 협의하여 부담의 내용을 협약의 형식으로 미리 정할 수는 없다.

13 고시 · 훈령 · 예규 · 지침 등의 형식의 행정입법에 관한 설명으로 가장 적절한 것은? (다툼이 있는 경우 판례에 의함)

① 「행정기본법」에 따른 법령에 행정규칙의 형식은 포함되지 아니한다.

② 법률의 위임이 없이 법률의 시행을 위한 집행명령으로서 법률보충적인 구실을 하는 법규적 성질을 가진 지침을 정할 수는 없다.

③ 산업자원부 고시가 법률의 위임에 따라 법규명령으로서 효력을 가지고, 김포시장이 위 산업자원부 고시의 위임에 따라 그와 결합하여 보다 세부적인 기준을 정한 경우, 그것이 상위명령의 범위를 벗어나지 아니한다면 구속력이 있는 법규명령으로서 효력을 가진다.

④ 행정규칙의 내용이 상위법령에 반하는 것이라면 법질서의 통일성과 모순금지 원칙에 따라 상위법령의 위임이 있는 경우에도 행정규칙의 법규적 성질을 인정할 수 없고, 단지 행정내부적 효력만을 인정할 수 있다.

14 「행정절차법」의 내용에 관한 다음 설명 중 가장 적절한 것은?

① 행정청은 다수 국민의 이해가 상충되거나 다수 국민에게 불편이나 부담을 주는 처분을 하는 경우 청문주재자를 2명 이상으로 선정할 수 있다.

② 법령 등에서 당사자가 신청할 수 있는 처분을 규정하고 있는 경우 행정청은 당사자의 신청에 따라 장래에 어떤 처분을 하거나 하지 아니할 것을 내용으로 하는 의사표시인 확약을 할 수 있는바, 이 경우 확약은 문서로 하여야 하는 것이 원칙이나 구술로도 할 수 있다.

③ 온라인 정책토론의 필요성에 대한 인식이 높아져 가고 있지만, 아직까지 「행정절차법」은 '온라인 정책토론'에 관한 규정을 갖고 있지 않다.

④ 행정청이 처분을 할 때에는 문서로 하여야 하며, 당사자 등의 동의가 있는 경우에도 전자문서로는 할 수 없다.

15 다음 중 행정행위의 효력과 관련된 대법원의 판례로서 옳은 것만 모두 고른 것은?

ㄱ. 법률관계나 사실관계에 대하여 그 법률의 규정을 적용할 수 없다는 법리가 명백히 밝혀지지 아니하여 그 해석에 다툼의 여지가 있고 행정관청이 이를 잘못 해석하여 행정처분을 하였다면 해당 처분에 명백하게 하자가 있다고 판단된다.

ㄴ. 행정처분의 하자의 중대성과 명백성을 판별함에 있어서는 그 법규의 목적, 의미, 기능 등을 목적론적으로 고찰함과 동시에 구체적 사안 자체의 특수성에 관하여도 합리적으로 고찰해야 한다.

ㄷ. 임면권자와 국가정보원장과의 충분한 사전교감이 있었으며 임면권이 국가정보원장에게 내부위임되어 있다면, 5급 이상의 국가정보원 직원에 대한 의원면직 처분이 국가정보원장에 의해 행해진 것으로 위법하고 국가정보원장의 종용에 의해 이루어진 것이라 하더라도 해당 행정처분의 하자가 중대한 것이라 보기 어렵다.

ㄹ. 특별한 사정없이, 과세관청이 과세예고 통지 후 과세전적부심사 청구나 그에 대한 결정이 있기 전에 과세처분을 한 경우에는 과세전적부심사 제도 자체를 형해화시키지 않으나, 과세전적부심사 결정과 과세처분 사이의 관계 및 불복절차를 불분명하게 할 우려가 있으므로 절차상 하자가 중대 · 명백하다.

① ㄱ, ㄴ

② ㄴ, ㄷ

③ ㄴ, ㄷ, ㄹ

④ ㄱ, ㄴ, ㄹ

16 「공공기관의 정보공개에 관한 법률」상의 정보공개에 관한 설명으로 가장 적절한 것은? (다툼이 있는 경우 판례에 의함)

① 사립대학교는 사립대학교에 대한 국비 지원이 한정적·일시적·국부적이라는 점을 고려하여 정보공개의무자로 볼 수 없다.

② 지방자치단체의 업무추진비 세부항목별 집행내역 및 그에 관한 증빙서류에 포함된 개인에 관한 정보는 '공개하는 것이 공익을 위하여 필요하다고 인정되는 정보'에 해당한다.

③ 구 「학교폭력예방 및 대책에 관한 법률」 및 같은 법 시행령 규정들의 내용 등에 비추어, 학교폭력대책자치위원회의 회의록은 「공공기관의 정보공개에 관한 법률」의 비공개사유인 '다른 법률 또는 법률이 위임한 명령에 의하여 비밀 또는 비공개 사항으로 규정된 정보'에 해당하지 아니한다.

④ 정보공개청구서에 청구대상정보를 기재함에 있어서는 사회일반인의 관점에서 청구대상 정보의 내용과 범위를 확정할 수 있을 정도로 특정함을 요하는데, 공개를 청구한 정보의 내용이 '대한주택공사의 특정 공공택지에 관한 수용가, 택지조성원가, 분양가, 건설원가 등 및 관련 자료 일체'인 경우, '관련 자료 일체' 부분은 그 내용과 범위가 정보공개청구 대상정보로서 특정되었다고 보기 어렵다.

17 행정상 강제에 관한 설명으로 가장 적절하지 않은 것은? (다툼이 있는 경우 판례에 의함)

① 대집행권한을 위탁받아 공무인 대집행을 실시하기 위하여 지출한 비용은 「행정대집행법」 절차에 따라 「국세징수법」의 예에 의하여 징수할 수 있다.

② 「건축법」상의 이행강제금은 간접강제의 일종으로서 그 이행강제금 납부의무는 상속인 기타의 사람에게 승계될 수 없는 일신전속적인 성질의 것이다.

③ 이행강제금 제도는 「건축법」이나 「건축법」에 따른 명령이나 처분을 위반한 건축물의 방치를 막고자 행정청이 시정조치를 명하였음에도 건축주 등이 이를 이행하지 아니한 경우에 행정명령의 실효성을 확보하기 위하여 시정명령 이행 시까지 지속해서 부과함으로써 건축물의 안전과 기능, 미관을 높여 공공복리의 증진을 도모하는 데 입법 취지가 있다.

④ 행정청은 「건축법」상 위법건축물에 대한 이행강제수단으로 대집행과 이행강제금을 선택적으로 활용할 수 없고, 재량에 의해 이들을 선택하여 활용할 경우 중첩적인 제재에 해당한다.

18 행정쟁송에서의 가구제에 관한 설명으로 가장 적절하지 않은 것은? (다툼이 있는 경우 판례에 의함)

① 「행정심판법」상 집행정지는 '중대한 손해', 「행정소송법」상 집행정지는 '회복하기 어려운 손해'를 각각 요건으로 한다는 차이점이 있다.

② 거부처분 취소소송의 경우, 「행정소송법」상 집행정지는 실효적인 가구제수단이 될 수 있으므로 요건을 충족하는 한 허용된다.

③ 「행정심판법」상 임시처분은 동법상 집행정지로 목적을 달성할 수 있는 경우에는 허용되지 아니한다.

④ 제재처분에 대한 행정쟁송절차에서 처분에 대해 집행정지결정이 이루어졌더라도 본안에서 해당 처분이 최종적으로 적법한 것으로 확정되어 집행정지결정이 실효되고 제재처분을 다시 집행할 수 있게 되면, 처분청으로서는 당초 집행정지결정이 없었던 경우와 동등한 수준으로 해당 제재처분이 집행되도록 필요한 조치를 취하여야 한다.

19 「행정심판법」상 행정심판의 재결에 관한 설명으로 가장 적절한 것은? (다툼이 있는 경우 판례에 의함)

① 행정심판위원회는 취소심판의 청구가 이유가 있다고 인정하면 처분의 취소재결, 취소명령재결, 변경재결, 변경명령재결을 할 수 있다.

② 「행정심판법」상 변경재결에서 변경이란 적극적 의미의 변경이 아니라 소극적 의미의 변경, 즉 일부취소를 뜻한다.

③ 행정심판위원회는 피청구인이 처분명령재결의 취지에 따라 이전의 신청에 대한 처분을 하지 않는 경우 당사자가 신청하면 기간을 정하여 서면으로 시정을 명하고 그 기간에 이행하지 아니하면 직접 처분을 할 수 있다.

④ 행정심판의 청구에 대하여 인용재결이 내려지는 경우 피청구인은 행정소송을 통하여 그에 불복할 수 있다.

20 무효 등 확인소송 및 부작위위법확인소송에 관한 설명으로 가장 적절하지 않은 것은? (다툼이 있는 경우 판례에 의함)

① 부작위위법확인소송에서는 소제기의 전 후를 통하여 판결시까지 행정청이 그 신청에 대하여 적극 또는 소극의 처분을 하더라도 당초 신청된 특정한 처분에 대한 부작위위법의 확인을 구할 수 있어 여전히 소의 이익이 있다.

② 무효 등 확인소송의 제기에 있어서 제소기간 및 행정심판 전치의 문제가 없다.

③ 무효 등 확인소송의 제기요건으로 보충성이 요구되는 것은 아니므로 행정처분의 유·무효를 전제로 한 이행소송 등과 같은 직접적인 구제수단이 있는지 여부를 따질 필요가 없다.

④ 부작위위법확인의 소는 부작위상태가 계속되는 한 그 위법의 확인을 구할 이익이 있다고 보아야 하므로 원칙적으로 제소기간의 제한을 받지 않지만, 취소소송의 제소기간의 규정을 부작위위법확인소송에 준용하고 있는 점에 비추어 보면, 행정심판 등 전심절차를 거친 경우에는 취소소송의 제소기간 내에 부작위위법확인의 소를 제기하여야 한다.

21 다음 중 행정소송 판결의 효력에 대한 설명으로 가장 적절하지 않은 것은? (다툼이 있는 경우 판례에 의함)

① 항고소송에서 기판력은 당해 처분이 귀속하는 국가 또는 공공단체에 미친다.

② 취소소송에서 처분 등을 취소하는 확정판결의 기속력은 판결의 주문에 대해 인정되나, 그 전제가 되는 처분 등의 구체적 위법사유에 관한 이유 중의 판단에 대해서는 인정되지 않는다.

③ 행정처분이 후에 항고소송에서 취소되었다고 할지라도 그 소송판결의 기판력에 의해 당해행정처분이 곧바로 공무원의 불법행위를 구성한다고 단정할 수 없다.

④ 취소소송에서 취소판결이 확정된 경우, 행정청은 해당 판결에서 확인된 위법사유를 배제한 상태에서 다시 처분을 하거나 그 밖의 위법한 결과를 제거하는 조치를 할 의무가 있다.

22 「공익사업을 위한 토지 등의 취득 및 보상에 관한 법률」에 따른 토지수용 이후의 불복절차 등에 관한 설명으로 가장 적절하지 않은 것은? (다툼이 있는 경우 판례에 의함)

① 토지수용위원회의 수용재결이 있은 후라고 하더라도 토지소유자 등과 사업시행자가 다시 협의하여 토지 등의 취득이나 사용 및 그에 대한 보상에 관하여 임의로 계약을 체결할 수 있다.

② 사업시행자, 토지소유자 또는 관계인은 수용재결에 불복할 때에는 재결서를 받은 날부터 90일 이내에, 이의신청을 거쳤을 때에는 이의신청에 대한 재결서를 받은 날부터 60일 이내에 각각 행정소송을 제기할 수 있다.

③ 수용재결에 불복하여 취소소송을 제기하는 때에는 이의신청을 거친 경우에는 이의재결을 한 중앙토지수용위원회를 피고로 하여 이의재결의 취소를 구해야 함이 원칙이다.

④ 수용재결에 불복하여 제기하는 행정소송이 보상금의 증감에 관한 소송인 경우 그 소송을 제기하는 자가 토지소유자 또는 관계인일 때에는 사업시행자를, 사업시행자일 때에는 토지소유자 또는 관계인을 각각 피고로 한다.

23 「지방자치법」상 국가와 지방자치단체 간의 관계에 관한 설명으로 가장 적절하지 않은 것은?

① 행정안전부장관은 지방자치단체의 자치사무에 관하여 보고를 받거나 서류·장부 또는 회계를 감사할 수 있지만, 감사를 하기 전에 해당 사무의 처리가 법령에 위반되는지 등을 확인하여야 한다.

② 지방자치단체나 그 장이 위임받아 처리하는 국가사무에 관하여 시·도에서는 주무부장관, 시·군 및 자치구에서는 1차로 시·도지사, 2차로 주무부장관의 지도·감독을 받는다.

③ 지방자치단체의 장은 주무부장관의 이행명령에 이의가 있으면 이행명령서를 접수한 날부터 15일 이내에 대법원에 소를 제기할 수 있다.

④ 자치사무에 관한 시정명령에 대하여 이의가 있으면 그 시정명령을 통보받은 날부터 15일 이내에 대법원에 소를 제기할 수 있다.

24 행정권한의 위임·위탁에 관한 설명으로 가장 적절하지 않은 것은? (다툼이 있는 경우 판례에 의함)

① 「정부조직법」과 「행정권한의 위임 및 위탁에 관한 규정」에 의하면, 도지사가 산업자원부장관으로부터 「석유사업법」에 따라 석유판매업자에게 사업의 정지를 명할 수 있는 행정권한을 위임받은 경우 그 위임기관의 장인 산업자원부장관의 승인을 얻어 조례가 정하는 바에 따라 군수에게 그 수임권한을 다시 위임할 수 있다.

② 기관위임사무의 경우 그에 관한 개별법령에서 일정한 사항을 조례로 정하도록 위임하고 있는 경우에는 위임받은 사항에 관하여 개별법령의 취지에 부합하는 범위 내에서 이른바 위임조례를 정할 수 있다.

③ 지방자치단체의 장은 조례나 규칙으로 정하는 바에 따라 그 권한에 속하는 사무의 일부를 보조기관, 소속 행정기관 또는 하부행정기관에 위임할 수 있다.

④ 내부위임의 경우 수임기관은 수임사무의 처리를 할 때에는 위임청의 이름으로 하거나 내부위임관계를 명시해야 하며, 내부위임의 수임기관이 자신의 이름으로 한 처분은 무권한의 행위로 무효인 행위가 된다.

25 공법상 계약에 관한 다음 설명 중 가장 적절하지 않은 것은?

① 공법상 계약은 법령 등에 위배되지 않는 범위 내에서 체결할 수 있으며, 「행정기본법」은 이를 명시적으로 규정하고 있다.

② 「행정기본법」은 공법상 계약, 특히 행정행위에 갈음하는 공법상 계약을 법률의 수권 없이 체결할 수 있는지에 관하여는 명시적으로 규정하고 있지 않다.

③ 공법상 계약은 비권력적 행위로서 반드시 문서에 의할 필요는 없으며, 「행정기본법」 또한 공법상 계약은 구술로도 체결할 수 있음을 명시적으로 규정하고 있다.

④ 공법상 계약의 효력을 다투거나 이행을 청구하는 소송은 분쟁의 실질이 손해배상액의 구체적인 산정방법·금액에 국한되는 특별한사정이 없는 한 공법상 당사자소송으로 제기하여야 한다.

2022 | 9급 기출문제

● 회독 CHECK 1 2 3

☑ 시험시간 25분　☑ 해설편 141쪽

01 다음 중 행정법의 효력에 대한 설명으로 가장 옳지 않은 것은?

① 행정법령의 시행일을 정하지 않은 경우에는 공포한 날부터 20일이 경과함으로써 효력을 발생하는데, 이 경우 공포한 날을 첫날에 산입하지 아니하고 기간의 말일이 토요일 또는 공휴일인 때에는 그 말일의 다음날로 기간이 만료한다.

② 법령을 소급적용하더라도 일반 국민의 이해에 직접 관계가 없는 경우, 오히려 그 이익을 증진하는 경우, 불이익이나 고통을 제거하는 경우 등의 특별한 사정이 있는 경우에 한하여 예외적으로 법령의 소급적용이 허용된다.

③ 신청에 따른 처분은 신청 후 법령이 개정된 경우라도 법령 등에 특별한 규정이 있거나 처분 당시의 법령을 적용하기 곤란한 특별한 사정이 있는 경우를 제외하고는 개정된 법령을 적용한다.

④ 법령상 허가를 받아야만 가능한 행위가 법령 개정으로 허가 없이 할 수 있게 되었다 하더라도 개정의 이유가 사정의 변천에 따른 규제 범위의 합리적 조정의 필요에 따른 것이라면 개정 전 허가를 받지 않고 한 행위에 대해 개정전 법령에 따라 처벌할 수 있다.

02 다음 중 행정법의 법원에 대한 설명으로 가장 옳은 것은?

① 행정청 내부의 사무처리준칙이 제정·공표되었다면 이 자체만으로도 행정청은 자기구속을 받게 되므로 이 준칙에 위배되는 처분은 위법하게 된다.

② 헌법재판소의 위헌결정이 있다면 행정청이 개인에 대하여 공적인 견해를 표명한 것으로 볼 수 있으므로 위헌 결정과 다른 행정청의 결정은 신뢰보호원칙에 반한다.

③ 부당결부금지의 원칙은 판례에 의해 확립된 행정의 법원칙으로 실정법상 명문의 규정은 없다.

④ 법령의 규정만으로 처분 요건의 의미가 분명하지 아니한 경우에 법원이나 헌법재판소의 분명한 판단이 있음에도 합리적 근거가 없이 사법적 판단과 어긋나게 행정처분을 한 경우에 명백한 하자가 있다고 봄이 타당하다.

03 다음 중 허가에 대한 설명으로 가장 옳지 않은 것은?

① 한의사 면허는 허가에 해당하고, 한약조제시험을 통해 약사에게 한약조제권을 인정함으로써 한의사들의 영업이익이 감소되었다고 하더라도 이는 법률상 이익 침해라고 할 수 없다.

② 건축허가는 기속행위이므로 「건축법」상 허가요건이 충족된 경우에는 항상 허가하여야 한다.

③ 허가신청 후 허가기준이 변경되었다 하더라도 그 허가관청이 허가신청을 수리하고도 정당한 이유 없이 그 처리를 늦추어 그 사이에 허가기준이 변경된 것이 아닌 이상 변경된 허가기준에 따라서 처분을 하여야 한다.

④ 석유판매업 등록은 대물적 허가의 성질을 가지고 있으므로, 종전 석유판매업자가 유사석유제품을 판매한 행위에 대해 승계인에게 사업정지 등 제재처분을 할 수 있다.

04 다음 중 처분의 사전통지에 대한 설명으로 가장 옳지 않은 것은?

① 고시 등에 의한 불특정 다수를 상대로 한 권익제한이나 의무부과의 경우 사전통지 대상이 아니다.

② 수익적 처분의 신청에 대한 거부처분은 실질적으로 침익적 처분에 해당하므로 사전통지 대상이 된다.

③ 「행정절차법」은 처분의 직접상대방 외에 신청에 따라 행정절차에 참여한 이해관계인도 사전통지의 대상인 당사자에 포함시키고 있다.

④ 공무원의 정규임용처분을 취소하는 처분은 사전통지를 하지 않아도 되는 예외적인 경우에 해당하지 않는다.

05 다음 중 취소소송과 무효확인소송의 관계에 대한 설명으로 가장 옳지 않은 것은?

① 행정처분에 대한 취소소송과 무효확인소송은 단순 병합이나 선택적 병합의 방식으로 제기할 수 있다.

② 무효선언을 구하는 취소소송이라도 형식이 취소소송이므로 제소요건을 갖추어야 한다.

③ 무효확인을 구하는 소에는 당사자가 명시적으로 취소를 구하지 않는다고 밝히지 않는 한 취소를 구하는 취지가 포함되었다고 보아서 취소소송의 요건을 갖추었다면 취소판결을 할 수 있다.

④ 취소소송의 기각판결의 기판력은 무효확인소송에 미친다.

06 다음 중 판결의 효력에 대한 설명으로 가장 옳지 않은 것은?

① 취소판결 자체의 효력으로써 그 행정처분을 기초로 하여 새로 형성된 제3자의 권리까지 당연히 그 행정처분 전의 상태로 환원되는 것이라고는 할 수 없다.

② 처분의 취소를 구하는 청구에 대한 기각판결은 기판력이 발생하지 않는다.

③ 취소판결이 확정된 경우 행정청은 종전 처분과 다른 사유로 다시 처분할 수 있고, 이 경우 그 다른 사유가 종전 처분 당시 이미 존재하고 있었고 당사자가 이를 알고 있었다 하더라도 확정판결의 기속력에 저촉되지 않는다.

④ 거부처분에 대한 취소판결이 확정된 후 법령이 개정된 경우 개정된 법령에 따라 다시 거부처분을 하여도 기속력에 반하지 아니하다.

07 다음 중 행정심판에 대한 설명으로 가장 옳지 않은 것은?

① 처분청이 처분을 통지할 때 행정심판을 제기할 수 있다는 사실과 기타 청구절차 및 청구 기간 등에 대한 고지를 하지 않았다고 하여 처분에 하자가 있다고 할 수 없다.

② 행정심판청구서가 피청구인에게 접수된 경우, 피청구인은 심판청구가 이유 있다고 인정하면 직권으로 처분을 취소할 수 있다.

③ 수익적 처분의 거부처분이나 부작위에 대해 임시적 지위를 인정할 필요가 있어서 인정한 제도는 임시처분이다.

④ 의무이행심판에서 이행을 명하는 재결이 있음에도 불구하고 처분청이 이를 이행하지 아니할 때 위원회가 직접 처분을 할 수 있는데, 행정심판의 재결은 처분청을 기속하므로 지방자치단체는 직접 처분에 대해 행정심판위원회가 속한 국가기관을 상대로 권한쟁의심판을 청구할 수 없다.

08 다음 중 영조물의 설치·관리상 하자로 인한 손해배상에 대한 설명으로 가장 옳지 않은 것은?

① 공공의 영조물은 사물(私物)이 아닌 공물(公物)이어야 하지만, 공유나 사유임을 불문하고 행정주체에 의하여 특정 공공의 목적에 공여된 유체물이면 족하다.

② 도로의 설치 및 관리에 있어 완전무결한 상태를 유지할 정도의 고도의 안전성을 갖추지 아니 하였다고 하여 하자가 있다고 단정할 수는 없고, 그것을 이용하는 자의 상식적이고 질서 있는 이용 방법을 기대한 상대적인 안전성을 갖추는 것으로 족하다.

③ 하천의 홍수위가 「하천법」상 관련규정이나 하천정비계획 등에서 정한 홍수위를 충족하고 있다고 해도 하천이 범람하거나 유량을 지탱하지 못해 제방이 무너지는 경우는 안전성을 결여한 것으로 하자가 있다고 본다.

④ 공군에 속한 군인이나 군무원의 경우 일반인에 비하여 공군비행장 주변의 항공기 소음 피해에 관하여 잘 인식하거나 인식할 수 있는 지위에 있다는 이유만으로 가해자가 면책되거나 손해배상액이 감액되지는 않는다.

09 통치행위에 대한 판례의 내용으로 가장 옳지 않은 것은?

① 외국에의 국군의 파견결정과 같이 성격상 외교 및 국방에 관련된 고도의 정치적 결단이 요구되는 사안에 대한 국민의 대의기관의 결정이 사법심사의 대상이 되지 아니한다.

② 선고된 형의 전부를 사면할 것인지 또는 일부만을 사면할 것인지를 결정하는 것은 사면권자의 전권사항에 속하는 것이고, 징역형의 집행유예에 대한 사면이 병과된 벌금형에도 미치는 것으로 볼 것인지 여부는 사면의 내용에 대한 해석문제에 불과하다.

③ 남북정상회담의 개최과정에서 재정경제부장관에게 신고하지 아니하거나 통일부장관의 협력사업 승인을 얻지 아니한 채 북한 측에 사업권의 대가 명목으로 송금한 행위는 사법 심사의 대상이 되지 아니한다.

④ 비록 서훈취소가 대통령이 국가원수로서 행하는 행위라고 하더라도 법원이 사법심사를 자제하여야 할 고도의 정치성을 띤 행위라고 볼 수는 없다.

10 행정행위의 효력에 대한 설명으로 가장 옳지 않은 것은? (다툼이 있는 경우 판례에 의함)

① 일반적으로 행정처분이나 행정심판 재결이 불복 기간의 경과로 확정될 경우에는 그 처분의 기초가 된 사실관계나 법률적 판단이 확정되고 당사자들이나 법원이 이에 기속되어 모순되는 주장이나 판단을 할 수 없게 된다.

② 제소기간이 이미 도과하여 불가쟁력이 생긴 행정처분에 대하여는 개별 법규에서 그 변경을 요구할 신청권을 규정하고 있거나 관계 법령의 해석상 그러한 신청권이 인정될 수 있는 등 특별한 사정이 없는 한 국민에게 그 행정처분의 변경을 구할 신청권이 있다 할 수 없다.

③ 불가쟁력이 발생한 행정행위로 손해를 입은 국민은 그 위법성을 들어 국가배상청구를 할 수 있다.

④ 불가변력이라 함은 행정행위를 한 행정청이 당해 행정행위를 직권으로 취소 또는 변경할 수 없게 하는 힘으로 실질적 확정력 또는 실체적 존속력이라고도 한다.

11 부관에 대한 판례의 내용으로 가장 옳지 않은 것은?

① 재량행위에 있어서는 관계 법령에 명시적인 금지규정이 없는 한 행정목적을 달성하기 위하여 조건이나 기한, 부담 등의 부관을 붙일 수 있다.

② 토지소유자가 토지형질변경행위허가에 붙은 기부채납의 부관에 따라 토지를 국가나 지방자치단체에 기부채납(증여)한 경우, 토지 소유자는 원칙적으로 기부채납(증여)의 중요 부분에 착오가 있음을 이유로 증여계약을 취소 할 수 있다.

③ 당초에 붙은 기한을 허가 자체의 존속기간이 아니라 허가조건의 존속기간으로 보더라도 그 후 당초의 기한이 상당기간 연장되어 연장된 기간을 포함한 존속기간 전체를 기준으로 볼 경우 더 이상 허가된 사업의 성질상 부당하게 짧은 경우에 해당하지 않게 된 때에는 재량권의 행사로서 더 이상의 기간연장을 불허가할 수도 있다.

④ 일반적으로 행정처분에 효력기간이 정하여져 있는 경우에는 그 기간의 경과로 그 행정처분의 효력은 상실되며, 다만 허가에 붙은 기한이 그 허가된 사업의 성질상 부당하게 짧은 경우에는 이를 그 허가 자체의 존속기간이 아니라 그 허가조건의 존속기간으로 볼 수 있다.

12 행정계획에 대한 판례의 내용으로 가장 옳지 않은 것은?

① 관계 법령에는 추상적인 행정목표와 절차만이 규정되어 있을 뿐 행정계획의 내용에 관하여는 별다른 규정을 두고 있지 아니하므로 행정주체는 구체적인 행정계획을 입안·결정함에 있어서 비교적 광범위한 형성의 자유를 가진다.

② 행정주체가 가지는 이와 같은 형성의 자유는 무제한적인 것이 아니라 그 행정계획에 관련되는 자들의 이익을 공익과 사익 사이에서는 물론이고 공익 상호 간과 사익 상호 간에도 정당하게 비교 교량하여야 한다는 제한이 있다.

③ 판례에 따르면, 행정계획에 있어서 형량의 부존재, 형량의 누락, 평가의 과오 및 형량의 불비례 등 형량의 하자별로 위법의 판단기준을 달리하여 개별화하여 판단하고 있다.

④ 이미 고시된 실시계획에 포함된 상세계획으로 관리되는 토지 위의 건물의 용도를 상세계획 승인권자의 변경승인 없이 임의로 판매시설에서 상세계획에 반하는 일반목욕장으로 변경한 사안에서, 그 영업신고를 수리하지 않고 영업소를 폐쇄한 처분은 적법하다고 한 판례가 있다.

13 다음 중 취소소송의 대상이 되는 처분에 해당하는 것으로 옳은 것은 모두 몇 개인가?

> ㄱ. 한국마사회의 조교사나 기수에 대한 면허 취소·정지
> ㄴ. 법규성 있는 고시가 집행행위 매개 없이 그 자체로서 이해당사자의 법률관계를 직접 규율하는 경우
> ㄷ. 행정계획 변경신청의 거부가 장차 일정한 처분에 대한 신청을 구할 법률상 이익이 있는 자의 처분자체를 실질적으로 거부하는 경우
> ㄹ. 「국가공무원법」상 당연퇴직의 인사발령

① 0개
② 1개
③ 2개
④ 3개

14 행정입법부작위에 대한 설명으로 가장 옳지 않은 것은? (다툼이 있는 경우 판례에 의함)

① 현행법상 행정권의 시행명령제정의무를 규정하는 명시적인 법률규정은 없다.

② 삼권분립의 원칙, 법치행정의 원칙을 당연한 전제로 하고 있는 우리 헌법하에서 행정권의 행정입법 등 법집행의무는 헌법적 의무라고 보아야 한다.

③ 행정입법의 부작위가 위헌·위법이라고 하기 위하여는 행정청에게 행정입법을 하여야 할 작위의무를 전제로 하는 것이나, 그 작위의무가 인정되기 위하여는 행정입법의 제정이 법률의 집행에 필수불가결한 것일 필요는 없다.

④ 부작위위법확인소송의 대상이 될 수 있는 것은 구체적 권리의무에 관한 분쟁이어야 하고, 추상적인 법령에 관하여 제정의 여부 등은 그 자체로서 국민의 구체적인 권리의무에 직접적 변동을 초래하는 것이 아니어서 행정소송의 대상이 될 수 없다.

15 판례에 따르면 공법상 당사자소송과 가장 옳지 않은 것은?

① 조세부과처분의 당연무효를 전제로 하여 이미 납부한 세금의 반환청구

② 재개발조합을 상대로 조합원자격 유무에 관한 확인을 구하는 소송

③ 사업주가 당연가입자가 되는 고용보험 및 산재 보험에서 보험료 납부의무 부존재확인소송

④ 한국전력공사가 한국방송공사로부터 수신료의 징수업무를 위탁받아 자신의 고유업무와 관련된 고지행위와 결합하여 수신료를 징수할 권한이 있는지 여부를 다투는 쟁송

16 「행정소송법」의 규정내용으로 가장 옳지 않은 것은?

① 법원은 소송의 결과에 따라 권리 또는 이익의 침해를 받을 제3자가 있는 경우에는 당사자 또는 제3자의 신청 또는 직권에 의하여 결정으로써 그 제3자를 소송에 참가시킬 수 있다.

② 법원은 다른 행정청을 소송에 참가시킬 필요가 있다고 인정할 때에는 당사자 또는 당해 행정청의 신청 또는 직권에 의하여 결정으로써 그 행정청을 소송에 참가시킬 수 있다.

③ 법원이 제3자의 소송참가와 행정청의 소송참가에 관한 결정을 하는 경우에는 각각 당사자 및 제3자의 의견, 당사자와 및 당해 행정청의 의견을 들어야 한다.

④ 법원은 취소소송을 당해 처분 등에 관계되는 사무가 귀속하는 국가 또는 공공단체에 대한 당사자소송 또는 취소소송 외의 항고소송으로 변경하는 것이 상당하다고 인정할 때에는 청구의 기초에 변경이 없는 한 사실심의 변론종결시까지 원고의 신청 또는 직권에 의하여 결정으로써 소의 변경을 허가할 수 있다.

17 판례에 따르면, 처분사유의 추가·변경 시 기본적 사실관계 동일성을 긍정한 사례로 가장 적절한 것은?

① 석유판매업허가신청에 대하여, 주유소 건축 예정 토지에 관하여 도시계획법령에 의거하여 행위제한을 추진하고 있다는 당초의 불허가처분사유와, 항고소송에서 주장한 위 신청이 토지형질변경허가의 요건 불비 및 도심의 환경보전의 공익상 필요라는 사유

② 석유판매업허가신청에 대하여, 관할 군부대장의 동의를 얻지 못하였다는 당초의 불허가사유와, 토지가 탄약창에 근접한 지점에 있어 공익적인 측면에서 보아 허가신청을 불허한 것은 적법하다는 사유

③ 온천으로서의 이용가치, 기존의 도시계획 및 공공사업에의 지장 여부 등을 고려하여 온천발견신고수리를 거부한 것은 적법하다는 사유와, 규정온도가 미달되어 온천에 해당하지 않는다는 사유

④ 이주대책신청기간이나 소정의 이주대책실시(시행)기간을 모두 도과하여 이주대책을 신청할 권리가 없고, 사업시행자가 이를 받아들여 택지나 아파트공급을 해 줄 법률상 의무를 부담한다고 볼 수 없다는 사유와, 사업지구 내 가옥 소유자가 아니라는 사유

18 다음 중 허가에 대한 설명으로 가장 옳지 않은 것은? (다툼이 있는 경우 판례에 의함)

① 개정 전 허가기준의 존속에 관한 국민의 신뢰가 개정된 허가기준의 적용에 관한 공익상의 요구보다 더 보호가치가 있다고 인정되는 경우에는 그러한 국민의 신뢰를 보호하기 위하여 개정된 허가기준의 적용을 제한할 여지가 있다.

② 법령상의 산림훼손 금지 또는 제한 지역에 해당하지 아니하더라도 중대한 공익상의 필요가 있다고 인정되는 경우, 산림훼손허가신청을 거부할 수 있다.

③ 어업에 관한 허가의 경우 그 유효기간이 경과하면 그 허가의 효력이 당연히 소멸하지만, 유효기간의 만료 후라도 재차 허가를 받게 되면 그 허가기간이 갱신되어 종전의 어업허가의 효력 또는 성질이 계속된다.

④ 요허가행위를 허가를 받지 않고 행한 경우에는 행정법상 처벌의 대상이 되지만 당해 무허가 행위의 법률상 효력이 당연히 부정되는 것은 아니다.

19 다음 중 행정행위의 철회에 대한 설명으로 가장 옳지 않은 것은? (다툼이 있는 경우 판례에 의함)

① 부담부 행정처분에 있어서 처분의 상대방이 부담을 이행하지 아니한 경우에 처분행정청으로서는 이를 들어 당해 처분을 철회할 수 있다.

② 외형상 하나의 행정처분이라 하더라도 가분성이 있거나 그 처분대상의 일부가 특정될 수 있다면 그 일부만의 취소도 가능하고 그 일부의 취소는 당해 취소부분에 관하여 효력이 생긴다.

③ 행정행위의 철회는 적법요건을 구비하여 완전히 효력을 발하고 있는 행정행위를 사후적으로 효력을 장래에 향해 소멸시키는 별개의 행정처분이다.

④ 처분 후에 원래의 처분을 그대로 존속시킬 수 없게 된 사정변경이 생긴 경우 처분청은 처분을 철회할 수 있다고 할 것이므로, 이 경우 처분의 상대방에게 그 철회·변경을 요구할 권리는 당연히 인정된다고 할 것이다.

20 다음 중 이행강제금에 대한 설명으로 가장 옳지 않은 것은? (다툼이 있는 경우 판례에 의함)

① 구 「건축법」상 이행강제금은 위반행위에 대하여 시정명령을 받은 후 시정기간 내에 당해 시정명령을 이행하지 아니한 건축주 등에 대하여 부과되는 간접강제의 일종으로서 금전제재의 성격을 가지므로 그 이행강제금 납부의무는 상속인 기타의 사람에게 승계될 수 있다.

② 행정청은 의무자가 행정상 의무를 이행할 때까지 이행강제금을 반복하여 부과할 수 있고, 의무자가 의무를 이행하면 새로운 이행강제금의 부과를 즉시 중지하되, 이미 부과한 이행강제금은 징수하여야 한다.

③ 장기 의무위반자가 이행강제금 부과 전에 그 의무를 이행하였다면 이행강제금의 부과로써 이행을 확보하고자 하는 목적은 이미 실현된 것이므로 이행강제금을 부과할 수 없다.

④ 이행강제금은 의무위반에 대하여 장래의 의무이행을 확보하는 수단이라는 점에서 과거의 의무위반에 대한 제재인 행정벌과 구별된다.

21 다음 중 행정상 손실보상에 대한 설명으로 가장 옳지 않은 것은? (다툼이 있는 경우 판례에 의함)

① 「공익사업을 위한 토지 등의 취득 및 보상에 관한 법률 시행령」에서 이주대책의 대상자에서 세입자를 제외하고 있는 것이 세입자의 재산권을 침해하는 것이라 볼 수 없다.

② 공익사업으로 인하여 영업을 폐지하거나 휴업하는 자가 구 「공익사업을 위한 토지 등의 취득 및 보상에 관한 법률」에 규정된 재결절차를 거치지 않은 채 곧바로 사업시행자를 상대로 영업손실보상을 청구할 수 없다.

③ 사업시행자 스스로 공익사업의 원활한 시행을 위하여 생활대책을 수립·실시할 수 있도록 하는 내부규정을 두고 이에 따라 생활대책 대상자 선정기준을 마련하여 생활대책을 수립·실시하는 경우, 생활대책 대상자 선정기준에 해당하는 자기 자신을 생활대책 대상자에서 제외하거나 선정을 거부한 사업시행자를 상대로 항고소송을 제기할 수 있다.

④ 보상청구권이 성립하기 위해서는 재산권에 대한 법적인 행위로서 공행정작용에 의한 침해를 말하고 사실행위는 포함되지 않는다.

22 다음 중 행정심판의 재결에 대한 설명으로 가장 옳지 않은 것은? (다툼이 있는 경우 판례에 의함)

① 조세부과처분이 국세청장에 대한 불복심사청구에 의하여 그 불복사유가 이유있다고 인정되어 취소되었음에도 처분청이 동일한 사실에 관하여 부과처분을 되풀이 한 것이라면 설령 그 부과처분이 감사원의 시정요구에 의한 것이라 하더라도 위법하다.

② 행정심판위원회는 의무이행재결이 있는 경우에 피청구인이 처분을 하지 아니한 경우에는 당사자의 신청 또는 직권으로 기간을 정하여 시정을 명하고 그 기간에 이행하지 아니하면 직접 처분을 할 수 있다.

③ 행정심판의 재결이 확정된 경우에도 처분의 기초가 된 사실관계나 법률적 판단이 확정되고 당사자들이나 법원이 이에 기속되어 모순되는 주장이나 판단을 할 수 없게 되는 것은 아니다.

④ 처분 취소재결이 있는 경우 당해 처분청은 재결의 취지에 반하지 아니하는 한 그 재결에 적시된 위법사유를 시정·보완하여 새로운 처분을 할 수 있는 것이고, 이러한 새로운 부과처분은 재결의 기속력에 저촉되지 아니한다.

23 X시의 공무원 甲은 乙이 건축한 건물이 건축허가에 위반하였다는 이유로 철거명령과 「행정대집행법」상의 절차를 거쳐 대집행을 완료하였다. 乙은 행정대집행의 처분들이 하자가 있다는 이유로 행정소송 및 손해배상소송을 제기하려고 한다. 다음 중 설명으로 가장 옳지 않은 것은? (다툼이 있는 경우 판례에 의함)

① 乙이 취소소송을 제기하는 경우, 행정대집행이 이미 완료된 것이므로 소의 이익이 없어 각하판결을 받을 것이다.

② 乙이 손해배상소송을 제기하는 경우, 민사법원은 그 행정처분이 위법인지 여부는 심사할 수 없다.

③ 「행정소송법」은 처분 등의 효력 유무 또는 존재 여부가 민사소송의 선결문제로 되는 경우 당해 민사소송의 수소법원이 이를 심리·판단할 수 있는 것으로 규정하고 있다.

④ X시의 손해배상책임이 인정된다면 X시는 고의 또는 중대한 과실이 있는 甲에게 구상할 수 있다.

24 다음 중 취소소송에 대한 설명으로 가장 옳지 않은 것은? (다툼이 있는 경우 판례에 의함)

① 제재적 행정처분의 효력이 제재기간 경과로 소멸하였더라도 관련 법규에서 제재적 행정처분을 받은 사실을 가중사유나 전제요건으로 삼아 장래의 제재적 행정처분을 하도록 정하고 있다면, 선행처분의 취소를 구할 법률상 이익이 있다.

② 행정처분의 취소소송 계속 중 처분청이 다툼의 대상이 되는 행정처분을 직권으로 취소하면 그 처분은 효력을 상실하여 더 이상 존재하지 않는 것이므로 존재하지 않는 처분을 대상으로 한 항고소송은 원칙적으로 소의 이익이 소멸하여 부적법하다.

③ 고등학교 졸업이 대학 입학 자격이나 학력 인정으로서의 의미밖에 없다고 할 수 없으므로 고등학교 졸업학력 검정고시에 합격하였다 하여 고등학교 학생으로서의 신분과 명예가 회복될 수 없는 것이니 퇴학처분을 받은 자로서는 퇴학처분의 위법을 주장하여 그 취소를 구할 소송상의 이익이 있다.

④ 소송계속 중 해당 처분이 기간의 경과로 그 효과가 소멸하더라도 예외적으로 그 처분의 취소를 구할 소의 이익을 인정할 수 있는 '행정처분과 동일한 사유로 위법한 처분이 반복될 위험성이 있는 경우'란 해당 사건의 동일한 소송 당사자 사이에서 반복될 위험이 있는 경우만을 의미한다.

25 다음 중 「행정소송법」상 집행정지결정에 대한 설명으로 가장 옳지 않은 것은? (다툼이 있는 경우 판례에 의함)

① 법원은 당사자의 신청 또는 직권에 의하여 처분 등의 효력이나 그 집행 또는 절차의 속행의 전부 또는 일부의 정지를 결정하거나, 또는 집행정지의 취소를 결정할 수 있다.

② 집행정지결정은 속행정지, 집행정지, 효력정지로 구분되고 이 중 속행정지는 처분의 집행이나 효력을 정지함으로써 목적을 달성할 수 있는 경우에는 허용되지 아니한다.

③ 과징금납부명령의 처분이 사업자의 자금 사정이나 경영 전반에 미치는 파급효과가 매우 중대하다는 이유로 인한 손해는 효력정지 내지 집행정지의 적극적 요건인 '회복하기 어려운 손해'에 해당한다.

④ 효력기간이 정해져 있는 제재적 행정처분에 대한 취소소송에서 법원이 본안소송의 판결선고 시까지 집행정지결정을 하면, 처분에서 정해 둔 효력기간은 판결선고 시까지 진행하지 않다가 판결이 선고되면 그때 집행정지결정의 효력이 소멸함과 동시에 처분의 효력이 당연히 부활하여 처분에서 정한 효력기간이 다시 진행한다.

2022 | 7급 기출문제

모바일
OMR
답안분석
서비스

● 회독 CHECK 1 2 3

☑ 시험시간 25분   ☑ 해설편 152쪽

01 다음 중 「행정기본법」에 제시된 행정의 법원칙에 대한 설명으로 가장 옳지 않은 것은?

① 행정작용은 법률에 위반되어서는 아니 되며, 국민의 권리를 제한하거나 의무를 부과하는 경우와 그 밖에 국민생활에 중요한 영향을 미치는 경우에는 법률에 근거하여야 한다.

② 행정청은 어떠한 경우에도 국민을 차별하여서는 아니 된다.

③ 행정청은 행정권한을 남용하거나 그 권한의 범위를 넘어서는 아니 된다.

④ 행정청은 공익 또는 제3자의 이익을 현저히 해칠 우려가 있는 경우를 제외하고는 행정에 대한 국민의 정당하고 합리적인 신뢰를 보호하여야 한다.

02 다음 중 「질서위반행위규제법」에 대한 설명으로 가장 옳지 않은 것은?

① 행정청의 과태료 처분이나 법원의 과태료 재판이 확정된 후 법률이 변경되어 그 행위가 질서위반행위에 해당하지 아니하게 된 때에는 변경된 법률에 특별한 규정이 없는 한 과태료의 징수 또는 집행을 면제한다.

② 법률에 따르지 아니하고는 어떤 행위도 질서위반행위로 과태료를 부과하지 아니한다.

③ 신분에 의하여 성립하는 질서위반행위에 신분이 없는 자가 가담한 때에 신분이 없는 자에 대하여는 질서위반행위가 성립하지 아니한다.

④ 신분에 의하여 과태료를 감경 또는 가중하거나 과태료를 부과하지 아니하는 때에는 그 신분의 효과는 신분이 없는 자에게는 미치지 아니한다.

03 다음 중 행정행위에 대한 설명으로 가장 옳지 않은 것은? (다툼이 있는 경우 판례에 따름)

① 개별공시지가결정과 이를 기초로 한 과세처분인 양도소득세 부과처분에서는 흠의 승계는 긍정된다.

② 하자 있는 행정처분이 당연무효가 되기 위해서는 그 하자가 법규의 중요한 부분을 위반한 중대한 것으로서 객관적으로 명백한 것이어야 하며, 하자가 중대하고 명백한지 여부를 판별할 때에는 그 법규의 목적·의미·기능 등을 목적론적으로 고찰함과 동시에 구체적 사안 자체의 특수성에 관하여도 합리적으로 고찰함을 요한다.

③ 무효인 행정행위에 대하여 무효의 주장을 취소소송의 형식(무효선언적 취소)으로 제기하는 경우에 있어서, 취소소송의 형식에 의하여 제기되었더라도 이러한 소송에 있어서는 취소소송의 제소요건의 제한을 받지 아니한다.

④ 위법한 행정대집행이 완료되면 그 처분의 무효확인 또는 취소를 구할 소의 이익은 없다 하더라도, 미리 그 행정처분의 취소판결이 있어야만, 그 행정처분의 위법임을 이유로 한 손해배상 청구를 할 수 있는 것은 아니다.

04 다음 중 행정행위에 대한 설명으로 가장 옳지 않은 것은? (다툼이 있는 경우 판례에 따름)

① 행정행위를 한 처분청은 그 처분 당시에 그 행정처분에 별다른 하자가 없었고 또 그 처분 후에 이를 취소할 별도의 법적 근거가 없다 하더라도 원래의 처분을 그대로 존속시킬 필요가 없게 된 사정변경이 생겼거나 또는 중대한 공익상의 필요가 발생한 경우에는 별개의 행정행위로 이를 철회하거나 변경할 수 있다.

② 일반적으로 조례가 법률 등 상위법령에 위배된다는 사정은 그 조례의 규정을 위법하여 무효라고 선언한 대법원의 판결이 선고되지 아니한 상태에서는 그 조례 규정의 위법 여부가 해석상 다툼의 여지가 없을 정도로 명백하였다고 인정되지 아니하는 이상 객관적으로 명백한 것이라 할 수 없으므로, 이러한 조례에 근거한 행정처분의 하자는 취소사유에 해당할 뿐 무효사유가 된다고 볼 수는 없다.

③ 일반적으로 행정처분이나 행정심판 재결이 불복기간의 경과로 확정될 경우 그 확정력은, 처분으로 법률상 이익을 침해받은 자가 당해 처분이나 재결의 효력을 더 이상 다툴 수 없다는 의미이므로 확정판결에서와 같은 기판력이 인정된다.

④ 도로점용허가의 점용기간은 행정행위의 본질적인 요소에 해당한다고 볼 것이어서 부관인 점용기간을 정함에 있어서 위법사유가 있다면 이로써 도로점용허가 처분 전부가 위법하게 된다.

05 다음 중 「정부조직법」에 대한 설명으로 가장 옳지 않은 것은?

① 대통령은 정부의 수반으로서 법령에 따라 모든 중앙행정기관의 장을 지휘·감독한다.

② 대통령은 국무총리와 중앙행정기관의 장의 명령이나 처분이 위법 또는 부당하다고 인정하면 이를 중지 또는 취소할 수 있다.

③ 국무총리는 대통령의 명을 받아 각 중앙행정기관의 장을 지휘·감독한다.

④ 국무총리는 중앙행정기관의 장의 명령이나 처분이 위법 또는 부당하다고 인정될 경우에는 스스로 이를 중지 또는 취소할 수 있다.

06 다음 중 「행정조사기본법」상 행정조사에 대하여 괄호 안에 들어갈 단어로 가장 옳지 않은 것은?

행정조사는 조사목적을 달성하는 데 필요한 (ㄱ) 범위 안에서 실시하여야 하며, (ㄴ) 등을 위하여 조사권을 남용하여서는 아니 된다. 행정기관은 (ㄷ)에 적합하도록 조사대상자를 선정하여 행정조사를 실시하여야 한다. 행정기관은 유사하거나 동일한 사안에 대하여는 공동조사 등을 실시함으로써 행정조사가 (ㄹ) 아니하도록 하여야 한다. 행정조사는 법령 등의 위반에 대한 (ㅁ)보다는 법령 등을 준수하도록 (ㅂ)하는 데 중점을 두어야 한다. 다른 (ㅅ)에 따르지 아니하고는 행정조사의 대상자 또는 행정조사의 내용을 공표하거나 직무상 알게 된 비밀을 누설하여서는 아니 된다. 행정기관은 행정조사를 통하여 알게 된 정보를 다른 법률에 따라 내부에서 이용하거나 다른 기관에 제공하는 경우를 제외하고는 원래의 (ㅇ) 이외의 용도로 이용하거나 타인에게 제공하여서는 아니 된다.

① ㄱ: 적절한   ㄴ: 다른 목적
② ㄷ: 조사목적   ㄹ: 중복되지
③ ㅁ: 처벌   ㅂ: 유도
④ ㅅ: 법률   ㅇ: 조사목적

07 다음 중 원고에게 법률상 이익이 인정되는 사안으로만 묶은 것은? (다툼이 있는 경우에 판례에 따름)

ㄱ. 주거지역 내에 법령상 제한면적을 초과한 연탄공장 건축허가처분에 대한 주거지역 외에 거주하는 거주자의 취소소송

ㄴ. 지방자치단체장이 공장시설을 신축하는 회사에 대하여 사업승인 당시 부가하였던 조건을 이행할 때까지 신축공사를 중지하라는 명령을 발하였고, 회사는 중지명령의 원인사유가 해소되지 않았음에도 공사중지명령의 해제를 요구하였고, 이에 대한 지방자치단체장의 해제 요구의 거부에 대한 회사의 취소소송

ㄷ. 관련법령상 인가·허가 등 수익적 행정처분을 신청한 여러 사람이 서로 경원관계에 있어서 한 사람에 대한 허가 등 처분이 다른 사람에 대한 불허가 등으로 귀결될 수밖에 없는 경우에, 허가 등 처분을 받지 못한 자가 자신에 대한 거부에 대하여 제기하는 취소소송

ㄹ. 이른바 예탁금회원제 골프장에 있어서, 체육시설업자가 회원모집계획서를 제출하면서 사업계획의 승인을 받을 때 정한 예정인원을 초과하여 회원을 모집하는 내용의 회원모집계획서를 제출하여 그에 대한 시·도지사 등의 검토결과 통보를 받은 경우, 기존회원이 회원모집계획서에 대한 시·도지사의 검토결과 통보에 대한 취소소송

---

① ㄱ, ㄷ

② ㄷ, ㄹ

③ ㄴ, ㄹ

④ ㄱ, ㄴ

08 다음 중 행정조직에 대한 설명으로 가장 옳지 않은 것은?

① 중앙행정기관에는 소관사무를 수행하기 위하여 필요한 때에는 특히 법률로 정한 경우를 제외하고는 대통령령으로 정하는 바에 따라 지방행정기관을 둘 수 있다.

② 행정기관에는 그 소관사무의 일부를 독립하여 수행할 필요가 있는 때에는 대통령령으로 정하는 바에 따라 행정위원회 등 합의제행정기관을 둘 수 있다.

③ 행정기관은 법령으로 정하는 바에 따라 그 소관사무의 일부를 보조기관 또는 하급행정기관에 위임하거나 다른 행정기관·지방자치단체 또는 그 기관에 위탁 또는 위임할 수 있다. 이 경우 위임 또는 위탁을 받은 기관은 특히 필요한 경우에는 법령으로 정하는 바에 따라 위임 또는 위탁을 받은 사무의 일부를 보조기관 또는 하급행정기관에 재위임할 수 있다.

④ 행정기관은 법령으로 정하는 바에 따라 그 소관사무 중 조사·검사·검정·관리 업무 등 국민의 권리·의무와 직접 관계되지 아니하는 사무를 지방자치단체가 아닌 법인·단체 또는 그 기관이나 개인에게 위탁할 수 있다.

09 다음 중 「국유재산법」에 대한 설명으로 가장 옳지 않은 것은?

① 국유재산에 관한 사무에 종사하는 직원은 그 처리하는 국유재산을 취득하거나 자기의 소유재산과 교환하지 못하며, 이에 위반한 행위는 취소할 수 있다.

② 국유재산은 그 용도에 따라 행정재산과 일반재산으로 구분되며, 행정재산 외의 모든 국유재산은 일반재산이다.

③ 행정재산은 처분하지 못하며, 국가 외의 자는 원칙적으로 국유재산에 건물, 교량 등 구조물과 그 밖의 영구시설물을 축조하지 못한다.

④ 사권(私權)이 설정된 재산은 판결에 따라 취득하는 경우를 제외하고는 그 사권이 소멸된 후가 아니면 국유재산으로 취득하지 못한다.

10 다음 중 행정행위의 구성요건적 효력(공정력)과 선결문제에 대한 설명으로 가장 옳지 않은 것은? (다툼이 있는 경우 판례에 의함)

① 갑이 영업정지처분이 위법하다고 주장하면서 국가를 상대로 손해배상청구소송을 제기한 경우, 법원은 취소사유에 해당하는 것을 인정하더라도 그 처분의 취소판결이 없는 한 손해배상청구를 인용할 수 없다.

② 선결문제가 행정행위의 당연무효이면 민사법원이 직접 그 무효를 판단할 수 있다.

③ 과세대상과 납세의무자 확정이 잘못되어 당연무효인 과세에 대해서는 체납이 문제될 여지가 없으므로 조세체납범이 문제되지 않는다.

④ 행정행위의 위법여부가 범죄구성요건의 문제로 된 경우에는 형사법원이 행정행위의 위법성을 인정할 수 있다.

11 다음 중 하자의 승계가 인정되는 경우는? (다툼이 있는 경우 판례에 의함)

① 국제항공노선 운수권배분 실효처분 및 노선면허 거부처분과 노선면허처분

② 보충역편입처분과 공익근무요원소집처분

③ 토지구획정리사업시행인가처분과 환지청산금부과처분

④ 대집행계고처분과 비용납부명령

12 다음 중 공무원관계에 대한 설명으로 가장 옳지 않은 것은? (다툼이 있는 경우 판례에 의함)

① 임용결격자가 공무원으로 임용되어 사실상 근무하여 온 경우 임용결격의 하자가 치유되어 「공무원연금법」이나 「근로자퇴직급여 보장법」에서 정한 퇴직급여를 청구할 수 있다.

② 「국가공무원법」상 직위해제에 관한 규정은 징계절차 및 그 진행과는 관계가 없는 규정이므로 직위해제 중에 있는 자에 대하여도 징계처분을 할 수 있다.

③ 「국가공무원법」상 직위해제처분은 처분의 사전통지 및 의견청취 등에 관한 행정절차법 규정이 별도로 적용되지 아니한다.

④ 공무원은 자신에 대한 징계처분에 대해 항고소송을 제기하려면 반드시 소청심사위원회의 결정을 거쳐야 한다.

13 다음 중 공무원으로 임용이 될 수 있는 자는 몇 명인가?

ㄱ. 징계에 의하여 해임의 처분을 받은 때로부터 1,500일이 된 자

ㄴ. 공무원으로 재직기간 중 직무와 관련하여 「형법」 제355조 및 제356조에 규정된 죄를 범한 자로서 100만원의 벌금형을 선고받고 그 형이 확정된 후 2년이 지나지 아니한 자

ㄷ. 미성년자에 대한 「아동·청소년의 성보호에 관한 법률」 제2조 제2호에 따른 아동·청소년대상 성범죄를 저질러 해임된 사람

ㄹ. 금고 이상의 형을 선고받고 그 집행유예 기간이 끝난 날부터 1,500일이 된 자

ㅁ. 금고 이상의 실형을 선고받고 그 집행이 종료되거나 집행을 받지 아니하기로 확정된 후 1,500일이 된 자

ㅂ. 「성폭력범죄의 처벌 등에 관한 특례법」 제2조에 규정된 죄를 범한 사람으로서 100만 원 이상의 벌금형을 선고받고 그 형이 확정된 후 3년이 지나지 아니한 자

① 1명
② 2명
③ 3명
④ 4명

14 다음 중 「공익사업을 위한 토지 등의 취득 및 보상에 관한 법률」에 대한 설명으로 가장 옳지 않은 것은?

① 사업시행자가 수용 또는 사용의 개시일까지 관할 토지수용위원회가 재결한 보상금을 지급하거나 공탁하지 아니하였을 때에는 해당 토지수용위원회의 재결은 효력을 상실하고, 이 경우 사업시행자는 재결의 효력이 상실됨으로 인하여 토지소유자 또는 관계인이 입은 손실을 보상하여야 한다.

② 사업시행자는 보상금을 받을 자가 그 수령을 거부하거나 보상금을 수령할 수 없을 때에는 수용 또는 사용의 개시일까지 수용하거나 사용하려는 토지 등의 소재지의 공탁소에 보상금을 공탁(供託)할 수 있다.

③ 공익사업에 필요한 토지 등의 취득 또는 사용으로 인하여 토지소유자나 관계인이 입은 손실은 국가 또는 지방자치단체가 보상하여야 한다.

④ 토지수용위원회의 재결이 있은 후 수용하거나 사용할 토지나 물건이 토지소유자 또는 관계인의 고의나 과실 없이 멸실되거나 훼손된 경우 그로 인한 손실은 사업시행자가 부담한다.

15 다음 중 「지방자치법」의 내용에 대한 설명으로 가장 옳지 않은 것은?

① 지방자치단체는 1. 특별시, 광역시, 도, 특별자치도와 2. 시, 군, 구의 두 가지 종류로 구분한다.

② 지방자치단체의 장은 주민에게 과도한 부담을 주거나 중대한 영향을 미치는 지방자치단체의 주요 결정사항 등에 대하여 주민투표에 부칠 수 있다.

③ 주민은 지방자치단체의 조례를 제정하거나 개정하거나 폐지할 것을 청구할 수 있다.

④ 주민은 그 지방자치단체의 장 및 지방의회의원(비례대표 지방의회의원은 제외한다)을 소환할 권리를 가진다.

16 다음 중 행정법상 의무의 강제방법에 대한 설명으로 가장 옳지 않은 것은? (다툼이 있는 경우 판례에 의함)

① 법인은 기관을 통하여 행위하므로 법인이 대표자를 선임한 이상 그의 행위로 인한 법률효과는 법인에게 귀속되어야 하고, 법인 대표자의 범죄행위에 대하여는 법인이 자신의 행위에 대한 책임을 부담하는 것이다.

② 행정청이 여러 개의 위반행위에 대하여 하나의 제재처분을 하였으나, 위반행위별로 제재처분의 내용을 구분하는 것이 가능하고 여러 개의 위반행위 중 일부의 위반행위에 대한 제재처분 부분만이 위법하다면, 법원은 제재처분 중 위법성이 인정되는 부분만 취소하여야 하고 제재처분 전부를 취소하여서는 아니 된다.

③ 관계 법령상 행정대집행의 절차가 인정되어 행정청이 행정대집행의 방법으로 건물의 철거 등 대체적 작위의무의 이행을 실현할 수 있는 경우에는 따로 민사소송의 방법으로 그 의무의 이행을 구할 수 없다.

④ 행정대집행은 대체적 작위의무에 대한 강제집행수단이고, 이행강제금은 부작위의무나 비대체적 작위의무에 대한 강제집행수단이므로 이행강제금은 대체적 작위의무의 위반에 대하여는 부과될 수 없다.

17 다음 중 「행정기본법」에 규정된 행정법상 원칙으로 가장 옳지 않은 것은?

① 성실의무 및 권한남용금지의 원칙
② 신뢰보호의 원칙
③ 부당결부금지의 원칙
④ 행정의 자기구속의 원칙

18 다음 중 행정처분의 효력에 대한 설명으로 가장 옳지 않은 것은? (다툼이 있는 경우 판례에 의함)

① 행정행위의 공정력이란 행정행위가 위법하더라도 취소되지 않는 한 유효한 것으로 통용되는 효력을 의미하는 것이다.

② 행정행위의 공정력은 판결의 기판력과 같은 효력은 아니지만 그 공정력의 객관적 범위에 속하는 행정행위의 하자가 취소사유에 불과한 때에는 그 처분이 취소되지 않는 한 처분의 효력을 부정하여 그로 인한 이득을 법률상 원인 없는 이득이라고 말할 수 없는 것이다.

③ 영업의 금지를 명한 영업허가취소처분 자체가 나중에 행정쟁송절차에 의하여 취소되었다면 그 영업허가취소처분 이후의 영업행위를 무허가영업이라고 볼 수는 없다.

④ 과세관청이 법령 규정의 문언상 과세처분요건의 의미가 분명함에도 합리적인 근거 없이 그 의미를 잘못 해석한 결과, 과세처분요건이 충족되지 아니한 상태에서 해당 처분을 한 경우에는 과세요건사실을 오인한 것에 불과하여 그 하자가 명백하다고 할 수 없다.

19 다음 중 행정처분의 소멸에 대한 설명으로 가장 옳지 않은 것은? (다툼이 있는 경우 판례에 의함)

① 취소심판을 제기한 경우 관할 행정심판위원회에서 취소 재결하는 것은 직권취소에 해당한다.

② 도시계획시설사업의 사업자 지정을 한 관할청은 도시계획시설사업의 시행자 지정에 하자가 있는 경우, 별도의 법적 근거가 없더라도 스스로 이를 취소할 수 있다.

③ 종전 행정처분에 하자가 있음을 전제로 직권으로 이를 취소하는 행정처분의 경우 하자나 취소해야 할 필요성에 관한 증명책임은 기존이익과 권리를 침해하는 처분을 한 행정청에 있다.

④ 지방병무청장은 군의관의 신체등위판정이 금품수수에 따라 위법 또는 부당하게 이루어 졌다고 인정하는 경우, 그 신체등위판정을 기초로 자신이 한 병역처분을 직권으로 취소할 수 있다.

20 다음 중 국유재산에 대한 설명으로 옳지 않은 것은? (다툼이 있는 경우 판례에 의함)

① 기업용재산은 행정재산에 속한다.

② 국유재산은 「민법」에도 불구하고 시효취득의 대상이 되지 아니한다.

③ 국유재산이 용도폐지되기 전 종전 관리청이 부과 · 징수하지 아니한 사용료가 있는 경우, 용도폐지된 국유재산을 종전 관리청으로부터 인계받은 기획재정부장관이 사용료를 부과 · 징수할 수 있는 권한을 가진다.

④ 행정재산의 사용허가를 받은 자가 그 행정재산의 관리를 소홀히 하여 재산상의 손해를 발생하게 한 경우에는 사용료 외에 대통령령으로 정하는 바에 따라 그 사용료를 넘지 아니하는 범위에서 가산금을 징수할 수 있다.

21 다음 중 「공익사업을 위한 토지 등의 취득 및 보상에 관한 법률」상 손실보상제도에 대한 설명으로 가장 옳은 것은? (다툼이 있는 경우 판례에 의함)

① 사업시행자가 광업권 · 어업권 · 양식업권 또는 물의 사용에 관한 권리를 취득하거나 사용하는 경우에는 동법이 적용되지 않는다.

② 토지수용위원회의 수용재결이 있은 후라고 하더라도 토지소유자 등과 사업시행자가 다시 협의하여 토지 등의 취득이나 사용 및 그에 대한 보상에 관하여 임의로 계약을 체결할 수 있다.

③ 사업시행자가 수용 또는 사용의 개시일까지 관할 토지수용위원회가 재결한 보상금을 지급하거나 공탁하지 아니하였을 때에는 해당 토지수용위원회의 재결의 효력은 확정되어 더 이상 다툴 수 없다.

④ 사업시행자가 동일한 토지소유자에 속하는 일단의 토지 일부를 취득함으로 잔여지를 종래의 목적에 사용하는 것이 불가능하거나 현저히 곤란한 경우이어야만 잔여지 손실보상청구를 할 수 있다.

22 다음 중 정보공개에 대한 설명으로 가장 옳지 않은 것은? (다툼이 있는 경우 판례에 의함)

① 자연인은 물론 법인과 법인격 없는 사단 · 재단도 공공기관이 보유 · 관리하는 정보의 공개를 청구할 수 있다.

② 국내에 일정한 주소를 두고 거주하는 외국인은 정보공개 청구권을 가진다.

③ 이미 다른 사람에게 공개되어 널리 알려져 있거나 인터넷을 통해 공개되어 인터넷 검색 등을 통하여 쉽게 검색할 수 있는 경우에는 공개청구의 대상이 될 수 없다.

④ 정보란 공공기관이 직무상 작성 또는 취득하여 관리하고 있는 문서(전자문서를 포함한다) 및 전자매체를 비롯한 모든 매체 등에 기록된 사항을 말한다.

23 다음 중 「행정소송법」상 사정판결에 대한 내용으로 가장 옳지 않은 것은?

> 제28조(사정판결) ① 원고의 청구가 (ㄱ)고 인정하는 경우에도 처분 등을 취소하는 것이 현저히 (ㄴ)에 적합하지 아니하다고 인정하는 때에는 법원은 원고의 청구를 (ㄷ)할 수 있다. 이 경우 법원은 그 판결의 (ㄹ)에서 그 처분 등이 (ㅁ)을 명시하여야 한다.
> ② 법원이 제1항의 규정에 의한 판결을 함에 있어서는 미리 원고가 그로 인하여 입게 될 (ㅂ)의 정도와 배상방법 그 밖의 사정을 조사하여야 한다.
> ③ 원고는 피고인 행정청이 속하는 국가 또는 공공단체를 상대로 (ㅅ), (ㅇ) 그 밖에 적당한 구제방법의 청구를 당해 취소소송 등이 계속된 법원에 병합하여 제기할 수 있다.

① ㄱ: 이유 있다   ㅇ: 제해시설의 설치
② ㄴ: 공공복리   ㅅ: 손해배상
③ ㄷ: 기각   ㅂ: 손해
④ ㄹ: 이유   ㅁ: 위법함

24 다음 중 「행정절차법」상 처분의 사전통지에 대한 설명 중 가장 옳은 것은? (다툼이 있는 경우 판례에 의함)

① 행정청은 당사자에게 사전통지를 하면서 의견제출에 필요한 기간을 10일 이상으로 고려하여 정하여 통지하여야 한다.

② 신청에 대한 거부처분은 당사자의 권익을 제한하는 처분에 해당하므로 처분의 사전통지의 대상이 된다.

③ 현장조사에서 처분상대방이 위반사실을 시인하였다면 행정청은 처분의 사전통지절차를 하지 않아도 된다.

④ 행정청은 해당 처분의 성질상 의견청취가 현저히 곤란하더라도 사전통지를 해야 한다.

25 다음 중 통치행위에 대한 설명으로 가장 옳지 않은 것은? (다툼이 있는 경우 판례에 의함)

① 국군을 외국에 파견하는 결정은 통치행위로서 고도의 정치적 결단이 요구되는 사안에 대한 대통령과 국회의 판단은 존중되어야 하고 헌법재판소가 사법적 기준만으로 이를 심판하는 것은 자제되어야 한다.

② 남북정상회담의 개최과정에서 재정경제부장관에게 신고하지 아니하고 북한 측에 사업권의 대가 명목으로 송금한 행위는 남북정상회담에 도움을 주기 위한 통치행위로서 사법심사의 대상이 되지 아니한다.

③ 대통령의 사면권행사는 형의 선고의 효력 또는 공소권을 상실시키거나 형의 집행을 면제시키는 국가원수의 고유한 권한을 의미하며, 사법부의 판단을 변경하는 제도로서 권력분립의 원리에 대한 예외이다.

④ 대통령의 긴급재정경제명령은 국가긴급권의 일종으로서 고도의 정치적 결단이나, 그것이 국민의 기본권 침해와 직접 관련되는 경우에는 당연히 헌법재판소의 심판대상이 된다.

2022 | 5급 기출문제

모바일
OMR
답안분석
서비스

● 회독 CHECK [1] [2] [3]

✔ 시험시간 25분 ✔ 해설편 162쪽

01 다음 중 행정의 법원칙에 대한 설명으로 가장 옳지 않은 것은? (다툼이 있는 경우 판례에 의함)

① 관할관청이 폐기물처리업 사업계획에 대하여 적정통보를 한 것만으로도 그 사업부지 토지에 대한 국토이용계획변경신청을 승인하여 주겠다는 취지의 공적인 견해표명을 한 것으로 볼 수 있다.

② 행정청은 행정작용을 할 때 상대방에게 해당 행정작용과 실질적인 관련이 없는 의무를 부과해서는 아니 된다.

③ 행정청은 권한 행사의 기회가 있음에도 불구하고 장기간 권한을 행사하지 아니하여 국민이 그 권한이 행사되지 아니할 것으로 믿을 만한 정당한 사유가 있는 경우에는 그 권한을 행사해서는 아니 되지만, 공익 또는 제3자의 이익을 현저히 해칠 우려가 있는 경우는 예외로 한다.

④ 행정청은 합리적 이유 없이 국민을 차별하여서는 아니 된다.

02 다음 중 '적극행정'에 대한 다음 관련 법령상의 설명 중 가장 옳지 않은 것은?

① '적극행정'이란 공무원이 불합리한 규제를 개선하는 등 공공의 이익을 위해 창의성과 전문성을 바탕으로 적극적으로 업무를 처리하는 행위를 말한다.

② 공무원이 적극행정을 추진한 결과에 대해 그의 행위에 고의 또는 중대한 과실이 없는 경우에는 「감사원법」 제34조의3 및 「공공감사에 관한 법률」 제23조의2에 따라 징계 요구 또는 문책 요구 등 책임을 묻지 않는다.

③ 국가와 지방자치단체는 소속 공무원이 공공의 이익을 위하여 적극적으로 직무를 수행할 수 있도록 제반 여건을 조성하고, 이와 관련된 시책 및 조치를 추진하여야 한다.

④ 행정은 현저히 공공의 이익에 반하지 않는 한 적극적으로 추진되어야 한다.

03 다음 중 행정절차에 대한 설명으로 옳지 않은 것을 모두 고른 것은? (다툼이 있는 경우 판례에 의함)

ㄱ. 묘지공원과 화장장의 후보지를 선정하는 과정에서 서울특별시, 비영리법인, 일반 기업 등이 공동발족한 협의체인 추모공원건립추진협의회가 후보지 주민들의 의견을 청취하기 위하여 그 명의로 개최한 공청회는 「행정절차법」에서 정한 절차를 준수하여야 하는 것은 아니다.

ㄴ. 구 「광업법」상 처분청이 광업용 토지수용을 위한 사업인정을 하고자 할 때에 토지소유자와 토지에 관한 권리를 가진 자의 의견을 들어야 한다고 한 것은 처분청이 그 의견에 기속되는 것이다.

ㄷ. 「공무원연금법」상 퇴직연금의 환수결정은 당사자에게 의무를 과하는 처분이므로, 퇴직연금의 환수결정에 앞서 당사자에게 의견진술의 기회를 주지 아니하면 「행정절차법」에 어긋난다.

ㄹ. 행정청이 당사자와 사이에 도시계획사업의 시행과 관련한 협약을 체결하면서 「행정절차법」에 규정된 청문의 실시를 배제하는 조항을 둔 경우, 이는 청문을 실시하지 않아도 되는 예외적인 경우에 해당한다.

① ㄱ, ㄴ

② ㄴ, ㄷ

③ ㄴ, ㄷ, ㄹ

④ ㄱ, ㄴ, ㄷ, ㄹ

04 다음 중 「공공기관의 정보공개에 관한 법률」에 대한 설명으로 가장 옳은 것은? (다툼이 있는 경우 판례에 의함)

① 공개를 구하는 정보를 공공기관이 한때 보유·관리하였으나 후에 그 정보가 담긴 문서 등이 폐기되어 존재하지 않게 된 것이라면 그 정보를 더 이상 보유·관리하고 있지 아니하다는 점에 대한 증명책임은 공공기관에게 있다.

② 청구인이 정보공개거부처분의 취소를 구하는 소송에서 공공기관이 청구정보를 증거 등으로 법원에 제출하여 법원을 통하여 그 사본을 청구인에게 교부 또는 송달되게 하여 결과적으로 청구인에게 정보를 공개하는 셈이 되었다면, 당해 정보의 비공개결정의 취소를 구할 소의 이익은 소멸된다.

③ 법원이 행정기관의 정보공개거부처분의 위법 여부를 심리한 결과 공개를 거부한 정보에 비공개사유에 해당하는 부분과 그렇지 않은 부분이 혼합되어 있고, 공개청구의 취지에 어긋나지 않는 범위 안에서 두 부분을 분리할 수 있음을 인정할 수 있더라도 공개가 가능한 정보에 국한하여 일부취소를 명할 수 없다.

④ 공공기관이 공개청구의 대상이 된 정보를 공개는 하되, 청구인이 신청한 공개방법 이외의 방법으로 공개하기로 하는 결정을 하였다면, 이는 정보공개청구 중 정보공개방법에 관한 부분만을 달리한 것이므로 일부 거부처분이라 할 수 없다.

05 다음 중 판례에서 공법상 당사자소송의 대상으로 본 것은 모두 몇 개인가?

ㄱ. 부가가치세 환급세액 지급청구소송
ㄴ. 원고는 국가로부터 태극무공훈장을 수여 받았는데 국가의 훈기부상 화랑무공훈장을 수여받은 것으로 기재되어 있으므로 피고는 원고가 태극무공훈장을 수여받은 자임을 확인하라는 소송
ㄷ. 하천구역 편입토지에 대한 손실보상청구권에 관한 소송
ㄹ. 「민주화운동관련자 명예회복 및 보상 등에 관한 법률」상의 보상 심의위원회의 보상금 지급신청의 기각결정에 관한 소송
ㅁ. 공중보건의사 채용계약 해지의 무효확인의 청구를 구하는 소송

① 2개　　　　　　② 3개
③ 4개　　　　　　④ 5개

06 다음 중 지방자치에 대한 설명으로 옳지 않은 것은? (다툼이 있는 경우 판례에 의함)

① 지방자치단체가 자치조례를 제정할 수 있는 사항은 지방자치단체의 고유사무인 자치사무에 한하는 것이고, 개별 법령에 의하여 지방자치단체에 위임된 단체위임사무와 국가사무가 지방자치단체의 장에게 위임된 기관위임사무는 원칙적으로 자치조례의 제정범위에 속하지 않는다.

② 시·군·구의 장의 자치사무의 일종인 당해 지방자치단체 소속 공무원에 대한 승진처분이 재량권을 일탈·남용하여 위법하게 된 경우 시·도지사는 지방자치법에 따라 그에 대한 시정 명령이나 취소 또는 정지를 할 수 있다.

③ 매립지가 속할 지방자치단체를 정하는 결정에 대하여 대법원에 소송을 제기할 수 있는 주체는 관계 지방자치단체의 장일 뿐 지방자치단체가 아니다.

④ 담배소매업을 영위하는 주민들에게 자판기 설치를 제한하는 것을 내용으로 하는 조례는 주민의 직업선택의 자유 특히 직업수행의 자유를 제한하는 것이 되어 지방자치법상 주민의 권리의무에 관한 사항을 규율하는 조례라고 할 수 있으므로 지방자치단체가 이러한 조례를 제정함에 있어서는 법률의 위임을 필요로 한다.

07 다음 사안에 대한 설명 중 가장 옳은 것은? (다툼이 있는 경우는 판례에 의함)

> A는 단기복무부사관으로서 복무기간만료 시점이 다가옴에 따라 복무기간연장을 신청하고자 한다. 그러나 복무기간연장을 위한 지원자심사에서 탈락하는 경우에 대비하여 전역지원서를 아울러 제출하도록 한 육군참모총장의 방침에 따라 A도 복무연장지원서와 전역지원서를 함께 제출하였다. 그 결과 A의 전역지원서가 수리되어 전역처분을 받게 되었다.

① A의 전역지원서는 공법적 효과를 발생하는 '사인의 공법행위'의 일종으로서 신고만으로 효력을 발생한다.

② A의 군복무관계는 특별권력관계이므로 그 안에서 행하여진 전역처분에 대하여는 소송을 제기할 수 없다.

③ 계속복무를 원하는 자에게 복무연장지원서를 제출하게 하면서 이와는 정반대되는 전역지원서를 함께 제출하게 하였다면 그 전역지원서를 제출하였다고 하여 전역을 원하는 의사가 있었다고는 볼 수 없다.

④ 전역지원의 의사표시가 진의 아닌 의사표시라고 하더라도 그 무효에 관한 법리를 선언한 「민법」 제107조 제1항 단서의 규정은 그 성질상 사인의 공법행위에는 적용되지 않는다 할 것이므로 그 표시된 대로 유효한 것으로 보아야 할 것이다.

08 다음은 행정법상 기본원칙에 속하는 실권(失權) 내지 실효(失效)의 법리에 대한 설명이다. 가장 옳지 않은 것은?

① 실권의 법리는 상대방이 행정권한행사를 위한 법령요건을 갖춘 시점으로부터 장기간 권한 행사를 하지 아니한 때에 인정될 수 있다는 점에서 「형사소송법」상 공소시효의 기산점과 유사성을 갖는 것으로 평가할 수 있다.

② 종래 판례에 의해 인정되었으나 현재에는 「행정기본법」 제12조 제2항에 법적 근거를 두고 있는 행정법의 일반원칙이라고 할 수 있다.

③ 국가안전보장이나 질서유지 또는 공공복리 등의 공익이나 제3자의 이익을 현저히 해칠 우려가 있는 경우에는 인정되지 않을 수도 있다는 점에서 「행정심판법」이나 「행정소송법」상 사정재결·판결과 유사성을 갖는 것으로 평가할 수 있다.

④ 제재처분의 경우에는 실권의 법리에도 불구하고 법령 등의 위반행위가 종료된 날로부터 5년이 지나면 해당 위반행위에 대한 제재처분은 허용되지 아니한다.

09 다음 중 공물에 대한 설명으로 가장 옳지 않은 것은? (다툼이 있는 경우 판례에 의함)

① 도로는 도로로서의 형태를 갖추고, 「도로법」에 따른 노선의 지정이나 인정의 공고 및 도로구역 결정·고시를 한 때 또는 「국토계획법」이나 「도시정비법」이 정한 절차를 거쳐 도로를 설치하였을 때에 공공용물로서 공용개시행위가 있다고 할 수 있다.

② 공물의 용도폐지 의사표시는 명시적이든 묵시적이든 불문하나 적법한 의사표시이어야 하고 단지 사실상 공물로서의 용도에 사용되지 아니하고 있다는 사실이나 무효인 매도행위를 가지고 용도폐지의 의사표시가 있다고 볼 수 없다.

③ 행정목적을 위하여 공용되는 행정재산은 공용폐지가 되지 않는 한 사법상 거래의 대상이 될 수 없으므로 취득시효의 대상도 될 수 없다.

④ 국유재산 등의 관리청이 하는 행정재산의 사용·수익에 대한 허가는 관리청이 공권력을 가진 우월적 지위에서 행하는 행정처분이 아니라 순전히 사경제주체로서 행하는 사법상의 행위이다.

10 다음 중 행정의 실효성 확보수단에 대한 설명으로 가장 옳지 않은 것은? (다툼이 있는 경우 판례에 의함)

① 세무조사결정은 납세의무자의 권리 · 의무에 직접 영향을 미치는 공권력의 행사에 따른 행정작용으로서 항고소송의 대상이 된다.

② 「건축법」에 따라 시정명령을 받은 의무자가 이행강제금이 부과되기 전에 그 의무를 이행하였더라도 시정명령에서 정한 기간을 지나서 이행한 경우에는 행정청은 이행강제금을 부과할 수 있다.

③ 공매통지 자체가 그 상대방인 체납자 등의 법적 지위나 권리 · 의무에 직접적인 영향을 주는 행정처분에 해당한다고 할 것은 아니므로 다른 특별한 사정이 없는 한 체납자 등은 공매통지의 결여나 위법을 들어 공매처분의 취소 등을 구할 수 있는 것이지 공매통지 자체를 항고소송의 대상으로 삼아 그 취소 등을 구할 수는 없다.

④ 계고서라는 명칭의 1장의 문서로서 일정기간 내에 위법건축물의 자진철거를 명함과 동시에 그 소정기한 내에 자진철거를 하지 아니할 때에는 대집행할 뜻을 미리 계고한 경우라도 「건축법」에 의한 철거명령과 「행정대집행법」에 의한 계고처분은 독립하여 있는 것으로서 각 그 요건이 충족되었다고 볼 것이다.

11 다음 중 공무수탁사인에 관한 설명으로 가장 옳지 않은 것은?

① 「도로교통법」상의 자동차견인업자와 같이 행정 임무를 자기책임하에 수행함이 없이 단순한 기술적 집행만을 행하는 사인은 공무수탁사인에 해당하지 않는다.

② 법령에 의하여 공무를 위탁받은 공무수탁사인이 행한 처분에 대하여 항고소송을 제기하는 경우 피고는 공무수탁사인이 된다.

③ 공무수탁사인이 위임받은 공무의 수행 중 위법한 행위로 타인에게 손해를 입힌 경우 손해를 입은 국민은 「국가배상법」에 따라 국가배상을 청구할 수 있다.

④ 「소득세법」상의 원천징수의무자는 공무수탁사인으로서 그의 원천징수행위는 법령에서 규정된 징수 및 납부의무를 이행하기 위한 것으로서, 공권력의 행사로서의 행정처분을 한 경우에 해당한다.

12 다음 중 대집행에 대한 내용으로 옳은 것은 모두 몇 개인가? (다툼이 있는 경우 판례에 의함)

> ㄱ. 피수용자 등이 기업자에 대하여 부담하는 수용대상 토지의 인도의무에 관한 구 「토지수용법」에서의 '인도'에는 명도도 포함되는 것으로 보아야 하고, 이러한 명도의무는 그것을 강제적으로 실현하면서 직접적인 실력행사가 필요한 것이지 대체적 작위의무라고 볼 수 없으므로 특별한 사정이 없는 한 「행정대집행법」에 의한 대집행의 대상이 될 수 있는 것이 아니다.
>
> ㄴ. 건물의 소유자에게 위법건축물을 일정기간까지 철거할 것을 명함과 아울러 불이행할 때에는 대집행한다는 내용의 철거대집행 계고처분을 고지한 후 이에 불응하자 다시 제2차, 제3차 계고서를 발송하여 일정기간까지의 자진철거를 촉구하고 불이행하면 대집행을 한다는 뜻을 고지하였다면 제2차, 제3차의 계고처분은 새로운 철거의무를 부과한 것이 아니고 다만 대집행기한의 연기통지에 불과하므로 행정처분이 아니다.
>
> ㄷ. 구 「하천법」상 하천유수인용허가신청이 불허되었음을 이유로 하천유수인용행위를 중단할 것과 이를 불이행할 경우 「행정대집행법」에 의하여 대집행하겠다는 내용의 계고처분은 대집행의 대상이 될 수 없는 부작위의무에 대한 것으로서 그 자체로 위법하다.

① 0개

② 1개

③ 2개

④ 3개

13 다음 중 행정청의 권한에 관한 설명으로 옳은 것(○)과 옳지 않은 것(×)을 올바르게 조합한 것은? (다툼이 있는 경우 판례에 의함)

> ㄱ. 설사 행정관청 내부의 사무처리규정에 불과한 전결규정에 위반하여 원래의 전결권자 아닌 보조기관 등이 처분권자인 행정관청의 이름으로 행정처분을 하였다고 하더라도 그 처분이 권한 없는 자에 의하여 행하여진 무효의 처분이라고는 할 수 없다.
>
> ㄴ. 내부위임이나 대리권을 수여받은 데 불과하여 원행정청명의나 대리관계를 밝히지 아니하고는 그의 명의로 처분 등을 할 권한이 없는 행정청이 권한 없이 그의 명의로 한 처분에 대하여는 처분명의자인 행정청이 피고가 되어야 할 것이다.
>
> ㄷ. 국가사무로서 지방자치단체의 장에게 위임된 이른바 기관위임사무에 해당하는 경우에는, 시·도지사가 지방자치단체의 조례에 의하여 이를 구청장 등에게 재위임할 수는 있다.
>
> ㄹ. 도로의 유지·관리에 관한 상위 지방자치단체의 행정권한이 행정권한 위임조례에 의하여 하위 지방자치단체장에게 위임되었다면 그것은 기관위임이지 단순한 내부위임이 아니고 권한을 위임받은 하위 지방자치단체장은 도로의 관리청이 되며 위임관청은 사무처리의 권한을 잃는다.

① ㄱ(○), ㄴ(○), ㄷ(×), ㄹ(○)

② ㄱ(○), ㄴ(×), ㄷ(○), ㄹ(○)

③ ㄱ(×), ㄴ(○), ㄷ(×), ㄹ(○)

④ ㄱ(○), ㄴ(○), ㄷ(○), ㄹ(○)

14 다음 중 「행정소송법」상 집행정지에 대한 설명으로 가장 옳지 않은 것은? (다툼이 있는 경우 판례에 의함)

① 행정처분의 집행정지는 행정처분집행부정지의 원칙에 대한 예외로서 인정되는 일시적인 응급처분이라 할 것이므로 집행정지결정을 하려면 이에 대한 본안소송이 법원에 제기되어 계속중임을 요건으로 하는 것이므로 집행정지결정을 한 후에라도 본안소송이 취하되어 소송이 계속하지 아니한 것으로 되면 집행정지결정은 당연히 그 효력이 소멸되는 것이고 별도의 취소조치를 필요로 하는 것이 아니다.

② 「행정소송법」상 집행정지의 장애사유로서의 '공공복리에 중대한 영향을 미칠 우려'라 함은 일반적·추상적인 공익에 대한 침해의 가능성이 아니라 당해 처분의 집행과 관련된 구체적·개별적인 공익에 중대한 해를 입힐 개연성을 말하는 것으로서 이러한 집행정지의 소극적 요건에 대한 주장·소명책임은 행정청에게 있다.

③ 교도소장이 접견을 불허한 처분에 대하여 효력정지를 한다 하여도 이로 인하여 위 교도소 장에게 접견의 허가를 명하는 것이 되는 것도 아니고 또 당연히 접견이 되는 것도 아니어서 접견허가거부처분에 의하여 생길 회복할 수 없는 손해를 피하는 데 아무런 보탬도 되지 아니하니 접견허가거부처분의 효력을 정지할 필요성이 없다.

④ 행정처분의 집행정지를 구하는 신청사건에서, 집행정지 사건 자체에 의하여도 신청인의 본안청구가 적법한 것이어야 한다는 것을 집행정지의 요건에 포함시키는 것이 옳지 않다.

15 다음 중 공무원법에 대한 설명으로 가장 옳지 않은 것은? (다툼이 있는 경우 판례에 의함)

① 공무원인 갑이 그 직무에 관하여 뇌물을 받았음을 징계사유로 하여 파면처분을 받은 후 그에 대한 형사사건이 항소심까지 유죄로 인정되었고 그 형사사건에서 갑이 수사기관과 법정에서 금품수수사실을 자인하였으나 그 후 대법원의 파기환송판결에 따라 무죄의 확정판결이 있었다면 위 징계처분은 근거 없는 사실을 징계사유로 삼은 것이 되어 위법하다고 할 수는 있을지언정 그것이 객관적으로 명백하다고는 할 수 없으므로 위 징계처분이 당연무효인 것은 아니다.

② 군인이 상관의 지시나 명령에 대하여 재판청구권을 행사하는 경우에 그것이 위법·위헌인 지시와 명령을 시정하려는데 목적이 있을 뿐, 군내부의 상명하복관계를 파괴하고 명령불복종 수단으로서 재판청구권의 외형만을 빌리거나 그 밖에 다른 불순한 의도가 있지 않다면, 정당한 기본권의 행사이므로 군인의 복종의무를 위반하였다고 볼 수 없다.

③ 고충심사결정 자체에 의해서도 어떠한 법률관계의 변동이나 이익의 침해가 직접적으로 생기는 것이므로 고충심사의 결정은 행정상 쟁송의 대상이 되는 행정처분이라고 할 수 있다.

④ 「국가공무원법」상 당연퇴직은 결격사유가 있을 때 법률상 당연히 퇴직하는 것이지 공무원 관계를 소멸시키기 위한 별도의 행정처분을 요하는 것이 아니며, 당연퇴직의 인사발령은 법률상 당연히 발생하는 퇴직사유를 공적으로 확인하여 알려주는 이른바 관념의 통지에 불과하고 공무원의 신분을 상실시키는 새로운 형성적 행위가 아니므로 행정소송의 대상이 되는 독립한 행정처분이라고 할 수 없다.

16 다음 사안에 대한 설명 중 가장 옳지 않은 것은?

> A는 분식점을 영업하기 위하여 「식품위생법」상의 영업허가를 신청하였다. 그러나 신청을 받은 행정청은 A의 신청에 대하여 상당한 기간이 지나도록 아무런 답변도 하지 않고 있다. 이에 A는 관련사건에 대하여 행정심판을 제기하였다.

① A는 의무이행심판을 제기할 수 있으나 처분이 존재하지 않으므로 취소심판청구는 불가능하다.

② 행정심판위원회는 당사자의 권리 및 권한의 범위 밖의 사안에 대하여도 심판청구의 신속하고 공정한 해결을 위하여 당사자의 동의를 받으면 조정을 할 수 있다.

③ 위 부작위가 위법·부당하다고 상당히 의심되는 경우로서 이 부작위 때문에 A가 받을 우려가 있는 중대한 불이익을 막기 위하여 임시 지위를 정하여야 할 필요가 있는 경우에는, 행정심판위원회는 직권으로 임시처분을 결정할 수 있다.

④ 행정심판위원회가 위 행정청의 부작위로 방치한 처분의 이행을 명하는 재결이 있었음에도 행정청이 지체 없이 이전의 신청에 대하여 재결의 취지에 따라 처분을 하지 아니하는 경우, 청구인의 신청에 의하여 결정으로 상당한 기간을 정하고 피청구인이 그 기간 내에 이행하지 아니하는 경우에는 그 지연기간에 따라 일정한 배상을 하도록 명하거나 즉시 배상을 할 것을 명할 수 있다.

17 다음 중 「병역법」과 관련한 다음 판례의 내용 중 가장 옳지 않은 것은?

① 공익근무요원 소집해제신청을 거부한 후에 원고가 계속하여 공익근무요원으로 복무함에 따라 복무기간 만료를 이유로 소집해제처분을 한 경우, 원고가 입게 되는 권리와 이익의 침해는 소집해제처분으로 해소되었으므로 위 거부처분의 취소를 구할 소의 이익이 없다.

② 현역입영대상자로서는 현실적으로 입영을 하였다고 하더라도, 입영 이후의 법률관계에 영향을 미치고 있는 현역병입영통지처분 등을 한 관할지방병무청장을 상대로 위법을 주장하여 그 취소를 구할 소송상의 이익이 있다.

③ 「병역법」상 군의관이 하는 신체등위판정은 그 자체만으로 바로 「병역법」상의 권리의무가 정하여지는 것이다. 따라서 신체등위판정에 따른 지방병무청장이 병역처분은 그에 따라 단순히 병역의무의 종류가 정하여지는 것일 뿐 항고소송의 대상이 되는 행정처분이라 보기 어렵다.

④ 지방병무청장은 군의관의 신체등위판정이 청탁이나 금품수수에 따라 위법 또는 부당하게 이루어졌다고 인정하는 경우에는 그 위법 또는 부당한 신체등위판정을 기초로 자신이 한 병역처분을 직권으로 취소할 수 있다.

18 아래와 같은 상황에서 불합격처분을 받은 수험생이 행정소송을 제기하였다고 할 경우, 시행령의 해당 규정과 관련한 법원의 입장으로 가장 옳은 것은?

> 국가자격시험에 관련한 법률의 소관 중앙행정기관이 오랜 기간 시행되었던 절대평가제를 상대평가제로 전환하는 내용으로 시행령을 개정하면서, 해당 시험을 목전에 앞둔 2개월 전에 공표·시행하는 조치를 취한 다음에 해당 시험을 실시하였다. 그 결과, 종래의 시행령에 의하면 합격의 대상이 되어야 할 '전과목 평균 60점 이상의 점수를 받은 자로서 40점 미만의 과락 과목이 없는 수험생'이 개정된 시행령에 근거하여 불합격 처분을 받는 상황이 발생하였다.

① 시험의 상대평가제를 규정한 개정 시행령의 해당 규정을 목전에 앞둔 시험에 적용할 것인지 여부는 헌법이 보장하고 있는 입법권자의 재량에 속한다고 할 것이므로 이를 헌법에 위반한 무효라고 판단할 수 없다.

② 시험의 상대평가제를 규정한 개정 시행령 해당 규정을 목전에 앞둔 시험에 시행하는 것은 헌법상 신뢰보호의 원칙에 비추어 허용될 수 없으므로, 개정 시행령의 해당 규정은 헌법에 위반되어 무효이다.

③ 수험생들이 개정 시행령의 내용에 따라 공고된 시험에 응하였다는 점에 비추어 볼 때, 사회통념상 수험생은 개정 전 시행령의 존속에 대한 일체의 신뢰이익을 포기한 것으로 단정할 수 있다.

④ 시험실시기관의 합격·불합격 처분은 '처분시법'을 기준으로 해야 한다는 점에서 개정된 시행령에 근거한 이 사건 불합격처분을 두고 위법하다고 할 수는 없다.

19 건축물의 건축과 토지의 형질변경 등을 내용으로 하는 군사시설사업 실시계획에 대해 현행 「국방·군사시설 사업에 관한 법률」은 '국방부 장관의 승인'을 비롯하여 '관련된 인가·허가 등의 의제'에 관한 규정을 두고 있다. 이와 관련하여 옳은 것을 모두 모아 놓은 것은? (다툼이 있는 경우 판례에 의함)

> ㄱ. 국방부장관의 승인이 있게 되면, 관계 행정기관의 장에 의한 '관련된 인가나 허가 등'이 있은 것으로 의제된다.
>
> ㄴ. 국방부장관이 관계 행정기관의 장과 '협의한 사항'에 대해 '관련된 인가나 허가 등'이 있은 것으로 의제된다.
>
> ㄷ. 의제가 있게 되면, 인·허가 사항과 관련하여 해당 법령이 정한 절차나 요건심사가 배제되는 실체적 효력이 발생하게 된다.
>
> ㄹ. 의제가 있게 되더라도, 인·허가 사항과 관련하여 해당 법령이 정한 절차나 요건심사가 배제되는 실체적 효력이 발생하는 것은 아니다.

① ㄱ, ㄷ
② ㄴ, ㄹ
③ ㄱ, ㄹ
④ ㄴ, ㄷ

20 다음 중 「도로교통법」은 운전면허의 취소처분이나 정지처분에 대하여는 행정심판을 거치지 아니하고는 행정소송을 제기할 수 없도록 규정하고 있다. 이와 관련하여 가장 옳지 않은 내용은?

① 현행 「행정소송법」은 법령이 달리 정한 바가 없는 한, 당해 처분에 대한 행정심판을 거치지 아니하고서도 취소소송의 제기를 허용하는 임의적 전치주의를 취하고 있다.

② 현행 「행정소송법」에 의하면, 위와 같은 경우에도 행정심판의 청구가 있은 날로부터 60일이 지나도 재결이 없는 때에는 재결을 거치지 아니하고서도 해당 처분에 대한 취소소송의 제기를 허용하고 있다.

③ 위와 같이 개별법령이 행정심판전치주의를 취하고 있음에도 불구하고 처분상대방이 해당 처분에 대한 취소심판과 취소소송을 동시에 제기하게 되면, 관할법원은 해당 취소소송의 제기요건을 갖추지 못한 것으로 보아 별도의 절차를 거치지 아니하고 해당 취소소송을 각하하게 된다.

④ 위와 같이 행정심판을 취소소송의 제기를 위한 필요적 전치절차로 규정하고 있음에도 불구하고 처분상대방이 해당 처분에 대한 취소심판과 취소소송을 동시에 제기한 경우라도, 판결 전까지 재결이 있게 되면 관할법원은 소송요건의 흠은 치유된 것으로 보아 본안판단을 하게 된다.

21 행정계획에 대한 설명으로 옳지 않은 것은? (다툼이 있는 경우 판례에 의함)

① 재건축정비사업조합이 행정주체의 지위에서 「도시 및 주거환경정비법」에 따라 수립하는 관리처분계획은 정비사업의 시행 결과 조성되는 대지 또는 건축물의 권리귀속에 관한 사항과 조합원의 비용 분담에 관한 사항 등을 정함으로써 조합원의 재산상 권리·의무 등에 구체적이고 직접적인 영향을 미치게 되므로, 이는 구속적 행정계획으로서 행정처분에 해당한다.

② 행정계획에 있어서 관계 법령에는 추상적인 행정목표와 절차만이 규정되어 있을 뿐 행정계획의 내용에 대하여는 별다른 규정을 두고 있지 아니하므로 행정주체는 구체적인 행정계획을 입안·결정함에 있어서 비교적 광범위한 형성의 자유를 가진다.

③ 도시계획구역 내 토지 등을 소유하고 있는 주민으로서는 입안권자에게 도시계획입안을 요구할 수 있는 법규상 또는 조리상의 신청권이 인정되지 않는다.

④ 행정주체가 행정계획을 입안·결정함에 있어서 이익형량을 전혀 행하지 아니하거나 이익 형량의 고려 대상에 마땅히 포함시켜야 할 사항을 누락한 경우 또는 이익형량을 하였으나 정당성과 객관성이 결여된 경우, 그 행정계획결정은 형량에 하자가 있어 위법하게 된다.

22 행정행위에 대한 설명으로 옳은 것은? (다툼이 있는 경우 판례에 의함)

① 공유수면의 점용·사용허가는 그 허가 상대방에게 공유수면 이용권을 부여하는 처분으로서 강학상 허가에 해당하며 그 처분의 여부 및 내용의 결정은 원칙적으로 행정청의 재량에 속한다.

② 토지거래허가는 규제지역 내의 모든 국민에게 전반적으로 토지거래의 자유를 금지하고 일정한 요건을 갖춘 경우에만 금지를 해제하여 계약체결의 자유를 회복시켜주는 강학상 특허의 성질을 갖는다.

③ 개인택시운송사업면허는 특정인에게 권리나 이익을 부여하는 재량행위이고, 행정청이 면허 발급 여부를 심사함에 있어 이미 설정된 면허기준의 해석상 당해 신청이 면허발급의 우선순위에 해당함이 명백함에도 불구하고 이를 제외시켜 면허거부처분을 하였다면 특별한 사정이 없는 한 그 거부처분은 재량권을 남용한 위법한 처분이다.

④ 행정청이 도시 및 주거환경정비법령에 근거하여 행하는 주택재건축사업 조합설립인가처분은 단순히 사인들의 조합설립행위에 대한 보충행위로서의 성질을 갖는다.

23 조세행정법에 대한 설명으로 옳지 않은 것은? (다툼이 있는 경우 판례에 의함)

① 조세법률주의의 원칙상 과세요건이거나 비과세요건 또는 조세감면요건을 막론하고 조세법규의 해석은 특별한 사정이 없는 한 법문대로 해석할 것이고, 합리적 이유 없이 확장해석하거나 유추해석하는 것은 허용되지 아니하고, 특히 감면요건 규정 가운데에 명백히 특혜규정이라고 볼 수 있는 것은 엄격하게 해석하는 것이 조세공평의 원칙에도 부합한다.

② 세무서장의 국세환급금결정이나 그 결정을 구하는 신청에 대한 환급거부결정 등은 항고소송의 대상이 되는 처분이라고 볼 수 있다.

③ 원천징수의무자에 대하여 납세의무의 단위를 달리하여 순차 이루어진 2개의 징수처분은 별개의 처분으로서 당초 처분과 증액경정 처분에 관한 법리가 적용되지 아니하므로, 당초 처분이 후행 처분에 흡수되어 독립한 존재가치를 잃는다고 볼 수 없고, 후행 처분만이 항고소송의 대상이 되는 것도 아니다.

④ 하나의 납세고지서에 의하여 본세와 가산세를 함께 부과할 때에는 납세고지서에 본세와 가산세 각각의 세액과 산출근거 등을 구분하여 기재해야 하는 것이고, 또 여러 종류의 가산세를 함께 부과하는 경우에는 그 가산세 상호간에도 종류별로 세액과 산출근거 등을 구분하여 기재함으로써 납세의무자가 납세고지서 자체로 각 과세처분의 내용을 알수 있도록 하는 것이 당연한 원칙이다.

24 다음은 무효가 아닌 단순 위법의 흠이 있는 행정처분과 관련하여 발생할 수 있는 민사 및 형사소송상의 다툼에 대한 설명이다. 학설과 판례상 옳은 것을 모두 모아 놓은 것은?

> ㄱ. 과세처분의 단순 위법성이 인정된다면, 해당 과세처분에 대해 권한 있는 기관의 취소를 기다리지 않고, 민사사건의 관할법원은 이미 납부한 세금에 대한 부당이득 반환청구소송을 인용할 수 있다.
> ㄴ. 해당 처분이 불가쟁력을 갖게 된 경우라 하더라도, 처분의 위법을 이유로 하는 손해배상사건을 관할하는 민사법원은 해당 처분의 위법 여부를 판단할 수 있다.
> ㄷ. 해당 처분에 따르지 아니한 위반죄가 문제된 경우, 형사사건을 관할하는 법원은 처분의 위법성을 이유로 무죄의 판단을 할 수 있다.
> ㄹ. 해당 처분에 따르지 아니한 위반죄가 문제된 경우, 해당 처분이 갖는 공정력으로 인하여 형사사건을 관할하는 법원은 행위자의 위법성 내지 책임성을 부인할 만한 사유가 없는 한 유죄의 판단을 하게 될 것이다.

① ㄴ, ㄷ   ② ㄱ, ㄷ
③ ㄱ, ㄹ   ④ ㄴ, ㄹ

25 사익과 사익 상호 간의 조정을 목적으로 하는 민사법과 달리 행정에 관한 법령은 기본적으로 국가공권력을 배경으로 하는 공익조정법으로서의 성격을 갖는다. 이러한 점에서 행정상의 분쟁을 규율하는 절차법인 「행정심판법」이나 「행정소송법」은 「민사소송법」과 다른 특유의 제도를 두고 있다. 이에 해당하는 것을 모두 모아 놓은 것은?

> ㄱ. 행정쟁송을 제기할 수 있는 권리에 대해 불변기간 또는 제척기간의 제한을 두고 있다.
> ㄴ. 당사자처분주의에 반하지 아니하는 범위 내에서 심판기관에 대해 석명의무를 부여하고 있다.
> ㄷ. 당사자가 주장하지 아니한 사실에 대하여도 일정한 범위에서 심판기관에 의한 직권심리를 허용한다.
> ㄹ. 쟁송제기자의 주장이 타당한 경우라 하더라도 공공복리를 이유로 기각의 재결이나 판결을 할 수 있다.

① ㄴ, ㄷ, ㄹ   ② ㄱ, ㄷ, ㄹ
③ ㄱ, ㄴ, ㄹ   ④ ㄱ, ㄴ, ㄷ

2021 | 9급 기출문제

✔ 회독 CHECK 1 2 3

✔ 시험시간 25분 ✔ 해설편 172쪽

01 사인의 공법행위에 대한 설명으로 옳지 않은 것은? (단, 다툼이 있는 경우 판례에 의함) 〈변형〉

① 국민이 어떤 신청을 한 경우에 그 신청의 근거가 된 조항의 해석상 행정발동에 대한 개인의 신청권을 인정하고 있다고 보이면 그 거부행위는 항고소송의 대상이 되는 처분으로 보아야 하고, 구체적으로 그 신청이 인용될 수 있는가 하는 점은 본안에서 판단하여야 할 사항이다.

② 민원사항의 신청서류에 실질적인 요건에 관한 흠이 있더라도 그것이 민원인의 단순한 착오나 일시적인 사정 등에 기한 경우에는 행정청은 보완을 요구하여야 한다.

③ 건축주 등은 건축신고가 반려될 경우 건축물의 건축을 개시하면 시정명령, 이행강제금, 벌금의 대상이 되거나 당해 건축물을 사용하여 행할 행위의 허가가 거부될 우려가 있어 불안정한 지위에 놓이게 되므로, 건축신고 반려행위는 항고소송의 대상성이 인정된다.

④ 「건축법」상의 건축신고가 다른 법률에서 정한 인가·허가 등의 의제효과를 수반하는 경우라도 특별한 사정이 없는 한 수리를 요하는 신고로 볼 수 없다.

02 평등원칙에 대한 설명으로 옳지 않은 것은? (단, 다툼이 있는 경우 판례에 의함)

① 국가기관이 채용시험에서 국가유공자의 가족에게 10%의 가산점을 부여하는 규정은 평등권과 공무담임권을 침해한다.

② 평등원칙은 동일한 것 사이에서의 평등이므로 상이한 것에 대한 차별의 정도에서의 평등을 포함하지 않는다.

③ 재량준칙이 공표된 것만으로는 행정의 자기구속의 원칙이 적용될 수 없고, 재량준칙이 되풀이 시행되어 행정관행이 성립한 경우에 적용될 수 있다.

④ 행정의 자기구속의 원칙이 인정되는 경우에는 행정관행과 다른 처분은 특별한 사정이 없는 한 위법하다.

03 행정소송제도에 대한 설명으로 옳지 않은 것은?

① 개별법령에 합의제 행정청의 장을 피고로 한다는 명문규정이 없는 한 합의제 행정청 명의로 한 행정처분의 취소소송의 피고적격자는 당해 합의제 행정청이 아닌 합의제 행정청의 장이다.

② 원고가 피고를 잘못 지정한 경우 피고경정은 취소소송과 당사자소송 모두에서 사실심 변론종결에 이르기까지 허용된다.

③ 법원은 당사자소송을 취소소송으로 변경하는 것이 상당하다고 인정할 때에는 청구의 기초에 변경이 없는 한 사실심의 변론종결시까지 원고의 신청에 의하여 결정으로써 소의 변경을 허가할 수 있다.

④ 당사자소송의 원고가 피고를 잘못 지정하여 피고경정신청을 한 경우 법원은 결정으로써 피고의 경정을 허가할 수 있다.

04 수익적 행정행위의 철회에 대한 설명으로 옳은 것은? (단, 다툼이 있는 경우 판례에 의함)

① 수익적 행정행위에 대한 취소권 등의 행사는 기득권의 침해를 정당화할 만한 중대한 공익상의 필요 또는 제3자의 이익을 보호할 필요가 있고, 이를 상대방이 받는 불이익과 비교·교량하여 볼 때 공익상의 필요 등이 상대방이 입을 불이익을 정당화할 만큼 강한 경우에 한하여 허용될 수 있다.

② 행정행위를 한 처분청은 비록 처분 당시에 별다른 하자가 없었고, 처분 후에 이를 철회할 별도의 법적 근거가 없더라도 원래의 처분을 존속시킬 필요가 없게 된 중대한 공익상 필요가 발생한 경우에도 그 효력을 상실케 하는 별개의 행정행위로 이를 철회할 수 없다.

③ 수익적 행정행위를 취소 또는 철회하거나 중지시키는 경우에는 이미 부여된 국민의 기득권을 침해하는 것이 되므로, 비록 취소 등의 사유가 있다고 하더라도 허용되지 않는다.

④ 행정행위를 한 처분청은 비록 처분 당시에 별다른 하자가 없었고, 처분 후에 이를 철회할 별도의 법적 근거가 없더라도 원래의 처분을 존속시킬 필요가 없게 된 사정변경이 생겼다는 이유만으로 그 효력을 상실케 하는 별개의 행정행위로 이를 철회하는 것은 허용되지 않는다.

05 행정법의 효력에 대한 설명으로 옳지 않은 것은?

① 조례와 규칙은 특별한 규정이 없으면 공포한 날부터 20일이 경과함으로써 효력을 발생한다.

② 행정법령은 특별한 규정이 없는 한 시행일로부터 장래에 향하여 효력을 발생하는 것이 원칙이다.

③ 법령을 소급적용하더라도 일반국민의 이해에 직접 관계가 없는 경우에는 법령의 소급적용이 허용된다.

④ 법률불소급의 원칙은 그 법률의 효력발생 전에 완성된 요건사실 뿐만 아니라 계속 중인 사실이나 그 이후에 발생한 요건사실에 대해서도 그 법률을 소급적용할 수 없다.

06 「행정절차법」상 청문에 대한 설명으로 옳지 않은 것은?

① 청문 주재자에게 공정한 청문 진행을 할 수 없는 사정이 있는 경우 당사자 등은 행정청에 기피신청을 할 수 있다.

② 청문 주재자가 청문을 시작할 때에는 먼저 예정된 처분의 내용, 그 원인이 되는 사실 및 법적 근거 등을 설명하여야 한다.

③ 청문 주재자는 직권으로 또는 당사자의 신청에 따라 필요한 조사를 할 수 있으며, 당사자 등이 주장하지 아니한 사실에 대하여는 조사할 수 없다.

④ 행정청은 청문을 마친 후 처분을 할 때까지 새로운 사정이 발견되어 청문을 재개(再開)할 필요가 있다고 인정할 때에는 청문조서 등을 되돌려 보내고 청문의 재개를 명할 수 있다.

07 행정지도에 대한 설명으로 옳지 않은 것은?

① 행정지도가 그의 한계를 일탈하지 아니하였다면, 그로 인하여 상대방에게 어떤 손해가 발생하였다 하더라도 행정기관은 그에 대한 손해배상책임이 없다.

② 위법한 건축물에 대한 단전 및 전화통화 단절조치 요청행위는 처분성이 인정되는 행정지도이다.

③ 상대방이 행정지도에 따르지 아니하였다는 것을 직접적인 이유로 하는 불이익한 조치는 위법한 행위가 된다.

④ 「국가배상법」이 정한 배상청구의 요건인 공무원의 직무에는 행정지도도 포함된다.

08 개인정보 보호에 대한 설명으로 옳지 않은 것은?

① 정보통신서비스 제공자는 이용자가 필요한 최소한의 개인정보 이외의 개인정보를 제공하지 아니한다는 이유로 그 서비스의 제공을 거부할 수 있다.

② 개인정보처리자가 집단분쟁조정을 거부하거나 집단분쟁조정의 결과를 수락하지 아니한 경우에는 법원에 권리침해 행위의 금지 · 중지를 구하는 단체소송을 제기할 수 있다.

③ 「개인정보 보호법」은 외국의 정보통신서비스 제공자 등에 대하여 개인정보보호규제에 대한 상호주의를 채택하고 있다.

④ 개인정보자기결정권의 보호대상이 되는 개인정보는 개인의 내밀한 영역에 속하는 영역뿐만 아니라 공적 생활에서 형성되었거나 이미 공개된 개인정보까지 포함한다.

09 「행정소송법」상 당사자소송에 대한 설명으로 옳지 않은 것은?

① 공법상 당사자소송이란 행정청의 처분 등을 원인으로 하는 법률관계에 관한 소송 그 밖에 공법상의 법률관계에 관한 소송으로서 그 법률관계의 한쪽 당사자를 피고로 하는 소송을 말한다.

② 공법상 계약의 한쪽 당사자가 다른 당사자를 상대로 효력을 다투거나 이행을 청구하는 소송은 공법상의 법률관계에 관한 분쟁이므로 분쟁의 실질이 공법상 권리 · 의무의 존부 · 범위에 관한 다툼에 관해서는 공법상 당사자소송으로 제기하여야 한다.

③ 원고가 고의 또는 중대한 과실 없이 행정소송으로 제기하여야 할 사건을 민사소송으로 잘못 제기한 경우, 수소법원으로서는 만약 그 행정소송에 대한 관할도 동시에 가지고 있다면 이를 행정소송으로 심리 · 판단하여야 하고, 그 행정소송에 대한 관할을 가지고 있지 아니하다면 관할법원에 이송하여야 한다.

④ 당사자소송의 경우 법원은 필요하다고 인정할 때에는 직권으로 증거조사를 할 수 있으나, 당사자가 주장하지 아니한 사실에 대하여는 판단하여서는 안 된다.

10 행정법상 허가에 대한 설명으로 옳지 않은 것은?

① 허가는 규제에 반하는 행위에 대해 행정강제나 제재를 가하기보다는 행위의 사법상 효력을 부인함으로써 규제의 목적을 달성하는 방법이다.

② 허가란 법령에 의해 금지된 행위를 일정한 요건을 갖춘 경우에 그 금지를 해제하여 적법하게 행위할 수 있게 해준다는 의미에서 상대적 금지와 관련되는 경우이다.

③ 전통적인 의미에서 허가는 원래 개인이 누리는 자연적 자유를 공익적 차원(공공의 안녕과 질서유지)에서 금지해 두었다가 일정한 요건을 갖춘 경우 그러한 공공에 대한 위험이 없다고 판단되는 경우 그 금지를 풀어줌으로써 자연적 자유를 회복시켜주는 행위이다.

④ 실정법상으로는 허가 이외에 면허, 인가, 인허, 승인 등의 용어가 사용되고 있기 때문에 그것이 학문상 개념인 허가에 해당하는지 검토할 필요가 있다.

11 「행정기본법」에 대한 설명으로 옳은 것만을 모두 고른 것은?

ㄱ. 행정은 공공의 이익을 위하여 적극적으로 추진되어야 한다.

ㄴ. 행정작용은 법률에 위반되어서는 아니 되며, 국민의 권리를 제한하거나 의무를 부과하는 경우와 그 밖에 국민생활에 중요한 영향을 미치는 경우에는 법률에 근거하여야 한다.

ㄷ. 행정청은 합리적 이유 없이 국민을 차별하여서는 아니 된다.

ㄹ. 행정청은 행정작용을 할 때 상대방에게 해당 행정작용과 실질적인 관련이 없는 의무를 부과해서는 아니 된다.

ㅁ. 행정청은 처분에 재량이 있는 경우에는 부관(조건, 기한, 부담, 철회권의 유보 등을 말한다)을 붙일 수 있다.

---

① ㄱ, ㄴ, ㄷ

② ㄱ, ㄴ, ㄷ, ㄹ

③ ㄱ, ㄴ, ㄷ, ㄹ, ㅁ

④ ㄴ, ㄷ, ㄹ, ㅁ

12 행정소송의 원고적격에 대한 설명으로 옳지 않은 것은? (단, 다툼이 있는 경우 판례에 의함)

① 면허나 인·허가 등의 수익적 행정처분의 근거가 되는 법률이 해당 업자들 사이의 과당경쟁으로 인한 경영의 불합리를 방지하는 것도 그 목적으로 하고 있는 경우, 다른 업자에 대한 면허나 인·허가 등의 수익적 행정처분에 대하여 미리 같은 종류의 면허나 인·허가 등의 처분을 받아 영업을 하고 있는 기존의 업자는 당해 행정처분의 취소를 구할 원고적격이 인정될 수 있다.

② 광업권설정허가처분과 그에 따른 광산 개발로 인하여 재산상·환경상 이익의 침해를 받거나 받을 우려가 있는 토지나 건축물의 소유자와 점유자 또는 이해관계인 및 주민들은 그 처분 전과 비교하여 수인한도를 넘는 재산상·환경상 이익의 침해를 받거나 받을 우려가 있다는 것을 증명하더라도 원고적격을 인정받을 수 없다.

③ 행정처분의 직접 상대방이 아닌 제3자라 하더라도 당해 행정처분으로 인하여 법률상 보호되는 이익을 침해당한 경우에는 취소소송을 제기하여 그 당부의 판단을 받을 자격이 있다.

④ 법인의 주주가 그 처분으로 인하여 궁극적으로 주식이 소각되거나 주주의 법인에 대한 권리가 소멸하는 등 주주의 지위에 중대한 영향을 초래하게 되는데도 그 처분의 성질상 당해 법인이 이를 다툴 것을 기대할 수 없고 달리 주주의 지위를 보전할 구제방법이 없는 경우에는 주주도 그 처분에 관하여 직접적이고 구체적인 법률상 이해관계를 가진다고 보이므로 그 취소를 구할 원고적격이 있다.

13 공법상 결과제거청구권에 대한 설명으로 옳지 않은 것은?

① 공법상 결과제거청구권의 대상은 가해행위와 상당인과관계가 있는 손해이다.

② 결과제거청구는 권력작용뿐만 아니라 관리작용에 의한 침해의 경우에도 인정된다.

③ 원상회복이 행정주체에게 기대 가능한 것이어야 한다.

④ 피해자의 과실이 위법상태의 발생에 기여한 경우에는 그 과실에 비례하여 결과제거청구권이 제한되거나 상실된다.

14 행정심판의 재결에 대한 설명으로 옳지 않은 것은?

① 기각재결이 있은 후에도 원처분청은 원처분을 직권으로 취소 또는 변경할 수 있다.

② 재결의 기속력에는 반복금지효와 원상회복의무가 포함된다.

③ 행정심판에는 불고불리의 원칙과 불이익변경금지의 원칙이 인정되며, 처분청은 행정심판의 재결에 대해 불복할 수 없다.

④ 행정심판의 재결기간은 강행규정이다.

15 사례에 대한 설명으로 옳지 않은 것은? (단, 다툼이 있는 경우 판례에 의함)

> 병무청장이 법무부장관에게 '가수 甲이 공연을 위하여 국외여행허가를 받고 출국한 후 미국 시민권을 취득함으로써 사실상 병역의무를 면탈하였으므로 재외동포 자격으로 재입국하고자 하는 경우 국내에서 취업, 가수활동 등 영리활동을 할 수 없도록 하고, 불가능할 경우 입국 자체를 금지해 달라'고 요청함에 따라 법무부장관이 甲의 입국을 금지하는 결정을 하고, 그 정보를 내부전산망인 '출입국관리정보시스템'에 입력하였으나, 甲에게는 통보하지 않았다.

① 일반적으로 처분이 주체·내용·절차와 형식의 요건을 모두 갖추고 외부에 표시된 경우에는 처분의 존재가 인정된다.

② 행정의사가 외부에 표시되어 행정청이 자유롭게 취소·철회할 수 없는 구속을 받게 되는 시점에 처분이 성립한다.

③ 그 성립 여부는 행정청이 행정의사를 공식적인 방법으로 외부에 표시하였는지를 기준으로 판단해야 한다.

④ 위 입국금지결정은 항고소송의 대상이 되는 '처분'에 해당한다.

16 계획재량에 대한 설명으로 옳지 않은 것은?

① 통상적인 재량행위와 계획재량은 양적인 점에서 차이가 있을 뿐 질적인 점에서는 차이가 없다는 견해는 형량명령이 계획재량에 특유한 하자 이론이라기보다는 비례의 원칙을 계획재량에 적용한 것이라고 한다.

② 행정주체는 그 행정계획에 관련되는 자들의 이익을 공익과 사익 사이에서는 물론이고 공익 상호간과 사익 상호간에도 정당하게 비교교량하여야 한다는 제한을 받는다.

③ 행정주체가 행정계획을 입안·결정함에 있어서 이익형량의 고려 대상에 마땅히 포함시켜야 할 사항을 누락한 경우 이익형량을 전혀 행하지 아니하는 등의 사정이 없는 한 그 행정계획결정은 형량에 하자가 있다고 보기 어렵다.

④ 행정계획과 관련하여 이익형량을 하였으나 정당성과 객관성이 결여된 경우에는 그 행정계획결정은 형량에 하자가 있어 위법하게 된다.

17 「행정조사기본법」상 행정조사의 기본원칙에 대한 설명으로 옳지 않은 것은? (단, 다툼이 있는 경우 판례에 의함)

① 행정조사는 조사목적을 달성하는 데 필요한 최소한의 범위 안에서 실시하여야 하며, 다른 목적 등을 위하여 조사권을 남용하여서는 아니 된다.

② 행정기관은 유사하거나 동일한 사안에 대하여는 공동조사 등을 실시함으로써 행정조사가 중복되지 아니하도록 하여야 한다.

③ 행정조사는 법령 등의 위반에 대한 처벌에 중점을 두되 법령 등을 준수하도록 유도하여야 한다.

④ 행정기관은 행정조사를 통하여 알게 된 정보를 다른 법률에 따라 내부에서 이용하거나 다른 기관에 제공하는 경우를 제외하고는 원래의 조사목적 이외의 용도로 이용하거나 타인에게 제공하여서는 아니 된다.

18 행정규칙에 대한 설명으로 옳지 않은 것은? (단, 다툼이 있는 경우 판례에 의함)

① 행정규칙인 고시가 법령의 수권에 의해 법령을 보충하는 사항을 정하는 경우에는 법령보충적 고시로서 근거법령 규정과 결합하여 대외적으로 구속력 있는 법규명령의 효력을 갖는다.

② 행정규칙은 행정규칙을 제정한 행정기관에 대하여는 대내적으로 법적 구속력을 갖지 않는다.

③ 사실상의 준비행위 또는 사전안내로 볼 수 있는 국립대학의 대학입학고사 주요요강은 공권력 행사이므로 항고소송의 대상이 되는 처분이다.

④ 일반적인 행정처분절차를 정하는 행정규칙은 대외적 구속력이 없다.

19 「공익사업을 위한 토지 등의 취득 및 보상에 관한 법률」상의 환매권에 대한 설명으로 옳지 않은 것은? (단, 다툼이 있는 경우 판례에 의함) 〈변형〉

① 공익사업의 폐지·변경으로 취득한 토지의 전부 또는 일부가 필요 없게 된 경우 취득일 당시의 토지소유자 또는 그 포괄승계인은 관계 법률에 따라 사업이 폐지·변경된 날부터 10년 이내에 환매권을 행사할 수 있다.

② 환매권의 발생기간을 제한한 것은 사업시행자의 지위나 이해관계인들의 토지이용에 관한 법률관계 안정, 토지의 사회경제적 이용 효율 제고, 사회일반에 돌아가야 할 개발이익이 원소유자에게 귀속되는 불합리 방지 등을 위한 것이라 하더라도, 그 입법목적은 정당하다고 할 수 없다.

③ 환매권 발생기간 '10년'을 예외 없이 유지하게 되면 토지수용 등의 원인이 된 공익사업의 폐지 등으로 공공필요가 소멸하였음에도 단지 10년이 경과하였다는 사정만으로 환매권이 배제되는 결과가 초래될 수 있다.

④ 법률조항 제91조의 위헌성은 환매권의 발생기간을 제한한 것 자체에 있다기보다는 그 기간을 10년 이내로 제한한 것에 있다. 이 사건 법률조항의 위헌성을 제거하는 다양한 방안이 있을 수 있고 이는 입법재량 영역에 속한다.

20 「국가배상법」의 내용에 대한 설명으로 옳지 않은 것은? (단, 다툼이 있는 경우 판례에 의함)

① 국가나 지방자치단체는 공무를 위탁받은 사인이 직무를 집행하면서 고의 또는 과실로 법령을 위반하여 타인에게 손해를 입힌 때에는 「국가배상법」에 따라 그 손해를 배상하여야 한다.

② 도로·하천, 그 밖의 공공의 영조물(營造物)의 설치나 관리에 하자(瑕疵)가 있기 때문에 타인에게 손해를 발생하게 하였을 때에는 국가나 지방자치단체는 그 손해를 배상하여야 한다. 이 경우 군인·군무원의 2중배상금지에 관한 규정은 적용되지 않는다.

③ 직무를 집행하는 공무원에게 고의 또는 중대한 과실이 있으면 국가나 지방자치단체는 그 공무원에게 구상(求償)할 수 있다.

④ 군인·군무원이 전투·훈련 등 직무 집행과 관련하여 전사(戰死)·순직(殉職)하거나 공상(公傷)을 입은 경우에 본인이나 그 유족이 다른 법령에 따라 재해보상금·유족연금·상이연금 등의 보상을 지급받을 수 있을 때에는 「국가배상법」 및 「민법」에 따른 손해배상을 청구할 수 없다.

21 「공공기관의 정보공개에 관한 법률」에 대한 설명으로 옳지 않은 것은?

① 정보공개의 원칙에 따라 공공기관이 보유·관리하는 정보는 국민의 알권리 보장 등을 위하여 이 법에서 정하는 바에 따라 적극적으로 공개하여야 한다.

② 모든 국민은 정보의 공개를 청구할 권리를 가진다.

③ 공공기관의 정보공개 담당자(정보공개 청구대상 정보와 관련된 업무 담당자를 포함한다)는 정보공개 업무를 성실하게 수행하여야 하며, 공개여부의 자의적인 결정, 고의적인 처리 지연 또는 위법한 공개 거부 및 회피 등 부당한 행위를 하여서는 아니 된다.

④ 공공기관은 예산집행의 내용과 사업평가 결과 등 행정감시를 위하여 필요한 정보에 대해서는 공개의 구체적 범위, 주기, 시기 및 방법 등을 미리 정하여 정보통신망 등을 통하여 알릴 필요까지는 없으나, 정기적으로 공개하여야 한다.

22 행정의 실효성 확보수단에 대한 설명으로 옳지 않은 것은? (단, 다툼이 있는 경우 판례에 의함)

① 계고서라는 명칭의 1장의 문서로서 일정기간 내에 위법건축물의 자진철거를 명함과 동시에 그 소정기간 내에 자진철거를 하지 아니할 때에는 대집행할 뜻을 미리 계고한 경우라도 「건축법」에 의한 철거명령과 「행정대집행법」에 의한 계고처분은 독립하여 있는 것으로서 각 그 요건이 충족되었다고 볼 것이다.

② 이행강제금은 행정상 간접적인 강제집행 수단의 하나로서, 과거의 일정한 법률위반 행위에 대한 제재인 형벌이 아니라 장래의 의무이행 확보를 위한 강제수단일 뿐이어서, 범죄에 대하여 국가가 형벌권을 실행하는 과벌에 해당하지 아니한다.

③ 세무조사결정은 납세의무자의 권리·의무에 직접 영향을 미치는 공권력의 행사에 따른 행정작용으로 보기 어려우므로 항고소송의 대상이 될 수 없다.

④ 토지·건물 등의 인도의무는 비대체적 작위의무이므로 「행정대집행법」상 대집행 대상이 될 수 없다.

23 개인적 공권에 대한 설명으로 옳지 않은 것은? (단, 다툼이 있는 경우 판례에 의함)

① 한의사들이 가지는 한약조제권을 한약조제시험을 통하여 약사에게도 인정함으로써 감소하게 되는 한의사들의 영업상 이익은 법률에 의하여 보호되는 이익이라 볼 수 없다.

② 합병 이전의 회사에 대한 분식회계를 이유로 감사인 지정제외 처분과 손해배상공동기금의 추가적립의무를 명한 조치의 효력은 합병 후 존속하는 법인에게 승계될 수 있다.

③ 당사자 사이에 「석탄산업법 시행령」 제41조 제4항 제5호 소정의 재해위로금에 대한 지급청구권에 관한 부제소합의가 있는 경우 그러한 합의는 효력이 인정된다.

④ 석유판매업 허가는 소위 대물적 허가의 성질을 갖는 것이어서 양수인이 그 양수후 허가관청으로부터 석유판매업 허가를 다시 받았다하더라도 이는 석유판매업의 양수도를 전제로 한 것이어서 이로써 양도인의 지위승계가 부정되는 것은 아니므로 양도인의 귀책사유는 양수인에게 그 효력이 미친다.

24 행정행위의 부관에 대한 설명으로 옳지 않은 것은? (단, 다툼이 있는 경우 판례에 의함)

① 재량행위에 있어서는 관계 법령에 명시적인 금지규정이 없는 한 행정목적을 달성하기 위하여 조건이나 기한, 부담 등의 부관을 붙일 수 있고, 그 부관의 내용이 이행 가능하고 비례의 원칙 및 평등의 원칙에 적합하며 행정처분의 본질적 효력을 저해하지 아니하는 이상 위법하다고 할 수 없다.

② 부담은 행정청이 행정처분을 하면서 일방적으로 부가하는 것이 일반적이므로 상대방과 협의하여 협약의 형식으로 미리 정한 다음 행정처분을 하면서 이를 부가하는 경우 부담으로 볼 수 없다.

③ 부관의 사후변경은, 법률에 명문의 규정이 있거나 그 변경이 미리 유보되어 있는 경우 또는 상대방의 동의가 있는 경우에 한하여 허용되는 것이 원칙이지만, 사정변경으로 인하여 당초에 부담을 부가한 목적을 달성할 수 없게 된 경우에도 그 목적달성에 필요한 범위 내에서 예외적으로 허용된다.

④ 건축허가를 하면서 일정 토지를 기부채납하도록 하는 내용의 허가조건은 부관을 붙일 수 없는 기속행위 내지 기속적 재량행위인 건축허가에 붙인 부담이거나 또는 법령상 아무런 근거가 없는 부관이어서 무효이다.

25 「행정소송법」상 행정입법부작위에 대한 설명으로 옳지 않은 것은?

① 행정권의 시행명령제정의무는 헌법적 의무이다.

② 시행명령을 제정해야 함에도 불구하고 제정을 거부하는 것은 법치행정의 원칙에 반하는 것이 된다.

③ 시행명령을 제정 또는 개정하였지만 그것이 불충분 또는 불완전하게 된 경우에는 행정입법부작위가 아니다.

④ 행정입법부작위는 부작위위법확인소송의 대상이 된다.

2021 | 7급 기출문제

모바일
OMR
답안분석
서비스

● 회독 CHECK 1 2 3

☑ 시험시간 25분 ☑ 해설편 180쪽

01 행정행위의 효력에 대한 설명으로 옳지 않은 것은? (단, 다툼이 있는 경우 판례에 의함)

① 행정처분이 아무리 위법하다고 하여도 당연무효인 사유가 있는 경우를 제외하고는 아무도 그 하자를 이유로 무단히 그 효과를 부정하지 못한다.

② 공정력의 근거를 적법성의 추정으로 보아 행정행위의 적법성은 피고인 행정청이 아니라 원고측에 입증책임이 있다.

③ 민사소송에 있어서 어느 행정처분의 당연무효 여부가 선결문제로 되는 때에는 이를 판단하여 당연무효임을 전제로 판결할 수 있고 반드시 행정소송 등의 절차에 의하여 그 취소나 무효확인을 받아야 하는 것은 아니다.

④ 어떤 법률에 의하여 행정청으로부터 시정명령을 받은 자가 이를 위반한 경우 그 때문에 그 법률에서 정한 처벌을 하기 위하여는 그 시정명령은 적법한 것이라야 한다.

02 지방자치단체의 사무에 대한 설명으로 옳지 않은 것은? (단, 다툼이 있는 경우 판례에 의함) 〈변형〉

① 부랑인선도시설 및 정신질환자요양시설에 대한 지방자치단체장의 지도·감독사무는 국가사무이다.

② 인천광역시장이 원고로서 인천광역시의회를 피고로 인천광역시 공항고속도로통행료지원 조례안재의결 무효확인청구소송을 제기하였는데, 이 조례안에서 지역주민에게 통행료를 지원하는 내용의 사무는 자치사무이다.

③ 법령상 지방자치단체의 장이 처리하도록 규정하고 있는 사무가 자치사무인지 기관위임사무인지를 판단할 때 그에 관한 경비부담의 주체는 사무의 성질결정의 본질적 요소가 아니므로 부차적인 것으로도 고려요소가 될 수 없다.

④ 지방자치단체의 자치사무에 관한 명령이나 처분에 대한 주무부장관 또는 시·도지사의 시정명령, 취소 또는 정지는 법령을 위반한 것에 한정한다.

03 행정법관계에 대한 설명으로 가장 옳은 것은? (단, 다툼이 있는 경우 판례에 의함) 〈변형〉

① 육군3사관학교의 구성원인 사관생도는 학교 입학일부터 특수한 신분관계에 놓이게 되므로 법률유보원칙은 적용되지 아니한다.

② 지방자치단체가 학교법인이 설립한 사립중학교에 의무교육대상자에 대한 교육을 위탁한 때에 그 학교법인과 해당 사립중학교에 재학 중인 학생의 재학관계는 기본적으로 공법상 계약에 따른 법률관계이다.

③ 불이익한 행정처분의 상대방은 직접 개인적 이익을 침해당한 것으로 볼 수 없으므로 처분 취소소송에서 원고적격을 바로 인정받지 못한다.

④ 「공무원연금법」상 각 규정을 종합하면 수급권은 공무원연금관리공단의 지급결정이 있어야 비로소 확정된다.

04 국유재산에 대한 설명으로 옳지 않은 것은? (단, 다툼이 있는 경우 판례에 의함)

① 국가가 국유재산의 무단점유자를 상대로 변상금의 부과징수권의 행사와 별도로 국유재산의 소유자로서 민사상 부당이득반환청구의 소를 제기할 수 있다.

② 국유재산의 무단점유자에 대한 변상금부과는 관리청이 공권력을 가진 우월한 지위에서 행한 것으로 항고소송의 대상이 되는 행정처분의 성격을 갖는다.

③ 행정재산의 목적외 사용·수익허가의 법적 성질은 특정인에게 행정재산을 사용할 수 있는 권리를 설정하여 주는 강학상 특허에 해당한다.

④ 「국유재산법」에서는 행정재산의 사용·수익의 허가기간은 3년 이내로 한다.

05 확정된 취소판결과 무효확인판결의 효력에 대한 설명으로 옳지 않은 것은? (단, 다툼이 있는 경우 판례에 의함)

① 당사자가 확정된 취소판결의 존재를 사실심 변론종결 시까지 주장하지 아니하였다고 하더라도 상고심에서 새로이 이를 주장·입증할 수 있다.

② 취소판결이 확정된 과세처분을 과세관청이 경정하는 처분을 하였다면 당연무효의 처분이라고 할 수 없고 단순위법인 취소사유를 가진 처분이 될 뿐이다.

③ 행정처분의 무효확인 판결은 확인판결이라고 하여도 행정처분의 취소판결과 같이 소송 당사자는 물론 제3자에게도 미치는 것이다.

④ 행정처분의 취소판결이 확정되면 그 판결에서 확인된 위법사유를 배제한 상태에서 다시 처분을 하거나 그 밖에 위법한 결과를 제거하는 조치를 할 의무가 있다.

06 「행정기본법」상 법적용의 기준에 대한 설명으로 옳지 않은 것은?

① 새로운 법령은 법령에 특별한 규정이 있는 경우를 제외하고는 그 법령의 효력 발생 전에 완성되거나 종결된 사실관계 또는 법률관계에 대해서는 적용되지 아니한다.

② 당사자의 신청에 따른 처분은 법령에 특별한 규정이 있거나 처분 당시의 법령을 적용하기 곤란한 특별한 사정이 있는 경우를 제외하고는 처분 당시의 법령에 따른다.

③ 법령을 위반한 행위의 성립과 이에 대한 제재처분은 법령에 특별한 규정이 있는 경우를 제외하고는 법령을 위반한 행위 당시의 법령에 따른다.

④ 법령을 위반한 행위 후 법령의 변경에 의하여 그 행위가 법령을 위반한 행위에 해당하지 아니하는 경우에도 해당 법령에 특별한 규정이 없는 경우 변경이전의 법령을 적용한다.

07 행정조직법상 권한에 대한 설명으로 옳지 않은 것은? (단, 다툼이 있는 경우 판례에 의함)

① 체납취득세에 대한 압류처분권한은 도지사로부터 시장에게 권한위임된 것이고 시장으로부터 압류처분권한을 내부위임받은 데 불과한 구청장이 자신의 명의로 한 압류처분은 권한 없는 자에 의하여 행하여진 위법무효의 처분이다.

② 대리권을 수여받은 데 불과하여 원행정청과 대리관계를 밝히지 아니하고는 그의 명의로 처분 등을 할 권한이 없는 행정청이 권한 없이 그의 명의로 한 처분에서 그 취소소송 시 피고는 본 처분 권한이 있는 행정청이 된다.

③ 행정권한의 위임은 법률이 위임을 허용하고 있는 경우에 한하여 인정된다.

④ 권한의 위임에 관한 개별규정이 없는 경우 「정부조직법」 제6조, 「행정권한의 위임 및 위탁에 관한 규정」, 「지방자치법」 제104조와 같은 일반적 규정에 따라 행정청은 위임받은 권한을 재위임할 수 있다.

08 재량행위에 대한 설명으로 옳지 않은 것은? (단, 다툼이 있는 경우 판례에 의함)

① 행정청이 제재처분의 양정을 하면서 공익과 사익의 형량을 전혀 하지 않았거나 이익형량의 고려대상에 마땅히 포함되어야 할 사항을 누락한 경우 또는 이익형량을 하였으나 정당성·객관성이 결여된 경우에는 제재처분은 재량권을 일탈·남용한 것이라고 보아야 한다.

② 처분이 재량권을 일탈·남용하였다는 사정은 처분의 효력을 다투는 자가 주장·증명하여야 한다.

③ 「공유수면 관리 및 매립에 관한 법률」에 따른 공유수면의 점용·사용허가는 특정인에게 공유수면 이용권이라는 독점적 권리를 설정하여 주는 처분으로 원칙적으로 행정청의 재량행위에 속한다.

④ 구 「주택건설촉진법」상의 주택건설사업계획의 승인은 상대방에게 수익적 행정처분이므로 법령에 행정처분의 요건에 관하여 일의적으로 규정되어 있더라도 행정청의 재량행위에 속한다.

09 행정의 실효성확보제도에 대한 설명으로 가장 옳은 것은? (단, 다툼이 있는 경우 판례에 의함)

① 학원의 설립·운영 및 과외교습에 관한 법령상 등록을 요하는 학원을 설립·운영하고자 하는 자가 등록절차를 거치지 않은 경우 관할행정청이 직접 그 무등록 학원의 폐쇄를 위하여 출입제한 시설물의 설치와 같은 조치를 할 수 있게 규정되어 있는데, 이러한 규정은 동시에 그와 같은 폐쇄명령의 근거규정이 된다.

② 행정대집행은 대체적 작위의무에 대한 강제집행수단으로, 이행강제금은 부작위의무나 비대체적 작위의무에 대한 강제집행수단으로 이해되어 왔으므로, 이행강제금은 대체적 작위의무의 위반에 대해서는 부과될 수 없다.

③ 대집행계고처분에서 정한 의무이행기간의 이행종기인 날짜에 그 계고서를 수령하였고 행정청이 대집행영장으로써 대집행의 시기를 늦추었다고 하여도 대집행의 적법절차에 위배한 것으로 위법한 처분이다.

④ 한국자산공사의 재공매결정과 공매통지는 행정처분에 해당한다.

10 행정규칙에 대한 설명으로 옳지 않은 것은? (단, 다툼이 있는 경우 판례에 의함)

① 경찰청예규로 정해진 구 「채증규칙」은 행정규칙이지만 이에 의하여 집회·시위 참가자들은 구체적인 촬영행위에 의해 비로소 기본권을 제한받게 되는 것뿐만 아니라 이 채증규칙으로 인하여 직접 기본권을 침해 받게 된다.

② 행정규칙은 적당한 방법으로 통보되고 도달하면 효력을 가지며, 반드시 국민에게 공포되어야만 하는 것은 아니다.

③ 행정규칙의 내용이 상위법령이나 법의 일반원칙에 반하는 것이라면 그것은 법질서상 당연무효이고 취소의 대상이 될 수 없다.

④ 어떠한 처분의 근거나 법적인 효과가 행정규칙에 규정되어 있다고 하더라도, 그 처분이 행정규칙의 내부적 구속력에 의하여 상대방에게 권리의 설정 또는 의무의 부담을 명하거나 기타 법적인 효과를 발생하게 하는 등으로 그 상대방의 권리 의무에 직접 영향을 미치는 행위라면, 이 경우에도 항고소송의 대상이 되는 행정처분에 해당한다.

11 행정계획에 대한 설명으로 옳지 않은 것은? (단, 다툼이 있는 경우 판례에 의함)

① 개인의 자유와 권리에 직접 영향을 미치는 계획이라도 광범위한 형성의 자유가 결부되므로 국민들에게 고시 등으로 알려져야만 대외적으로 효력을 발생하는 것이 아니다.

② 구 「도시계획법」상 도시계획안의 공고 및 공람절차에 하자가 있는 행정청의 도시계획결정은 위법하다.

③ 국토이용계획변경 신청을 거부하였을 경우 실질적으로 폐기물처리업허가신청과 같은 처분을 불허하는 결과가 되는 경우 국토이용계획변경의 입안 및 결정권자인 행정청에게 계획변경을 신청할 법규상 또는 조리상 권리를 가진다.

④ 행정기관 내부지침에 그치는 행정계획이 국민의 기본권에 직접 영향을 끼치고 법령의 뒷받침에 의하여 그대로 실시될 것이 틀림없을 것으로 예상되는 때에는 예외적으로 헌법소원의 대상이 된다.

12 공법관계와 사법관계에 대한 설명으로 옳지 않은 것은? (단, 다툼이 있는 경우 판례에 의함)

① 산림청장이 산림법령이 정하는 바에 따라 국유임야를 대부하는 행위는 사경제주체로서 하는 사법상의 행위이다.

② 건축물의 소재지를 관할하는 허가권자인 지방자치단체의 장이 국가의 건축협의를 거부한 행위는 항고소송의 대상인 거부처분에 해당한다.

③ 지방자치단체가 일반재산을 지방자치단체를 당사자로 하는 계약에 관한 법률에 따라 입찰이나 수의계약을 통해 매각하는 것은 지방자치단체가 우월적 공행정 주체로서의 지위에서 행하는 행위이다.

④ 국가가 당사자가 되는 공사도급계약에서 부정당업자에 대한 입찰참가자격 제한조치는 항고소송의 대상이 되는 처분에 해당한다.

13 공법상계약에 해당하는 것은? (단, 다툼이 있는 경우 판례에 의함)

① 지방자치단체가 사인과 체결한 자원회수 시설위탁운영 협약

② 중소기업 정보화지원사업에 따른 지원금 출연을 위하여 중소기업청장이 체결하는 협약

③ 「공익사업을 위한 토지 등의 취득 보상에 관한 법률」상의 사업시행자가 토지소유자 및 관계인과 협의가 성립되어 체결하는 계약

④ 지방자치단체의 관할구역 내에 있는 각급 학교에서 학교 회계직원으로 근무하는 것을 내용으로 하는 근로계약

14 「개인정보 보호법」상 개인정보보호에 대한 설명으로 옳은 것은? (단, 다툼이 있는 경우 판례에 의함)

① 많은 양의 트위터 정보처럼 개인정보와 이에 해당하지 않은 정보가 혼재된 경우 전체적으로 「개인정보 보호법」상 개인정보에 관한 규정이 적용된다.

② 개인정보자기결정권은 자신에 관한 정보가 언제 누구에게 어느 범위까지 알려지고 또 이용되도록 할 것인지를 정보주체가 스스로 결정할 수 있는 권리로서 헌법에 명시된 권리이다.

③ 「개인정보 보호법」상 개인정보는 살아있는 개인뿐만 아니라 사자(死者)에 관한 정보로서 성명, 주민등록번호 및 영상 등을 통하여 개인을 알아볼 수 있는 정보를 말한다.

④ 「개인정보 보호법」은 민간부분의 개인정보를 규율하고 있고, 공공부분에 관하여는 「공공기관의 개인정보보호에 관한 법률」에서 규율하고 있다.

15 행정심판의 재결에 대한 설명으로 옳은 것은? (단, 다툼이 있는 경우 판례에 의함)

① 행정심판을 거친 후에 원처분에 대하여 취소소송을 제기할 경우 재결서의 정본을 송달받은 날부터 60일 이내에 제기하여야 한다.

② 의무이행심판의 청구가 이유 있다고 인정되는 경우에는 행정심판위원회는 직접 신청에 따른 처분을 할 수 없고, 피청구인에게 처분을 할 것을 명하는 재결을 할 수 있을 뿐이다.

③ 사정재결은 취소심판의 경우에만 인정되고, 의무이행심판과 무효확인심판의 경우에는 인정되지 않는다.

④ 취소심판의 심리 후 행정심판위원회는 영업허가 취소처분을 영업정지 처분으로 적극적으로 변경하는 변경재결 또는 변경명령재결을 할 수 있다.

16 공무원의 권리에 대한 설명으로 가장 옳은 것은? (단, 다툼이 있는 경우 판례에 의함)

① 고충심사결정은 행정상 쟁송의 대상이 되는 행정처분이다.

② 국가공무원에 대한 불리한 부작위에 대한 행정소송은 인사혁신처의 소청심사위원회의 심사 · 결정을 거치지 않아도 제기할 수 있다.

③ 공무원이 국가를 상대로 그 실질이 보수에 해당하는 금원의 지급을 구하는 경우 그 보수에 관한 법률에 지급근거인 명시적 규정이 존재하여야 하고, 해당 보수 항목이 국가예산에도 계상되어 있어야만 한다.

④ 공무원이 임용 당시 공무원 임용결격사유가 있었어도 사실상 근무에 대하여 공무원연금법령에서 정한 퇴직급여를 청구할 수 있다.

17 행정행위의 하자에 대한 설명으로 옳지 않은 것은? (단, 다툼이 있는 경우 판례에 의함)

① 국세에 대한 증액경정처분이 있는 경우 당초 처분은 증액경정처분에 흡수된다.

② 처분 권한을 내부위임 받은 기관이 자신의 이름으로 한 처분은 무효이다.

③ 독립유공자 甲의 서훈이 취소되고 이를 국가보훈처장이 甲의 유족에게 서훈취소 결정통지를 한 것은 통지의 주체나 형식에 하자가 있다고 보기는 어렵다.

④ 과세처분 이후 조세 부과의 근거가 되었던 법률 규정에 대해 위헌결정이 내려졌다고 하더라도, 그 조세채권의 집행을 위한 체납처분은 유효하다.

18 甲은 乙로부터 유흥주점을 양도받고 영업자지위 승계신고를 「식품위생법」 규정에 따라 관할 행정청 A에게 하였다. 이에 대한 다음의 설명 중 옳지 않은 것은? (단, 다툼이 있는 경우 판례에 의함)

① A는 이 유흥주점영업자지위승계신고를 수리함에 있어 乙에게 그 사실을 사전에 통지하여야 한다.

② A는 이 유흥주점영업자지위승계신고를 수리함에 있어 청문이 필요하다고 인정하여 청문을 실시할 때에는 신고를 수리하기 전에 청문을 하여야 한다.

③ 乙은 「행정절차법」상의 당사자의 지위에 있다.

④ A의 유흥주점영업자지위승계신고수리는 乙의 권익을 제한하는 처분이다.

19 A 시와 B 시는 공유수면 매립지의 경계를 두고 이견이 있다. 이에 대한 최종적인 결정권을 가진 기관은 어디인가? 〈변형〉

① 헌법재판소

② 행정안전부장관

③ 지방자치단체중앙분쟁조정위원회

④ 중앙행정심판위원회

20 손실보상에 대한 판례의 내용으로 옳지 않은 것은?

① 보상가액 산정시 공익사업으로 인한 개발이익은 토지의 객관적 가치에 포함된다.

② 개별공시지가가 아닌 표준지공시지가를 기준으로 보상액을 산정하는 것은 헌법 제23조 제3항에 위반되지 않는다.

③ 민간기업도 토지수용의 주체가 될 수 있다.

④ 공유수면매립으로 인하여 위탁판매수수료 수입을 상실한 수산업협동조합에 대해서는 법률의 보상 규정이 없더라도 손실보상의 대상이 된다.

21 판례상 행정소송에서의 법률상 이익을 인정한 경우는?

① 환지처분의 일부에 대한 취소소송

② 가중처벌에 관한 제재적 처분기준이 행정규칙의 형식으로 되어 있는 경우, 실효된 제재처분의 취소를 구하는 소송

③ 위법한 건축물에 대한 취소소송 중 건축공사가 완료된 경우

④ 교원소청심사위원회의 파면처분 취소결정에 대한 취소소송 계속 중 학교법인이 교원에 대한 징계처분을 해임으로 변경한 경우

22 「행정소송법」상 집행정지에 대한 설명으로 옳지 않은 것은? (단, 다툼이 있는 경우 판례에 의함)

① 공공복리에 중대한 영향을 미칠 우려가 있어 집행정지를 불허할 경우의 입증책임은 행정청에게 있다.

② 집행정지결정 후 본안소송이 취하되면 집행정지결정의 효력도 상실한다.

③ 무효확인소송에서는 집행정지가 인정되지 않는다.

④ 집행정지의 결정을 신청함에 있어서는 그 이유에 대한 소명이 있어야 한다.

23 「행정조사기본법」상 행정조사에 대한 설명으로 옳지 않은 것은?

① 조사대상자의 자발적 협조를 얻어 실시하는 현장조사의 경우에도 개별 법령의 이에 관한 법적 근거가 있어야 한다.

② 행정기관의 장은 조사대상자에게 장부·서류를 제출하도록 요구하는 때에는 자료제출요구서를 발송하여야 한다.

③ 행정조사는 조사목적을 달성하는 데 필요한 최소한의 범위 안에서 실시하여야 하며, 다른 목적 등을 위하여 조사권을 남용하여서는 아니 된다.

④ 행정기관의 장은 법령 등에 특별한 규정이 있는 경우를 제외하고는 행정조사의 결과를 확정한 날부터 7일 이내에 그 결과를 조사 대상자에게 통지하여야 한다.

24 아래의 법률 조항에 대한 설명으로 옳지 않은 것은?

「감염병의 예방 및 관리에 관한 법률」 제49조 제1항 질병관리청장, 시·도지사 또는 시장·군수·구청장은 감염병을 예방하기 위하여 다음 각 호에 해당하는 모든 조치를 하거나 그에 필요한 일부 조치를 하여야 하며, 보건복지부장관은 감염병을 예방하기 위하여 제2호, 제2호의2부터 제2호의4까지, 제12호 및 제12호의2에 해당하는 조치를 할 수 있다.

14. 감염병의심자를 적당한 장소에 일정한 기간 입원 또는 격리시키는 것

① 감염병의심자에 대한 격리조치는 직접강제에 해당한다.

② 그 성질상 행정상 의무의 이행을 명하는 것만으로는 행정목적 달성이 곤란한 경우에 가능하다.

③ 다른 수단으로는 행정 목적을 달성할 수 없는 경우에만 허용된다.

④ 현장에 파견되는 집행책임자는 강제하는 이유와 내용을 고지하여야 한다.

25 甲은 청소년에게 주류를 제공하였다는 이유로 A 구청장으로부터 6개월 이내에서 영업정지처분을 할 수 있다고 규정하는 「식품위생법」 제75조, 총리령인 「식품위생법 시행규칙」 제89조 및 별표 23[행정처분의 기준]에 근거하여 영업정지 2개월 처분을 받았다. 甲은 처음으로 단속된 사람이었다. 이에 대한 다음의 설명 중 가장 옳은 것은? (단, 다툼이 있는 경우 판례에 의함)

① 위 영업정지처분은 기속행위이다.

② 위 별표는 법규명령이다.

③ A 구청장은 2개월의 영업정지처분을 함에 있어서 가중감경의 여지는 없다.

④ A 구청장이 유사 사례와의 형평성을 고려하지 않고 3개월의 영업정지처분을 하였다면 甲은 행정의 자기구속원칙의 위반으로 위법함을 주장할 수 있다.

2021 | **5급** 기출문제

✔ 시험시간 25분 ✔ 해설편 190쪽

◆ 회독 CHECK 1 2 3

01 위헌법률에 근거한 행정행위의 효력에 관한 대법원 판례로서 옳은 것(○)과 옳지 않은 것(×)을 올바르게 조합한 것은?

> ㄱ. 위헌인 법률에 근거한 행정처분이 당연무효인지의 여부는 위헌결정의 소급효와는 별개의 문제로서, 위헌결정의 소급효가 인정된다고 하여 위헌인 법률에 근거한 행정처분이 당연무효가 된다고는 할 수 없다.
>
> ㄴ. 위헌법률심판제도에 있어서의 구체적 규범통제의 실효성을 보장한다는 차원에서 당해 사건에 대해서는 헌법재판소의 위헌결정은 장래효원칙의 예외로서 소급효를 인정해야 한다.
>
> ㄷ. 위헌결정의 효력은 그 결정 이후에 당해 법률이 재판의 전제가 되었음을 이유로 법원에 제소된 일반사건에도 미치므로, 이미 취소소송의 제기기간을 경과하여 확정력이 발생한 행정처분의 경우에도 위헌결정의 소급효가 미친다고 보아야 할 것이다.
>
> ㄹ. 위헌결정 이후에 조세채권의 집행을 위한 새로운 체납처분에 착수하거나 이를 속행하는 것은 더 이상 허용되지 않고, 나아가 이러한 위헌결정의 효력에 위배하여 이루어진 체납처분은 그 사유만으로 하자가 중대하고 객관적으로 명백하여 당연무효라고 보아야 한다.

① ㄱ(×), ㄴ(×), ㄷ(○), ㄹ(×)
② ㄱ(×), ㄴ(○), ㄷ(○), ㄹ(○)
③ ㄱ(×), ㄴ(○), ㄷ(×), ㄹ(○)
④ ㄱ(○), ㄴ(○), ㄷ(×), ㄹ(○)

02 행정지도에 대한 설명으로 가장 옳은 것은?

① 세무당국이 주류거래를 일정기간 중지하여 줄 것을 요청한 행위는 항고소송의 대상이 될 수 없다.
② 행정지도로 인해 상대방에게 손해가 발생하였다면 행정기관은 반드시 그에 대한 손해배상책임을 질 필요가 없다.
③ 행정관청이 건축허가시에 도로의 폭에 대해 행정지도를 하였다면 법규에 의한 도로지정이 있었던 것으로 볼 수 있다.
④ 행정지도는 과잉금지의 원칙을 따르며, 비강제적인 행위이나, 행정기관은 행정지도의 상대방이 이에 따르지 않았다는 이유로 불이익을 부과할 수 있다.

03 인허가의제에 대한 설명으로 옳지 않은 것은? (단, 다툼이 있는 경우 판례에 의함)

① 주된 인허가에 관한 사항을 규정하고 있는 법률에서 주된 인허가가 있으면 다른 법률에 의한 인허가를 받은 것으로 의제한다는 규정을 둔 경우, 주된 인허가가 있으면 다른 법률에 의한 인허가가 있는 것으로 보는 데 그치고, 거기에서 더 나아가 다른 법률에 의하여 인허가를 받았음을 전제로 하는 그 다른 법률의 모든 규정들까지 적용되는 것은 아니다.

② 주된 인허가로 의제되는 인허가 중 일부에 대하여만 의제되는 인허가 요건을 갖추어 협의가 완료된 경우 민원인의 요청이 있으면 주된 인허가를 할 수 있고, 이 경우 협의가 완료된 일부 인허가만 의제될 수는 없다.

③ 「건축법」에서 인허가의제 제도를 둔 취지는, 인허가 의제 사항과 관련하여 건축허가의 관할 행정청으로 창구를 단일화하고 절차를 간소화하며 비용과 시간을 절감함으로써 국민의 권익을 보호하려는 것이지, 인허가의제사항 관련 법률에 따른 각각의 인허가 요건에 관한 일체의 심사를 배제하려는 것으로 보기는 어렵다.

④ 주택건설사업계획 승인처분에 따라 의제된 인허가가 위법함을 다투고자 하는 이해관계인은, 주택건설사업계획 승인처분의 취소를 구할 것이 아니라 의제된 인허가의 취소를 구하여야 하며, 의제된 인허가는 주택건설사업계획 승인처분과 별도로 항고소송의 대상이 되는 처분에 해당한다.

04 공물의 사용관계에 대한 다음의 설명 중 학설이나 판례의 내용과 합치되는 것은?

① 공물의 보통사용은 공공용물의 경우에는 원칙적으로 인정되지만, 공용물과 보존공물에 대하여는 공용에 지장이 없는 범위 안에서 예외적으로 인정될 뿐이다.

② 공물의 보통사용은 그 성질상 사용료는 절대 징수할 수 없다.

③ 승용차운전자가 요금을 지불하고 터널을 이용하는 것은 공물의 사법상 계약에 의한 사용의 전형적 예에 해당한다.

④ 공물의 특허사용권은 원칙적으로 물권의 성질을 가진다. 다만 어업권·광업권은 채권적 성질을 갖는다.

05 행정행위의 하자승계에 대한 설명으로 옳지 않은 것은? (단, 다툼이 있는 경우 판례에 의함)

① 도시·군계획시설결정과 실시계획인가는 도시·군계획시설사업을 위하여 이루어지는 단계적 행정절차에서 별도의 요건과 절차에 따라 별개의 법률효과를 발생시키는 독립적인 행정처분이므로 선행처분인 도시·군계획시설결정에 하자가 있더라도 그것이 당연무효가 아닌 한 원칙적으로 후행처분인 실시계획인가에 승계되지 않는다.

② 표준지공시지가결정이 위법한 경우에는 그 자체를 행정소송의 대상이 되는 행정처분으로 보아 그 위법 여부를 다툴 수 있지만, 수용보상금의 증액을 구하는 소송에서 선행처분으로서 그 수용대상 토지 가격 산정의 기초가 된 비교표준지공시지가결정의 위법을 독립한 사유로 주장할 수 없다.

③ 「도시 및 주거환경정비법」상 사업시행계획과 관리처분계획은 서로 독립하여 별개의 법적 효과를 발생시키는 것으로서 이 사건 사업시행계획의 수립에 관한 취소사유인 하자가 이 사건 관리처분계획에 승계되지 아니하므로, 위 취소사유를 들어 이 사건 관리처분계획의 적법 여부를 다툴 수는 없다.

④ 서로 독립하여 별개의 효과를 목적으로 하는 선행처분과 후행처분의 경우 선행처분의 불가쟁력이나 구속력이 그로 인하여 불이익을 입게 되는 자에게 수인한도를 넘는 가혹함을 가져오며, 그 결과가 당사자에게 예측가능한 것이 아닌 경우에는 국민의 재판받을 권리를 보장하고 있는 헌법의 이념에 비추어 선행처분의 후행처분에 대한 구속력은 인정될 수 없다.

06 법령보충적 행정규칙에 대한 설명으로 옳지 않은 것은? (단, 다툼이 있는 경우 판례에 의함)

① 재산제세사무처리규정이 국세청장의 훈령 형식으로 되어 있다 하더라도 이에 의한 거래지정은 「소득세법 시행령」의 위임에 따라 그 규정의 내용을 보충하는 기능을 가지면서 그와 결합하여 대외적 효력을 발생하게 된다 할 것이고 그 보충규정의 내용이 위 법령의 위임한계를 벗어났다는 등 특별한 사정이 없는 한 양도소득세의 실지거래액에 의한 과세의 법령상의 근거가 된다.

② 사회적 변화에 대응한 입법수요의 급증과 종래의 형식적 권력분립주의로는 현대사회에 대응할 수 없다는 기능적 권력분립론 등을 감안하더라도, 의회가 구체적으로 범위를 정하여 위임한 사항에 관하여는 당해 행정기관이 법정립의 권한을 갖게 되고, 이 경우 입법자가 규율의 형식을 선택할 수는 없다.

③ 법령의 규정이 특정 행정기관에게 법령 내용의 구체적 사항을 정할 수 있는 권한을 부여하면서 권한행사의 절차나 방법을 특정하지 아니한 경우에는 수임 행정기관은 행정규칙이나 규정 형식으로 법령 내용이 될 사항을 구체적으로 정할 수 있다.

④ 행정규칙이 상위법령의 위임범위를 벗어난 경우에는 법규명령으로서 대외적 구속력을 인정할 여지는 없는데, 이는 행정규칙이나 규정 '내용'이 위임범위를 벗어난 경우뿐 아니라 상위법령의 위임규정에서 특정하여 정한 권한행사의 '절차'나 '방식'에 위배되는 경우도 마찬가지이므로, 상위법령에서 세부사항 등을 시행규칙으로 정하도록 위임하였음에도 이를 고시 등 행정규칙으로 정하였다면 그 역시 대외적 구속력을 가지는 법규명령으로서 효력이 인정될 수 없다.

07 행정예고에 대한 설명으로 가장 옳은 것은?

① 국토교통부장관이 국가기간교통망계획을 수립하려는 경우에는 이를 예고할 필요가 없다.

② 행정청은 예고 내용의 성격 등을 고려할 필요 없이 행정예고의 기간을 20일 이상으로 정하여야 한다.

③ 행정청은 매년 자신이 행한 행정예고의 실시 현황과 그 결과에 대한 통계를 작성하고, 이를 관보·공보 또는 인터넷에 공고하여야 한다.

④ 행정청은 원칙적으로 국민생활에 매우 큰 영향을 주는 사항이나 많은 국민의 이해가 상충되는 사항에 대한 정책 등, 법률에 규정된 사항에 대해서만 행정예고를 시행하여야 한다.

08 행정계획에 대한 설명으로 옳지 않은 것은? (단, 다툼이 있는 경우 판례에 의함)

① 도시계획법령이 토지형질변경행위허가의 변경신청 및 변경허가에 관하여 아무런 규정을 두지 않고 있을 뿐 아니라, 처분청이 처분 후에 원래의 처분을 그대로 존속시킬 필요가 없게 된 사정변경이 생겼거나 중대한 공익상의 필요가 발생한 경우에는 별도의 법적 근거가 없어도 별개의 행정행위로 이를 철회·변경할 수 있고, 상대방에게는 그 철회·변경을 요구할 신청권이 부여된다.

② 도시계획구역 내 토지 등을 소유하고 있는 사람과 같이 당해 도시계획시설결정에 이해관계가 있는 주민으로서는 도시시설계획의 입안권자 내지 결정권자에게 도시시설계획의 입안 내지 변경을 요구할 수 있는 법규상 또는 조리상의 신청권이 있고, 이러한 신청에 대한 거부행위는 항고소송의 대상이 되는 행정처분에 해당한다.

③ 장래 일정한 기간 내에 관계 법령이 규정하는 시설 등을 갖추어 일정한 행정처분을 구하는 신청을 할 수 있는 법률상 지위에 있는 자의 국토이용계획변경신청을 거부하는 것이 실질적으로 당해 행정처분 자체를 거부하는 결과가 되는 경우에는 그 신청인에게 국토이용계획변경을 신청할 권리가 인정된다.

④ 비구속적 행정계획안이나 행정지침이라도 국민의 기본권에 직접적으로 영향을 끼치고, 앞으로 법령의 뒷받침에 의하여 그대로 실시될 것이 틀림없을 것으로 예상될 수 있을 때에는 공권력행사로서 예외적으로 헌법소원의 대상이 될 수 있다.

09 「국가공무원법」상 5급 공무원인 甲에 대하여 징계권자가 징계처분을 하는 경우에 대한 설명으로 옳지 않은 것은? (단, 다툼이 있는 경우 판례에 의함)

① 甲에 대하여 징계처분을 할 때에는 그 처분권자 또는 처분제청권자는 처분사유를 적은 설명서를 교부(交付)하여야 한다.

② 甲에 대하여 내릴 수 있는 징계는 파면·해임·강등·정직·감봉·견책(譴責)으로 구분한다.

③ 「국가공무원법」의 규정상 징계의결요구는 기속성이 있는 것은 아니어서 징계권자는 甲을 징계의결을 요구할지 여부를 판단할 수 있다.

④ 甲에 대한 징계처분에 관한 행정소송은 소청심사위원회의 심사·결정을 거치지 아니하면 제기할 수 없다.

10 행정강제의 일종인 이행강제금에 대한 설명으로 옳지 않은 것은? (단, 다툼이 있는 경우 판례에 의함)

① 이행하여야 할 행정법상 의무의 내용을 초과하는 것을 '불이행 내용'으로 기재한 이행강제금 부과 예고서에 의하여 이행강제금 부과 예고를 한 다음 이를 이행하지 않았다는 이유로 이행강제금을 부과하였다면, 초과한 정도가 근소하다는 등의 특별한 사정이 없는 한 이행강제금 부과 예고는 이행강제금 제도의 취지에 반하는 것으로서 위법하고, 이에 터 잡은 이행강제금 부과처분 역시 위법하다.

② 비록 건축주 등이 장기간 시정명령을 이행하지 아니하였더라도, 그 기간 중에는 시정명령의 이행 기회가 제공되지 아니하였다가 뒤늦게 시정명령의 이행 기회가 제공된 경우라면, 시정명령의 이행 기회 제공을 전제로 한 1회분의 이행강제금만을 부과할 수 있고, 시정명령의 이행 기회가 제공되지 아니한 과거의 기간에 대한 이행강제금까지 한꺼번에 부과할 수는 없다.

③ 이행강제금 제도는 「건축법」이나 「건축법」에 따른 명령이나 처분을 위반한 건축물의 방치를 막고자 행정청이 시정조치를 명하였음에도 건축주 등이 이를 이행하지 아니한 경우에 행정명령의 실효성을 확보하기 위하여 시정명령 이행 시까지 지속해서 부과함으로써 건축물의 안전과 기능, 미관을 높여 공공복리의 증진을 도모하는 데 입법 취지가 있다.

④ 「건축법」상의 이행강제금은 「건축법」의 위반행위에 대하여 시정명령을 받은 후 시정기간 내에 당해 시정명령을 이행하지 아니한 건축주 등에 대하여 부과되는 간접강제의 일종으로서 그 이행강제금 납부의무는 상속인에게 승계될 수 있다.

11 행정행위와 그에 붙여진 부관의 종류를 연결시킨 것 중 가장 옳지 않은 것은?

① 3개월 이내에 공사에 착수하지 않으면 그 효력을 상실한다는 부관을 붙인 공유수면 매립면허 – 정지조건

② X국으로부터의 쇠고기 수입허가 신청이 있는 경우, Y국으로부터의 수입허가를 부여하는 경우 – 수정부담

③ 청소년을 출입시키면 영업허가를 취소한다는 뜻의 디스코텍 영업허가 – 철회권의 유보

④ 격일제로 하는 택시영업허가 – 법률효과의 일부배제

12 「행정기본법」 제1장 총칙에서 규정하고 있는 기간의 계산에 대한 설명으로 옳지 않은 것은?

① 행정에 관한 기간의 계산에 관하여는 「행정기본법」 또는 다른 법령 등에 특별한 규정이 있는 경우를 제외하고는 「민법」을 준용한다.

② 법령 등 또는 처분에서 국민의 권익을 제한하거나 의무를 부과하는 경우 권익이 제한되거나 의무가 지속되는 기간의 계산에 있어 기간을 일, 주, 월 또는 년(年)으로 정한 경우에는 기간의 첫날을 산입한다.

③ 법령 등 또는 처분에서 국민의 권익을 제한하거나 의무를 부과하는 경우 권익이 제한되거나 의무가 지속되는 기간의 계산에 있어 기간의 말일이 토요일 또는 공휴일인 경우에는 기간은 그 다음 날에 만료한다.

④ 법령 등(훈령·예규·고시·지침 등을 포함한다)을 공포한 날부터 시행하는 경우에는 공포한 날을 시행일로 한다.

13 「행정절차법」상 행정절차에 대한 설명으로 옳지 않은 것은? (단, 다툼이 있는 경우 판례에 의함)

① 「행정절차법」에서 말하는 '의견청취가 현저히 곤란하거나 명백히 불필요하다고 인정될 만한 상당한 이유가 있는 경우'에 해당하는지는 해당 행정처분의 성질에 비추어 판단하여야 하며, 처분상대방이 이미 행정청에 위반사실을 시인하였다거나 처분의 사전통지 이전에 의견을 진술할 기회가 있었다는 사정을 고려하여 판단할 것은 아니다.

② 행정처분의 상대방이 통지된 청문일시에 불출석하였다는 이유만으로 행정청이 관계 법령상 그 실시가 요구되는 청문을 실시하지 아니한 채 침해적 행정처분을 할 수는 없다.

③ '고시'의 방법으로 불특정 다수인을 상대로 행해지는 처분의 경우에도 그 처분이 의무를 부과하거나 권익을 제한하는 경우라면, 「행정절차법」에 의하여 그 상대방에게 의견제출의 기회를 주어야 한다.

④ 민원사무를 처리하는 행정기관이 민원 1회 방문처리제를 시행하는 절차의 일환으로 민원사항의 심의·조정 등을 위한 민원조정위원회를 개최하면서 민원인에게 회의일정 등을 사전에 통지하지 아니하였다 하더라도, 이러한 사정만으로 곧바로 민원사항에 대한 행정기관의 장의 거부처분에 취소사유에 이를 정도의 흠이 존재한다고 보기는 어렵다.

14 「공공기관의 정보공개에 관한 법률」에 따른 정보공개에 대한 설명으로 옳지 않은 것은? (단, 다툼이 있는 경우 판례에 의함)

① 「공공기관의 정보공개에 관한 법률」에서 정보공개의 목적, 교육의 공공성 및 공·사립학교의 동질성, 사립학교에 대한 국가의 재정 지원 및 보조 등 여러 사정과 사립대학교에 대한 국비 지원이 한정적·일시적·국부적이라는 점을 고려할 때, 같은 법 시행령이 정보공개 의무를 지는 공공기관의 하나로 사립대학교를 들고 있는 것이 모법의 위임 범위를 벗어났다고 볼 수 없지만, 사립대학교는 국비의 지원을 받는 범위 내에서만 공공기관의 성격을 가진다고 볼 수 있다.

② 공공기관이 공개청구의 대상이 된 정보를 공개는 하되, 청구인이 신청한 공개방법 이외의 방법으로 공개하기로 하는 결정을 하였다면, 이는 정보공개청구 중 정보공개방법에 관한 부분에 대하여 일부 거부처분을 한 것이고, 청구인은 그에 대하여 항고소송으로 다툴 수 있다.

③ 법원이 행정기관의 정보공개거부처분의 위법 여부를 심리한 결과 공개를 거부한 정보에 비공개사유에 해당하는 부분과 그렇지 않은 부분이 혼합되어 있고, 공개청구의 취지에 어긋나지 않는 범위 안에서 두 부분을 분리할 수 있음을 인정할 수 있을 때에는 공개가 가능한 정보에 국한하여 일부취소를 명할 수 있다.

④ 공개청구자가 특정한 바와 같은 정보를 공공기관이 보유·관리하고 있지 않은 경우라면 특별한 사정이 없는 한 해당 정보에 대한 공개거부처분에 대하여는 취소를 구할 법률상 이익이 없지만, 공개를 구하는 정보를 공공기관이 한때 보유·관리하였으나 후에 그 정보가 담긴 문서들이 폐기되어 존재하지 않게 된 것이라면 그 정보를 더 이상 보유·관리하고 있지 않다는 점에 대한 증명책임은 공공기관에 있다.

15 「공익사업을 위한 토지 등의 취득 및 보상에 관한 법률」에 따른 행정상 손실보상 및 그 불복절차에 대한 설명으로 옳지 않은 것은? (단, 다툼이 있는 경우 판례에 의함)

① 사업시행자, 토지소유자 또는 관계인은 토지수용위원회의 수용재결에 불복할 때에는 재결서를 받은 날부터 90일 이내에, 이의신청을 거쳤을 때에는 이의신청에 대한 재결서를 받은 날부터 60일 이내에 각각 행정소송을 제기할 수 있다.

② 사업인정은 수용권을 설정해 주는 행정처분으로서, 이에 따라 수용할 목적물의 범위가 확정되고, 수용권자가 목적물에 대한 현재 및 장래의 권리자에게 대항할 수 있는 공법상 권한이 생긴다.

③ 수용재결에 불복하여 취소소송을 제기하는 때에는 이의신청을 거친 경우에도 수용재결을 한 중앙토지수용위원회 또는 지방토지수용위원회를 피고로 하여 수용재결의 취소를 구하여야 하고, 다만 이의신청에 대한 재결 자체에 고유한 위법이 있음을 이유로 하는 경우에는 그 이의재결을 한 중앙토지수용위원회를 피고로 하여 이의재결의 취소를 구할 수 있다.

④ 토지소유자 등과 사업시행자 간의 성실한 협의 이후에 이루어지는 절차인 토지수용위원회의 수용재결이 있은 후에는 토지소유자 등과 사업시행자가 다시 협의하여 토지 등의 취득이나 사용 및 그에 대한 보상에 관하여 임의로 계약을 체결할 수 없다.

16 군사행정법에 대한 설명으로 가장 옳은 것은?

① 군무원은 봉급 외의 수당을 받을 수 없지만, 직무수행에 드는 실비는 변상 받을 수 있다.

② 공익근무요원은 특정한 목적을 위해 소집되어 공익분야에 종사하는 사람으로서 보충역에 편입되어 있는 자이므로 군인이라 판단할 수 있다.

③ 5급 이상의 일반군무원은 국방부장관의 제청으로 대통령만이 임용할 수 있으나, 6급 이하의 일반군무원은 국방부장관과 국방부장관의 위임에 따른 각 군 참모총장만이 임용할 수 있다.

④ 주한 미군에 근무하면서 북한의 음성통신을 영어로 번역하는 업무를 수행하는 한국인 군무원에 대하여 미군 측의 고용해제 통보 후 국방부장관이 행한 직권면직의 인사발령은 항고소송의 대상이 되는 행정처분이라 보기 어렵다.

17 취소소송의 대상적격에 대한 설명으로 옳지 않은 것은? (단, 다툼이 있는 경우 판례에 의함)

① 건축신고 반려행위가 이루어진 단계에서 당사자로 하여금 반려행위의 적법성을 다투어 그 법적 불안을 해소한 다음 건축행위에 나아가도록 함으로써 장차 있을지도 모르는 위험에서 미리 벗어날 수 있도록 길을 열어주고, 위법한 건축물의 양산과 그 철거를 둘러싼 분쟁을 조기에 근본적으로 해결할 수 있게 하는 것이 법치행정의 원리에 부합하므로 건축신고 반려행위는 항고소송의 대상이 된다.

② 수익적 행정행위 신청에 대한 거부처분은 당사자의 신청에 대하여 관할 행정청이 거절하는 의사를 대외적으로 명백히 표시함으로써 성립되며, 거부처분이 있은 후 당사자가 다시 신청을 한 경우에는 그 내용이 새로운 신청을 하는 취지라도 관할 행정청이 이를 다시 거절하는 것은 새로운 거부처분이 되지 아니한다.

③ 과세표준과 세액을 증액하는 증액경정처분은 당초신고나 결정에서 확정된 과세표준과 세액을 포함하여 전체로서 하나의 과세표준과 세액을 다시 결정하는 것이므로, 당초 신고나 결정에 대한 불복기간의 경과 여부 등에 관계없이 오직 증액경정처분만이 항고소송의 심판대상이 된다.

④ 기존의 행정처분을 변경하는 내용의 행정처분이 뒤따르는 경우, 후속처분이 종전처분을 완전히 대체하는 것이거나 그 주요 부분을 실질적으로 변경하는 내용인 경우에는 특별한 사정이 없는 한 종전 처분은 그 효력을 상실하고 후속처분만이 항고소송의 대상이 된다.

18 행정상 입법예고절차에 대한 설명으로 가장 옳지 않은 것은?

① 행정상 입법예고의 대상은 제정·개정 또는 폐지되려는 법령을 포함한다.

② 행정청은 특별한 사유가 있다고 하더라도 예고된 입법안의 전문에 대한 열람 또는 복사의 요청에 응해야 한다.

③ 자치법규의 행정상 입법예고기간은 예고할 때 정할 수 있으나, 특별한 사정이 없으면 20일 이상으로 하여야 한다.

④ 입법내용의 성질상 예고의 필요가 없거나 곤란하다고 판단되거나, 그 내용상 국민의 권리·의무 또는 일상생활과 관련이 없다면 입법예고를 할 필요는 없다.

19 「공공데이터의 제공 및 이용 활성화에 관한 법률」에 대한 설명으로 가장 옳지 않은 것은?

① 공공기관은 해당 공공기관이 보유·관리하는 공공데이터 중 제3자의 권리가 포함된 것으로 이용허락을 받지 않은 정보인 경우에는 기술적으로 제3자의 권리가 포함된 정보를 분리할 수 있다 하더라도 제3자 보호를 위해서 제공을 하여서는 안 된다.

② 공공기관의 장은 해당 기관이 보유하고 있는 공공데이터의 목록을 행정안전부장관에게 등록하여야 하며, 행정안전부장관은 등록의 누락이 있는지를 조사하여 누락된 공공데이터 목록의 등록을 요청할 수 있다.

③ 공공데이터의 제공거부 및 제공중단을 받은 자는 공공데이터제공분쟁조정위원회에 분쟁조정신청을 할 수 있으며, 조정의 내용은 재판상 화해와 동일한 효력을 갖는다.

④ 공공기관의 장은 해당 기관이 생성 또는 취득하여 관리하는 공공데이터의 안정적 품질관리 및 적정한 품질수준의 확보를 위하여 필요한 조치를 취하여야 한다.

20 군사행정법에 대한 설명으로 가장 옳지 않은 것은?

① 모든 군무원은 형의 선고나 「군무원인사법」 또는 「국가공무원법」에서 정한 사유에 따르지 아니하고는 본인의 의사에 반하여 휴직·직위해제·강임(降任) 또는 면직을 당하지 아니한다.

② 장교, 준사관 및 부사관이 전상·공상을 제외한 심신장애로 인하여 6개월 이상 근무하지 못하게 되었을 때나 불임·난임으로 장기간의 치료가 필요하여 휴직을 신청한 때에는 임용권자는 휴직을 명하여야 한다.

③ 육군의 경우 장기복무전형에 불합격한 단기복무하사관에 대하여 일시적으로 전역 지원을 하지 아니하는 한 복무연장을 해주고 있다고 해도 이는 필요에 의한 일시적인 조치에 불과하다.

④ 음주운전을 하여 차량접촉사고를 낸 후 출동한 경찰의 음주측정에 정당한 사유 없이 불응하여 벌금을 받은 동원관리관으로 근무하던 자에 대한 품위유지의무 위반을 이유로 한 해임은 재량권의 범위를 일탈·남용한 것이라고 볼 수 없어 적법하다.

21 「지방자치법」에 대한 설명으로 가장 옳지 않은 것은? (단, 다툼이 있는 경우에는 판례에 의함)

① 기관위임사무는 지방자치단체의 사무가 아니라 국가 등의 사무이므로 명문의 규정이 없는 한 조례제정의 대상이 되지 않는다.

② 수업료, 입학금의 지원에 관한 사무는 「지방자치법」에서 정한 지방자치단체 고유의 자치사무이다.

③ 교육감의 소속 교육공무원에 대한 징계사무는 지방자치단체의 자치사무에 해당한다.

④ 시·도와 시·군 및 자치구는 그 사무를 처리함에 있어서 서로 경합하지 아니하도록 하여야 하며, 사무가 서로 경합할 경우 시·군 및 자치구에서 먼저 처리한다.

22 행정법의 일반원칙에 대한 설명으로 가장 옳지 않은 것은? (단, 다툼이 있는 경우에는 판례에 의함)

① 상급행정기관이 하급행정기관에 대해 발하는 업무처리지침이나 법령의 해석적용에 관한 기준은 일반적으로 행정조직 내부에서만 효력을 가질 뿐 대외적 구속력을 가지는 것은 아니므로 행정처분이 그에 위반하였다 하더라도 그 사정만으로 곧바로 위법한 것으로 되는 것은 아니다.

② 수익적 행정행위의 직권취소나 철회는 개인의 신뢰보호를 위하여 제한될 수 있다는 것이 학설과 판례의 일반적 입장이다.

③ 헌법 제12조 제1항에 따른 적법절차 원칙은 형사소송절차에 국한되지 않고 모든 국가작용 전반에 대하여 적용된다.

④ 권한남용금지의 원칙은 행정의 목적과 행정권한을 행사한 행정공무원의 내심의 의도까지 통제하려는 것은 아니다.

23 경찰행정법에 대한 설명으로 가장 옳은 것은?

① 경찰의 임무에는 외국 정부기관 및 국제기구와의 국제협력이 존재하지 않는다.

② 법률에 규정된 자치경찰의 사무에는 성적 목적을 위한 다중이용장소 침입행위에 대한 수사사무는 포함되지 않는다.

③ 경찰관이 직사살수의 방법으로 집회나 시위 참가자들을 해산시키려면, 먼저 「집회 및 시위에 관한 법률」에서 정한 해산 사유를 구체적으로 고지하는 해산명령을 시행한 후에 가능하다.

④ 경찰관은 정신착란을 일으키거나 술에 만취한 사람, 자살을 시도하는 사람, 미아, 병자, 부상자와 같이 응급구호가 필요하다고 믿을 만한 상당한 이유가 있는 사람을 발견한 경우에는 보건의료기관이나 공공구호기관에 긴급구호를 요청하여야 한다.

24 「행정심판법」에 대한 설명으로 옳지 않은 것은? (단, 다툼이 있는 경우 판례에 의함)

① 집행정지의 요건을 갖춘 때에는 직권으로 또는 당사자의 신청에 의하여 처분의 효력, 처분의 집행 또는 절차의 속행의 전부 또는 일부의 정지를 결정할 수 있지만, 처분의 효력정지는 처분의 집행 또는 절차의 속행을 정지함으로써 그 목적을 달성할 수 있을 때에는 허용되지 아니한다.

② 행정심판의 청구인은 「행정심판법」이 규정하는 가구제제도인 집행정지를 이용할 수 있더라도, 처분 또는 부작위가 위법·부당하다고 상당히 의심되는 경우로서 당사자에게 생길 중대한 불이익이나 급박한 위험을 방지할 필요가 있는 경우에는 임시처분을 이용할 수 있다.

③ 행정심판위원회는 심판청구의 대상이 되는 처분 또는 부작위 외의 사항에 대하여는 재결하지 못하며, 심판청구의 대상이 되는 처분보다 청구인에게 불리한 재결을 하지 못한다.

④ 행정심판위원회는 사건의 심리를 위하여 필요하다고 인정하면 직권으로 증거조사를 할 수 있고, 당사자가 주장하지 아니한 사실에 대하여도 심리할 수 있다.

25 「국가배상법」 제2조의 책임(공무원의 위법한 직무집행 행위로 인한 배상책임)에 대한 설명으로 옳지 않은 것은? (단, 다툼이 있는 경우 판례에 의함)

① 어떠한 행정처분이 후에 항고소송에서 취소되었다고 할지라도 그 기판력에 의하여 당해 행정처분이 곧바로 공무원의 고의 또는 과실로 인한 것으로서 불법행위를 구성한다고 단정할 수는 없는 것이고, 그 행정처분의 담당공무원이 보통 일반의 공무원을 표준으로 하여 볼 때 객관적 주의의무를 결하여 그 행정처분이 객관적 정당성을 상실하였다고 인정될 정도에 이른 경우이어야 한다.

② '법령에 위반하여'라고 함은 엄격하게 형식적 의미의 법령에 명시적으로 공무원의 작위의무가 정하여져 있음에도 이를 위반하는 경우만을 의미하는 것은 아니고, 인권존중·권력남용금지·신의성실과 같이 공무원으로서 마땅히 지켜야 할 준칙이나 규범을 지키지 아니하고 위반한 경우를 포함하여 널리 그 행위가 객관적인 정당성을 결여하고 있는 경우도 포함한다.

③ 「공익사업을 위한 토지 등의 취득 및 보상에 관한 법률」 및 구 「토지공사법」의 규정에 의하여, 본래 시·도지사나 시장·군수 또는 구청장의 업무에 속하는 대집행권한을 위탁받은 한국토지공사는 행정주체의 지위에 있으면서, 동시에 지방자치단체 등의 기관으로서 '공무원'에 해당한다.

④ 공무원이 고의 또는 과실로 그에게 부과된 직무상 의무를 위반하였을 경우라고 하더라도 직무상의 의무 위반과 피해자가 입은 손해 사이에 상당인과관계가 인정되기 위하여는 공무원에게 부과된 직무상 의무의 내용이 전적으로 또는 부수적으로 사회구성원 개인의 안전과 이익을 보호하기 위하여 설정된 것이어야 한다.

2020 | 9급 기출문제

모바일
OMR
답안분석
서비스

✅ 시험시간 25분 ✅ 해설편 201쪽

◆ 회독 CHECK 1 2 3

01 행정법의 효력에 대한 설명으로 옳지 않은 것은? (다툼이 있는 경우 판례에 의함)

① 행정법규는 시행일부터 그 효력을 발생한다.

② 법령이 변경된 경우 신 법령이 피적용자에게 유리하여 이를 적용하도록 하는 경과규정을 두는 등의 특별한 규정이 없는 한 헌법 제13조 등의 규정에 비추어 볼 때 그 변경 전에 발생한 사항에 대하여는 변경 후의 신 법령이 아니라 변경 전의 구 법령이 적용되어야 한다.

③ 법령불소급의 원칙은 법령의 효력발생 전에 완성된 요건 사실에 대하여 당해 법령을 적용할 수 없다는 의미일 뿐, 계속 중인 사실이나 그 이후에 발생한 요건 사실에 대한 법령적용까지를 제한하는 것은 아니다.

④ 진정소급입법의 경우에는 신뢰보호의 이익을 주장할 수 있으나 부진정소급입법의 경우에는 신뢰보호의 이익을 주장할 수 없다.

02 행정규칙 형식의 법규명령에 대한 설명으로 옳지 않은 것은? (다툼이 있는 경우 판례에 의함)

① 헌법이 인정하고 있는 위임입법의 형식은 예시적인 것으로 보아야 할 것이고, 그것은 법률이 행정규칙에 위임하더라도 그 행정규칙은 위임된 사항만을 규율할 수 있으므로, 국회입법의 원칙과 상치되지도 않는다.

② 재산권 등과 같은 기본권을 제한하는 작용을 하는 법률이 입법위임을 할 때에는 법규명령에 위임함이 바람직하고, 금융감독위원회의 고시와 같은 행정규칙 형식으로 입법위임을 할 때에는 적어도 「행정규제기본법」 제4조 제2항 단서에서 정한 바와 같이 법령이 전문적·기술적 사항이나 경미한 사항으로서 업무의 성질상 위임이 불가피한 사항에 한정된다.

③ 법률이 행정규칙 형식으로 입법위임을 하는 경우에는 행정규칙의 특성상 포괄위임금지의 원칙은 인정되지 않는다.

④ 상위법령의 위임에 의하여 정하여진 행정규칙은 위임한 계를 벗어나지 아니하는 한 그 상위법령의 규정과 결합하여 대외적인 구속력이 있는 법규명령으로서의 효력을 갖게 된다.

03 인가에 대한 설명으로 옳지 않은 것은? (다툼이 있는 경우 판례에 의함)

① 기본행위가 적법·유효하고 보충행위인 인가처분 자체에 흠이 있다면 그 인가처분의 무효나 취소를 주장할 수 있다.

② 구 「외자도입법」에 따른 기술도입계약에 대한 인가는 기본행위인 기술도입계약을 보충하여 그 법률상 효력을 완성시키는 보충적 행정행위에 지나지 아니하므로 기본행위인 기술도입계약의 해지로 인하여 소멸되었다면 위 인가처분은 처분청의 직권취소에 의하여 소멸한다.

③ 「공유수면매립법」 등 관계법령상 공유수면매립의 면허로 인한 권리의무의 양도·양수에 있어서의 면허관청의 인가는 효력요건으로서, 면허로 인한 권리의무양도약정은 면허관청의 인가를 받지 않은 이상 법률상 아무런 효력도 발생할 수 없다.

④ 인가처분에 흠이 없다면 기본행위에 흠이 있다고 하더라도 따로 기본행위의 흠을 다투는 것은 별론으로 하고 기본행위의 흠을 내세워 바로 그에 대한 인가처분의 무효확인 또는 취소를 구할 수는 없다.

04 행정지도에 대한 설명으로 옳지 않은 것은? (다툼이 있는 경우 판례에 의함)

① 행정지도가 단순한 행정지도로서의 한계를 넘어 규제적·구속적 성격을 상당히 강하게 갖는 것이라면 헌법소원의 대상이 되는 공권력의 행사로 볼 수 있다.

② 행정관청이 「국토이용관리법」 소정의 토지거래계약 신고에 관하여 공시된 기준시가를 기준으로 매매 가격을 신고하도록 행정지도를 하여 그에 따라 피고인이 허위신고를 한 것이라면 그 범법행위는 정당화 된다.

③ 구 「남녀차별금지 및 구제에 관한 법률」상 국가인권위원회의 성희롱결정과 이에 따른 시정조치의 권고는 성희롱 행위자로 결정된 자의 인격권에 영향을 미침과 동시에 공공기관의 장 또는 사용자에게 일정한 법률상의 의무를 부담시키는 것이므로 국가인권위원회의 성희롱결정 및 시정조치권고는 행정소송의 대상이 되는 행정처분에 해당한다.

④ 적법한 행정지도로 인정되기 위해서는 우선 그 목적이 적법한 것으로 인정될 수 있어야 할 것이므로, 행정청이 행한 주식매각의 종용이 정당한 법률적 근거 없이 자의적으로 주주에게 제재를 가하는 것이라면 행정지도의 영역을 벗어난 것이라고 보아야 할 것이다.

05 헌법재판소 결정례와 대법원 판례의 내용으로 옳지 않은 것은? (다툼이 있는 경우 판례에 의함)

① 현역군인만을 국방부의 보조기관 및 차관보·보좌기관과 병무청 및 방위사업청의 보조기관 및 보좌기관에 보할 수 있도록 정하여 군무원을 제외하고 있는 정부조직법 관련 조항은 군무원인 청구인들의 평등권을 침해한다고 보아야 한다.

② 행정소송에 있어서 처분청의 처분권한 유무는 직권조사 사항이 아니다.

③ 행정권한의 위임이 행하여진 때에는 위임관청은 그 사무를 처리할 권한을 잃는다.

④ 자동차운전면허시험 관리업무는 국가행정사무이고 지방자치단체의 장인 서울특별시장은 국가로부터 그 관리업무를 기관위임 받아 국가행정기관의 지위에서 그 업무를 집행하므로, 국가는 면허 시험장의 설치 및 보존의 하자로 인한 손해배상책임을 부담한다.

06 「개인정보 보호법」상 고유식별정보에 관한 설명으로 옳지 않은 것은?

① 「여권법」에 따른 여권번호나 「출입국관리법」에 따른 외국인등록번호는 고유식별정보이다.

② 고유식별정보를 처리하려면 정보주체에게 정보의 수집·이용·제공 등에 필요한 사항을 알리고 다른 개인정보의 처리에 대한 동의와 함께 일괄적으로 동의를 받아야 한다.

③ 개인정보처리자가 이 법에 따라 고유식별정보를 처리하는 경우에는 그 고유식별정보가 분실·도난·유출·위조·변조 또는 훼손되지 아니하도록 대통령령으로 정하는 바에 따라 암호화 등 안전성 확보에 필요한 조치를 하여야 한다.

④ 개인정보처리자는 다른 개인정보의 처리에 대한 동의와 별도로 동의를 받은 경우라 하더라도 주민등록번호는 법에서 정한 예외적 인정사유에 해당하지 않는 한 처리할 수 없다.

07 신뢰보호원칙에 대한 설명으로 옳지 않은 것은? (다툼이 있는 경우 판례에 의함)

① 신뢰보호원칙의 법적 근거로는 신의칙설 또는 법적 안정성을 드는 것이 일반적인 견해이다.

② 신뢰보호원칙의 실정 법적 근거로는 「행정절차법」 제4조 제2항, 「국세기본법」 제18조 제3항 등을 들 수 있다.

③ 대법원은 실권의 법리를 신뢰보호 원칙의 파생원칙으로 본다.

④ 조세법령의 규정내용 및 행정규칙 자체는 과세 관청의 공적 견해 표명에 해당하지 아니한다.

08 정보공개에 대한 설명으로 옳지 않은 것은?

① 정보의 공개를 청구하는 자는 해당 정보를 보유하거나 관리하고 있는 공공기관에 법령상의 요건을 갖춘 정보공개 청구서를 제출하거나 말로써 정보의 공개를 청구할 수 있다.

② 공공기관은 공개 청구된 공개 대상 정보의 전부 또는 일부가 제3자와 관련이 있다고 인정할 때에는 그 사실을 제3자에게 지체 없이 통지하여야 하며, 필요한 경우에는 그의 의견을 들을 수 있다.

③ 「공공기관의 정보공개에 관한 법률」 제11조 제3항에 따라 공개 청구된 사실을 통지받은 제3자는 그 통지를 받은 날부터 7일 이내에 해당 공공기관에 대하여 자신과 관련된 정보를 공개하지 아니할 것을 요청할 수 있다.

④ 「공공기관의 정보공개에 관한 법률」 제21조 제2항에 따른 비공개 요청에도 불구하고 공공기관이 공개 결정을 할 때에는 공개 결정 이유와 공개 실시일을 분명히 밝혀 지체 없이 문서로 통지하여야 하며, 제3자는 해당 공공기관에 문서로 이의신청을 하거나 행정심판 또는 행정소송을 제기할 수 있다.

09 통고처분에 대한 설명으로 옳지 않은 것은? (다툼이 있는 경우 판례에 의함)

① 지방국세청장이 조세범칙행위에 대하여 고발을 한 후에 동일한 조세범칙행위에 대하여 통고처분을 하여 조세범칙행위자가 이를 이행하였다면 고발에 따른 형사절차의 이행은 일사부재리의 원칙에 반하여 위법하다.

② 「도로교통법」에 따른 경찰서장의 통고처분은 행정소송의 대상이 되는 행정처분이 아니다.

③ 통고처분은 상대방의 임의의 승복을 그 발효요건으로 하는 것으로서 상대방의 재판받을 권리를 침해하는 것으로 인정되지 않는다.

④ 「관세법」상 통고처분을 할 것인지의 여부는 관세청장 또는 세관장의 재량에 맡겨져 있고, 따라서 관세청장 또는 세관장이 관세범에 대하여 통고처분을 하지 아니한 채 고발하였다는 것만으로는 그 고발 및 이에 기한 공소의 제기가 부적법하게 되는 것은 아니다.

10 다음은 1993년 8월12일에 발하여진 대통령의 금융실명거래 및 비밀보장에 관한 긴급재정경제 명령(이하 '긴급재정경제명령'이라 칭함)에 관한 위헌확인소원에서 헌법재판소가 내린 결정 내용이다. 옳지 않은 것은? (다툼이 있는 경우 판례에 의함)

① 대통령의 긴급재정경제명령은 국가긴급권의 일종으로서 고도의 정치적 결단에 의하여 발동되는 행위이다.

② 대통령의 긴급재정경제명령은 이른바 통치행위에 속한다고 할 수 있다.

③ 통치행위를 포함하여 모든 국가작용은 국민의 기본권적 가치를 실현하기 위한 수단이라는 한계를 반드시 지켜야 한다.

④ 국민의 기본권 침해와 직접 관련되는 경우라도 그 국가작용이 고도의 정치적 결단에 의하여 행해진다면 당연히 헌법재판소의 심판대상이 되지 않는다.

11 다음 중 대법원 판례의 내용과 다른 것은? (다툼이 있는 경우 판례에 의함)

① 일정한 자격을 갖추고 소정의 절차에 따라 국립대학의 장에 의하여 임용된 조교는 법정된 근무기간 동안 신분이 보장되는 「교육공무원법」상의 교육공무원 내지 「국가공무원법」상의 특정직 공무원 지위가 부여되지만, 근무관계는 공법상 근무 관계가 아닌 사법상의 근로계약관계에 해당한다.

② 행정규칙의 내용이 상위법령에 반하는 것이라면 법치국가원리에서 파생되는 법질서의 통일성과 모순금지 원칙에 따라 그것은 법질서상 당연무효이고, 행정내부적 효력도 인정될 수 없다.

③ 계약직공무원에 관한 현행 법령의 규정에 비추어 볼 때, 계약직공무원 채용계약해지의 의사표시는 일반공무원에 대한 징계처분과는 달라서 항고소송의 대상이 되는 처분 등의 성격을 가진 것으로 인정되지 아니한다.

④ 「국가공무원법」상 당연퇴직은 결격사유가 있을 때 법률상 당연히 퇴직하는 것이지, 공무원관계를 소멸시키기 위한 별도의 행정처분을 요하는 것이 아니며, 당연퇴직의 인사발령은 법률상 당연히 발생하는 퇴직사유를 공적으로 확인하여 알려주는 이른바 관념의 통지에 불과하고 공무원의 신분을 상실시키는 새로운 형성적 행위가 아니므로 행정소송의 대상이 되는 독립한 행정처분이라고 할 수 없다.

12 「병역법」에 관련한 설명으로 옳지 않은 것은? (다툼이 있는 경우 판례에 의함)

① 현역입영대상자인 피고인이 정당한 사유 없이 병역의무부과통지서인 현역입영통지서의 수령을 거부하고 입영기일부터 3일이 경과하여도 입영하지 않은 경우 통지서 수령거부에 대한 처벌만 인정될 뿐 입영의 기피에 대한 처벌은 인정되지 않는다.

② 병역의무부과통지서인 현역입영통지서는 그 병역 의무자에게 이를 송달함이 원칙이고, 이러한 송달은 병역의무자의 현실적인 수령행위를 전제로 하고 있다고 보아야 하므로, 병역의무자가 현역입영통지의 내용을 이미 알고 있는 경우에도 여전히 현역입영통지서의 송달은 필요하다.

③ 현역입영대상자로서는 현실적으로 입영을 하였다고 하더라도, 입영 이후의 법률관계에 영향을 미치고 있는 현역병입영통지처분 등을 한 관할지방병무청장을 상대로 위법을 주장하여 그 취소를 구할 소송상의 이익이 있다.

④ 「병역법」상 보충역편입처분과 공익근무요원소집처분이 각각 단계적으로 별개의 법률효과를 발생하는 독립된 행정처분이 아니므로, 불가쟁력이 생긴 보충역 편입처분의 위법을 이유로 공익근무요원소집처분의 효력을 다툴 수 있다.

13 다수의 당사자 등이 공동으로 행정절차에 관한 행위를 할 때에 정하는 대표자에 관한 「행정절차법」의 규정 내용으로 옳지 않은 것은?

① 당사자 등은 대표자를 변경하거나 해임할 수 있다.

② 대표자는 각자 그를 대표자로 선정한 당사자 등을 위하여 행정절차에 관한 모든 행위를 할 수 있다. 다만, 행정절차를 끝맺는 행위에 대하여는 당사자 등의 동의를 받아야 한다.

③ 대표자가 있는 경우에는 당사자 등은 그 대표자를 통하여서만 행정절차에 관한 행위를 할 수 있다.

④ 다수의 대표자가 있는 경우 그 중 1인에 대한 행정청의 행위는 모든 당사자 등에게 효력이 있다. 다만, 행정청의 통지는 대표자 1인에게 하여도 그 효력이 있다.

14 사실행위에 관한 판례의 내용으로 옳지 않은 것은? (다툼이 있는 경우 판례에 의함)

① 교도소장이 수형자를 '접견내용 녹음·녹화 및 접견 시 교도관 참여대상자'로 지정한 행위는 수형자의 구체적 권리의무에 직접적 변동을 가져오는 행정청의 공법상 행위로서 항고소송의 대상이 되는 '처분'에 해당한다.

② 구청장이 사회복지법인에 특별감사 결과, 지적 사항에 대한 시정지시와 그 결과를 관계서류와 함께 보고하도록 지시한 경우, 그 시정지시는 항고소송의 대상이 되는 행정처분에 해당하지 아니한다.

③ 교도소 수형자에게 소변을 받아 제출하게 한 것은, 형을 집행하는 우월적인 지위에서 외부와 격리된 채 형의 집행에 관한 지시, 명령을 복종하여야 할 관계에 있는 자에게 행해진 것으로서 권력적 사실행위이다.

④ 「국세징수법」에 의한 체납처분의 집행으로서 한 압류처분은, 행정청이 한 공법상의 처분이고, 따라서 그 처분이 위법이라고 하여 그 취소를 구하는 소송은 행정소송이다.

15 다음 중 대법원 판례의 내용과 다른 것은? (다툼이 있는 경우 판례에 의함)

① 방사능에 오염된 고철을 타인에게 매도하는 등으로 유통시킴으로써 거래 상대방이나 전전 취득한 자가 방사능오염으로 피해를 입게 되었더라도 그 원인자는 방사능오염 사실을 모르고 유통시켰을 경우에는 「환경정책기본법」 제44조 제1항에 따라 피해자에게 피해를 배상할 의무는 없다.

② 토양은 폐기물 기타 오염물질에 의하여 오염될 수 있는 대상일 뿐 오염토양이라 하여 동산으로서 '물질'인 폐기물에 해당한다고 할 수 없고, 나아가 오염토양은 법령상 절차에 따른 정화 대상이 될 뿐 법령상 금지되거나 그와 배치되는 개념인 투기나 폐기 대상이 된다고 할 수 없다.

③ 행정청이 폐기물처리사업계획서 부적합 통보를 하면서 처분서에 불확정개념으로 규정된 법령상의 허가기준 등을 충족하지 못하였다는 취지만을 간략히 기재하였다면, 부적합 통보에 대한 취소소송절차에서 행정청은 그 처분을 하게 된 판단 근거나 자료 등을 제시하여 구체적 불허가사유를 분명히 하여야 한다.

④ 불법행위로 영업을 중단한 자가 영업 중단에 따른 손해배상을 구하는 경우 영업을 중단하지 않았으면 얻었을 순이익과 이와 별도로 영업 중단과 상관없이 불가피하게 지출해야 하는 비용도 특별한 사정이 없는 한 손해배상의 범위에 포함될 수 있다.

16 행정법규 위반에 대한 제재조치의 설명으로 옳지 않은 것은? (다툼이 있는 경우 판례에 의함)

① 행정법규 위반에 대한 제재조치는 행정목적의 달성을 위하여 행정법규 위반이라는 객관적 사실에 착안하여 가하는 제재이므로, 반드시 현실적인 행위자가 아니라도 법령상 책임자로 규정된 자에게 부과되며, 그러한 제재조치의 위반자에게 고의나 과실이 있어야 부과할 수 있다.

② 법규가 예외적으로 형사소추 선행 원칙을 규정하고 있지 않은 이상 형사판결 확정에 앞서 일정한 위반사실을 들어 행정처분을 하였다고 하여 절차적 위반이 있다고 할 수 없다.

③ 제재적 행정처분은 권익침해의 효과를 가져오므로 철회권이 유보되어 있거나, 법률유보의 원칙상 명문의 근거가 있어야 하며, 행정청이 이러한 권한을 갖고 있다고 하여도 그러한 권한의 행사는 의무에 합당한 재량에 따라야 한다.

④ 세무서장 등은 납세자가 허가·인가·면허 및 등록을 받은 사업과 관련된 소득세, 법인세 및 부가가치세를 대통령령으로 정하는 사유 없이 체납하였을 때에는 해당 사업의 주무관서에 그 납세자에 대하여 허가 등의 갱신과 그 허가 등의 근거 법률에 따른 신규 허가 등을 하지 아니할 것을 요구할 수 있다.

17 「행정심판법」의 규정 내용으로 옳지 않은 것은?

① 관계 행정기관의 장이 특별행정심판 또는 「행정심판법」에 따른 행정심판 절차에 대한 특례를 신설하거나 변경하는 법령을 제정·개정할 때에는 미리 법무부장관과 협의하여야 한다.

② 행정청의 처분 또는 부작위에 대하여는 다른 법률에 특별한 규정이 있는 경우 외에는 이 법에 따라 행정심판을 청구할 수 있다.

③ 대통령의 처분 또는 부작위에 대하여는 다른 법률에서 행정심판을 청구할 수 있도록 정한 경우 외에는 행정심판을 청구할 수 없다.

④ 행정청이란 행정에 관한 의사를 결정하여 표시하는 국가 또는 지방자치단체의 기관, 그 밖에 법령 또는 자치법규에 따라 행정 권한을 가지고 있거나 위탁을 받은 공공단체나 그 기관 또는 사인(私人)을 말한다.

18 행정소송의 대상이 되는 처분에 관한 판례의 내용으로 옳지 않은 것은? (다툼이 있는 경우 판례에 의함)

① 당사자가 지방노동위원회의 처분에 대하여 불복하기 위해서는 처분 송달일로부터 10일 이내에 중앙노동위원회에 재심을 신청하고 중앙노동위원회의 재심판정서 송달일로부터 15일 이내에 고용노동부 장관을 피고로 하여 재심판정취소의 소를 제기하여야 할 것이다.

② 지방의회 의장에 대한 불신임의결은 의장으로서의 권한을 박탈하는 행정처분의 일종으로서 항고소송의 대상이 된다.

③ 조례가 집행행위의 개입 없이도 그 자체로서 직접 국민의 구체적인 권리의무나 법적 이익에 영향을 미치는 등의 법률상 효과를 발생하는 경우 그 조례는 항고소송의 대상이 되는 행정처분에 해당한다.

④ 항정신병 치료제의 요양급여 인정기준에 관한 보건복지부 고시가 다른 집행행위의 매개 없이 그 자체로서 제약회사, 요양기관, 환자 및 국민건강보험공단 사이의 법률관계를 직접 규율 한다는 이유로 항고소송의 대상이 되는 행정처분에 해당한다.

19 소의 이익에 관한 판례의 내용으로 옳지 않은 것은? (다툼이 있는 경우 판례에 의함)

① 소음·진동배출시설에 대한 설치허가가 취소된 후 그 배출시설이 어떠한 경위로든 철거되어 다시 복구 등을 통하여 배출시설을 가동할 수 없는 상태라면 이는 배출시설 설치허가의 대상이 되지 아니하므로 외형상 설치허가취소행위가 잔존하고 있다고 하여도 특단의 사정이 없는 한 이제와서 굳이 위 처분의 취소를 구할 법률상의 이익이 없다.

② 원자로 및 관계 시설의 부지사전승인처분은 나중에 건설허가처분이 있게 되더라도 그 건설허가처분에 흡수되어 독립된 존재가치를 상실하는 것이 아니므로, 부지사전승인 처분의 취소를 구할 이익이 있다.

③ 법인세 과세표준과 관련하여 과세관청이 법인의 소득처분 상대방에 대한 소득처분을 경정하면서 증액과 감액을 동시에 한 결과 전체로서 소득 처분금액이 감소된 경우, 법인이 소득금액변동 통지의 취소를 구할 소의 이익이 없다.

④ 건물철거대집행계고처분 취소소송 계속 중 건물철거대집행의 계고처분에 이어 대집행의 실행으로 건물에 대한 철거가 이미 사실행위로서 완료된 경우에는 원고로서는 계고처분의 취소를 구할 소의 이익이 없게 된다.

20 재결 자체에 고유한 위법이 있는 경우와 관련된 내용으로 옳지 않은 것은? (다툼이 있는 경우 판례에 의함)

① 권한이 없는 행정심판위원회에 의한 재결의 경우가 그 예이다.

② 재결 자체의 내용상 위법도 재결 자체에 고유한 위법이 있는 경우에 포함된다.

③ 제3자효를 수반하는 행정행위에 대한 행정심판청구의 인용재결은 원처분과 내용을 달리하는 것이므로 그 인용재결의 취소를 구하는 것은 원처분에는 없는 재결에 고유한 하자를 주장하는 것이라고 하더라도 당연히 항고소송의 대상이 되는 것은 아니다.

④ 행정처분에 대한 행정심판의 재결에 이유모순의 위법이 있다는 사유는 재결처분 자체에 고유한 하자로서 재결처분의 취소를 구하는 소송에서는 그 위법사유로서 주장할 수 있으나, 원처분의 취소를 구하는 소송에서는 그 취소를 구할 위법사유로서 주장할 수 없다.

21 「공공기관의 정보공개에 관한 법률」의 내용으로 옳지 않은 것은? (다툼이 있는 경우 판례에 의함)

① 정보공개를 거부하기 위해서는 반드시 그 정보가 진행 중인 재판의 소송기록 그 자체에 포함된 내용의 정보일 필요는 없으나, 재판에 관련된 일체의 정보가 그에 해당하는 것은 아니고 진행 중인 재판의 심리 또는 재판 결과에 구체적으로 영향을 미칠 위험이 있는 정보에 한정된다고 보는 것이 타당하다.

② 처분청이 처분 당시에 적시한 구체적 사실을 변경하지 아니하는 범위 내에서 단지 그 처분의 근거법령만을 추가·변경하거나 당초의 처분사유를 구체적으로 표시하는 것에 불과한 경우에는 새로운 처분사유를 추가하거나 변경하는 것이라고 볼 수 없다.

③ 학교환경위생구역 내 금지행위(숙박시설) 해제 결정에 관한 학교환경위생정화위원회의 회의록에 기재된 발언내용에 대한 해당 발언자의 인적 사항 부분에 관한 정보는 「공공기관의 정보공개에 관한 법률」 제7조 제1항 제5호 소정의 비공개 대상에 해당한다고 볼 수 없다.

④ 의사결정과정에 제공된 회의관련자료나 의사결정 과정이 기록된 회의록 등은 의사가 결정되거나 의사가 집행된 경우에는 더 이상 의사결정과정에 있는 사항 그 자체라고는 할 수 없으나, 의사결정과정에 있는 사항에 준하는 사항으로서 비공개 대상 정보에 포함될 수 있다.

22 「국가배상법」 제2조와 관련한 내용으로 옳지 않은 것은? (다툼이 있는 경우 판례에 의함)

① 국·공립대학 교원에 대한 재임용거부처분이 재량권을 일탈·남용한 것으로 평가되어 그것이 불법행위가 됨을 이유로 국·공립대학 교원 임용권자에게 손해배상책임을 묻기 위해서는 당해 재임용거부가 국·공립대학 교원 임용권자의 고의 또는 과실로 인한 것이라는 점이 인정되어야 한다.

② 입법부가 법률로써 행정부에게 특정한 사항을 위임했음에도 불구하고 행정부가 정당한 이유 없이 이를 이행하지 않는다면 권력분립의 원칙과 법치국가 내지 법치행정의 원칙에 위배되는 것으로서 위법함과 동시에 위헌적인 것이 된다.

③ 유흥주점에 감금된 채 윤락을 강요받으며 생활하던 여종업원들이 유흥주점에 화재가 났을 때 미처 피신하지 못하고 유독가스에 질식해 사망한 사안에서, 지방자치단체의 담당 공무원이 위 유흥주점의 용도변경, 무허가 영업 및 시설기준에 위배된 개축에 대하여 시정명령 등 식품위생법상 취하여야 할 조치를 게을리 한 직무상 의무위반행위와 위 종업원들의 사망 사이에 상당인과관계가 존재한다.

④ 「국가배상법」 제2조 제1항의 '법령을 위반하여'라고 함은 엄격하게 형식적 의미의 법령에 명시적으로 공무원의 행위의무가 정하여져 있음에도 이를 위반하는 경우만을 의미하는 것은 아니고, 인권존중·권력남용금지·신의성실과 같이 공무원으로서 마땅히 지켜야 할 준칙이나 규범을 지키지 아니하고 위반한 경우를 비롯하여 널리 그 행위가 객관적인 정당성을 결여하고 있는 경우도 포함한다.

23 무효와 취소의 구별실익에 관한 내용으로 옳지 않은 것은?

① 취소할 수 있는 행정행위에 대하여서만 사정재결, 사정판결이 인정된다.

② 행정심판전치주의는 무효선언을 구하는 취소소송과 무효확인소송 모두에 적용되지 않는다.

③ 무효확인판결에 간접강제가 인정되지 않는 것은 입법의 불비라는 비판이 있다.

④ 판례에 따르면, 무효선언을 구하는 취소소송은 제소기한의 제한이 인정된다고 한다.

24 이행강제금에 대한 설명으로 옳지 않은 것은? (다툼이 있는 경우 판례에 의함)

① 현행 「건축법」상 위법건축물에 대한 이행강제수단으로 대집행과 이행강제금이 인정되고 있는데, 행성청은 개별사건에 있어서 위반내용, 위반자의 시정의지 등을 감안하여 대집행과 이행강제금을 선택적으로 활용할 수 있다.

② 「건축법」에서 무허가 건축행위에 대한 형사 처벌과 「건축법」 제80조 제1항에 의한 시정명령위반에 대한 이행강제금의 부과는 헌법 제13조 제1항이 금지하는 이중처벌에 해당한다고 할 수 없다.

③ 비록 건축주 등이 장기간 시정명령을 이행하지 아니하였더라도, 그 기간 중에는 시정명령의 이행 기회가 제공되지 아니하였다가 뒤늦게 시정명령의 이행 기회가 제공된 경우라면, 시정명령의 이행 기회가 제공되지 아니한 과거의 기간에 대한 이행강제금까지 한꺼번에 부과할 수 있다.

④ 「부동산 실권리자명의 등기에 관한 법률」상 장기 미등기자가 이행강제금 부과 전에 등기신청의무를 이행하였다면 이행강제금의 부과로써 이행을 확보하고자 하는 목적은 이미 실현된 것이므로 이 법상 규정된 기간이 지나서 등기신청의무를 이행한 경우라 하더라도 이행강제금을 부과할 수 없다.

25 처분의 신청에 관한 「행정절차법」의 규정 내용으로 옳지 않은 것은?

① 행정청에 처분을 구하는 신청은 문서로 하여야 한다. 다만, 다른 법령 등에 특별한 규정이 있는 경우와 행정청이 미리 다른 방법을 정하여 공시한 경우에는 그러하지 아니하다.

② 행정청은 신청에 필요한 구비서류, 접수기관, 처리기간, 그 밖에 필요한 사항을 게시(인터넷 등을 통한 게시를 포함)하거나 이에 대한 편람을 갖추어두고 누구나 열람할 수 있도록 하여야한다.

③ 행정청은 신청에 구비서류의 미비 등 흠이 있는 경우에는 보완에 필요한 상당한 기간을 정하여 지체 없이 신청인에게 보완을 요구할 수 있다.

④ 행정청은 신청인의 편의를 위하여 다른 행정청에 신청을 접수하게 할 수 있다. 이 경우 행정청은 다른 행정청에 접수할 수 있는 신청의 종류를 미리 정하여 공시하여야 한다.

2020 | **7급** 기출문제

모바일
OMR
답안분석
서비스

회독 CHECK 1 2 3

☑ 시험시간 25분 ☑ 해설편 212쪽

01 행정상 손해배상에 대한 설명으로 옳지 않은 것은? (다툼이 있는 경우 판례에 의함)

① 자기책임설은 공무원의 직무상 행위의 위법 여부와 상관없이 국가가 자기의 행위에 대한 배상책임을 지는 것으로 보는 견해이다.

② 법관의 재판에 법령의 규정을 따르지 아니한 잘못이 있는 경우에는 이로써 바로 그 재판상 직무행위가 「국가배상법」 제2조 제1항에서 말하는 위법한 행위로 되어 국가의 손해배상책임이 발생한다.

③ 과실의 기준은 당해 공무원이 아니라 당해 직무를 담당하는 평균적 공무원을 기준으로 한다는 견해는 과실의 객관화(과실 개념을 객관적으로 접근)를 위한 시도라 할 수 있다.

④ 손해는 법익침해로 인한 모든 불이익을 말하며, 재산상의 손해이든 비재산적 손해(생명·신체·정신상의 손해)이든, 적극적 손해이든 소극적 손해이든 불문한다.

02 부작위위법확인소송에 대한 설명으로 옳지 않은 것은? (다툼이 있는 경우 판례에 의함)

① 부작위위법확인소송의 확정판결은 제3자에 대하여도 효력이 있다.

② 부작위위법확인의 소는 부작위상태가 계속되는 한 그 위법의 확인을 구할 이익이 있다고 보아야 하므로 원칙적으로 제소기간의 제한을 받지 않는다.

③ 부작위위법확인의 소는 신청에 대한 부작위의 위법을 확인하여 소극적인 위법상태를 제거하는 동시에 신청의 실체적 내용이 이유 있는 것인가도 심리하는 것을 목적으로 한다.

④ 부작위위법확인소송에 있어서의 판결은 행정청의 특정 부작위의 위법 여부를 확인하는 데 그치고, 적극적으로 행정청에 대하여 일정한 처분을 할 의무를 직접 명하지는 않는다.

03 행정의 주요 행위형식에 대한 설명으로 옳지 않은 것은? (다툼이 있는 경우 판례에 의함)

① 행정청인 관리권자로부터 관리업무를 위탁받은 공단이 우월적 지위에서 일정한 법률상 효과를 발생하게 하는 공단입주 변경계약은 공법계약으로 이의 취소는 공법상 당사자소송으로 해야 한다.

② 어업권면허에 선행하는 우선순위결정은 행정청이 우선권자로 결정된 자의 신청이 있으면 어업권면허처분을 하겠다는 것을 약속하는 행위로서 강학상 확약에 불과하다.

③ 행정사법작용에 관한 법적 분쟁은 특별한 규정이 없는 한 민사소송을 통해 구제를 도모하여야 한다.

④ 행정자동결정이 행정사실행위에 해당한다고 하게 되면 그것은 직접적인 법적 효과는 발생하지 않으며 다만 국가배상청구권의 발생 등 간접적인 법적 효과만 발생함이 원칙이다.

04 재량행위에 대한 설명으로 옳지 않은 것은? (다툼이 있는 경우 판례에 의함)

① 재량행위의 경우 행정청은 재량권의 한계 내에서는 법이 정한 요건을 충족하더라도 그 행위를 해야 할 의무는 없는 것이다.

② 재량권의 일탈·남용 여부에 대한 법원의 심사는 사실오인, 비례·평등의 원칙 위배, 당해 행위의 목적 위반이나 동기의 부정 유무 등을 그 판단 대상으로 한다.

③「국토의 계획 및 이용에 관한 법률」이 정한 용도지역 안에서의 건축허가는 개발행위허가의 성질도 갖는데, 개발행위허가는 허가기준 및 금지요건이 불확정개념으로 규정된 부분이 많아 그 요건에 해당하는지 여부는 행정청의 판단여지에 속한다.

④ 자유재량에 있어서도 그 범위의 넓고 좁은 차이는 있더라도 법령의 규정뿐만 아니라 관습법 또는 일반적 조리에 의한 일정한 한계가 있는 것으로서 위 한계를 벗어난 재량권의 행사는 위법하다.

05 행정청의 권한의 위임에 대한 설명으로 옳지 않은 것은? (다툼이 있는 경우 판례에 의함)

① 행정권한의 위임은 법률이 위임을 허용하고 있는 경우에 한하여 인정된다.

② 시·도지사는 지방자치단체의 조례에 의하여 기관위임사무를 구청장 등에게 재위임할 수는 없다.

③ 수임사무의 처리가 부당한지 여부의 판단은 위법성 판단과 달리 합목적적·정책적 고려도 포함된다.

④ 전결규정에 위반하여 원래의 전결권자가 아닌 보조기관 등이 처분권자인 행정관청의 이름으로 행한 행정처분은 무효의 처분이다.

06 허가에 대한 설명으로 옳지 않은 것은? (다툼이 있는 경우 판례에 의함)

① 건축허가는 대물적 성질을 갖는 것이어서 행정청으로서는 허가를 할 때에 건축주 또는 토지소유자가 누구인지 등 인적요소에 관하여는 형식적 심사만 한다.

② 구「학원의 설립·운영에 관한 법률」제5조 제2항에 의한 학원의 설립인가는 강학상의 이른바 인가에 해당하는 것으로서 그 인가를 받은 자에게 특별한 권리를 부여하는 것이고 일반적인 금지를 특정한 경우에 해제하여 학원을 설립할 수 있는 자유를 회복시켜 주는 것이 아니다.

③ 유료직업 소개사업의 허가갱신은 허가취득자에게 종전의 지위를 계속 유지시키는 효과를 갖는 것에 불과하고 갱신 후에는 갱신 전의 법위반사항을 불문에 붙이는 효과를 발생하는 것이 아니므로 일단 갱신이 있은 후에도 갱신 전의 법위반 사실을 근거로 허가를 취소할 수 있다.

④ 허가 등의 행정처분은 원칙적으로 처분 시의 법령과 허가기준에 의하여 처리되어야 하고 허가신청 당시의 기준에 따라야 하는 것은 아니며, 비록 허가신청 후 허가기준이 변경되었다 하더라도 그 허가관청이 허가신청을 수리하고도 정당한 이유 없이 그 처리를 늦추어 그 사이에 허가기준이 변경된 것이 아닌 이상 변경된 허가기준에 따라서 처분을 하여야 한다.

07 행정절차에 대한 설명으로 옳지 않은 것은? (다툼이 있는 경우 판례에 의함)

① 당사자 등은 인허가 등의 취소, 신분·자격의 박탈, 법인이나 조합 등의 설립허가의 취소에 관한 처분 시 의견제출 기한 내에 청문의 실시를 신청할 수 있다.

② 행정청은 처분을 함에 있어 국민생활에 큰 영향을 미치는 처분으로서 대통령령으로 정하는 처분에 대하여 대통령령으로 정하는 수 이상의 당사자 등이 공청회 개최를 요구하는 경우 공청회를 개최한다.

③ 행정청은 국민생활에 매우 큰 영향을 주는 사항, 많은 국민의 이해가 상충되는 사항, 많은 국민에게 불편이나 부담을 주는 사항, 그 밖에 널리 국민의 의견을 수렴할 필요가 있는 사항에 대한 정책, 제도 및 계획을 수립·시행하거나 변경하려는 경우에 한해 이를 예고할 의무가 있다.

④ 판례는 당사자가 신청하는 허가 등을 거부하는 처분을 하면서 당사자가 그 근거를 알 수 있을 정도로 이유를 제시한 경우에는 처분의 근거와 이유를 구체적으로 명시하지 않았더라도 그로 인해 처분이 위법하게 되는 것은 아니라고 보았다.

08 취소소송에 대한 설명으로 옳지 않은 것은? (다툼이 있는 경우 판례에 따름)

① 처분성이 인정되는 국민권익위원회의 조치요구에 대해 소방청장은 취소소송을 제기할 당사자 능력과 원고적격을 갖는다.

② 사증발급의 법적 성질과 「출입국관리법」의 입법 목적을 고려할 때 외국인은 사증발급 거부처분의 취소를 구할 법률상 이익이 있다.

③ 거부처분이 행정심판의 재결을 통해 취소된 경우 재결에 따른 후속처분이 아니라 그 재결의 취소를 구하는 것은 분쟁해결의 유효적절한 수단이라고 할 수 없어 소의 이익이 없다.

④ 병무청장의 병역의무 기피자의 인적사항 공개 결정은 취소소송의 대상이 되는 처분에 해당한다.

09 행정상 강제집행에 대한 설명으로 옳지 않은 것은? (다툼이 있는 경우 판례에 의함)

① 군수가 군사무위임조례의 규정에 따라 무허가 건축물에 대한 철거대집행사무를 하부 행정 기관인 읍·면에 위임하였다면, 읍·면장에게는 관할구역 내의 무허가 건축물에 대하여 그 철거대집행을 위한 계고처분을 할 권한이 있다.

② 이행강제금은 간접적인 행정상 강제집행 수단이며, 대체적 작위의무 위반에 대하여도 부과될 수 있다.

③ 직접강제는 대체적 작위의무뿐만 아니라 비대체적 작위의무·부작위의무·수인의무 등 일체의 의무의 불이행에 대해 행할 수 있다.

④ 「개발제한구역의 지정 및 관리에 관한 특별조치법」에 따르면, 이행강제금을 부과·징수할 때마다 그에 앞서 시정명령 절차를 다시 거쳐야 한다.

10 「지방자치법」에 대한 설명으로 옳지 않은 것은? (다툼이 있는 경우 판례에 의함)

① 법률의 위임 없이 보육시설 종사자의 정년을 규정한 조례안에 대한 재의결은 무효이다.

② 위임사무에 관한 명령이나 처분의 시정명령의 경우에는 그의 위법·부당성이 사유가 되나, 자치사무에 관한 명령이나 처분의 시정명령의 경우에는 그의 위법성만이 사유가 된다.

③ 법률이 주민의 권리의무에 관한 사항에 관하여 구체적으로 범위를 정하지 않은 채 조례로 정하도록 포괄적으로 위임한 경우에도 지방자치단체는 법령에 위반되지 않는 범위 내에서 각 지역의 실정에 맞게 주민의 권리의무에 관한 사항을 조례로 제정할 수 있다.

④ 지방의회의 의결이 법령에 위반되거나 공익을 현저히 해친다고 판단되면 주무부장관은 시·도에 대하여 재의를 요구하게 할 수 있는 동시에 그 시·도지사에게 그 의결에 대한 제소를 지시하거나 직접 제소 및 집행정지결정을 신청할 수 있다.

11 공법과 사법의 구별에 대한 설명으로 옳지 않은 것은? (다툼이 있는 경우 판례에 의함)

① 「국유재산법」상 국유재산의 무단점유자에 대한 변상금 부과는 공권력을 가진 우월적 지위에서 행하는 행정처분이다.

② 국가나 지방자치단체에 근무하는 청원경찰은 「국가공무원법」이나 「지방공무원법」상의 공무원은 아니므로 그 근무관계는 사법상의 고용계약 관계로 볼 수 있다.

③ 구 「예산회계법」상 입찰보증금의 국고귀속조치는 국가가 사법상의 재산권의 주체로서 행위 하는 것이다.

④ 조세채무관계는 공법상의 법률관계이고 그에 관한 쟁송은 원칙적으로 행정사건으로서 「행정소송법」의 적용을 받는다.

12 강학상 특허에 대한 설명으로 옳지 않은 것은? (다툼이 있는 경우 판례에 의함)

① 「관세법」상 보세구역의 설영특허는 보세구역의 설치, 경영에 관한 권리를 설정하는 이른바 공기업의 특허로서 그 특허의 부여 여부는 행정청의 자유재량에 속한다.

② 하천의 점용허가를 받은 사람은 그 하천부지를 권원 없이 점유·사용하는 자에 대하여 직접 부당이득의 반환 등을 구할 수도 있다.

③ 「여객자동차 운수사업법」에 의한 개인택시운송사업면허는 특정인에게 권리나 이익을 부여하는 행정행위로서 법령에 특별한 규정이 없는 한 재량행위이다.

④ 행정청이 「도시 및 주거환경정비법」 등 관련 법령에 근거하여 행하는 조합설립인가처분은 단순히 사인들의 조합설립행위에 대한 보충행위로서의 성질을 갖는 것에 그치고 법령상 요건을 갖출 경우 「도시 및 주거환경정비법」상 주택재건축사업을 시행할 수 있는 권한을 갖는 행정주체(공법인)로서의 지위를 부여하는 일종의 설권적 처분의 성격을 갖지 않는다.

13 행정입법에 대한 설명으로 옳지 않은 것은? (다툼이 있는 경우 판례에 의함)

① 법령의 위임이 없음에도 법령에 규정된 처분 요건에 해당하는 사항을 부령에서 변경하여 규정한 경우에는 그 부령의 규정은 행정청 내부의 사무처리 기준 등을 정한 것으로서 행정조직 내에서 적용되는 행정명령의 성격을 지닐 뿐 국민에 대한 대외적 구속력은 없다고 보아야 한다.

② 조례에 대한 법률의 위임은 법규명령에 대한 법률의 위임과 같이 반드시 구체적으로 범위를 정하여 할 필요가 없으며 포괄적인 것으로 족하다.

③ 법률이 공법적 단체 등의 정관에 자치법적 사항을 위임한 경우에도 헌법 제75조가 정하는 포괄적인 위임입법의 금지는 원칙적으로 적용된다.

④ 법규명령의 위임의 근거가 되는 법률에 대하여 위헌결정이 선고되면 그 위임규정에 근거하여 제정된 법규명령도 원칙적으로 효력을 상실한다.

14 행정벌에 대한 설명으로 옳지 않은 것은? (다툼이 있는 경우 판례에 의함)

① 「조세범 처벌절차법」에 의하여 범칙자에 대한 세무관서의 통고처분은 행정소송의 대상이다.

② 고의 또는 과실이 없는 질서위반행위는 과태료를 부과하지 아니한다.

③ 자신의 행위가 위법하지 아니한 것으로 오인하고 행한 질서위반행위는 그 오인에 정당한 이유가 있는 때에 한하여 과태료를 부과하지 아니한다.

④ 행정청은 당사자가 납부기한까지 과태료를 납부하지 아니한 때에는 납부기한을 경과한 날부터 체납된 과태료에 대하여 100분의 3에 상당하는 가산금을 징수한다.

15 행정상 손실보상에 대한 설명으로 옳지 않은 것은? (다툼이 있는 경우 판례에 의함)

① 수용에 따른 손실보상액 산정의 경우 헌법 제23조 제3항에 따른 정당한 보상이란 원칙적으로 피수용재산의 객관적인 재산가치를 완전하게 보상하여야 한다는 완전보상을 뜻한다.

② 「공익사업을 위한 토지 등의 취득 및 보상에 관한 법률」상 잔여지 수용청구를 받아들이지 않은 토지수용위원회의 재결에 대하여 토지소유자가 불복하여 제기하는 소송은 항고소송에 해당하여 토지수용위원회를 피고로 하여야 한다.

③ 「공익사업을 위한 토지 등의 취득 및 보상에 관한 법률」에 의한 보상합의는 공공기관이 사경제주체로서 행하는 사법상 계약의 실질을 가지는 것이다.

④ 공익사업으로 인하여 영업을 폐지하거나 휴업하는 자는 「공익사업을 위한 토지 등의 취득 및 보상에 관한 법률」상의 재결절차를 거치지 않은 채 곧바로 사업시행자를 상대로 손실보상을 청구하는 것은 허용되지 않는다.

16 준법률행위적 행정행위에 대한 설명으로 옳지 않은 것은? (다툼이 있는 경우 판례에 의함)

① 수리는 행정청이 타인의 행위를 유효한 것으로서 수령하는 인식의 표시행위이며, 공무원의 사표수리는 "형성적 행위"로서의 성질을 갖는다고 볼 수 있다.

② 토지수용에 있어서의 사업인정의 고시는 이미 성립한 행정행위의 효력발생요건으로서의 통지에 해당한다.

③ 선거인명부에의 등록은 공증으로 법령에 정해진 바에 따라 권리행사의 요건이 된다.

④ 확인은 특정한 사실 또는 법률관계의 존재 여부 또는 정당성 여부를 공적으로 확정하는 효과를 발생시키므로 확인행위에는 일반적으로 불가변력(실질적 존속력)이 발생한다.

17 「지방자치법」에 대한 설명으로 옳지 않은 것은? (다툼이 있는 경우 판례에 의함) 〈변형〉

① 국가사무가 지방자치단체의 장에게 위임된 기관위임사무와 같이 지방자치단체의 장이 국가기관의 지위에서 수행하는 사무라고 할 수 있는 것은 원칙적으로 자치조례의 제정범위에 속한다.

② 지방자치단체는 법인으로 한다.

③ 지방자치단체는 법령을 위반하여 그 사무를 처리할 수 없다.

④ 지방자치단체는 조례를 위반한 행위에 대하여 조례로써 1천만 원 이하의 과태료를 정할 수 있다.

18 당사자소송에 대한 설명으로 옳지 않은 것은? (다툼이 있는 경우 판례에 따름)

① 당사자소송에는 취소소송의 직권심리에 관한 규정이 준용된다.

② 당사자소송으로 제기해야 할 사건을 민사소송으로 잘못 제기한 경우, 수소법원이 행정소송에 대한 관할을 가지고 있지 않다면 당해 소송이 당사자소송으로서의 소송요건을 갖추지 못하였음이 명백하지 않는 한 당사자소송의 관할법원으로 이송하여야 한다.

③ 당사자소송에는 취소소송의 피고적격에 관한 규정이 준용된다.

④ 당사자소송에는 취소소송의 행정심판에 관한 규정이 준용되지 않는다.

19 행정법의 법원에 대한 설명으로 옳지 않은 것은?

① 행정법은 그 대상인 행정의 다양성과 전문성 등으로 인하여 단일법전화되어 있지 않다.

② 독일의 법학자인 프리츠 베르너(Fritz Werner)는 '행정법은 구체화된 헌법'이라고 표현하였다.

③ 대통령은 법률에서 구체적으로 범위를 정하여 위임받은 사항과 법률을 집행하기 위하여 필요한 사항에 관하여 대통령령을 발할 수 있다.

④ 지방자치단체는 법률의 위임이 있는 경우에 자치사무에 관한 사항을 조례로 정할 수 있다.

20 행정법의 일반원칙에 대한 설명으로 옳지 않은 것은? (다툼이 있는 경우 판례에 의함)

① 헌법재판소는 국·공립학교 채용시험에 국가유공자와 그 가족이 응시하는 경우 만점의 10퍼센트를 가산하도록 했던 구 「국가유공자 등 예우 및 지원에 관한 법률」 및 「5·18민주유공자 예우에 관한 법률」의 규정이 일반 응시자들의 평등권을 침해한다고 보았다.

② 헌법재판소는 납세자가 정당한 사유 없이 국세를 체납하였을 경우 세무서장이 허가, 인가, 면허 및 등록과 그 갱신이 필요한 사업의 주무관서에 그 납세자에 대하여 허가 등을 하지 않을 것을 요구할 수 있도록 한 「국세징수법」상 관허사업 제한 규정이 부당결부금지 원칙에 반하여 위헌이라고 판단하였다.

③ 행정의 자기구속의 원칙을 적용함에 있어 종전 행정관행의 내용이 위법적인 경우에는 위법인 수익적 내용의 평등한 적용을 요구하는 청구권은 인정될 수 없다.

④ 같은 정도의 비위를 저지른 자들임에도 불구하고 그 직무의 특성 등에 비추어 개전의 정이 있는지 여부에 따라 징계 종류의 선택과 양정에서 다르게 취급하는 것은 평등의 원칙에 반하지 않는다.

21 행정심판에 대한 설명으로 옳지 않은 것은? (다툼이 있는 경우 판례에 의함)

① 「행정심판법」에 따르면, 심판청구에 대한 재결이 있는 경우에는 당해 재결 및 동일한 처분 또는 부작위에 대하여 다시 심판청구를 제기할 수 없다.

② 재결청이 취소심판의 청구가 이유 있다고 인정하여 처분청에 처분을 취소할 것을 명하면 처분청으로서는 재결의 취지에 따라 처분을 취소하여야 한다.

③ 「행정심판법」은 심판청구의 심리·재결에 있어서 불고불리 및 불이익변경금지원칙을 조문으로 명문화 하고 있다.

④ 행정심판청구에는 행정소송제기와는 달리 처분의 효력이나 그 집행 또는 절차의 속행에 영향을 미치는 집행정지원칙이 적용된다.

22 토지행정법에 대한 설명으로 옳지 않은 것은? (다툼이 있는 경우 판례에 의함)

① 표준지로 선정된 토지의 공시지가에 불복하기 위하여는 구 「지가공시 및 토지 등의 평가에 관한 법률」의 이의신청 절차를 밟지 아니한 채 그 표준지에 대한 조세부과처분의 취소를 구하는 소송에서 그 공시지가의 위법성을 다툴 수는 없다.

② 구 「지가공시 및 토지 등의 평가에 관한 법률」에 의하여 시장, 군수, 구청장이 한 개별토지가액의 결정은 행정소송의 대상이 되는 행정처분으로 보아야 할 것이다.

③ 토지거래계약허가제에 있어서 허가란 규제지역 내의 모든 국민에게 전반적으로 토지거래의 자유를 원칙적으로 금지하고 일정한 요건을 갖춘 경우에만 사후에 금지를 해제하여 계약체결의 자유를 회복시켜 주는 성질의 것이다.

④ 토지거래계약에 관한 허가구역의 지정은 개인의 권리 내지 법률상의 이익을 구체적으로 규제하는 효과를 가져 오게 하는 행정청의 처분에 해당하고, 따라서 이에 대하여는 원칙적으로 항고소송을 제기할 수 있다.

23 공물의 사용관계에 대한 설명으로 옳지 않은 것은? (다툼이 있는 경우 판례에 의함)

① 자유(보통, 일반)사용에 놓이는 공물은 사후에 사용허가를 요하지 아니하며, 국공립학교 운동장의 사용은 일반인의 자유(보통, 일반)사용의 대상이 되는 것이 원칙이다.

② 도로의 특별사용은 반드시 독점적, 배타적인 것이 아니라 그 사용목적에 따라서는 도로의 일반사용과 병존이 가능한 경우도 있다.

③ 공물관리권은 적극적으로 공물 본래의 목적을 달성시킴을 목적으로 하며, 공물경찰권은 소극적으로 공물상의 안녕과 질서에 대한 위해를 방지함을 목적으로 한다.

④ 하천의 점용허가권은 하천의 관리주체에 대하여 일정한 특별사용을 청구할 수 있는 채권에 지나지 아니하고 대세적 효력이 있는 물권이라 할 수 없다.

24 민중소송과 기관소송에 대한 설명으로 옳지 않은 것은? (다툼이 있는 경우 판례에 의함)

① 「공직선거법」상 선거소송은 민중소송에 해당한다.

② 민중소송 또는 기관소송으로써 처분 등의 취소를 구하는 소송에는 그 성질에 반하지 아니하는 한 취소소송에 관한 규정을 준용한다.

③ 「지방자치법」상 지방의회 재의결에 대해 지방자치단체장이 제기하는 소송은 기관소송에 해당한다.

④ 「행정소송법」은 민중소송에 대해서는 법률이 정한 경우에 법률이 정한 자에 한하여 제기하도록 하는 법정주의를 취하고 있으나, 기관소송에 대해서는 이러한 제한을 두지 않아 기관소송의 제기가능성은 일반적으로 인정된다.

25 행정정보공개 및 개인정보보호에 대한 설명으로 옳지 않은 것은? (다툼이 있는 경우 판례에 의함)

① 정보공개심의회는 공공기관의 장의 자문에 응하여 공개청구된 정보의 공개 여부를 결정하는 법적인 의무와 권한을 가진 주체이다.

② 정보공개청구권은 법률상 보호되는 구체적인 권리이므로 청구인이 공공기관에 대하여 정보 공개를 청구하였다가 거부처분을 받은 것 자체가 법률상 이익의 침해에 해당한다.

③ 의사결정과정에 제공된 회의 관련자료나 의사결정과정이 기록된 회의록 등은 의사가 결정되거나 의사가 집행된 경우에는 더 이상 의사결정과정에 있는 사항 그 자체라고는 할 수 없으나, 의사결정과정에 있는 사항에 준하는 사항으로서 비공개 대상 정보에 포함될 수 있다.

④ 개인정보자기결정권의 보호대상이 되는 개인정보는 인격주체성을 특징짓는 사항으로서 개인의 동일성을 식별할 수 있게 하는 일체의 정보를 의미하며, 반드시 개인의 내밀한 영역에 속하는 정보에 국한되지 않고 공적생활에서 형성되었거나 이미 공개된 개인정보까지도 포함한다.

2019 | 추가채용 기출문제

● 회독 CHECK 1 2 3

✅ 시험시간 25분 ✅ 해설편 223쪽

01 다음 중 사법관계에 해당하는 것으로 옳은 것은?

① 국유재산에 대한 사용 · 수익 허가
② 산업단지 입주변경계약의 취소
③ 중학교 의무교육 위탁관계
④ 국유일반재산의 대부료 납입고지

02 다음 중 인 · 허가 의제제도에 관한 설명으로 옳은 것은? (다툼이 있는 경우 판례에 의함)

① 인 · 허가 의제가 인정되는 경우 의제되는 법률에 규정된 주민의 의견청취 등의 절차를 거칠 필요는 없다.
② 채광계획인가로 공유수면점용허가가 의제되는 경우 공유수면관리청이 재량적 판단에 의하여 불허가를 결정하였더라도 채광계획 인가관청은 채광계획인가를 할 수 있다.
③ 인 · 허가의제는 행정청의 소관사항과 관련하여 권한행사의 변경을 가져오므로 법령의 근거를 필요로 하지 않는다.
④ 사업시행자가 주택건설사업계획 승인을 받음으로써 도로점용허가가 의제된 경우 당연히 「도로법」상의 도로점용료 납부의무를 부담한다.

03 다음 중 법률유보원칙에 관한 설명으로 옳지 않은 것은?

① 법률유보원칙은 의회민주주의원리, 법치국가원리, 기본권 보장을 그 이념적 기초로 한다.
② 법률우위원칙은 법 자체의 체계와 관련된 것이지만, 법률유보원칙은 입법과 행정과 관련되어 있다.
③ 법률유보원칙에서 법률이란 국회에서 제정한 형식적 의미의 법률뿐만 아니라 법률에서 구체적으로 위임을 받은 법규명령도 포함된다.
④ 헌법재판소는 한국방송공사 수신료 사건과 관련하여 법률유보원칙과 행정유보원칙 모두를 인정하였다.

04 다음 중 공법상 계약으로 옳지 않은 것은? (다툼이 있는 경우 판례에 의함)

① 「공익사업법」상의 협의취득 또는 보상합의
② 별정우체국장의 지정
③ 공무를 위탁받은 사인과 일반 사인이 체결하는 계약
④ 국가 또는 지방자치단체와 국민사이에 체결되는 공해방지협정 또는 환경보전협정

05 다음 중 행정법상 시효 및 기간에 관한 설명으로 옳지 않은 것은? (다툼이 있는 경우 판례에 의함)

① 국가나 지방자치단체를 당사자로 하는 금전채권은 다른 법률에 특별한 규정이 없는 한 5년간 이를 행사하지 않을 때에는 시효로 인하여 소멸한다.

② 「국회법」에 따른 기간을 계산할 때에는 첫날을 산입하지 아니하며, 「공무원연금법」에 따른 급여를 받을 권리는 급여의 사유가 발생한 날부터 3년간 행사하지 아니하면 시효로 인하여 소멸한다.

③ 행정법상 시효의 중단과 정지에 관해서는 다른 법령에 특별한 규정이 없는 한 민법의 규정이 준용된다.

④ 「국세기본법」 또는 세법에서 규정하는 기간의 계산은 국세기본법 또는 그 세법에 특별한 규정이 있는 것을 제외하고는 「민법」에 따른다.

06 다음 중 행정주체로 옳지 않은 것은?

① 대한민국
② 강원도의회
③ 도시 및 주거환경 정비법상의 주택재건축 정비사업조합
④ 한국토지주택공사

07 다음 중 행정지도에 관한 설명으로 옳지 않은 것은?

① 행정지도를 하는 자는 그 상대방이 행정지도에 따르도록 강제할 수 있으며, 이에 따르지 않을 경우 불이익한 조치를 할 수 있다.

② 행정지도의 상대방은 해당 행정지도의 방식·내용 등에 관하여 행정기관에 의견을 제출할 수 있다.

③ 행정기관이 같은 행정목적을 실현하기 위하여 많은 상대방에게 행정지도를 하려는 경우에는 특별한 사정이 없으면 행정지도에 공통적인 내용이 되는 사항을 공표하여야 한다.

④ 행정지도가 말로 이루어지는 경우에 상대방이 서면의 교부를 요구하면 그 행정지도를 하는 자는 직무 수행에 특별한 지장이 없으면 이를 교부하여야 한다.

08 다음 중 행정상 법률관계에서 당사자에 관한 설명으로 옳지 않은 것은? (다툼이 있는 경우 판례에 의함)

① 행정청이 행정소송의 피고적격이 인정되는 경우 행정주체가 된다.

② 공공단체의 행정주체로서의 지위는 국가로부터 전래된 것이다.

③ 대한상공회의소, 국립의료원, 정신문화연구원 등은 공공단체로서 행정객체의 지위가 인정될 수도 있다.

④ 취소소송은 다른 법률에 특별한 규정이 없는 한 그 처분 등을 행한 행정청을 피고로 하며, 당사자소송은 국가·공공단체 그 밖의 권리주체를 피고로 한다.

09 다음 중 통치행위에 대한 설명으로 옳지 않은 것은? (다툼이 있는 경우 판례에 의함)

① 금융실명제에 관한 대통령의 긴급재정경제명령은 통치행위에 해당하지만, 그것이 국민의 기본권 침해와 직접 관련되는 경우에는 헌법재판소의 심판대상이 된다.

② 대통령의 독립유공자 서훈취소는 법원이 사법심사를 자제하여야 할 고도의 정치성을 띤 행위라고 볼 수는 없다.

③ 통치행위는 고도의 정치적 작용에 해당하므로 사법적 통제·정치적 통제로부터 자유롭다.

④ 남북정상회담의 개최는 고도의 정치적 성격을 지니고 있는 행위라 할 것이므로 특별한 사정이 없는 한 그 당부를 심판하는 것은 사법권의 내재적·본질적 한계를 넘어서는 것이 되어 적절하지 못하다.

10 다음 중 「행정절차법」에 관한 설명으로 옳지 않은 것은? (다툼이 있는 경우 판례에 의함)

① 행정청은 당사자에게 의무를 부과하거나 권익을 제한하는 처분을 하는 경우에는 미리 일정한 사항을 당사자 등에게 통지하고 의견청취를 하여야 한다.

② 침익적 행정처분을 하는 경우 청문이나 공청회를 필요적으로 거쳐야 하는 경우에 해당하지 않는다면 의견제출절차도 거치지 않아도 된다.

③ 해당 처분의 성질상 의견청취가 현저히 곤란하거나 명백히 불필요하다고 인정될 만한 상당한 이유가 있는 경우에는 사전통지 및 의견청취 절차를 거치지 아니할 수 있다.

④ 처분에 대한 사전통지를 하고 의견제출의 기회를 준다면 많은 액수의 손실보상금을 기대하여 공사를 강행할 우려가 있다는 사정만으로 이 사건 처분이 "당해 처분의 성질상 의견청취가 현저히 곤란하거나 명백히 불필요하다고 인정될만한 상당한 이유가 있는 경우"에 해당한다고 볼 수 없다.

11 다음 중 「지방자치법」상 주민투표에 관한 설명으로 옳지 않은 것은? (다툼이 있는 경우 판례에 의함) 〈변형〉

① 「지방자치법」상 주민투표권은 법률상 권리이다.

② 주민투표의 실시여부는 지방자치단체의 장의 임의적 재량에 속한다.

③ 중앙행정기관의 장은 지방자치단체의 국가정책의 수립에 관하여 주민의 의견을 듣기 위하여 필요하다고 인정하는 때에는 주민투표의 실시구역을 정하여 관계 지방자치단체의 장에게 주민투표의 실시를 요구할 수 있으나, 지방자치단체의 장은 중앙행정기관의 장에게 주민투표의 실시를 요구할 수 없다.

④ 지방자치단체의 장이 주민의 의견을 듣기 위하여 필요하다고 판단하는 경우에는 주민투표를 실시하여야 한다.

12 다음 중 「행정대집행법」상의 대집행이 가능한 경우에 해당하는 것으로 옳은 것은? (다툼이 있는 경우 판례에 의함)

① 「주택건설촉진법」상 주민들의 휴식공간으로 사용하기 위하여 설치된 조경시설 등을 훼손하여 유치원 어린이 놀이터로 만들고 주민들의 출입을 통제하는 울타리를 둘러 주민의 출입을 막았는데, 원상복구 시정명령을 위한 별도의 법적인 근거가 없는 경우

② 행정청이 토지구획정리사업의 환지예정지를 지정하고 그 사업에 편입되는 건축물 등 지장물의 소유자 또는 임차인에게 지장물의 자진 이전을 요구한 후 이에 응하지 않자 지장물의 이전에 대한 대집행을 계고하고 다시 대집행영장을 통지한 경우, 별도의 근거규정이 없는 경우

③ 협의취득 시 건물소유자가 매매대상 건물에 대한 철거의무를 부담하겠다는 취지의 약정을 하였으나 이를 행하지 않은 경우

④ 군청 내 일반공무원들의 휴게실 겸 회의실 등의 용도로도 함께 사용되어 오던 중, 위 직장협의회 소속 공무원들이 법외 단체인 전국공무원노동조합에 가입하고 사무실로 임의 사용하자, 수차에 걸친 자진폐쇄 요청하였음에도 이에 응하지 않은 경우

13 다음 중 법적 성질이 다른 하나로 옳은 것은? (다툼이 있는 경우 판례에 의함)

① 공유수면매립면허

② 조세부과처분

③ 학교법인 임원선임에 대한 감독청의 취임승인

④ 재임용거부취지의 임용기간만료통지

14 다음은 행정입법에 관한 헌법재판소의 결정의 일부이다. 괄호 안에 들어갈 것으로 옳은 것으로만 묶인 것은? (다툼이 있는 경우 판례에 의함)

오늘날 의회의 입법독점주의에서 (　　　)로 전환하여 일정한 범위 내에서 행정입법을 허용하게 된 동기가 사회적 변화에 대응한 입법수요의 급증과 종래의 형식적 권력분립주의로는 현대 사회에 대응할 수 없다는 기능적 권력분립론에 있다는 점 등을 감안하여 헌법 제40조와 헌법 제75조, 제95조의 의미를 살펴보면, 국회입법에 의한 수권이 입법기관이 아닌 행정기관에게 법률 등으로 구체적인 범위를 정하여 위임한 사항에 관하여는 당해 행정기관에게 법정립의 권한을 갖게 되고, 입법자가 규율의 형식도 선택할 수도 있다 할 것이므로, 헌법이 인정하고 있는 (　　　)의 형식은 (　　　)인 것으로 보아야 할 것이고, 그것은 법률이 행정규칙에 위임하더라도 그 행정규칙은 위임된 사항만을 규율할 수 있으므로, 국회입법의 원칙과 상치되지도 않는다.

───────── 〈보 기〉 ─────────
㉠ 위임입법금지주의　　㉡ 입법중심주의
㉢ 법규명령　　　　　　㉣ 위임입법
㉤ 예시적　　　　　　　㉥ 열거적

① ㉠, ㉢, ㉤
② ㉠, ㉣, ㉥
③ ㉡, ㉣, ㉤
④ ㉡, ㉢, ㉥

15 다음 중 「개인정보 보호법」에 관한 설명으로 옳지 않은 것은? (다툼이 있는 경우 판례에 의함)

① 개인정보를 처리하거나 처리하였던 자가 업무상 알게 된 개인정보를 누설하거나 권한 없이 다른 사람이 이용하도록 제공한 것이라는 사정을 알면서도 영리 또는 부정한 목적으로 개인정보를 제공받은 자라면, 개인정보를 처리하거나 처리하였던 자로부터 직접 개인정보를 제공받지 아니하더라도 '개인정보를 제공 받은 자'에 해당한다.

② 이미 공개된 개인정보를 정보주체의 동의가 있었다고 객관적으로 인정되는 범위 내에서 수집·이용·제공 등 처리를 할 때는 정보주체의 별도의 동의는 불필요하다고 보아야 한다.

③ 피해자의 의사와 무관하게 주민등록번호가 유출된 경우에는 조리상 주민등록번호의 변경을 요구할 신청권을 인정함이 타당하고, 구청장의 주민등록번호 변경신청 거부행위는 항고소송의 대상이 되는 행정처분에 해당한다.

④ 개인정보처리자의 고의 또는 중대한 과실로 인하여 개인정보가 분실·도난·유출·위조·변조 또는 훼손된 경우로서 정보주체에게 손해가 발생한 때에는 법원은 그 손해액의 3배를 넘지 아니하는 범위에서 손해배상액을 정할 수 있다. 이 경우 일반손해배상을 청구한 정보주체는 사실심 변론종결시까지 법정손해배상의 청구로 변경할 수 없다.

16 다음 중 지방자치단체의 장에 고유한 권한사항으로 옳은 것으로만 묶인 것은? (다툼이 있는 경우 판례에 의함)

> ⊙ 주민투표부의권
> ⓒ 규칙제정권
> ⓒ 재의요구권
> ⓐ 청원의 접수 및 수리
> ⑩ 조례제정권
> ⑭ 행정감사권
> ⑭ 예산의 심의 · 확정 및 결산의 승인
> ⑥ 소속직원에 대한 임면 및 지휘 · 감독

① ⊙, ⓒ, ⓒ, ⓐ
② ⊙, ⓒ, ⓒ, ⑥
③ ⓒ, ⓒ, ⓐ, ⑩
④ ⓒ, ⓒ, ⓐ, ⑭

17 대한민국 국민인 갑은 A대학교 총장에게 해당 학교 체육특기생들의 3년간 출석 및 성적 관리에 대한 정보공개청구를 하였으나, A대학교 총장은 제3자에 관한 정보라는 이유로 이를 거부하였다. 다음 설명 중 옳지 않은 것은? (다툼이 있는 경우 판례에 의함)

① 대한민국 국민인 갑은 해당 정보에 대한 공개를 청구할 권리를 가진다.
② 갑이 정보공개를 청구하였다가 거부처분을 받은 것 자체가 법률상 이익의 침해에 해당한다.
③ 체육특기생들의 비공개요청이 있는 경우 A대학교 총장은 해당 정보를 공개하여서는 아니 된다.
④ 정보공개의무를 지는 공공기관에는 국 · 공립대학교뿐만 아니라 사립대학교도 포함된다.

18 다음 중 「개인정보 보호법」에 대한 설명으로 옳지 않은 것은? (다툼이 있는 경우 판례에 의함)

① 「개인정보 보호법」의 적용을 받는 것은 생존하는 개인의 정보에 국한되므로 사망한 사람이나 법인의 정보는 이에 해당하지 않는다.
② 인간의 존엄과 가치, 행복추구권에서 도출되는 일반적 인격권 및 사생활의 비밀과 자유에 의하여 보장되는 개인정보자기결정권은 자신에 관한 정보가 언제 누구에게 어느 범위까지 알려지고 또 이용되도록 할 것인지를 정보주체가 스스로 결정할 수 있는 권리이다.
③ 개인정보자기결정권의 보호대상이 되는 개인정보는 개인의 신체, 신념, 사회적 지위, 신분 등과 같이 개인의 인격주체성을 특징짓는 사항으로서 개인의 동일성을 식별할 수 있게 하는 일체의 정보로서 개인의 내밀한 영역에 속하는 정보에 국한되고, 공적 생활에서 형성되었거나 이미 공개된 개인정보는 포함되지 않는다.
④ 개인정보는 살아 있는 개인에 관한 정보로서 성명, 주민등록번호 및 영상 등을 통하여 개인을 알아볼 수 있는 정보를 말하며 해당정보만으로 특정 개인을 알아볼 수 없더라도 다른 정보와 쉽게 결합하여 알아 볼 수 있는 것을 포함한다.

19 다음 중 행정행위의 취소와 철회에 대한 설명으로 옳은 것은? (다툼이 있는 경우 판례에 의함)

① 행정행위의 철회는 일단 유효하게 성립한 행정행위를 그 행위에 위법 또는 부당한 하자가 있음을 이유로 소급하여 그 효력을 소멸시키는 별도의 행정처분이다.

② 행정행위의 취소사유는 행정행위의 성립 당시에 존재하였던 하자를 말하고, 철회사유는 행정행위가 성립된 이후에 새로이 발생한 것으로서 행정행위의 효력을 존속시킬 수 없는 사유를 말한다.

③ 행정행위의 취소는 적법요건을 구비하여 완전히 효력을 발하고 있는 행정행위를 사후적으로 그 행위의 효력의 전부 또는 일부를 장래에 향해 소멸시키는 행정처분이다.

④ 수익적 행정처분의 하자가 당사자의 사실은폐나 기타 사위의 방법에 의한 신청행위에 기인한 것이라면 행정청이 당사자의 신뢰이익을 고려하지 않고 취소하였다면 재량권 남용이다.

20 다음 중 행정의 실효성 확보수단에 관한 설명으로 옳지 않은 것은? (다툼이 있는 경우 판례에 의함)

① 과징금은 의무위반행위로 인한 불법적인 이익을 박탈하기 위하여 부과하는 것으로서, 과징금부과처분을 할 때 위반자의 고의 또는 과실을 요건으로 한다.

② 대집행은 타인이 대신하여 행할 수 있는 행위를 의무자가 이행하지 아니하는 경우 다른 수단으로써 그 이행을 확보하기 곤란하고 또한 그 불이행을 방치함이 심히 공익을 해할 것으로 인정될 때 실시할 수 있다.

③ 행정법규위반에 대하여 벌금 이외에 과징금을 부과하는 것은 이중처벌금지의 원칙에 반하지 않는다.

④ 이행강제금은 대체적 작위의무의 위반에 대하여도 부과될 수 있다.

21 다음 중 행정소송에 관한 설명으로 옳지 않은 것은? (다툼이 있는 경우 판례에 의함)

① 개발제한구역제도 개선방안을 발표한 행위도 대내외적 효력이 없는 단순한 사실행위에 불과하므로 공권력의 행사라고 할 수 없다.

② 정부의 수도권 소재 공공기관의 지방이전 시책을 추진하는 과정에서 도지사가 도내 특정시를 혁신도시 최종입지로 선정한 행위는 소송의 대상이 되는 행정처분에 해당한다.

③ 행정처분 취소소송에 있어서는 처분청은 당초의 처분사유와 기본적 사실관계에 있어서 동일성이 인정되는 한도 내에서만 새로운 처분사유를 추가하거나 변경할 수 있다.

④ 「국가배상법」에 의한 배상심의회의 결정은 행정처분이 아니므로 행정소송의 대상이 아니다.

22 다음 중 행정심판에 관한 설명으로 옳지 않은 것은? (다툼이 있는 경우 판례에 의함)

① 행정심판의 재결에 대하여 피청구인인 처분 행정청은 행정소송을 제기하지 못한다고 해석하더라도 헌법에 위반되는 것은 아니다.

② 행정심판의 경우에도 국선대리인 제도가 인정되므로 청구인이 경제적 능력으로 대리인을 선임할 수 없는 경우에는 행정심판위원회가 선정하여 지원할 수 있다.

③ 처분명령재결이 내려졌는데도 피청구인이 처분을 하지 아니하면 직접 처분이 가능하므로 간접강제는 허용되지 않는다.

④ 감사원의 처분에 대해서는 감사원 소속 행정심판위원회에 행정심판을 제기하여야 한다.

23 다음 중 「행정절차법」상 입법예고에 대한 설명으로 옳지 않은 것은? (다툼이 있는 경우 판례에 의함)

① 입법예고기간은 예고할 때 정하되, 특별한 사정이 없으면 20일, 자치법규는 15일 이상으로 한다.

② 행정청은 대통령령을 입법예고하는 경우 국회 소관 상임위원회에 이를 제출하여야 한다.

③ 행정청은 입법예고를 할 때에 입법안과 관련이 있다고 인정되는 중앙행정기관, 지방자치단체, 그 밖의 단체 등이 예고사항을 알 수 있도록 예고사항을 통지하거나 그 밖의 방법으로 알려야 한다.

④ 행정청은 예고된 입법안의 전문에 대한 열람 또는 복사를 요청받았을 때에는 특별한 사유가 없으면 그 요청에 따라야 하며, 복사에 드는 비용을 복사를 요청한 자에게 부담시킬 수 있다.

24 불법 시위에 대하여 경찰서장은 해산명령을 내릴 수 있다. 다음 중 해산명령의 법적 성질로 옳은 것은? (다툼이 있는 경우 판례에 의함)

① 행정지도

② 하명

③ 통지

④ 허가

25 다음 중 사정재결과 사정판결에 대한 설명으로 옳지 않은 것은? (다툼이 있는 경우 판례에 의함)

① 사정재결은 심판청구가 이유가 있다고 인정하는 경우에도 이를 인용하는 것이 공공복리에 크게 위배된다고 인정하면 그 심판청구를 기각하는 재결을 말한다.

② 사정재결을 하는 경우 위원회는 재결의 주문에서 그 처분 또는 부작위가 적법하거나 부당하다는 것을 구체적으로 밝혀야 하고, 사정재결을 할 때에는 청구인에 대하여 상당한 구제방법을 취하거나 상당한 구제방법을 취할 것을 피청구인에게 명할 수 있다.

③ 사정판결이란 원고의 청구가 이유 있다고 인정하는 경우 처분 등을 취소하는 것이 원칙이지만, 현저히 공공복리에 적합하지 아니하다고 인정하는 때 법원이 원고의 청구를 기각하는 판결을 말한다.

④ 사정판결의 적용요건인 현저히 공공복리에 적합하지 아니한가는 위법·부당한 행정처분을 취소·변경하여야 할 필요와 그 취소·변경으로 인하여 발생할 수 있는 공공복리에 반하는 사태 등을 비교 교량하여 그 적용여부를 판단하여야 한다.

2019 | 기출문제

◆ 회독 CHECK 1 2 3

☑ 시험시간 25분 ☑ 해설편 234쪽

01 다음 중 행정정보공개에 대한 판례의 입장으로 옳지 않은 것은?

① 법원 이외의 공공기관이 「공공기관의 정보공개에 관한 법률」 제9조 제1항 제4호에서 정한 '진행 중인 재판에 관련된 정보'에 해당한다는 사유로 정보공개를 거부하기 위하여는 반드시 그 정보가 진행 중인 재판의 소송기록 자체에 포함된 내용일 필요는 없다.

② 피청구인이 청구인에 대한 형사재판이 확정된 후 그중 제1심 공판정심리의 녹음물을 폐기한 행위는 법원행정상의 구체적인 사실행위로서 헌법소원심판의 대상이 되는 공권력의 행사로 볼 수 있다.

③ 「방송법」에 의하여 설립·운영되는 한국방송공사(KBS)는 「공공기관의 정보공개에 관한 법률 시행령」 제2조 제4호의 '특별법에 의하여 설립된 특수법인'으로서 정보공개의무가 있는 공공기관에 해당한다.

④ 오로지 공공기관의 담당공무원을 괴롭힐 목적으로 정보공개청구를 하는 경우처럼 권리의 남용에 해당하는 것이 명백한 경우에는 정보공개청구권의 행사를 허용하지 아니한다.

02 다음 중 판례의 입장으로 옳지 않은 것은?

① 「도로법 시행규칙」의 개정으로 도로경계선으로부터 15m를 넘지 않는 접도구역에서 송유관을 설치하는 행위가 관리청의 허가를 얻지 않아도 되는 행위로 변경되어 더 이상 그 행위에 부관을 붙일 수 없게 되었다 하더라도, 종전 시행규칙에 의하여 적법하게 행해진 허가와 접도구역 내 송유시설 이설비용 지급의무에 관한 부담이 개정 시행규칙의 시행으로 그 효력을 상실하게 되는 것은 아니다.

② 일반적으로 법률의 위임에 의하여 효력을 갖는 법규명령의 경우, 구법에 위임의 근거가 없어 무효였더라도 사후에 법개정으로 위임의 근거가 부여되면 그때부터는 유효한 법규명령이 된다.

③ 지하철공사의 근로자가 지하철 연장운행 방해행위로 유죄판결을 받은 경우라면 그 후 공사와 노조가 위 연장운행과 관련하여 조합간부 및 조합원의 징계를 최소화하며 해고자가 없도록 한다는 내용의 합의를 하였다 하더라도 이를 해고의 면에서 그 행위자를 면책하기로 한다는 합의로 볼 수는 없으므로, 공사가 취업규칙에 근거하여 해당 근로자에 대하여 한 당연퇴직조치는 면책합의에 배치된다고 볼 수 없다.

④ 「행정소송법」상 행정청이 일정한 처분을 하지 못하도록 부작위를 구하는 청구는 허용되지 않는 부적법한 소송이라 할 것이다.

03 다음 중 행정행위의 부관에 관한 설명으로 옳지 않은 것은? (다툼이 있는 경우 판례에 의함)

① 조건이나 부담은 행정행위의 효과를 제한하거나 의무를 부과하는 종된 의사표시이다.

② 부관 중 부담은 부종성이 약하므로 독립쟁송이 가능하다.

③ 운행시간과 구역을 제한하여 행한 택시영업의 허가는 부담부 행정행위에 해당한다.

④ 통상적으로 부관은 제한·조건·기간 등의 용어로 사용되기도 한다.

04 다음 중 법규명령의 통제에 대한 설명으로 옳지 않은 것은? (다툼이 있는 경우 판례에 의함)

① 국민권익위원회는 법령의 위임에 따른 훈령·예규·고시·공고 등 행정규칙의 부패유발요인을 분석·검토하여 그 법령 등의 소관 기관의 장에게 그 개선을 위하여 필요한 사항을 권고할 수 있다.

② 대법원은 구체적 규범통제를 행하면서 법규명령의 특정 조항이 위헌·위법인 경우 무효라고 판시하였고, 이 경우 무효로 판시된 당해 조항은 일반적으로 효력이 부인된다.

③ 「행정소송법」은 행정소송에 대한 대법원 판결에 의하여 명령·규칙이 헌법 또는 법률에 위반된다는 것이 확정된 경우에는 대법원은 지체 없이 그 사유를 행정안전부장관에게 통보하여야 하고, 통보를 받은 행정안전부장관은 지체 없이 이를 관보에 게재하여야 한다고 규정하고 있다.

④ 재량권 행사의 준칙인 행정규칙이 그 정한 바에 따라 되풀이 시행되어 행정관행이 성립되어 평등의 원칙이나 신뢰보호의 원칙에 따라 행정기관이 그 상대방에 대한 관계에서 그 규칙에 따라야 할 자기구속을 받게 되는 경우에는 대외적인 구속력을 가지게 되어 헌법소원의 대상이 된다.

05 다음 중 개인적 공권에 대한 설명으로 옳지 않은 것은? (다툼이 있는 경우 판례에 의함)

① 공무원연금수급권은 국가에 대하여 적극적으로 급부를 요구하는 것이므로 헌법 규정만으로는 이를 실현할 수 없어 법률에 의한 형성이 필요하고, 그 구체적인 내용 즉, 수급 요건, 수급권자의 범위 및 급여금액 등은 법률에 의하여 비로소 확정된다.

② 행정처분에 있어서 불이익처분의 상대방은 직접 개인적 이익의 침해를 받은 자로서 원고적격이 인정되지만 수익처분의 상대방은 그의 권리나 법률상 보호되는 이익이 침해되었다고 볼 수 없으므로 달리 특별한 사정이 없는 한 취소를 구할 이익이 없다.

③ 청구인의 주거지와 건축선을 경계로 하여 인정하고 있는 건축물이 「건축법」을 위반하여 청구인의 일조권을 침해하는 경우 피청구인에게 건축물에 대하여 「건축법」 제79조, 제80조에 근거하여 시정명령을 하여 줄 것을 청구했으나, 피청구인이 시정명령을 하지 아니하였다면 피청구인의 시정명령 불행사는 위법하다.

④ 경찰은 국민의 생명, 신체 및 재산의 보호 등과 기타 공공의 안녕과 질서유지도 직무로 하고 있고 그 직무의 원활한 수행을 위한 권한은 일반적으로 경찰관의 전문적 판단에 기한 합리적인 재량에 위임되어 있는 것이나, 그 취지와 목적에 비추어 볼 때 구체적인 사정에 따라 경찰관이 그 권한을 행사하여 필요한 조치를 취하지 아니하는 것이 현저하게 불합리하다고 인정되는 경우에는 그러한 권한의 불행사는 직무상의 의무를 위반한 것이 되어 위법하게 된다.

06 다음 중 「공공기관의 정보공개에 관한 법률」상의 정보공개에 대한 설명으로 옳지 않은 것은? (다툼이 있는 경우 판례에 의함) 〈변형〉

① 모든 국민은 정보의 공개를 청구할 권리를 가지고, 여기의 국민에는 자연인과 법인뿐만 아니라 권리능력 없는 사단도 포함된다.

② "정보"란 공공기관이 직무상 작성 또는 취득하여 관리하고 있는 문서(전자문서를 포함한다) 및 전자매체를 비롯한 모든 형태의 매체 등에 기록된 사항을 말한다.

③ 청구인이 정보공개 청구 후 20일이 경과하도록 정보공개 결정이 없는 때에는 정보공개 청구 후 20일이 경과한 날부터 30일 이내에 해당 공공기관에 문서로 이의신청을 할 수 있다.

④ 정보공개 청구인이 공공기관에 대하여 정보공개를 청구하였다가 거부처분을 받은 것 자체는 법률상 이익의 침해에 해당한다고 볼 수 없다.

07 다음 중 행정소송의 소송요건에 대한 설명으로 옳지 않은 것은?

① 원고 적격, 소의 이익, 처분성 등은 행정소송의 소송요건에 해당한다.

② 소송요건을 갖추지 못한 경우라면 이는 부적법한 소로서 각하판결을 내려야 한다.

③ 소송요건은 불필요한 소송을 배제하여 법원의 부담을 경감하기 위하여 요구되는 것으로서 당사자가 이를 주장·입증하여야 한다.

④ 소송요건을 갖추었는지 여부를 심리하는 것을 요건심리라 한다.

08 다음 중 판례의 입장으로 옳지 않은 것은?

① 어업권면허에 선행하는 우선순위결정은 행정청이 우선권자로 결정된 자의 신청이 있으면 어업권면허처분을 하겠다는 것을 약속하는 행위로서 강학상 확약에 불과하고 행정처분은 아니다.

② 계약직공무원 채용계약해지의 의사표시는 일반공무원에 대한 징계처분과는 달라서 항고소송이 되는 처분 등의 성격을 가진 것으로 인정되지는 않지만, 행정처분과 마찬가지로 「행정절차법」에 의하여 근거와 이유는 제시하여야 한다.

③ 위법한 행정지도에 따라 행한 사인의 행위는 법령에 명시적으로 정하지 않는 한 그 위법행위가 정당화될 수 없다.

④ 국가가 사인과 계약을 체결할 때에는 국가계약법령에 따른 계약서를 따로 작성하는 등 요건과 절차를 이행하여야 할 것이고, 설령 국가와 사인 사이에 계약이 체결되었더라도 이러한 법령상 요건과 절차를 거치지 아니한 계약은 효력이 없다.

09 다음 중 「개인정보 보호법」상 개인정보 보호에 대한 설명으로 옳지 않은 것은?

① 「개인정보 보호법」상 '개인정보'란 살아 있는 개인에 관한 정보로서 사자(死者)나 법인의 정보는 포함되지 않는다.

② 「개인정보 보호법」은 민간에 의하여 처리되는 정보까지는 보호대상으로 하지 않는다.

③ 「행정절차법」도 사생활이나 경영상 또는 거래상의 비밀을 정당한 이유 없이 누설하면 안 된다는 개인정보 보호에 관한 규정을 두고 있다.

④ 정보주체는 개인정보처리자가 「개인정보 보호법」을 위반한 행위로 손해를 입으면 개인정보처리자에게 손해배상을 청구할 수 있으며, 이 경우 그 개인정보처리자는 고의 또는 과실이 없음을 입증하지 아니하면 책임을 면할 수 없다.

10 다음 중 행정계획에 대한 설명으로 옳지 않은 것은? (다툼이 있는 경우 판례에 의함)

① 비구속적 행정계획은 원칙적으로 행정소송의 대상이 될 수 없으나 국민의 기본권에 직접적으로 영향을 끼치고 앞으로 법령의 뒷받침에 의하여 그대로 실시될 것이 틀림없을 것으로 예상되는 경우에는 예외적으로 헌법소원의 대상이 될 수 있다.

② 위법한 행정계획으로 인하여 구체적으로 손해를 입은 경우에는 국가를 상대로 손해배상을 청구할 수 있다.

③ 대법원은 택지개발 예정지구 지정처분을 일종의 행정계획으로서 재량행위에 해당한다고 보았다.

④ 행정계획의 개념은 강학상의 것일 뿐 대법원 판례에서 이를 직접적으로 정의한 바는 없다.

11 다음은 「부동산 거래신고 등에 관한 법률」 조문의 일부이다. 이에 대한 설명으로 옳지 않은 것은? (다툼이 있는 경우 판례에 의함)

> 「부동산 거래신고 등에 관한 법률」 제11조(허가구역 내 토지거래에 대한 허가) ① 허가구역에 있는 토지에 관한 소유권·지상권(소유권·지상권의 취득을 목적으로 하는 권리를 포함한다)을 이전하거나 설정(대가를 받고 이전하거나 설정하는 경우만 해당한다)하는 계약(예약을 포함한다. 이하 "토지거래계약"이라 한다)을 체결하려는 당사자는 공동으로 대통령령으로 정하는 바에 따라 시장·군수 또는 구청장의 허가를 받아야 한다. 허가받은 사항을 변경하려는 경우에도 또한 같다.
> ⑥ 제1항에 따른 허가를 받지 아니하고 체결한 토지거래계약은 그 효력이 발생하지 아니한다.

① 토지거래허가의 대상은 사법적(私法的) 법률행위이다.

② 토지거래허가구역으로 지정된 토지에 대한 토지거래허가는 사인 간의 사법상 법률행위의 효과를 완성시켜 주는 행정행위이다.

③ 무효인 토지거래계약에 대하여 토지거래허가를 받았다면 토지거래계약이 무효이므로 그에 대한 토지거래허가처분도 위법하게 된다.

④ 토지거래허가는 「건축법」상의 건축허가와는 달리 인가의 성격을 갖고 있다.

12 다음 중 「행정절차법」상 행정절차에 대한 설명으로 옳지 않은 것은?

① 「행정절차법」은 감사원이 감사위원회의의 결정을 거쳐 행하는 사항에 대하여는 적용하지 아니한다.

② 행정청은 대통령령·부령을 입법예고하는 경우에는 이를 국회 소관 상임위원회에 제출하여야 한다.

③ 적법한 요건을 갖춘 신고서가 접수기관에 도달된 때에는 신고의 의무가 이행된 것으로 본다.

④ 행정청은 신고에 구비서류의 미비 등 흠이 있는 경우에는 보완에 필요한 상당한 기간을 정하여 지체 없이 신고인에게 보완을 요구하여야 하며 신고인이 일정한 기간 내에 보완을 하지 아니하였을 때에는 그 이유를 구체적으로 밝혀 해당 신고서를 되돌려 보내야 한다.

13 다음 중 행정의 자동결정에 대한 설명으로 옳지 않은 것은? (다툼이 있는 경우 판례에 의함)

① 행정의 자동결정의 예로는 신호등에 의한 교통신호, 컴퓨터를 통한 중·고등학생의 학교 배정 등을 들 수 있다.

② 행정의 자동결정도 행정작용의 하나이므로 행정의 법률적합성과 행정법의 일반원칙에 의한 법적 한계를 준수하여야 한다.

③ 교통신호기의 고장으로 사고가 발생하여 손해가 발생한 경우 「국가배상법」에 따른 국가배상청구가 가능하다.

④ 행정의 자동결정은 컴퓨터를 통하여 이루어지는 자동적 결정이기 때문에 행정행위의 개념적 요소를 구비하는 경우에도 행정행위로서의 성격을 인정하는 데 어려움이 있다.

14 다음 중 소송에 대한 설명으로 옳지 않은 것은? (다툼이 있는 경우 판례에 의함)

① 공무원연금관리공단의 인정에 의하여 퇴직연금을 지급받아 오던 중 구 공무원연금법령의 개정 등으로 퇴직연금 중 일부 금액의 지급이 정지된 경우에는 당연히 개정된 법령에 따라 퇴직연금이 확정되는 것이지 공무원연금관리공단의 퇴직연금 결정과 통지에 의하여 비로소 그 금액이 확정되는 것이 아니므로 공무원연금관리공단이 퇴직연금 중 일부 금액에 대하여 지급거부의 의사표시를 하였다면 이는 거부처분으로서 항고소송의 대상이 된다.

② 사업주가 당연가입자가 되는 고용보험 및 산재보험에서 보험료납부의무부존재확인의 소는 공법상의 법률관계 자체를 다투는 소송으로서 공법상 당사자소송이다.

③ 원고가 고의 또는 중대한 과실 없이 당사자소송으로 제기하여야 할 것을 항고소송으로 잘못 제기한 경우에, 당사자소송으로서의 소송요건을 결하고 있음이 명백하여 당사자소송으로 제기되었더라도 어차피 부적법하게 되는 경우가 아닌 이상, 법원으로서는 원고가 당사자소송으로 소 변경을 하도록 하여 심리·판단하여야 한다.

④ 지방자치단체가 보조금 지급결정을 하면서 일정 기한 내에 보조금을 반환하도록 하는 교부조건을 부가한 사안에서, 이러한 부관상 의무는 보조사업자가 지방자치단체에 부담하는 공법상 의무이므로 보조사업자에 대한 지방자치단체의 보조금반환청구는 당사자소송의 대상이다.

15 다음 중 「국가배상법」 제5조에 따른 배상책임에 대한 설명으로 옳지 않은 것은? (다툼이 있는 경우 판례에 의함)

① 영조물의 설치 또는 관리의 하자란 공물이 그 용도에 따라 통상 갖추어야 할 안전성을 갖추지 못한 것을 말한다.

② 「국가배상법」 제5조 소정의 공공의 영조물이란 공유나 사유임을 불문하고 행정주체에 의하여 특정 공공의 목적에 공여된 유체물 또는 물적 설비를 의미하므로 만약 사고지점 도로가 군민의 통행에 제공되었다면 도로관리청에 의하여 노선 인정 기타 공용개시가 없었더라도 이를 영조물이라 할 수 있다.

③ 가변차로에 설치된 두 개의 신호등에서 서로 모순되는 신호가 들어오는 오작동이 발생하였고 그 고장이 현재의 기술수준상 부득이한 것이라고 가정하더라도 그와 같은 사정만으로 손해발생의 예견가능성이나 회피가능성이 없어 영조물의 하자를 인정할 수 없는 경우라고 단정할 수 없다.

④ 영조물의 설치 및 관리에 있어서 항상 완전무결한 상태를 유지할 정도의 고도의 안전성을 갖추지 아니하였다고 하여 영조물의 설치 또는 관리에 하자가 있다고 단정할 수는 없다.

16 다음 중 행정상 손해배상에 대한 설명으로 옳지 않은 것은? (다툼이 있는 경우 판례에 의함)

① 근대국가의 성립 초기에는 국가무책임의 원칙이 지배적이었다.

② 재량위반이 부당에 그치는 경우에는 국가는 배상책임이 없다.

③ 헌법은 공무원의 직무상 불법행위로 인한 배상책임만 규정하고 있다.

④ 직무행위 여부의 판단기준은 외형 및 공무원의 주관적 의사에 의한다는 것이 통설·판례의 입장이다.

17 다음 중 부작위위법확인소송에 대한 설명으로 옳지 않은 것은? (다툼이 있는 경우 판례에 의함)

① 부작위위법확인소송은 처분의 신청을 한 자로서 부작위의 위법의 확인을 구할 법률상 이익이 있는 자만이 제기할 수 있다.

② 부작위가 성립되기 위해서는 당사자의 신청이 있어야 하며 신청의 내용에는 사경제적 계약의 체결 요구나 비권력적 사실행위의 요구 등도 포함된다.

③ 부작위의 직접 상대방이 아닌 제3자라 하여도 당해 행정처분의 부작위위법확인을 구할 법률상의 이익이 있는 경우에는 원고적격이 인정된다.

④ 부작위상태가 계속되는 한 부작위위법의 확인을 구할 이익이 있다고 보아야 하므로 제소기간의 제한을 받지 않는다.

18 다음 중 행정법의 일반원칙에 대한 설명으로 옳지 않은 것은? (다툼이 있는 경우 판례에 의함)

① 제1종 보통면허로 운전할 수 있는 차량을 음주운전한 경우에는 제1종 보통면허의 취소 외에 동일인이 소지하고 있는 제1종 대형면허와 원동기장치자전거면허까지 취소할 수 있다.

② 재량권 행사의 준칙인 행정규칙이 그 정한 바에 따라 되풀이 시행되어 행정관행이 이루어지게 되면 평등의 원칙이나 신뢰보호의 원칙에 따라 행정기관은 그 상대방에 대한 관계에서 그 규칙에 따라야 할 자기구속을 받게 된다.

③ 위법한 행정처분이라 하더라도 수차례에 걸쳐 반복적으로 행하여진 경우라면 행정의 자기구속의 원칙이 적용된다.

④ 지방자치단체장이 사업자에게 주택사업계획승인을 하면서 그 주택사업과는 아무런 관련이 없는 토지를 기부채납하도록 하는 부관을 주택사업계획승인에 붙인 경우, 그 부관은 부당결부금지의 원칙에 위반되어 위법이다.

19 다음 중 「행정심판법」에 따른 행정심판에 관한 설명으로 가장 옳은 것은? (다툼이 있는 경우 판례에 의함)

① "부작위"란 행정청이 당사자의 신청에 대하여 상당한 기간 내에 일정한 처분을 하여야 할 법령상 의무가 있는 데도 처분을 하지 아니하는 것을 말한다.

② 여러 명의 청구인이 공동으로 심판청구를 할 때에는 청구인들 중에서 5명 이하의 선정대표자를 선정할 수 있다.

③ 재결은 피청구인 또는 위원회가 심판청구서를 받은 날부터 90일 이내에 하여야 한다.

④ 행정심판 청구의 변경은 서면으로 신청하여야 한다.

20 다음 중 행정강제에 대한 설명으로 옳지 않은 것은? (다툼이 있는 경우 판례에 의함)

① 행정상 강제집행은 법률에 근거하여서만 행해질 수 있다.

② 비대체적 작위의무 또는 부작위의무를 이행하지 아니하는 경우에 그 의무자에게 심리적 압박을 가하여 의무의 이행을 강제하기 위해 과하는 금전벌을 직접강제라 한다.

③ 대집행을 위해서는 먼저 의무의 이행을 최고하는 행위로서의 계고를 하여야 한다.

④ 강제징수를 위한 독촉은 통지행위인 점에서 대집행에 있어서의 계고와 성질이 같다.

21 다음 중 행정행위의 하자의 승계에 대한 설명으로 옳지 않은 것은? (다툼이 있는 경우 판례에 의함)

① 하자의 승계를 인정하면 인정하지 않는 경우에 비하여 국민의 권익구제의 범위가 더 넓어지게 된다.

② 선행행위에 무효의 하자가 존재하는 경우 선행행위와 후행행위가 결합하여 하나의 법적 효과를 목적으로 하는 경우에는 하자의 승계가 인정된다.

③ 과세처분과 체납처분 사이에는 취소사유인 하자의 승계가 인정되지 않는다.

④ 제소기간이 경과하여 선행행위에 불가쟁력이 발생하였다면 하자의 승계는 문제되지 않는다.

22 다음 중 대집행에 대한 설명으로 옳지 않은 것은? (다툼이 있는 경우 판례에 의함)

① 대집행이 인정되기 위해서는 대체적 작위의무의 불이행이 있어야 하고 다른 수단으로는 그 의무이행의 확보가 곤란하여야 하며 불이행을 방치하는 것이 심히 공익을 해하는 것으로 인정되어야 한다.

② 1장의 문서로 위법건축물의 자진철거를 명함과 동시에 소정 기한 내에 철거의무를 이행하지 않을 시 대집행할 것을 계고할 수 있다.

③ 판례는 반복된 계고의 경우 1차 계고뿐만 아니라 제2차·제3차 계고처분의 처분성도 인정된다고 보고 있다.

④ 공법상 의무의 불이행에 대해 행정상 강제집행절차가 인정되는 경우에는 따로 민사소송의 방법으로 의무이행을 구할 수는 없다.

23 다음 중 행정상 공법관계로 옳은 것으로만 묶인 것은? (다툼이 있는 경우 판례에 의함)

> 가. 국유(잡종)재산에 관한 대부료 납입고지
> 나. 입찰보증금 국고귀속조치
> 다. 창덕궁 비원 안내원의 채용계약
> 라. 지방자치단체에서 근무하는 청원경찰의 근무관계
> 마. 국유재산 무단점유자에 대한 변상금 부과처분

① 가, 나
② 가, 라
③ 라, 마
④ 다, 마

24 다음 중 「질서위반행위규제법」의 내용에 대한 설명으로 옳지 않은 것은? (다툼이 있는 경우 판례에 의함)

① 행정청이 질서위반행위에 대하여 과태료를 부과하고자 하는 때에는 미리 당사자에게 대통령령으로 정하는 사항을 통지하고, 10일 이상의 기간을 정하여 의견을 제출할 기회를 주어야 한다.

② 판례에 따르면, 질서위반행위를 한 자가 자신의 책임 없는 사유로 위반행위에 이르렀다고 주장한다 하더라도 법원이 그 내용을 살펴 행위자에게 고의나 과실이 있는지 여부를 따져보아야 하는 것은 아니다.

③ 행정청의 과태료 부과처분을 받은 자가 그 통지를 받은 날부터 60일 이내에 해당 행정청에 서면으로 이의를 제기하면 행정청의 과태료 부과처분은 그 효력을 상실한다.

④ 행정청의 과태료 처분이나 법원의 과태료 재판이 확정된 후 법률이 변경되어 그 행위가 질서위반행위에 해당하지 아니하게 된 때에는 변경된 법률에 특별한 규정이 없는 한 과태료의 징수 또는 집행을 면제한다.

25 다음 중 공법상 부당이득에 대한 설명으로 옳지 않은 것은? (다툼이 있는 경우 판례에 의함)

① 공법상 부당이득이란 법률상 원인 없이 타인의 재산 또는 노무로 인하여 이득을 얻고 타인에게 손해를 가한 자에 대하여 그 이득의 반환의무를 과하는 것을 말한다.

② 개발부담금 부과처분이 취소된 이상 그 후의 부당이득으로서의 과오납금반환에 관한 법률관계는 단순한 민사관계에 불과한 것이 아니므로, 행정소송절차에 따라 반환청구를 하여야 한다.

③ 원천징수의무자가 원천납세의무자로부터 원천징수대상이 아닌 소득에 대하여 세액을 징수·납부하였거나 징수하여야 할 세액을 초과하여 징수·납부하였다면, 국가는 원천징수의무자로부터 이를 납부 받는 순간 아무런 법률상의 원인 없이 보유하는 부당이득이 된다.

④ 조세부과처분이 무효임을 전제로 하여 이미 납부한 세금의 반환을 청구하는 것은 민사상의 부당이득반환청구로서 민사소송절차에 따라야 한다.

인생은 자전거를 타는 것과 같다.
균형을 잡기 위해서는 계속 움직여야 한다.

– 알버트 아인슈타인 –

PART 3

경영학

2024.07.13. 시행

2024 | **9급** 기출문제

모바일
OMR
답안분석
서비스

✅ 시험시간 25분 ✅ 해설편 246쪽

✔ 회독 CHECK 1 2 3

01 경영자의 의사결정 접근법 중 합리성 모델에 대한 주장으로 옳지 않은 것은?

① 목적 지향적이고 논리적이다.

② 만족할 만한 대안을 해결안으로 받아들인다.

③ 조직의 이해를 최대한 반영한다.

④ 문제가 명확하고, 모호하지 않다.

02 다음 중 관련다각화가 가장 효과적인 전략이 될 수 있는 경우는?

① 기업이 속한 산업이 정체되었거나 저성장인 경우

② 기업의 현재 제품 시장이 포화 상태인 경우

③ 신제품의 판매 주기가 현재 제품의 판매 주기와 서로 보완될 수 있는 경우

④ 기업의 현재 유통 경로를 신제품 출시에 활용할 수 있는 경우

03 다음 중 판매자 관점의 4P에 대한 비판으로 등장한 구매자 관점의 4A에 해당하지 않은 것은?

① 가용성

② 촉진

③ 인지도

④ 수용성

04 다음 중 성과 측정에 관한 설명으로 가장 적절하지 않은 것은?

① 성과 측정은 기업의 목표를 뒷받침하고 기업에 중요한 가치를 개선할 수 있도록 도와주어야 한다.

② 성과 측정은 일이 처리되는 방식보다 얼마나 많은 일이 얼마나 자주 처리되는지에 주목해야 한다.

③ 성과 측정은 고객의 요구에 따라 프로세스 성과를 제공할 수 있어야 한다.

④ 성과 측정은 프로세스 전체를 파악해야 한다.

05 다음 중 직무설계에 관한 설명으로 가장 적절한 것은?

① 기계적 접근은 경제학 중 행동경제학에 근간을 두고 있다.

② 동기부여적 접근은 심리학 중 임상심리학에 기반을 두고 있다.

③ 지각-운동적 접근은 사람들이 정신적인 능력과 한계를 초과하지 않는 수준에서 직무설계를 하는 것이다.

④ 생물학적 접근은 조명이나 공기, 장소와 작업 시간보다 작업 자체에 관심을 기울인다.

06 다음 중 비즈니스 인텔리전스에 관한 설명으로 가장 적절하지 않은 것은?

① 온라인 분석처리는 다차원 데이터분석을 가능하도록 해준다.

② 텍스트 마이닝은 대량의 구조화된 데이터 집합으로부터 핵심요인을 추출하고 패턴을 발견하도록 해준다.

③ 웹 마이닝은 웹 컨텐트 마이닝, 웹 구조 마이닝, 웹 사용 마이닝으로 분류된다.

④ 데이터 마이닝을 통해 획득 가능한 정보의 유형은 연관성, 순차, 분류, 군집, 예보 등이다.

07 다음 중 현금흐름표상 현금흐름으로 옳지 않은 것은?

① 매출활동 현금흐름

② 영업활동 현금흐름

③ 투자활동 현금흐름

④ 재무활동 현금흐름

08 다음 중 이익잉여금에 대한 설명으로 가장 적절한 것은?

① 이익잉여금은 특정 회계기간 동안의 수익과 비용의 세부적인 내역을 나타낸다.

② 배당금으로 지급할 수 있는 현금보유액을 의미한다.

③ 당기순이익과 이익잉여금은 항상 일치한다.

④ 이익잉여금의 증가를 초래하는 주된 항목은 당기순이익이며, 감소를 초래하는 주된 항목은 배당이다.

09 다음 중 공급사슬의 유형과 가장 거리가 먼 것은?

① 파트너십 사슬

② 효율적 사슬

③ 린 사슬

④ 신속대응 사슬

10 다음 중 소비자행동의 영향요인으로 개인 심리적 요인과 가장 거리가 먼 것은?

① 라이프스타일

② 학습

③ 가치

④ 가족

11 다음 중 직장내 교육훈련(OJT)에 관한 설명으로 가장 적절하지 않은 것은?

① 교육훈련 프로그램 설계 시 가장 먼저 해야 할 것은 필요성 분석이다.

② 직장상사와의 친밀감을 제고할 수 있다.

③ 많은 종업원들에게 통일된 훈련을 시킬 수 있다.

④ 교육훈련이 현실적이고 실제적이다.

12 다음 중 소유와 경영의 분리에 대한 설명으로 가장 적절한 것은?

① 기업과 경영의 분리

② 자본가와 종업원의 분리

③ 일반경영자와 전문경영자의 분리

④ 출자자와 경영자의 분리

13 다음 중 감가상각방법에 대한 설명으로 가장 적절하지 않은 것은?

① 초기에 감가상각비를 많이 인식하는 감가상각방법을 가속상각법이라 한다.

② 생산량비례법은 자산의 가치감소의 원인이 진부화나 부적응과 같은 경제적 요인에 의해 발생할 경우 적합하다.

③ 정액법은 매 회계기간 일정한 금액을 상각하는 방법이다.

④ 이중체감법은 정액법에 의한 상각률의 두 배를 상각률로 정하고 정률법과 동일한 방법을 사용하여 감가상각한다.

14 개인이 사물, 사람, 사건에 대해 가지는 주관적인 경험을 나타내는 태도를 구성하는 요소가 아닌 것은?

① 정서적 요소
② 인지적 요소
③ 관계적 요소
④ 행위적 요소

15 다음 중 자본비용과 성격이 다른 용어는?

① 평균수익률
② 할인율
③ 필수수익률
④ 기대수익률

16 다음 중 비용중심적 가격결정방법에 대한 설명으로 가장 적절하지 않은 것은?

① 지수가격결정은 총원가와 원가비율을 이용하여 가격을 결정하는 방법으로, 주로 서비스산업에서 사용된다.
② 비용가산 가격결정은 생산원가에 일정한 가산액이나 가산율을 부가하는 방법이다.
③ 공헌마진 가격결정은 상품회전율과 상대적 수익률을 기준으로 하는 가격결정방법이다.
④ 손익분기점 가격결정은 상품을 생산하고 판매 하는 전 과정을 통해서 특별한 손실이나 이익이 나지 않은 수준에서 가격을 결정하는 방법이다.

17 다음 중 성과측정 기준에 대한 설명으로 가장 적절하지 않은 것은?

① 신뢰성이란 측정결과가 실제 성과를 얼마나 제대로 평가했는지 정도를 말한다.
② 전략적 적합성은 성과관리시스템이 조직의 전략, 목표, 문화와 부합하는 직무성과를 끌어내는 정보를 말한다.
③ 수용성이란 측정결과를 사용하는 사람이 받아들이는 정도를 말한다.
④ 구체성이란 성과측정을 통해 회사가 종업원에게 무엇을 요구하고 있는지 정도를 말한다.

18 다음 중 투자를 통한 해외 시장 진입 방식에 대한 설명으로 가장 적절하지 않은 것은?

① 완전자회사를 이용한 시장 진입을 통해 관리자들이 표적 시장에서 이루어지는 활동에 대해 완전하게 지배력을 행사할 수 있다.
② 조인트벤처의 전방통합은 기업의 업스트림(상향) 활동에 합작 투자를 의미한다.
③ 조인트벤처는 일반적으로 완전자회사에 비해 적은 리스크를 안고 있다.
④ 전략적 제휴의 단점은 미래의 현지 혹은 세계적인 경쟁자를 만들 수 있다는 점이다.

19 다음 중 유형자산을 감가상각하는 이유로 가장 적절한 것은?

① 유형자산의 가치를 정확하게 평가하기 위해서이다.
② 일정 기간 동안 감소한 자산의 가치를 정확히 측정하기 위해서이다.
③ 향후 자산을 교체하기 위한 자금을 미리 마련하기 위해서이다.
④ 자산의 취득원가를 체계적으로 각 회계기간에 배분하기 위해서이다.

20 다음 중 브랜드 개발에 대한 설명으로 가장 적절하지 않은 것은?

① 브랜드 확장은 현재의 브랜드명을 새로운 제품 범주의 신 제품이나 수정 제품으로 확장하는 것이다.
② 복수 브랜드는 동일 제품 범주 내에서 여러 개의 브랜드를 도입하는 것이다.
③ 신규 브랜드는 신제품에 사용할 적절한 기존 브랜드명이 없을 때 새로운 브랜드명을 개발하는 것이다.
④ 라인 확장은 기업이 기존 브랜드명을 새로운 제품 범주로 확장하는 것이다.

21 아프리카에 진출한 어떤 한국기업의 경우, 그 국가에서 적절하다고 여겨지는 관행을 기준으로 급여를 책정하였으므로 한국 기준에서는 터무니없는 저임금일지라도 윤리적이라고 판단하고 있다. 이러한 경영윤리관을 지칭하는 용어로서 가장 적절한 것은?

① 공리주의 윤리관
② 정의론적 윤리관
③ 사회계약론적 윤리관
④ 인권론적 윤리관

22 점포를 임대하여 에어컨 판매 영업을 하고 있는 한국유통(주)에서는 에어컨을 대당 ₩1,800,000에 구입하여 ₩2,000,000에 판매하고 있다. 임대료는 매월 ₩1,000,0000이며, 점포의 영업용 집기 설비들에 대한 감가상각비는 매월 ₩200,000이라고 한다. 주어진 이 자료들만 고려한다고 할 경우, 월간 손익분기점(break-even point, BEP) 매출 수량은 몇 대인가?

① 3
② 4
③ 5
④ 6

23 다음 중 수평적 조직구조의 장점에 대한 설명으로 가장 적절하지 않은 것은?

① 지휘·명령 계통이 단순하고 책임, 의무 및 권한의 통일적 귀속이 명확하다.
② 직공에 대한 작업지도가 쉬워 미숙련공을 활용할 수 있다.
③ 하나의 직능부서 내에서는 조정이 잘 이루어진다.
④ 작업자는 전문적 지식이나 기술을 가진 선임의 지도로 직무경험을 축적할 수 있다.

24 잠재적 창의성에 대한 설명으로 가장 적절하지 않은 것은?

① 창의적인 업무는 전문성이 기본이다.
② 똑똑한 사람은 복잡한 문제를 푸는 데 능숙 하기 때문에 창의적이다.
③ 희망, 자기효과성, 긍정성은 개인의 창의성을 파악할 수 있는 요소이다.
④ 창의성은 바람직한 많은 개별적 특성과 관계가 있어 윤리와 상관관계가 높다.

25 다음 중 안전재고에 대한 설명으로 가장 적절한 것은?

① 바쁜 크리스마스 판매 시즌이나 세일행사 기간과 같이 수요가 높을 것으로 예상되는 기간 동안 수요를 충족시킬 수 있는 재고를 말한다.
② 예상하지 못한 공급이나 생산 문제가 일어나거나 수요가 예상보다 높을 때 수요를 충족시키기 위해 보유하는 재고이다.
③ 기업이 구매나 생산을 하고 다음번 구매나 생산할 기간까지 유지할 수 있는 충분한 양을 구매하거나 생산할 때 발생한다.
④ 기업들이 가격 인상이나 공급축소 등을 대비하여 물품을 비축해 놓을 때 생성되는 재고이다.

2024 | 7급 기출문제

● 회독 CHECK 1 2 3

☑ 시험시간 25분 ☑ 해설편 252쪽

01 다음 중 경영학과 관련된 주요 이론에 대한 설명으로 적절하지 않은 것은?

① 과학적 관리론은 다품종소량생산체제하에서 보다 많은 제품을 더욱 값싸게 생산할 수 있도록 작업방식을 개선할 수 있는 최선의 방법을 제시한 이론이다.

② 고전적 관리론이 현대 경영이론의 관점에서 주목을 받는 이유는 기업의 구성요소들 사이의 상호관련성에 대한 통찰력을 지니고 있기 때문이다.

③ 관료론제는 가장 효율적이고 이상적인 조직은 합리성에 기초를 두어야 한다는 전제에서 출발한다.

④ 인간관계론은 인간은 단순히 돈만을 위해서 일하는 경제인이 아니라 감정을 지니고 있고 남과 어울리고자 하는 사회인이며 동시에 작업장을 하나의 사회적 장으로 인식하였다.

02 다음 중 재무상태표에 관한 설명으로 가장 적절하지 않은 것은?

① 재무상태표는 특정 시점의 기업의 재무상태를 나타내는 재무보고서이다.

② 재무상태표에서 기업의 재무상태는 자산과 부채 및 자본으로 분류하여 보고한다.

③ 재무상태표에서 보고되는 자본은 자산 총액에서 부채 총액을 차감한 금액과 항상 일치한다.

④ 재무상태표에서 자산은 중요도가 큰 순서로 보고한다.

03 다음 마케팅 조사와 관련된 여러 설명들 중 가장 적절한 설명은?

① 등간척도(interval scale)는 속성의 절대적 크기를 측정하기 때문에 사칙연산이 가능하다.

② 외적 타당성(external validity)이란 실험 결과를 실험실 밖의 실제상황에서 어느 정도까지 설명력 있게 확대 적용할 수 있느냐의 정도를 나타내는 지표를 말한다.

③ 표적 집단 면접(focus group interview), 문헌조사, 전문가 의견조사는 기술조사 방법(descriptive research method)에 해당한다.

④ 전화 설문 기법(telephone survey technique)은 표본 범주를 통제하기가 용이하다.

04 다음 중 제한된 합리성(bounded rationality)이 시사하는 바에 대한 설명으로 가장 적절하지 않은 것은?

① 엄밀한 의미의 합리적 의사결정은 이상(理想)에 불과하다.

② 조직운영 시 의사결정자들의 능력에 한계가 있음을 고려해야 한다.

③ 합리성에도 수준이 있다면 조직이나 집단이 개인보다 더 합리적인 결정을 보장한다고 보아야 한다.

④ 정보가 완전할 수 없다는 것이 용인된다면 이를 악용해서 의사결정자들이 정확한 정보를 왜곡·조작하여 자신에게 유리한 결정이 나도록 유도할 가능성도 있다.

05 조직문화의 유형을 구분하는 데 유용한 기법 중 하나로, 카메론(K.S. Cameron)과 퀸(R.E. Quinn)의 경쟁가치 프레임워크(competing value framework, CVF)를 기반으로 하는 방법이 있다. 다음 중 이 기법에 의한 조직문화의 유형으로 가장 적절하지 않은 것은?

① 공식화(formalized) 조직문화
② 계층적(hierarchy) 조직문화
③ 에드호크러시(adhocracy) 조직문화
④ 시장지향적(market) 조직문화

06 국방산업(주)은 단순지수평활법(simple exponential smoothing)을 이용하여 수요를 예측하고 있다. 다음 표는 4월과 5월의 수요예측치와 실제 수요를 나타낸 것이다. 다음 중 6월의 수요예측치와 가장 가까운 것은?

월	4월	5월	6월
수요예측치	60	50	?
실제 수요	52	55	

① 54.75
② 56.25
③ 57.75
④ 59.25

07 다음은 동기부여 이론들 중 허즈버그(F. Herzberg)의 2-요인 이론(two-factor theory)에 관한 설명들이다. 가장 적절하지 않은 것은?

① 2-요인이란 직무만족과 관련되는 동기요인과 직무 불만족과 관련된 위생요인을 말한다.
② 직무 불만족과 관련된 외적 요인들을 위생요인(hygiene factor)이라 하며, 이들을 적절히 관리하면 불만을 갖지 않게 됨에 따라 동기부여 효과가 적극적으로 발생하게 된다.
③ 직무만족과 관련된 내적 요인들을 동기요인(motivator)이라 하며, 이들을 적절히 관리하면 동기부여 효과가 발휘되게 된다.
④ 성취감, 인정감, 책임감 등은 동기요인에, 감독, 회사정책, 작업조건, 동료와의 관계 등은 위생요인에 해당한다.

08 마케팅 전략 수립을 위해 시장기회를 분석하는 데는 경쟁자 분석이 필요할 수 있다. 이 경우 경쟁자 분석 방법은 보통 기업중심적 방법과 고객중심적 방법으로 구분할 수 있는데, 다음 중 기업중심적 방법으로 가장 적절하지 않은 것은?

① 브랜드 전환 매트릭스(brand switching matrix)
② 제품-시장 매트릭스(product-market matrix)
③ 기술적 대체 가능성(technological substitutability) 판단법
④ 표준 산업분류(standard industrial classification) 코드 활용법

09 다음 중 직무(job)의 특성에 대한 설명으로 가장 적절하지 않은 것은?

① 기업조직의 목표달성을 위해 필요한 일들이 완성되어야 하는데 이를 관리 관리할 목적으로 직무가 만들어진다.
② 직무를 관리자 주관에 따라 마음대로 정하는 것은 아니고 기업 전체의 조직차원에서 정의되고 통용되어야 한다.
③ 직무는 그 수행자가 누구인가에 관계없이 독립적으로 정해지고 기술되어 있다.
④ 직무의 내용과 범위 등은 기업 내외부의 요구에 따라 수시로 변경된다.

10 다음 중 슈머너(R.W. Schmenner)가 제시한 서비스 프로세스 매트릭스에 대한 설명으로 가장 적절하지 않은 것은?

고객과의 상호작용 및 고객화 정도

		저	고
노동 집약도의 정도	저	(가)	(나)
	고	(다)	(라)

① (가)유형은 유형제품의 생산공장처럼 표준화된 서비스를 대량을 공급하며, 항공사와 호텔이 포함된다.
② (나)유형에는 병원, 자동차 정비소 등이 포함된다.
③ (다)유형에는 도·소매점, 학교, 은행 등이 포함된다.
④ (라)유형은 전문적인 교육을 받은 서비스 제공자가 고객의 일반적 요구에 맞는 서비스를 제공한다.

11 다음 중 고품질 데이터의 특징과 관련된 내용이 올바르게 짝 지어진 것은?

> ㉠ 정보에 누락된 값이 있는가?
> ㉡ 통합 정보 또는 요약 정보가 상세 정보와 일치하는가?
> ㉢ 정보가 비즈니스 필요의 관점에서 최근의 것인가?

① ㉠ 완전성, ㉡ 일관성, ㉢ 적시성
② ㉠ 완전성, ㉡ 일관성, ㉢ 고유성
③ ㉠ 일관성, ㉡ 완전성, ㉢ 적시성
④ ㉠ 일관성, ㉡ 완전성, ㉢ 고유성

12 다음은 생산능력(production capacity)에 관한 여러 설명들이다. 이들 중 가장 적절한 것은?

① 유효생산능력(effective capacity)은 설비의 설계명세서에 명시되어 있는 생산능력으로, 설비 운영의 내적·외적 요인에 영향을 받지 않고 생산 가능한 최대 생산량이다.
② 규모의 경제(economies of scale)란 생산량의 증가 등으로 인해 단위당 변동비가 줄어들어 단위당 평균원가가 감소하는 현상을 의미한다.
③ 최적조업도는 단위당 고정원가가 최소로 되는 산출량을 말한다.
④ 유효생산능력(effective capacity)은 설계생산 능력(design capacity)을 초과할 수 없다.

13 다음 중 모듈러 설계(modular design) 방식 생산의 특징에 해당되는 것으로 가장 알맞게 짝 지어진 것은?

> ㉠ 소품종 대량생산 체제의 최적화를 위한 기법이다.
> ㉡ 모듈식 생산을 통하여 대량 고객화를 달성할 수 있다.
> ㉢ 완제품의 표준화를 위한 기법이다.
> ㉣ 소량생산 체제와 대량생산 체제의 접근화의 한 사례이다.

① ㉠
② ㉠, ㉡
③ ㉠, ㉡, ㉣
④ ㉠, ㉢, ㉣

14 다음은 공급망관리 혹은 공급사슬관리(supply chain management, SCM)와 관련된 여러 설명들이다. 이들 중 가장 적절한 것은?

① 정보와 물류의 리드타임이 길수록 공급사슬 내 채찍효과(bullwhip effect)로 인한 현상은 감소한다.
② 공급자 재고관리를 활용하면, 구매자의 재고 유지비용은 빈번한 발주와 리드타임의 증가로 인해 상승하고, 공급자의 수요예측 정확도는 낮아진다.
③ 고객에서부터 공장에 이르기까지 공급의 모든 과정을 고객 관점에서 단순화 및 표준 화하고, 정보시스템의 지원을 통해 이 과정을 통합적으로 관리하고자 하는 경영 노력을 SCM이라고 할 수 있다.
④ 대량 고객화(mass customization) 전략은 표준화된 단일 품목에 대한 고객수요를 최대한 확대하려는 방향으로 공급 네트워크를 구성하려는 전략이다.

15 다음 중 호프스테드(G. Hofstede)가 제시한 국가적 문화 유형의 차이를 구분하는 기준에 해당하는 것으로 가장 알맞게 짝 지어진 것은?

> ㉠ 권력 격차(power distance)
> ㉡ 개인주의 / 집단주의(individualism / collectivism)
> ㉢ 개방성/배타성(openness / exclusiveness)
> ㉣ 단기지향성 / 장기지향성(short-term / long-term)
> ㉤ 불확실성 회피(uncertainty avoidance)
> ㉥ 수직적 계층성 / 수평적 계층성(vertical hierarchy / horizontal hierarchy)

① ㉠, ㉡, ㉢, ㉣
② ㉠, ㉡, ㉣, ㉤
③ ㉠, ㉡, ㉤, ㉥
④ ㉢, ㉣, ㉤, ㉥

16 다음 중 소비자의 구매 의사결정에 대한 설명으로 가장 적절한 것은?

① 정교화 가능성 모형(elaboration likelihood model)에 따르면, 소비자의 정보처리 경로는 중심경로(central route) – 중간경로(middle route) – 주변경로(peripheral route)로 구분된다.

② 기대불일치모형(expectation disconfirmation model)에 의하면, 만족과 불만족은 소비자가 제품 사용 후 내린 평가가 기대 이상이냐 기대보다 못하냐에 따라 결정된다는 것이다.

③ 소비자의 구매 의사결정과정에서 '구매 후 과정'과 관련하여, 귀인이론(attribution theory)은 구매 후 소비자가 불만족 원인이 일시적이고, 기업이 통제 불가능한 것이었고, 기업의 잘못으로 일어났다고 소비자가 생각할수록 불만족할 가능성이 높다.

④ 구매하기로 선택한 대안이 갖지 못한 장점을 선택하지 않은 대안이 갖고 있을 때, 구매 후 부조화(postpurchase dissonance) 현상은 크게 발생하지 않는다.

17 다음은 촉진 관리에 관한 설명들이다. 이들 중 가장 적절하지 않은 것은?

① 중간상 판매촉진(trade promotion)은 제조업자가 중간상(도소매업자)을 대상으로 인센티브를 제공하는 것이다.

② 제조업체가 제품 취급의 대가로 특정 유통 업체에게 제품 대금의 일부를 공제해 준다면, 이러한 판매촉진은 입점 공제(slotting allowances)에 해당한다.

③ 매체 결정에서 표적 청중을 명확히 하기 어려운 경우에는 일반적으로 도달률(reach)보다는 빈도(frequency)를 높이는 것이 바람직하다.

④ 광고모델의 매력도와 신뢰성은 각각 동일시(identification) 과정과 내면화(internalization) 과정을 거쳐 소비자를 설득한다.

18 경영학자 마이클 포터(M. Porter)는 기업이 처한 과업 환경에 관하여 그것을 구성하는 다섯 가지 요소를 이용한 소위 '5–요인 모형(five–forces model)'을 통해 설명하고 있다. 다음 중 포터가 제시하는 5 요인으로서 가장 적절하지 않은 것은?

① 보완재의 존재 여부
② 수요자의 교섭력
③ 잠재적 경쟁자의 진입 위협
④ 기존 기업과의 경쟁

19 다음 중 효율적 시장가설에 대한 설명으로 가장 적절하지 않은 것은?

① 현재의 주가가 과거의 주가자료에 포함된 정보를 반영하여 결정된다고 보는 견해를 약형(weak form) 효율시장가설이라고 한다.

② 효율적 시장에서는 주가의 움직임에 패턴이 있으며, 어제의 주가변화와 오늘의 주가변화는 상관관계가 존재한다.

③ 특정 거래전략이 지속해서 통계적으로 유의한 초과수익을 낼 수가 없다.

④ 전문투자자와 보통투자자 간의 투자성과는 통계적으로 유의한 차이가 없다.

20 국방산업(주)의 2023년 12월 31일 재무상태표 계정과목은 다음과 같다. 2023년 12월 31일 이익잉여금은 얼마인가?

매출채권	₩150,000	토지	₩1,200,000
현금 및 현금성자산	₩250,000	단기차입금	₩700,000
건물	₩1,000,000	장기대여금	₩200,000
매입채무	₩750,000	단기대여금	₩300,000
사채	₩550,000	상품	₩800,000
자본금	₩400,000	이익잉여금	(₩ ?)

① ₩1,300,000
② ₩1,400,000
③ ₩1,500,000
④ ₩1,600,000

21 다음은 리더십 이론에 관한 여러 설명들이다. 이들 중 가장 적절하지 않은 것은?

① 블레이크와 머튼(Blake and Mouton)의 관리격자 모형(Managerial Grid Model)에서는 상황의 특성과 관계없이 생산과 인간 모두에 높은 관심을 가지는 '팀형(9,9) 리더십' 스타일을 가장 이상적인 유형으로 본다.

② 허쉬와 블랜차드(Hersey and Blanchard)의 상황적 리더십 이론은 리더십 스타일을 지시형(telling), 지도형(selling), 참여형(participating), 위임형(delegating)으로 구분한다.

③ 하우스(House)의 경로−목표 이론에 의하면, 외재적 통제위치를 갖고 있는 부하에게는 참여적 리더십이 적합하다.

④ 오하이오 주립대학의 리더십 행동 연구에서는 리더십을 구조주도(initiating structure)와 배려(consideration)의 두 차원으로 나누었다.

22 다음 중 고객관계관리(customer relationship management, CRM)에 대한 설명으로 가장 적절하지 않은 것은?

① 거시적 관점에서 전략적 CRM은 기업의 경영 환경에 영향을 미치고 있는 기업, 고객, 경쟁자, 협력자를 통합적으로 고려한다.

② 미시적 관점에서 전술적 CRM은 고객에게 최적의 상품과 서비스를 제공하기 위한 자료의 도출과 분석에 초점을 둔 구체적인 고객대응 전략을 목표로 한다.

③ RFM(recency, frequency, monetary) 분석은 고객과의 커뮤니케이션에 초점을 맞춘 분석이다.

④ 잠재고객의 평상가치는 해당 잠재고객을 경쟁상대에게 빼앗겼을 때 예상할 수 있는 손실값으로 정의할 수 있다.

23 다음 중 수요예측과 관련된 정량적 기법에 대한 설명으로 가장 적절하지 않은 것은?

① 정량적 수요예측은 단순이동평균법이나 지수평활법 등 시계열 예측기법과 선형 추세법이나 다중 회귀 예측 등 인과적 예측기법으로 나눌 수 있다.

② 단순이동평균법은 최근의 과거 수요를 사용하여 예측하는 기법으로, 수요가 시간에 따라 불안정할 때 상당히 신뢰할 수 있다.

③ 지수평활법은 정교한 형태의 가중 이동 평균 예측으로, 다음 기간의 예측치는 현재 기간의 예측치에서 현재 기간의 실제 데이터와 예측 기간의 가중 차이를 조정한 것이다.

④ 다중 회귀 예측은 종속변수인 수용를 예측하는데 여러 독립변수가 함께 사용되는 경우 사용되는 방법이다.

24 종업원들에게 자존감과 업무 몰입도를 높이기 위해 요구되는 심리적 강화 요인을 임파워먼트(empowerment)라 한다. 다음에 제시된 항목들 중 임파워먼트의 구성요소에 해당하는 것들로만 가장 적절하게 묶인 것은?

> ㉠ 의미감(meaning)
> ㉡ 능력(competence)
> ㉢ 자기결정력(self−determiantion)
> ㉣ 영향력(impact)

① ㉠, ㉢
② ㉠, ㉡, ㉢
③ ㉡, ㉢, ㉣
④ ㉠, ㉡, ㉢, ㉣

25 다음 세 주식으로 구성된 포트폴리오의 기대수익률은 얼마인가?

주식	투자액(만원)	기대수익률
A	1,000	10%
B	600	8%
C	400	6%

① 8.2%
② 8.4%
③ 8.6%
④ 8.8%

2023 | **9급** 기출문제

● 회독 CHECK 1 2 3

☑ 시험시간 25분 ☑ 해설편 259쪽

01 다음 중 무한책임사원과 유한책임사원으로 구성된 기업 형태로 가장 옳은 것은?

① 주식회사
② 유한회사
③ 합자회사
④ 합명회사

02 '(주)오직커피'는 커피만을 판매하는 단일 매장 커피 전문점이며, 그 매장은 한국에 있다. '(주)오직커피'는 여러 가지 성장전략을 고민하고 있는데, 성장전략에 대한 설명으로 가장 적절한 것은?

① 한국에서 '(주)오직커피' 매장 하나를 추가로 여는 것은 '시장개발전략'에 해당한다.
② 베트남에 '(주)오직커피' 매장을 여는 것은 '시장침투전략'에 해당한다.
③ 기존 '(주)오직커피' 매장에서 기존 고객에게 샌드위치를 판매하는 것은 '다각화전략'에 해당한다.
④ 기존 '(주)오직커피' 매장에서 기존 고객을 대상으로 판촉 활동을 하는 것은 '시장침투전략'에 해당한다.

03 다음에서 설명하는 생산시스템으로 가장 적절한 것은?

이 생산시스템은 생산활동에서 가치를 부가하지 않는 활동, 자재, 운영 등 낭비의 원천을 제거하여 생산효율을 극대화한다. 프로세스 개선을 통해 제품품질을 향상시킨다. 재고 감소를 통한 생산 리드타임 단축으로 고객의 수요변화에 신속히 대응한다.

① 린(Lean) 생산시스템
② ERP 생산시스템
③ MRP 생산시스템
④ Q-system

04 포터(M. Porter)의 본원적 경쟁전략(generic competitive strategy)과 가장 거리가 먼 것은?

① 집중화 전략
② 차별화 전략
③ 현지화 전략
④ 원가우위 전략

05 마케팅 철학의 변화 과정을 순서대로 나열한 것으로 가장 적절한 것은?

① 생산지향 → 판매지향 → 제품지향 → 고객지향 → 사회지향
② 생산지향 → 제품지향 → 판매지향 → 고객지향 → 사회지향
③ 생산지향 → 판매지향 → 고객지향 → 제품지향 → 사회지향
④ 생산지향 → 제품지향 → 고객지향 → 판매지향 → 사회지향

06 허츠버그(F. Herzberg)의 2요인이론(two-factor theory)에 대한 설명으로 가장 적절한 것은?

① 임금, 작업조건, 회사정책은 위생요인에 해당한다.

② 위생요인을 개선하면 만족이 증가한다.

③ 직장에서 타인으로부터 인정받지 못한 직원은 불만족하게 된다.

④ 불만족을 해소시키면 만족이 증가한다.

07 다음 중 물류관리에 관한 설명으로 가장 거리가 먼 것은?

① 물류관리의 성과지표에는 매출액 대비 물류비용, 납기 준수율 등이 있다.

② 물류관리의 대상은 하역, 포장, 보관, 운송, 유통가공, 정보 등이다.

③ 제품이 수송 및 배송 활동을 거쳐 소비자에게 전달되는 과정은 인바운드 물류(in-bound logistics)에 해당한다.

④ 생산에 필요한 원자재를 자사 창고나 공장으로 이동하는 활동은 조달물류에 해당한다.

08 탁월한 기업들의 경영활동을 이해하고 활용하여 자사의 경영활동을 개선하는 혁신 기법은?

① 블루오션 전략(blue ocean strategy)

② 지식경영(knowledge management)

③ 브레인스토밍(brainstorming)

④ 벤치마킹(benchmarking)

09 노동조합 제도에 대한 설명으로 가장 거리가 먼 것은?

① 오픈 숍(open shop)은 조합원 여부와 상관없이 고용할 수 있으며, 조합 가입이 고용조건이 아니다.

② 클로즈드 숍(closed shop)은 사용자가 조합원만 선발해야 하는 제도이다.

③ 에이전시 숍(agency shop)은 조합원뿐 아니라 비조합원 노동자에게도 조합 회비를 징수하는 제도이다.

④ 유니온 숍(union shop)은 하나의 사업장에 하나의 노동조합만 인정하는 제도이다.

10 가격전략에 대한 설명으로 가장 적절한 것은?

① 원가가산 가격결정 방법은 제품의 단위당 원가에 일정 비율의 마진을 더해 판매 가격을 결정하는 방법이다.

② 단수가격은 소비자가 제품의 구매를 결정할 때 기준이 되는 가격이다.

③ 2부제가격(two-part tariff)은 성수기와 비수기의 가격을 다르게 책정하는 방식이다.

④ 유보가격(reserved price)보다 제품의 가격이 낮으면, 소비자가 제품의 품질을 의심해서 구매를 유보하게 된다.

11 다음 중 채권(bond)에 대한 설명으로 가장 거리가 먼 것은?

① 채권 발행자는 구매자에게 액면가(face value)를 만기(maturity date)에 지불한다.

② 연간 지급되는 이자를 '액면가의 비율로 표시한 것'을 쿠폰(coupon)이라고 한다.

③ 채권의 이자를 1년에 2회 지급하기도 한다.

④ 기업이 채권을 발행하여 조달한 자금은 부채에 해당한다.

12 판매회사가 제조업체에 제품의 생산을 위탁하면 제조업체가 이 제품을 자체적으로 설계·개발·생산하여 판매회사에 납품하는 방식으로 가장 적절한 것은?

① OJT

② OBM

③ ODM

④ OEM

13 빅데이터(Big Data)의 대표적 특징인 3V에 해당하지 않는 것은?

① 변동성(Variability)

② 규모(Volume)

③ 다양성(Variety)

④ 속도(Velocity)

14 수직적 마케팅시스템(VMS; Vertical Marketing System)에 대한 설명으로 가장 거리가 먼 것은?

① 기업형 VMS를 통해 경로갈등을 해결할 수 있다.

② 제조기업이 중간상을 통합하는 것은 전방통합에 해당한다.

③ 프랜차이즈 시스템은 관리형 VMS에 해당한다.

④ 계약형 VMS가 관리형 VMS보다 수직적통합의 정도는 강하다.

15 다음 중 회계상 거래에 해당하는 것으로만 짝 지은 것은?

> ㄱ. ₩1,000짜리 상품을 주문받다.
> ㄴ. ₩5,000짜리 상품을 도난당하다.
> ㄷ. (주)甲으로부터 ₩1,000,000짜리 프린터 1대를 기증받다.
> ㄹ. ₩500,000짜리 상품을 외상으로 매입하다.

① ㄱ, ㄴ, ㄷ

② ㄱ, ㄴ, ㄹ

③ ㄱ, ㄷ, ㄹ

④ ㄴ, ㄷ, ㄹ

16 직무 수행에 필요한 기술, 지식, 능력 등의 자격요인을 정리한 문서에 해당하는 것은?

① 직무기술서

② 직무명세서

③ 직무행위서

④ 직무분석서

17 여러 대안 중에서 자신의 선호도와 기준의 중요도에 따라 최선의 대안을 선택하는 경영과학 기법으로 가장 적절한 것은?

① 선형계획법(linear programming)

② 게임 이론(game theory)

③ 네트워크 모형(network)

④ 계층화 분석법(AHP)

18 제품 전략에 관한 설명으로 옳지 않은 것은?

① 제품 전략은 전체 시장의 욕구(needs)를 바탕으로 적절한 제품의 개발 및 운영을 위한 전략이다.

② 제품 전략의 수립에는 물리적인 제품뿐만 아니라 다양한 요소가 포함되어야 한다.

③ 제품 전략을 창출하는 것은 브랜드, 포장, 보증기간 등의 선택을 포함한다.

④ 제품 전략은 마케팅 프로그램의 기본 요소가 되는 마케팅 믹스(4P) 중 하나의 전략이다.

19 경영자가 주주의 이익을 최대화하는 목적 이외에 자신의 이익을 위한 의사결정과 행동을 하는 대리인 문제(agency problem)에 해당하지 않는 것은? 〈변형〉

① 경영자가 재무 상태를 고의적으로 왜곡하여 경영 실적을 높이는 행위
② 경영자가 이사회의 구성원을 선임하는 데에 영향을 미쳐 사외이사의 독립성을 훼손하는 행위
③ 경영자가 경영 실적에 비해 과다한 보상을 책정하는 행위
④ 경영자가 일반 주식보다 자신이 소유한 주식에 대해 많은 투표권을 갖도록 책정하는 행위

20 통제 범위(span of control)가 좁아지면 발생할 수 있는 상황에 대한 설명으로 가장 적절하지 않은 것은?

① 관리자의 통제는 능률이 오른다.
② 부하의 창의성 발휘가 고도화된다.
③ 관리비가 증대되어 기업 고정비가 증가한다.
④ 상하 간의 의사소통이 원활해진다.

21 소비자 행동의 근간을 이루는 소비자 정보처리과정을 순서에 맞게 나열한 것은?

① 노출 → 주의 → 지각 → 태도
② 주의 → 노출 → 지각 → 태도
③ 노출 → 태도 → 주의 → 지각
④ 태도 → 노출 → 주의 → 지각

22 〈SERVQUAL〉 모형의 품질 차원으로 가장 적절하지 않은 것은?

① 신뢰성
② 공감성
③ 유형성
④ 내구성

23 번스(J. Burns)의 변혁적 리더십(transformational leadership)의 하부 요인으로 가장 적절하지 않은 것은?

① 카리스마
② 지적 자극
③ 자기 통제
④ 영감적 동기화

24 다음 중 레버리지 효과에 관한 설명으로 가장 적절한 것은? (단, 이자, 세금 등의 비용이 없다고 가정함)

① 기업이 타인자본을 사용하면 자기자본만을 사용하는 경우보다 자기자본 이익률이 높아진다.
② 기업은 타인자본 조달로 인해 발생하는 이자 비용보다 높은 수익률이 기대되는 경우에만 타인자본을 활용하여 투자하는 것이 바람직하다.
③ 기업이 부채비율을 낮게 유지하여야만 레버리지 효과를 최대로 활용할 수 있다.
④ 레버리지 비율을 낮추기 위해서는 자본을 감소시켜야 한다.

25 다음 중 시장세분화 전략에 대한 설명으로 가장 적절하지 않은 것은?

① 시장세분화란 시장을 서로 비슷한 요구를 가지는 구매자 집단으로 구분하는 것을 말한다.
② 시장을 고객의 심리적 특성에 따라 구분하기 위해 소비자의 구매 패턴, 소비자가 추구하는 편익 등을 고려한다.
③ 시장세분화 전략에서 인구통계학적 특성이 다른 특성보다 구분하기 용이하기 때문에 가장 많이 사용되는 변수이다.
④ 시장세분화의 기준으로 특정 제품군에서의 소비자 행동에 대한 정보를 사용할 수 있다.

2023 | 7급 기출문제

모바일 OMR 답안분석 서비스

● 회독 CHECK 1 2 3

☑ 시험시간 25분 ☑ 해설편 265쪽

01 다음 중 적대적 M&A에 대한 방어 수단과 가장 거리가 먼 것은?

① 황금낙하산
② 차입매수(LBO)
③ 백기사
④ 포이즌 필

02 다음 중 확률표본추출방법에 해당하는 것은?

① 층화표본추출(stratified sampling)
② 편의표본추출(convenience sampling)
③ 판단표본추출(judgmental sampling)
④ 할당표본추출(quota sampling)

03 하나의 작업장에서 작업순서를 결정하려고 한다. 4개 작업(A, B, C, D)의 현재 시점에서의 작업정보가 다음과 같을 때, 최소여유시간법(LSTR; Least Slack Time Remaining)에 따른 작업순서로 가장 적절한 것은?

작업	A	B	C	D
잔여작업 소요시간(일)	3	10	8	4
납기까지 남은 시간(일)	10	18	17	8

① D A B C
② A D C B
③ D A C B
④ A D B C

04 성장을 위한 전략 가운데 수직적 통합(vertical integration) 및 수평적 통합(horizontal integration)에 대한 설명으로 가장 거리가 먼 것은?

① 수평적 통합을 통해 '규모의 경제'를 달성할 수 있다.
② 전방통합을 하면 안정적인 판로를 확보할 수 있다.
③ 후방통합을 통해 원가를 절감할 수 있다.
④ 의류제조업체가 섬유제조업체를 통합하는 것은 전방통합에 해당한다.

05 다음 중 조직형태에 대한 설명으로 가장 적절하지 않은 것은?

① 라인 조직(line organization)은 신속한 의사결정과 실행이 가능하다.
② 라인스탭 조직(line and staff organization)의 구성원은 두 개 이상의 공식적인 집단에 동시에 속한다.
③ 사업부제 조직(divisional organization)은 사업부별로 업무수행에 대한 통제와 평가를 한다.
④ 네트워크 조직(network organization)은 필요에 따라 기업 내부 부서 및 외부 조직과 네트워크를 형성해서 함께 업무를 수행한다.

06 다음 중 주식회사의 현금흐름에 대한 설명으로 가장 적절하지 않은 것은?

① 주식회사는 현금을 조달하기 위해 채권을 발행한다.

② 주식회사는 주주가 투자한 원금을 상환할 의무가 있다.

③ 주식회사는 영구채권의 원금을 채권자에게 상환할 의무가 없다.

④ 주식회사는 채권자에게 약정한 이자를 지급한다.

07 다음 중 4차 산업혁명 시대의 핵심기술에 대한 설명으로 가장 적절하지 않은 것은?

① 빅데이터는 경쟁력 향상을 위한 중요한 자산이라는 점에서, 데이터 자본주의 시대가 도래하였다.

② 클라우드 컴퓨팅 서비스가 증가한다.

③ 사물인터넷을 통해 '현실 세계에 존재하는 물리적 사물'과 '사이버 세상에 존재하는 가상의 사물'을 결합하여 상호작용한다.

④ 가상현실(VR; Virtual Reality)이란 사용자가 눈으로 보는 실제 세계의 배경이나 이미지에 가상의 이미지를 겹쳐 하나의 영상으로 보여주는 기술이다.

08 다음 중 '네트워크의 가치는 그 이용자 수의 제곱에 비례한다'는 법칙으로 가장 적절한 것은?

① 멧칼프의 법칙(Metcalfe's Law)

② 길더의 법칙(Gilder's Law)

③ 무어의 법칙(Moore's Law)

④ 황의 법칙(Hwang's Law)

09 다음 중 동기부여 이론에 대한 설명으로 가장 적절하지 않은 것은?

① 알더퍼(C. Alderfer)의 ERG이론은 인간의 욕구를 친교욕구, 권력욕구, 성취욕구로 구분하였다.

② 아담스(J. Adams)의 공정성이론(equity theory)에 따르면 준거인과 비교할 때 자신이 과대보상을 받았다고 인식하는 직원은 불공정성을 해소하려는 동기가 유발된다.

③ 브룸(V. Vroom)의 기대이론(expectancy theory)에서 동기부여 강도를 설명하는 변수는 기대감, 수단성, 유의성이다.

④ 허츠버그(F. Herzberg)의 2요인이론(two-factor theory)에서 불만족과 관련된 요인을 위생요인이라고 한다.

10 (주)甲의 2년 동안의 재무상태표는 다음과 같다. 2022년 중 (주)甲의 자본금인출액이 ₩500이라면, 2022년도의 순이익은 얼마인가? (단, (주)甲의 배당 성향은 0%이고, 다른 자본 항목의 변동은 없다.)

구분	2021.12.31.	2022.12.31.
총자산	₩6,000	₩8,000
총부채	₩2,000	₩3,000

① ₩500

② ₩1,000

③ ₩1,500

④ ₩5,000

11 소비자행동에서 다음과 같은 현상을 가장 적절하게 설명하는 것은?

새로 출시된 자동차의 디자인이 처음에는 마음에 들지 않았지만, 계속 보다 보니 조금씩 호감도가 증가한다.

① 휴리스틱(heuristic)

② 프로스펙트 이론(prospect theory)

③ 사회판단이론(social judgment theory)

④ 단순노출효과(mere-exposure effect)

12 다음 중 통계적 품질관리(SQC ; Statistical Quality Control)에서 샘플링 검사(sampling inspection)에 관한 설명으로 가장 적절하지 않은 것은?

① 샘플링 검사 로트(lot)로부터 추출한 샘플이 판정기준을 충족하지 못하면, 로트 전체를 불합격 판정한다.

② 검사특성곡선(OC Curve)은 로트의 불량률에 대한 합격 판정 확률을 그래프로 표현한 것이다.

③ 합격으로 판정해야 할 로트를 불합격으로 처리할 가능성을 소비자 위험(consumer's risk)이라고 한다.

④ 파괴 검사를 수행해야 하는 경우 샘플링 검사가 효과적이다.

13 노나카(Ikujiro Nonaka)가 제시한 암묵지(tacit knowledge)와 형식지(explicit knowledge)간의 상호작용을 통한 4개의 지식변환과정(knowledge conversion process) 인 ㄱ – ㄴ – ㄷ – ㄹ을 가장 적절하게 표시하고 있는 것은?

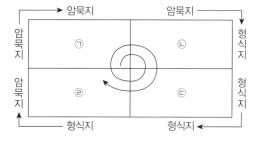

① 종합화(combination) – 사회화(socialization) – 외재화(externalization) – 내재화(internalization)

② 종합화(combination) – 외재화(externalization) – 사회화(socialization) – 내재화(internalization)

③ 사회화(socialization) – 외재화(externalization) – 종합화(combination) – 내재화(internalization)

④ 사회화(socialization) – 외재화(externalization) – 내재화(internalization) – 종합화(combination)

14 STP(Segmentation, Targeting, Positioning)의 위상정립(Positioning)을 위한 방법과 가장 거리가 먼 것은?

① 속성(attribute)에 의한 위상정립

② 편익(benefit)에 의한 위상정립

③ 경쟁자(competitor)에 의한 위상정립

④ 자원(resource)에 의한 위상정립

15 (주)대한기업은 2023년 1월 2일에 최신형 노트북을 총 3,000,000원(세금 포함)에 구입하였다. 감가상각법은 정액법을 따른다고 가정하고, 사무용 기기의 내용연수는 5년이며, 5년 후 잔존가치는 취득원가의 10%로 추정된다. 이 사무용기기의 2023년 감가상각비는 얼마인가?

① 500,000원

② 540,000원

③ 580,000원

④ 620,000원

16 산업의 매력도를 평가하는 환경분석도구로서 포터(M. Porter)의 5대 경쟁세력모형(5-Forces Model)에서 제시된 5대 경쟁요인과 가장 거리가 먼 것은?

① 대체재(substitute)의 위협

② 신규 진입기업(new entrant)의 위협

③ 정부정책(government policy)의 위협

④ 공급자(supplier)의 교섭력

17 하우스(House)와 미첼(Mitchell)이 제시한 리더십 상황이론인 경로목표이론(path-goal theory)에서 제시된 리더십 행동 유형에 대한 설명 중 가장 적절하지 못한 것은?

① 지시적 리더(directive leader) - 하급자가 어떤 일정에 따라 무슨 일을 해야 할지 스스로 결정하여 추진하도록 지시하는 유형

② 지원적 리더(supportive leader) - 하급자의 복지와 안녕 및 그들의 욕구에 관심을 기울이고 구성원 간에 상호 만족스러운 인간관계를 조성하는 유형

③ 참여적 리더(participative leader) - 하급자들을 주요 의사결정에 참여시키고 그들의 의견 및 제안을 적극 고려하는 유형

④ 성취지향적 리더(achievement-oriented leader) - 도전적인 목표를 설정하고 성과향상을 추구하며 하급자들의 능력 발휘에 대해 높은 기대를 설정하는 유형

18 기업의 의사결정을 지원하기 위한 핵심 기반구조로서 데이터웨어하우스(DW; Data Ware-house)의 주요 특징에 대한 설명 중 가장 적절하지 않은 것은?

① 주제지향성(subject-orientation): DW의 데이터는 컴퓨터에 익숙하지 않은 사용자라도 이해하기 쉬운 의사결정 주제를 중심으로 구성됨

② 통합성(integration): DW의 데이터는 유관기업과의 통합된 업무처리를 위한 일관적인 형태(일관된 코드 등)를 유지하도록 추출, 변환, 적재되기 때문에 통합성이 유지됨

③ 시계열성(time-variancy): DW의 데이터는 시간의 경과에 따라 일정 부분 변경되더라도 변경 이전의 과거 데이터가 계속해서 관리됨

④ 비휘발성(non-volatilization): DW의 데이터는 과거 데이터를 제외한 최신 3년 동안의 데이터에 한해서는 추가 및 삭제 등이 허용되지 않음

19 다음 중 일정 기간 동안 기업의 현금 변동상황, 즉 현금유입과 현금유출에 대한 정보를 제공하는 재무제표의 하나로서 현금흐름표(statement of cash flow)의 3가지 구성요소를 가장 올바르게 표시하고 있는 것은?

① 관리활동 / 영업활동 / 투자활동으로 인한 현금흐름
② 영업활동 / 투자활동 / 재무활동으로 인한 현금흐름
③ 투자활동 / 재무활동 / 정보활동으로 인한 현금흐름
④ 정보활동 / 관리활동 / 영업활동으로 인한 현금흐름

20 다음 중 재고관리의 접근방법으로서 경제적주문량(EOQ; Economic Order Quantity) 산출시 적용되는 기본가정에 해당하지 않는 것은?

① 제품의 수요가 일정하고 균일하다.
② 조달기간이 일정하며 조달이 일시에 이루어진다.
③ 품절이나 과잉재고가 허용된다.
④ 주문비와 재고유지비가 일정하며 재고유지비는 평균재고에 기초를 둔다.

21 블레이크(R. Blake)와 머튼(J. Mouton)의 관리 격자(managerial grid)에 대한 설명으로 가장 적절하지 않은 것은?

① 생산에 대한 관심과 인간에 대한 관심 정도에 따라 리더의 유형을 분류한다.
② 중간형은 생산에 대한 관심과 인간에 대한 관심 모두 보통인 유형이다.
③ 컨트리클럽형은 근로자의 사기 증진을 강조하여 조직의 분위기를 편안하게 이끌어 나가지만 작업수행과 임무는 소홀히 하는 경향이 있다.
④ 과업형 리더에게는 생산에 대한 관심을 높일 수 있는 훈련을 통해 이상형 리더로 발전시켜야 한다.

22 다음 중 재고관리에 관한 설명으로 가장 적절하지 않은 것은?

① 정량발주시스템(Q-system)에서는 재고 소진 속도가 빨라지면 주문 시기가 빨라진다.

② 정기발주시스템(P-system)에서는 재고조사 기간 사이에 재고 소진이 많을수록 많은 양을 주문하게 된다.

③ 투빈시스템(two-bin system)은 정기발주 시스템을 시각화한 것이다.

④ ABC재고관리에서 A그룹은 재고 기록이나 조달기간을 엄격히 관리해야 한다.

23 직무(job)에 대한 설명으로 가장 적절하지 않은 것은?

① 직무분석(job analysis)의 결과는 직원의 선발, 배치, 교육, 평가의 기초 자료로 사용된다.

② 직무기술서(job description)에는 직무의 명칭, 내용, 수행 절차, 작업조건 등이 기록된다.

③ 직무명세서(job specification)에는 해당 직무를 수행하는 사람이 갖추어야 할 자격 요건이 기록된다.

④ 직무기술서와 직무명세서를 토대로 직무분석을 실시한다.

24 주식이나 채권 등의 자본자산들의 기대수익률과 위험과의 관계를 도출해내는 모형으로서 자본자산가격결정모형(CAPM; Capital Asset Pricing Model)의 기본 가정과 가장 거리가 먼 것은?

① 투자자들의 투자기간은 단일기간의 투자를 가정한다.

② 투자자들은 위험회피 성향이 낮으며 기대효용을 최소화하려고 노력한다.

③ 투자자들은 평균-분산 기준에 따라 포트폴리오를 선택한다.

④ 투자자들은 자산의 기대수익률, 분산, 공분산에 대해 동일한 기대를 한다.

25 기업의 반복적인 과업을 수행하는 운영관리업무에 유용한 정보시스템으로서 주로 조직의 운영상 기본적으로 발생하는 자료를 신속하고 정확하게 처리하는 데에 초점을 두고 있는 정보시스템의 유형을 무엇이라고 하는가?

① 거래처리시스템(TPS; Transaction Processing System)

② 정보보고시스템(IRS; Information Reporting System)

③ 중역정보시스템(EIS; Executive Information System)

④ 의사결정지원시스템(DSS; Decision Support System)

2022 | 9급 기출문제

모바일
OMR
답안분석
서비스

☑ 시험시간 25분 ☑ 해설편 274쪽

◆ 회독 CHECK 1 2 3

01 다음 중에서 일정 기간 내의 생산의 절대량이 증가할수록 제품(또는 제품을 생산하는 작업)의 단가가 저하되는 현상을 설명한 것으로 가장 옳은 것은?

① 규모의 경제
② 범위의 경제
③ 경험효과
④ 시너지

02 다음 중에서 가격책정방법이 아닌 것은?

① 원가가산의 방법
② 수요지향적 방법
③ 경쟁지향적 방법
④ 재고지향적 방법

03 다음 중에서 리더십의 관점이 아닌 것은?

① 전술이론
② 특성이론
③ 행동이론
④ 상황이론

04 다음 중에서 생산관리의 목적으로 가장 옳지 않은 것은?

① 원가절감
② 최고의 품질
③ 유연성 확보
④ 촉진강화

05 다음 중 공급사슬관리(SCM; Supply Chain Management)의 기대효과에 해당하지 않는 것은?

① 거래 비용의 절감
② 채찍효과(Bullwhip Effect)의 증폭
③ 거래의 오류 감소
④ 정보 전달과 처리의 편의성 증대

06 다음 중에서 기업의 종합적인 관점에서 비전과 목표를 설정하고 각 사업분야에서 경영자원을 배분하고 조정하는 일련의 활동으로 가장 옳은 것은?

① 기업전략
② 사업부전략
③ 기능별전략
④ 마케팅전략

07 관리과정의 단계 중 조직화에 대한 설명으로 가장 적절한 것은?

① 과업의 목표, 달성 방법 등을 정리하는 것
② 전체 과업을 각자에게 나누어 맡기고 그 일들의 연결 관계를 정하는 것
③ 과업이 계획대로 실행되었는지 살펴보고 필요한 시정조치를 취하는 것
④ 과업이 실제로 실행되도록 시키거나 이끌어가는 것

08 다음 중에서 관리회계에 대한 설명 중 가장 옳지 않은 것은?

① 기업 외부의 이해관계자들이 필요한 정보를 제공한다.
② 사업부별 성과분석을 제공한다.
③ 원가절감을 위한 원가계산 정보를 제공한다.
④ 기업회계기준이나 국제회계기준 등의 규칙을 준수하지 않아도 된다.

09 다음 중에서 안전성 비율로 옳지 않은 것은?

① 부채비율
② 유동비율
③ 당좌비율
④ 자본이익률

10 다음 중 제품 포트폴리오 관리 도구인 BCG매트릭스가 제공하는 4가지 진단상황에 대한 설명으로 가장 옳지 않은 것은?

① 별(Star): 시장성장률과 시장점유율이 모두 높은 제품
② 현금젖소(Cash Cow): 시장점유율은 낮지만 시장성장률이 높은 제품
③ 개(Dog): 시장성장률과 시장점유율이 모두 낮은 제품
④ 물음표(Question Mark): 시장성장률은 높지만 시장점유율이 낮은 제품

11 다음 중 법인세비용 차감 이후의 이익으로 가장 옳은 것은?

① 당기순이익
② 매출총이익
③ 영업이익
④ 법인세비용차감전순이익

12 다음 중 인간관계론에 대한 설명으로 가장 옳은 것은?

① 과학적 관리법이라고도 한다.
② 차별적 성과급을 핵심 수단으로 삼고 있다.
③ 비공식 집단의 중요성을 발견했다.
④ 조직을 관리하는 최선의 관리방식은 회사의 규모나 시장 상황 등에 따라 상이할 수 있음을 발견했다.

13 다음 중 기업의 사회적 책임의 유형들에 대한 설명으로 가장 옳지 않은 것은?

① 경제적 책임: 이윤을 창출하는 것으로 가장 기초적인 수준의 사회적 책임에 해당됨
② 법적 책임: 법규를 준수하는 것
③ 윤리적 책임: 법적 책임의 범위 내에서 기업을 경영하는 것
④ 자선적 책임: 자발적으로 사회에 이바지하여 훌륭한 기업시민이 되는 것

14 조직 내부에서 지식을 증폭 및 발전시키는 과정에 대한 설명 중 가장 옳지 않은 것은?

① 이식(공동화, Socialization): 각 개인들이 가진 형식지(Explicit Knowledge)를 조직 안에서 서로 나누어 가지는 과정
② 표출(명료화, Externalization): 머릿속의 지식을 형식지로 옮기면서 새로운 지식이 얻어지는 과정
③ 연결(통합화, Combination): 각자의 단편지식들이 연결되면서 통합적인 새로운 지식들이 생성되는 과정
④ 체화(내재화, Internalization): 구성원들이 얻은 형식지를 머릿속에 쌓아 두면서 자신의 지식과 경험으로 만드는 과정

15 다음 중 목표에 의한 관리(MBO)의 성공요건이 아닌 것은?

① 목표의 난이도
② 목표의 구체성
③ 목표의 유연성
④ 목표의 수용성

16 다음 중 자본예산의 의사결정준칙에 대한 설명으로 가장 옳지 않은 것은?

① 회수기간법
② 순현가법
③ 내부수익률법
④ 선입선출법

17 다음 중 시장세분화를 통해 기대할 수 있는 효과에 대한 설명으로 가장 옳지 않은 것은?

① 고객들의 욕구를 보다 잘 이해할 수 있다.
② 마케팅 기회를 더 잘 발견할 수 있다.
③ 시장세분화를 하면 할수록 비용효율성이 높아지기 때문이다.
④ 기업들이 동일한 소비자를 놓고 직접 경쟁하지 않아도 되므로 가격경쟁이 완화될 수 있다.

18 다음 중 마케팅 믹스(4P Mix)에 해당하지 않는 것은?

① 상품(Product)
② 가격(Price)
③ 유통(Place)
④ 과정(Process)

19 다음 중 글로벌경영의 필요성에 대한 설명으로 가장 옳지 않은 것은?

① 해외시장 확보를 통한 매출액 증대
② 지리적 다변화를 통한 위험집중
③ 국내 규제의 회피
④ 해외조달을 통한 투입요소 비용의 절감

20 다음 중 전통적 품질관리(QC)와 전사적품질경영(TQC)에 대한 비교가 가장 옳지 않은 것은?

	구분	품질관리(QC)	전사적품질경영(TQC)
가	대상	제조부문 위주	기업 내 전 부문
나		모든 업종에 적용됨	제조업 중심
다	목표	생산관리면에 국한(불량률 감소, 원가절감, 품질의 균일화 등)	기술혁신, 불량예방, 원가절감 등을 통한 총체적 생산성 향상 및 고객만족
라	성격	생산현장에 정통한 품질관리 담당자 중심의 통제	생산직, 관리자, 최고경영자까지 전사적으로 참여

① 가
② 나
③ 다
④ 라

21 다음 중 재고관련비용의 유형에 대한 설명으로 가장 옳지 않은 것은?

① 품목비용: 재고품목 그 자체의 구매비용 또는 생산비용
② 주문비용: 재고품목을 외부에 주문할 때 발생하는 경비와 관리비
③ 재고유지비용: 한 번의 조업을 위한 생산설비의 가동준비에 소요되는 비용
④ 재고부족비용: 재고가 소진된 후 보충될 때까지 기다리는 과정에서 발생하는 비용

22 다음 중 시계열분석기법에 속하는 수요예측방법과 가장 옳지 않은 것은?

① 델파이법
② 이동평균법
③ 지수평활법
④ 추세분석법

23 다음 중 거래에 대한 분개로 가장 옳은 것은?

거래내용: 40,000원의 상품을 구매하였는데, 이 중 10,000원을 현금으로 지급하였으며, 나머지는 외상으로 하였다.

	(차변)		(대변)	
①	현금	10,000	상품	40,000
	매출채권	30,000		
②	상품	40,000	현금	10,000
			매입채무	30,000
③	상품	40,000	현금	10,000
			매출채권	30,000
④	현금	10,000	상품	40,000
	매입채무	30,000		

24 다음 중 유가증권이나 투자안의 위험(Risk) 중 특정기업에만 해당하는 수익률변동성(위험)으로 가장 옳은 것은?

① 포트폴리오 효과
② 체계적 위험
③ 변동계수
④ 비체계적 위험

25 다음 중 균형성과표(BSC)의 4가지 관점에 해당하지 않는 것은?

① 학습과 성장 관점
② 내부 비즈니스 프로세스 관점
③ 경쟁자 관점
④ 재무적 관점

2022 | **7급** 기출문제

모바일
OMR
답안분석
서비스

회독 CHECK ☑ 1 2 3

☑ 시험시간 25분 ☑ 해설편 280쪽

01 다음 중 계획−조직화−지휘−통제 등 경영관리의 4가지 기능에 대한 설명으로 가장 옳은 것은?

① 계획은 미래의 추세에 대해 예측하고 조직의 목표를 달성하기 위한 최선의 전략과 전술을 결정하는 과정이다.

② 조직화는 조직이 목표에 다가가고 있는지 확인하기 위한 명확한 기준을 설정하고 직원의 성공적인 수행을 보상하기 위한 과정이다.

③ 지휘는 조직의 구조를 설계하고 모든 것들이 목표 달성을 위해 함께 작동하는 체계를 구축하는 과정이다.

④ 통제는 비전을 수립하고 조직목표를 더 효과적으로 달성하기 위해 의사소통 및 권한과 동기를 부여하는 과정이다.

02 기업의 지속가능경영을 구성하는 3가지 요소에 해당하지 않는 것은?

① 경제적 수익성

② 환경적 건전성

③ 대외적 공헌성

④ 사회적 책임성

03 다음 중 기업의 사회적 책임에 대한 설명으로 가장 옳지 않은 것은?

① 사회적 책임은 기업의 소유주뿐만 아니라 기업의 모든 이해관계 당사자들의 복리와 행복에 대한 기업의 관심과 배려에 바탕을 두고 있다.

② 사회적 책임은 청렴, 공정, 존중 등의 기본 원칙을 충실히 이행하려는 책임감에서 비롯된다.

③ 미국 경제학자인 밀턴 프리드먼(Milton Friedman)은 시장에서의 경쟁과 이윤 추구뿐만 아니라 기업의 사회적 책임을 강조했다.

④ 자선 재단 운영, 사회적 약자 고용, 환경 보호 등은 기업의 사회적 책임 성과라고 할 수 있다.

04 다음 동기부여 이론 중에서 빅터 브룸(Victor Vroom)의 기대이론(Expectancy Theory)에 대한 설명으로 가장 옳은 것은?

① 높은 수준의 노력이 좋은 성과를 가져오고 좋은 성과평가는 임금상승이나 조직적 보상으로 이어진다.

② 강화요인이 바람직한 행동을 반복할 가능성을 높이고 행동이 그 결과의 함수라고 주장하는 이론이다.

③ 직무만족을 가져오는 요인은 직무 불만족을 가져오는 요인과는 서로 분리되고 구별된다.

④ 자기효능감은 어떤 과업을 수행할 수 있다는 개인의 믿음을 의미하며, 자기효능감이 높을수록 성공할 능력에 더 큰 확신을 가진다.

05 다음 중 임금배분의 기준에 대한 설명으로 가장 옳은 것은?

① 직무급은 종업원이 달성한 성과의 크기를 기준으로 임금액을 결정하는 제도이다.

② 직능급은 종업원이 보유하고 있는 직무수행능력을 기준으로 임금을 결정하는 제도이다.

③ 연공급은 해당기업에 존재하는 직무들을 평가하여 상대적인 가치에 따라 임금을 결정하는 제도이다.

④ 성과급은 종업원의 근속년수를 기준으로 임금을 차별화하는 제도이다.

06 다음 직무평가(Job Evaluation)의 방법 중에서 점수법에 대한 설명으로 가장 옳은 것은?

① 평가자가 포괄적인 지식을 사용하여 직무전체를 서로 비교해서 순위를 결정한다.

② 직무를 여러 평가요소로 분리하여 그 평가요소에 가중치(중요도) 및 일정 점수를 배분한 뒤, 각 직무의 가치를 점수로 환산하여 상대적 가치를 평가하는 방법이다.

③ 사전에 직무에 대한 등급을 미리 정해 놓고 각 등급을 설명하는 서술을 준비한 다음, 각 직무가 어느 등급에 속하는지 분류하는 방법이다.

④ 여러 직무들을 전체적으로 비교하여 직무들 간의 서열을 결정하고, 기준직무의 내용이 변하면 전체 직무를 다시 재평가한다.

07 다음 제품설계와 관련된 내용에서 (   )에 해당하는 설명으로 가장 옳은 것은?

> ㄱ. (   )은(는) 원가를 올리지 않으면서 제품의 유용성을 향상시키거나 또는 제품의 유용성을 감소시키지 않으면서 원가를 절감하는 방법이다.
>
> ㄴ. (   )은(는) 제품의 다양성은 높이면서도 동시에 제품 생산에 사용되는 구성품의 다양성은 낮추는 제품설계 방법이다.
>
> ㄷ. (   )은(는) 제품의 성능특성이 제조 및 사용 환경의 변화에 영향을 덜 받도록 제품을 설계하는 방법이다.
>
> ㄹ. (   )은(는) 마케팅, 생산, 엔지니어링 등 신제품 관련 부서와 경우에 따라서는 외부 공급자까지 참여시켜 제품을 설계하는 방법이다.

① ㄱ(가치분석), ㄴ(모듈러 설계), ㄷ(로버스트 설계), ㄹ(동시공학)

② ㄱ(로버스트 설계), ㄴ(모듈러 설계), ㄷ(가치분석), ㄹ(동시공학)

③ ㄱ(동시공학), ㄴ(가치분석), ㄷ(모듈러 설계), ㄹ(로버스트 설계)

④ ㄱ(동시공학), ㄴ(로버스트 설계), ㄷ(가치분석), ㄹ(모듈러 설계)

08 A클리닝(주)의 8월 한 달 동안 세탁으로 벌어들인 수익은 1,000,000원이고, 임차료 300,000원, 급여 400,000원, 운송비 50,000원, 소모품 및 기타 비용 100,000원이다. 다음 중 8월 한 달 A클리닝(주)의 당기순이익은 얼마인가?

① 100,000원

② 150,000원

③ 200,000원

④ 300,000원

09 다음 중 BCG(Boston Consulting Group)의 성장-점 유율 모형(Growth-Share Model)에서 BCG매트릭스에 대한 설명으로 가장 옳지 않은 항목은?

① 문제아(Problem Children)는 성장률이 높은 시장에서 상대적 시장점유율이 낮은 사업이다.

② 현금젖소(Cash Cow)는 상대적 시장점유율이 크지만 성장률이 둔화되고 투자의 필요성이 감소하여 현금잉여가 창출되는 사업이다.

③ 개(Dog)는 성장률이 낮은 시장에서 시장점유율이 취약한 사업이다.

④ 스타(Star)는 고도성장 시장에서 시장의 선도자가 되어 현금유출이 적고 현금흐름의 여유가 큰 사업이다.

10 기업의 경쟁전략에 있어서 경쟁우위는 차별화우위와 비용우위로 실현될 수 있는데, 다음 중 경쟁우위와 경쟁전략에 대한 설명으로 가장 옳지 않은 항목은?

① 차별화우위는 경쟁기업과는 다른 차별화된 제품을 제공함으로써 소비자로 하여금 차별화를 하는 데 소요된 비용 이상의 가격프리미엄을 받는 것이다.

② 규모의 경제, 경험효과, 조직의 효율성 증대 등은 비용우위의 원천이 될 수 있다.

③ 다양한 제품의 기획이나 제품 품질에 대한 광고전략 등을 통해 비용우위전략을 추진할 수 있다.

④ 차별화우위는 소비자가 제품과 서비스에 대하여 느끼는 사회적, 감정적, 심리적 차이에서도 나타날 수 있다.

11 다음 중 서비스 품질의 5가지 차원에 대한 설명으로 가장 옳은 항목은?

① 신뢰성(Reliability)은 고객에 대한 배려와 개별적인 관심을 보일 준비자세를 의미한다.

② 공감성(Empathy)은 약속한 서비스를 정확하게 수행할 수 있는 능력을 의미한다.

③ 대응성(Responsiveness)은 고객을 돕고 신속한 서비스를 제공하겠다는 의지를 의미한다.

④ 확신성(Assurance)은 물리적인 시설이나 설비, 직원 등 외형적인 수단을 의미한다.

12 다음 내용은 어떤 기업전략의 사례를 설명하는 것이다. 아래의 사례에 가장 옳은 것은?

> N사는 운동화를 만드는 과정 중에서 제품 디자인과 판매와 같이 가치사슬의 처음과 끝부분만 자신이 담당하고 나머지 생산부문은 전세계의 하청기업에 맡기고 있다. 하청기업들 간에 서로 비용절감 및 품질향상 경쟁을 유도하여 그중에서 가장 낮은 가격과 높은 품질의 제품을 구매한다.

① 전략적 아웃소싱

② 전략적 제휴

③ 다각화 전략

④ 수직적 통합

13 다음 중 재고(Inventory) 및 재고관리에 대한 설명으로 가장 옳지 않은 항목은?

① 재고는 제품의 생산이나 고객 수요의 충족을 위해 보유하고 있는 자재이며, 완제품, 재공품, 각종 원자재 등이 포함된다.

② 재고관련비용 중에서 추후납품비용이나 품절비용은 재고부족비용에 해당된다.

③ 경제적 주문량 모형은 연간 주문비용 및 연간 재고유지비용 등의 연간 총비용을 최소화하는 주문량을 산출한다.

④ 일반적으로 고정주문량 모형은 정기주문모형보다 더 많은 안전재고를 요구한다.

14 다음 중 투자안 평가방법에 대한 설명으로 가장 옳지 않은 것은?

① 회계적 이익률법은 화폐의 시간적 가치를 고려하지 않는다.
② 회수기간법에서는 원금 회수기간이 목표 회수기간보다 긴 투자안을 선택한다.
③ 내부수익률법에서는 내부수익률(r)이 투자자 요구 수익률보다 큰 투자안을 선택한다.
④ 순현가법에서는 순현가(NPV)가 투자자 요구 수익률보다 큰 투자안을 선택한다.

15 다음 중 공급사슬관리의 개념과 내용에 대한 설명으로 가장 옳지 않은 항목은?

① 공급사슬관리는 기업 내 변환과정과 유통망을 거쳐 최종 고객에 이르기까지 자재, 서비스 및 정보의 흐름을 전체 시스템에서 설계하고 관리하는 것이다.
② 채찍효과란 최종 소비자의 수요 변동에 따라 공급사슬의 상류에 있는 주체로 갈수록 하류에 있는 주체로부터 주문을 받는 양의 변동성이 더 커지는 현상을 말한다.
③ 공급사슬의 성과는 총공급사슬원가, 정시납품비율, 재고 충족률 등 원가, 품질, 납품, 유연성 및 시간의 측면에서 측정할 수 있다.
④ 공급사슬의 주체들 간 상호작용을 감소시킴으로써 어느 한 주체의 의사결정이 나머지 다른 주체에 영향을 미치지 않는다.

16 다음 내용은 제품믹스 및 제품계열관리와 관련된 것이다. 〈보기〉에 해당하는 개념 중 가장 옳은 것은?

〈보 기〉
ㄱ. (   )은(는) 특정 판매자가 구매자들에게 제공하는 모든 제품계열과 품목을 합한 것이다.
ㄴ. (   )은(는) 동일 유형의 유통경로를 통해 동일한 고객 집단에게 판매되는 서로 밀접한 관련이 있는 제품들의 집단이다.
ㄷ. (   )은(는) 하나의 제품계열 내에서 크기, 가격, 외형 또는 다른 속성에 따라 구분할 수 있는 하나의 독특한 단위이다.

① ㄱ(제품품목), ㄴ(제품계열), ㄷ(제품믹스)
② ㄱ(제품계열), ㄴ(제품믹스), ㄷ(제품품목)
③ ㄱ(제품믹스), ㄴ(제품계열), ㄷ(제품품목)
④ ㄱ(제품계열), ㄴ(제품품목), ㄷ(제품믹스)

17 다음 중 인사평가의 신뢰성을 떨어뜨릴 수 있는 오류에 대한 설명으로 가장 옳지 않은 항목은?

① 연공오류는 피평가자가 가지고 있는 연공적 속성인 연령, 학력, 근속년수가 평가에 영향을 미치는 경우이다.
② 후광효과는 평가자와 피평가자 간의 가치관, 행동패턴 그리고 태도 면에서 유사한 정도에 따라 평가결과가 영향을 받는 경우이다.
③ 대비오류는 평가자가 여러 명을 평가할 때 우수한 피평가자 다음에 평가되는 경우 실제보다 낮게 평가하고 낮은 수준의 피평가자 다음에는 높게 평가하는 경우를 말한다.
④ 자존적편견은 자신의 자기존중감이 위협받는 상황에 처하면, 자기존중감을 높이고 유지하려는 경우를 말한다.

18 다음 중 수요예측기법에 대한 설명으로 가장 옳지 않은 것은?

① 주관적 모형의 델파이기법은 주어진 분야의 전문가들에게 반복적인 질의와 응답을 통한 합의를 도출한다.

② 일반적으로 예측기간은 주관적 모형에서 인과형 모형, 그리고 시계열 모형을 이동함에 따라 점점 짧아진다.

③ 주관적 모형의 상호영향분석 기법은 미래의 사건이 이전 사건의 발생과 관련이 있다고 가정하고 미래사건의 발생 가능성을 추정한다.

④ 주관적 모형의 역사적 유추법은 독립변수와 종속변수 간의 관계를 파악하여 수요를 예측한다.

19 다음 중 변혁적 리더십(Transformational Leadership)의 특징에 대한 설명으로 가장 옳지 않은 것은?

① 부하들의 관심사와 욕구 등에 관하여 개별적인 관심을 보여준다.

② 부하들에게 즉각적이고 가시적인 보상으로 동기 부여한다.

③ 부하들에게 칭찬과 격려를 함으로써 부하들의 사기를 진작시켜 업무를 추진한다.

④ 부하들이 모두 공감할 수 있는 바람직한 목표를 위해 노력하도록 동기 부여한다.

20 다음 중 다각화(Diversification)에 대한 설명으로 가장 옳은 것은?

① 수직적 통합에서 후방통합(backward integration)은 판매 및 마케팅 경로를 통합하여 안정적인 유통경로를 확보할 수 있다.

② 관련다각화는 기존의 제품이나 시장을 벗어나 새로운 사업으로 진출하는 것을 의미한다.

③ 비관련다각화는 특정 기업이 현재의 사업 범위와 서로 관련성이 큰 사업에 진출하는 것을 의미한다.

④ 수직적 통합에서 통합된 기업 중 어느 한 기업이 비효율성을 나타내는 경우, 전체 기업으로 비효율성이 확대될 가능성이 높다.

21 다음 중 기업의 장기 채무 지급능력인 레버리지 비율에 대한 설명으로 가장 옳지 않은 것은?

① 부채비율은 타인자본 의존도를 나타나며, 타인자본을 총자산으로 나누어 계산한다.

② 자기자본비율(Capital Adequacy Ratio)이란 총자산 중에서 자기자본이 차지하는 비율을 의미한다.

③ 비유동비율은 비유동자산의 자기자본에 대한 비율로서 자기자본이 자금의 회전율이 낮은 비유동자산에 얼마나 투자되어 있는가의 정도를 나타낸다.

④ 이자보상배율은 영업이익을 이자비용으로 나눈 값으로 기업이 경영을 통해 벌어들인 영업이익으로부터 이자를 얼마나 갚을 수 있는지 측정하는 지표이다.

22 다음 중 주가수익비율(PER)에 대한 설명으로 가장 옳지 않은 것은?

① 주가수익비율(PER)은 주가를 주당순이익(EPS)으로 나눈 값을 의미한다.

② 기업의 이익 대비 주가가 몇 배인가를 의미하며, 상대 가치평가에 사용된다.

③ 당기순이익이 증가하면 PER는 작아지게 된다.

④ PER가 높을수록 투자원금을 더욱 빨리 회수할 수 있다는 것이고 투자수익율이 높다.

23 다음 중 분산투자를 함으로써 제거할 수 있는 비체계적 위험으로 옳은 것은?

① 기업의 노사분규나 소송발생 등과 같은 요인에서 발생하는 위험

② 이자율과 같은 금리 인상 요인에서 발생하는 위험

③ 물가 상승 요인에 의해 발생하는 위험

④ 정부의 경기 정책에 의해 발생하는 위험

24 서비스업은 제품 생산 및 제조업체와는 다른 특성을 가지고 있다. 다음 중 서비스 운영의 특징에 대한 설명으로 가장 옳지 않은 항목은?

① 서비스는 무형적인 특성이 있어서 구매 전에 관찰 및 시험이 어렵다.

② 서비스는 생산과 동시에 소비되므로 저장될 수 없다.

③ 서비스는 시간소멸적인 특성이 있어서 서비스 능력을 저장할 수 없다.

④ 서비스 전달 시스템에 고객이 참여하기 때문에 고객마다 동일한 서비스가 제공된다.

25 다음은 시장세분화의 기준을 설명하는 내용이다. 아래의 사례에서 가장 옳은 것은?

- 제품편익: 제품을 구매하고 사용하여 어떤 편익을 얻고자 한다.
- 브랜드 충성도: 어떤 특정 브랜드에 대해 선호하는 심리 상태를 말한다.
- 태도: 제품에 대한 소비자의 태도를 조사하여 시장을 세분화할 수 있다.

① 인구통계적 세분화

② 지리적 세분화

③ 행동적 세분화

④ 심리적 특성에 의한 세분화

2021.07.24. 시행

2021 | **9급** 기출문제

모바일
OMR
답안분석
서비스

✔ 회독 CHECK 1 2 3

✔ 시험시간 25분 ✔ 해설편 287쪽

01 조직을 구축할 때 분업을 하는 이유로 가장 옳지 않은 것은?

① 업무몰입의 지원

② 숙련화의 제고

③ 관찰 및 평가 용이성

④ 전문화의 촉진

02 테일러의 과학적 관리법의 설명으로 가장 옳지 않은 것은?

① 내적 보상을 통한 동기부여

② 표준화를 통한 효율성 향상

③ 선발, 훈련, 평가의 합리화

④ 계획과 실행의 분리

03 헌법이 보장하고 있는 노동자의 3가지 기본 권리에 해당하지 않는 것은?

① 단결권

② 단체협의권

③ 단체교섭권

④ 단체행동권

04 가치사슬 분석에서 본원적 주된 활동에 해당하지 않는 것은?

① 구매

② 생산

③ 판매

④ 연구개발

05 타인자본 비율에 따라 기업의 수익에 차이가 발생하는 현상을 의미하는 용어로 가장 적절한 것은?

① 레버리지 효과

② 가중 효과

③ 톱니바퀴 효과

④ 비례 효과

06 다음은 기업이 세계화를 추진하는 과정에서 취할 수 있는 다양한 방법들이다. 이 중에서 경영관리를 위한 이슈나 의사결정이 가장 많이 발생하는 것은?

① 글로벌 소싱(Global Sourcing)

② 전략적 제휴(Strategic Alliance)

③ 해외 자회사(Foreign Subsidiary)

④ 프랜차이즈(Franchise)

07 손익분기점을 파악하기 위해 반드시 필요한 정보에 해당하지 않는 것은?

① 총고정비용
② 제품단위당 변동비용
③ 제품가격
④ 영업이익

08 다음 중 생산성이 저하될 위험이 가장 큰 상황에 해당되는 것은?

① 집단 응집력이 높고 집단과 조직목표가 일치하는 경우
② 집단 응집력이 높지만 집단과 조직목표가 일치하지 않는 경우
③ 집단 응집력이 낮지만 집단과 조직목표가 일치하는 경우
④ 집단 응집력이 낮고 집단과 조직목표가 일치하지 않는 경우

09 전사적 자원관리(ERP)의 장점으로 가장 옳지 않은 것은?

① 경영자원의 통합적 관리
② 자원의 생산성 극대화
③ 차별화된 현지 생산
④ 즉각적인 의사결정 지원

10 진성 리더십(Authentic Leadership)의 내용과 관련이 없는 것은?

① 명확한 비전제시
② 리더의 자아인식
③ 내재화된 도덕적 신념
④ 관계의 투명성

11 다음 중 경영기능과 그 내용이 가장 적절하지 않은 것은?

① 계획화(Planning) - 목표설정
② 조직화(Organizing) - 자원획득
③ 지휘(Leading) - 의사소통, 동기유발
④ 통제(Controlling) - 과업달성을 위한 책임의 부과

12 재무상태표에 대한 설명으로 가장 옳지 않은 것은?

① 재무상태표는 자산, 부채 및 자본으로 구분한다.
② 재무상태표를 통해 기업의 유동성과 재무상태를 파악할 수 있다.
③ 재무상태표는 일정기간 동안의 경영성과를 나타낸 재무제표이다.
④ 재무상태표의 자산항목은 유동자산과 비유동자산으로 구분한다.

13 직장 내 교육훈련(OJT)에 관한 설명으로 가장 옳지 않은 것은?

① 교육훈련 프로그램 설계 시 가장 먼저 해야 할 것은 필요성 분석이다.
② 직장상사와의 관계를 돈독하게 만들 수 있다.
③ 교육훈련이 현실적이고 실제적이다.
④ 많은 종업원들에게 통일된 훈련을 시킬 수 있다.

14 소비자 구매행동에 영향을 미치는 요인 중 내적인 동기요인과 가장 관련이 없는 것은?

① 소비자의 태도
② 가족
③ 학력
④ 나이

15 개인적 권력에 해당하는 것은?

① 부하 직원의 휴가 요청을 받아들이지 않을 수 있는 영향력
② 다른 직원에게 보너스를 제공하는 것을 결정할 수 있는 영향력
③ 높은 지위로 인해 다른 직원에게 작업 지시를 내릴 수 있는 영향력
④ 다른 직원에게 전문지식을 제공하여 발생하는 영향력

16 신상품 개발 프로세스에 관한 설명으로 가장 적절한 것은?

① 아이디어 창출단계에서 많은 수의 아이디어 창출에 중점을 둔다.
② 제품컨셉트 개발단계에서 시제품을 만든다.
③ 신상품 컨셉트는 아이디어를 소비자가 사용하는 언어나 그림 등을 통하여 추상적으로 표현한 것이다.
④ 시장테스트는 제품 출시 후에 소규모로 실시된다.

17 식스 시그마와 관련된 내용으로 옳지 않은 것은?

① 매우 높은 품질을 확보하기 위한 혁신활동이다.
② 백만 개 중에 8개 정도의 불량만을 허용하는 수준이다.
③ 시그마는 정규분포에서의 표준편차를 의미한다.
④ 모토로라가 시작해서 GE에 의해 널리 알려졌다.

18 JIT(Just-In Time) 생산시스템의 특징에 해당하지 않는 것은?

① 적시구매
② 소로트의 반복생산
③ 안전재고의 저장
④ 다기능공의 존재

19 생산시스템 설계과정에 해당하지 않는 것은?

① 생산입지선정
② 자원계획
③ 설비배치
④ 제품설계

20 재무분석에 관한 설명으로 가장 옳지 않은 것은?

① 재무분석은 기업과 관련된 의사결정에 필요한 정보를 제공하기 위하여 설계된 일종의 정보가공 시스템이다.
② 재무분석은 경영자가 내부통제 또는 재무예측을 위하여 기업의 재무상태와 경영성과의 적정성 여부를 검토하는 것을 의미한다.
③ 재무분석을 좁은 의미로 말할 때는 주로 재무비율분석을 지칭한다.
④ 재무분석 시 주로 회계적 자료를 이용한다.

21 순현가(NPV)의 특성으로 옳지 않은 것은?

① 투자안의 모든 현금흐름을 사용한다.
② 모든 개별 투자안들 간의 상호관계를 고려한다.
③ 가치의 가산원칙이 성립한다.
④ 화폐의 시간가치를 고려한다.

22 다음 중 재무관리자의 역할이 아닌 것은?

① 투자결정
② 자본조달결정
③ 회계처리
④ 배당결정

23 경영자들이 내리는 의사결정에는 다양한 오류들이 존재한다. 다음 중 매몰비용 오류에 해당하는 것은?

① 선별적으로 정보를 구성하고 선택하는 오류

② 과거의 선택과 부합되는 정보만을 선택하는 오류

③ 실패 원인을 내부가 아닌 외부에서만 찾는 오류

④ 과거의 선택에 매달리고 집착하는 오류

24 경영과 관리의 차이점에 대한 설명으로 옳지 않은 것은?

① 경영은 지향성을 가지고 조직을 운영하는 활동이라 할 수 있다.

② 경영은 기업을 운영하고 통제하는 활동이라 할 수 있다.

③ 관리는 업무를 조직화하고 감독하는 활동이라 할 수 있다.

④ 관리는 일을 진행하고 통제하는 활동이라 할 수 있다.

25 품질경영에 관한 설명으로 가장 옳은 것은?

① 지속적 개선을 위한 도구로 데밍(E. Deming)은 PDAC (Plan-Do-Act-Check) 싸이클을 제시하였다.

② 싱고 시스템은 통계적 품질관리 기법을 일본식 용어로 표현한 것이다.

③ 품질과 관련하여 발생하는 비용은 크게 예방 및 검사 등 사전조치에 관련된 비용과 불량이 발생한 이후의 사후조치에 관련된 비용으로 분류해 볼 수 있다.

④ 품질의 집 구축과정은 기대품질과 지각품질의 차이를 측정하고 차이분석을 하는 작업이다.

2021.07.24. 시행

2021 | 7급 기출문제

모바일
OMR
답안분석
서비스

회독 CHECK 1 2 3 ✅ 시험시간 25분 ✅ 해설편 292쪽

01 성격과 가치관에 대한 설명으로 가장 옳지 않은 것은?

① 성격의 유형에서 내재론자(Internals)와 외재론자(Externals)는 통제의 위치(Locus Of Control)에 따라 분류된다.

② 성격측정도구로는 MBTI와 빅파이브 모형이 있다.

③ 가치관은 개인의 판단기준으로 인간의 특성을 구분 짓는 요소 중 가장 상위개념으로 생각할 수 있다.

④ 로키치는(Rokeach)는 가치관을 수단적 가치(Instrumental Value)와 궁극적 가치(Terminal Value)로 분류하고, 궁극적 가치로서 행동방식, 용기, 정직, 지성 등을 제시했다.

02 감가상각의 옳은 방법이 아닌 것은?

① 대상 자산의 원가에서 잔존가치를 차감한 금액을 추정내용연수로 나누어 매년 동일한 금액을 차감하는 방법

② 추정내용연수의 합계와 잔여내용연수의 비율을 이용하여 구한 금액을 차감하는 방법

③ 대상 자산의 기초 장부가액에 일정한 상각률을 곱하여 구한 금액을 차감하는 방법

④ 대상 자산의 잔존가치를 매년 동일하게 차감하는 방법

03 투자안 평가를 위한 실물옵션 접근법과 순현재가치법의 차이에 대한 설명으로 옳은 것은?

① 실물옵션 접근법에서는 불확실성, 순현재가치법에서는 위험의 개념을 사용한다.

② 실물옵션 접근법에서는 확장옵션, 순현재가치법에서는 포기옵션에 초점을 맞춘다.

③ 실물옵션 접근법에서는 현금흐름이 고정되어 있지 않다고 가정하지만 순현재가치법에서는 현금흐름이 고정되어 있다고 가정한다.

④ 실물옵션 접근법에서는 만기가 고정되어 있지 않다고 가정하지만 순현재가치법에서는 만기가 고정되어 있다고 가정한다.

04 조직문화의 구성요소에 대한 7S 모형은 맥킨지(Mckinsey)가 개발한 모형으로 조직문화에 영향을 주는 조직 내부요소를 7가지 요인으로 나타낸 것이다. 이 7가지 요인에 해당하지 않는 것은?

① 조직구조(Structure)

② 학습(Study)

③ 관리기술(Skill)

④ 공유가치(Shared Value)

05 지각과정과 지각이론에 대한 설명으로 옳지 않은 것은?

① 지각의 정보처리 과정은 게스탈트 과정(Gestalt Process)이라고도 하며 선택, 조직화, 해석의 3가지 방법으로 이루어진다.

② 일관성은 개인이 일정하게 가지는 방법이나 태도에 관련된 것으로 한번 형성을 하게 된다면 계속적으로 같은 습성을 유지하려 한다.

③ 켈리(Kelly)의 입방체 이론은 외적 귀인성을 일관성(Consistency)이 높고, 일치성(Consensus), 특이성(Distincitiveness)이 낮은 경우로 설명했다.

④ 지각의 산출물은 개인의 정보처리 과정과 지각적 선택에 의해서 달라지는데 이는 개인의 심리적 특성과 연관이 있다.

06 이익을 계산하는 방법에 대한 설명으로 옳지 않은 것은?

① 매출액에서 총비용을 차감

② 판매가격에서 단위변동비를 차감

③ 공헌이익에서 총고정비를 차감

④ 총변동비와 총고정비의 합을 매출액에서 차감

07 경영학의 역사적 흐름에 따라 제시된 이론의 설명으로 가장 옳지 않은 것은?

① 테일러의 과학적 관리법에서 차별적 성과급제란 표준을 설정하고 표준을 달성한 작업자에게 높은 임금을 지급하는 것을 말한다.

② 베버(Weber)가 주장한 관료주의(Bureaucracy)란 합리적이고 이상적이며 매우 효율적인 조직은 분업, 명쾌하게 정의된 조직의 위계, 공식적인 규칙과 절차, 인간적(개인적)인 면을 최대한 고려한 관계 등의 원칙에 근거한다는 것이다.

③ 페이욜의 관리과정론에서는 관리활동을 계획화, 조직화, 지휘, 조정, 통제의 5단계로 구분했다.

④ 길브레스 부부는 모션픽처(Motion Picture)를 통해 과업을 기본동작으로 분해했다.

08 조직이론에서의 동형화(Isomorphism)에 대한 설명으로 옳은 것은?

① 조직이 중요한 자원을 공급받기 위해 자원을 공급하는 조직과 유사하게 변화하는 것

② 조직이 주어진 환경에서 생존하기 위해 해당 환경 내의 다른 조직들과 유사하게 변화하는 것

③ 조직 내 구성원들이 응집력을 갖기 위해 유사하게 변화하는 것

④ 조직 내 상위계층과 하위계층의 구성원들이 유사한 전략적 방향을 갖게 되는 것

09 생산전략과 경쟁우선순위에 대한 설명으로 가장 옳지 않은 것은?

① 품질(Quality)경쟁력은 산출된 제품과 설계된 사양의 일치정도인 설계품질(Quality Of Design)의 측면으로 생각해 볼 수 있다.

② 유연성(Flexibility)경쟁력은 제품 수량의 유연성과 고객화의 2가지 측면으로 구분할 수 있으며, 고객이 원하는 시점에 제품을 전달하는 능력은 적시인도(On-Time Delivery)를 의미한다.

③ 경쟁우선순위의 상충모형에서는 품질(Quality)은 원가(Cost)와 상충되며 신뢰성(Reliability)은 유연성(Flexibility)과 상충되는 관계를 가진다.

④ 라인흐름전략(Product-Focused Strategy)은 저원가에 대한 강조를 중요시 여기며 대량의 표준화된 제품을 만들기 위한 전략이다.

10 기업집단화에 대한 설명으로 가장 옳지 않은 것은?

① 카르텔(Cartel)은 동종기업 간 경쟁을 배제하고 시장을 통제하는 데 그 목적을 두고 있으며, 경제적, 법률적으로 봤을 때 독립성을 유지하고 있지 않다.

② 기업집단화의 방법으로는 수직적 통합과 수평적 통합이 있으며, 그중 수평적 통합은 같은 산업에서 활동단계가 비슷한 기업 간의 결합을 의미한다.

③ 자동차 제조 회사에서 자동차 판매에 필요한 금융리스사를 인수한다면 이는 수직적 통합 중 전방통합에 속한다.

④ 기업집단화는 시장통제와 경영합리화라는 목적을 지니고 있으며, 이는 시장의 과점적 지배와 규모의 경제 실현과 같은 경제적 영향을 미치게 된다.

11 다음 제시된 조직구조 형태에 대한 설명 중 매트릭스 조직이 가지는 특징에 해당되는 것만을 모두 고르면?

> a. 두 개 이상의 조직 형태가 목적에 의해 결합한 형태이다.
> b. 프로젝트를 수행하기 위해 만들어지는 한시적인 조직 형태이다.
> c. 기존 조직구성원과 프로젝트 구성원 사이에 갈등이 생길 가능성이 크다.
> d. 업무 참여 시 전문가와 상호작용이 가능하므로 창의적인 업무 수행이 가능하다.
> e. 명령일원화의 원칙이 적용되며 조직 운영의 비용이 작게 발생한다.

① a, d
② a, b
③ c, d, e
④ b, c, d

12 포터의 가치사슬 모형에 대한 설명으로 옳지 않은 것은?

① 직접적으로 이윤을 창출하는 활동을 기간활동(Primary Activities)이라 한다.

② 가치 사슬은 다른 기업과 연계될 수 없다.

③ 판매 후 서비스 활동은 하류(Downstream) 가치사슬에 포함된다.

④ 기업의 하부 구조는 보조 활동(Support Activities)에 포함된다.

13 전략의 통제 기법인 균형성과표(BSC)와 경영혁신 기법에 관련된 설명으로 가장 옳지 않은 것은?

① 균형성과표에서는 주주와 고객을 위한 외부적 측정치와 내부프로세스인 학습과 성장의 균형이 필요하다.

② 시간기반경쟁(Time Based Competition)은 고객이 원하는 재화와 서비스를 가장 빨리, 그리고 적당한 시점에 제공하는 활동을 의미한다.

③ 노나카 이쿠지로(Nonaka Ikuziro)의 지식경영에서는 지식을 형식지와 암묵지로 구분했으며, 암묵지는 지식 전파속도가 늦은 반면에 형식지는 전파속도가 빠르다.

④ 전략적 제휴(Strategic Alliance)에서는 경쟁이 무의미하기 때문에 차별화와 저비용을 동시에 추구하도록 전략을 구성한다.

14 기업의 경쟁우위에 대한 설명으로 가장 옳지 않은 것은?

① 산업 등 외부환경 조건이 아닌 기업자원 수준의 요인이 기업의 경쟁력을 주로 결정한다고 설명하는 이론은 자원기반이론이다.

② 자원기반이론에 의하면 기업의 지속적 경쟁 우위는 높은 진입장벽으로 인해 창출된다.

③ 자원기반이론에 의하면 가치가 있지만 희소하지 않은 기업자원은 경쟁 등위를 창출할 수 있다.

④ 다섯 가지 세력 모형(Five-Force Model)은 산업 수준의 요인이 기업의 경쟁력을 주로 결정한다고 설명한다.

15 태도와 학습에 대한 설명으로 가장 옳지 않은 것은?

① 강화이론에서 부정적 강화(Negative Reinforcement)는 바람직하지 못한 행위를 소멸시키기 위한 강화방법이다.

② 단속적 강화 유형에서 빠른 시간 내에 안정적인 성과 달성을 하기 위해서는 고정비율법이 효과적이다.

③ 레빈(Lewin)은 태도의 변화과정을 해빙, 변화, 재동결의 과정을 거쳐 이루어진다고 했으며 이러한 태도 변화는 개인수준 뿐만 아니라 집단, 조직 수준에서도 같은 방법으로 나타나게 된다.

④ 마이어와 알렌(Meyer & Allen)은 조직몰입(Organization Commitment)을 정서적(Affective) 몰입, 지속적(Continuance) 몰입, 규범적(Normative) 몰입으로 나누어 설명했다.

16 다음 중 리더십에 관련된 이론에 대한 설명으로 가장 옳지 않은 것은?

① 하우스(House)의 경로목표이론에서 상황적 변수는 집단의 과업내용, 부하의 경험과 능력, 부하의 성취욕구이다.

② 거래적 리더십(Transaction Leadership)은 장기적인 목표를 강조해 부하들이 창의적 성과를 낼 수 있게 환경을 만들어 주며, 새로운 변화와 시도를 추구하게 된다.

③ 변혁적 리더십(Transformational Leadership)은 영감적 동기와 지적자극과 같은 방법을 통해서 부하들의 행동에 변화를 일으키는 리더십이다.

④ 리더-멤버 교환이론(LMX)이론에서 내집단(In-Group)은 리더와 부하와의 교환관계가 높은 집단으로 승진의 기회가 생기면 리더는 내집단을 먼저 고려하게 된다.

17 제품설계의 방법에 대한 설명으로 가장 옳지 않은 것은?

① 최종제품 설계는 기능설계, 형태설계, 생산설계로 구분하며 그중 형태설계는 제품의 모양, 색깔, 크기 등과 같은 외형과 관련된 설계이다.

② 가치분석(Value Analysis)은 불필요하게 원가를 유발하는 요소를 제거하고자 하는 방법을 의미한다.

③ 동시공학(Concurrent Engineering)은 제품개발 속도를 줄이기 위해 각 분야의 전문가들이 기능식 팀(Functional Team)을 구성하고 모든 업무를 각자 동시에 진행하는 제품개발 방식이다.

④ 품질기능전개(QFD)는 품질개선의 방법으로 표준화된 의사소통을 통해 고객의 요구를 각 단계에서 전달하는 기법으로 시행착오를 줄이는 데 그 목적이 있다.

18 생산능력(Capacity)에 대한 설명으로 가장 옳지 않은 것은?

① 규모의 경제(Economic Of Scale)는 생산량이 고정비를 흡수하게 됨으로써 단위당 고정비용이 감소하는 것을 의미한다.

② 실제생산능력(Actual Output Rate)은 생산시스템이 실제로 달성하는 산출량이다.

③ 병목(Bottleneck)을 고려한 정상적인 조건하에서 보여지는 산출량은 유효생산능력(Effective Capacity)이다.

④ 생산능력 이용률(Capacity Utilization)은 설계생산능력(Design Capacity)이 커지면 함께 증가한다.

19 규모의 불경제(Diseconomies Of Scale)의 원인으로 가장 적절하지 않은 것은?

① 설비규모의 과도한 복잡성에서 초래되는 비효율성

② 과도한 안전 비용에서 초래되는 비효율성

③ 과도한 고정비에서 초래되는 비효율성

④ 과도한 근로인력 규모에서 초래되는 비효율성

20 공급사슬관리에 대한 설명으로 가장 옳지 않은 것은?

① 채찍효과(Bullwhip Effect)는 수요변동의 폭이 도매점, 소매점, 제조사, 공급자의 순으로 점점 커지는 것을 의미한다.

② 지연차별화(Delayed Differentiation)의 개념은 제품의 차별화가 지연되면 고객의 불만족을 야기하므로 초기에 차별화된 제품 및 서비스를 개발 및 제공하자는 것이다.

③ 신속반응시스템(Quick Response System)을 갖추기 위해서는 POS(Point Of Sale)나 EDI(Electronic Data Interchange)와 같이 정보를 신속하게 획득, 공유할 수 있는 프로그램이 필요하다.

④ 판매자가 수송된 상품을 입고시키지 않고 물류센터에서 파레트 단위로 바꾸어 소매업자에게 배송하는 것을 크로스 도킹(Cross Docking)이라고 한다.

21 소비자가 특정 제품에 대해 가지는 중요성에 대한 관여도(Involvement)의 설명으로 가장 옳지 않은 것은?

① 저관여 제품의 구매 소비자는 불만족한 경우 다른 상표를 구매하는 다양성 추구의 경향을 보이며 구매 시 판매촉진에 많이 영향을 받는다.

② 고관여 제품의 구매 소비자는 다양한 정보를 이용해 능동적으로 제품 및 상표정보를 탐색하고 정보처리과정을 철저하게 수행하는 동기수준이 높게 나타난다.

③ 고관여 제품의 구매 소비자는 구매 후 인지부조화가 자주 일어나며 비교쇼핑을 선호해 구매 후 자신의 구매에 대해 인정받고 싶어한다.

④ 제품에 대한 소비자의 관여도가 높은 경우에는 소비자가 광고에 노출되었을 때 형성된 광고에 대한 태도가 광고 대상인 제품에 대한 소비자의 태도에 영향을 미치게 되어 광고를 좋아하는지 싫어하는지의 여부가 제품에 대한 태도형성에 큰 영향을 미친다.

22 STP 전략에 대한 설명으로 가장 옳지 않은 것은?

① 시장세분화(Market Segmentation)란 전체시장을 일정한 기준에 의해 동질적인 세분시장으로 구분하는 과정이다.

② 지리적, 인구통계적, 심리특정적, 구매행동적으로 상이한 고객들로 구분하여 시장을 세분화한다.

③ 시장위치선정(Market Positioning)이란 각 세분시장의 매력성을 평가하고 여러 세분시장 가운데서 기업이 진출하고자 하는 하나 또는 그 이상의 세분시장을 선정하는 과정이다.

④ 제품의 구매나 사용이 사회적 관계 속에서 갖는 상징적(Symbolic) 의미를 강조하는 경우에 가장 적절한 포지셔닝은 제품사용자에 의한 포지셔닝이다.

23 서비스 품질측정 도구인 SERVQUAL과 종합적 품질경영인 TQM에 대한 설명으로 가장 옳지 않은 것은?

① SERVQUAL은 기대 서비스와 인지된 서비스차이를 통해 고객만족을 조사하기 위한 도구이다.

② SERVQUAL의 서비스 품질을 판단하는 차원에는 신뢰성(Reliability), 보증성(Assurance), 유형성(Tangible), 공감성(Empathy), 반응성(Responsiveness)이 있다.

③ TQM에서 '원천에서의 품질관리(Quality At The Source)'의 의미는 제품의 원재료 품질이 중요하므로 납품업체의 품질관리에 힘쓰라는 것을 의미한다.

④ TQM은 경영시스템으로 최고경영자의 장기적인 열의가 필요하고 지속적인 개선을 통해 종업원들이 주인의식을 가져야 한다.

24 제품과 상표에 대한 설명으로 가장 옳지 않은 것은?

① 제품믹스의 폭이란 전체 제품라인의 수를 말한다.

② 브랜드 인지도(Brand Awareness)란 소비자가 브랜드를 재인식하거나 회상할 수 있는 능력을 말한다.

③ 상표전략에서 라인확장(Line Extension)이란 새로운 제품에 기존상표를 사용하는 전략으로 광고비용을 절약해 주지만 특정 제품이 실패할 경우 다른 제품에 영향을 준다.

④ 복수상표(Multi Branding)란 동일제품범주에서 다수의 상표를 도입하는 것으로 특성에 따른 상표를 제공하고 진열공간을 많이 확보할 수 있으나 마케팅 비용이 많이 발생할 수 있다.

25 다음 중 총괄생산계획에서 고려하지 않는 비용으로 옳은 것은?

① 채용과 해고비용

② 재고유지비용

③ 초과근무비용

④ 생산입지 선정비용

2020 기출문제

모바일
OMR
답안분석
서비스

✔ 시험시간 25분   ✔ 해설편 299쪽

✔ 회독 CHECK 1 2 3

01 페이욜(H. Fayol)이 주장한 리더의 역할이 아닌 것은?

① 구성원의 조정
② 예산편성
③ 계획
④ 통제

02 암묵지에 예시로 옳지 않은 것은?

① 개인만의 노하우
② 몸에 체화된 지식
③ 컴퓨터 매뉴얼
④ 주관적 측면의 지식

03 A회사는 재고자산에 대해 이동평균법을 적용하고 있다. 이동평균법으로 계산한 기말재고자산금액은 얼마인가? (단, 소수점 이하는 버림으로 한다)

기초자산		
1월	매입 10개	단위당 200원
2월	매입 30개	단위당 220원
3월	매출 20개	단위당 250원
4월	매입 50개	단위당 230원
5월	매출 40개	단위당 280원
기말재고 30개		

① 약 6,510원
② 약 6,600원
③ 약 6,771원
④ 약 6,900원

04 재고비용에 대한 설명으로 옳지 않은 것은?

① 재고비용은 창고비용을 포함하지 않는다.
② 생산라인 가동을 준비하는 비용을 준비비용이라고 한다.
③ 재고비용은 재고부족과 관련된 비용도 포함한다.
④ 재고량을 조사하는 데 소요하는 비용은 재고비용에 포함된다.

05 프로젝트 조직의 특성으로 옳은 것은?

① 단순한 환경에 어울리는 조직형태이다.
② 업무가 줄어들어 조직의 효율성이 극대화 된다.
③ 프로젝트 조직의 특성상 대체로 장기적으로 유지된다.
④ 프로젝트 규모에 따라 인력의 수를 유동적으로 조정할 수 있다.

06 의사결정과정을 순서대로 나열한 것은?

㉠ 문제 인식	㉡ 기준별 가중치 부여
㉢ 의사 결정	㉣ 효과성평가 및 진단
㉤ 대안 탐색	㉥ 대안 평가
㉦ 대안 선택	㉧ 의사결정 기준 설정

① ㉠ - ㉡ - ㉧ - ㉤ - ㉥ - ㉦ - ㉢ - ㉣
② ㉠ - ㉡ - ㉧ - ㉤ - ㉦ - ㉥ - ㉢ - ㉣
③ ㉠ - ㉧ - ㉡ - ㉤ - ㉥ - ㉦ - ㉢ - ㉣
④ ㉠ - ㉧ - ㉡ - ㉤ - ㉦ - ㉥ - ㉢ - ㉣

07 개방시스템의 구조적 절차로 옳은 것은?

① 피드백 – 투입 – 과정 – 산출
② 투입 – 피드백 – 과정 – 산출
③ 투입 – 과정 – 산출 – 피드백
④ 투입 – 과정 – 피드백 – 산출

08 기업의 사회적 책임에 대한 설명들 중 바르지 않은 것은?

① 법적 책임: 회계의 투명성, 성실한 세금 납부, 소비자의 권익 보호 등의 책임이다.
② 자선적 책임: 사회공헌 활동에 대한 기업의 지원을 의미한다.
③ 윤리적 책임: 정해진 법 안에서 기업 활동하는 것을 뜻한다.
④ 경제적 책임: 이윤 극대화와 고용 창출 등의 책임을 말한다.

09 기능식 조직과 사업부제 조직을 비교한 설명으로 옳지 않은 것은?

① 기능식 조직은 사업부제 조직에 비해 자원의 효율성이 낮다.
② 기능식 조직은 사업부제 조직에 비해 부서 간 상호조정의 어려움이 있다.
③ 사업부제 조직은 기능식 조직에 비해 목표관리가 용이하다.
④ 사업부제 조직은 기능식 조직에 비해 빠른 환경변화 대응이 용이하다.

10 자재소요계획(MRP)의 구성요소가 아닌 것은?

① 자재명세서(BOM)
② 재고기록철(IR)
③ 주일정계획(MPS)
④ 생산능력소요계획(CRP)

11 재무비율 용어와 분류내용을 올바르게 짝 지은 것은?

재무비율		분류내용	
수익성 비율	활동성 비율	당좌 비율	부채 비율
유동성 비율	레버리지 비율	투자수익률	재고회전율

① 레버리지 비율 – 부채 비율
② 수익성 비율 – 재고회전율
③ 활동성 비율 – 당좌비율
④ 유동성 비율 – 투자수익률

12 중소기업의 특징으로 옳지 않은 것은?

① 작은 시장규모
② 소유와 경영의 미분리
③ 시장수요 변동에 대한 탄력적 대응
④ 자본의 비한계성

13 포트폴리오를 통한 분산투자에 관한 설명으로 틀린 것은?

① 상관계수가 1일 때 위험 분산 효과가 크다.
② 여러 종목에 투자할수록 위험이 낮아진다.
③ 체계적 위험(Systematic Risk)이란 분산투자로 제거되지 않는 위험을 뜻한다.
④ 종업원 파업, 법적 문제는 비체계적 위험(Unsystematic Risk)에 속한다.

14 시장 표적화 전략 유형 중 시장 전문화 전략과 제품 전문화 전략의 특징으로 옳지 않은 것은?

① 제품 전문화 전략은 새로운 기술 등장에 취약하다.
② 시장 전문화 전략은 생산, 유통, 촉진의 전문화로 높은 투자수익률을 낸다.
③ 시장 전문화 전략은 단일제품 복수 시장일 경우 유리하다.
④ 제품 전문화 전략을 통해 전문적인 제품 분야에서 강한 명성의 구축이 가능하다.

15 다음 중 직무설계의 네 가지 접근법에 대한 설명으로 틀린 것은?

① 기계적 접근 – 기술 다양성
② 동기부여적 접근 – 직무 확대화
③ 인간공학적 접근 – 작업환경
④ 정신능력적 접근 – 정보관리

16 재무회계와 관리회계에 대한 설명으로 옳은 것은?

① 재무회계는 기업의 특성에 따라 보고서 형식이 다양한 반면, 관리회계는 일정한 회계원칙 형식에 따라 보고서를 작성한다.
② 재무회계는 외부정보이용자를 주 고객으로 하는 반면, 관리회계는 내부정보이용자를 주 고객으로 한다.
③ 재무회계는 미래지향 정보를 주로 다루는 반면, 관리회계는 과거관련 정보를 주로 다룬다.
④ 재무회계는 경영자에게 유용한 정보를 제공하는 반면, 관리회계는 주주 및 채권자에게 정보를 제공하는 데 목적을 두고 있다.

17 유통과정에서 수직적 통합의 단점이 아닌 것은?

① 기업 활동의 유연성이 낮아진다.
② 각 경로 구성원이 가진 특허권 보호가 어려워진다.
③ 유통경로 내에서 한 경로구성원에 의한 권력 횡포가 발생할 수 있다.
④ 관련 활동 간의 불균형으로 원가열위가 발생할 수도 있다.

18 균형성과표(BSC)에서 고려하지 않는 관점은?

① 고객 관점
② 경영전략 관점
③ 재무 관점
④ 학습 및 성장 관점

19 경쟁의 역동성에 관한 설명으로 옳지 않은 것은?

① 경영주기는 기업마다 다르게 나타난다.
② 저속 주기순환은 타기업의 모방이 느리기 때문에 안정적으로 대응 가능하다.
③ 고속 주기순환은 매출 극대화를 위해 고객 충성도를 높이는 것을 시도한다.
④ 평균 주기순환은 모방을 상쇄한다.

20 감가상각방법에 해당하는 것이 아닌 것은?

① 정률법
② 이중체감법
③ 생산성비율법
④ 연수합계법

21 해크먼(R.Hackman)과 올드햄(G.Oldham)이 제시한 직무특성모형의 핵심직무특성이 아닌 것은?

① 기술다양성
② 과업정체성
③ 동기부여
④ 피드백

22 행위기준고과법(BARS)에 대한 설명이 아닌 것은?

① 주요사건 서술법과 평정척도법을 결합한 평가법이다.

② 비교적 개발이 간단하고 적은 시간과 비용이 투입되기 때문에 실무에 많이 적용된다.

③ 피고과자 행위의 지속적인 관찰이 곤란하다.

④ 척도개발과정에 주관성 개입의 여지가 있다.

23 상황이론에서 고려하는 상황요인이 아닌 것은?

① 전략기술

② 기업의 구조

③ 기업의 규모

④ 유일·최선의 관리방식

24 작업집단(Work Group)에 대한 설명이 아닌 것은?

① 공통된 리더십이 존재한다.

② 개별적 책임 영역 내에서 결과물을 산출해낸다.

③ 집단의 목표는 정보공유로서 기술적 성격이 강하다.

④ 업무시너지가 비교적 크지 않다.

25 부채를 통하여 자금을 조달받는 경우에 해당하는 설명으로 옳지 않은 것은?

① 부채 조달 시 소유권을 포기하지 않게 된다.

② 부채 조달 시 기업의 현금 흐름이 나빠질 수 있다.

③ 채권에 대한 이자 지급은 법인세 상승을 가져온다.

④ 이율이 낮아지면 대출의 기회비용이 낮아진다.

2019 | 추가채용 기출문제

모바일
OMR
답안분석
서비스

01 다음 중 자재소요계획(MRP)의 구성요소로 옳지 않은 것은?

① 기준생산계획(MPS)
② 자재명세서(BOM)
③ 재고기록(IR)
④ 작업일정계획(OP)

02 다음 중 수요예측에 관한 설명 중 옳지 않은 것은?

① 수요예측의 대상이 되는 수요는 독립수요이다.
② 주문생산에서 수요예측은 중요시 된다.
③ 수요예측기법의 평가기준에는 정확성, 간편성, 충실성 등이 있다.
④ 수요예측을 할 때 우연변동은 고려대상이 아니다.

03 다음 중 기업 내 · 외부 환경을 분석하여 기회와 위협에 대한 분석 및 기업 역량에 대한 강점과 약점을 분석하는 기법으로 옳은 것은?

① 가치사슬분석
② 시장침투 전략
③ 사업포트폴리오 분석
④ SWOT분석

04 다음 중 집단성과급을 도입함으로써 기대할 수 있는 장점으로 옳은 것은?

① 표준작업량과 표준작업시간 등의 설정에 있어 노사 간의 갈등을 줄일 수 있다.
② 기업이 적정한 생산량을 유지하는 데 있어 감독비용을 줄일 수 있다.
③ 집단의 응집성을 완화할 수 있다.
④ 업무 프로세스가 측정 가능해 개인별 성과 측정이 용이하다.

05 다음 중 의사결정지원시스템에 대한 설명 중 옳지 않은 것은?

① 관련성 있는 데이터를 포함하고 있는 데이터 베이스에 접근을 용이하게 해주는 기능을 수행한다.
② 구조적인 의사결정에만 쓰인다.
③ 의사결정지원시스템을 통한 효과적인 문제해결은 사용자와 시스템 간의 대화를 통해 향상된다.
④ 기업경영에 당면하는 여러 가지 문제를 해결하기 위해 복수의 대안을 개발하고 비교 평가하여 최적안을 선택하도록 하는 시스템이다.

06 다음 중 주주에 대한 설명으로 옳지 않은 것은?

① 주주는 채권자보다 앞서 이자비용을 받는다.
② 주주는 출자한도 내에서 유한책임을 진다.
③ 주주는 회사의 궁극적인 주인이다.
④ 주주는 주식을 양도하여 주주의 지위를 벗어날 수 있다.

07 다음 중 손익계산서에 대한 설명으로 옳은 것은?

① 수익에서 비용을 차감하지 않고 기업의 경영 성과를 보여준다.

② 기업의 재무 상태를 나타내는 보고서이다.

③ 일정기간 동안의 경영성과를 보여주는 것이다.

④ 기업의 현금이 어떻게 조달되는지 보여주는 것이다.

08 다음 중 리더십 이론으로 옳지 않은 것은?

① 특성이론

② ERG이론

③ PM이론

④ 상황이론

09 다음 중 경영자에 관한 내용으로 옳지 않은 것은?

① 소유경영자는 단기이익을 추구한다.

② 소유경영자는 위험을 부담하고 상대적 높은 수익을 추구한다.

③ 전문경영자는 소유자와 독립하여 기업을 경영하는 자로서 기업 경영상의 결정에 대해 판단의 자유를 가진다.

④ 전문경영자는 이해집단으로부터 권한을 위임받아 기업의 존속과 성장을 위해 최고 의사를 결정하여 하부에 지시하는 기능을 가진 자이다.

10 다음 중 시장세분화에 대한 설명으로 옳지 않은 것은?

① 시장세분화는 동질적 시장을 가정하여 하위시장으로 구분하는 것이다.

② 시장세분화가 성공하기 위해서는 시장 사이에 충분한 차별성이 존재하여야 한다.

③ 시장세분화를 통해 경쟁자보다 해당시장에서 먼저 경쟁우위를 확보할 수 있다.

④ 제품구매고객을 분류하는 대표적 기준으로는 인구통계적 기준, 가치관 · 성격을 비롯한 심리특성적 기준 등이 있다.

11 어떤 제품의 실제수요는 110만 대이고 예측수요가 100만 대이다. 지수평활계수가 0.6일 때 올해 예측 수요로 옳은 것은?

① 104만 대

② 106만 대

③ 96만 대

④ 94만 대

12 다음 중 마케팅 믹스(4P)로 옳지 않은 것은?

① 제품(Product)

② 가격(Price)

③ 장소(Place)

④ 포장(Package)

13 다음 중 재무비율이 높아질 때, 개선되는 것으로 옳지 않은 것은?

① 부채비율

② 총자본순이익률

③ 매출액순이익률

④ 이자보상비율

14 다음 중 순현가법에 대한 설명 중 옳지 않은 것은?

① 화폐시간가치를 고려한다.

② 모든 현금흐름을 고려한다.

③ 할인율이 필요하다.

④ 매출액을 기준으로 한다.

15 다음 중 포터의 경쟁전략에 대한 설명으로 옳지 않은 것은?

① 소기업이 집중화전략을 쓰는 경우 저원가전략은 고려하지 않아도 된다.

② 소기업이 집중화전략을 사용하는 경우 차별화전략은 고려할 수 있다.

③ 시장점유율이 높은 기업은 원가우위전략을 통하여 시장지배력을 강화할 수 있다.

④ 시장점유율이 낮은 기업은 차별화전략을 통하여 시장점유율의 확대를 모색할 수 있다.

16 다음 중 재고비용으로 옳지 않은 것은?

① 자본의 기회비용

② 창고유지비용

③ 진부화비용

④ 매출손실비용

17 다음 중 채권에 대한 설명으로 옳지 않은 것은?

① 채권이란 회사에서 발행하는 유가증권으로 일정한 이자의 지급을 예정하여 발행하는 타인자본이다.

② 채권은 주식과는 다르게 만기가 정해져 있다.

③ 채권의 발행기관은 정부와 지자체, 특수법인 등이 있다.

④ 영구채권(Perpetual Bond)은 일정한 기간 동안 이자만 지급하는 채권으로 만기가 도래했을 때 이자와 원금을 모두 지급해야 하는 채권이다.

18 다음 중 파생상품에 대한 설명으로 옳지 않은 것은?

① 콜옵션은 사는 것을 의미하고, 풋옵션은 파는 것을 의미한다.

② 미국형은 만기에만 결제가 가능하고 유럽형은 언제든지 결제가 가능하다.

③ 선물, 옵션 스왑계약은 대표적인 파생상품에 해당한다.

④ 파생상품은 거래 장소에 따라 장내거래와 장외거래로 구분된다.

19 다음 제품수명주기 중 성장기에 대한 설명으로 옳은 것은?

① 제품의 품질에 대한 신뢰성을 확보하고 경쟁기업의 진입에 대비한다.

② 제품을 차별화하면서 기존고객의 점유율을 유지하고 새로운 고객을 창출한다.

③ 마케팅믹스를 수정하고 상품모델의 다양화를 추구한다.

④ 마케팅 전략을 통하여 수익성이 낮은 시장에서 철수하거나 시장 참여를 축소한다.

20 다음 중 국제경영에 대한 설명으로 옳은 것은?

① 라이센싱계약은 해외시장에 이미 진입해 있는 자회사와는 이루어질 수 없다.

② 프랜차이징을 통해 해외 지역의 빠른 성장을 위한 자원 확보가 가능하며, 상대적으로 많은 비용이 든다.

③ 계약생산은 외국의 기업과 계약을 맺어 생산을 한 뒤 마케팅과 판매를 해당 외국 기업에서 직접 담당하도록 하는 것을 말한다.

④ 전략적 제휴는 장기적인 관점에서 협력을 유지하는 경우이다.

21 다음 중 마케팅조사를 위한 자료수집에 대한 설명으로 옳지 않은 것은?

① 2차 자료는 1차 자료에 비하여 획득비용이 저렴하다.

② 2차 자료는 1차 자료에 비하여 직접 마케팅과 관련된 자료를 수집하는 것이므로 마케팅조사에 있어서 관련성이 높다.

③ 1차 자료는 2차 자료에 비하여 정보의 질이 우수하다.

④ 1차 자료는 2차 자료에 비해 시간과 비용이 많이 든다.

22 다음 중 영업순이익으로 옳은 것은?

• 총매출액	:	2,000,000원
• 매출원가	:	1,000,000원
• 판매관리비용	:	400,000원
• 이자비용	:	30,000원
• 법인세비용	:	240,000원

① 1,000,000원

② 600,000원

③ 570,000원

④ 330,000원

23 다음 중 매슬로우의 욕구로 옳지 않은 것은?

① 자아실현 욕구

② 성장욕구

③ 존경욕구

④ 생리적 욕구

24 다음 중 직무충실화의 내용으로 옳은 것은?

① 과업량을 늘리고 권한은 그대로 유지한다.

② 과업량을 늘리고 그에 따른 권한과 책임 및 자율성을 추가한다.

③ 과업을 주기적으로 변경함으로써 과업의 단조로움을 극복한다.

④ 직원들 간에 담당하는 직무의 교환을 통해 다른 직무를 경험하게 한다.

25 다음 중 가빈의 8가지 품질에 대한 설명으로 옳지 않은 것은?

① 성능 – 제품이 가지고 있는 운영적 특성

② 특징 – 제품이 가지고 있는 기능을 보충하는 보조적인 차이

③ 적합성 – 제품이 정해진 규격에 맞는 정도

④ 신뢰성 – 소비자가 받아들이는 제품에 대한 만족도

2019 기출문제

✓ 회독 CHECK 1 2 3

✓ 시험시간 25분 ✓ 해설편 310쪽

01 다음 중 탐색조사로 옳지 않은 것은?

① 관찰조사
② 패널조사
③ 사례조사
④ 면접조사

02 다음 중 자산의 효율적 활용도를 알 수 있는 것으로 옳은 것은?

① 수익성 비율
② 유동성 비율
③ 활동성 비율
④ 안전성 비율

03 A회사에서 세탁기를 제조할 때 단위당 변동비는 20만 원이고, 총고정비는 2천만 원이다. 1,000개를 팔아서 2천만 원의 이익을 얻기 위해서는 원가가산방식으로 할 때 제품의 단위당 가격으로 옳은 것은? (단, 고정비용은 비용에 포함)

① 20만 원
② 22만 원
③ 24만 원
④ 26만 원

04 다음 중 파스칼과 피터스의 7S모형으로 옳지 않은 것은?

① 공유가치
② 전략
③ 구성원
④ 소프트웨어

05 다음 중 적시생산시스템(JIT)과 자재소요계획(MRP)의 차이에 대한 설명으로 옳지 않은 것은?

① JIT는 푸시(Push)시스템, MRP는 풀(Pull)시스템이다.
② JIT의 재고는 부채, MRP의 재고는 자산이다.
③ JIT는 무결점을, MRP는 소량의 결점을 인정한다.
④ JIT는 일본의 도요타자동차에서 개발한 기법이다.

06 다음 중 제품 판매에 있어서 소매와 도매로 나누는 기준으로 옳은 것은?

① 제품별
② 고객별
③ 기능별
④ 지역별

07 다음 중 환경오염의 원인으로 옳지 않은 것은?

① 인구증가
② 도시화
③ 국제화
④ 산업화

08 다음 중 자신의 문제를 말하기 껄끄러울 때 남의 얘기에 빗대어 말하게 하는 방법으로 옳은 것은?

① 프로빙 기법
② 래더링 기법
③ 투사법
④ 에스노그라피

09 다음 중 첫 테스트에서 먹은 것 때문에 두 번째 먹었을 때 맛있는지 모르는 효과로 옳은 것은?

① 성숙효과

② 매개효과

③ 상호작용효과

④ 시험효과

10 다음 중 우선주에 대한 설명으로 옳은 것은?

① 회사의 이익과 관계없이 미리 배당금이 정해져 있다.

② 이자가 미리 정해져 있다.

③ 세금 감면 혜택이 있다.

④ 우선주에 대해서 비용을 공제하기 전이라도 우선 배당이 이루어진다.

11 다음 중 자동차 완제품 회사와 자동차 부품 업체 간의 결합 유형으로 옳은 것은?

① 수직적 결합

② 수평적 결합

③ 구조적 결합

④ 통합적 결합

12 다음 중 비관련다각화의 특징으로 옳지 않은 것은?

① 핵심 역량을 활용할 수 있다.

② 내부의 자원을 효율적으로 활용할 수 있다.

③ 범위의 경제에 효과가 있다.

④ 현금흐름이 좋다.

13 다음 중 성과급의 특징에 대한 설명으로 옳지 않은 것은?

① 집단성과급에는 스캔론플랜, 럭커플랜, 임프로쉐어플랜이 있다.

② 노동자에게 동기부여를 주고, 공평성과 합리성을 준다.

③ 작업량에만 치중하여 제품의 품질 저하를 초래할 우려가 있다.

④ 기본급이 고정되어 있어서 계산이 쉽다.

14 다음 중 적대적 M&A 수단으로 옳지 않은 것은?

① 위임장경쟁

② 공개시장매수

③ 주식공개매수

④ 역매수 제의

15 다음 중 단위생산과 대량생산에 해당하는 조직유형으로 옳은 것은?

	단위생산	대량생산
①	유기적 조직	유기적 조직
②	유기적 조직	기계적 조직
③	기계적 조직	유기적 조직
④	기계적 조직	기계적 조직

16 다음 중 의사소통 네트워크에 대한 설명으로 옳지 않은 것은?

① 수레바퀴형은 집단 내 강력한 리더가 존재하고, 모든 정보는 리더를 중심으로 집중되며 이를 통해 다른 사람에게 전달된다.

② 원형은 의사소통 속도가 빠르다.

③ 라인조직과 스텝조직이 혼합된 조직에 적합한 유형은 Y형이다.

④ 사슬형과 원형이 만족도가 가장 높다.

17 다음 중 창업 시 고려해야 할 사항으로 옳지 않은 것은?

① 기술성

② 경제성

③ 시장성

④ 성장성

18 다음 중 조직의 경영관리과정에 관한 설명으로 옳지 않은 것은?

① '계획 – 조직 – 지휘 – 통제' 순서로 이어진다.

② 조직화는 수행 업무와 수행방법 및 담당자(리더)를 정한다.

③ 지휘는 갈등을 해결하고 업무 수행을 감독하는 역할을 한다.

④ 계획은 목표와 전략 수립을 하면서 조정을 한다.

19 다음 중 마이클 포터의 가치사슬모형에서 보조 활동에 해당하지 않는 것은?

① 인프라 기반시설

② 기술개발

③ 제품의 사후지원

④ 인적자원 개발

20 다음 중 고객의 입장과 가장 가까운 컨셉으로 옳은 것은?

① 생산 컨셉

② 제품 컨셉

③ 판매 컨셉

④ 마케팅 컨셉

21 다음 중 차별화 전략에 해당하지 않는 것은?

① 경쟁

② 제품

③ 서비스

④ 이미지

22 다음 중 주식회사의 특징으로 옳지 않은 것은?

① 투자자로부터 거액의 자본 조달이 용이하다.

② 주식회사의 3대 기구는 주주총회, 이사회, 감사이다.

③ 소유자가 경영에 참가해야만 하므로 소유와 경영이 일치한다.

④ 주주는 출자액 한도 내에서만 자본 위험에 대해 책임을 진다.

23 다음 〈보기〉 중 간접적 자본 조달 수단으로 옳은 것을 모두 고른 것은?

┌─────────── 〈보 기〉 ───────────┐
│ ㄱ. 주식 발행   ㄴ. 기업어음 발행 │
│ ㄷ. 은행차입   ㄹ. 회사채 발행   │
└──────────────────────────────┘

① ㄱ, ㄴ

② ㄴ, ㄷ

③ ㄴ, ㄹ

④ ㄷ, ㄹ

24 다음 중 기업의 사회적 책임투자(SRI)에 해당하지 않는 것은?

① 중소기업벤처에 투자한다.

② 기업지배구조를 고려해 투자한다.

③ 유해행위를 하는 기업에게 투자를 철회한다.

④ 지역 기금에 투자한다.

25 다음 중 생산자가 원가를 가장 중요한 기준으로 하여 가격을 책정하는 방식으로 옳은 것은?

① 지각기준 가격결정

② 목표이익률 가격결정

③ 모방 가격결정

④ 입찰참가 가격결정

기출이 답이다

군｜무｜원

군수직

6개년 기출문제집

시대에듀

정가 **22,000원**(1·2권 포함)

발행일 2025년 1월 10일 ｜ **발행인** 박영일 ｜ **책임편집** 이해욱
편저 시대군무원시험연구소 ｜ **발행처** (주)시대고시기획
등록번호 제10-1521호 ｜ **대표전화** 1600-3600 ｜ **팩스** (02)701-8823
주소 서울시 마포구 큰우물로 75 [도화동 538 성지B/D] 9F
학습문의 www.sdedu.co.kr

ISBN 979-11-383-7973-1

13350

9 791138 379731

군무원 채용 대비

합격에듀
시대에듀

2025

기출이 답이다

편저 | 시대군무원시험연구소

군무원

군수직

6개년 기출문제집

합격으로 가는
깊이가 다른 해설

해설편

시대에듀

시대에듀

끝까지 책임진다! 시대에듀!
QR코드를 통해 도서 출간 이후 발견된 오류나 개정법령, 변경된 시험 정보, 최신기출문제, 도서 업데이트 자료 등이 있는지 확인해
보세요! **시대에듀 합격 스마트 앱**을 통해서도 알려 드리고 있으니 구글 플레이나 앱 스토어에서 다운받아 사용하세요.
또한, 파본 도서인 경우에는 구입하신 곳에서 교환해 드립니다.

편집진행 박종옥 · 정유진 | **표지디자인** 박종우 | **본문디자인** 박지은 · 고현준

군수직

해설편

PART 1

국어

2024 9급 기출문제 해설

☑ 점수 ( )점/100점 ☑ 문제편 004쪽

영역 분석

문법	9문항	★★★★★★★★★	36%
문학	3문항	★★★	12%
비문학	10문항	★★★★★★★★★★	40%
어휘	3문항	★★★	12%

빠른 정답

01	02	03	04	05	06	07	08	09	10
②	②	③	②	①	③	④	③	④	④
11	12	13	14	15	16	17	18	19	20
①	②	①	①	③	①	①	①	②	③
21	22	23	24	25					
②	④	③	④	③					

01

정답 ②

영역 음운론 > 발음   난도 중

정답의 이유

② 표준 발음법 제10항에 따르면 겹받침 'ㄳ', 'ㄵ', 'ㄼ, ㄽ, ㄾ', 'ㅄ'은 어말 또는 자음 앞에서 각각 [ㄱ, ㄴ, ㄹ, ㅂ]으로 발음한다. 따라서 '넓다'는 [널따]로 발음하는 것이 적절하다.

오답의 이유

① 뚫는[뚤는](×) → [뚤른](○): 표준 발음법 제12항 '3.' [붙임]에 따르면 'ㄶ, ㅀ' 뒤에 'ㄴ'이 결합되는 경우에는, 'ㅎ'을 발음하지 않는다. 또한 표준 발음법 제20항에 따르면 첫소리 'ㄴ'이 'ㄶ', 'ㅀ' 뒤에 연결되는 경우 [ㄹ]로 발음한다. 따라서 '뚫는'은 [뚤른]으로 발음한다.

③ 끝으로[끄츠로](×) → [끄트로](○): 표준 발음법 제13항에 따르면 홑받침이나 쌍받침이 모음으로 시작된 조사나 어미, 접미사와 결합되는 경우에는, 제 음가대로 뒤 음절 첫소리로 옮겨 발음한다. 따라서 '끝으로'는 [끄트로]로 발음한다.

④ 젖먹이[점머기](×) → [전머기](○): 표준 발음법 제18항에 따르면 받침 'ㄷ(ㅅ, ㅆ, ㅈ, ㅊ, ㅌ, ㅎ)'은 'ㄴ, ㅁ' 앞에서 [ㄴ]으로 발음한다. 따라서 '젖먹이'는 [전머기]로 발음한다.

02

정답 ②

영역 국어 규범 > 한글 맞춤법 > 띄어쓰기   난도 중

정답의 이유

② 공부∨밖에(×) → 공부밖에(○): '밖에'는 '그것 말고는', '그것 이외에는'의 뜻을 나타내는 보조사이므로 앞말과 붙여 쓴다.

오답의 이유

① '집 밖에'에서 '밖'은 '무엇에 의하여 둘러싸이지 않은 공간. 또는 그쪽'을 의미하는 단어이므로 앞말과 띄어 쓴다.

③ '맨손'은 '아무것도 끼거나 감지 아니한 손'을 의미하는 하나의 단어이므로 붙여 쓴다.

④ '한겨울'은 '추위가 한창인 겨울'을 의미하는 하나의 단어이므로 붙여 쓴다. '채'는 '이미 있는 상태 그대로 있다.'라는 뜻을 나타내는 의존 명사이므로 앞말과 띄어 쓴다.

03

정답 ③

영역 형태론 > 형태소   난도 하

정답의 이유

③ '형태소'는 '뜻(의미)을 가진 가장 작은 말의 단위'이다. 형태소를 더 나누면 뜻을 잃어버린다.

오답의 이유

① 홀로 설 수 있는 말의 단위는 '단어'이다.

② 뜻을 구별하는 소리의 최소 단위는 '음운'이다.

④ 끊어 읽기의 단위는 '어절'이다.

((●)) 적중레이더

형태소, 단어 및 어절을 구별하는 방법

- 어절: 문장을 띄어쓰기 단위로 구분한다.
- 단어: 어절에서 조사를 구분한다.
- 형태소: 단어에서 어간, 어미, 어근, 접사 등을 구분한다.

문장 (1개)	하늘이 맑고 푸르다.		
어절 (3개)	하늘이	맑고	푸르다

단어 (4개)	하늘	이	맑고		푸르다	
	체언 (명사)	관계언 (조사)	용언 (형용사)		용언 (형용사)	
형태소 (6개)	하늘	이	맑-	-고	푸르-	-다
	자립 형태소	의존 형태소	의존 형태소	의존 형태소	의존 형태소	의존 형태소
	실질 형태소	형식 형태소	실질 형태소	형식 형태소	실질 형태소	형식 형태소

04 정답 ②

영역 국어 규범 > 한글 맞춤법 **난도** 중

정답의 이유

② 바꼈다(×) → 바뀌었다(○): '바뀌다'는 '바꾸다'의 피동사 '바꾸이다'의 준말로, '바뀌어' 등으로 활용된다. '바뀌다'의 어간 '바뀌-'에 시제 선어말 어미 '-었-'이 결합할 때, 어간이나 어미의 형태는 바뀌지 않는다. 따라서 '바꼈다'가 아닌 '바뀌었다'로 적어야 한다.

05 정답 ①

영역 국어 규범 > 한글 맞춤법 **난도** 중

정답의 이유

① 깨끗히(×) → 깨끗이(○): 한글 맞춤법 제51항에 따르면 부사의 끝음절이 분명히 '이'로만 나는 것은 '-이'로 적고, '히'로만 나거나 '이'나 '히'로 나는 것은 '-히'로 적는다. '깨끗이'는 부사의 끝음절이 '이'로만 나므로 '깨끗히'가 아닌 '깨끗이'로 적는다.

오답의 이유

② · ③ 한글 맞춤법 제51항에 따르면 부사의 끝음절이 '히'로만 나거나 '이'나 '히'로 나는 것은 '-히'로 적는다고 하였다. 또한 '-하다'가 붙는 어근 뒤에는 '-히'로 적는다고 하였으므로 '가득히'로 적는 것은 적절하다.

④ 한글 맞춤법 제51항에 따르면 부사의 끝음절이 '히'로만 나거나 '이'나 '히'로 나는 것은 '-히'로 적는다고 하였으므로 '고스란히'로 적는 것은 적절하다.

06 정답 ③

영역 통사론 > 문장 성분 **난도** 중

정답의 이유

① 주어 '영희는', 목적어 '역할을', 서술어 '맡았다'의 호응이 자연스러운 문장이다.

오답의 이유

② '책'과 호응하는 문장 성분이 제시되지 않았으므로 '오늘은 잔디밭에서 책을 읽고 그림을 그렸다.'로 쓰는 것이 적절하다.

③ '모름지기'와 같이 당위의 의미를 나타내는 부사어는 '~해야(하여야) 한다' 형태의 서술어와 호응하므로 '사람은 모름지기 욕심을 다스릴 줄 알아야 한다.'로 쓰는 것이 적절하다.

④ '치고'가 '그 전체가 예외 없이'의 뜻을 나타내는 보조사로 쓰일 경우에는 부정을 뜻하는 말이 뒤따른다. 하지만 '초보치고는'의 '치고'는 '그중에서는 예외적으로'의 뜻을 나타내는 보조사이므로 부정어와 호응하지 않는다. 따라서 '그녀는 초보치고는 운전을 썩 잘한다.'로 쓰는 것이 적절하다.

07 정답 ④

영역 의미론 > 중의성 **난도** 중

정답의 이유

④ 남편이 축구를 좋아하는 정도와 '나'가 축구를 좋아하는 정도를 비교하는 것인지, 아니면 '나'와 축구를 비교하는 것인지 분명하지 않다. 따라서 비교 구문에서 나타나는 중의성에 해당한다.

오답의 이유

① '나'가 철수와 함께 선생님을 만나는 것인지, '나'가 철수를 만나고 선생님도 만나는 것인지 의미가 분명하지 않다. 이는 연결 관계에 따른 중의성에 해당한다.

② 결혼식장에 손님이 들어왔지만 아직 안 들어온 사람이 있는 것인지, 아니면 손님이 하나도 안 들어온 것인지 의미가 분명하지 않다. 이는 부정문의 중의성에 해당한다.

③ 그녀가 아버지가 그린 그림을 어루만지는 것인지, 아버지가 소유한 그림을 어루만지는 것인지 의미가 분명하지 않다. 이는 '의'를 포함한 명사 구문의 중의성에 해당한다.

08 정답 ③

영역 어휘 > 고유어 **난도** 상

정답의 이유

③ '살천스럽다'는 '쌀쌀하고 매섭다.'라는 뜻의 형용사이다.

오답의 이유

① '성마르다'는 '참을성이 없고 성질이 조급하다.'라는 뜻의 형용사이다.

② '돈바르다'는 '성미가 너그럽지 못하고 까다롭다.'라는 뜻의 형용사이다.

④ '암상스럽다'는 '보기에 남을 시기하고 샘을 잘 내는 데가 있다.'라는 뜻의 형용사이다.

09

정답 ④

영역 고전 운문 > 작품 파악하기　　　　난도 중

정답의 이유

④ '미타찰(彌陀刹)'은 불교적 이상 세계를 의미한다. 화자는 시적 대상인 '누이'와의 재회에 대한 소망을 담고 있으며, 슬픔을 종교적으로 승화하고 있다. 누이의 죽음에 의한 슬픔에서 벗어나고자 욕망으로 가득한 현실적 공간을 제시한다는 설명은 적절하지 않다.

오답의 이유

① 제시된 작품은 신라 시대의 승려 월명사가 지은 10구체 향가이다.
② 잎이 떨어지는 하강적 이미지를 활용하여 누이의 죽음을 나타냈다.
③ '미타찰(彌陀刹)'은 극락 세계를 의미한다. 화자는 누이와 미타찰에서 만나기 위하여 도(道)를 닦아 기다리겠다며 누이의 극락왕생을 기원하고 있다.

📖 작품 해설

월명사, 「제망매가」
- 갈래: 10구체 향가
- 성격: 애상적, 추모적, 불교적
- 주제: 누이에 대한 추모와 슬픔의 종교적 승화
- 특징
  - 누이의 죽음을 나뭇잎이 떨어지는 것에 비유함
  - 표현의 기교와 서정성이 뛰어남
  - 슬픔을 종교적으로 승화하고자 함

10

정답 ④

영역 화법과 작문 > 개요 파악하기　　　　난도 하

정답의 이유

④ 제시된 글은 탑골공원에 대한 실태 보고서의 목차이다. '노약자를 위한 시설 관리 대책'은 상위 항목인 '탑골공원 이용객의 실태'와 관련이 없는 내용이므로, 목차에 넣는 것은 적절하지 않다.

오답의 이유

①·② '편의 시설과 주변 상가', '인근 공원의 위치와 거리' 모두 상위 항목인 탑골공원의 지리적 조건과 관련이 있는 내용이다.
③ '선호하는 공원 시설 및 행사'는 이용객의 선호도를 확인하기 위한 것으로, 탑골공원 이용객의 실태와 관련이 있는 내용이다.

11

정답 ①

영역 독해 > 통일성·응집성　　　　난도 중

정답의 이유

㉠ ㉠ 앞에서는 '해요체'를 사용하는 상황을 설명하고 있고, ㉠ 뒤에서는 '합쇼체'를 사용하는 상황을 설명하고 있다. 따라서 ㉠에는 앞

부분의 흐름과 분위기를 반대로 바꾸어 서술하도록 돕는 역접의 접속어 '그러나'가 들어가는 것이 적절하다.

㉡ 1문단에서는 동료나 윗사람에게 '해요체'나 '합쇼체'를 사용해서 높임 표현을 하는 상황을 제시하고 있고, 2문단에서는 아랫사람에게 높임 표현을 하는 상황을 제시하고 있다. 따라서 ㉡에는 어떤 일에 대하여 앞에서 말한 측면과 다른 측면을 말할 때 쓰는 '한편'이 들어가는 것이 적절하다.

㉢ ㉢ 앞에서는 직장 내에서는 아랫사람이라 하더라도 높임 표현을 사용해야 한다는 근거를 제시하고 있고, ㉢ 뒤에서는 과장이 부하 직원에게 높임 표현을 사용해 말하는 결과를 제시하고 있다. 따라서 ㉢에는 앞의 내용이 뒤의 내용의 원인이나 근거, 조건 따위가 될 때 쓰는 '그래서'가 들어가는 것이 적절하다.

12

정답 ②

영역 어휘 > 한자어　　　　난도 중

정답의 이유

② 자유의사(×) → 자유의지(○): 自由意志는 '스스로 자, 말미암을 유, 뜻 의, 뜻 지'로, '외부의 제약이나 구속을 받지 아니하고 어떤 목적을 스스로 세우고 실행할 수 있는 의지'를 의미한다.

오답의 이유

① 행위자(行爲者: 다닐 행, 할 위, 놈 자)
③ 책임(責任: 꾸짖을 책, 맡길 임)
④ 여부(與否: 더불 여, 아닐 부)

13

정답 ①

영역 어휘 > 한자성어　　　　난도 중

정답의 이유

① 막역지우(莫逆之友: 없을 막, 거스를 역, 갈 지, 벗 우): 서로 거스름이 없는 친구라는 뜻으로, 허물없이 아주 친한 친구를 이르는 말

오답의 이유

② 백중지세(伯仲之勢: 맏 백, 버금 중, 갈 지, 기세 세): 서로 우열을 가리기 힘든 형세
③ 난형난제(難兄難弟: 어려울 난, 형 형, 어려운 난, 아우 제): 누구를 형이라 하고 누구를 아우라 하기 어렵다는 뜻으로, 두 사물이 비슷하여 낫고 못함을 정하기 어려움을 이르는 말
④ 막상막하(莫上莫下: 없을 막, 위 상, 없을 막, 아래 하): 더 낫고 더 못함의 차이가 거의 없음

14

영역 독해 > 내용 추론하기　　　　　**난도 하**

정답의 이유

① 1문단에서 문학 작품은 다양한 내적 요소들의 결합으로 구성되면서 외적으로 '작가의 맥락', '사회·문화적 맥락', '문학사적 맥락', '상호 텍스트적 맥락'과 연계된다고 하였다. 이어서 2~4 문단에서 각각 '작가의 맥락', '사회·문화적 맥락', '문학사적 맥락'을 설명하고 있다. 이를 볼 때 5문단은 '상호 텍스트적 맥락'을 설명하는 것임을 추론할 수 있다. 따라서 ㉠에는 '상호 텍스트적 맥락은'이 들어가는 것이 적절하다.

오답의 이유

② 1문단에서 '문학 작품의 이해·감상·평가는 수용자가 내적 요소들의 결합관계를 분석하고 다양한 외적 맥락을 함께 고려하며 이루어진다.'라고 문학 작품의 이해에 대하여 설명하고 있으므로 '문학 작품의 이해는'은 ㉠에 들어갈 내용으로 적절하지 않다.

③ 1문단에서 문학 작품은 다양한 내적 요소들의 결합으로 구성된다고 언급하긴 했지만 이와 함께 다양한 외적 맥락을 고려하여 문학 작품의 이해·감상·평가가 이루어진다고 하였으므로 '문학 작품의 내적 맥락은'은 ㉠에 들어갈 내용으로 적절하지 않다.

④ 제시된 글에서 문학 작품의 비평에 대한 언급은 나타나지 않는다. 따라서 '문학 작품의 비평은'은 ㉠에 들어갈 내용으로 적절하지 않다.

15

영역 독해 > 내용 추론하기　　　　　**난도 중**

정답의 이유

③ 1문단에서는 생명과학에 대하여 이미 심각한 상태로 파괴된 생태계를 복원시킬 수 있는 효과적인 방법을 생명과학이 제시할지도 모른다는 기대 때문에 주목받고 있다고 하였다. 반면 2문단에서는 생명과학이 개발해 내고 있는 각종 첨단 기술이 인간의 존엄성을 훼손하게 될 것이라는 우려가 있다고 하였다. 이와 같이 제시된 글은 생명과학에 대한 기대와 우려, 즉 긍정적인 측면과 부정적인 측면을 모두 제시하고 있다. 따라서 ㉠에는 한 가지 사물에 속하여 있는 서로 맞서는 두 가지의 성질을 의미하는 '양면성'이 들어가는 것이 가장 적절하다.

오답의 이유

① 개연성: 절대적으로 확실하지 않으나 아마 그럴 것이라고 생각되는 성질

② 합리성: 이론이나 이치에 합당한 성질

④ 일관성: 방법이나 태도 따위가 한결같은 성질

16

영역 통사론 > 부사　　　　　**난도 중**

정답의 이유

① 제시된 글은 문장 전체를 꾸미며 화자의 태도를 나타내는 문장 부사인 양태 부사에 대하여 설명하고 있다. '설마'는 '학교에 가지 않은 건 아니지?'라는 문장 전체를 꾸며 주며, 대상이 학교에 가지 않는지 염려하는 심리적인 태도를 나타내고 있다.

오답의 이유

② '빨리'는 서술어 '달렸다'를 수식하는 성분 부사이다.

③ '멀리'는 서술어 '던졌다'를 수식하는 성분 부사이다.

④ '가지런히'는 서술어 '놓여 있다'를 수식하는 성분 부사이다.

17

영역 독해 > 글의 순서 파악하기　　　　　**난도 상**

정답의 이유

① 제시된 글은 '프로필'을 설명하며 서양인이나 중동인은 해부학적으로 측면의 얼굴이 인상적인 이미지를 남겨서 서양미술에서는 사람의 측면만 그리는 '프로필'이라는 미술 장르가 발달했다고 하였다. 〈보기〉의 1문단에서는 해부학적으로 불가능한 자세를 그린 이집트 그림을 언급하고, 2문단에서는 이 그림을 볼 때 어색한 느낌이 들지 않는 것은 신체의 각 부위가 그 특징이 가장 잘 드러나는 부분 위주로 봉합되어 있기 때문이라고 설명하고 있다. 제시된 글에서 서양인이나 중동인은 측면의 얼굴이 인상적인 이미지를 남기는 특징을 바탕으로 서양미술에서 사람의 측면만 그리는 '프로필' 장르가 발달했다고 언급하였으므로 제시된 글은 ㉠에 위치하는 것이 가장 적절하다.

18

영역 현대 문학 > 표현 방법　　　　　**난도 중**

정답의 이유

① '역설법'은 표면적으로는 모순되거나 부조리한 것 같지만 그 진술 너머에 진실을 담고 있는 수사법으로, 제시된 작품에는 '역설법'이 나타나지 않는다.

오답의 이유

② 소나기가 내리는 상황을 '채찍보다 세차고 폭포수보다 시원한 빗줄기'라며 과장법을 사용하여 표현하고 있다.

③ '불화로처럼 단 몸뚱이를'에서 직유법을 사용하여 표현하고 있다.

④ '벌판의 모든 곡식과 푸성귀와 풀들도 축 늘어졌던 잠에서 깨어나 일제히 웅성대며 소요를 일으킨다.'에서 활유법을 사용하여 표현하고 있다.

박완서, 「그 많던 싱아는 누가 다 먹었을까」
• 갈래: 현대 소설, 자전 소설, 성장 소설
• 성격: 회상적, 서정적, 향토적
• 주제: 식민지와 전쟁의 비극을 거친 한 개인의 성장 과정
• 특징
 – 작가 자신이 겪은 일을 소재로 한 자전적 소설
 – 시대의 변화와 이에 따른 개인의 삶의 변화가 잘 나타남

19
정답 ②

영역 독해 > 세부 내용 파악하기　　　난도 중

정답의 이유

② 2문단의 "마찬가지로 돈이 되기만 하면 달려드는 상업주의 장사꾼들과 시청률과 구독률만을 높이기만 하면 된다는 언론의 합작품인 '명품'이라는 용어를 국민들이 무비판적으로 받아들이면서 우리의 건전한 소비의식이 병들게 된 것이다."를 통하여 '명품'이라는 용어는 장사꾼과 언론의 합작품이라는 것을 알 수 있다. 따라서 '명품'이 잘못된 번역어라는 이해는 적절하지 않다.

오답의 이유

① 2문단의 '그래서 에코는 기호학을 정의하면서 ~ 하였나 보다.'를 통하여 에코는 기호학을 거짓말을 하기 위해 사용될 수 있는 모든 것을 연구하는 학문 분야라고 했음을 알 수 있다. 기호학이 실제로는 모든 것을 연구하기는 어렵기 때문에 에코의 말은 과장에 해당한다는 이해는 적절하다.

③ 2문단의 '마찬가지로 돈이 되기만 하면 달려드는 상업주의 장사꾼들과 구독률만을 높이기만 하면 된다는 언론의 ~ 소비의식이 병들게 된 것이다.'를 통하여 일부 기업과 언론의 행태를 비판하고 있음을 알 수 있다.

④ 1문단에서는 'president'를 잘못 번역한 '대통령'이라는 용어를 제시하고 있고, 2문단에서는 기업과 언론이 많은 '명품'이라는 용어를 제시하고 있다. 이처럼 제시된 글은 '대통령'과 '명품'이라는 용어를 '비교'의 방법을 통하여 설명하고 있다.

20
정답 ③

영역 독해 > 글의 순서 파악하기　　　난도 중

정답의 이유

• (다)는 운명론이 지배하는 사회에서 개인이나 특정 집단이 겪는 고통은 개개인의 탓으로 돌려진다고 설명하고 있다. 1문단에서는 사회 문제의 종류와 내용 및 그에 대한 관념은 시대와 사회에 따라 다르게 나타난다면서 '운명론'을 예로 들고 있으므로 1문단 뒤에 (다)가 이어지는 것이 적절하다.

• (가)의 '이러한 상황'은 (다)의 개인이나 특정 집단이 겪는 고통이 개개인의 탓으로 돌려지는 것에 해당한다. 따라서 (가)는 (다) 뒤에 오는 것이 적절하다.

• (나)는 어떤 일에 대하여 앞에서 말한 측면과 다른 측면을 말할 때 쓰는 '한편'이라는 접속 부사를 사용하여 오늘날 우리가 갖게 된 사회 문제의 관념은 운명론의 배격을 전제로 한다며 사회 문제는 개인의 책임이 아니고 사회 제대와 체제의 책임이라는 관념이라고 하였다. (가)에서 운명론이 지배하는 사회에서 사람들이 겪는 고통이 사회 문제의 관념으로 발전하기 어렵다고 하였으므로 (나)는 (가) 뒤에 오는 것이 적절하다.

따라서 문맥에 맞는 순서대로 나열한 것은 ③ (다) → (가) → (나)이다.

21
정답 ②

영역 국어 규범 > 외래어 표기법　　　난도 중

정답의 이유

② 메세지(×) → 메시지(○): 'message'는 '메세지'가 아닌 '메시지'가 옳은 표기이다.

오답의 이유

① 'supermarket'은 '수퍼마켓'이나 '수퍼마킷'이 아닌 '슈퍼마켓'이 옳은 표기이다.

③ 'chocolate'은 '초코렛'이 아닌 '초콜릿'이 옳은 표기이다.

④ • 'digital'은 '디지탈'이 아닌 '디지털'이 옳은 표기이다.
 • 'analogue'는 '어낼로그', '애널로그', '어날로그' 등이 아닌 '아날로그'가 옳은 표기이다.

22
정답 ④

영역 고전 운문 > 작품 파악하기　　　난도 중

정답의 이유

④ 제시된 작품은 조선 시대 최초의 사대부 가사인 정극인의 「상춘곡」이다. 이 작품에는 속세에서 벗어나 자연 속에서 살아가는 즐거움에 대한 만족감과 안빈낙도의 삶을 살아가려는 작가의 의지와 안빈낙도의 태도가 드러난다. 「십 년을 경영ᄒ여 ~」는 자연에서 은거하는 생활과 달, 청풍이 한데 어울리는 물아일체의 경지를 드러낸 작품으로 안빈낙도의 삶이 잘 드러난 시조이다.

오답의 이유

① 고려 왕조가 망하고 조선이 건국되었을 때 옛 도읍지 개성을 돌아보고 옛 왕조에 대한 회고의 정과 인생의 무상함을 변함없는 자연의 모습과 대조하고 있는 작품이다.

② 세조가 단종을 폐위하고 왕위에 오르자 이에 항거하다가 쫓겨난 작가가 단종에 대한 자신의 지조와 절개를 지키겠다는 의지를 나타낸 작품이다.

③ 영원한 자연과 마찬가지로 끊임없는 학문 수양을 권하고 있는 작품이다.

📖 작품 해설

송순, 「상춘곡」
• 갈래: 정격 가사, 서정 가사, 양반 가사
• 성격: 서정적, 주정적, 묘사적, 자연 친화적, 예찬적
• 주제: 봄 경치의 완상과 안빈낙도의 삶을 예찬
• 특징
　－ '수간모옥 → 정자 → 시냇가 → 산봉우리'로 공간을 이동하면서 시상을 전개함
　－ 봄 경치의 아름다움을 생동감 있게 사실적으로 묘사함

23

정답 ③

영역 독해 > 세부 내용 파악하기　　　　난도 중

정답의 이유

③ '20세기 후반에 등장한 역사 서술인 미시사(微視史)는 이러한 역사 서술이 보통 사람들의 개별적인 삶을 통계 수치로 환원하여 거시적인 흐름으로 바꿔 버리거나 익명성의 바다 속으로 사라지게 한다고 비판한다.'를 통하여 미시사는 거시사에 대하여 보통 사람들의 개별적인 삶을 익명성의 바다 속으로 사라지게 한다고 비판했음을 알 수 있다.

오답의 이유

① 제시된 글에는 역사의 거대한 흐름을 서술하는 것을 주된 과제로 삼은 거시적 관점과 보통 사람들의 개별적인 삶을 거시적인 흐름으로 바꿔 버리는 것을 비판하는 미시적 관점이라는, 역사를 바라보는 서로 상반된 입장이 나타난다.

② 제시된 글에 따르면 근대 이후 역사학자들은 거시적인 전망에서 경제 · 사회 구조의 변화 과정을 포괄적으로 서술하는 것을 목적으로 여겼으며, 이러한 거시적 관점이 역사 서술의 주류를 형성해 왔다.

④ '따라서 특정 지역의 역사를 자본주의 경제의 확립이나 민족국가의 성립과 같은 어떤 목표점을 향해 전개되어 온 도정으로 서술하거나 ~ 역사 서술의 주류를 형성해 왔다.'를 통하여 거시적인 역사 서술은 특정 지역의 역사를 어떤 목표점을 향해 전개되어 온 도정으로 서술함을 알 수 있다.

24

정답 ④

영역 독해 > 내용 추론하기　　　　난도 중

정답의 이유

④ ㉠ 앞에서는 행위를 통하여 옳게 되거나, 절제 있게 되거나, 용감하게 되는 것이라고 하였고, ㉠ 뒤에서는 실천이 성향이 되고 성향이 습관이 될 때 성품이 탄생하게 되는 것이라고 하였다. 이를 통하여 ㉠에는 어떤 결과를 이루기 위해서는 꾸준한 실천이 필요하다는 내용이 들어가야 함을 알 수 있다. '제비가 한 마리 날아왔다고 봄이 오는 것이 아니다.'는 결과를 이루기 위해서는 꾸준한 노력이 필요하다는 의미이므로 ㉠에 들어갈 문장으로 적절하다.

오답의 이유

① 바늘허리에 실을 매어 쓸 수는 없다: 아무리 급해도 순서를 밟아서 일해야 함을 비유적으로 이르는 말

② 사공이 많으면 배가 산으로 가는 법이다: 여러 사람이 저마다 제 주장대로 배를 몰려고 하면 결국에는 배가 물로 못 가고 산으로 올라간다는 뜻으로, 주관하는 사람 없이 여러 사람이 자기주장만 내세우면 일이 제대로 되기 어려움을 비유적으로 이르는 말

③ 산에 가야 범을 잡고 물에 가야 고기를 잡는다: 목적하는 방향을 제대로 잡아 노력하여야만 그 목적을 제대로 이룰 수 있음을 비유적으로 이르는 말

25

정답 ③

영역 독해 > 제목 파악하기　　　　난도 중

정답의 이유

③ 제시된 글은 실천은 성향이 되고 성향은 습관이 될 때 비로소 성품이 탄생하는 것이라며, 우리가 늘 행하는 행위에 의해 올바른 사람이 되거나 옳지 못한 사람이 되고 위험과 맞닥뜨렸을 때 무서워하거나 태연한 마음을 지니거나 하는 습관을 얻게 됨으로써 용감한 이가 되거나 겁쟁이가 된다고 하였다. 제시된 글은 실천과 습관을 강조하고 있으므로 제목으로 가장 적절한 것은 '실천과 습관의 중요성'이다.

오답의 이유

① '상황 판단의 합리성'은 제시된 글에 나타나지 않으며 주제와도 관련이 없으므로 제목으로 적절하지 않다.

② 제시된 글에서 실천과 습관으로 성품이 탄생한다고 하였지만 이는 실천과 습관을 강조하기 위한 것일 뿐이므로 '올바른 성품의 중요성'은 제목으로 적절하지 않다.

④ '자기반성과 자아실현의 의의'는 제시된 글에 나타나지 않으며 주제와도 관련이 없으므로 제목으로 적절하지 않다.

2024 | 7급 기출문제 해설

✅ 점수 (   )점/100점   ✅ 문제편 011쪽

영역 분석

문법	11문항	★★★★★★★★★★★	44%
문학	7문항	★★★★★★★	28%
비문학	4문항	★★★★	16%
어휘	3문항	★★★	12%

빠른 정답

01	02	03	04	05	06	07	08	09	10
④	①	①	④	①	①	①	②	④	④
11	**12**	**13**	**14**	**15**	**16**	**17**	**18**	**19**	**20**
④	②	③	②	①	④	②	③	③	③
21	**22**	**23**	**24**	**25**					
②	②	③	③	③					

01

정답 ④

영역 국어 규범 > 표준어 규정   난도 중

정답의 이유

④ 여지껏(×) → 여태껏(○): '여태'를 강조하여 이르는 말은 '여지껏'이 아니라 '여태껏'이다. 한 가지 의미를 나타내는 형태 몇 가지가 널리 쓰이며 표준어 규정에 맞으면, 그 모두를 표준어로 삼는다는 표준어 사정 원칙 제26항에 따라 '이제껏'과 '입때껏'은 모두 표준어이다. '여지껏'은 비표준어이다.

오답의 이유

① '깜냥'은 '스스로 일을 헤아림. 또는 헤아릴 수 있는 능력'이라는 의미의 단어로, 표준어이다.

② '찜찜하다'는 '마음에 꺼림칙한 느낌이 있다.'라는 의미의 단어로, 표준어이다.

③ '빠뜨리다'는 '물이나 허방 또는 어떤 깊숙한 곳에 빠지게 하다.'라는 의미의 단어로, 표준어이다. '빠뜨리다'와 '빠트리다'는 모두 표준어이며, '빠치다'는 비표준어이다.

02

정답 ①

영역 국어 규범 > 한글 맞춤법 > 띄어쓰기   난도 중

정답의 이유

① '맑군그래'의 '그래'는 청자에게 문장의 내용을 강조함을 나타내는 보조사로 '맑군그래'로 붙여 쓴다.

오답의 이유

② 작은∨지(×) → 작은지(○): '작은지'의 '-ㄴ지'는 막연한 의문이 있는 채로 그것을 뒤 절의 사실이나 판단과 관련시키는 데 쓰는 연결 어미이다. 따라서 '작은지'로 붙여 쓴다.

③ 셋∨뿐이었다(×) → 셋뿐이었다(○): '셋뿐이었다'의 '뿐'은 '그것만이고 더는 없음' 또는 '오직 그렇게 하거나 그러하다는 것'을 나타내는 보조사이다. 따라서 '셋뿐이었다'로 붙여 쓴다.

④ 기장들을(×) → 기장∨들을(○): '기장 들을'의 '들'은 두 개 이상의 사물을 나열할 때, 그 열거한 사물 모두를 가리키거나, 그 밖에 같은 종류의 사물이 더 있음을 나타내는 의존 명사이다. 따라서 '기장∨들을'로 띄어 쓴다.

03

정답 ①

영역 음운론 > 음운 변동   난도 중

정답의 이유

① '솜이불'은 어근 '솜'과 '이불'이 결합한 합성어로, 앞 단어가 자음으로 끝나고 뒤 단어의 첫음절이 '이'라서 'ㄴ'이 첨가되어 [솜니불]로 발음한다.

오답의 이유

② '잎'은 음절의 끝소리 규칙(교체)에 따라 'ㅍ'이 'ㅂ'으로 바뀌어 [입]으로 발음한다.

③ '꽃 위'는 음절의 끝소리 규칙(교체)에 따라 'ㅊ'이 'ㄷ'으로 바뀌어 [꼳위]가 되고 'ㄷ'이 연음되어 [꼬뒤]로 발음한다.

④ '걷고'는 된소리되기(교체)에 따라 받침 'ㄷ'의 영향으로 'ㄱ'이 된소리로 바뀌어 [걷꼬]로 발음한다.

04

| 영역 국어 규범 > 한글 맞춤법 | 난도 **중** |

정답의 이유

④ '미상불'은 '아닌게 아니라 과연'을 의미하는 부사로 문장에서 적절하게 쓰였다.

오답의 이유

① 임대료(×) → 임차료(○): '임대료'는 '남에게 물건이나 건물 따위를 빌려준 대가로 받는 돈'이라는 뜻이다. 따라서 제시된 문장에는 '남의 물건을 빌려 쓰는 대가로 내는 돈'을 의미하는 '임차료'를 쓰는 것이 적절하다.

② 고명딸(×) → 외딸(○): '고명딸'은 '아들 많은 집의 외딸'이라는 뜻이다. 제시된 문장에는 '다른 자식 없이 단 하나뿐인 딸'을 의미하는 '외딸'을 쓰는 것이 적절하다.

③ 붓뚜껑(×) → 붓두껍(○): '붓뚜껑'은 표준어가 아니다. 제시된 문장에는 '붓촉에 끼워 두는 뚜껑'을 의미하는 '붓두껍'을 쓰는 것이 적절하다.

05

| 영역 국어 규범 > 표준어 규정 | 난도 **중** |

정답의 이유

① '삐지다'는 '성나거나 못마땅해서 마음이 토라지다.'라는 뜻이다. '삐지다'와 '삐치다' 모두 표준어로, '삐지다'는 비표준어였으나 2014년 표준어로 인정되었다.

오답의 이유

② 소매깃(×) → 소맷귀(○): '소맷부리의 구성 부분'을 의미하는 단어는 '소맷귀'이다. '소매깃'은 표준어가 아니다.

③ 으시대다(×) → 으스대다(○): '어울리지 아니하게 우쭐거리며 뽐내다.'를 의미하는 단어는 '으스대다'이다. '으시대다'는 표준어가 아니다.

④ 흐리멍텅하다(×) → 흐리멍덩하다(○): '정신이 맑지 못하고 흐리다.'를 의미하는 단어는 '흐리멍덩하다'이다. '흐리멍텅하다'는 표준어가 아니다.

06

| 영역 현대시 > 표현 방법 | 난도 **중** |

정답의 이유

① '꽃처럼 붉은 울음'은 '울음'이라는 청각적 심상을 '붉은'이라는 시각적 심상으로 전이한 표현이다. '금으로 타는 태양의 즐거운 울림'은 '금으로 타는 태양'이라는 시각적 심상을 '울음'이라는 청각적 심상으로 전이한 표현이다.

오답의 이유

② '푸른 휘파람 소리'는 '휘파람 소리'라는 청각적 심상을 '푸른'이라는 시각적 심상으로 전이한 표현이다.

③ '분수처럼 흩어지는 푸른 종소리'는 '종소리'라는 청각적 심상을 '푸른'이라는 시각적 심상으로 전이한 표현이다.

④ '흔들리는 종소리의 동그라미 속'은 '종소리'라는 청각적 심상을 '흔들리는'이라는 시각적 심상으로 전이한 표현이다.

📖 **작품 해설**

서정주, 「문둥이」

- 갈래: 자유시, 서정시
- 성격: 상징적, 감각적, 비극적
- 주제: 운명에 대한 고뇌의 몸부림, 생명에 대한 욕망과 갈등
- 특징
  - 시적 대상을 통해 인간 존재의 원초적인 생명력과 삶의 의지를 강조함
  - 감각적인 표현을 사용하여 대상의 감정을 나타냄

07

| 영역 형태론 > 합성어 | 난도 **중** |

정답의 이유

① 통사적 합성어는 우리말의 일반적인 단어 배열법과 일치하는 합성어이다. '배부르다'는 체언 '배'와 용언 '부르다'가 주격 조사가 생략된 형태로 결합한 통사적 합성어이다.

오답의 이유

② '늦더위'는 용언의 어간 '늦-'이 관형사형 어미 없이 명사 '더위'와 결합한 비통사적 합성어이다.

③ '뛰놀다'는 용언의 어간 '뛰-'가 연결 어미 없이 용언 '놀다'와 결합한 비통사적 합성어이다.

④ '굳세다'는 용언의 어간 '굳-'이 연결 없이 없이 용언 '세다'와 결합한 비통사적 합성어이다.

📡 **적중레이더**

비통사적 합성어

형성 방법		용례
용언의 어간+(관형사형 어미 생략)+명사		감발, 검버섯, 덮밥, 묵밭
용언의 어간+(연결 어미 생략)+용언		검붉다, 높푸르다, 붙잡다, 여닫다, 오가다
부사+명사		산들바람, 오랫동안, 척척박사
한자어 어순이 국어 어순과 다른 경우	서술어+목적어	독서(讀: 읽다, 書: 책)
	서술어+부사어	등산(登: 오르다, 山: 산)

08

영역 현대시 > 작품 파악하기　　　　　　　난도 중

정답의 이유

② 제시된 작품에서 '독'은 화자의 강인한 저항 의지를 상징하고, '벗'은 현실과 타협하려는 존재, '이리 승냥이'는 시적 자아의 내면적 순결을 위협하는 부정적 세력, 즉 일제 강점기의 억압적인 현실을 상징한다. 이처럼 제시된 작품은 시어들의 상징적인 의미를 통하여 부정적 현실에 대한 저항 의지라는 주제를 형성하고 있다.

오답의 이유

① 제시된 작품은 결연한 남성적 어조를 통하여 현실에 대한 강한 저항 의지를 보여주고 있다. 절제된 태도는 나타나지 않는다.

③ 제시된 작품에서 '독'은 순수한 내면이자 화자의 강인한 의지를 나타낸다.

④ 제시된 작품에서 자연적인 것과 인위적인 것의 대조는 나타나지 않는다. 현실에 순응하려는 '벗'과 암울한 현실에 맞서려는 '나'가 대조적으로 나타난다.

📖 작품 해설

김영랑, 「독을 차고」
- 갈래: 자유시, 서정시
- 성격: 상징적, 의지적, 참여적
- 주제: 부정적 현실에 대한 저항 의지
- 특징
  - '독'이라는 상징적 소재를 통하여 주제 의식을 강조함
  - 결연한 남성적인 어조를 통하여 강한 저항 의지를 나타냄
  - 명령형 종결 어미를 사용하여 화자의 의지를 강조함

09

영역 국어 규범 > 한글 맞춤법　　　　　　　난도 중

정답의 이유

④ 얇다랗다(○), 알따랗다(×) → 얇다랗다(×), 알따랗다(○): '얇다'에 '-다랗다'가 결합한 말은 '얇다랗다'로 적지 않고 '알따랗다'로 적는다. 이는 용언의 어간 뒤에 자음으로 시작된 접미사가 붙어서 된 말은 그 어간의 원형을 밝혀 적어야 하지만, 그 어간의 겹받침의 끝소리가 드러나지 않는 것은 소리대로 적는다는 한글 맞춤법 제21항에 따른 것이다.

오답의 이유

① '옷차림이나 모양새가 매우 지저분하고 궁상스럽다.'라는 의미의 단어는 '꾀죄죄하다'이다.

② '갈 바를 몰라 이리저리 돌아다니다.'라는 의미의 단어는 '헤매다'이다.

③ '너무 적거나 하찮아서 시시하고 신통치 않다.'라는 의미의 단어는 '쩨쩨하다'이다.

10

영역 독해 > 세부 내용 파악하기　　　　　　　난도 중

정답의 이유

④ 1문단의 '다른 사람들과 지속적으로 소통하며 관계를 맺어야만 세계내적 존재가 될 수 있으며 진정한 의미의 인간이 될 수 있다.'를 통하여 소통하고 관계를 맺어야 인간이 될 수 있음을 알 수 있다. 또한 '나'라는 고정적 실체는 제시된 글에 나타나지 않는다. 따라서 '나'가 우선 존재하고 그다음에 사물이나 사람과 관계를 맺는 것이라는 이해는 적절하지 않다.

오답의 이유

① 1문단의 '하이데거의 관점으로 사르트르의 개념을 풀어보면, 사물인 즉자존재가 곧 존재자이며, 인간인 대타존재가 곧 현존재다.'를 통하여 하이데거의 개념에서 존재자는 사물, 현존재는 인간임을 알 수 있다.

② 3문단의 '소통이라는 행위를 위해서는 자기 자신보다는 항상 상대방을 먼저 고려해야 한다.'를 통하여 대화는 근본적으로 상대방을 우선시하는 윤리적인 행위임을 알 수 있다.

③ 2문단의 "마르틴 부버는 내가 대하는 대상에 따라서 '나'라는 존재의 성격이 규정된다고 보았다."를 통하여 '나'라는 존재의 성격은 내가 어떠한 대상과 관계를 맺느냐에 따라서 결정됨을 알 수 있다.

11

영역 어휘 > 한자어　　　　　　　난도 중

정답의 이유

④ '해결되지 않은 일 때문에 속을 태우거나 우울해함'을 의미하는 '근심'은 한자어가 아니다.

오답의 이유

① 어차피(於此彼: 어조사 어, 이 차, 저 피): 이렇게 하든지 저렇게 하든지. 또는 이렇게 되든지 저렇게 되든지

② 물론(勿論: 말 물, 논의할 론): 말할 것도 없음

③ 도대체(都大體: 도읍 도, 큰 대, 몸체): 유감스럽게도 전혀

12

영역 어휘 > 한자성어 　　　　　　　　　　　　　난도 **상**

[정답의 이유]

② '이들은 돈이나 권력을 위해서는 동료, 친구는 물론 가족을 배신하는 일도 서슴지 않다.'라는 문장을 볼 때 괄호 안에는 눈앞의 이익을 보면 의리를 잊는다는 뜻의 견리망의(見利忘義: 볼 견, 이로울 리, 잊을 망, 옳을 의)가 들어가는 것이 적절하다.

[오답의 이유]

① 거안사위(居安思危: 있을 거, 편안 안, 생각할 사, 위태할 위): 편안할 때도 위태로울 때의 일을 생각함

③ 남우충수(濫竽充數: 넘칠 남, 피리 우, 채울 충, 셈 수): 무능한 사람이 재능이 있는 체하거나 외람되이 높은 벼슬을 차지함

④ 마무작침(磨斧作針: 갈 마, 도끼 부, 지을 작, 바늘 침): '도끼를 갈아 바늘을 만든다.'라는 뜻으로, 아무리 어려운 일이라도 끊임없이 노력하면 반드시 이룰 수 있음을 이르는 말

13

정답 ③

영역 현대 소설 > 작품 파악하기 　　　　　　　　　난도 **하**

[정답의 이유]

③ ⓒ은 '우리 인간'을 지시한다. ⑤의 '미물', ⑥ '저네들', ⑧ '그들'은 '새떼'를 지시한다.

> **📖 작품 해설**
>
> **김소진, 「목마른 뿌리」**
> • 갈래: 중편 소설
> • 성격: 가상적, 미래 지향적
> • 주제: 한국 전쟁으로 인한 분단의 상처와 극복
> • 특징
> 　– 남북이 통일된 가상 세계를 배경으로 이야기를 전개함
> 　– 방언을 효과적으로 사용하여 사실감을 높임

14

정답 ②

영역 독해 > 세부 내용 파악하기 　　　　　　　　　난도 **중**

[정답의 이유]

② '국내적으로 초광역권은 수도권 과밀화와 지역 위기 확산, 지역 차별화와 청년인구의 이동 등을 완화하기 위한 강력한 대안이다.'를 통하여 초광역권은 지역 위기에 대한 대안임을 알 수 있다.

[오답의 이유]

① 1문단의 '우리나라 초광역권, 메가시티 전략은 규모의 경제를 통해 지역의 성장잠재력을 높이고 국제 경쟁력을 강화하는 의의가 있다.'를 통하여 초광역권 전략은 규모의 경제를 통해 잠재력과 경쟁력을 키우고자 함을 알 수 있다.

③ · ④ 2문단의 '이러한 국토 불균형 현상을 바로잡고 장기적 국가 발전의 토대를 만들기 위해 ~ 초광역적 공간전략은 지역 균형발전 차원에서 필요하다.'를 통해 초광역권 전략 경제, 행정, 문화, 사회 기능을 공간적으로 광역화하고 통합하여 지역 균형발전을 촉진하게 됨을 알 수 있다.

15

정답 ①

영역 어휘 > 관용표현 　　　　　　　　　　　　　난도 **중**

[정답의 이유]

① 제시된 문장에서 박 승지는 별별 야단을 다 치며 집안 망할 자식이 생겼다고 화를 내고 있다. 이와 어울리는 말은 '몹시 화가 나서 펄펄 뛰는 모양을 비유적으로 이르는 말'인 '콩 튀듯 팥 튀듯'이다.

[오답의 이유]

② 콩 본 당나귀같이: 자기가 좋아하는 것을 눈앞에 두고 기뻐함을 이르는 말

③ 콩 볶아 재미 내어: 무슨 일을 하여 아기자기하게 재미를 봄을 비유적으로 이르는 말

④ 콩으로 메주를 쑨다고: 아무리 사실대로 말하여도 믿지 아니함을 비유적으로 이르는 말

16

정답 ④

영역 독해 > 글의 전개 방식 　　　　　　　　　　　난도 **중**

[정답의 이유]

④ 제시된 글은 생소하거나 복잡한 개념을 친숙하거나 단순한 개념과 비교하여 설명하는 '유추'의 방식을 사용하여, 전달하고자 하는 정보가 무엇인가에 따라 글의 형식이 달라지는 것을 운동 복장에 비교하여 설명하고 있다.

[오답의 이유]

① 어떤 대상을 쉽게 이해하도록 구체적인 예를 들어 설명하는 '예시'의 방식을 사용하여, 음악이 인간의 행동을 지배하는 힘을 가진 예로 '라 마르세예즈'의 노래를 제시하였다.

② 여러 가지 예나 사실을 낱낱이 늘어놓는 '열거'의 방식을 사용하여, 사람마다 다른 학문을 하는 목적과 방식의 응용을 제시하고 있다.

③ 유사한 특성을 지닌 대상들을 일정한 기준하에 묶어서 설명하는 '분류'의 방식을 사용하여, 예술을 공간 예술과 시간 예술로 나누어 설명하고 있다.

17

영역 통사론 > 능동과 피동　　　난도 중

정답의 이유

② '미나가 미라를 잡았다.'는 능동 표현으로, 용언의 어간에 피동 접미사 '-히-'를 붙여 '미라가 미나에게 잡혔다.'라는 피동 표현으로 바꿀 수 있다.

오답의 이유

① '진이가 칭찬을 들었다.'를 피동 표현으로 바꾸면 '칭찬이 진이에게 들렸다.'가 되는데, 이는 성립할 수 없는 문장이다.

③ '나무에 열매가 열렸다.'는 피동 표현이다. 따라서 피동 표현으로 바꿀 수 있는 능동 표현이 아니다.

④ '선생님이 학생을 가르친다.'의 '가르치다'는 사동의 의미가 있는 단어이다. 따라서 피동 표현으로 바꿀 수 없다.

18

정답 ③

영역 독해 > 세부 내용 파악하기　　　난도 상

정답의 이유

③ '그리고 열정과 격정은 다른 것이다. 금방 불같이 뜨거워지지만 ~ 격정에는 없는 것이 바로 은근과 끈기의 일관성이다.'를 통하여 열정과 격정은 구분되며 열정에는 은근과 끈기의 일관성이 있음을 알 수 있다.

오답의 이유

① 제시된 글에서 글쓴이는 우리의 정체성이 '은근과 끈기', '열정과 역동성'의 민족이라고 하였다. 하지만 '은근과 끈기'가 우리 민족만의 고유한 특성이라는 언급은 나타나지 않는다.

② "이러한 시각은 '은근과 끈기', '열정과 역동성'의 두 기질이 마치 쉽게 뜨거워지지만 반대로 쉽게 식어버리는 냄비와 은근하지만 쉽게 식지 않는 뚝배기처럼 전혀 다른 것이라고 보고 있다."를 통하여 '은근과 끈기'를 쉽게 식지 않는 뚝배기로 나타내고 있음을 알 수 있다.

④ '그래서 어떤 이는 은근과 끈기의 민족적 심성이 타락했다거나, 혹은 은근과 끈기의 민족적 심성이라는 관점은 우리를 소극적인 모습으로 왜곡한 것이라고 하기도 한다.'를 통하여 은근과 끈기라는 관점은 우리를 소극적인 모습으로 왜곡한 것이라고 하는 사람이 있음을 알 수 있다. 하지만 이는 다른 사람의 의견을 제시한 것이며, 글쓴이는 은근과 끈기는 우리의 정체성이라고 하였다.

19

정답 ③

영역 국어 규범 > 한글 맞춤법　　　난도 중

정답의 이유

③ '예삿일'은 한자어 '예사(例事)'와 순우리말 '일'이 결합한 합성어로, 뒷말의 첫소리 모음 앞에서 'ㄴㄴ' 소리가 덧나 [예산닐]로 발음되어 사이시옷을 받치어 적은 것이다.

오답의 이유

① '시곗바늘'은 한자어 '시계(時計)'와 순우리말 '바늘'의 합성어로, 뒷말의 첫소리가 된소리로 나 [시계빠늘/시곋빠늘]로 발음되어 사이시옷을 받치어 적은 것이다.

② '북엇국'은 한자어 '북어(北魚)'와 순우리말 '국'의 합성어로, 뒷말의 첫소리가 된소리로 나 [부거꾹/부걷꾹]으로 발음되어 사이시옷을 받치어 적은 것이다.

④ '공부벌레'는 한자어 '공부(工夫)'와 순우리말 '벌레'의 합성어로, 뒷말의 첫소리가 된소리로 나 [공부뻘레/공붇뻘레]로 발음되어 사이시옷을 받치어 적은 것이다.

20

정답 ③

영역 현대시 > 작품 파악하기　　　난도 중

정답의 이유

③ 제시된 작품은 비판 정신과 삶의 지향성을 잃은 현대인의 모습을 식료품 가게에 진열된 '북어'에 빗대어 비판하는 동시에 화자 자신의 삶을 성찰하는 작품이다. 현대인들의 강인한 생명력과 연대 의식은 작품에 나타나지 않는다.

오답의 이유

① 제시된 작품의 1~7행에서는 가게에 진열된 북어의 모습을 묘사하고, 8~19행에서는 북어를 통하여 무기력하게 살아가는 현대인을 비판하고 있다. 20~23행에서는 북어와 화자의 관계가 전도되어 북어들이 입을 벌리고 '너도 북어지 너도 북어지 너도 북어지'라며 화자를 비판하고 있다. 따라서 시적 대상과 화자의 관계가 전도된다는 설명은 적절하다.

② '한 쾌의 혀가 / 자갈처럼 죄다 딱딱했다.', '말라붙고 짜부라진 눈', '북어들의 빳빳한 지느러미' 등 감각적 이미지를 통하여 북어를 묘사하고 있다.

④ 제시된 작품은 메마른 북어를 통하여 할 말을 하지 못하고, 무기력하고 경직된 현대인의 모습을 비판하고 있다. 마지막 연에서 북어가 '너도 북어지'라며 부르짖는 것은 북어처럼 무기력하고 경직된 사고로 살아가는 자신의 삶에 대하여 성찰하고 반성하는 것이다.

최승호, 「북어」
- 갈래: 자유시, 상징시
- 성격: 상징적, 비판적, 반성적
- 주제: 비판 정신을 잃고 무기력한 현대인에 대한 비판
- 특징
  - 주체와 객체가 전도되는 표현이 나타남
  - 감각적 심상을 활용하여 대상을 구체적으로 묘사함

21

정답 ②

영역 고전 소설 > 작품 파악하기　　　　난도 중

정답의 이유

② 제시된 작품은 생사를 초월한 남녀 간의 사랑을 다룬 소설로, 내용의 밑바탕에는 종교적인 발원 사상, 윤회 사상 등이 깔려 있다. 주인공 '양생'이 죽은 영혼과 만나 사랑하고, 이별하고, 속세를 떠나는 모습에서 인생의 덧없음이 나타나기 긴 하지만 고요한 마음으로 사물이나 현상을 관찰하거나 비추어 보는 관조적 표현은 나타나지 않는다.

오답의 이유

① 산 사람인 '양생'과 죽은 영혼인 처녀의 만남을 통하여 인물의 비과학적 면모를 엿볼 수 있다.

③ '양생'의 외롭고 쓸쓸한 정서를 '밤'이라는 시간적 배경과 관련하여 표현하고 있다.

④ 외롭고 쓸쓸한 인물의 정서와 처지를 '외로운 비취새'와 '짝 잃은 원앙새'에 빗대어 드러내고 있다.

김시습, 「만복사저포기」
- 갈래: 한문 소설, 전기 소설, 명혼 소설
- 성격: 환상적, 전기적, 비극적, 낭만적
- 주제: 생사를 초월한 남녀 간의 사랑
- 특징
  - 한문 문체로 사물을 미화함
  - 불교의 연(緣) 사상과 윤회 사상이 소설의 바탕이 됨
  - 시를 삽입하여 인물의 심리를 효과적으로 전달함

22

정답 ②

영역 통사론 > 높임법　　　　난도 중

정답의 이유

② 객관적이고 역사적인 사실을 표현할 때에는 선어말 어미 '-시-'를 사용하지 않기도 한다. 따라서 역사책에서 '충무공은 뛰어난 전략가였다.'라고 표현하는 것은 적절하다.

오답의 이유

① 보러 가자(×) → 뵈러 가자(○): '할머니'는 높여야 하는 대상이므로 '보다'의 높임 표현인 '뵈다' 등을 써야 한다. 따라서 '얘, 할머니 뵈러 가자.'라고 표현하는 것이 적절하다.

③ 계시겠습니다(×) → 있으시겠습니다(○): 높이려는 대상의 신체 부분, 소유물, 생각 등을 높임으로써 주체를 간접적으로 높이는 간접 높임에서는 '계시다'와 같은 특수 어휘를 사용하지 않고, 서술어에 높임 선어말 어미 '-(으)시-'를 사용하여 높임의 뜻을 실현한다. 따라서 '교장 선생님의 말씀이 있으시겠습니다.'라고 표현하는 것이 적절하다.

④ 도착하신대요(×) → 도착한대요(○): '둘째형'은 청자인 아버지에게 높임의 대상이 아니다. 따라서 '아버지, 둘째형이 오늘 서울에 도착한대요.'라고 표현하는 것이 적절하다.

23

정답 ③

영역 고전 소설 > 작품 파악하기　　　　난도 중

정답의 이유

③ 제시된 작품은 여성 영웅을 주인공으로 설정하여 위기를 해결하게 함으로써 민족의 자존심을 회복하고, 당시 무능력한 관리들과 남성을 은근히 비판함과 동시에 봉건적 사회 분위기에 억눌린 여성들에게 정신적 위안을 주고 대리 만족을 느끼게 한다. 하지만 여성 영웅이 국가를 구함으로써 체제를 전복하는 의미가 있는 것은 아니다.

오답의 이유

① 제시된 작품은 보통 남성이 맡는 영웅적 역할을 '박씨'와 '계화'라는 여성들이 담당하여 여성의 영웅적 면모가 두드러지게 나타난다.

② 제시된 작품은 병자호란을 바탕으로 창작된 것이다. 박씨의 활약으로 조선이 청나라를 물리친다는 내용을 통하여 병자호란으로 인한 민족의 치욕을 극복하고자 하는 의도가 나타난다.

④ 제시된 작품에는 박씨 부인을 비롯해 계화, 청나라 황후, 기홍대 등 능력이 뛰어난 여성이 많이 등장한다. 신비한 재주와 지혜를 갖춘 박씨 부인이 영웅으로 활약함으로써 가부장 중심의 조선 사회에서 차별받던 여성 독자들이 대리만족할 수 있었다.

작자 미상, 「박씨전」

- 갈래: 역사 소설, 영웅 군담 소설, 여성 소설
- 성격: 역사적, 비현실적, 전기적
- 주제: 박씨 부인의 영웅적 기상과 재주
- 특징
  - 변신 모티프가 나타남
  - 여성의 영웅적 면모가 두드러지게 나타남
  - 병자호란의 패배라는 역사적 사실을 승리라는 허구로 바꾸어 민족의 자긍심을 고취함

24

정답 ③

영역 현대시 > 작품 파악하기　　　　　　　　난도 **상**

정답의 이유

③ 〈보기〉에서 근본비교란 한 작품에서 다른 모든 비교들을 성립시키는 토대가 되는 비유라고 하였다. 제시된 작품에서 '파초'는 고국을 떠나 고향에 대한 그리움과 향수를 느끼는 존재이다. 화자는 이러한 '파초'를 '여인'으로 의인화하여 조국을 잃은 슬픔을 표현하고, '치맛자락으로 우리의 겨울을 가리우자'면서 암울한 현실에 대한 극복 의지를 나타내고 있다. 이를 볼 때 제시된 작품의 근본비교 대상은 '파초와 여인'이라고 할 수 있다.

📖 작품 해설

김동명, 「파초」

- 갈래: 자유시, 서정시
- 성격: 상징적, 우의적, 의지적
- 주제: 잃어버린 조국에 대한 향수와 현실 극복 의지
- 특징
  - 자연물에 감정을 이입하여 화자의 정서를 표출함
  - 대상에 대한 호칭 변화(파초-너-우리)를 통하여 정서적 거리감을 좁힘

25

정답 ③

영역 국어 규범 > 로마자 표기법　　　　　　　난도 **중**

정답의 이유

③ 국어의 로마자 표기법 제1항에 따르면 자음 사이에서 동화 작용이 일어나는 경우 음운 변화 결과에 따라 적는다고 하였다. '태평로'는 [태평노]로 발음되므로 'Taepyeongno'로 표기하는 것은 적절하다.

오답의 이유

① Shinseol-dong(×) → Sinseol-dong(○): 국어의 자음 'ㅅ'은 's'로 적는다. 또한 국어의 로마자 표기법 제5항에 따라 '동'의 행정 구역 단위는 'dong'으로 적고, 그 앞에는 붙임표(-)를 넣으며 붙임표(-) 앞뒤에서 일어나는 음운 변화는 표기에 반영하지 않는다. 따라서 '신설동'은 'Sinseol-dong'으로 표기하는 것이 적절하다.

② Jeongeub-si(×) → Jeongeup-si(○): 'ㅂ'은 모음 앞에서는 'b'로, 자음 앞이나 어말에서는 'p'로 적는다. 따라서 '정읍시'는 'Jeongeup-si'로 표기하는 것이 적절하다.

④ Kimpo-si(×) → Gimpo-si(○): 'ㄱ'은 모음 앞에서 'g'로, 자음 앞이나 어말에서는 'k'로 적는다. 따라서 '김포시'는 'Gimpo-si'로 표기하는 것이 적절하다.

2023 | 9급 기출문제 해설

☑ 점수 ( )점/100점 ☑ 문제편 018쪽

영역 분석

문법	8문항	★★★★★★★★	32%
문학	7문항	★★★★★★★	28%
비문학	7문항	★★★★★★★	28%
어휘	3문항	★★★	12%

빠른 정답

01	02	03	04	05	06	07	08	09	10
④	③	②	②	④	③	②	③	④	①
11	12	13	14	15	16	17	18	19	20
④	②	④	③	④	①	③	①	④	①
21	22	23	24	25					
①	③	④	②	②					

01

정답 ④

영역 국어 규범 > 한글 맞춤법   난도 중

[정답의 이유]

④ '의견이나 일의 성질, 형편, 상태 따위가 어떻게 되어 있든지'를 뜻하는 단어는 한글 맞춤법 제40항 [붙임3]에 따라 '아무튼지'라고 표기한다.

[오답의 이유]

① 붓기(×) → 부기(○): '부종(浮腫)으로 인하여 부은 상태'를 뜻하는 단어는 '부기'이다.

② 유명세를 타기(×) → 유행을 타기(○): '유명세'는 '세상에 이름이 널리 알려져 있는 탓으로 당하는 불편이나 곤욕을 속되게 이르는 말'로 문맥상 쓰임이 적절하지 않다. 제시된 문장은 '유명 할리우드 스타들이 마신다고 해서 인기 있는 음료가 되었다.'라는 뜻이므로 '특정한 행동 양식이나 사상 따위가 일시적으로 많은 사람의 추종을 받아서 널리 퍼짐. 또는 그런 사회적 동조 현상이나 경향'이라는 뜻의 '유행'을 쓰는 것이 적절하다.

③ 어리버리해 보이는(×) → 어리바리해 보이는(○): '정신이 또렷하지 못하거나 기운이 없어 몸을 제대로 놀리지 못하고 있는 상태이다.'를 뜻하는 단어는 '어리바리하다'이다.

📡 적중레이더

한글 맞춤법 제40항 [붙임3]
다음과 같은 부사는 소리대로 적는다.

결단코	결코	기필코
무심코	아무튼	요컨대
정녕코	필연코	하마터면
하여튼	한사코	

02

정답 ③

영역 형태론 > 품사   난도 중

[정답의 이유]

③ '여러 번 실패를 경험했지만 언제나 그 맛은 썼다.'의 '쓰다'는 '달갑지 않고 싫거나 괴롭다.'라는 뜻의 형용사이다.

[오답의 이유]

① '묏자리로 썼다'의 '쓰다'는 '시체를 묻고 무덤을 만들다.'라는 뜻의 동사이다.

② '친구들에게 한턱을 썼다'의 '쓰다'는 '다른 사람에게 베풀거나 내다.'라는 뜻의 동사이다.

④ '누명을 썼다'의 '쓰다'는 '사람이 죄나 누명 따위를 가지거나 입게 되다.'라는 뜻의 동사이다.

03

영역 어휘 > 한자성어   난도 **중**

정답의 이유

② ㉠의 앞부분에는 휴대용 암 진단기가 암 조직과 정상 조직을 구별
하는 방법이 제시되었고 ㉠의 뒷부분에는 휴대용 암 진단기가 종
양의 크기 또는 정확한 위치를 판별할 수는 없다는 한계가 제시되
었다. 따라서 ㉠에 들어갈 사자성어로 적절한 것은 '하지 못하는
일이 없음'이라는 뜻의 무소불위(無所不爲: 없을 무, 바 소, 아닐
불, 할 위)이다.

오답의 이유

① 변화무쌍(變化無雙: 변할 변, 될 화, 없을 무, 쌍 쌍): 변하는 정도
가 비할 데 없이 심함
③ 선견지명(先見之明: 먼저 선, 볼 견, 갈 지, 밝을 명): 어떤 일이 일
어나기 전에 미리 앞을 내다보고 아는 지혜
④ 괄목상대(刮目相對: 비빌 괄, 눈 목, 서로 상, 대답할 대): 눈을 비
비고 상대편을 본다는 뜻으로, 남의 학식이나 재주가 놀랄 만큼 부
쩍 늚을 이르는 말

04

정답 ②

영역 국어 규범 > 로마자 표기법   난도 **중**

정답의 이유

② Hong Binna(×) → Hong Bitna/Hong Bit-na(○): 국어의 로마자
표기법 제3장 제4항에서 이름에서 일어나는 음운 변화는 표기에
반영하지 않는다고 하였으므로 '홍빛나'는 자음동화가 일어나 [홍
빈나]로 발음되더라도 'Hong Bitna' 또는 'Hong Bit-na'로 적어야
한다.

오답의 이유

① 국어의 로마자 표기법 제2장 제1항 [붙임1]에 따르면 'ㅢ'는 'ㅣ'로
소리 나더라도 'ui'로 적는다. 또한 제3장 제5항에서 '도, 시, 군, 구,
읍, 면, 리, 동'의 행정 구역 단위와 '가'는 각각 'do, si, gun, gu,
eup, myeon, ri, dong, ga'로 적고, 그 앞에는 붙임표(-)를 넣는다
고 하였다. 따라서 '의정부시'는 'Uijeongbu-si'로 적는 것이 적절
하다.
③ 국어의 로마자 표기법 제3장 제1항에 따르면 자음 사이에서 동화
작용이 일어나는 경우 변화의 결과에 따라 적는다. 따라서 '종로'
는 자음동화가 일어나 [종노]로 발음되므로 '종로 2가'는 'Jongno
2(i)-ga'로 적는 것이 적절하다.
④ 국어의 로마자 표기법 제3장 제6항에서 자연 지물명, 문화재명, 인
공 축조물명은 붙임표(-) 없이 붙여 쓴다고 하였으므로 '무량수전'
은 'Muryangsujeon'으로 적는 것이 적절하다.

05

정답 ④

영역 어휘 > 올바른 단어 표현   난도 **중**

정답의 이유

④ 칠칠맞다(×) → 칠칠맞지 못하다(○): '칠칠맞다'는 '성질이나 일
처리가 반듯하고 야무지다.'라는 뜻의 '칠칠하다'를 속되게 이르는
말이다. 제시된 문장은 아이가 물건을 잃어버려 어머니께 타박을
맞는 상황이므로 문맥상 '칠칠맞지 못하다'로 표기하는 것이 적절
하다.

오답의 이유

① '쇠다'는 '명절, 생일, 기념일 같은 날을 맞이하여 지내다.'라는 의미
이므로 문맥상 적절하게 쓰였다.
② '심심(甚深)하다'는 '마음의 표현 정도가 매우 깊고 간절하다.'라는
의미이므로 문맥상 적절하게 쓰였다.
③ '게걸스럽다'는 '몹시 먹고 싶거나 하고 싶은 욕심에 사로잡힌 듯
하다.'라는 의미이므로 문맥상 적절하게 쓰였다.

06

정답 ③

영역 국어 규범 > 한글 맞춤법   난도 **중**

정답의 이유

③ 만만잖다(×) → 만만찮다(○): 한글 맞춤법 제39항에 따르면 어미
'-지' 뒤에 '않-'이 어울려 '-잖-'이 될 적과 '-하지' 뒤에 '않-'이
어울려 '-찮-'이 될 적에는 준 대로 적는다. '만만하지 않다'는 '-
하지' 뒤에 '않-'이 어울려 '-찮-'이 되므로 '만만잖다'가 아닌 '만
만찮다'로 적는 것이 적절하다.

오답의 이유

① '어제그저께'는 단어의 끝모음이 줄어지고 자음만 남은 것은 그 앞
의 음절에 받침으로 적는다는 한글 맞춤법 제32항에 따라 '엊그저
께'로 적는 것이 적절하다.
② '그렇지 않은'은 '-지' 뒤에 '않-'이 어울려 '-잖-'이 되므로 한글
맞춤법 제39항에 따라 '그렇잖은'으로 적는 것이 적절하다.
④ '연구하도록'은 '연구하-'의 'ㅏ'가 줄고 'ㅎ'이 다음 음절의 첫소리
인 'ㄷ'과 어울려 'ㅌ'이 되므로, 어간의 끝음절 '하'의 'ㅏ'가 줄고
'ㅎ'이 다음 음절의 첫소리와 어울려 거센소리로 될 적에는 거센소
리로 적는다는 한글 맞춤법 제40항에 따라 '연구토록'이라고 적는
것이 적절하다.

07

영역 국어 규범 > 한글 맞춤법 > 띄어쓰기　　　　난도 **중**

정답의 이유

② 읽는데(×) → 읽는∨데(○): '데'는 '일'이나 '것'의 뜻을 나타내는 의존 명사이므로 앞말과 띄어 쓰는 것이 적절하다.

오답의 이유

① '이나마'는 '어떤 상황이 이루어지거나 어떻다고 말해지기에는 부족한 조건이지만 아쉬운 대로 인정됨'을 나타내는 보조사이므로 앞말에 붙여 쓰는 것이 적절하다.

③ '만하다'는 '앞말이 뜻하는 행동을 하는 것이 가능함'을 나타내는 보조 형용사이므로 본용언과 띄어 쓰는 것이 적절하다(보조 용언은 본용언과 띄어 쓰는 것이 원칙이지만, 붙여 쓰는 것도 허용한다).

④ '따위'는 '앞에 나온 대상을 낮잡거나 부정적으로 이르는 말'을 나타내는 의존 명사이므로 앞말과 띄어 쓰는 것이 적절하다.

08

영역 어휘 > 한자어　　　　난도 **중**

정답의 이유

③ 敬聽(×) → 傾聽(○): '귀를 기울여 들음'을 의미하는 '경청'은 '傾聽(기울 경, 들을 청)'이라고 표기하는 것이 적절하다.

오답의 이유

① 體感(몸 체, 느낄 감): 몸으로 어떤 감각을 느낌

② 革罷(가죽 혁, 파할 파): 묵은 기구, 제도, 법령 따위를 없앰

④ 日沒(날 일, 잠길 몰): 해가 짐

09

영역 형태론 > 단어　　　　난도 **상**

정답의 이유

④ '갈텐데'는 '가-(어간)+-(으)ㄹ(관형사형 어미)+터(의존 명사)+이-(서술격 조사)+-ㄴ데(연결 어미)'가 결합한 형태이다. 따라서 국어사전에서 찾으려면 의존 명사 '터'를 찾는 것이 적절하다. 참고로 '터'는 '예정'이나 '추측', '의지'의 뜻을 나타내는 의존 명사이므로 '갈 텐데'로 띄어 써야 한다.

10

영역 독해 > 저자 의도 파악하기　　　　난도 **하**

정답의 이유

① 제시문에서 저자는 인공지능이 지적 판단이 필요한 상황에서 합리적인 결정을 내릴 수 있다고 하며 인공지능이 똑똑한 기계가 되는 것을 두고 반길 일인지 재앙이라고 경계해야 할 것인지 물음을

던지고 있다. 이를 통해 저자의 의도는 쟁점 제기임을 파악할 수 있다.

오답의 이유

② 제시문에서 정서적 공감이 나타난 부분은 찾아볼 수 없다.

③ 인공지능의 발전에 대한 저자의 입장은 나타나지 않으므로 저자의 의도가 논리적 설득이라는 설명은 적절하지 않다.

④ 저자는 인공지능을 어떻게 받아들여야 할지에 대한 쟁점을 제기하고 있는 것이지 배경 설명 자체가 저자의 의도는 아니다.

11

영역 고전 산문 > 작품 파악하기　　　　난도 **중**

정답의 이유

④ 제시문은 춘향이 본관 사또의 생신 잔치가 끝나면 자신이 죽을 것이라 여겨 어사또에게 마지막으로 유언을 남기고 있는 부분이다. 이에 대해 어사또는 '천붕우출(하늘이 무너져도 솟아날 구멍이 있다)'이라며 '극성이면 필패라니, 본관이 네게 너무 극성을 뵈었으니, 무슨 변을 볼지 알겠느냐?'라고 춘향을 위로하고 있다. 이를 통해 ㉠에 들어갈 가장 적절한 속담은 '하늘이 무너져도 솟아날 구멍은 있다'임을 알 수 있다.

오답의 이유

① 도둑이 제 발 저리다: 지은 죄가 있으면 자연히 마음이 조마조마하여짐을 비유적으로 이르는 말

② 웃는 낯에 침 못 뱉는다: 웃는 얼굴로 대하는 사람에게 침을 뱉을 수 없다는 뜻으로, 좋게 대하는 사람에게는 화를 내거나 나쁘게 대할 수 없음을 이르는 말

③ 모로 가도 서울만 가면 된다: 수단을 가리지 않고 목적만 이루면 됨을 이르는 말

📖 **작품 해설**

작자 미상, 「춘향전」

· 갈래: 판소리계 소설, 염정 소설

· 성격: 서사적, 풍자적, 해학적

· 주제: 신분을 초월한 남녀 간의 사랑과 정절, 부도덕하고 부패한 지배층 비판

· 특징

– 당대의 현실 고발적인 내용이 포함됨

– 언어유희, 반어법, 과장법, 직유법 등의 표현 방법이 사용됨

– 실학사상, 평등사상, 사회개혁, 자유연애, 지조 · 정절 등의 사상적 특징이 드러남

12

영역 중세 국어 > 종합 난도 **상**

정답의 이유

② '靑청蒻약笠립은 써잇노라'는 '푸른 갈대로 만든 삿갓은 쓰고 있다.'라는 뜻이므로 '써잇노라'가 현대 국어에서 '-고 있다'를 이용해 표현하는 것으로 바뀌었음을 확인할 수 있다.

오답의 이유

① '년닙희'는 '연잎에'라는 뜻이다. 중세 국어에서는 현대 국어의 '잎'을 '닙'으로 썼으며 이는 'ㄴ첨가' 현상과 관련이 없다.

③ 『훈몽자회』에서는 '8종성가족용법'이라고 하여 종성에 쓰는 글자를 'ㄱ, ㄴ, ㄷ, ㄹ, ㅁ, ㅂ, ㅅ, ㆁ'의 8개로 규정하였다. 그러나 이를 통해 '닫'과 '좃ᄂ가'의 받침 'ㄷ', 'ㅅ', 'ㄴ'이 당시의 실제 발음을 반영한 것인지는 알 수 없다.

④ '반찬으란'은 '반찬일랑' 또는 '반찬은'이라는 뜻이다. 현대 국어에서 '이랑'은 '오늘 동생이랑 싸웠다.'처럼 어떤 행동을 함께 하거나 상대로 하는 대상임을 나타내는 격 조사로 쓰이거나, '형이랑 많이 닮았구나.'처럼 비교의 기준이 되는 대상임을 나타내는 격 조사, '떡이랑 과일이랑 많이 먹었다.'처럼 둘 이상의 사물을 같은 자격으로 이어 주는 접속 조사로 쓰인다. 따라서 '반찬으란'의 '으란'이 현대 국어 조사 '이랑'에 해당한다는 설명은 적절하지 않다. '으란'은 현대 국어에서 어떤 대상을 특별히 정하여 가리킴의 뜻을 나타내는 보조사 '일랑' 또는 강조의 뜻을 나타내는 보조사 '은'에 해당한다.

📖 **작품 해설**

윤선도, 「어부사시사」
• 갈래: 연시조, 정형시
• 성격: 강호 한정가, 어부가, 풍류적
• 주제: 자연 속에서 사계절의 경치를 즐기며 한가롭게 살아가는 여유와 흥취
• 특징
  – 사계절을 배경으로 각각 10수씩 읊은 40수의 연시조
  – 대구법, 반복법, 은유법, 의성법 등의 표현 방법을 사용함
  – '지국총(至匊恖) 지국총(至匊恖) 어사와(於思臥)'라는 여음을 전편에 공통으로 배치함으로써 시조를 변형함과 동시에 작품의 흥을 돋우고, 내용에 사실감을 더하였으며, 청각적 이미지를 활용함

13

영역 독해 > 글의 순서 파악하기 난도 **하**

정답의 이유

④ 제시된 글에서는 '공감의 출발'을 언급하며 공감하는 방법에 대하여 '상대방의 입장을 이해하는 것을 언어적, 비언어적으로 표현하는 것이 중요하다.'라고 하였다. (라)의 앞에서는 상대방을 공감하는 것이 어려운 이유에 대하여 설명하고 있고, 뒤에서는 말투, 표정, 자세를 관찰하며 관점, 심정, 분위기 또는 태도로 맞추는 것이 공감에 도움이 된다며 언어적 · 비언어적 표현 방법을 제시하고 있다. 따라서 제시된 글은 (라)에 들어가는 것이 가장 적절하다.

14

영역 고전 시가 > 작품 파악하기 난도 **중**

정답의 이유

③ 제시된 작품은 「가시리」라는 고려 가요이다. 고려 가요는 '장가(長歌), 속요(俗謠), 여요(麗謠)'라고도 하며, 평민들이 부르던 민요적 시가를 가리킨다. 원래 고려 가요는 민간에서 구전되던 노래였으나 그 일부가 고려 말기에 궁중으로 유입되기도 하였다. 고려 가요는 구전으로 전해지던 것을 나중에 한글로 기록한 것이기 때문에 고려시대에 누군가 기록해 놓은 것을 찾아내어 다시 한글로 기록하였다는 설명은 적절하지 않다.

오답의 이유

① · ② 「가시리」는 고려 가요, 즉 고려시대에 창작된 가요이다.

④ 작품에서는 사랑하는 임을 떠나보내는 화자의 슬픔이 나타나지만, 후렴구에는 작품의 분위기와 관련 없는 '위 증즐가 大平盛代'가 삽입되어 있다. 이는 이 작품이 궁중으로 유입되어 불리면서 들어간 것이라고 추측된다.

15

영역 고전 시가 > 작품 파악하기 난도 **중**

정답의 이유

④ '셜온 님 보내ᄋᆞᆸ노니'는 '서러운 임을 보내오니'라는 뜻이다. 여기에서 '서러운'의 주체를 '임'으로 볼 수도 있고 작품 속 화자로 볼 수도 있다. '서러운'의 주체가 화자일 경우 '셜온 님 보내ᄋᆞᆸ노니'는 '서러워하며 임을 보내 드리니'가 된다. 만일 '서러운'의 주체를 '임'으로 본다면 '이별을 서러워하는 임'으로 해석할 수 있다. 따라서 '셜온 님 보내ᄋᆞᆸ노니'의 뜻이 '서러운 임을 보내 드린다'는 의미라는 설명은 적절하다.

20 시대에듀 | 군무원 군수직

① '나눈'은 시가나 노래에서 일정한 간격을 두고 반복되는 여음이다. '나는'의 예전 표기라는 설명은 적절하지 않다.
② '잡스와 두어리마나 눈'은 '(임을) 붙잡아 두고 싶지마는'이라는 의미이다.
③ '선 후면 아니 올셰라'는 '서운하면 아니 올까 두렵다'라는 의미이다.

📖 **작품 해설**

작자 미상, 「가시리」
- 갈래: 고려 가요
- 성격: 애상적, 서정적, 여성적, 소극적, 자기희생적
- 주제: 이별의 정한
- 특징
  - 민족 전통 정서인 '한'이 잘 드러남
  - 반복법과 간결하고 함축적인 시어를 사용함
  - 이별의 정한을 계승한 작품(「황조가」 → 「가시리」, 「서경별곡」 → 황진이 시조, 민요 「아리랑」 → 「진달래꽃」)

16

영역 국어 규범 > 한글 맞춤법 난도 **하**

① '너는 중학생이냐? 고등학생이냐?'는 한 문장 안에 있는 물음이 각각 독립적인 것이 아니라 중학생인지 고등학생인지 선택적인 물음이 이어진 것이다. 따라서 (1)의 [붙임1]에 어긋나는 예문이며, '너는 중학생이냐, 고등학생이냐?'처럼 맨 끝의 물음 뒤에만 물음표를 쓰는 것이 적절하다.

② '이번에 가시면 언제 돌아오세요?'는 의문을 나타내는 어구의 끝에 물음표를 쓴 문장이므로 (1)의 예문에 해당한다.
③ '주말 내내 누워서 텔레비전만 보고 있는 당신도 참 대단(?)하네요.'는 누워서 텔레비전만 보고 있는 상대에 대한 빈정거림을 표시하기 위하여 물음표를 쓴 문장이므로 (2)의 예문에 해당한다.
④ '노자(?~?)는 중국 춘추 시대의 사상가로 도를 좇아서 살 것을 역설하였다.'는 노자의 생년과 몰년을 알 수 없어 물음표를 쓴 문장이므로 (3)의 예문에 해당한다.

17

영역 현대시 > 작품 파악하기 난도 **중**

③ ⓒ은 암울하고 부정적인 현실에 적극적으로 대처하지 못하고 시를 쓰며 안일하게 살아가는 자신에 대한 반성과 성찰을 나타낸 것이다.

① ㉠의 '육첩방'은 일본식 다다미가 깔린 방이다. 화자는 이를 '남의 나라'라고 표현하며 조선인으로서의 정체성과 현실에 대한 인식을 드러내고 있다.
② ㉡에서 화자는 '슬픈 천명인 줄 알면서도 한 줄 시를 적어 볼까'라고 말하고 있다. 이는 암울한 현실에 대항하여 실천적으로 행동하지 못하고 시를 통해 말할 수밖에 없는 식민지 지식인으로서의 소명 의식이 나타난 것이다.
④ ㉣은 현실적 자아와 성찰적 자아의 화해와 화합을 나타낸 것이다. 화자는 두 자아의 화해를 통하여 적극적인 삶에 대한 의지를 다지고 어두운 현실을 극복하고자 한다.

18

영역 현대시 > 작품 파악하기 난도 **중**

① 제시된 작품의 6연에서는 '나는 무얼 바라 / 나는 다만, 홀로 침전하는 것일까?'라고 하였다. '침전하다'는 하강적 이미지로 화자의 무기력한 모습을 의미하므로 ⓐ, ⓑ의 '나'는 어두운 현실 앞에 무기력한 현실적 자아임을 알 수 있다. 또한 ⓒ의 '나'는 '등불을 밝혀 어둠을 조금 내몰고 시대처럼 올 아침'을 기다리고 있다. 이는 반성을 통하여 성숙해진 성찰적 자아이자, 화자의 이상적 자아에 해당한다. ⓓ의 '나'는 ⓔ의 '나'에게 작은 손을 내밀어 악수하고 화해와 화합으로 나아가고 있다. 반성과 성찰을 통하여 성숙해진 ⓓ의 '나'가 현실적 자아인 ⓔ의 '나'에게 먼저 작은 손을 내민 것이라 볼 수 있다. 따라서 ⓐ, ⓑ, ⓔ는 현실적 자아이고, ⓒ, ⓓ는 성찰적 자아라는 설명이 가장 적절하다.

19

영역 현대시 > 작품 파악하기   난도 **중**

정답의 이유

④ 제시된 작품의 화자는 암울하고 부정적인 현실에 적극적으로 대처하지 못하고 시를 쓰는 자신에 대하여 부끄러워하고 반성하고 있다. 이 시는 그러한 갈등과 성찰을 담아 쓴 작품이기에 실제로는 어렵게 쓴 것이지만, '쉽게 씌어진 시'라고 제목을 붙였으며 이는 반어적인 표현이라고 볼 수 있다.

오답의 이유

① 제시된 작품은 감각적 이미지의 사용과 비유와 상징 등을 통하여 시상을 구체화하고 있다.

② 제시된 작품은 식민지 현실을 부정적으로 인식하고 있지만 그에 따른 자기 고뇌와 성찰을 표현한 것으로, 독립지사로서의 저항 정신이 여과 없이 드러나지는 않는다.

③ 제시된 작품에는 독립이 갑자기 쉽게 이루어질 것이라는 내용이 나타나지 않는다.

📖 **작품 해설**

윤동주, 「쉽게 씌어진 시」
- 갈래: 자유시, 서정시
- 성격: 고백적, 성찰적, 반성적, 의지적, 미래 지향적
- 주제: 암담한 현실 속에서의 자기 성찰과 현실 극복 의지
- 특징
  - 자기 성찰적 태도에서 미래 지향적 태도로의 시상의 전환이 나타남
  - 이미지의 명암 대비를 통해 화자의 내면을 드러냄
  - 감각적 이미지의 사용과 비유·상징 등을 통해 시상을 구체화함

20

영역 독해 > 내용 추론하기   난도 **중**

정답의 이유

① 빈칸 앞에서는 '행루오리'를 정의하며 '운 좋게 누락되거나 잘못 걸려드는 것을 말한다.'라고 하였고, 뒤에는 '걸려든 사람만 억울하다.'는 내용이 제시되었다. '걸려든 사람만 억울한' 것은 행루오리에 대한 설명 중 '잘못 걸려드는 것'과 관련이 있으므로 빈칸에는 '운 좋게 누락'된 상황이 나타나야 한다. 똑같이 죄를 지었는데도 '당국자의 태만이나 부주의로 법망을 빠져나가는 사람'은 '운 좋게 누락'된 경우에 해당하므로, 빈칸에 들어갈 말로 '똑같이 죄를 지었는데 당국자의 태만이나 부주의로 법망을 빠져나가는 사람이 있으면'이 가장 적절하다.

오답의 이유

② 가벼운 죄를 짓고도 엄혹한 심판관 때문에 무거운 벌을 받는 것은 운 좋게 누락된 경우가 아닌, 잘못 걸려든 경우에 해당한다.

③ 가족이나 이웃의 범죄에 연루되어 죄 없이 벌을 받는 것은 운 좋게 누락된 경우가 아닌, 아무 잘못 없이 법망에 걸려든 경우, 즉 잘못 걸려든 경우에 해당한다.

④ 현실과 맞지 않는 법 때문에 성실한 사람이 범죄자로 몰린 것은 운 좋게 누락된 경우가 아닌 아무 잘못 없이 법망에 걸려든 경우, 즉 잘못 걸려든 경우에 해당한다.

21

영역 독해 > 제목 파악하기   난도 **중**

정답의 이유

① 제시글은 중심 화제인 '챗지피티'를 설명한 뒤 대형 언어 모델 기반의 에이아이 산업 생태계의 유형을 소개하면서 '우리나라에서도 많은 서비스 기업이 나와서 함께 국가 경쟁력을 높여 나가기를 기대해 본다.'라는 내용으로 글을 마무리하고 있다. 이를 통해 제시문의 제목으로 가장 적절한 것은 '챗지피티, 이제 서비스다'임을 알 수 있다.

오답의 이유

② 1문단에서 알파고 모멘텀을 언급하고 있기는 하지만 글 전체를 포괄하는 내용은 아니므로 '알파고 모멘텀, 그 끝은 어디인가?'는 제목으로 적절하지 않다.

③ 3문단에서 '챗지피티는 그 자체로 킬러 애플리케이션이다.'라고 언급하고 있기는 하지만 '킬러 애플리케이션'이 글 전체를 포괄하는 내용은 아니므로 '챗지피티야말로 킬러 애플리케이션이다'는 제목으로 적절하지 않다.

④ 5문단의 '현재 대형 언어 모델을 만드는 빅테크 기업들이 주목받고 있지만, ~ 서비스 기업들이 부상 중이다.'라는 문장을 볼 때 제시문에서 강조하고 있는 것은 '서비스 기업'임을 알 수 있다. 따라서 '대형 언어 모델 자체를 제공하는 빅테크 기업에 주목하라'는 제목으로 적절하지 않다.

22

정답 ③

영역 독해 > 세부 내용 파악하기　　　　　　**난도** 중

정답의 이유

③ 4문단에서 "챗지피티는 '언어 모델'이다."라고 하였으므로 챗지피티를 지식 모델이라고 이해한 것은 적절하지 않다.

오답의 이유

① 2문단의 '챗지피티가 알파고와 다른 점은 대중성이다.'를 통해 알파고는 TV를 통해 접해야 할 만큼 대중적이지 않았다면, 챗지피티는 내가 직접 체험할 수 있을 만큼 대중적임을 알 수 있다.

② 3문단의 '많은 사람이 챗지피티는 모든 산업에 지각변동을 불러일으킬 것으로 기대한다.'를 통해 확인할 수 있다.

④ 5문단의 '현재 대형 언어 모델을 만드는 ～ 서비스 기업들이 부상 중이다.'를 통해 확인할 수 있다.

23

정답 ④

영역 현대 소설 > 작품 파악하기　　　　　　**난도** 중

정답의 이유

④ 제시된 작품의 '나'는 '사실은 사실대로 오해는 오해대로 그저 끝없이 발을 절뚝거리면서 세상을 걸어가면 되는 것'이라고 생각할 만큼 삶에 대하여 무기력한 인물이다. 하지만 정오의 사이렌이 울리자 '나'는 겨드랑이가 가렵고 '날개'가 다시 돋기를 소망한다. '나'는 '한 번만 더 날아 보자꾸나.'라고 말하며 본래의 자아를 회복하려는 의지를 보인다. 따라서 제시된 작품에서는 자아 상실의 무기력한 삶에서 벗어나 본래의 자아를 회복하려는 의지를 보여주고 있음을 확인할 수 있다.

오답의 이유

① 제시된 내용을 통하여 '나'가 가난한 무명작가인지는 알 수 없다. 또한 '우리 부부는 숙명적으로 발이 맞지 않는 절름발이인 것이다.'라는 내용을 볼 때 '나'와 '아내'의 사이는 잘 맞지 않아 '부부애'와는 거리가 멀다는 것을 알 수 있다.

② 제시된 작품에서 농촌 계몽과 관련된 부분은 찾을 수 없다. 또한 작품 속 '나'와 '아내'는 '절름발이'처럼 잘 맞지 않는 사이이므로 '사랑'과는 거리가 멀다.

③ 제시된 작품을 통하여 배경이 식민지 농촌 사회임을 알 수 없고, 작품에서 농민들이 겪는 가혹한 현실이 나타나지 않는다.

📖 **작품 해설**

이상, 「날개」

- 갈래: 단편 소설, 심리 소설
- 성격: 자기 고백적, 상징적
- 주제: 식민지 지식인의 무기력한 삶과 분열된 의식 그리고 자아 극복 의지
- 특징
  - 주인공 '나'의 내면세계를 '방'이라는 밀폐된 구조로 나타냄
  - 의식의 흐름 기법을 사용함

24

정답 ②

영역 독해 > 세부 내용 파악하기　　　　　　**난도** 중

정답의 이유

② 제시문은 노인들에게 근력 운동 처방이 필요한 이유를 제시하고, 그에 맞지 않는 사회 모습을 비판하고 있다. 지나간 일을 돌이켜 생각하는 '회고적'인 태도는 나타나지 않는다.

오답의 이유

① 제시문은 노인들의 낙상사고 이유와 근육 감소로 인한 결과를 제시하며 노년층에게 근력운동 처방이 왜 필요한지를 논리적으로 서술하고 있다.

③ 제시문은 노년층에게 적극적으로 근력운동을 처방하지 않는 것과 노인을 대상으로 한 요양병원을 부가가치가 높은 산업이라고 여기는 것에 대하여 비판적으로 서술하고 있다.

④ 제시문은 노인들이 적절한 처방을 받지 못하고, 노인의 건강과 관련한 문제를 부가가치가 매우 높은 산업이라고 여기는 상황에 대하여 '안타까운 일이다.'라고 하며 동정적 태도를 드러내고 있다.

25

정답 ②

영역 독해 > 통일성 · 응집성　　　　　　**난도** 중

정답의 이유

② (가) 앞부분에는 비즈니스 화법에서는 상사에게 보고할 때 결론부터 말하라는 내용이 나타나고, 뒷부분에는 때로는 일부러 결론을 뒤로 미뤄야 할 때도 있다는 내용이 나타난다. 즉, (가)의 앞과 뒤는 이론과 현실이 서로 맞지 않는 내용이 제시되어 있으므로 (가)에는 역접 · 전환의 상황에 쓰이는 '하지만'이 들어가야 한다.

(나) 앞부분에는 사무적인 관계에는 쓸데없는 시간과 노력을 들이지 않아도 된다는 내용이 나타나고, 뒷부분에는 사내의 인간관계, 즉 사무적인 관계라도 라이벌 동료 사이에서는 일을 원활하게 해나가는 것만이 능사가 아니라는 내용이 나타난다. (나) 역시 앞에서는 시간과 노력을 들이지 않아도 된다고 하였지만 뒤에서는 일을 원활하게 하는 것만이 능사는 아니라는, 대조적인 내용을 제시하고 있으므로 (나)에도 역접 · 전환의 상황에 쓰이는 '하지만'이 들어가야 한다.

2023 | **7급** 기출문제 해설

영역 분석

문법	8문항	★★★★★★★★	32%
문학	9문항	★★★★★★★★★	36%
비문학	7문항	★★★★★★★	28%
어휘	1문항	★	4%

빠른 정답

01	02	03	04	05	06	07	08	09	10
④	①	②	③	④	①	①	③	③	④
11	**12**	**13**	**14**	**15**	**16**	**17**	**18**	**19**	**20**
④	②	④	①	③	④	④	②	③	③
21	**22**	**23**	**24**	**25**					
②	④	②	②	①					

01
정답 ④

영역 국어 규범 > 표준어 규정　　　　난도 하

정답의 이유

④ '귀밑에서 턱까지 잇따라 난 수염'을 뜻하는 단어는 '구레나룻'이다. '구렛나루'는 표준어가 아니다.

오답의 이유

① '맨날'은 '만날'의 복수 표준어로 2011년에 추가되었다.

② 표준어 사정 원칙 제26항에서 한 가지 의미를 나타내는 형태 몇 가지가 널리 쓰이며 표준어 규정에 맞으면, 그 모두를 표준어로 삼는다고 하였다. 이에 따라 '가엾다/가엽다'는 복수 표준어이다.

③ 표준어 사정 원칙 제26항에 따라 '멀찌감치/멀찌가니/멀찍이'는 복수 표준어이다.

02
정답 ①

영역 어휘 > 한자어　　　　난도 중

정답의 이유

㉠ 회사 측이 주민 대표에게 언론에 보도된 내용이 사실과 다르다고 풀어서 설명하고 있다는 뜻이므로 ㉠에는 '까닭이나 내용을 풀어서 밝힘'을 뜻하는 '解明(풀 해, 밝을 명)'이 들어가는 것이 적절하다.

㉡ 국회에서 국민의 기본권에 대하여 말할 기회를 얻었다는 뜻이므로 ㉡에는 '말을 꺼내어 의견을 나타냄. 또는 그 말'을 의미하는 '發言(필 발, 말씀 언)'이 들어가는 것이 적절하다.

㉢ 피의자가 뇌물을 받은 적이 없다고 검사에게 이야기했다는 뜻이므로 ㉢에는 '형사 소송에서, 당사자·증인·감정인이 관계 사항을 구술 또는 서면으로 알리는 일'을 의미하는 '陳述(늘어놓을 진, 지을 술)'이 들어가는 것이 적절하다.

03
정답 ②

영역 독해 > 주제 파악하기　　　　난도 중

정답의 이유

② 제시문은 아동학대처벌법이 학교에도 일괄 적용되면서 교사가 문제행동을 지적하거나 제지하는 일까지 아동학대로 신고하고 이는 교사들의 사기 저하와 생활지도 포기로 이어진다고 지적하고 있다. 이러한 교사들의 사기 저하와 생활지도 포기는 '교직 만족도 하락'과 관련이 깊다. 따라서 '교사들의 교직 만족도 하락의 원인'이 제시문의 주장으로 가장 적절하다.

오답의 이유

①·③ 제시문에서 교사들의 강압적 태도가 야기한 문제점, 교사들의 직권남용과 교직 태만의 원인은 나타나지 않는다.

④ 제시문은 교사가 학생의 문제행동을 지적하거나 제지하는 일까지 아동학대로 신고하는 일이 잦아졌다고 제시하고 있으나, 이를 교사들이 실제로 아동학대를 한 것이라고 볼 수는 없다.

04

영역 어문 규범 > 표준어 규정 　　　　　　　　　　　　난도 **중**

정답의 이유

③ 표준어 사정 원칙 제5항 '다만 3.'에 따르면 자음을 첫소리로 가지고 있는 음절의 'ㅢ'는 [ㅣ]로 발음한다. '희망', '무늬'는 각각 자음 'ㅎ'과 'ㅁ'을 첫소리로 가지고 있으므로 [히망], [무니]로 발음한다.

오답의 이유

① 표준어 사정 원칙 제5항 '다만 4.'에 따르면 단어의 첫음절 이외의 '의'는 [ㅣ]로 발음함도 허용한다. '회의', '민주주의'는 '의'가 단어의 첫음절 이외의 자리, 즉 단어의 2음절 이하에 사용되므로 [ㅢ]로 발음하는 것이 원칙이고 [ㅣ]로 발음하는 것도 허용하여 [회의/훼이], [민주주의/민주주이]로 발음한다.

② 표준어 사정 원칙 제5항 '다만 4.'에 따르면 조사 '의'는 [ㅔ]로 발음함도 허용한다. '우리의 마음', '반의 반'에 쓰인 '의'는 조사이므로 [ㅢ]로 발음하는 것이 원칙이고 [ㅔ]로 발음하는 것도 허용하여 '우리의'는 [우리의/우리에]로 발음하고, '반의'는 [바늬/바네]로 발음한다.

④ 표준어 사정 원칙 제5항에 따르면 'ㅢ'는 이중 모음으로 발음한다. 따라서 '의사, 의자'와 같이 단어의 첫음절에 사용된 '의'는 [ㅢ]로 발음하며 [의사], [의자]로 발음한다.

((·)) 적중레이더

표준어 사정 원칙 제5항

'ㅑ ㅐ ㅕ ㅖ ㅘ ㅙ ㅛ ㅝ ㅞ ㅠ ㅢ'는 이중 모음으로 발음한다.
다만 1. 용언의 활용형에 나타나는 '져, 쪄, 쳐'는 [저, 쩌, 처]로 발음한다.

가지어 → 가져[가저]	찌어 → 쪄[쩌]
다치어 → 다쳐[다처]	

다만 2. '예, 례' 이외의 'ㅖ'는 [ㅔ]로도 발음한다.

계집[계ː집/게ː집]	계시다[계ː시다/게ː시다]
시계[시계/시게] (時計)	연계[연계/연게] (連繫)
몌별[몌별/메별] (袂別)	개폐[개폐/개페] (開閉)
혜택[혜ː택/혜ː택] (惠澤)	지혜[지혜/지혜] (智慧)

다만 3. 자음을 첫소리로 가지고 있는 음절의 'ㅢ'는 [ㅣ]로 발음한다.

늴리리	닁큼	무늬	띄어쓰기
씌어	틔어	희어	희떱다
희망	유희		

다만 4. 단어의 첫음절 이외의 '의'는 [ㅣ]로, 조사 '의'는 [ㅔ]로 발음함도 허용한다.

주의[주의/주이]	협의[혀븨/혀비]
우리의[우리의/우리에]	강의의[강ː의의/강ː이에]

05

영역 현대 소설 > 작품 파악하기 　　　　　　　　　　　　난도 **중**

정답의 이유

④ 제시된 작품의 '나'는 '위층의 소리' 때문에 슬리퍼를 들고 올라갔다. 준비했던 인사말과 슬리퍼를 내밀려고 '나'는 첫마디를 뗄 겨를도 없이 휠체어에 앉은 여자를 보게 된다. '나'는 '할 말을 잃은 채 부끄러움으로 얼굴만 붉히며' 여자에게 주려고 했던 슬리퍼를 감춘다. 이를 통하여 '나'는 생각지 못한 '여자'의 모습에 어찌할 바를 모르고 당황하고 있음을 알 수 있다. 따라서 괄호 안에는 '정신이 얼떨떨하여 어찌할 바를 모르는 모양'을 뜻하는 '우두망찰'이 들어가는 것이 가장 적절하다.

오답의 이유

① 역지사지(易地思之 : 바꿀 역, 땅 지, 생각 사, 갈 지): 처지를 바꾸어서 생각하여 봄

② 황당무계(荒唐無稽 : 거칠 황, 당나라 당, 없을 무, 상고할 계): 말이나 행동 따위가 참되지 않고 터무니없음

③ 자승자박(自繩自縛 : 스스로 자, 줄 승, 스스로 자, 묶을 박): 자기의 줄로 자기 몸을 옭아 묶는다는 뜻으로, 자기가 한 말과 행동에 자기 자신이 옭혀 곤란하게 됨을 비유적으로 이르는 말

(圖) 작품 해설

오정희, 「소음공해」

- 갈래: 단편 소설, 현대 소설
- 성격: 수필적, 반성적, 비판적
- 주제: 이웃에 무관심한 현대인의 삶에 대한 반성
- 특징
  - 소설이지만 수필의 성격을 지님
  - 궁금증을 불러일으키며 전개되다 절정 부분에서 반전이 나타남
  - 이웃과 단절된 채 기계를 통해 대화하는 현대인의 모습을 비판함

06

영역 독해 > 내용 추론하기 　　　　　　　　　　　　난도 **중**

정답의 이유

① 1문단에서는 탄소중립을 실천하기 위해 산림청이 전하는 방법으로 '우리 주변 나무를 잘 사용하는 것'이 있다고 하였고 ㉠의 앞에는 나무를 다 베어서는 안 된다는 우려가 있지만 걱정할 필요가 없다는 내용이, ㉠의 뒤에는 우리나라는 풍성한 숲을 보유하고 있다는 내용이 이어진다. 이를 볼 때 ㉠에는 풍성한 숲을 활용하여 목재로 사용하는 것과 관련된 내용이 들어가야 한다. 따라서 ㉠에 들어갈 내용으로 가장 적절한 것은 '목재를 보전하는 숲과 수확하는 숲을 따로 관리한다는 것이다.'이다.

오답의 이유

② '나무가 잘 자라는 열대지역에서 목재를 수입하는 것'은 우리나라의 풍성한 숲을 활용하여 목재로 사용하는 것과 관련이 없다.

③ '버려지는 폐목재를 가공하여 재사용하는 것'은 우리나라의 풍성한 숲을 활용하여 목재로 사용하는 것과 관련이 없다.

④ '나무를 베지 않고 숲의 공간을 활용하여 주택을 짓는 것'은 나무를 목재로 사용하여 탄소중립을 실천하자는 제시문의 내용과 관련이 없다.

07 　　　　　　　　　　　　　　　　　　　　　　　　　 정답 ①

영역 음운론 > 발음	난도 중

정답의 이유

① 종성에 쓰이는 'ㅇ'은 소릿값을 가지고 있어 음운에 해당하지만, 초성에 쓰인 'ㅇ'은 소릿값이 없으므로 음운에 해당하지 않는다. 따라서 '알'에 쓰인 'ㅇ'은 음운이 아니고, '강'에 쓰인 'ㅇ'은 음운이므로 음운론적으로 동일한 가치를 갖는다는 설명은 적절하지 않다.

오답의 이유

② 초성에서 발음되는 자음은 'ㄱ, ㄲ, ㄴ, ㄷ, ㄸ, ㄹ, ㅁ, ㅂ, ㅃ, ㅅ, ㅆ, ㅈ, ㅉ, ㅊ, ㅋ, ㅌ, ㅍ, ㅎ'으로 모두 18개이다. 하지만 종성에서 발음되는 자음은 'ㄱ, ㄴ, ㄷ, ㄹ, ㅁ, ㅂ, ㅇ'으로 모두 7개이다. 이를 통해 초성에서 발음되는 모든 자음이 종성에서 발음되는 것은 아님을 알 수 있다.

③ 종성에 쓰이는 'ㅇ'은 소릿값을 가지고 있어 발음되지만, 초성에 쓰이는 'ㅇ'은 소릿값이 없어 발음되지 않는다. 이를 통해 종성에서 발음되는 모든 자음이 초성에서 발음되는 것은 아님을 알 수 있다.

④ 초성과 종성에는 하나의 자음만 올 수 있다. 예를 들어 '앉다'는 모음 'ㅏ'와 'ㅏ' 사이에 'ㄴ, ㄸ' 두 개의 자음만 발음되어 [안따]로 발음된다. 따라서 모음과 모음 사이에 자음은 최대 2개까지 발음된다는 설명은 적절하다.

08 　　　　　　　　　　　　　　　　　　　　　　　　　 정답 ③

영역 국어 규범 > 한글 맞춤법 > 띄어쓰기	난도 중

정답의 이유

③ '족족'은 '어떤 일을 하는 하나하나'를 뜻하는 의존 명사이므로 앞말과 띄어 쓴다.

오답의 이유

① 많을∨뿐더러(×) → 많을뿐더러(○): '-ㄹ뿐더러'는 '어떤 일이 그것만으로 그치지 않고 나아가 다른 일이 더 있음'을 나타내는 연결 어미이므로 앞말과 붙여 쓴다.

② 주기는∨커녕(×) → 주기는커녕(○): 'ㄴ커녕'은 보조사 'ㄴ'과 보조사 '커녕'이 결합한 것으로, 앞말을 지정하여 어떤 사실을 부정하는 뜻을 강조하는 보조사이다. 따라서 앞말과 붙여 쓴다.

④ 보이는구먼∨그래(×) → 보이는구먼그래(○): '그래'는 '-구먼, -군'과 같은 일부 종결 어미 뒤에 붙어 '청자에게 문장의 내용을 강조함'을 나타내는 보조사이므로 앞말과 붙여 쓴다.

09 　　　　　　　　　　　　　　　　　　　　　　　　　 정답 ③

영역 독해 > 세부 내용 파악하기	난도 중

정답의 이유

③ 제시문에 따르면 '책상이란 무엇인가'에 대응하는 것은 '질'이고 '책상의 높이는 어느 정도인가'에 대응하는 것은 '양'이다. 책상의 높이 변화가 크지 않을 때는 책상임에는 변화가 없지만 책상의 높이가 일정한 한도 이상으로 변화하면 책상의 기능을 수행할 수 없게 되어 책상이라 할 수 없게 된다. 따라서 양의 변화가 일정한 한도 내에 있으면 질의 변화를 이끌지 못하여 질이 변하지 않지만, 어느 한도를 넘으면 질의 변화를 초래한다.

오답의 이유

① 제시문에 따르면 양의 변화는 질의 변화를 초래한다. 하지만 질의 변화가 양의 변화를 이끄는지는 알 수 없다.

② 제시문에 따르면 양의 변화가 일정 한도를 넘으면 질의 변화를 이끈다. 이는 변화가 누적되어 일어난 결과가 아니고, 변화된 양만큼 질의 변화를 이끄는 것도 아니다.

④ 제시문에 따르면 양의 변화와 질의 변화가 본래의 상태로 돌아가는 과정인지는 알 수 없으며, 두 변화가 본질적으로 동일한 것인지 역시 알 수 없다.

10 　　　　　　　　　　　　　　　　　　　　　　　　　 정답 ④

영역 통사론 > 높임법	난도 중

정답의 이유

④ '선생님 안녕히 계십시오.'의 '-십시오'는 정중한 명령이나 권유를 나타내는 종결 어미이다. '해요체'가 아닌 '합쇼체'에 해당하는 표현이기 때문에 ㉣에 들어갈 용례로 적절하지 않다.

오답의 이유

① '내가 말을 함부로 했던 것 같네.'의 '-네'는 단순한 서술의 뜻을 나타내는 종결 어미이다. 제시된 문장은 '하게체'에 해당하는 표현이므로 ㉠에 들어갈 용례로 적절하다.

② '이게 꿈인지 생신지 모르겠구려.'의 '-구려'는 화자가 새롭게 알게 된 사실에 주목함을 나타내는 종결어미이다. 제시된 문장은 '하오체'에 해당하는 표현이므로 ㉡에 들어갈 용례로 적절하다.

③ '계획대로 밀고 나가.'의 '-아'는 어떤 사실을 서술하거나 물음·명령·청유를 나타내는 종결어미이다. 제시된 문장은 '해체'에 해당하므로 ㉢에 들어갈 용례로 적절하다.

상대 높임법

구분	격식체				비격식체	
	합쇼체	하오체	하게체	해라체	해요체	해체
평서문	합니다 하십니다	하오 하시오	하네 함세	한다	해요	해 하지
의문문	합니까? 하십니까?	하오? 하시오?	하나? 하는가?	하냐? 하니?	해요?	해? 하지?
청유문	하십시다	합시다	하세	하자	해요	해 하지
명령문	하십시오	하오 하구려	하게	해라 하려무나	해요	해 하지
감탄문	−	하는구려	하는구먼	하는구나	해요	해 하지

11

정답 ④

영역 국어 규범 > 외래어 표기법　　난도 **중**

정답의 이유

④ 외래어 표기법 제3장 제1절 제8항에 따라 중모음은 각 단모음의 음가를 살려서 적되, [ou]는 '오'로 적는다. 따라서 'window[wɪndoʊ]'는 '윈도'로 적으며 '윈도우'는 잘못된 표현이다.

오답의 이유

① 휴즈(×) → 퓨즈(○): 외래어 표기법 제1장 제2항에 따르면 외래어의 1 음운은 원칙적으로 1 기호로 적고, 외래어 표기법 제2장 국제 음성 기호와 한글 대조표에 따르면 [f]는 모음 앞에서 'ㅍ'으로 적는다. 따라서 'fuse[fjuːz]'는 '퓨즈'로 적는다.

② 커텐(×) → 커튼(○): 'curtain'은 '커튼'으로 적는다.

③ 헹거(×) → 행거(○): 'hanger'는 '행거'로 적는다.

12

정답 ②

영역 국어 규범 > 한글 맞춤법　　난도 **중**

정답의 이유

② 물고(×) → 물꼬(○): '어떤 일의 시작을 비유적으로 이르는 말'을 뜻하는 단어는 '물꼬'이다.

오답의 이유

① · ③ 한글 맞춤법 제5항 '2.' 다만에 따르면 'ㄱ, ㅂ' 받침 뒤에서 나는 된소리는, 같은 음절이나 비슷한 음절이 겹쳐 나는 경우가 아니면 된소리로 적지 아니한다. '싹둑[싹뚝]'은 'ㄱ' 뒤에서 된소리가 나지만 같은 음절이나 비슷한 음절이 겹쳐 나는 경우가 아니므로 'ㄷ'을 된소리로 적지 아니한다. '깍두기[깍뚜기]' 역시 'ㄱ' 뒤에서 된소리가 나지만 같은 음절이나 비슷한 음절이 겹쳐 나는 경우가 아니므로 'ㄷ'을 된소리로 적지 아니한다.

④ '따뜻하다'와 '따듯하다'는 모두 표준어이다. '따듯하다'는 '덥지 않을 정도로 온도가 알맞게 높다.' 또는 '감정, 태도, 분위기 따위가 정답고 포근하다.'라는 뜻으로 '따뜻하다'보다 여린 느낌을 준다.

13

정답 ④

영역 형태론 > 형태소　　난도 **중**

정답의 이유

④ '세계 7대 불가사의, 한국 30대 기업'에 쓰인 '대(大)'는 수를 나타내는 말 뒤에 쓰여 규모나 가치 면에서 그 수 안에 꼽힘을 이르는 말로, 의존 명사가 아닌 명사이다. 사물과 사물의 대비나 대립을 나타내는 의존 명사 '대(對)'가 쓰인 예로는 '자본주의 대 공산주의, 개인 대 개인의 편지' 등이 있다.

오답의 이유

① '기후대, 무풍대'에 쓰인 '−대(帶)'는 '띠 모양의 공간' 또는 '일정한 범위의 부분'이라는 뜻을 더하는 접미사이다.

② '도서대, 신문대'에 쓰인 '−대(代)'는 물건을 나타내는 일부 명사 뒤에 붙어 '물건값을 치르는 돈'의 뜻을 더하는 접미사이다.

③ '만 원대, 백삼십만 원대'에 쓰인 '−대(臺)'는 값이나 수를 나타내는 명사 또는 명사구 뒤에 붙어 '그 값 또는 수를 넘어선 대강의 범위'의 뜻을 더하는 접미사이다.

14

정답 ①

영역 고전 시가 > 작품 파악하기　　난도 **중**

정답의 이유

① (가)는 이조년의 시조로, 봄밤의 아름다운 정경 속에서 느끼는 고독과 애상적 정서를 표현하였다.

오답의 이유

② (나)는 원천석의 시조로, 고려의 도읍지였던 개성의 옛 궁궐터를 돌아보며 고려 왕조에 대한 충절과 지난 세월이 덧없음을 표현하였다.

③ (다)는 길재의 시조로, 고려의 옛 도읍지를 보며 망국에 대한 안타까움과 인생의 덧없음을 표현하였다.

④ (라)는 정몽주의 시조로, 고려 왕조에 대한 변함없는 충절을 표현하였다.

(가) 이조년, 「이화에 월백하고 ~」
- 갈래: 평시조, 정형시
- 성격: 감각적, 애상적
- 주제: 봄밤의 애상적인 정서
- 특징
  - 선경후정으로 시상을 전개함
  - 봄밤의 애상적 정서를 감각적으로 형상화함

(나) 원천석, 「흥망이 유수하니 ~」
- 갈래: 평시조, 정형시
- 성격: 회고적, 비유적, 감상적
- 주제: 망국의 한과 고려 왕조에 대한 충절
- 특징
  - 시각적, 청각적 이미지로 인생무상의 정서를 표현함
  - 비유와 중의적 기법을 통하여 주제를 형상화함

(다) 길재, 「오백 년 도읍지를 ~」
- 갈래: 평시조, 정형시
- 성격: 회고적, 비유적, 감상적
- 주제: 고려 왕조의 멸망에 대한 탄식과 무상감
- 특징
  - 자연과 인간사를 대조하여 인생무상이라는 주제를 형상화함
  - 영탄법을 통하여 허무함을 부각함

(라) 정몽주, 「이 몸이 죽고죽어 ~」
- 갈래: 평시조, 정형시
- 성격: 직설적, 의지적
- 주제: 고려 왕조에 대한 변함없는 충절
- 특징
  - 이방원의 '하여가'에 대한 답가
  - 직설적인 화법과 반복법, 점층법, 설의법 등을 통하여 변함없는 충절을 드러냄

15

정답 ③

영역 고전 소설 > 작품 파악하기　　　난도 **상**

정답의 이유

③ 첫 번째 괄호에 들어가는 사물은 양각(양다리)을 빨리 놀리고, 무언가를 베는 존재이므로 '가위'임을 알 수 있다. 따라서 첫 번째 괄호에는 '가위'를 의인화한 인물인 '교두 각시'가 들어가야 한다.

두 번째 괄호에 들어가는 사물은 마련, 즉 마름질을 하는 존재이므로 '자'임을 알 수 있다. 따라서 두 번째 괄호에는 '자'를 의인화한 인물인 '척 부인'이 들어가야 한다.

세 번째 괄호에 들어가는 사물은 '낯가족이 두꺼워'라고 하였으므로 '골무'임을 알 수 있다. 따라서 세 번째 괄호에는 '골무'를 의인화한 인물인 '감토 할미'가 들어가야 한다.

네 번째 괄호에 들어가는 사물은 '세요의 뒤를 따라 다니'는 존재로, '세요'는 '바늘'을 의미한다. '바늘'을 따라다니는 것은 '실'이므로 네 번째 괄호에는 '실'을 의인화한 인물인 '청홍 각시'가 들어가야 한다.

작자 미상, 「규중칠우쟁론기」
- 갈래: 고전 수필, 한글 수필, 내간체 수필
- 성격: 풍자적, 우화적, 교훈적, 논쟁적
- 주제
  - 자신의 처지를 망각하고 공치사만 하는 세태 풍자
  - 맡은 일에 최선을 다하는 성실한 삶 권장
- 특징
  - 사물을 의인화하여 세태를 풍자함
  - 3인칭의 객관적이고 관찰자적인 시점으로 서술함
  - 봉건사회 규중 여성의 의식 변화를 반영함

「규중칠우쟁론기」 속 의인화된 사물

규중칠우	별명	별명의 이유
자	척 부인	발음: 尺(자 척)과 발음이 같음
가위	교두 각시	생김새: 가위 날이 교차하는 모습
바늘	세요 각시	생김새: 허리가 가는 모습
실	청홍 각시	생김새: 실의 다양한 색깔
골무	감토 할미	생김새: 감투와 비슷한 모습
인두	인화 부인	쓰임새: 불로 달구어 사용함
다리미	울 낭자	쓰임새: 다리미에서 수증기가 올라오는 모습을 연상해 붙임

16

정답 ④

영역 고전 시가 > 작품 파악하기　　　난도 **중**

정답의 이유

④ 화자는 나무토막으로 만든 닭이 '꼬끼오'하고 때를 알리면 '어머님 얼굴이 비로소 늙으시옵소서'라고 이야기하고 있다. 나무로 만든 닭이 우는 일은 현실적으로 일어나지 않으므로 화자는 어머니가 늙지 않기를 바라는 마음을 역설적·반어적으로 제시한 것임을 알 수 있다. 이를 볼 때 작품 속 시적 자아의 심정으로 가장 적절한 것은 어머니가 늙지 않기를 바라는 '간절함'이다.

이제현, 「오관산」
• 갈래: 한시
• 성격: 역설적, 반어적
• 주제: 어머니에 대한 지극한 효심
• 특징
  – 효자 문충이 지은 「오관산요」를 이제현이 한시로 옮김
  – 불가능한 상황을 설정을 통한 반어적 표현이 두드러짐
  – 어머니가 오래 살기를 바라는 간절한 마음이 드러남

17

영역 현대시 > 작품 파악하기   난도 **중**

정답의 이유

④ (라)의 '한발 재겨 디딜 곳'은 화자가 잠깐 발을 디딜 수 있는 안식의 공간을 의미한다. 작품 속 화자는 '한발 재겨 디딜 곳조차 없다'고 하며 절체절명의 극한 상황을 나타내고 있지만 마지막 부분에서 '겨울은 강철로 된 무지갠가 보다.'라고 하며 부정적 상황에 대한 초극 의지를 역설적으로 드러내고 있다.

오답의 이유

① · ② · ③ (가) '매운 계절의 챗죽', (나) '지쳐 끝난 고원', (다) '서리빨 칼날진 그우'는 모두 가혹한 현실의 극한 상황을 의미한다.

이육사, 「절정」
• 갈래: 자유시, 서정시
• 성격: 상징적, 남성적, 지사적
• 주제: 극한 상황에서의 초월적 인식
• 특징
  – '기–승–전–결'의 구조로 시적 긴장감을 표현함
  – 역설적 표현을 통해 주제를 효과적으로 형상화함
  – 강렬한 상징적 표현과 남성적 어조로 강인한 의지를 드러냄

18

영역 현대 수필 > 작품 파악하기   난도 **중**

정답의 이유

② 제시된 작품의 '나'는 '포장마차를 타고 일생을 전전하고' 살며, '노래와 모닥불가의 춤과 사랑과 점치는 일로 보내는 짧은 생활, 짧은 생'을 이상적인 삶이라고 생각한다. 이를 통해 괄호 안에는 정처 없이 떠돌아다니며 방랑 생활을 하는 '집시'가 들어가는 것이 가장 적절함을 알 수 있다.

전혜린, 「먼 곳에의 그리움」
• 갈래: 경수필
• 성격: 지적, 낭만적, 사변적
• 주제: 새로운 세계에 대한 동경과 기대
• 특징
  – 새로운 세계를 꿈꾸는 삶의 자세가 드러남
  – 지적이고 세련된 정서를 간결하고 압축적인 문장으로 표현함

19

영역 독해 > 세부 내용 파악하기   난도 **중**

정답의 이유

③ 2문단의 '공부의 목적은 성인(聖人)이 되는 데 ~ 부귀영화를 누리기 위함이 아니라는 뜻이다.'를 통해 신진 사대부는 관직에 진출하기 위함이 아니라 성인(聖人)이 되기 위하여 주자학을 공부했음을 알 수 있다.

오답의 이유

① 2문단의 '주지의 가르침 가운데 ~ 위기지학(爲己之學)의 이념이다.'와 3문단의 '둘째는 주자가 강조한 격물치지(格物致知) 정신이다.'를 통해 주자학은 위기지학과 격물치지의 학문임을 알 수 있다.

② 1문단의 '단지 주자가 이런 이론들을 만든 이유는 "자연 과학과 심리학의 도움으로 도덕 이론을 더 정확하게 설명하기 위해서"였다는 정도만 이해하면 될 것이다.'를 통해 주자학이 자연 과학과 심리학의 영향을 받았음을 알 수 있다.

④ 1문단의 '주자는 이를 철학적으로 훨씬 더 세련되게 다듬었다.'를 통해 주자학은 공자와 맹자의 말씀을 철학적으로 세련되게 다듬은 것임을 알 수 있다.

20

영역 독해 > 글의 전개 방식   난도 **중**

정답의 이유

ⓒ 1문단의 '주자학이란 무엇일까?', 4문단의 '그렇다면 공자의 말씀을 가장 깊고 넓게 알고 있었던 사람들은 누구일까?'처럼 질문을 던지고 이에 답하는 방식을 통하여 논의를 전개하고 있다.

ⓒ 2문단과 3문단에서 '위기지학(爲己之學)'의 이념과 '격물치지(格物致知)'의 이념을 풀어 설명하고 있다. 또한 1문단의 '공자와 맹자의 말씀은 ~ 소박한 가르침에 지나지 않았다.'처럼 '극기복례(克己復禮)', '충서(忠恕)'와 같은 어려운 용어를 풀어 써서 독자의 이해를 돕고 있다.

오답의 이유

㉠ 제시문에는 생소하거나 복잡한 개념을 친숙하거나 단순한 개념과 비교하여 설명하는 '유추'의 방법으로 대상의 특징을 밝힌 부분이 나타나지 않는다.

㉣ 제시문에는 원관념과 보조 관념의 관계를 직접적으로 드러내지 않는 '은유'와 원관념을 숨기고 보조 관념으로만 원관념을 나타내는 '상징'을 통해 생각을 드러낸 부분이 나타나지 않는다.

21 정답 ②

영역 독해 > 세부 내용 파악하기 　　　　　　난도 **중**

정답의 이유

② 제시문에서 중국의 정원은 자연을 인공적으로 재현한 것으로 특유의 웅장함과 기이함이 있다고 하였고, 일본의 정원은 자연을 다듬어서 꾸민 조원(造園)으로 정원의 콘셉트가 다르다고 하였다. 또한 3문단에서 한국의 정원에 대하여 '자연 경관 자체가 정원의 뼈대'를 이루며 '인공적인 조원이 아니라 자연 경관을 경영하는 것이다.'라고 설명하였다. 따라서 '한국 정원의 특징'으로 가장 적절한 말은 '자연 경관의 경영(經營)'이다.

오답의 이유

① 3문단에서 '그러나 우리 원림에서는 ~ 정원의 뼈대를 이룬다.'라고 하였으므로 '자연과 인공의 조화(調和)'는 한국 정원의 특징으로 적절하지 않다.

③ 3문단에서 '원림을 경영하는 데에는 ~ 중요한 요소로 작용한다.'라고 하였으므로 '차경(借景)'은 중국과 일본 정원의 요소임을 알 수 있다. 또한 '그러나 우리 원림에서는 ~ 정원의 뼈대를 이룬다.'라고 하였으므로 '자연의 차경(借景)'은 한국 정원의 특징으로 적절하지 않다.

④ 1문단의 '졸정원과 유원은 ~ 웅장함과 기이함이 있다.'라는 문장을 볼 때 자연의 재현(再現)은 중국 정원의 특징임을 알 수 있다. 따라서 '자연의 재현(再現)'은 한국 정원의 특징으로 적절하지 않다.

22 정답 ④

영역 고전 시가 > 작품 파악하기 　　　　　　난도 **상**

정답의 이유

(가) 제시된 작품은 조선 세종 29년(1447)에 정인지, 안지, 권제 등이 지은 악장 「용비어천가」이다. 훈민정음으로 쓴 최초의 작품으로, 조선의 여러 조종의 위업을 찬양하고, 후대의 왕에게 권계의 뜻을 일깨우기 위해 제작되었다.

(나) 제시된 작품은 이조년(1269~1343)이 쓴 시조이다. 이조년은 고려 후기 충렬왕에서 충혜왕에 이르는 4명의 임금이 재위하는 동안 관료로 있던 인물이다. (나)의 작품은 이조년이 관직에서 물러나 낙향한 뒤 지은 것으로 알려져 있다.

(다) 제시된 작품은 조선 선조 21년(1588) 정철이 관직에서 물러나 고향 창평에서 지낼 때 지은 가사 「사미인곡」이다. 충성스러운 신하가 임금을 사모하는 노래인 '충신연주지사'의 대표적인 작품으로 임금을 그리워하는 마음을 이별한 임을 그리워하는 여인의 심정에 비유하여 표현하였다.

(라) 제시된 작품은 고려 고종(1213~1259) 때 한림 유생들이 지은 경기체가 「한림별곡」이다. 고려 신진사대부들의 문학적 경지와 자긍심을 확인할 수 있는 최초의 경기체가로, 고려 시대 한림 유생들의 호화로운 생활상과 학문적 자부심이 드러나 있는 귀족 문학이다.

④ 제시된 작품 중 가장 먼저 지어진 작품(㉠)은 (라)이고, '훈민정음'으로 가장 먼저 표기된 작품(㉡)은 (가)이다.

작품 해설

(가) 정인지 안지, 권제 등, 「용비어천가」
- 갈래: 악장
- 성격: 송축적, 서사적, 설득적, 교훈적, 훈계적
- 주제: 조선 건국의 정당성
- 특징
  - 훈민정음으로 기록된 최초의 장편 영웅 서사시
  - 대부분 2절 4구체, 대구법을 사용함
  - 전절에 중국 고사를 인용하고 후절에서는 조선 건국의 정당성을 강조함

(나) 이조년, 「梨花에 月白ᄒᆞ고 ~」
- 갈래: 평시조, 정형시
- 성격: 감각적, 애상적
- 주제: 봄밤의 애상적인 정서
- 특징
  - 선경후정으로 시상을 전개함
  - 봄밤의 애상적 정서를 감각적으로 형상화함

(다) 정철, 「사미인곡」
- 갈래: 서정 가사, 정격 가사, 양반 가사
- 성격: 충신연군지사
- 주제: 임금을 그리는 마음
- 특징
  - 군신 관계를 남녀 관계에 빗대어 표현함
  - 우리말 구사와 세련된 표현의 극치를 보임

(라) 한림 유생, 「한림별곡」
- 갈래: 경기체가
- 성격: 풍류적, 향락적, 귀족적, 과시적
- 주제: 문인 귀족 계층의 학문적 자부심과 의욕적 기개, 귀족들의 풍류 생활
- 특징
  - 최초의 경기체가로 가사 문학에 영향을 줌
  - 후렴구를 사용하여 화자의 정서를 노래함

23

영역 독해 > 내용 추론하기   난도 **상**

정답의 이유

② 한자는 만들어진 원리에 따라 '상형(象形), 지사(指事), 회의(會意), 형성(形聲), 전주(轉注), 가차(假借)'의 분류법이 통용되고 있는데, 이 중 '형성(形聲)'은 의미를 나타내는 부분과 소리를 나타내는 부분을 조합하여 새로운 글자를 만들어 내는 방법이다. '형성'으로 한자를 만들면 글자를 모두 외우지 않더라도 뜻이나 음을 유추할 수 있다. 이를 통해 '그렇게 대단한 부담이 아니라는 것'과 내용이 이어지기 위해서 괄호 안에 '형성(形聲)'이 들어가는 것이 적절함을 알 수 있다.

오답의 이유

① '상형(象刑)'은 실제 사물의 모습을 그대로 본떠 글자를 만드는 것이다. 하지만 형태가 없는 것은 글자로 만들 수 없다는 한계가 있어 한자를 만드는 방식 중 비율이 높지는 않다.

③ '회의(會意)'는 두 개 이상의 뜻이 있는 글자를 합쳐 새로운 의미의 글자를 만드는 방법이다. 의미만 합친 글자이기 때문에 '회의'의 방법으로 만들어진 글자를 보아서는 음을 유추해 낼 수 없으므로, 뜻은 유추할 수 있지만 음은 따로 외워야 한다. 따라서 '형성'의 방법으로 만들어진 글자보다 익히는 데 부담이 있다.

④ '가차(假借)'는 기존의 글자가 담고 있는 뜻은 그대로 두고 소리를 빌려 쓰거나, 원래는 글자가 없었으나 음성이 같은 글자를 빌려 새로운 의미를 나타내는 방식이다. 기존의 글자와는 다른 뜻 등을 따로 외워야 하므로 '형성'의 방법으로 만들어진 글자보다 익히는 데 부담이 있다.

24

영역 현대 소설 > 작품 파악하기   난도 **중**

정답의 이유

② ⓒ '도지'는 '남의 논밭을 빌려서 부치고 논밭을 빌린 대가로 해마다 내는 벼'를 의미한다. 따라서 ⓒ의 의미로 '일정한 대가를 주고 빌려 쓰는 논밭이나 집터'는 적절하지 않다.

오답의 이유

① '이런 일을 생각하면 한생원도 미상불 다행스럽지 아니한 것은 아니었다.'에서 ⓐ '미상불'은 '아닌 게 아니라 과연'을 의미한다.

③ '전쟁이 나기 전에는 일 년 농사 지어 작정한 도지, 실수 않고 물면 모자라나따나 아무 시비와 성가심 없이 내 것 삼아 놓고 먹을 수가 있었다.'에서 ⓒ '모자라나따나'는 '다소 모자라기는 하더라도'를 의미한다.

④ '한생원'은 '독립'에 대하여 '만세를 부르고 날뛰고 할 흥이' 날 것도 없고, '구한국 시절로 다시 돌아가는 것으로밖에는 달리 생각할 수가 없다'고 여긴다. 구한국 시절 '한생원네'는 피와 땀이 어린 땅을 산 지 겨우 오 년 만에 고을 원에게 빼앗겨 버렸다. 이를 볼 때 '한생원'은 '독립'을 달갑게 여기고 있지는 않으므로 '시뿌듬한'은 '달갑지 아니하거나 못마땅하여 시큰둥한'을 의미한다.

25

영역 현대 소설 > 작품 파악하기   난도 **중**

정답의 이유

① '한갓 전쟁이 끝이 나서 공출과 징용이 없어진 것이 다행일 따름이지'라는 내용을 볼 때 한생원이 독립이라는 것이 소작농의 삶에 아무런 영향을 끼치지 않는다고 생각한 것은 아님을 알 수 있다.

오답의 이유

② '가난뱅이 농투성이가 남의 세토 얻어 ~ 독립이 되거나 말거나 매양 일반일 터이었다.'라는 내용을 볼 때 한생원은 독립이 되어도 농사꾼은 다른 사람의 땅을 빌려 농사를 짓고, 반 이상을 도지로 물어 힘든 삶을 살 것이라고 여기고 있다.

③ '한생원은 나라를 도로 찾는다는 것은 ~ 생각할 수가 없었다.'라는 내용을 볼 때 한생원은 독립이 구한국 시절로 돌아가는 것과 다를 바 없다고 생각하고 있다.

④ '그 피땀 어린 논 두 자리에서 ~ 고을 원에게 빼앗겨 버렸다.'라는 내용을 볼 때 한생원네가 힘들게 마련한 땅을 '고을 원'이 빼앗아 버렸고, 그로 인하여 '가난뱅이 농투성이'가 되었다. 한생원이 볼 때 '가난뱅이 농투성이'는 독립이 되기 전이나 후나 똑같이 남의 땅을 빌려 일 년 농사 짓고 절반도 넘는 도지를 물고 나머지로 굶으며 살아가는 존재이다. 따라서 한생원은 소작농의 궁핍한 삶에는 국가의 책임도 적지 않다고 생각하고 있다.

📖 **작품 해설**

채만식, 「논 이야기」

• 갈래: 단편 소설, 풍자 소설
• 성격: 사실적, 비판적, 풍자적
• 주제
  – 역사의식이 결여된 개인의 소시민성 비판
  – 국가가 농민의 삶에 기여하지 못하고 있는 현실에 대한 풍자
• 특징
  – 역전적 시간 구성으로 사건을 입체적으로 전개함
  – 부정적 인물을 전면에 세워 당시의 세태와 국가를 비판함
  – 풍자의 수법을 활용하여 광복 이후 국가의 토지 정책을 비판적으로 제시함

2022 | **9급** 기출문제 해설

☑ 점수 ( )점/100점 ☑ 문제편 032쪽

영역 분석

문법	7문항	★★★★★★★	28%
문학	4문항	★★★★	16%
비문학	8문항	★★★★★★★★	32%
어휘	6문항	★★★★★★	24%

빠른 정답

01	02	03	04	05	06	07	08	09	10
③	②	④	④	①	②	③	②	③	①
11	**12**	**13**	**14**	**15**	**16**	**17**	**18**	**19**	**20**
①	④	③	③	②	④	②	①	④	①
21	**22**	**23**	**24**	**25**					
②	②	④	①	④					

01

정답 ③

영역 국어 규범 > 한글 맞춤법 > 띄어쓰기   난도 **중**

정답의 이유

③ '사과들'에서 '-들'은 '복수(複數)'의 뜻을 더하는 접미사이므로 앞말에 붙여 써야 한다. 그리고 한글 맞춤법 제46항에서 단음절로 된 단어가 연이어 나타날 때는 붙여 쓸 수 있다고 하였기 때문에 '좀더∨큰것'은 '좀∨더∨큰∨것'으로 쓰는 것이 원칙이나, '좀더∨큰것'으로 붙여 쓰는 것도 허용한다.

오답의 이유

① • 지난∨달(×) → 지난달(○): '지난달'은 '이달의 바로 앞의 달'이라는 뜻을 가진 하나의 단어이므로 붙여 써야 한다.
   • 만날겸(×) → 만날∨겸(○), 할겸(×) → 할∨겸(○): '겸'은 '두 가지 이상의 동작이나 행위를 아울러 함을 나타내는 말'이라는 뜻을 가진 의존 명사이므로 앞말과 띄어 써야 한다.
② 물∨샐∨틈없이(×) → 물샐틈없이(○): '물샐틈없이'는 '(비유적으로) 조금도 빈틈이 없이'라는 뜻을 가진 하나의 단어이므로 붙여 써야 한다.

④ 감사하기는∨커녕(×) → 감사하기는커녕(○): '는커녕'은 앞말을 지정하여 어떤 사실을 부정하는 뜻을 강조하는 보조사이므로 붙여 써야 한다.

02

정답 ②

영역 형태론 > 단어의 형성   난도 **하**

정답의 이유

② '살펴보다'는 동사 '살피다'의 어간 '살피-'에 연결 어미 '-어'와 동사 '보다'가 결합한 것이다. 따라서 실질 형태소끼리 결합하였으므로, 파생법이 아닌 합성법으로 만들어진 단어이다.

오답의 이유

① '교육자답다'는 어근 '교육자'에 '특성이나 자격이 있음'의 뜻을 더하는 접미사 '-답다'가 결합하였으므로 파생법으로 만들어진 단어이다.
③ '탐스럽다'는 어근 '탐'에 '그러한 성질이 있음'의 뜻을 더하고 형용사를 만드는 접미사 '-스럽다'가 결합하였으므로 파생법으로 만들어진 단어이다.
④ '순수하다'는 어근 '순수'에 형용사를 만드는 접미사 '-하다'가 결합하였으므로 파생법으로 만들어진 단어이다.

📡 적중레이더

단어 형성법
• 합성법: 실질 형태소끼리 결합하여 합성어를 만드는 단어 형성 방법으로, 어근과 어근의 결합으로 이루어진다.
  예 들어가다(용언의 어간+연결 어미+용언), 밤낮(명사+명사)
• 파생법: 실질 형태소에 접사를 붙여 파생어를 만드는 단어 형성 방법으로, 접사와 어근의 결합으로 이루어진다.
  예 새빨갛다(접두사+어근), 낚시꾼(어근+접미사)

03

영역 어휘 > 한자성어 **난도** 중

정답의 이유

④ 전화위복(轉禍爲福: 구를 전, 재앙 화, 할 위, 복 복)은 '재앙과 근심, 걱정이 바뀌어 오히려 복이 됨'을 의미한다. 따라서 우리 팀이 크게 이긴 긍정적인 상황에 사용하기에는 적절하지 않다.

오답의 이유

① 견강부회(牽强附會: 끌 견, 강할 강, 붙을 부, 모일 회): 이치에 맞지 않는 말을 억지로 끌어 붙여 자기에게 유리하게 함

② 호시우보(虎視牛步: 범 호, 볼 시, 소 우, 걸음 보): 범처럼 노려보고 소처럼 걷는다는 뜻으로, 예리한 통찰력으로 꿰뚫어 보며 성실하고 신중하게 행동함을 이르는 말

③ 도청도설(道聽塗說: 길 도, 들을 청, 진흙 도, 말씀 설): 길에서 듣고 길에서 말한다는 뜻으로, 길거리에 퍼져 돌아다니는 뜬소문을 이르는 말

04

영역 어휘 > 한자어 **난도** 상

정답의 이유

④ 마비(痲痹: 저릴 마, 저릴 비): 신경이나 근육이 형태의 변화 없이 기능을 잃어버리는 일

오답의 이유

① · ② · ③ 밑줄 친 부분의 한자는 모두 '磨(갈 마)'가 쓰였다.

① 마모(磨耗: 갈 마, 빌 모): 마찰 부분이 닳아서 없어짐

② 절차탁마(切磋琢磨: 끊을 절, 갈 차, 쪼을 탁, 갈 마): 옥이나 돌 따위를 갈고 닦아서 빛을 낸다는 뜻으로, 부지런히 학문과 덕행을 닦음을 이르는 말

③ 연마(練磨: 익힐 연, 갈 마): 학문이나 기술 따위를 힘써 배우고 닦음

05

영역 국어 규범 > 한글 맞춤법 > 띄어쓰기 **난도** 중

정답의 이유

① 한번(×) → 한∨번(○): '번'은 '일의 횟수를 세는 단위'라는 뜻을 가진 의존 명사이므로 앞말과 띄어 써야 한다.

오답의 이유

② 제시문의 '한번'은 '지난 어느 때나 기회'라는 뜻을 가진 명사이므로 붙여 써야 한다.

③ 제시문의 '한번'은 '어떤 행동이나 상태를 강조하는 뜻을 나타내는 말'이라는 뜻을 가진 부사이므로 붙여 써야 한다.

④ 제시문의 '한번'은 '어떤 일을 시험 삼아 시도함을 나타내는 말'이라는 뜻을 가진 부사이므로 붙여 써야 한다.

06

영역 독해 > 세부 내용 파악하기 **난도** 하

정답의 이유

② 제시문의 '자연은 모든 생성의 원천이자 젖줄이다.', '자연은 생명 그 자체의 활기, 존재 자체의 아름다움의 표상이다.' 등을 통해 글쓴이는 모든 현상을 자연의 산물로 생각하고 있음을 확인할 수 있다. 따라서 글쓴이의 성격으로는 '자연주의자'가 적절하다.

오답의 이유

① '낭만주의'란 꿈이나 공상의 세계를 동경하고 감상적인 정서를 중시하는 창작 태도를 의미한다.

③ '신비주의'란 우주를 움직이는 신비스러운 힘의 감지자인 신이나 존재의 궁극 원인과의 합일은 합리적 추론이나 정하여진 교리 및 의식의 실천을 통하여서는 이루어질 수 없고 초이성적 명상이나 비의(秘儀)를 통하여서만 가능하다고 보는 종교나 사상을 의미한다.

④ '실용주의'란 19세기 후반 이후 미국을 중심으로, 실제 결과가 진리를 판단하는 기준이라고 주장하는 철학 사상을 의미한다. 행동을 중시하며, 사고나 관념의 진리성은 실험적인 검증을 통하여 객관적으로 타당한 것이어야 한다는 주장이다.

07

영역 독해 > 글의 구성 방식 **난도** 하

정답의 이유

③ 제시문의 중심 내용은 인간이 자연을 본받고 감사와 보존의 대상으로 여겨야 한다는 것이며, 이러한 내용은 글의 마지막에 제시되었다. 따라서 제시문의 구성 방식은 문단이나 글의 끝부분에 중심 내용이 오는 미괄식이다.

오답의 이유

① '두괄식'이란 글의 첫머리에 중심 내용이 오는 산문 구성 방식으로, 제시문에서는 사용되지 않았다.

② '양괄식'이란 글의 중심 내용이 앞부분과 끝부분에 반복하여 나타나는 문장 구성 방식으로, 제시문에서는 사용되지 않았다.

④ '중괄식'이란 글의 중간 부분에 중심 내용이 오는 산문 구성 방식으로, 제시문에서는 사용되지 않았다.

문단의 구성 방식

두괄식 구성	• 글의 머리 부분에 중심 내용이 제시된 후 뒷받침 문장이 이어지는 구성이다. • 구조: 중심 문장+뒷받침 문장+…+뒷받침 문장
미괄식 구성	• 글이나 문단의 끝부분에 중심 내용이 오는 구성이다. • 앞서 제시된 내용을 근거로 하여 마지막에 핵심 내용을 제시하는 경우가 많다. • 구조: 뒷받침 문장+…+뒷받침 문장+중심 문장
양괄식 구성	• 중심 내용이 글의 첫 부분과 마지막 부분에 제시되는 구성이다. • 일단 주제를 제시한 후 이에 대한 근거나 부연 설명이 이어지고, 마지막에 이러한 내용을 정리하여 다시 한번 중심 내용을 제시한다. • 구조: 중심 문장+뒷받침 문장+…+뒷받침 문장+중심 문장
무괄식 구성	• 글의 어느 한 부분에 주제가 제시되는 것이 아니라 주제와 관련된 내용이 전체적으로 나열되어 있는 구성이다. • 병렬식 구성이라고도 부르며, 주제가 표면적으로 명확하게 드러나지 않는다. 따라서 전체적인 내용을 통해 주제를 추론해야 한다. • 구조: 뒷받침 문장+…+뒷받침 문장

08

정답 ②

영역 독해 > 내용 추론하기 　　　　　　　　**난도** 중

정답의 이유

② 1문단의 '인간이 후천적, 인위적으로 그 구조를 만들었다고 생각하는 것은 잘못이다. 인간은 단지 구조되어 있는 그 질서에 참여할 뿐이다.'를 통해 주체의 의식적 사유와 행위에 의해 새로운 문화 질서가 창조될 수 없고 인간은 그 질서에 단지 참여할 뿐임을 추론할 수 있다. 따라서 주체의 의식적 사유와 행위에 의해 새로운 문화 질서가 창조된다는 것은 라캉의 생각과 거리가 멀다.

오답의 이유

① 1문단에서 인간은 구조되어 있는 상징적 질서에 참여할 뿐이라고 하였으며, 2문단에서는 이러한 상징적 질서의 구조가 무의식적으로 인간의 행위를 규정한다고 하였으므로 주체의 무의식은 구조화된 상징적 질서에 의해 형성됨을 추론할 수 있다.

③ 4문단의 '나의 진술은 타자의 진술에 의해서 구성된다는 것이다. 나의 욕망도 타자의 욕망에 의해서 구성된다.'를 통해 대중 매체의 광고라는 타자의 진술이 주체의 욕망이 형성되는 데 큰 영향을 미침을 추론할 수 있다.

④ 3문단의 "라캉에게 나의 사유와 나의 존재는 사실상 분리되어 있다. 그는 나의 사유가 나의 존재를 확인시켜 주지 못한다고 주장한다. 라캉의 경우, '나는 생각한다'라는 의식이 없는 곳에서 '나는 존재'하고, 또 '내가 존재하는 곳'에서 '나는 생각하지 않는다.' 라캉은 무의식은 타자의 진술이라고 말한다."를 통해 라캉의 입장에서는 데카르트의 '나는 생각한다. 고로 존재한다'라는 명제가 옳지 않음을 추론할 수 있다.

09

정답 ③

영역 현대시 > 주제 파악하기 　　　　　　　　**난도** 하

정답의 이유

③ 제시된 작품에서는 자연 속에서 해바라기가 피어나는 모습을 통해 해바라기 씨를 '생의 근원을 향한 아폴로의 호탕한 눈동자', '의욕의 씨'에 비유하고 있다. 따라서 이 시의 주제는 '생명에 대한 강렬한 의욕'이 적절하다.

오답의 이유

① 자연의 모습을 시각적 이미지로 표현하고 있으나, 자연과 인간의 교감을 나타낸 내용은 확인할 수 없다.

② 해바라기가 피어나는 가을의 풍경을 나타내고 있으나, 가을의 정경과 정취를 전체적인 중심 내용으로 볼 수 없다.

④ 해바라기의 모습을 통해 생명에 대한 의욕을 드러내고 있으나, 환희가 넘치는 삶을 주제로 나타낸 것은 아니다.

📖 **작품 해설**

김광섭, 「해바라기」
• 갈래: 자유시, 서정시
• 성격: 비유적, 시각적
• 주제: 해바라기를 통해 보는 생명에 대한 강한 의욕
• 특징
　– 순수 자연의 감각을 시각적 이미지로 표현함
　– 해바라기의 화사하고 정열적인 모습을 표현함

10

정답 ①

영역 독해 > 제목 파악하기 　　　　　　　　**난도** 중

정답의 이유

① 1문단에서는 방정식이라는 단어가 다양한 분야에서 애용된다고 하였고, 2문단에서는 방정식을 여러 조건에 따라 구분하여 표현할 필요가 있다고 하였다. 따라서 제시된 글의 제목으로는 '수학 용어의 올바른 활용'이 적절하다.

② 1문단에서 '방정식'이라는 단어가 다양한 분야에서 쓰이고 있음을 언급하고 있으나, 실생활에서 수학 공식을 적용하는 내용을 언급하지는 않았으므로 이는 제목으로 적절하지 않다.

③ 1문단에서 '수학의 방정식'의 정의를 제시하고 있으나, '방정식'의 구성 요소를 언급하지는 않았으므로 이는 제목으로 적절하지 않다.

④ 2문단에서 '방정식'이라는 용어를 엄밀하게 구분하여 사용해야 한다고 언급하고 있으나, '방정식'의 추상성에 대하여 언급하지는 않았으므로 이는 제목으로 적절하지 않다.

11
정답 ①

영역 독해 > 글의 맥락 파악하기   난도 **중**

정답의 이유

㉠ 1문단의 '망막의 앞쪽에 초점을 맺게 되면 망막에는 초점이 맞지 않는 상이 맺힘으로써 먼 곳의 물체가 흐리게 보인다. 이것을 근시라고 한다.'를 통해 근시인 눈에서는 망막의 앞쪽에 초점이 맺힘을 확인할 수 있으므로 ㉠에 들어갈 말은 '앞쪽'이 적절하다.

㉡ 2문단의 '망막의 ㉠(앞쪽)에 맺혔던 초점이 ㉡으로 이동하여 망막에 초점이 맺혀 흐리게 보이던 물체가 선명하게 보인다.'를 통해 물체가 선명하게 보이기 위해서는 망막의 앞쪽에 맺혔던 초점이 뒤로 이동해야 함을 확인할 수 있으므로 ㉡에 들어갈 말은 '뒤쪽'이 적절하다.

㉢ 1문단의 '망막의 앞쪽에 초점을 맺게 되면 망막에는 초점이 맞지 않는 상이 맺힘으로써 먼 곳의 물체가 흐리게 보인다. 이것을 근시라고 한다.'를 통해 근시인 눈에서는 망막의 앞쪽에 초점이 맺힘을 확인할 수 있고, 이를 통해 근시의 정도가 심하면 심할수록 초점이 망막으로부터 앞쪽으로 멀어진다고 볼 수 있으므로 ㉢에 들어갈 말은 '앞쪽'이 적절하다.

12
정답 ④

영역 어휘 > 한자성어   난도 **중**

정답의 이유

④ 고장난명(孤掌難鳴: 외로울 고, 손바닥 장, 어려울 난, 울 명)은 '외손뼉만으로는 소리가 울리지 아니한다는 뜻으로, 혼자의 힘만으로 어떤 일을 이루기 어려움을 이르는 말'이다. 따라서 좋지 않은 일이 연달아 일어나는 ㉠의 상황과 어울리지 않는다.

① 설상가상(雪上加霜: 눈 설, 위 상, 더할 가, 서리 상): 눈 위에 서리가 덮인다는 뜻으로, 난처한 일이나 불행한 일이 잇따라 일어남을 이르는 말

② 전호후랑(前虎後狼: 앞 전, 범 호, 뒤 후, 이리 랑): 앞문에서 호랑이를 막고 있으려니까 뒷문으로 이리가 들어온다는 뜻으로, 재앙이 끊일 사이 없이 닥침을 비유적으로 이르는 말

③ 화불단행(禍不單行: 재앙 화, 아닐 불, 홑 단, 다닐 행): 재앙은 번번이 겹쳐 옴

📖 **작품 해설**

황순원, 「소나기」
- 갈래: 현대 소설, 단편 소설
- 성격: 서정적, 향토적
- 주제: 소년과 소녀의 순수한 사랑
- 특징
  - 가을 농촌의 모습을 감각적으로 묘사함
  - 인물들의 심리가 행동을 통해 간접적으로 드러남

13
정답 ③

영역 어휘 > 한자어 · 고유어   난도 **상**

정답의 이유

③ '아수라장(阿修羅場: 언덕 아, 닦을 수, 그물 라, 마당 장)'은 '싸움이나 그 밖의 다른 일로 큰 혼란에 빠진 곳 또는 그런 상태'라는 뜻을 가진 한자어이다.

① '가욋돈'은 '정해진 기준이나 정도를 넘어서는 돈'이라는 뜻을 가진 명사로, 한자어 '加外(더할 가, 바깥 외)'와 고유어 '돈'이 결합한 단어이다.

② '고자질'은 '남의 잘못이나 비밀을 일러바치는 짓'이라는 뜻을 가진 명사로, 한자어 '告者(아뢸 고, 놈 자)'와 고유어 '질'이 결합한 단어이다.

④ '관자놀이'는 '귀와 눈 사이의 맥박이 뛰는 곳'이라는 뜻을 가진 명사로, 한자어 '貫子(꿸 관, 아들 자)'와 고유어 '놀이'가 결합한 단어이다.

14
정답 ③

영역 고전 시가 > 작품 파악하기   난도 **중**

정답의 이유

③ 정철의 「사미인곡」은 임금을 향한 충정을 임과 이별한 여인의 마음에 빗대어 우의적으로 표현한 작품이다. 이와 내용 및 주제가 비슷한 작품은 홍랑의 시조로, '묏버들(산버들)'을 통해 임에 대한 화자의 마음을 전달하고자 하며, 임에 대한 사랑과 그리움을 드러내고 있다.

① 이황의 「도산십이곡」으로, 자연과 더불어 사는 삶의 가치와 학문 수양에의 정진을 드러내고 있다.

② 조식의 시조로, 임금의 승하에 대한 애도를 드러내고 있다.

④ 박인로의 시조로, 잘 익은 감을 보며 부모님이 계시지 않음을 슬퍼하고 안타까워하는 마음을 드러내고 있다.

📖 작품 해설

정철, 「사미인곡」
- 갈래: 양반 가사, 서정 가사
- 성격: 서정적, 연모적
- 주제: 임을 향한 일편단심, 연군지정
- 특징
  - 여성의 목소리로 임에 대한 애절한 그리움을 노래함
  - 다양한 비유와 상징적 기법을 통해 정서를 효과적으로 드러냄

15

영역 국어 규범 > 표준어 규정

정답의 이유

② 깡총깡총(×) → 깡충깡충(○): 표준어 사정 원칙 제8항에 따르면 양성 모음이 음성 모음으로 바뀌어 굳어진 다음 단어는 음성 모음 형태를 표준어로 삼는다고 하였으므로, '깡충깡충'을 표준어로 인정한다.

오답의 이유

① '발가숭이'는 '옷을 모두 벗은 알몸뚱이 / 흙이 드러나 보일 정도로 나무나 풀이 거의 없는 산을 비유적으로 이르는 말'을 의미하는 명사이다. 참고로 '발가송이'는 표준어 사정 원칙 제8항에 따라 표준어로 인정하지 않는다.

③ '뻗정다리'는 '구부렸다 폈다 하지 못하고 늘 벋어 있는 다리 또는 그런 다리를 가진 사람 / 뻣뻣해져서 자유롭게 굽힐 수가 없게 된 물건'을 의미하는 '벋정다리'의 센말이다. 참고로 '뻗장다리'는 표준어 사정 원칙 제8항에 따라 표준어로 인정하지 않는다.

④ '오뚝이'는 '밑을 무겁게 하여 아무렇게나 굴려도 오뚝오뚝 일어서는 어린아이들의 장난감'을 의미하는 명사와 '작은 물건이 도드라지게 높이 솟아 있는 모양 / 갑자기 발딱 일어서는 모양'이라는 뜻을 가진 부사로 사용된다. 참고로 '오똑이'는 표준어 사정 원칙 제8항에 따라 표준어로 인정하지 않는다.

📡 적중레이더

표준어 사정 원칙 제8항

양성 모음이 음성 모음으로 바뀌어 굳어진 다음 단어는 음성 모음 형태를 표준어로 삼는다. (ㄱ을 표준어로 삼고, ㄴ을 버림)

ㄱ	ㄴ	비고
깡충-깡충	깡총-깡총	큰말은 '껑충껑충'임
-둥이	-동이	← 童-이. 귀-, 막-, 선-, 쌍-, 검-, 바람-, 흰-
발가-숭이	발가-송이	센말은 '빨가숭이', 큰말은 '벌거숭이, 뻘거숭이'임
보퉁이	보통이	
봉죽	봉족	← 奉足. ~꾼, ~들다
뻗정-다리	뻗장-다리	
아서, 아서라	앗아, 앗아라	하지 말라고 금지하는 말
오뚝-이	오똑-이	부사도 '오뚝-이'임
주추	주초	← 柱礎. 주춧-돌

16

영역 통사론 > 높임법

정답의 이유

제시문에서 설명하고 있는 주체 경어법의 특징은 다음과 같다.
- 용언에 선어말 어미 '-시-'를 사용
- 여러 개의 용언이 함께 나타나는 경우 마지막 용언에 '-시-'를 사용
- 여러 개의 용언 중 어휘적으로 높임의 용언이 따로 있는 경우 반드시 그 용언을 사용

④ 주체인 '할아버지'를 높이기 위해 사용된 용언은 '주무시다'와 '가다'이다. 이 중 마지막 용언인 '가다'에 높임의 선어말 어미 '-시-'가 결합하였으며 '자다'에 대한 높임의 특수 어휘인 '주무시다'가 사용되었으므로 제시문의 내용을 모두 포괄하여 설명하기에 적절하다.

오답의 이유

① 주체인 '할머니'를 높이기 위해 '아프다'에 대한 높임의 특수 어휘인 '편찮다'를 사용하였고 '편찮으세요'에서 높임의 선어말 어미 '-시-'가 사용되었음을 확인할 수 있으나 문장에서 하나의 용언만 나타나고 있으므로 제시문을 모두 포괄하여 설명하기에 적절하지 않다.

② 주체인 '어머님'을 높이기 위해 '돌아보시고'와 '부탁하셨다'에 높임의 선어말 어미 '-시-'를 사용하였으나 높임의 특수 어휘는 사용되지 않았으므로 제시문을 모두 포괄하여 설명하기에 적절하지 않다.

③ 주체인 '선생님'을 높이기 위해 사용된 용언은 '펴다'와 '웃다'이다. 이중 마지막 용언인 '웃다'에 높임의 선어말 어미 '-시-'가 사용되었다. 그러나 높임의 특수 어휘는 사용되지 않았으므로 제시문을 모두 포괄하여 설명하기에 적절하지 않다.

주체 높임법

- 개념: 문장의 주체를 높여 표현하는 방법이다.
- 실현 방법
  - 선어말 어미 '–시–'를 사용한다.
    예 선생님께서 오신다.
  - 주격 조사 '께서'를 사용한다.
    예 아버님께서 신문을 보신다.
  - '높임'의 뜻을 더하는 접미사 '–님'을 사용한다.
    예 회장님께서 오십니다.
  - '계시다, 잡수시다, 편찮으시다, 주무시다, 진지, 돌아가시다' 등의 특수 어휘를 사용한다.
    예 아버님께서 진지를 잡수신다. / 교수님은 공원에 계실 겁니다.
  - 객관적이고 역사적인 사실을 표현할 때에는 선어말 어미 '–시–'를 사용하지 않기도 한다.
    예 충무공은 훌륭한 장군이다. / 세종 대왕이 훈민정음을 창제했다.

17

정답 ②

영역 독해 > 글의 전개 방식   난도 **중**

정답의 이유

② '유추'란 생소하거나 복잡한 개념을 친숙하거나 단순한 개념과 비교하여 설명하는 방식이다. 제시된 글에서는 '유추'의 설명 방식이 쓰이지 않았다.

오답의 이유

① '정의'란 어떤 대상이나 사물의 범위를 규정짓거나 그 사물의 본질을 진술하는 방식으로, 2문단에서 '관객이나 시청자가 읽을 수 있도록 화면에 보여 주는 글자'라는 자막의 개념을 제시하였으므로 '정의'의 설명 방식이 사용되었음을 확인할 수 있다.

③ '예시'란 어떤 대상을 쉽게 이해하도록 구체적인 예를 들어 설명하는 방식으로, 1문단에서 텔레비전에서 쓰이는 여러 종류의 자막을 제시하고 있으므로 '예시'의 설명 방식이 사용되었음을 확인할 수 있다.

④ '대조'란 둘 이상의 대상 간에 상대적인 성질이나 차이점을 중심으로 설명하는 방법으로, 2문단에서 텔레비전 자막과 영화의 자막의 차이점을 제시하고 있으므로 '대조'의 설명 방식이 사용되었음을 확인할 수 있다.

글의 전개 방식

서사	어떤 대상이나 사건을 시간의 흐름에 따라 설명하는 서술 방식
과정	어떤 상태나 결과를 가져오는 일련의 절차나 순서 등에 초점을 두고 서술하는 방식
인과	어떤 결과를 가져오게 한 영향이나 힘에 초점을 두고 서술하는 방법
정의	어떤 대상이나 사물의 범위를 규정짓거나 그 사물의 본질을 진술하는 방식
비교	둘 이상의 대상 간에 공통되는 성질이나 유사성을 중심으로 설명하는 방법
대조	둘 이상의 대상 간에 상대적인 성질이나 차이점을 중심으로 설명하는 방법
분류	유사한 특성을 지닌 대상들을 일정한 기준으로 묶어서 설명하는 방식
분석	대상을 구성 요소나 부분으로 나누어서 설명하는 방식
예시	어떤 대상을 쉽게 이해하도록 구체적인 예를 들어 설명하는 방식
유추	생소하거나 복잡한 개념을 친숙하거나 단순한 개념과 비교하여 설명하는 방식
묘사	대상의 형태, 감촉, 향기, 소리 등을 있는 그대로 그리듯이 서술하는 방식

18

정답 ①

영역 독해 > 글의 순서 파악하기   난도 **중**

정답의 이유

- (나)에서 '이 중 많은 조치들이 성과를 거두었다.'라는 내용을 제시하고 있으므로, 세계 각국의 정부들이 다양한 환경 보호 조치들을 취해왔다고 언급한 첫 번째 문단의 다음에 오는 것이 적절하다.
- (가)에서 '그러나'라는 역접의 접속 표현을 사용하여 규제 노력이 부정적인 측면을 제시하고 있으므로, 규제 노력의 긍정적인 측면을 언급한 (나)의 다음에 오는 것이 적절하다.
- (다)에서 '예를 들어'라는 접속 표현을 사용하여 대기 오염원을 통제할 때 오히려 대기 오염을 가중시킬 수 있다는 사례를 제시하고 있으므로, 규제 노력 중 일부는 문제를 오히려 악화시킨다고 언급한 (가)의 다음에 오는 것이 적절하다.

따라서 ① (나) → (가) → (다)의 순서로 나열하는 것이 적절하다.

19

영역 현대시 > 표현 방법

난도 하

[정답의 이유]

④ '흰 수건, 흰 고무신, 흰 저고리 치마, 흰 띠'는 모두 흰색으로, 우리 민족이 백의민족이라는 점을 활용하여 흰색을 통해 우리 민족을 형상화하고 있다. 따라서 어떤 사물을 그것의 속성과 밀접한 관계가 있는 다른 낱말을 빌려서 표현하는 수사법인 '환유법'이 사용되었다. '의(義) 있는 사람은 옳은 일을 위하여는 칼날을 밟습니다'에서도 '칼날'의 날카로운 속성을 통해 '고통, 위험'이라는 의미를 나타내고 있으므로, '환유법'이 사용되었다.

[오답의 이유]

① 연결어 '~같이'를 사용하여 누님을 꽃에 비유하고 있다. 여기서는 비슷한 성질이나 모양을 가진 두 사물을 '같이', '처럼', '듯이' 등과 같은 연결어로 결합하여 직접 비유하는 수사법인 '직유법'이 사용되었다.

② 원관념 '나의 마음'을 보조 관념 '고요한 물결'에 비유하고 있다. 여기서는 사물의 상태나 움직임을 암시적으로 나타내는 수사법인 '은유법'이 사용되었다.

③ 무생물인 '파도'를 살아 있는 것처럼 표현하고 있다. 여기서는 무생물을 생물인 것처럼, 감정이 없는 것을 감정이 있는 것처럼 표현하는 수사법인 '활유법'이 사용되었다.

20

정답 ①

영역 국어 규범 > 한글 맞춤법

난도 상

[정답의 이유]

① 공기밥(×) → 공깃밥(○): 한글 맞춤법 제30항에 따르면, 순우리말과 한자어로 된 합성어로서 앞말이 모음으로 끝나고 뒷말의 첫소리가 된소리로 나는 경우 사이시옷을 받치어 적는다고 하였다. '공깃밥'은 한자어 '공기(空器)'와 고유어 '밥'이 결합한 합성어이며, 뒷말의 첫소리가 된소리로 나기 때문에 사이시옷을 밝혀 적는다. 따라서 '공깃밥'으로 표기하는 것이 적절하다.

[오답의 이유]

②·③·④ 사이시옷은 뒷말의 첫소리가 된소리로 나거나, 'ㄴ' 또는 'ㄴㄴ' 소리가 덧날 때 받치어 적을 수 있다.

② '인사말'은 한자어 '인사(人事)'와 고유어 '말'이 결합한 합성어이나, [인사말]로 발음되기 때문에 사이시옷을 받치어 적지 않는다.

③ '뒤처리'는 고유어 '뒤'와 한자어 '처리(處理)'가 결합한 합성어이나, [뒤처리]로 발음되기 때문에 사이시옷을 받치어 적지 않는다.

④ '편지글'은 한자어 '편지(便紙)'와 고유어 '글'이 결합한 합성어이나, [편지글]로 발음되기 때문에 사이시옷을 받치어 적지 않는다.

📡 적중레이더

사이시옷을 받치어 적는 조건(한글 맞춤법 제30항)

• 사이시옷은 합성어에서 나타나는 현상이다. 따라서 합성어가 아닌 단일어나 파생어에서는 사이시옷이 나타나지 않는다.

  예 • 해님(○), 햇님(×): 명사 '해'에 접미사 '-님'이 결합한 파생어이므로 '햇님'이 아닌 '해님'이 된다.

     • 해빛(×), 햇빛(○): '햇빛'은 합성어이므로 사이시옷이 들어간다.

• 합성어이면서 다음과 같은 음운론적 현상이 나타나야 한다.

  – 뒷말의 첫소리가 된소리로 나는 경우

    예 바다+가 → [바다까] → 바닷가

  – 뒷말의 첫소리 'ㄴ, ㅁ' 앞에서 'ㄴ' 소리가 덧나는 경우

    예 • 코+날 → [콘날] → 콧날

     • 비+물 → [빈물] → 빗물

  – 뒷말의 첫소리 모음 앞에서 'ㄴㄴ' 소리가 덧나는 경우

    예 예사+일 → [예산닐] → 예삿일

• 합성어를 이루는 구성 요소 중에서 적어도 하나는 고유어이어야 하고 구성 요소 중에 외래어도 없어야 한다.

  예 • 개수(個數)(○), 갯수(×)

   • 초점(焦點)(○), 촛점(×)

   • 기차간(汽車間)(○), 기찻간(×)

   • 전세방(傳貰房)(○), 전셋방(×)

   • 오렌지빛(○), 오렌짓빛(×)

   • 피자집(○), 피잣집(×)

21

정답 ②

영역 고전 산문 > 작품 파악하기

난도 상

[정답의 이유]

② '단지 마음속에 품은 뜻이 귀로 소리를 받아들여 만들어 낸 것일 따름이다.'를 통해 사물의 본질은 내 마음에 달려 있음을 나타내고 있다. 따라서 제시된 작품에서는 세심한 관찰을 통해 사물의 본질을 이해할 수 있음을 역설한 것이 아니라, 사물의 본질은 마음에 달려 있다는 것을 역설하고 있다.

[오답의 이유]

① '솔바람 같은 소리, 언덕이 무너지는 듯한 소리, 개구리들이 다투어 우는 듯한 소리' 등에서 '~듯한, ~같은'이라는 연결어를 활용해 냇물 소리를 빗대어 표현하고 있으므로 직유법을 활용하였음을 알 수 있다. 또한 불어난 냇물 소리를 '수레와 말, 대포와 북의 소리'라고 표현하고 있으므로 은유법을 활용하였음을 알 수 있다.

③ 작가 자신의 집 앞에서 냇물 소리를 들은 일상의 경험을 활용해 물소리에 대한 자신의 생각을 뒷받침하고 있다.

④ '어떤 사람은 이곳이 옛 전쟁터였기 때문에 물소리가 그렇다고 말하나 그래서가 아니라 물소리는 듣기 여하에 달린 것이다.'를 통해 다른 이의 생각을 반박하기 위하여 이 글을 서술하였음을 확인할 수 있다.

38 시대에듀 | 군무원 군수직

📖 **작품 해설**

박지원, 「일야구도하기」
• 갈래: 고전 수필, 한문 수필, 기행 수필
• 성격: 체험적, 분석적, 교훈적, 설득적
• 주제: 외물에 현혹되지 않는 삶의 자세
• 특징
 – 자신의 체험을 바탕으로 주장하는 바를 뒷받침함
 – 치밀한 관찰력으로 사물의 본질을 꿰뚫어 보는 태도를 보임

22

정답 ②

영역 어휘 > 단어의 의미   난도 **중**

정답의 이유

② 제시문에 쓰인 '보면서'는 '어떤 일을 당하거나 겪거나 얻어 가지다.'라는 의미로 사용되었다.

오답의 이유

① · ③ · ④ '보다'의 활용형이 지닌 의미는 '대상을 평가하다.'라는 의미이다.

23

정답 ④

영역 화법과 작문 > 대화의 원리   난도 **중**

정답의 이유

④ '을'은 '갑'의 질문에 대해 '그 침대가 크고 매우 우아해서 좋군요.'라고 대답함으로써 상대방의 의견에 동의하고 있음을 확인할 수 있다. 따라서 자신의 의견과 다른 사람의 의견 사이의 차이점을 최소화하고, 자신의 의견과 다른 사람의 의견의 일치점을 극대화하는 '동의의 격률'이 사용되었다.

오답의 이유

① '을'이 급히 해야 할 일이 있다며 '갑'의 요청을 거절하는 것은 '동의의 격률'을 지키지 않은 대화이다.

② '을'은 자신의 귀가 어두워서 다시 크게 말씀해 주시기를 요청하고 있다. 따라서 자신에게 이익이 되는 표현은 최소화하고, 자신에게 부담이 되는 표현은 최대화하는 '관용의 격률'이 사용되었다.

③ '갑'과 '을'은 자신이 부족한 사람이라고 하며 둘 다 자신을 낮추고 있다. 따라서 자신을 칭찬하는 표현은 최소화하고, 자신을 낮추거나 자신을 비방하는 표현은 최대화하는 '겸양의 격률'이 사용되었다.

24

정답 ①

영역 어휘 > 고유어   난도 **중**

정답의 이유

① '동냥'은 '거지나 동냥아치가 돌아다니며 돈이나 물건 따위를 거저 달라고 비는 일 또는 그렇게 얻은 돈이나 물건 / 승려가 시주(施主)를 얻으려고 돌아다니는 일 또는 그렇게 얻은 곡식'이라는 뜻을 가진 명사로, 고유어에 해당한다.

오답의 이유

② 구걸(求乞: 구할 구, 빌 걸): 돈이나 곡식, 물건 따위를 거저 달라고 빎

③ 중생(衆生: 무리 중, 날 생): 모든 살아 있는 무리

④ 자비(慈悲: 사랑할 자, 슬플 비): 남을 깊이 사랑하고 가엾게 여김 또는 그렇게 여겨서 베푸는 혜택 / 중생에게 즐거움을 주고 괴로움을 없게 함

25

정답 ④

영역 국어 규범 > 로마자 표기법   난도 **하**

정답의 이유

④ 국어의 로마자 표기법 제3장 제6항에 따르면 자연 지물명, 문화재명, 인공 축조물명은 붙임표(-) 없이 붙여 쓴다고 하였다. 또한 국어의 로마자 표기법 제3장 제1항에 따르면 체언에서 'ㄱ, ㄷ, ㅂ' 뒤에 'ㅎ'이 따를 때에는 'ㅎ'을 밝혀 적는다고 하였으므로, '북한산[부칸산]'은 'Bukhansan'으로 표기하는 것이 적절하다.

오답의 이유

① Bok Nyeonphil(×) → Bok Yeonpil(○): 국어의 로마자 표기법 제3장 제4항 '1.'에 따르면 이름에서 일어나는 음운 변화는 표기에 반영하지 않는다고 하였다. 따라서 '복연필[봉년필]'은 'Bok Yeonpil'로 표기하는 것이 적절하다.

② Chungwadae(×) → Cheongwadae(○): 국어의 로마자 표기법 제2장 제1항에 따르면 'ㅓ'는 'eo'로 적는다. 따라서 '청와대[청와대]'는 'Cheongwadae'로 표기하는 것이 적절하다.

③ Hanrasan(×) → Hallasan(○): 국어의 로마자 표기법 제2장 제2항 [붙임 2]에 따르면 'ㄹㄹ'은 'll'로 적는다고 하였다. 따라서 '한라산[할라산]'은 'Hallasan'으로 표기하는 것이 적절하다.

2022 | **7급** 기출문제 해설

☑ 점수 (   )점/100점 ☑ 문제편 039쪽

영역 분석

문법	6문항	★★★★★	24%
문학	6문항	★★★★★	24%
비문학	9문항	★★★★★★★★	36%
어휘	4문항	★★★★	16%

빠른 정답

01	02	03	04	05	06	07	08	09	10
①	④	①	④	④	②	④	④	②	①
11	12	13	14	15	16	17	18	19	20
②	③	②	①	④	③	③	④	③	②
21	22	23	24	25					
②	①	②	③	③					

01

정답 ①

영역 형태론 > 품사　　　　　　　　　난도 **하**

정답의 이유

① 어떤 경우에도 조사와 결합하지 않고, 독립된 품사로 단어와 띄어 쓰며, 주로 체언을 꾸며 주는 품사는 '관형사'이다. '달리'는 '사정이나 조건 따위가 서로 같지 않게'라는 뜻을 가진 부사이다.

오답의 이유

② '서너'는 '그 수량이 셋이나 넷임을 나타내는 말'이라는 뜻을 가진 관형사이다.

③ '어떤'은 '사람이나 사물의 특성, 내용, 상태, 성격이 무엇인지 물을 때 쓰는 말 / 주어진 여러 사물 중 대상으로 삼는 것이 무엇인지 물을 때 쓰는 말'이라는 뜻을 가진 관형사이다.

④ '갖은'은 '골고루 다 갖춘 또는 여러 가지의'라는 뜻을 가진 관형사이다.

02

정답 ④

영역 현대 소설 > 작품 파악하기　　　　　난도 **하**

정답의 이유

④ 제시된 작품에서는 극한 상황 속에서 주인공이 겪는 심리를 의식의 흐름 기법으로 서술하고 있다. 따라서 주인공이 갖는 감정의 흐름에 기대어 서술하고 있다는 설명은 적절하다.

오답의 이유

① "뭐 하고 있어! 빨리 나와!"라는 인물의 말이 제시되었으나, 인물들이 주고받는 대화는 제시되지 않았으므로 대화로 인물의 성격을 그리고 있다는 설명은 적절하지 않다.

② 주인공의 행동이 아닌 주인공의 심리에 따라 극한 상황에 처한 인간의 고뇌라는 작품의 주제가 드러나고 있다.

③ 인물들 사이의 갈등이 고조되고 있는 것이 아니라, '나'라는 인물의 내적 갈등이 고조되고 있다.

📖 작품 해설

오상원, 「유예」

- 갈래: 단편 소설, 전후 소설
- 성격: 독백적, 실존적
- 주제: 전쟁이라는 극한 상황 속에서 인간이 겪는 실존적 고뇌
- 특징
  - 의식의 흐름 기법을 사용함
  - 시각적 이미지의 대조를 통해 비극성을 감각적으로 형상화함

03

정답 ①

영역 어휘 > 한자성어　　　　　　　　　난도 **상**

정답의 이유

① 2문단의 '주류경제학은 이런 이기주의와 개인주의를 높이 찬양하고 있지만 입장을 바꿔 생각해 보면 이게 얼마나 몰상식적인 처사인지가 금방 드러난다.'를 통해 ㉠에 들어갈 한자성어는 '입장을 바꿔 생각한다.'라는 뜻의 역지사지(易地思之: 바꿀 역, 땅 지, 생각 사, 갈 지)임을 추론할 수 있다. 또한 3문단의 '여러 사람들이 함께 노력한 결과 이익이 생기면, 그 이익을 즐긴 사람이 비용을 부담해야 한다는 원칙이다. ~ 이런 상식을 따르지 않으면 (㉡)한

자로 여겨질 것이다.'를 통해 ⓒ에 들어갈 한자성어는 '이익을 얻고 배신한다.'는 뜻의 배은망덕(背恩忘德: 등 배, 은혜 은, 잊을 망, 덕 덕)임을 추론할 수 있다.

오답의 이유

② • 십시일반(十匙一飯: 열 십, 숟가락 시, 하나 일, 밥 반): 밥 열 술이 한 그릇이 된다는 뜻으로, 여러 사람이 조금씩 힘을 합하면 한 사람을 돕기 쉬움을 이르는 말
   • 동량지재(棟梁之材: 마룻대 동, 들보 량, 갈 지, 재목 재): 마룻대와 들보로 쓸 만한 재목이라는 뜻으로, 집안이나 나라를 떠받치는 중대한 일을 맡을 만한 인재를 이르는 말
③ • 인지상정(人之常情: 사람 인, 갈 지, 항상 상, 뜻 정): 사람이면 누구나 가지는 보통의 마음
   • 부수청령(俯首聽令: 숙일 부, 머리 수, 들을 청, 명령할 령): 고개를 숙이고 명령을 따른다는 뜻으로, 윗사람의 위엄에 눌려 명령대로 좇아 행함을 이르는 말
④ • 오월동주(吳越同舟: 나라 이름 오, 넘을 월, 같을 동, 배 주): 서로 적의를 품은 사람들이 한자리에 있게 된 경우나 서로 협력하여야 하는 상황을 비유적으로 이르는 말
   • 수주대토(守株待兔: 지킬 수, 그루 주, 기다릴 대, 토끼 토): 한 가지 일에만 얽매여 발전을 모르는 어리석은 사람을 비유적으로 이르는 말

04
정답 ④

영역 현대시 > 작품 파악하기　　　　　　　　　　　난도 **중**

정답의 이유

④ 불의에 항거하지 못하고 소극적인 입장을 취한 자신을 질책하고 있으나, 세상을 싫어하고 모든 일을 어둡고 부정적인 것으로 보는 염세적 태도를 드러내고 있지 않으므로 적절하지 않은 설명이다.

오답의 이유

① 이 시에서 화자는 '우스워라'와 같은 자조적 시어를 사용하여 현실에 소극적인 무기력한 자신의 삶을 성찰하고 있다.
② '나의 영(靈)은 죽어 있는 것은 아니냐'에서 자성적인 어조를 통하여 자유와 정의가 소멸된 현실을 직시하고 있음을 확인할 수 있다.
③ 1연과 5연에 유사한 시구를 배열하는 수미상관식 구성을 통해 부정적인 현실에 저항하지 못하는 화자의 반성적 태도의 의미를 강조하고 있다.

김수영, 「사령(死靈)」
• 갈래: 자유시, 서정시
• 성격: 상징적, 비판적, 반성적, 자조적
• 주제: 불의에 대항하지 못하는 삶에 대한 성찰과 자괴감
• 특징
  − 시적 대상을 의인화하여 화자가 추구하는 가치를 표현함
  − 설의적 표현을 통해 반성적 태도를 드러냄

05
정답 ④

영역 독해 > 글의 전개 방식　　　　　　　　　　　난도 **중**

정답의 이유

④ '분류'는 유사한 특성을 지닌 대상들을 일정한 기준으로 묶어서 설명하는 방식이다. 그러나 제시된 문장을 보면, '장미는 잎, 줄기, 뿌리로 구성되어 있다. 8개의 꽃잎과 가시가 달려 있는 줄기, 뿌리로 구성되어 있다.'에서 '장미'라는 하나의 대상을 구성 요소로 나누어 설명하고 있으므로 이 글에 쓰인 설명 방식은 '분석'이다. 따라서 ⓔ에 들어갈 글로 적절하지 않다.

오답의 이유

① '비교'는 둘 이상의 대상 간에 공통되는 성질이나 유사성을 중심으로 설명하는 방법이고, '대조'는 둘 이상의 대상 간에 상대적인 성질이나 차이점을 중심으로 설명하는 방법이다. '국화에 비하여 장미는 꽃잎의 크기가 크다. 그러나 꽃잎의 수는 국화의 그것보다 적다.'에서는 '국화'와 '장미'의 꽃잎의 크기를 비교, 대조하여 설명하고 있다.
② '유추'는 생소하거나 복잡한 개념을 친숙하거나 단순한 개념과 비교하여 설명하는 방식이다. '장미는 어여쁜 색시의 은장도와 같다. 장미의 꽃잎은 어여쁘지만 그것을 보호하기 위한 가시가 줄기에 있다.'에서는 '장미'를 '은장도'에 유추하여 설명하고 있다.
③ '예시'는 어떤 대상을 쉽게 이해하도록 구체적인 예를 들어 설명하는 방식이다. "장미는 일상생활은 물론 문학 작품 속에서도 흔히 볼 수 있다. '어린왕자'의 경우에는 유리병 속의 장미가 나온다."에서는 '어린왕자'를 예로 들어 장미가 문학 작품 속에서도 등장했다는 점을 설명하고 있다.

06

영역 어휘 > 단어의 의미　　　　　　　　　　　　　　난도 중

정답의 이유

② '늠름한'의 기본형인 '늠름하다'는 '성격이 너그럽고 활달하다.'라는 뜻을 가진 형용사이므로, '활달한'이라는 뜻은 적절하다.

오답의 이유

① '머줍기로'의 기본형인 '머줍다'는 '동작이 둔하고 느리다.'라는 뜻을 가진 형용사이므로, '정확하기로'라는 뜻은 적절하지 않다.
③ '골막하게'의 기본형인 '골막하다'는 '담긴 것이 가득 차지 아니하고 조금 모자란 듯하다.'라는 뜻을 가진 형용사이므로, '가득'이라는 뜻은 적절하지 않다.
④ '동뜬'의 기본형인 '동뜨다'는 '다른 것들보다 훨씬 뛰어나다.'라는 뜻을 가진 형용사이므로, '뒤떨어진'이라는 뜻은 적절하지 않다.

07

정답 ④

영역 화법과 작문 > 조건에 맞게 쓰기　　　　　　　　난도 중

정답의 이유

④ 불행한 일이 연달아 일어난 상황을 뜻하는 '엎친 데 덮친 격'이라는 격언을 친구의 상황에 맞게 적절하게 인용하였고, '힘내! 우리는 젊잖아?'라는 표현을 통해 친구를 위로하는 희망적인 내용을 담고 있다. 또한 '햇빛처럼 환한 너의 웃음'에서 직유의 표현을 사용하였음을 알 수 있다.

오답의 이유

① '하면 된다'라는 격언을 인용하였으나, 아픈 친구의 상황에 쓰이기에는 적절하지 않다. 또한 아픈 친구를 위로하는 말에는 희망적인 내용이 담겨 있지 않으며, 직유나 은유의 표현도 사용하지 않았다.
② 친구를 떠나보낸 친구에게 '너무 아파하지 말고 툭툭 털고 일어나렴.'이라는 위로의 말을 건네는 희망적인 내용을 담고 있고, '봄의 새싹같이'에서 직유의 표현을 사용하였음을 알 수 있다. 그러나 '친구 따라 강남 간다'라는 격언은 친구를 떠나보내고 슬퍼하는 친구의 상황에 사용하기에는 적절하지 않다.
③ 선생님께 혼난 친구를 위로하는 말에는 희망적인 내용이 담겨 있지 않으며, 직유나 은유의 표현도 사용하지 않았다. 또한 '선생님의 그림자는 밟지도 않는다'라는 격언은 선생님께 혼난 친구를 위로하는 상황에 사용하기에는 적절하지 않다.

08

정답 ④

영역 어휘 > 한자어　　　　　　　　　　　　　　　　난도 상

정답의 이유

④ '방증(傍證: 곁 방, 증거 증)'은 '사실을 직접 증명할 수 있는 증거가 되지는 않지만, 주변의 상황을 밝힘으로써 간접적으로 증명에 도움을 줌 또는 그 증거'라는 뜻이다. 제시문은 메달 지상주의를 부추기는 올림픽의 현실을 보여 준다는 내용이므로 '방증(傍證)'이 적절하게 쓰였다.

오답의 이유

① 啓發(×) → 開發(○): '계발(啓發: 열 계, 필 발)'은 '슬기나 재능, 사상 따위를 일깨워 줌'이라는 뜻이다. 제시문은 신제품을 새로 만들어낸다는 내용이므로, '새로운 물건을 만들거나 새로운 생각을 내어놓음'이라는 뜻인 '개발(開發: 열 개, 필 발)'을 써야 한다.
② 混沌(×) → 混同(○): '혼돈(混沌: 섞을 혼, 어두울 돈)'은 '마구 뒤섞여 있어 갈피를 잡을 수 없음 또는 그런 상태'라는 뜻이다. 제시문은 영화를 보는 동안 현실과 가상을 구별하지 못했다는 내용이므로, '구별하지 못하고 뒤섞어서 생각함'이라는 뜻인 '혼동(混同: 섞을 혼, 같을 동)'을 써야 한다.
③ 體制(×) → 體系(○): '체제(體制: 몸 체, 억제할 제)'는 '생기거나 이루어진 틀 또는 그런 됨됨이 / 사회를 하나의 유기체로 볼 때, 그 조직이나 양식, 또는 그 상태를 이르는 말'이라는 뜻이다. 제시문에서 교통 신호는 일정한 원리에 따라 짜임새 있게 조직된 전체이므로, '일정한 원리에 따라서 낱낱의 부분이 짜임새 있게 조직되어 통일된 전체'라는 뜻인 '체계(體系: 몸 체, 이을 계)'를 써야 한다.

09

정답 ②

영역 독해 > 내용 추론하기　　　　　　　　　　　　난도 중

정답의 이유

② 제시문에서는 단어가 외래어로 변하면서 상품의 교환 가치가 높아진다고 언급하고 있다. 이는 판매자를 위한 것이므로, 이를 비판하기 위해서는 소비자의 이익을 위하는 방향으로 언어를 순화해야 한다고 주장할 수 있다.

오답의 이유

① 사용 가치와 교환 가치의 의미를 모두 포함하는 경제적 가치는 언어 순화의 방향으로 제시할 수 없으므로 적절하지 않다.
③ 제시문에서 토착어의 순수성을 지키자는 내용은 언급하지 않았으므로 적절하지 않다.
④ 제시문에서 토착어, 한자어, 외래어의 의사소통에 대한 공통성과 문제점은 제시하지 않았으므로 적절하지 않다.

10

영역 독해 > 제목 파악하기　　　　　　　　　　　난도 중

[정답의 이유]

① 제시문에서는 '시장 제도를 적절히 설계하면 경제 주체들의 이익을 최대한 충족시키면서 재화를 효율적으로 배분할 수 있는' 시장 설계에 관해 설명하고 있으며, 시장 설계의 방법을 양방향 매칭과 단방향 매칭으로 나누어 설명하고 있다. 따라서 이 글의 제목으로는 '시장 설계와 방법'이 적절하다.

[오답의 이유]

② 재화에 대해 언급하였으나 재화의 배분과 방법은 제시되지 않았으므로 적절하지 않다.

③ 양방향 매칭과 단방향 매칭에 관해 설명하고 있으나, 매칭의 방법은 제시되지 않았으므로 적절하지 않다.

④ 단방향 매칭에서 경제 주체와 매칭에 대해 언급하였으나, 이는 글의 전체적인 내용이 아니므로 적절하지 않다.

11

정답 ②

영역 현대시 > 작품 파악하기　　　　　　　　　　난도 하

[정답의 이유]

② 이 작품의 화자는 모란이 다시 피기를 기다리고 있으므로 모란의 영원한 아름다움을 찬양한다는 설명은 적절하지 않다.

[오답의 이유]

① 이 작품은 모란에 대한 간절한 기다림과 모란이 시들어 버린 상실의 미학을 노래한 작품이다.

③ '천지에 모란은 자취도 없어지고 / 뻗쳐 오르던 내 보람 서운케 무너졌으니'를 통해 화자는 모란을 잃은 슬픔으로 인해 설움에 잠겼음을 확인할 수 있다. 그러나 '모란이 피기까지는 / 나는 아직 기다리고 있을 테요, 찬란한 슬픔의 봄을'을 통해 모란이 다시 피기를 기다리겠다고 하며 역설적인 기다림의 아름다움을 노래하고 있다.

④ 화자는 모란이 피었을 때의 기쁨을 '찬란한'이라고 표현하였고, 모란이 지고 났을 때의 설움을 '슬픔'이라고 표현하였다. 이는 모란의 아름다움이 '한 철'만 볼 수 있는 것이기에 모란이 피고 질 때의 기쁨과 슬픔이라는 복합적 감정을 '찬란한 슬픔'이라고 표현하였음을 알 수 있다.

📖 **작품 해설**

김영랑, 「모란이 피기까지는」

- 갈래: 자유시, 서정시
- 성격: 낭만적, 유미적
- 주제: 모란에 대한 간절한 기다림
- 특징
  - 섬세하고 아름답게 다듬은 시어를 사용함
  - 수미상관의 구조를 통해 주제를 강조함
  - 역설적 표현 방법을 사용함

12

정답 ③

영역 통사론 > 문장의 짜임　　　　　　　　　　　난도 상

[정답의 이유]

③ ㉠의 밑줄 친 부분에서는 주어가 생략되어 있는데, '(땀이) 이마에 흐르다.'라는 뜻이므로 생략된 주어는 '땀'이다.

[오답의 이유]

① ㉠의 밑줄 친 부분은 관형사형 어미 '-는'과 결합한 관형절이고, ㉡의 밑줄 친 부분은 명사형 어미 '-ㅁ'과 결합한 명사절이며, ㉢의 밑줄 친 부분은 부사형 어미 '-이'와 결합한 부사절이다. 따라서 ㉠, ㉡, ㉢의 밑줄 친 부분 모두 안긴문장에 해당한다.

② ㉠의 밑줄 친 부분은 관형절이며 명사 '땀'을 수식하는 관형어의 역할을 하고 있다. ㉡의 밑줄 친 부분은 명사절이며 목적격 조사 '을' 앞에 쓰여 목적어의 역할을 하고 있다. ㉢의 밑줄 친 부분은 부사절이며 '잘난 척을 해'를 수식하는 부사어의 역할을 하고 있다.

④ ㉡에서 '그가 착한'은 뒤에 오는 '사람'을 수식하는 관형절이고, '그가 착한 사람임을 모르는'은 뒤에 오는 '사람'을 수식하는 관형절이다.

📡 **적중레이더**

관형절을 안은문장

- 문장에서 관형어의 기능을 하는 절을 안은문장이다.
- 관형사형 어미 '-(으)ㄴ, -는, -(으)ㄹ, -던' 등이 사용된다.
- 예 • 이 옷은 어제 내가 입은 옷이다.
  - 어려서부터 내가 먹던 맛이 아니다.

명사절을 안은문장

- 문장에서 주어, 목적어, 관형어, 부사어 등의 기능을 하는 명사절을 안은문장이다.
- 명사형 어미 '-(으)ㅁ, -기, -는 것' 등이 사용된다.
- 예 • 영희가 그 일에 관여했음이 밝혀졌다. (주어)
  - 아침에 네가 일어나기를 기다렸다. (목적어)
  - 너는 말하기 전에 한 번 더 생각해 보아라. (관형어)
  - 네가 노력하기에 따라 결과가 달라진다. (부사어)

부사절을 안은문장

- 문장에서 부사어의 기능을 하는 절을 안은문장이다.
- 부사형 어미 '-게, -도록' 등이 사용된다.
- 예 • 그 집은 조명이 아름답게 장식되어 있다.
  - 나는 철수가 편히 쉴 수 있도록 자리를 비켜주었다.

13

| 영역 독해 > 글의 순서 파악하기 | 난도 중 |

정답의 이유

- (나)에서는 인간을 규정하는 관점으로 여러 가지가 있다고 한 후, 인간은 선하다는 것과 악하다는 관점을 언급하고 있으므로 성선설과 성악설에 대해 제시하고자 하는 이 글의 처음에 오는 것이 적절하다.
- (가)에서는 성선설에 관한 내용을 제시하고 있으므로 인간은 선하다는 것과 악하다는 관점을 언급한 (나)의 다음에 오는 것이 적절하다.
- (다)에서는 '반면'이라는 역접의 접속 표현을 사용하여 성선설과 반대되는 성악설에 관한 내용을 제시하고 있으므로 성선설에 관해 설명한 (가)의 다음에 오는 것이 적절하다.
- (라)에서는 '이렇게 볼 때'라는 표현을 통해 앞서 제시한 인간을 보는 관점에 대해 정리하고 있으므로 글의 마지막에 오는 것이 적절하다.

따라서 ② (나) - (가) - (다) - (라)의 순서로 나열하는 것이 적절하다.

14

| 영역 어휘 > 한자어 | 난도 상 |

정답의 이유

① 질책(×) → 힐책(○): 밑줄 친 한자는 '힐책(詰責: 꾸짖을 힐, 꾸짖을 책)'으로 '잘못된 점을 따져 나무람'이라는 뜻이다. 따라서 '질책'은 독음으로 적절하지 않다.

오답의 이유

② 포착(捕捉: 사로잡을 포, 잡을 착): 요점이나 요령을 얻음
③ 피습(被襲: 입을 피, 엄습할 습): 습격을 받음
④ 알선(斡旋: 관리할 알, 돌 선): 남의 일이 잘되도록 주선하는 일

15

| 영역 수필 > 작품 파악하기 | 난도 중 |

정답의 이유

④ 2문단의 '중력을 거부하는 힘의 동력, 인위적인 그 동력이 끊어지면 분수의 운동은 곧 멈추고 만다.'에서 분수는 인위적인 동력이 끊어지면 멈추고 말 것임을 확인할 수 있으나, 지속적인 긴장이 분수의 운동을 멈추게 한다는 것은 제시되지 않았으므로 적절하지 않다.

오답의 이유

① 1문단의 '물의 본성에 도전하는 물줄기이다.'를 통해 확인할 수 있다.
② 1문단의 '가장 물답지 않은 물, 가장 부자연스러운 물의 운동이다.'를 통해 확인할 수 있다.

③ 2문단의 '이 긴장, 이 지속, 이것이 서양의 역사와 그 인간 생활을 지배해 온 힘이다.'를 통해 분수와 같은 거역하는 힘이 서양인의 역사와 인간 생활을 지배해 온 힘임을 확인할 수 있다.

16

| 영역 독해 > 제목 파악하기 | 난도 중 |

정답의 이유

③ 제시문은 영국의 곡물법에 관해 설명한 후에 수입 곡물 관세를 더욱 높일 것을 요구한 농부와 지주들의 주장과 수입 곡물에 대한 관세 인상을 반대한 공장주들의 주장을 소개하고 있다. 따라서 글의 제목으로는 '영국 곡물법에 대한 의견'이 적절하다.

오답의 이유

① '영국 곡물법의 개념'이 글의 서두에 소개되어 있지만, 개념이 글의 전체적인 내용을 이루고 있는 것이 아니므로 제목이 될 수 없다.
② '영국 곡물법의 철폐'를 요구한 사람들은 공장주들이며, 수입 곡물에 대한 관세 인상을 이야기한 글의 전체적인 내용과 일치하지 않으므로 제목이 될 수 없다.
④ 영국 곡물법을 제정한 목적은 제시되어 있으나, '영국 곡물법의 제정과 변화'에 관한 내용은 제시되지 않았으므로 제목이 될 수 없다.

17

| 영역 형태론 > 품사 | 난도 하 |

정답의 이유

③ '한 사람도 오지 않았다.'에 쓰인 '한'은 '그 수량이 하나임을 나타내는 말'이라는 뜻을 가진 '수 관형사'이며, 뒤에 오는 명사 '사람'을 수식하고 있다.

오답의 이유

① '사과 하나를 집었다.'에서 '하나'는 '수효를 세는 맨 처음 수'라는 뜻을 가진 '수사'이며, 목적격 조사 '를'과 결합해 목적어로 쓰였다.
② '열의 세 곱은 서른이다.'에서 '열'은 '아홉에 하나를 더한 수'라는 뜻을 가진 '수사'이며, 관형격 조사 '의'와 결합해 관형어로 쓰였다. 또한 '서른'은 '열의 세 배가 되는 수'라는 뜻을 가진 '수사'이며, 서술격 조사 '이다'와 결합해 서술어로 쓰였다. '세'는 '그 수량이 셋임을 나타내는 말'이라는 뜻을 가진 '관형사'이며, 뒤에 오는 명사 '곱'을 수식하고 있다.
④ '영희가 첫째로 도착하였다.'에서 '첫째'는 '순서가 가장 먼저인 차례'라는 뜻을 가진 '수사'이며, 부사격 조사 '로'와 결합해 부사어로 쓰였다.

수사

- 개념: 사물의 수량이나 순서를 나타내는 품사이다.
- 특징
  - 형용사의 수식이 불가능하다.
    - 예 예쁜 하나(×)
  - 복수 접미사와의 결합이 불가능하다.
    - 예 하나들(×)
  - 하루, 이틀, 사흘, 나흘 등은 수사가 아니라 명사이다.
  - 수 관형사와 달리 수사는 조사와 결합할 수 있다.

수사	사물의 수나 양을 나타내는 품사로, 조사와 결합할 수 있다. 예 사람 여섯이 모여 있다.
수 관형사	사물의 수나 양을 나타내는 관형사로, 후행하는 체언을 수식한다. 예 여섯 사람이 모여 있다.

18

정답 ④

영역 독해 > 세부 내용 파악하기   난도 **중**

정답의 이유

④ 제시문에 따르면 아인슈타인은 시간과 공간을 합쳐서 시공간이라고 하였고, 이 시공간은 시간에 해당하는 차원이 한 방향으로만 진행한다는 한계가 있다고 하였다. 따라서 '아인슈타인의 시공간은 시간에 해당하는 차원이 한 방향으로만 진행되었다.'라는 진술은 적절한 이해이다.

오답의 이유

① '아인슈타인은 시간도 상대적인 물리량으로 보고, 시간과 공간을 합쳐서 4차원 공간, 즉 시공간(spacetime)이라고 하였다. 이 시공간은 시간과 공간으로 서로 구별되지 않는다.'를 통해 아인슈타인은 시간과 공간을 합쳐서 시공간이라 하였음을 확인할 수 있으므로, 아인슈타인의 시공간은 구별되어 존재했다는 진술은 적절하지 않다.

② '1905년 아인슈타인의 특수 상대성 이론이 발표되기 전까지 물리학자들은 시간과 공간을 별개의 독립적인 물리량으로 보았다.'를 통해 아인슈타인 등장 전에도 시간과 공간은 독립적인 물리량이었음을 확인할 수 있으므로 이는 적절하지 않은 이해이다.

③ '공간은 상대적인 물리량인 데 비해, 시간은 절대적인 물리량으로서 공간이나 다른 어떤 것의 변화에 의해 변하지 않는다는 것이다.'를 통해 시간은 절대적인 물리량임을 확인할 수 있으므로 이는 적절하지 않은 이해이다.

19

정답 ③

영역 형태론 > 품사   난도 **중**

정답의 이유

③ '여기'는 말하는 이에게 가까운 곳을 가리키는 지시 대명사이다.

오답의 이유

① · ② · ④는 모두 관형사이다.

① '그'는 '듣는 이에게 가까이 있거나 듣는 이가 생각하고 있는 대상을 가리킬 때 쓰는 말'이라는 뜻을 가진 '관형사'이며, 뒤에 오는 명사 '사람'을 수식하고 있다.

② '천'은 '백의 열 배가 되는 수의'라는 뜻을 가진 '수 관형사'이며, 뒤에 오는 의존 명사 '년'을 수식하고 있다.

④ '이'는 '말하는 이에게 가까이 있거나 말하는 이가 생각하고 있는 대상을 가리킬 때 쓰는 말'이라는 뜻을 가진 '관형사'이며, 뒤에 오는 명사 '물건'을 수식하고 있다.

20

정답 ②

영역 독해 > 세부 내용 파악하기   난도 **상**

정답의 이유

② 4문단의 '광무(光武) 3년 10월 모(某)일 분의 『황성신문』(皇城新聞) 논설에 성(盛)히 문학이라는 말을 썼는데 그것은 현재 우리가 사용하는 의미의 문학은 아니었다.'를 통해 당시의 '신문학'과 현재의 '신문학'이 같은 의미로 사용되지 않는다는 것을 확인할 수 있다.

오답의 이유

① 3문단의 '그 전에는 비록 신문학이란 문자를 왕왕 대할 수 있다 하더라도 그것은 지금 우리가 사용하는 의미보다는 훨씬 광의로 사용되었다.'에서 '신문학'이라는 말의 유래에 대해서 설명하고 있다. 또한 4문단의 "이 '문학'('literature'의 역어) 가운덴, 시, 소설, 희곡, 비평을 의미하는 문학, 즉 예술문학까지가 포함되어 있는 것은 물론이다."에서 '신문학'의 현재적 개념을 서술하고 있음을 확인할 수 있다.

③ 4문단의 '광무(光武) 3년 10월 모(某)일 분의 『황성신문』(皇城新聞) 논설에 성(盛)히 문학이라는 말을 썼는데 그것은 현재 우리가 사용하는 의미의 문학은 아니었다. 그러므로 신문학이란 말은 곧 신학문의 별칭이라 할 수 있었다.'를 통해 『황성신문』에서 나타나는 '신문학'은 '신학문'의 별칭임을 확인할 수 있다.

④ 4문단의 '그러나 문학이란 말을 literature의 역어(譯語)로 생각지 않고 자의(字義)대로 해석하여 사용한 당시에 있어 이 현상은 극히 자연스러운 일이 아니할 수 없다.'를 통해 현재 사용하는 '문학'이라는 말이 'literature'의 역어임을 확인할 수 있다.

21

정답 ②

영역 독해 > 주제 파악하기　　　　　　난도 **상**

정답의 이유

② 제시문에 따르면 버크가 말하는 대의제란 지도자가 성숙한 판단과 계몽된 의식을 가지고 국민을 대신하여 일하는 것이며, 국민은 지도자와 상호 '신의 계약'을 체결한 것이 아니라 '신탁 계약'을 했다고 하였다. 이를 통해 '국민은 지도자에게 자신의 모든 권리를 위임한다.'가 버크의 견해임을 확인할 수 있다.

오답의 이유

① '그는 만약 지도자가 국민의 의견을 좇아 자신의 판단을 단념한다면 그것은 국민에게 봉사하는 것이 아니라 국민을 배신하는 것이라고 했다.'를 통해 지도자는 국민 다수의 의견을 따라야 하는 것이 아니라 스스로 판단해야 함을 확인할 수 있다.

③ '그러므로 지도자에게는 개별 국민들의 요구와 입장을 성실하게 경청해야 할 의무 대신에, 국민 전체의 이익이 무엇인가를 스스로 판단해서 대신할 의무가 있다.'를 통해 버크는 국민의 자질보다는 지도자의 판단이 중요하다고 생각함을 확인할 수 있고, 성공적인 대의제를 위한 조건은 제시되지 않았다.

④ 제시문에 따르면 버크는 지도자가 국민 전체의 이익이 무엇인가를 스스로 판단해서 대신할 의무가 있다고 하였으므로, 국민이 지도자의 결정에 대한 수용과 비판의 지속적인 태도를 보여 주어야 한다는 것은 버크의 견해로 적절하지 않다.

22

정답 ①

영역 현대시 > 시어의 의미　　　　　　난도 **중**

정답의 이유

① '탱자'는 둥글고 부드러운 이미지를 나타내고 있으며 사랑과 희생 정신이라는 함축적 의미를 지닌다.

오답의 이유

② · ③ · ④ '가지', '모', '이빨'은 모두 직선의 속성을 지니고 있다.

📖 **작품 해설**

오세영, 「열매」

• 갈래: 자유시, 서정시
• 성격: 상징적, 예찬적
• 주제: 열매를 통해 발견하는 자기희생적 사랑
• 특징
  − 자연물을 통해 삶의 깨달음을 표현함
  − 원과 직선의 대립적 이미지를 통해 시상을 전개함

23

정답 ②

영역 국어 규범 > 한글 맞춤법 > 띄어쓰기　　　　　　난도 **중**

정답의 이유

② '끝난∨지도'에서 '지'는 '어떤 일이 있었던 때로부터 지금까지의 동안을 나타내는 말'이라는 뜻을 가진 의존 명사이므로 앞말과 띄어 써야 한다.

오답의 이유

① 세달이(×) → 세∨달이(○): '달'은 '한 해를 열둘로 나눈 것 가운데 하나의 기간을 세는 단위'라는 뜻을 가진 의존 명사이므로 앞말과 띄어 써야 한다.

③ 생각∨뿐이었다(×) → 생각뿐이었다(○): '뿐'은 '그것만이고 더는 없음' 또는 '오직 그렇게 하거나 그러하다는 것'을 나타내는 보조사이므로 앞말과 붙여 써야 한다. 또한 '이다'는 서술격 조사이므로 앞말과 붙여 써야 한다.

④ 노력한만큼(×) → 노력한∨만큼(○): '만큼'은 '앞의 내용에 상당한 수량이나 정도임을 나타내는 말'이라는 뜻을 가진 의존 명사이므로 앞말과 띄어 써야 한다.

📡 **적중레이더**

의존 명사가 조사, 어미의 일부, 접미사 등과 형태가 같은 경우의 띄어쓰기

지	어미의 일부	어떻게 할**지** 모르겠다. → 어미 '-(으)ㄴ지, -ㄹ지'의 일부이므로 붙여 쓴다.
	의존 명사	그가 떠난 **지** 보름이 지났다. → 시간의 경과를 나타내는 경우에는 의존 명사이므로 띄어 쓴다.
뿐	조사	셋**뿐**이다. → 체언 뒤에 붙어서 한정의 뜻을 나타내는 경우는 조사이므로 붙여 쓴다.
	의존 명사	웃을 **뿐**이다. → 용언의 관형사형 뒤에 나타날 경우에는 의존 명사이므로 띄어 쓴다.
만큼	조사	학생이 고등학생**만큼** 잘 안다. → 체언 뒤에 붙어 '앞말과 비슷한 정도로'라는 뜻을 나타내는 경우에는 조사이므로 붙여 쓴다.
	의존 명사	애쓴 **만큼** 얻는다. → 용언의 관형사형 뒤에 나타날 경우에는 의존 명사이므로 띄어 쓴다.
만	조사	하나**만** 알고 둘은 모른다. → 체언에 붙어서 한정 또는 비교의 뜻을 나타내는 경우에는 조사이므로 붙여 쓴다.
	의존 명사	떠난 지 사흘 **만**에 돌아왔다. → 시간의 경과나 횟수를 나타내는 경우에는 의존 명사이므로 띄어 쓴다.

24

영역 통사론 > 사동과 피동　　　　　　　　　　**난도** 중

정답의 이유

③ '철수가 감기에 걸렸다.'를 능동 표현으로 바꿀 경우 '감기가 철수를 걸다.'라는 비문이 된다. '감기'가 주체가 될 수 없으므로 능동 표현으로 바꿀 수 없다.

오답의 이유

① '그 문제가 어떤 수학자에 의해 풀렸다.'를 능동 표현으로 바꿀 경우 '어떤 수학자가 그 문제를 풀었다.'라는 문장이 성립한다.

② '그 책은 많은 사람들에게 읽혔다.'를 능동 표현으로 바꿀 경우 '많은 사람들이 그 책을 읽었다.'라는 문장이 성립한다.

④ '아이가 어머니에게 안겼다.'를 능동 표현으로 바꿀 경우 '어머니가 아이를 안았다.'라는 문장이 성립한다.

(🔊) **적중레이더**

피동 표현

• 능동과 피동의 개념
  – 능동: 주체가 스스로 움직이거나 작용을 하는 것
  – 피동: 주체가 다른 힘에 의하여 움직이거나 작용을 하는 것
• 피동문의 종류

파생적 피동문 (단형 피동)	• 용언의 어간에 피동 접미사 '-이-, -히-, -리-, -기-'를 붙여서 만든다. 예 경찰이 도둑을 잡았다. (능동) 　　→ 도둑이 경찰에게 잡혔다. (피동) • 명사에 접미사 '-되다, -받다, -당하다'를 붙여서 만든다. 예 철수는 영희를 사랑했다. (능동) 　　→ 영희는 철수에게 사랑받았다. (피동)
통사적 피동문 (장형 피동)	용언의 어간에 보조 용언 '-어지다, -게 되다'를 붙여 만든다. 예 쓰레기를 버린다. (능동) 　　→ 쓰레기가 버려진다. (피동) 예 노래를 불렀다. (능동) 　　→ 노래를 부르게 되었다. (피동)

25

영역 현대 소설 > 작품 파악하기　　　　　　　　**난도** 중

정답의 이유

③ ⓒ은 권력자들이 지식인들을 속였고, 뒤늦게 이데올로기의 허구성을 깨달은 지식인들이 진실을 알리지 못하도록 감옥에 가두었다는 의미이다. 따라서 지식인들이 결국 모두 감옥에 갇히게 될 것이라는 의미가 아니므로 이는 적절하지 않은 설명이다.

오답의 이유

① ㉠은 남한 사회의 사람이 친밀감, 인정, 감성에 호소하여 주인공인 명준을 설득하는 내용이므로 이는 적절한 설명이다.

② ㉡은 이데올로기의 갈등 속에서 중립국을 선택한 명준이 허탈감과 비애로 인한 웃음을 터뜨리는 장면이다.

④ ㉣은 이상 실현에 실패한 영준을 비유하는 표현인 '대일 언덕 없는 난파꾼'이 이데올로기의 속임수가 없는 곳에서 이데올로기에 현혹되지 않는 삶을 살기 위해 중립국을 선택했다는 의미이다.

(📖) **작품 해설**

최인훈, 「광장」

• 갈래: 장편 소설, 사회 소설
• 성격: 관념적, 철학적, 회고적
• 주제: 이데올로기의 갈등 속에서 바람직한 삶의 방식을 추구하는 인간의 모습
• 특징
  – '광장'과 '밀실'이라는 상징적 소재를 사용하여 주제를 나타냄
  – 남한과 북한의 이념 문제를 본격적으로 다룸

2021 | **9급** 기출문제 해설

☑ 점수 (   )점/100점   ☑ 문제편 048쪽

영역 분석

문법	10문항	★★★★★★★★★★	40%
문학	5문항	★★★★★	20%
비문학	5문항	★★★★★	20%
어휘	5문항	★★★★★	20%

빠른 정답

01	02	03	04	05	06	07	08	09	10
②	④	②	④	③	①	④	③	②	②
11	12	13	14	15	16	17	18	19	20
②	①	④	②	④	③	③	①	④	③
21	22	23	24	25					
③	①	①	①	②					

01
정답 ②

영역 국어 규범 > 올바른 문장 표현   난도 중

정답의 이유

② 내노라하는(×) → 내로라하는(○): '내로라하다'는 역사적으로 '나[我]+-이-+-오-+-다 → 내로라'에서 온 것이다. '내놓다'의 의미가 아니므로 '내노라'로 써서는 안 된다.

오답의 이유

① • 갈음: 다른 것으로 바꾸어 대신함
   • 가름: 쪼개거나 나누어 따로따로 되게 하는 일 / 승부나 등수 따위를 정하는 일
③ • 겉잡다: 겉으로 보고 대강 짐작하여 헤아리다.
   • 걷잡다: 한 방향으로 치우쳐 흘러가는 형세 따위를 붙들어 잡다.
④ • 부딪치다: '부딪다'를 강조하여 이르는 말
   • 부딪히다: '부딪다'의 피동사
   • 부딪다: 무엇과 무엇이 힘 있게 마주 닿거나 마주 대다. 또는 닿거나 대게 하다. / 예상치 못한 일이나 상황 따위에 직면하다.

02
정답 ④

영역 국어 규범 > 한글 맞춤법 > 띄어쓰기   난도 중

정답의 이유

④ 돕기는∨커녕(×) → 돕기는커녕(○): '는커녕'은 '앞말을 지정하여 어떤 사실을 부정하는 뜻을 강조하는 보조사'이므로 앞말에 붙여 쓴다.

오답의 이유

① '척'은 '그럴듯하게 꾸미는 거짓 태도나 모양'을 뜻하는 의존 명사이므로 앞말과 띄어 쓴다.
② '몇'은 '그리 많지 않은 얼마만큼의 수를 막연하게 이르는 말'을 뜻한다. 뒤에 나오는 의존 명사 '등'을 수식하는 관형사로 쓰였으므로 뒷말과 띄어 쓴다.
③ '데'는 책을 다 읽는 '일'이나 '것'의 뜻을 나타내는 말로 쓰인 의존 명사이므로 앞말과 띄어 쓴다.

03
정답 ②

영역 어휘 > 한자어   난도 상

정답의 이유

② 保版(×) → 補版(○): ⓒ에 쓰인 '보판'은 판목을 보관[保]한다는 의미가 아니라, 훼손된 부분을 보수[補]한다는 의미이다.
   • 보판(保版): 지킬 보, 판목 판): 인쇄판을 해체하지 아니하고 보관하여 둠
   • 보판(補版): 기우다 보, 판목 판): 마루 앞에 임시로 잇대어 만든 자리에 쓰이는 널조각

오답의 이유

① 훼손(毀損: 헐 훼, 덜 손): 체면이나 명예를 손상함 / 헐거나 깨뜨려 못 쓰게 만듦
③ 매목(埋木: 묻을 매, 나무 목): 나무를 깎아서 만든 쐐기. 재목 따위의 갈라진 틈이나 구멍을 메우는 데 쓴다.
④ 상감(象嵌: 형상 상, 돌이 중첩한 모양 감): 수정할 곳을 도려내고 옳은 활자를 끼워 판을 고치는 일

04
정답 ④

영역 국어 문법 > 문법의 종합적 이해　　난도 **중**

정답의 이유

④ 현재진행형이란 현재 움직임이 계속되고 있음을 나타내는 동사 시제의 형태이다. '고르다 3'은 동사가 아닌 형용사이므로 현재진행형으로 나타낼 수 없다.

05
정답 ③

영역 어휘 > 단어의 의미　　난도 **중**

오답의 이유

① 고르다 2의 「1」에 해당한다.
② 고르다 3의 「2」에 해당한다.
④ 고르다 1에 해당한다.

06
정답 ①

영역 독해 > 글의 순서 파악하기　　난도 **하**

정답의 이유

① (가) 문단에서 '문(文)'의 큰 범위의 개념을 제시하고, (나) 문단에서 시대가 변하면서 '문'의 개념 분화되고 축소되었다고 서술하고 있으므로 제시된 문장이 (가)와 (나) 문단 사이에 들어가야 (가)에서 (나)로 변화된 양상이 매끄럽게 이어진다. 또한 (나)~(라) 모두 문학의 범위를 좁게 보는 관점에 대한 내용이므로 (나)에 앞서 제시된 문장이 들어가는 것이 알맞다.

07
정답 ④

영역 국어 규범 > 한글 맞춤법　　난도 **상**

정답의 이유

④ 두음 법칙에 따르면, 모음이나 'ㄴ' 받침 뒤에 이어지는 '렬, 률'은 '열, 율'로 적도록 규정하고 있다(한글 맞춤법 제11항). '백분율'은 '백분-'의 'ㄴ' 받침 뒤에 '률'이 이어지는 것이므로 '율'을 쓰는 것이 적절하다.

오답의 이유

① 뺐겼나(×) → 빼앗겼나(○): '빼앗다'가 기본형이고, 여기에 피동 접미사 '-기-'가 결합한 것이므로 '빼앗기다'로 써야 한다.
② 하룻동안(×) → 하루∨동안(○): '하룻동안'은 한 단어가 아니므로 '하루∨동안'으로 써야 한다.
③ 번번히(×) → 번번이(○): 부사의 끝음절이 분명히 '이'로만 소리 나는 것은 '-이'로 적는다(한글 맞춤법 제51항). '번번이'는 끝소리가 분명히 '이'로 나는 경우이므로 '번번이'로 적는다.

08
정답 ③

영역 독해 > 통일성·응집성　　난도 **중**

정답의 이유

③ ㉠의 앞 문장에서는 진화가 인간에게도 영향을 끼쳤다고 하는 골턴의 주장을 제시하고 있으며, 뒤 문장에서는 골턴이 빅토리아 시대적 편견을 가지고 있었기 때문에 그의 주장에 한계가 있다는 것을 제시하고 있다. 따라서 ㉠에는 역접의 접속 부사인 '그러나' 혹은 '그런데'가 들어가는 것이 적절하다.
㉡의 뒤 문장에서는 골턴의 주장이 오늘날 설득력이 떨어진다는 점을 제시하고 있으며, ㉡의 앞 문장에서는 골턴이 빅토리아 시대적 편견을 가지고 있었다는 한계를 지적하며 그 이유를 설명하고 있으므로 ㉡에는 '따라서'가 들어가는 것이 적절하다.

09
정답 ②

영역 국어 규범 > 외래어 표기법　　난도 **상**

오답의 이유

① 리모콘(×) → 리모컨(○), 버턴(×) → 버튼(○)
③ 컨센트(×) → 콘센트(○)
④ 썬루프(×) → 선루프(○), 스폰지(×) → 스펀지(○)

10
정답 ②

영역 고전 시가 > 작품 파악하기　　난도 **상**

정답의 이유

② 화자인 '나'는 시냇물[벽계수(碧溪水)] 앞의 초가집[모옥(茅屋)]에서 사립문[시비(柴扉)] 주변과 정자(亭子)로 공간을 이동하면서 점층적으로 자연에 몰입하고 있다.

오답의 이유

① '홍진(紅塵)에 묻힌 분'은 속세에 사는 사람들로서, 화자가 이들을 부르면서 자신의 이야기를 시작하지만, 이들의 대답은 나타나 있지 않다.
③ 화자는 봄의 아름다움을 주관적으로 예찬하고 있다. 또한 '이웃'에게 산수 구경을 함께하자고 권유하고 있을 뿐 이웃을 통해 봄의 아름다움을 표현하고 있지는 않다.
④ 작품에는 여음이 나타나지 않는다.

📡 적중레이더

정극인, 「상춘곡」 현대어 풀이

속세에 묻혀 사는 분들이여, 이 나의 생활이 어떠한가?
옛 사람들의 풍류를 내가 미칠까, 못 미칠까?
세상의 남자로 태어나 나만한 사람이 많지만
자연에 묻혀 사는 지극한 즐거움을 모르는 것인가?
몇 칸짜리 초가집을 맑은 시냇물 앞에 지어 놓고
소나무와 대나무가 우거진 속에 자연의 주인이 되었구나!
엊그제 겨울 지나 새봄이 돌아오니
복숭아꽃과 살구꽃은 저녁 햇빛 속에 피어 있고
푸른 버들과 향기로운 풀은 가랑비 속에 푸르도다.
칼로 재단해 내었는가, 붓으로 그려 내었는가?
조물주의 신비스러운 솜씨가 사물마다 야단스럽구나!
수풀에서 우는 새는 봄기운을 이기지 못하여 소리마다 아양을 떠는 모습이로다.
자연과 내가 한 몸이니 흥겨움이야 다르겠는가?
사립문 주변을 걷기도 하고 정자에 앉아 보기도 하니
천천히 거닐며 시를 읊조리며 지내는 산속의 하루가 적적한데
한가로운 가운데 참된 즐거움을 아는 사람이 없이 혼자로구나.
이봐 이웃 사람들아, 산수 구경 가자꾸나.

11
정답 ②

영역 고전 시가 > 작품 파악하기　난도 **중**

[정답의 이유]

② (가)를 현대어로 '수풀에서 우는 새는 봄기운[춘기(春氣)]을 이기지 못하여 소리마다 아양[교태(嬌態)]을 떠는 모습이다.'라고 해석할 수 있다. 이는 화자의 마음을 자연물인 '새'에게 감정 이입하여 나타낸 것으로, 이를 통해 자연 속의 화자와 자연물(새)이 모두 봄의 경치를 만끽하고 있다는 화자의 만족감을 알 수 있다.

📖 작품 해설

정극인, 「상춘곡」
• 갈래: 서정 가사, 양반 가사, 정격 가사
• 성격: 묘사적, 예찬적, 서정적
• 주제: 봄의 완상과 안빈낙도
• 특징
　– 화자의 공간이동에 따라 시상을 전개함
　– 감정을 이입해 주제를 부각시킴
　– 설의법, 대구법, 직유법, 의인법 등 다양한 수사법을 사용함

12
정답 ①

영역 국어 문법 > 문법의 종합적 이해　난도 **중**

[정답의 이유]

① '기울였다'는 기본형 '기울다'에 사동 접미사 '-이-'가 결합한 것이다. 즉, '기울-+-이(사동 접미사)-+-었(과거시제 선어말 어미)-+-다'로 분석할 수 있다. 문맥을 봐도, 그가 스스로 귀가 기울도록 만든 것이지 다른 힘에 의하여 귀가 움직인 것이 아니기 때문에 '기울였다'가 피동사가 아님을 알 수 있다.

13
정답 ④

영역 국어 규범 > 로마자 표기법　난도 **중**

[정답의 이유]

④ 정릉은 [정능]으로 소리 나므로 'Jeongneung'으로 표기한다.

[오답의 이유]

① sundai(×) → sundae(○): 순대[순대]의 'ㅐ'는 'ae'로 표기한다(로마자 표기법 제2장 제1항).
② Gwanghimun(×) → Gwanghuimun(○): 'ㅢ'는 'ㅣ'로 소리 나더라도 'ui'로 적는다(로마자 표기법 제2장 제1항 [붙임 1]). 따라서 '광희문'은 [광히문]으로 소리 나더라도 'Gwanghuimun'으로 표기한다.
③ Wangsibni(×) → Wangsimni(○): 국어의 로마자 표기는 표준 발음법에 따라 적는 것을 원칙으로 한다(로마자 표기법 제1장 제1항). '왕십리'는 자음동화로 인해 [왕심니]로 소리 나므로 'Wangsimni'로 적는다.

14
정답 ②

영역 국어 규범 > 한글 맞춤법 > 문장 부호　난도 **중**

[정답의 이유]

② 열거된 항목 중 어느 하나가 자유롭게 선택될 수 있음을 보일 때는 대괄호([ ])가 아니라 중괄호({ })를 사용하여 '건물{에, 로, 까지}'로 써야 한다.

[오답의 이유]

① 고유어에 대응하는 한자어를 함께 보일 때 대괄호를 쓴다.
③ 괄호 안에 또 괄호를 쓸 필요가 있을 때 바깥쪽의 괄호로 대괄호를 쓴다.
④ 원문에 대한 이해를 돕기 위해 설명이나 논평 등을 덧붙일 때 대괄호를 쓴다.

15

영역 어휘 > 문맥에 맞는 단어 넣기　　난도 **하**

정답의 이유

④ (가) 문단에 따르면, ㉠의 확산으로 인해 경성의 거리가 획일적인 풍경으로 바뀌었으며, 뉴욕과 파리와 경성에서 동시에 ㉠하였다. 이를 통해 ㉠에 들어갈 단어로 가장 적절한 것은 '유행(流行)'임을 알 수 있다.

오답의 이유

① 성행(盛行): 매우 성하게 유행함

② 편승(便乘): 남이 타고 가는 차편을 얻어 탐 / 세태나 남의 세력을 이용하여 자신의 이익을 거둠을 비유적으로 이르는 말

③ 기승(氣勝): 성미가 억척스럽고 굳세어 좀처럼 굽히지 않음. 또는 그 성미

16

영역 독해 > 글의 순서 파악하기　　난도 **중**

정답의 이유

• (가)에서 유행을 주제로 논의를 시작하였고, 이를 (다)에서 이어받아 유행의 구체적인 사례인 '파자마'에 대해 예를 들고 있다.

• (다)에서 뉴욕과 경성의 유행 속도가 거의 동시적이었다는 논의를 (나)에서 이어받는다. 패션은 근대적 유행에 따라 뉴욕과 동일해도 당시 조선은 전근대였으므로 뉴욕과 동일하지 않았다.

• (나)에서 조선이 전근대적 배경을 갖고 있었다는 논의를 (마)에서 이어받는다. 조선은 미디어로 인해 근대로 이행해 '속성 세계인'으로 변모할 수 있었다.

• (마)에서 언급된 '속성 세계인'이 (라)로 이어지면서 논의가 마무리된다. 미디어를 통해 식민지 조선이 규방 밖으로 나와 자본주의적 근대를 알게 된 것이다.

따라서 ③ (다) − (나) − (마) − (라)로 배열하는 것이 적절하다.

17

영역 독해 > 세부 내용 파악하기　　난도 **하**

정답의 이유

③ '침의패션'에 대해 서술하고 있는 (다)에 따르면, 서구에서 시작한 유행이 일본을 거쳐 한국으로 전달되었다고 설명한다. 따라서 침의패션은 일본이 아니라 서구에서 먼저 시작되었다.

18

영역 형태론 > 단어의 형성　　난도 **상**

오답의 이유

② 사랑채: 舍廊(집 사, 사랑채 랑)+채

③ 쌍동밤: 雙童(두 쌍, 아이 동)+밤

④ 장작불: 長斫(길 장, 벨 작)+불

19

영역 현대 소설 > 작품 파악하기　　난도 **하**

정답의 이유

㉣ '신작로'는 과거의 모습을 잃어버린 현재의 삼포를 나타낸다.

오답의 이유

㉠ · ㉡ · ㉢은 모두 삼포의 과거 모습을 나타낸다.

20

영역 현대 소설 > 작품 파악하기　　난도 **중**

정답의 이유

정 씨는 달라진 삼포의 소식을 노인으로부터 듣고는 고향 삼포로 가는 발걸음이 내키질 않는다. '마음의 정처를 방금 잃어버렸'다고 생각하기 때문이다. 따라서 ③과 같이 정 씨가 그리워했던 마음의 정처, 고향의 모습이 모두 사라지고 '폐허'가 되었다고 느끼는 것이다.

21

영역 어휘 > 한자성어　　난도 **상**

정답의 이유

③ 제시된 작품은 을지문덕의 「여수장우중문」이다. '여수장우중문'이란 '수나라 장군 우중문에게 보낸다'는 뜻이다. 수나라 양제가 우중문, 우문술 두 장군을 필두로 30만 대군을 이끌고 612년(고구려 영양왕 23년) 고구려를 침범했을 때, 을지문덕 장군이 살수(지금의 청천강)에서 적군을 대파한 역사적 사건과 관련된다. 이때 을지문덕이 우중문에게 보낸 한시로서, 적장에 대한 거짓 찬양을 통해 적장을 우롱하는 을지문덕의 기개가 드러난다. 따라서 이 시의 주된 정조를 가장 잘 나타내는 것은 '일이 뜻대로 이루어져 기쁜 표정이 얼굴에 가득하다.'라는 뜻의 득의만면(得意滿面: 얻을 득, 뜻 의, 찰 만, 낯 면)이다.

오답의 이유

① 유유자적(悠悠自適: 멀 유, 멀 유, 스스로 자, 맞을 적): 속세를 떠나 아무 속박 없이 조용하고 편안하게 삶

② 연연불망(戀戀不忘: 그리워할 연, 그리워할 연, 아니 불, 잊을 망): 그리워서 잊지 못함

④ 산자수명(山紫水明: 산 산, 자줏빛 자, 물 수, 밝을 명): 산은 자줏빛이고 물은 맑다는 뜻으로, 경치가 아름다움을 이르는 말

22

정답 ①

영역 어휘 > 관용어　　　　　　난도 중

[정답의 이유]

① 혼수를 간소하게 하라는 요청이 화자의 부담감을 줄여주었다고 하였으므로, '감히 청하지는 못하였으나 본래 바라고 있던 바라는 말'을 뜻하는 '불감청이언정 고소원이어서'가 ㉠에 들어갈 말로 적절하다.

23

정답 ①

영역 현대시 > 시어의 의미　　　　　　난도 중

[정답의 이유]

① '구름'과 '물길'을 통해 유랑하는 나그네의 모습을 형상화하고 있다. '구름 흘러가는'은 정처 없이 유랑하는 나그네를, '물길은 칠백리'는 긴 방랑의 여정을 의미한다.

[오답의 이유]

② 저녁노을을 배경으로 하는 '강마을'은 술이 익는 곳으로 나그네의 고단한 삶을 위로하는 공간이지만 나그네가 정착하고자 하는 곳으로 보기는 어렵다.

③ 나그네가 고향을 떠남으로써 현실의 질곡을 벗어나려는 의지는 이 작품에서 드러나지 않는다. '다정하고 한 많음도 / 병인 양하여 / 달빛 아래 고요히 / 흔들리며 가노니……'를 통해 다정(多情)과 다한(多恨)을 숙명으로 받아들이며 자연에 어우러지며 계속해서 방랑하는 나그네의 삶을 형상화하고 있다.

④ '다정하고 한 많음도 / 병인 양하여'에서 '한 많음'은 나그네에게 있어 괴로움이며 이를 숙명으로 받아들이고 있는 나그네의 모습이 나타나고 있지만 이것이 전통적 미학의 정서인 '한(恨)'의 내적 승화'와 직접적으로 관련이 있다고 보기는 어렵다.

24

정답 ①

영역 국어 규범 > 표준어 규정　　　　　　난도 중

[정답의 이유]

① 마천루[마천누](×) → [마철루](○): 'ㄴ'은 'ㄹ'의 앞이나 뒤에서 [ㄹ]로 발음한다(표준 발음법 제20항).

25

정답 ②

영역 독해 > 주제 파악하기　　　　　　난도 하

[정답의 이유]

② 제시문은 세계화의 흐름이 우리를 주목하고 있으므로, 이 기회를 잘 살려 세계 시장에 우리의 예술을 알려야 한다고 주장하고 있다. 따라서 다가오는 미래에 대한 희망찬 포부를 담고 있는 글이라고 할 수 있다.

2021 | **7급** 기출문제 해설

☑ 점수 ( )점/100점 ☑ 문제편 054쪽

영역 분석

문법	8문항	★★★★★★★★	32%
문학	8문항	★★★★★★★★	32%
비문학	4문항	★★★★	16%
어휘	5문항	★★★★★	20%

빠른 정답

01	02	03	04	05	06	07	08	09	10
④	③	③	②	④	②	①	③	④	④
11	**12**	**13**	**14**	**15**	**16**	**17**	**18**	**19**	**20**
②	①	①	①	②	③	④	③	②	①
21	**22**	**23**	**24**	**25**					
②	②	④	③	①					

01

정답 ④

영역 국어 규범 > 한글 맞춤법 > 띄어쓰기　　난도 **중**

정답의 이유

④ 십이∨억∨오십육∨만∨개(×) → 십이억∨오십육만∨개(○): 수를 적을 적에는 '만(萬)' 단위로 띄어 쓰며(한글 맞춤법 제44항), 단위를 나타내는 명사는 띄어 쓴다(한글 맞춤법 제43항).

오답의 이유

① '떠내려가 버렸다'는 '물 위에 떠서 물결을 따라 옮겨 가다.'라는 뜻의 동사 '떠내려가다' 뒤에 보조 동사 '버리다'가 이어진 것으로, 보조 용언의 띄어쓰기(한글 맞춤법 제47항)에 따라, '떠내려가∨버렸다'와 같이 띄어 쓴다.

② '지'가 시간의 경과를 나타내는 경우에는 의존 명사이므로 띄어 쓴다.

③ '내지(乃至)'는 '얼마에서 얼마까지'나 '혹은'의 뜻을 나타내는 부사이므로 띄어 쓴다.

02

정답 ③

영역 국어 규범 > 표준어 규정　　난도 **하**

정답의 이유

③ 윗어른(×) → 웃어른(○): 위아래의 대립이 없을 때는 '웃-'을 쓴다. 따라서 '웃어른'을 표준어로 삼는다(표준어 사정 원칙 제12항).

오답의 이유

① 수컷을 이르는 접두사는 '수-'로 통일하되, '숫양, 숫염소, 숫쥐'의 단어의 접두사는 '숫-'으로 한다(표준어 사정 원칙 제7항).

② '강낭콩'은 중국의 '강남(江南)' 지방에서 들어온 콩이기 때문에 붙여진 이름인데, '강남'의 형태가 변하여 '강낭'이 되었다. 어원에서 멀어진 형태로 굳어져서 널리 쓰이는 것은, 그것을 표준어로 삼는다(표준어 사정 원칙 제5항).

④ 기술자에게는 '-장이', 그 외에는 '-쟁이'가 붙는 형태를 표준어로 삼는다(표준어 사정 원칙 제9항 [붙임 2]). '유기장이'는 '키버들로 고리짝이나 키 따위를 만들어 파는 일을 직업으로 하는 사람'을 뜻하므로 '-장이'라고 쓴다.

03

정답 ③

영역 독해 > 글의 전개 방식　　난도 **중**

정답의 이유

③ 상위 개념(유개념)에서 하위 개념(종개념)으로 나누는 것이 '구분'이고, 그 반대가 '분류'이다. 제시문은 상위 개념인 '알타이어족'에서 하위 개념 '터키어 · 몽골어 · 만주어 · 퉁구스어 · 한국어 · 일본어 등'을 나누고 있으므로 구분에 해당한다.

04

정답 ②

영역 현대시 > 작품 파악하기　　난도 **중**

정답의 이유

② 제시된 작품은 김기택의 「우주인」이다. 화자는 '허공', '없다는 것은', '모른다', '보고 싶다', '삐뚤삐뚤', '발자국' 등의 시어 반복을 통해 무기력한 삶에서 벗어나고자 하는 화자의 소망과 의지를 강조하고 있다.

① 현실의 고난이 허구적 상상을 통해 드러나고 있지만, 극복하는 모습은 나타나지 않는다.
③ 시적 화자의 옛 경험에 대한 사실적 묘사는 찾아볼 수 없다.
④ 화자는 '~고 싶다'고 반복하며 미래에 대한 희망을 찾고 있다. 과거로 돌아가고 싶다는 소망은 나타나지 않는다.

05
정답 ④

| 영역 현대시 > 작품 파악하기 | 난도 중 |

정답의 이유

④ 두 번째 시의 '황해도 장사', 세 번째 시의 '대한', 네 번째 시의 '이토(이토 히로부미)'라는 단어를 통해 '안중근'을 추모하고 있는 글들이라는 것을 짐작할 수 있다. 안중근은 황해도 출신의 한말 독립운동가로 만주 하얼빈에서 침략의 원흉 이토 히로부미[伊藤博文]를 사살하고 순국하였다.

06
정답 ②

| 영역 고전 시가 > 작품 파악하기 | 난도 중 |

정답의 이유

② 제시된 작품은 송강 정철의 「관동별곡」의 일부이다. 「관동별곡」은 정철이 1580(선조 13년)에 강원도 관찰사가 되어 원주에 부임한 후 내금강, 외금강, 해금강과 관동팔경을 두루 유람하며 그 여정을 노래한 기행가사이다. 제시된 부분은 정철이 서울을 떠나[고신거국(孤臣去國)] 철원의 북관정[북관뎡(北寬亭)]에 올라가서도 임금이 계신 곳[삼각산(三角山) 뎨일봉(第一峯)]을 그리워하는 모습이다.

적중레이더

정철, 「관동별곡」 일부 현대어 풀이
소양강 내려온 물이 어디로 흘러든단 말인가.
서울 떠난 외로운 신하 백발도 많고 많다.
철원에서 밤을 겨우 새우고 북관정에 올라가니
삼각산 제일봉이 웬만하면 보이겠네.

07
정답 ①

| 영역 고전 시가 > 작품 파악하기 | 난도 중 |

정답의 이유

① 「상춘곡」은 정극인이 자연에 은거하면서 지은 가사이다.

오답의 이유

② 「사미인곡」은 조선 선조 때 송강 정철이 당파싸움으로 인해 관직에서 물러나 고향 창평[昌平]에 내려가 지은 가사이다. 정철이 남녀 간의 애정에 빗대어 자신의 임금에 대한 애정을 표현하고 있다.

③ 「관동별곡」은 정철이 강원도 관찰사로 부임하여 원주로 가는 여정을 노래한 기행가사이다. 따라서 자연 속에서 사는 모습은 나타나지 않고, 계속해서 화자의 시선(공간)이 이동한다.
④ 「도산십이곡」은 조선 중기에 퇴계 이황이 지은 시조로, 전육곡을 '언지(言志)', 후육곡을 '언학(言學)'이라고 규정하였다. 자연을 통해 배우는 모습이 나타나지만 자연 속에 살면서 지은 시조는 아니다.

08
정답 ③

| 영역 현대시 > 시어의 의미 | 난도 중 |

정답의 이유

ⓒ은 '나의 울음'을 비유한 것이다.

오답의 이유

㉠ · ㉡ · ㉣은 '꽃'으로 상징되며, 화자 '나'가 의미를 파악할 수 없는 미지의 존재를 가리키고 있다.

작품 해설

김춘수, 「꽃을 위한 서시」
• 갈래: 자유시, 서정시, 관념시
• 성격: 관념적, 철학적, 상징적
• 주제: 사물의 존재에 대한 내면적 탐구정신
• 특징
  – 추상적, 관념적 이미지를 구체적 사물을 통해 형상화함
  – 대립적인 시어를 사용하여 시적 상황을 드러냄

09
정답 ④

| 영역 국어 규범 > 외래어 표기법 | 난도 상 |

오답의 이유

① 트롯(×) → 트로트(○): '승마에서, 말의 총총걸음을 이르는 말 / 1910년대 초기에 미국에서 시작한 사교 춤곡. 또는 그 춤'의 의미로 쓰일 경우 '트롯(trot)'으로 적지만, '우리나라 대중가요의 하나'라는 의미로 쓰일 경우 '트로트'로 써야 한다.
② 컨퍼런스(×) → 콘퍼런스(○)
③ 글래스(×) → 글라스(○)

10
정답 ④

| 영역 어휘 > 속담 | 난도 하 |

정답의 이유

④ 하늘 보고 손가락질한다: 상대가 되지도 않는 보잘것없는 사람이 건드려도 꿈쩍도 안 할 대상에게 무모하게 시비를 걸며 욕함을 비유적으로 이르는 말 / 어떤 일을 이루려고 노력을 하나 그럴 만한 능력이 없으므로 공연한 짓을 함을 비유적으로 이르는 말

11

영역 국어 규범 > 한글 맞춤법 > 띄어쓰기　　난도 **중**

정답의 이유

② 완화하는데(×) → 완화하는∨데(○): '데'가 의존 명사로 쓰일 때에는 앞말과 띄어 써야 한다. '완화하는 데'는 완화하는 '일'이나 '것'의 의미로 쓰였으므로 앞말과 띄어 쓴다.

오답의 이유

① '-ㄹ뿐더러'는 '어떤 일이 그것만으로 그치지 않고 나아가 다른 일이 더 있음'을 나타내는 연결 어미이므로 앞의 어간과 붙여 쓴다.
③ '지난여름'은 '바로 전에 지나간 여름'을 뜻하는 한 단어이므로 붙여 쓴다.
④ '-ㄴ커녕'은 '앞말을 지정하여 어떤 사실을 부정하는 뜻을 강조'하는 보조사이므로 앞말과 붙여 쓴다.

12

정답 ①

영역 어휘 > 단어의 의미　　난도 **상**

정답의 이유

① '빗먹다'는 '물건을 벨 때 칼이나 톱이 먹줄대로 나가지 아니하고 비뚤어지게 잘못 들어가다.'라는 뜻으로, 칼이나 톱을 대상으로 쓰는 말이다. 생각을 주체로 쓰기에는 적절하지 않다.

오답의 이유

② 상없다: 보통의 이치에서 벗어나 막되고 상스럽다.
③ 치살리다: 지나치게 치켜세우다.
④ 데알다: 자세히 모르고 대강 또는 반쯤만 알다.

13

정답 ①

영역 독해 > 제목 파악하기　　난도 **중**

정답의 이유

① 제시문은 박목월 시인의 「가정(家庭)」에 대해 시를 쓰게 된 배경과 연관 지어 설명하고 있다. 또한 박목월 시인의 체험이 담긴 '가난'에 대한 주제의식과 시의 격조에 대해 긍정적으로 평가하고 있다. 따라서 '시인의 진심과 격조'가 글의 제목으로 적절하다.

14

정답 ①

영역 어휘 > 한자어　　난도 **중**

정답의 이유

① 强道(×) → 强度(○): ⊙과 같이 저항의 '센 정도'를 뜻하는 '강도'의 한자는 '强道(강할 강, 길 도)'가 아닌 '强度(강할 강, 법도 도)'로 표기한다.

오답의 이유

② 통제(統制: 거느릴 통, 절제할 제): 일정한 방침이나 목적에 따라 행위를 제한하거나 제약함
③ 행간(行間: 다닐 행, 사이 간): 글에 직접적으로 나타나 있지 아니하나 그 글을 통하여 나타내려고 하는 숨은 뜻을 비유적으로 이르는 말
④ 단서(端緒: 끝 단, 실마리 서): 어떤 문제를 해결하는 방향으로 이끌어 가는 일의 첫 부분

15

정답 ②

영역 현대시 > 시어의 의미　　난도 **중**

정답의 이유

② 작품에서는 폭포가 '쉴 사이 없이', '번개와 같이', '취할 순간조차 마음에 주지 않고' 떨어진다고 묘사하고 있다. 또한 '안정'은 작품 안에서 '나타(懶惰)'와 병치되어 같은 맥락으로 쓰인 시어이다. '나타(懶惰)와 안정을 뒤집어 놓은 듯이'란 폭포가 떨어지는 모양이 '나타와 안정'과 정반대(뒤집어 놓은)라는 것이다. 따라서 '나타'가 '쉴 사이'와 근접한 시어임을 알 수 있다. 폭포는 쉴 사이 '없이' 떨어지기 때문이다.

16

정답 ③

영역 어휘 > 한자성어　　난도 **상**

정답의 이유

③ 날이 갈수록 후배들이 예의가 없다는 문맥에 '후진들이 선배들보다 젊고 기력이 좋아, 학문을 닦음에 따라 큰 인물이 될 수 있으므로 가히 두렵다는 말'을 뜻하는 후생가외(後生可畏: 뒤 후, 날 생, 옳을 가, 두려워할 외)는 어울리지 않는다.

오답의 이유

① 불문곡직(不問曲直: 아니 불, 물을 문, 굽을 곡, 곧을 직): 옳고 그름을 따지지 아니함
② 도청도설(道聽塗說: 길 도, 들을 청, 길 도, 말씀 설): 길에서 듣고 길에서 말한다는 뜻으로, 길거리에 퍼져 돌아다니는 뜬소문을 이르는 말
④ 면종복배(面從腹背: 낯 면, 좇을 종, 배 복, 배반할 배): 겉으로는 복종하는 체하면서 내심으로는 배반함

17

영역 국어 규범 > 표준어 규정	난도 중

정답의 이유

④ 공권력[공꿜력](×) → [공꿘녁](○): 공권력은 [공꿜력]이 아니라 [공꿘녁]으로 발음한다. 자음 'ㄴ'은 자음 'ㄹ'의 앞이나 뒤에서 [ㄹ]로 발음(표준 발음법 제20항)하나, '공권력'은 이 표준 발음법을 적용하지 않고 사람들의 실제 발음을 고려하여 [공꿘녁]을 표준 발음으로 인정한다. 이에 반해 '권력'은 표준 발음법에 따라 [궐력]으로 발음해야 하므로 주의해야 한다.

18

영역 국어 규범 > 로마자 표기법	난도 중

정답의 이유

③ 국어의 로마자 표기는 국어의 표준 발음법에 따라 적는 것을 원칙(로마자 표기법 제1장 제1항)으로 한다. 마천령은 [마철령]으로 소리 나므로 'Macheollyeong'으로 표기하는 것이 적절하다.

오답의 이유

① Gapyeong-goon(×) → Gapyeong-gun(○): 가평군은 'Gapyeong-goon'이 아닌 'Gapyeong-gun'으로 표기한다. '도, 시, 군, 구, 읍, 면, 리, 동'의 행정 구역 단위와 '가'는 각각 'do, si, gun, gu, eup, myeon, ri, dong, ga'로 적고, 그 앞에는 붙임표(-)를 넣는다(로마자 표기법 제5항).

② Galmaibong(×) → Galmaebong(○): 갈매봉은 'Galmaibong'이 아닌 'Galmaebong'으로 표기한다. 로마자 표기법에서 단모음 'ㅐ'는 'ae'로 표기한다.

④ Baeknyeongdo(×) → Baengnyeongdo(○): 백령도는 [뱅녕도]로 소리 나므로 자음 사이에서 동화 작용이 일어나는 경우 그 결과에 따라 표기한다는 규정(로마자 표기법 제1장 제1항)에 따라 'Baengnyeongdo'로 표기한다.

19

영역 어휘 > 한자어	난도 상

정답의 이유

② '주말(朱抹: 붉을 주, 지울 말)'은 '붉은 먹을 묻힌 붓으로 글자 따위를 지우다.'라는 뜻으로, 붉은 선으로 '표시'하는 것이 아니라 '지우는' 행위이다.

오답의 이유

① • 게기(揭記: 걸 게, 기록할 기): 기록하여 내어 붙이거나 걸어 두어서 여러 사람이 보게 함
  • 기재(記載: 기록할 기, 실을 재): 문서 따위에 기록하여 올림

③ • 계리(計理: 셀 계, 다스릴 리): 계산하여 정리함
  • 회계(會計: 모일 회, 셀 계): 나가고 들어오는 돈을 따져서 셈을 함 / 개인이나 기업 따위의 경제 활동 상황을 일정한 계산 방법으로 기록하고 정보화함

④ • 개임(改任: 고칠 개, 맡길 임): 다른 사람으로 바꾸어 임명함
  • 교체(交替: 사귈 교, 바꿀 체): 사람이나 사물을 다른 사람이나 사물로 대신함
  • 임명(任命: 맡길 임, 목숨 명): 일정한 지위나 임무를 남에게 맡김

20

영역 고전 시가 > 작품 파악하기	난도 중

정답의 이유

① 「동동(動動)」이 궁중에서 연주된 가사인 것은 맞으나 국가의 번영을 찬양하는 내용은 아니며, 임과 이별한 여인의 애절한 마음을 노래하고 있다.

📖 작품 해설

작자 미상, 「동동(動動)」
• 갈래: 고려 가요
• 성격: 민요풍의 송도가
• 주제: 임과 이별한 한 여인의 애절한 정서와 각 달의 풍속
• 특징
  – 고려시대에 구전되어 내려오다가 조선시대에 문자로 정착함
  – '동동'이라는 제목은 매장마다 되풀이되는 후렴구 '아으 동동 다리'에서 따온 것으로 '동동'이 북소리의 구음(口音) '동동'을 표기한 것이라는 견해가 지배적임
  – 민요의 달거리는 달마다 세시풍속을 노래의 배경으로 삼고 있는데, 「동동」은 세시풍속이 달마다 설정되어 있지 않아 어떤 달은 확실히 드러나 있고 어떤 달은 무엇을 노래하는지 불확실한 것도 있음

21

영역 현대 소설 > 주제 파악하기	난도 중

정답의 이유

② 제시문은 화자의 오빠가 보위군관에게 총을 맞는 장면을 회상하고 있다. 아들이 총상 당하는 모습을 목도한 어머니는 아들과 같이 까무러치고, 화자의 오빠는 결국 며칠 만에 운명하게 된다. 즉, 제목 '엄마의 말뚝'은 아들의 죽음이 엄마의 가슴에 말뚝처럼 깊이 박혀 있음을 나타내는 것이다.

22

영역 독해 > 글의 맥락 파악하기　　　　　난도**중**

정답의 이유

② 모럴리스트(moralist)란 16세기부터 18세기에 프랑스에서 인간성과 인간이 살아가는 법을 탐구하여 이것을 수필이나 단편적인 글로 표현한 문필가를 이르는 말로 도덕학자 또는 도덕 지상주의자라고 부르기도 한다. 따라서 '대상을 정확히 관찰'하는 시인의 성향을 일컫는 말로 적절하지 않다.

23

정답 ④

영역 국어 규범 > 표준어 규정　　　　　난도**중**

정답의 이유

ⓒ 한자어에서 'ㄹ' 받침 뒤에 연결되는 'ㄷ, ㅅ, ㅈ'은 된소리로 발음한다(표준 발음법 제26항). 한자어의 된소리되기는 일률적이지 않으나 '홀대(忽待)'는 한자어의 된소리되기 규칙에 따라 [홀때]로 발음한다.

ⓒ '효과'의 표준 발음은 [효:과/효:꽈]로 복수 인정된다.

ⓔ '교과'의 표준 발음이 [교:과]만 인정되다가 [교:꽈]도 인정됨에 따라, 교과서의 표준 발음 역시 [교:과서/교:꽈서]로 복수 인정된다.

오답의 이유

ⓐ '창고(倉庫)'는 [창꼬]가 아니라 [창고]로 발음한다.

24

정답 ③

영역 독해 > 글의 순서 파악하기　　　　　난도**중**

정답의 이유

- 지시 대명사나 접속어가 없는 (마)가 첫 번째 순서로 와야 한다.
- (마)에서 처음 언급된 '위계'를 (다)에서 '그 위계'라고 이어받아 위계를 따지지 않았을 때의 부작용을 설명하고 있다.
- (나)에서는 앞의 (마) − (다)의 논의를 포괄하여 위계를 따져야 하는 이유에 대해 설명하고 있다.
- (가)에서 위계를 정하는 데 있어 결정적 요인인 '나이'에 대해 처음으로 언급하고 있다.
- (라)에서 (가)의 '앞서 언급한 나이' 외의 높임법 결정 요인에 대해 열거하고 있다.

따라서 ③ (마) − (다) − (나) − (가) − (라)의 순서가 적절하다.

25

정답 ①

영역 국어 규범 > 한글 맞춤법　　　　　난도**상**

정답의 이유

① '의론'은 '의견'의 의미로 쓰이고 있으므로 문맥에 알맞게 쓰였다.
- 의론(議論): 어떤 사안에 대하여 각자의 의견을 제기함. 또는 그런 의견
- 의논(議論): 어떤 일에 대하여 서로 의견을 주고받음

오답의 이유

② 퍼래지다(×) → 퍼레지다(○): '퍼렇다'에 '−어지다'가 결합하면 모음조화에 따라 '퍼레지다'가 된다.

③ 그리고는(×) → 그러고는(○): 접속 부사 '그리고' 뒤에는 보조사 '는'이 결합하지 않는다. 따라서 동사 '그러다'의 활용형인 '그러고'에 보조사 '는'이 결합되어 '그러고는'이 되는 것이다.

④ 잘다랗게(×) → 잗다랗게(○): 끝소리가 'ㄹ'인 말과 딴 말이 어울릴 적에 'ㄹ' 소리가 'ㄷ' 소리로 나는 것은 'ㄷ'으로 적는다(한글 맞춤법 제29항). '잗다랗다'는 형용사 '잘다'에 접미사 '−다랗다'가 결합한 파생어로서 [잗따라타]로 소리 나므로 '잗다랗다'라고 적는다.

2020 | 9급 기출문제 해설

☑ 점수 ( )점/100점　☑ 문제편 060쪽

영역 분석

문법	12문항	★★★★★★★★★★★★	48%
문학	1문항	★	4%
비문학	6문항	★★★★★★	24%
어휘	6문항	★★★★★★	24%

빠른 정답

01	02	03	04	05	06	07	08	09	10
④	③	②	①	②	④	③	①	④	③
11	12	13	14	15	16	17	18	19	20
③	②	①	③	②	③	④	④	③	④
21	22	23	24	25					
①	②	①	②	④					

01
정답 ④

영역 통사론 > 문장의 짜임　　난도 중

정답의 이유

문장에서 주어와 서술어가 한 번만 쓰이면 홑문장, 두 번 이상 쓰이면 겹문장이다. ④에 나타나는 서술어는 '피었다' 하나이므로 홑문장이다.

오답의 이유

① '어제 모자를 샀다.'가 관형절 '모자가 빨갛다.'를 안고 있는 겹문장이다.
② '봄이 오니'와 '꽃이 피었다.'가 종속적으로 이어진 겹문장이다.
③ '남긴 만큼 버려지고'와 '버린 만큼 오염된다.'가 대등하게 이어진 겹문장이다.

02
정답 ③

영역 국어 규범 > 올바른 문장 표현　　난도 중

정답의 이유

③ '인명 사고'와 '차량 파손' 모두 서술어 '일으킬 수 있다'와 호응하며, '가벼운 물건이라도'의 보조사 '이라도'의 쓰임도 문맥상 적절하다.

오답의 이유

① 필수적 부사어 '남에게'가 생략되어 있어 적절하지 않은 문장이다. '인생을 살다 보면 남을 도와주기도 하고 남에게 도움을 받기도 한다.'로 쓰는 것이 적절하다.
② '환담'은 '정답고 즐겁게 서로 나누는 이야기'를 의미한다. 따라서 상을 당한 형의 상황에는 어울리지 않는 단어이다.
④ '여간한'은 '아니다', '않다' 따위의 부정어와 호응한다. 따라서 '여간한 우대가 아니었다.'와 같이 쓰는 것이 적절하다.

03
정답 ②

영역 어휘 > 순화어　　난도 상

정답의 이유

② 국립국어원의 「말터 순화어(2004.7.27.)」, 문화체육관광부고시 제2013−9호(2013.3.8.) 등에서 '스크린 도어(screen door)'의 순화어로 '안전문'을 제시하고 있다.

04
정답 ①

영역 문학 일반 > 표현 방법　　난도 상

정답의 이유

① '블루칼라'는 육체 노동자가 주로 푸른 작업복을 입는 데서 유래한 것으로 '생산직에 종사하는 육체 노동자'를 뜻하는 단어이다. 따라서 육체 노동자들을 대표할 수 있는 특징적인 옷의 색깔을 가지고 노동자 계층을 비유하고 있으므로 대유법이 사용되었다.

② '마음'을 쉽게 깨지는 '유리'에 비유하여 '산산조각이 났다'고 표현하고 있으므로 원관념이 생략된 은유법이 사용되었다.

③ 여성들이 느끼는 보이지 않지만 존재하는 '사회적 장벽'을 투명하여 마치 없는 것 같으나 뚫고 넘어갈 수는 없는 '유리 천장'에 비유하고 있으므로 원관념이 생략된 은유법이 사용되었다.

④ 사회의 '최하층'을 '밑바닥'에 비유하고 있으므로 원관념이 생략된 은유법이 사용되었다.

05
정답 ②

영역 독해 > 요약하기　　　　　　　　　　　　　　난도 **하**

정답의 이유

6~7번째 문장의 '그러므로 운동의 강도를 결정할 때는 ~ 부담이 지나치지 않게 해야 한다.'와 마지막 문장에 제시문의 중심 내용이 모두 담겨 있으므로 이를 모두 포함하여 한 문장으로 정리한 ②가 적절한 요약문이다.

오답의 이유

① 4~5번째 문장에서 '무조건 신체를 움직인다고 해서 다 운동이 되는 것은 아니며, 무리하게 움직이면 오히려 역효과를 가져온다.'고 설명하고 있으므로 '가급적 쉬어서는 안 된다.'는 요약은 적절하지 않다.

③ 전체 내용을 아우르지 못하므로 요약문으로는 적절하지 않다.

④ 운동의 긍정적인 측면과 부정적 측면에 대한 언급은 제시문에 나타나지 않는다.

06
정답 ④

영역 국어 규범 > 로마자 표기법　　　　　　　　　난도 **하**

정답의 이유

④ Keumgang(×) → Geumgang(○): 금강은 [금강]으로 발음되는데 로마자 표기법 제2장 제2항의 [붙임 1]에서 'ㄱ, ㄷ, ㅂ'은 모음 앞에서는 'g, d, b'로, 자음 앞이나 어말에서는 'k, t, p'로 적는다고 밝히고 있으므로 모음 'ㅡ' 앞에 쓰인 초성의 'ㄱ'은 'G'로 써서 'Geumgang'으로 표기해야 한다.

오답의 이유

① 'Jongno 2(i)-ga'의 'Jongno'는 도로명(Jong-ro)이 아닌 행정 구역명으로서 발음 [종노]를 반영하여 'Jongno'로 적절하게 쓰였다.

② '신라'는 [실라]로 발음되는데, 이처럼 'ㄹㄹ'로 발음되는 경우 'll'을 써야 하므로 'Silla'는 적절한 표기이다.

③ '속리산'은 [송니산]으로 발음되므로 'Songnisan'은 적절한 표기이다.

07
정답 ③

영역 통사론 > 사동과 피동　　　　　　　　　　　　난도 **중**

정답의 이유

③ '밀다'에 피동 접미사 '-리-'를 결합하면 피동사 '밀리다'는 만들 수 있으나, '밀리다'는 사동사로 쓰이지 않는다. '밀다'의 사동사는 '밀게 하다'로 쓴다.

오답의 이유

① · ② · ④는 사동사와 피동사를 만드는 접미사 중 공통으로 쓰이는 '-이-, -히-, -리-, -기-' 중 하나와 결합하여 같은 형태와 방식의 사동사와 피동사를 만든다.

① '보다'에 접미사 '-이-'가 결합한 '보이다'는 사동사와 피동사 모두로 쓰인다.

> 예　• 피동: 마을이 보이다.
> 　　• 사동: 부모님께 친구들을 보이다.

② '잡다'에 접미사 '-히-'가 결합한 '잡히다'는 사동사와 피동사 모두로 쓰인다.

> 예　• 피동: 도둑이 경찰에게 잡히다.
> 　　• 사동: 술집에 학생증을 술값으로 잡히다.

④ '안다'에 접미사 '-기-'가 결합한 '안기다'는 사동사와 피동사 모두로 쓰인다.

> 예　• 피동: 동생은 아버지에게 안기다.
> 　　• 사동: 엄마가 아빠에게 아이를 안기다.

08
정답 ①

영역 어휘 > 속담　　　　　　　　　　　　　　　　난도 **상**

정답의 이유

① ㉠ '나그네'의 "이리저리 얻어먹고 단게유"라는 말을 통해 나그네가 남의 집에서 하룻밤을 전전하며 밥을 얻어먹고 다니고 있음을 알 수 있다. 따라서 '아주 가난하여 떠돌아다니며 얻어먹을 정도'를 비유하는 속담인 '패랭이에 숟가락 꽂고 산다'가 나그네의 처지와 관련된다.

오답의 이유

② 태산 명동에 서일필이라: 태산이 쩡쩡 울리도록 야단법석을 떨었는데 결과는 생쥐 한 마리가 튀어나왔을 뿐이라는 뜻으로, 아주 야단스러운 소문에 비하여 결과는 별것 아님

③ 터진 방앗공이에 보리알 끼듯 하였다: 버리자니 아깝고 파내자니 품이 들어 할 수 없이 내버려 둘 수밖에 없음 / 성가신 어떤 방해물이 끼어든 경우

④ 보리누름까지 세배한다: 보리가 누렇게 익을 무렵, 즉 사오월까지도 세배를 한다는 뜻으로 형식적인 인사 차림이 너무 과함

09

| 영역 형태론 > 품사 | 난도 중 |

정답의 이유

④ '둘째'는 체언 '며느리'를 수식하며, 순서나 차례를 말하고 있으므로 수 관형사이다.

오답의 이유

① 용언 '먹고 있었다'를 수식하고 있으므로 '혼자'는 부사이다.
② 용언 '가시겠다면'을 수식하고 있으므로 '정녕'은 부사이다.
③ 용언 '좋아한다'를 수식하고 있으므로 '제일'은 부사이다.

(🎯) 적중레이더

품사 통용

형태가 같고 의미도 유사한 하나의 단어가 여러 가지의 품사로 쓰이는 경우를 말한다.

- 부사와 명사의 구별
  뒤에 용언이 오면 부사, 조사가 오면 명사이다.
  예 ・어머니께서 시골에서 <u>오늘</u> 오셨다. (부사)
  ・<u>오늘</u>은 왠지 기분이 울적하다. (명사)
- 수사와 명사의 구별
  차례를 나타내면 수사이고, 차례를 나타낸 말이 사람을 지칭하거나 '첫째로' 꼴로 쓰여 무엇보다도 앞서는 것을 뜻하면 명사이다.
  예 ・그의 성적은 <u>첫째</u>이고, 그녀의 성적은 <u>둘째</u>이다. (수사)
  ・우리 동네 목욕탕은 매월 <u>첫째</u> 주 화요일에 쉰다. (수 관형사)
  ・<u>첫째</u>는 공무원이고, 둘째는 회사원이다. (명사)
  ・신발은 <u>첫째</u>로 발이 편안해야 한다. (명사)

10

| 영역 어휘 > 한자어 | 난도 상 |

정답의 이유

③ 紡疫(×) → 防疫(○): ⓒ의 '방역'은 '전염병이 발생하거나 유행하는 것을 미리 막는 일'을 뜻하며, '紡(길쌈 방, 전염병 역)'이 아닌 '防疫(막을 방, 전염병 역)'으로 쓴다.

오답의 이유

① 침체(沈滯: 잠길 침, 막힐 체): 어떤 현상이나 사물이 진전하지 못하고 제자리에 머무름
② 위축(萎縮: 시들 위, 줄일 축): 마르거나 시들어서 우그러지고 쭈그러듦 / 어떤 힘에 눌려 졸아들고 기를 펴지 못함
④ 차치(且置: 또 차, 둘 치): 내버려 두고 문제 삼지 않음

11

| 영역 국어 규범 > 한글 맞춤법 > 띄어쓰기 | 난도 하 |

정답의 이유

③ 세∨번만에(×) → 세∨번∨만에(○): '만에'가 '세 번'과 같은 횟수 뒤에 나타날 경우 의존 명사로서 앞말과 띄어 쓴다.

오답의 이유

① '-차'는 목적의 뜻을 더하는 접미사로, 명사 뒤에서 '~하려고, ~하기 위해'의 의미로 쓰인다면 앞의 명사와 붙여 쓴다.
② '만큼'은 앞의 내용에 상당한 수량이나 정도임을 나타내는 의존 명사로, '있을'과 같이 어간과 관형사형 전성 어미가 결합한 용언 뒤에서 띄어 쓴다.
④ '들'이 '쌀, 보리, 콩, 조, 기장'과 같이 단어의 나열 뒤에 나타날 경우 의존 명사로서 앞말과 띄어 쓴다.

12

| 영역 국어 규범 > 언어 예절 | 난도 상 |

정답의 이유

② 집에서 손님을 보낼 때 하는 인사말은 '안녕히 가십시오.'인데, 특별한 경우 손윗사람에게는 '살펴 가십시오.'도 가능하다. 간혹 '안녕히 돌아가십시오.'라고 쓰는 경우가 있는데 '돌아가다'라는 말이 '죽는다'는 의미나 '빙 돌아서 간다'는 뜻을 나타내는 경우가 있어 되도록 쓰지 않는 것이 좋다.

오답의 이유

① '좋은 아침!'은 외국어를 직역한 말이므로 '안녕하세요?'나 '안녕하십니까?'를 쓰는 것이 좋다.
③ 윗사람의 생일을 축하하는 말로는 '내내 건강하시기 바랍니다.'나 '더욱 강녕하시기 바랍니다.'가 적절하다. 이 밖에 '건강하십시오.'는 바람직하지 않다. '건강하다'는 형용사이므로 명령문을 만들 수 없을뿐더러 어른에게 하는 인사말로 명령형 문장이 될 수 있으면 피해야 하기 때문이다.
④ 손님이 들어오면 우선 인사를 하고 나서 무엇을 도와 드릴지 여쭈어보는 것이 적절하다.

13

| 영역 독해 > 글의 순서 파악하기 | 난도 중 |

정답의 이유

(가)는 훈민정음 글자의 원리를 설명하고 있다. 따라서 훈민정음에 대해 소개하고 있는 문장 뒤와 모음의 원리인 천지인을 설명하고 있는 문장의 앞인 ①이 가장 적절하다.

14

정답 ③

영역 독해 > 통일성·응집성　　　　　　　　난도 **하**

[정답의 이유]

③ ㉠의 앞에서는 훈민정음의 장점에 대해 설명하고 있고, 뒤에서는 훈민정음의 장점으로 인해 글을 쉽게 배울 수 있다는 결과를 설명하고 있다. 따라서 앞의 내용이 뒤의 내용의 이유나 원인, 근거가 될 때 쓰는 접속 부사인 '그러므로'가 ㉠에 들어가는 것이 적절하다.

15

정답 ②

영역 국어 규범 > 올바른 문장 표현　　　　　　난도 **중**

[오답의 이유]

① '하루 일과를'과 이어지는 '일어나자마자'가 서로 호응하지 않는다. 따라서 '하루 일과는 일어나자마자 ～'와 같이 쓰는 것이 자연스럽다.

③ '하물며'는 앞의 사실이 그러하다면 뒤의 사실은 말할 것도 없다는 뜻의 접속 부사로서, 주로 물음의 뜻을 나타내는 종결 어미 '-느냐, -랴' 등과 호응한다. 따라서 '～ 하물며 네가 풀겠다고 덤비느냐.'와 같이 쓰는 것이 자연스럽다.

④ '것'은 서술어 '것이다'와 호응한다. 따라서 '～ 당부하고 싶은 것은 주변 환경을 탓하지 마시기 바란다는 것입니다.'와 같이 쓰는 것이 자연스럽다.

16

정답 ③

영역 어휘 > 의미 관계 파악하기　　　　　　　난도 **하**

[정답의 이유]

③ '성김'과 '빽빽함'은 반의 관계이다. 그런데 '넉넉하다'와 '푼푼하다'는 둘 다 여유가 있다는 의미로서 유의 관계를 이룬다.

- 넉넉하다: 크기나 수량 따위가 기준에 차고도 남아 여유가 있다.
- 푼푼하다: 모자람이 없이 넉넉하다.

[오답의 이유]

①·②·④ 모두 반의 관계를 이루고 있다.

17

정답 ④

영역 국어 규범 > 한글 맞춤법　　　　　　　　난도 **중**

[오답의 이유]

㉠ 담궈(×) → 담가(○): '담그다'가 기본형이므로 '담가'로 활용한다.

㉢ 졸였다(×) → 조리다(○): '졸이다'는 찌개나 국의 국물을 줄게 하는 것을 이르는 말인 반면, '조리다'는 양념의 맛이 재료에 푹 스며들도록 국물이 거의 없을 정도로 바짝 끓여내는 것을 이르는 말이다. 따라서 '미역국이 끓는 동안 생선도 조렸다.'로 쓰는 것이 적절하다.

㉣ 하느라고(×) → 하노라고(○): '하느라고'는 앞말이 뒷말의 목적이나 원인이 됨을 나타내는 반면, '하노라고'는 자기 나름대로 꽤 노력했음을 표현하는 말이다. 따라서 문맥상 '하노라고'로 쓰는 것이 적절하다.

18

정답 ④

영역 어휘 > 한자성어　　　　　　　　　　　난도 **상**

[정답의 이유]

④ 제시문은 선비의 긍정적인 면에 대해 설명하고 있다. 그런데 양상군자(梁上君子 : 들보 양, 윗 상, 임금 군, 아들 자)란 '들보 위의 군자라는 뜻으로, 도둑을 완곡하게 이르는 말'이므로 제시문에서 설명하고 있는 선비와는 어울리지 않는다.

[오답의 이유]

① 견리사의(見利思義 : 볼 견, 이로울 리, 생각 사, 옳을 의): 눈앞의 이익을 보면 의리를 먼저 생각함

② 노겸군자(勞謙君子 : 일할 노, 겸손할 겸, 임금 군, 아들 자): 큰일을 해냈으면서도 겸손한 사람

③ 수기안인(修己安人 : 닦을 수, 몸 기, 편안 안, 사람 인): 자신의 마음을 다해 노력하며 그 노력으로 인해 모두가 평안해짐

19

정답 ③

영역 형태론 > 조사　　　　　　　　　　　난도 **상**

[정답의 이유]

③ '기쁨의 열매'에서 '의'는 앞 체언이 뒤 체언에 대하여 비유의 대상임을 나타내는 관형격 조사이며, '기쁨'을 '열매'에 비유하고 있다. '인도(人道)의 간과(干戈)'에서도 '의'는 앞 체언이 뒤 체언에 대하여 비유의 대상임을 나타내는 관형격 조사이며, '인도(人道)'를 '간과(干戈)'에 비유하고 있다.

[오답의 이유]

①·②·④ '의'는 앞 체언과 뒤 체언이 의미적으로 동격임을 나타내는 관형격 조사이다.

20

정답 ④

영역 어휘 > 단어의 의미　　　　　　　　　　난도 **하**

[정답의 이유]

④ 제시문에서는 킬트의 독특한 체크무늬가 각 씨족의 상징으로 자리 잡게 된 유래에 대해 설명하고 있다. 따라서 '새로운 문화 현상, 학설 따위가 당연한 것으로 사회에 받아들여짐'의 의미를 가지고 있는 '정착(定着)'으로 바꿔 쓰는 것이 적절하다.

21

영역 독해 > 세부 내용 파악하기　　　　　　　　난도 **하**

정답의 이유

① 제시문에 따르면, 페르소나는 사회와 관련된 자아의 한 측면이고 그림자는 인간의 본능 성향과 관련된 자아의 한 측면이다. 따라서 페르소나는 현실적인 속성, 그림자는 근원적인 속성을 지닌다고 할 수 있다.

오답의 이유

② 자아는 페르소나와 그림자로 이루어져 있으며, 페르소나만 추구한다면 그림자가 위축되어 결국 자기 자신으로부터 소외를 당해 무기력해진다고 설명하고 있다. 따라서 자아가 무기력하게 되는 것은 페르소나를 멀리할 때가 아니라 페르소나만 추구할 때이다.

③ 그림자는 원시적인 본능 성향을 의미하므로 도덕성을 추구하지 않는다. 도덕성을 추구하는 것은 사회적 요구와 관련된 페르소나이다.

④ 제시문을 통해 그림자를 억압하게 되면 충동적인 면이 줄어드는 대신 자발성, 창의성, 통찰력, 깊은 정서 등의 긍정적인 면 역시 억압된다는 것을 알 수 있다. 그러나 그림자를 억압한다고 해서 페르소나를 더욱 추구하게 되는지에 대해서는 나타나지 않는다.

22

영역 국어 규범 > 표준어 규정　　　　　　　　난도 **하**

정답의 이유

② 끊기다[끈기다](×) → [끈키다](○): '끊기다'에서 어간의 겹받침 'ㄶ'의 'ㅎ'이 'ㄱ'으로 시작하는 어미와 만나면 'ㅋ'으로 축약되어 [끈키다]로 발음된다.

오답의 이유

① 어간의 겹받침 'ㄺ'이 'ㄱ'으로 시작하는 어미를 만나면 'ㄹ'로 발음된다.

③ 앞말의 종성 'ㄷ'과 뒷말의 초성 'ㅎ'이 만나면 'ㅌ'으로 축약된다.

④ 어간의 겹받침 'ㄼ'은 주로 'ㄹ'이 발음되나 예외적으로 'ㄱ'으로 시작하는 어미 앞에서는 'ㅂ'이 발음된다. 다만, '밟'은 자음 앞에서 [밥]으로 발음한다.

23

영역 형태론 > 단어의 형성　　　　　　　　난도 **중**

정답의 이유

단어의 구조는 크게 단일어와 복합어로 분류되고, 복합어는 파생어와 합성어로 분류할 수 있다.

① 도시락은 하나의 실질 형태소로 이루어진 단일어이다.

오답의 이유

②・③・④ 복합어이다.

② 어근 '선생'에 접미사 '-님'이 결합한 파생어이다.

③ 접두사 '날-'에 어근 '고기'가 결합한 파생어이다.

④ 어근 '밤'과 '나무'가 결합한 합성어이다.

24

영역 독해 > 세부 내용 파악하기　　　　　　　　난도 **하**

정답의 이유

② 항생제의 내성에 대한 언급은 찾아볼 수 없다.

오답의 이유

① 1문단의 '항생제는 세균에 대한 항균 효과가 있는 물질을 말한다.'를 통해 항생제의 정의를 제시하고 있음을 알 수 있다.

③ 2문단에서 페니실린, 세파로스포린, 테트라사이크린 등 항생제의 종류에 따른 항균 작용 기제를 설명하고 있다.

④ 1문단에서 자연적으로 존재하는 항생제를 자연 요법제로, 화학적으로 합성된 항생제를 화학 요법제로 분류하고 있다.

25

영역 독해 > 논증의 오류　　　　　　　　난도 **상**

정답의 이유

④ '식이요법이 알코올 중독에 이르게 한다.'는 연쇄반응은 서로 인과관계가 없으므로 '잘못된 인과관계의 오류'를 범하고 있다.

오답의 이유

①・②・③ '미끄러운 경사면의 오류'를 범하고 있다. 미끄러운 경사면의 오류란 미끄럼틀을 한번 타기 시작하면 끝까지 미끄러져 내려갈 수밖에 없듯이 연쇄반응이 이어지면서 잘못된 결론에 도달하게 되는 오류를 뜻한다. 그런데 그 연쇄반응 사이에는 서로 인과성이 있어서 처음의 시작과 결론만 보면 논리적으로 말이 되지 않지만 이어지는 연쇄반응끼리는 서로 관련된다.

(((•))) 적중레이더

미끄러운 경사면의 오류(fallacy of slippery slope)
일명 '도미노의 오류'로, 미끄럼틀을 한번 타기 시작하면 끝까지 미끄러져 내려간다는 점에서 '연쇄반응 효과의 오류'라고 할 수 있다.

예 인터넷 실명제를 시행해서는 안 된다. 인터넷 실명제를 시행하게 되면 개인은 자신의 사적인 면을 인터넷에 노출하기를 꺼리게 될 것이고, 인터넷을 통해 자유롭게 개성을 표현하는 일이 극도로 줄어들게 될 것이다. 그렇게 되면 머지않아 우리나라 문화 예술계는 창의성과 상상력을 잃게 될 것이다.

2020 | **7급** 기출문제 해설

☑ 점수 (　　)점/100점　☑ 문제편 065쪽

영역 분석

문법	7문항	★★★★★★★	28%
문학	5문항	★★★★★	20%
비문학	7문항	★★★★★★★	28%
어휘	6문항	★★★★★★	24%

빠른 정답

01	02	03	04	05	06	07	08	09	10
③	②	③	①	②	②	①	①	②	②
11	12	13	14	15	16	17	18	19	20
④	④	①	③	②	④	①	④	②	③
21	22	23	24	25					
④	①	④	③	②					

01
정답 ③

영역 독서 > 좋은 글을 선택하는 기준　　난도 상

정답의 이유

③ 필자 역시 글을 선택하는 기준이 될 수 있으나, 다른 보기에 비해 그 중요도가 낮다고 볼 수 있다.

오답의 이유

① 글을 선택할 때는 독자 자신의 '글을 읽는 목적'과 '배경지식', '수준' 등을 고려해야 한다.

② 사회 문화적 맥락과 상황 맥락에 따라 글을 선택하는 기준이 달라질 수 있다.

④ '글의 내용'은 글 그 자체이므로 글 선택의 지배적인 기준이다.

02
정답 ②

영역 어휘 > 올바른 단어 표현　　난도 상

정답의 이유

© '탐사'란 '샅샅이 더듬어 조사한다.'는 뜻을 지닌다. 그런데 관람객이 직접 유적지를 조사하는 것이 아니므로 '탐사'가 아닌 '방문'으로 쓰는 것이 적절하다.

© '개별'이란 '여럿 중에서 하나씩 따로 나뉘어 있는 상태'를 뜻한다. 그런데 뒤에 이어지는 '관광 관리 계획'은 하나씩 따로 구별할 수 있는 성질의 것이 아니므로 '개별'과는 어울리지 않는다.

오답의 이유

㉠ 보존(保存): 잘 보호하고 간수하여 남김

㉣ 경주(傾注): 힘이나 정신을 한곳에만 기울임

03
정답 ③

영역 어휘 > 속담　　난도 중

정답의 이유

③ '말 같지 않은 말은 귀가 없다'는 '이치에 맞지 아니한 말은 못 들은 척한다.'는 의미이다.

04
정답 ①

영역 어휘 > 한자어　　난도 상

정답의 이유

㉠ 묵상(默想: 잠잠할 묵, 생각 상): 눈을 감고 말없이 마음속으로 생각함

© 고찰(考察: 생각할 고, 살필 찰): 어떤 것을 깊이 생각하고 연구함

오답의 이유

• 묵상(墨床: 먹 묵, 평상 상): 먹을 올려놓고 쓰는 받침

• 고찰(古刹: 옛 고, 절 찰): 역사가 오래된 옛 절

05
정답 ②

영역 음운론 > 자음의 체계　　난도 하

정답의 이유

② 파열음에는 'ㄱ(ㄲ, ㅋ), ㄷ(ㄸ, ㅌ), ㅂ(ㅃ, ㅍ)'이 있는데, 제시된 선택지 중 잇몸소리(치조음)에 해당하는 것은 'ㄷ'뿐이다. 'ㄴ'과 'ㅅ'은 잇몸소리이나 각각 비음과 마찰음에 해당한다. 'ㅈ'은 센입천장소리(경구개음)이면서 파찰음에 해당한다.

국어의 자음 체계도

조음 방법		조음 위치	양순음 (兩脣音)	치조음 (齒槽音)	경구개음 (硬口蓋音)	연구개음 (軟口蓋音)	후음 (喉音)
안울림 소리 [無聲音]	파열음 (破裂音)	예사소리	ㅂ	ㄷ		ㄱ	
		된소리	ㅃ	ㄸ		ㄲ	
		거센소리	ㅍ	ㅌ		ㅋ	
	파찰음 (破擦音)	예사소리			ㅈ		
		된소리			ㅉ		
		거센소리			ㅊ		
	마찰음 (摩擦音)	예사소리		ㅅ			ㅎ
		된소리		ㅆ			
울림소리 [有聲音]	비음(鼻音)		ㅁ	ㄴ		ㅇ	
	유음(流音)			ㄹ			

06
정답 ②

영역 현대시 > 시어의 의미　　난도 **중**

정답의 이유

② 작품은 순수한 삶과 절대자에게로의 귀의를 희망하는 화자의 마음을 '기(旗)'로 상징하여 표현하였다. 작품에 '절제된 사랑'은 형상화되어 있지 않다.

오답의 이유

① 화자는 5연에서 '하얀 모래벌 같은 마음씨의 벗'을 찾고 있는데, 이를 통해 화자가 '순수한 삶'을 원한다는 것을 알 수 있다.

③ 화자는 7연에서 '때로 울고 / 때로 기도드린다'고 말하고 있다. 따라서 화자가 신께 간절히 기도하는 마음으로 삶을 살아가고 있음을 알 수 있다.

④ 시적 사아는 순수한 삶을 살기를 간절하게 바라고 있다. 참고로, '희원'이란 '어떤 일을 이루거나 하기를 바람'을 뜻한다.

작품 해설

김남조, 「정념(情念)의 기(旗)」
- 갈래: 자유시, 서정시
- 성격: 낭만적, 애상적, 종교적
- 주제: 순수한 삶에 대한 열망과 종교적 희구(希求)
- 특징
  - 직유와 은유, 상징, 의인법 등의 다양한 비유적 표현이 나타남
  - 시구의 반복으로 '혼란'에서 '평안'으로 변모하는 태도가 시상 전개로 나타남
  - '기(旗)'는 지상(한계)에 묶여 있으면서도 하늘(자유)을 지향한다는 점에서 모순적인 인간의 존재를 상징함

07
정답 ①

영역 현대시 > 작품 파악하기　　난도 **중**

정답의 이유

① ㉠에서 시적 화자는 자신의 마음을 '기(旗)'에 비유하여 그동안 자신이 살아온 삶에 대해 회상하고 있다. 이러한 자세는 자신의 태도나 행동을 스스로 살피고 성찰하고 있다는 점에서 '자성(自省)'에 가깝다.

08
정답 ①

영역 현대시 > 작품 파악하기　　난도 **중**

정답의 이유

① ㉡의 '혼란과 열기를 이기지 못해'라는 시구는 순수한 삶을 지향하는 시적 자아의 내면이 현재 불안정하게 흔들리고 있는 상태임을 나타낸다.

오답의 이유

② ㉢에는 편안한 시적 자아의 내면 상태가 드러난다.

③ ㉣의 '무거운 비애'는 화자의 부정적인 내면을 반영하고 있으나 이는 현재 흔들리고 있는 내면이 아니라 침체되어 있는 정적인 부정성을 나타내는 것이다.

④ ㉤에는 절대자에게로 귀의를 희구(希求)하는 화자의 자세가 드러난다.

09
정답 ②

영역 독해 > 글의 맥락 파악하기　　난도 **하**

정답의 이유

② 제시문은 오늘날의 일의 시간에 대한 통념을 비판하면서 새로운 시간을 생성하는 시간 혁명을 주장하고 있다. 이때, 5번째와 7번째 문장에서 '(㉠)도 다른 시간을 만들어내지 못한다.', '일반적으로 받아들여지고 있는 견해와는 달리 (㉡)은 시간의 위기, 시간의 질병을 극복할 수 없다.'라고 말하고 있으므로 ㉠과 ㉡이 통상적으로 '일의 시간'이 아닌 생성의 시간으로 인식되지만 사실은 '일의 시간'에 해당하는 어떤 사례를 말하고 있다고 추론할 수 있다. 따라서 ㉠과 ㉡에는 공통적으로 '느리게 살기'가 들어가는 것이 알맞다.

10

영역 국어 규범 > 표준어 규정　　　　　　　　**난도** 하

정답의 이유

㉠ '짧네요'의 겹받침 'ㄼ'은 자음군 단순화에 따라 자음 앞에서 [ㄹ]로 발음하여 [짤네요]가 되는데, 이때 '-네-'가 앞의 'ㄹ'에 동화(유음화)되어 [짤레요]로 발음된다.

㉡ '맑거나'의 겹받침 'ㄺ'은 예외적으로 'ㄱ'으로 시작하는 어미 앞에서 [ㄹ]로 발음한다. 따라서 [말거나]가 되는데, 이때 '-거-'가 앞어근 'ㄹ'의 영향으로 된소리되기를 거쳐 [말꺼나]로 발음된다.

㉢ '떫지'의 겹받침 'ㄼ'은 자음 앞에서 [ㄹ]로 발음하여 [떨지]가 되는데, 이때 '-지'가 앞의 'ㄹ'의 영향으로 된소리되기를 거쳐 [떨찌]로 발음된다.

11
정답 ④

영역 독해 > 세부 내용 파악하기　　　　　　　　**난도** 하

정답의 이유

④ 제시문에 따르면 언어 표현은 자연시간의 순서를 따른다. 그런데 '문 닫고 들어와라.'는 안으로 들어온 후에 문을 닫으라는 의미이므로 논리적으로 시간의 순서에 맞지 않는다.

오답의 이유

①·② 각각 꽃이 펴야 질 수 있고, 수입이 들어와야 지출을 할 수 있으므로 제시문의 설명에 부합한다.

③ '머리끝부터 발끝' 역시 위쪽이 앞서고 아래쪽이 나중에 온다는 어순 병렬의 원리에 부합한다.

12
정답 ④

영역 통사론 > 문장의 짜임　　　　　　　　**난도** 하

정답의 이유

문장은 안은문장과 이어진문장을 통해 겹문장으로 확장된다. ①·②·③은 모두 안은문장을 이용해 문장을 확장한 반면, ④는 종속적으로 이어진문장이다. '봄이 오면 꽃이 핀다.'에 사용된 '-면'은 조건을 나타내는 종속적 연결 어미이다.

오답의 이유

① '사람이 담배를 피우다.'가 관형절로 안겨 있는 겹문장이다.

② '철수가 말이 없다.'가 부사절로 안겨 있는 겹문장이다.

③ '그가 귀국했다.'가 인용절로 안겨 있는 겹문장이다.

13
정답 ①

영역 어휘 > 한자어　　　　　　　　**난도** 상

정답의 이유

㉠ 부조리(不條理: 아니 부, 가지 조, 다스릴 리): 이치에 맞지 아니하거나 도리에 어긋남

㉡ 응시(凝視: 엉길 응, 볼 시): 눈길을 모아 한 곳을 똑바로 바라봄

㉢ 여과(濾過: 거를 여, 지날 과): 주로 부정적인 요소를 걸러 내는 과정을 비유적으로 이르는 말

오답의 이유

• 응시(鷹視: 매 응, 볼 시): 매처럼 날카롭게 노려봄

• 여과(勵果: 힘쓸 여, 실과 과): 조선 시대에 둔, 토관직(土官職)의 정육품 무관 벼슬

14
정답 ③

영역 의미론 > 의미의 변화　　　　　　　　**난도** 중

정답의 이유

③ 얼굴은 사람의 전체 모습으로서의 '형체'를 뜻하다가 '눈, 코, 입이 있는 머리의 앞면', 즉 '안면'으로 의미가 축소되었다.

15
정답 ②

영역 화법과 작문 > 설득 전략　　　　　　　　**난도** 중

정답의 이유

② '화자의 신뢰성'을 높여서 청중을 설득하고자 하는 전략은 인성적 설득 전략에 해당한다.

오답의 이유

① '청자의 감정'에 호소하고자 하는 감성적 설득 전략에 해당한다.

③ 주장과 근거의 '논리성'을 따지고 있으므로 이성적 설득 전략에 해당한다.

④ 근거의 타당성, 객관성, 신뢰성 등을 높이려고 하고 있으므로 이성적 설득 전략에 해당한다.

📡 **적중레이더**

설득 전략의 종류

설득 전략은 이성적·감성적·인성적 설득 전략으로 구분할 수 있다.

• 이성적 설득 전략: 논리적이고 이성적인 방법으로 화자의 주장을 통계 자료나 전문가의 의견 등을 활용하여 뒷받침하는 전략

• 감성적 설득 전략: 청중의 감정에 호소하여 청중의 마음을 움직이는 전략

• 인성적 설득 전략: 화자의 인품, 전문성 등과 같은 화자의 됨됨이를 바탕으로 하여 내용에 신뢰를 갖게 하는 전략

16

영역 독해 > 글의 맥락 파악하기　　　　　난도 **중**

정답의 이유

㉠ 영화에서 본 3D 프린터의 이야기를 하고 있으므로 ㉠에는 영화의 구성단위인 '장면'이 들어가는 것이 적절하다.

㉡ 3D 프린터가 그간 제품을 개발할 때 만들던 샘플을 대체하는 ㉡을 만들어낸다고 말하고 있으므로, ㉡에는 샘플과 같은 의미의 '시제품'이 들어가는 것이 적절하다.

㉢ 3D 프린터가 인공뼈, 수술 전 연습을 위한 인체 구조물, 사고로 얼굴 일부를 다친 환자를 위한 부분 가면 등을 만드는 데 사용된다고 하였으므로 ㉢에는 '의료용'이 들어가는 것이 적절하다.

㉣ 제시문은 1~3문단을 통해 3D 프린터가 우리 생활 속에서 들어와 유용하게 사용되고 있는 예를 서술하고, 4문단을 통해 아직은 다소 이르지만 곧 우리 실생활에 3D 프린터가 깊게 녹아들 시대가 올 것이라며 글을 마무리하고 있다. 따라서 ㉣에는 문맥상 가까운 미래에 곧 그렇게 될 것이라는 의미의 '조만간'이 들어가는 것이 적절하다.

17

영역 형태론 > 단어의 형성　　　　　난도 **하**

정답의 이유

① ㉠은 통사적 합성어의 한 유형이다. '들어가다'는 어간 '들-'에 연결 어미 '-어'와 용언의 어간 '가다'가 결합한 형태이므로 ㉠의 예에 해당한다.

오답의 이유

② '부슬비'는 '부슬(부사)+비(명사)' 구성의 비통사적 합성어이다. 국어의 일반적인 단어 배열법에서는 부사가 명사를 수식하지 않기 때문이다.

③ '불고기'는 '불(명사)+고기(명사)' 구성의 통사적 합성어이다.

④ '높푸르다'는 '높-(어간)+푸르다(용언)' 구성의 비통사적 합성어이다. 국어의 일반적인 단어 배열법에서는 어간에 용언이 바로 결합하지 못하고, 연결 어미를 필요로 하기 때문이다.

18

영역 독서 > 주제 통합적 읽기　　　　　난도 **상**

정답의 이유

④ '주제 통합적 읽기'란 다양한 자료들을 분석적으로 읽고 정리하는 전문적 독서 방법이다. 하나의 주제나 화제와 관련된 다양한 독서 자료를 비교·대조하면서 종합적으로 분석하여 읽고, 자신의 관점이나 아이디어를 재구성하는 독서 방법이다. 즉, 이러한 관점에 따라 주제 통합적 읽기의 절차를 크게 정리하자면, 하나의 주제를 정

해 다양한 독서 자료를 선정하여 읽고 이를 비교, 분석하여 자신의 관점을 재구성하는 것이라고 할 수 있다.

📡 적중레이더

주제 통합적 독서의 과정
- 독서의 목적 구체화하기(읽기를 통해 해결하려는 질문 명확히 하기)
- 질문을 구체적으로 정하고, 이를 해결할 수 있는 각 분야의 글 찾기(도서관의 도서 목록, 서평 등을 확인하기)
- 분야, 글쓴이의 관점, 형식이 다른 글을 서로 비교하며 읽기(주장을 비판적으로 검토하고 유용한 정보 추려 내기)
- 자신의 관점에 따라 정보를 가려내고, 화제에 대한 자신의 견해 정리하기(자료 재구성하기)

19

영역 국어 규범 > 외래어 표기법　　　　　난도 **하**

정답의 이유

② 타우어(×) → 타워(○): 외래어 표기법 제3장 제8항에 따르면 중모음은 각 단모음의 음가를 살려서 적되, [ou]는 '오'로 [auə]는 '아워'로 적는다고 하였다. 따라서 'tower[tauə]'는 '타워'로 표기하는 것이 적절하다.

20

영역 고전 소설 > 작품 파악하기　　　　　난도 **하**

정답의 이유

③ 양생이 고독함의 정서를 드러내고 있으나 그것이 이별 때문이라는 단서는 작품을 통해 찾을 수 없다. 단지 양생은 짝이 없는 자신의 처지를 외로워하며 운명적인 인연을 찾고 싶어 한다.

오답의 이유

① 양생이 읊조린 시에서 화자는 '나무', '비취새', '원앙새' 등에 빗대어 자신의 외로운 처지를 드러내고 있다.

② 양생은 봄을 맞아 더욱 외로움을 느끼고 있으므로 작품의 계절적 배경과 인물의 정서가 밀접하게 관련되어 있다.

④ 양생은 바둑알과 등불로 자신의 인연을 점치고 있다. 이를 통해 양생이 운명과 같은 인연을 기다리고 있음을 알 수 있다.

21

정답 ④

영역 어휘 > 고유어 　　　　　　　　　　　　　　난도 **상**

정답의 이유

④ 제시문에서 설명하고 있는 표제어는 '혜성(彗星)'으로, 순우리말로는 '꼬리별', '살별'이라고 한다.

오답의 이유

① 별똥별: 지구의 대기권 안으로 들어와 빛을 내며 떨어지는 작은 물체, 즉 '유성(流星)'을 일상적으로 이르는 말
② 떠돌이별: 중심 별의 강한 인력의 영향으로 타원 궤도를 그리며 중심 별의 주위를 도는 천체, 즉 '행성(行星)'을 일컫는 순우리말
③ 샛별: 지구에 가장 가까이 있는 천체, 즉 '금성(金星)'을 일상적으로 이르는 순우리말

22

정답 ①

영역 어휘 > 한자어 　　　　　　　　　　　　　　난도 **상**

정답의 이유

① 亢星(×) → 恒星(○): ㉠의 '항성'은 문맥상 '천구 위에서 서로의 상대 위치를 바꾸지 않고 별자리를 구성하는 별'을 의미하는 '恒星(항상 상, 별 성)'으로 쓰는 것이 적절하다. 글쓴이가 제시문에서 항성(恒星)을 북극성과 같이 항상 같은 위치에서 삶의 길잡이가 되어주는 책에 비유하고 있기 때문이다. '亢星(높을 항, 별 성)'은 이십팔수의 둘째 별자리에 있는 별로, 처녀자리에 있는 별을 의미하므로 문맥상 부적절하다.

오답의 이유

②·③·④는 모두 문맥의 의미에 맞는 적절한 한자어로 쓰였다.
② 행성(行星: 다닐 행, 별 성): 중심 별의 강한 인력의 영향으로 타원 궤도를 그리며 중심 별의 주위를 도는 천체
③ 유성(流星: 흐를 유, 별 성): 지구의 대기권 안으로 들어와 빛을 내며 떨어지는 작은 물체
④ 북극성(北極星: 북녘 북, 다할 극, 별 성): 작은곰자리에서 가장 밝은 별

23

정답 ④

영역 독해 > 세부 내용 파악하기 　　　　　　　　　난도 **하**

정답의 이유

④ 제시문은 책을 항성·행성·유성에 비유하고 있다. '항성'을 '좋은 책'에 비유하고 있는데, 좋은 책은 세상살이의 일반성에 관한 이해를 넓혀 주는 동시에 개인적 삶의 특수성까지도 풍부하게 해 주어 변화하는 세상과 그 속에 숨은 삶의 본질을 꿰뚫어 본다. 반면, 필자는 '유성'을 '그렇고 그런 수준의 책'에 비유하고 있다. 따라서 유성과 같은 책을 읽으면 삶의 본질을 꿰뚫어 볼 수 있다는 진술은 적절하지 않다.

24

정답 ③

영역 국어 규범 > 한글 맞춤법 　　　　　　　　　　난도 **하**

정답의 이유

③ '-느라고'는 앞절의 사태가 뒷절의 사태에 목적이나 원인이 될 때 사용하는 연결 어미이고, '-노라고'는 나름대로 꽤 노력했음을 나타내는 연결 어미이므로 구분하여 사용해야 한다. 따라서 문맥상 ㉠에는 늦게 잔 '원인'이 공부라는 의미의 '-느라고'가 들어가야 한다. ㉡에는 사흘 밤낮을 '노력'한다고 했는데 결과가 좋지 않다는 의미이므로 '-노라고'가 들어가야 한다.

(((•))) 적중레이더

'-느라고'와 '-노라고'의 구별

-느라고	'~하는 일로 말미암아'라는 의미로 이유나 원인을 나타냄 예 • 웃음을 참느라고 힘들었다. • 책을 읽느라고 밤을 새웠다.
-노라고	'자기 나름대로는 한다고'라는 의미로 화자가 자신의 행동에 대한 의도나 목적을 나타냄 예 잠도 못 자며 하노라고 했는데 결과가 어떨지 모르겠다.

영역 현대 소설 > 세부 내용 파악하기 난도**중**

정답의 이유

② (가)에서는 대포소리를 '멀리서 은은한'이라고 표현하였으므로 화
자에게 대포소리가 아주 멀리서 들리고 있다. (나)에서는 대포소리
가 '다가왔다 멀어졌다'한다고 표현하였으므로 화자에게 대포소리
가 가까워졌다 멀어졌다를 반복하고 있다. (다)에서는 '다가오는 저
소리'라고 하였으므로 대포소리가 화자에게 점점 가까워지고 있
다. 이를 통해 (가)에서 (다)까지 대포소리가 점점 가까워지고 있음
을 알 수 있다. (라)에서는 '포소리보다 가까운' 울부짖음이 '현'의
의식 속에서 들려왔다고 표현하고 있다. 이를 통해 대포소리가 내
면의 소리에 비견될 만큼 '현'과 가까운 거리에서 들려왔음을 추측
할 수 있다.

📖 **작품 해설**

선우휘, 「불꽃」

• 갈래: 단편 소설, 전후 소설
• 성격: 현실 비판적, 의지적
• 주제: 비극의 극복과 실천하는 적극적인 삶의 의지
• 특징
 − 의식의 흐름에 의한 내적 독백을 통해 글을 전개함
 − 입체적 인물형인 '현'의 태도 변화를 통해 작가가 추구하는 바람
  직한 삶의 모습을 제시함
 − 제목에 상징적 의미를 부여해 생의 강렬한 의지를 드러냄

2019 | 추가채용 기출문제 해설

☑ 점수 ( )점/100점 ☑ 문제편 072쪽

영역 분석

문법	12문항	★★★★★★★★★★★★	48%
문학	7문항	★★★★★★★	28%
비문학	3문항	★★★	12%
어휘	3문항	★★★	12%

빠른 정답

01	02	03	04	05	06	07	08	09	10
②	④	②	②	③	④	③	③	③	②
11	12	13	14	15	16	17	18	19	20
④	①	③	②	①	④	①	②	③	③
21	22	23	24	25					
④	④	③	④	④					

01

정답 ②

영역 국어 규범 > 한글 맞춤법 > 준말 난도 **중**

정답의 이유

한글 맞춤법 제32항의 규정에 따르면 단어의 끝모음이 줄어지고 자음만 남은 것은 그 앞의 음절에 받침으로 적는다.

② '국말이'는 준말이 아닌, '국'과 '말이'의 두 단어가 어울린 합성어이다. 두 개의 단어가 어울려 합성어가 될 때는 원형을 밝히어 적는다는 원칙(한글 맞춤법 제27항)에 따른 것이다.

오답의 이유

① '기럭아'는 '기러기야'의 준말이다. '기러기'의 끝모음 '이'가 줄어지고 남은 자음 'ㄱ'을 앞 음절 '러'의 받침으로 적은 것이다.

③ '애꾸눈아'는 '애꾸눈이야'의 준말이다. '애꾸눈이'의 끝모음인 접미사 '-이'가 줄어든 것이다.

④ '엊저녁'은 '어제저녁'의 준말이다. '어제저녁'이 줄어들어 [얻쩌녁]이 될 때, 둘째 음절 '제'에서 남은 'ㅈ'을 첫째 음절 '어'의 받침으로 적은 것이다.

02

정답 ④

영역 문학사 > 박지원의 소설 난도 **상**

정답의 이유

「예덕선생전」은 조선 정조 때에 박지원이 지은 한문 단편 소설로서, 『연암집(燕巖集)』의 별집(別集)인 권8 「방경각외전(放璚閣外傳)」에 실려 있다. 따라서 ④가 가장 정확한 답이다.

「방경각외전」에는 「예덕선생전(穢德先生傳)」 외에도 「마장전(馬駔傳)」, 「민옹전(閔翁傳)」, 「광문자전(廣文者傳)」, 「양반전(兩班傳)」, 「김신선전(金神仙傳)」, 「우상전(虞裳傳)」, 「역학대도전(易學大盜傳)」, 「봉산학자전(鳳山學者傳)」 등 총 9편이 실려 있다.

오답의 이유

① 『연암집(燕巖集)』은 조선 후기의 문신이자 학자인 박지원의 시문집으로 17권 6책으로 이루어져 있다. 조선 후기 실학파 중에 이용후생학파(利用厚生學派)의 대표적 인물이라 할 수 있는 박지원의 문학과 사상을 엿볼 수 있는 중요한 자료를 많이 수록하고 있다. 또한 『연암집』에는 18세기에 와서 패사소품류(稗史小品類)의 영향을 받아 출현하기 시작한 한문 단편 소설로 구성된 「방경각외전」이 있다.

② 『열하일기(熱河日記)』는 박지원이 청나라에 다녀온 후에 작성한 견문록이다. 1780년(정조 4) 연암 박지원은 친척을 따라 청나라 건륭제(고종)의 칠순연(七旬宴)에 참석하는 사신의 일원으로 동행하게 되었다. 중국 연경(燕京)을 지나 청나라 황제의 여름 별장지인 열하(熱河)까지 여행한 기록을 담았는데, 중국의 명사들과 교류하며 중국의 문물 · 제도를 목격하고 견문한 내용을 각 분야로 나누어 기록하였다.

③ 『과농소초(課農小抄)』는 박지원이 편찬한 농서이다. 1798년(정조 22) 11월 정조는 농업상의 여러 문제점을 해결하고자 전국에 농정을 권하고 농서를 구하는 윤음(綸音)을 내렸다. 이에 당시 면천의 군수였던 박지원이 1799년 3월 『과농소초』를 올렸다.

03

영역 국어 규범 > 한글 맞춤법 > 띄어쓰기 　난도 **하**

정답의 이유

② 한글 맞춤법 제48항에 따르면 성과 이름, 성과 호 등은 붙여 쓰고, 이에 덧붙는 호칭어, 관직명 등은 띄어 쓴다. 따라서 예문에서 제시한 '김 선생'과 '민 박사'는 성과 호칭어를 띄어 썼으므로 이 규정의 예로 적절하다.

오답의 이유

① '성과 이름, 성과 호 등은 붙여 쓴다.'는 설명은 한글 맞춤법 제48항의 규정을 일부 인용한 것이며, 예문에서 성과 이름, 성과 호를 띄어 쓰고 있어 규정을 지키지 않고 있다.

③ '전문 용어는 단어별로 띄어 쓴다.'는 설명은 한글 맞춤법 제50항의 전문 용어는 단어별로 띄어 씀을 원칙으로 하되, 붙여 쓸 수 있다는 규정을 일부 인용하고 있다. 그러나 예시가 부적절하다. 한글 맞춤법 제50항에 따르면 '만성 골수성 백혈병'을 원칙으로 하고, '만성골수성백혈병'도 허용된다고 하였으나, '만성골수성 백혈병'은 원칙과 허용 규정 모두에 어긋난다.

④ '성명 이외의 고유 명사는 단어별로 띄어 쓴다.'는 설명은 한글 맞춤법 제49항의 성명 이외의 고유 명사는 단어별로 띄어 씀을 원칙으로 하되, 단위별로 띄어 쓸 수 있다는 규정을 일부 인용하고 있다. 그러나 예시가 부적절하다. 한글 맞춤법 제49항에 따르면 '한국 대학교 사범 대학'을 원칙으로 하고, '한국대학교 사범대학'도 허용된다고 하였으나 '한국 대학교 사범대학'은 원칙과 허용 규정 모두에 어긋난다.

04

영역 통사론 > 사동과 피동 　난도 **중**

정답의 이유

발문의 '누군가에게 동작을 하도록 시키는 것을 나타내는 표현'이란 사동 표현을 의미한다. 즉, 사동 표현이 아닌 것을 골라야 한다.

② '당하다'는 어휘에 피동의 의미가 담겨 있는 단어이며, 문장 전체의 의미에도 주체가 다른 힘에 의하여(적에게) 어떤 동작(기습)의 대상이 되어 그 작용을 받는(당하다) 피동의 성질이 나타난다.

오답의 이유

① '먹게 하다'는 '먹다'의 어간에 보조 용언 '-게 하다'가 붙은 통사적 사동문이다.

③ '보냈다'는 용언 '보내다'의 어간에 과거시제 선어말 어미 '-었-'이 붙은 것이다. 여기서 '보내다'는 어휘적 사동 표현, 즉 어휘 자체에 사동의 의미가 담겨 있다.

④ '진정시키다'는 '진정하다'의 어간에 사동 접사 '-시키-'가 붙은 파생적 사동사이다.

05

영역 어휘 > 한자성어 　난도 **중**

정답의 이유

③ 事必歸定(×) → 事必歸正(○): '사필귀정'은 '모든 일은 반드시 바른길로 돌아간다.'라는 뜻으로 事必歸正(일 사, 반드시 필, 돌아갈 귀, 바를 정)과 같이 쓴다. 따라서 '事必歸定'에 '정할 정(定)'을 쓴 것이 잘못되었다.

오답의 이유

①·②·④는 사자성어에 따른 한자가 적절히 쓰였다.

① 이심전심(以心傳心: 써 이, 마음 심, 전할 전, 마음 심): 마음과 마음으로 서로 뜻이 통함

② 전전반측(輾轉反側: 돌아누울 전, 구를 전, 돌이킬 반, 곁 측): 누워서 몸을 이리저리 뒤척이며 잠을 이루지 못함

④ 인과응보(因果應報: 인할 인, 결과 과, 응할 응, 갚을 보): 전생에 지은 선악에 따라 현재의 행과 불행이 있고, 현세에서의 선악의 결과에 따라 내세에서 행과 불행이 있는 일

(((•))) 적중레이더

이심전심(以心傳心)과 뜻이 같은 한자성어

염화미소 (拈華微笑)	말로 통하지 아니하고 마음에서 마음으로 전하는 일. 석가모니가 영산회(靈山會)에서 연꽃 한 송이를 대중에게 보이자 마하가섭만이 그 뜻을 깨닫고 미소 지으므로 그에게 불교의 진리를 주었다고 하는 데서 유래
염화시중 (拈華示衆)	말로 통하지 아니하고 마음에서 마음으로 전하는 일
심심상인 (心心相印)	말없이 마음과 마음으로 뜻을 전함
불립문자 (不立文字)	불도의 깨달음은 마음에서 마음으로 전하는 것이므로 말이나 글에 의지하지 않는다는 말
교외별전 (敎外別傳)	불교 선종에서, 부처의 가르침을 말이나 글에 의하지 않고 바로 마음에서 마음으로 전하여 진리를 깨닫게 하는 법

06

영역 판소리 > 구성 요소 　　　　　　　　　　　　**난도 상**

정답의 이유

④ 판소리의 구성 요소 중 하나인 '더늠'에 대해 묻는 문제이다. 더늠
이란, 판소리에서 명창이 자신의 독특한 방식으로 다듬어 부르는
어떤 마당의 한 대목을 일컫는 말로 '명창이 한 마당 전부를 다듬
어 놓은 소리'는 '더늠'이 아니라 '바디'를 가리킨다.

오답의 이유

① · ② · ③은 더늠에 대해 잘 설명하고 있다.

① 더늠은 명창이 독창적으로 소리와 사설 및 발림을 짜서 연행한 판
소리의 한 대목으로서 그 명창의 장기로 인정되고, 또 다른 창자들
에 의해 널리 연행되어 후대에 전승된다.

② 어떤 판소리 창자가 부른 특정한 대목이 더늠이 되기 위해서는 독
창적이면서 예술적으로 뛰어나야 하는데, 이 독창성과 예술성은
주로 음악적인 측면에서 구현되는 경우가 대부분이다.

③ 판소리 한 마당의 특정 대목이 어떤 명창의 장기로 인정되고 널리
불리게 되면 더늠에는 판소리 명창 개인의 이름이 붙게 되고, 시대
와 유파를 넘어서 전승되게 된다.

((•)) 적중레이더

판소리의 구성 요소

창(소리)	판소리의 주축을 이루는 요소로 광대(소리꾼)가 가락에 맞추어 부르는 노래
아니리(사설)	판소리에서 극적 사건의 변화, 시간의 경과, 등장인물들의 대화나 심리 묘사 또는 그들의 독백 등을 말로 설명하거나 대화로 표현하는 기능
발림(너름새)	창자가 소리 도중에 하는 춤이나 몸짓과 같은 소리꾼이 하는 모든 육체적 동작
너름새	발림과 같은 의미 외에, 광대가 소리 · 아니리 · 발림을 적절히 구사하여 관중들을 매료시키는 능력이 있을 때 '너름새가 좋다'와 같이 쓰임
추임새	판소리 중간의 대목에서 고수(북을 치는 사람)가 내는 흥을 돋우는 '얼씨구', '그렇지', '아무렴', '잘한다', '좋다', '저런' 등의 소리
더늠	판소리 명창들이 자신의 독특한 방식으로 다듬어 부르는 어떤 마당의 한 대목
바디	판소리에서 명창이 스승으로부터 전승하여 한 마당 전부를 음악적으로 절묘하게 다듬어 놓은 소리

07

영역 판소리 > 구성 요소 　　　　　　　　　　　　**난도 상**

정답의 이유

③ 제시문에서는 판소리를 오페라에 빗대어 설명하고 있다. 특히, ⓛ
이 있는 문단에서는 판소리에는 장편의 노래만 있는 것이 아니라
고 하면서 ⓛ을 '일상적 말투로 이루어진' 것으로 설명하고 있다.
따라서 ⓛ은 '아니리'임을 알 수 있다. 아니리는 판소리에서 극적
사건의 변화, 시간의 경과, 등장인물들의 대화나 심리 묘사 또는
그들의 독백 등을 노래(창)가 아닌 말로 설명하거나 대화로 표현하
는 기능으로 '사설'이라고도 한다.

오답의 이유

① · ② · ④는 모두 판소리의 구성 요소이나, 일상적 말투로 이루어졌
다는 특성을 지니지 않는다.

08

영역 독해 > 글의 순서 파악하기 　　　　　　　　　**난도 중**

정답의 이유

• (다)에서 '제임스 러브록'이라는 인물에 대해 처음 소개하고 있으므
로 (다)가 가장 첫 번째 순서임을 알 수 있다.

• (다)의 마지막 문장에서 제임스 러브록이 말한 '사이보그'를 (가)가
이어 받아 제임스 러브록이 말하는 '사이보그'의 의미를 설명하고
있다.

• (나)에서 제임스 러브록의 말을 인용하며 사이보그에 대한 설명을
구체화하고 있다.

• 이를 바탕으로 마지막으로 (라)에서 지구 멸망 시 사이보그의 행동
을 예측하며 글을 마무리하고 있다.

따라서 ③ (다) − (가) − (나) − (라)의 순서가 적절하다.

09

영역 어휘 > 고유어 　　　　　　　　　　　　　　**난도 상**

정답의 이유

③ '세섯덩이'는 김맬 때에, 떠서 앞으로 엎는 흙덩어리를 일컫는다.
'개피떡 세 개를 붙여서 만든 떡'은 '셋붙이'이다.

10

영역 국어 규범 > 로마자 표기법　　　　**난도 중**

정답의 이유

ⓛ '학여울'은 [항녀울]로 발음되므로 'Hangnyeoul'로 표기한다.

ⓒ '합덕'은 [합떡]으로 발음되나, 로마자 표기법 제3장 제1항의 된소리되기는 표기에 반영하지 않는다는 [붙임] 규정에 따라 'Hapdeok'으로 표기한다. 또한 로마자 표기법 제2장 제2항의 'ㄱ, ㄷ, ㅂ'은 모음 앞에서는 'g, d, b'로, 자음 앞이나 어말에서는 'k, t, p'로 적는다는 [붙임 1] 규정에 따라 종성 'ㅂ'을 'p'로 표기해야 한다.

ⓜ '구리'는 [구리]로 발음되며 'ㄱ'이 'ㅜ' 모음 앞에 위치하므로 'g'로 표기해야 한다. 또한 로마자 표기법 제2장 제2항의 'ㄹ'은 모음 앞에서는 'r'로, 자음 앞이나 어말에서는 'l'로 적는다는 [붙임 2]의 규정에 따라 'Guri'로 표기한다.

오답의 이유

ⓖ Kumi(×) → Gumi(○): 구미는 [구미]로 발음되며, 'ㄱ'이 'ㅜ' 모음 앞에 위치하므로 'g'로 표기하여 'Gumi'로 적어야 한다.

ⓔ Wangsimri(×) → Wangsimni(○): '왕십리'는 [왕심니]로 발음되므로 'Wangsimni'로 표기한다.

ⓗ Ulreung(×) → Ulleung(○): 로마자 표기법 제2장 제2항 [붙임 2]에 따르면, 'ㄹ'은 모음 앞에서는 'r'로, 자음 앞이나 어말에서는 'l'로 적는다. 단, 'ㄹㄹ'은 'll'로 적는다. 따라서 '울릉'은 [울릉]으로 발음되어 'ㄹㄹ'이 나타나므로 'll'을 사용하여 'Ulleung'으로 표기해야 한다.

11

영역 어휘 > 고유어　　　　**난도 중**

정답의 이유

④ '핫옷'은 '솜옷', 즉 안에 '솜을 두어 만든 옷'을 말하며 '핫-'은 '솜을 둔'의 뜻을 더하는 접두사이다. 그런데 모시는 여름 옷감으로 많이 쓰이는 시원한 소재의 피륙이다. 따라서 '날씨가 더워 모시로 만든 핫옷을 꺼내 입었다.'는 문장은 '핫옷'의 의미를 잘못 쓴 것이다.

오답의 이유

① '보늬'는 밤이나 도토리 따위의 속껍질이다. 따라서 동수가 도토리의 보늬를 벗겨 냈다는 문장은 의미상 적절하다.

② '닁큼닁큼'은 '머뭇거리지 않고 잇따라 빨리'라는 의미이다. 따라서 원숭이가 먹이를 닁큼닁큼 받아먹었다는 문장은 의미상 적절하다.

③ '엇셈'은 '서로 주고받을 것을 비겨 없애는 셈'이다. 따라서 외상값을 고구마로 엇셈했다는 문장은 의미상 적절하다.

12

영역 형태론 > 단어의 형성　　　　**난도 하**

정답의 이유

① '높푸르다'는 '높다'의 어근과 '푸르다'의 어근이 결합하여 만들어진 비통사적 합성어이다.

오답의 이유

②·③·④는 파생어이다.

② '풋고추'는 접두사 '풋-'에 '고추'가 결합된 파생어이다.

③ '시뻘겋다'는 접두사 '시-'에 '뻘겋다'가 결합된 파생어이다.

④ '덧붙이다'는 접두사 '덧-'에 '붙이다'가 결합된 파생어이다.

((•)) 적중레이더

복합어(파생어와 합성어)

- 복합어는 단일어(하나의 형태소로 이루어진 단어)와 대비되는 개념으로서, 두 개 이상의 형태소로 이루어진 단어이다. 복합어를 구성하고 있는 둘 이상의 형태소의 성격이 무엇인가에 따라 복합어는 합성어와 파생어로 구분된다.

- 파생어는 어근과 접사의 결합으로 이루어진 단어이다. 접사가 어근에 붙어서 단어가 새로 만들어지는 현상을 '파생'이라고 한다. 파생어는 접사가 어근에 붙는 위치에 따라서 나눌 수 있다. 어근의 앞에 붙는 접사는 접두사, 어근의 뒤에 붙는 접사는 접미사라고 한다. 따라서 파생어는 '접두사+어근' 또는 '어근+접미사'의 형태로 결합되어 있다.

- 합성어는 두 개 이상의 어근이 결합한 복합어로, 접사 없이 어근과 어근이 직접 합쳐서 만들어진 단어를 말한다. 합성법의 유형은 통사적 합성법과 비통사적 합성법으로 구분된다. 통사적 합성법은 우리말의 일반적 단어 배열과 같은 유형의 합성(명사+명사, 관형어+명사, 주어+서술어 등)을 말하는데, '돌다리(명사+명사)'나 '작은형(관형어+명사)' 등이 그 예이다. 이와 달리 비통사적 합성법은 일반적 단어 배열에 어긋나는 합성(용언의 어근+명사)을 말하는데, 늦은 더위를 뜻하는 '늦더위'나 '부슬비' 등을 예로 들 수 있다.

72 시대에듀 | 군무원 군수직

13

정답 ③

영역 문학 일반 > 시조에 대한 이해   난도 중

[정답의 이유]

③ 제시된 작품은 왕방연의 시조이다. 따라서 이 문제는 시조 갈래의 형식적 특징을 묻고 있는 것이다. 시조마다 한두 자 차이가 있을 수 있지만 종장 첫째 구만은 3음절을 반드시 지켜야 한다. 따라서 종장의 첫 음보가 4음절이라는 설명은 틀렸다.

[오답의 이유]

①·②·④는 모두 시조의 형식에 대해 바르게 설명하고 있다.

시조는 우리 민족이 만든 독특한 정형시의 하나이다. 시조는 14세기경인 고려 말기에서 조선 초기에 걸쳐 정제된 것으로 추정되고 있으며, 현재까지 지속적으로 창작되고 있는 우리 고유의 정형시이다. 시조의 형식은 평시조를 기준으로 할 때, 3·4조의 음수율을 이루고 3장 6구, 45자 안팎으로 이루어져 있으며 4음보격이다.

(( )) 적중레이더

왕방연, 「千萬里 머나먼 길에 ∼」 현대어 풀이

천만리 머나먼 길에 고운 임 이별하옵고

내 마음 둘 데 없어 냇가에 앉아 있으니

저 물도 내 마음 같아서 울며 밤길 가는구나

(〓) 작품 해설

왕방연, 「千萬里 머나먼 길에 ∼」

- 갈래: 평시조
- 성격: 이별가, 연군가(戀君歌)
- 주제: 임과의 안타까운 이별, 임금에 대한 연민
- 특징
  - 작가인 왕방연은 조선 세조 때 금부도사(禁府都事)였는데, 노산군(魯山君)으로 강봉(降封)된 단종을 유배지인 강월도 영월까지 호송한 인물이며, 이 작품은 왕방연이 단종을 호송하고 돌아오는 길에 지은 작품이라고 전해짐
  - 작품 속의 '고운 임'을 단종으로 보면, 이 작품은 '연군가(戀君歌)'적 성격을 띔
  - 화자의 슬픈 감정을 물에 감정 이입하여 표현함
  - 과장법(천만리 머나먼 길)을 사용하여 임과의 거리, 이별의 슬픔을 형상화함

14

정답 ②

영역 국어 규범 > 표준어 규정   난도 중

[정답의 이유]

언어 현실에서 자주 혼동되어 쓰이는 '웃-'과 '윗-'을 구별하여 쓰도록 한 표준어 사정 원칙 제12항에 관한 문제이다. 일반적으로 '위, 아래'의 개념상 대립이 성립하지 않는 경우는 '웃-'으로 쓰고, 그 외에는 '윗-'을 쓴다.

㉠ '웃옷'은 맨 겉에 입는 옷을 일컫는다. '웃옷'은 이와 짝하는 '아랫옷'이 없으므로 '윗옷'으로 쓰지 않고 '웃-'으로 쓴다. 따라서 날씨가 추워 외투를 걸쳐 입었다는 문맥에는 '웃옷'이 적절하다. 참고로, 위에 입는 옷을 가리키는 '윗옷'도 표준어이다. 이때의 '윗-'은 '아래'와 대립하는 뜻이다.

㉡ '윗몸'은 허리 윗부분의 몸을 일컫는다. 위, 아래의 대립이 성립하기 때문에 '윗-'이라고 구별하여 적어야 한다. 문장의 의미상으로도 상반신을 뒤로 젖혔다는 뜻이므로 문맥에 알맞게 쓰였다.

㉣ '윗입술'은 위쪽의 입술이다. 즉, '아랫입술'과 대비되어 위, 아래의 대립이 성립하는 것이다. 따라서 문장에서 '윗-'으로 바르게 표기하였다.

[오답의 이유]

㉢ 윗쪽(×) → 위쪽(○): '위쪽'은 사이시옷을 쓰지 않는 '위쪽'으로 표기해야 한다. 표준어 사정 원칙 제12항 '다만 1'에서는 된소리나 거센소리 앞에서는 '위-'로 함을 명시하고 있다. 따라서 '위쪽'은 뒷말 '쪽'이 이미 된소리이므로 사이시옷을 쓰지 않는다.

㉤ 웃도리(×) → 윗도리(○): '윗도리'는 '아랫도리'와 대비되어 위, 아래의 대립이 성립하기 때문에 '윗도리'로 표기한다.

15

정답 ①

영역 국어 규범 > 표준어 규정   난도 하

[정답의 이유]

① '샛별'은 '금성(金星)'을 일상적으로 이르는 말로, '계명(啓明), 신성(晨星), 효성(曉星)'이라고도 한다. 또 장래에 큰 발전을 이룩할 만한 사람을 비유적으로 이를 때 쓰기도 한다. 그러나 '샛별'의 '새'는 '동쪽' 또는 '흰[白]'을 뜻하므로 새벽에 뜨는 별의 의미를 내포하고 있지 않다. 따라서 '새벽별'은 '샛별'의 복수 표준어가 아니며, '샛별'의 의미로 쓸 때는 비표준어이다.

[오답의 이유]

②·③·④ 모두 복수 표준어에 해당한다.

16

영역 국어 규범 > 표준어 규정　　　　　　난도 중

정답의 이유

④ • 야금야금[야금냐금/야그먀금]: 합성어 및 파생어에서, 앞 단어나 접두사의 끝이 자음이고 뒤 단어나 접미사의 첫음절이 '이, 야, 여, 요, 유'인 경우에는, 'ㄴ' 음을 첨가하여 [니, 냐, 녀, 뇨, 뉴]로 발음한다(표준 발음법 제29항). 따라서 [야금냐금]으로 발음한다. 그런데 '다만'을 덧붙여 일부 단어들은 'ㄴ' 음을 첨가하여 발음하되, 표기대로 발음할 수 있다고 밝히고 있다. 그중 '야금야금'이 포함되어 있으므로 '야금야금'의 표기에 따라 [야그먀금]으로 발음할 수도 있다.

• 낯선[낟썬]: 받침 'ㄲ, ㅋ', 'ㅅ, ㅆ, ㅈ, ㅊ, ㅌ', 'ㅍ'은 어말 또는 자음 앞에서 각각 대표음 [ㄱ, ㄷ, ㅂ]으로 발음한다(표준 발음법 제9항). 따라서 '낯선'의 '낯'은 [낟]으로 발음한다. 또한 받침 'ㄱ, ㄷ, ㅂ' 뒤에 연결되는 'ㄱ, ㄷ, ㅂ, ㅅ, ㅈ'은 된소리로 발음한다(표준 발음법 제23항). 따라서 [낟]의 받침 'ㄷ' 뒤에 '선'이 연결되었으므로 [낟썬]으로 발음하는 것이다.

• 쌓인[싸인]: 받침 'ㅎ(ㄶ, ㅀ)' 뒤에 모음으로 시작된 어미나 접미사가 결합되는 경우에는, 'ㅎ'을 발음하지 않는다(표준 발음법 제12항 4).

• 상견례[상견녜]: 'ㄴ'은 'ㄹ'의 앞이나 뒤에서 [ㄹ]로 발음한다(표준 발음법 제20항). 그러나 '다만'을 덧붙여 일부 단어들은 'ㄹ'을 [ㄴ]으로 발음한다고 밝히고 있다. 그중 '상견례[상견녜]'가 포함되어 있으므로 '상견례'는 '례'의 'ㄹ'을 [ㄴ]으로 발음하여 [상견녜]로 발음함을 알 수 있다.

🔊 적중레이더

표준 발음법 제29항

합성어 및 파생어에서, 앞 단어나 접두사의 끝이 자음이고 뒤 단어나 접미사의 첫음절이 '이, 야, 여, 요, 유'인 경우에는, 'ㄴ' 음을 첨가하여 [니, 냐, 녀, 뇨, 뉴]로 발음한다. 다만, 다음과 같은 말들은 'ㄴ' 음을 첨가하여 발음하되, 표기대로 발음할 수 있다.

이죽–이죽[이중니죽/이주기죽]	검열[검ː녈/거ː멸]
야금–야금[야금냐금/야그먀금]	금융[금늉/그륭]
욜랑–욜랑[욜랑뇰랑/욜랑욜랑]	

표준 발음법 제20항

'ㄴ'은 'ㄹ'의 앞이나 뒤에서 [ㄹ]로 발음한다. 다만, 다음과 같은 단어들은 'ㄹ'을 [ㄴ]으로 발음한다.

의견란[의ː견난]	상견례[상견녜]	임진란[임ː진난]
횡단로[횡단노]	생산량[생산냥]	이원론[이ː원논]
공권력[공꿘녁]	입원료[이붠뇨]	결단력[결딴녁]
구근류[구근뉴]	동원령[동ː원녕]	

17

정답 ①

영역 독해 > 글의 순서 파악하기　　　　　난도 중

정답의 이유

① 〈보기〉의 문장은 '이러한 언어의 변화'로 시작한다. 따라서 〈보기〉에 앞서 '언어의 변화'에 대한 언급이 있어야 글이 일관성 있게 전개될 수 있다. (가)에서는 언어의 변화가 언어를 구성하는 모든 측면에서 일어난다는 의미의 문장으로 문단을 끝맺고 있다. 따라서 (가)의 뒤에 〈보기〉가 와야 적절하다. 더 나아가, 〈보기〉에서 언급한 '공시태'에 대해 (나)에서 설명하고 있으므로 〈보기〉가 (가)의 뒤, (나)의 앞에 위치할 때 글이 논리적으로 전개됨을 확인할 수 있다.

18

정답 ②

영역 언어 일반 > 언어의 특성　　　　　　난도 하

정답의 이유

② ㉠은 끊임없이 변화하는 언어의 특성에 대해 말하고 있다. 언어가 계속해서 변화한다는 것은 언어의 '역사성'에 해당하는 특성이다.

오답의 이유

① 언어의 자의성은 언어의 형식과 의미가 가지는 관계가 필연적이지 않다는 것을 말한다. 가령, '어머니'가 영어로는 'mother', 독일어에서는 'mutter'와 같이 서로 다르게 나타나는 것처럼 언어의 내면적 의미와 외연적 형식의 관계는 절대적이지 않다.

③ 언어의 사회성은 언어는 사회적 필요에 따라 만들어진 사회적 약속이라는 것을 말한다. 언어는 같은 언어를 사용하는 사람들이 사회적으로 합의해 놓은 약속 체계이기 때문에 그 언어를 사용하는 사람들이라면 누구나 약속 체계를 지켜야 한다. 그렇지 않으면 언어가 언어로서의 자격을 잃게 된다.

④ 언어의 창조성은 한정된 어휘나 문법 체계를 통해 무한히 많은 말을 표현할 수 있다는 것을 말한다. 창조성으로 말미암아 인간은 한정된 음운이나 어휘를 토대로 무한한 문장을 만들어서 사용할 수 있고, 처음 들어보는 문장을 이해할 수 있다.

🔊 적중레이더

언어의 특성

기호성	언어는 일정한 내용을 일정한 형식으로 나타내는 기호 체계임
자의성	일정한 내용을 일정한 형식으로 나타낼 때, 내용과 형식 사이에는 필연적인 관련성이 없음
사회성	언어는 그 언어를 사용하는 사람들 사이의 약속이기 때문에 개인이 임의로 바꿀 수 없음
역사성	언어는 시간의 흐름에 따라 끊임없이 사라지고 새로 생기고 변함
규칙성	언어에는 반드시 지켜야 하는 규칙이 있음
창조성	언어를 가지고 무한히 많은 말들을 만들어 표현할 수 있음

19

영역 독해 > 세부 내용 파악하기　　　　　난도 중

[정답의 이유]

제시문에서는 ⓒ '통시태'에 대해 '같은 언어의 다른 변화 시기에 속하는 다른 언어 상태를 말한다.'라고 설명하고 있다. 즉, 어떤 언어가 시간의 흐름에 따라 변화하는 모습이 통시태인 것이다. 그런데 ③의 신조어의 등장과 방언의 실현은 어떤 한 시기의 언어 상태, 즉 공시태에 해당한다. 현재의 모습만 알 수 있을 뿐 언어의 변화 양상을 살펴볼 수 없기 때문이다.

[오답의 이유]

①·②·④는 시간의 흐름에 따라 변화하는 언어의 모습에 해당하므로 ⓒ '통시태'의 예로 적절하다.

20

정답 ③

영역 국어 규범 > 한글 맞춤법 > 띄어쓰기　　　　　난도 중

[정답의 이유]

③ 한글 맞춤법 제41항에서는 조사의 띄어쓰기에 대해 그 앞말에 붙여 쓴다고 규정하면서, 조사가 둘 이상 연속되거나 어미 뒤에 붙을 때에도 그 앞말에 붙여 쓴다고 설명하고 있다. ③에서 '여기에서부터가 서울입니다.'의 '에서부터'는 격 조사 '에서'와 보조사 '부터'가 결합하여 범위의 시작 지점이나 어떤 행동의 출발점, 비롯되는 대상임을 나타내는 것이므로 붙여 쓴다. 또한 '입니다'는 서술격 조사 '이다'를 '하십시오체'로 표현한 것이므로 앞말에 붙여 쓴다.

[오답의 이유]

① 열내지(×) → 열∨내지(○): '내지'는 한글 맞춤법 제45항의 두 말을 이어 주거나 열거할 적에 쓰이는 다음의 말들은 띄어 쓴다는 규정에 따라 앞말과 띄어 쓴다. 따라서 '열 내지 스물'과 같이 띄어 써야 한다.

② 먹을만큼(×) → 먹을∨만큼(○): '만큼'은 한글 맞춤법 제42항의 의존 명사는 띄어 쓴다는 규정에 따라 앞말과 띄어 써야 한다. '만큼'이 '먹을'과 같이 용언의 관형사형 뒤에 나타날 경우에는 의존 명사이다. 따라서 '음식을 각자 먹을 만큼 떠서 먹어라.'와 같이 띄어 쓴다. 반면, '만큼'이 체언 뒤에 붙어 '앞말과 비슷한 정도로'라는 뜻을 나타내는 경우에는 조사이므로 앞말과 붙여 써야 한다.

③ 십이억∨삼천사백∨오십육만∨칠천팔백∨구십팔(×) → 십이억∨삼천사백오십육만∨칠천팔백구십팔(○): 수는 한글 맞춤법 제44항에 따라 '만(萬)' 단위로 띄어 쓴다. 따라서 '십이억 삼천사백오십육만 칠천팔백구십팔'과 같이 띄어 쓴다.

21

정답 ④

영역 고전 시가 > 작품 파악하기　　　　　난도 중

[정답의 이유]

④ 제시문은 정철의 「사미인곡」 서사 부분이다. 「사미인곡」의 서사에서 화자는 임과의 인연과 버림받은 자신의 신세를 한탄하고 있다. (가)를 현대어로 풀이하자면, '계절이 때를 알아 가는 듯 다시 오니 듣고 보고 하는 중에 느낄 일도 많고 많다.' 정도로 해석할 수 있다. 화자는 임과 이별한 상황에서도 시간이 흐르고, 홀로 느끼는 바가 많다고 말하고 있다. 따라서 임이 부재한 상황에 세월만 흐르는 것을 안타까워하고 있는 것이다.

📡 적중레이더

정철, 「사미인곡」 현대어 풀이
이 몸 생겨날 때 임을 따라 생겼으니
한평생 연분을 하늘이 모르겠느냐.
나 하나 젊어 있고 임 하나 날 사랑하시니
이 마음 이 사랑 견줄 데 전혀 없다.
평생토록 임과 함께 살기를 원했는데
늙어서야 무슨 일로 외로이 그리는가.
엊그제 임을 모셔 광한전에 올랐는데
그 사이 어찌하여 지상에 내려왔느냐.
올 때에 빗은 머리 흐트러진 지 삼 년일세.
연지분 있지마는 누굴 위하여 단장할까.
마음에 맺힌 시름 첩첩이 쌓여 있어
짓는 것이 한숨이요, 흐르는 것이 눈물이라.
인생은 유한한데 시름도 그지없다.
무심한 세월은 물 흐르듯 하는구나.
계절이 때를 알아 가는 듯 다시 오니
듣고 보고 하는 중에 느꺼운 일도 많고 많다.

📖 작품 해설

정철, 「사미인곡」
- 갈래: 서정 가사, 양반 가사
- 성격: 충신연주지사(忠臣戀主之詞)
- 주제: 연군의 정, 임금을 그리는 마음
- 특징
  − 시적 화자를 여성으로 설정해 연군의 정을 표현함
  − 계절의 흐름에 따라 임에 대한 시적 화자의 정서를 드러냄

22

영역 고전 시가 > 작품 파악하기	난도 중

정답의 이유

④ ㉣의 '디ᄂ니 눈믈이라'는 눈물이 지나간다는 의미가 아니라, '흐르는(떨어지는) 것이 눈물이라'는 뜻이다.

오답의 이유

① '괴다'는 특별히 귀여워하고 사랑한다는 뜻으로, ㉠은 '님 하나 날 사랑하시니'로 해석할 수 있다.

② '혼ᄃ'는 함께, '녜다'는 살다, 지낸다는 뜻으로, ㉡은 '함께 살고자 하였더니'로 해석할 수 있다.

③ ㉢은 '흐트러진 지 삼 년일세'로 해석할 수 있다.

23

정답 ③

영역 국어 규범 > 올바른 문장 표현	난도 중

정답의 이유

'로서'는 지위나 신분 또는 자격을 나타내며, '로써'는 어떤 물건의 재료나 원료를 나타내거나 어떤 일의 수단이나 도구를 나타낸다. 따라서 ③의 '로서'는 학생의 지위나 신분을 의미하고 있으므로 적절히 쓰였다.

오답의 이유

① 교장 선생님의 지위나 신분에 대해 이야기하고 있으므로 '로서'를 써서 '그 사람은 교장 선생님으로서 할 일을 다했다.'와 같이 써야 한다.

② 대화를 통해 갈등을 푼다는 의미이므로 대화가 갈등 해소의 수단임을 알 수 있다. 따라서 '로써'를 써서 '이 문제를 대화로써 풀 수 있을까?'와 같이 써야 한다.

④ 환경 피해를 줄여서 경제 발전에 이바지한다는 의미이므로 환경 피해를 줄이는 것이 경제 발전의 수단임을 알 수 있다. 따라서 '로써'를 써서 '에너지 소비로 인한 환경 피해를 줄임으로써 국민 경제의 건전한 발전에 이바지한다는 것에 동의한다.'와 같이 써야 한다.

24

정답 ④

영역 국어 규범 > 한글 맞춤법	난도 중

정답의 이유

④ 꼼꼼이(×) → 꼼꼼히(○): 한글 맞춤법 제51항에 따르면, 부사의 끝음절이 분명히 '이'로만 나는 것은 '-이'로 적고, '히'로만 나거나 '이'나 '히'로 나는 것은 '-히'로 적는다. '꼼꼼히'는 '이'와 '히' 모두로 발음되므로 '-히'를 사용하여 '꼼꼼히'로 써야 한다. 참고로, '-하다'가 붙는 어근 뒤에는 대체로 '-히'가 붙는다.

오답의 이유

① '조용히'는 '이'와 '히' 모두로 발음되므로 '-히'를 쓴다.

② '번듯이'는 '이'로만 발음되므로 '-이'를 쓴다. 참고로, 'ㅅ' 받침 뒤에는 대체로 '-이'가 붙는다.

③ '따뜻이'는 '이'로만 발음되므로 '-이'를 쓴다. 역시 'ㅅ' 받침 뒤에 '-이'가 붙었다.

🎯 적중레이더

부사화 접미사 '-이', '-히'(한글 맞춤법 제51항)

부사의 끝음절이 [이]로 나는지 [히]로 나는지를 직관적으로 명확히 구별하기는 어려우나 다음과 같은 경향성을 참조하여 구별할 수는 있다. 다만 이것만으로 구별할 수 없는 경우가 있으므로 단어마다 국어사전에서 확인하는 것이 좋다.

• '이'로 적는 것

– 겹쳐 쓰인 명사 뒤

겹겹이	곳곳이	길길이	나날이
낱낱이	다달이	땀땀이	몫몫이
번번이	샅샅이	알알이	앞앞이
줄줄이	짬짬이	철철이	골골샅샅이

– 'ㅅ' 받침 뒤

지긋이	나긋나긋이	남짓이	뜨뜻이
버젓이	번듯이	빠듯이	지긋이

– 'ㅂ' 불규칙 용언의 어간 뒤

가벼이	괴로이	기꺼이	너그러이
부드러이	새로이	쉬이	외로이
즐거이			

– '-하다'가 붙지 않는 용언 어간 뒤

같이	굳이	길이	깊이
높이	많이	실없이	헛되이

– 부사 뒤(한글 맞춤법 제25항 2 참조)

곰곰이	더욱이	생긋이	오뚝이
일찍이	히죽이		

• '히'로 적는 것

– '-하다'가 붙는 어근 뒤(단, 'ㅅ' 받침 제외)

간편히	고요히	공평히	과감히
극히	급히	급급히	꼼꼼히
나른히	능히	답답히	딱히
속히	엄격히	정확히	족히

– '-하다'가 붙는 어근에 '-히'가 결합하여 된 부사에서 온 말

익히(← 익숙히)	특히(← 특별히)

– 어원적으로는 '하다'가 붙지 않는 어근에 부사화 접미사가 결합
　 한 형태로 분석되더라도, 그 어근 형태소의 본뜻이 유지되고 있
　 지 않은 단어의 경우는 익어진 발음 형태대로 '히'로 적는다.

> 작히

25

정답 ④

영역 전통 연희 > 남사당놀이에 대한 이해 　　　　 난도 **상**

정답의 이유

남사당놀이에 관해 묻는 문제이다. 남사당놀이, 일명 남사당패 놀이
는 유랑 예인 집단인 남사당패가 길놀이를 하며 놀이판에 도착하여
'풍물 – 버나 – 살판 – 어름 – 덧뵈기 – 덜미'의 순서로 진행하는 여
섯 가지의 전통 연희이자 놀이이다. 이것은 노래와 춤, 음악, 놀이가
결합된 총체적 성격을 지닌다.

④ '살판'은 땅에서 부리는 재주를 말한다. 기본 동작은 앞구르기, 뒤
　 구르기, 공중제비, 공중비틀기, 물구나무서기와 이동하기, 3회전
　 공중돌기, 앉은뱅이걸음 등이 있다.

((ㄱ)) 적중레이더

남사당놀이

- **풍물(농악)**: 풍물은 공연 시작을 알리고 사람들을 공연장으로 끌어
　 모으는 역할을 담당했다. 삼한 시대부터 전해져 내려오던 놀이로,
　 초기에는 간단히 북과 장구를 치는 것이 전부였다가 시간이 흐르
　 면서 여러 악기가 더해지고 인원도 많아졌다. 풍물패는 최소 24명
　 정도가 1조를 이뤄 남사당패에서 가장 큰 규모를 자랑한다.
- **버나(사발 돌리기)**: 약 40cm 길이의 나무 막대기를 사용하여 쳇바
　 퀴를 돌리는 복잡한 기술을 선보인다.
- **살판(땅재주)**: 이 마당에서는 지상에서 다양한 곡예를 펼친다.
- **어름(줄타기)**: 어름사니가 팽팽한 외줄 위에서 여러 가지 곡예를
　 펼치는 사이사이에 바닥의 어릿광대와 재담을 주고받으며 가창을
　 하기도 한다. 줄은 높이 2.5m에 약 9∼10m의 길이로 설치된다.
- **덧뵈기(가면극)**: 13명의 연희자가 등장하는 네 마당은 공연의 시작
　 을 알리는 마당씻이, 잘못된 외래문화 수입을 비판하는 옴탈마당,
　 양반을 조롱하는 샌님잡이, 문란한 성에 대해 비판하는 먹중으로
　 구성된다.
- **덜미(꼭두각시놀음)**: 31종의 인형 총 51개가 등장하며 2마당 7거
　 리로 공연된다. 인형 조종자들이 막 뒤에서 인형을 조종하면서 악
　 사들과 함께 무대 앞에 앉은 화자들과 대화를 주고받는다.

2019 | 기출문제 해설

☑점수 (   )점/100점   ☑문제편 077쪽

영역 분석

문법	15문항	★★★★★★★★★★★★★★★	60%
문학	6문항	★★★★★★	24%
비문학	3문항	★★★	12%
어휘	1문항	★	4%

빠른 정답

01	02	03	04	05	06	07	08	09	10
③	②	④	③	④	①	②	②	①	①
11	12	13	14	15	16	17	18	19	20
②	④	④	③	④	④	①	①	①	④
21	22	23	24	25					
②	③	④	③	③					

01

정답 ③

영역 국어 규범 > 한글 맞춤법   난도 **중**

정답의 이유

한글 맞춤법에 해당하는 문제이다. 한글 맞춤법 제21항 '2.'의 (1) 규정에 따라 겹받침의 끝소리가 드러나지 아니하는 것, (2) 어원이 분명하지 아니하거나 본뜻에서 멀어진 것은 소리대로 적는다.

ⓐ '널따란'은 겹받침의 끝소리가 드러나지 않는 경우에 해당하므로 '널따란'으로 표기하는 것이 적절하다.

ⓑ '넓다'의 어간 '넓-'에 자음으로 시작하는 접미사가 결합한 경우, 본뜻이 유지되면서 겹받침 끝소리인 'ㅂ'이 소리 나는 경우에는 원형을 밝혀 적는다. 따라서 '넓죽해서'로 표기하는 것이 옳다.

ⓔ '굵다'에서 '굵다랗다'가 될 때에는 뒤에 있는 받침인 'ㄱ'이 발음이 되므로 원형을 밝혀 '굵다랗다[국:따라타]'로 적는다. 즉, 겹받침에서 앞의 소리가 발음이 되면 원형을 밝혀 적지 않고, 뒤의 소리가 발음이 되면 원형을 밝혀 적는다. '굵다란'도 ⓑ와 마찬가지로 겹받침 중 뒤의 소리가 발음되는 경우이므로 '굵다란'으로 표기한다.

오답의 이유

ⓒ 실증(×) → 싫증(○): 둘 이상의 단어가 어울리거나 접두사가 붙어서 이루어진 말은 각각 그 원형을 밝히어 적는다(한글 맞춤법 제27항). 따라서 '싫증'으로 표기하는 것이 옳다.

ⓓ 얇다란(×) → 알따란(○): '얇다란'은 ⓐ와 마찬가지로 겹받침의 끝소리가 드러나지 않는 경우에 해당하므로 '알따란'으로 표기해야 한다.

02

정답 ②

영역 고전 시가 > 작품 파악하기   난도 **상**

정답의 이유

② 밑줄 친 글자인 '기픈, 깊고, 높고, 몯, 닢'의 표기를 보면 종성(받침)에 'ㄷ, ㅍ'을 표기하였음을 알 수 있다. 이 가운데 'ㅍ'은 초성에만 쓰이는 자음인데 이를 종성에도 표기하고 있으므로 종성의 글자를 별도로 만들지 않고 초성에 쓰이는 글자를 다시 사용한다는 종성 제자 원리인 '종성부용초성(終聲復用初聲)'이 적용되었음을 알 수 있다. 그러나 실제로 '종성부용초성(終聲復用初聲)' 원칙이 적용된 문헌은 「월인천강지곡」과 「용비어천가」 두 문헌뿐이고, 대체로 종성으로 'ㄱ, ㆁ, ㄷ, ㄴ, ㅂ, ㅁ, ㅅ, ㄹ' 8자만 사용해도 족하다는 의미의 '팔종성가족용법(八終聲可足用法)'이 적용되었다.

오답의 이유

④ 종성독용팔자(終聲獨用八字): 종성에는 'ㄱ(기역/其役), ㆁ(이웅/異凝), ㄷ(디귿/池末), ㄴ(니은/尼隱), ㅂ(비읍/非邑), ㅁ(미음/眉音), ㅅ(시옷/時衣), ㄹ(리을/梨乙)'의 8개 글자만 쓴다는 규칙을 말한다. 이는 『훈민정음해례』에서 규정한 '팔종성법(八終聲法)'과 같은 의미이다.

정인지 외, 「용비어천가」현대어 풀이

[2장]

뿌리가 깊은 나무는 바람에 흔들리지 않으므로, 꽃이 좋고 열매가 많습니다.

샘이 깊은 물은 가뭄에도 물이 끊어지지 않으므로, 냇물이 되어 바다로 흘러갑니다.

[34장]

강물은 깊고 배는 없건마는 하늘이 명하시매 (금나라 태조는) 말 탄 채로 (그 깊은 강을) 건너신 것입니다.

성은 높고 사닥다리는 없건마는 하늘이 도우시매 (태조는) 말을 탄 채로 (그 높은 성을) 내리신 것입니다.

[84장]

임금이 어지시건마는 태자를 못 얻으시매 누운 나무가 일어선 것입니다.

나라가 오래건마는 하늘의 명 다해 가매 이운 나무에 새 잎이 난 것입니다.

📖 작품 해설

정인지 외, 「용비어천가」

- 갈래: 서사시, 악장
- 성격: 송축적, 서사적, 예찬적
- 주제: 조선 왕조 창업의 정당성
- 특징
  - 한글로 된 최초의 장편 서사시
  - 15세기 중세 국어 연구의 귀중한 자료
  - 1장, 125장 등의 파격장을 제외하고는 기본적으로 2절 4구의 대구 형식을 취함

03
정답 ④

영역 국어 규범 > 한글 맞춤법 > 준말   난도 **중**

정답의 이유

④ '다투었군요'는 모음 'ㅗ, ㅜ'로 끝난 어간에 '-아/-어, -았-/-었-'이 어울려 'ㅘ/ㅝ, ㅆ/ㅆ'으로 될 적에는 준 대로 적는다(한글 맞춤법 제35항)는 규정에 따라 '다퉜군요'로 표기할 수 있다.

오답의 이유

① 'ㅟ' 뒤에 '-었-'이 어울려 준다는 규정이 없으므로 '바뀌었다'로 표기해야 한다.

② 표준어 사정 원칙 제26항에서 복수 표준어인 '-이에요/-이어요'의 쓰임을 보면 자음으로 끝난 명사 뒤에는 '-이에요/-이어요'가 붙고 축약은 할 수 없으나 모음으로 끝난 명사 뒤에는 '-이에요/-이어요'가 붙고 축약도 가능하다. 예를 들어 자음으로 끝난 명사인 '책'의 경우 '책이에요/책이어요'는 가능하지만 '책예요, 책여요'로 표기하는 것은 불가능하고, 모음으로 끝난 명사인 '나무'는 '나무이에요/나무이어요'로 표기할 수도 있고 '나무예요/나무여요'로도 표기할 수 있다. '품종이어요'는 '책'과 같이 자음으로 끝난 명사이므로 '품종여요'로 줄여 쓸 수 없다.

③ '줄어들었습니다'는 줄여 쓴다는 규정에 해당하지 않으므로 '줄어들었습니다'로 표기해야 한다.

04
정답 ③

영역 국어 규범 > 로마자 표기법   난도 **상**

정답의 이유

③ • '설날'은 표준 발음이 [설:랄]이므로 'ㄹㄹ'에 해당하여 'll'로 표기해야 한다. 또한 'ㄹ'이 모음 앞에서는 'r'로 표기하고, 자음 앞이나 어말에서는 'l'로 표기하므로 '설날[설:랄]'은 'seollal'과 같이 표기한다.

• '속리산'은 표준 발음이 [송니산]이고 고유 명사에 해당하므로 'Songnisan'으로 표기한다.

• '왕십리'는 표준 발음이 [왕심니]이고 고유 명사이므로 'Wangsimni'로 표기해야 한다.

• '벚꽃'은 표준 발음이 [벋꼳]이고, 'ㄷ'은 모음 앞에서는 'd'로 표기하고 자음 앞이나 어말에서는 't'로 표기하므로 'beotkkot'으로 표기한다.

오답의 이유

• '김치'는 보통 명사이므로 첫 글자를 소문자로 쓰고 모음 앞에 'ㄱ'은 'g'로 써야 하지만 국립 국어원이 2014년 발표한 한식명 로마자 표기법에 따라 'k'로 쓰는 것도 가능하다. 따라서 'gimchi' 혹은 'kimchi'로 표기한다.

• '불국사'의 표준 발음은 [불국싸]이고 고유 명사이다. 로마자 표기는 된소리를 표기에 반영하지 않으므로 'Bulguksa'로 표기해야 한다.

• '대관령'은 표준 발음이 [대:괄령]이고 고유 명사에 해당하므로 'Daegwallyeong'으로 표기해야 한다.

• '백마강'은 표준 발음이 [뱅마강]이고 고유 명사이다. 또한 로마자 표기법 제6항에 따라 자연 지물명, 문화재명, 인공 축조물명은 붙임표 없이 붙여 쓴다고 했으므로 'Baengmagang'으로 표기해야 한다.

05

영역 어휘 > 한자성어   난도 하

정답의 이유

④ 빈칸의 앞뒤 문맥을 보면 노파가 팔려는 물건을 내가 갖고 싶어 한다는 것을 알 수 있다. 따라서 이와 유사한 의미의 한자성어는 '침을 만 길이나 흘린다'는 뜻의 제 소유로 만들고 싶어서 몹시 탐냄을 이르는 말인 수연만장(垂涎萬丈: 드리울 수, 침 연, 일만 만, 어른 장)이다.

오답의 이유

① 소탐대실(小貪大失: 작을 소, 탐할 탐, 큰 대, 잃을 실): 작은 것을 탐하다가 큰 것을 잃음을 이르는 말
② 오매불망(寤寐不忘: 잠깰 오, 잠잘 매, 아닐 불, 잊을 망): 자나 깨나 잊지 못함을 이르는 말
③ 십시일반(十匙一飯: 열 십, 숟가락 시, 한 일, 밥 반): 밥 열 술이 한 그릇이 된다는 뜻으로, 여러 사람이 조금씩 힘을 합하면 한 사람을 돕기 쉬움을 이르는 말

06

영역 국어사 > 고전 문헌의 이해   난도 중

정답의 이유

① 최세진이 1527년에 쓴 『훈몽자회』는 한국어를 기술하기 위해 만든 것이 아니라 어린이들의 한자 학습을 위해 간행한 교재이다. 한자의 음훈을 한글로 풀이했기 때문에 중세 국어의 어휘를 알 수 있는 자료이다.

오답의 이유

② 『한불자전』은 파리외방선교회가 1880년에 간행한 책으로, 한국어를 불어로 풀이한 사전이다. 따라서 『한불자전』은 한국어를 기술하기 위해서 만든 교재라 할 수 있다.
③ 『말모이』는 우리나라 최초의 국어사전으로 주시경 등이 1911년에 조선 광문회에서 편찬하였으나 완성하지는 못하였다.
④ 『큰사전』은 1929년 조선어 사전 편찬회가 창립되어 편찬한 대규모의 종합 국어사전으로 1957년에 완성되었다. 28년의 편찬 기간 동안 조선어 사전 편찬회가 조선어 학회에 통합되고, 조선어 학회가 한글 학회로 이름을 개칭하여 한글 학회가 엮은 사전이 되었다.

07

영역 통사론 > 높임법   난도 상

정답의 이유

〈보기〉의 '아버지가 쓰시던 물건을 그분께 가져다 드렸습니다.'에는 '-시-'를 통해 주체 높임법이 사용되었으며, '께', '드리다'를 통해 객체 높임법이 사용되었다. 또한 '드렸습니다'를 통해 상대 높임법을 실

현하였다. 즉, 〈보기〉에 제시된 문장에는 주체 · 객체 · 상대 높임법이 모두 나타난다.

② '계시다'를 통한 주체 높임법이 실현되었으며, '(선생님께) 여쭈었던'을 통해 객체 높임법이 실현되었다. 그리고 '-습니다'를 통한 상대 높임법이 실현되어 주체 · 객체 · 상대 높임법이 모두 나타나고 있음을 알 수 있다.

오답의 이유

① '모시고'를 통해서 객체 높임법이 실현되었음을 알 수 있으며, '-습니다'에는 상대 높임법이 쓰였다. 그러나 주체 높임법은 쓰이지 않았다.
③ '께서'를 통해 주체 높임법이 사용되었고, '주셨습니다'를 통해 상대 높임법이 실현되었으나, 객체 높임법은 쓰이지 않았다.
④ '께서', '계시다'를 통해 주체 높임법이 사용되었고, '계십니다'를 통해 상대 높임법이 실현되었으나 객체 높임법은 사용되지 않았다.

08

영역 수필 > 글의 순서 파악하기   난도 중

정답의 이유

• (라)에서는 비자반 중 일등품 위에 특급품이라는 것이 있음을 소개하고 있다. 반면에 머리카락 같은 흉터가 있을 때 특급품이며 일급보다 더 비싸진다고 이야기한다.
• (나)에서는 반면이 갈라지는 사고가 생겼으나 회생의 여지가 있을 때 헝겊을 싸고 뚜껑을 덮어서 간수해 둔다고 말하고 있다.
• (다)에서는 1~3년까지 내버려 두면 바둑판은 제 힘으로 제 상처를 고쳐서 유착하고 균열진 자리에 머리카락 같은 흔적이 남는다고 이야기하고 있다.
• (가)에서는 균열이 생겼다가 도로 유착 · 결합했다는 것이 비자반의 특징인 유연성을 보여주는 졸업 증서임을 알려주고 있다.

따라서 순서대로 바르게 나열한 것은 ② (라) – (나) – (다) – (가)이다.

📖 작품 해설

김소운, 「특급품」
• 갈래: 수필
• 성격: 교훈적, 유추적
• 주제: 과실을 극복해낸 인생의 가치, 유연한 삶
• 특징
  – '기-서-결'의 3단 구성
  – 사실과 의견을 적절하게 섞어서 표현함
  – 사물의 성질로부터 인생의 교훈을 이끌어 냄

09

영역 수필 > 주제 파악하기   **난도** 중

정답의 이유

① 김소운의 수필 「특급품」의 주제는 상처가 생겼더라도 이를 극복하면 진정한 '특급품'이 될 수 있다는 것이다. 따라서 제시문의 주제는 '과실이 생겨도 융통성 있게 헤쳐 나가야 한다.'이다.

오답의 이유

② 제시문은 각박한 현실에 맞서서 대항하는 것이 아니라 불측의 사고에 대응하는 유연한 자세에 대해서 이야기하고 있다.

③ 제시문은 대상을 신비로운 상태로 남겨 두는 것과 아무런 관련이 없다.

④ 「특급품」은 불측의 사고를 유연하게 극복하라는 것일 뿐 위기를 기회로 삼으라는 것과는 거리가 멀다.

10

정답 ①

영역 국어 규범 > 한글 맞춤법 > 띄어쓰기   **난도** 중

정답의 이유

① 부자∨간(×) → 부자간(○): '간'은 사이나 관계를 나타내는 의존 명사이므로 앞말과 띄어 써야 한다. 하지만 '부자간, 모자간, 부부간' 등과 같은 단어는 하나의 낱말(합성어)로 굳어졌으므로 붙여 쓰는 것이 적절하다.

오답의 이유

② '중'은 '무엇을 하는 동안'이라는 의미의 의존 명사이므로 앞말과 띄어 쓴다.

③ '지'가 시간의 경과를 나타낼 때는 의존 명사이므로 앞말과 띄어 쓴다.

④ '데'가 '곳, 장소, 일, 것, 경우' 등의 의미로 쓰일 때는 의존 명사이다. 제시된 문장에서는 '일'이나 '것'의 뜻을 나타내는 의존 명사로 쓰였으므로 앞말과 띄어 쓴다.

11

정답 ②

영역 국어 규범 > 표준어 규정   **난도** 중

정답의 이유

② 표준어 사정 원칙 제22항 '고유어 계열의 단어가 생명력을 잃고 그에 대응되는 한자어 계열의 단어가 널리 쓰이면, 한자어 계열의 단어를 표준어로 삼는다.'라는 규정에 따라 '개다리소반'이 표준어이고, '개다리밥상'은 비표준어이다.

오답의 이유

① · ③ · ④ 표준어 사정 원칙 제22항에 따라 '총각무, 방고래, 산누에' 등은 표준어이고, '알타리무, 구들고래, 멧누에' 등은 비표준어이다.

12

정답 ④

영역 국어 일반 > 사전 찾기   **난도** 하

정답의 이유

④ '신신당부하다'는 명사인 '신신당부(申申當付)'에서 접미사인 '-하다'가 붙은 경우로, 하나의 단어이기 때문에 사전에 검색이 된다.

오답의 이유

① '생각대로'는 명사인 '생각'에 보조사인 '대로'가 붙은 경우로, 하나의 단어가 아니기 때문에 『표준국어대사전』에는 검색되지 않는다.

② '그릇째'는 명사인 '그릇'에 접미사인 '-째'가 붙은 경우로, 하나의 단어가 아니기 때문에 『표준국어대사전』에는 검색되지 않는다.

③ '들려주곤'은 기본형이 '들려주다'이므로 '들리다'가 아니라 '들려주다'를 검색해야 한다.

13

정답 ④

영역 국어 규범 > 한글 맞춤법 > 준말   **난도** 중

정답의 이유

④ '올곧지 않다'는 한글 맞춤법 제39항 '어미 '-지' 뒤에 '않-'이 어울려 '-잖-'이 될 적에는 준 대로 적는다.'라는 규정에 따라 '올곧잖다'로 써야 한다.

오답의 이유

① '당찮다'는 '당하지 않다'의 준말로 '-지 않-'이 어울려 '-찮-'이 되므로 '당찮다'로 표기하는 것이 적절하다.

② '그렇잖다'는 '그렇지 않다'의 준말로 '-지 않-'이 어울려 '-잖-'이 되므로 '그렇잖다'로 표기하는 것이 적절하다.

③ '달갑잖다'는 '달갑지 않다'의 준말로 '-지 않-'이 어울려 '-잖-'이 되므로 '달갑잖다'로 쓰는 것이 적절하다.

14

정답 ③

영역 국어 규범 > 한글 맞춤법 > 사이시옷   **난도** 상

정답의 이유

'근삿값'은 한자어인 '근사(近似)'에 순우리말인 '값'이 결합한 합성어로 [근ː사깝/근ː삳깝]과 같이 뒷말의 첫소리가 된소리로 발음되는 단어이다. 따라서 순우리말과 한자어로 이루어진 합성어로서 앞말이 모음으로 끝난 경우 뒷말의 첫소리가 된소리로 발음되므로 한글 맞춤법 제30항 '2.'에 따라 사이시옷을 받치어 적는다.

③ '전셋집'은 한자어인 '전세(傳貰)'와 순우리말인 '집'으로 이루어진 합성어로 [전세찝/전섿찝]과 같이 뒷말의 첫소리가 된소리로 발음되므로 '근삿값'과 마찬가지로 사이시옷을 받치어 적는다.

① '시냇물'은 순우리말인 '시내+물'로 이루어진 합성어로서 앞말이 모음으로 끝난 경우이다. 또한 뒷말의 첫소리 'ㄴ, ㅁ' 앞에서 'ㄴ' 소리가 덧나는 경우이므로 한글 맞춤법 제30항 '1.'에 따라 사이시옷을 받치어 적는다.

② '조갯살'은 순우리말인 '조개+살'로 이루어진 합성어로서 앞말이 모음으로 끝난 경우이다. 또한 뒷말의 첫소리가 된소리로 발음되므로 한글 맞춤법 제30항 '1.'에 따라 사이시옷을 받치어 적는다.

④ '두렛일'은 순우리말인 '두레+일'로 이루어진 합성어로서 앞말이 모음으로 끝난 경우이다. 뒷말의 첫소리 모음 앞에서 'ㄴㄴ' 소리가 덧나는 경우에 해당하므로 한글 맞춤법 제30항 '1.'에 따라 사이시옷을 받치어 적는다.

적중레이더

사이시옷

- 순우리말로 된 합성어로서 앞말이 모음으로 끝난 경우

뒷말의 첫소리가 된소리로 나는 것	고랫재, 귓밥, 나룻배, 나뭇가지, 냇가, 댓가지, 뒷갈망, 맷돌, 머릿기름, 모깃불, 못자리, 바닷가, 뱃길, 볏가리, 부싯돌, 선짓국, 쇳조각, 아랫집, 우렁잇속, 잇자국, 잿더미, 조갯살, 찻집, 쳇바퀴, 킷대, 핏대, 햇볕, 혓바늘
뒷말의 첫소리 'ㄴ, ㅁ' 앞에서 'ㄴ' 소리가 덧나는 것	멧나물, 아랫니, 텃마당, 아랫마을, 뒷머리, 잇몸, 깻묵, 냇물, 빗물
뒷말의 첫소리 모음 앞에서 'ㄴㄴ' 소리가 덧나는 것	도리깻열, 뒷윷, 두렛일, 뒷일, 뒷입맛, 베갯잇, 욧잇, 깻잎, 나뭇잎, 댓잎

- 순우리말과 한자어로 된 합성어로서 앞말이 모음으로 끝난 경우

뒷말의 첫소리가 된소리로 나는 것	귓병, 머릿방, 뱃병, 봇둑, 사잣밥, 샛강, 아랫방, 자릿세, 전셋집, 찻잔, 찻종, 촛국, 콧병, 탯줄, 텃세, 핏기, 햇수, 횟가루, 횟배
뒷말의 첫소리 'ㄴ, ㅁ' 앞에서 'ㄴ' 소리가 덧나는 것	곗날, 제삿날, 훗날, 툇마루, 양칫물
뒷말의 첫소리 모음 앞에서 'ㄴㄴ' 소리가 덧나는 것	가욋일, 사삿일, 예삿일, 훗일

- 두 음절로 된 다음 6개의 한자어 '곳간(庫間), 셋방(貰房), 숫자(數字), 찻간(車間), 툇간(退間), 횟수(回數)'를 제외하고 한자어와 한자어 사이에는 사이시옷을 표기하지 않는다.

15

영역 독해 > 세부 내용 파악하기　　　　　　　난도 **중**

④ (가) 문단에서 CD는 저음역의 음악 정보를 제대로 담지 못한다고 하였고, (나) 문단에서 이러한 오류가 발생하는 이유는 디지털화의 기본 처리 과정에서 해상도를 충분히 확보하지 못해 음악 정보가 원본과 다른 근삿값으로 바뀌어 기록되기 때문이라고 하였다. 또한 이를 이해하기 쉽게 소수점 한 자리까지 처리할 수 있는 성적 시스템과 소수점 이하를 처리하지 못하는 시스템을 비교한 사례를 들고 있다. 즉, 해상도가 떨어지는 CD의 디지털 전환은 저음역의 미세한 차이를 차원이 다른 결과로 바꿔 버린다는 것을 독자가 이해하기 쉽도록 다른 시스템을 예시로 든 것이며, CD가 소수점 이하를 처리할 수 있는지 여부를 설명한 것은 아니다.

① (가) 문단의 '고음역이 깨끗하게 들리는 CD는 ~'이라는 부분과 (다) 문단의 '잡음 없는 깨끗한 소리를 전달한다는 장점과 ~'라는 부분에서 확인할 수 있다.

② (다) 문단의 '디지털의 오류는 44.1kHz, 16비트 해상도의 ~CD가 안고 있는 치명적인 단점이다.'라는 부분에서 확인할 수 있다.

③ (라) 문단의 'CD와 LP로 비교하여 들어 보면, ~ 클래식 음악을 CD로 듣고 있으면, 마치 모래 위에 지어진 집처럼 위태롭고 불안한 느낌이 들곤 한다.'라는 부분에서 확인할 수 있다.

16

영역 독해 > 글의 설명 방식　　　　　　　난도 **상**

④ (가) 문단에서는 CD를 '반쪽짜리 그릇'이라고 표현하였으므로 은유법이 사용되었다. (다) 문단에서는 CD를 '작은 그릇'이라고 표현하였으므로 은유법이 사용되었고, '깍두기 현상이 나타나듯'에서 직유법이 사용되었다. (라) 문단에서는 '모래 위에 지어진 집처럼'에서 직유법이 사용되었다. 따라서 (가), (다), (라) 문단은 은유법과 직유법을 사용하고 있음을 알 수 있다.

① (가)는 결과이고, (나)는 원인에 해당한다.

② (나)는 수학적 원리를 이용하여 설명하고 있으나, (다)는 수학적 원리를 이용하여 설명하지 않았다.

③ (다)와 (라)는 CD의 단점을 설명하고 있다.

17

영역 국어 규범 > 한글 맞춤법 > 띄어쓰기 　　난도 **하**

정답의 이유

① 갔던데요(×) → 갔던∨데요(○): '데'가 '곳, 장소, 일, 것, 경우'를 나타내는 의존 명사로 쓰이는 경우 앞말과 띄어 쓴다. '갔던 데요'의 '데'는 '곳, 장소'를 나타내는 의존 명사이므로 앞말과 띄어 써야 한다.

오답의 이유

②·③·④ 의존 명사인 '곳, 장소, 일, 것, 경우'에 해당하지 않고 종결 어미로 사용되었으므로 앞말인 어간에 붙여 쓰는 것이 적절하다.

18

영역 고전 시가 > 작품 파악하기 　　난도 **중**

정답의 이유

① (가)는 '비로봉에 올라보니 그대는 누구이신가'가 아니라 '(금강산의 최고봉인) 비로봉 맨 꼭대기에 올라 본 사람이 누구이신가?' 정도로 해석해야 한다.

📖 **작품 해설**

정철, 「관동별곡(關東別曲)」
- 갈래: 양반 가사, 기행 가사, 정격 가사
- 성격: 서사적, 서정적, 비유적, 유교적, 도교적, 묘사적, 충의적
- 주제: 관동 지방의 절경과 연군, 선정의 포부, 애민 정신
- 특징
  - 영탄법, 대구법, 직유법 등 다양한 수사법을 사용함
  - 여정에 따라 변하는 화자의 심리와 태도를 잘 표현함
  - 3·4조와 4·4조의 4음보 율격을 바탕으로 리듬감을 형성함
  - 우리말의 묘미를 잘 살림
  - 선정(善政)의 포부, 연군지정(戀君之情), 우국지정(憂國之情)의 태도가 나타남
  - 유교·도교 등의 사상적 배경이 나타남

19

영역 화법과 작문 > 회의 　　난도 **중**

정답의 이유

① 안건이 제출되면 제출된 안건을 상정(토의할 안건을 회의 석상에 내어놓음)하고 안건을 제안한 사람이 안건에 대해 설명(제안 설명)한 후 회의에 참석한 사람들의 질의응답 과정을 거치게 된다. 그다음 찬반토론을 거쳐 표결을 통해 안건을 처리한 후 폐회한다.

20

영역 국어 규범 > 올바른 문장 표현 　　난도 **중**

정답의 이유

'새다'는 '날이 밝아 오다.'라는 뜻의 자동사로 '날이 새다, 밤이 새다.' 등과 같이 사용한다. ①~④ 모두 '한숨도 자지 아니하고 밤을 지내다.'의 뜻으로 사용되었으므로 자동사인 '새다'가 아닌 타동사인 '새우다'를 써야 한다. 따라서 '밤을 새웠다.'로 표기한 ④만 올바르다.

오답의 이유

① 목적어인 '밤을'이 있으므로 타동사인 '새우다'를 사용하여 '밤을 새워서라도'로 써야 한다.
② '밤새지'가 아니라 '밤새우지'로 써야 한다. 참고로 '밤새우다'는 '잠을 자지 않고 밤을 보내다.'라는 뜻으로 하나의 단어이다.
③ '밤샌'이 아니라 '밤새운'으로 써야 한다.

21

영역 국어 규범 > 한글 맞춤법 > 두음 법칙 　　난도 **중**

정답의 이유

② 한글 맞춤법 제10항 [붙임 2]의 '접두사처럼 쓰이는 한자가 붙어서 된 말이나 합성어에서, 뒷말의 첫소리가 'ㄴ' 소리로 나더라도 두음 법칙에 따라 적는다.'라는 규정에 따라 '공(空)+염불(念佛)'은 [공념불]로 발음되더라도 '공염불'로 써야 한다. 하지만 '신년도'는 [신년도]로 발음되며, '신년(新年)+도(度)'로 분석되는 구조이므로 위의 규정이 적용되지 않는다.

오답의 이유

① '공염불'은 한글 맞춤법 제10항 [붙임 2]의 규정에 따라 '공+염불'로 구성됨을 알 수 있다.
③ 한글 맞춤법 제11항의 해설에 따르면 '양(量)'이 고유어 '구름'과 결합하면 '구름양'이 되는 것은 '양'이 하나의 독립적인 단어로 인식되기 때문이다.
④ '출가하여 구족계를 받은 여자 승려'를 뜻하는 '비구니(比丘尼)'는 '출가하여 구족계를 받은 남자 승려'를 뜻하는 '비구(比丘)'에 여승을 뜻하는 '니(尼)'의 구성으로 이루어진 단어이다. 따라서 한글 맞춤법 제10항 [붙임 1]의 '단어의 첫머리 이외의 경우에는 본음대로 적는다.'라는 규정에 따라 '비구니'로 적는 것이다.

22

정답 ③

영역 현대시 > 시어의 의미 　　　　난도 **하**

[정답의 이유]

③ '찬밥'은 엄마의 고생을 나타내는 것이 아니라 화자인 '나'의 처지를 나타내는 시어이다.

[오답의 이유]

① '열무 삼십 단을 이고'는 엄마가 열무를 이고 시장에 간 것을 의미하므로 엄마의 고생을 나타내는 시어라고 할 수 있다.

② '해는 시든 지 오래'는 엄마가 늦게까지 집으로 돌아오지 않는 것을 의미하므로 엄마의 고생을 나타내는 시어라고 할 수 있다.

④ '배춧잎 같은 발소리 타박타박'은 일을 끝내고 집으로 돌아오는 엄마의 발소리를 의미하므로 엄마의 고생을 나타내는 시어라고 할 수 있다.

📖 작품 해설

기형도, 「엄마 걱정」
- 갈래: 자유시, 서정시
- 성격: 회상적, 감각적, 서사적
- 주제: 시장에 간 엄마를 걱정하고 기다리던 어린 시절의 외로움
- 특징
  − 유사한 문장의 반복과 변조를 이용해 리듬감을 형성함
  − 감각적 심상을 통한 어린 시절의 외로움과 두려움을 표현함

23

정답 ④

영역 현대시 > 표현 방법 　　　　난도 **중**

[정답의 이유]

④ ㉠의 '배춧잎 같은 발소리'에는 원관념인 '발소리'를 보조 관념인 '배춧잎'에 비유한 직유법이 사용되었다. 직유법은 비슷한 성질이나 모양을 가진 두 사물, 즉 원관념과 보조 관념을 '~같이', '~처럼', '~양', '~듯이' 등의 연결어를 사용하여 직접 연결하는 수사법이다. 이와 동일한 수사법이 쓰인 것은 원관념인 '나'를 '찬밥'에 비유한 '찬밥처럼 방에 담겨'이다.

[오답의 이유]

① '고요한 빗소리'는 조용할 수 없는 빗소리를 고요하다고 표현하여 빗소리에 주변의 소리가 묻혀 오히려 적막하게 느껴지는 현상을 묘사하고 있으므로 역설법이 사용된 것으로 볼 수 있다.

② '내 유년의 윗목'은 외롭고 가난했던 유년 시절을 차가운 '윗목'에 비유한 것으로, 직유법이 아니라 'A의 B'인 은유법이 사용되었다.

③ '해가 시든 지 오래'는 해가 저문 지 오래되었다는 의미로 무생물인 '해'를 시들 수 있는 '꽃'과 같이 생물로 표현하였으므로 활유법이 사용되었음을 알 수 있다. 참고로 '해가 시들었다'는 시간이라는 추상적 개념을 '(꽃이) 시들었다'와 같이 눈에 보이게 시각화(구체화)시켜 표현한 것으로도 설명할 수 있다.

24

정답 ③

영역 국어 규범 > 한글 맞춤법 > 문장 부호 　　　　난도 **중**

[정답의 이유]

③ 기준 단위당 수량을 표시할 때 해당 수량과 기준 단위 사이에 쓰는 문장 부호는 가운뎃점이 아니라 빗금(/)이다. **예** 1,000원/1개

[오답의 이유]

① '마침표'는 제목이나 표어에는 쓰지 않음을 원칙으로 한다.
　　예 압록강은 흐른다 / 꺼진 불도 다시 보자 / 건강한 몸 만들기

② 열거할 어구들을 생략할 때 사용하는 줄임표 앞에는 쉼표를 쓰지 않는다.
　　예 광역시는 광주, 대구, 대전……

④ 책의 제목이나 신문 이름 등을 나타낼 때는 겹낫표(『 』)와 겹화살괄호(≪ ≫)를 사용한다. 또한 겹낫표나 겹화살괄호 대신 큰따옴표를 쓸 수 있다.

25

정답 ③

영역 국어 규범 > 외래어 표기법 　　　　난도 **하**

[정답의 이유]

③ 외래어 표기법 제1장 제3항 "받침에는 'ㄱ, ㄴ, ㄹ, ㅁ, ㅂ, ㅅ, ㅇ'만을 쓴다."라는 규정에 따라 'ㄷ'이 아니라 'ㅅ'을 써야 한다. 참고로 받침에 사용하는 'ㄱ, ㄴ, ㄷ, ㄹ, ㅁ, ㅂ, ㅇ'과 관련이 있는 것은 음절의 끝소리 규칙이다.

[오답의 이유]

① 외래어 표기법 제1장 제1항에 해당한다.

② 외래어 표기법 제1장 제2항에 해당한다.

④ 외래어 표기법 제1장 제4항에 해당한다.

PART 2

행정법

2024 9급 기출문제 해설

☑ 점수 (   )점/100점   ☑ 문제편 084쪽

영역 분석

일반행정작용법	6문항	★★★★★★	24%
행정의 실효성 확보수단	6문항	★★★★★★	24%
행정상 쟁송	4문항	★★★★	16%
행정법 서론	4문항	★★★★	16%
행정절차와 행정공개	3문항	★★★	12%
행정구제법	2문항	★★	8%

빠른 정답

01	02	03	04	05	06	07	08	09	10
②	③	④	④	③	③	②	④	①	③
11	12	13	14	15	16	17	18	19	20
③	④	③	①	④	①	①	①	①	④
21	22	23	24	25					
②	③	②	①	①					

01
정답 ②

영역 행정의 실효성 확보수단 > 행정벌   난도 하

정답의 이유

② 하나의 행위가 2 이상의 질서위반행위에 해당하는 경우에는 각 질서위반행위에 대하여 정한 과태료 중 가장 중한 과태료를 부과한다(질서위반행위규제법 제13조 제1항).

오답의 이유

① 질서위반행위규제법 제7조
③ 질서위반행위규제법 제15조 제1항
④ 질서위반행위규제법 제20조 제1항, 제2항

02
정답 ③

영역 행정법 서론 > 행정법   난도 중

정답의 이유

③ 법률우위란 행정은 법률에 위반되지 않아야 한다는 것을 의미하며, 공법적 행위뿐만 아니라 사법적(私法的) 행위에도 적용된다.

오답의 이유

① 헌법 제37조 제2항은 "국민의 모든 자유와 권리는 … 법률로써 제한할 수 있으며"라고 하여 법률유보원칙을 규정하고 있다. 여기서 '법률'이란 국회가 제정한 형식적 의미의 법률을 말한다. 입법자는 행정부로 하여금 규율하도록 입법권을 위임할 수 있으므로, 법률에 근거한 행정입법에 의해서도 기본권 제한이 가능하다. 즉 기본권 제한에 관한 법률유보원칙은 '법률에 의한 규율'을 요청하는 것이 아니라 '법률에 근거한 규율'을 요청하는 것이므로, 기본권 제한에는 법률의 근거가 필요할 뿐이고 기본권 제한의 형식이 반드시 법률의 형식일 필요는 없으므로, 법규명령, 규칙, 조례 등 실질적 의미의 법률을 통해서도 기본권 제한이 가능하다(헌재 2013.7. 25, 2012헌마167).

② 법률유보원칙은 단순히 행정작용이 법률에 근거를 두기만 하면 충분한 것이 아니라, 국가공동체와 그 구성원에게 기본적이고도 중요한 의미를 갖는 영역, 특히 국민의 기본권 실현과 관련된 영역에 있어서는 국민의 대표자인 입법자가 그 본질적 사항에 대해서 스스로 결정하여야 한다는 요구까지 내포하고 있다(헌재 1999.5.27, 98헌바70).

④ 법률우위의 원칙은 행정행위와 같은 구체적인 규율뿐만 아니라 법규명령이나 조례와 같은 행정입법 그리고 불문법까지 포함한다.

03
정답 ④

영역 일반행정작용법 > 행정행위   난도 중

정답의 이유

④ 교통안전공단이 그 사업목적에 필요한 재원으로 사용할 기금 조성을 위하여 원고와 같은 구 교통안전공단법에 정한 분담금 납부의무자에 대하여 한 분담금 납부통지는 그 납부의무자의 구체적인 분담금 납부의무를 확정시키는 효력을 갖는 행정처분이라고 보아야 할 것이고, 이는 그 분담금 체납자로부터 국세징수법에 의한 강제징수를 할 수 있음을 정한 규정이 없다고 하여도 마찬가지이다(대판 2000.9.8, 2000다12716).

오답의 이유

① 대판 2009.9.24, 2008다60568
② 대판 2008.11.13, 2008두13491
③ 대판 2019.2.14, 2016두41729

04

영역 행정상 쟁송 > 행정소송   난도 **상**

정답의 이유

④ 대판 1991.10.11. 90누5443

오답의 이유

① 도시 및 주거환경정비법(이하 '도시정비법'이라고 한다)상 주택재개발사업조합의 조합설립인가처분이 법원의 재판에 의하여 취소된 경우 그 조합설립인가처분은 소급하여 효력을 상실하고, 이에 따라 당해 주택재개발사업조합 역시 조합설립인가처분 당시로 소급하여 도시정비법상 주택재개발사업을 시행할 수 있는 행정주체인 공법인으로서의 지위를 상실하므로, 당해 주택재개발사업조합이 조합설립인가처분 취소 전에 도시정비법상 적법한 행정주체 또는 사업시행자로서 한 결의 등 처분은 달리 특별한 사정이 없는 한 소급하여 효력을 상실한다고 보아야 한다. 다만 그 효력 상실로 인한 잔존사무의 처리와 같은 업무는 여전히 수행되어야 하므로, 종전에 결의 등 처분의 법률효과를 다투는 소송에서의 당사자지위까지 함께 소멸한다고 할 수는 없다(대판 2012.3.29. 2008다95885).

② 행정소송법에 의하여 인정되는 취소소송에서 처분 등을 취소하는 확정판결의 기속력은 주로 판결의 실효성 확보를 위하여 인정되는 효력으로서 판결의 주문뿐만 아니라 그 전제가 되는 처분 등의 구체적 위법사유에 관한 이유 중의 판단에 대하여도 인정된다(대판 2001.3.23. 99두5238).

③ 징계처분의 취소를 구하는 소에서 징계사유가 될 수 없다고 판결한 사유와 동일한 사유를 내세워 행정청이 다시 징계처분을 한 것은 확정판결에 저촉되는 행정처분을 한 것으로서, 위 취소판결의 기속력이나 확정판결의 기판력에 저촉되어 허용될 수 없다(대판 1992.7.14. 92누2912).

05

영역 행정절차와 행정공개 > 정보공개와 개인정보보호   난도 **하**

정답의 이유

③ 공공기관의 장은 대통령령으로 정하는 기준에 해당하는 개인정보파일의 운용으로 인하여 정보주체의 개인정보 침해가 우려되는 경우에는 그 위험요인의 분석과 개선 사항 도출을 위한 평가를 하고 그 결과를 보호위원회에 제출하여야 한다(개인정보 보호법 제33조 제1항).

오답의 이유

① 개인정보 보호법 제15조 제1항 제7호

제15조(개인정보의 수집ㆍ이용) ① 개인정보처리자는 다음 각 호의 어느 하나에 해당하는 경우에는 개인정보를 수집할 수 있으며 그 수집 목적의 범위에서 이용할 수 있다.

  1. 정보주체의 동의를 받은 경우
  2. 법률에 특별한 규정이 있거나 법령상 의무를 준수하기 위하여 불가피한 경우
  3. 공공기관이 법령 등에서 정하는 소관 업무의 수행을 위하여 불가피한 경우
  4. 정보주체와 체결한 계약을 이행하거나 계약을 체결하는 과정에서 정보주체의 요청에 따른 조치를 이행하기 위하여 필요한 경우
  5. 명백히 정보주체 또는 제3자의 급박한 생명, 신체, 재산의 이익을 위하여 필요하다고 인정되는 경우
  6. 개인정보처리자의 정당한 이익을 달성하기 위하여 필요한 경우로서 명백하게 정보주체의 권리보다 우선하는 경우. 이 경우 개인정보처리자의 정당한 이익과 상당한 관련이 있고 합리적인 범위를 초과하지 아니하는 경우에 한한다.
  7. 공중위생 등 공공의 안전과 안녕을 위하여 긴급히 필요한 경우

② 개인정보처리자는 다음 각 호의 사항이 포함된 개인정보의 처리방침을 정하여야 한다. 이 경우 공공기관은 제32조에 따라 등록대상이 되는 개인정보파일에 대하여 개인정보 처리방침을 정한다(개인정보 보호법 제30조 제1항).

④ 정보주체가 자신의 개인정보에 대한 열람을 공공기관에 요구하고자 할 때에는 공공기관에 직접 열람을 요구하거나 대통령령으로 정하는 바에 따라 보호위원회를 통하여 열람을 요구할 수 있다(개인정보 보호법 제35조 제2항).

06

영역 행정상 쟁송 > 행정소송   난도 **중**

정답의 이유

③ 행정처분과 동일한 사유로 위법한 처분이 반복될 위험성이 있어 행정처분의 위법성 확인 내지 불분명한 법률문제에 대한 해명이 필요한 경우에는 행정의 적법성 확보와 그에 대한 사법통제, 국민의 권리구제 확대 등의 측면에서 예외적으로 그 처분의 취소를 구할 소의 이익을 인정할 수 있다. 여기에서 '그 행정처분과 동일한 사유로 위법한 처분이 반복될 위험성이 있는 경우'란 불분명한 법률문제에 대한 해명이 필요한 상황에 대한 대표적인 예시일 뿐이며, 반드시 '해당 사건의 동일한 소송 당사자 사이에서' 반복될 위험이 있는 경우만을 의미하는 것은 아니다(대판 2020.12.24. 2020두30450).

오답의 이유

① 대판 2006.6.22. 2003두1684 전합
② 대판 2018.7.12. 2015두3485
④ 대판 2020.4.9. 2019두49953

항고 소송	취소소송	행정청의 위법한 처분 또는 재결의 취소 또는 변경을 구하는 소송
	무효등확인 소송	행정청의 처분이나 재결의 효력유무 또는 그 존재여부를 확인하는 소송
	부작위위법 확인소송	행정청의 부작위가 위법하다는 것을 확인하는 소송
당사자 소송		행정청의 처분 등을 원인으로 하는 법률관계에 관한 소송 또는 그 밖에 공법상의 법률관계에 관한 소송으로서 그 법률관계의 한쪽 당사자를 피고로 하는 소송
민중 소송		국가 또는 공공단체의 기관이 법률에 위배되는 행위를 한 때에 직접 자기의 법률상 이익과 관계없이 그 시정을 구하기 위하여 제기하는 소송
기관 소송		국가나 공공단체의 기관 상호 간에 있어서의 권한의 존부 또는 그 행사에 관한 다툼이 있을 때에 제기하는 소송

07
정답 ②

영역 일반행정작용법 > 행정상 입법　　난도 중

정답의 이유

② 국회입법의 전속사항은 법률로만 규율되어야 하지만, 국회의 심의를 거쳐야 하는 사항이 반드시 법률로만 규율되어야 하는 것은 아니고 법규명령의 형식으로도 정할 수 있다.

오답의 이유

① 헌재 1997.10.30, 96헌바92

③ 헌재 1991.7.8, 91헌가4

④ 헌재 1996.2.29, 94헌마213

08
정답 ④

영역 일반행정작용법 > 행정상 입법　　난도 중

정답의 이유

④ 일반적으로 법률의 위임에 따라 효력을 갖는 법규명령의 경우에 위임의 근거가 없어 무효였더라도 나중에 법 개정으로 위임의 근거가 부여되면 그때부터는 유효한 법규명령으로 볼 수 있다(대판 2017.4.20, 2015두45700 전합).

오답의 이유

① 법령자체가 추상적·일반적 내용이 아닌 구체적인 특정한 내용을 지니는 경우에는 그 법령이 쟁송의 대상이 되나 법령자체가 직접 개인의 권익에 영향을 미치지 아니하고 다만 법령에 기한 행정처분에 의하여 구체적인 권리의무가 확정되는 경우에는 그 법령자체에 대한 항고소송(취소소송)은 인정되지 아니한다.

② 대판 1962.1.25, 4294민상9

③ 대판 1999.12.24, 99두5658

09
정답 ①

영역 행정의 실효성 확보수단 > 행정조사　　난도 중

정답의 이유

① 행정조사기본법 제17조 제1항 제3호

> 제17조(조사의 사전통지) ① 행정조사를 실시하고자 하는 행정기관의 장은 제9조에 따른 출석요구서, 제10조에 따른 보고요구서·자료제출요구서 및 제11조에 따른 현장출입조사서(이하 "출석요구서 등"이라 한다)를 조사개시 7일 전까지 조사대상자에게 서면으로 통지하여야 한다. 다만, 다음 각 호의 어느 하나에 해당하는 경우에는 행정조사의 개시와 동시에 출석요구서 등을 조사대상자에게 제시하거나 행정조사의 목적 등을 조사대상자에게 구두로 통지할 수 있다.
> 1. 행정조사를 실시하기 전에 관련 사항을 미리 통지하는 때에는 증거인멸 등으로 행정조사의 목적을 달성할 수 없다고 판단되는 경우
> 2. 「통계법」 제3조 제2호에 따른 지정통계의 작성을 위하여 조사하는 경우
> 3. 제5조 단서에 따라 조사대상자의 자발적인 협조를 얻어 실시하는 행정조사의 경우

오답의 이유

② 구 국세기본법 제81조의5가 정한 세무조사대상 선정사유가 없음에도 세무조사대상으로 선정하여 과세자료를 수집하고 그에 기하여 과세처분을 하는 것은 적법절차의 원칙을 어기고 구 국세기본법 제81조의5와 제81조의3 제1항을 위반한 것으로서 특별한 사정이 없는 한 과세처분은 위법하다(대판 2014.6.26, 2012두911).

③ 대판 2011.3.10, 2009두23617

④ 대판 2016.12.15, 2016두47659

⦿))) 적중레이더

행정조사
- 목적: 그 자체가 목적이 아니라 일정한 행정작용을 실현시키기 위하여 필요한 자료 및 정보를 수집하는 '준비적·보조적 작용'
- 기능: 직접적 실력행사× → 벌칙에 의한 행정벌 또는 불이익처분에 의해 행정조사를 수인시킴
- 성질: 권력적 조사 외에 '비권력적 조사'도 포함

영역 행정법 서론 > 행정법 　　　　　　　　　　　　난도 **하**

정답의 이유

③ 과태료 부과 및 징수에 관한 사항에 대하여는 행정기본법을 적용하지 않는다(행정기본법 제36조 제7항 제6호). 그러나 과징금에 관한 사항에 대해서는 행정기본법을 적용한다.

오답의 이유

① 행정기본법 제36조 제1항

② 행정기본법 제36조 제3항

④ 행정기본법 제36조 제5항

제36조(처분에 대한 이의신청) ① 행정청의 처분(「행정심판법」 제3조에 따라 같은 법에 따른 행정심판의 대상이 되는 처분을 말한다. 이하 이 조에서 같다)에 이의가 있는 당사자는 처분을 받은 날부터 30일 이내에 해당 행정청에 이의신청을 할 수 있다.

② 행정청은 제1항에 따른 이의신청을 받으면 그 신청을 받은 날부터 14일 이내에 그 이의신청에 대한 결과를 신청인에게 통지하여야 한다. 다만, 부득이한 사유로 14일 이내에 통지할 수 없는 경우에는 그 기간을 만료일 다음 날부터 기산하여 10일의 범위에서 한 차례 연장할 수 있으며, 연장 사유를 신청인에게 통지하여야 한다.

③ 제1항에 따라 이의신청을 한 경우에도 그 이의신청과 관계없이 「행정심판법」에 따른 행정심판 또는 「행정소송법」에 따른 행정소송을 제기할 수 있다.

④ 이의신청에 대한 결과를 통지받은 후 행정심판 또는 행정소송을 제기하려는 자는 그 결과를 통지받은 날(제2항에 따른 통지기간 내에 결과를 통지받지 못한 경우에는 같은 항에 따른 통지기간이 만료되는 날의 다음 날을 말한다)부터 90일 이내에 행정심판 또는 행정소송을 제기할 수 있다.

⑤ 다른 법률에서 이의신청과 이에 준하는 절차에 대하여 정하고 있는 경우에도 그 법률에서 규정하지 아니한 사항에 관하여는 이 조에서 정하는 바에 따른다.

⑥ 제1항부터 제5항까지에서 규정한 사항 외에 이의신청의 방법 및 절차 등에 관한 사항은 대통령령으로 정한다.

⑦ 다음 각 호의 어느 하나에 해당하는 사항에 관하여는 이 조를 적용하지 아니한다.

　1. 공무원 인사 관계 법령에 따른 징계 등 처분에 관한 사항

　2. 「국가인권위원회법」 제30조에 따른 진정에 대한 국가인권위원회의 결정

　3. 「노동위원회법」 제2조의2에 따라 노동위원회의 의결을 거쳐 행하는 사항

　4. 형사, 행형 및 보안처분 관계 법령에 따라 행하는 사항

　5. 외국인의 출입국 · 난민인정 · 귀화 · 국적회복에 관한 사항

　6. 과태료 부과 및 징수에 관한 사항

11

영역 행정구제법 > 손해전보제도 　　　　　　　　　난도 **중**

정답의 이유

③ 동일한 손해가 공무원의 직무상 불법행위와 영조물 설치 · 관리상 하자로 인하여 발생된 경우, 이는 국가배상법 제2조(배상책임)와 제5조(공공시설 등의 하자로 인한 책임) 모두에 국가배상책임이 성립하며 둘 중 선택하여 국가배상을 청구할 수 있다.

오답의 이유

① 대판 2003.10.23, 2001다48057

② 대판 2014.6.26, 2011다85413

④ 국가배상법 제15조 제1항, 제3항

제15조(신청인의 동의와 배상금 지급) ① 배상결정을 받은 신청인은 지체 없이 그 결정에 대한 동의서를 첨부하여 국가나 지방자치단체에 배상금 지급을 청구하여야 한다.

② 배상금 지급에 관한 절차, 지급기관, 지급시기, 그 밖에 필요한 사항은 대통령령으로 정한다.

③ 배상결정을 받은 신청인이 배상금 지급을 청구하지 아니하거나 지방자치단체가 대통령령으로 정하는 기간 내에 배상금을 지급하지 아니하면 그 결정에 동의하지 아니한 것으로 본다.

영역 행정의 실효성 확보수단 > 행정상 강제 　　　난도 **중**

정답의 이유

④ 위원회는 제1항 본문에 따라 직접 처분을 하였을 때에는 그 사실을 해당 행정청에 통보하여야 하며, 그 통보를 받은 행정청은 위원회가 한 처분을 자기가 한 처분으로 보아 관계 법령에 따라 관리 · 감독 등 필요한 조치를 하여야 한다(행정심판법 제50조 제2항).

오답의 이유

① 행정심판법 제50조의2 제1항

제50조의2(위원회의 간접강제) ① 위원회는 피청구인이 제49조 제2항(제49조 제4항에서 준용하는 경우를 포함) 또는 제3항에 따른 처분을 하지 아니하면 청구인의 신청에 의하여 결정으로 상당한 기간을 정하고 피청구인이 그 기간 내에 이행하지 아니하는 경우에는 그 지연기간에 따라 일정한 배상을 하도록 명하거나 즉시 배상을 할 것을 명할 수 있다.

---

② 행정심판법 제50조의2 제4항

제50조의2(위원회의 간접강제) ④ 청구인은 제1항 또는 제2항에 따른 결정에 불복하는 경우 그 결정에 대하여 행정소송을 제기할 수 있다.

---

③ 행정심판법 제49조 제3항

> **제49조(재결의 기속력 등)** ③ 당사자의 신청을 거부하거나 부작위로 방치한 처분의 이행을 명하는 재결이 있으면 행정청은 지체 없이 이전의 신청에 대하여 재결의 취지에 따라 처분을 하여야 한다.

13 정답 ②

영역 행정의 실효성 확보수단 > 행정상 강제 　　　　 난도 **상**

정답의 이유

② 피수용자 등이 기업자에 대하여 부담하는 수용대상 토지의 인도의무에 관한 구 토지수용법 제63조, 제64조, 제77조 규정에서의 '인도'에는 명도도 포함되는 것으로 보아야 하고, 이러한 명도의무는 그것을 강제적으로 실현하면서 직접적인 실력행사가 필요한 것이지 대체적 작위의무라고 볼 수 없으므로 특별한 사정이 없는 한 행정대집행법에 의한 대집행의 대상이 될 수 있는 것이 아니다(대판 2005.8.19, 2004다2809).

오답의 이유

① 하천유수인용(하천류수인용)허가신청이 불허되었음을 이유로 하천유수인용행위를 중단할 것과 이를 불이행할 경우 행정대집행법에 의하여 대집행하겠다는 내용의 계고처분은 대집행의 대상이 될 수 없는 부작위의무에 대한 것으로서 그 자체로 위법함이 명백한 바, 이러한 경우 법원으로서는 마땅히 석명권을 행사하여 원고로 하여금 위 계고처분의 위법사유를 밝히게 하고, 나아가 위와 같은 법리에 따라 그 취소 여부를 가려 보아야 한다(대판 1998.10.2, 96누5445).

③ 대판 1993.6.8, 93누6164

④ 대판 1992.6.12, 91누13564

14 정답 ①

영역 일반행정작용법 > 공법상 계약 　　　　 난도 **중**

정답의 이유

① 시·군조합의 설립은 공법상 합동행위에 해당한다.

오답의 이유

② 공법상 계약은 공법적 법률관계에 관한 계약으로서 일반적인 사항에 관해서는 민법상 계약이나 법률행위에 관한 규정이 적용되는 것을 전제로 체결된다. 따라서 공법상 계약의 이행지체, 불완전이행 등 급부 장애가 발생될 경우 민법상의 규정을 유추적용한다.

③ 대판 1996.5.31, 95누10617

④ 대판 2015.8.27, 2015두41449

공법상 계약의 성립요건

주체	정당한 권한을 가진 행정청, 공무원은 행정청을 대표하는 권한을 가질 것
내용	• 원칙: 당사자 간 합의, 사인의 급부는 공법상 계약의 목적에 부합하여야 하고 행정청의 급부와 합리적인 관계(부당결부금지의 원칙) • 예외: 부합계약(행정주체가 일방적으로 내용을 정하고, 상대방은 체결 여부만을 선택)
형식	• 문서와 구두 모두 가능하나, 문서가 바람직 • 공법상 계약이 다른 행정청의 동의가 필요한 행정행위를 대체하는 경우에는 해당 동의가 필요하고, 제3자의 권리를 침해하는 경우에는 제3자의 동의도 필요
절차	일반법은 없으며, 판례는 공법상 계약에는 행정절차법이 적용되지 않는다고 봄

15 정답 ④

영역 행정법 서론 > 행정법상 일반원칙 　　　　 난도 **중**

정답의 이유

④ 국세기본법 제15조, 제18조 제3항의 규정이 정하는 신의칙 내지 비과세관행이 성립되었다고 하려면 장기간에 걸쳐 어떤 사항에 대하여 과세하지 아니하였다는 객관적 사실이 존재할 뿐만 아니라 과세관청 자신이 그 사항에 대하여 과세할 수 있음을 알면서도 어떤 특별한 사정에 의하여 과세하지 않는다는 의사가 있고 이와 같은 의사가 대외적으로 명시적 또는 묵시적으로 표시될 것임을 요한다고 해석되며, 특히 그 의사표시가 납세자의 추상적인 질의에 대한 일반론적인 견해표명에 불과한 경우에는 위 원칙의 적용을 부정하여야 한다(대판 1993.7.27, 90누10384). 즉, 추상적 질의에 대한 일반적 견해표명에 불과한 경우에는 공적 견해의 표명으로 볼 수 없다.

오답의 이유

① 도시관리계획을 고시한 것만으로는 피고가 이 사건 도시관리계획의 유지나 원고들의 이 사건 사업 시행에 관한 공적인 견해를 표명하였다고 보기 어렵다(대판 2018.10.12, 2015두50382).

② 법치주의는 정의의 실현과 아울러 법적 안정성 내지 신뢰보호를 목표로 삼는다. 따라서 대법원과 헌법재판소는 헌법의 기본원리인 법치주의 원리에서 신뢰보호원칙이 도출된다고 본다.

③ 행정청이 상대방에게 장차 어떤 처분을 하겠다고 확약 또는 공적인 의사표명을 하였다고 하더라도, 그 자체에서 상대방으로 하여금 언제까지 처분의 발령을 신청을 하도록 유효기간을 두었는데도 그 기간 내에 상대방의 신청이 없었다거나 확약 또는 공적인 의사표명이 있은 후에 사실적·법률적 상태가 변경되었다면, 그와 같은 확약 또는 공적인 의사표명은 행정청의 별다른 의사표시를 기다리지 않고 실효된다(대판 1996.8.20, 95누10877). 즉, 사정 변경

이 생긴 경우 신뢰보호원칙의 적용이 제한될 수 있다고 보는 것이 판례의 태도이다.

16 정답 ①

영역 행정상 쟁송 > 행정소송   **난도 상**

[정답의 이유]
① 대판 2020.3.2. 2017두41771

[오답의 이유]
② 광주광역시문화예술회관장의 단원 위촉은 광주광역시문화예술회 관장이 행정청으로서 공권력을 행사하여 행하는 행정처분이 아니 라 공법상의 근무관계의 설정을 목적으로 하여 광주광역시와 단원 이 되고자 하는 자 사이에 대등한 지위에서 의사가 합치되어 성립 하는 공법상 근로계약에 해당한다고 보아야 할 것이므로, 광주광역 시립합창단원으로서 위촉기간이 만료되는 자들의 재위촉 신청에 대하여 광주광역시문화예술회관장이 실기와 근무성적에 대한 평정 을 실시하여 재위촉을 하지 아니한 것을 <u>항고소송의 대상이 되는 불합격처분이라고 할 수는 없다</u>(대판 2001.12.11. 2001두7794).
③ 민주화운동관련자 명예회복 및 보상 등에 관한 법률 제17조는 보 상금 등의 지급에 관한 소송의 형태를 규정하고 있지 않지만, 위 규정 전단에서 말하는 보상금 등의 지급에 관한 소송은 '민주화운 동관련자 명예회복 및 보상 심의위원회'의 보상금 등의 지급신청 에 관하여 전부 또는 일부를 기각하는 결정에 대한 불복을 구하는 소송이므로 <u>취소소송을 의미한다고 보아야 한다</u>(대판 2008.4.17. 2005두16185 전합).
④ 공무원연금관리공단이 법령의 개정 사실과 퇴직연금 수급자가 퇴 직연금 중 일부 금액의 지급정지 대상자가 되었다는 사실을 통보 한 것은 단지 법령에서 정한 사유의 발생으로 퇴직연금 중 일부 금액의 지급이 정지된다는 점을 알려주는 관념의 통지에 불과하 고, 그로 인하여 비로소 지급이 정지되는 것은 아니므로 <u>항고소송 의 대상이 되는 행정처분으로 볼 수 없다</u>(대판 2004.12.24. 2003 두15195).

17 정답 ①

영역 행정구제법 > 손해전보제도   **난도 중**

[정답의 이유]
① 국가 또는 지방자치단체라 할지라도 공권력의 행사가 아니고 단순 한 사경제의 주체로 활동하였을 경우에는 그 손해배상책임에 국가 배상법이 적용될 수 없고 민법상의 사용자책임 등이 인정되는 것 이고 국가의 철도운행사업은 국가가 공권력의 행사로서 하는 것이 아니고 사경제적 작용이라 할 것이므로, 이로 인한 사고에 공무원 이 관여하였다고 하더라도 국가배상법을 적용할 것이 아니고 일반 민법의 규정에 따라야 하므로, 국가배상법상의 배상전치절차를 거

칠 필요가 없으나, 공공의 영조물인 철도시설물의 설치 또는 관리 의 하자로 인한 불법행위를 원인으로 하여 국가에 대하여 손해배 상청구를 하는 경우에는 국가배상법이 적용되므로 배상전치절차 를 거쳐야 한다(대판 1999.6.22. 99다7008).

[오답의 이유]
② 국가배상청구의 요건인 '공무원의 직무'에는 권력적 작용만이 아 니라 비권력적 작용도 포함되며 단지 행정주체가 사경제주체로서 하는 활동만 제외된다(대판 2001.1.5. 98다39060).
③ 어떠한 행정처분이 후에 항고소송에서 취소되었다고 할지라도 그 기판력에 의하여 당해 행정처분이 곧바로 공무원의 고의 또는 과 실로 인한 것으로서 불법행위를 구성한다고 단정할 수는 없는 것 이고, 그 행정처분의 담당공무원이 보통 일반의 공무원을 표준으 로 하여 볼 때 객관적 주의의무를 결하여 그 행정처분이 객관적 정당성을 상실하였다고 인정될 정도에 이른 경우에 국가배상법 제 2조 소정의 국가배상책임의 요건을 충족하였다고 봄이 상당할 것 이며, 이 때에 객관적 정당성을 상실하였는지 여부는 피침해이익 의 종류 및 성질, 침해행위가 되는 행정처분의 태양 및 그 원인, 행 정처분의 발동에 대한 피해자측의 관여의 유무, 정도 및 손해의 정 도 등 제반 사정을 종합하여 손해의 전보책임을 국가 또는 지방자 치단체에게 부담시켜야 할 실질적인 이유가 있는지 여부에 의하여 판단하여야 한다(대판 2000.5.12. 99다70600).
④ 공무원이 직무수행 중 불법행위로 타인에게 손해를 입힌 경우에 국가 등이 국가배상책임을 부담하는 외에 공무원 개인도 고의 또 는 중과실이 있는 경우에는 불법행위로 인한 손해배상책임을 지 고, 공무원에게 경과실이 있을 뿐인 경우에는 공무원 개인은 손해 배상책임을 부담하지 아니한다. 이처럼 경과실이 있는 공무원이 피해자에 대하여 손해배상책임을 부담하지 아니함에도 피해자에 게 손해를 배상하였다면 그것은 채무자 아닌 사람이 타인의 채무 를 변제한 경우에 해당하고, 이는 민법 제469조의 '제3자의 변제' 또는 민법 제744조의 '도의관념에 적합한 비채변제'에 해당하여 피해자는 공무원에 대하여 이를 반환할 의무가 없고, 그에 따라 피 해자의 국가에 대한 손해배상청구권이 소멸하여 국가는 자신의 출 연 없이 채무를 면하게 되므로, <u>피해자에게 손해를 직접 배상한 경 과실이 있는 공무원은 특별한 사정이 없는 한 국가에 대하여 국가 의 피해자에 대한 손해배상책임의 범위 내에서 공무원이 변제한 금액에 관하여 구상권을 취득한다고 봄이 타당하다</u>(대판 2014.8. 20. 2012다54478).

18

영역 행정절차와 행정공개 > 정보공개와 개인정보보호 **난도 중**

정답의 이유

② 청구인이 공공기관에 대하여 정보공개를 청구하였다가 거부처분을 받은 이상, 그 자체로 공개거부처분의 취소를 구할 법률상 이익이 인정되고, 그 외에 추가로 어떤 법률상 이익이 있을 것을 요하지 않는다(대판 2022.5.26, 2022두34562).

오답의 이유

① 공공기관의 정보공개에 관한 법률 제11조 제1항

③ 공공기관의 정보공개에 관한 법률 제19조 제1항, 제2항

제19조(행정심판) ① 청구인이 정보공개와 관련한 공공기관의 결정에 대하여 불복이 있거나 정보공개 청구 후 20일이 경과하도록 정보공개 결정이 없는 때에는 「행정심판법」에서 정하는 바에 따라 행정심판을 청구할 수 있다. 이 경우 국가기관 및 지방자치단체 외의 공공기관의 결정에 대한 감독행정기관은 관계 중앙행정기관의 장 또는 지방자치단체의 장으로 한다.
② 청구인은 제18조에 따른 이의신청 절차를 거치지 아니하고 행정심판을 청구할 수 있다.

④ 공공기관의 정보공개에 관한 법률상 공개청구의 대상이 되는 정보란 공공기관이 직무상 작성 또는 취득하여 현재 보유·관리하고 있는 문서에 한정되는 것이기는 하나, 그 문서가 반드시 원본일 필요는 없다(대판 2006.5.25, 2006두3049).

19

정답 ①

영역 행정상 쟁송 > 행정소송 **난도 하**

정답의 이유

① 당사자소송은 국가·공공단체 그 밖의 권리주체를 피고로 한다(행정소송법 제39조).

오답의 이유

②·③ 민중소송 및 기관소송은 법률이 정한 경우에 법률에 정한 자에 한하여 제기할 수 있다(행정소송법 제45조).

④ 국가의 사무를 위임 또는 위탁받은 공공단체 또는 그 장 해당하는 피고에 대하여 취소소송을 제기하는 경우에는 대법원소재지를 관할하는 행정법원에 제기할 수 있다(행정소송법 제9조 제2항 제2호).

제9조(재판관할) ② 제1항에도 불구하고 다음 각 호의 어느 하나에 해당하는 피고에 대하여 취소소송을 제기하는 경우에는 대법원소재지를 관할하는 행정법원에 제기할 수 있다.
  1. 중앙행정기관, 중앙행정기관의 부속기관과 합의제행정기관 또는 그 장
  2. 국가의 사무를 위임 또는 위탁받은 공공단체 또는 그 장

20

정답 ④

영역 일반행정작용법 > 행정행위 **난도 상**

정답의 이유

④ 행정행위의 부관은 부담인 경우를 제외하고는 독립하여 행정소송의 대상이 될 수 없는바, 기부채납받은 행정재산에 대한 사용·수익허가에서 공유재산의 관리청이 정한 사용·수익허가의 기간은 그 허가의 효력을 제한하기 위한 행정행위의 부관으로서 이러한 사용·수익허가의 기간에 대해서는 독립하여 행정소송을 제기할 수 없다(대판 2001.6.15, 99두509).

오답의 이유

① 대판 2009.2.12, 2005다65500

② 행정기본법 제17조 제2항

③ 기한 중에는 도래하는 시기가 확실한 확정기한 외에 도래할 것은 확실하나 그 시기가 불확실한 불확정기한(예 사망 시 연금지급)이 있는데, 불확정기한을 부관으로 부가하는 것도 가능하다.

21

정답 ②

영역 행정의 실효성 확보수단 > 행정벌 **난도 중**

정답의 이유

② 도로교통법 제118조에서 규정하는 경찰서장의 통고처분은 행정소송의 대상이 되는 행정처분이 아니므로 그 처분의 취소를 구하는 소송은 부적법하다고 할 것이다. 도로교통법상의 통고처분을 받은 자가 그 처분에 대하여 이의가 있는 경우에는 통고처분에 따른 범칙금의 납부를 이행하지 아니함으로써 경찰서장의 즉결심판청구에 의하여 법원의 심판을 받을 수 있게 될 뿐이다(대판 1995. 6.29, 95누4674).

오답의 이유

① 양벌규정에 의한 영업주의 처벌은 금지위반행위자인 종업원의 처벌에 종속하는 것이 아니라 독립하여 그 자신의 종업원에 대한 선임감독상의 과실로 인하여 처벌되는 것이므로 영업주의 위 과실책임을 묻는 경우 금지위반행위자인 종업원에게 구성요건상의 자격이 없다고 하더라도 영업주의 범죄성립에는 아무런 지장이 없다(대판 1987.11.10, 87도1213).

③ 관세법 제284조 제1항, 제311조, 제312조, 제318조의 규정에 의하면, 관세청장 또는 세관장은 관세범에 대하여 통고처분을 할 수 있고, 범죄의 정상이 징역형에 처하여질 것으로 인정되는 때에는 즉시 고발하여야 하며, 관세범인이 통고를 이행할 수 있는 자금능력이 없다고 인정되거나 주소 및 거소의 불명 기타의 사유로 인하여 통고를 하기 곤란하다고 인정되는 때에도 즉시 고발하여야 하는바, 이들 규정을 종합하여 보면, 통고처분을 할 것인지의 여부는 관세청장 또는 세관장의 재량에 맡겨져 있고, 따라서 관세청장 또는 세관장이 관세범에 대하여 통고처분을 하지 아니한 채 고발하

였다는 것만으로는 그 고발 및 이에 기한 공소의 제기가 부적법하게 되는 것은 아니다(대판 2007.5.11, 2006도1993).

④ 지방자치단체가 그 고유의 자치사무를 처리하는 경우에는 지방자치단체는 국가기관의 일부가 아니라 국가기관과는 별도의 독립한 공법인이므로, 지방자치단체 소속 공무원이 지방자치단체 고유의 자치사무를 수행하던 중 도로법 제81조 내지 제85조의 규정에 의한 위반행위를 한 경우에는 지방자치단체는 도로법 제86조의 양벌규정에 따라 처벌대상이 되는 법인에 해당한다(대판 2005.11.10, 2004도2657).

22

정답 ③

영역 일반행정작용법 > 행정행위   난도 **상**

정답의 이유

③ 법률에 근거하여 행정처분이 발하여진 후에 헌법재판소가 그 행정처분의 근거가 된 법률을 위헌으로 결정하였다면 결과적으로 행정처분은 법률의 근거가 없이 행하여진 것과 마찬가지가 되어 하자가 있는 것이 되나, 하자 있는 행정처분이 당연무효가 되기 위하여는 그 하자가 중대할 뿐만 아니라 명백한 것이어야 하는데, 일반적으로 법률이 헌법에 위반된다는 사정이 헌법재판소의 위헌결정이 있기 전에는 객관적으로 명백한 것이라고 할 수는 없으므로 헌법재판소의 위헌결정 전에 행정처분의 근거되는 당해 법률이 헌법에 위반된다는 사유는 특별한 사정이 없는 한 그 행정처분의 취소소송의 전제가 될 수 있을 뿐 당연무효사유는 아니라고 봄이 상당하다(대판 1994.10.28, 92누9463).

오답의 이유

① 행정행위에 하자가 있는가의 여부는 원칙적으로 행정행위가 외부에 표시되는 시점을 기준으로 판단하여야 한다. 즉 행정행위의 발급시점이 하자판단의 기준시점이 된다. 이에 따라 사법심사에 있어서 하자유무에 대한 판단자료도 원칙적으로 행정행위의 발급 시에 제출된 것에 한정된다.

② 무효등확인심판은 행정청의 처분의 효력 유무 또는 존재여부를 확인하는 행정심판을 말하는 것으로, 행정소송법이나 행정심판법에서 무효와 부존재는 구별된다.

④ 대판 1993.8.13, 93누2148

23

정답 ②

영역 행정법 서론 > 행정상 법률관계   난도 **상**

정답의 이유

② 광주광역시문화예술회관장의 단원 위촉은 광주광역시문화예술회관장이 행정청으로서 공권력을 행사하여 행하는 행정처분이 아니라 공법상의 근무관계의 설정을 목적으로 하여 광주광역시와 단원이 되고자 하는 자 사이에 대등한 지위에서 의사가 합치되어 성립하는 공법상 근로계약에 해당한다고 보아야 할 것이므로, 광주광역시립합창단원으로서 위촉기간이 만료되는 자들의 재위촉 신청에 대하여 광주광역시문화예술회관장이 실기와 근무성적에 대한 평정을 실시하여 재위촉을 하지 아니한 것을 항고소송의 대상이 되는 불합격처분이라고 할 수는 없다(대판 2001.12.11, 2001두7794).

오답의 이유

① 국유재산법 제42조 제1항, 제73조 제2항 제2호에 따르면, 국유 일반재산의 관리·처분에 관한 사무를 위탁받은 자는 국유 일반재산의 대부료 등이 납부기한까지 납부되지 아니한 경우에는 국세징수법 제23조와 같은 법의 체납처분에 관한 규정을 준용하여 대부료 등을 징수할 수 있다. 이와 같이 국유 일반재산의 대부료 등의 징수에 관하여는 국세징수법 규정을 준용한 간이하고 경제적인 특별구제절차가 마련되어 있으므로, 특별한 사정이 없는 한 민사소송의 방법으로 대부료 등의 지급을 구하는 것은 허용되지 아니한다(대판 2014.9.4, 2014다203588).

③ 이 사건 해지통보는 단순히 대등한 당사자의 지위에서 형성된 공법상계약을 계약당사자의 지위에서 종료시키는 의사표시에 불과하다고 볼 것이 아니라 행정청인 관리권자로부터 관리업무를 위탁받은 피고가 우월적 지위에서 원고에게 일정한 법률상 효과를 발생하게 하는 것으로서 항고소송의 대상이 되는 행정처분에 해당한다고 보아야 할 것이다(대판 2011.6.30, 2010두23859).

④ 행정절차에 관한 일반법인 행정절차법은 행정청을 "행정에 관한 의사를 결정하여 표시하는 국가 또는 지방자치단체의 기관", "그 밖에 법령 또는 자치법규에 따라 행정권한을 가지고 있거나 위임 또는 위탁받은 공공단체 또는 그 기관이나 사인(私人)"이라고 정의하고 있고(제2조 제1호), 행정소송법도 "이 법을 적용함에 있어서 행정청에는 법령에 의하여 행정권한의 위임 또는 위탁을 받은 행정기관, 공공단체 및 그 기관 또는 사인이 포함된다."라고 규정하고 있다(제2조 제2항). … 공공기관운영법 제39조 제2항과 그 하위법령에 따른 입찰참가자격제한 조치는 '구체적 사실에 관한 법집행으로서의 공권력의 행사'로서 행정처분에 해당한다. 공공기관운영법은 공공기관을 공기업, 준정부기관, 기타공공기관으로 구분하고(제5조), 그중에서 공기업, 준정부기관에 대해서는 입찰참가자격제한처분을 할 수 있는 권한을 부여하였다(대판 2020.5.28, 2017두66541).

24 정답 ①

정답의 이유

① 대판 2017.4.13, 2013다207941

오답의 이유

② 한국토지공사법의 규정에 의하여 본래 시·도지사나 시장·군수 또는 구청장의 업무에 속하는 대집행권한을 한국토지공사에게 위탁하도록 되어 있는바, 한국토지공사는 이러한 법령의 위탁에 의하여 대집행을 수권받은 자로서 공무인 대집행을 실시함에 따르는 권리·의무 및 책임이 귀속되는 행정주체의 지위에 있다고 볼 것이지 지방자치단체 등의 기관으로서 국가배상법 제2조 소정의 공무원에 해당한다고 볼 것은 아니다(대판 2010.1.28, 2007다82950).

③ 이행강제금은 부작위의무나 비대체적 작위의무 위반의 경우뿐만 아니라 대체적 작위의무 위반에 대하여도 부과될 수 있다(헌재 2011.10.25, 2009헌바140).

④ 체납자 등에 대한 공매통지는 국가의 강제력에 의하여 진행되는 공매에서 체납자 등의 권리 내지 재산상의 이익을 보호하기 위하여 법률로 규정한 절차적 요건이라고 보아야 하며, 공매처분을 하면서 체납자 등에게 공매통지를 하지 않았거나 공매통지를 하였더라도 그것이 적법하지 아니한 경우에는 절차상의 흠이 있어 그 공매처분이 위법하게 되는 것이지만, 공매통지 자체가 그 상대방인 체납자 등의 법적 지위나 권리·의무에 직접적인 영향을 주는 행정처분에 해당한다고 할 것은 아니므로 다른 특별한 사정이 없는 한 체납자 등은 공매통지의 결여나 위법을 들어 공매처분의 취소 등을 구할 수 있는 것이지 공매통지 자체를 항고소송의 대상으로 삼아 그 취소 등을 구할 수는 없다(대판 2011.3.24, 2010두25527).

25 정답 ①

정답의 이유

① 당사자가 요청한 경우는 해당하지 않는다(행정절차법 제22조 제1항).

> **제22조(의견청취)** ① 행정청이 처분을 할 때 다음 각 호의 어느 하나에 해당하는 경우에는 청문을 한다.
>   1. 다른 법령 등에서 청문을 하도록 규정하고 있는 경우
>   2. 행정청이 필요하다고 인정하는 경우
>   3. 다음 각 목의 처분을 하는 경우
>   가. 인허가 등의 취소
>   나. 신분·자격의 박탈
>   다. 법인이나 조합 등의 설립허가의 취소

오답의 이유

② 행정청이 당사자와 사이에 도시계획사업의 시행과 관련한 협약을 체결하면서 관계 법령 및 행정절차법에 규정된 청문의 실시 등 의견청취절차를 배제하는 조항을 두었다고 하더라도, 국민의 행정참여를 도모함으로써 행정의 공정성·투명성 및 신뢰성을 확보하고 국민의 권익을 보호한다는 행정절차법의 목적 및 청문제도의 취지 등에 비추어 볼 때, 위와 같은 협약의 체결로 청문의 실시에 관한 규정의 적용을 배제할 수 있다고 볼 만한 법령상의 규정이 없는 한, 이러한 협약이 체결되었다고 하여 청문의 실시에 관한 규정의 적용이 배제된다거나 청문을 실시하지 않아도 되는 예외적인 경우에 해당한다고 할 수 없다(대판 2004.7.8, 2002두8350).

③ 행정절차법 제35조 제2항

④ 행정절차법 제35조의2

2024 | **7급** 기출문제 해설

☑ 점수 (　　)점/100점　☑ 문제편 091쪽

영역 분석

일반행정작용법	10문항	★★★★★★★★★★	40%
행정법 서론	5문항	★★★★★	20%
행정의 실효성 확보수단	3문항	★★★	12%
행정상 쟁송	2문항	★★	8%
행정조직법	2문항	★★	8%
행정절차와 행정공개	2문항	★★	8%
행정구제법	1문항	★	4%

빠른 정답

01	02	03	04	05	06	07	08	09	10
③	①	①	②	②	④	②	②	④	④
11	12	13	14	15	16	17	18	19	20
②	②	①	③	①	①	③	③	④	③
21	22	23	24	25					
④	③	①	④	④					

01
정답 ③

영역 일반행정작용법 > 행정행위　　난도 **하**

정답의 이유

③ 행정기본법 제17조 제3항 제2호.

오답의 이유

① 행정기본법 제17조 제4항 제2호

> **제17조(부관)** ④ 부관은 다음 각 호의 요건에 적합하여야 한다.
> 1. 해당 처분의 목적에 위배되지 아니할 것
> 2. 해당 처분과 실질적인 관련이 있을 것
> 3. 해당 처분의 목적을 달성하기 위하여 필요한 최소한의 범위일 것

② 행정기본법 제17조 제2항

> **제17조(부관)** ② 행정청은 처분에 재량이 없는 경우에는 법률에 근거가 있는 경우에 부관을 붙일 수 있다.

④ 행정기본법 제17조 제3항

> **제17조(부관)** ③ 행정청은 부관을 붙일 수 있는 처분이 다음 각 호의 어느 하나에 해당하는 경우에는 그 처분을 한 후에도 부관을 새로 붙이거나 종전의 부관을 변경할 수 있다.
> 1. 법률에 근거가 있는 경우
> 2. 당사자의 동의가 있는 경우
> 3. 사정이 변경되어 부관을 새로 붙이거나 종전의 부관을 변경하지 아니하면 해당 처분의 목적을 달성할 수 없다고 인정되는 경우

02
정답 ①

영역 행정의 실효성 확보수단 > 행정조사　　난도 **하**

정답의 이유

① 행정조사는 법령 등의 위반에 대한 처벌보다는 법령 등을 준수하도록 유도하는 데 중점을 두어야 한다(행정조사기본법 제4조 제4항).

오답의 이유

② 행정조사기본법 제5조

③ 행정조사기본법 제8조 제1항

④ 행정조사기본법 제8조 제2항

03
정답 ①

영역 행정상 쟁송 > 행정심판　　난도 **중**

정답의 이유

ㄱ. 행정심판법 제3조 제2항

ㄴ. 행정심판법 제4조 제3항

ㄷ. 행정심판법 제14조

오답의 이유

ㄹ. 여러 명의 청구인이 공동으로 심판청구를 할 때에는 청구인들 중에서 3명 이하의 선정대표자를 선정할 수 있다(행정심판법 제15조 제1항).

ㅁ. 선정대표자는 다른 청구인들을 위하여 그 사건에 관한 모든 행위를 할 수 있다. 다만, 심판청구를 취하하려면 다른 청구인들의 동의를 받아야 하며, 이 경우 동의받은 사실을 서면으로 소명하여야 한다(행정심판법 제15조 제3항).

04

영역 행정조직법 > 지방자치법　　　난도 상

정답의 이유

② 지방자치단체는 법령을 위반하여 사무를 처리할 수 없으며, 시·군 및 자치구는 해당 구역을 관할하는 시·도의 조례를 위반하여 사무를 처리할 수 없다(지방자치법 제12조 제3항).

오답의 이유

① 지방자치법 제11조 제2항
③ 지방자치법 제11조 제1항
④ 지방자치법 제11조 제3항

05

정답 ②

영역 행정절차와 행정공개 > 정보공개와 개인정보보호　　　난도 중

정답의 이유

② 공공기관의 정보공개에 관한 법률 제5조 제2항, 시행령 제3조

> 제5조(정보공개 청구권자) ② 외국인의 정보공개 청구에 관하여는 대통령령으로 정한다.
>
> 시행령 제3조(외국인의 정보공개 청구) 법 제5조 제2항에 따라 정보공개를 청구할 수 있는 외국인은 다음 각 호의 어느 하나에 해당하는 자로 한다.
> 1. 국내에 일정한 주소를 두고 거주하거나 학술·연구를 위하여 일시적으로 체류하는 사람
> 2. 국내에 사무소를 두고 있는 법인 또는 단체

오답의 이유

① 공공기관의 정보공개에 관한 법률 제6조 제1항
② 공공기관의 정보공개에 관한 법률 제6조 제3항
④ 공공기관의 정보공개에 관한 법률 제8조 제2항

06

정답 ④

영역 행정의 실효성 확보수단 > 행정벌　　　난도 상

정답의 이유

ㄱ. 질서위반행위규제법 제정 전 과태료는 민사법 또는 소송법상의 질서위반을 대상으로 법원에 의해 부과되는 민사적 제재 수단으로 사용되었다. 이는 현재도 남아있으며, 질서위반행위규제법의 적용대상에서는 제외된다.

ㄴ. 과태료는 행정상 질서벌에 해당하는 질서위반행위에 대한 제재이다. 과태료는 행정상의 의무에 대한 위반정도가 비교적 경미하여 직접적으로 행정목적이나 사회목적을 침해하지는 않지만 간접적으로 행정상의 질서에 장애를 초래할 위험성이 존재하는 정도의 단순·경미한 의무위반행위에 대하여 과하는 금전적 제재에 해당한다.

ㄷ·ㄹ. 구 건축법 제56조의2 제1, 4, 5항 등에 의하면, 부과된 과태료처분에 대하여 불복이 있는 자는 그 처분이 있음을 안 날로부터 30일 이내에 당해 부과권자에게 이의를 제기할 수 있고, 이러한 이의가 제기된 때에는 부과권자는 지체 없이 관할법원에 그 사실을 통보하여야 하며, 그 통보를 받은 관할법원은 비송사건절차법에 의하여 과태료의 재판을 하도록 규정되어 있어서, 건축법에 의하여 부과된 과태료처분의 당부는 최종적으로 비송사건절차법에 의한 절차에 의하여만 판단되어야 한다고 보아야 하므로, 그 과태료처분은 행정소송의 대상이 되는 행정처분이라고 볼 수 없다(대판 1995.7.28. 95누2623).

07

정답 ②

영역 행정법 서론 > 행정법　　　난도 중

정답의 이유

② 부담금은 설치목적을 달성하기 위하여 필요한 최소한의 범위에서 공정성 및 투명성이 확보되도록 부과되어야 하며, 특별한 사유가 없으면 하나의 부과대상에 이중으로 부과되어서는 아니 된다(부담금관리 기본법 제5조 제1항).

오답의 이유

① 부담금관리 기본법 제5조의2 제1항
③ 부담금관리 기본법 제5조의3 제1항
④ 부담금관리 기본법 제3조

08

정답 ②

영역 일반행정작용법 > 행정행위　　　난도 중

정답의 이유

② 행정심판법 제49조 제3항, 제50조 제1항, 제50조의2 제1항

> 제49조(재결의 기속력 등) ③ 당사자의 신청을 거부하거나 부작위로 방치한 처분의 이행을 명하는 재결이 있으면 행정청은 지체 없이 이전의 신청에 대하여 재결의 취지에 따라 처분을 하여야 한다.
>
> 제50조(위원회의 직접처분) ① 위원회는 피청구인이 제49조 제3항에도 불구하고 처분을 하지 아니하는 경우에는 당사자가 신청하면 기간을 정하여 서면으로 시정을 명하고 그 기간에 이행하지 아니하면 직접 처분을 할 수 있다. 다만, 그 처분의 성질이나 그 밖의 불가피한 사유로 위원회가 직접 처분을 할 수 없는 경우에는 그러하지 아니하다.
>
> 제50조의2(위원회의 간접강제) ① 위원회는 피청구인이 제49조 제2항(제49조 제4항에서 준용하는 경우를 포함한다) 또는 제3항에 따른 처분을 하지 아니하면 청구인의 신청에 의하여 결정으로 상당한 기간을 정하고 피청구인이 그 기간 내에 이행하지 아니하는 경우에는 그 지연기간에 따라 일정한 배상을 하도록 명하거나 즉시 배상을 할 것을 명할 수 있다.

① 행정심판법 제6조 제1항 제2호

제6조(행정심판위원회의 설치) ① 다음 각 호의 행정청 또는 그 소속 행정청(행정기관의 계층구조와 관계없이 그 감독을 받거나 위탁을 받은 모든 행정청을 말하되, 위탁을 받은 행정청은 그 위탁받은 사무에 관하여는 위탁한 행정청의 소속 행정청으로 본다. 이하 같다)의 처분 또는 부작위에 대한 행정심판의 청구(이하 "심판청구"라 한다)에 대하여는 다음 각 호의 행정청에 두는 행정심판위원회에서 심리 · 재결한다.
　　1. 감사원, 국가정보원장, 그 밖에 대통령령으로 정하는 대통령 소속기관의 장
　　2. 국회사무총장 · 법원행정처장 · 헌법재판소사무처장 및 중앙선거관리위원회사무총장
　　3. 국가인권위원회, 그 밖에 지위 · 성격의 독립성과 특수성 등이 인정되어 대통령령으로 정하는 행정청

③ 특정인에 대한 행정처분을 주소불명 등의 이유로 송달할 수 없어 관보 · 공보 · 게시판 · 일간신문 등에 공고한 경우에는, 공고가 효력을 발생하는 날에 상대방이 그 행정처분이 있었음을 알았다고 볼 수는 없고, 상대방이 당해 처분이 있었다는 사실을 현실적으로 안 날에 그 처분이 있음을 알았다고 보아야 한다(대판 2006.4.28. 2005두14851).

④ 회사의 노사 간에 임금협정을 체결함에 있어 운전기사의 합승행위 등으로 회사에 대하여 과징금이 부과되면 당해 운전기사에 대한 상여금지급시 그 금액상당을 공제하기로 함으로써 과징금의 부담을 당해 운전기사에게 전가하도록 규정하고 있고 이에 따라 당해 운전기사의 합승행위를 이유로 회사에 대하여 한 과징금부과처분으로 말미암아 당해 운전기사의 상여금지급이 제한되었다고 하더라도, 과징금부과처분의 직접 당사자 아닌 당해 운전기사로서는 그 처분의 취소를 구할 직접적이고 구체적인 이익이 있다고 볼 수 없다(대판 1994.4.12. 93누24247).

09 　　　　　　　　　　　　　　　　정답 ④

영역 행정법 서론 > 행정법　　　　　　　　　　난도 **하**

④ 행정기본법은 종래의 학설과 판례로 정립된 행정법의 일반원칙을 명문화한 것으로, 국민의 일상생활 속 행정작용의 전반을 종합적으로 규율하는 기본법이며, 행정법 집행의 원칙과 기준을 제시하고 개별법상 공통제도를 체계화한 법률이다.

① 행정대집행법은 소유자가 가진 행정법상의 의무를 이행하지 않는 것이 공익에 반하는 경우, 행정청이 직접 또는 제3자를 통해 그 의무를 이행하거나 이행된 것과 동일하게 하는 행정상 강제집행에 관한 일반법이다.

② 민원 처리에 관한 법률은 민원 처리에 관한 기본적인 사항을 규정하여 민원의 공정하고 적법한 처리와 민원행정제도의 합리적 개선을 도모함으로써 국민의 권익을 보호함을 목적으로 한다.

③ 행정규제기본법은 행정규제에 관한 기본적인 사항을 규정하여 불필요한 행정규제를 폐지하고 비효율적인 행정규제의 신설을 억제함으로써 사회 · 경제활동의 자율과 창의를 촉진해 국민의 삶의 질을 높이고, 국가경쟁력이 지속적으로 향상되도록 함을 목적으로 한다.

10 　　　　　　　　　　　　　　　　정답 ④

영역 일반행정작용법 > 행정행위　　　　　　　　난도 **상**

④ 처분에 대해 불가쟁력이 발생했더라도 손해배상청구권의 소멸시효과 완성되지 않은 이상 그 처분과 관련하여 해당 공무원의 고의 · 과실이 인정되고 그로 인해 손해가 발생하였다면 국가배상법상의 손해배상청구소송을 제기할 수 있다.

① 석유사업법 제12조 제3항, 제9조 제1항, 제12조 제4항 등을 종합하면 석유판매업(주유소)허가는 소위 대물적 허가의 성질을 갖는 것이어서 그 사업의 양도도 가능하고 이 경우 양수인은 양도인의 지위를 승계하게 됨에 따라 양도인의 위 허가에 따른 권리의무가 양수인에게 이전되는 것이므로 만약 양도인에게 그 허가를 취소할 위법사유가 있다면 허가관청은 이를 이유로 양수인에게 응분의 제재조치를 취할 수 있다 할 것이고, 양수인이 그 양수 후 허가관청으로부터 석유판매업허가를 다시 받았다 하더라도 이는 석유판매업의 양수도를 전제로 한 것이어서 이로써 양도인의 지위승계가 부정되는 것은 아니므로 양도인의 귀책사유는 양수인에게 그 효력이 미친다(대판 1986.7.22. 86누203).

② 허가업의 양도 · 양수 시 양도인의 위법행위에 따른 행정제제 효과는 양수인에게 승계되는데, 이때 선의의 양수인 보호를 위한 법제도로 행정제재처분 내지 행정처분 확인제도가 있다.

③ 불가쟁력을 갖게 되었다는 것은 「행정심판법」이나 「행정소송법」상 쟁송기간이 경과하여, 심판청구권이나 소송제기권이 절대적으로 소멸된 상태를 의미한다. 따라서 불가쟁력이 발생한 행정행위에 대해 행정심판, 행정소송의 제기는 부적합한 것으로 각하된다.

11

영역 행정절차와 행정공개 > 행정절차법　　　난도 **하**

정답의 이유

② 행정기관이 그 소관 사무의 범위에서 일정한 행정목적을 실현하기 위하여 특정인에게 일정한 행위를 하도록 조언 등을 하는 사항은 행정지도에 해당하며, 행정지도의 절차에 관하여 다른 법률에 특별한 규정이 있는 경우를 제외하고는 이 법에서 정하는 바에 따른다(행정절차법 제2조 제3호 및 제3조 제1항 참조).

오답의 이유

① 행정절차법 제3조 제2항 제4호
③ 행정절차법 제3조 제2항 제5호
④ 행정절차법 제3조 제2항 제8호

제3조(적용 범위) ② 이 법은 다음 각 호의 어느 하나에 해당하는 사항에 대하여는 적용하지 아니한다.
　1. 국회 또는 지방의회의 의결을 거치거나 동의 또는 승인을 받아 행하는 사항
　2. 법원 또는 군사법원의 재판에 의하거나 그 집행으로 행하는 사항
　3. 헌법재판소의 심판을 거쳐 행하는 사항
　4. 각급 선거관리위원회의 의결을 거쳐 행하는 사항
　5. 감사원이 감사위원회의의 결정을 거쳐 행하는 사항
　6. 형사(刑事), 행형(行刑) 및 보안처분 관계 법령에 따라 행하는 사항
　7. 국가안전보장ㆍ국방ㆍ외교 또는 통일에 관한 사항 중 행정절차를 거칠 경우 국가의 중대한 이익을 현저히 해칠 우려가 있는 사항
　8. 심사청구, 해양안전심판, 조세심판, 특허심판, 행정심판, 그 밖의 불복절차에 따른 사항
　9. 「병역법」에 따른 징집ㆍ소집, 외국인의 출입국ㆍ난민인정ㆍ귀화, 공무원 인사 관계 법령에 따른 징계와 그 밖의 처분, 이해 조정을 목적으로 하는 법령에 따른 알선ㆍ조정ㆍ중재(仲裁)ㆍ재정(裁定) 또는 그 밖의 처분 등 해당 행정작용의 성질상 행정 절차를 거치기 곤란하거나 거칠 필요가 없다고 인정되는 사항과 행정절차에 준하는 절차를 거친 사항으로서 대통령령으로 정하는 사항

12

영역 행정법 서론 > 행정법　　　난도 **하**

정답의 이유

② 당사자의 신청에 따른 처분은 법령 등에 특별한 규정이 있거나 처분 당시의 법령 등을 적용하기 곤란한 특별한 사정이 있는 경우를 제외하고는 처분 당시의 법령 등에 따른다(행정기본법 제14조 제2항).

오답의 이유

① 행정기본법 제14조 제1항
③ㆍ④ 행정기본법 제14조 제3항

13

영역 일반행정작용법 > 행정행위　　　난도 **상**

정답의 이유

① 국가공무원법상 직위해제처분은 구 행정절차법 제3조 제2항 제9호, 구 행정절차법 시행령 제2조 제3호에 의하여 당해 행정작용의 성질상 행정절차를 거치기 곤란하거나 불필요하다고 인정되는 사항 또는 행정절차에 준하는 절차를 거친 사항에 해당하므로, 처분의 사전통지 및 의견청취 등에 관한 행정절차법의 규정이 별도로 적용되지 않는다(대판 2014.5.16, 2012두26180).

오답의 이유

② 행정청이 어느 법률에 근거하여 행정처분을 한 후에 헌법재판소가 그 법률을 위헌으로 결정하였다면 결과적으로 그 행정처분은 법률의 근거 없이 행하여진 것과 마찬가지가 되어 하자 있는 것이 된다고 할 것이나, 하자 있는 행정처분이 당연무효가 되기 위하여는 그 하자가 중대할 뿐만 아니라 명백한 것이어야 하는데 일반적으로 법률이 헌법에 위반된다는 사정은 헌법재판소의 위헌 결정이 있기 전에는 객관적으로 명백한 것이라고 할 수는 없으므로, 특별한 사정이 없는 한 이러한 하자는 그 행정처분의 취소 사유에 해당할 뿐 당연무효 사유는 아니라 할 것이고, 이는 그 행정처분의 근거 법률에 여러 가지 중대한 헌법 위배 사유가 있었다 하더라도 그 행정처분 당시 그와 같은 사정의 존재가 객관적으로 명백하였던 것이라고 단정할 수 없는 이상 마찬가지라고 보아야 한다(대판 1995.12.5, 95다39137).

③ 개발제한구역의 지정 및 관리에 관한 특별조치법(이하 '개발제한구역법'이라고 한다) 제30조 제1항에 따른 시정명령을 받은 사람이 이를 위반한 경우에, 시정명령을 이행하지 아니하였음을 이유로 같은 법 제32조 제2호에서 정한 처벌을 하기 위해서는 그 시정명령이 적법한 것이라야 한다. 따라서 그 시정명령이 당연무효가 아니더라도 위법하다고 인정되는 한 같은 법 제32조 제2호의 위반죄가 성립될 수 없고, 시정명령이 절차적 하자로 인하여 위법한 경우라고 하여 달리 볼 것은 아니다(대판 2017.9.21, 2014도12230).

④ 조세 부과 근거 법률이 위헌 선언된 경우, 비록 과세처분이 위헌결정 전에 이루어졌고, 과세처분에 대한 제소기간이 이미 경과하여 조세채권이 확정되었으며, 조세채권의 집행을 위한 체납처분의 근거규정 자체에 대하여는 위헌결정이 내려진 바 없다고 하더라도, 위헌결정 이후 조세채권의 집행을 위한 새로운 체납처분에 착수하거나 이를 속행하는 것은 더 이상 허용되지 않고, 나아가 이러한 위헌결정의 효력에 위배하여 이루어진 체납처분은 그 사유만으로 하자가 중대하고 객관적으로 명백하여 당연무효라고 보아야 한다(대판 2012.2.16, 2010두10907 전합).

14

정답 ③

영역 일반행정작용법 > 기타행정행위 난도 **중**

정답의 이유

③ 장기미집행 도시계획시설결정의 실효제도는 도시계획시설부지로 하여금 도시계획시설결정으로 인한 사회적 제약으로부터 벗어나게 하는 것으로서 결과적으로 개인의 재산권이 보다 보호되는 측면이 있는 것은 사실이나, 이와 같은 보호는 입법자가 새로운 제도를 마련함에 따라 얻게 되는 법률에 기한 권리일 뿐 헌법상 재산권으로부터 당연히 도출되는 권리는 아니다(헌재 2005.9.29, 2002헌바84).

오답의 이유

① 헌재 1999.10.21, 97헌바26

② 헌재 2000.6.1, 99헌마538

④ 헌재 1999.10.21, 97헌바26

📡 적중레이더

행정계획의 처분성 인정여부

처분성 인정	처분성 부정
• 도시계획결정 = 도시관리계획 • 관리처분계획	• 도시기본계획 • 대학입시기본계획 • 농어촌도로기본계획 • 하수도정비기본계획 • 국토개발 "종합"계획 • 광역도시계획 • 환지계획

15

정답 ①

영역 일반행정작용법 > 행정행위 난도 **중**

정답의 이유

① 불법증차를 실행한 운송사업자로부터 운송사업을 양수하고 화물자동차법 제16조 제1항에 따른 신고를 하여 화물자동차법 제16조 제4항에 따라 운송사업자의 지위를 승계한 경우에는 설령 양수인이 영업양도·양수 대상에 불법증차 차량이 포함되어 있는지를 구체적으로 알지 못하였다 할지라도, 양수인은 불법증차 차량이라는 물적 자산과 그에 대한 운송사업자로서의 책임까지 포괄적으로 승계한다. 따라서 관할 행정청은 양수인의 선의·악의를 불문하고 양수인에 대하여 불법증차 차량에 관하여 지급된 유가보조금의 반환을 명할 수 있다. 다만 그에 따른 양수인의 책임범위는 지위승계 후 발생한 유가보조금 부정수급액에 한정되고, 지위승계 전에 발생한 유가보조금 부정수급액에 대해서까지 양수인을 상대로 반환명령을 할 수는 없다(대판 2021.7.29, 2018두55968).

오답의 이유

② 구 건축법상의 이행강제금은 구 건축법의 위반행위에 대하여 시정명령을 받은 후 시정기간 내에 당해 시정명령을 이행하지 아니한 건축주 등에 대하여 부과되는 간접강제의 일종으로서 그 이행강제금 납부의무는 상속인 기타의 사람에게 승계될 수 없는 일신전속적인 성질의 것이므로 이미 사망한 사람에게 이행강제금을 부과하는 내용의 처분이나 결정은 당연무효이고, 이행강제금을 부과받은 사람의 이의에 의하여 비송사건절차법에 의한 재판절차가 개시된 후에 그 이의한 사람이 사망한 때에는 사건 자체가 목적을 잃고 절차가 종료한다(대결 2006.12.8, 2006마470).

③ 석유사업법 제9조 제3항 및 그 시행령이 규정하는 석유판매업의 적극적 등록요건과 제9조 제4항, 제5조가 규정하는 소극적 결격사유 및 제9조 제4항, 제7조가 석유판매업자의 영업양도, 사망, 합병의 경우뿐만 아니라 경매 등의 절차에 따라 단순히 석유판매시설만의 인수가 이루어진 경우에도 석유판매업자의 지위승계를 인정하고 있는 점을 종합하여 보면, 석유판매업 등록은 원칙적으로 대물적 허가의 성격을 갖고, 또 석유판매업자가 같은 법 제26조의 유사석유제품 판매금지를 위반함으로써 같은 법 제13조 제3항 제6호, 제1항 제11호에 따라 받게 되는 사업정지 등의 제재처분은 사업자 개인의 자격에 대한 제재가 아니라 사업의 전부나 일부에 대한 것으로서 대물적 처분의 성격을 갖고 있으므로, 위와 같은 지위승계에는 종전 석유판매업자가 유사석유제품을 판매함으로써 받게 되는 사업정지 등 제재처분의 승계가 포함되어 그 지위를 승계한 자에 대하여 사업정지 등의 제재처분을 취할 수 있다고 보아야 한다(대판 2003.10.23, 2003두8005).

④ 개인택시 운송사업면허와 같은 수익적 행정처분을 취소 또는 철회하거나 중지하는 경우에는 이미 부여된 그 국민의 기득권을 침해하는 것이 되므로, 비록 취소 등의 사유가 있다고 하더라도 그 취소권 등의 행사는 기득권의 침해를 정당화할 만한 중대한 공익상의 필요 또는 제3자의 이익보호의 필요가 있는 때에 한하여 상대방이 받는 불이익과 비교·교량하여 결정하여야 하고, 그 처분으로 인하여 공익상의 필요보다 상대방이 받게 되는 불이익 등이 막대한 경우에는 재량권의 한계를 일탈한 것으로서 그 자체가 위법하게 된다(대판 2010.4.8, 2009두17018).

16

영역 행정상 쟁송 > 행정소송 　　　　　　　　 난도 **중**

[정답의 이유]

① 공법상 당사자소송에 대하여도 청구의 기초가 바뀌지 아니하는 한 도 안에서 민사소송으로 소 변경이 가능하다고 해석하는 것이 타 당하다(대판 2023.6.29, 2022두44262).

[오답의 이유]

② 대법원은 여러 차례에 걸쳐 행정소송법상 항고소송으로 제기해야 할 사건을 민사소송으로 잘못 제기한 경우 수소법원으로서는 원고 로 하여금 항고소송으로 소 변경을 하도록 석명권을 행사하여 행 정소송법이 정하는 절차에 따라 심리·판단해야 한다고 판시해 왔 다. 이처럼 민사소송에서 항고소송으로의 소 변경이 허용되는 이 상, 공법상 당사자소송과 민사소송이 서로 다른 소송절차에 해당 한다는 이유만으로 청구기초의 동일성이 없다고 해석하여 양자 간 의 소 변경을 허용하지 않을 이유가 없다(대판 2023.6.29, 2022두 44262).

③ 당사자소송에 대하여는 행정소송법 제23조 제2항의 집행정지에 관한 규정이 준용되지 아니하므로(행정소송법 제44조 제1항 참 조), 이를 본안으로 하는 가처분에 대하여는 행정소송법 제8조 제 2항에 따라 민사집행법상 가처분에 관한 규정이 준용되어야 한다 (대결 2015.8.21, 2015무26).

④ 도시 및 주거환경정비법상 행정주체인 주택재건축정비사업조합을 상대로 관리처분계획안에 대한 조합 총회결의의 효력 등을 다투는 소송은 행정처분에 이르는 절차적 요건의 존부나 효력 유무에 관한 소송으로서 그 소송결과에 따라 행정처분의 위법 여부에 직접 영향 을 미치는 공법상 법률관계에 관한 것이므로, 이는 행정소송법상의 당사자소송에 해당한다(대판 2009.9.17, 2007다2428 전합).

17

영역 행정조직법 > 총설 　　　　　　　　　　　 난도 **하**

[정답의 이유]

③ 행정권한의 위임은 행정관청이 법률에 따라 특정한 권한을 다른 행정관청에 이전하여 수임관청의 권한으로 행사하도록 하는 것이 어서 권한의 법적인 귀속을 변경하는 것이므로 법률이 위임을 허 용하고 있는 경우에 한하여 인정된다 할 것이고, 이에 반하여 행정 권한의 내부위임은 법률이 위임을 허용하고 있지 아니한 경우에도 행정관청의 내부적인 사무처리의 편의를 도모하기 위하여 그의 보 조기관 또는 하급행정관청으로 하여금 그의 권한을 사실상 행사하 게 하는 것이므로, 권한위임의 경우에는 수임관청이 자기의 이름 으로 그 권한행사를 할 수 있지만 내부위임의 경우에는 수임관청 은 위임관청의 이름으로만 그 권한을 행사할 수 있을 뿐 자기의 이 름으로는 그 권한을 행사할 수 없다(대판 1995.11.28, 94누6475).

[오답의 이유]

①·②·④ 대판 1995.11.28, 94누6475

18

영역 행정법 서론 > 행정상 법률관계 　　　　　 난도 **중**

[정답의 이유]

③ • 행정기본법 제6조 제2항 제2호에서 기간의 말일이 토요일 또는 공휴일인 경우에도 기간은 그 날로 만료한다고 하였으므로, 갑 (甲)의 운전정지 기간의 만료일은 해당연도의 △△월 15일(토요 일)이 된다.
　• 행정기본법 제6조 제2항에서 국민에게 불리한 경우에는 그러하 지 아니한다고 하였으므로, 갑(甲)의 과태료 납부의 만료일은 민 법상 기간의 말일이 토요일 또는 공휴일인 경우 그 익일로 기간 이 만료되는 것을 적용하여 대체공휴일의 다음날인 해당연도의 △△월 18일(화요일)로 된다.

> **행정기본법 제6조(행정에 관한 기간의 계산)** ① 행정에 관한 기간의 계산에 관하여는 이 법 또는 다른 법령 등에 특별한 규정이 있는 경 우를 제외하고는 「민법」을 준용한다.
> ② 법령 등 또는 처분에서 국민의 권익을 제한하거나 의무를 부과하 는 경우 권익이 제한되거나 의무가 지속되는 기간의 계산은 다음 각 호의 기준에 따른다. 다만, 다음 각 호의 기준에 따르는 것이 국민에 게 불리한 경우에는 그러하지 아니하다.
> 　1. 기간을 일, 주, 월 또는 연으로 정한 경우에는 기간의 첫날을 산 입한다.
> 　2. 기간의 말일이 토요일 또는 공휴일인 경우에도 기간은 그 날로 만료한다.

19

영역 일반행정작용법 > 행정행위 　　　　　　　 난도 **중**

[정답의 이유]

④ 과태료 부과 및 징수에 관한 사항에 관하여 처분의 재심사가 적용 되지 않는다(행정기본법 제37조 제8항 제5호).

[오답의 이유]

① 행정기본법 제37조 제8항 제1호
② 행정기본법 제37조 제8항 제3호
③ 행정기본법 제37조 제8항 제4호

제37조(처분의 재심사) ⑧ 다음 각 호의 어느 하나에 해당하는 사항에 관하여는 이 조를 적용하지 아니한다.

    1. 공무원 인사 관계 법령에 따른 징계 등 처분에 관한 사항

    2. 「노동위원회법」 제2조의2에 따라 노동위원회의 의결을 거쳐 행하는 사항

    3. 형사, 행형 및 보안처분 관계 법령에 따라 행하는 사항

    4. 외국인의 출입국 · 난민인정 · 귀화 · 국적회복에 관한 사항

    5. 과태료 부과 및 징수에 관한 사항

    6. 개별 법률에서 그 적용을 배제하고 있는 경우

20

정답 ③

영역 행정법 서론 > 행정법   난도 **중**

정답의 이유

③ 행정기본법 제23조 제4항

제23조(제재처분의 제척기간) ① 행정청은 법령 등의 위반행위가 종료된 날부터 5년이 지나면 해당 위반행위에 대하여 제재처분(인허가의 정지 · 취소 · 철회, 등록 말소, 영업소 폐쇄와 정지를 갈음하는 과징금 부과를 말한다. 이하 이 조에서 같다)을 할 수 없다.

② 다음 각 호의 어느 하나에 해당하는 경우에는 제1항을 적용하지 아니한다.

    1. 거짓이나 그 밖의 부정한 방법으로 인허가를 받거나 신고를 한 경우

    2. 당사자가 인허가나 신고의 위법성을 알고 있었거나 중대한 과실로 알지 못한 경우

    3. 정당한 사유 없이 행정청의 조사 · 출입 · 검사를 기피 · 방해 · 거부하여 제척기간이 지난 경우

    4. 제재처분을 하지 아니하면 국민의 안전 · 생명 또는 환경을 심각하게 해치거나 해칠 우려가 있는 경우

③ 행정청은 제1항에도 불구하고 행정심판의 재결이나 법원의 판결에 따라 제재처분이 취소 · 철회된 경우에는 재결이나 판결이 확정된 날부터 1년(합의제행정기관은 2년)이 지나기 전까지는 그 취지에 따른 새로운 제재처분을 할 수 있다.

④ 다른 법률에서 제1항 및 제3항의 기간보다 짧거나 긴 기간을 규정하고 있으면 그 법률에서 정하는 바에 따른다.

오답의 이유

① 행정기본법 제22조 제1항

② 행정기본법 제23조 제1항

④ 행정기본법 제23조 제2항 제3호

21

정답 ④

영역 행정의 실효성 확보수단 > 행정상 강제   난도 **하**

정답의 이유

④ 행정청은 의무자가 행정상 의무를 이행할 때까지 이행강제금을 반복하여 부과할 수 있다. 다만, 의무자가 의무를 이행하면 새로운 이행강제금의 부과를 즉시 중지하되, 이미 부과한 이행강제금은 징수하여야 한다(행정기본법 제31조 제5항).

오답의 이유

① 행정기본법 제31조 제3항

② 행정기본법 제31조 제4항

③ 행정기본법 제31조 제5항

22

정답 ③

영역 일반행정작용법 > 행정상 입법   난도 **중**

정답의 이유

③ 입법부가 법률로써 행정부에게 특정한 사항을 위임했음에도 불구하고 행정부가 정당한 이유 없이 이를 이행하지 않는다면 권력분립의 원칙과 법치국가 내지 법치행정의 원칙에 위배되는 것으로서 위법함과 동시에 위헌적인 것이 되는바, 구 군법무관임용법(이하 '구법'이라 한다) 제5조 제3항과 군법무관임용 등에 관한 법률(이하 '신법'이라 한다) 제6조가 군법무관의 보수를 법관 및 검사의 예에 준하도록 규정하면서 그 구체적 내용을 시행령에 위임하고 있는 이상, 위 법률의 규정들은 군법무관의 보수의 내용을 법률로써 일차적으로 형성한 것이고, 위 법률들에 의해 상당한 수준의 보수청구권이 인정되는 것이므로, 위 보수청구권은 단순한 기대이익을 넘어서는 것으로서 법률의 규정에 의해 인정된 재산권의 한 내용이 되는 것으로 봄이 상당하고, 따라서 행정부가 정당한 이유 없이 시행령을 제정하지 않은 것은 위 보수청구권을 침해하는 불법행위에 해당된다 할 것이다(대판 2007.11.29, 2006다3561).

오답의 이유

① 헌재 2005.12.22, 2004헌마66

② 대판 2007.11.29, 2006다3561

④ 헌재 1998.7.16, 96헌마246

23

정답 ①

영역 행정구제법 > 손해전보제도   **난도 상**

정답의 이유

① 국가배상법상의 군인의 신분은 예비역군인인 경우에 있어서는 소집명령서를 받고 실역에 복무하기 위하여 지정된 장소에 도착하여 군통수권의 지휘하에 들어가 군부대의 구성원이 되었을 때 비로소 시작되는 것이고 부대 영문인 위병소가 있는 곳에 도착한 것만으로서는 아직 국가배상법상의 군인의 신분을 취득하였다고 할 수 없다(대판 1976.12.14, 74다1441).

오답의 이유

② 대판 2017.2.3, 2015두60075
③ 대판 2002.5.10, 2000다39735
④ 대판 2003.2.11, 2002두9544

24

정답 ④

영역 일반행정작용법 > 행정상 입법   **난도 중**

정답의 이유

④ 현행 헌법에 의하면 명령·규칙에 대해서 구체적 규범통제만 인정된다.

> **헌법 제107조** ② '명령·규칙 또는 처분이 헌법이나 법률에 위반되는 여부가 재판의 전제가 된 경우에는 대법원은 이를 최종적으로 심사할 권한을 가진다.

오답의 이유

① 행정처분에 대한 집행정지는 취소소송 등 본안 소송이 제기되어 계속 중에 있음을 그 요건으로 하므로, 취소소송을 제기하면서 집행정지를 동시에 신청할 수 있다.

② 법률의 시행령은 모법인 법률의 위임 없이 법률이 규정한 개인의 권리·의무에 관한 내용을 변경·보충하거나 법률에서 규정하지 아니한 새로운 내용을 규정할 수 없다(대판 2017.2.16, 2015도16014 전합).

③ 구 의료법 제41조는 "각종 병원에는 응급환자와 입원환자의 진료 등에 필요한 당직의료인을 두어야 한다."라고 규정하는 한편, 제90조에서 제41조를 위반한 사람에 대한 처벌규정을 두었다. 이와 같이 의료법 제41조는 각종 병원에 응급환자와 입원환자의 진료 등에 필요한 당직의료인을 두어야 한다고만 규정하고 있을 뿐, 각종 병원에 두어야 하는 당직의료인의 수와 자격에 아무런 제한을 두고 있지 않고 이를 하위 법령에 위임하고 있지도 않다. 그런데도 의료법 시행령 제18조 제1항(이하 '시행령 조항'이라 한다)은 "법 제41조에 따라 각종 병원에 두어야 하는 당직의료인의 수는 입원환자 200명까지는 의사·치과의사 또는 한의사의 경우에는 1명, 간호사의 경우에는 2명을 두되, 입원환자 200명을 초과하는 200

명마다 의사·치과의사 또는 한의사의 경우에는 1명, 간호사의 경우에는 2명을 추가한 인원 수로 한다."라고 규정하고 있다. 의료법 제41조가 "환자의 진료 등에 필요한 당직의료인을 두어야 한다."라고 규정하고 있을 뿐인데도 시행령 조항은 당직의료인의 수와 자격 등 배치기준을 규정하고 이를 위반하면 의료법 제90조에 의한 처벌의 대상이 되도록 함으로써 형사처벌의 대상을 신설 또는 확장하였다. 그러므로 시행령 조항은 위임입법의 한계를 벗어난 것으로서 무효이다(대판 2017.2.16, 2015도16014 전합).

25

정답 ④

영역 일반행정작용법 > 행정행위   **난도 중**

정답의 이유

④ 국토의 계획 및 이용에 관한 법률(이하 '국토계획법'이라 한다) 제56조는 개발행위허가의 대상을, 제57조는 개발행위허가의 절차를 규정하고, 제58조는 제1항에서 개발행위허가의 기준을 규정하면서 제3항에서 구체적 기준의 설정을 대통령령에 위임하고 있다. 이러한 개발행위 허가는 그 금지요건·허가기준 등이 불확정개념으로 규정된 부분이 많아 그 요건·기준에 부합하는지의 판단에 관하여 행정청에 재량권이 부여되어 있으므로, 그 요건에 해당하는지 여부는 행정청의 재량판단 영역에 속한다. 그러므로 그에 대한 사법심사는 행정청의 공익판단에 관한 재량의 여지를 감안하여 원칙적으로 재량권의 일탈이나 남용이 있는지 여부만을 대상으로 하고, 사실오인과 비례·평등의 원칙 위반 여부 등이 그 판단 기준이 된다(대판 2018.12.27, 2018두49796).

오답의 이유

① 대판 2021.7.29, 2021두33593
② 대판 2004.5.28, 2002두5016
③ 대판 2008.12.24, 2008두8970

2024 | **5급** 기출문제 해설

☑ 점수 (　　)점/100점　☑ 문제편 099쪽

영역 분석

일반행정작용법	5문항	★★★★★	20%
행정법 서론	5문항	★★★★★	20%
행정상 쟁송	4문항	★★★★	16%
행정조직법	3문항	★★★	12%
행정구제법	2문항	★★	8%
특별행정작용법	2문항	★★	8%
행정절차와 행정공개	2문항	★★	8%
행정의 실효성 확보수단	2문항	★★	8%

빠른 정답

01	02	03	04	05	06	07	08	09	10
③	④	④	①	④	①	②	③	①	③
11	12	13	14	15	16	17	18	19	20
①	②	②	③	③	③	②	②	④	①
21	22	23	24	25					
②	④	②	①	④					

01
영역 행정상 쟁송 > 행정심판　　　　난도 중　　　정답 ③

정답의 이유

③ 재결의 기속력은 재결의 주문 및 그 전제가 된 요건사실의 인정과 판단. 즉 처분 등의 구체적 위법 사유에 관한 판단에 대하여만 미치고, 종전 처분이 재결에 의하여 취소되었더라도 종전 처분 시와는 다른 사유를 들어 처분을 하는 것은 기속력에 저촉되지 아니한다(대판 2015.11.27, 2013다6759).

오답의 이유

① 행정심판의 재결은 행정행위에 해당되므로 불가변적ㆍ불가쟁력ㆍ형성력ㆍ기속력ㆍ공정력 등의 효력이 발생할 수 있다.

② 행정심판법 제49조 제1항 참조

> **제49조(재결의 기속력 등)** ① 심판청구를 인용하는 재결은 피청구인과 그 밖의 관계 행정청을 기속(羈束)한다.

④ 재결에 의하여 취소되거나 무효 또는 부존재로 확인되는 처분이 당사자의 신청을 거부하는 것을 내용으로 하는 경우에는 그 처분을 한 행정청은 재결의 취지에 따라 다시 이전의 신청에 대한 처분을 하여야 한다(행정심판법 제49조 제2항).

02
영역 행정상 쟁송 > 행정상쟁송제도　　　난도 중　　　정답 ④

정답의 이유

④ 당초의 처분이 감경된 경우 소송의 대상은 감경된 당초처분으로 제소기간 준수 여부도 변경처분이 아닌 변경된 내용의 당초처분을 기준으로 판단하여야 한다(대판 2007.4.27, 2004두9302). 따라서 사례에서 보면 행정심판의 재결에 의해 당초처분이 감경된 경우로 이에 불복하여 소송을 제기할 때 제소기간은 행정소송법 제20조 제1항 단서에 따라 재결서 정본을 송달받은 날부터 90일 이내에 제기하여야 한다. 그러므로 재결서 정본을 2023년 9월 22일에 송달받았으므로 그로부터 90일이 제소기간이다.

03
영역 특별행정작용법 > 급부행정법　　　난도 중　　　정답 ④

정답의 이유

④ 하천의 점용허가권은 특허에 의한 공물사용권의 일종으로서 하천의 관리주체에 대하여 일정한 특별사용을 청구할 수 있는 채권에 지나지 아니하고 대세적 효력이 있는 물권이라 할 수 없다(대판 2015.1.29, 2012두27404).

오답의 이유

① 대판 1996.5.28, 95다52383

② 국유재산법상의 행정재산이란 국가가 소유하는 재산으로서 직접 공용. 공공용. 또는 기업용으로 사용하거나 사용하기로 결정한 재산을 말하는 것이고, 그 중 도로와 같은 인공적 공공용 재산은 법령에 의하여 지정되거나 행정처분으로써 공공용으로 사용하기로 결정한 경우. 또는 행정재산으로 실제로 사용하는 경우의 어느 하나에 해당하여야 비로소 행정재산이 되는 것인데, 특히 도로는 도로로서의 형태를 갖추고, 도로법에 따른 노선의 지정 또는 인정의 공고 및 도로구역 결정ㆍ고시를 한 때 또는 도시계획법 또는 도시

재개발법 소정의 절차를 거쳐 도로를 설치하였을 때에 공공용물로서 공용개시행위가 있다(대판 2000.2.25, 99다54332).

③ 공유재산 및 물품 관리법은 공유재산 등의 관리청은 사용·수익허가나 대부계약 없이 공유재산 등을 무단으로 사용·수익·점유한 자 또는 사용·수익허가나 대부계약의 기간이 끝난 후 다시 사용·수익허가를 받거나 대부계약을 체결하지 아니한 채 공유재산 등을 계속하여 사용·수익·점유한 자에 대하여 대통령이 정하는 바에 따라 공유재산 등의 사용료 또는 대부료의 100분의 120에 해당하는 변상금을 징수할 수 있다고 규정하고 있는데, 이러한 변상금의 부과는 관리청이 공유재산 중 일반재산과 관련하여 사경제 주체로서 상대방과 대등한 위치에서 사법상 계약인 대부계약을 체결한 후 그 이행을 구하는 것과 달리 관리청이 공권력의 주체로서 상대방의 의사를 묻지 않고 일방적으로 행하는 행정처분에 해당한다. 그러므로 만일 무단으로 공유재산 등을 사용·수익·점유하는 자가 관리청의 변상금부과처분에 따라 그에 해당하는 돈을 납부한 경우라면 위 변상금부과처분이 당연 무효이거나 행정소송을 통해 먼저 취소되기 전에는 사법상 부당이득반환청구로써 위 납부액의 반환을 구할 수 없다(대판 2013.1.24, 2012다79828).

((•)) 적중레이더

공물의 종류

공공용물	행정주체가 직접적으로 공중의 이용에 제공한 공물 • 자연공물: 자연상태로 공물로서의 성질을 가지는 것(예 하천, 호수) • 인공공물: 형체적 요소와 행정주체가 공중이용에 제공한다는 의사표시를 요하는 것(예 도로, 교량, 지하도, 가로등, 맨홀)
공용물	행정주체 자신이 사용하기 위하여 제공한 공물(예 공공단체의 각종 청사, 연구소, 등대, 교도소, 소년원 등)
보존공물	그 물건 자체의 공적인 보존을 목적으로 하는 공물(예 문화재)

04 정답 ①

영역 행정조직법 > 지방자치법 난도 **하**

정답의 이유

ㄱ. 항고소송은 다른 법률에 특별한 규정이 없는 한 원칙적으로 소송의 대상인 행정처분을 외부적으로 행한 행정청을 피고로 하여야 하고, 대리기관이 대리관계를 표시하고 피대리 행정청을 대리하여 행정처분을 한 때에는 피대리 행정청이 피고로 되어야 한다(대판 2018.10.25, 2018두43095).

ㄴ. 권한위임의 경우에는 수임관청이 자기의 이름으로 그 권한행사를 할 수 있지만 내부위임의 경우에는 수임관청은 위임관청의 이름으로만 그 권한을 행사할 수 있을 뿐 자기의 이름으로는 그 권한을 행사할 수 없는 것이므로, 원심이 같은 취지에서 피고의 이 사

건 처분이 권한 없는 자에 의하여 행하여진 위법무효의 처분이라고 판시한 것은 정당하다(대판 1995.11.28, 94누6475).

ㄷ. 전결과 같은 행정권한의 내부위임은 법령상 처분권자인 행정관청이 내부적인 사무처리의 편의를 도모하기 위하여 그의 보조기관 또는 하급 행정관청으로 하여금 그의 권한을 사실상 행사하게 하는 것으로서 법률이 위임을 허용하지 않는 경우에도 인정되는 것이므로, 설사 행정관청 내부의 사무처리규정에 불과한 전결규정에 위반하여 원래의 전결권자 아닌 보조기관 등이 처분권자인 행정관청의 이름으로 행정처분을 하였다고 하더라도 그 처분이 권한 없는 자에 의하여 행하여진 무효의 처분이라고는 할 수 없다(대판 1998.2.27, 97누1105).

오답의 이유

ㄹ. 정부조직법 제5조 제1항은 법문상 권한의 위임 및 재위임의 근거 규정임이 명백하고 같은 법이 국가행정기관의 설치, 조직, 직무범위의 대상을 정하는데 그 목적이 있다는 이유만으로 권한위임, 재위임에 관한 위 규정마저 권한위임 등에 관한 대강을 정한 것에 불과할 뿐 권한위임의 근거규정이 아니라고 할 수는 없으므로 충청남도지사가 자기의 수임권한을 위임기관인 동력자원부장관의 승인을 얻은 후 충청남도의 사무 시, 군위임규칙에 따라 군수에게 재위임하였다면 이는 위 조항 후문 및 행정권한의위임및위탁에관한규정 제4조에 근거를 둔 것으로서 적법한 권한의 재위임에 해당하는 것이다(대판 1990.2.27, 89누5287).

05 정답 ④

영역 행정조직법 > 지방자치법 난도 **상**

정답의 이유

④ 지방자치단체 상호 간 또는 지방자치단체의 장 상호 간에 사무를 처리할 때 의견이 달라 다툼(분쟁)이 생기면 다른 법률에 특별한 규정이 없으면 행정안전부장관이나 시·도지사가 당사자의 신청을 받아 조정할 수 있다. 다만, 그 분쟁이 공익을 현저히 해쳐 조속한 조정이 필요하다고 인정되면 당사자의 신청이 없어도 직권으로 조정할 수 있다(지방자치법 제165조 제1항).

오답의 이유

① 지방자치법 제4조 제1항에 규정된 지방자치단체의 구역은 주민·자치권과 함께 자치단체의 구성요소이고, 자치권이 미치는 관할구역의 범위에는 육지는 물론 바다도 포함되므로, 공유수면에 대해서도 지방자치단체의 자치권한이 미친다(헌재 2015.7.30, 2010헌라2).

② 지방자치법 제5조 제1항, 제3항

> **제5조(지방자치단체의 명칭과 구역)** ① 지방자치단체의 명칭과 구역은 종전과 같이 하고, 명칭과 구역을 바꾸거나 지방자치단체를 폐지하거나 설치하거나 나누거나 합칠 때에는 법률로 정한다.
> ③ 다음의 어느 하나에 해당할 때에는 관계 지방의회의 의견을 들어야 한다. 다만, 「주민투표법」 제8조에 따라 주민투표를 한 경우에는 그러하지 아니하다.
>   1. 지방자치단체를 폐지하거나 설치하거나 나누거나 합칠 때
>   2. 지방자치단체의 구역을 변경할 때(경계변경을 할 때는 제외한다)
>   3. 지방자치단체의 명칭을 변경할 때(한자 명칭을 변경할 때를 포함한다)

③ 지방자치법 제5조 제4항, 제9항

> **제5조(지방자치단체의 명칭과 구역)** ④ 다음의 지역이 속할 지방자치단체는 규정에 따라 행정안전부장관이 결정한다.
>   1. 「공유수면 관리 및 매립에 관한 법률」에 따른 매립지
>   2. 「공간정보의 구축 및 관리 등에 관한 법률」 제2조 제19호의 지적공부(이하 "지적공부"라 한다)에 등록이 누락된 토지
> ⑨ 관계 지방자치단체의 장은 제4항부터 제7항까지의 규정에 따른 행정안전부장관의 결정에 이의가 있으면 그 결과를 통보받은 날부터 15일 이내에 대법원에 소송을 제기할 수 있다.

06

영역 행정법 서론 > 사인의 공법행위   난도 **중**

[정답의 이유]

① 행정소송법은 행정소송절차를 통하여 행정청의 위법한 처분 그 밖에 공권력의 행사, 불행사 등으로 인한 국민의 권리 또는 이익의 침해를 구제하는 것 등을 목적으로 하는 법으로서, 취소소송은 처분 등을 대상으로 하는 것인바, 이 법에서 "처분 등"이라 함은 행정청이 행하는 구체적 사실에 관한 법집행으로서의 공권력의 행사 또는 그 거부와 그 밖에 이에 준하는 행정작용을 말하는 것이라고 정의되어 있으므로, 행정청이 구체적인 사실에 관한 법집행으로서 공권력을 행사할 의무가 있는데도 그 공권력의 행사를 거부함으로써 국민의 권리 또는 이익을 침해한 때에는 그 처분 등을 대상으로 취소소송을 제기할 수 있다(대판 1992.3.31, 91누4911).

[오답의 이유]

② 행정기본법 제34조

③ 대판 2011.1.20, 2010두14954 전합, 대판 1995.2.24, 94누9146

④ 행정절차법 제40조 제1항, 제2항

> **제40조(신고)** ① 법령 등에서 행정청에 일정한 사항을 통지함으로써 의무가 끝나는 신고를 규정하고 있는 경우 신고를 관장하는 행정청은 신고에 필요한 구비서류, 접수기관, 그 밖에 법령 등에 따른 신고에 필요한 사항을 게시(인터넷 등을 통한 게시를 포함한다)하거나 이에 대한 편람을 갖추어 두고 누구나 열람할 수 있도록 하여야 한다.
> ② 제1항에 따른 신고가 다음 각 호의 요건을 갖춘 경우에는 신고서가 접수기관에 도달된 때에 신고 의무가 이행된 것으로 본다.
>   1. 신고서의 기재사항에 흠이 없을 것
>   2. 필요한 구비서류가 첨부되어 있을 것
>   3. 그 밖에 법령등에 규정된 형식상의 요건에 적합할 것

07

영역 일반행정작용법 > 행정상 입법   난도 **상**

[정답의 이유]

② 구 여객자동차 운수사업법 시행규칙 제31조 제2항 제1호, 제2호, 제6호는 구 여객자동차 운수사업법 제11조 제4항의 위임에 따라 시외버스운송사업의 사업계획변경에 관한 절차, 인가기준 등을 구체적으로 규정한 것으로서, 대외적인 구속력이 있는 법규명령이라고 할 것이다(대판 2006.6.27, 2003두4355).

[오답의 이유]

① 구 청소년보호법 제49조 제1항, 제2항에 따른 같은 법 시행령 제40조 [별표 6]의 위반행위의종별에따른과징금처분기준은 법규명령이기는 하나 모법의 위임규정의 내용과 취지 및 헌법상의 과잉금지의 원칙과 평등의 원칙 등에 비추어 같은 유형의 위반행위라 하더라도 그 규모나 기간·사회적 비난 정도·위반행위로 인하여 다른 법률에 의하여 처벌받은 다른 사정·행위자의 개인적 사정 및 위반행위로 얻은 불법이익의 규모 등 여러 요소를 종합적으로 고려하여 사안에 따라 적정한 과징금의 액수를 정하여야 할 것이므로 그 수액은 정액이 아니라 최고한도액이다(대판 2001.3.9, 99두5207).

③ 국토의 계획 및 이용에 관한 법률 시행령(이하 '국토계획법 시행령'이라 한다) 제56조 제1항 [별표 1의2] '개발행위허가기준'은 국토계획법 제58조 제3항의 위임에 따라 제정된 대외적으로 구속력 있는 법규명령에 해당한다. 그러나 국토계획법 시행령 제56조 제4항은 국토교통부장관이 제1항의 개발행위허가기준에 대한 '세부적인 검토기준'을 정할 수 있다고 규정하였을 뿐이므로, 그에 따라 국토교통부장관이 국토교통부 훈령으로 정한 '개발행위허가운영지침'은 국토계획법 시행령 제56조 제4항에 따라 정한 개발행위허가기준에 대한 세부적인 검토기준으로, 상급행정기관인 국토교통부장관이 소속 공무원이나 하급행정기관에 대하여 개발행위허가업무와 관련하여 국토계획법령에 규정된 개발행위허가기준의 해석·적용에 관한 세부 기준을 정하여 둔 행정규칙에 불과하여 대외적 구속력이 없다(대판 2023.2.2, 2020두43722).

④ 신용협동조합법 제83조 제1항, 제2항, 제84조 제1항 제1호, 제2호, 제42조, 제99조 제2항 제2호, 신용협동조합법 시행령 제16조의4 제1항, 금융위원회의 설치 등에 관한 법률(이하 '금융위원회법'이라 한다) 제17조 제2호, 제60조, 금융위원회 고시 '금융기관 검사 및 제재에 관한 규정' 제2조 제1항, 제2항, 제18조 제1항 제1호 (가)목, 제2항의 규정 체계와 내용, 입법 취지 등을 종합하면, 위 고시 제18조 제1항은 금융위원회법의 위임에 따라 법령의 내용이 될 사항을 구체적으로 정한 것으로서 금융위원회 법령의 위임 한계를 벗어나지 않으므로 그와 결합하여 대외적으로 구속력이 있는 법규명령의 효력을 가진다(대판 2019.5.30, 2018두52204).

08

영역 행정상 쟁송 > 행정소송   난도 **중**

정답의 이유

③ 구 공익사업을 위한 토지 등의 취득 및 보상에 관한 법률(이하 '구 공익사업법'이라 한다) 제91조에 규정된 환매권은 상대방에 대한 의사표시를 요하는 형성권의 일종으로서 재판상이든 재판 외이든 위 규정에 따른 기간 내에 행사하면 매매의 효력이 생기는 바, 이러한 환매권의 존부에 관한 확인을 구하는 소송 및 구 공익사업법 제91조 제4항에 따라 환매금액의 증감을 구하는 소송 역시 민사소송에 해당한다(대판 2013. 2. 28, 2010두22368).

오답의 이유

① 도시 및 주거환경정비법(이하 '도시정비법'이라 한다)상 행정주체인 주택재건축정비사업조합을 상대로 관리처분계획안에 대한 조합 총회결의의 효력을 다투는 소송은 행정처분에 이르는 절차적 요건의 존부나 효력 유무에 관한 소송으로서 소송결과에 따라 행정처분의 위법 여부에 직접 영향을 미치는 공법상 법률관계에 관한 것이므로, 이는 행정소송법상 당사자소송에 해당한다. 그리고 이러한 당사자소송에 대하여는 행정소송법 제23조 제2항의 집행정지에 관한 규정이 준용되지 아니하므로(행정소송법 제44조 제1항 참조), 이를 본안으로 하는 가처분에 대하여는 행정소송법 제8조 제2항에 따라 민사집행법상 가처분에 관한 규정이 준용되어야 한다(대결 2015.8.21, 2015무26).

② 구 공무원연금법령상 급여를 받으려고 하는 자는 우선 관계 법령에 따라 공단에 급여지급을 신청하여 공무원연금관리공단이 이를 거부하거나 일부 금액만 인정하는 급여지급결정을 하는 경우 그 결정을 대상으로 항고소송을 제기하는 등으로 구체적 권리를 인정받은 다음 비로소 당사자소송으로 그 급여의 지급을 구하여야 하고, 구체적인 권리가 발생하지 않은 상태에서 곧바로 공무원연금관리공단 등을 상대로 한 당사자소송으로 급여의 지급을 소구하는 것은 허용되지 않는다(대판 2010.5.27, 2008두5636).

④ 원고가 고의 또는 중대한 과실 없이 행정소송으로 제기하여야 할 사건을 민사소송으로 잘못 제기한 경우, 수소법원으로서는 만약

그 행정소송에 대한 관할을 동시에 가지고 있다면 이를 행정소송으로 심리ㆍ판단하여야 하고, 그 행정소송에 대한 관할을 가지고 있지 아니하다면 당해 소송이 이미 행정소송으로서의 전심절차와 제소기간을 도과하였거나 행정소송의 대상이 되는 처분 등이 존재하지도 아니한 상태에 있는 등 행정소송으로서 소송요건을 결하고 있음이 명백하여 행정소송으로 제기되었더라도 어차피 부적법하게 되는 경우가 아닌 이상 이를 부적법한 소라고 하여 각하할 것이 아니라 관할법원에 이송하여야 한다(대판 2018.7.26, 2015다221569).

09

정답 ①

영역 행정조직법 > 공무원법   난도 **중**

정답의 이유

① 지방공무원의 징계와 관련된 규정을 종합해 보면, 징계권자이자 임용권자인 지방자치단체장은 소속 공무원의 구체적인 행위가 과연 지방공무원법 제69조 제1항에 규정된 징계사유에 해당하는지 여부에 관하여 판단할 재량은 있지만, 징계사유에 해당하는 것이 명백한 경우에는 관할 인사위원회에 징계를 요구할 의무가 있다(대판 2007.7.12, 2006도1390).

오답의 이유

② 국가공무원법 제83조의2 제1항 제1호 라목

> **제83조의2(징계 및 징계부가금 부과 사유의 시효)** ① 징계의결 등의 요구는 징계 등 사유가 발생한 날부터 다음 각 호의 구분에 따른 기간이 지나면 하지 못한다.
> 1. 징계 등 사유가 다음 각 목의 어느 하나에 해당하는 경우: 10년
>   가. 「성매매알선 등 행위의 처벌에 관한 법률」 제4조에 따른 금지행위
>   나. 「성폭력범죄의 처벌 등에 관한 특례법」 제2조에 따른 성폭력범죄
>   다. 「아동ㆍ청소년의 성보호에 관한 법률」 제2조 제2호에 따른 아동ㆍ청소년대상 성범죄
>   라. 「양성평등기본법」 제3조 제2호에 따른 성희롱
> 2. 징계 등 사유가 제78조의2 제1항 각 호의 어느 하나에 해당하는 경우: 5년
> 3. 그 밖의 징계 등 사유에 해당하는 경우: 3년

③ 국가공무원법 제14조 제7항

④ 직위해제는 징벌적 제재인 징계와는 그 성질을 달리하는 것이어서 어느 사유로 인하여 징계를 받았다 하더라도 그것이 직위해제사유로 평가될 수 있다면 이를 이유로 새로이 직위해제를 할 수도 있는 것이고, 이는 일사부재리나 이중처벌금지의 원칙에 저촉되는 것이 아니다(대판 1992.7.28, 91다30729).

106 시대에듀 | 군무원 군수직

10

영역 행정법 서론 > 행정법　　　　　　　　　　**난도** 중

정답의 이유

③ 병무청 담당부서의 담당공무원에게 공적 견해의 표명을 구하는 정식의 서면질의 등을 하지 아니한 채 총무과 민원팀장에 불과한 공무원이 민원봉사차원에서 상담에 응하여 안내한 것을 입영대상자가 이를 신뢰한 경우, 신뢰보호 원칙이 적용되지 아니한다(대판 2003.12.26, 2003두1875).

오답의 이유

① 대판 2000.11.10, 2000두727
② 대판 2006.4.28, 2005두9644
④ 대판 2013.11.14, 2011두28783

11

정답 ①

영역 행정의 실효성 확보수단 > 행정상 강제　　　**난도** 하

정답의 이유

① 과징금의 근거가 되는 법률에는 과징금에 관한 부과·징수 주체, 부과 사유, 상한액, 가산금을 징수하려는 경우 그 사항, 과징금 또는 가산금 체납 시 강제징수를 하려는 경우 그 사항을 명확하게 규정하여야 한다(행정기본법 제28조 제2항).

오답의 이유

② 행정기본법 제31조 제3항
③ 행정기본법 제32조 제1항
④ 행정기본법 제33조 제1항

12

정답 ②

영역 행정구제법 > 손해전보제도　　　　　　　**난도** 중

정답의 이유

② 문화적, 학술적 가치는 특별한 사정이 없는 한 그 토지의 부동산으로서의 경제적, 재산적 가치를 높여 주는 것이 아니므로 토지수용법 제51조 소정의 손실보상의 대상이 될 수 없으니, 이 사건 토지가 철새 도래지로서 자연 문화적인 학술가치를 지녔다 하더라도 손실보상의 대상이 될 수 없다(대판 1989.9.12, 88누11216).

오답의 이유

① 헌법 제23조 제3항에서 규정하고 있는 '공공필요'는 "국민의 재산권을 그 의사에 반하여 강제적으로라도 취득해야 할 공익적 필요성"으로서, '공공필요'의 개념은 '공익성'과 '필요성'이라는 요소로 구성되어 있는바, '공익성'의 정도를 판단함에 있어서는 공용수용을 허용하고 있는 개별법의 입법목적, 사업내용, 사업이 입법목적에 이바지하는 정도는 물론, 특히 그 사업이 대중을 상대로 하는

영업인 경우에는 그 사업 시설에 대한 대중의 이용·접근가능성도 아울러 고려하여야 한다(헌재 2014.10.30, 2011헌바129).

③ 공용수용은 공공필요를 위하여 공익사업 주체가 개인의 특정한 재산권을 법률에 근거하여 강제적으로 취득하는 것이다. 공용사용은 공익사업의 주체가 사인의 토지 또는 재산권에 대하여 공법상의 사용권을 취득하고, 상대방은 수인 의무를 부담하는 공법상의 제한이다. 공용제한은 공익상 필요에 따라 개인 재산의 소유권 자체에 가해지는 공법상의 제한이다.

④ 도축장 사용정지·제한명령은 구제역과 같은 가축전염병의 발생과 확산을 막기 위한 것이고, 도축장 사용정지·제한명령이 내려지면 국가가 도축장 영업권을 강제로 취득하여 공익 목적으로 사용하는 것이 아니라 소유자들이 일정기간 동안 도축장을 사용하지 못하게 되는 효과가 발생할 뿐이다. 이와 같은 재산권에 대한 제약의 목적과 형태에 비추어 볼 때, 도축장 사용정지·제한명령은 공익목적을 위하여 이미 형성된 구체적 재산권을 박탈하거나 제한하는 헌법 제23조 제3항의 수용·사용 또는 제한에 해당하는 것이 아니라, 도축장 소유자들이 수인하여야 할 사회적 제약으로서 헌법 제23조 제1항의 재산권의 내용과 한계에 해당한다(헌결 2015.10.21, 2012헌바367).

13

정답 ②

영역 일반행정작용법 > 행정행위　　　　　　　**난도** 중

정답의 이유

② 당사자는 처분(제재처분 및 행정상 강제는 제외)이 행정심판, 행정소송 및 그 밖의 쟁송을 통하여 다툴 수 없게 된 경우(법원의 확정판결이 있는 경우 제외)라도 규정의 어느 하나에 해당하는 경우에는 해당 처분을 한 행정청에 처분을 취소·철회하거나 변경하여 줄 것을 신청할 수 있다(행정기본법 제37조 제1항).

오답의 이유

① 행정기본법 제37조 제8항 제5호

> **제37조(처분의 재심사)** ⑧ 다음 각 호의 어느 하나에 해당하는 사항에 관하여는 이 조를 적용하지 아니한다.
> 1. 공무원 인사 관계 법령에 따른 징계 등 처분에 관한 사항
> 2. 「노동위원회법」 제2조의2에 따라 노동위원회의 의결을 거쳐 행하는 사항
> 3. 형사, 행형 및 보안처분 관계 법령에 따라 행하는 사항
> 4. 외국인의 출입국·난민인정·귀화·국적회복에 관한 사항
> 5. 과태료 부과 및 징수에 관한 사항
> 6. 개별 법률에서 그 적용을 배제하고 있는 경우

③ 행정기본법 제37조 제1항 제1호

제37조(처분의 재심사) ① 당사자는 처분(제재처분 및 행정상 강제는 제외한다. 이하 이 조에서 같다)이 행정심판, 행정소송 및 그 밖의 쟁송을 통하여 다툴 수 없게 된 경우(법원의 확정판결이 있는 경우는 제외한다)라도 다음 각 호의 어느 하나에 해당하는 경우에는 해당 처분을 한 행정청에 처분을 취소·철회하거나 변경하여 줄 것을 신청할 수 있다.
    1. 처분의 근거가 된 사실관계 또는 법률관계가 추후에 당사자에게 유리하게 바뀐 경우
    2. 당사자에게 유리한 결정을 가져다주었을 새로운 증거가 있는 경우
    3. 「민사소송법」 제451조에 따른 재심사유에 준하는 사유가 발생한 경우 등 대통령령으로 정하는 경우

④ 행정기본법 제37조 제5항

제37조(처분의 재심사) ⑤ 제4항에 따른 처분의 재심사 결과 중 처분을 유지하는 결과에 대해서는 행정심판, 행정소송 및 그 밖의 쟁송수단을 통하여 불복할 수 없다.

14
정답 ③

영역 행정의 실효성 확보수단 > 행정벌   난도 중

정답의 이유

③ 통고처분과 고발의 법적 성질 및 효과 등을 조세범칙사건의 처리절차에 관한 조세범 처벌절차법 관련 규정들의 내용과 취지에 비추어 보면, 지방국세청장 또는 세무서장이 조세범 처벌절차법 제17조 제1항에 따라 통고처분을 거치지 아니하고 즉시 고발하였다면 이로써 조세범칙사건에 대한 조사 및 처분 절차는 종료되고 형사사건 절차로 이행되어 지방국세청장 또는 세무서장으로서는 동일한 조세범칙행위에 대하여 더 이상 통고처분을 할 권한이 없다(대판 2016.9.28, 2014도10748).

오답의 이유

① 헌재 1998.5.28, 96헌바4
② 대판 2002.11.22, 2001도849
④ 도로교통법 제118조에서 규정하는 경찰서장의 통고처분은 행정소송의 대상이 되는 행정처분이 아니므로 그 처분의 취소를 구하는 소송은 부적법하고, 도로교통법상의 통고처분을 받은 자가 그 처분에 대하여 이의가 있는 경우에는 통고처분에 따른 범칙금의 납부를 이행하지 아니함으로써 경찰서장의 즉결심판청구에 의하여 법원의 심판을 받을 수 있게 될 뿐이다(대판 1995.6.29, 95누4674).

15
정답 ③

영역 일반행정작용법 > 행정상 입법   난도 중

정답의 이유

③ 법령에서 행정처분의 요건 중 일부 사항을 부령으로 정할 것을 위임한 데 따라 시행규칙 등 부령에서 이를 정한 경우에 그 부령의 규정은 국민에 대해서도 구속력이 있는 법규명령에 해당한다고 할 것이지만, 법령의 위임이 없음에도 법령에 규정된 처분 요건에 해당하는 사항을 부령에서 변경하여 규정한 경우에는 그 부령의 규정은 행정청 내부의 사무처리 기준 등을 정한 것으로서 행정조직 내에서 적용되는 행정명령의 성격을 지닐 뿐 국민에 대한 대외적 구속력은 없다고 보아야 한다(대판 2013.9.12, 2011두10584).

오답의 이유

① 조례가 집행행위의 개입 없이도 그 자체로서 직접 국민의 구체적인 권리의무나 법적 이익에 영향을 미치는 등의 법률상 효과를 발생하는 경우 그 조례는 항고소송의 대상이 되는 행정처분에 해당하고, 이러한 조례에 대한 무효확인소송을 제기함에 있어서 행정소송법 제38조 제1항, 제13조에 의하여 피고적격이 있는 처분 등을 행한 행정청은, 행정주체인 지방자치단체 또는 지방자치단체의 내부적 의결기관으로서 지방자치단체의 의사를 외부에 표시한 권한이 없는 지방의회가 아니라, 구 지방자치법 제19조 제2항, 제92조에 의하여 지방자치단체의 집행기관으로서 조례로서의 효력을 발생시키는 공포권이 있는 지방자치단체의 장이다(대판 1996.9.20, 95누8003).
② 대판 2014.1.16, 2011두6264
④ 대판 1999.2.11, 98도2816 전합

16
정답 ③

영역 행정법 서론 > 행정상 법률관계   난도 상

정답의 이유

ㄱ. 헌재 2004.4.29, 2003헌마814
ㄴ. 헌재 1996.2.29, 93헌마186
ㄷ. 대판 2004.3.26, 2003도7878
ㄹ. 서훈취소는 서훈수여의 경우와는 달리 이미 발생된 서훈대상자 등의 권리 등에 영향을 미치는 행위로서 관련 당사자에게 미치는 불이익의 내용과 정도 등을 고려하면 사법심사의 필요성이 크다. 따라서 기본권의 보장 및 법치주의의 이념에 비추어 보면, 비록 서훈취소가 대통령이 국가원수로서 행하는 행위라고 하더라도 법원이 사법심사를 자제하여야 할 고도의 정치성을 띤 행위라고 볼 수는 없다(대판 2015.4.23, 2012두26920).

17

영역 일반행정작용법 > 기타 행정행위　　　　　　난도 중

[정답의 이유]

② 1999.7.22. 발표한 개발제한구역제도개선방안은 건설교통부장관이 개발제한구역의 해제 내지 조정을 위한 일반적인 기준을 제시하고, 개발제한구역의 운용에 대한 국가의 기본방침을 천명하는 정책계획안으로서 비구속적 행정계획안에 불과하므로 공권력행위가 될 수 없으며, 이 사건 개선방안을 발표한 행위도 대내외적 효력이 없는 단순한 사실행위에 불과하므로 공권력의 행사라고 할 수 없다(헌재 2000.6.1. 99헌마538).

[오답의 이유]

① 행정절차법 제40조의4

③ 개발제한구역의 지정 및 관리에 관한 특별조치법 제17조 제1항 제1호

> **제17조(토지매수의 청구)** ① 개발제한구역의 지정에 따라 개발제한구역의 토지를 종래의 용도로 사용할 수 없어 그 효용이 현저히 감소된 토지나 그 토지의 사용 및 수익이 사실상 불가능하게 된 토지(이하 "매수대상토지"라 한다)의 소유자로서 다음 각 호의 어느 하나에 해당하는 자는 국토교통부장관에게 그 토지의 매수를 청구할 수 있다.
> 1. 개발제한구역으로 지정될 당시부터 계속하여 해당 토지를 소유한 자
> 2. 토지의 사용·수익이 사실상 불가능하게 되기 전에 해당 토지를 취득하여 계속 소유한 자
> 3. 제1호나 제2호에 해당하는 자로부터 해당 토지를 상속받아 계속하여 소유한 자

④ 대판 2019.7.11. 2018두47783

📡 적중레이더

행정재량과 계획재량의 비교

구분	행정재량(일반재량)	계획재량
형식·구조	조건 프로그램 (요건·효과 모형)	목적 프로그램 (목적·수단 모형)
재량범위	상대적으로 좁음 (요건과 효과 규정이 명시, 그 범위 내에서 재량 인정)	상대적으로 넓음 (광범위한 재량의 범위)
위법성판단	재량권의 외적·내적 한계기준	재량권 행사의 절차적 하자기준
판단대상	구체적 사실의 적용 문제	구체적 목적달성 문제
통제방법	사후적 통제중심 (절차적 통제＋실체적 통제)	사전적 통제중심 (절차적 통제)

18

영역 행정상 쟁송 > 행정소송　　　　　　난도 상

[정답의 이유]

② 전심절차에서의 주장과 행정소송에서의 주장이 전혀 별개의 것이 아닌 한 그 주장이 반드시 일치하여야 하는 것은 아니고 당사자는 전심절차에서 미처 주장하지 아니한 사유를 공격방어방법으로 제출할 수 있다고 하겠으므로 원고가 전심절차에서 증여사실에 기초하여 주식가액의 평가방법이 위법하다고 주장하다가 행정소송에 이르러 증여사실 자체를 부인하는 등 공격방어방법을 변경하였다 하여 이를 금반언의 원칙, 신의성실의 원칙에 반한다고 할 수 없다(대판 1988.2.9. 87누903).

[오답의 이유]

① 취소소송이 제기된 경우에 처분 등이나 그 집행 또는 절차의 속행으로 인하여 생길 회복하기 어려운 손해를 예방하기 위하여 긴급한 필요가 있다고 인정할 때에는 본안이 계속되고 있는 법원은 당사자의 신청 또는 직권에 의하여 처분등의 효력이나 그 집행 또는 절차의 속행의 전부 또는 일부의 정지를 결정할 수 있다(행정소송법 제23조 제2항 참조).

③ 행정소송법 소정의 당사자소송에 있어서 원고가 피고를 잘못 지정한 때에는 법원은 원고의 신청에 의하여 결정으로서 피고의 경정을 허가할 수 있는 것이므로(행정소송법 제44조 제1항, 제14조), 원고가 피고를 잘못 지정한 것으로 보이는 경우 법원으로서는 마땅히 석명권을 행사하여 원고로 하여금 정당한 피고로 경정하게 하여 소송을 진행케 하여야 할 것이지, 그러한 조치를 취하지 아니한 채 피고의 지정이 잘못되었다는 이유로 막바로 소를 각하할 것은 아니다(대판 2006.11.9. 2006다23503).

④ 행정처분의 당연무효를 선언하는 의미에서 취소를 구하는 행정소송을 제기한 경우에도 제소기간의 준수 등 취소소송의 제소요건을 갖추어야 한다(대판 1993.3.12. 92누11039).

19

영역 행정법 서론 > 행정법 　　　　　　　　난도 **중**

정답의 이유

ㄱ. 행정기본법 제6조 제2항

> **제6조(행정에 관한 기간의 계산)** ② 법령 등 또는 처분에서 국민의 권익을 제한하거나 의무를 부과하는 경우 권익이 제한되거나 의무가 지속되는 기간의 계산은 다음 각 호의 기준에 따른다. 다만, 다음 각 호의 기준에 따르는 것이 국민에게 불리한 경우에는 그러하지 아니하다.
> 1. 기간을 일, 주, 월 또는 연으로 정한 경우에는 기간의 첫날을 산입한다.
> 2. 기간의 말일이 토요일 또는 공휴일인 경우에도 기간은 그 날로 만료한다.

ㄴ. 행정에 관한 나이는 다른 법령 등에 특별한 규정이 있는 경우를 제외하고는 출생일을 산입하여 만(滿) 나이로 계산하고, 연수(年數)로 표시한다. 다만, 1세에 이르지 아니한 경우에는 월수(月數)로 표시할 수 있다(행정기본법 제7조의2).

ㄷ. 법령 등을 위반한 행위의 성립과 이에 대한 제재처분은 법령 등에 특별한 규정이 있는 경우를 제외하고는 법령 등을 위반한 행위 당시의 법령 등에 따른다. 다만, 법령 등을 위반한 행위 후 법령 등의 변경에 의하여 그 행위가 법령 등을 위반한 행위에 해당하지 아니하거나 제재처분 기준이 가벼워진 경우로서 해당 법령 등에 특별한 규정이 없는 경우에는 변경된 법령 등을 적용한다(행정기본법 제14조 제3항).

ㄹ. 자격이나 신분 등을 취득 또는 부여할 수 없거나 인가, 허가, 지정, 승인, 영업등록, 신고 수리 등(인허가)을 필요로 하는 영업 또는 사업 등을 할 수 없는 사유(결격사유)는 법률로 정한다(행정기본법 제16조 제1항).

20

영역 행정절차와 행정공개 > 정보공개와 개인정보 보호 　　난도 **상**

정답의 이유

① 보안관찰처분을 규정한 보안관찰법에 대하여 헌법재판소도 이미 그 합헌성을 인정한 바 있고, 보안관찰법 소정의 보안관찰 관련 통계자료는 구체적이고 광범위한 자료에 해당하므로 '통계자료'라고 하여도 그 함의를 통하여 나타내는 의미가 있음이 분명하여 공공기관의정보공개에관한법률 제7조 제1항 제2호 소정의 공개될 경우 국가안전보장·국방·통일·외교관계 등 국가의 중대한 이익을 해할 우려가 있는 정보, 또는 제3호 소정의 공개될 경우 국민의 생명·신체 및 재산의 보호 기타 공공의 안전과 이익을 현저히 해할 우려가 있다고 인정되는 정보에 해당한다(대판 2004.3.18, 2001두8254).

오답의 이유

② 갑이 외교부장관에게 한·일 군사정보보호협정 및 한·일 상호군수지원협정과 관련하여 각종 회의자료 및 회의록 등의 정보에 대한 공개를 청구하였으나, 외교부장관이 공개 청구 정보 중 일부를 제외한 나머지 정보들에 대하여 비공개 결정을 한 사안에서, 위 정보는 구 공공기관의 정보공개에 관한 법률 제9조 제1항 제2호, 제5호에 정한 비공개대상정보에 해당하고, 공개가 가능한 부분과 공개가 불가능한 부분을 쉽게 분리하는 것이 불가능하여 같은 법 제14조에 따른 부분공개도 가능하지 않다(대판 2019.1.17, 2015두46512).

③ 대판 2002. 3. 15, 2001추95

④ 공공기관의 정보공개에 관한 법률 제17조, 제18조에 행정심판 및 행정소송이라는 구제절차가 마련되어 있으므로 그 구제절차를 거친 뒤에 헌법소원심판을 청구하여야 하는데, 청구인은 판결이유 공개거부처분을 받고, 이에 대한 이의 신청절차와 행정심판절차는 경유하였으나 행정소송절차는 경유하지 아니한 채 이 사건 헌법소원심판을 청구하였으므로 사전 구제절차를 모두 거치지 않은 이 사건 헌법소원심판 청구는 부적법하다(헌재 2000.12.29, 2000헌마797).

21

영역 행정법 서론 > 행정법 　　　　　　　　난도 **상**

정답의 이유

ㄷ. 대판 2020.9.3, 2016두32992 전합

오답의 이유

ㄱ. 오늘날 법률유보원칙은 단순히 행정작용이 법률에 근거를 두기만 하면 충분한 것이 아니라, 국가공동체와 그 구성원에게 기본적이고도 중요한 의미를 갖는 영역, 특히 국민의 기본권실현과 관련된 영역에 있어서는 국민의 대표자인 입법자가 그 본질적 사항에 대해서 스스로 결정하여야 한다는 요구까지 내포하고 있다(의회유보원칙). 그런데 텔레비전방송수신료는 대다수 국민의 재산권 보장의 측면이나 한국방송공사에게 보장된 방송자유의 측면에서 국민의 기본권실현에 관련된 영역에 속하고, 수신료금액의 결정은 납부의무자의 범위 등과 함께 수신료에 관한 본질적인 중요한 사항이므로 국회가 스스로 행하여야 하는 사항에 속하는 것임에도 불구하고 한국방송공사법 제36조 제1항에서 국회의 결정이나 관여를 배제한 채 한국방송공사로 하여금 수신료금액을 결정해서 문화관광부장관의 승인을 얻도록 한 것은 법률유보원칙에 위반된다(헌재 1999.5.27, 98헌바70).

ㄴ. 어떠한 사안이 국회가 형식적 법률로 스스로 규정하여야 하는 본질적 사항에 해당되는지는, 구체적 사례에서 관련된 이익 내지 가치의 중요성, 규제 또는 침해의 정도와 방법 등을 고려하여 개별적으로 결정하여야 하지만, 규율대상이 국민의 기본권과 관련한

중요성을 가질수록 그리고 그에 관한 공개적 토론의 필요성 또는 상충하는 이익 사이의 조정 필요성이 클수록, 그것이 국회의 법률에 의하여 직접 규율될 필요성은 더 증대된다(대판 2020.9.3, 2016두32992 전합).

ㄹ. 텔레비전방송수신료는 대다수 국민의 재산권 보장의 측면이나 한국방송공사에게 보장된 방송자유의 측면에서 국민의 기본권실현에 관련된 영역에 속하고, 수신료금액의 결정은 납부의무자의 범위 등과 함께 수신료에 관한 본질적인 중요한 사항이므로 국회가 스스로 행하여야 하는 사항에 속하는 것임에도 불구하고 한국방송공사법 제36조 제1항에서 국회의 결정이나 관여를 배제한 채 한국방송공사로 하여금 수신료금액을 결정해서 문화관광부장관의 승인을 얻도록 한 것은 법률유보원칙에 위반된다(헌재 1999.5. 27, 98헌바70).

22
정답 ④

영역 일반행정작용법 > 행정행위
난도 상

정답의 이유

④ 인허가의제의 경우 관련 인허가 행정청은 관련 인허가를 직접 한 것으로 보아 관계 법령에 따른 관리ㆍ감독 등 필요한 조치를 하여야 한다(행정기본법 제26조 제1항).

오답의 이유

① 인허가의제란 하나의 인허가(주된 인허가)를 받으면 다른 법률에 따른 여러 인허가 등을 함께 받은 것으로 보는 것으로, 여러 법률에 규정된 인허가를 받는 데에 소요되는 시간과 비용을 줄임으로써 규제를 완화하고 국민 편익을 제고하기 위한 것이다.

② 행정기본법 제24조에 따른 인허가의제의 경우 관련 인허가 행정청은 관련 인허가의 처분기준을 주된 인허가 행정청에 제출하여야 하고, 주된 인허가 행정청은 제출받은 관련 인허가의 처분기준을 통합하여 공표하여야 한다. 처분기준을 변경하는 경우에도 또한 같다(행정절차법 제20조 제2항).

③ 주된 인허가 행정청은 주된 인허가를 하기 전에 관련 인허가에 관하여 미리 관련 인허가 행정청과 협의하여야 하고, 협의를 요청받으면 그 요청을 받은 날부터 20일 이내(관련 인허가에 필요한 심의, 의견 청취 등 절차에 걸리는 기간은 제외)에 의견을 제출하여야 한다(행정기본법 제24조 제3항, 제4항).

23
정답 ②

영역 행정절차와 행정공개 > 행정절차법
난도 중

정답의 이유

② 행정절차법 제24조 제1항

> 제24조(처분의 방식) ① 행정청이 처분을 할 때에는 다른 법령등에 특별한 규정이 있는 경우를 제외하고는 문서로 하여야 하며, 다음 각 호의 어느 하나에 해당하는 경우에는 전자문서로 할 수 있다.
> 1. 당사자 등의 동의가 있는 경우
> 2. 당사자가 전자문서로 처분을 신청한 경우

오답의 이유

① 행정절차법 제23조 제1항, 제2항

> 제23조(처분의 이유 제시) ① 행정청은 처분을 할 때에는 다음 각 호의 어느 하나에 해당하는 경우를 제외하고는 당사자에게 그 근거와 이유를 제시하여야 한다.
> 1. 신청 내용을 모두 그대로 인정하는 처분인 경우
> 2. 단순ㆍ반복적인 처분 또는 경미한 처분으로서 당사자가 그 이유를 명백히 알 수 있는 경우
> 3. 긴급히 처분을 할 필요가 있는 경우
> ② 행정청은 제1항 제2호 및 제3호의 경우에 처분 후 당사자가 요청하는 경우에는 그 근거와 이유를 제시하여야 한다.

③ 행정청은 공공의 안전 또는 복리를 위하여 긴급히 처분을 할 필요가 있거나 사안이 경미한 경우에는 말, 전화, 휴대전화를 이용한 문자 전송, 팩스 또는 전자우편 등 문서가 아닌 방법으로 처분을 할 수 있다(행정절차법 제24조 제2항).

④ 행정청이 당사자에게 의무를 부과하거나 권익을 제한하는 처분을 할 때 청문 또는 공청회의 경우 외에는 당사자등에게 의견제출의 기회를 주어야 한다(행정절차법 제22조 제3항).

24
정답 ①

영역 특별행정작용법 > 군사행정법
난도 상

정답의 이유

① 군인사법령에 의하여 진급예정자명단에 포함된 자에 대하여 의견제출의 기회를 부여하지 아니한 채 진급선발을 취소하는 처분을 한 것이 절차상 하자가 있어 위법하다(대판 2007.9.21, 2006두20631).

오답의 이유

②ㆍ③ㆍ④ 대판 2007.9.21, 2006두20631

25

영역 행정구제법 > 손해전보제도   난도 **중**

정답의 이유

④ 피해자에게 손해를 직접 배상한 경과실이 있는 공무원은 특별한
  사정이 없는 한 국가에 대하여 국가의 피해자에 대한 손해배상책
  임의 범위 내에서 공무원이 변제한 금액에 관하여 구상권을 취득
  한다고 봄이 타당하다(대판 2014.8.20. 2012다54478). 즉, 중과실
  이 있는 공무원은 구상권을 취득할 수 없다.

오답의 이유

① 헌재 2018.5.31. 2013헌바22

② 대판 1997.2.14. 96다28066

③ 공무원이 그 직무를 집행하기 위하여 국가 또는 지방자치단체 소
  유의 공용차를 운행하는 경우, 그 자동차에 대한 운행지배나 운행
  이익은 그 공무원이 소속한 국가 또는 지방자치단체에 귀속된다고
  할 것이고 그 공무원 자신이 개인적으로 그 자동차에 대한 운행지
  배나 운행이익을 가지는 것이라고는 볼 수 없으므로, 그 공무원이
  자기를 위하여 공용차를 운행하는 자로서 같은 법조 소정의 손해
  배상책임의 주체가 될 수는 없다 할 것이다(대판 1994.12.27. 94
  다31860).

((•)) 적중레이더

국가배상과 손실보상의 비교

구분	국가배상	손실보상
의의	위법한 행정작용으로 인하여 국민에게 생명, 신체, 재산상 손해가 발생한 경우	적법한 행정작용으로 인하여 국민에게 재산상 손해가 발생한 경우
정신적 손해	긍정	부정
법적 근거	헌법 제29조 / 일반법: 국가배상법	헌법 제23조 제3항 / 일반법: ×
법적 성질	민사소송(판례)	민사소송(원칙, 판례)
이념	개인주의	단체주의

2023 | **9급** 기출문제 해설

☑ 점수 ( )점/100점 ☑ 문제편 107쪽

영역 분석

일반행정작용법	7문항	★★★★★★★	28%
행정구제법	6문항	★★★★★★	24%
행정법 서론	4문항	★★★★	16%
행정상 쟁송	3문항	★★★	12%
행정절차와 행정공개	3문항	★★★	12%
종합	1문항	★	4%
행정의 실효성 확보수단	1문항	★	4%

빠른 정답

01	02	03	04	05	06	07	08	09	10
③	①	③	②	①	③	④	②	②	④
11	12	13	14	15	16	17	18	19	20
①	④	③	②	④	③	①	③	①	②
21	22	23	24	25					
②	④	④	②	①					

01

정답 ③

영역 행정법 서론 > 행정법상 일반원칙   난도 하

정답의 이유

③ 행정청은 공익 또는 제3자의 이익을 현저히 해칠 우려가 있는 경우를 제외하고는 행정에 대한 국민의 정당하고 합리적인 신뢰를 보호하여야 한다(행정기본법 제12조 제1항).

오답의 이유

① 행정기본법 제13조
② 행정기본법 제9조
④ 행정기본법 제11조 제1항

02

정답 ①

영역 일반행정작용법 > 행정행위   난도 하

정답의 이유

① 상대방 있는 행정처분은 특별한 규정이 없는 한 의사표시에 관한 일반법리에 따라 상대방에게 고지되어야 효력이 발생하고, 상대방 있는 행정처분이 상대방에게 고지되지 아니한 경우에는 상대방이 다른 경로를 통해 행정처분의 내용을 알게 되었다고 하더라도 행정처분의 효력이 발생한다고 볼 수 없다(대판 2019.8.9, 2019두 38656).

오답의 이유

② · ④ 일반적으로 행정처분이 주체 · 내용 · 절차와 형식이라는 내부적 성립요건과 외부에 대한 표시라는 외부적 성립요건을 모두 갖춘 경우에는 행정처분이 존재한다고 할 수 있다. 행정처분의 외부적 성립은 행정의사가 외부에 표시되어 행정청이 자유롭게 취소 · 철회할 수 없는 구속을 받게 되는 시점을 확정하는 의미를 가지므로, 어떠한 처분의 외부적 성립 여부는 행정청에 의해 행정의사가 공식적인 방법으로 외부에 표시되었는지를 기준으로 판단하여야 한다(대판 2017.7.11, 2016두35120).

③ 병무청장이 법무부장관에게 '가수 갑이 공연을 위하여 국외여행허가를 받고 출국한 후 미국 시민권을 취득함으로써 사실상 병역의무를 면탈하였으므로 재외동포 자격으로 재입국하고자 하는 경우국내에서 취업, 가수활동 등 영리활동을 할 수 없도록 하고, 불가능할 경우 입국 자체를 금지해 달라'고 요청함에 따라 법무부장관이 갑의 입국을 금지하는 결정을 하고, 그 정보를 내부전산망인 '출입국관리정보시스템'에 입력하였으나, 갑에게는 통보하지 않은 사안에서, 위 입국금지결정은 항고소송의 대상이 되는 '처분'에 해당하지 않는다(대판 2019.7.11, 2017두38874).

03

영역 일반행정작용법 > 행정행위 　　　　　　　난도 **하**

정답의 이유

③ 행정기본법 제17조 제4항 제3호

> **제17조(부관)** ④ 부관은 다음 각 호의 요건에 적합하여야 한다.
> 1. 해당 처분의 목적에 위배되지 아니할 것
> 2. 해당 처분과 실질적인 관련이 있을 것
> 3. 해당 처분의 목적을 달성하기 위하여 필요한 최소한의 범위일 것

오답의 이유

① 행정청은 부관을 붙일 수 있는 처분의 경우 그 처분을 한 후에도 당사자의 동의가 있으면 부관을 새로 붙일 수 있다(행정기본법 제17조 제3항 제2호).

> **제17조(부관)** ③ 행정청은 부관을 붙일 수 있는 처분이 다음 각 호의 어느 하나에 해당하는 경우에는 그 처분을 한 후에도 부관을 새로 붙이거나 종전의 부관을 변경할 수 있다.
> 1. 법률에 근거가 있는 경우
> 2. 당사자의 동의가 있는 경우
> 3. 사정이 변경되어 부관을 새로 붙이거나 종전의 부관을 변경하지 아니하면 해당 처분의 목적을 달성할 수 없다고 인정되는 경우

② 행정청은 처분에 재량이 있는 경우에는 법률에 근거가 없더라도 부관을 붙일 수 있다(행정기본법 제17조 제1항).

④ 행정행위의 부관 중에서도 행정행위에 부수하여 그 행정행위의 상대방에게 일정한 의무를 부과하는 행정청의 의사표시인 부담인 경우에는 다른 부관과는 달리 행정행위의 불가분적인 요소가 아니고 그 존속이 본체인 행정행위의 존재를 전제로 하는 것일 뿐이므로 부담 그 자체로서 행정쟁송의 대상이 될 수 있다(대판 1992.1.21, 91누1264).

04

정답 ②

영역 일반행정작용법 > 행정행위 　　　　　　　난도 **하**

정답의 이유

② 처분의 근거 법령이 행정청에 처분의 요건과 효과 판단에 일정한 재량을 부여하였는데, 행정청이 자신에게 재량권이 없다고 오인한 나머지 처분으로 달성하려는 공익과 그로써 처분상대방이 입게 되는 불이익의 내용과 정도를 전혀 비교형량하지 않은 채 처분을 하였다면, 이는 재량권 불행사로서 그 자체로 재량권 일탈·남용으로 해당 처분을 취소하여야 할 위법사유가 된다(대판 2019.7.11, 2017두38874).

오답의 이유

①·④ 행정행위가 그 재량성의 유무 및 범위와 관련하여 이른바 기속행위 내지 기속재량행위와 재량행위 내지 자유재량행위로 구분된다고 할 때, 그 구분은 당해 행위의 근거가 된 법규의 체재·형식과 그 문언, 당해 행위가 속하는 행정 분야의 주된 목적과 특성, 당해 행위 자체의 개별적 성질과 유형 등을 모두 고려하여 판단하여야 하고, 이렇게 구분되는 양자에 대한 사법심사는, 전자의 경우 그 법규에 대한 원칙적인 기속성으로 인하여 법원이 사실인정과 관련 법규의 해석·적용을 통하여 일정한 결론을 도출한 후 그 결론에 비추어 행정청이 한 판단의 적법 여부를 독자의 입장에서 판정하는 방식에 의하게 되나, 후자의 경우 행정청의 재량에 기한 공익판단의 여지를 감안하여 법원은 독자의 결론을 도출함이 없이 당해 행위에 재량권의 일탈·남용이 있는지 여부만을 심사하게 된다(대판 2001.2.9, 98두17593).

③ 행정기본법 제17조 제2항

05

정답 ①

영역 행정구제법 > 손해전보제도 　　　　　　　난도 **하**

정답의 이유

① 국가배상법이 정한 배상청구의 요건인 '공무원의 직무'에는 권력적 작용만이 아니라 행정지도와 같은 비권력적 작용도 포함되며 단지 행정주체가 사경제주체로서 하는 활동만 제외되는 것이다(대판 1998.7.10, 96다38971).

오답의 이유

② 국가배상법 제5조 제1항에 정하여진 '영조물의 설치 또는 관리의 하자'라 함은 공공의 목적에 공여된 영조물이 그 용도에 따라 갖추어야 할 안전성을 갖추지 못한 상태에 있음을 말하고, 여기서 안전성을 갖추지 못한 상태, 즉 타인에게 위해를 끼칠 위험성이 있는 상태라 함은 당해 영조물을 구성하는 물적 시설 그 자체에 있는 물리적·외형적 흠결이나 불비로 인하여 그 이용자에게 위해를 끼칠 위험성이 있는 경우뿐만 아니라, 그 영조물이 공공의 목적에 이용됨에 있어 그 이용 상태 및 정도가 일정한 한도를 초과하여 제3자에게 사회통념상 수인할 것이 기대되는 한도를 넘는 피해를 입히는 경우까지 포함된다고 보아야 한다(대판 2010.11.25, 2007다74560).

③ 대판 2015.6.11, 2013다208388

④ 국가배상법 제9조

06

영역 행정절차와 행정공개 > 정보공개와 개인정보보호   난도 **중**

정답의 이유

③ 정보공개제도는 공공기관이 보유·관리하는 정보를 그 상태대로 공개하는 제도로서 공개를 구하는 정보를 공공기관이 보유·관리하고 있을 상당한 개연성이 있다는 점에 대하여 원칙적으로 공개청구자에게 증명책임이 있다고 할 것이지만, 공개를 구하는 정보를 공공기관이 한 때 보유·관리하였으나 후에 그 정보가 담긴 문서 등이 폐기되어 존재하지 않게 된 것이라면 그 정보를 더 이상 보유·관리하고 있지 아니하다는 점에 대한 증명책임은 공공기관에게 있다(대판 2004.12.9, 2003두12707).

오답의 이유

① 정보의 공개 및 우송 등에 드는 비용은 실비(實費)의 범위에서 청구인이 부담한다(공공기관의 정보공개에 관한 법률 제17조 제1항).

② 정보공개 의무기관을 정하는 것은 입법자의 입법형성권의 범위에 속하고, 이에 따라 정보공개법 제2조 제3호는 정보공개의무를 지는 '공공기관'에 관하여 국가기관에 한정하지 않고 지방자치단체, 정부투자기관, 그 밖에 공동체 전체의 이익에 중요한 역할이나 기능을 수행하는 기관도 포함하여 정한 것이므로, 정보공개의 목적, 교육의 공공성 및 공·사립학교의 동질성, 사립대학교에 대한 국가의 재정지원 및 보조 등 여러 사정에 비추어 보면, 사립대학교에 대한 국비 지원이 한정적·일시적·국부적이라는 점을 고려하더라도, 정보공개법 시행령 제2조 제1호가 정보공개의무를 지는 공공기관의 하나로 사립대학교를 들고 있는 것이 헌법이 정한 대학의 자율성 보장 이념 등에 반하거나 모법인 정보공개법의 위임 범위를 벗어났다고 볼 수 없다(대판 2013.11.28, 2011두5049). 즉, 사립대학교는 정보공개법상의 공공기관이므로 정보공개의무를 진다.

④ 일시적으로 체류하는 외국인의 경우 학술·연구를 위한 목적으로만 정보공개를 청구할 수 있다. 국내에 일정한 주소를 두고 거주하는 외국인이나, 국내에 사무소를 두고 있는 외국법인 또는 외국단체는 학술·연구를 위한 목적이 아니더라도 정보공개를 청구할 수 있다(공공기관의 정보공개에 관한 법률 시행령 제3조 제2호).

> **제3조(외국인의 정보공개 청구)** 법 제5조 제2항에 따라 정보공개를 청구할 수 있는 외국인은 다음 각 호의 어느 하나에 해당하는 자로 한다.
> 1. 국내에 일정한 주소를 두고 거주하거나 학술·연구를 위하여 일시적으로 체류하는 사람
> 2. 국내에 사무소를 두고 있는 법인 또는 단체

07

영역 행정구제법 > 손해전보제도   난도 **상**

정답의 이유

④ 구 토지수용법 제16조 제1항에서는 건설부장관이 사업인정을 하는 때에는 지체 없이 그 뜻을 기업자·토지소유자·관계인 및 관계도지사에게 통보하고 기업자의 성명 또는 명칭, 사업의 종류, 기업지 및 수용 또는 사용할 토지의 세목을 관보에 공시하여야 한다고 규정하고 있는바, 가령 건설부장관이 위와 같은 절차를 누락한 경우 이는 절차상의 위법으로서 수용재결 단계 전의 사업인정 단계에서 다툴 수 있는 취소사유에 해당하기는 하나, 더 나아가 그 사업인정 자체를 무효로 할 중대하고 명백한 하자라고 보기는 어렵고, 따라서 이러한 위법을 들어 수용재결처분의 취소를 구하거나 무효확인을 구할 수는 없다(대판 2000.10.13, 2000두5142).

오답의 이유

① 대판 2010.8.19, 2008두822

② 대판 2010.1.28, 2008두1504

③ 공익사업을 위한 토지 등의 취득 및 보상에 관한 법률 제85조 제1항

> **제85조(행정소송의 제기)** ① 사업시행자, 토지소유자 또는 관계인은 제34조에 따른 재결에 불복할 때에는 재결서를 받은 날부터 90일 이내에, 이의신청을 거쳤을 때에는 이의신청에 대한 재결서를 받은 날부터 60일 이내에 각각 행정소송을 제기할 수 있다. 이 경우 사업시행자는 행정소송을 제기하기 전에 제84조에 따라 늘어난 보상금을 공탁하여야 하며, 보상금을 받을 자는 공탁된 보상금을 소송이 종결될 때까지 수령할 수 없다.

08

영역 행정법 서론 > 행정상 법률관계   난도 **상**

정답의 이유

② 공기업·준정부기관이 법령 또는 계약에 근거하여 선택적으로 입찰참가자격 제한 조치를 할 수 있는 경우, 계약상대방에 대한 입찰참가자격 제한 조치가 법령에 근거한 행정처분인지 아니면 계약에 근거한 권리행사인지는 원칙적으로 의사표시의 해석 문제이다. 이때에는 공기업·준정부기관이 계약상대방에게 통지한 문서의 내용과 해당 조치에 이르기까지의 과정을 객관적·종합적으로 고찰하여 판단하여야 한다. 그럼에도 불구하고 공기업·준정부기관이 법령에 근거를 둔 행정처분으로서의 입찰참가자격 제한 조치를 한 것인지 아니면 계약에 근거한 권리행사로서의 입찰참가자격 제한 조치를 한 것인지가 여전히 불분명한 경우에는, 그에 대한 불복방법 선택에 중대한 이해관계를 가지는 그 조치 상대방의 인식가능성 내지 예측가능성을 중요하게 고려하여 규범적으로 이를 확정함이 타당하다(대판 2018.10.25, 2016두33537).

① 서울특별시 지하철공사의 임원과 직원의 근무관계의 성질은 지방공기업법의 모든 규정을 살펴보아도 공법상의 특별권력관계라고는 볼 수 없고 사법관계에 속할 뿐만 아니라, 위 지하철공사의 사장이 그 이사회의 결의를 거쳐 제정된 인사규정에 의거하여 소속 직원에 대한 징계처분을 한 경우 위 사장은 행정소송법 제13조 제1항 본문과 제2조 제2항 소정의 행정청에 해당되지 않으므로 공권력발동주체로서 위 징계처분을 행한 것으로 볼 수 없고, 따라서 이에 대한 불복절차는 민사소송에 의할 것이지 행정소송에 의할 수는 없다(대판 1989.9.12, 89누2103).

③ 국유재산 등의 관리청이 하는 행정재산의 사용·수익에 대한 허가는 순전히 사경제주체로서 행하는 사법상의 행위가 아니라 관리청이 공권력을 가진 우월적 지위에서 행하는 행정처분으로서 특정인에게 행정재산을 사용할 수 있는 권리를 설정하여 주는 강학상 특허에 해당한다(대판 2006.3.9, 2004다31074).

④ 대판 1994.1.25, 93누7365

09
정답 ②

영역 종합 > 판례　　　　　　　　　　　　　　난도 **하**

정답의 이유

② 같은 정도의 비위를 저지른 자들 사이에 있어서도 그 직무의 특성 등에 비추어, 개전의 정이 있는지 여부에 따라 징계의 종류의 선택과 양정에 있어서 차별적으로 취급하는 것은, 사안의 성질에 따른 합리적 차별로서 이를 자의적 취급이라고 할 수 없는 것이어서 평등원칙 내지 형평에 반하지 아니한다(대판 1999.8.20, 99두2611).

오답의 이유

① · ③ 대판 1996.10.11, 94누7171

④ 대판 2002.9.24, 2002두6620

10
정답 ④

영역 일반행정작용법 > 행정행위　　　　　　　　난도 **중**

정답의 이유

④ 조합설립추진위원회 구성승인처분을 다투는 소송 계속 중에 조합설립인가처분이 이루어진 경우에는, 추진위원회 구성승인처분에 위법이 존재하여 조합설립인가 신청행위가 무효라는 점 등을 들어 직접 조합설립인가처분을 다툼으로써 정비사업의 진행을 저지하여야 하고, 이와는 별도로 추진위원회 구성승인처분에 대하여 취소 또는 무효확인을 구할 법률상의 이익은 없다고 보아야 한다(대판 2013.1.31, 2011두11112 등).

오답의 이유

① 대판 2017.3.30, 2013두840

② 행정청이 도시 및 주거환경정비법 등 관련 법령에 근거하여 행하는 조합설립인가처분은 단순히 사인들의 조합설립행위에 대한 보충행위로서의 성질을 갖는 것에 그치는 것이 아니라 법령상 요건을 갖출 경우 도시 및 주거환경정비법상 주택재건축사업을 시행할 수 있는 권한을 갖는 행정주체(공법인)로서의 지위를 부여하는 일종의 설권적 처분의 성격을 갖는다고 보아야 한다. 그리고 그와 같이 보는 이상 조합설립결의는 조합설립인가처분이라는 행정처분을 하는 데 필요한 요건 중 하나에 불과한 것이어서, 조합설립결의에 하자가 있다면 그 하자를 이유로 직접 항고소송의 방법으로 조합설립인가처분의 취소 또는 무효확인을 구하여야 하고, 이와는 별도로 조합설립결의 부분만을 따로 떼어내어 그 효력 유무를 다투는 확인의 소를 제기하는 것은 원고의 권리 또는 법률상의 지위에 현존하는 불안·위험을 제거하는 데 가장 유효·적절한 수단이라 할 수 없어 특별한 사정이 없는 한 확인의 이익은 인정되지 아니한다(대판 2009.9.24, 2008다60568).

③ 대판 1989.9.12, 88누9763 참조

11
정답 ①

영역 일반행정작용법 > 기타행정행위　　　　　　난도 **하**

정답의 이유

① 국립대학인 서울대학교의 "94학년도 대학입학고사 주요요강"은 사실상의 준비행위 내지 사전안내로서 행정쟁송의 대상이 될 수 있는 행정처분이나 공권력의 행사는 될 수 없지만 그 내용이 국민의 기본권에 직접 영향을 끼치는 내용이고 앞으로 법령의 뒷받침에 의하여 그대로 실시될 것이 틀림없을 것으로 예상되어 그로 인하여 직접적으로 기본권 침해를 받게 되는 사람에게는 사실상의 규범작용으로 인한 위험성이 이미 현실적으로 발생하였다고 보아야 할 것이므로 이는 헌법소원의 대상이 되는 헌법재판소법 제68조 제1항 소정의 공권력의 행사에 해당된다고 할 것이며, 이 경우 헌법소원 외에 달리 구제방법이 없다(헌재 1992.10.1, 92헌마68,76).

오답의 이유

② 대판 2006.9.8, 2003두5426

③ 대판 1997.6.24, 96누1313

④ 도시 및 주거환경정비법(이하 '도시정비법'이라 한다)에 따른 주택재건축정비사업조합(이하 '재건축조합'이라 한다)은 관할 행정청의 감독 아래 도시정비법상의 주택재건축사업을 시행하는 공법인(도시정비법 제38조)으로서, 그 목적 범위 내에서 법령이 정하는 바에 따라 일정한 행정작용을 행하는 행정주체의 지위를 갖는다. 재건축조합이 행정주체의 지위에서 도시정비법 제74조에 따라 수립하는 관리처분계획은 정비사업의 시행 결과 조성되는 대지 또는 건축물의 권리귀속에 관한 사항과 조합원의 비용 분담에 관한 사항 등을 정함으로써 조합원의 재산상 권리·의무 등에 구체적이고 직접적인 영향을 미치게 되므로, 이는 구속적 행정계획으로서 재

건축조합이 행하는 독립된 행정처분에 해당한다(대판 2022.7.14. 2022다206391).

12
정답 ④

영역 일반행정작용법 > 행정행위   난도 **하**

정답의 이유

④ 행정행위를 한 처분청은 그 행위에 하자가 있는 경우에는 <u>별도의 법적 근거가 없더라도 스스로 이를 취소할 수 있고.</u> 다만 수익적 행정처분을 취소할 때에는 이를 취소하여야 할 공익상의 필요와 그 취소로 인하여 당사자가 입게 될 기득권과 신뢰보호 및 법률생활 안정의 침해 등 불이익을 비교·교량한 후 공익상의 필요가 당사자가 입을 불이익을 정당화할 만큼 강한 경우에 한하여 취소할 수 있다(대판 2008.11.13. 2008두8628).

오답의 이유

① 대판 2012.5.24. 2012두1891
② 행정기본법 제18조 제2항 제2호

제18조(위법 또는 부당한 처분의 취소) ② 행정청은 제1항에 따라 당사자에게 권리나 이익을 부여하는 처분을 취소하려는 경우에는 취소로 인하여 당사자가 입게 될 불이익을 취소로 달성되는 공익과 비교·형량(衡量)하여야 한다. 다만, 다음 각 호의 어느 하나에 해당하는 경우에는 그러하지 아니하다.
  1. 거짓이나 그 밖의 부정한 방법으로 처분을 받은 경우
  2. 당사자가 처분의 위법성을 알고 있었거나 중대한 과실로 알지 못한 경우

③ 행정청은 위법 또는 부당한 처분의 전부나 일부를 소급하여 취소할 수 있다. 다만, 당사자의 신뢰를 보호할 가치가 있는 등 정당한 사유가 있는 경우에는 장래를 향하여 취소할 수 있다(행정기본법 제18조 제1항).

13
정답 ③

영역 일반행정작용법 > 기타행정행위   난도 **하**

정답의 이유

③ 행정기관은 행정지도의 상대방이 행정지도에 따르지 아니하였<u>다는 것을 이유로 불이익한 조치를 하여서는 아니 된다(</u>행정절차법 제48조 제2항).

오답의 이유

① 행정절차법 제49조 제1항
② 행정절차법 제49조 제2항

제49조(행정지도의 방식) ② 행정지도가 말로 이루어지는 경우에 상대방이 제1항의 사항을 적은 서면의 교부를 요구하면 그 행정지도를 하는 자는 직무 수행에 특별한 지장이 없으면 이를 교부하여야 한다.

④ 행정절차법 제50조

14
정답 ②

영역 행정의 실효성 확보수단 > 행정상 강제   난도 **하**

정답의 이유

② 관계 법령상 행정대집행의 절차가 인정되어 행정청이 행정대집행의 방법으로 건물의 철거 등 대체적 작위의무의 이행을 실현할 수 있는 경우에는 따로 민사소송의 방법으로 그 의무의 이행을 구할 수 없다. 한편 건물의 점유자가 철거의무자일 때에는 건물철거의<u>무에 퇴거의무도 포함되어 있는 것이어서 별도로 퇴거를 명하는 집행권원이 필요하지 않다</u>(대판 2017.4.28. 2016다213916).

오답의 이유

① 대판 2017.4.28. 2016다213916
③ 대판 1993.9.14. 92누16690
④ 대판 1984.9.25. 84누201

15
정답 ④

영역 행정법 서론 > 행정상 법률관계   난도 **중**

정답의 이유

④ 개발부담금 부과처분이 취소된 이상 그 후의 부당이득으로서의 과오납금 반환에 관한 법률관계는 <u>단순한 민사 관계에 불과한 것이고, 행정소송 절차에 따라야 하는 관계로 볼 수 없다</u>(대판 1995.12.22. 94다51253).

오답의 이유

① 대판 1988.2.23. 87누1046 등
② 국가나 지방자치단체에 근무하는 청원경찰은 국가공무원법이나 지방공무원법상의 공무원은 아니지만, 다른 청원경찰과는 달리 그 임용권자가 행정기관의 장이고, 국가나 지방자치단체로부터 보수를 받으며, 산업재해보상보험법이나 근로기준법이 아닌 공무원연금법에 따른 재해보상과 퇴직급여를 지급받고, 직무상의 불법행위에 대하여도 민법이 아닌 국가배상법이 적용되는 등의 특질이 있으며 그외 임용자격, 직무, 복무의무 내용 등을 종합하여 볼때, 그 근무관계를 사법상의 고용계약관계로 보기는 어려우므로 그에 대한징계처분의 시정을 구하는 소는 행정소송의 대상이지 민사소송의 대상이 아니다(대판 1993.7.13. 92다47564).
③ 대판 2007.12.14. 2005다11848

16

| 영역 행정구제법 > 종합 | 난도 **상** |

정답의 이유

③ 법령이 특정한 행정기관 등으로 하여금 다른 행정기관을 상대로 제재적 조치를 취할 수 있도록 하면서, 그에 따르지 않으면 그 행정기관에 대하여 과태료를 부과하거나 형사처벌을 할 수 있도록 정하는 경우, 제재적 조치의 상대방인 행정기관 등에게 항고소송 원고로서의 당사자능력과 원고적격을 인정할 수 있다(대판 2018. 8.1. 2014두35379).

오답의 이유

① 대판 2019.4.3. 2017두52764
② 대판 2011.2.10. 2010다87535
④ 대판 2022.11.17. 2021두44425

17

정답 ①

| 영역 행정절차와 행정공개 > 행정절차법 | 난도 **하** |

정답의 이유

① 국가공무원법상 직위해제처분은 구 행정절차법 제3조 제2항 제9호, 구 행정절차법 시행령 제2조 제3호에 의하여 당해 행정작용의 성질상 행정절차를 거치기 곤란하거나 불필요하다고 인정되는 사항 또는 행정절차에 준하는 절차를 거친 사항에 해당하므로, 처분의 사전통지 및 의견청취 등에 관한 행정절차법의 규정이 별도로 적용되지 않는다(대판 2014.5.16. 2012두26180).

오답의 이유

② 대판 2007.9.21. 2006두20631
③ 대판 2016.10.27. 2016두41811
④ 대판 2020.7.9. 2020두31668 등 병합

18

정답 ③

| 영역 행정상 쟁송 > 행정소송 | 난도 **중** |

정답의 이유

③ 사증발급 거부처분을 다투는 외국인은, 아직 대한민국에 입국하지 않은 상태에서 대한민국에 입국하게 해달라고 주장하는 것으로, 대한민국과의 실질적 관련성 내지 대한민국에서 법적으로 보호가치 있는 이해관계를 형성한 경우는 아니어서, 해당 사증발급 거부처분의 취소를 구할 법률상 이익이 인정되지 않는다(대판 2018.5.15. 2014두42506).

오답의 이유

① 대판 1997.12.12. 97누317

② 재단법인 甲 수녀원이, 매립목적을 택지조성에서 조선시설용지로 변경하는 내용의 공유수면매립목적 변경 승인처분으로 인하여 법률상 보호되는 환경상 이익을 침해받았다면서 행정청을 상대로 처분의 무효 확인을 구하는 소송을 제기한 사안에서, 공유수면매립목적 변경 승인처분으로 甲 수녀원에 소속된 수녀 등이 쾌적한 환경에서 생활할 수 있는 환경상 이익을 침해받는다고 하더라도 이를 가리켜 곧바로 甲 수녀원의 법률상 이익이 침해된다고 볼 수 없고, 자연인이 아닌 甲 수녀원은 쾌적한 환경에서 생활할 수 있는 이익을 향수할 수 있는 주체가 아니므로 위 처분으로 위와 같은 생활상의 이익이 직접적으로 침해되는 관계에 있다고 볼 수도 없으며, 위 처분으로 환경에 영향을 주어 甲 수녀원이 운영하는 쨈 공장에 직접적이고 구체적인 재산적 피해가 발생한다거나 甲 수녀원이 폐쇄되고 이전해야 하는 등의 피해를 받거나 받을 우려가 있다는 점 등에 관한 증명도 부족하다는 이유로, 甲 수녀원에 처분의 무효 확인을 구할 원고적격이 없다(대판 2012.6.28. 2010두2005).

④ 대판 2009.9.24. 2009두2825

19

정답 ①

| 영역 행정구제법 > 손해전보제도 | 난도 **중** |

정답의 이유

① 지방자치단체장이 교통신호기를 설치하여 그 관리권한이 도로교통법 제71조의2 제1항의 규정에 의하여 관할 지방경찰청장에게 위임되어 지방자치단체 소속 공무원과 지방경찰청 소속 공무원이 합동근무하는 교통종합관제센터에서 그 관리업무를 담당하던 중 위 신호기가 고장난 채 방치되어 교통사고가 발생한 경우, 국가배상법 제2조 또는 제5조에 의한 배상책임을 부담하는 것은 지방경찰청장이 소속된 국가가 아니라, 그 권한을 위임한 지방자치단체장이 소속된 지방자치단체라고 할 것이다(대판 1999.6.25. 99다11120).

오답의 이유

② 대판 1981.7.7. 80다2478
③ 국가나 지방자치단체가 손해를 배상할 책임이 있는 경우에 공무원의 선임·감독 또는 영조물의 설치·관리를 맡은 자와 공무원의 봉급·급여, 그 밖의 비용 또는 영조물의 설치·관리 비용을 부담하는 자가 동일하지 아니하면 그 비용을 부담하는 자도 손해를 배상하여야 한다(국가배상법 제6조 제1항).
④ 대판 1979.1.30. 77다2389 전합

20

영역 행정상 쟁송 > 행정심판　　　　　　　　　　　　　　난도 **중**

정답의 이유

② 일반적으로 행정처분이나 행정심판 재결이 불복기간의 경과로 인하여 확정될 경우 그 확정력은, 그 처분으로 인하여 법률상 이익을 침해받은 자가 당해 처분이나 재결의 효력을 더 이상 다툴 수 없다는 의미일 뿐, 더 나아가 판결에 있어서와 같은 기판력이 인정되는 것은 아니어서 그 처분의 기초가 된 사실관계나 법률적 판단이 확정되고 당사자들이나 법원이 이에 기속되어 모순되는 주장이나 판단을 할 수 없게 되는 것은 아니다(대판 2004.7.8, 2002두11288).

오답의 이유

① 재결의 기속력은 인용재결에만 인정되며, 기각판결이나 기각재결은 행정청을 기속하지 아니하므로 기각판결이나 재결이 있더라도 처분 행정청은 직권으로 당해 처분을 취소·변경할 수 있다.

③ 대판 2003.4.25, 2002두3201

④ 취소재결, 변경재결, 처분재결은 형성재결로서 재결의 형성력에 의해 재결만으로 처분이 취소·변경되거나 처분이 행해지는 등의 상태변화가 이루어진다. 이에 반해 변경명령재결, 및 처분명령재결(이행재결)은 형성재결이 아니라 명령재결로서 피청구인이 기속력에 의해 주어진 의무를 이행하지 않으면 상태가 변화하지 않는다는 점에서 형성력이 없고 '의무이행'의 문제를 남긴다(행정심판법 제43조 제3항 참조). 무효확인재결은 애초 상태변화가 없는 확인재결이므로 역시 형성력이 인정되지 않는다.

> **제43조(재결의 구분)** ③ 위원회는 취소심판의 청구가 이유가 있다고 인정하면 처분을 취소 또는 다른 처분으로 변경하거나 처분을 다른 처분으로 변경할 것을 피청구인에게 명한다.

(((•))) 적중레이더

심판 유형별 형성·명령재결 비교

유형	형성재결	명령재결
취소심판	취소재결, 변경재결	변경명령재결
의무이행심판	처분재결	처분명령재결(이행재결)
재결의 형성력	있음 (재결만으로 상태변화)	없음 (의무이행 있어야 상태변화)
무효확인심판	무효확인재결 (형성력 없음)	

21

영역 행정절차와 행정공개 > 정보공개와 개인정보보호　　　　난도 **하**

정답의 이유

② 개인정보처리자는 정보주체가 필요한 최소한의 정보 외의 개인정보 수집에 동의하지 아니한다는 이유로 정보주체에게 재화 또는 서비스의 제공을 거부하여서는 아니 된다(개인정보 보호법 제16조 제3항).

오답의 이유

① 개인정보 보호법 제3조 제7항

③ 개인정보 보호법 제15조 제1항 제3호

④ 개인정보 보호법 제21조 제1항

22

영역 행정구제법 > 종합　　　　　　　　　　　　　　　　난도 **중**

정답의 이유

④ 당사자의 신청을 받아들이지 않은 거부처분이 재결에서 취소된 경우에 행정청은 종전 거부처분 또는 재결 후에 발생한 새로운 사유를 내세워 다시 거부처분을 할 수 있다(대판 2017.10.31, 2015두45045).

오답의 이유

① 헌결 2015.10.21, 2012헌바367

② 대판 1992.6.9, 92누565

③ 대판 2019.8.9, 2019두38656

23

영역 행정법 서론 > 행정상 법률관계　　　　　　　　　　　난도 **하**

정답의 이유

④ 환경부장관이 생태·자연도 1등급으로 지정되었던 지역을 2등급 또는 3등급으로 변경하는 내용의 생태·자연도 수정·보완을 고시하자, 인근 주민 甲이 생태·자연도 등급변경처분의 무효 확인을 청구한 사안에서, … 인근 주민에 불과한 甲은 생태·자연도 등급권역을 1등급에서 일부는 2등급으로, 일부는 3등급으로 변경한 결정의 무효 확인을 구할 원고적격이 없다(대판 2014.2.21, 2011두29052).

오답의 이유

① 행정청의 결정재량이 '0'으로 수축되어 어떤 한 행위만을 하여야 하는 경우가 있는데 이러한 경우 무하지재량행사청구권은 실체적 권리인 행정개입청구권으로 전환된다.

② 공무원연금 수급권과 같은 사회보장수급권은 '모든 국민은 인간다운 생활을 할 권리를 가지고, 국가는 사회보장 · 사회복지의 증진에 노력할 의무를 진다.'고 규정한 헌법 제34조 제1항 및 제2항으로부터 도출되는 사회적 기본권 중의 하나로서, 이는 국가에 대하여 적극적으로 급부를 요구하는 것이므로 헌법규정만으로는 이를 실현할 수 없어 법률에 의한 형성이 필요하고, 그 구체적인 내용 즉 수급요건, 수급권자의 범위 및 급여금액 등은 법률에 의하여 비로소 확정된다(헌재 2013.9.26, 2011헌바272).

③ 행정청에 재량이 인정된 경우 재량행위의 상대방 기타 이해관계인은 행정청에 대한 특정한 행위를 구할 권리는 갖지 못하지만, 재량행사를 하자(흠) 없이 행사해 줄 것을 청구할 수 있는 권리를 가질 수 있다고 보는 바, 이를 무하자재량행사청구권이라 한다.

24 정답 ②

영역 행정구제법 > 행정쟁송제도   난도 하

정답의 이유

② 법령상 토사채취가 제한되지 않는 산림 내에서의 토사채취에 대하여 국토와 자연의 유지, 환경보전 등 중대한 공익상 필요를 이유로 그 허가를 거부할 수 있다(대판 2007.6.15, 2005두9736). 따라서 허가를 거부하는 것이 재량권을 일탈 · 남용하여 위법한 처분이라 할 수 없다.

오답의 이유

① 대판 2018.6.15, 2016두57564

③ 대판 2018.6.19, 2015두38580

④ 대판 2010.4.29, 2009두16879

25 정답 ①

영역 행정상 쟁송 > 행정소송   난도 중

정답의 이유

① 원심판결 이유와 기록에 의하면, 피고가 2008.12.31. 원고에 대하여 한 공사낙찰적격심사 감점처분(이하 '이 사건 감점조치'라 한다)의 근거로 내세운 규정은 피고의 공사낙찰적격심사세부기준(이하 '이 사건 세부기준'이라 한다) 제4조 제2항인 사실, 이 사건 세부기준은 공공기관의 운영에 관한 법률 제39조 제1항, 제3항, 구 공기업 · 준정부기관 계약사무규칙 제12조에 근거하고 있으나, 이러한 규정은 공공기관이 사인과 사이의 계약관계를 공정하고 합리적 · 효율적으로 처리할 수 있도록 관계 공무원이 지켜야 할 계약사무 처리에 관한 필요한 사항을 규정한 것으로서 공공기관의 내부규정에 불과하여 대외적 구속력이 없는 것임을 알 수 있다(대판 2014. 12.24, 2010두6700).

오답의 이유

② 대판 2004.4.22, 2003두9015 전합

③ 대판 2009.1.30, 2007두7277

④ 피고가 원고에 대하여 한 이 사건 감점조치는 행정청이나 그 소속기관 또는 그 위임을 받은 공공단체의 공법상의 행위가 아니라 장차 그 대상자인 원고가 피고가 시행하는 입찰에 참가하는 경우에 그 낙찰적격자 심사 등 계약 사무를 처리함에 있어 피고 내부규정인 이 사건 세부기준에 의하여 종합취득점수의 10/100을 감점하게 된다는 뜻의 사법상의 효력을 가지는 통지행위에 불과하다 할 것이고, 또한 피고의 이와 같은 통지행위가 있다고 하여 원고에게 공공기관의 운영에 관한 법률 제39조 제2항, 제3항, 구 공기업 · 준정부기관 계약사무규칙 제15조에 의한 국가, 지방자치단체 또는 다른 공공기관에서 시행하는 모든 입찰에의 참가자격을 제한하는 효력이 발생한다고 볼 수도 없으므로, 피고의 이 사건 감점조치는 행정소송의 대상이 되는 행정처분이라고 할 수 없다(대판 2014. 12.24, 2010두6700).

2023 | 7급 기출문제 해설

☑ 점수 (   )점/100점 ☑ 문제편 114쪽

영역 분석

행정상 쟁송	6문항	★★★★★★	24%
일반행정작용법	5문항	★★★★★	20%
행정조직법	4문항	★★★★	16%
특별행정작용법	3문항	★★★	12%
행정법 서론	2문항	★★	8%
행정의 실효성 확보수단	2문항	★★	8%
행정절차와 행정공개	2문항	★★	8%
행정구제법	1문항	★	4%

빠른 정답

01	02	03	04	05	06	07	08	09	10
②	②	④	②	④	④	①	③	④	①
11	12	13	14	15	16	17	18	19	20
①	③	①	④	③	③	①	②	②	②
21	22	23	24	25					
④	④	③	③	①					

01

정답 ②

영역 행정법 서론 > 사인의 공법행위　　난도 **중**

[정답의 이유]

② 대판 2009.1.30, 2006다17850

[오답의 이유]

① 법령 등으로 정하는 바에 따라 행정청에 일정한 사항을 통지하여야 하는 신고로서 법률에 신고의 수리가 필요하다고 명시되어 있는 경우(행정기관의 내부 업무 처리 절차로서 수리를 규정한 경우는 제외한다)에는 행정청이 수리하여야 효력이 발생한다(행정기본법 제34조).

③ 대규모점포의 개설 등록은 이른바 '수리를 요하는 신고'로서 행정처분에 해당한다(대판 2015.11.19, 2015두295 전합).

④ 체육시설의 회원을 모집하고자 하는 자의 시·도지사 등에 대한 회원모집계획서 제출은 수리를 요하는 신고에 해당하며, 시·도지사 등의 검토결과 통보는 수리행위로서 행정처분에 해당한다(대판 2009.2.26, 2006두16243).

02

정답 ②

영역 일반행정작용법 > 기타행정행위　　난도 **하**

[정답의 이유]

② 자동차운송사업양도양수계약에 기한 양도양수인가신청에 대하여 피고 시장이 내인가를 한 후 위 내인가에 기한 본인가신청이 있었으나 자동차운송사업 양도양수인가신청서가 합의에 의한 정당한 신청서라고 할 수 없다는 이유로 위 내인가를 취소한 경우, 위 내인가의 법적 성질이 행정행위의 일종으로 볼 수 있든 아니든 그것이 행정청의 상대방에 대한 의사표시임이 분명하고, 피고가 위 내인가를 취소함으로써 다시 본인가에 대하여 따로이 인가 여부의 처분을 한다는 사정이 보이지 않는다면 위 내인가취소를 인가신청을 거부하는 처분으로 보아야 할 것이다(대판 1991.6.28, 90누4402).

[오답의 이유]

① 행정행위의 부관은 부담의 경우를 제외하고는 독립하여 행정소송의 대상이 될 수 없는 것인바, 행정청이 한 공유수면매립준공인가 중 매립지 일부에 대하여 한 국가귀속처분은 매립준공인가를 함에 있어서 매립의 면허를 받은 자의 매립지에 대한 소유권취득을 규정한 공유수면매립법 제14조의 효과 일부를 배제하는 부관을 붙인 것이므로 이러한 행정행위의 부관에 대하여는 독립하여 행정소송의 대상으로 삼을 수 없다(대판 1991.12.13, 90누8503).

③ 식품제조영업허가기준이라는 고시는 공익상의 이유로 허가를 할 수 없는 영업의 종류를 지정할 권한을 부여한 구 식품위생법 제23조의3 제4호에 따라 보건사회부장관이 발한 것으로서, 실질적으로 법의 규정내용을 보충하는 기능을 지니면서 그것과 결합하여 대외적으로 구속력이 있는 법규명령의 성질을 가진 것이다. 이 고시에서 정한 허가기준에 따라 보존음료수 제조업의 허가에 붙여진 전량수출 또는 주한외국인에 대한 판매에 한한다는 내용의 조건은 이른바 법정부관으로서 행정청의 의사에 기하여 붙여지는 본래의 의미에서의 행정행위의 부관은 아니므로, 이와 같은 법정부관에 대하여는 행정행위에 부관을 붙일 수 있는 한계에 관한 일반적인 원칙이 적용되지는 않는다(대판 1994.3.8, 92누1728).

④ 확약 또는 공적인 의사표명이 있은 후에 사실적·법률적 상태가 변경되었다면, 그와 같은 확약 또는 공적인 의사표명은 행정청의 별다른 의사표시를 기다리지 않고 실효된다(대판 1996.8.20, 95누10877).

03

영역 행정절차와 행정공개 > 행정절차법   **난도** 중

정답의 이유

④ 행정절차법 제28조 제2항

> **제28조(청문 주재자)** ② 행정청은 다음 각 호의 어느 하나에 해당하는 처분을 하려는 경우에는 청문 주재자를 2명 이상으로 선정할 수 있다. 이 경우 선정된 청문 주재자 중 1명이 청문 주재자를 대표한다.
> 1. 다수 국민의 이해가 상충되는 처분
> 2. 다수 국민에게 불편이나 부담을 주는 처분
> 3. 그 밖에 전문적이고 공정한 청문을 위하여 행정청이 청문 주재자를 2명 이상으로 선정할 필요가 있다고 인정하는 처분

오답의 이유

① 특별한 사정이 없는 한 신청에 대한 거부처분이라고 하더라도 직접 당사자의 권익을 제한하는 것은 아니어서 신청에 대한 거부처분을 여기에서 말하는 '당사자의 권익을 제한하는 처분'에 해당한다고 할 수 없는 것이어서 <u>처분의 사전통지대상이 된다고 할 수 없다</u>(대판 2003.11.28, 2003두674).

② 행정청이 구 식품위생법 규정에 의하여 영업자지위승계신고를 수리하는 처분은 종전의 영업자의 권익을 제한하는 처분이라 할 것이고 따라서 종전의 영업자는 그 처분에 대하여 직접 그 상대가 되는 자에 해당한다고 봄이 상당하므로, <u>행정청으로서는 위 신고를 수리하는 처분을 함에 있어서 행정절차법 규정 소정의 당사자에 해당하는 종전의 영업자에 대하여 위 규정 소정의 행정절차를 실시하고 처분을 하여야 한다</u>(대판 2003.2.14, 2001두7015).

③ 행정청이 특히 침해적 행정처분을 할 때 그 처분의 근거 법령 등에서 청문을 실시하도록 규정하고 있다면, 행정절차법 등 관련 법령상 청문을 실시하지 않아도 되는 예외적인 경우에 해당하지 않는 한 반드시 청문을 실시하여야 하며, <u>그러한 절차를 결여한 처분은 위법한 처분으로서 취소사유에 해당한다</u>(대판 2007.11.16, 2005두15700).

04

정답 ②

영역 일반행정작용법 > 행정행위   **난도** 하

정답의 이유

② 공무원 인사 관계 법령에 따른 징계 등 처분에 관한 사항에 관하여는 행정기본법상 처분에 대한 이의신청이 적용되지 않는다(행정기본법 제36조 제7항 제1호).

> **제36조(처분에 대한 이의신청)** ⑦ 다음 각 호의 어느 하나에 해당하는 사항에 관하여는 이 조를 적용하지 아니한다.
> 1. 공무원 인사 관계 법령에 따른 징계 등 처분에 관한 사항
> 2. 「국가인권위원회법」제30조에 따른 진정에 대한 국가인권위원회의 결정
> 3. 「노동위원회법」제2조의2에 따라 노동위원회의 의결을 거쳐 행하는 사항
> 4. 형사, 행형 및 보안처분 관계 법령에 따라 행하는 사항
> 5. 외국인의 출입국·난민인정·귀화·국적회복에 관한 사항
> 6. 과태료 부과 및 징수에 관한 사항

오답의 이유

① 행정기본법 제36조 제4항

③ 행정기본법 제37조 제1항

> **제37조(처분의 재심사)** ① 당사자는 처분(제재처분 및 행정상 강제는 제외한다. 이하 이 조에서 같다)이 행정심판, 행정소송 및 그 밖의 쟁송을 통하여 다툴 수 없게 된 경우(법원의 확정판결이 있는 경우는 제외한다)라도 다음 각 호의 어느 하나에 해당하는 경우에는 해당 처분을 한 행정청에 처분을 취소·철회하거나 변경하여 줄 것을 신청할 수 있다.
> 1. 처분의 근거가 된 사실관계 또는 법률관계가 추후에 당사자에게 유리하게 바뀐 경우
> 2. 당사자에게 유리한 결정을 가져다주었을 새로운 증거가 있는 경우
> 3. 「민사소송법」제451조에 따른 재심사유에 준하는 사유가 발생한 경우 등 대통령령으로 정하는 경우

④ 행정기본법 제37조 제5항

05

정답 ④

영역 행정조직법 > 공무원법   **난도** 중

정답의 이유

④ 국가공무원법 제73조의3 제1항에서 정한 직위해제는 당해 공무원이 장래에 계속 직무를 담당하게 될 경우 예상되는 업무상의 장애 등을 예방하기 위하여 일시적으로 당해 공무원에게 직위를 부여하지 아니함으로써 직무에 종사하지 못하도록 하는 잠정적인 조치로서, 임용권자가 일방적으로 보직을 박탈시키는 것을 의미한다. 이러한 직위해제는 공무원의 비위행위에 대한 징벌적 제재인 징계와 법적 성질이 다르다(대판 2022.10.14, 2022두45623).

① 직위해제처분은 공무원에 대하여 불이익한 처분이긴 하나 징계처분과 같은 성질의 처분이라고는 볼 수 없으므로 동일한 사유에 대한 직위해제처분이 있은 후 다시 해임처분이 있었다 하여 일사부재리의 법리에 어긋난다고 할 수 없다(대판 1984.2.28, 83누489).

② 구 경찰공무원법 제50조 제1항에 의한 직위해제처분과 같은 제3항에 의한 면직처분은 후자가 전자의 처분을 전제로 한 것이기는 하나 각각 단계적으로 별개의 법률효과를 발생하는 행정처분이어서 선행 직위해제처분의 위법사유가 면직처분에는 승계되지 아니한다 할 것이므로 선행된 직위해제 처분의 위법사유를 들어 면직처분의 효력을 다툴 수는 없다(대판 1984.9.11, 84누191).

③ 원고에 대한 직위해제처분(이하 '이 사건 처분'이라고 한다) 당시 원고가 기소된 공소사실에 관하여 당연퇴직 사유인 국가공무원법 제33조 제3호 내지 제6호의2에 해당하는 유죄판결을 받을 고도의 개연성이 있다거나, 원고가 계속 직무를 수행함으로 인하여 공무집행의 공정성과 그에 대한 국민의 신뢰를 저해할 구체적인 위험이 생길 우려가 있었다고 인정하기 어렵다고 보아, 원고가 형사 사건으로 기소되었다는 이유만으로 한 이 사건 처분은 재량권을 일탈·남용한 것으로서 위법하다(대판 2017.6.8, 2016두38273).

06

정답 ④

영역 행정의 실효성 확보수단 > 종합　　　난도 **중**

④ 체납자 등은 자신에 대한 공매처분 전 절차인 공매통지의 하자를 공매처분의 위법사유로 주장할 수 있지만, 다른 권리자에 대한 공매통지의 하자를 들어 공매처분의 위법사유로 주장하는 것은 허용되지 않는다(대판 2008.11.20, 2007두18154 전합).

① 대판 2011.3.24, 2010두25527

② 행정조사기본법 제20조 제1항

③ 회사 분할 시 신설회사 또는 존속회사가 승계하는 것은 분할하는 회사의 권리와 의무이고, 분할하는 회사의 분할 전 법 위반행위를 이유로 과징금이 부과되기 전까지는 단순한 사실행위만 존재할 뿐 과징금과 관련하여 분할하는 회사에 승계 대상이 되는 어떠한 의무가 있다고 할 수 없으므로, 특별한 규정이 없는 한 신설회사에 대하여 분할하는 회사의 분할 전 법 위반행위를 이유로 과징금을 부과하는 것은 허용되지 않는다(대판 2011.5.26, 2008두18335).

07

정답 ①

영역 행정의 실효성 확보수단 > 행정상 강제　　　난도 **하**

① 대집행계고처분 취소소송의 변론종결 전에 대집행영장에 의한 통지절차를 거쳐 사실행위로서 대집행의 실행이 완료된 경우에는 행위가 위법한 것이라는 이유로 손해배상이나 원상회복 등을 청구하는 것은 별론으로 하고 처분의 취소를 구할 법률상 이익은 없다(대판 1993.6.8, 93누6164).

② 대판 2010.1.28, 2007다82950 등

③ 도시공원시설인 매점의 관리청이 그 공동점유자 중의 1인에 대하여 소정의 기간 내에 위 매점으로부터 퇴거하고 이에 부수하여 그 판매 시설물 및 상품을 반출하지 아니할 때에는 이를 대집행하겠다는 내용의 계고처분은 그 주된 목적이 매점의 원형을 보존하기 위하여 점유자가 설치한 불법 시설물을 철거하고자 하는 것이 아니라, 매점에 대한 점유자의 점유를 배제하고 그 점유이전을 받는 데 있다고 할 것인데, 이러한 의무는 그것을 강제적으로 실현함에 있어 직접적인 실력행사가 필요한 것이지 대체적 작위의무에 해당하는 것은 아니어서 직접강제의 방법에 의하는 것은 별론으로 하고 행정대집행법에 의한 대집행의 대상이 되는 것은 아니다(대판 1998.10.23, 97누157).

④ 대판 2017.4.28, 2016다213916

08

정답 ③

영역 특별행정작용법 > 공용부담법　　　난도 **상**

③ 토지보상법 제84조 제1항

> **제84조(이의신청에 대한 재결)** ① 중앙토지수용위원회는 제83조에 따른 이의신청을 받은 경우 제34조에 따른 재결이 위법하거나 부당하다고 인정할 때에는 그 재결의 전부 또는 일부를 취소하거나 보상액을 변경할 수 있다.

① 공익사업을 위한 토지 등의 취득 및 보상에 관한 법률상 이의신청(행정심판의 성질)은 임의적 전치주의이다(임의적 행정심판 전치원칙). 따라서 수용재결에 대하여 불복하는 경우 이의재결을 거치지 아니하고 취소소송을 제기할 수 있다.

토지보상법 제83조(이의의 신청) ① 중앙토지수용위원회의 제34조에 따른 재결에 이의가 있는 자는 중앙토지수용위원회에 이의를 신청할 수 있다.
② 지방토지수용위원회의 제34조에 따른 재결에 이의가 있는 자는 해당 지방토지수용위원회를 거쳐 중앙토지수용위원회에 이의를 신청할 수 있다.
③ 제1항 및 제2항에 따른 이의의 신청은 재결서의 정본을 받은 날부터 30일 이내에 하여야 한다.

② 현행 공익사업을 위한 토지 등의 취득 및 보상에 관한 법률 제85조 제1항은 수용재결(원처분)에 대해서 행정소송을 제기할 수 있다고 규정하고 있다. 다수설·판례는 원처분주의를 채택하여 수용재결서를 받은 날부터 90일 이내 그리고 이의신청에 대해 기각재결이 내려진 경우, 이의재결서를 받은 날부터 60일 이내에 수용재결을 대상으로 취소소송을 제기하여야 한다는 입장이다. 다만 이의신청에 대한 재결 자체에 고유한 위법이 있음을 이유로 하는 경우에는 그 이의재결을 한 중앙토지수용위원회를 피고로 하여 이의재결의 취소를 구할 수 있다(대판 2010.1.28, 2008두1504).

토지보상법 제85조(행정소송의 제기) ① 사업시행자, 토지소유자 또는 관계인은 제34조에 따른 재결에 불복할 때에는 재결서를 받은 날부터 90일 이내에, 이의신청을 거쳤을 때에는 이의신청에 대한 재결서를 받은 날부터 60일 이내에 각각 행정소송을 제기할 수 있다. 이 경우 사업시행자는 행정소송을 제기하기 전에 제84조에 따라 늘어난 보상금을 공탁하여야 하며, 보상금을 받을 자는 공탁된 보상금을 소송이 종결될 때까지 수령할 수 없다.

④ 이의재결에서 보상금이 늘어난 경우 사업시행자는 재결의 취소 또는 변경의 재결서 정본을 받은 날부터 30일 이내에 보상금을 받을 자에게 그 늘어난 보상금을 지급해야 한다(토지보상법 제84조 제2항).

09 정답 ④

영역 일반행정작용법 > 행정행위   난도 중

정답의 이유

④ 특별사용의 필요가 없는 부분을 도로점용허가의 점용장소 및 점용면적으로 포함한 흠이 있고 그로 인하여 점용료 부과처분에도 흠이 있게 된 경우, 도로관리청으로서는 도로점용허가 중 특별사용의 필요가 없는 부분을 직권취소하면서 특별사용의 필요가 없는 점용장소 및 점용면적을 제외한 상태로 점용료를 재산정한 후 당초 처분을 취소하고 재산정한 점용료를 새롭게 부과하거나, 당초 처분을 취소하지 않고 당초 처분으로 부과된 점용료와 재산정된 점용료의 차액을 감액할 수도 있다(대판 2019.1.17, 2016두56721 등 병합).

오답의 이유

① 여객자동차운수사업법에 따른 개인택시운송사업면허는 특정인에게 권리나 이익을 부여하는 재량행위이고, 행정청이 면허발급 여부를 심사함에 있어 이미 설정된 면허기준의 해석상 당해 신청이 면허발급의 우선순위에 해당함이 명백함에도 불구하고 이를 제외시켜 면허거부처분을 하였다면 특별한 사정이 없는 한 그 거부처분은 재량권을 남용한 위법한 처분이다(대판 2002.1.22, 2001두8414).
② 대판 2008.12.24, 2008두8970
③ 대판 2019.1.17, 2016두56721 등 병합

10 정답 ①

영역 행정상 쟁송 > 행정소송   난도 하

정답의 이유

① 처분성이 인정되는 국민권익위원회의 조치요구에 불복하고자 하는 소방청장으로서는 조치요구의 취소를 구하는 항고소송을 제기하는 것이 유효·적절한 수단으로 볼 수 있으므로 소방청장은 예외적으로 당사자능력과 원고적격을 가진다(대판 2018.8.1, 2014두35379).

오답의 이유

② 사증발급 거부처분을 다투는 외국인은, 아직 대한민국에 입국하지 않은 상태에서 대한민국에 입국하게 해달라고 주장하는 것으로, 대한민국과의 실질적 관련성 내지 대한민국에서 법적으로 보호가치 있는 이해관계를 형성한 경우는 아니어서, 해당사증발급 거부처분의 취소를 구할 법률상 이익이 인정되지 않는다. 반면, 국적법상 귀화불허가처분이나 출입국관리법상 체류자격변경 불허가처분, 강제퇴거명령 등을 다투는 외국인은 대한민국에 적법하게 입국하여 상당한 기간을 체류한 사람이므로, 이미 대한민국과의 실질적 관련성 내지 대한민국에서 법적으로 보호가치 있는 이해관계를 형성한 경우이어서, 해당 처분의 취소를 구할 법률상 이익이 인정된다고 보아야 한다(대판 2018.5.15, 2014두42506).
③ 일반소매인으로 지정되어 영업을 하고 있는 기존업자의 신규 구내소매인에 대한 이익은 법률상 보호되는 이익이 아니라 단순한 사실상의 반사적 이익이라고 해석함이 상당하므로, 기존 일반소매인은 신규 구내소매인 지정 처분의 취소를 구할 원고적격이 없다(대판 2008.4.10, 2008두402).
④ 재단법인 甲수녀원이, 매립목적을 택지조성에서 조선시설용지로 변경하는 내용의 공유수면 매립 목적 변경승인처분으로 인하여 법률상 보호되는 환경상 이익을 침해받았다면서 행정청을 상대로 처분의 무효확인을 구하는 소송을 제기한 사안에서, 甲수녀원에는 처분의 무효확인을 구할 원고적격이 없다(대판 2012.6.28, 2010두2005).

11
※ 개정·변경된 내용으로 선지 교체

정답 ①

영역 행정상 쟁송 > 행정심판 　　　　　　　　　난도 **중**

정답의 이유

① 영업정지 7일의 처분에 대하여 甲이 행정심판을 제기한 경우 행정심판위원회가 처분의 상대방에게 불리한 영업정지 1월의 처분으로 처분을 변경하는 재결을 내릴 수 없다(행정심판법 제47조 제2항). 행정심판법상 '불이익변경금지원칙'에 위반되기 때문이다.

> **제47조(재결의 범위)** ② 위원회는 심판청구의 대상이 되는 처분보다 청구인에게 불리한 재결을 하지 못한다.

오답의 이유

② 甲이 취소소송을 제기하기 전 영업정지 7일의 처분이 이미 종료한 경우 후행 처분의 가중사유가 되지 않는 경우라면 甲은 이미 소멸된 처분의 취소판결을 받아봐야 가중처분을 피할 수 있는 등의 실익이 없으므로 협의의 소의 이익이 인정되지 않는다.

③ 행정심판은 상급 행정청의 자기통제이므로, 행정심판위원회는 위법성뿐만 아니라 부당성도 심리할 수 있고, 기속행위는 물론 재량행위임에도 일부취소재결을 할 수 있다.

④ 행정처분의 취소를 구하는 항고소송에서 처분청은 당초 처분의 근거로 삼은 사유와 기본적 사실관계가 동일성이 있다고 인정되는 한도 내에서만 다른 사유를 추가 또는 변경할 수 있고, 이러한 기본적 사실관계의 동일성 유무는 처분사유를 법률적으로 평가하기 이전의 구체적 사실에 착안하여 그 기초인 사회적 사실관계가 기본적인 점에서 동일한지에 따라 결정되므로, 추가 또는 변경된 사유가 처분 당시에 이미 존재하고 있었다거나 당사자가 그 사실을 알고 있었다고 하여 당초의 처분사유와 동일성이 있다고 할 수 없다. 그리고 이러한 법리는 행정심판 단계에서도 그대로 적용된다(대판 2014.5.16, 2013두26118).

12

정답 ③

영역 특별행정작용법 > 급부행정법 　　　　　　　난도 **중**

정답의 이유

③ 공기업 이용관계는 합의 이용이 원칙이지만, 예외적으로 강제 이용의 경우도 있다. 공기업 이용관계가 공기업주체와 이용자 사이의 계약에 의해 성립하는 경우에도 공기업이용조건이 법령, 조례 또는 공기업규칙에 의해 미리 정하여지고 그러한 이용조건에 따라 이용계약이 체결되는 '부합계약'이 보통이다.

오답의 이유

① 공기업 이용관계에 대해서 '공기업은 직접 공익을 위하여 행하여지는 행정작용의 일부라는 점을 강조하여 그 이용관계도 공법관계'라는 공법관계설과 '공기업도 사업의 실질은 사인이 경영하는 사업과 다를 것이 없으므로 사법관계로 보며, 다만 실정법에 특별한 규정이 있을 경우에만 공법관계'로 보는 사법관계설, 그리고 단체법적 사회법관계설 등의 견해대립이 있는데, 이 중 사법관계설이 통설이다.

② 공기업이용관계는 사법관계가 일반적이나, 법령에 규정이 있는 경우, 예컨대 체납요금에 대한 행정상 강제징수의 인정(우편법 제24조, 수도법 제68조 등), 사용료에 대한 이의신청 등 행정쟁송의 인정(지방자치법 제157조) 등은 공법관계로 보는 것이 대부분의 견해이다.

④ 특허기업의 특허란 국가나 지방자치단체가 자기의 권한에 속하는 공익사업의 경영권을 사인에게 설정해주는 행위를 말한다. 예컨대 전기사업법상 전기사업허가(제7조), 도시가스사업법상 도시가스사업의 허가(제3조 제1항), 철도사업법에 따라 사설철도사업의 면허(제5조) 등이 그 예이다.

> 📡 **적중레이더**
>
> **공기업 이용관계**
> 판례는 철도이용관계와 전화이용관계는 사법관계로 보고 있으나, 수도이용관계는 공법관계로 보고 있다.

13

정답 ①

영역 행정조직법 > 지방자치법 　　　　　　　　　난도 **상**

정답의 이유

① 지방자치법 제5조 제1항(현행 제8조 제1항)에 의하면 지방자치단체의 구역변경이나 폐치·분합이 있는 때에는 새로 그 지역을 관할하게 된 지방자치단체가 그 사무와 재산을 승계하도록 규정되어 있는바, 여기서 "재산"이라 함은 현금 이외의 모든 재산적 가치가 있는 물건 및 권리만을 말하는 것으로서 채무는 포함되지 않는다(대판 1993.2.26, 92다45292).

> **제8조(구역의 변경 또는 폐지·설치·분리·합병 시의 사무와 재산의 승계)** ① 지방자치단체의 구역을 변경하거나 지방자치단체를 폐지하거나 설치하거나 나누거나 합칠 때에는 새로 그 지역을 관할하게 된 지방자치단체가 그 사무와 재산을 승계한다.

② 대판 2009.6.11, 2008도6530

③ 대판 1992.6.23, 92추17

④ 헌결 2019.12.27, 2018헌마301 등 병합

14

영역 행정구제법 > 손해전보제도 난도 **하**

정답의 이유

④ 불법행위를 원인으로 한 국가에 대한 손해배상청구권은 손해 및 가해자를 안 날로부터 3년이 경과하여야 단기소멸시효가 완성된다 할 것이지만(민법 제766조 제1항), 다른 한편 불법행위일로부터 5년 동안 이를 행사하지 아니하면 시효로 소멸한다(1961.12.19. 법률 제849호로 폐지되기 전의 구 재정법 제58조). 5년의 소멸시효 기간은 위 3년의 단기소멸시효 기간과 달리 불법행위일로부터 바로 진행이 되므로 이 사건에서 원고들이 2009.12.7.경에서야 국방부로부터 이 사건 사고로 소외인이 사망하였다는 내용의 조사 결과를 받았다고 할지라도 그 손해배상청구권의 소멸시효는 이 사건 사고로 소외인이 사망한 날로부터 5년이 경과한 때에 이미 완성되었다고 할 것이다(대판 2013.6.27. 2013다23211).

오답의 이유

① 국가배상법 제9조는 배상심의회의 배상신청 임의주의를 규정하고 있으므로 배상심의회에 배상신청 없이 바로 민사법원에 국가배상청구가 가능하다.

> **제9조(소송과 배상신청의 관계)** 이 법에 따른 손해배상의 소송은 배상심의회(이하 "심의회"라 한다)에 배상신청을 하지 아니하고도 제기할 수 있다.

② 공익근무요원은 보충역에 편입되어 있는 자이기 때문에, 소집되어 군에 복무하지 않는 한 군인이라고 말할 수 없으므로, 비록 병역법 제75조 제2항이 공익근무요원으로 복무 중 순직한 사람의 유족에 대하여 국가유공자 등 예우 및 지원에 관한 법률에 따른 보상을 하도록 규정하고 있다고 하여도, 공익근무요원이 국가배상법 제2조 제1항 단서의 규정에 의하여 국가배상법상 손해배상청구가 제한되는 군인 · 군무원 · 경찰공무원 또는 향토예비군대원에 해당한다고 할 수 없다(대판 1997.3.28. 97다4036).

③ 피해자에게 손해를 직접 배상한 경과실이 있는 공무원은 특별한 사정이 없는 한 국가에 대하여 국가의 피해자에 대한 손해배상책임의 범위 내에서 공무원이 변제한 금액에 관하여 구상권을 취득한다(대판 2014.8.20. 2012다54478).

📡 **적중레이더**

판례 비교

국가 또는 지방자치단체의 산하 공무원이 그 직무를 집행함에 당하여 중대한 과실로 인하여 법령에 위반하여 타인에게 손해를 가함으로써 국가 또는 지방자치단체가 손해배상책임을 부담하고, 그 결과로 손해를 입게 된 경우에는 국가 등은 제반 사정을 참작하여 손해의 공평한 부담이라는 견지에서 신의칙상 상당하다고 인정되는 한도 내에서만 당해 공무원에 대하여 구상권을 행사할 수 있다고 봄이 상당하다(대판 1991.5.10. 91다6764).

15

영역 일반행정작용법 > 행정행위 난도 **중**

정답의 이유

③ 이 사건 서훈취소 처분의 통지가 처분권한자인 대통령이 아니라 그 보좌기관인 피고에 의하여 이루어졌다고 하더라도, 그 처분이 대통령의 인식과 의사에 기초하여 이루어졌고, 앞서 보았듯이 그 통지로 이 사건 서훈취소 처분의 주체(대통령)와 내용을 알 수 있으므로, 이 사건 서훈취소 처분의 외부적 표시의 방법으로서 위 통지의 주체나 형식에 어떤 하자가 있다고 보기도 어렵다(대판 2014. 9.26. 2013두2518).

오답의 이유

① 대판 1998.6.26. 96누12634
② 대판 1993.5.27. 93누6621
④ 대판 2006.6.30. 2005두14363

📡 **적중레이더**

판례 비교

환경영향평가 법령에서 정한 환경영향평가를 거쳐야 할 대상사업에 대하여 그러한 절차를 거쳤다면, 비록 그 환경영향평가의 내용이 다소 부실하더라도, 그 부실의 정도가 환경영향평가제도를 둔 입법취지를 달성할 수 없을 정도이어서 환경영향평가를 하지 아니한 정도의 것이 아닌 이상, 그 부실은 당해 승인 등 처분에 재량권 일탈 · 남용의 위법이 있는지 여부를 판단하는 하나의 요소로 됨에 그칠 뿐, 그 부실로 인하여 당연히 당해 승인 등 처분이 위법하게 되는 것이 아니다(대판 2006.3.16. 2006두330 전합).

16

영역 행정상 쟁송 > 행정소송 난도 **하**

정답의 이유

③ 행정소송에 대한 대법원판결에 의하여 명령 · 규칙이 헌법 또는 법률에 위반된다는 것이 확정된 경우에는 대법원은 지체 없이 그 사유를 행정안전부장관에게 통보하여야 한다(행정소송법 제6조 제1항).

> **제6조 (명령 · 규칙의 위헌판결 등 공고)** ① 행정소송에 대한 대법원판결에 의하여 명령 · 규칙이 헌법 또는 법률에 위반된다는 것이 확정된 경우에는 대법원은 지체 없이 그 사유를 행정안전부장관에게 통보하여야 한다.
> ② 제1항의 규정에 의한 통보를 받은 행정안전부장관은 지체 없이 이를 관보에 게재하여야 한다.

① 행정소송법 제9조 제3항

> **제9조(재판관할)** ③ 토지의 수용 기타 부동산 또는 특정의 장소에 관계되는 처분 등에 대한 취소소송은 그 부동산 또는 장소의 소재지를 관할하는 행정법원에 이를 제기할 수 있다.

② 행정소송법 제2조 제2항

> **제2조(정의)** ② 이 법을 적용함에 있어서 행정청에는 법령에 의하여 행정권한의 위임 또는 위탁을 받은 행정기관, 공공단체 및 그 기관 또는 사인이 포함된다.

④ 행정소송법 제7조 또한 원고의 고의 또는 중대한 과실 없이 행정사건이 민사법원에 제기된 경우에도 관할이송이 가능하다.

> **행정소송법 제7조(사건의 이송)** 민사소송법 제34조 제1항의 규정은 원고의 고의 또는 중대한 과실 없이 행정소송이 심급을 달리하는 법원에 잘못 제기된 경우에도 적용한다.
>
> **민사소송법 제34조(관할위반 또는 재량에 따른 이송)** ① 법원은 소송의 전부 또는 일부에 대하여 관할권이 없다고 인정하는 경우에는 결정으로 이를 관할법원에 이송한다.

17

영역 행정조직법 > 지방자치법   난도 하

① 국가법령에서 정하고 있지 않더라도 지방자치단체가 특정사항에 대하여 그 지방의 실정에 맞게 제정한 조례를 곧바로 법령의 범위를 벗어난 것으로 위법하다고 단정할 수 없다. 법률이 주민의 권리의무에 관한 사항에 관하여 구체적으로 범위를 정하지 않은 채 조례로 정하도록 포괄적으로 위임한 경우나 법률규정이 예정하고 있는 사항을 구체화·명확화한 것으로 볼 수 있는 경우, 법령에 위반되지 않는 범위 내에서 주민의 권리의무에 관한 사항을 조례로 제정할 수 있다(대판 2022.4.28, 2021추5036). 단, 법률의 위임 없이 주민의 권리 제한 또는 의무 부과에 관한 사항을 정한 조례의 효력은 무효이다.

② 지방자치단체는 법령의 범위에서 그 사무에 관하여 조례를 제정할 수 있다. 다만, 주민의 권리 제한 또는 의무 부과에 관한 사항이나 벌칙을 정할 때에는 법률의 위임이 있어야 하는데(지방자치법 제28조 제1항), 지방자치단체가 조례를 위반한 행위에 대하여 조례로써 1천만 원 이하의 과태료를 정할 수 있다(지방자치법 제34조 제1항)는 위임 규정이 있으므로, 조례위반에 대하여 벌금 등 형벌을 과하도록 한 조례는 위헌·위법한 조례이다.

> **제28조(조례)** ① 지방자치단체는 법령의 범위에서 그 사무에 관하여 조례를 제정할 수 있다. 다만, 주민의 권리 제한 또는 의무 부과에 관한 사항이나 벌칙을 정할 때에는 법률의 위임이 있어야 한다.
>
> **제34조(조례 위반에 대한 과태료)** ① 지방자치단체는 조례를 위반한 행위에 대하여 조례로써 1천만 원 이하의 과태료를 정할 수 있다.

③ 차고지확보 대상을 자가용자동차 중 승차정원 16인 미만의 승합자동차와 적재정량 2.5t 미만의 화물자동차까지로 정하여 자동차운수사업법령이 정한 기준보다 확대하고, 차고지확보 입증서류의 미제출을 자동차등록 거부사유로 정하여 자동차관리법령이 정한 자동차등록기준보다 더 높은 수준의 기준을 부가하고 있는 차고지확보제도에 관한 조례안은 비록 그 법률적 위임근거는 있지만 그 내용이 차고지 확보기준 및 자동차등록기준에 관한 상위법령의 제한범위를 초과하여 무효이다(대판 1997.4.25, 96추251).

④ 지방자치단체는 주민의 복리에 관한 사무를 처리하고 재산을 관리하며, 법령의 범위 안에서 자치에 관한 규정을 제정할 수 있다(헌법 제117조 제1항). 지방자치법 제22조, 제9조에 따르면, 지방자치단체가 조례를 제정할 수 있는 사항은 지방자치단체의 고유사무인 자치사무와 개별 법령에 따라 지방자치단체에 위임된 단체위임사무에 한정된다(대판 2017.12.5, 2016추5162). 즉, 지방자치단체는 기관 위임사무에 관한 사항을 조례로 제정할 수 없다(원칙적 소극).

📡 적중레이더

비교 판례

조례가 규율하는 특정사항에 관하여 그것을 규율하는 국가의 법령이 이미 존재하는 경우에도 조례가 법령과 별도의 목적에 기하여 규율함을 의도하는 것으로서 그 적용에 의하여 법령의 규정이 의도하는 목적과 효과를 전혀 저해하는 바가 없는 때 또는 양자가 동일한 목적에서 출발한 것이라고 할지라도 국가의 법령이 반드시 그 규정에 의하여 전국에 걸쳐 일률적으로 동일한 내용을 규율하려는 취지가 아니고 각 지방자치단체가 그 지방의 실정에 맞게 별도로 규율하는 것을 용인하는 취지라고 해석되는 때에는 그 조례가 국가의 법령에 위배되는 것은 아니라고 보아야 한다(대판 2006.10.12, 2006추38).

18

영역 행정법 서론 > 사인의 공법행위　　　난도 **하**

정답의 이유

② 인·허가의제 효과를 수반하는 건축신고는 일반적인 건축신고와는 달리, 특별한 사정이 없는 한 행정청이 그 실체적 요건에 관한 심사를 한 후 수리하여야 하는 이른바 '수리를 요하는 신고'로 보는 것이 옳다(대판 2011.1.20, 2010두14954 전합).

오답의 이유

① 대판 2006.6.30, 2004두701

③ 대판 2010.11.18, 2008두167 전합

④ 대판 1992.3.31, 91누4911

19

정답 ②

영역 일반행정작용법 > 행정행위　　　난도 **중**

정답의 이유

② 관리처분계획의 인가 등에 관한 사무는 국가사무로서 지방자치단체의 장에게 위임된 이른바 기관위임사무에 해당하므로, 시·도지사가 지방자치단체의 조례에 의하여 이를 구청장 등에게 재위임할 수는 없고, 행정권한의 위임 및 위탁에 관한 규정 제4조에 의하여 위임기관의 장의 승인을 얻은 후 지방자치단체의 장이 제정한 규칙이 정하는 바에 따라 재위임하는 것만이 가능하다. 서울특별시장이 건설부장관으로부터 위임받은 관리처분계획의 인가 등 처분권한을 행정권한의 위임 및 위탁에 관한 규정 제4조에 의하여 규칙을 제정해서 구청장에게 재위임하지 아니하고, 서울특별시행정권한위임조례(1990.10.8. 서울특별시 조례 제2654호) 제5조 제1항 [별표]에 의하여 구청장에게 재위임하였다면, 서울특별시행정권한위임조례 중 위 처분권한의 재위임에 관한 부분은 조례제정권의 범위를 벗어난 국가사무(기관위임사무)를 대상으로 한 것이어서 무효이다. 무효인 서울특별시행정권한위임조례의 규정에 근거한 관리처분계획의 인가 등 처분은 결과적으로 적법한 위임 없이 권한 없는 자에 의하여 행하여진 것과 마찬가지가 되어 그 하자가 중대하나, 지방자치단체의 사무에 관한 조례와 규칙은 조례가 보다 상위규범이라고 할 수 있고, 또한 헌법 제107조 제2항의 "규칙"에는 지방자치단체의 조례와 규칙이 모두 포함되는 등 이른바 규칙의 개념이 경우에 따라 상이하게 해석되는 점 등에 비추어 보면, 위 처분의 위임과정의 하자가 객관적으로 명백한 것이라고 할 수 없으므로 결국 당연무효 사유는 아니라고 봄이 상당하다(대판 1995.8.22, 94누5694).

오답의 이유

① 대판 2012.2.16, 2010두10907 전합

③ 행정기본법 제18조 제1항

> **제18조(위법 또는 부당한 처분의 취소)** ① 행정청은 위법 또는 부당한 처분의 전부나 일부를 소급하여 취소할 수 있다. 다만, 당사자의 신뢰를 보호할 가치가 있는 등 정당한 사유가 있는 경우에는 장래를 향하여 취소할 수 있다.

④ 두 개 이상의 행정처분이 연속적으로 행하여진 경우 선행처분과 후행처분이 서로 독립하여 별개의 법률효과를 목적으로 하는 때에는 선행처분에 불가쟁력이 생겨 그 효력을 다툴 수 없게 되면 선행처분의 하자가 중대하고 명백하여 당연무효인 경우를 제외하고는 선행처분의 하자를 이유로 후행처분을 다툴 수 없는 것이 원칙이나, 이 경우에도 선행처분의 불가쟁력이나 구속력이 그로 인하여 불이익을 입게 되는 자에게 수인한도를 넘는 가혹함을 가져오고 그 결과가 당사자에게 예측 가능한 것이 아닌 경우에는 국민의 재판받을 권리를 보장하고 있는 헌법의 이념에 비추어 선행처분의 후행처분에 대한 구속력은 인정될 수 없다고 봄이 타당하므로, 선행처분에 위법이 있는 경우에는 그 자체를 행정소송의 대상으로 삼아 위법 여부를 다툴 수 있음은 물론 이를 기초로 한 후행처분의 취소를 구하는 행정소송에서도 선행처분의 위법을 독립된 위법사유로 주장할 수 있다(대판 1998.3.13, 96누6059).

20

정답 ②

영역 특별행정작용법 > 급부행정법　　　난도 **하**

정답의 이유

② 하천법 제50조에 의한 하천수 사용권은 하천법 제33조에 의한 하천의 점용허가에 따라 해당 하천을 점용할 수 있는 권리와 마찬가지로 특허에 의한 공물사용권의 일종으로서, 양도가 가능하고 이에 대한 민사집행법상의 집행 역시 가능한 독립된 재산적 가치가 있는 구체적인 권리라고 보아야 한다. 따라서 하천법 제50조에 의한 하천수 사용권은 공익사업을 위한 토지 등의 취득 및 보상에 관한 법률 제76조 제1항이 손실보상의 대상으로 규정하고 있는 '물의 사용에 관한 권리'에 해당한다(대판 2018.12.27, 2014두11601).

오답의 이유

① 대판 2021.3.11, 2020다229239

③ 대판 2015.1.29, 2012두27404

④ 대판 2002.2.26, 99다35300

21

영역 행정절차와 행정공개 > 정보공개와 개인정보보호　　난도 **중**

정답의 이유

④ • 형사소송법 제59조의2의 내용·취지 등을 고려하면, 형사소송법 제59조의2는 형사재판확정기록의 공개 여부나 공개 범위, 불복절차 등에 대하여 구 공공기관의 정보공개에 관한 법률과 달리 규정하고 있는 것으로 정보공개법 제4조 제1항에서 정한 '정보의 공개에 관하여 다른 법률에 특별한 규정이 있는 경우'에 해당한다. 따라서 형사재판확정기록의 공개에 관하여는 정보공개법에 의한 공개청구가 허용되지 아니한다(대판 2016.12.15. 2013두20882).

• 독립유공자 서훈 공적심사위원회의 회의록이 공공기관의 정보공개에 관한 법률 제9조 제1항 제5호에서 정한 '공개될 경우 업무의 공정한 수행에 현저한 지장을 초래한다고 인정할 만한 상당한 이유가 있는 정보'에 해당한다(대판 2014.7.24. 2013두20301). 따라서 독립유공자 서훈 공적심사위원회 회의록이나 형사재판확정기록은 비공개대상이다.

오답의 이유

① 정보공개청구권자인 국민에는 자연인뿐만 아니라 법인, 법인격 없는(권리능력 없는) 사단·재단도 포함된다는 것이 판례의 입장이며, 이해관계 유무를 불문하므로 시민단체 등에 의한 행정감시 목적의 정보공개청구도 가능하다. 한편 지방자치단체는 정보공개의 무자에 해당할 뿐 정보공개청구권자인 국민에 해당하지 않는다(서울행법 2005.10.12. 2005구합10484).

② 사법시험 제2차 시험 답안지는 비공개 대상 정보가 아니라 공개 대상이다(대판 2003.3.14. 2000두6114). 이와 달리 사법시험 2차 시험 중 시험문항에 대한 채점위원별 채점결과는 비공개정보이다.

③ 정보공개법 제4조 제1항·제3항 본문

> **제4조(적용 범위)** ① 정보의 공개에 관하여는 다른 법률에 특별한 규정이 있는 경우를 제외하고는 이 법에서 정하는 바에 따른다.
> ② 지방자치단체는 그 소관 사무에 관하여 법령의 범위에서 정보공개에 관한 조례를 정할 수 있다.
> ③ 국가안전보장에 관련되는 정보 및 보안 업무를 관장하는 기관에서 국가안전보장과 관련된 정보의 분석을 목적으로 수집하거나 작성한 정보에 대해서는 이 법을 적용하지 아니한다. 다만, 제8조 제1항에 따른 정보목록의 작성·비치 및 공개에 대해서는 그러하지 아니한다.

22

영역 행정상 쟁송 > 행정심판　　난도 **하**

정답의 이유

④ 거부처분에 대한 의무이행심판청구는 청구기간의 제한이 있으나, 부작위에 대한 의무이행심판청구는 무효확인심판과 마찬가지로 청구기간의 제한이 없다.

> **행정심판법 제27조(심판청구의 기간)** ⑦ 제1항부터 제6항까지의 규정은 무효등확인심판청구와 부작위에 대한 의무이행심판청구에는 적용하지 아니한다.

오답의 이유

① 행정심판법 제13조 제3항
② 행정심판법 제49조 제3항
③ 행정심판법 제43조 제5항

23

영역 행정상 쟁송 > 행정소송　　난도 **하**

정답의 이유

③ 한국자산공사가 당해 부동산을 인터넷을 통하여 재공매하기로 한 결정 자체는 내부적인 의사결정에 불과하여 항고소송의 대상이 되는 행정처분이라고 볼 수 없고, 또한 한국자산관리공사가 하는 공매통지는 공매의 요건이 아니라 공매사실 자체를 체납자에게 알려주는 데 불과한 것으로서, 통지의 상대방의 법적 지위나 권리·의무에 직접 영향을 주는 것이 아니라고 할 것이므로 이것 역시 행정처분에 해당한다고 할 수 없다(대판 2007.7.27. 2006두8464).

오답의 이유

① 대판 2001.7.27. 99두2970
② 대판 1993.8.24. 93누5673
④ 병역법상 신체등위판정은 행정청이라고 볼 수 없는 군의관이 하도록 되어 있으며, 그 자체만으로 바로 병역법상의 권리의무가 정하여지는 것이 아니라 그에 따라 지방병무청장이 병역처분을 함으로써 비로소 병역의무의 종류가 정하여지는 것이므로 항고소송의 대상이 되는 행정처분이라 보기 어렵다(대판 1993.8.27. 93누3356).

24

영역 행정조직법 > 공무원법　　　　　　　　　　　　　　난도 **하**

정답의 이유

③ 재산제세조사사무처리규정이 국세청장의 훈령형식으로 되어 있다 하더라도 이에 의한 거래지정은 소득세법 시행령의 위임에 따라 그 규정의 내용을 보충하는 기능을 가지면서 그와 결합하여 대외적인 구속력이 있는 법령명령으로서의 효력을 갖게 된다고 보아야 하고 따라서 위 재산제세 조사사무처리규정은 양도소득세를 실지거래가액에 의하여 과세함에 있어서 법령상의 적법한 근거가 된다(대판 1988.5.10, 87누1028). 따라서 그에 위반한 행정처분은 위법하다.

오답의 이유

① 훈령이란 상급행정기관이 장기간에 걸쳐 하급행정기관의 권한행사를 지휘 · 감독하기 위해 발하는 명령을 말하며, 이러한 행정규칙 역시 행정작용인 행정입법의 하나이므로 법치주의 원리를 준수하여야 한다.

② 상급행정기관이 하급행정기관에 대하여 업무처리지침이나 법령의 해석적용에 관한 기준을 정하여 발하는 이른바 '행정규칙이나 내부지침'은 일반적으로 행정조직 내부에서만 효력을 가질 뿐 대외적인 구속력을 갖는 것은 아니므로 행정처분이 그에 위반하였다고 하여 그러한 사정만으로 곧바로 위법하게 되는 것은 아니다. 다만, 재량권 행사의 준칙인 행정규칙이 그 정한 바에 따라 되풀이 시행되어 행정관행이 이루어지게 되면 평등의 원칙이나 신뢰보호의 원칙에 따라 행정기관은 그 상대방에 대한 관계에서 그 규칙에 따라야 할 자기구속을 받게 되므로, 이러한 경우에는 특별한 사정이 없는 한 그를 위반하는 처분은 평등의 원칙이나 신뢰보호의 원칙에 위배되어 재량권을 일탈 · 남용한 위법한 처분이 된다(대판 2009.12.24, 2009두7967).

④ 일반적으로 행정규칙은 국민에 대하여는 직접 효력이 없고, 행정조직 내부에서 일정한 구속력을 가진다. 따라서 공무원은 행정규칙 위반 시 징계사유가 되어 징계책임이나 징계벌을 받게 된다. 다만, 법령준수의무와의 관계상 훈령 등이 내용이 위법함이 명백한 경우에는 복종을 거부할 수 있다. 그러나 위법함이 명백하지 않은 경우에는 훈령 등을 준수하여야 하며(예 행정규칙이 심히 부당한 경우) 이에 불복할 경우 징계책임이 인정된다. 한편, 행정규칙은 행정규칙을 제정한 행정기관에 대하여는 구속력을 갖지 않는다.

25

영역 행정상 쟁송 > 행정소송　　　　　　　　　　　　　　난도 **상**

정답의 이유

① 어떠한 처분에 법령상 근거가 있는지, 행정절차법에서 정한 처분절차를 준수하였는지는 본안에서 당해 처분이 적법한가를 판단하는 단계에서 고려할 요소이지, 소송요건 심사단계에서 고려할 요소가 아니다(대판 2016.8.30, 2015두60617).

오답의 이유

② 항고소송에 있어서 행정처분의 위법 여부를 판단하는 기준 시점에 대하여 판결 시가 아니라 처분 시라고 하는 의미는 행정처분이 있을 때의 법령과 사실상태를 기준으로 하여 위법 여부를 판단할 것이며 처분 후 법령의 개폐나 사실상태의 변동에 영향을 받지 않는다는 뜻이고 처분 당시 존재하였던 자료나 행정청에 제출되었던 자료만으로 위법 여부를 판단한다는 의미는 아니므로, 처분 당시의 사실상태 등에 대한 입증은 사실심 변론종결 당시까지 할 수 있고, 법원은 행정처분 당시 행정청이 알고 있었던 자료뿐만 아니라 사실심 변론종결 당시까지 제출된 모든 자료를 종합하여 처분 당시 존재하였던 객관적 사실을 확정하고 그 사실에 기초하여 처분의 위법 여부를 판단할 수 있다(대판 1993.5.27, 92누19033).

③ 대판 2004.7.22, 2002두11233

④ 대판 2006.9.22, 2005두2506

2023 | **5급** 기출문제 해설

☑ 점수 (　　)점/100점　☑ 문제편 121쪽

영역 분석

일반행정작용법	7문항	★★★★★★★	28%
행정조직법	5문항	★★★★★	20%
행정구제법	3문항	★★★	12%
행정상 쟁송	3문항	★★★	12%
행정절차와 행정공개	3문항	★★★	12%
행정법 서론	2문항	★★	8%
행정의 실효성 확보수단	1문항	★	4%
특별행정작용법	1문항	★	4%

빠른 정답

01	02	03	04	05	06	07	08	09	10
③	③	②	①	②	②	④	①	④	④
11	12	13	14	15	16	17	18	19	20
④	②	③	①	②	④	④	②	③	①
21	22	23	24	25					
②	③	④	①	③					

01

정답 ③

영역 행정법 서론 > 행정법　　난도 **하**

[정답의 이유]

③ 헌법상 평등원칙은 본질적으로 같은 것을 자의적으로 다르게 취급함을 금지하는 것으로서, <u>일체의 차별적 대우를 부정하는 절대적 평등을 뜻한 것이 아니라 입법을 하고 법을 적용할 때에 합리적인 근거가 없는 차별을 하여서는 아니 된다는 상대적 평등을 뜻하므로, 합리적 근거가 있는 차별 또는 불평등은 평등의 원칙에 반하지 아니한다</u>(대판 2018.10.25, 2018두44302).

[오답의 이유]

① 법률우위의 원칙에서의 '법률'은 형식적 의미의 법률뿐만 아니라 법규명령 및 자치입법 그리고 불문법까지 포함하는 넓은 개념이다. 단, 행정규칙은 포함되지 않는다.

② 행정기본법 제8조

④ 행정기본법 제10조

제10조(비례의 원칙) 행정작용은 다음 각 호의 원칙에 따라야 한다.

1. 행정목적을 달성하는 데 유효하고 적절할 것
2. 행정목적을 달성하는 데 필요한 최소한도에 그칠 것
3. 행정작용으로 인한 국민의 이익 침해가 그 행정작용이 의도하는 공익보다 크지 아니할 것

02

정답 ③

영역 행정구제법 > 행정쟁송제도　　난도 **하**

[정답의 이유]

ㄱ. 구 여객자동차운수사업법에 따른 시외버스운송사업계획변경인가처분으로 인하여 기존의 시내버스운송사업자의 노선 및 운행계통과 시외버스운송사업자들의 그것들이 일부 중복되게 되고 기존업자의 수익감소가 예상된다면, 기존의 시내버스운송사업자와 시외버스운송사업자들은 경업관계에 있는 것으로 봄이 상당하다 할 것이어서 기존의 시내버스운송사업자에게 시외버스운송사업계획변경인가처분의 취소를 구할 법률상의 이익이 있다(대판 2002.10.25, 2001두4450).

ㄴ. 기존의 고속형 시외버스운송사업자에게 직행형 시외버스운송사업자에 대한 사업계획변경인가처분의 취소를 구할 법률상의 이익이 있다(대판 2010.11.11, 2010두4179).

ㄷ. 개발제한구역 안에서의 공장설립을 승인한 처분이 위법하다는 이유로 쟁송취소되었다고 하더라도 그 승인처분에 기초한 공장건축허가처분이 잔존하는 이상, 인근 주민들은 여전히 공장건축허가처분의 취소를 구할 법률상 이익이 있다고 보아야 한다(대판 2018.7.12, 2015두3485).

ㅁ. 인 · 허가 등의 수익적 행정처분을 신청한 수인이 서로 경쟁관계에 있어서 일방에 대한 허가 등의 처분이 타방에 대한 불허가 등으로 귀결될 수밖에 없는 때 허가 등의 처분을 받지 못한 자는 비록 경원자에 대하여 이루어진 허가 등 처분의 상대방이 아니라 하더라도 당해 처분의 취소를 구할 원고 적격이 있다고 할 것이고, 다만 명백한 법적 장애로 인하여 원고 자신의 신청이 인용될 가능성이 처음부터 배제되어 있는 경우 또는 구체적인 경우에서 그 처분이 취소된다 하더라도 허가 등의 처분을 받지 못한 불이익이 회복된다고 볼 수 없을 때에는 당해 처분의 취소를 구할 정당한 이

익이 없다고 할 것이다(대판 2009.12.10, 2009두8359).

ㄹ. 사증발급 거부처분을 다투는 외국인은, 아직 대한민국에 입국하지 않은 상태에서 대한민국에 입국하게 해달라고 주장하는 것으로, 대한민국과의 실질적 관련성 내지 대한민국에서 법적으로 보호가치 있는 이해관계를 형성한 경우는 아니어서, 해당 사증발급 거부처분의 취소를 구할 법률상 이익이 인정되지 않는다. 반면, 국적법상 귀화불허가처분이나 출입국관리법상 체류자격변경 불허가처분. 강제퇴거명령 등을 다투는 외국인은 대한민국에 적법하게 입국하여 상당한 기간을 체류한 사람이므로, 이미 대한민국과의 실질적 관련성 내지 대한민국에서 법적으로 보호가치 있는 이해관계를 형성한 경우이어서. 해당 처분의 취소를 구할 법률상 이익이 인정된다고 보아야 한다(대판 2018.5.15, 2014두42506).

03
정답 ②

영역 행정조직법 > 지방자치법
난도 중

정답의 이유

② 조례에 대한 법률의 위임은 법규명령에 대한 법률의 위임과 같이 반드시 구체적으로 범위를 정하여 할 필요가 없고, 법률이 주민의 권리의무에 관한 사항에 관하여 구체적으로 범위를 정하지 않은 채 조례로 정하도록 포괄적으로 위임한 경우나 법률규정이 예정하고 있는 사항을 구체화·명확화한 것으로 볼 수 있는 경우에는 지방자치단체는 법령에 위반되지 않는 범위 내에서 각 지역의 실정에 맞게 주민의 권리의무에 관한 사항을 조례로 제정할 수 있다(대판 2017.12.5, 2016추5162).

오답의 이유

① 헌법 제117조 제1항과 지방자치법 제15조에 의하면 지방자치단체는 법령의 범위 안에서 그 사무에 관하여 자치조례를 제정할 수 있으나 이때 사무란 지방자치법 제9조 제1항에서 말하는 지방자치단체의 자치사무와 법령에 의하여 지방자치단체에 속하게 된 단체위임사무를 가리키므로 지방자치단체가 자치조례를 제정할 수 있는 것은 원칙적으로 이러한 자치사무와 단체위임사무에 한하므로, 국가사무가 지방자치단체의 장에게 위임된 기관위임사무와 같이 지방자치단체의 장이 국가기관의 지위에서 수행하는 사무일 뿐 지방자치단체 자체의 사무라고 할 수 없는 것은 원칙적으로 자치조례의 제정범위에 속하지 않는다. 다만, 기관위임사무에 있어서도 그에 관한 개별 법령에서 일정한 사항을 조례로 정하도록 위임하고 있는 경우에는 지방자치단체의 자치조례 제정권과 무관하게 이른바 위임조례를 정할 수 있다고 하겠으나 이 때에도 그 내용은 개별 법령이 위임하고 있는 사항에 관한 것으로서 개별 법령의 취지에 부합하는 것이라야만 하고, 그 범위를 벗어난 경우에는 위임조례로서의 효력도 인정할 수 없다(대판 1999.9.17, 99추30).

③ 조례가 규율하는 특정사항에 관하여 그것을 규율하는 국가의 법령이 이미 존재하는 경우에도 조례가 법령과 별도의 목적에 기하여 규율함을 의도하는 것으로서 그 적용에 의하여 법령의 규정이 의도하는 목적과 효과를 전혀 저해하는 바가 없는 때 또는 양자가 동일한 목적에서 출발한 것이라고 할지라도 국가의 법령이 반드시 그 규정에 의하여 전국에 걸쳐 일률적으로 동일한 내용을 규율하려는 취지가 아니라 각 지방자치단체가 그 지방의 실정에 맞게 별도로 규율하는 것을 용인하는 취지라고 해석되는 때에는 그 조례가 국가의 법령에 위배되는 것은 아니라고 보아야 한다(대판 2006. 10.12, 2006추38).

④ 조례안의 일부가 위법한 경우에는 조례안에 대한 재의결은 전부 효력이 부인되어야 한다(대판 1994.4.26, 93추175).

04
정답 ①

영역 일반행정작용법 > 행정행위
난도 하

정답의 이유

ㅁ. 표준지공시지가결정이 위법한 경우에는 그 자체를 행정소송의 대상이 되는 행정처분으로 보아 그 위법 여부를 다툴 수 있음은 물론. 수용보상금의 증액을 구하는 소송에서도 선행처분으로서 그 수용대상 토지 가격 산정의 기초가 된 비교표준지공시지가결정의 위법을 독립한 사유로 주장할 수 있다(대판 2008.8.21, 2007두13845).

오답의 이유

ㄱ. 건물철거명령이 당연무효가 아닌 이상 행정심판이나 소송을 제기하여 그 위법함을 소구하는 절차를 거치지 아니하였다면 위 선행행위인 건물철거명령은 적법한 것으로 확정되었다고 할 것이므로 후행행위인 대집행계고처분에서는 그 건물이 무허가건물이 아닌 적법한 건축물이라는 주장이나 그러한 사실인정을 하지 못한다(대판 1998.9.8, 97누20502).

ㄴ. 선행 사업인정과 후행 수용재결은 별개의 법률효과를 목적으로 행정처분이므로 하자의 승계가 부정된다(대판 2000.10.13, 2000두5142).

ㄷ. 구 경찰공무원법 제50조 제1항에 의한 직위해제처분과 같은 제3항에 의한 면직처분은 후자가 전자의 처분을 전제로 한 것이기는 하나 각각 단계적으로 별개의 법률효과를 발생하는 행정처분이어서 선행 직위해제처분의 위법사유가 면직처분에는 승계되지 아니한다 할 것이므로 선행된 직위해제 처분의 위법사유를 들어 면직처분의 효력을 다툴 수는 없다(대판 1984.9.11, 84누191).

ㄹ. 도시·군계획시설 결정과 실시계획인가는 도시·군계획시설사업을 위하여 이루어지는 단계적 행정절차에서 별도의 요건과 절차에 따라 별개의 법률효과를 발생시키는 독립적인 행정처분이다. 그러므로 선행처분인 도시·군계획시설결정에 하자가 있더라도 그것이 당연무효가 아닌 한 원칙적으로 후행처분인 실시계획인가에 승계되지 않는다(대판 2017.7.18, 2016두49938).

05

영역 행정조직법 > 공무원법　　　　　　　　**난도** 중

【정답의 이유】

② 정책을 수립·시행하는 고위공무원이 국가적인 사업을 추진하는 경우에, 당시 정부의 정책, 산업 분야의 경제적 영향 등 다양한 정책적 요소에 대한 고도의 전문적 판단이 요구되므로 상당히 폭넓은 재량이 인정되며, 그 사업 추진 결과가 기대에 미치지 못한다고 하여 그 사유만을 징계사유로 삼기는 어렵다(대판 2017.12.22. 2016두38167).

【오답의 이유】

① 구 국가공무원법 제69조는 "공무원이 제33조 각 호의 1에 해당할 때에는 당연히 퇴직한다."고 규정하고, 같은 법 제33조 제1항 제4호는 결격사유 중의 하나로 '금고 이상의 형을 받고 그 집행유예의 기간이 완료된 날로부터 2년을 경과하지 아니한 자'를 들고 있다. 구 국가공무원법 제69조에서 규정하고 있는 <u>당연퇴직제도는 같은 법 제33조 제1항 각 호에 규정되어 있는 결격사유가 발생하는 것 자체에 의하여 임용권자의 의사표시 없이 결격사유에 해당하게 된 시점에 당연히 그 공무원으로서의 신분을 상실하게 하는 것이고,</u> 당연퇴직의 효력이 생긴 후에 당연퇴직사유가 소멸한다는 것은 있을 수 없으므로, <u>국가공무원이 금고 이상의 형의 집행유예를 받은 경우에는 그 이후 형법 제65조에 따라 형의 선고의 효력을 잃게 되었다 하더라도 이미 발생한 당연퇴직의 효력에는 영향이 없다</u>(대판 2002.7.26. 2001두205).

③ 국가공무원법상 <u>직무상 비밀이라 함은</u> 국가 공무의 민주적, 능률적 운영을 확보하여야 한다는 이념에 비추어 볼 때 당해 사실이 일반에 알려질 경우 그러한 행정의 목적을 해할 우려가 있는지 여부를 기준으로 판단하여야 하며, <u>구체적으로는 행정기관이 비밀이라고 형식적으로 정한 것에 따를 것이 아니라 실질적으로 비밀로서 보호할 가치가 있는지, 즉 그것이 통상의 지식과 경험을 가진 다수인에게 알려지지 아니한 비밀성을 가졌는지,</u> 또한 정부나 국민의 이익 또는 행정목적 달성을 위하여 비밀로서 보호할 필요성이 있는지 등이 객관적으로 검토되어야 한다고 하면서) <u>감사원 감사관이 공개한 기업의 비업무용 부동산 보유실태에 관한 감사원 보고서의 내용이 공무상 비밀에 해당되지 않는다</u>(대판 1996.5.10. 95도780).

④ 모든 공무원은 국가공무원법 제63조 및 지방공무원법 제55조에 따라 <u>직무의 내외를 불문하고 그 품위를 손상하는 행위를 해서는 안 되고,</u> 여기서 <u>품위란 주권자인 국민의 수임자로서 직책을 맡아 수행해 나가기에 손색이 없는 인품을 말한다</u>(대판 2013.9.12. 2011두20079).

06

영역 행정조직법 > 공무원법　　　　　　　　**난도** 하

【정답의 이유】

② 정당가입 금지조항은 공무원의 정치적 중립성을 보장하고 초·중등학교 교육의 중립성을 확보한다는 점에서 입법목적의 정당성이 인정되고, 정당에의 가입을 금지하는 것은 입법목적 달성을 위한 적합한 수단이다. 공무원은 정당의 당원이 될 수 없을 뿐, 정당에 대한 지지를 선거와 무관하게 개인적인 자리에서 밝히거나 투표권을 행사하는 등의 활동은 허용되므로 침해의 최소성 원칙에 반하지 않는다. 정치적 중립성, 초·중등학교 학생들에 대한 교육기본권 보장이라는 공익은 공무원이 제한받는 불이익에 비하여 크므로 법익균형성도 인정된다. 또한 <u>초·중등학교 교원에 대하여는 정당가입을 금지하면서 대학교원에게는 허용하는 것은, 기초적인 지식 전달, 연구기능 등 직무의 본질이 서로 다른 점을 고려한 합리적 차별이므로 평등원칙에 반하지 아니한다</u>(헌재 2014.3.27. 2011헌바42).

【오답의 이유】

① 대판 2018.3.22. 2012두26401 전합
③ 대판 2019.7.11. 2017두38874
④ 대판 2016.12.27. 2014도15054

07

영역 일반행정작용법 > 행정행위　　　　　　　　**난도** 하

【정답의 이유】

④ 구 주택법 제17조 제1항에 따르면, 주택건설사업계획 승인권자가 관계 행정청의 장과 미리 협의한사항에 한하여 승인처분을 할 때에 인허가 등이 의제될 뿐이고, 각호에 열거된 모든 인허가 등에 관하여 일괄하여 사전협의를 거칠 것을 주택건설사업계획 승인처분의 요건으로 규정하고 있지 않다. 따라서 인허가 의제 대상이 되는 처분에 어떤 하자가 있더라도, 그로써 해당 인허가 의제의 효과가 발생하지 않을 여지가 있게 될 뿐이고, 그러한 사정이 주택건설사업계획 승인처분 자체의 위법사유가 될 수는 없다. 또한 의제된 인허가는 통상적인 인허가와 동일한 효력을 가지므로, <u>적어도 '부분 인허가 의제'가 허용되는 경우에는 그 효력을 제거하기 위한 법적 수단으로 의제된 인허가의 취소나 철회가 허용될 수 있고, 이러한 직권 취소·철회가 가능한 이상 그 의제된 인허가에 대한 쟁송 취소 역시 허용된다.</u> 따라서 주택건설사업계획 승인처분에 따라 의제된 인허가가 위법함을 다투고자 하는 이해관계인은, 주택건설사업계획 승인처분의 취소를 구할 것이 아니라 의제된 인허가의 취소를 구하여야 하며, 의제된 인허가는 주택건설사업계획 승인처분과 별도로 항고소송의 대상이 되는 처분에 해당한다(대판 2018.11.29. 2016두38792).

③ 행정규제기본법 제10조 제1항 · 제2항

> 제10조(심사 요청) ① 중앙행정기관의 장은 규제를 신설하거나 강화
> 하려면 위원회에 심사를 요청하여야 한다. 이 경우 법령안(法令案)에
> 대하여는 법제처장에게 법령안 심사를 요청하기 전에 하여야 한다.
> ② 중앙행정기관의 장은 제1항에 따라 심사를 요청할 때에는 규제안
> 에 다음 각 호의 사항을 첨부하여 위원회에 제출하여야 한다.
>   1. 제7조 제1항에 따른 규제영향분석서
>   2. 제7조 제3항에 따른 자체심사 의견
>   3. 제9조에 따른 행정기관 · 이해관계인 등의 제출의견 요지
> ③ 위원회는 제1항에 따라 규제심사를 요청받은 경우에는 그 법령에
> 대한 규제정비 계획을 제출하게 할 수 있다.

④ 행정규제기본법 제11조 제1항

> 제11조(예비심사) ① 위원회는 제10조에 따라 심사를 요청받은 날부
> 터 10일 이내에 그 규제가 국민의 일상생활과 사회 · 경제활동에 미
> 치는 파급 효과를 고려하여 제12조에 따른 심사를 받아야 할 규제
> (이하 "중요규제"라 한다)인지를 결정하여야 한다.
> ② 제1항에 따라 위원회가 중요규제가 아니라고 결정한 규제는 위원
> 회의 심사를 받은 것으로 본다.
> ③ 위원회는 제1항에 따라 결정을 하였을 때에는 지체 없이 그 결과
> 를 관계 중앙행정기관의 장에게 통보하여야 한다.

09

정답 ④

영역 행정법 서론 > 행정상 법률관계   난도 **상**

정답의 이유

④ 국가가 사법상 재산권의 주체로서 국민을 대하는 사법관계에서는 <u>사인과 국가가 본질적으로 다르다고 할 수 없으므로, 국가를 부동산 점유취득시효의 주체로 인정할 수 있다.</u> 헌법재판소 역시 부동산의 점유자가 국가인 경우, 국가를 부동산 점유취득시효의 주체에서 제외하지 않은 위 민법조항이 헌법에 위반되지 않는다고 판시하였다(헌결 2015.6.25, 2014헌바404).

오답의 이유

① 국가재정법 제96조 제1항, 지방재정법 제82조 제1항 참고

② 행정기본법 제23조 제1항

③ 행정기본법 제23조 제3항

10

정답 ④

영역 행정절차와 행정공개 > 정보공개와 개인정보보호   난도 **상**

정답의 이유

④ 구 공공기관의 개인정보보호에 관한 법률에 따른 '누설'에 관한 법리는 개인정보 보호법에도 그대로 적용된다는 판례가 있다(대판 2022.11.10, 2018도1966).

오답의 이유

① 행정기본법 제25조, 대판 2012.2.9, 2009두16305

② 행정기본법 제26조 제1항

③ 대판 2016.11.24, 2014두47686

08

정답 ①

영역 특별행정작용법 > 규제행정법   난도 **중**

정답의 이유

① 중앙행정기관의 장은 규제를 신설하거나 강화하기 위해 작성하는 규제영향분석서에서 관련 민원사무의 구비서류 및 처리절차 등의 적정 여부도 고려하여야 한다(행정규제기본법 제7조 제1항 제12호).

> 제7조(규제영향분석 및 자체심사) ① 중앙행정기관의 장은 규제를 신설하거나 강화(규제의 존속기한 연장을 포함한다. 이하 같다)하려면 다음 각 호의 사항을 종합적으로 고려하여 규제영향분석을 하고 규제영향분석서를 작성하여야 한다.
>   1. 규제의 신설 또는 강화의 필요성
>   2. 규제 목적의 실현 가능성
>   3. 규제 외의 대체 수단 존재 여부 및 기존규제와의 중복 여부
>   4. 규제의 시행에 따라 규제를 받는 집단과 국민이 부담하여야 할 비용과 편익의 비교 분석
>   5. 규제의 시행이 「중소기업기본법」 제2조에 따른 중소기업에 미치는 영향
>   6. 「국가표준기본법」 제3조 제8호 및 제19호에 따른 기술규정 및 적합성평가의 시행이 기업에 미치는 영향
>   7. 경쟁 제한적 요소의 포함 여부
>   8. 규제 내용의 객관성과 명료성
>   9. 규제의 존속기한 · 재검토기한(일정기간마다 그 규제의 시행상황에 관한 점검결과에 따라 폐지 또는 완화 등의 조치를 할 필요성이 인정되는 규제에 한정하여 적용되는 기한을 말한다. 이하 같다)의 설정 근거 또는 미설정 사유
>   10. 규제의 신설 또는 강화에 따른 행정기구 · 인력 및 예산의 소요
>   11. 규제의 신설 또는 강화에 따른 부담을 경감하기 위하여 폐지 · 완화가 필요한 기존규제 대상
>   <u>12. 관련 민원사무의 구비서류 및 처리절차 등의 적정 여부</u>

오답의 이유

② 행정규제기본법 제8조 제1항

> 제8조(규제의 존속기한 및 재검토기한 명시) ① 중앙행정기관의 장은 규제를 신설하거나 강화하려는 경우에 존속시켜야 할 명백한 사유가 없는 규제는 존속기한 또는 재검토기한을 설정하여 그 법령 등에 규정하여야 한다.

① 교도소, 정신보건 시설 등 법령에 근거하여 사람을 구금하거나 보호하는 시설로서 대통령령으로 정하는 시설에 대하여는 영상정보처리기기를 설치·운영할 수 있다. 따라서 이러한 시설 중 일부에 대해 영상정보처리기기를 설치·운영할 수 없다는 표현은 타당하지 못하다(개인정보 보호법 제25조 제2항).

> 제25조(소정형 영상정보처리기기의 설치·운영 제한) ② 누구든지 불특정 다수가 이용하는 목욕실, 화장실, 발한실(發汗室), 탈의실 등 개인의 사생활을 현저히 침해할 우려가 있는 장소의 내부를 볼 수 있도록 영상정보처리기기를 설치·운영하여서는 아니 된다. 다만, 교도소, 정신보건 시설 등 법령에 근거하여 사람을 구금하거나 보호하는 시설로서 대통령령으로 정하는 시설에 대하여는 그러하지 아니하다.

② 거짓이나 그 밖의 부정한 수단이나 방법으로 개인정보를 취득하거나 그 처리에 관한 동의를 받았는지를 판단할 때에는 개인정보처리자가 그에 관한 동의를 받는 행위 자체만을 분리하여 개별적으로 판단하여서는 안 되고, 개인정보처리자가 개인정보를 취득하거나 처리에 관한 동의를 받게 된 전 과정을 살펴보아 거기에서 드러난 개인정보 수집 등의 동기와 목적, 수집 목적과 수집 대상인 개인정보의 관련성, 수집 등을 위하여 사용한 구체적인 방법, 개인정보 보호법 등 관련 법령을 준수하였는지 및 취득한 개인정보의 내용과 규모, 특히 민감정보·고유식별정보 등의 포함 여부 등을 종합적으로 고려하여 사회통념에 따라 판단하여야 한다(대판 2017. 4.7. 2016도13263).

③ 정보주체는 자신의 개인정보에 대한 열람, 정정, 삭제 등을 개인정보처리자에게 요구할 수 있고, 이러한 요구를 대리인을 통하여 하게 할 수도 있다(개인정보 보호법 제38조 제1항).

> 제38조(권리행사의 방법 및 절차) ① 정보주체는 제35조에 따른 열람, 제35조의2에 따른 전송, 제36조에 따른 정정·삭제, 제37조에 따른 처리정지 및 동의 철회, 제37조의2에 따른 거부·설명 등의 요구(이하 "열람 등 요구"라 한다)를 문서 등 대통령령으로 정하는 방법·절차에 따라 대리인에게 하게 할 수 있다.

11

영역 일반행정작용법 > 행정행위　　　　　　난도 **하**

④ 위헌결정의 효력은 그 결정 이후에 당해 법률이 재판의 전제가 되었음을 이유로 법원에 제소된 일반사건에도 미치므로, 당해 법률에 근거하여 행정처분이 발하여진 후에 헌법재판소가 그 행정처분의 근거가 된 법률을 위헌으로 결정하였다면 결과적으로 행정처분은 법률의 근거가 없이 행하여진 것과 마찬가지가 되어 하자가 있는 것이 되나, 이미 취소소송의 제기기간을 경과하여 확정력이 발생한 행정처분의 경우에는 위헌결정의 소급효가 미치지 않는다(대

판 2002.11.8. 2001두3181). 헌법재판소에 따르면 일반사건에는 원래 위헌결정의 소급효가 미치지 않고, 위헌결정이 선고된 시점에 일반사건들은 이미 취소소송의 제기기간이 경과하였을 것이므로 불가쟁력이 발생한 행정처분에 위헌결정의 소급효가 미치지 않는다는 결론은 동일하다.

① 헌법재판소의 위헌결정의 효력은 위헌제청을 한 당해사건, 위헌결정이 있기 전에 이와 동종의 위헌 여부에 관하여 헌법재판소에 위헌여부심판제청을 하였거나 법원에 위헌여부심판제청신청을 한 동종사건과 따로 위헌제청신청은 아니하였지만 당해 법률 또는 법률 조항이 재판의 전제가 되어 법원에 계속 중인 병행사건뿐만 아니라, 위헌결정 이후에 위와 같은 이유로 제소된 일반사건에도 미친다고 할 것이나, 위헌결정의 효력은 그 미치는 범위가 무한정일 수는 없고 다른 법리에 의하여 그 소급효를 제한하는 것까지 부정되는 것은 아니라 할 것이며, 법적 안정성의 유지나 당사자의 신뢰보호를 위하여 불가피한 경우에 위헌결정의 소급효를 제한하는 것은 오히려 법치주의의 원칙상 요청되는 바라 할 것이다(대판 2005. 11.10. 2005두5628).

② 헌재 2004.1.29. 2002헌바73

③ 대판 2023.2.2. 2021다211600

12

영역 일반행정작용법 > 행정행위　　　　　　난도 **하**

② 대판 2009.6.25. 2006다18174

① 사정이 변경되어 부관을 새로 붙이지 아니하면 해당 처분의 목적을 달성할 수 없는 경우 처분을 한 후에 부관을 새로 붙일 수 있다(행정기본법 제17조 제3항 제3호).

> 제17조(부관) ③ 행정청은 부관을 붙일 수 있는 처분이 다음 각 호의 어느 하나에 해당하는 경우에는 그 처분을 한 후에도 부관을 새로 붙이거나 종전의 부관을 변경할 수 있다.
> 　1. 법률에 근거가 있는 경우
> 　2. 당사자의 동의가 있는 경우
> 　3. 사정이 변경되어 부관을 새로 붙이거나 종전의 부관을 변경하지 아니하면 해당 처분의 목적을 달성할 수 없다고 인정되는 경우

③ 일반적으로 행정처분에 효력기간이 정하여져 있는 경우에는 그 기간의 경과로 그 행정처분의 효력은 상실되고, 다만 허가에 붙은 기한이 그 허가된 사업의 성질상 부당하게 짧은 경우에는 이를 그 허가 자체의 존속기간이 아니라 그 허가조건의 존속기간으로 보아 그 기한이 도래함으로써 그 조건의 개정을 고려한다는 뜻으로 해

석할 수 있다. 다만, 이 경우라도 허가기간이 연장되기 위해서는 종기가 도래하기 전에 기간의 연장에 관한 신청이 있어야 한다(대판 2007.10.11, 2005두12404).

④ 수익적 행정처분에 있어서는 법령에 특별한 근거규정이 없다고 하더라도 그 부관으로서 부담을 붙일 수 있고, 그와 같은 부담은 행정청이 행정처분을 하면서 일방적으로 부가할 수도 있지만 부담을 부가하기 이전에 상대방과 협의하여 부담의 내용을 협약의 형식으로 미리 정한 다음 행정처분을 하면서 이를 부가할 수도 있다(대판 2009.2.12, 2005다65500).

13
정답 ③

영역 일반행정작용법 > 행정상 입법　　　　난도 **중**

정답의 이유

③ 산업자원부 고시 공장입지기준(1999.12.16. 산업자원부 고시 제1999-147호) 제5조는 산업자원부장관이 공업배치 및 공장설립에 관한 법률 제8조의 위임에 따라 공장입지의 기준을 구체적으로 정한 것으로서 법규명령으로서 효력을 가진다 할 것이고, 김포시 고시 공장입지제한처리기준(2000.4.10. 김포시 고시 제2000-28호) 제5조 제1항은 김포시장이 위 산업자원부 고시 공장입지기준 제5조 제2호의 위임에 따라 공장입지의 보다 세부적인 기준을 정한 것으로서 상위명령의 범위를 벗어나지 아니하므로 그와 결합하여 대외적으로 구속력이 있는 법규명령으로서 효력을 가진다(대판 2004.5.28, 2002두4716).

오답의 이유

① 법령에서 위임받은 사항을 행정규칙의 형식으로 규정한 '법령보충적 행정규칙' 역시 행정기본법상 '법령'으로 규정되어 있다. 따라서 행정기본법에 따른 법령에 행정규칙의 형식도 포함된다.

> **행정기본법 제2조(정의)** 이 법에서 사용하는 용어의 뜻은 다음과 같다.
> 1. "법령 등"이란 다음 각 목의 것을 말한다.
>　가. 법령: 다음의 어느 하나에 해당하는 것
>　　1) 법률 및 대통령령·총리령·부령
>　　2) 국회규칙·대법원규칙·헌법재판소규칙·중앙선거관리위원회규칙 및 감사원규칙
>　　3) 1) 또는 2)의 위임을 받아 중앙행정기관(「정부조직법」 및 그 밖의 법률에 따라 설치된 중앙행정기관을 말한다. 이하 같다)의 장이 정한 훈령·예규 및 고시 등 행정규칙
>　나. 자치법규 : 지방자치단체의 조례 및 규칙

② 집행명령은 반드시 상위법령의 위임이 있어야 하는 것은 아니지만, 직권으로 시행세칙 등을 정할 수 있을 뿐이다. 집행명령일지라도 법률의 위임이 없이 법률보충적인 구실을 하는 법규적 성질을 가진 지침 등 새로운 권리·의무사항을 정할 수 없다.

④ 행정규칙의 내용이 상위법령에 반하는 것이라면 법치국가원리에서 파생되는 법질서의 통일성과 모순금지 원칙에 따라 그것은 법질서상 당연무효이고, 행정내부적 효력도 인정될 수 없다(대판 2020.11.26, 2020두42262).

14
정답 ①

영역 행정절차와 행정공개 > 행정절차법　　　　난도 **중**

정답의 이유

① 행정절차법 제28조 제2항

> **제28조(청문 주재자)** ② 행정청은 다음 각 호의 어느 하나에 해당하는 처분을 하려는 경우에는 청문 주재자를 2명 이상으로 선정할 수 있다. 이 경우 선정된 청문 주재자 중 1명이 청문 주재자를 대표한다.
> 1. 다수 국민의 이해가 상충되는 처분
> 2. 다수 국민에게 불편이나 부담을 주는 처분
> 3. 그 밖에 전문적이고 공정한 청문을 위하여 행정청이 청문 주재자를 2명 이상으로 선정할 필요가 있다고 인정하는 처분

오답의 이유

② 확약은 문서로 하여야 하고, 구술로는 할 수 없다(행정절차법 제40조의2 제2항).

> **제40조의2(확약)** ② 확약은 문서로 하여야 한다.

③ 행정절차법에 '온라인 정책토론'에 관한 규정을 두고 있다(행정절차법 제53조).

> **제53조(온라인 정책토론)** ① 행정청은 국민에게 영향을 미치는 주요 정책 등에 대하여 국민의 다양하고 창의적인 의견을 널리 수렴하기 위하여 정보통신망을 이용한 정책토론(이하 이 조에서 "온라인 정책토론"이라 한다)을 실시할 수 있다.

④ 당사자 등의 동의가 있는 경우나 당사자가 전자문서로 처분을 신청한 경우 행정청은 처분을 전자문서로 할 수 있다(행정절차법 제24조 제1항 제1호).

> **제24조(처분의 방식)** ① 행정청이 처분을 할 때에는 다른 법령 등에 특별한 규정이 있는 경우를 제외하고는 문서로 하여야 하며, 다음 각 호의 어느 하나에 해당하는 경우에는 전자문서로 할 수 있다.
> 1. 당사자 등의 동의가 있는 경우
> 2. 당사자가 전자문서로 처분을 신청한 경우

15

영역 일반행정작용법 > 행정행위　　　　　　　　난도 **상**

정답의 이유

ㄴ. 대판 2004.11.26, 2003두2403

ㄷ. 대판 2007.7.26, 2005두15748

오답의 이유

ㄱ. 행정청이 어느 법률관계나 사실관계에 대하여 어느 법률의 규정을 적용하여 행정처분을 한 경우에 그 법률관계나 사실관계에 대하여는 그 법률의 규정을 적용할 수 없다는 법리가 명백히 밝혀져 그 해석에 다툼의 여지가 없음에도 불구하고 행정청이 위 규정을 적용하여 처분을 한 때에는 그 하자가 중대하고도 명백하다고 할 것이나, 그 법률관계나 사실관계에 대하여 그 법률의 규정을 적용할 수 없다는 법리가 명백히 밝혀지지 아니하여 그 해석에 다툼의 여지가 있는 때에는 행정관청이 이를 잘못 해석하여 행정처분을 하였더라도 이는 그 처분 요건사실을 오인한 것에 불과하여 그 하자가 명백하다고 할 수 없는 것이다(대판 2004.10.15. 2002다68485).

ㄹ. 특별한 사정이 없는 한, 과세예고 통지 후 과세전적부심사 청구나 그에 대한 결정이 있기도 전에 과세처분을 하는 것은 원칙적으로 과세전적부심사 이후에 이루어져야 하는 과세처분을 그보다 앞서 함으로써 과세전적부심사 제도 자체를 형해화시킬 뿐만 아니라 과세전적부심사 결정과 과세처분 사이의 관계 및 불복절차를 불분명하게 할 우려가 있으므로, 그와 같은 과세처분은 납세자의 절차적 권리를 침해하는 것으로서 절차상 하자가 중대하고도 명백하여 무효이다(대판 2016.12.27, 2016두49228).

16

영역 행정절차와 행정공개 > 정보공개와 개인정보보호　　　난도 **하**

정답의 이유

④ 공공기관의 정보공개에 관한 법률 제10조 제1항 제2호는 정보의 공개를 청구하는 자는 정보공개청구서에 '공개를 청구하는 정보의 내용' 등을 기재할 것을 규정하고 있는바, 청구대상정보를 기재함에 있어서는 사회일반인의 관점에서 청구대상정보의 내용과 범위를 확정할 수 있을 정도로 특정함을 요한다. … 공공기관의 정보공개에 관한 법률에 따라 공개를 청구한 정보의 내용이 '대한주택공사의 특정 공공택지에 관한 수용가, 택지조성원가, 분양가, 건설원가 등 및 관련 자료 일체'인 경우, '관련 자료 일체' 부분은 그 내용과 범위가 정보공개청구 대상정보로서 특정되지 않았다(대판 2007.6.1, 2007두2555).

오답의 이유

① 사립대학교는 정보공개법상의 공공기관이므로 정보공개의무를 진다. 사립대학교에 대한 국비 지원이 한정적·일시적·국부적이라는 점을 고려하더라도 사립대학교가 국비의 지원을 받는 범위 내에서만 공공기관의 성격을 가진다고 볼 수 없다(대판 2013.11.28, 2011두5049).

② 지방자치단체의 업무추진비 세부항목별 집행내역 및 그에 관한 증빙서류에 포함된 개인에 관한 정보는 '공개하는 것이 공익을 위하여 필요하다고 인정되는 정보'에 해당하지 않는다(대판 2003.3.11, 2001두6425).

③ 학교폭력대책자치위원회의 회의록은 공공기관의 정보공개에 관한 법률의 비공개사유인 제9조 제1항 제1호의 '다른 법률 또는 법률이 위임한 명령에 의하여 비밀 또는 비공개 사항으로 규정된 정보'에 해당한다(대판 2010.6.10, 2010두2913).

17

영역 행정의 실효성 확보수단 > 행정상 강제　　　　　난도 **하**

정답의 이유

④ 전통적으로 행정대집행은 대체적 작위의무에 대한 강제집행수단으로, 이행강제금은 부작위의무나 비대체적 작위의무에 대한 강제집행수단으로 이해되어 왔으나, 이는 이행강제금제도의 본질에서 오는 제약은 아니며 이행강제금은 대체적 작위의무의 위반에 대하여도 부과될 수 있다. 행정청은 개별사건에 있어서 대집행과 이행강제금을 선택적으로 활용할 수 있으며, 이처럼 그 합리적인 재량에 의해 선택하여 활용하는 이상, 중첩적인 제재에 해당한다고 볼 수 없다(헌재 2004. 2. 26, 2001헌바80 등 병합).

오답의 이유

① 대판 2011.9.8, 2010다48240

② 대결 2006.12.8, 2006마470

③ 대판 2012.3.29, 2011두27919

18

영역 행정구제법 > 행정쟁송제도　　　　　　　　　난도 **하**

정답의 이유

② 신청에 대한 거부처분의 효력을 정지하더라도 거부처분이 없었던 것과 같은 상태, 즉 거부처분이 있기 전의 신청상태로 되돌아가는 데 불과하고 행정청에게 신청에 따른 처분을 하여야 할 의무가 생기는 것이 아니므로, 거부처분의 효력정지는 그 거부처분으로 인하여 신청인에게 생길 손해를 방지하는 데 아무런 보탬이 되지 아니하여 그 효력정지를 구할 이익이 없다(대결 1995.6.21, 95두26).

① 행정심판법상 집행정지는 2010년 개정을 통해 '중대한 손해'로 요건이 완화되었다. 따라서 행정소송법상 집행정지가 '회복하기 어려운 손해'를 요건으로 하는 것과 구별된다(행정소송법 제23조 제2항, 행정심판법 제30조 제2항).

> **행정소송법 제23조(집행정지)** ② 취소소송이 제기된 경우에 처분 등이나 그 집행 또는 절차의 속행으로 인하여 생길 회복하기 어려운 손해를 예방하기 위하여 긴급한 필요가 있다고 인정할 때에는 본안이 계속되고 있는 법원은 당사자의 신청 또는 직권에 의하여 처분 등의 효력이나 그 집행 또는 절차의 속행의 전부 또는 일부의 정지(이하 "집행정지"라 한다)를 결정할 수 있다. 다만, 처분의 효력정지는 처분 등의 집행 또는 절차의 속행을 정지함으로써 목적을 달성할 수 있는 경우에는 허용되지 아니한다.
>
> **행정심판법 제30조(집행정지)** ② 위원회는 처분, 처분의 집행 또는 절차의 속행 때문에 중대한 손해가 생기는 것을 예방할 필요성이 긴급하다고 인정할 때에는 직권으로 또는 당사자의 신청에 의하여 처분의 효력, 처분의 집행 또는 절차의 속행의 전부 또는 일부의 정지(이하 "집행정지"라 한다)를 결정할 수 있다. 다만, 처분의 효력정지는 처분의 집행 또는 절차의 속행을 정지함으로써 그 목적을 달성할 수 있을 때에는 허용되지 아니한다.

③ 행정심판법 제31조 제3항

> **제31조(임시처분)** ① 위원회는 처분 또는 부작위가 위법·부당하다고 상당히 의심되는 경우로서 처분 또는 부작위 때문에 당사자가 받을 우려가 있는 중대한 불이익이나 당사자에게 생길 급박한 위험을 막기 위하여 임시지위를 정하여야 할 필요가 있는 경우에는 직권으로 또는 당사자의 신청에 의하여 임시처분을 결정할 수 있다.
> ③ 제1항에 따른 임시처분은 제30조 제2항에 따른 집행정지로 목적을 달성할 수 있는 경우에는 허용되지 아니한다.

④ 집행정지결정의 효력은 결정 주문에서 정한 기간까지 존속하다가 그 기간이 만료되면 장래에 향하여 소멸한다. 집행정지결정은 처분의 집행으로 회복하기 어려운 손해를 예방하기 위하여 긴급한 필요가 있고 달리 공공복리에 중대한 영향을 미치지 않을 것을 요건으로 하여 본안판결이 있을 때까지 해당 처분의 집행을 잠정적으로 정지함으로써 위와 같은 손해를 예방하는 데 취지가 있으므로, 항고소송을 제기한 원고가 본안소송에서 패소확정판결을 받았더라도 집행정지결정의 효력이 소급하여 소멸하지 않는다. 그러나 제재처분에 대한 행정쟁송절차에서 처분에 대해 집행정지결정이 이루어졌더라도 본안에서 해당 처분이 최종적으로 적법한 것으로 확정되어 집행정지결정이 실효되고 제재처분을 다시 집행할 수 있게 되면, 처분청으로서는 당초 집행정지결정이 없었던 경우와 동등한 수준으로 해당 제재처분이 집행되도록 필요한 조치를 취하여야 한다(대판 2020.9.3, 2020두34070).

> 집행정지는 행정쟁송절차에서 실효적 권리구제를 확보하기 위한 잠정적 조치일 뿐이므로, 본안 확정판결로 해당 제재처분이 적법하다는 점이 확인되었다면 제재처분의 상대방이 잠정적 집행정지를 통해 집행정지가 이루어지지 않은 경우와 비교하여 제재를 덜 받게 되는 결과가 초래되도록 해서는 안 된다. 반대로, 처분상대방이 집행정지결정을 받지 못했으나 본안소송에서 해당 제재처분이 위법하다는 것이 확인되어 취소하는 판결이 확정되면, 처분청은 그 제재처분으로 처분상대방에게 초래된 불이익한 결과를 제거하기 위하여 필요한 조치를 취하여야 한다(대판 2020.9.3, 2020두34070).

19   정답 ③

영역 행정상 쟁송 > 행정심판   난도 **하**

③ 행정심판법 제49조 제3항·제50조 제1항

> **제50조(위원회의 직접 처분)** ① 위원회는 피청구인이 제49조 제3항에도 불구하고 처분을 하지 아니하는 경우에는 당사자가 신청하면 기간을 정하여 서면으로 시정을 명하고 그 기간에 이행하지 아니하면 직접 처분을 할 수 있다. 다만, 그 처분의 성질이나 그 밖의 불가피한 사유로 위원회가 직접 처분을 할 수 없는 경우에는 그러하지 아니하다.
>
> **제49조(재결의 기속력 등)** ③ 당사자의 신청을 거부하거나 부작위로 방치한 처분의 이행을 명하는 재결이 있으면 행정청은 지체 없이 이전의 신청에 대하여 재결의 취지에 따라 처분을 하여야 한다.

① 현행 행정심판법은 취소심판의 인용재결로 취소명령재결을 규정하고 있지 않다. 따라서 행정심판위원회는 취소심판의 청구가 이유가 있다고 인정하면 처분의 취소재결, 변경재결, 변경명령재결을 할 수 있으나, 취소명령재결은 할 수 없다.

② 행정심판법상 변경재결에서 변경이란 소극적 의미의 변경, 즉 일부취소를 뜻할 뿐만 아니라 적극적 의미의 변경까지 포함하며 행정소송법상 취소소송에서의 '변경'은 소극적 의미의 변경, 즉 일부취소만을 의미하는 점에서 구별된다.

④ 행정심판의 청구에 대하여 인용재결이 내려지는 경우 피청구인은 인용재결의 기속력에 의해 행정소송을 통하여 그에 불복할 수 없다.

20

영역 행정상 쟁송 > 행정소송   **난도 하**

정답의 이유

① • 소제기의 전후를 통하여 판결 시까지 행정청이 그 신청에 대하여 적극 또는 소극의 처분을 함으로써 부작위상태가 해소된 때에는 소의 이익을 상실하게 되어 당해 부작위법확인의 소 각하를 면할 수가 없는 것이다(대판 1990.9.25, 89누4758).
    • 부작위법확인소송은 무응답 상태를 해소하는 것에 목적이 있지, 당초 신청된 특정한 처분을 얻어 만족을 얻을 수 있는 지는 심리의 대상이 아닌 '절차적 심리설'이 일반적이다.

오답의 이유

② 무효 등 확인소송에는 취소소송에서와 달리 행정심판전치주의, 제소기간의 제한 규정이 적용되지 않는다. 사정판결 역시 준용하고 있지 않다(행정소송법 제38조 제1항 참조).

③ 행정에 대한 사법통제, 권익구제의 확대와 같은 행정소송의 기능 등을 종합하여 보면, 행정처분의 근거 법률에 의하여 보호되는 직접적이고 구체적인 이익이 있는 경우에는 행정소송법 제35조에 규정된 '무효확인을 구할 법률상 이익'이 있다고 보아야 하고, 이와 별도로 무효확인소송의 보충성이 요구되는 것은 아니므로 행정처분의 무효를 전제로 한 이행소송 등과 같은 직접적인 구제수단이 있는지 여부를 따질 필요가 없다고 해석함이 상당하다(대판 2008.3.20, 2007두6342 전합).

④ 부작위위법확인의 소는 부작위상태가 계속되는 한 그 위법의 확인을 구할 이익이 있다고 보아야 하므로 원칙적으로 제소기간의 제한을 받지 않는다. 그러나 행정소송법 제38조 제2항이 제소기간을 규정한 같은 법 제20조를 부작위위법확인소송에 준용하고 있는 점에 비추어 보면, 행정심판 등 전심절차를 거친 경우에는 행정소송법 제20조가 정한 제소기간 내에 부작위위법확인의 소를 제기하여야 한다(대판 2009.7.23, 2008두10560).

21

영역 행정상 쟁송 > 행정소송   **난도 하**

정답의 이유

② 행정소송법 제30조 제1항에 의하여 인정되는 취소소송에서 처분 등을 취소하는 확정판결의 기속력은 주로 판결의 실효성 확보를 위하여 인정되는 효력으로서 판결의 주문뿐만 아니라 그 전제가 되는 처분 등의 구체적 위법사유에 관한 이유 중의 판단에 대하여도 인정된다(대판 2001.3.23, 99두5238).

오답의 이유

① 대판 1998.7.24, 98다10854

③ 대판 2003.11.27, 2001다33789

④ 대판 2015.10.29, 2013두27517

22

영역 행정구제 > 손해전보제도   **난도 하**

정답의 이유

③ 공익사업을 위한 토지 등의 취득 및 보상에 관한 법률 제85조 제1항 전문의 문언 내용과 같은 법 제83조, 제85조가 중앙토지수용위원회에 대한 이의신청을 임의적 절차로 규정하고 있는 점, 행정소송법 제19조 단서가 행정심판에 대한 재결은 재결 자체에 고유한 위법이 있음을 이유로 하는 경우에 한하여 취소소송의 대상으로 삼을 수 있도록 규정하고 있는 점 등을 종합하여 보면, 수용재결에 불복하여 취소소송을 제기하는 때에는 이의신청을 거친 경우에도 수용재결을 한 중앙토지수용위원회 또는 지방토지수용위원회를 피고로 하여 수용재결의 취소를 구하여야 하고, 다만 이의신청에 대한 재결 자체에 고유한 위법이 있음을 이유로 하는 경우에는 그 이의재결을 한 중앙토지수용위원회를 피고로 하여 이의재결의 취소를 구할 수 있다(대판 2010.1.28, 2008두1504).

오답의 이유

① 대판 2017.4.13, 2016두64241

② · ④ 토지보상법 제85조 제1항 · 제2항

23

영역 행정조직법 > 지방자치법   **난도 상**

정답의 이유

④ 지방자치단체의 장은 자치사무에 관한 시정명령이나 처분의 취소 또는 정지에 대하여 이의가 있으면 그 취소처분 또는 정지처분을 통보받은 날부터 15일 이내에 대법원에 소를 제기할 수 있다(지방자치법 제188조 제6항).

오답의 이유

① 지방자치법 제190조 제1항 · 제2항

> **제190조(지방자치단체의 자치사무에 대한 감사)** ① 행정안전부장관이나 시 · 도지사는 지방자치단체의 자치사무에 관하여 보고를 받거나 서류 · 장부 또는 회계를 감사할 수 있다. 이 경우 감사는 법령 위반사항에 대해서만 한다.
> ② 행정안전부장관 또는 시 · 도지사는 제1항에 따라 감사를 하기 전에 해당 사무의 처리가 법령에 위반되는지 등을 확인하여야 한다.

② 지방자치법 제185조 제1항

2023 5급 기출문제 해설 **139**

③ 지방자치법 제189조 제6항

> **제189조(지방자치단체의 장에 대한 직무이행명령)** ① 지방자치단체의 장이 법령에 따라 그 의무에 속하는 국가위임사무나 시·도위임사무의 관리와 집행을 명백히 게을리 하고 있다고 인정되면 시·도에 대해서는 주무부장관이, 시·군 및 자치구에 대해서는 시·도지사가 기간을 정하여 서면으로 이행할 사항을 명령할 수 있다.
> ⑥ 지방자치단체의 장은 제1항 또는 제4항에 따른 이행명령에 이의가 있으면 이행명령서를 접수한 날부터 15일 이내에 대법원에 소를 제기할 수 있다. 이 경우 지방자치단체의 장은 이행명령의 집행을 정지하게 하는 집행정지결정을 신청할 수 있다.

24
정답 ①

영역 행정조직법 > 종합 난도 **상**

[정답의 이유]
① 정부조직법 제5조 제1항과 행정권한의 위임 및 위탁에 관한 규정 제4조에 의하면, 도지사가 상급행정기관인 동력자원부장관(현 산업자원부장관)으로부터 석유사업법 제13조 제3항에 따라서 석유판매업자에게 사업의 정지를 명할 수 있는 행정권한을 위임받은 경우, 그 위임기관의 장인 동력자원부장관의 승인을 얻어 규칙이 정하는 바에 따라 군수 기타 소속기관의 장에게 그 수임권한을 다시 위임할 수 있다(대판 1990.7.27, 89누6846).

[오답의 이유]
② 대판 2000.5.30, 99추85
③ 지방자치법 제117조 제1항
④ 대판 1990.7.27, 89누6846

25
정답 ③

영역 일반행정작용법 > 공법상 계약 난도 **하**

[정답의 이유]
③ 본래 계약은 비권력적 행위로서 반드시 문서에 의할 필요는 없다는 것이 일반적인 견해이나, 행정기본법은 공법상 계약은 구술로도 체결할 수 없고 반드시 계약서를 작성해야 함을 명시적으로 규정하고 있다(행정기본법 제27조 제1항).

> **제27조(공법상 계약의 체결)** ① 행정청은 법령 등을 위반하지 아니하는 범위에서 행정목적을 달성하기 위하여 필요한 경우에는 공법상 법률관계에 관한 계약(이하 "공법상 계약"이라 한다)을 체결할 수 있다. 이 경우 계약의 목적 및 내용을 명확하게 적은 계약서를 작성하여야 한다.

① · ② 행정기본법 제27조 참조
④ 대판 2021.2.4, 2019다277133

2022 | 9급 기출문제 해설

✓ 점수 (   )점/100점 ✓ 문제편 129쪽

영역 분석

행정상 쟁송	12문항	★★★★★★★★★★★★	48%
일반행정작용법	5문항	★★★★★	20%
행정구제법	3문항	★★★	12%
행정법 서론	3문항	★★★	12%
행정의 실효성 확보수단	1문항	★	4%
행정절차와 행정공개	1문항	★	4%

빠른 정답

01	02	03	04	05	06	07	08	09	10
①	④	②	②	①	②	④	③	③	①
11	12	13	14	15	16	17	18	19	20
②	③	③	③	①	④	①	③	④	①
21	22	23	24	25					
④	②	②	④	②					

01

정답 ①

영역 행정법 서론 > 행정법 난도 **하**

정답의 이유

① 법령 등을 공포한 날부터 일정 기간이 경과한 날부터 시행하는 경우에는 '공포한 날'을 첫날에 산입하지 아니하며(행정기본법 제7조 제2호), 그 기간의 말일이 토요일 또는 공휴일인 때에는 그 말일로 기간이 만료한다(행정기본법 제7조 제3호).

> **제7조(법령 등 시행일의 기간 계산)** 법령 등(훈령·예규·고시·지침 등을 포함한다. 이하 이 조에서 같다)의 시행일을 정하거나 계산할 때에는 다음 각 호의 기준에 따른다.
> 1. 법령 등을 공포한 날부터 시행하는 경우에는 공포한 날을 시행일로 한다.
> 2. 법령 등을 공포한 날부터 일정 기간이 경과한 날부터 시행하는 경우 법령 등을 공포한 날을 첫날에 산입하지 아니한다.
> 3. 법령 등을 공포한 날부터 일정 기간이 경과한 날부터 시행하는 경우 그 기간의 말일이 토요일 또는 공휴일인 때에는 그 말일로 기간이 만료한다.

오답의 이유

② 법령의 소급적용, 특히 행정법규의 소급적용은 일반적으로는 법치주의의 원리에 반하고, 개인의 권리·자유에 부당한 침해를 가하며, 법률생활의 안정을 위협하는 것이어서, 이를 인정하지 않는 것이 원칙이고(법률불소급의 원칙 또는 행정법규불소급의 원칙), 다만 법령을 소급적용하더라도 일반 국민의 이해에 직접 관계가 없는 경우, 오히려 그 이익을 증진하는 경우, 불이익이나 고통을 제거하는 경우 등의 특별한 사정이 있는 경우에 한하여 예외적으로 법령의 소급적용이 허용된다(대판 2005.5.13. 2004다8630).

③ 행정기본법 제14조 제2항

> **제14조(법 적용의 기준)** ① 새로운 법령 등은 법령 등에 특별한 규정이 있는 경우를 제외하고는 그 법령 등의 효력 발생 전에 완성되거나 종결된 사실관계 또는 법률관계에 대해서는 적용되지 아니한다.
> ② 당사자의 신청에 따른 처분은 법령 등에 특별한 규정이 있거나 처분 당시의 법령 등을 적용하기 곤란한 특별한 사정이 있는 경우를 제외하고는 처분 당시의 법령 등에 따른다.
> ③ 법령 등을 위반한 행위의 성립과 이에 대한 제재처분은 법령 등에 특별한 규정이 있는 경우를 제외하고는 법령 등을 위반한 행위 당시의 법령 등에 따른다. 다만, 법령 등을 위반한 행위 후 법령 등의 변경에 의하여 그 행위가 법령 등을 위반한 행위에 해당하지 아니하거나 제재처분 기준이 가벼워진 경우로서 해당 법령 등에 특별한 규정이 없는 경우에는 변경된 법령 등을 적용한다.

④ • 법령 등을 위반한 행위에 대한 제재처분은 원칙적으로 행위 당시의 법령 등에 따르지만, 위반행위 후 법령 등의 변경에 의하여 가벌성이 소멸되거나 가벼워진 경우에는 보다 유리한 변경된 법령을 적용한다(행정기본법 제14조 제3항). 그러나 판례는 그러한 가벌성의 소멸 또는 축소가 반성적 고려에 의한 경우에만 혜택을 주고(신법 적용), 그렇지 않고 사실상태의 변경에 기인한 법개정에 불과하다면 혜택을 주지 않는다(구법 적용).
> • 종전에 허가를 받거나 신고를 하여야만 할 수 있던 행위의 일부를 허가나 신고 없이 할 수 있도록 법령이 개정되었다 하더라도 이는 법률 이념의 변천으로 과거에 범죄로서 처벌하던 일부 행위에 대한 처벌 자체가 부당하다는 반성적 고려에서 비롯된 것이라기보다는 사정의 변천에 따른 규제 범위의 합리적 조정의 필요에 따른 것이라고 보이므로, 위 개발제한구역의 지정 및 관

리에 관한 특별조치법과 같은 법 시행규칙의 신설 조항들이 시행되기 전에 이미 범하여진 개발제한구역 내 비닐하우스 설치 행위에 대한 가벌성이 소멸하는 것은 아니다(대판 2007.9.6, 2007도4197).

02

영역 행정법 서론 > 행정법   난도 **중**

[정답의 이유]

④ 행정처분이 당연무효라고 하기 위해서는 처분에 위법사유가 있다는 것만으로는 부족하고 그 하자가 법규의 중요한 부분을 위반한 중대한 것으로서 객관적으로 명백한 것이어야 한다. 특히 법령 규정의 문언만으로는 처분 요건의 의미가 분명하지 아니하여 그 해석에 다툼의 여지가 있었더라도 해당 법령 규정의 위헌 여부 및 그 범위, 법령이 정한 처분 요건의 구체적 의미 등에 관하여 법원이나 헌법재판소의 분명한 판단이 있고, 행정청이 그러한 판단 내용에 따라 법령 규정을 해석·적용하는 데에 아무런 법률상 장애가 없는데도 합리적 근거 없이 사법적 판단과 어긋나게 행정처분을 하였다면 그 하자는 객관적으로 명백하다고 봄이 타당하다(대판 2017.12.28, 2017두30122).

[오답의 이유]

① 상급행정기관이 하급행정기관에 대하여 업무처리지침이나 법령의 해석적용에 관한 기준을 정하여 발하는 이른바 '행정규칙이나 내부지침'은 일반적으로 행정조직 내부에서만 효력을 가질 뿐 대외적인 구속력을 갖는 것은 아니므로 행정처분이 그에 위반하였다고 하여 그러한 사정만으로 곧바로 위법하게 되는 것은 아니다. 다만, 재량권 행사의 준칙인 행정규칙이 그 정한 바에 따라 되풀이 시행되어 행정관행이 이루어지게 되면 평등의 원칙이나 신뢰보호의 원칙에 따라 행정기관은 그 상대방에 대한 관계에서 그 규칙에 따라야 할 자기구속을 받게 되므로, 이러한 경우에는 특별한 사정이 없는 한 그를 위반하는 처분은 평등의 원칙이나 신뢰보호의 원칙에 위배되어 재량권을 일탈·남용한 위법한 처분이 된다(대판 2009. 12.24, 2009두7967).

② 헌법재판소의 위헌결정은 행정청이 개인에 대하여 신뢰의 대상이 되는 공적인 견해를 표명한 것이라고 할 수 없으므로 그 결정에 관련한 개인의 행위에 대하여는 신뢰보호의 원칙이 적용되지 아니한다(대판 2003.6.27, 2002두6965).

③ 행정기본법 제13조에서 부당결부금지의 원칙을 명문화하고 있다.

> **제13조(부당결부금지의 원칙)** 행정청은 행정작용을 할 때 상대방에게 해당 행정작용과 실질적인 관련이 없는 의무를 부과해서는 아니 된다.

03

영역 일반행정작용법 > 행정행위   난도 **중**

[정답의 이유]

② 일반적인 건축허가는 기속행위이므로 건축법상 허가요건을 갖춘 경우에는 허가하여야 하지만, 중대한 공익상 필요가 있는 경우에는 건축허가를 불허할 수 있다.

[오답의 이유]

① 한의사 면허는 경찰금지를 해제하는 명령적 행위(강학상 허가)에 해당하고, 한약조제시험을 통하여 약사에게 한약조제권을 인정함으로써 한의사들의 영업상 이익이 감소되었다고 하더라도 이러한 이익은 사실상의 이익에 불과하고 약사법이나 의료법 등의 법률에 의하여 보호되는 이익이라고는 볼 수 없으므로, 한의사들이 한약조제시험을 통하여 한약조제권을 인정받은 약사들에 대한 합격처분의 무효확인을 구하는 당해 소는 원고적격이 없는 자들이 제기한 소로서 부적법하다(대판 1998.3.10, 97누4289).

③ 행정행위는 "처분 당시"에 시행 중인 법령 및 허가기준에 의하여 하는 것이 원칙이고, 인·허가신청 후 처분 전에 관계 법령이 개정 시행된 경우 신 법령 부칙에서 신 법령 시행 전에 이미 허가신청이 있는 때에는 종전의 규정에 의한다는 취지의 "경과규정"을 두지 아니한 이상 당연히 허가신청 당시의 법령에 의하여 허가 여부를 판단하여야 하는 것은 아니며, 소관 행정청이 허가신청을 수리하고도 정당한 이유 없이 처리를 늦추어 그 사이에 법령 및 허가기준이 변경된 것이 아닌 한 새로운 법령 및 허가기준에 따라서 한 불허가처분이 위법하다고 할 수 없다(대판 1992.12.8, 92누13813).

④ 석유사업법상 석유판매업(주유소) 허가는 대물적 허가의 성질을 갖는 것이어서 그 사업의 양도도 가능하고, 양수인은 양도인의 지위를 승계하게 됨에 따라 양도인의 허가에 따른 권리의무가 양수인에게 이전되는 것이므로 만약 양도인에게 그 허가를 취소할 위법사유가 있다면 허가관청은 이를 이유로 양수인에게 응분의 제재조치를 취할 수 있다 할 것이고, 양수인이 그 양수 후 허가관청으로부터 석유판매업허가를 다시 받았다 하더라도 이는 석유판매업의 양수도를 전제로 한 것이어서 이로써 양도인의 지위승계가 부정되는 것은 아니므로 양도인의 귀책사유는 양수인에게 그 효력이 미친다(대판 1986.7.22, 86누203).

04

영역 행정절차와 행정공개 > 행정절차법   난도 **중**

[정답의 이유]

② 신청에 대한 거부처분은 '당사자의 권익을 제한하는 처분'에 해당한다고 할 수 없으므로 처분의 사전통지 대상이 된다고 할 수 없다(대판 2003.11.28, 2003두674).

① 행정청이 의무를 부과하거나 권익을 제한하는 처분을 할 때 의견제출의 기회를 주어야 하는 '당사자'는 '행정청의 처분에 대하여 직접 그 상대가 되는 당사자'를 의미한다. 그런데 '고시'의 방법으로 불특정 다수인을 상대로 의무를 부과하거나 권익을 제한하는 처분은 성질상 의견제출의 기회를 주어야 하는 상대방을 특정할 수 없으므로, 이와 같은 처분에 있어서까지 구 행정절차법 제22조 제3항에 의하여 그 상대방에게 의견제출의 기회를 주어야 한다고 해석할 것은 아니다(대판 2014.10.27. 2012두7745).

③ 행정청은 당사자에게 의무를 부과하거나 권익을 제한하는 처분을 하는 경우에는 당사자 등에게 사전통지하여야 하는데(행정절차법 제21조 제1항). 여기서 '당사자 등'이란 '행정청이 직권으로 또는 신청에 따라 행정절차에 참여하게 한 이해관계인'을 포함한다(행정절차법 제2조 제4호 나목).

④ 정규임용처분을 취소하는 처분은 성질상 행정절차를 거치는 것이 불필요하여 행정절차법의 적용이 배제되는 경우에 해당하지 않으므로, 그 처분을 하면서 사전통지를 하거나 의견제출의 기회를 부여하지 않은 것은 위법하다. 행정청이 침해적 행정처분을 하면서 당사자에게 위와 같은 사전통지를 하거나 의견제출의 기회를 주지 아니하였다면 사전통지를 하지 않거나 의견제출의 기회를 주지 아니하여도 되는 예외적인 경우에 해당하지 아니하는 한 그 처분은 위법하여 취소를 면할 수 없다(대판 2009.1.30. 2008두16155).

05

정답 ①

영역 행정상 쟁송 > 행정소송   난도 **하**

① 행정처분에 대한 무효확인과 취소청구는 서로 양립할 수 없는 청구이므로 선택적 병합이나 단순 병합은 허용되지 아니한다. 주위적·예비적 청구로서만 병합이 가능할 뿐이다(대판 1999.8.20. 97누6889).

② 행정처분의 당연무효를 선언하는 의미에서 취소를 구하는 행정소송을 제기한 경우에도 제소기간의 준수 등 취소소송의 제소요건을 갖추어야 한다(대판 1993.3.12. 92누11039).

③ 행정처분의 무효확인을 구하는 청구에는 특별한 사정이 없는 한 그 처분의 취소를 구하는 취지까지도 포함되어 있다고 볼 수는 있으나 위와 같은 경우에 취소청구를 인용하려면 먼저 취소를 구하는 항고소송으로서의 제소요건을 구비한 경우에 한한다(대판 1986.9.23. 85누838).

④ 과세처분의 취소소송은 과세처분의 실체적, 절차적 위법을 그 취소원인으로 하는 것으로서 그 심리의 대상은 과세관청의 과세처분에 의하여 인정된 조세채무인 과세표준 및 세액의 객관적 존부, 즉 당해 과세처분의 적부가 심리의 대상이 되는 것이며, 과세처분 취

소청구를 기각하는 판결이 확정되면 그 처분이 적법하다는 점에 관하여 기판력이 생기고 그 후 원고가 이를 무효라 하여 무효확인을 소구할 수 없는 것이어서 과세처분의 취소소송에서 청구가 기각된 확정판결의 기판력은 그 과세처분의 무효확인을 구하는 소송에도 미친다(대판 1998.7.24. 98다10854).

06

정답 ②

영역 행정상 쟁송 > 행정소송   난도 **중**

② 기판력은 판결이 확정되면 판결 내용과 모순된 주장 및 판단을 할 수 없다는 실질적 확정력을 의미한다. 기판력은 인용판결뿐만 아니라 기각판결에도 인정된다. 반면에 기속력은 인용판결에만 미친다.

① 행정처분을 취소하는 확정판결이 제3자에 대하여도 효력이 있다고 하더라도 일반적으로 판결의 효력은 주문에 포함한 것에 한하여 미치는 것이니 그 취소판결 자체의 효력으로써 그 행정처분을 기초로 하여 새로 형성된 제3자의 권리까지 당연히 그 행정처분 전의 상태로 환원되는 것이라고는 할 수 없고, 단지 취소판결의 존재와 취소판결에 의하여 형성되는 법률관계를 소송당사자가 아니었던 제3자라 할지라도 이를 용인하지 않으면 아니된다는 것을 의미하는 것에 불과하다 할 것이며, 따라서 취소판결의 확정으로 인하여 당해 행정처분을 기초로 새로 형성된 제3자의 권리관계에 변동을 초래하는 경우가 있다 하더라도 이는 취소판결 자체의 형성력에 기한 것이 아니라 취소판결의 위와 같은 의미에서의 제3자에 대한 효력의 반사적 효과로서 그 취소판결이 제3자의 권리관계에 대하여 그 변동을 초래할 수 있는 새로운 법률요건이 되는 까닭이라 할 것이다(대판 1986.8.19. 83다카2022).

③ 취소 확정판결의 기속력은 판결의 주문 및 전제가 되는 처분 등의 구체적 위법사유에 관한 판단에도 미치나, … 새로운 처분의 처분사유가 종전 처분의 처분사유와 기본적 사실관계에서 동일하지 않은 다른 사유에 해당하는 이상, 처분사유가 종전 처분 당시 이미 존재하고 있었고 당사자가 이를 알고 있었더라도 이를 내세워 새로이 처분을 하는 것은 확정판결의 기속력에 저촉되지 않는다(대판 2016.3.24. 2015두48235).

④ 행정처분의 적법 여부는 그 행정처분이 행하여진 때의 법령과 사실을 기준으로 하여 판단하는 것이므로 거부처분 후에 법령이 개정·시행된 경우에는 개정된 법령 및 허가기준을 새로운 사유로 들어 다시 이전의 신청에 대한 거부처분을 할 수 있으며 그러한 처분도 행정소송법 제30조 제2항에 규정된 재처분에 해당된다(대결 1998.1.7. 97두22).

07

정답 ④

영역 행정상 쟁송 > 행정심판　　　　　　　　난도 **상**

정답의 이유

④ 지방자치단체는 행정심판위원회의 직접 처분에 대하여 행정심판
위원회가 속한 국가기관을 상대로 권한쟁의심판을 청구할 수 있다
(헌재 1999.7.22, 98헌라4).

오답의 이유

① 자동차운수사업법상의 고지절차에 관한 규정은 행정처분의 상대
방이 그 처분에 대한 행정심판의 절차를 밟는 데 있어 편의를 제
공하려는 데 있으며 처분청이 위 규정에 따른 고지의무를 이행하
지 아니하였다고 하더라도 경우에 따라서는 행정심판의 제기기간
이 연장될 수 있는 것에 그치고 이로 인하여 심판의 대상이 되는
행정처분에 어떤 하자가 수반된다고 할 수 없다(대판 1987.11.24,
87누529).

② 행정심판법 제25조 제1항

③ 당사자의 신청에 대한 행정청의 거부처분이나 부작위에 대해서는
집행정지의 대상이 되지 않으므로 권리구제가 미흡하다는 문제점
이 있다. 이에 2010년 행정심판법의 개정으로 행정심판법 제31조
임시처분제도가 신설되었다.

> **제31조(임시처분)** ① 위원회는 처분 또는 부작위가 위법·부당하다
> 고 상당히 의심되는 경우로서 처분 또는 부작위 때문에 당사자가 받
> 을 우려가 있는 중대한 불이익이나 당사자에게 생길 급박한 위험을
> 막기 위하여 임시지위를 정하여야 할 필요가 있는 경우에는 직권으
> 로 또는 당사자의 신청에 의하여 임시처분을 결정할 수 있다.
> ② 제1항에 따른 임시처분에 관하여는 제30조 제3항부터 제7항까지
> 를 준용한다. 이 경우 같은 조 제6항 전단 중 "중대한 손해가 생길 우
> 려"는 "중대한 불이익이나 급박한 위험이 생길 우려"로 본다.
> ③ 제1항에 따른 임시처분은 제30조 제2항에 따른 집행정지로 목적
> 을 달성할 수 있는 경우에는 허용되지 아니한다.

08

정답 ③

영역 행정구제법 > 손해전보제도　　　　　　　　난도 **중**

정답의 이유

③ 관리청이 하천법 등 관련 규정에 의해 책정한 하천정비기본계획
등에 따라 개수를 완료한 하천 또는 아직 개수 중이라 하더라도
개수를 완료한 부분에 있어서는, 위 하천정비기본계획 등에서 정
한 계획홍수량 및 계획홍수위를 충족하여 하천이 관리되고 있다면
당초부터 계획홍수량 및 계획홍수위를 잘못 책정하였다거나 그 후
이를 시급히 변경해야 할 사정이 생겼음에도 불구하고 이를 해태
하였다는 등의 특별한 사정이 없는 한, 그 하천은 용도에 따라 통
상 갖추어야 할 안전성을 갖추고 있다고 봄이 상당하다(대판 2007.
9.21, 2005다65678).

📡 적중레이더

판례 비교
집중호우로 제방도로가 유실되면서 그곳을 걸어가던 보행자가 강물
에 휩쓸려 익사한 경우, 사고 당일의 집중호우가 50년 빈도의 최대강
우량에 해당한다는 사실만으로 불가항력에 기인한 것으로 볼 수 없
다는 이유로 제방도로의 설치·관리상의 하자를 인정한 사례이다(대판
2000.5.26, 99다53247).

오답의 이유

① 국가배상법 제5조 제1항 소정의 "공공의 영조물"이라 함은 국가
또는 지방자치단체에 의하여 특정 공공의 목적에 공여된 유체물
내지 물적 설비를 지칭하며, 특정 공공의 목적에 공여된 유체물이
라 함은 일반공중의 자유로운 사용에 직접적으로 제공되는 공공
용물에 한하지 아니하고, 행정주체 자신의 사용에 제공되는 공용
물도 포함하며 국가 또는 지방자치단체가 소유권, 임차권 그 밖의
권한에 기하여 관리하고 있는 경우뿐만 아니라 사실상의 관리를
하고 있는 경우도 포함한다(대판 1995.1.24, 94다45302).

② 국가배상법 제5조 제1항에 정하여진 '영조물 설치·관리상의 하
자'라 함은 공공의 목적에 공여된 영조물이 그 용도에 따라 통상
갖추어야 할 안전성을 갖추지 못한 상태에 있음을 말하는바, 영조
물의 설치 및 관리에 있어서 항상 완전무결한 상태를 유지할 정도
의 고도의 안전성을 갖추지 아니하였다고 하여 영조물의 설치 또
는 관리에 하자가 있다고 단정할 수 없는 것이고, 영조물의 설치자
또는 관리자에게 부과되는 방호조치의무는 영조물의 위험성에 비
례하여 사회통념상 일반적으로 요구되는 정도의 것을 의미하므로
영조물인 도로의 경우도 다른 생활필수시설과의 관계나 그것을 설
치하고 관리하는 주체의 재정적, 인적, 물적 제약 등을 고려하여
그것을 이용하는 자의 상식적이고 질서 있는 이용방법을 기대한
상대적인 안전성을 갖추는 것으로 족하다(대판 2002.8.23, 2002
다9158).

④ 소음 등 공해의 위험지역으로 이주하였을 때 그 위험의 존재를 인
식하고 그로 인한 피해를 용인하면서 접근한 것으로 볼 수 있다면,
… 특별한 사정이 없는 한 가해자의 면책을 인정할 수도 있을 것이
다. 그러나 소음 등 공해의 위험지역으로 이주하였더라도 그 위
험에 접근할 당시 위험이 존재하는 사실을 정확하게 알 수 없는
경우가 많고 근무지나 가족관계 등의 사정에 따라 불가피하게 위
험지역으로 이주할 수도 있는 것이므로, 위험지역에 이주하게 된
경위와 동기 등 여러 사정에 비추어 위험의 존재를 인식하고 그로
인한 피해를 용인하면서 접근한 것으로 볼 수 없는 경우에는 가해
자의 면책을 인정할 수 없고 손해배상액의 산정에 있어 형평의 원
칙상 이와 같은 사정을 과실상계에 준하여 감액사유로 고려할 수
있을 뿐이다. 그리고 공군비행장 주변의 항공기 소음 피해로 인한
손해배상 사건에서 공군에 속한 군인이나 군무원의 경우 일반인에
비하여 그 피해에 관하여 잘 인식하거나 인식할 수 있는 지위에

144 시대에듀 | 군무원 군수직

있다는 이유만으로 가해자의 면책이나 손해배상액의 감액에 있어 달리 볼 수는 없다(대판 2015.10.15, 2013다23914).

09 정답 ③

영역 행정법 서론 > 행정상 법률관계　　　　　난도 **중**

정답의 이유

③ 남북정상회담의 개최는 고도의 정치적 성격을 지니고 있는 행위라 할 것이므로 특별한 사정이 없는 한 그 당부를 심판하는 것은 사법권의 내재적·본질적 한계를 넘어서는 것이 되어 적절하지 않지만, 남북정상회담의 개최과정에서 재정경제부장관에게 신고하지 아니하거나 통일부장관의 협력사업 승인을 얻지 아니한 채 북한 측에 사업권의 대가 명목으로 송금한 행위 자체는 사법 심사의 대상이 된다(대판 2004.3.26, 2003도7878).

오답의 이유

① 이 사건 파견결정은 그 성격상 국방 및 외교에 관련된 고도의 정치적 결단을 요하는 문제로서, 헌법과 법률이 정한 절차를 지켜 이루어진 것임이 명백하므로, 대통령과 국회의 판단은 존중되어야 하고 헌법재판소가 사법적 기준만으로 이를 심판하는 것은 자제되어야 한다(헌재 2004.4.29, 2003헌마814).

② 헌재 2000.6.1, 97헌바74

④ 서훈취소는 서훈수여의 경우와는 달리 이미 발생된 서훈대상자 등의 권리 등에 영향을 미치는 행위로서 관련 당사자에게 미치는 불이익의 내용과 정도 등을 고려하면 사법심사의 필요성이 크다. 따라서 기본권의 보장 및 법치주의의 이념에 비추어 보면, 비록 서훈취소가 대통령이 국가원수로서 행하는 행위라고 하더라도 법원이 사법심사를 자제하여야 할 고도의 정치성을 띤 행위라고 볼 수는 없다(대판 2015.4.23, 2012두26920).

10 정답 ①

영역 행정상 쟁송 > 행정소송　　　　　난도 **중**

정답의 이유

① 행정처분이나 행정심판 재결이 불복 기간의 경과로 인하여 확정될 경우 확정력은 처분으로 인하여 법률상 이익을 침해받은 자가 처분이나 재결의 효력을 더 이상 다툴 수 없다는 의미일 뿐 판결에 있어서와 같은 기판력이 인정되는 것은 아니어서 처분의 기초가 된 사실관계나 법률적 판단이 확정되고 당사자들이나 법원이 이에 기속되어 모순되는 주장이나 판단을 할 수 없게 되는 것은 아니다(대판 1993.4.13, 92누17181).

오답의 이유

② 대판 2007.4.26, 2005두11104

③ 행정처분의 제소기간이 도과하여 불가쟁력이 발생한 경우에도, 국가배상청구는 위법성을 그 요건으로 할 뿐이고, 처분의 취소를 그 요건으로 하지 아니하므로 국가배상청구를 함에는 아무런 장애가 되지 않는다.

④ 원래 행정청은 직권취소나 철회를 할 수 있으나, 일정한 행정행위의 성질상 행정청 자신도 직권으로 자유롭게 취소, 변경, 철회할 수 없게 하는 효력을 실질적 존속력 또는 불가변력이라 한다.

11 정답 ②

영역 일반행정작용법 > 행정행위　　　　　난도 **중**

정답의 이유

② 토지소유자가 토지형질변경행위허가에 붙인 기부채납의 부관에 따라 토지를 국가나 지방자치단체에 기부채납(증여)한 경우, 기부채납의 부관이 당연무효이거나 취소되지 아니한 이상 토지소유자는 위 부관으로 인하여 증여계약의 중요 부분에 착오가 있음을 이유로 증여계약을 취소할 수 없다(대판 1999.5.25, 98다53134).

오답의 이유

① 재량행위에 있어서는 법령상의 근거가 없다고 하더라도 부관을 붙일 수 있는데 그 부관의 내용은 적법하고 이행가능하여야 하며 비례의 원칙 및 평등의 원칙에 적합하고 행정처분의 본질적 효력을 해하지 아니하는 한도의 것이어야 한다(대판 1997.3.14, 96누16698).

③ 일반적으로 행정처분에 효력기간이 정하여져 있는 경우에는 그 기간의 경과로 그 행정처분의 효력은 상실되며, 다만 허가에 붙은 기한이 그 허가된 사업의 성질상 부당하게 짧은 경우에는 이를 그 허가 자체의 존속기간이 아니라 그 허가조건의 존속기간으로 보아 그 기한이 도래함으로써 그 조건의 개정을 고려한다는 뜻으로 해석할 수 있지만, 이와 같이 당초에 붙은 기한을 허가 자체의 존속기간이 아니라 허가조건의 존속기간으로 보더라도 그 후 당초의 기한이 상당 기간 연장되어 연장된 기간을 포함한 존속기간 전체를 기준으로 볼 경우 더 이상 허가된 사업의 성질상 부당하게 짧은 경우에 해당하지 않게 된 때에는 관계 법령의 규정에 따라 허가 여부의 재량권을 가진 행정청으로서는 그 때에도 허가조건의 개정만을 고려하여야 하는 것은 아니고 재량권의 행사로서 더 이상의 기간연장을 불허가할 수도 있는 것이며, 이로써 허가의 효력은 상실된다(대판 2004.3.25, 2003두12837).

④ 대판 2007.10.11, 2005두12404

12

영역 일반행정작용법 > 기타 행정행위　　　　난도 중

정답의 이유

③ 판례는 행정주체가 행정계획을 입안 · 결정함에 있어서 이익형량을 전혀 행하지 아니하거나 이익형량의 고려 대상에 마땅히 포함시켜야 할 사항을 누락한 경우 또는 이익형량을 하였으나 정당성 · 객관성이 결여된 경우에는 그 행정계획결정은 재량권을 일탈 · 남용한 것으로서 위법하다(대판 1996.11.29, 96누8567)고 판단하고 있다. 즉, 형량의 하자별로 그 위법성 판단기준을 개별적으로 달리 판단하지 않는다.

오답의 이유

① · ② 행정주체는 구체적인 행정계획을 입안 · 결정함에 있어서 비교적 광범위한 형성의 자유를 가진다고 할 것이지만, 행정주체가 가지는 이와 같은 형성의 자유는 무제한적인 것이 아니라 그 행정계획에 관련되는 자들의 이익을 공익과 사익 사이에서는 물론이고 공익 상호 간과 사익 상호 간에도 정당하게 비교 교량하여야 한다는 제한이 있는 것이고, 따라서 행정주체가 행정계획을 입안 · 결정함에 있어서 이익형량을 전혀 행하지 아니하거나 이익형량의 고려 대상에 마땅히 포함시켜야 할 사항을 누락한 경우 또는 이익형량을 하였으나 정당성 · 객관성이 결여된 경우에는 그 행정계획결정은 재량권을 일탈 · 남용한 것으로서 위법하다(대판 1996. 11.29, 96누8567).

④ 대판 2008.3.27, 2006두3742 등

13

영역 행정상 쟁송 > 행정소송　　　　난도 상

정답의 이유

ㄴ. 보건복지부 고시인 약제급여 · 비급여목록 및 급여상한금액표는 다른 집행행위의 매개 없이 그 자체로서 국민건강보험가입자, 국민건강보험공단, 요양기관 등의 법률관계를 직접 규율하는 성격을 가지므로 항고소송의 대상이 되는 행정처분에 해당한다(대판 2006.9.22, 2005두2506).

ㄷ. 장래 일정한 기간 내에 관계 법령이 규정하는 시설 등을 갖추어 일정한 행정처분을 구하는 신청을 할 수 있는 법률상 지위에 있는 자의 국토이용계획변경신청을 거부하는 것이 실질적으로 당해 행정처분 자체를 거부하는 결과가 되는 경우에는 예외적으로 그 신청인에게 국토이용계획변경을 신청할 권리가 인정된다고 봄이 상당하므로, 이러한 신청에 대한 거부행위는 항고소송의 대상이 되는 행정처분에 해당한다(대판 2003.9.23, 2001두10936).

오답의 이유

ㄱ. 한국마사회가 조교사 또는 기수의 면허를 부여하거나 취소하는 것은 경마를 독점적으로 개최할 수 있는 지위에서 우수한 능력을 갖

추었다고 인정되는 사람에게 경마에서의 일정한 기능과 역할을 수행할 수 있는 자격을 부여하거나 이를 박탈하는 것에 지나지 아니하므로, 이는 국가 기타 행정기관으로부터 위탁받은 행정권한의 행사가 아니라 일반 사법상의 법률관계에서 이루어지는 단체 내부에서의 징계 내지 제재처분이다(대판 2008.1.31, 2005두8269).

ㄹ. 당연퇴직의 통보는 법률상 당연히 발생하는 퇴직사유를 공적으로 확인하여 알려주는 이른바 관념의 통지에 불과하다(대판 1995. 11.14, 95누2036). 따라서 항고소송의 대상으로서의 처분성은 부정된다.

14

영역 행정상 쟁송 > 행정소송　　　　난도 상

정답의 이유

③ 행정입법의 지체가 위법으로 되어 그에 대한 법적 통제가 가능하기 위하여는, 우선 행정청에게 시행명령을 제정(개정)할 법적 의무가 있어야 하고, 상당한 기간이 지났음에도 불구하고, 명령제정(개정)권이 행사되지 않아야 한다. 삼권분립의 원칙, 법치행정의 원칙을 당연한 전제로 하고 있는 우리 헌법하에서 행정권의 행정입법 등 법집행의무는 헌법적 의무라고 보아야 할 것이다. 그런데 이는 행정입법의 제정이 법률의 집행에 필수불가결한 경우로서 행정입법을 제정하지 아니하는 것이 곧 행정권에 의한 입법권 침해의 결과를 초래하는 경우를 말하는 것이므로, 만일 하위 행정입법의 제정 없이 상위 법령의 규정만으로도 집행이 이루어질 수 있는 경우라면 하위 행정입법을 하여야 할 헌법적 작위의무는 인정되지 아니한다고 할 것이다(헌재 2005.12.22, 2004헌마66).

오답의 이유

① 행정권의 행정입법 의무에 대하여는 별도의 명문의 규정이 없다.

② 헌결 2005.12.22, 2004헌마66

④ 행정소송은 구체적 사건에 대한 법률상 분쟁을 법에 의하여 해결함으로써 법적 안정을 기하자는 것이므로 부작위위법확인소송의 대상이 될 수 있는 것은 구체적 권리의무에 관한 분쟁이어야 하고 추상적인 법령에 관하여 제정의 여부 등은 그 자체로서 국민의 구체적인 권리의무에 직접적 변동을 초래하는 것이 아니어서 그 소송의 대상이 될 수 없다(대판 1992.5.8, 91누11261).

15

영역 행정상 쟁송 > 행정소송　　　　난도 중

정답의 이유

① 조세부과처분이 당연무효임을 전제로 하여 이미 납부한 세금의 반환을 청구하는 것은 민사상의 부당이득반환청구로서 민사소송절차에 따라야 한다(대판 1995.4.28, 94다55019).

146 시대에듀 | 군무원 군수직

② 구 도시재개발법에 의한 재개발조합은 조합원에 대한 법률관계에서 적어도 특수한 존립목적을 부여받은 특수한 행정주체로서 국가의 감독하에 그 존립 목적인 특정한 공공사무를 행하고 있다고 볼 수 있는 범위 내에서는 공법상의 권리의무 관계에 있다. 따라서 조합을 상대로 한 쟁송에 있어서 강제가입제를 특색으로 한 조합원의 자격 인정 여부에 관하여 다툼이 있는 경우에는 그 단계에서는 아직 조합의 어떠한 처분 등이 개입될 여지는 없으므로 공법상의 당사자소송에 의하여 그 조합원 자격의 확인을 구할 수 있다(대판 1996.2.15, 94다31235 전합).

③ 고용보험 및 산업재해보상보험의 보험료징수 등에 관한 법률 제4조는 고용보험법 및 산업재해보상보험법에 따른 보험사업에 관하여 이 법에서 정한 사항은 고용노동부장관으로부터 위탁을 받아 근로복지공단이 수행하되, 보험료의 체납관리 등의 징수업무는 국민건강보험공단이 고용노동부장관으로부터 위탁을 받아 수행한다고 규정하고 있다. 따라서 고용·산재보험료의 귀속주체, 즉 사업주가 각 보험료 납부의무를 부담하는 상대방은 근로복지공단이고, 국민건강보험공단은 단지 각 보험료의 징수업무를 수행하는 데에 불과하므로, 고용·산재보험료 납부의무 부존재확인의 소는 근로복지공단을 피고로 하여 당사자소송으로 제기하여야 한다(대판 2016.10.13, 2016다221658).

④ 수신료의 법적 성격, 피고 보조참가인의 수신료 강제징수권의 내용 등에 비추어 보면 수신료 부과행위는 공권력의 행사에 해당하므로, 피고가 피고 보조참가인으로부터 수신료의 징수업무를 위탁받아 자신의 고유업무와 관련된 고지행위와 결합하여 수신료를 징수할 권한이 있는지 여부를 다투는 이 사건 쟁송은 민사소송이 아니라 공법상의 법률관계를 대상으로 하는 것으로서 행정소송법 제3조 제2호에 규정된 당사자소송에 의하여야 한다(대판 2008. 7.24, 2007다25261).

16

정답 ④

영역 행정상 쟁송 > 행정소송　　　난도 **중**

④ 법원은 취소소송을 당해 처분 등에 관계되는 사무가 귀속하는 국가 또는 공공단체에 대한 당사자소송 또는 취소소송 외의 항고소송으로 변경하는 것이 상당하다고 인정할 때에는 청구의 기초에 변경이 없는 한 사실심의 변론종결 시까지 원고의 신청에 의하여 결정으로써 소의 변경을 허가할 수 있다(행정소송법 제21조 제1항).

① 행정소송법 제16조 제1항
② 행정소송법 제17조 제1항
③ 행정소송법 제16조 제2항·제17조 제2항

제16조(제3자의 소송참가) ① 법원은 소송의 결과에 따라 권리 또는 이익의 침해를 받을 제3자가 있는 경우에는 당사자 또는 제3자의 신청 또는 직권에 의하여 결정으로써 그 제3자를 소송에 참가시킬 수 있다.
② 법원이 제1항의 규정에 의한 결정을 하고자 할 때에는 미리 당사자 및 제3자의 의견을 들어야 한다.

제17조(행정청의 소송참가) ① 법원은 다른 행정청을 소송에 참가시킬 필요가 있다고 인정할 때에는 당사자 또는 당해 행정청의 신청 또는 직권에 의하여 결정으로써 그 행정청을 소송에 참가시킬 수 있다.
② 법원은 제1항의 규정에 의한 결정을 하고자 할 때에는 당사자 및 당해 행정청의 의견을 들어야 한다.

17

정답 ①

영역 행정상 쟁송 > 행정소송　　　난도 **상**

① 석유판매업허가신청에 대하여 "주유소 건축 예정 토지에 관하여 구 도시계획법 제4조 및 구 토지의 형질변경 등 행위 허가기준 등에 관한규칙에 의거하여 행위제한을 추진하고 있다."는 당초의 불허가처분사유와 항고소송에서 주장한 위 신청이 토지형질변경허가의 요건을 갖추지 못하였다는 사유 및 도심의 환경보전의 공익상 필요라는 사유는 기본적 사실관계의 동일성이 있다(대판 1999. 4.23, 97누14378).

② 석유판매업허가신청에 대하여 당초 사업장소인 토지가 군사보호시설구역 내에 위치하고 있는 관할 군부대장의 동의를 얻지 못하였다는 이유로 이를 불허가하였다가, 소송에서 위 토지는 탄약창에 근접한 지점에 위치하고 있어 공공의 안전과 군사시설의 보호라는 공익적인 측면에서 보아 허가신청을 불허한 것은 적법하다는 것을 불허가사유로 추가한 경우, 양자는 기본적 사실관계에 있어서의 동일성이 인정되지 아니하는 별개의 사유라고 할 것이므로 이와 같은 사유를 불허가처분의 근거로 추가할 수 없다(대판 1991.11.8, 91누70).

③ 원심이 온천으로서의 이용가치, 기존의 도시계획 및 공공사업에의 지장 여부 등을 고려하여 이 사건 온천발견신고수리를 거부한 것은 적법하다는 취지의 피고의 주장에 대하여 아무런 판단도 하지 아니한 것은 소론이 지적하는 바와 같으나 기록에 의하면 그와 같은 사유는 피고가 당초에 이 사건 거부처분의 사유로 삼은 바가 없을 뿐만 아니라 규정온도가 미달되어 온천에 해당하지 않는다는 당초의 이 사건 처분사유와는 기본적 사실관계를 달리하여 원심으로서도 이를 거부처분의 사유로 추가할 수는 없다 할 것이므로 원심이 이 부분에 대하여 판단을 하지 아니하였다 하여도 이는 판결에 영향이 없다고 할 것이다(대판 1992.11.24, 92누3052).

④ 원고가 이주대책신청기간이나 소정의 이주대책실시(시행)기간을 모두 도과하여 실기한 이주대책신청을 하였으므로 원고에게는 이주대책을 신청할 권리가 없고, 사업시행자가 이를 받아들여 택지나 아파트공급을 해 줄 법률상 의무를 부담한다고 볼 수 없다는 피고의 상고이유의 주장은 원심에서는 하지 아니한 새로운 주장일 뿐만 아니라 사업지구 내 가옥 소유자가 아니라는 이 사건 처분사유와 기본적 사실관계의 동일성도 없으므로 적법한 상고이유가 될 수 없다(대판 1999.8.20, 98두17043).

18
정답 ③

영역 일반행정작용법 > 행정행위　　　　　　난도**중**

정답의 이유

③ 어업에 관한 허가 또는 신고의 경우에는 어업면허와 달리 유효기간연장제도가 마련되어 있지 아니하므로 그 유효기간이 경과하면 그 허가나 신고의 효력이 당연히 소멸하며, 재차 허가를 받거나 신고를 하더라도 허가나 신고의 기간만 갱신되어 종전의 어업허가나 신고의 효력 또는 성질이 계속된다고 볼 수 없고 새로운 허가 내지 신고로서의 효력이 발생한다고 할 것이다(대판 2011.7.28, 2011두5728).

오답의 이유

① 인·허가 신청 후 처분 전에 관계 법령이 개정·시행된 경우 개정된 법령의 부칙에서 그 시행 전에 이미 인·허가 신청이 있는 때에는 종전의 규정에 의한다는 취지의 경과규정을 특별히 두지 아니한 이상, 행정처분은 그 처분 당시에 시행 중인 법령과 허가기준에 의하여 하는 것이 원칙이다. 따라서 관할 행정청이 인·허가 신청을 수리하고도 정당한 이유 없이 처리를 늦추어 그 사이에 관계 법령 및 허가기준이 변경된 것이 아닌 한, 변경된 법령 및 허가기준에 따라서 한 불허가처분을 위법하다고 할 수 없다. 다만 개정 전 허가기준의 존속에 관한 국민의 신뢰가 개정된 허가기준의 적용에 관한 공익상의 요구보다 더 보호가치가 있다고 인정되는 경우에는 그러한 국민의 신뢰를 보호하기 위하여 개정된 허가기준의 적용을 제한할 여지가 있을 뿐이다(대판 2020.10.15, 2020두41504).

② 산림훼손은 국토 및 자연의 유지와 수질 등 환경의 보전에 직접적으로 영향을 미치는 행위이므로, 법령이 규정하는 산림훼손 금지 또는 제한 지역에 해당하는 경우는 물론 금지 또는 제한 지역에 해당하지 않더라도 허가관청은 산림훼손허가신청 대상토지의 현상과 위치 및 주위의 상황 등을 고려하여 국토 및 자연의 유지와 환경의 보전 등 중대한 공익상 필요가 있다고 인정될 때에는 허가를 거부할 수 있고, 그 경우 법규에 명문의 근거가 없더라도 거부처분을 할 수 있다(대판 2003.3.28, 2002두12113).

④ 허가는 특정행위를 행정상 적법하게 할 수 있도록 하는 당해 행위에 대한 적법요건에 불과할 뿐, 유효요건은 아니다. 따라서 무허가행위라 할지라도 당해 행위가 사법상 당연히 무효가 되는 것은 아니며, 원칙적으로 유효하다.

19
정답 ④

영역 일반행정작용법 > 행정행위　　　　　　난도**중**

정답의 이유

④ 도시계획법령이 토지형질변경행위허가의 변경신청 및 변경허가에 관하여 아무런 규정을 두지 않고 있을 뿐 아니라, 처분청이 처분 후에 원래의 처분을 그대로 존속시킬 필요가 없게 된 사정변경이 생겼거나 중대한 공익상의 필요가 발생한 경우에는 별도의 법적 근거가 없어도 별개의 행정행위로 이를 철회·변경할 수 있지만 이는 그러한 철회·변경의 권한을 처분청에게 부여하는 데 그치는 것일 뿐 상대방 등에게 그 철회·변경을 요구할 신청권까지를 부여하는 것은 아니라 할 것이므로, 이와 같이 법규상 또는 조리상의 신청권이 없이 한 국민들의 토지형질변경행위 변경허가신청을 반려한 당해 반려처분은 항고소송의 대상이 되는 처분에 해당되지 않는다(대판 1997.9.12, 96누6219).

오답의 이유

① 대판 1989.10.24, 89누2431
② 대판 1995.11.16, 95누8850 전합
③ 적법한 행정행위로서 유효하게 효력을 발생한 경우, 사후적으로 그 효력의 전부 또는 일부를 장래에 향해 소멸시키는 원행정행위와 독립된 별개의 의사표시를 행정행위의 철회라 한다(행정기본법 제19조 제1항).

> 제19조(적법한 처분의 철회) ① 행정청은 적법한 처분이 다음 각 호의 어느 하나에 해당하는 경우에는 그 처분의 전부 또는 일부를 장래를 향하여 철회할 수 있다.
>   1. 법률에서 정한 철회 사유에 해당하게 된 경우
>   2. 법령 등의 변경이나 사정변경으로 처분을 더 이상 존속시킬 필요가 없게 된 경우
>   3. 중대한 공익을 위하여 필요한 경우
> ② 행정청은 제1항에 따라 처분을 철회하려는 경우에는 철회로 인하여 당사자가 입게 될 불이익을 철회로 달성되는 공익과 비교·형량하여야 한다.

20
정답 ①

영역 행정의 실효성 확보수단 > 새로운 의무이행 확보수단　　　　　　난도**중**

정답의 이유

① 구 건축법상 이행강제금 납부의무는 상속인 기타의 사람에게 승계될 수 없는 일신전속적인 성질의 것이므로 이미 사망한 사람에게 이행강제금을 부과하는 내용의 처분이나 결정은 당연무효이고, 이행강제금을 부과받은 사람의 이의에 의하여 비송사건절차법에 의

한 재판절차가 개시된 후에 그 이의한 사람이 사망한 때에는 사건 자체가 목적을 잃고 절차가 종료한다(대결 2006.12.8, 2006마470).

오답의 이유

② 행정기본법 제31조 제5항
③ 부동산실명법상 '장기미등기자'에 대하여 부과되는 이행강제금은 소유권이전등기신청의무 불이행이라는 과거의 사실에 대한 제재인 과징금과 달리, 장기미등기자에게 등기신청의무를 이행하지 아니하면 이행강제금이 부과된다는 심리적 압박을 주어 의무의 이행을 간접적으로 강제하는 행정상의 간접강제 수단에 해당한다. 따라서 장기미등기자가 이행강제금 부과 전에 등기신청의무를 이행하였다면 이행강제금의 부과로써 이행을 확보하고자 하는 목적은 이미 실현된 것이므로 부동산실명법에 규정된 기간이 지나서 등기신청의무를 이행한 경우라 하더라도 이행강제금을 부과할 수 없다(대판 2016.6.23, 2015두36454).
④ 이행강제금은 행정법상의 부작위의무 또는 비대체적 작위의무를 이행하지 않은 경우에 '일정한 기한까지 의무를 이행하지 않을 때에는 일정한 금전적 부담을 과할 뜻'을 미리 '계고'함으로써 의무자에게 심리적 압박을 주어 장래를 향하여 의무의 이행을 확보하려는 간접적인 행정상 강제집행 수단이다(대판 2015.6.24, 2011두2170)라는 점에서 과거의 의무위반에 대한 제재수단인 행정벌과는 구별된다.

📡 적중레이더

행정벌과 이행강제금의 비교

구분	행정벌	집행벌(이행강제금)
부과의 관계	일반권력관계	
부과의 목적	과거의 의무위반에 대한 제재	장래에 대한 의무이행의 강제
성질	간접적 의무이행 확보수단	
대상	행정법상의 의무위반자 (일반사회질서위반자)	부작위의무, 비대체적 작위의무
내용	자유 · 재산 등 제한	이행강제를 위한 금전부과
고의 · 과실	원칙적 필요	불요
반복 부과	불가	가능
부과 절차	• 행정형벌: 형사소송법에 따라 법원이 부과 • 행정질서벌(과태료): 질서위반행위규제법에 따라 행정청이 부과	• 과태료유형: 질서위반 행위규제법에 따라 행정청이 부과 • 과징금유형: 일반행정청이 부과

이행강제금에 대한 불복절차
현행 건축법상 이행강제금에 대한 불복절차에 관하여 비송사건절차법상 과태료부과에 대한 불복절차에 의한다는 특별불복의 규정이 삭제되었으므로 일반적인 절차인 행정소송법상 불복절차에 의해야 한다는 것이 일반적 견해이다.

21

영역 행정구제법 > 손해전보제도　　　　　　　　　　난도 **중**

정답의 이유

④ 행정상 손실보상청구권은 재산권의 가치를 떨어뜨리는 공용침해를 요건으로 한다. 여기서 공용침해의 방식은 법률의 규정에 의해 직접 행해지는 법률수용(처분적 법률)과 행정작용에 의해 행해지는 행정수용이 있으며 행정수용이 일반적이다. 행정수용은 법적인 행위뿐만 아니라 사실행위도 포함된다.

오답의 이유

① 이주대책의 실시 여부는 입법자의 입법정책적 재량의 영역에 속하므로 공익사업을 위한 토지 등의 취득 및 보상에 관한 법률 시행령 제40조 제3항 제3호가 이주대책의 대상자에서 세입자를 제외하고 있는 것이 세입자의 재산권을 침해하는 것이라 볼 수 없다.
② 공익사업을 위한 토지 등의 취득 및 보상에 관한 법률의 규정 내용 및 입법 취지 등을 종합하여 보면, 공익사업으로 인하여 영업을 폐지하거나 휴업하는 자가 사업시행자에게서 공익사업법에 따라 영업손실에 대한 보상을 받기 위해서는 공익사업법에 규정된 재결절차를 거친 다음 재결에 대하여 불복이 있는 때에 비로소 권리구제를 받을 수 있을 뿐, 이러한 재결절차를 거치지 않은 채 곧바로 사업시행자를 상대로 손실보상을 청구하는 것은 허용되지 않는다고 보는 것이 타당하다(대판 2011.9.29, 2009두10963).
③ 공익사업을 위한 토지 등의 취득 및 보상에 관한 법률은 제78조 제1항에서 "사업시행자는 공익사업의 시행으로 인하여 주거용 건축물을 제공함에 따라 생활의 근거를 상실하게 되는 자(이하 '이주대책대상자'라 한다)를 위하여 대통령령으로 정하는 바에 따라 이주대책을 수립 · 실시하거나 이주정착금을 지급하여야 한다."고 규정하고 있을 뿐, 생활대책용지의 공급과 같이 공익사업 시행 이전과 같은 경제수준을 유지할 수 있도록 하는 내용의 생활대책에 관한 분명한 근거 규정을 두고 있지는 않으나, 사업시행자 스스로 공익사업의 원활한 시행을 위하여 필요하다고 인정함으로써 생활대책을 수립 · 실시할 수 있도록 하는 내부규정을 두고 있고 내부규정에 따라 생활대책대상자 선정기준을 마련하여 생활대책을 수립 · 실시하는 경우에는, 이러한 생활대책 역시 "공공필요에 의한 재산권의 수용 · 사용 또는 제한 및 그에 대한 보상은 법률로써 하되, 정당한 보상을 지급하여야 한다."고 규정하고 있는 헌법 제23조 제3항에 따른 정당한 보상에 포함되는 것으로 보아야 한다. 따라서 이러한 생활대책대상자 선정기준에 해당하는 자는 사업시행자에게 생활대책대상자 선정 여부의 확인 · 결정을 신청할 수 있는 권리를 가지는 것이어서, 만일 사업시행자가 그러한 자를 생활대책대상자에서 제외하거나 선정을 거부하면, 이러한 생활대책대상자 선정기준에 해당하는 자는 사업시행자를 상대로 항고소송을 제기할 수 있다고 보는 것이 타당하다(대판 2011.10.13, 2008두17905).

22

영역 행정상 쟁송 > 행정심판 　　　　　　　　난도 **중**

정답의 이유

② 직권으로는 직접 처분을 할 수 없고 당사자의 신청이 있어야 직접 처분을 할 수 있다(행정심판법 제50조 제1항).

> **제50조(위원회의 직접 처분)** ① 위원회는 피청구인이 제49조 제3항에도 불구하고 처분을 하지 아니하는 경우에는 당사자가 신청하면 기간을 정하여 서면으로 시정을 명하고 그 기간에 이행하지 아니하면 직접 처분을 할 수 있다. 다만, 그 처분의 성질이나 그 밖의 불가피한 사유로 위원회가 직접 처분을 할 수 없는 경우에는 그러하지 아니하다.

오답의 이유

① 대판 1986.5.27, 86누127

③ 행정심판의 재결은 피청구인인 행정청을 기속하는 효력을 가지므로 재결청이 취소심판의 청구가 이유 있다고 인정하여 처분청에 처분을 취소할 것을 명하면 처분청으로서는 재결의 취지에 따라 처분을 취소하여야 하지만, 나아가 재결에 판결에서와 같은 기판력이 인정되는 것은 아니어서 재결이 확정된 경우에도 처분의 기초가 된 사실관계나 법률적 판단이 확정되고 당사자들이나 법원이 이에 기속되어 모순되는 주장이나 판단을 할 수 없게 되는 것은 아니다(대판 2015.11.27, 2013다6759).

④ 택지초과소유부담금 부과처분을 취소하는 재결이 있는 경우 당해 처분청은 재결의 취지에 반하지 아니하는 한, 즉 당초 처분과 동일한 사정 아래에서 동일한 내용의 처분을 반복하는 것이 아닌 이상, 그 재결에 적시된 위법사유를 시정·보완하여 정당한 부담금을 산출한 다음 새로이 부담금을 부과할 수 있는 것이고, 이러한 새로운 부과처분은 재결의 기속력에 저촉되지 아니한다(대판 1997.2.25, 96누14784 등).

23

영역 행정구제법 > 손해전보제도 　　　　　　　　난도 **상**

정답의 이유

② 계고처분 또는 행정대집행 영장에 의한 통지와 같은 행정처분이 위법한 경우, 대집행이 완료된 후에는 그 처분의 무효확인 또는 취소를 구할 소의 이익이 없다 할 것이다. 그러나 그러한 경우에도 계고처분 등의 행정처분이 위법임을 이유로 국가배상을 청구하는 것은 가능하며, 법원이 국가배상청구의 인용 여부를 판단함에 있어서 미리 그 행정처분의 취소판결이 있어야만 하는 것은 아니다(대판 1972.4.28, 72다337). 즉, 민사법원은 국가배상청구소송의 선결문제로서 처분의 위법성 여부를 판단할 수 있다.

오답의 이유

① 항고소송(취소소송)을 제기하려면 협의의 소의 이익이 있어야 한다. 그런데 이미 대집행절차가 완료된 경우에는 대집행처분을 취소할 소의 이익이 없으므로 당해 취소소송은 부적법하게 되어 각하판결을 받게 된다.

③ 행정소송법 제11조. 즉, 민사법원은 당해 처분이 당연무효인 경우에는 행정처분의 공정력에 반하지 않으므로 이를 선결문제로 하여 재판할 수 있다.

> **제11조(선결문제)** ① 처분 등의 효력 유무 또는 존재 여부가 민사소송의 선결문제로 되어 당해 민사소송의 수소법원이 이를 심리·판단하는 경우에는 제17조, 제25조, 제26조 및 제33조의 규정을 준용한다.
> ② 제1항의 경우 당해 수소법원은 그 처분 등을 행한 행정청에게 그 선결문제로 된 사실을 통지하여야 한다.

④ 가해 공무원(甲)에게 고의 또는 중과실이 있으면 국가나 지방자치단체는 구상할 수 있다(국가배상법 제2조 제2항).

> **제2조(배상책임)** ② 제1항 본문의 경우에 공무원에게 고의 또는 중대한 과실이 있으면 국가나 지방자치단체는 그 공무원에게 구상(求償)할 수 있다.

24

영역 행정상 쟁송 > 행정소송 　　　　　　　　난도 **중**

정답의 이유

④ 행정처분의 무효 확인 또는 취소를 구하는 소가 제소 당시에는 소의 이익이 있어 적법하였는데, 소송계속 중 해당 행정처분이 기간의 경과 등으로 그 효과가 소멸한 때에 처분이 취소되어도 원상회복이 불가능하다고 보이는 경우라도, 무효 확인 또는 취소로써 회복할 수 있는 다른 권리나 이익이 남아 있거나 또는 그 행정처분과 동일한 사유로 위법한 처분이 반복될 위험성이 있어 행정처분의 위법성 확인 내지 불분명한 법률문제에 대한 해명이 필요한 경우에는 행정의 적법성 확보와 그에 대한 사법통제, 국민의 권리구제 확대 등의 측면에서 예외적으로 그 처분의 취소를 구할 소의 이익을 인정할 수 있다. 여기에서 '그 행정처분과 동일한 사유로 위법한 처분이 반복될 위험성이 있는 경우'란 불분명한 법률문제에 대한 해명이 필요한 상황에 대한 대표적인 예시일 뿐이며, 반드시 '해당 사건의 동일한 소송 당사자 사이에서' 반복될 위험이 있는 경우만을 의미하는 것은 아니다(대판 2020.12.24, 2020두30450).

① 제재적 행정처분이 그 처분에서 정한 제재기간의 경과로 인하여 그 효과가 소멸되었으나, 부령인 시행규칙의 형식으로 정한 처분 기준에서 제재적 행정처분(이하 '선행처분')을 받은 것을 가중사유나 전제요건으로 삼아 장래의 제재적 행정처분(이하 '후행처분')을 하도록 정하고 있는 경우, 제재적 행정처분의 가중사유나 전제요건에 관한 규정이 법령이 아니라 규칙의 형식으로 되어 있다고 하더라도, 그 법적 성질이 대외적·일반적 구속력을 갖는 법규명령인지 여부와는 상관없이, 그 규칙에 정해진 바에 따라 행정작용을 할 것이 당연히 예견된다. 따라서 그러한 규칙이 정한 바에 따라 선행처분을 받은 상대방이 그 처분의 존재로 인하여 장래에 받을 불이익, 즉 후행처분의 위험은 구체적이고 현실적인 것이므로, 상대방에게는 선행처분의 취소소송을 통하여 그 불이익을 제거할 필요가 있다. … 결국 선행처분을 받은 상대방은 비록 그 처분에서 정한 제재기간이 경과하였다 하더라도 그 처분의 취소소송을 통하여 그러한 불이익을 제거할 권리보호의 필요성이 충분히 인정된다고 할 것이므로, 선행처분의 취소를 구할 법률상 이익이 있다(대판 2006. 6. 22. 2003두1684 전합).

② 행정처분의 무효확인 또는 취소를 구하는 소가 제소 당시에는 소의 이익이 있어 적법하였더라도, 소송 계속 중 처분청이 다툼의 대상이 되는 행정처분을 직권으로 취소하면 그 처분은 효력을 상실하여 더 이상 존재하지 않는 것이므로, 존재하지 않는 그 처분을 대상으로 한 항고소송은 원칙적으로 소의 이익이 소멸하여 부적법하다. 다만 처분청의 직권취소에도 불구하고 완전한 원상회복이 이루어지지 않아 무효확인 또는 취소로써 회복할 수 있는 다른 권리나 이익이 남아 있거나 또는 동일한 소송 당사자 사이에서 그 행정처분과 동일한 사유로 위법한 처분이 반복될 위험성이 있어 행정처분의 위법성 확인 내지 불분명한 법률문제에 대한 해명이 필요한 경우 행정의 적법성 확보와 그에 대한 사법통제, 국민의 권리구제의 확대 등의 측면에서 예외적으로 그 처분의 취소를 구할 소의 이익을 인정할 수 있을 뿐이다(대판 2019. 6. 27. 2018두49130).

③ 대판 1992. 7. 14. 91누4737

영역 행정상 쟁송 > 행정소송   난도 **중**

정답의 이유

② 처분의 효력정지는 처분 등의 집행 또는 절차의 속행을 정지함으로써 목적을 달성할 수 있는 경우에는 허용되지 아니한다(행정소송법 제23조 제2항).

> **제23조(집행정지)** ② 취소소송이 제기된 경우에 처분 등이나 그 집행 또는 절차의 속행으로 인하여 생길 회복하기 어려운 손해를 예방하기 위하여 긴급한 필요가 있다고 인정할 때에는 본안이 계속되고 있는 법원은 당사자의 신청 또는 직권에 의하여 처분 등의 효력이나 그 집행 또는 절차의 속행의 전부 또는 일부의 정지(이하 "집행정지"라 한다)를 결정할 수 있다. 다만, 처분의 효력정지는 처분 등의 집행 또는 절차의 속행을 정지함으로써 목적을 달성할 수 있는 경우에는 허용되지 아니한다.
> ③ 집행정지는 공공복리에 중대한 영향을 미칠 우려가 있을 때에는 허용되지 아니한다.

오답의 이유

① 행정소송법 제23조 제2항

③ 사업여건의 악화 및 막대한 부채비율로 인하여 외부자금의 신규차입이 사실상 중단된 상황에서 285억 원 규모의 과징금을 납부하기 위하여 무리하게 외부자금을 신규차입하게 되면 주거래은행과의 재무구조개선약정을 지키지 못하게 되어 사업자가 중대한 경영상의 위기를 맞게 될 것으로 보이는 경우, 그 과징금납부명령의 처분으로 인한 손해는 효력정지 내지 집행정지의 적극적 요건인 '회복하기 어려운 손해'에 해당한다(대결 2001. 10. 10. 2001무29).

④ 행정소송법 제23조에 의한 집행정지결정의 효력은 결정주문에서 정한 시기까지 존속하였다가 그 시기의 도래와 동시에 당연히 실효하는 것이므로, 일정기간 동안 업무를 정지할 것을 명한 행정청의 업무정지처분에 대하여 법원이 집행정지결정을 하면서 주문에서 당해 법원에 계속 중인 본안소송의 판결선고 시까지 처분의 효력을 정지한다고 선언하였을 경우에는 당초 처분에서 정한 업무정지기간의 진행은 그때까지 저지되다가 본안소송의 판결선고에 의하여 위 정지결정의 효력이 소멸함과 동시에 당초 처분의 효력이 당연히 부활되어 그 처분에서 정하였던 정지기간(정지결정 당시 이미 일부 진행되었다면 나머지 기간)은 이때부터 다시 진행한다(대판 2005. 6. 10. 2005두1190).

2022 | **7급** 기출문제 해설

✅ 점수 ( )점/100점 ✅ 문제편 136쪽

영역 분석

일반행정작용법	5문항	★★★★★	20%
행정조직법	5문항	★★★★★	20%
행정법 서론	3문항	★★★	12%
행정의 실효성 확보수단	3문항	★★★	12%
행정상 쟁송	3문항	★★★	12%
행정절차와 행정공개	2문항	★★	8%
행정구제법	2문항	★★	8%
특별행정작용법	2문항	★★	8%

빠른 정답

01	02	03	04	05	06	07	08	09	10
②	③	③	③	④	①	②	②	①	①
11	12	13	14	15	16	17	18	19	20
④	①	③	③	①	④	④	④	①	②
21	22	23	24	25					
②	③	④	①	②					

01
정답 ②

영역 행정법 서론 > 행정법 　　　　　 난도 중

정답의 이유

② 행정청은 합리적 이유 없이 국민을 차별하여서는 아니 된다(행정기본법 제9조, 평등의 원칙). 따라서 합리적 이유가 있는 경우에는 차별이 정당화될 수 있다(상대적 평등).

오답의 이유

① 행정기본법 제8조

③ 행정기본법 제11조 제2항

④ 행정기본법 제12조 제1항

02
정답 ③

영역 행정의 실효성 확보수단 > 행정벌 　　　　　 난도 중

정답의 이유

③ 신분에 의하여 성립하는 질서위반행위에 신분이 없는 자가 가담한 때에는 신분이 없는 자에 대하여도 질서위반행위가 성립한다(질서위반행위규제법 제12조 제2항).

오답의 이유

① 질서위반행위규제법 제3조 제3항

② 질서위반행위규제법 제6조

④ 질서위반행위규제법 제12조 제3항

03
정답 ③

영역 일반행정작용법 > 행정행위 　　　　　 난도 중

정답의 이유

③ 행정처분의 당연무효를 선언하는 의미에서 취소를 구하는 행정소송을 제기한 경우에도 제소기간의 준수 등 취소소송의 제소요건을 갖추어야 한다(대판 1993.3.12, 92누11039).

오답의 이유

① 개별공시지가결정에 위법이 있는 경우에는 그 자체를 행정소송의 대상이 되는 행정처분으로 보아 그 위법 여부를 다툴 수 있음은 물론, 이를 기초로 한 과세처분 등 행정처분의 취소를 구하는 행정소송에서도 선행처분인 개별공시지가결정의 위법을 독립된 위법사유로 주장할 수 있다(대판 1994.1.25, 93누8542). 즉, 개별공시지가결정과 과세처분 사이에는 하자의 승계가 긍정된다.

② 대판 2018.7.19, 2017다42409 전합

④ 대집행이 완료된 후에는 그 처분의 무효확인 또는 취소를 구할 소의 이익이 없다 할 것이다. 그러나 그러한 경우에도 계고처분 등의 행정처분이 위법임을 이유로 국가배상을 청구하는 것은 가능하며, 법원이 국가배상청구의 인용 여부를 판단함에 있어서 미리 그 행정처분의 취소판결이 있어야만 하는 것은 아니다(대판 1972.4.28, 72다337).

04

영역 일반행정작용법 > 행정행위　　　　　　　　　**난도 중**

정답의 이유

③ 행정처분이나 행정심판 재결이 불복기간의 경과로 인하여 확정될 경우 확정력은 처분으로 인하여 법률상 이익을 침해받은 자가 처분이나 재결의 효력을 더 이상 다툴 수 없다는 의미일 뿐 판결에 있어서와 같은 기판력이 인정되는 것은 아니어서 처분의 기초가 된 사실관계나 법률적 판단이 확정되고 당사자들이나 법원이 이에 기속되어 모순되는 주장이나 판단을 할 수 없게 되는 것은 아니다 (대판 1993.4.13. 92누17181).

오답의 이유

① 대판 1992.1.17. 91누3130

② 하자 있는 행정처분이 당연무효로 되려면 그 하자가 법규의 중요한 부분을 위반한 중대한 것이어야 할 뿐 아니라 객관적으로 명백한 것이어야 하므로, 행정청이 위법하여 무효인 조례를 적용하여 한 행정처분이 당연무효로 되려면 그 규정이 행정처분의 중요한 부분에 관한 것이어서 결과적으로 그에 따른 행정처분의 중요한 부분에 하자가 있는 것으로 귀착되고, 또한 그 규정의 위법성이 객관적으로 명백하여 그에 따른 행정처분의 하자가 객관적으로 명백한 것으로 귀착되어야 하는바, 일반적으로 조례가 법률 등 상위법령에 위배된다는 사정은 그 조례의 규정을 위법하여 무효라고 선언한 대법원의 판결이 선고되지 아니한 상태에서는 그 조례 규정의 위법 여부가 해석상 다툼의 여지가 없을 정도로 명백하였다고 인정되지 아니하는 이상 객관적으로 명백한 것이라 할 수 없으므로, 이러한 조례에 근거한 행정처분의 하자는 취소사유에 해당할 뿐 무효사유가 된다고 볼 수는 없다(대판 2009.10.29. 2007두26285).

④ 대판 1985.7.9. 84누604

05

영역 행정조직법 > 국가행정조직법　　　　　　　　　**난도 하**

정답의 이유

④ 국무총리는 중앙행정기관의 장의 명령이나 처분이 위법 또는 부당하다고 인정될 경우에는 대통령의 승인을 받아 이를 중지 또는 취소할 수 있다(정부조직법 제18조 제2항).

오답의 이유

① 정부조직법 제11조 제1항
② 정부조직법 제11조 제2항
③ 정부조직법 제18조 제1항

06

영역 행정의 실효성 확보수단 > 행정조사　　　　　　　**난도 중**

정답의 이유

ㄱ. (최소한의)　　　　　ㄴ. (다른 목적)
ㄷ. (조사목적)　　　　　ㄹ. (중복되지)
ㅁ. (처벌)　　　　　　　ㅂ. (유도)
ㅅ. (법률)　　　　　　　ㅇ. (조사목적)

> **행정조사기본법 제4조(행정조사의 기본원칙)** ① 행정조사는 조사목적을 달성하는 데 필요한 최소한의 범위 안에서 실시하여야 하며, 다른 목적 등을 위하여 조사권을 남용하여서는 아니 된다.
> ② 행정기관은 조사목적에 적합하도록 조사대상자를 선정하여 행정조사를 실시하여야 한다.
> ③ 행정기관은 유사하거나 동일한 사안에 대하여는 공동조사 등을 실시함으로써 행정조사가 중복되지 아니하도록 하여야 한다.
> ④ 행정조사는 법령 등의 위반에 대한 처벌보다는 법령 등을 준수하도록 유도하는 데 중점을 두어야 한다.
> ⑤ 다른 법률에 따르지 아니하고는 행정조사의 대상자 또는 행정조사의 내용을 공표하거나 직무상 알게 된 비밀을 누설하여서는 아니 된다.
> ⑥ 행정기관은 행정조사를 통하여 알게 된 정보를 다른 법률에 따라 내부에서 이용하거나 다른 기관에 제공하는 경우를 제외하고는 원래의 조사목적 이외의 용도로 이용하거나 타인에게 제공하여서는 아니 된다.

07

영역 행정상 쟁송 > 행정소송　　　　　　　　　　**난도 중**

정답의 이유

ㄷ. 인가·허가 등 수익적 행정처분을 신청한 여러 사람이 서로 경원관계에 있어서 한 사람에 대한 허가 등 처분이 다른 사람에 대한 불허가 등으로 귀결될 수밖에 없을 때 허가 등 처분을 받지 못한 사람은 신청에 대한 거부처분의 직접 상대방으로서 원칙적으로 자신에 대한 거부처분의 취소를 구할 원고적격이 있고, 취소판결이 확정되는 경우 판결의 직접적인 효과로 경원자에 대한 허가 등 처분이 취소되거나 효력이 소멸되는 것은 아니더라도 행정청은 취소판결의 기속력에 따라 판결에서 확인된 위법사유를 배제한 상태에서 취소판결의 원고와 경원자의 각 신청에 관하여 처분요건의 구비 여부와 우열을 다시 심사하여야 할 의무가 있으며, 재심사 결과 경원자에 대한 수익적 처분이 직권취소되고 취소판결의 원고에게 수익적 처분이 이루어질 가능성을 완전히 배제할 수는 없으므로, 특별한 사정이 없는 한 경원관계에서 허가 등 처분을 받지 못한 사람은 자신에 대한 거부처분의 취소를 구할 소의이익이 있다(대판 2015.10.29. 2013두27517).

ㄹ. 회사가 정하는 자격기준에 준하는 자로서 입회승인을 받은 회원은 일정한 입회금을 납부하고 회사가 지정한 시설을 이용할 때에는 회사가 정한 요금을 지불하여야 하며 회사는 회원의 입회금을 5년 후에 상환하도록 정해져 있는 이 사건 소외 1 주식회사(이하 '이 사건 골프클럽'이라고 한다)와 같은 이른바 예탁금회원제 골프장에 있어서, 체육시설업자 또는 그 사업계획의 승인을 얻은 자가 회원모집계획서를 제출하면서 허위의 사업시설 설치공정확인서를 첨부하거나 사업계획의 승인을 받을 때 정한 예정인원을 초과하여 회원을 모집하는 내용의 회원모집계획서를 제출하여 그에 대한 시·도지사 등의 검토결과 통보를 받는다면 이는 기존회원의 골프장에 대한 법률상의 지위에 영향을 미치게 되므로, 이러한 경우 기존회원은 위와 같은 회원모집계획서에 대한 시·도지사의 검토결과 통보의 취소를 구할 법률상의 이익이 있다고 보아야 할 것이다(대판 2009.2.26, 2006두16243).

ㄱ. 주거지역 내에 위 법조 소정 제한면적을 초과한 연탄공장 건축허가처분으로 불이익을 받고 있는 제3거주자는 비록 당해 행정처분의 상대자가 아니라 하더라도 그 행정처분으로 말미암아 위와 같은 법률에 의하여 보호되는 이익을 침해받고 있다면 당해 행정처분의 취소를 소구하여 그 당부의 판단을 받을 법률상의 자격이 있다(대판 1975.5.13, 73누96 등). 그러나 주거지역 밖에 거주하는 경우에는 법률상 이익이 없다.

ㄴ. 국민의 신청에 대하여 한 행정청의 거부행위가 취소소송의 대상이 되기 위하여는 국민이 그 신청에 따른 행정행위를 하여 줄 것을 요구할 수 있는 법규상 또는 조리상의 권리가 있어야 하는 것인데, 지방자치단체장이 건축회사에 대하여 당해 신축공사와 관련하여 인근 주택에 공사로 인한 피해를 주지 않는 공법을 선정하고 이에 대하여 안전하다는 전문가의 검토의견서를 제출할 때까지 신축공사를 중지하라는 당해 공사중지명령에 있어서는 그 명령의 내용 자체로 또는 그 성질상으로 명령 이후에 그 원인사유가 해소되는 경우에는 잠정적으로 내린 당해 공사중지명령의 해제를 요구할 수 있는 권리를 위 명령의 상대방에게 인정하고 있다고 할 것이므로, 위 회사에게는 조리상으로 그 해제를 요구할 수 있는 권리가 인정된다(대판 1997.12.26, 96누17745). 그러나 공사중지명령의 원인사유가 해소되지 않은 경우에는 공사중지명령의 해제를 요구할 신청권이 인정되지 않으므로 항고소송을 제기할 수 없다.

08 정답 ②

영역 행정조직법 > 국가행정조직법 난도 **하**

② 행정기관에는 그 소관사무의 일부를 독립하여 수행할 필요가 있는 때에는 법률로 정하는 바에 따라 행정위원회 등 합의제행정기관을 둘 수 있다(정부조직법 제5조).

① 정부조직법 제3조 제1항

제3조(특별지방행정기관의 설치) ① 중앙행정기관에는 소관사무를 수행하기 위하여 필요한 때에는 특히 법률로 정한 경우를 제외하고는 대통령령으로 정하는 바에 따라 지방행정기관을 둘 수 있다.
② 제1항의 지방행정기관은 업무의 관련성이나 지역적인 특수성에 따라 통합하여 수행함이 효율적이라고 인정되는 경우에는 대통령령으로 정하는 바에 따라 관련되는 다른 중앙행정기관의 소관사무를 통합하여 수행할 수 있다.

③ 정부조직법 제6조 제1항

④ 정부조직법 제6조 제3항

제6조(권한의 위임 또는 위탁) ① 행정기관은 법령으로 정하는 바에 따라 그 소관사무의 일부를 보조기관 또는 하급행정기관에 위임하거나 다른 행정기관·지방자치단체 또는 그 기관에 위탁 또는 위임할 수 있다. 이 경우 위임 또는 위탁을 받은 기관은 특히 필요한 경우에는 법령으로 정하는 바에 따라 위임 또는 위탁을 받은 사무의 일부를 보조기관 또는 하급행정기관에 재위임할 수 있다.
② 보조기관은 제1항에 따라 위임받은 사항에 대하여는 그 범위에서 행정기관으로서 그 사무를 수행한다.
③ 행정기관은 법령으로 정하는 바에 따라 그 소관사무 중 조사·검사·검정·관리 업무 등 국민의 권리·의무와 직접 관계되지 아니하는 사무를 지방자치단체가 아닌 법인·단체 또는 그 기관이나 개인에게 위탁할 수 있다.

09 정답 ①

영역 특별행정작용법 > 급부행정법 난도 **중**

① 국유재산에 관한 사무에 종사하는 직원은 그 처리하는 국유재산을 취득하거나 자기의 소유재산과 교환하지 못하며 이를 위반한 행위는 무효로 한다(국유재산법 제20조 제2항).

제20조(직원의 행위 제한) ① 국유재산에 관한 사무에 종사하는 직원은 그 처리하는 국유재산을 취득하거나 자기의 소유재산과 교환하지 못한다. 다만, 해당 총괄청이나 중앙관서의 장의 허가를 받은 경우에는 그러하지 아니하다.
② 제1항을 위반한 행위는 무효로 한다.

② 국유재산법 제6조 제1항·제3항

③ 국유재산법 제27조 제1항, 제18조 제1항

④ 국유재산법 제11조 제1항

정답의 이유

① 대집행이 완료된 후에는 그 처분의 무효확인 또는 취소를 구할 소의 이익이 없다 할 것이다. 그러나 그러한 경우에도 계고처분 등의 행정처분이 위법임을 이유로 국가배상을 청구하는 것은 가능하며, 법원이 국가배상청구의 인용 여부를 판단함에 있어서 미리 그 행정처분의 취소판결이 있어야만 하는 것은 아니다(대판 1972.4.28, 72다337). 즉, 행정행위의 위법 여부가 국가배상청구소송의 선결문제가 되는 경우, 민사법원은 선결문제인 행정행위의 위법 여부를 판단할 수 있다.

오답의 이유

② 민사소송에 있어서 어느 행정처분의 당연무효 여부가 선결문제로 되는 때에는 이를 판단하여 당연무효임을 전제로 판결할 수 있고 반드시 행정소송 등의 절차에 의하여 그 취소나 무효확인을 받아야 하는 것은 아니다(대판 2010.4.8, 2009다90092).

③ 과세대상과 납세의무자 확정이 잘못되어 당연무효인 과세처분 대하여는 체납이 문제될 여지가 없으므로 체납범이 성립하지 않는다. … 체납범은 정당한 과세에 대하여서만 성립되는 것이고, 과세가 당연히 무효한 경우에 있어서는 "체납의 대상이 없어" 체납범 성립의 여지가 없다(대판 1971.5.31, 71도742).

④ 도시계획법상 행정청은 그 토지의 형질을 변경한 자에 대하여서만 원상회복 등의 조치명령을 할 수 있다고 해석되고, 토지의 형질을 변경한 자도 아닌 자에 대하여 원상복구의 시정명령이 발하여진 경우 그 원상복구의 시정명령은 위법하다. 한편 도시계획법상 처분이나 조치명령을 받은 자가 이를 위반하였다는 이유로 처벌을 하기 위하여는 그 처분이나 조치명령이 적법한 것이라야 하므로, 그 처분이 당연무효가 아니라 하더라도 위법한 경우에는 도시계획법 위반죄가 성립될 수 없다(대판 1992.8.18, 90도1709). 즉, 행정행위의 위법성 확인은 공정력에 반하지 않으므로 위법성 판단이 가능하다.

정답의 이유

④ 대집행의 계고, 대집행영장에 의한 통지, 대집행의 실행, 대집행에 요한 비용의 납부명령 등은 타인이 대신하여 행할 수 있는 행정의무의 이행을 의무자의 비용부담하에 확보하고자 하는, 동일한 행정목적을 달성하기 위하여 단계적인 일련의 절차로 연속하여 행하여지는 것으로서 서로 "결합"하여 하나의 법률효과를 발생시키는 것이므로, 선행처분인 계고처분이 하자가 있는 위법한 처분이라면, 비록 그 하자가 중대하고도 명백한 것이 아니어서 당연무효의 처분이라고 볼 수 없고 행정소송으로 효력이 다투어지지도 아니하여 이미 불가쟁력이 생겼으며, 후행처분인 대집행영장발부통보처분 자체에는 아무런 하자가 없다고 하더라도, 후행처분인 대집행영장발부통보처분의 취소를 청구하는 소송에서 청구원인으로 선행처분인 계고처분이 위법한 것이기 때문에 그 계고처분을 전제로 행하여진 대집행영장발부통보처분도 위법한 것이라는 주장을 할 수 있다(대판 1996.2.9, 95누12507).

오답의 이유

① 선행처분인 국제항공노선 운수권배분 실효처분 및 노선면허 거부처분에 대하여 이미 불가쟁력이 생겨 그 효력을 다툴 수 없게 된 이상 그에 위법사유가 있더라도 그것이 당연무효 사유가 아닌 한 그 하자가 후행처분인 노선면허처분에 승계된다고 할 수 없다(대판 2004.11.26, 2003두3123).

② 병역법상 보충역편입처분은 구체적인 병역의무부과를 위한 전제로서 징병검사 결과 신체등위와 학력·연령 등을 감안하여 역종을 부과하는 처분임에 반하여, 공익근무요원소집처분은 공익근무요원으로서의 복무를 명하는 구체적인 행정처분이므로, 두 처분은 후자의 처분이 전자의 처분을 전제로 하는 것이기는 하나 각각 단계적으로 별개의 법률효과를 발생하는 독립된 행정처분이라고 할 것이므로, 보충역편입처분에 하자가 있다고 할지라도 그것이 당연무효가 아닌 한 그 위법을 이유로 공익근무요원소집처분의 효력을 다툴 수 없다(대판 2002.12.10, 2001두5422).

③ 사업시행자의 자격이나 토지소유자의 동의 여부 및 특정 토지의 사업지구 편입 등에 하자가 있다고 주장하는 토지소유자 등은 시행인가 단계에서 그 하자를 다투었어야 하며, 시행인가처분에 명백하고도 중대한 하자가 있어 당연 무효라고 볼 특별한 사정이 없는 한, 사업시행 후 시행인가처분의 하자를 이유로 환지청산금부과처분의 효력을 다툴 수는 없다(대판 2004.10.14, 2002두424).

12

영역 행정조직법 > 공무원법　　　　　　　　　난도 **중**

정답의 이유

① 임용결격자가 공무원으로 임용되어 사실상 근무하여 왔다 하더라도 적법한 공무원으로서의 신분을 취득하지 못한 자로서는 공무원연금법이나 근로자퇴직급여 보장법에서 정한 퇴직급여를 청구할 수 없다. 나아가 이와 같은 법리는 임용결격사유로 인하여 임용행위가 당연무효인 경우뿐만 아니라 임용행위의 하자로 임용행위가 취소되어 소급적으로 지위를 상실한 경우에도 마찬가지로 적용된다(대판 2017.5.11. 2012다200486).

오답의 이유

② 직위해제처분은 공무원에 대하여 불이익한 처분이긴 하나 징계처분과 같은 성질의 처분이라고는 볼 수 없으므로 동일한 사유에 대한 직위해제처분이 있은 후 다시 해임처분이 있었다 하여 일사부재리의 법리에 어긋난다고 할 수 없다(대판 1984.2.28. 83누489).

③ 국가공무원법상 직위해제처분은 행정절차법에 의하여 당해 행정작용의 성질상 행정절차를 거치기 곤란하거나 불필요하다고 인정되는 사항 또는 행정절차에 준하는 절차를 거친 사항에 해당하므로, 처분의 사전통지 및 의견청취 등에 관한 행정절차법의 규정이 별도로 적용되지 않는다(대판 2014.5.16. 2012두26180).

④ 국가공무원법 제16조 제1항

13

정답 ③

영역 행정조직법 > 공무원법　　　　　　　　　난도 **상**

정답의 이유

ㄱ. 징계로 해임처분을 받은 때부터 3년이 지났으므로, 임용가능하다(국가공무원법 제33조 제8호).

ㄴ. 형법 제355조 및 제356조에 규정된 죄를 범한 자로서 300만 원 이상의 벌금형에 해당하지 않으므로, 임용가능하다(국가공무원법 제33조 제6호의2).

ㄹ. 집행유예 기간이 끝난 날부터 2년이 지났으므로, 임용가능하다(국가공무원법 제33조 제4호).

오답의 이유

ㄷ. 임용결격사유에 해당한다(국가공무원법 제33조 제6호의4 나목).

ㅁ. 금고 이상의 실형을 선고받고 그 집행이 종료되거나 집행을 받지 아니하기로 확정된 후 5년이 지나지 아니하였으므로, 임용결격사유에 해당한다(국가공무원법 제33조 제3호).

ㅂ. 임용결격사유에 해당한다(국가공무원법 제33조 제6호의3).

> **제33조(결격사유)** 다음 각 호의 어느 하나에 해당하는 자는 공무원으로 임용될 수 없다.
> 1. 피성년후견인
> 2. 파산선고를 받고 복권되지 아니한 자
> 3. 금고 이상의 실형을 선고받고 그 집행이 끝나거나(집행이 끝난 것으로 보는 경우를 포함한다) 집행이 면제된 날부터 5년이 지나지 아니한 자
> 4. 금고 이상의 형의 집행유예를 선고받고 그 유예기간이 끝난 날부터 2년이 지나지 아니한 자
> 5. 금고 이상의 형의 선고유예를 받은 경우에 그 선고유예 기간 중에 있는 자
> 6. 법원의 판결 또는 다른 법률에 따라 자격이 상실되거나 정지된 자
> 6의2. 공무원으로 재직기간 중 직무와 관련하여 「형법」 제355조 및 제356조에 규정된 죄를 범한 자로서 300만 원 이상의 벌금형을 선고받고 그 형이 확정된 후 2년이 지나지 아니한 자
> 6의3. 다음 각 목의 어느 하나에 해당하는 죄를 범한 사람으로서 100만 원 이상의 벌금형을 선고받고 그 형이 확정된 후 3년이 지나지 아니한 사람
> 　가. 「성폭력범죄의 처벌 등에 관한 특례법」 제2조에 따른 성폭력범죄
> 　나. 「정보통신망 이용촉진 및 정보보호 등에 관한 법률」 제74조 제1항 제2호 및 제3호에 규정된 죄
> 　다. 「스토킹범죄의 처벌 등에 관한 법률」 제2조 제2호에 따른 스토킹범죄
> 6의4. 미성년자에 대한 다음 각 목의 어느 하나에 해당하는 죄를 저질러 파면·해임되거나 형 또는 치료감호를 선고받아 그 형 또는 치료감호가 확정된 사람(집행유예를 선고받은 후 그 집행유예기간이 경과한 사람을 포함한다)
> 　가. 「성폭력범죄의 처벌 등에 관한 특례법」 제2조에 따른 성폭력범죄
> 　나. 「아동·청소년의 성보호에 관한 법률」 제2조 제2호에 따른 아동·청소년대상 성범죄
> 7. 징계로 파면처분을 받은 때부터 5년이 지나지 아니한 자
> 8. 징계로 해임처분을 받은 때부터 3년이 지나지 아니한 자

14

정답 ③

영역 행정구제법 > 손해전보제도　　　　　　　난도 **중**

정답의 이유

③ 공익사업에 필요한 토지 등의 취득 또는 사용으로 인하여 토지소유자나 관계인이 입은 손실은 사업시행자가 보상하여야 한다(토지보상법 제61조).

156 시대에듀 | 군무원 군수직

① 토지보상법 제42조 제1항·제2항

> **제42조(재결의 실효)** ① 사업시행자가 수용 또는 사용의 개시일까지 관할 토지수용위원회가 재결한 보상금을 지급하거나 공탁하지 아니하였을 때에는 해당 토지수용위원회의 재결은 효력을 상실한다.
> ② 사업시행자는 제1항에 따라 재결의 효력이 상실됨으로 인하여 토지소유자 또는 관계인이 입은 손실을 보상하여야 한다.

② 토지보상법 제40조 제1항·제2항

> **제40조(보상금의 지급 또는 공탁)** ① 사업시행자는 제38조 또는 제39조에 따른 사용의 경우를 제외하고는 수용 또는 사용의 개시일(토지수용위원회가 재결로써 결정한 수용 또는 사용을 시작하는 날을 말한다. 이하 같다)까지 관할 토지수용위원회가 재결한 보상금을 지급하여야 한다.
> ② 사업시행자는 다음 각 호의 어느 하나에 해당할 때에는 수용 또는 사용의 개시일까지 수용하거나 사용하려는 토지등의 소재지의 공탁소에 보상금을 공탁(供託)할 수 있다.
>   1. 보상금을 받을 자가 그 수령을 거부하거나 보상금을 수령할 수 없을 때
>   2. 사업시행자의 과실 없이 보상금을 받을 자를 알 수 없을 때
>   3. 관할 토지수용위원회가 재결한 보상금에 대하여 사업시행자가 불복할 때
>   4. 압류나 가압류에 의하여 보상금의 지급이 금지되었을 때

④ 토지보상법 제46조

15

영역 행정조직법 > 지방자치법　　　　　난도 **하**

정답의 이유

① 광역단체는 특별시, 광역시, 특별자치시, 도, 특별자치도로 구분된다(지방자치법 제2조 제1항 제1호).

> **제2조(지방자치단체의 종류)** ① 지방자치단체는 다음의 두 가지 종류로 구분한다.
>   1. 특별시, 광역시, 특별자치시, 도, 특별자치도
>   2. 시, 군, 구

오답의 이유

② 지방자치법 제18조 제1항
③ 지방자치법 제19조 제1항
④ 지방자치법 제25조 제1항

16

영역 행정의 실효성 확보수단 > 행정상 강제　　　　난도 **중**

정답의 이유

④ 행정대집행은 대체적 작위의무에 대한 강제집행수단으로, 이행강제금은 부작위의무나 비대체적 작위의무에 대한 강제집행수단으로 이해되어 왔으나, 이행강제금은 대체적 작위의무의 위반에 대하여도 부과될 수 있다. 행정청은 개별사건에 있어서 위반내용, 위반자의 시정의지 등을 감안하여 대집행과 이행강제금을 선택적으로 활용할 수 있으며, 합리적인 재량에 의해 선택하여 활용하는 이상 중첩적인 제재에 해당한다고 볼 수 없다(헌재 2004.2.26. 2001헌바80 등).

오답의 이유

① 법인 대표자의 행위는 종업원 등의 행위와 달리 보아야 한다. 법인의 행위는 법인을 대표하는 자연인인 대표기관의 의사결정에 따른 행위에 의하여 실현되므로, 자연인인 대표기관의 의사결정 및 행위에 따라 법인의 책임 유무를 판단할 수 있다. 즉, 법인은 기관을 통하여 행위하므로 법인이 대표자를 선임한 이상 그의 행위로 인한 법률효과는 법인에게 귀속되어야 하고, 법인 대표자의 범죄행위에 대하여는 법인 자신이 자신의 행위에 대한 책임을 부담하는 것이다(헌재 2013.10.24. 2013헌가18). 결국 법인 대표자의 법규위반행위에 대한 법인의 책임은 법인 자신의 법규위반행위로 평가될 수 있는 행위에 대한 법인의 직접책임이므로, 대표자의 고의에 의한 위반행위에 대하여는 법인이 고의 책임을, 대표자의 과실에 의한 위반행위에 대하여는 법인이 과실 책임을 부담한다. 따라서 심판대상조항 중 법인의 대표자 관련 부분은 법인의 직접책임을 근거로 하여 법인을 처벌하므로 책임주의원칙에 위배되지 않는다(헌결 2020.4.23. 2019헌가25).

(((•))) 적중레이더

판례 비교

이 부분 심판대상조항은 종업원 등의 범죄행위에 관하여 비난할 근거가 되는 법인의 의사결정 및 행위구조, 즉 종업원 등이 저지른 행위의 결과에 대한 법인의 독자적인 책임에 관하여 전혀 규정하지 않은 채, 단순히 법인이 고용한 종업원 등이 업무에 관하여 범죄행위를 하였다는 이유만으로 법인에 대하여 형벌을 부과하도록 정하고 있는바, 이는 다른 사람의 범죄에 대하여 그 책임 유무를 묻지 않고 형사처벌하는 것이므로 헌법상 법치국가원리로부터 도출되는 책임주의원칙에 위배된다(헌결 2020.4.23. 2019헌가25).

② 공정거래위원회가 부당지원행위에 대한 과징금을 부과함에 있어 여러 개의 위반행위에 대하여 하나의 과징금 납부명령을 하였으나 여러 개의 위반행위 중 일부의 위반행위만이 위법하고 소송상 그 일부의 위반행위를 기초로 한 과징금액을 산정할 수 있는 자료가 있는 경우에는, 하나의 과징금 납부명령일지라도 그중 위법하여 그 처분을 취소하게 된 일부의 위반행위에 대한 과징금액에 해당하는 부분만을 취소할 수 있다(대판 2006.12.22. 2004두1483).

판례 비교

행정청이 행정제재수단으로 사업 정지를 명할 것인지, 과징금을 부과할 것인지, 과징금을 부과키로 한다면 그 금액은 얼마로 할 것인지에 관하여 재량권이 부여되어 있는 경우, 법원이 과징금부과처분이 법이 정한 한도액을 초과하여 위법하다고 판단하였다면 법원으로서는 그 전부를 취소할 수밖에 없고, 그 한도액을 초과한 부분이나 법원이 적정하다고 인정되는 부분을 초과한 부분만을 취소할 수 없다(대판 1998. 4.10, 98두2270).

③ 행정청이 행정대집행의 방법으로 건물의 철거 등 대체적 작위의무의 이행을 실현할 수 있는 경우에는 따로 민사소송의 방법으로 그 의무의 이행을 구할 수 없다. 한편 건물의 점유자가 철거의무자일 때에는 건물철거의무에 퇴거의무도 포함되어 있는 것이어서 별도로 퇴거를 명하는 집행권원이 필요하지 않다(대판 2017.4.28, 2016다213916).

17

영역 행정법 서론 > 행정법 　　　　　　　　　　　　　　난도 **하**

[정답의 이유]

④ 행정의 자기구속의 원칙은 평등의 원칙을 매개로 하는 <u>행정법상의 판례이론으로 정립되어 있을 뿐이며</u>, 행정기본법에 명문화되어 있지 않다.

[오답의 이유]

① 행정기본법 제11조 제1항·제2항

> **제11조(성실의무 및 권한남용금지의 원칙)** ① 행정청은 법령 등에 따른 의무를 성실히 수행하여야 한다.
> ② 행정청은 행정권한을 남용하거나 그 권한의 범위를 넘어서는 아니 된다.

② 행정기본법 제12조 제1항

> **제12조(신뢰보호의 원칙)** ① 행정청은 공익 또는 제3자의 이익을 현저히 해칠 우려가 있는 경우를 제외하고는 행정에 대한 국민의 정당하고 합리적인 신뢰를 보호하여야 한다.

③ 행정기본법 제13조

> **제13조(부당결부금지의 원칙)** 행정청은 행정작용을 할 때 상대방에게 해당 행정작용과 실질적인 관련이 없는 의무를 부과해서는 아니 된다.

18

영역 일반행정작용법 > 행정행위 　　　　　　　　　　난도 **중**

[정답의 이유]

④ 행정청이 어느 법률관계나 사실관계에 대하여 어느 법률의 규정을 적용하여 행정처분을 한 경우에 그 법률관계나 사실관계에 대하여는 그 법률의 규정을 적용할 수 없다는 법리가 명백히 밝혀져 그 해석에 다툼의 여지가 없음에도 불구하고 행정청이 위 규정을 적용하여 처분을 한 때에는 그 하자가 중대하고 명백하다고 할 것이나, 그 법률관계나 사실관계에 대하여 그 법률의 규정을 적용할 수 없다는 법리가 명백히 밝혀지지 아니하여 그 해석에 다툼의 여지가 있는 때에는 행정관청이 이를 잘못 해석하여 행정처분을 하였더라도 이는 그 처분 요건사실을 오인한 것에 불과하여 그 하자가 명백하다고 할 수 없다. 그리고 <u>행정청이 법령 규정의 문언상 처분요건의 의미가 분명함에도 합리적인 근거 없이 그 의미를 잘못 해석한 결과, 처분요건이 충족되지 아니한 상태에서 해당 처분을 한 경우에는 법리가 명백히 밝혀지지 아니하여 그 해석에 다툼의 여지가 있다고 볼 수는 없다</u>(대판 2014.5.16, 2011두27094).

[오답의 이유]

① 행정행위는 성립에 하자가 있는 경우에도 그것이 중대·명백하여 당연무효가 아닌 한 권한을 가진 기관에 의해 취소될 때까지 상대방이나 이해관계자를 구속하는데, 이러한 구속력을 공정력이라 한다.

② • 행정처분이 아무리 위법하다고 하여도 그 하자가 중대하고 명백하여 당연무효라고 보아야 할 사유가 있는 경우를 제외하고는 아무도 그 하자를 이유로 무단히 그 효과를 부정하지 못하는 것으로, 이러한 행정행위의 공정력은 판결의 기판력과 같은 효력은 아니지만 그 공정력의 객관적 범위에 속하는 행정행위의 하자가 취소사유에 불과한 때에는 그 처분이 취소되지 않는 한 처분의 효력을 부정하여 그로 인한 이득을 법률상 원인 없는 이득이라고 말할 수 없는 것이다(대판 1994.11.11, 94다28000).
　• 조세의 과오납이 부당이득이 되기 위하여는 납세 또는 조세의 징수가 실체법적으로나 절차법적으로 전혀 법률상의 근거가 없거나 과세처분의 하자가 중대하고 명백하여 당연무효이어야 하고, 과세처분의 하자가 단지 취소할 수 있는 정도에 불과할 때에는 과세관청이 이를 스스로 취소하거나 항고소송절차에 의하여 취소되지 않는 한 그로 인한 조세의 납부가 부당이득이 된다고 할 수 없다(대판 1994.11.11, 94다28000).

③ 영업의 금지를 명한 영업허가취소처분 자체가 나중에 행정쟁송절차에 의하여 취소되었다면 그 영업허가취소처분은 그 처분 시에 소급하여 효력을 잃게 되며, 그 영업허가취소처분에 복종할 의무가 원래부터 없었음이 확정되었다고 봄이 타당하고, 영업허가취소처분이 장래에 향하여서만 효력을 잃게 된다고 볼 것은 아니므로 그 영업허가취소처분 이후의 영업행위를 무허가영업이라고 볼 수는 없다(대판 1993.6.25, 93도277).

19

영역 행정상 쟁송 > 행정소송 　　　　　　　　난도 **중**

정답의 이유

① 직권취소가 아니라 행정쟁송(행정심판)절차 내에서의 쟁송취소에 해당한다.

오답의 이유

② • 행정청은 별도의 명문의 규정이 없어도, 위법 또는 부당한 처분의 전부나 일부를 직권으로 취소할 수 있다(행정기본법 제18조 제1항).

　• 도시계획시설사업의 시행자 지정이나 실시계획의 인가처분을 한 관할청은 구 국토의 계획 및 이용에 관한 법률 제133조 제1항 제21호 (라)목, (마)목의 사유가 발생하였을 때 그 조항에 따라 사업시행자 지정이나 실시계획 인가처분을 취소할 수 있을 뿐만 아니라, 사업시행자 지정이나 실시계획 인가처분에 하자가 있는 경우에는 별도의 법적 근거가 없다고 하더라도 스스로 이를 취소할 수 있다(대판 2014.7.10. 2013두7025).

③ 일정한 행정처분으로 국민이 일정한 이익과 권리를 취득하였을 경우에 종전 행정처분에 하자가 있음을 전제로 직권으로 이를 취소하는 행정처분은 이미 취득한 국민의 기존 이익과 권리를 박탈하는 별개의 행정처분으로, 취소될 행정처분에 하자가 있어야 하고, 나아가 행정처분에 하자가 있다고 하더라도 취소해야 할 공익상 필요와 취소로 당사자가 입게 될 기득권과 신뢰보호 및 법률생활 안정의 침해 등 불이익을 비교·교량한 후 공익상 필요가 당사자가 입을 불이익을 정당화할 만큼 강한 경우에 한하여 취소할 수 있는 것이며, <u>하자나 취소해야 할 필요성에 관한 증명책임은 기존 이익과 권리를 침해하는 처분을 한 행정청에 있다</u>(대판 2017. 6.15. 2014두9226).

④ 병역의무가 국가수호를 위하여 전 국민에게 과하여진 헌법상의 의무로서 그를 수행하기 위한 전제로서의 신체 등위판정이나 병역처분 등은 공정성과 형평성을 유지하여야 함은 물론 그 면탈을 방지하여야 할 공익적 필요성이 매우 큰 점에 비추어 볼 때, <u>지방병무 청장은 군의관의 신체등위판정이 금품수수에 따라 위법 또는 부당하게 이루어졌다고 인정하는 경우에는 그 위법 또는 부당한 신체등위판정을 기초로 자신이 한 병역처분을 직권으로 취소할 수 있다</u>(대판 2002.5.28. 2001두9653).

20

정답 ②

영역 특별행정작용법 > 급부행정법 　　　　　　　난도 **중**

정답의 이유

② 국유재산 중 행정재산은 시효취득의 대상이 되지 아니하지만(국유재산법 제7조 제2항), 일반재산은 시효취득의 대상이 된다.

> **제7조(국유재산의 보호)** ② 행정재산은 「민법」 제245조에도 불구하고 시효취득(時效取得)의 대상이 되지 아니한다.

오답의 이유

① 국유재산법 제6조 제2항 제3호

> **제6조(국유재산의 구분과 종류)** ① 국유재산은 그 용도에 따라 행정재산과 일반재산으로 구분한다.
> ② 행정재산의 종류는 다음 각 호와 같다.
> 　1. 공용재산: 국가가 직접 사무용·사업용 또는 공무원의 주거용(직무 수행을 위하여 필요한 경우로서 대통령령으로 정하는 경우로 한정한다)으로 사용하거나 대통령령으로 정하는 기한까지 사용하기로 결정한 재산
> 　2. 공공용재산: 국가가 직접 공공용으로 사용하거나 대통령령으로 정하는 기한까지 사용하기로 결정한 재산
> 　3. 기업용재산: 정부기업이 직접 사무용·사업용 또는 그 기업에 종사하는 직원의 주거용(직무 수행을 위하여 필요한 경우로서 대통령령으로 정하는 경우로 한정한다)으로 사용하거나 대통령령으로 정하는 기한까지 사용하기로 결정한 재산
> 　4. 보존용재산: 법령이나 그 밖의 필요에 따라 국가가 보존하는 재산

③ 국유재산법의 규정 내용이나 취지 등에 비추어 볼 때, 국유재산 관리의 총괄청인 기획재정부장관은 용도폐지된 국유재산을 종전의 관리청으로부터 인계받은 경우에 이를 직접 관리·처분할 수 있으므로, <u>용도폐지되기 전에 종전의 관리청이 미처 부과·징수하지 아니한 사용료가 있으면 이를 부과·징수할 수 있는 권한도 가지고 있다.</u> 따라서 총괄청인 기획재정부장관으로부터 용도폐지된 국유재산의 관리·처분사무를 위탁받은 수탁관리기관 역시 달리 특별한 사정이 없는 한 관리권 행사의 일환으로 국유재산이 용도폐지 되기 전의 사용기간에 대한 사용료를 부과할 수 있다(대판 2014. 11.13. 2011두30212).

④ 국유재산법 제39조

21

영역 행정구제법 > 손실보상   난도 중

정답의 이유

② 공익사업을 위한 토지 등의 취득 및 보상에 관한 법률(이하 '토지보상법')은 사업시행자로 하여금 우선 협의취득 절차를 거치도록 하고, 협의가 성립되지 않거나 협의를 할 수 없을 때에 수용재결취득 절차를 밟도록 예정하고 있기는 하다. 그렇지만 일단 토지수용위원회가 수용재결을 하였더라도 사업시행자로서는 수용 또는 사용의 개시일까지 토지수용위원회가 재결한 보상금을 지급 또는 공탁하지 아니함으로써 재결의 효력을 상실시킬 수 있는 점, 토지소유자 등은 수용재결에 대하여 이의를 신청하거나 행정소송을 제기하여 보상금의 적정 여부를 다툴 수 있는데, 그 절차에서 사업시행자와 보상금액에 관하여 임의로 합의할 수 있는 점, 공익사업의 효율적인 수행을 통하여 공공복리를 증진시키고, 재산권을 적정하게 보호하려는 토지보상법의 입법 목적에 비추어 보더라도 수용재결이 있은 후에 사법상 계약의 실질을 가지는 협의취득 절차를 금지해야 할 별다른 필요성을 찾기 어려운 점 등을 종합해 보면, 토지수용위원회의 수용재결이 있은 후라고 하더라도 토지소유자 등과 사업시행자가 다시 협의하여 토지 등의 취득이나 사용 및 그에 대한 보상에 관하여 임의로 계약을 체결할 수 있다고 보아야 한다(대판 2017.4.13. 2016두64241).

오답의 이유

① 광업권·어업권·양식업권 또는 물의 사용에 관한 권리에도 토지보상법이 적용된다(토지보상법 제3조 제3호).

> **제3조(적용 대상)** 사업시행자가 다음 각 호에 해당하는 토지·물건 및 권리를 취득하거나 사용하는 경우에는 이 법을 적용한다.
> 1. 토지 및 이에 관한 소유권 외의 권리
> 2. 토지와 함께 공익사업을 위하여 필요한 입목(立木), 건물, 그 밖에 토지에 정착된 물건 및 이에 관한 소유권 외의 권리
> 3. 광업권·어업권·양식업권 또는 물의 사용에 관한 권리
> 4. 토지에 속한 흙·돌·모래 또는 자갈에 관한 권리

③ 재결의 효력은 당연 소멸되고, 사업시행자는 손실보상을 하여야 한다(토지보상법 제42조 제1항, 제2항).

> **제42조(재결의 실효)** ① 사업시행자가 수용 또는 사용의 개시일까지 관할 토지수용위원회가 재결한 보상금을 지급하거나 공탁하지 아니하였을 때에는 해당 토지수용위원회의 재결은 효력을 상실한다.
> ② 사업시행자는 제1항에 따라 재결의 효력이 상실됨으로 인하여 토지소유자 또는 관계인이 입은 손실을 보상하여야 한다.

④ 사업시행자가 동일한 토지소유자에 속하는 일단의 토지 일부를 취득함으로 인하여 잔여지의 가격이 감소하거나 그 밖의 손실이 있을 때 등에는 잔여지를 종래의 목적으로 사용하는 것이 가능한 경우라도 잔여지 손실보상의 대상이 되며, 잔여지를 종래의 목적에 사용하는 것이 불가능하거나 현저히 곤란한 경우이어야만 잔여지 손실보상청구를 할 수 있는 것이 아니다(대판 2018.7.20. 2015두4044).

22

영역 행정절차와 행정공개 > 정보공개와 개인정보보호   난도 중

정답의 이유

③ 정보공개청구의 대상이 이미 널리 알려진 사항이라 하더라도 그 공개의 방법만을 제한할 수 있도록 규정하고 있을 뿐 공개 자체를 제한하고 있지는 아니하므로, 공개청구의 대상이 되는 정보가 이미 다른 사람에게 공개하여 널리 알려져 있다거나 인터넷이나 관보 등을 통하여 공개하여 인터넷 검색이나 도서관에서의 열람 등을 통하여 쉽게 알 수 있다는 사정만으로는 소의 이익이 없다거나 비공개결정이 정당화될 수는 없다(대판 2008.11.27. 2005두15694).

오답의 이유

① 정보공개법 제6조 제1항은 "모든 국민은 정보의 공개를 청구할 권리를 가진다."고 규정하고 있는데, 여기에서 말하는 국민에는 자연인은 물론 법인, 권리능력 없는 사단·재단도 포함되고, 법인, 권리능력 없는 사단·재단 등의 경우에는 설립목적을 불문하며, 한편 정보공개청구권은 법률상 보호되는 구체적인 권리이므로 청구인이 공공기관에 대하여 정보공개를 청구하였다가 거부처분을 받은 것 자체가 법률상 이익의 침해에 해당한다(대판 2003.12.12. 2003두8050).

② 외국인은 국내에 일정한 주소를 두고 거주하거나 학술·연구를 위하여 일시적으로 체류하는 사람, 국내에 사무소를 두고 있는 법인 또는 단체 중 어느 하나에 해당하면 정보공개를 청구할 수 있다(정보공개법 시행령 제3조).

④ 정보공개법 제2조 제1호

23

영역 행정상 쟁송 > 행정소송 난도 **중**

정답의 이유

ㄱ. (이유 있다) ㄴ. (공공복리)
ㄷ. (기각) ㄹ. (주문)
ㅁ. (위법함) ㅂ. (손해)
ㅅ. (손해배상) ㅇ. (재해시설의 설치)

> **행정소송법 제28조(사정판결)** ① 원고의 청구가 이유 있다고 인정하는 경우에도 처분 등을 취소하는 것이 현저히 공공복리에 적합하지 아니하다고 인정하는 때에는 법원은 원고의 청구를 기각할 수 있다. 이 경우 법원은 그 판결의 주문에서 그 처분 등이 위법함을 명시하여야 한다.
> ② 법원이 제1항의 규정에 의한 판결을 함에 있어서는 미리 원고가 그로 인하여 입게 될 손해의 정도와 배상방법 그 밖의 사정을 조사하여야 한다.
> ③ 원고는 피고인 행정청이 속하는 국가 또는 공공단체를 상대로 손해배상, 제해시설의 설치 그 밖에 적당한 구제방법의 청구를 당해 취소소송 등이 계속된 법원에 병합하여 제기할 수 있다.

24

영역 행정절차와 행정공개 > 행정절차법 난도 **중**

정답의 이유

① 행정절차법 제21조 제3항

오답의 이유

② 신청에 대한 거부처분을 여기에서 말하는 '당사자의 권익을 제한하는 처분'에 해당한다고 할 수 없으므로 처분의 사전통지대상이 된다고 할 수 없다(대판 2003.11.28, 2003두674).

③·④ 행정절차법에 의하면, "해당 처분의 성질상 의견청취가 현저히 곤란하거나 명백히 불필요하다고 인정될 만한 상당한 이유가 있는 경우"나 "당사자가 의견진술의 기회를 포기한다는 뜻을 명백히 표시한 경우"에는 청문 등 의견청취를 하지 아니할 수 있는데, 여기에서 '의견청취가 현저히 곤란하거나 명백히 불필요하다고 인정될 만한 상당한 이유가 있는 경우'에 해당하는지는 해당 행정처분의 성질에 비추어 판단하여야 하며, 처분상대방이 이미 행정청에 위반사실을 시인하였다거나 처분의 사전통지 이전에 의견을 진술할 기회가 있었다는 사정을 고려하여 판단할 것은 아니다(대판 2017.4.7, 2016두63224).

25

영역 행정법 서론 > 행정상 법률관계 난도 **하**

정답의 이유

② 남북정상회담의 개최는 고도의 정치적 성격을 지니고 있는 행위라 할 것이므로 특별한 사정이 없는 한 그 당부를 심판하는 것은 사법권의 내재적·본질적 한계를 넘어서는 것이 되어 적절하지 않지만, 남북정상회담의 개최과정에서 재정경제부장관에게 신고하지 아니하거나 통일부장관의 협력사업 승인을 얻지 아니한 채 북한 측에 사업권의 대가 명목으로 송금한 행위 자체는 사법심사의 대상이 된다(대판 2004.3.26, 2003도7878).

오답의 이유

① 이라크 파견결정은 그 성격상 국방 및 외교에 관련된 고도의 정치적 결단을 요하는 문제로서, 헌법과 법률이 정한 절차를 지켜 이루어진 것임이 명백하므로, 대통령과 국회의 판단은 존중되어야 하고 헌법재판소가 사법적 기준만으로 이를 심판하는 것은 자제되어야 한다(헌재 2004.4.29, 2003헌마814).

③ 사면은 형의 선고의 효력 또는 공소권을 상실시키거나 형의 집행을 면제시키는 국가원수의 고유한 권한을 의미하며, 사법부의 판단을 변경하는 제도로서 권력분립의 원리에 대한 예외가 된다(헌재 2000.6.1, 97헌바74).

④ 대통령의 긴급재정경제명령은 국가긴급권의 일종으로서 고도의 정치적 결단에 의하여 발동되는 행위이고 그 결단을 존중하여야 할 필요성이 있는 행위라는 의미에서 이른바 통치행위에 속한다고 할 수 있으나, 통치행위를 포함하여 모든 국가작용은 국민의 기본권적 가치를 실현하기 위한 수단이라는 한계를 반드시 지켜야 하는 것이고, 헌법재판소는 헌법의 수호와 국민의 기본권 보장을 사명으로 하는 국가기관이므로 비록 고도의 정치적 결단에 의하여 행해지는 국가작용이라고 할지라도 그것이 국민의 기본권 침해와 "직접" 관련되는 경우에는 당연히 헌법재판소의 심판대상이 된다(헌재 1996.2.29, 93헌마186).

2022 | **5급** 기출문제 해설

☑ 점수 (　　)점/100점　☑ 문제편 143쪽

영역 분석

행정상 쟁송	7문항	★★★★★★★	28%
행정법 서론	6문항	★★★★★★	24%
일반행정작용법	3문항	★★★	12%
행정조직법	3문항	★★★	12%
특별행정작용법	3문항	★★★	12%
행정의 실효성 확보수단	2문항	★★	8%
행정절차와 행정공개	1문항	★	4%

빠른 정답

01	02	03	04	05	06	07	08	09	10
①	④	③	①	③	①	④	①	④	②
11	12	13	14	15	16	17	18	19	20
④	④	①	④	③	②	③	②	③	③
21	22	23	24	25					
③	③	②	①	②					

01

정답 ①

영역 행정법 서론 > 행정법　　난도 **중**

[정답의 이유]

① 폐기물관리법령에 의한 폐기물처리업 사업계획에 대한 적정통보와 국토이용관리법령에 의한 국토이용계획변경은 각기 제도적 취지와 결정단계에서 고려해야 할 사항들이 다르므로, 폐기물처리업 사업계획에 대하여 적정통보를 한 것만으로 그 사업부지 토지에 대한 국토이용계획변경신청을 승인하여 주겠다는 취지의 공적인 견해표명을 한 것으로 볼 수 없다(대판 2005.4.28, 2004두8828).

[오답의 이유]

② 행정기본법 제13조

③ 행정기본법 제12조 제2항

④ 행정기본법 제9조

02

정답 ④

영역 행정법 서론 > 행정　　난도 **하**

[정답의 이유]

④ 행정은 공공의 이익을 위하여 적극적으로 추진되어야 한다(행정기본법 제4조 제1항).

[오답의 이유]

① 적극행정운영규정 제2조 제1호

② 적극행정운영규정 제16조 제1항

③ 행정기본법 제4조 제2항

03

정답 ③

영역 행정절차와 행정공개 > 행정절차법　　난도 **중**

[정답의 이유]

ㄴ. 광업법에서 처분청이 광업용 토지수용을 위한 사업인정을 하고자 할 때에 토지소유자와 토지에 관한 권리를 가진 자의 의견을 들어야 한다고 한 것은 그 사업인정 여부를 결정함에 있어서 소유자나 기타 권리자가 의견을 반영할 기회를 주어 이를 참작하도록 하고자 하는 데 있을 뿐, 처분청이 그 의견에 기속되는 것은 아니다(대판 1995.12.22, 95누30).

ㄷ. 퇴직연금의 환수결정은 당사자에게 의무를 과하는 처분이기는 하나, 관련 법령에 따라 당연히 환수금액이 정하여지는 것이므로, 퇴직연금의 환수결정에 앞서 당사자에게 의견진술의 기회를 주지 아니하여도 행정절차법 제22조 제3항이나 신의칙에 어긋나지 아니한다(대판 2000.11.28, 99두5443).

ㄹ. 행정청이 당사자와 사이에 도시계획사업의 시행과 관련한 협약을 체결하면서 관계 법령 및 행정절차법에 규정된 청문의 실시 등 의견청취절차를 배제하는 조항을 두었다고 하더라도, 국민의 행정 참여를 도모함으로써 행정의 공정성·투명성 및 신뢰성을 확보하고 국민의 권익을 보호한다는 행정절차법의 목적 및 청문제도의 취지 등에 비추어 볼 때, 위와 같은 협약의 체결로 청문의 실시에 관한 규정의 적용을 배제할 수 있다고 볼 만한 법령상의 규정이 없는 한, 이러한 협약이 체결되었다고 하여 청문의 실시에 관한 규정의 적용이 배제된다거나 청문을 실시하지 않아도 되는 예외적인 경우에 해당한다고 할 수 없다(대판 2004.7.8, 2002두8350).

ㄱ. 묘지공원과 화장장의 후보지를 선정하는 과정에서 서울특별시, 비영리법인, 일반 기업 등이 공동발족한 협의체인 추모공원건립 추진협의회가 후보지 주민들의 의견을 청취하기 위하여 그 명의로 개최한 공청회는 행정청이 도시계획시설결정을 하면서 개최한 공청회가 아니므로, 위 공청회의 개최에 관하여 행정절차법에서 정한 절차를 준수하여야 하는 것은 아니다(대판 2007.4.12, 2005두1893).

04

영역 행정절차와 행정공개 > 정보공개와 개인정보보호   난도 **중**

① 대판 2013.1.24, 2010두18918

② 청구인이 정보공개거부처분의 취소를 구하는 소송에서 공공기관이 청구정보를 증거 등으로 법원에 제출하여 법원을 통하여 그 사본을 청구인에게 교부 또는 송달하게 하여 결과적으로 청구인에게 정보를 공개하는 셈이 되었다고 하더라도, 이러한 우회적인 방법은 법이 예정하고 있지 아니한 방법으로서 법에 의한 공개라고 볼 수는 없으므로, 당해 문서의 비공개결정의 취소를 구할 소의 이익은 소멸되지 않는다(대판 2004.3.26, 2002두6583).
③ 법원이 행정기관의 정보공개거부처분의 위법 여부를 심리한 결과 공개를 거부한 정보에 비공개사유에 해당하는 부분과 그렇지 않은 부분이 혼합되어 있고, 공개청구의 취지에 어긋나지 않는 범위 안에서 두 부분을 분리할 수 있음을 인정할 수 있을 때에는 공개가 가능한 정보에 국한하여 일부취소를 명할 수 있다. 이러한 정보의 부분 공개가 허용되는 경우란 그 정보의 공개방법 및 절차에 비추어 당해 정보에서 비공개 대상 정보에 관련된 기술 등을 제외 혹은 삭제하고 나머지 정보만을 공개하는 것이 가능하고 나머지 부분의 정보만으로도 공개의 가치가 있는 경우를 의미한다(대판 2009. 12.10, 2009두12785).
④ 정보공개법은 청구인이 정보공개방법도 아울러 지정하여 정보공개를 청구할 수 있도록 하고 있고, 전자적 형태의 정보를 전자적으로 공개하여 줄 것을 요청한 경우에는 공공기관은 원칙적으로 요청에 응할 의무가 있고, 나아가 비전자적 형태의 정보에 관해서도 전자적 형태로 공개하여 줄 것을 요청하면 재량판단에 따라 전자적 형태로 변환하여 공개할 수 있도록 하고 있다. 이는 정보의 효율적 활용을 도모하고 청구인의 편의를 제고함으로써 정보공개법의 목적인 국민의 알 권리를 충실하게 보장하려는 것이므로, 청구인에게는 특정한 공개방법을 지정하여 정보공개를 청구할 수 있는 법령상 신청권이 있다. 따라서 공공기관이 공개청구의 대상이 된 정보를 공개는 하되, 청구인이 신청한 공개방법 이외의 방법으로 공개하기로 하는 결정을 하였다면, 이는 정보공개청구 중 정보공

개방법에 관한 부분에 대하여 일부 거부처분을 한 것이고, 청구인은 그에 대하여 항고소송으로 다툴 수 있다(대판 2016.11.10, 2016두44674).

05

영역 행정상 쟁송 > 행정소송   난도 **상**

ㄱ. 납세의무자에 대한 국가의 부가가치세 환급세액 지급의무는 그 납세의무자로부터 어느 과세기간에 과다하게 거래징수된 세액 상당을 국가가 실제로 납부받았는지와 관계없이 부가가치세법령의 규정에 의하여 직접 발생하는 것으로서, 그 법적 성질은 정의와 공평의 관념에서 수익자와 손실자 사이의 재산 상태 조정을 위해 인정되는 부당이득 반환의무가 아니라 부가가치세법령에 의하여 그 존부나 범위가 구체적으로 확정되고 조세 정책적 관점에서 특별히 인정되는 공법상 의무라고 봄이 타당하다. 그렇다면 납세의무자에 대한 국가의 부가가치세 환급세액 지급의무에 대응하는 국가에 대한 납세의무자의 부가가치세 환급세액 지급청구는 민사소송이 아니라 행정소송법 제3조 제2호에 규정된 당사자소송의 절차에 따라야 한다(대판 2013.3.21, 2011다95564 전합).
ㄴ. 국가의 훈기부상 화랑무공훈장을 수여받은 것으로 기재되어 있는 원고가 태극무공훈장을 수여받은 자임을 확인하라는 이 소 청구는 이러한 확인을 구하는 취지가 국가유공자로서의 보상 등 예우를 받는 데에 필요한 훈격을 확인받기 위한 것이더라도, 항고소송이 아니라 공법상의 법률관계에 관한 당사자소송에 속하는 것이므로 행정소송법 제30조의 규정에 의하여 국가를 피고로 하여야 할 것이다(대판 1990.10.23, 90누4440).
ㄷ. 하천법 규정에 의한 하천구역 편입토지 보상에 관한 특별조치법에 의한 손실보상청구권은 토지가 하천구역으로 된 경우에는 당연히 발생되는 것이지, 관리청의 보상금지급결정에 의하여 비로소 발생하는 것은 아니므로, 위 규정들에 의한 손실보상금의 지급을 구하거나 손실보상청구권의 확인을 구하는 소송은 행정소송법 제3조 제2호 소정의 당사자소송에 의하여야 한다(대판 2006. 5.18, 2004다6207 전합).
ㄹ. 전문직 공무원인 공중보건의사의 채용계약 해지의 의사표시는 일반공무원에 대한 징계처분과는 달라서 항고소송의 대상이 되는 처분 등의 성격을 가진 것으로 인정되지 아니하고, 관할 도지사가 채용계약 관계의 한쪽 당사자로서 대등한 지위에서 행하는 의사표시이므로, 공중보건의사 채용계약 해지의 의사표시에 대하여는 대등한 당사자 간의 소송형식인 공법상의 당사자소송으로 그 의사표시의 무효확인을 청구할 수 있는 것이지, 항고소송을 제기할 수는 없다(대판 1996.5.31, 95누10617).

ㄹ. '민주화운동관련자 명예회복 및 보상 등에 관한 법률' 제17조는 보상금 등의 지급에 관한 소송의 형태를 규정하고 있지 않지만, 위 규정 전단에서 말하는 보상금 등의 지급에 관한 소송은 '민주화운동관련자 명예회복 및 보상 심의위원회'의 보상금 등의 지급신청에 관하여 전부 또는 일부를 기각하는 결정에 대한 불복을 구하는 소송이므로 취소소송을 의미한다고 보아야 하며, 후단에서 보상금 등의 지급신청을 한 날부터 90일을 경과한 때에는 그 결정을 거치지 않고 위 소송을 제기할 수 있도록 한 것은 관련자 등에 대한 신속한 권리구제를 위하여 위 기간 내에 보상금 등의 지급 여부 등에 대한 결정을 받지 못한 때에는 지급 거부 결정이 있는 것으로 보아 곧바로 법원에 심의위원회를 상대로 그에 대한 취소소송을 제기할 수 있다고 규정한 취지라고 해석될 뿐, 위 규정이 보상금 등의 지급에 관한 처분의 취소소송을 제한하거나 또는 심의위원회에 의하여 관련자 등으로 결정되지 아니한 신청인에게 국가를 상대로 보상금 등의 지급을 구하는 이행소송을 직접 제기할 수 있도록 허용하는 취지라고 풀이할 수는 없다(대판 2008. 4.17, 2005두16185 전합).

06   정답 ①

영역 행정조직법 > 지방자치법   난도 **중**

① 지방자치단체가 자치조례를 제정할 수 있는 사항은 지방자치단체의 고유사무인 자치사무와 개별법령에 의하여 지방자치단체에 위임된 단체위임사무에 한하는 것이고, 국가사무가 지방자치단체의 장에게 위임된 기관위임사무는 원칙적으로 자치조례의 제정범위에 속하지 않는다 할 것이고, 다만 기관위임사무에 있어서도 그에 관한 개별법령에서 일정한 사항을 조례로 정하도록 위임하고 있는 경우에는 위임받은 사항에 관하여 개별법령의 취지에 부합하는 범위 내에서 이른바 위임조례를 정할 수 있다(대판 2000.5.30, 99추85).

② 지방자치법에서 규정하고 있는 지방자치단체의 사무에 관한 그 장의 명령이나 처분이 법령에 위반되는 경우라 함은 명령이나 처분이 현저히 부당하여 공익을 해하는 경우, 즉 합목적성을 현저히 결하는 경우와 대비되는 개념으로, 시·군·구의 장의 사무의 집행이 명시적인 법령의 규정을 구체적으로 위반한 경우뿐만 아니라 그러한 사무의 집행이 재량권을 일탈·남용하여 위법하게 되는 경우를 포함한다고 할 것이므로, 시·군·구의 장의 자치사무의 일종인 당해 지방자치단체 소속 공무원에 대한 승진처분이 재량권을 일탈·남용하여 위법하게 된 경우 시·도지사는 그에 대한 시정명령이나 취소 또는 정지를 할 수 있다(대판 2007.3.22, 2005추62 전합).

> **지방자치법 제188조(위법·부당한 명령이나 처분의 시정)** ① 지방자치단체의 사무에 관한 지방자치단체의 장(제103조 제2항에 따른 사무의 경우에는 지방의회의 의장을 말한다. 이하 이 조에서 같다)의 명령이나 처분이 법령에 위반되거나 현저히 부당하여 공익을 해친다고 인정되면 시·도에 대해서는 주무부장관이, 시·군 및 자치구에 대해서는 시·도지사가 기간을 정하여 서면으로 시정할 것을 명하고, 그 기간에 이행하지 아니하면 이를 취소하거나 정지할 수 있다.

③ 지방자치단체의 구역에 관하여 지방자치법은, 공유수면 관리 및 매립에 관한 법률에 따른 매립지가 속할 지방자치단체는 안전행정부장관이 결정한다고 규정하면서, 관계 지방자치단체의 장은 그 결정에 이의가 있으면 결과를 통보받은 날로부터 15일 이내에 대법원에 소송을 제기할 수 있다고 규정하고 있다. 따라서 매립지가 속할 지방자치단체를 정하는 결정에 대하여 대법원에 소송을 제기할 수 있는 주체는 관계 지방자치단체의 장일 뿐 지방자치단체가 아니다(대판 2013.11.14, 2010추73).

④ 이 사건 조례들은 담배소매업을 영위하는 주민들에게 자판기 설치를 제한하는 것을 내용으로 하고 있으므로 주민의 직업선택의 자유 특히 직업수행의 자유를 제한하는 것이 되어 지방자치법 제15조 단서 소정의 주민의 권리의무에 관한 사항을 규율하는 조례라고 할 수 있으므로 지방자치단체가 이러한 조례를 제정함에 있어서는 법률의 위임을 필요로 한다(헌재 1995.4.20, 92헌마264 등).

> **지방자치법 제28조(조례)** ① 지방자치단체는 법령의 범위에서 그 사무에 관하여 조례를 제정할 수 있다. 다만, 주민의 권리 제한 또는 의무 부과에 관한 사항이나 벌칙을 정할 때에는 법률의 위임이 있어야 한다.

07   정답 ④

영역 행정법 서론 > 행정상 법률관계   난도 **중**

④ 대판 1994.1.11, 93누10057

① A의 전역지원서 제출행위는 신고가 아니라 신청이다. 따라서 A의 전역신청에 대하여 행정청이 처분을 하여야 효력이 발생한다.
② 군인의 복무관계는 특별권력관계에 해당하지만, 전역처분은 복무관계를 종료시키므로 기본관계에 해당하여 사법심사의 대상이 된다. 따라서 전역처분은 행정소송법상 항고소송의 대상이 되는 처분이다.
③ 군인사정책상 필요에 의하여 복무연장지원서와 전역지원서를 동시에 제출하게 한 방침에 따라 위 양 지원서를 함께 제출한 이상, 그 취지는 복무연장지원의 의사표시를 우선으로 하되, 그것이 받아들여지지 아니하는 경우에 대비하여 원에 의하여 전역하겠다는 조건부 의사표시를 한 것이므로 그 전역지원의 의사표시도 유효한 것으로 보아야 한다(대판 1994.1.11, 93누10057).

08

영역 행정법 서론 > 행정법   난도 **중**

정답의 이유

① 공소시효의 기산점은 범죄행위(위법행위)가 종료된 때부터 기산되며, 그러한 범죄행위를 국가기관이 인지하여 공소권을 행사할 수 있었는지의 여부는 묻지 않는다(객관적 시점). 반면에 실권의 법리는 행정청이 권한을 행사할 수 있었던 시점을 기준으로 하는 점(주관적 시점)에서 서로 차이가 있다.

오답의 이유

② 실권의 법리는 종래 판례로 인정되던 것인데 최근 행정기본법에서는 이를 명문화하였다(행정기본법 제12조 제2항).

> **제12조(신뢰보호의 원칙)** ① 행정청은 공익 또는 제3자의 이익을 현저히 해칠 우려가 있는 경우를 제외하고는 행정에 대한 국민의 정당하고 합리적인 신뢰를 보호하여야 한다.
> ② 행정청은 권한 행사의 기회가 있음에도 불구하고 장기간 권한을 행사하지 아니하여 국민이 그 권한이 행사되지 아니할 것으로 믿을 만한 정당한 사유가 있는 경우에는 그 권한을 행사해서는 아니 된다. 다만, 공익 또는 제3자의 이익을 현저히 해칠 우려가 있는 경우는 예외로 한다.

③ 실효의 법리는 국가안전보장이나 질서유지 또는 공공복리 등의 공익이나 제3자의 이익을 현저히 해칠 우려가 있는 경우에는 인정되지 않을 수도 있다(행정기본법 제12조). 이는 행정쟁송법상의 사정재결(또는 사정판결)과 같은 취지의 것이라고 할 수 있다.

④ 행정기본법 제23조 제1항

> **제23조(제재처분의 제척기간)** ① 행정청은 법령 등의 위반행위가 종료된 날부터 5년이 지나면 해당 위반행위에 대하여 제재처분(인 · 허가의 정지 · 취소 · 철회, 등록 말소, 영업소 폐쇄와 정지를 갈음하는 과징금 부과를 말한다. 이하 이 조에서 같다)을 할 수 없다.

09

영역 특별행정작용법 > 급부행정법   난도 **중**

정답의 이유

④ 국유재산 등의 관리청이 하는 행정재산의 사용 · 수익에 대한 허가는 순전히 사경제주체로서 행하는 사법상의 행위가 아니라 관리청이 공권력을 가진 우월적 지위에서 행하는 행정처분으로서 특정인에게 행정재산을 사용할 수 있는 권리를 설정하여 주는 강학상 특허에 해당한다(대판 2006.3.9. 2004다31074).

오답의 이유

① 도로와 같은 인공적 공공용 재산은 법령에 의하여 지정되거나 행정처분으로 공공용으로 사용하기로 결정한 경우 또는 행정재산으로 실제 사용하는 경우의 어느 하나에 해당하여야 행정재산이 되는 것이며, 도로는 도로로서의 형태를 갖추어야 하고, 도로법에 따른 노선의 지정 또는 인정의 공고 및 도로구역의 결정 · 고시가 있은 때부터 또는 도시계획법 소정의 절차를 거쳐 도로를 설치하였을 때부터 공공용물로서 공용개시행위가 있는 것이며, 토지에 대하여 도로로서의 도시계획시설결정 및 지적승인만 있었을 뿐 그 도시계획사업이 실시되었거나 그 토지가 자연공로로 이용된 적이 없는 경우에는 도시계획결정 및 지적승인의 고시만으로는 아직 공용개시행위가 있었다고 할 수 없어 그 토지가 행정재산이 되었다고 할 수 없다(대판 2000.4.25. 2000다348).

② 공용폐지의 의사표시는 명시적이든 묵시적이든 상관이 없으나 적법한 의사표시가 있어야 하고, 행정재산이나 보존재산이 사실상 본래의 용도에 사용되고 있지 않다거나 행정주체가 점유를 상실하였다는 정도의 사정이나 무효인 매도행위를 가지고 묵시적 공용폐지가 있었다고 볼 수 없다(대판 2009.12.10. 2006다19528).

③ 행정재산이 기능을 상실하여 본래의 용도에 제공되지 않는 상태에 있다 하더라도 관계 법령에 의하여 용도폐지가 되지 아니한 이상 당연히 취득시효의 대상이 되는 일반재산이 되는 것은 아니다(대판 2010.11.25. 2010다58957).

10

영역 행정의 실효성 확보수단 > 행정상 강제   난도 **중**

정답의 이유

② 건축법상의 이행강제금은 시정명령의 불이행이라는 과거의 위반행위에 대한 제재가 아니라, 의무자에게 시정명령을 받은 의무의 이행을 명하고 그 이행기간 안에 의무를 이행하지 않으면 이행강제금이 부과된다는 사실을 고지함으로써 의무자에게 심리적 압박을 주어 의무의 이행을 간접적으로 강제하는 행정상의 간접강제 수단에 해당한다. 이러한 이행강제금의 본질상 시정명령을 받은 의무자가 이행강제금이 부과되기 전에 그 의무를 이행한 경우에는 비록 시정명령에서 정한 기간을 지나서 이행한 경우라도 이행강제금을 부과할 수 없다(대판 2018.1.25. 2015두35116).

오답의 이유

① 부과처분을 위한 과세관청의 질문조사권이 행해지는 세무조사결정이 있는 경우 납세의무자는 세무공무원의 과세자료 수집을 위한 질문에 대답하고 검사를 수인하여야 할 법적 의무를 부담하게 되는 점, 세무조사는 기본적으로 적정하고 공평한 과세의 실현을 위하여 필요한 최소한의 범위 안에서 행하여져야 하고, 더욱이 동일한 세목 및 과세기간에 대한 재조사는 납세자의 영업의 자유 등 권익을 심각하게 침해할 뿐만 아니라 과세관청에 의한 자의적인 세무조사의 위험마저 있으므로 조세공평의 원칙에 현저히 반하는 예외적인 경우를 제외하고는 금지될 필요가 있는 점, 납세의무자로 하여금 개개의 과태료 처분에 대하여 불복하거나 조사 종료 후

의 과세처분에 대하여만 다툴 수 있도록 하는 것보다는 그에 앞서 세무조사결정에 대하여 다툼으로써 분쟁을 조기에 근본적으로 해결할 수 있는 점 등을 종합하면, 세무조사결정은 납세의무자의 권리·의무에 직접 영향을 미치는 공권력의 행사에 따른 행정작용으로서 항고소송의 대상이 된다(대판 2011.3.10, 2009두23617 등).

③ 공매처분을 하면서 체납자 등에게 공매통지를 하지 않았거나 공매통지를 하였더라도 그것이 적법하지 아니한 경우에는 절차상의 흠이 있어 그 공매처분이 위법하게 되는 것이지만, 공매통지 자체가 그 상대방인 체납자 등의 법적 지위나 권리·의무에 직접적인 영향을 주는 행정처분에 해당한다고 할 것은 아니므로 다른 특별한 사정이 없는 한 체납자 등은 공매통지의 결여나 위법을 들어 공매처분의 취소 등을 구할 수 있는 것이지 공매통지 자체를 항고 소송의 대상으로 삼아 그 취소 등을 구할 수는 없다(대판 2011.3.24, 2010두25527).

④ 대판 1992.6.12, 91누13564

11
정답 ④

영역 행정법 서론 > 행정상 법률관계   난도 **중**

[정답의 이유]

④ 원천징수하는 소득세에 있어서는 납세의무자의 신고나 과세관청의 부과결정이 없이 법령이 정하는 바에 따라 그 세액이 자동적으로 확정되고, 원천징수의무자는 자동적으로 확정되는 세액을 수급자로부터 징수하여 과세관청에 납부하여야 할 의무를 부담하고 있으므로, 원천징수의무자가 비록 과세관청과 같은 행정청이더라도 그의 원천징수행위는 법령에서 규정된 징수 및 납부의무를 이행하기 위한 것에 불과한 것이지, 공권력의 행사로서의 행정처분을 한 경우에 해당되지 아니한다(대판 1990.3.23, 89누4789).

[오답의 이유]

① 공무수탁사인이란 국가나 지방자치단체로부터 공권을 부여받아 자신의 이름으로 공권력을 행사하는 사인이나 사법인을 말한다. 공무수탁사인은 사인에게 공권력적 지위가 부여되고 사인이 고권적 지위에서 공행정사무를 수행하는 경우에 한정된다. 따라서 경찰과의 계약에 의하여 자동차견인업을 하는 사인은 사법상 계약관계에 의하여 단순히 기술적 집행행위만을 행하므로 공무수탁사인에 해당하지 않는다.

② 공무수탁사인의 임무수행과 관련하여 권리가 침해당한 사인은 행정심판, 행정소송을 제기할 수 있다. 즉, 공무수탁사인을 행정심판의 피청구인이나 항고소송의 피고로 할 수 있다.

③ 공무수탁사인은 국가배상법상 공무원에 해당하므로 공무수탁사인의 위법한 공무수행으로 사인에게 손해가 발생한 경우 국가나 지방자치단체에 대해 손해배상(국가배상)을 청구할 수 있다.

12
정답 ④

영역 행정의 실효성 확보수단 > 행정상 강제   난도 **상**

[정답의 이유]

ㄱ. 대판 2005.8.19, 2004다2809

ㄴ. 대판 1994.10.28, 94누5144

ㄷ. 대판 1998.10.2, 96누5445

13
정답 ①

영역 행정조직법 > 총설   난도 **중**

[정답의 이유]

ㄱ. 전결과 같은 행정권한의 내부위임은 법령상 처분권자인 행정관청이 내부적인 사무처리의 편의를 도모하기 위하여 그의 보조기관 또는 하급 행정관청으로 하여금 그의 권한을 사실상 행사하게 하는 것으로서 법률이 위임을 허용하지 않는 경우에도 인정되는 것이므로, 설사 행정관청 내부의 사무처리규정에 불과한 전결규정에 위반하여 원래의 전결권자 아닌 보조기관 등이 처분권자인 행정관청의 이름으로 행정처분을 하였다고 하더라도 그 처분이 권한 없는 자에 의하여 행하여진 무효의 처분이라고는 할 수 없다(대판 1998.2.27, 97누1105).

ㄴ. 행정처분의 취소 또는 무효확인을 구하는 행정소송은 다른 법률에 특별한 규정이 없는 한 소송의 대상인 행정처분 등을 외부적으로 그의 명의로 행한 행정청을 피고로 하여야 하는 것으로서 그 행정처분을 하게 된 연유가 상급행정청이나 타행정청의 지시나 통보에 의한 것이라 하여 다르지 않다고 할 것이며, 권한의 위임이나 위탁을 받아 수임행정청이 정당한 권한에 기하여 그 명의로 한 처분에 대하여는 말할 것도 없고, 내부위임이나 대리권을 수여받은 데 불과하여 원행정청 명의나 대리관계를 밝히지 아니하고는 그의 명의로 처분 등을 할 권한이 없는 행정청이 권한 없이 그의 명의로 한 처분에 대하여도 처분명의자인 행정청이 피고가 되어야 할 것이다(대판 1995.12.22, 95누14688).

ㄷ. 영업정지 등 처분에 관한 사무는 국가사무로서 지방자치단체의 장에게 위임된 이른바 기관위임사무에 해당하므로 시·도지사가 지방자치단체의 조례에 의하여 이를 구청장 등에게 재위임할 수는 없고 행정권한의 위임 및 위탁에 관한 규정 제4조에 의하여 위임기관의 장의 승인을 얻은 후 지방자치단체의 장이 제정한 규칙이 정하는 바에 따라 재위임하는 것만이 가능하다(대판 1995.7.11, 94누4615 전합).

ㄹ. 도로의 유지·관리에 관한 상위 지방자치단체의 행정권한이 행정권한 위임조례에 의하여 하위 지방자치단체장에게 위임되었다면 그것은 기관위임이지 단순한 내부위임이 아니고, 그 권한을 위임받은 하위 지방자치단체장은 도로의 관리청이 되며, 위임관청은 사무처리의 권한을 잃는다고 할 것이나, 그와 같은 기관위임의 경

우에 위임받은 하위 지방자치단체장은 상위지방자치단체 산하 행정기관의 지위에서 그 사무를 처리하는 것이므로 사무귀속의 주체가 달라진다고 할 수 없고, 하위 지방자치단체장을 보조하는 그 지방자치단체 소속 공무원이 위임사무처리에 있어 고의 또는 과실로 타인에게 손해를 가하였더라도 상위 지방자치단체가 그 손해배상책임을 지는 것이다(대판 1996.11.8, 96다21331).

14
정답 ④

영역 행정상 쟁송 > 행정소송
난도 **중**

[정답의 이유]

④ 행정처분의 효력정지나 집행정지를 구하는 신청사건에 있어서 행정처분 자체의 적법 여부는 궁극적으로 본안재판에서 심리를 거쳐 판단할 성질의 것이므로 원칙적으로 판단할 것이 아니고, 그 행정처분의 효력이나 집행을 정지할 것인가에 관한 행정소송법 제23조 제2항 소정의 요건의 존부만이 판단의 대상이 된다고 할 것이지만, 나아가 집행정지는 행정처분의 집행부정지원칙의 예외로서 인정되는 것이고 또 본안에서 원고가 승소할 수 있는 가능성을 전제로 한 권리보호수단이라는 점에 비추어 보면 집행정지사건 자체에 의하여도 신청인의 본안청구가 적법한 것이어야 한다는 것을 집행정지의 요건에 포함시켜야 한다(대결 1999.11.26, 99부3).

[오답의 이유]

① 행정처분의 집행정지는 행정처분집행부정지의 원칙에 대한 예외로서 인정되는 일시적인 응급처분이라 할 것이므로 집행정지결정을 하려면 이에 대한 본안소송이 법원에 제기되어 계속중임을 요건으로 하는 것이므로 집행정지결정을 한 후에라도 본안소송이 취하되어 소송이 계속하지 아니한 것으로 되면 집행정지결정은 당연히 그 효력이 소멸되는 것이고 별도의 취소조치를 필요로 하는 것이 아니다(대판 1975.11.11, 75누97).

② 행정소송법 제23조 제3항에서 집행정지의 요건으로 규정하고 있는 '공공복리에 중대한 영향을 미칠 우려'가 없을 것이라고 할 때의 '공공복리'는 그 처분의 집행과 관련된 구체적이고도 개별적인 공익을 말하는 것으로서 이러한 집행정지의 소극적 요건에 대한 주장·소명책임은 행정청에게 있다(대결 1999.12.20, 99무42).

📡 적중레이더

판례 비교

행정소송법 제23조 제2항에서 행정청의 처분에 대한 집행정지의 요건으로 들고 있는 '회복하기 어려운 손해'라고 하는 것은 원상회복 또는 금전배상이 불가능한 손해는 물론 종국적으로 금전배상이 가능하다고 하더라도 그 손해의 성질이나 태양 등에 비추어 사회통념상 그러한 금전배상만으로는 전보되지 아니할 것으로 인정되는 현저한 손해를 가리키는 것으로서 이러한 집행정지의 적극적 요건에 관한 주장·소명책임은 원칙적으로 신청인측에 있다(대결 1999.12.20, 99무42).

③ 허가신청에 대한 거부처분은 그 효력이 정지되더라도 그 처분이 없었던 것과 같은 상태를 만드는 것에 지나지 아니하는 것이고 그 이상으로 행정청에 대하여 어떠한 처분을 명하는 등 적극적인 상태를 만들어 내는 경우를 포함하지 아니하는 것이므로, 교도소장이 접견을 불허한 처분에 대하여 효력정지를 한다 하여도 이로 인하여 위 교도소장에게 접견의 허가를 명하는 것이 되는 것도 아니고 또 당연히 접견이 되는 것도 아니어서 접견허가거부처분에 의하여 생길 회복할 수 없는 손해를 피하는 데 아무런 보탬도 되지 아니하니 접견허가거부처분의 효력을 정지할 필요성이 없다(대결 1991.5.2, 91두15).

15
정답 ③

영역 행정조직법 > 공무원법
난도 **중**

[정답의 이유]

③ 지방공무원법에서 규정하고 있는 고충심사제도는 공무원으로서의 권익을 보장하고 적정한 근무환경을 조성하여 주기 위하여 근무조건 또는 인사관리 기타 신상문제에 대하여 법률적인 쟁송의 절차에 의하여서가 아니라 사실상의 절차에 의하여 그 시정과 개선책을 청구하여 줄 것을 임용권자에게 청구할 수 있도록 한 제도로서, 고충심사결정 자체에 의하여는 어떠한 법률관계의 변동이나 이익의 침해가 직접적으로 생기는 것은 아니므로 고충심사의 결정은 행정상 쟁송의 대상이 되는 행정처분이라고 할 수 없다(대판 1987.12.8, 87누657 등).

[오답의 이유]

① 대판 1989.9.26, 89누4963

② 상명하복에 의한 지휘통솔체계의 확립이 필수적인 군의 특수성에 비추어 군인은 상관의 명령에 복종하여야 한다. … 그러나 상관의 지시나 명령 그 자체를 따르지 않는 행위와 상관의 지시나 명령은 준수하면서도 그것이 위법·위헌이라는 이유로 재판청구권을 행사하는 행위는 구별되어야 한다. … 따라서 군인이 상관의 지시나 명령에 대하여 재판청구권을 행사하는 경우에 그것이 위법·위헌인 지시와 명령을 시정하려는 데 목적이 있을 뿐, 군 내부의 상명하복관계를 파괴하고 명령불복종 수단으로서 재판청구권의 외형만을 빌리거나 그 밖에 다른 불순한 의도가 있지 않다면, 정당한 기본권의 행사이므로 군인의 복종의무를 위반하였다고 볼 수 없다(대판 2018.3.22, 2012두26401 전합).

④ 대판 1995.11.14, 95누2036

16

영역 행정상 쟁송 > 행정심판 　　　　　　　　난도 **중**

정답의 이유

② 위원회는 당사자의 권리 및 권한의 범위에서 당사자의 동의를 받아 심판청구의 신속하고 공정한 해결을 위하여 조정을 할 수 있다. 다만, 그 조정이 공공복리에 적합하지 아니하거나 해당 처분의 성질에 반하는 경우에는 그러하지 아니하다(행정심판법 제43조의2 제1항).

오답의 이유

① 취소심판이란, 행정청의 위법 또는 부당한 처분을 취소하거나 변경하는 행정심판을 말한다(행정심판법 제5조 제1호). 따라서 부작위에 대해서는 취소심판은 불가능하며, 의무이행심판만 가능하다(행정심판법 제5조 제3호).

③ 위원회는 처분 또는 부작위가 위법·부당하다고 상당히 의심되는 경우로서 처분 또는 부작위 때문에 당사자가 받을 우려가 있는 중대한 불이익이나 당사자에게 생길 급박한 위험을 막기 위하여 임시 지위를 정하여야 할 필요가 있는 경우에는 직권으로 또는 당사자의 신청에 의하여 임시처분을 결정할 수 있다(행정심판법 제31조 제1항).

④ 위원회는 피청구인이 재결에 따른 처분을 하지 아니하면 청구인의 신청에 의하여 결정으로 상당한 기간을 정하고 피청구인이 그 기간 내에 이행하지 아니하는 경우에는 그 지연기간에 따라 일정한 배상을 하도록 명하거나 즉시 배상을 할 것을 명할 수 있다(행정심판법 제50조의2 제1항).

17

영역 특별행정작용법 > 군사행정법 　　　　　　　난도 **중**

정답의 이유

③ 병역법상 신체등위판정은 행정청이라고 볼 수 없는 군의관이 하도록 되어 있으며, 그 자체만으로 바로 병역법상의 권리의무가 정하여지는 것이 아니라 그에 따라 지방병무청장이 병역처분을 함으로써 비로소 병역의무의 종류가 정하여지는 것이므로 항고소송의 대상이 되는 행정처분이라 보기 어렵다(대판 1993.8.27. 93누3356).

오답의 이유

① 대판 2005.5.13. 2004두4369

② 현역병입영통지처분에 따라 현실적으로 입영을 한 경우에는 그 처분의 집행은 종료되지만, 한편, 입영으로 그 처분의 목적이 달성되어 실효되었다는 이유로 다툴 수 없도록 한다면, 병역법상 현역입영대상자로서는 현역병입영통지처분이 위법하다 하더라도 법원에 의하여 그 처분의 집행이 정지되지 아니하는 이상 현실적으로 입영을 할 수밖에 없으므로 현역병입영통지처분에 대하여는 불복을 사실상 원천적으로 봉쇄하는 것이 된다. 따라서 현역입영대상자로

서는 현실적으로 입영을 하였다고 하더라도, 입영 이후의 법률관계에 영향을 미치고 있는 현역병입영통지처분 등을 한 관할지방병무청장을 상대로 위법을 주장하여 그 취소를 구할 소송상의 이익이 있다(대판 2003.12.26. 2003두1875).

④ 병역의무가 국가수호를 위하여 전 국민에게 과하여진 헌법상의 의무로서 그를 수행하기 위한 전제로서의 신체등위판정이나 병역처분 등은 공정성과 형평성을 유지하여야 함은 물론 그 면탈을 방지하여야 할 공익적 필요성이 매우 큰 점에 비추어 볼 때, 지방병무청장은 군의관의 신체등위판정이 금품수수에 따라 위법 또는 부당하게 이루어졌다고 인정하는 경우에는 그 위법 또는 부당한 신체등위판정을 기초로 자신이 한 병역처분을 직권으로 취소할 수 있다(대판 2002.5.28. 2001두9653).

18

영역 행정법 서론 > 행정상 법률관계 　　　　　　난도 **중**

정답의 이유

② 절대평가제에 의한 합격기준인 매 과목 40점 및 전과목 평균 60점 이상을 득점하고도 불합격처분을 받은 수험생들의 신뢰이익은 그 침해된 정도가 극심하며, 그 반면 개정 시행령에 의하여 상대평가제를 도입함으로써 거둘 수 있는 공익적 목적은 개정 시행령을 즉시 시행하여 바로 임박해 있는 2002년 시험에 적용하면서까지 이를 실현하여야 할 합리적인 이유가 있다고 보기 어렵다. 따라서 변리사 제1차 시험의 상대평가제를 규정한 개정 시행령 규정을 2002년의 제1차 시험에 시행하는 것은 헌법상 신뢰보호의 원칙에 비추어 허용될 수 없으므로, 헌법에 위반되어 무효이다(대판 2006.11.16. 2003두12899 전합).

오답의 이유

① 자격제도의 시행을 어떻게 정할 것인지에 대하여는 입법자의 상당한 재량이 인정된다. 하지만 재량영역에서도 재량의 일탈, 남용이 있으면 위법하다는 사법적 판단이 가능하다.

③ 수험생들이 개정 시행령의 내용에 따라 공고된 2002년의 제1차 시험에 응하였다고 하더라도 사회통념상 그것만으로는 개정 전 시행령의 존속에 대한 일체의 신뢰이익을 포기한 것이라고 볼 수도 없다(대판 2006.11.16. 2003두12899 전합).

④ 새로운 법령에 의한 신뢰이익의 침해는 새로운 법령이 과거의 사실 또는 법률관계에 소급적용되는 경우에 한하여 문제되는 것은 아니고, 과거에 발생하였지만 완성되지 않고 진행중인 사실 또는 법률관계 등을 새로운 법령이 규율함으로써 종전에 시행되던 법령의 존속에 대한 신뢰이익을 침해하게 되는 경우에도 신뢰보호의 원칙이 적용될 수 있다. 따라서 개정된 시행령에 근거한 이 사건 불합격처분은 수험생의 신뢰이익을 침해하여 위법하다(대판 2006.11.16. 2003두12899 전합).

19

영역 일반행정작용법 > 행정행위　　　　　　　난도 **중**

정답의 이유

ㄴ. 국방·군사시설 사업에 관한 법률 제7조 제1항

ㄹ. 대판 2011.1.20, 2010두14954 전합

오답의 이유

ㄱ. 국방부장관이 관계 행정기관의 장과 협의한 사항에 한하여 해당 인가·허가 등을 받은 것으로 의제된다(국방·군사시설 사업에 관한 법률 제7조 제1항).

ㄷ. 인·허가의제 제도를 둔 취지는, 인·허가의제사항과 관련하여 행정청으로 그 창구를 단일화하고 절차를 간소화하며 비용과 시간을 절감함으로써 국민의 권익을 보호하려는 것이지, 인·허가의제사항 관련 법률에 따른 각각의 인·허가 요건에 관한 일체의 심사를 배제하려는 것으로 보기는 어렵다(대판 2011.1.20, 2010두14954 전합).

20

영역 행정상 쟁송 > 행정심판　　　　　　　　난도 **중**

정답의 이유

③ 행정심판전치주의의 근본취지가 행정청에게 반성의 기회를 부여하고 행정청의 전문지식을 활용하는데 있는 것이므로 제소당시에 비록 전치요건을 구비하지 못한 위법이 있다 하여도 사실심 변론종결 당시까지 그 전치요건을 갖추었다면 그 흠결의 하자는 치유되었다고 볼 것이다(대판 1987.9.22, 87누176).

오답의 이유

① 행정소송법 제18조 제1항

② 행정소송법 제2항 제1호

> **제18조(행정심판과의 관계)** ① 취소소송은 법령의 규정에 의하여 당해 처분에 대한 행정심판을 제기할 수 있는 경우에도 이를 거치지 아니하고 제기할 수 있다. 다만, 다른 법률에 당해 처분에 대한 행정심판의 재결을 거치지 아니하면 취소소송을 제기할 수 없다는 규정이 있는 때에는 그러하지 아니하다.
> ② 제1항 단서의 경우에도 다음 각호의 1에 해당하는 사유가 있는 때에는 행정심판의 재결을 거치지 아니하고 취소소송을 제기할 수 있다.
> 　1. 행정심판청구가 있은 날로부터 60일이 지나도 재결이 없는 때
> 　2. 처분의 집행 또는 절차의 속행으로 생길 중대한 손해를 예방하여야 할 긴급한 필요가 있는 때
> 　3. 법령의 규정에 의한 행정심판기관이 의결 또는 재결을 하지 못할 사유가 있는 때
> 　4. 그 밖의 정당한 사유가 있는 때

④ 대판 1987.9.22, 87누176

21

영역 일반행정작용법 > 기타행정행위　　　　　난도 **중**

정답의 이유

③ 입안제안을 받은 입안권자는 그 처리결과를 제안자에게 통보하도록 규정하고 있는 점 등과 헌법상 개인의 재산권 보장의 취지에 비추어 보면, 도시계획구역 내 토지 등을 소유하고 있는 주민으로서는 입안권자에게 도시계획입안을 요구할 수 있는 법규상 또는 조리상의 신청권이 있다고 할 것이고, 이러한 신청에 대한 거부행위는 항고소송의 대상이 되는 행정처분에 해당한다(대판 2004.4.28, 2003두1806).

오답의 이유

① 도시 및 주거환경정비법상 주택재건축정비사업조합이 수립한 관리처분계획에 대하여 관할 행정청의 인가·고시까지 있게 되면 관리처분계획은 행정처분으로서 효력이 발생하게 되므로, 총회결의의 하자를 이유로 하여 행정처분의 효력을 다투는 항고소송의 방법으로 관리처분계획의 취소 또는 무효확인을 구하여야 하고, 그와 별도로 행정처분에 이르는 절차적 요건 중 하나에 불과한 총회결의 부분만을 따로 떼어내어 효력 유무를 다투는 확인의 소를 제기하는 것은 특별한 사정이 없는 한 허용되지 않는다(대판 2009.9.17, 2007다2428 전합).

②·④ 행정주체는 구체적인 행정계획을 입안·결정함에 있어서 비교적 광범위한 형성의 자유를 가진다고 할 것이지만, 행정주체가 가지는 이와 같은 형성의 자유는 무제한적인 것이 아니라 그 행정계획에 관련되는 자들의 이익을 공익과 사익 사이에서는 물론이고 공익 상호 간과 사익 상호 간에도 정당하게 비교교량하여야 한다는 제한이 있는 것이고, 따라서 행정주체가 행정계획을 입안·결정함에 있어서 이익형량을 전혀 행하지 아니하거나 이익형량의 고려 대상에 마땅히 포함시켜야 할 사항을 누락한 경우 또는 이익형량을 하였으나 정당성·객관성이 결여된 경우에는 그 행정계획 결정은 재량권을 일탈·남용한 것으로서 위법하다(대판 1996.11.29, 96누8567).

22

영역 일반행정작용법 > 행정행위　　　　　　　난도 **중**

정답의 이유

③ 개인택시운송사업면허는 특정인에게 권리나 이익을 부여하는 행정행위로서 법령에 특별한 규정이 없는 한 재량행위이고 그 면허에 필요한 기준을 정하는 것 역시 법령에 규정이 없는 한 행정청의 재량에 속하나, 이 경우에도 이는 객관적으로 타당하여야 하며 그 설정된 우선순위 결정방법이나 기준이 객관적으로 합리성을 잃은 것이라면 이에 따라 면허 여부를 결정하는 것은 재량권의 한계를 일탈한 것이 되어 위법하다(대판 2007.2.8, 2006두13886).

① 공유수면 관리 및 매립에 관한 법률에 따른 공유수면의 점용 · 사용허가는 특정인에게 공유수면 이용권이라는 독점적 권리를 설정하여 주는 처분으로서 처분 여부 및 내용의 결정은 원칙적으로 행정청의 재량에 속한다(대판 2017.4.28. 2017두30139). 즉, 강학상 특허에 해당한다.

② 국토이용관리법상 토지거래허가가 규제지역 내의 모든 국민에게 전반적으로 토지거래의 자유를 금지하고 일정한 요건을 갖춘 경우에만 금지를 해제하여 계약체결의 자유를 회복시켜주는 성질의 것이라고 보는 것은 위 법의 입법 취지를 넘어선 지나친 해석이라고 할 것이고, 규제지역 내에서도 토지거래의 자유가 인정지만, 위 허가는 허가 전의 유동적 무효 상태에 있는 법률행위의 효력을 완성시켜주는 인가적 성질을 띤 것이라고 보는 것이 타당하다(대판 1991.12.24. 90다12243 전합).

④ 행정청이 도시 및 주거환경정비법 등 관련 법령에 근거하여 행하는 조합설립인가처분은 단순히 사인들의 조합설립행위에 대한 보충행위로서의 성질을 갖는 것에 그치는 것이 아니라 법령상 요건을 갖출 경우 도시 및 주거환경정비법상 주택재건축사업을 시행할 수 있는 권한을 갖는 행정주체(공법인)로서의 지위를 부여하는 일종의 설권적 처분의 성격을 갖는다고 보아야 한다(대판 2009. 9.24. 2008다60568). 즉, 강학상 특허에 해당한다.

23

정답 ②

영역 특별행정작용법 > 재무행정법　　　　　난도 **중**

정답의 이유

② 국세기본법의 오납액과 초과납부액은 조세채무가 처음부터 존재하지 않거나 그 후 소멸되었음에도 불구하고 국가가 법률상 원인 없이 수령하거나 보유하고 있는 부당이득에 해당하고, 그 국세환급금결정에 관한 규정은 이미 납세의무자의 환급청구권이 확정된 국세환급금에 대하여 내부적 사무처리절차로서 과세관청의 환급절차를 규정한 것에 지나지 않고 위 규정에 의한 국세환급금결정에 의하여 비로소 환급청구권이 확정되는 것은 아니므로, 위 국세환급금결정이나 이 결정을 구하는 신청에 대한 환급거부결정은 납세의무자가 갖는 환급청구권의 존부나 범위에 구체적이고 직접적인 영향을 미치는 처분이 아니어서 항고소송의 대상이 되는 처분이라고 볼 수 없다(대판 2009.11.26. 2007두4018).

오답의 이유

① 대판 1998.3.27. 97누20090

③ 대판 2013.7.11. 2011두7311

④ 본세의 부과처분과 가산세의 부과처분은 각 별개의 과세처분인 것처럼, 같은 세목에 관하여 여러 종류의 가산세가 부과되면 그 각 가산세 부과분도 종류별로 각각 별개의 과세처분이라고 보아야 한다. 따라서 하나의 납세고지서에 의하여 본세와 가산세를 함께 부과할 때에는 납세고지서에 본세와 가산세 각각의 세액과 산출근거 등을 구분하여 기재해야 하는 것이고, 또 여러 종류의 가산세를 함께 부과하는 경우에는 그 가산세 상호 간에도 종류별로 세액과 산출근거 등을 구분하여 기재함으로써 납세의무자가 납세고지서 자체로 각 과세처분의 내용을 알 수 있도록 하는 것이 당연한 원칙이다(대판 2012.10.18. 2010두12347 전합).

24

정답 ①

영역 행정상 쟁송 > 행정쟁송 개관　　　　　난도 **중**

정답의 이유

ㄴ. 행정행위의 위법 여부가 국가배상청구소송의 선결문제가 되는 경우, 민사법원은 선결문제인 행정행위의 위법 여부를 판단할 수 있다. 따라서 계고처분 또는 행정대집행 영장에 의한 통지와 같은 행정처분이 위법한 경우, 대집행이 완료된 후에는 그 처분의 무효확인 또는 취소를 구할 소의 이익이 없다 할 것이다. 그러나 그러한 경우에도 계고처분 등의 행정처분이 위법임을 이유로 국가배상을 청구하는 것은 가능하며, 법원이 국가배상청구의 인용 여부를 판단함에 있어서 미리 그 행정처분의 취소판결이 있어야만 하는 것은 아니다(대판 1972.4.28. 72다337).

ㄷ. 행정행위의 위법성 확인은 공정력에 반하지 않으므로, 형사법원은 범죄 성립요건의 선결문제로서 처분의 위법성 여부를 판단할 수 있다(통설, 판례). 따라서 행정청으로부터 주택법에 의한 시정명령을 받고도 이를 위반하였다는 이유로 처벌을 하기 위해서는 그 시정명령이 적법한 것이어야 하고, 그 시정명령이 위법하다고 인정되는 한 동법 위반죄는 성립하지 않는다(대판 2009.6.25. 2006도824).

오답의 이유

ㄱ. 조세의 과오납이 부당이득이 되기 위하여는 납세 또는 조세의 징수가 실체법적으로나 절차법적으로 전혀 법률상의 근거가 없거나 과세처분의 하자가 중대하고 명백하여 당연무효이어야 하고, 과세처분의 하자가 단지 취소할 수 있는 정도에 불과할 때에는 과세관청이 이를 스스로 취소하거나 항고소송절차에 의하여 취소되지 않는 한 그로 인한 조세의 납부가 부당이득이 된다고 할 수 없다(대판 1994.11.11. 94다28000).

ㄹ. 행정행위의 위법성 확인은 공정력에 반하지 않으므로, 형사법원은 범죄 성립요건의 선결문제로서 처분의 위법성 여부를 판단할 수 있다(통설, 판례). 따라서 처분이 위법하다고 판단되는 경우, 당해 처분을 취소하지 않고서도 무죄의 판단을 할 수 있다.

25

정답 ②

영역 행정상 쟁송 > 행정심판　　　　　　난도 **하**

정답의 이유

ㄱ. 민사소송은 제소기간의 제한을 규정하는 별도의 특별규정이 없는
한, 소의 이익이 있으면 언제든지 소를 제기할 수 있다. 반면에 행
정쟁송은 쟁송제기기간의 제한이 있다.

ㄷ. 민사소송과 행정쟁송 모두 기본적으로는 당사자주의를 바탕으로
한다는 점에서는 유사하지만, 행정소송은 직권심리주의가 보충적
으로 인정되는 점에서 민사소송과 차이가 있다.

ㄹ. 민사소송과 달리 행정쟁송에서는 사정재결 내지 사정판결이 인정
된다.

오답의 이유

ㄴ. 석명권은 당사자주의의 단점을 극복하기 위한 제도로서, 민사소
송과 행정쟁송 모두 인정된다.

2021 | **9급** 기출문제 해설

☑ 점수 (　　)점/100점 ☑ 문제편 153쪽

영역 분석

행정법 서론	6문항	★★★★★★	24%
일반행정작용법	6문항	★★★★★★	24%
행정상 쟁송	5문항	★★★★★	20%
행정절차와 행정공개	3문항	★★★	12%
행정구제법	2문항	★★	8%
행정의 실효성 확보수단	2문항	★★	8%
특별행정작용법	1문항	★	4%

빠른 정답

01	02	03	04	05	06	07	08	09	10
④	②	①	①	④	③	②	①	④	①
11	**12**	**13**	**14**	**15**	**16**	**17**	**18**	**19**	**20**
③	②	①	④	④	③	③	③	②	②
21	**22**	**23**	**24**	**25**					
④	③	③	②	④					

01 ※ 출제오류로 선지 교체　　　　　　　정답 ④

영역 행정법 서론 > 사인의 공법행위　　　　난도 중

[정답의 이유]

④ 인·허가의제 효과를 수반하는 건축신고는 일반적인 건축신고와는 달리, 특별한 사정이 없는 한 행정청이 그 실체적 요건에 관한 심사를 한 후 수리하여야 하는 이른바 '수리를 요하는 신고'로 보는 것이 옳다(대판 2011.1.20, 2010두14954 전합).

[오답의 이유]

① 대판 2009.9.10, 2007두20638

② 민원사무 처리에 관한 법률에 의하면, 행정기관은 민원사항의 신청이 있는 때에는 다른 법령에 특별한 규정이 있는 경우를 제외하고는 그 접수를 보류하거나 거부할 수 없으며, 민원서류에 흠이 있는 경우에는 보완에 필요한 상당한 기간을 정하여 지체 없이 민원인에게 보완을 요구할 수 있는바, 위 규정 소정의 보완의 대상이 되는 흠은 보완이 가능한 경우이어야 함은 물론이고, 그 내용 또한 형식적·절차적인 요건이거나, 실질적인 요건에 관한 흠이 있는 경우라도 그것이 민원인의 단순한 착오나 일시적인 사정 등에 기한 경우 등이라야 한다(대판 2004.10.15, 2003두6573).

> **민원처리에 관한 법률 제9조(민원의 접수)** ① 행정기관의 장은 민원의 신청을 받았을 때에는 다른 법령에 특별한 규정이 있는 경우를 제외하고는 그 접수를 보류하거나 거부할 수 없으며, 접수된 민원문서를 부당하게 되돌려 보내서는 아니 된다.
>
> **제22조(민원문서의 보완·취하 등)** ① 행정기관의 장은 접수한 민원문서에 보완이 필요한 경우에는 상당한 기간을 정하여 지체 없이 민원인에게 보완을 요구하여야 한다.
> ② 민원인은 해당 민원의 처리가 종결되기 전에는 그 신청의 내용을 보완하거나 변경 또는 취하할 수 있다. 다만, 다른 법률에 특별한 규정이 있거나 그 민원의 성질상 보완·변경 또는 취하할 수 없는 경우에는 그러하지 아니하다.

③ 건축신고 반려행위는 항고소송의 대상이 된다(대판 2010.11.18, 2008두167 전합).

02 　　　　　　　　　　　　　　　　　정답 ②

영역 행정법 서론 > 행정법상 일반원칙　　　　난도 중

[정답의 이유]

② 평등이란 형식적 의미의 평등이 아니라 공정·형평의 관념에 반하지 않는 실질적인 평등을 가리키는 것이므로(대결 2007.11.29, 2004그74), 다른 것을 다르게 차별하는 것도 평등의 원칙에 위배되지 않는다(상대적·실질적 평등).

[오답의 이유]

① 이 사건 조항의 경우 명시적인 헌법적 근거 없이 국가유공자의 가족들에게 만점의 10%라는 높은 가산점을 부여하고 있는바, 그러한 가산점 부여 대상자의 광범위성과 가산점 10%의 심각한 영향력과 차별효과를 고려할 때, 그러한 입법정책만으로 헌법상의 공정경쟁의 원리와 기회균등의 원칙을 훼손하는 것은 부적절하며, 국가유공자의 가족의 공직 취업기회를 위하여 매년 많은 일반 응시자들에게 불합격이라는 심각한 불이익을 입게 하는 것은 정당화될 수 없다. 이 사건 조항의 차별로 인한 불평등 효과는 입법목적과 그 달성수단 간의 비례성을 현저히 초과하는 것이므로, 이 사건 조항은 청구인들과 같은 일반 공직시험 응시자들의 평등권을 침해

한다. 이 사건 조항이 공무담임권의 행사에 있어서 일반 응시자들을 차별하는 것이 평등권을 침해하는 것이라면, 같은 이유에서 이 사건 조항은 그들의 공무담임권을 침해하는 것이다(헌재 2006.2.23, 2004헌마675 등).

③ · ④ 재량권 행사의 준칙인 행정규칙이 그 정한 바에 따라 되풀이 시행되어 행정관행이 이루어지게 되면 평등의 원칙이나 신뢰보호의 원칙에 따라 행정기관은 그 상대방에 대한 관계에서 그 규칙에 따라야 할 자기구속을 받게 되므로, 이러한 경우에는 특별한 사정이 없는 한 그에 위반하는 처분은 평등의 원칙이나 신뢰보호의 원칙에 위배되어 재량권을 일탈 · 남용한 위법한 처분이 된다(대판 2009.12.24, 2009두7967).

03
정답 ①

영역 행정상 쟁송 > 행정소송   **난도** 중

정답의 이유

① 합의제 행정청의 처분에 대하여는 합의제 행정청 그 자체가 피고가 된다. 예를 들어 공정거래위원회의 과징금부과처분에 대해서는 공정거래위원회가 피고가 된다. 다만 개별법에 달리 규정이 있는 경우 그에 따른다.

오답의 이유

② 행정소송법 제14조에 의한 피고경정은 사실심 변론종결에 이르기까지 허용되는 것으로 해석하여야 할 것이고, 굳이 제1심 단계에서만 허용되는 것으로 해석할 근거는 없다(대결 2006.2.23, 2005부4).

③ 행정소송법 제42조(취소소송에 관한 제21조를 준용함)

> 제21조(소의 변경) ① 법원은 취소소송을 당해 처분 등에 관계되는 사무가 귀속하는 국가 또는 공공단체에 대한 당사자소송 또는 취소소송외의 항고소송으로 변경하는 것이 상당하다고 인정할 때에는 청구의 기초에 변경이 없는 한 사실심의 변론종결 시까지 원고의 신청에 의하여 결정으로써 소의 변경을 허가할 수 있다.
> ② 제1항의 규정에 의한 허가를 하는 경우 피고를 달리하게 될 때에는 법원은 새로이 피고로 될 자의 의견을 들어야 한다.

④ 행정소송법 제14조 제1항

04
정답 ①

영역 일반행정작용법 > 행정행위   **난도** 중

정답의 이유

① 행정행위를 한 처분청은 비록 처분 당시에 별다른 하자가 없었고, 처분 후에 이를 철회할 별도의 법적 근거가 없더라도 원래의 처분을 존속시킬 필요가 없게 된 사정변경이 생겼거나 중대한 공익상 필요가 발생한 경우에는 그 효력을 상실케 하는 별개의 행정행위로 이를 철회할 수 있다. 다만 수익적 행정행위를 취소 또는 철회

하거나 중지시키는 경우에는 이미 부여된 국민의 기득권을 침해하는 것이 되므로, 비록 취소 등의 사유가 있다고 하더라도 그 취소권 등의 행사는 기득권의 침해를 정당화할 만한 중대한 공익상의 필요 또는 제3자의 이익을 보호할 필요가 있고, 이를 상대방이 받는 불이익과 비교 · 교량하여 볼 때 공익상의 필요 등이 상대방이 입을 불이익을 정당화할 만큼 강한 경우에 한하여 허용될 수 있다(대판 2017.3.15, 2014두41190).

오답의 이유

② 행정행위를 한 처분청은 비록 처분 당시에 별다른 하자가 없었고, 처분 후에 이를 철회할 별도의 법적 근거가 없더라도 원래의 처분을 존속시킬 필요가 없게 된 사정변경이 생겼거나 중대한 공익상 필요가 발생한 경우에는 그 효력을 상실케 하는 별개의 행정행위로 이를 철회할 수 있다(대판 2017.3.15, 2014두41190).

③ 수익적 행정행위를 취소 또는 철회하거나 중지시키는 경우에는 이미 부여된 국민의 기득권을 침해하는 것이 되므로, 비록 취소 등의 사유가 있다고 하더라도 그 취소권 등의 행사는 기득권의 침해를 정당화할 만한 중대한 공익상의 필요 또는 제3자의 이익을 보호할 필요가 있고, 이를 상대방이 받는 불이익과 비교 · 교량하여 볼 때 공익상의 필요 등이 상대방이 입을 불이익을 정당화할 만큼 강한 경우에 한하여 허용될 수 있다(대판 2017.3.15, 2014두41190).

④ 행정행위를 한 처분청은 비록 처분 당시에 별다른 하자가 없었고, 처분 후에 이를 철회할 별도의 법적 근거가 없더라도 원래의 처분을 존속시킬 필요가 없게 된 사정변경이 생겼거나 중대한 공익상 필요가 발생한 경우에는 그 효력을 상실케 하는 별개의 행정행위로 이를 철회할 수 있다(대판 2017.3.15, 2014두41190).

05
정답 ④

영역 행정법 서론 > 행정법   **난도** 중

정답의 이유

④ 법령불소급의 원칙은 법령의 효력발생 전에 완성된 요건 사실에 대하여 당해 법령을 적용할 수 없다는 의미일 뿐, 계속 중인 사실이나 그 이후에 발생한 요건 사실에 대한 법령적용까지를 제한하는 것은 아니다(대판 2014.4.24, 2013두26552).

오답의 이유

① 지방자치법 제32조 제8항

② 대통령령, 총리령 및 부령은 특별한 규정이 없으면 공포한 날부터 20일이 경과함으로써 효력을 발생한다(법령 등 공포에 관한 법률 제13조).

③ 법령을 소급적용하더라도 일반국민의 이해에 직접 관계가 없는 경우, 오히려 그 이익을 증진하는 경우, 불이익이나 고통을 제거하는 경우 등의 특별한 사정이 있는 경우에 한하여 예외적으로 법령의 소급적용이 허용될 여지가 있을 따름이다(대판 2021.3.11, 2020두49850).

06

정답 ③

영역 행정절차와 행정공개 > 행정절차법   난도 **중**

[정답의 이유]

③ 청문 주재자는 직권으로 또는 당사자의 신청에 따라 필요한 조사를 할 수 있으며, 당사자등이 주장하지 아니한 사실에 대하여도 조사할 수 있다(행정절차법 제33조 제1항).

[오답의 이유]

① 청문 주재자에게 공정한 청문 진행을 할 수 없는 사정이 있는 경우 당사자등은 행정청에 기피신청을 할 수 있다. 이 경우 행정청은 청문을 정지하고 그 신청이 이유가 있다고 인정할 때에는 해당 청문 주재자를 지체 없이 교체하여야 한다(행정절차법 제29조 제2항). 청문 주재자는 위의 사유에 해당하는 경우에는 행정청의 승인을 받아 스스로 청문의 주재를 회피할 수 있다(행정절차법 제29조 제3항).

② 행정절차법 제31조 제1항

④ 행정절차법 제36조

07

정답 ②

영역 일반행정작용법 > 기타행정행위   난도 **중**

[정답의 이유]

② 건축법 규정에 비추어 보면, 행정청이 위법 건축물에 대한 시정명령을 하고 나서 위반자가 이를 이행하지 아니하여 전기 · 전화의 공급자에게 그 위법 건축물에 대한 전기 · 전화공급을 하지 말아 줄 것을 요청한 행위는 권고적 성격의 행위에 불과한 것으로서 전기 · 전화공급자나 특정인의 법률상 지위에 직접적인 변동을 가져오는 것은 아니므로 이를 항고소송의 대상이 되는 행정처분이라고 볼 수 없다(대판 1996.3.22, 96누433).

[오답의 이유]

① 행정지도가 강제성을 띠지 않은 비권력적 작용으로서 행정지도의 한계를 일탈하지 아니하였다면, 그로 인하여 상대방에게 어떤 손해가 발생하였다 하더라도 행정기관은 그에 대한 손해배상책임이 없다(대판 2008.9.25, 2006다18228).

③ 행정절차법 제48조 제2항

제48조(행정지도의 원칙) ① 행정지도는 그 목적 달성에 필요한 최소한도에 그쳐야 하며, 행정지도의 상대방의 의사에 반하여 부당하게 강요하여서는 아니 된다.
② 행정기관은 행정지도의 상대방이 행정지도에 따르지 아니하였다는 것을 이유로 불이익한 조치를 하여서는 아니 된다.

④ 행정지도는 국가배상법상의 직무행위에 해당한다. 즉 국가배상법이 정한 배상청구의 요건인 '공무원의 직무 범위'에는 행정지도와 같은 비권력적 작용도 포함된다.

08

정답 ①

영역 행정절차와 행정공개 > 정보공개와 개인정보보호   난도 **하**

[정답의 이유]

① 개인정보처리자는 정보주체가 필요한 최소한의 정보 외의 개인정보 수집에 동의하지 아니한다는 이유로 정보주체에게 재화 또는 서비스의 제공을 거부하여서는 아니 된다(개인정보 보호법 제16조 제3항).

[오답의 이유]

② 개인정보 보호법 제51조

③ 개인정보 보호법 제28조의10

④ 개인정보자기결정권의 보호대상이 되는 개인정보는 개인의 신체, 신념, 사회적 지위, 신분 등과 같이 개인의 인격주체성을 특징짓는 사항으로서 그 개인의 동일성을 식별할 수 있게 하는 일체의 정보라고 할 수 있고, 반드시 개인의 내밀한 영역이나 사사(私事)의 영역에 속하는 정보에 국한되지 않고 공적 생활에서 형성되었거나 이미 공개된 개인정보까지 포함한다(헌재 2005.7.21, 2003헌마282 등).

09

정답 ④

영역 행정상 쟁송 > 행정소송   난도 **중**

[정답의 이유]

④ 행정소송법 제44조(취소소송에 관한 제26조를 준용함)

제26조(직권심리) 법원은 필요하다고 인정할 때에는 직권으로 증거조사를 할 수 있고, 당사자가 주장하지 아니한 사실에 대하여도 판단할 수 있다.

[오답의 이유]

① 행정소송법 제3조 제2호

② 공법상 계약의 한쪽 당사자가 다른 당사자를 상대로 효력을 다투거나 이행을 청구하는 소송은 공법상의 법률관계에 관한 분쟁이므로 분쟁의 실질이 공법상 권리 · 의무의 존부 · 범위에 관한 다툼이 아니라 손해배상액의 구체적인 산정방법 · 금액에 국한되는 등의 특별한 사정이 없는 한 공법상 당사자소송으로 제기하여야 한다(대판 2021.2.4, 2019다277133).

③ 원고가 고의 또는 중대한 과실 없이 행정소송으로 제기하여야 할 사건을 민사소송으로 잘못 제기한 경우, 수소법원으로서는 만약 그 행정소송에 대한 관할도 동시에 가지고 있다면 이를 행정소송으로 심리 · 판단하여야 하고, 그 행정소송에 대한 관할을 가지고 있지 아니하다면 관할법원에 이송하여야 한다(대판 2021.2.4, 2019다277133).

10

영역 일반행정작용법 > 허가   난도 **중**

정답의 이유

① 허가를 받지 않은 거래계약이라고 하여도 원칙적으로는 그 사법적 효력까지 부인되는 것은 아니다.

오답의 이유

② 허가는 상대적 금지에 대해서만 가능하며, 절대적 금지의 경우에는 인정되지 않는다(도박, 마약, 미성년자 흡연에 대한 허가는 인정될 수 없다).

③ 허가는 일반적 · 상대적으로 금지되어 있는 행위를 법령에 의하여 특정한 경우에 특정인에 대하여 해제하는 행정행위를 의미한다. 부작위의무의 해제 또는 자연적 자유의 회복이라고도 한다. 따라서 허가는 일반적, 상대적, 예방적 금지의 해제이다.

11

영역 행정법 서론 > 행정법   난도 **하**

정답의 이유

ㄱ. 행정의 적극적 추진(행정기본법 제4조 제1항)

ㄴ. 법치행정의 원칙(행정기본법 제8조)

ㄷ. 평등의 원칙(행정기본법 제9조)

ㄹ. 부당결부금지의 원칙(행정기본법 제13조)

ㅁ. 부관(행정기본법 제17조 제1항)

> **행정기본법 제17조(부관)** ① 행정청은 처분에 재량이 있는 경우에는 부관(조건, 기한, 부담, 철회권의 유보 등을 말한다. 이하 이 조에서 같다)을 붙일 수 있다.
> ② 행정청은 처분에 재량이 없는 경우에는 법률에 근거가 있는 경우에 부관을 붙일 수 있다.
> ③ 행정청은 부관을 붙일 수 있는 처분이 다음 각 호의 어느 하나에 해당하는 경우에는 그 처분을 한 후에도 부관을 새로 붙이거나 종전의 부관을 변경할 수 있다.
>   1. 법률에 근거가 있는 경우
>   2. 당사자의 동의가 있는 경우
>   3. 사정이 변경되어 부관을 새로 붙이거나 종전의 부관을 변경하지 아니하면 해당 처분의 목적을 달성할 수 없다고 인정되는 경우
> ④ 부관은 다음 각 호의 요건에 적합하여야 한다.
>   1. 해당 처분의 목적에 위배되지 아니할 것
>   2. 해당 처분과 실질적인 관련이 있을 것
>   3. 해당 처분의 목적을 달성하기 위하여 필요한 최소한의 범위일 것

12

영역 행정법 서론 > 행정상 법률관계   난도 **중**

정답의 이유

② 광업권설정허가처분과 그에 따른 광산 개발로 인하여 재산상 · 환경상 이익의 침해를 받거나 받을 우려가 있는 토지나 건축물의 소유자와 점유자 또는 이해관계인 및 주민들은 그 처분 전과 비교하여 수인한도를 넘는 재산상 · 환경상 이익의 침해를 받거나 받을 우려가 있다는 것을 증명함으로써 그 처분의 취소를 구할 원고적격을 인정받을 수 있다(대판 2008.9.11, 2006두7577).

오답의 이유

① 대판 2006.7.28, 2004두6716

③ 대판 1993.7.27, 93누8139

④ 일반적으로 법인의 주주는 당해 법인에 대한 행정처분에 관하여 사실상이나 간접적인 이해관계를 가질 뿐이어서 스스로 그 처분의 취소를 구할 원고적격이 없는 것이 원칙이라고 할 것이지만, 그 처분으로 인하여 궁극적으로 주식이 소각되거나 주주의 법인에 대한 권리가 소멸하는 등 주주의 지위에 중대한 영향을 초래하게 되는데도 그 처분의 성질상 당해 법인이 이를 다툴 것을 기대할 수 없고 달리 주주의 지위를 보전할 구제방법이 없는 경우에는 주주도 그 처분에 관하여 직접적이고 구체적인 법률상 이해관계를 가진다고 보이므로 그 취소를 구할 원고적격이 있다(대판 2004.12.23, 2000두2648).

13

영역 행정구제법 > 서설   난도 **상**

정답의 이유

① 결과제거청구권은 원상회복에 목적이 있으므로 위법한 상태의 제거만을 내용으로 한다. 위법행위의 결과인 손해에 대해서는 국가배상청구권이 인정될 수 있을 뿐이다.

14

영역 행정상 쟁송 > 행정심판   난도 **중**

정답의 이유

④ 행정심판의 재결기간(행정심판법 제45조)은 강행규정이 아니다.

오답의 이유

① 재결의 기속력은 기각재결에는 인정되지 않으므로, 기각재결이 있은 후에도 원처분청은 원처분을 직권으로 취소 또는 변경할 수 있다.

② 재결의 기속력은 반복금지의무(소극적 의무), 재처분의무(적극적 의무), 결과제거의무(원상회복의무) 등을 내용으로 한다.

③ 행정심판법 제47조는 불고불리의 원칙(제1항), 불이익변경금지의 원칙(제2항)을 규정하고 있으며, 인용재결은 행정청을 기속하므로(제49조 제1항) 처분청은 불복할 수 없다.

제47조(재결의 범위) ① 위원회는 심판청구의 대상이 되는 처분 또는 부작위 외의 사항에 대하여는 재결하지 못한다.

② 위원회는 심판청구의 대상이 되는 처분보다 청구인에게 불리한 재결을 하지 못한다.

제49조(재결의 기속력 등) ① 심판청구를 인용하는 재결은 피청구인과 그 밖의 관계 행정청을 기속(羈束)한다.

② 재결에 의하여 취소되거나 무효 또는 부존재로 확인되는 처분이 당사자의 신청을 거부하는 것을 내용으로 하는 경우에는 그 처분을 한 행정청은 재결의 취지에 따라 다시 이전의 신청에 대한 처분을 하여야 한다.

15

정답 ④

영역 행정상 쟁송 > 행정소송 난도 **하**

정답의 이유

④ 병무청장이 법무부장관에게 '가수 갑이 공연을 위하여 국외여행허가를 받고 출국한 후 미국 시민권을 취득함으로써 사실상 병역의무를 면탈하였으므로 재외동포 자격으로 재입국하고자 하는 경우 국내에서 취업, 가수활동 등 영리활동을 할 수 없도록 하고, 불가능할 경우 입국 자체를 금지해 달라'고 요청함에 따라 법무부장관이 갑의 입국을 금지하는 결정을 하고, 그 정보를 내부전산망인 '출입국관리정보시스템'에 입력하였으나, 갑에게는 통보하지 않은 사안에서, 행정청이 행정의사를 외부에 표시하여 행정청이 자유롭게 취소·철회할 수 없는 구속을 받기 전에는 '처분'이 성립하지 않으므로 법무부장관이 출입국관리법에 따라 위 입국금지결정을 했다고 해서 '처분'이 성립한다고 볼 수는 없고, 위 입국금지결정은 법무부장관의 의사가 공식적인 방법으로 외부에 표시된 것이 아니라 단지 그 정보를 내부전산망인 '출입국관리정보시스템'에 입력하여 관리한 것에 지나지 않으므로, 위 입국금지결정은 항고소송의 대상이 될 수 있는 '처분'에 해당하지 않는다(대판 2019. 7.11, 2017두38874).

16

정답 ③

영역 일반행정작용법 > 기타행정행위 난도 **중**

정답의 이유

③ 행정주체는 구체적인 행정계획을 입안·결정함에 있어서 비교적 광범위한 형성의 자유를 가진다고 할 것이지만, 행정주체가 가지는 이와 같은 형성의 자유는 무제한적인 것이 아니라 그 행정계획에 관련되는 자들의 이익을 공익과 사익 사이에서는 물론이고 공익 상호 간과 사익 상호 간에도 정당하게 비교교량하여야 한다는 제한이 있는 것이고, 따라서 행정주체가 행정계획을 입안·결정함에 있어서 이익형량을 전혀 행하지 아니하거나 이익형량의 고려 대상에 마땅히 포함시켜야 할 사항을 누락한 경우 또는 이익형량

을 하였으나 정당성·객관성이 결여된 경우에는 그 행정계획결정은 재량권을 일탈·남용한 것으로서 위법하다(대판 1996.11.29, 96누8567).

17

정답 ③

영역 행정의 실효성 확보수단 > 행정조사 난도 **하**

정답의 이유

③ 행정조사는 법령 등의 위반에 대한 처벌보다는 법령 등을 준수하도록 유도하여야 한다(행정조사기본법 제4조 제4항).

오답의 이유

① 행정조사기본법 제4조 제1항
② 행정조사기본법 제4조 제3항
④ 행정조사기본법 제4조 제6항

제4조(행정조사의 기본원칙) ① 행정조사는 조사목적을 달성하는데 필요한 최소한의 범위 안에서 실시하여야 하며, 다른 목적 등을 위하여 조사권을 남용하여서는 아니 된다.

② 행정기관은 조사목적에 적합하도록 조사대상자를 선정하여 행정조사를 실시하여야 한다.

③ 행정기관은 유사하거나 동일한 사안에 대하여는 공동조사 등을 실시함으로써 행정조사가 중복되지 아니하도록 하여야 한다.

④ 행정조사는 법령 등의 위반에 대한 처벌보다는 법령 등을 준수하도록 유도하는 데 중점을 두어야 한다.

⑤ 다른 법률에 따르지 아니하고는 행정조사의 대상자 또는 행정조사의 내용을 공표하거나 직무상 알게 된 비밀을 누설하여서는 아니된다.

⑥ 행정기관은 행정조사를 통하여 알게 된 정보를 다른 법률에 따라 내부에서 이용하거나 다른 기관에 제공하는 경우를 제외하고는 원래의 조사목적 이외의 용도로 이용하거나 타인에게 제공하여서는 아니 된다.

18

정답 ③

영역 일반행정작용법 > 행정상 입법 난도 **중**

정답의 이유

③ 서울대학교의 "94학년도 대학입학고사 주요요강"은 사실상의 준비행위 내지 사전안내로서 행정쟁송의 대상이 될 수 있는 행정처분이나 공권력의 행사는 될 수 없지만 그 내용이 국민의 기본권에 직접 영향을 끼치는 내용이고 앞으로 법령의 뒷받침에 의하여 그대로 실시될 것이 틀림없을 것으로 예상되어 그로 인하여 직접적으로 기본권 침해를 받게 되는 사람에게는 사실상의 규범작용으로 인한 위험성이 이미 현실적으로 발생하였다고 보아야 할 것이므로 이는 헌법소원의 대상이 되는 헌법재판소법 제68조 제1항 소정의 공권력의 행사에 해당된다(헌재 1992.10.1, 92헌마68 등 병합).

① 행정규칙인 부령이나 고시가 법령의 수권에 의하여 법령을 보충하는 사항을 정하는 경우에는 그 근거 법령규정과 결합하여 대외적으로 구속력이 있는 법규명령으로서의 성질과 효력을 가진다 할 것인데, 보충규범인 행정규칙의 내용에 해당되는 행위가 공소사실이나 범죄사실로 기재되어 있고, 법률의 적용란에 근거법령규정이 명시되어 있다면 보충규범이 법률의 적용란에 따로 명시되어 있지 않다고 하더라도 이를 들어 판결에 영향을 미친 위법이 있다고는 할 수 없다(대판 2007.5.10. 2005도591).

② 행정규칙은 그 행정규칙을 제정한 행정기관을 구속하지 않는다.

④ 상급행정기관이 소속 공무원이나 하급행정기관에 대하여 업무처리지침이나 법령의 해석·적용 기준을 정해 주는 '행정규칙'은 일반적으로 행정조직 내부에서만 효력을 가질 뿐 대외적으로 국민이나 법원을 구속하는 효력이 없다(대판 2019.7.11. 2017두38874).

19 ※ 개정·변경된 내용으로 선지 교체   정답 ②

영역 특별행정작용법 > 공용부담법   난도 **상**

② 환매권의 발생기간을 제한한 것은 사업시행자의 지위나 이해관계인들의 토지이용에 관한 법률관계 안정, 토지의 사회경제적 이용효율 제고, 사회일반에 돌아가야 할 개발이익이 원소유자에게 귀속되는 불합리 방지 등을 위한 것인데, 그 입법목적은 정당하고 이와 같은 제한은 입법목적 달성을 위한 유효적절한 방법이라 할 수 있다. 그러나 2000년대 이후 다양한 공익사업이 출현하면서 공익사업 간 중복·상충 사례가 발생하였고, 산업구조 변화, 비용 대비 편익에 대한 지속적 재검토, 인근 주민들의 반대 등에 직면하여 공익사업이 지연되다가 폐지되는 사례가 다수 발생하고 있다. 이와 같은 상황에서 환매권 발생기간 '10년'을 예외 없이 유지하게 되면 토지수용 등의 원인이 된 공익사업의 폐지 등으로 공공필요가 소멸하였음에도 단지 10년이 경과하였다는 사정만으로 환매권이 배제되는 결과가 초래될 수 있다. 다른 나라의 입법례에 비추어 보아도 발생기간을 제한하지 않거나 더 길게 규정하면서 행사기간 제한 또는 토지에 현저한 변경이 있을 때 환매거절권을 부여하는 등 보다 덜 침해적인 방법으로 입법목적을 달성하고 있다. 이 사건 법률조항은 침해의 최소성 원칙에 어긋난다(헌결 2020.11.26. 2019헌바131).

① 공익사업을 위한 토지 등의 취득 및 보상에 관한 법률(이하, 약칭 토지보상법) 제91조 제1항

③ 헌결 2020.11.26. 2019헌바131 참고

④ 이 사건 법률조항의 위헌성은 환매권의 발생기간을 제한한 것 자체에 있다기보다는 그 기간을 10년 이내로 제한한 것에 있다. 이 사건 법률조항의 위헌성을 제거하는 다양한 방안이 있을 수 있고

이는 입법재량 영역에 속한다. 이 사건 법률조항의 적용을 중지하더라도 환매권 행사기간 등 제한이 있기 때문에 법적 혼란을 야기할 뚜렷한 사정이 있다고 보이지는 않는다. 이 사건 법률조항 적용을 중지하는 헌법불합치결정을 하고, 입법자는 가능한 한 빠른 시일 내에 이와 같은 결정 취지에 맞게 개선입법을 하여야 한다(헌결 2020.11.26. 2019헌바131).

20   정답 ②

영역 행정구제법 > 손해전보제도   난도 **하**

② 군인·군무원의 이중배상금지에 관한 규정(국가배상법 제2조 제1항 단서)은 영조물책임(국가배상법 제5조)의 경우에도 적용된다.

① 국가배상법 제2조 제1항

③ 국가배상법 제2조 제2항

④ 국가배상법 제2조 제1항 단서

> **제2조(배상책임)** ① 국가나 지방자치단체는 공무원 또는 공무를 위탁받은 사인(이하 "공무원"이라 한다)이 직무를 집행하면서 고의 또는 과실로 법령을 위반하여 타인에게 손해를 입히거나, 자동차손해배상 보장법에 따라 손해배상의 책임이 있을 때에는 이 법에 따라 그 손해를 배상하여야 한다. 다만, 군인·군무원·경찰공무원 또는 예비군대원이 전투·훈련 등 직무 집행과 관련하여 전사(戰死)·순직(殉職)하거나 공상(公傷)을 입은 경우에 본인이나 그 유족이 다른 법령에 따라 재해보상금·유족연금·상이연금 등의 보상을 지급받을 수 있을 때에는 이 법 및 「민법」에 따른 손해배상을 청구할 수 없다.
> ② 제1항 본문의 경우에 공무원에게 고의 또는 중대한 과실이 있으면 국가나 지방자치단체는 그 공무원에게 구상(求償)할 수 있다.

21   정답 ④

영역 행정절차와 행정공개 > 정보공개와 개인정보보호

④ 공공기관은 비공개 대상 정보(정보공개법 제9조)에 해당하지 않는 한, 공개의 구체적 범위, 주기, 시기 및 방법 등을 미리 정하여 정보통신망 등을 통하여 알리고, 이에 따라 정기적으로 공개하여야 한다(정보공개법 제7조 제1항).

① 정보공개법 제3조

② 정보공개법 제5조 제1항

③ 정보공개법 제6조의2

22

영역 행정의 실효성 확보수단 > 행정조사

정답의 이유

③ 부과처분을 위한 과세관청의 질문조사권이 행해지는 세무조사결정이 있는 경우 납세의무자는 세무공무원의 과세자료 수집을 위한 질문에 대답하고 검사를 수인하여야 할 법적 의무를 부담하게 되는 점, … 세무조사결정은 납세의무자의 권리·의무에 직접 영향을 미치는 공권력의 행사에 따른 행정작용으로서 항고소송의 대상이 된다(대판 2011.3.10, 2009두23617 등).

오답의 이유

① 대판 1992.6.12, 91누13564

② 이행강제금은 일정한 기한까지 의무를 이행하지 않을 때에는 일정한 금전적 부담을 과할 뜻을 미리 계고함으로써 의무자에게 심리적 압박을 주어 장래에 그 의무를 이행하게 하려는 행정상 간접적인 강제집행 수단의 하나로서 과거의 일정한 법률위반 행위에 대한 제재로서의 형벌이 아니라 장래의 의무이행의 확보를 위한 강제수단일 뿐이어서 범죄에 대하여 국가가 형벌권을 실행한다고 하는 과벌에 해당하지 아니하므로 헌법 제13조 제1항이 금지하는 이중처벌금지의 원칙이 적용될 여지가 없다.

④ '인도'에는 명도도 포함되는 것으로 보아야 하고, 이러한 명도의무는 그것을 강제적으로 실현하면서 직접적인 실력행사가 필요한 것이지 대체적 작위의무라고 볼 수 없으므로 특별한 사정이 없는 한 행정대집행법에 의한 대집행의 대상이 될 수 있는 것이 아니다(대판 2005.8.19, 2004다2809).

23

정답 ③

영역 행정법 서론 > 행정상 법률관계   난도 **중**

정답의 이유

③ 당사자 사이에 석탄산업법 시행령 제41조 제4항 제5호 소정의 재해위로금에 대한 지급청구권에 관한 부제소합의가 있었다고 하더라도 그러한 합의는 무효라고 할 것이다(대판 1999.1.26, 98두12598).

오답의 이유

① 헌재 1997.11.27, 97헌바10

② 회사합병이 있는 경우에는 피합병회사의 권리·의무는 사법상의 관계나 공법상의 관계를 불문하고 그의 성질상 이전을 허용하지 않는 것을 제외하고는 모두 합병으로 인하여 존속한 회사에게 승계되는 것으로 보아야 할 것이고, … 감사인지정제외처분은 회계법인이 일정한 법위반행위를 한 감사인에 대하여 하는 '기타 필요한 조치'의 하나로서 일종의 수익적 행정행위의 철회로서의 성질을 가지는 점 등에 비추어 볼 때, 감사인지정 및 감사인지정제외와 관련한 공법상의 관계는 감사인의 인적·물적 설비와 위반행위의

태양과 내용 등과 같은 객관적 사정에 기초하여 이루어지는 것으로서 합병으로 존속하는 법인에게 승계된다고 봄이 상당하고, 또한, 손해배상공동기금은 모든 회계법인이 그 업무로 인하여 제3자에게 가한 손해를 배상하기 위하여 당해 사업연도 회계감사보수총액을 기준으로 의무적으로 적립하는 것이고, 손해배상공동기금의 추가적립은 회계법인이 법을 위반하여 연간적립금 중 일정 비율을 추가로 적립하는 것이며 행정법상 의무이행확보수단으로서 일종의 금전적 제재의 성질을 가지는 점 등에 비추어 볼 때, 손해배상공동기금 및 그 추가적립과 관련한 공법상의 관계는 감사인의 감사보수총액과 위반행위의 태양 및 내용 등과 같은 객관적 사정에 기초하여 이루어지는 것으로서 합병으로 존속법인에게 승계된다(대판 2004.7.8, 2002두1946).

④ 사업정지 등의 제재처분은 사업자 개인의 자격에 대한 제재가 아니라 사업의 전부나 일부에 대한 것으로서 대물적 처분의 성격을 갖고 있다. 그러므로 위와 같은 지위승계에는 종전 석유판매업자가 유사석유제품을 판매함으로써 받게 되는 사업정지 등 제재처분의 승계가 포함되어 그 지위를 승계한 자에 대하여 사업정지 등의 제재처분을 취할 수 있다고 보아야 한다(대판 2003.10.23, 2003두8005).

24

정답 ②

영역 일반행정작용법 > 행정행위   난도 **중**

정답의 이유

② 수익적 행정처분에 있어서는 법령에 특별한 근거규정이 없다고 하더라도 그 부관으로서 부담을 붙일 수 있고, 그와 같은 부담은 행정청이 행정처분을 하면서 일방적으로 부가할 수도 있지만 부담을 부가하기 이전에 상대방과 협의하여 부담의 내용을 협약의 형식으로 미리 정한 다음 행정처분을 하면서 이를 부가할 수도 있다(대판 2009.2.12, 2005다65500).

오답의 이유

① 대판 2004.3.25, 2003두12837

③ 대판 1997.5.30, 97누2627

④ 건축허가를 하면서 일정 토지를 기부채납하도록 하는 내용의 허가조건은 부관을 붙일 수 없는 기속행위 내지 기속적 재량행위인 건축허가에 붙인 부담이거나 또는 법령상 아무런 근거가 없는 부관이어서 무효이다(대판 1995.6.13, 94다56883).

25

영역 행정상 쟁송 > 행정소송   난도 **하**

정답의 이유

④ 행정입법부작위에 대해서 대법원은 부작위위법확인소송의 대상성을 부정한다. 그 결과 헌법재판소는 헌법소원의 제기가 가능하다는 입장이다(헌재 1999.1.28, 97헌마9).

오답의 이유

① 삼권분립의 원칙, 법치행정의 원칙을 당연한 전제로 하고 있는 우리 헌법하에서 행정권의 행정입법 등 법집행의무는 헌법적 의무라고 보아야 한다(헌재 1998.7.16, 96헌마246).

② 입법부가 법률로써 행정부에게 특정한 사항을 위임했음에도 불구하고 행정부가 정당한 이유 없이 이를 이행하지 않는다면 권력분립의 원칙과 법치국가 내지 법치행정의 원칙에 위배되는 것으로서 위법함과 동시에 위헌적인 것이 된다(대판 2007.11.29, 2006다3561).

③ 입법부작위의 형태 중 기본권보장을 위한 법 규정을 두고 있지만 불완전하게 규정하여 그 보충을 요하는 경우에는 그 불완전한 법규 자체를 대상으로 하여 그것이 헌법위반이라는 적극적인 헌법소원이 가능함은 별론으로 하고, 입법부작위로서 헌법소원의 대상으로 삼을 수는 없다(헌재 1996.6.13, 94헌마118 등). 즉, 시행명령을 제정 또는 개정하였지만 그것이 불충분 또는 불완전하게 된 경우에는 이를 부진정행정입법부작위라고 한다. 따라서 행정입법부작위가 아니다.

2021 | 7급 기출문제 해설

☑ 점수 (　)점/100점　☑ 문제편 160쪽

영역 분석

일반행정작용법	6문항	★★★★★★	24%
행정상 쟁송	5문항	★★★★★	20%
행정법 서론	4문항	★★★★	16%
행정조직법	3문항	★★★	12%
행정의 실효성 확보수단	3문항	★★★	12%
특별행정작용법	2문항	★★	8%
행정절차와 행정공개	2문항	★★	8%

빠른 정답

01	02	03	04	05	06	07	08	09	10
②	③	④	④	②	④	②	④	③	①
11	12	13	14	15	16	17	18	19	20
①	③	②	①	④	③	④	②	②	①
21	22	23	24	25					
②	③	①	①	④					

01

정답 ②

영역 일반행정작용법 > 행정행위　　난도 **중**

정답의 이유

② 공정력은 행정행위의 적법성을 추정하는 효력이 아니다.

오답의 이유

① 행정처분이 아무리 위법하다고 하여도 당연무효인 사유가 있는 경우를 제외하고는 아무도 그 하자를 이유로 무단히 그 효과를 부정하지 못하는데, 이를 행정행위의 공정력이라고 한다.

③ 민사소송에 있어서 어느 행정처분의 당연무효 여부가 선결문제로 되는 때에는 이를 판단하여 당연무효임을 전제로 판결할 수 있고 반드시 행정소송 등의 절차에 의하여 그 취소나 무효확인을 받아야 하는 것은 아니다(대판 2010.4.8, 2009다90092).

④ 개발제한구역의 지정 및 관리에 관한 특별조치법에 의하여 행정청으로부터 시정명령을 받은 자가 이를 위반한 경우, 그로 인하여 개발제한구역법에 정한 처벌을 하기 위하여는 시정명령이 적법한 것이라야 하고, 시정명령이 당연무효가 아니더라도 위법한 것으로

인정되는 한 개발제한구역법 위반죄가 성립될 수 없다(대판 2017.9.21, 2017도7321).

02 ※ 개정·변경된 내용으로 선지 교체

정답 ③

영역 행정조직법 > 지방자치법　　난도 **중**

정답의 이유

③ 법령상 지방자치단체의 장이 처리하도록 하고 있는 사무가 자치사무인지 아니면 기관위임사무인지 여부를 판단함에 있어서는 그에 관한 법령의 규정 형식과 취지를 우선 고려하여야 할 것이지만, 그 밖에 그 사무의 성질이 전국적으로 통일적인 처리가 요구되는 사무인지, 그에 관한 경비부담과 최종적인 책임귀속의 주체가 누구인지 등도 함께 고려하여 판단하여야 한다(대판 2010.12.9, 2008다71575).

오답의 이유

① 부랑인선도시설 및 정신질환자요양시설의 지도·감독사무에 관한 법규의 규정 형식과 취지가 보건사회부장관 또는 보건복지부장관이 위 각 시설에 대한 지도·감독권한을 시장·군수·구청장에게 위임 또는 재위임하고 있는 것으로 보이는 점, 위 각 시설에 대한 지도·감독사무가 성질상 전국적으로 통일적인 처리가 요구되는 것인 점, 위 각 시설에 대한 대부분의 시설운영비 등의 보조금을 국가가 부담하고 있는 점, 장관이 정기적인 보고를 받는 방법으로 최종적인 책임을 지고 있는 것으로 보이는 점 등을 종합하면, 부랑인선도시설 및 정신질환자요양시설에 대한 지방자치단체장의 지도·감독사무는 보건복지부장관 등으로부터 기관위임된 국가사무에 해당한다(대판 2006.7.28, 2004다759).

② 인천광역시의회가 의결한 '인천광역시 공항고속도로 통행료지원 조례안'이 규정하고 있는 인천국제공항고속도로를 이용하는 지역주민에게 통행료를 지원하는 내용의 사무는, 지방자치법에서 정한 주민복지에 관한 사업으로서 지방자치사무이다(대판 2008.6.12, 2007추42).

④ 지방자치법 제188조 제5항

03 ※ 출제오류로 선지 교체

영역 행정법 서론 > 행정상 법률관계 　　　난도 **중**

정답의 이유

④ • 공무원연금 수급권과 같은 사회보장수급권은 '모든 국민은 인간 다운 생활을 할 권리를 가지고, 국가는 사회보장 · 사회복지의 증진에 노력할 의무를 진다.'고 규정한 헌법 제34조 제1항 및 제 2항으로부터 도출되는 사회적 기본권 중의 하나로서, 이는 국가 에 대하여 적극적으로 급부를 요구하는 것이므로 헌법규정만으 로는 이를 실현할 수 없어 법률에 의한 형성이 필요하고, 그 구 체적인 내용 즉 수급요건, 수급권자의 범위 및 급여금액 등은 법 률에 의하여 비로소 확정된다(헌재 2013.9.26, 2011헌바272).

　• 구 공무원연금법 제26조 제1항, 제80조 제1항, 공무원연금법시 행령 제19조의2의 각 규정을 종합하면, 같은 법 소정의 급여는 급여를 받을 권리를 가진 자가 당해 공무원이 소속하였던 기관 장의 확인을 얻어 신청하는 바에 따라 공무원연금관리공단이 그 지급결정을 함으로써 그 구체적인 권리가 발생하는 것이므로, 공무원연금관리공단의 급여에 관한 결정은 국민의 권리에 직접 영향을 미치는 것이어서 행정처분에 해당하고, 공무원연금관리 공단의 급여결정에 불복하는 자는 공무원연금급여재심위원회의 심사결정을 거쳐 공무원연금관리공단의 급여결정을 대상으로 행정소송을 제기하여야 한다(대판 1996.12.6, 96누6417).

오답의 이유

① 사관생도는 군 장교를 배출하기 위하여 국가가 모든 재정을 부담 하는 특수교육기관인 육군3사관학교의 구성원으로서, 학교에 입 학한 날에 육군 사관생도의 병적에 편입하고 준사관에 준하는 대 우를 받는 특수한 신분관계에 있다. 따라서 그 존립 목적을 달성하 기 위하여 필요한 한도 내에서 일반 국민보다 상대적으로 기본권이 더 제한될 수 있으나, 그러한 경우에도 법률유보원칙, 과잉금지원 칙 등 기본권 제한의 헌법상 원칙들을 지켜야 한다(대판 2018.8.30, 2016두60591).

② 사법인인 학교법인과 학생의 재학관계는 사법상 계약에 따른 법률 관계에 해당한다. 지방자치단체가 학교법인이 설립한 사립중학교 에 의무교육대상자에 대한 교육을 위탁한 때에 그 학교법인과 해 당 사립중학교에 재학 중인 학생의 재학관계도 기본적으로 마찬가 지이다(대판 2018.12.28, 2016다33196).

③ 불이익 처분의 상대방은 직접 개인적 이익을 침해당하므로 불이익 처분 취소소송에서 원고적격이 인정된다.

04

영역 특별행정작용법 > 급부행정법 　　　난도 **중**

정답의 이유

④ 행정재산의 사용허가기간은 5년 이내로 한다(국유재산법 제35조 제1항).

오답의 이유

① 국유재산법에 의한 변상금 부과 · 징수권은 민사상 부당이득반환 청구권과 법적 성질을 달리하므로, 국가는 무단점유자를 상대로 변상금 부과 · 징수권의 행사와 별도로 국유재산의 소유자로서 민 사상 부당이득반환청구의 소를 제기할 수 있다(대판 2014.9.4, 2013다3576).

② 변상금의 체납 시 국세징수법에 의하여 강제징수토록 하고 있는 점 등에 비추어 보면 국유재산의 관리청이 그 무단점유자에 대하 여 하는 변상금 부과처분은 순전히 사경제주체로서 행하는 사법상 의 법률행위라 할 수 없고 이는 관리청이 공권력을 가진 우월적 지위에서 행한 것으로서 행정소송의 대상이 되는 행정처분이라고 보아야 한다(대판 1988.2.23, 87누1046).

③ 공유재산의 관리청이 행정재산의 사용 · 수익에 대한 허가는 순전 히 사경제주체로서 행하는 사법상의 행위가 아니라 관리청이 공권 력을 가진 우월적 지위에서 행하는 행정처분으로서 특정인에게 행 정재산을 사용할 수 있는 권리를 설정하여 주는 강학상 특허에 해 당한다(대판 1998.2.27, 97누1105).

05

영역 행정상 쟁송 > 행정소송 　　　난도 **중**

정답의 이유

② 과세처분을 취소하는 판결이 확정되면 그 과세처분은 처분 시에 소급하여 소멸하므로 그 뒤에 과세관청에서 그 과세처분을 경정 (갱정)하는 경정(갱정)처분을 하였다면 이는 존재하지 않는 과세처 분을 경정(갱정)한 것으로서 그 하자가 중대하고 명백한 당연무효 의 처분이다(대판 1989.5.9, 88다카16096).

오답의 이유

① 소송에서 다투어지고 있는 권리 또는 법률관계의 존부가 동일한 당사자 사이의 전소에서 이미 다루어져 이에 관한 확정판결이 있 는 경우에 당사자는 이에 저촉되는 주장을 할 수 없고, 법원도 이 에 저촉되는 판단을 할 수 없음은 물론, 위와 같은 확정판결의 존 부는 당사자의 주장이 없더라도 법원이 이를 직권으로 조사하여 판단하지 않으면 안되고, 더 나아가 당사자가 확정판결의 존재를 사실심 변론종결 시까지 주장하지 아니하였더라도 상고심에서 새 로이 이를 주장, 입증할 수 있는 것이다(대판 1989.10.10, 89누 1308).

③ 취소판결의 기속력(행정소송법 제29조 제1항)은 무효확인소송의 경우에도 준용된다(행정소송법 제38조 제1항). 따라서 무효확인소송에서는 취소판결의 제3자효와 기속력에 관한 규정이 준용된다.

④ 어떤 행정처분을 위법하다고 판단하여 취소하는 판결이 확정되면 행정청은 취소판결의 기속력에 따라 그 판결에서 확인된 위법사유를 배제한 상태에서 다시 처분을 하거나 그 밖에 위법한 결과를 제거하는 조치를 할 의무가 있다(대판 2020.6.25, 2019두56135).

06 정답 ④

영역 행정법 서론 > 행정법　　　　　난도 **하**

정답의 이유

④ 법령 등을 위반한 행위 후 법령 등의 변경에 의하여 그 행위가 법령 등을 위반한 행위에 해당하지 아니하거나 제재처분 기준이 가벼워진 경우로서 해당 법령 등에 특별한 규정이 없는 경우에는 변경된 법령 등을 적용한다(행정기본법 제14조 제3항 단서).

오답의 이유

① 행정기본법 제14조 제1항

② 행정기본법 제14조 제2항

③ 행정기본법 제14조 제3항 본문

> 제14조(법 적용의 기준) ① 새로운 법령 등은 법령 등에 특별한 규정이 있는 경우를 제외하고는 그 법령 등의 효력 발생 전에 완성되거나 종결된 사실관계 또는 법률관계에 대해서는 적용되지 아니한다.
> ② 당사자의 신청에 따른 처분은 법령 등에 특별한 규정이 있거나 처분 당시의 법령 등을 적용하기 곤란한 특별한 사정이 있는 경우를 제외하고는 처분 당시의 법령 등에 따른다.
> ③ 법령 등을 위반한 행위의 성립과 이에 대한 제재처분은 법령 등에 특별한 규정이 있는 경우를 제외하고는 법령 등을 위반한 행위 당시의 법령 등에 따른다. 다만, 법령 등을 위반한 행위 후 법령 등의 변경에 의하여 그 행위가 법령 등을 위반한 행위에 해당하지 아니하거나 제재처분 기준이 가벼워진 경우로서 해당 법령 등에 특별한 규정이 없는 경우에는 변경된 법령 등을 적용한다.

07 정답 ②

영역 행정조직법 > 국가행정조직법　　　　　난도 **중**

정답의 이유

② 행정처분의 취소 또는 무효확인을 구하는 행정소송은 다른 법률에 특별한 규정이 없는 한 소송의 대상인 행정처분 등을 외부적으로 그의 명의로 행한 행정청을 피고로 하여야 하는 것으로서 그 행정처분을 하게 된 연유가 상급행정청이나 타행정청의 지시나 통보에 의한 것이라 하여 다르지 않다고 할 것이며, 권한의 위임이나 위탁을 받아 수임행정청이 정당한 권한에 기하여 그 명의로 한 처분에 대하여는 말할 것도 없고, 내부위임이나 대리권을 수여받은 데 불

과하여 원행정청 명의나 대리관계를 밝히지 아니하고는 그의 명의로 처분 등을 할 권한이 없는 행정청이 권한 없이 그의 명의로 한 처분에 대하여도 처분명의자인 행정청이 피고가 되어야 할 것이다(대판 1995.12.22, 95누14688).

오답의 이유

① 체납취득세에 대한 압류처분권한은 도지사로부터 시장에게 권한 위임된 것이고 시장으로부터 압류처분권한을 내부위임받은 데 불과한 구청장으로서는 시장 명의로 압류처분을 대행처리할 수 있을 뿐이고 자신의 명의로 이를 할 수 없다 할 것이므로 구청장이 자신의 명의로 한 압류처분은 권한 없는 자에 의하여 행하여진 위법무효의 처분이다(대판 1993.5.27, 93누6621).

③ 행정권한의 위임은 법령상 권한 자체의 귀속 변경을 초래하므로, 반드시 법적 근거가 있어야 한다. 따라서 법령의 근거가 없는 권한의 위임은 무효이다.

④ 구 건설업법 제57조 제1항, 같은법시행령 제53조 제1항 제1호에 의하면 건설부장관의 권한에 속하는 같은 법 제50조 제2항 제3호 소정의 영업정지 등 처분권한은 서울특별시장·직할시장 또는 도지사에게 위임되었을 뿐 시·도지사가 이를 구청장·시장·군수에게 재위임할 수 있는 근거규정은 없으나, 정부조직법 구 제5조 제1항(현 제6조 제1항)과 이에 기한 행정권한의 위임 및 위탁에 관한 규정 제4조에 재위임에 관한 일반적인 근거규정이 있으므로 시·도지사는 그 재위임에 관한 일반적인 규정에 따라 위임받은 위 처분권한을 구청장 등에게 재위임할 수 있다(대판 1995.7.11, 94누4615 전합).

08 정답 ④

영역 일반행정작용법 > 행정행위　　　　　난도 **중**

정답의 이유

④ 주택건설촉진법 제33조에 의한 주택건설사업계획의 승인은 상대방에게 권리나 이익을 부여하는 효과를 수반하는 이른바 수익적 행정처분으로서, 법령에 행정처분의 요건에 관하여 일의적으로 규정되어 있지 아니한 이상 행정청의 재량행위에 속한다(대판 1997.3.14, 96누16698).

오답의 이유

① 대판 2020.6.25, 2019두52980

② 특히 환경의 훼손이나 오염을 발생시킬 우려가 있는 개발행위에 대한 행정청의 허가와 관련하여 재량권의 일탈·남용 여부를 심사할 때에는 해당 지역 주민들의 토지이용실태와 생활환경 등 구체적 지역 상황과 상반되는 이익을 가진 이해관계자들 사이의 권익 균형 및 환경권의 보호에 관한 각종 규정의 입법 취지 등을 종합하여 신중하게 판단하여야 한다. '환경오염 발생 우려'와 같이 장래에 발생할 불확실한 상황과 파급효과에 대한 예측이 필요한 요건에 관한 행정청의 재량적 판단은 그 내용이 현저히 합리성을 결

여하였다거나 상반되는 이익이나 가치를 대비해 볼 때 형평이나 비례의 원칙에 뚜렷하게 배치되는 등의 사정이 없는 한 폭넓게 존중하여야 한다. 그리고 처분이 재량권을 일탈·남용하였다는 사정은 그 처분의 효력을 다투는 자가 주장·증명하여야 한다(대판 2021.3.25, 2020두51280).

③ 공유수면 관리 및 매립에 관한 법률에 따른 공유수면의 점용·사용허가는 특정인에게 공유수면 이용권이라는 독점적 권리를 설정하여 주는 처분으로서 처분 여부 및 내용의 결정은 원칙적으로 행정청의 재량에 속하고, 이와 같은 재량처분에 있어서는 재량권 행사의 기초가 되는 사실인정에 오류가 있거나 그에 대한 법령적용에 잘못이 없는 한 처분이 위법하다고 할 수 없다(대판 2017.4.28, 2017두30139).

09

정답 ③

영역 행정의 실효성 확보수단 > 행정상 강제　　　　난도 **중**

정답의 이유

③ 행정청이 의무이행 기한이 1988.5.24.까지로 된 이 사건 대집행계고서를 5.19. 원고에게 발송하여 원고가 그 이행종기인 5.24. 이를 수령하였다면, 설사 피고가 대집행영장으로써 대집행의 시기를 1988.5.27. 15:00로 늦추었더라도 위 대집행계고처분은 상당한 이행기한을 정하여 한 것이 아니어서 대집행의 적법절차에 위배한 것으로 위법한 처분이다(대판 1990.9.14, 90누2048).

오답의 이유

① 학원의 설립·운영에 관한 법률에 의하면, 학원을 설립·운영하고자 하는 자는 소정의 시설과 설비를 갖추어 등록을 하여야 하고, 그와 같은 등록절차를 거치지 아니한 경우에는 관할행정청이 직접 그 무등록 학원의 폐쇄를 위하여 출입제한 시설물의 설치와 같은 조치(직접강제)를 취할 수 있게 되어 있으나, 달리 무등록 학원의 설립·운영자에 대하여 그 폐쇄를 명(작위의무의 부과: 하명)할 수 있는 것으로는 규정하고 있지 아니하므로, 위와 같은 폐쇄조치에 관한 규정이 그와 같은 폐쇄명령의 근거규정이 된다고 할 수도 없다(대판 2001.2.23, 99두6002).

② 행정대집행은 대체적 작위의무에 대한 강제집행수단으로, 이행강제금은 부작위의무나 비대체적 작위의무에 대한 강제집행수단으로 이해되어 왔으나, 이는 이행강제금제도의 본질에서 오는 제약은 아니며, 이행강제금은 대체적 작위의무의 위반에 대하여도 부과될 수 있다(헌재 2004.2.26, 2001헌바80 등).

④ 한국자산공사가 당해 부동산을 인터넷을 통하여 재공매(입찰)하기로 한 결정 자체는 내부적인 의사결정에 불과하여 항고소송의 대상이 되는 행정처분이라고 볼 수 없고, 또한 한국자산공사가 공매통지는 공매의 요건이 아니라 공매사실 자체를 체납자에게 알려주는 데 불과한 것으로서, 통지의 상대방의 법적 지위나 권리·의무

에 직접 영향을 주는 것이 아니라고 할 것이므로 이것 역시 행정처분에 해당한다고 할 수 없다(대판 2007.7.27, 2006두8464).

10

정답 ①

영역 일반행정작용법 > 행정상 입법　　　　난도 **상**

정답의 이유

① 경찰청 예규로 정해진 채증규칙은 법률로부터 구체적인 위임을 받아 제정한 것이 아니며, 집회·시위 현장에서 불법행위의 증거자료를 확보하기 위해 행정조직의 내부에서 상급행정기관이 하급행정기관에 대하여 발령한 내부기준으로 행정규칙이다. 청구인들을 포함한 이 사건 집회 참가자는 이 사건 채증규칙에 의해 직접 기본권을 제한받는 것이 아니라. 경찰의 이 사건 촬영행위에 의해 비로소 기본권을 제한받게 된다. 따라서 청구인들의 이 사건 채증규칙에 대한 심판청구는 헌법재판소법 제68조 제1항이 정한 기본권 침해의 직접성 요건을 충족하지 못하였으므로 부적법하다(헌결 2018.8.30, 2014헌마843).

오답의 이유

② 행정규칙은 법규명령과는 달리 공포를 그 요건으로 하지 않는다.

③ '행정규칙'은 상위법령의 구체적 위임이 있지 않는 한 행정조직 내부에서만 효력을 가질 뿐 대외적으로 국민이나 법원을 구속하는 효력이 없다. 다만 행정규칙이 이를 정한 행정기관의 재량에 속하는 사항에 관한 것인 때에는 그 규정 내용이 객관적 합리성을 결여하였다는 등의 특별한 사정이 없는 한 법원은 이를 존중하는 것이 바람직하다. 그러나 행정규칙의 내용이 상위법령에 반하는 것이라면 법치국가원리에서 파생되는 법질서의 통일성과 모순금지 원칙에 따라 그것은 법질서상 당연무효이고, 행정내부적 효력도 인정될 수 없다. 이러한 경우 법원은 해당 행정규칙이 법질서상 부존재하는 것으로 취급하여 행정기관이 한 조치의 당부를 상위법령의 규정과 입법 목적 등에 따라서 판단하여야 한다(대판 2020.11.26, 2020두42262).

④ 항고소송의 대상이 되는 행정처분이란 원칙적으로 행정청의 공법상 행위로서 특정 사항에 대하여 법규에 의한 권리의 설정 또는 의무의 부담을 명하거나 기타 법률상 효과를 발생하게 하는 등으로 일반 국민의 권리 의무에 직접 영향을 미치는 행위를 가리키는 것이지만, 어떠한 처분의 근거나 법적인 효과가 행정규칙에 규정되어 있다고 하더라도, 그 처분이 행정규칙의 내부적 구속력에 의하여 상대방에게 권리의 설정 또는 의무의 부담을 명하거나 기타 법적인 효과를 발생하게 하는 등으로 그 상대방의 권리 의무에 직접 영향을 미치는 행위라면, 이 경우에도 항고소송의 대상이 되는 행정처분에 해당한다고 보아야 한다(대판 2021.2.10, 2020두47564).

11

영역 일반행정작용법 > 기타행정행위　　　　　　**난도** 상

정답의 이유

① 개인의 자유와 권리에 직접 영향을 미치는 계획은 처분성을 가지므로, 국민들에게 고시 등으로 알려져야만 대외적으로 효력이 발생한다.

오답의 이유

② 도시계획법의 규정을 종합하여 보면 도시계획의 입안에 있어 해당 도시계획안의 내용을 공고 및 공람하게 한 것은 다수 이해관계자의 이익을 합리적으로 조정하여 국민의 권리자유에 대한 부당한 침해를 방지하고 행정의 민주화와 신뢰를 확보하기 위하여 국민의 의사를 그 과정에 반영시키는데 있는 것이므로 이러한 공고 및 공람 절차에 하자가 있는 도시계획결정은 위법하다(대판 2000.3.23. 98두2768).

③ 구 국토이용관리법상 주민이 국토이용계획의 변경에 대하여 신청을 할 수 있다는 규정이 없을 뿐만 아니라, 국토건설종합계획의 효율적인 추진과 국토이용질서를 확립하기 위한 국토이용계획은 장기성, 종합성이 요구되는 행정계획이어서 원칙적으로는 그 계획이 일단 확정된 후에 어떤 사정의 변동이 있다고 하여 그러한 사유만으로는 지역주민이나 일반 이해관계인에게 일일이 그 계획의 변경을 신청할 권리를 인정하여 줄 수는 없을 것이지만, 장래 일정한 기간 내에 관계 법령이 규정하는 시설 등을 갖추어 일정한 행정처분을 구하는 신청을 할 수 있는 법률상 지위에 있는 자의 국토이용계획변경신청을 거부하는 것이 실질적으로 당해 행정처분 자체를 거부하는 결과가 되는 경우에는 예외적으로 그 신청인에게 국토이용계획변경을 신청할 권리가 인정된다고 봄이 상당하므로, 이러한 신청에 대한 거부행위는 항고소송의 대상이 되는 행정처분에 해당한다(대판 2003.9.23. 2001두10936).

④ 비구속적 행정계획안이나 행정지침이라도 국민의 기본권에 직접적으로 영향을 끼치고, 앞으로 법령의 뒷받침에 의하여 그대로 실시될 것이 틀림없을 것으로 예상될 수 있을 때에는, 공권력행위로서 예외적으로 헌법소원의 대상이 될 수 있다(헌재 2000.6.1. 99헌마538 등 병합).

12

정답 ③

영역 행정법 서론 > 행정법　　　　　　**난도** 중

정답의 이유

③ 지방자치단체가 일방 당사자가 되는 이른바 '공공계약'이 사경제의 주체로서 상대방과 대등한 위치에서 체결하는 사법상 계약에 해당하는 경우 그에 관한 법령에 특별한 정함이 있는 경우를 제외하고는 사적 자치와 계약자유의 원칙 등 사법의 원리가 그대로 적용된다(대판 2018.2.13. 2014두11328).

오답의 이유

① 산림청장이나 그로부터 권한을 위임받은 행정청이 산림법 등이 정하는 바에 따라 국유임야를 대부하거나 매각하는 행위는 사경제적 주체로서 상대방과 대등한 입장에서 하는 사법상 계약이지 행정청이 공권력의 주체로서 상대방의 의사 여하에 불구하고 일방적으로 행하는 행정처분이라고 볼 수 없으며 이 대부계약에 의한 대부료 부과 조치 역시 사법상 채무이행을 구하는 것으로 보아야지 이를 행정처분이라고 할 수 없다(대판 1993.12.7. 91누11612).

② 허가권자인 지방자치단체의 장이 한 건축협의 거부행위는 비록 그 상대방이 국가 등 행정주체라 하더라도, 행정청이 행하는 구체적 사실에 관한 법집행으로서의 공권력 행사의 거부 내지 이에 준하는 행정작용으로서 행정소송법 제2조 제1항 제1호에서 정한 처분에 해당한다고 볼 수 있고, 이에 대한 법적 분쟁을 해결할 실효적인 다른 법적 수단이 없는 이상 국가 등은 허가권자를 상대로 항고소송을 통해 그 거부처분의 취소를 구할 수 있다고 해석된다(대판 2014.3.13. 2013두15934).

13

정답 ②

영역 행정법 서론 > 행정상 법률관계　　　　　　**난도** 중

정답의 이유

② 중소기업기술정보진흥원장이 갑 주식회사와 중소기업 정보화지원사업 지원대상인 사업의 지원에 관한 협약을 체결하였는데, 협약이 갑 회사에 책임이 있는 사업실패로 해지되었다는 이유로 협약에서 정한 대로 지급받은 정부지원금을 반환할 것을 통보한 사안에서, 협약의 해지 및 그에 따른 환수통보는 행정청이 우월한 지위에서 행하는 공권력의 행사로서 행정처분에 해당한다고 볼 수 없다(대판 2015.8.27. 2015두41449).

오답의 이유

① 지방자치단체인 피고가 사인인 원고 등에게 이 사건 시설의 운영을 위탁하고 그 위탁운영비용을 지급하는 것을 내용으로 하는 용역계약으로서, 상호 대등한 입장에서 당사자의 합의에 따라 체결한 사법상 계약에 해당한다(대판 2019.10.17. 2018두60588).

③ 공공사업의 시행자가 공특법에 따라 그 사업에 필요한 토지를 협의취득하는 행위는 사경제주체로서 행하는 사법상의 매매행위에 지나지 아니하므로 원고는 민사소송의 방법으로 피고를 상대로 잔여지 매수청구 및 손실보상을 구할 수 있다(대판 2004.9.24. 2002다68713).

④ 지방자치단체의 관할구역 내에 있는 각급 학교에서 학교 회계직원으로 근무하는 것을 내용으로 하는 근로계약은 사법상 계약에 해당한다(대판 2018.5.11. 2015다237748).

14

영역 행정절차와 행정공개 > 정보공개와 개인정보보호 난도 **중**

정답의 이유

① 많은 양의 트위터 정보처럼 개인정보와 이에 해당하지 않는 정보가 혼재된 경우, 국민의 사생활의 비밀을 보호하고 개인정보에 대한 권리를 보장하고자 하는 개인정보 보호법의 입법취지에 비추어 그 수집, 제공 등 처리에는 전체적으로 개인정보 보호법상 개인정보에 대한 규정이 적용된다고 해석하는 것이 타당하다(서울고법 2015.2.9, 2014노2820).

오답의 이유

② 개인정보자기결정권으로 보호하려는 내용을 위 각 기본권들 및 헌법원리들 중 일부에 완전히 포섭시키는 것은 불가능하다고 할 것이므로, 그 헌법적 근거를 굳이 어느 한 두개에 국한시키는 것은 바람직하지 않은 것으로 보이고, 오히려 개인정보자기결정권은 이들을 이념적 기초로 하는 독자적 기본권으로서 헌법에 명시되지 아니한 기본권이라고 보아야 할 것이다(헌재 2005.5.26, 99헌마513 등 병합).

③ 살아있는 개인에 대한 정보만을 의미한다(개인정보 보호법 제2조 제1호).

④ 개인정보 보호법은 민간부분뿐만 아니라 공공기관의 개인정보보호에도 적용된다(개인정보 보호법 제2조 제6호·제5조).

15

영역 행정상 쟁송 > 행정심판 난도 **하**

정답의 이유

④ 행정심판법 제43조 제3항 참조

오답의 이유

① 90일 이내에 제기하여야 한다(행정소송법 제20조 제1항).

제20조(제소기간) ① 취소소송은 처분 등이 있음을 안 날부터 90일 이내에 제기하여야 한다. 다만, 제18조 제1항 단서에 규정한 경우와 그 밖에 행정심판청구를 할 수 있는 경우 또는 행정청이 행정심판청구를 할 수 있다고 잘못 알린 경우에 행정심판청구가 있은 때의 기간은 재결서의 정본을 송달받은 날부터 기산한다.

② 취소소송은 처분 등이 있은 날부터 1년(제1항 단서의 경우는 재결이 있은 날부터 1년)을 경과하면 이를 제기하지 못한다. 다만, 정당한 사유가 있는 때에는 그러하지 아니하다.

③ 제1항의 규정에 의한 기간은 불변기간으로 한다.

---

② 의무이행심판의 경우, 행정심판위원회는 직접 신청에 따른 처분을 할 수 있다(행정심판법 제43조 제5항).

제43조(재결의 구분) ① 위원회는 심판청구가 적법하지 아니하면 그 심판청구를 각하(却下)한다.

② 위원회는 심판청구가 이유가 없다고 인정하면 그 심판청구를 기각(棄却)한다.

③ 위원회는 취소심판의 청구가 이유가 있다고 인정하면 처분을 취소 또는 다른 처분으로 변경하거나 처분을 다른 처분으로 변경할 것을 피청구인에게 명한다.

④ 위원회는 무효등확인심판의 청구가 이유가 있다고 인정하면 처분의 효력 유무 또는 처분의 존재 여부를 확인한다.

⑤ 위원회는 의무이행심판의 청구가 이유가 있다고 인정하면 지체 없이 신청에 따른 처분을 하거나 처분을 할 것을 피청구인에게 명한다.

---

③ 사정재결은 무효등확인심판에는 적용하지 아니한다(행정심판법 제44조 제3항).

16

영역 행정조직법 > 공무원법 난도 **중**

정답의 이유

③ 공무원이 국가를 상대로 실질이 보수에 해당하는 금원의 지급을 구하려면 공무원의 '근무조건 법정주의'에 따라 국가공무원법령 등 공무원의 보수에 관한 법률에 그 지급근거가 되는 명시적 규정이 존재하여야 하고, 나아가 해당 보수 항목이 국가예산에도 계상되어 있어야만 한다(대판 2018.2.28, 2017두64606).

오답의 이유

① 지방공무원법에서 규정하고 있는 고충심사제도는 공무원으로서의 권익을 보장하고 적정한 근무환경을 조성하여 주기 위하여 근무조건 또는 인사관리 기타 신상문제에 대하여 법률적인 쟁송의 절차에 의하여서가 아니라 사실상의 절차에 의하여 그 시정과 개선책을 청구하여 줄 것을 임용권자에게 청구할 수 있도록 한 제도로서, 고충심사결정 자체에 의하여는 어떠한 법률관계의 변동이나 이익의 침해가 직접적으로 생기는 것은 아니므로 고충심사의 결정은 행정상 쟁송의 대상이 되는 행정처분이라고 할 수 없다(대판 1987.12.8, 87누657, 등).

② 행정소송법 제18조 제3항 제1호에서 행정심판을 제기함이 없이 취소소송을 제기할 수 있는 경우로 규정하고 있는 '동종사건에 관하여 이미 행정심판의 기각재결이 있는 때'에서의 '동종사건'이라 함은 당해 사건은 물론이고 당해 사건과 기본적인 동질성이 있는 사건을 말한다. 원심판결 이유에 의하면 원심은, 방위산업체에서 산업기능요원으로 의무종사한 기간이 지방공무원 보수규정 [별표 2] 제1호 (가)목의 '군복무 경력'에 포함됨을 이유로 하는 원고의 초임호봉 재획정 신청을 거부한 피고의 이 사건 처분은 원고의 의사에 반하는 불리한 처분에 해당하므로, 원고가 이에 관한 행정소송을 제기하기 위해서는 지방공무원법 제20조의2 규정에 의하여 소청

심사위원회의 심사·결정을 거쳐야 함에도 이를 거치지 아니하여 이 사건 소는 부적법하다(대판 2015.8.27, 2014두4344).

④ 공무원연금법이나 근로자퇴직급여 보장법에서 정한 퇴직급여는 적법한 공무원으로서의 신분을 취득하거나 근로고용관계가 성립하여 근무하다가 퇴직하는 경우에 지급되는 것이다. 임용 당시 공무원 임용결격사유가 있었다면, 비록 국가의 과실에 의하여 임용결격자임을 밝혀내지 못하였다 하더라도 임용행위는 당연무효로 보아야 하고, 당연무효인 임용행위에 의하여 공무원의 신분을 취득한다거나 근로고용관계가 성립할 수는 없다. 따라서 임용결격자가 공무원으로 임용되어 사실상 근무하여 왔다 하더라도 적법한 공무원으로서의 신분을 취득하지 못한 자로서는 공무원연금법이나 근로자퇴직급여 보장법에서 정한 퇴직급여를 청구할 수 없다. 나아가 이와 같은 법리는 임용결격사유로 인하여 임용행위가 당연무효인 경우뿐만 아니라 임용행위의 하자로 임용행위가 취소되어 소급적으로 지위를 상실한 경우에도 마찬가지로 적용된다(대판 2017.5.11, 2012다200486).

17
정답 ④

영역 일반행정작용법 > 행정행위   난도 **상**

[정답의 이유]

④ 구 헌법재판소법 제47조 제1항은 "법률의 위헌결정은 법원 기타 국가기관 및 지방자치단체를 기속한다."고 규정하고 있는데, 이러한 위헌결정의 기속력과 헌법을 최고규범으로 하는 법질서의 체계적 요청에 비추어 국가기관 및 지방자치단체는 위헌으로 선언된 법률규정에 근거하여 새로운 행정처분을 할 수 없음은 물론이고, 위헌결정 전에 이미 형성된 법률관계에 기한 후속처분이라도 그것이 새로운 위헌적 법률관계를 생성·확대하는 경우라면 이를 허용할 수 없다. 따라서 조세 부과의 근거가 되었던 법률규정이 위헌으로 선언된 경우, 비록 그에 기한 과세처분이 위헌결정 전에 이루어졌고, 과세처분에 대한 제소기간이 이미 경과하여 조세채권이 확정되었으며, 조세채권의 집행을 위한 체납처분의 근거규정 자체에 대하여는 따로 위헌결정이 내려진 바 없다고 하더라도, 위와 같은 위헌결정 이후에 조세채권의 집행을 위한 새로운 체납처분에 착수하거나 이를 속행하는 것은 더 이상 허용되지 않고, 나아가 이러한 위헌결정의 효력에 위배하여 이루어진 체납처분은 그 사유만으로 하자가 중대하고 객관적으로 명백하여 당연무효라고 보아야 한다(대판 2012.2.16, 2010두10907 전합).

[오답의 이유]

① 국세기본법상 증액경정처분이 있는 경우, 당초 신고나 결정은 증액경정처분에 흡수됨으로써 독립된 존재가치를 잃게 된다고 보아야 하므로, 원칙적으로는 당초 신고나 결정에 대한 불복기간의 경과 여부 등에 관계없이 증액경정처분만이 항고소송의 심판대상이 되고, 납세의무자는 그 항고소송에서 '당초 신고나 결정에 대한 위법사유'도 함께 주장할 수 있다(대판 2009.5.14, 2006두17390).

② 행정관청의 내부적인 사무처리의 편의를 도모하기 위하여 그의 보조기관 또는 하급행정관청으로 하여금 그의 권한을 사실상 행사하게 하는 것이므로, 권한위임의 경우에는 수임관청이 자기의 이름으로 그 권한행사를 할 수 있지만 내부위임의 경우에는 수임관청은 위임관청의 이름으로만 그 권한을 행사할 수 있을 뿐 자기의 이름으로는 그 권한을 행사할 수 없다(대판 1995.11.28, 94누6475).

③ 피고(국가보훈처장)가 행한 이 사건 통보행위 자체는 유족으로서 상훈법에 따라 훈장 등을 보관하고 있는 원고들에 대하여 그 반환요구의 전제로서 대통령의 서훈취소결정이 있었음을 알리는 것에 불과하므로, 이로써 피고가 그 명의로 서훈취소의 처분을 하였다고 볼 것은 아니다. 나아가 이 사건 서훈취소 처분의 통지가 처분권한자인 대통령이 아니라 그 보좌기관인 피고(국가보훈처장)에 의하여 이루어졌다고 하더라도, 그 처분이 대통령의 인식과 의사에 기초하여 이루어졌고, 그 통지로 이 사건 서훈취소 처분의 주체(대통령)와 내용을 알 수 있으므로, 이 사건 서훈취소 처분의 외부적 표시의 방법으로서 위 통지의 주체나 형식에 어떤 하자가 있다고 보기도 어렵다(대판 2014.9.26, 2013두2518).

18
정답 ②

영역 행정절차와 행정공개 > 행정절차법   난도 **중**

[정답의 이유]

② 행정절차법 규정에 의하면, 행정청이 당사자에게 의무를 과하거나 권익을 제한하는 처분을 함에 있어서는 당사자 등에게 처분의 사전통지를 하고 의견제출의 기회를 주어야 하며, 여기서 당사자라 함은 행정청의 처분에 대하여 직접 그 상대가 되는 자를 의미한다 할 것이고, 영업자의 지위를 승계한 자가 관계 행정청에 이를 신고하여 행정청이 이를 수리하는 경우에는 종전의 영업자에 대한 영업허가 등은 그 효력을 잃는다 할 것인데, 위 규정들을 종합하면 위 행정청이 구 식품위생법 규정에 의하여 영업자지위승계신고를 수리하는 처분은 종전의 영업자의 권익을 제한하는 처분이라 할 것이고 따라서 종전의 영업자는 그 처분에 대하여 직접 그 상대가 되는 자에 해당한다고 봄이 상당하므로, 행정청으로서는 위 신고를 수리하는 처분을 함에 있어서 행정절차법 규정 소정의 당사자에 해당하는 종전의 영업자에 대하여 위 규정 소정의 행정절차를 실시하고 처분을 하여야 한다(대판 2003.2.14, 2001두7015).

①·③·④ 당사자 등에게 처분의 사전통지를 하고 의견제출의 기회를 주어야 하며, 여기서 당사자라 함은 행정청의 처분에 대하여 직접 그 상대가 되는 자를 의미한다 할 것이고, 한편 구 식품위생법 제25조 제2항, 제3항의 각 규정에 의하면, 지방세법에 의한 압류재산 매각절차에 따라 영업시설의 전부를 인수함으로써 그 영업자의 지위를 승계한 자가 관계 행정청에 이를 신고하여 행정청이 이를 수리하는 경우에는 종전의 영업자에 대한 영업허가 등은 그 효력을 잃는다 할 것인데, 위 규정들을 종합하면 위 행정청이 구 식품위생법 규정에 의하여 영업자지위승계신고를 수리하는 처분은 종전의 영업자의 권익을 제한하는 처분이라 할 것이고 따라서 종전의 영업자는 그 처분에 대하여 직접 그 상대가 되는 자에 해당한다고 봄이 상당하다(대판 2003.2.14, 2001두7015).

19 ※ 출제 오류로 선지 교체
정답 ②

영역 행정상 쟁송 > 행정소송
난도 **상**

② 행정안전부장관이 최종 결정하고, 이에 이의가 있는 경우 대법원에 소송을 제기한다.

> **지방자치법 제5조(지방자치단체의 명칭과 구역)** ④ 제1항 및 제2항에도 불구하고 다음 각 호의 지역이 속할 지방자치단체는 제5항부터 제8항까지의 규정에 따라 행정안전부장관이 결정한다.
> 1. 「공유수면 관리 및 매립에 관한 법률」에 따른 매립지
> ⑥ 행정안전부장관은 제5항에 따른 신청을 받은 후 지체 없이 제5항에 따른 신청내용을 20일 이상 관보나 인터넷 홈페이지에 게재하는 등의 방법으로 널리 알려야 한다. 이 경우 알리는 방법, 의견 제출 등에 관하여는 「행정절차법」 제42조·제44조 및 제45조를 준용한다.
> ⑦ 행정안전부장관은 제6항에 따른 기간이 끝나면 다음 각 호에서 정하는 바에 따라 결정하고, 그 결과를 면허관청이나 지적소관청, 관계 지방자치단체의 장 등에게 통보하고 공고하여야 한다.
> 1. 제6항에 따른 기간 내에 신청내용에 대하여 이의가 제기된 경우: 제166조에 따른 지방자치단체중앙분쟁조정위원회(이하 이 조 및 제6조에서 "위원회"라 한다)의 심의·의결에 따라 제4항 각 호의 지역이 속할 지방자치단체를 결정
> 2. 제6항에 따른 기간 내에 신청내용에 대하여 이의가 제기되지 아니한 경우: 위원회의 심의·의결을 거치지 아니하고 신청내용에 따라 제4항 각 호의 지역이 속할 지방자치단체를 결정
> ⑨ 관계 지방자치단체의 장은 제4항부터 제7항까지의 규정에 따른 행정안전부장관의 결정에 이의가 있으면 그 결과를 통보받은 날부터 15일 이내에 대법원에 소송을 제기할 수 있다.

20
정답 ①

영역 특별행정작용법 > 공용부담법
난도 **하**

① 공익사업의 시행으로 지가가 상승하여 발생하는 개발이익은 사업시행자의 투자에 의한 것으로서 피수용자인 토지소유자의 노력이나 자본에 의하여 발생하는 것이 아니므로, 이러한 개발이익은 형평의 관념에 비추어 볼 때 토지소유자에게 당연히 귀속되어야 할 성질의 것이 아니고, 또한 개발이익은 공공사업의 시행에 의하여 비로소 발생하는 것이므로, 그것이 피수용 토지가 수용 당시 갖는 객관적 가치에 포함된다고 볼 수도 없다(헌재 2009.12.29, 2009헌바142).

② 개별공시지가가 아닌 표준지공시지가를 기준으로 보상액을 산정하도록 한 것은 개발이익이 배제된 수용 당시 피수용 재산의 객관적인 재산가치를 가장 정당하게 보상하는 것이라고 할 것이므로, 헌법 제23조 제3항에 위반된다고 할 수 없다(헌재 2011.8.30, 2009헌바245).

③ 민간기업에게 사업시행에 필요한 토지를 수용할 수 있도록 규정할 필요가 있다는 입법자의 인식에도 합리적인 이유가 있다(헌재 2009.9.24, 2007헌바114).

④ 수산업협동조합이 수산물 위탁판매장을 운영하면서 위탁판매 수수료를 지급받아 왔고, 그 운영에 대하여는 구 수산자원보호령에 의하여 그 대상지역에서의 독점적 지위가 부여되어 있었는데, 공유수면매립사업의 시행으로 그 사업대상지역에서 어업활동을 하던 조합원들의 조업이 불가능하게 되어 일부 위탁판매장에서의 위탁판매사업을 중단하게 된 경우, 그로 인해 수산업협동조합이 상실하게 된 위탁판매수수료 수입은 사업시행자의 매립사업으로 인한 직접적인 영업손실이 아니고 간접적인 영업손실이라고 하더라도 피침해자인 수산업협동조합이 공공의 이익을 위하여 당연히 수인하여야 할 재산권에 대한 제한의 범위를 넘어 수산업협동조합의 위탁판매사업으로 얻고 있는 영업상의 재산이익을 본질적으로 침해하는 특별한 희생에 해당하고, 사업시행자는 공유수면매립면허 고시 당시 그 매립사업으로 인하여 위와 같은 영업손실이 발생한다는 것을 상당히 확실하게 예측할 수 있었고 그 손실의 범위도 구체적으로 확정할 수 있으므로, 위 위탁판매수수료 수입손실은 헌법 제23조 제3항에 규정한 손실보상의 대상이 되고, 그 손실에 관하여 구 공유수면매립법 또는 그 밖의 법령에 직접적인 보상규정이 없더라도 공공용지의취득 및 손실보상에 관한 특례법시행규칙상의 각 규정을 유추적용하여 그에 관한 보상을 인정하는 것이 타당하다(대판 1999.10.8, 99다27231).

21

영역 행정상 쟁송 > 행정소송   난도 **중**

정답의 이유

② 제재적 행정처분이 그 처분에서 정한 제재기간의 경과로 인하여 그 효과가 소멸되었으나, 부령인 시행규칙 또는 지방자치단체의 규칙(이하 이들을 '규칙'이라고 한다)의 형식으로 정한 처분기준에서 제재적 행정처분(이하 '선행처분'이라고 한다)을 받은 것을 가중사유나 전제요건으로 삼아 장래의 제재적 행정처분(이하 '후행처분'이라고 한다)을 하도록 정하고 있는 경우, 제재적 행정처분의 가중사유나 전제요건에 관한 규정이 법령이 아니라 규칙의 형식으로 되어 있다고 하더라도, 그러한 규칙이 법령에 근거를 두고 있는 이상 그 법적 성질이 대외적 · 일반적 구속력을 갖는 법규명령인지 여부와는 상관없이, 관할 행정청이나 담당공무원은 이를 준수할 의무가 있으므로 이들이 그 규칙에 정해진 바에 따라 행정작용을 할 것이 당연히 예견되고, 그 결과 행정작용의 상대방인 국민으로서는 그 규칙의 영향을 받을 수밖에 없다. 따라서 그러한 규칙이 정한 바에 따라 선행처분을 받은 상대방이 그 처분의 존재로 인하여 장래에 받을 불이익, 즉 후행처분의 위험은 구체적이고 현실적인 것이므로, 상대방에게는 선행처분의 취소소송을 통하여 그 불이익을 제거할 필요가 있다. … 규칙이 정한 바에 따라 선행처분을 가중사유 또는 전제요건으로 하는 후행처분을 받을 우려가 현실적으로 존재하는 경우에는, 선행처분을 받은 상대방은 비록 그 처분에서 정한 제재기간이 경과하였다 하더라도 그 처분의 취소소송을 통하여 그러한 불이익을 제거할 권리보호의 필요성이 충분히 인정된다고 할 것이므로, 선행처분의 취소를 구할 법률상 이익이 있다고 보아야 한다(대판 2006.6.22, 2003두1684 전합).

오답의 이유

① 토지구획정리사업법에 의한 환지처분이 일단 공고되어 그 효력을 발생한 이상 환지전체의 절차를 처음부터 다시 밟지 않는 한 그 일부만을 따로 떼어 환지처분을 변경할 길이 없으므로 그 환지처분 중 일부 토지에 관하여 환지도 지정하지 아니하고 또 정산금도 지급하지 아니한 위법이 있다 하여도 이를 이유로 민법상의 불법행위로 인한 손해배상을 구할 수 있으므로 그 환지확정처분의 일부에 대하여 취소를 구할 법률상 이익은 없다(대판 1985.4.23, 84누446).

③ 위법한 행정처분의 취소를 구하는 소는 위법한 처분에 의하여 발생한 위법상태를 배제하여 원상으로 회복시키고 그 처분으로 침해되거나 방해받은 권리와 이익을 보호 · 구제하고자 하는 소송이므로 비록 그 위법한 처분을 취소한다 하더라도 원상회복이 불가능한 경우에는 그 취소를 구할 이익이 없다 할 것인바, 건축허가에 기하여 이미 건축공사를 완료하였다면 그 건축허가처분의 취소를 구할 이익이 없다 할 것이고, 이와 같이 건축허가처분의 취소를 구할 이익이 없게 되는 것은 건축허가처분의 취소를 구하는 소를 제기하기 전에 건축공사가 완료된 경우 뿐 아니라 소를 제기한 후 사실심 변론종결일 전에 건축공사가 완료된 경우에도 마찬가지이다(대판 2007.4.26, 2006두18409).

④ 교원소청심사위원회의 파면처분 취소결정에 대한 취소소송 계속 중 학교법인이 교원에 대한 징계처분을 파면에서 해임으로 변경한 경우, 종전의 파면처분은 소급하여 실효되고 해임만 효력을 발생하므로, 소급하여 효력을 잃은 파면처분을 취소한다는 내용의 교원소청심사결정의 취소를 구하는 것은 법률상 이익이 없다(대판 2010.2.25, 2008두20765).

22

영역 행정상 쟁송 > 행정소송   난도 **하**

정답의 이유

③ 행정처분이 위법하거나 무효임을 주장하여 그 취소 또는 무효확인을 구하는 소송을 제기하더라도 행정처분의 효력이나 집행에는 영향이 없는 것이 원칙이다(행정소송법 제23조 제1항 · 제38조 제1항)(대결 2008.12.29, 2008무107).

오답의 이유

① 집행정지의 장애사유로서의 '공공복리에 중대한 영향을 미칠 우려'라 함은 일반적 · 추상적인 공익에 대한 침해의 가능성이 아니라 당해 처분의 집행과 관련된 구체적 · 개별적인 공익에 중대한 해를 입힐 개연성을 말하는 것으로서 이러한 집행정지의 소극적 요건에 대한 주장 · 소명책임은 행정청에게 있다(대결 2004.5.12, 2003무41).

② 행정처분의 집행정지는 행정처분집행 부정지의 원칙에 대한 예외로서 인정되는 일시적인 응급처분이라 할 것이므로 집행정지결정을 하려면 이에 대한 본안소송이 법원에 제기되어 계속중임을 요건으로 하는 것이므로 집행정지결정을 한 후에라도 본안소송이 취하되어 소송이 계속하지 아니한 것으로 되면 집행정지결정은 당연히 그 효력이 소멸되는 것이고 별도의 취소조치를 필요로 하는 것이 아니다(대결 2007.6.28, 2005무75).

④ 행정소송법 제23조 제4항

23

영역 행정의 실효성 확보수단 > 행정조사   난도 **하**

정답의 이유

① 행정기관은 법령 등에서 행정조사를 규정하고 있는 경우에 한하여 행정조사를 실시할 수 있다. 다만, 조사대상자의 자발적인 협조를 얻어 실시하는 행정조사의 경우에는 그러하지 아니하다(행정조사기본법 제5조).

② 행정조사기본법 제10조 제2항

③ 행정조사는 조사목적을 달성하는데 필요한 최소한의 범위 안에서 실시하여야 하며, 다른 목적 등을 위하여 조사권을 남용하여서는 아니 된다(행정조사기본법 제4조 제1항).

④ 행정조사기본법 제24조

24

영역 행정의 실효성 확보수단 > 행정상 강제 난도 **중**

① 행정상 즉시강제에 해당한다. 행정상 즉시강제란, 행정상 장애가 존재하거나 장애의 발생이 목전에 급박한 경우에 성질상 개인에게 의무를 명해서는 공행정 목적을 달성할 수 없거나 미리 의무를 명할 시간적 여유가 없는 경우에, 개인에게 의무를 명함이 없이 행정기관이 직접 개인의 신체나 재산에 실력을 가해 행정상 필요한 상태의 실현을 목적으로 하는 작용을 의미한다(행정기본법 제30조 제1항 제5호).

② 행정기본법 제33조 제1항

③ 행정기본법 제30조 제1항 제5호

④ 행정기본법 제33조 제2항

제30조(행정상 강제) ① 행정청은 행정목적을 달성하기 위하여 필요한 경우에는 법률로 정하는 바에 따라 필요한 최소한의 범위에서 다음 각 호의 어느 하나에 해당하는 조치를 할 수 있다.

　　5. 즉시강제: 현재의 급박한 행정상의 장해를 제거하기 위한 경우로서 다음 각 목의 어느 하나에 해당하는 경우에 행정청이 곧바로 국민의 신체 또는 재산에 실력을 행사하여 행정목적을 달성하는 것

　　　가. 행정청이 미리 행정상 의무 이행을 명할 시간적 여유가 없는 경우

　　　나. 그 성질상 행정상 의무의 이행을 명하는 것만으로는 행정목적 달성이 곤란한 경우

제33조(즉시강제) ① 즉시강제는 다른 수단으로는 행정목적을 달성할 수 없는 경우에만 허용되며, 이 경우에도 최소한으로만 실시하여야 한다.

② 즉시강제를 실시하기 위하여 현장에 파견되는 집행책임자는 그가 집행책임자임을 표시하는 증표를 보여 주어야 하며, 즉시강제의 이유와 내용을 고지하여야 한다.

25

영역 일반행정작용법 > 행정상 입법 난도 **중**

④ 재량권 행사의 준칙인 행정규칙이 그 정한 바에 따라 되풀이 시행되어 행정관행이 이루어지게 되면 평등의 원칙이나 신뢰보호의 원칙에 따라 행정기관은 그 상대방에 대한 관계에서 그 규칙에 따라야 할 자기구속을 받게 되므로, 이러한 경우에는 특별한 사정이 없는 한 그를 위반하는 처분은 평등의 원칙이나 신뢰보호의 원칙에 위배되어 재량권을 일탈·남용한 위법한 처분이 된다(대판 2009.12.24. 2009두7967).

① 식품위생법시행규칙은 재량준칙으로서 그에 기초한 영업정지처분은 재량행위이다.

② 식품위생법 시행규칙 제89조가 법 제74조에 따른 행정처분의 기준으로 마련한 [별표 23] 제3호 8. 라. 1)에서 위반사항을 '유흥주점 외의 영업장에 무도장을 설치한 경우'로 한 행정처분 기준을 규정하고 있을 뿐이다. 그러나 이러한 행정처분 기준은 행정청 내부의 재량준칙에 불과하므로, 재량준칙에서 위반사항의 하나로 '유흥주점 외의 영업장에 무도장을 설치한 경우'를 들고 있다고 하여 이를 위반의 대상이 된 금지의무의 근거규정이라고 해석할 수는 없다(대판 2015.7.9. 2014두47853).

③ 행정처분을 하기 위한 절차가 진행되는 기간 중에 반복하여 같은 위반행위를 하는 경우 또는 여러 위반행위의 경우 등에는 가중하도록 규정을 두고 있다.

2021 | 5급 기출문제 해설

☑ 점수 (   )점/100점   ☑ 문제편 166쪽

영역 분석

일반행정작용법	7문항	★★★★★★★	28%
특별행정작용법	5문항	★★★★★	20%
행정절차와 행정공개	5문항	★★★★★	20%
행정조직법	2문항	★★	8%
행정법 서론	2문항	★★	8%
행정상 쟁송	2문항	★★	8%
행정의 실효성 확보수단	1문항	★	4%
행정구제법	1문항	★	4%

빠른 정답

01	02	03	04	05	06	07	08	09	10
④	①	②	①	②	②	③	①	③	④
11	12	13	14	15	16	17	18	19	20
①	③	③	①	④	④	②	②	①	①
21	22	23	24	25					
③	④	③	②	③					

01

정답 ④

영역 일반행정작용법 > 행정행위   난도 **중**

정답의 이유

ㄱ. 위헌인 법률에 근거한 행정처분이 당연무효인지의 여부는 위헌결정의 소급효와는 별개의 문제로서, 위헌결정의 소급효가 인정된다고 하여 위헌인 법률에 근거한 행정처분이 당연무효가 된다고는 할 수 없다(대판 1994.10.28, 92누9463).

ㄴ. 위헌결정을 위한 계기를 부여한 사건(당해 사건), 위헌결정이 있기 전에 이와 동종의 위헌 여부에 관하여 헌법재판소에 위헌제청을 하였거나 법원에 위헌제청신청을 한 사건(동종사건), 따로 위헌제청신청을 아니하였지만 당해 법률조항이 재판의 전제가 되어 법원에 계속 중인 사건(병행사건)에 대하여 예외적으로 소급효가 인정되고, 위헌결정 이후에 제소된 사건(일반사건)이라도 구체적 타당성의 요청이 현저하고 소급효의 부인이 정의와 형평에 반하는 경우에는 예외적으로 소급효를 인정할 수 있다(헌재 2013.6.27, 2010헌마535).

ㄷ. 헌법재판소의 위헌결정의 효력은 위헌제청을 한 당해 사건, 위헌결정이 있기 전에 이와 동종의 위헌 여부에 관하여 헌법재판소에 위헌 여부 심판제청을 하였거나 법원에 위헌 여부 심판제청신청을 한 동종사건과 따로 위헌제청 신청은 아니하였지만 당해 법률 또는 법률 조항이 재판의 전제가 되어 법원에 계속 중인 병행사건뿐만 아니라, 위헌결정 이후에 위와 같은 이유로 제소된 일반사건에도 미친다고 할 것이나, 위헌결정의 효력은 그 미치는 범위가 무한정일 수는 없고, 다른 법리에 의하여 그 소급효를 제한하는 것까지 부정되는 것은 아니라 할 것이며, 법적 안정성의 유지나 당사자의 신뢰 보호를 위하여 불가피한 경우에 위헌결정의 소급효를 제한하는 것은 오히려 법치주의의 원칙상 요청되는 바라고 할 것이다(대판 2006.6.9, 2006두1296).

ㄹ. 위헌결정의 기속력과 헌법을 최고규범으로 하는 법질서의 체계적 요청에 비추어 국가기관 및 지방자치단체는 위헌으로 선언된 법률규정에 근거하여 새로운 행정처분을 할 수 없음은 물론이고, 위헌결정 전에 이미 형성된 법률관계에 기한 후속처분이라도 그것이 새로운 위헌적 법률관계를 생성·확대하는 경우라면 이를 허용할 수 없다. 따라서 조세 부과의 근거가 되었던 법률규정이 위헌으로 선언된 경우, 비록 그에 기한 과세처분이 위헌결정 전에 이루어졌고, 과세처분에 대한 제소기간이 이미 경과하여 조세채권이 확정되었으며, 조세채권의 집행을 위한 체납처분의 근거규정 자체에 대하여는 따로 위헌결정이 내려진 바 없다고 하더라도, 위와 같은 위헌결정 이후에 조세채권의 집행을 위한 새로운 체납처분에 착수하거나 이를 속행하는 것은 더 이상 허용되지 않고, 나아가 이러한 위헌결정의 효력에 위배하여 이루어진 체납처분은 그 사유만으로 하자가 중대하고 객관적으로 명백하여 당연무효라고 보아야 한다(대판 2012.2.16, 2010두10907 전합).

02

정답 ①

영역 일반행정작용법 > 기타행정행위   난도 **중**

정답의 이유

① 항고소송의 대상이 되는 행정처분은 행정청의 공법상의 행위로서 상대방 또는 기타 관계자들의 법률상 지위에 직접적으로 법률적인 변동을 일으키는 행위를 말하는 것이므로 세무당국이 소외 회사에 대하여 원고와의 주류거래를 일정기간 중지하여 줄 것을 요청한

행위는 권고 내지 협조를 요청하는 권고적 성격의 행위로서 소외 회사나 원고의 법률상의 지위에 직접적인 법률상의 변동을 가져오는 행정처분이라고 볼 수 없으므로, <u>항고소송의 대상이 될 수 없다</u>(대판 1980.10.27, 80누395).

오답의 이유

② 위법한 행정지도로 손해가 발생한 경우 국가배상법 제2조에서 정한 요건을 갖춘 경우 국가 등을 상대로 손해배상을 청구할 수 있다.

③ 건축법에 의하여 도로지정이 있게 되면 그 도로부지 소유자들은 건축법에 따른 토지사용상의 제한을 받게 되므로 <u>도로지정은 도로의 구간·연장·폭 및 위치 등을 특정하여 명시적으로 행하여져야 하고</u>, 따라서 계쟁 도로가 시유지로서 토지대장상 지목이 도로이고 도시계획확인도면의 대로부지와 연결된 동일 지번의 토지라고 하더라도 그 사실만으로는 시장·군수의 도로지정이 있었다고 볼 수 없고, 또한 <u>행정관청이 건축허가시 도로의 폭에 관하여 행정지도를 하였다고 하여 시장·군수의 도로지정이 있었던 것으로 볼 수도 없다</u>(대판 1999.8.24, 99두592).

④ 행정기관은 행정지도의 상대방이 행정지도에 따르지 아니하였다는 것을 이유로 <u>불이익한 조치를 하여서는 아니 된다</u>(행정절차법 제48조 제2항).

03
정답 ②

영역 일반행정작용법 > 행정행위　　　　난도 **상**

정답의 이유

② 주한미군 공여구역주변지역 등 지원 특별법의 인허가의제 조항은 <u>목적사업의 원활한 수행을 위해 행정절차를 간소화하고자 하는 데</u> 입법 취지가 있는데, 만일 사업시행승인 전에 반드시 사업 관련 모든 인허가의제 사항에 관하여 관계 행정기관의 장과 협의를 거쳐야 한다고 해석하면 일부의 인허가의제 효력만을 먼저 얻고자 하는 사업시행승인 신청인의 의사와 맞지 않을 뿐만 아니라 사업시행승인 신청을 하기까지 상당한 시간이 소요되어 그 취지에 반하는 점, 인허가의제 사항 중 일부만에 대하여도 관계 행정기관의 장과 협의를 거치면 인허가의제 효력이 발생할 수 있음을 명확히 하고 있는 점 등에 비추어 보면, <u>모든 인허가의제 사항에 관하여 관계 행정기관의 장과 일괄하여 사전 협의를 거칠 것을 요건으로 하는 것은 아니고, 사업시행승인 후 인허가의제 사항에 관하여 관계 행정기관의 장과 협의를 거치면 그때 해당 인허가가 의제된다고 보는 것이 타당하다</u>(대판 2012.2.9, 2009두16305).

오답의 이유

① 대판 2016.11.25, 2015두37815

③ 대판 2011.1.20, 2010두14954 전합

④ 대판 2018.11.29, 2016두38792

04
정답 ①

영역 특별행정작용법 > 급부행정법　　　　난도 **중**

정답의 이유

① 공물의 보통사용(일반사용)은 주로 공공용물에서 허용된다. 공공용물 자체가 일반공중의 사용에 제공된 것이기 때문이다. 그러나 공용물과 보존공물은 일반공중의 사용에 제공된 것이 아니므로 예외적으로 본래의 목적에 반하지 않는 경우에 한하여만 제한적으로 가능하다.

오답의 이유

② 공물의 보통사용에 관하여는 사용료를 징수하지 못함이 원칙이나 예외적으로 사용료를 징수하는 경우도 있다(예 지방자치법 제153조, 하천법 제37조, 문화유산법 제49조, 하수도법 제65조).

③ 승용차 운전자가 요금을 지불하고 터널을 이용하는 것은 사용료를 납입하는 공물의 일반사용으로서 공법관계에 해당한다.

④ 하천의 점용허가권은 특허에 의한 공물사용권의 일종으로서 하천의 관리 주체에 대하여 일정한 특별사용을 청구할 수 있는 채권에 지나지 아니하고 대세적 효력이 있는 물권이라 할 수 없다(대판 1990.2.13, 89다카23022). 즉, 공물의 특허 사용은 원칙적으로 배타적 지배를 내용으로 하지 않고 공물 주체에게 공물사용권을 주장할 수 있을 뿐이므로 채권적 성질을 가진다. 다만, 어업권·광업권 등은 법률규정에 의하여 물권으로서의 효력을 인정하는 규정을 다수 두고 있다(수산업법, 광업법 등).

05
정답 ②

영역 일반행정작용법 > 행정행위　　　　난도 **중**

정답의 이유

② 표준지공시지가결정이 위법한 경우에는 그 자체를 행정소송의 대상이 되는 행정처분으로 보아 그 위법 여부를 다툴 수 있음은 물론, <u>수용보상금의 증액을 구하는 소송에서도 선행처분으로서 그 수용대상 토지 가격 산정의 기초가 된 비교표준지공시지가결정의 위법을 독립한 사유로 주장할 수 있다</u>(대판 2008.8.21, 2007두13845).

오답의 이유

① <u>도시·군계획시설결정과 실시계획인가는 도시·군계획시설사업을 위하여 이루어지는 단계적 행정절차서 별도의 요건과 절차에 따라 별개의 법률효과를 발생시키는 독립적인 행정처분이다</u>. 그러므로 선행처분인 도시·군계획시설결정에 하자가 있더라도 그것이 당연무효가 아닌 한 원칙적으로 후행처분인 실시계획인가에 승계되지 않는다(대판 2017.7.18, 2016두49938).

③ 사업시행계획에 관한 취소사유인 하자는 관리처분계획에 승계되지 아니하므로 그 하자를 들어 관리처분계획의 적법 여부를 다툴 수 없다(대판 2012.8.23, 2010두13463).

④ 대판 2013.3.14, 2012두6964

06

영역 일반행정작용법 > 행정상 입법　　　　　　　　　**난도 중**

정답의 이유

② 오늘날 의회의 입법독점주의에서 입법중심주의로 전환하여 일정한 범위 내에서 행정입법을 허용하게 된 동기가 사회적 변화에 대응한 입법수요의 급증과 종래의 형식적 권력분립주의로는 현대사회에 대응할 수 없다는 기능적 권력분립론에 있다는 점 등을 감안하여 헌법 제40조와 헌법 제75조, 제95조의 의미를 살펴보면, 국회입법에 의한 수권이 입법기관이 아닌 행정기관에게 법률 등으로 구체적인 범위를 정하여 위임한 사항에 관하여는 당해 행정기관에게 법정립의 권한을 갖게 되고, 입법자가 규율의 형식도 선택할 수 있다 할 것이므로, 헌법이 인정하고 있는 위임입법의 형식은 예시적인 것으로 보아야 할 것이고, 그것은 법률이 행정규칙에 위임하더라도 그 행정규칙은 위임된 사항만을 규율할 수 있으므로, 국회입법의 원칙과 상치되지도 않는다. 다만 행정규칙은 법규명령과 같은 엄격한 제정 및 개정절차를 요하지 아니하므로, 재산권 등과 같은 기본권을 제한하는 작용을 하는 법률이 입법위임을 할 때에는 대통령령, 총리령, 부령 등 법규명령에 위임함이 바람직하고, 고시와 같은 형식으로 입법위임을 할 때에는 적어도 행정규제기본법 제4조 제2항 단서에서 정한 바와 같이 법령이 전문적·기술적 사항이나 경미한 사항으로서 업무의 성질상 위임이 불가피한 사항에 한정된다 할 것이고, 그러한 사항이라 하더라도 포괄위임금지의 원칙상 법률의 위임은 반드시 구체적·개별적으로 한정된 사항에 대하여 행하여져야 한다(헌재 2006.12.28, 2005헌바59).

오답의 이유

① 소득세법시행령에 의하여 투기거래를 규정한 재산제세조사사무처리규정(국세청훈령 제980호)은 그 형식은 행정규칙으로 되어 있으나 시행령의 규정을 보충하는 기능을 가지면서 그와 결합하여 법규명령과 같은 효력(대외적인 구속력)을 가진다(대판 1989.11.14, 89누5676).

③ · ④ 법령의 규정이 특정 행정기관에게 법령 내용의 구체적 사항을 정할 수 있는 권한을 부여하면서 권한행사의 절차나 방법을 특정하지 아니한 경우에는 수임 행정기관은 행정규칙이나 규정 형식으로 법령 내용이 될 사항을 구체적으로 정할 수 있다. 이 경우 행정규칙 등은 당해 법령의 위임한계를 벗어나지 않는 한 대외적 구속력이 있는 법규명령으로서 효력을 가지게 되지만, 이는 행정규칙이 갖는 일반적 효력이 아니라 행정기관에 법령의 구체적 내용을 보충할 권한을 부여한 법령 규정의 효력에 근거하여 예외적으로 인정되는 것이다. 따라서 그 행정규칙이나 규정이 상위법령의 위임범위를 벗어난 경우에는 법규명령으로서 대외적 구속력을 인정할 여지는 없다. 이는 행정규칙이나 규정 '내용'이 위임범위를 벗어난 경우뿐 아니라 상위법령의 위임규정에서 특정하여 정한 권한행사의 '절차'나 '방식'에 위배되는 경우도 마찬가지이므로, 상위법령에서 세부사항 등을 시행규칙으로 정하도록 위임하였음에도 이를 고시 등 행정규칙으로 정하였다면 그 역시 대외적 구속력을 가지는 법규명령으로서 효력이 인정될 수 없다(대판 2012.7.5, 2010다72076).

07

정답 ③

영역 행정절차와 행정공개 > 행정절차법　　　　　　　**난도 중**

정답의 이유

③ 행정절차법 제46조의2

오답의 이유

① 국가기간교통망계획 수립은 예외사유(행정절차법 제46조 제1항 제3호에 해당하지 않으므로 원칙적으로 예고하여야 한다.

② 행정예고기간은 예고 내용의 성격 등을 고려하여 정하되, 20일 이상으로 한다(행정절차법 제46조 제3항).

④ 행정청은 정책 등을 수립·시행하거나 변경하려는 경우에는 원칙적으로 예고하여야 한다(행정절차법 제46조). 다만 긴급한 사유 등(행정절차법 제46조 제1항 단서의 각호)이 있을 때에는 예고하지 아니할 수 있다.

제46조(행정예고) ① 행정청은 정책, 제도 및 계획(이하 "정책 등"이라 한다)을 수립·시행하거나 변경하려는 경우에는 이를 예고하여야 한다. 다만, 다음 각 호의 어느 하나에 해당하는 경우에는 예고를 하지 아니할 수 있다.

1. 신속하게 국민의 권리를 보호하여야 하거나 예측이 어려운 특별한 사정이 발생하는 등 긴급한 사유로 예고가 현저히 곤란한 경우
2. 법령 등의 단순한 집행을 위한 경우
3. 정책 등의 내용이 국민의 권리·의무 또는 일상생활과 관련이 없는 경우
4. 정책 등의 예고가 공공의 안전 또는 복리를 현저히 해칠 우려가 상당한 경우

② 제1항에도 불구하고 법령 등의 입법을 포함하는 행정예고는 입법예고로 갈음할 수 있다.

③ 행정예고기간은 예고 내용의 성격 등을 고려하여 정하되, 20일 이상으로 한다.

영역 일반행정작용법 > 기타행정행위 난도 **중**

정답의 이유

① 도시계획법령이 토지형질변경행위허가의 변경신청 및 변경허가에 관하여 아무런 규정을 두지 않고 있을 뿐 아니라, 처분청이 처분 후에 원래의 처분을 그대로 존속시킬 필요가 없게 된 사정변경이 생겼거나 중대한 공익상의 필요가 발생한 경우에는 별도의 법적 근거가 없어도 별개의 행정행위로 이를 철회·변경할 수 있지만 이는 그러한 철회·변경의 권한을 처분청에게 부여하는 데 그치는 것일 뿐 상대방 등에게 그 철회·변경을 요구할 신청권까지를 부여하는 것은 아니라 할 것이므로, 이와 같이 법규상 또는 조리상의 신청권이 없이 한 국민들의 토지형질변경행위 변경허가신청을 반려한 당해 반려처분은 항고소송의 대상이 되는 처분에 해당되지 않는다(대판 1997.9.12, 96누6219).

오답의 이유

② 국토의 계획 및 이용에 관한 법률은 도시계획시설결정으로 인한 개인의 재산권행사의 제한을 줄이기 위하여, 도시·군계획시설부지의 매수청구권 등을 규정하고 있다. 이들 규정에 헌법상 개인의 재산권 보장의 취지를 더하여 보면, 도시계획구역 내 토지 등을 소유하고 있는 사람과 같이 당해 도시계획시설결정에 이해관계가 있는 주민으로서는 도시시설계획의 입안권자 내지 결정권자에게 도시시설계획의 입안 내지 변경을 요구할 수 있는 법규상 또는 조리상의 신청권이 있고, 이러한 신청에 대한 거부행위는 항고소송의 대상이 되는 행정처분에 해당한다(대판 2015.3.26, 2014두42742).

③ 구 국토이용관리법상 주민이 국토이용계획의 변경에 대하여 신청을 할 수 있다는 규정이 없을 뿐만 아니라, 국토건설종합계획의 효율적인 추진과 국토이용질서를 확립하기 위한 국토이용계획은 장기성, 종합성이 요구되는 행정계획이어서 원칙적으로는 그 계획이 일단 확정된 후에 어떤 사정의 변동이 있다고 하여 그러한 사유만으로는 지역주민이나 일반 이해관계인에게 일일이 그 계획의 변경을 신청할 권리를 인정하여 줄 수는 없을 것이지만, 장래 일정한 기간 내에 관계 법령이 규정하는 시설 등을 갖추어 일정한 행정처분을 구하는 신청을 할 수 있는 법률상 지위에 있는 자의 국토이용계획변경신청을 거부하는 것이 실질적으로 당해 행정처분 자체를 거부하는 결과가 되는 경우에는 예외적으로 그 신청인에게 국토이용계획변경을 신청할 권리가 인정된다고 봄이 상당하므로, 이러한 신청에 대한 거부행위는 항고소송의 대상이 되는 행정처분에 해당한다(대판 2003.9.23, 2001두10936).

④ 헌재 2000.6.1, 99헌마538

영역 행정조직법 > 공무원법 난도 **하**

정답의 이유

③ 국가공무원법 제78조는 징계를 요구하여야 하는 기속행위로 규정하고 있다.

> **제78조(징계사유)** ① 공무원이 다음 각 호의 어느 하나에 해당하면 징계 의결을 요구하여야 하고 그 징계 의결의 결과에 따라 징계처분을 하여야 한다.
> 1. 이 법 및 이 법에 따른 명령을 위반한 경우(=법령위반이 있는 때)
> 2. 직무상의 의무(다른 법령에서 공무원의 신분으로 인하여 부과된 의무를 포함한다)를 위반하거나 직무를 태만히 한 때(=직무상의 의무위반 또는 직무태만이 있는 때)
> 3. 직무의 내외를 불문하고 그 체면 또는 위신을 손상하는 행위를 한 때(=공무원의 체면 또는 위신에 손상을 입힌 때)

오답의 이유

① 국가공무원법 제75조 제1항

> **제75조(처분사유설명서의 교부)** ① 공무원에 대하여 징계처분 등을 할 때나 강임·휴직·직위해제 또는 면직처분을 할 때에는 그 처분권자 또는 처분제청권자는 처분사유를 적은 설명서를 교부하여야 한다. 다만, 본인의 원에 따른 강임·휴직 또는 면직처분은 그러하지 아니하다.

② 국가공무원법 제79조
④ 국가공무원법 제16조 제1항에서 필수적 전치주의를 규정하고 있다.

> **제16조(행정소송과의 관계)** ① 제75조에 따른 처분, 그 밖에 본인의 의사에 반한 불리한 처분이나 부작위(不作爲)에 관한 행정소송은 소청심사위원회의 심사·결정을 거치지 아니하면 제기할 수 없다.
>
> **제76조(심사청구와 후임자 보충 발령)** ① 제75조에 따른 처분사유 설명서를 받은 공무원이 그 처분에 불복할 때에는 그 설명서를 받은 날부터, 공무원이 제75조에서 정한 처분 외에 본인의 의사에 반한 불리한 처분을 받았을 때에는 그 처분이 있은 것을 안 날부터 각각 30일 이내에 소청심사위원회에 이에 대한 심사를 청구할 수 있다. 이 경우 변호사를 대리인으로 선임할 수 있다.

영역 행정의 실효성 확보수단 > 새로운 의무이행 확보수단 난도 **중**

정답의 이유

④ 건축법상의 이행강제금은 건축법의 위반행위에 대하여 시정명령을 받은 후 시정기간 내에 당해 시정명령을 이행하지 아니한 건축주 등에 대하여 부과되는 간접강제의 일종으로서 그 이행강제금 납부의무는 상속인 기타의 사람에게 승계될 수 없는 일신전속적인

성질의 것이므로 이미 사망한 사람에게 이행강제금을 부과하는 내용의 처분이나 결정은 당연무효이고, 이행강제금을 부과받은 사람의 이의에 의하여 비송사건절차법에 의한 재판절차가 개시된 후에 그 이의한 사람이 사망한 때에는 사건 자체가 목적을 잃고 절차가 종료한다(대결 2006.12.8, 2006마470).

오답의 이유
① 대판 2015.6.24, 2011두2170
② 대판 2016.7.14, 2015두46598
③ 대판 2002.8.16, 2002마1022

11
정답 ①

영역 일반행정작용법 > 행정행위 | 난도 하

정답의 이유
① 3개월 이내에 공사에 착수하지 않으면 처분의 효력이 소멸되므로, 해제조건에 해당한다.

오답의 이유
② 상대방이 신청한 것과는 다른 처분을 하였으므로, 수정부담에 해당한다.
③ 행정청이 행정행위를 하면서 일정한 사유가 발생하는 경우에는 행정행위를 취소하거나 철회할 수 있음을 유보해 둔 것이므로, 철회권의 유보에 해당한다.
④ 법률에서 규정된 행정행위 효과를 행정청이 그 효과의 일부를 인정하지 않는 것이므로 법률효과의 일부배제에 해당한다.

12
정답 ③

영역 행정법 서론 > 행정상 법률관계 | 난도 하

정답의 이유
③ 국민의 권익이 제한되거나 의무가 지속되는 기간의 계산에 있어서는 기간의 말일이 토요일 또는 공휴일인 경우에도 기간은 그날로 만료한다(행정기본법 제6조 제2항 제2호).

오답의 이유
① 행정기본법 제6조 제1항
② 행정기본법 제6조 제2항
④ 행정기본법 제7조 제1호

제6조(행정에 관한 기간의 계산) ① 행정에 관한 기간의 계산에 관하여는 이 법 또는 다른 법령 등에 특별한 규정이 있는 경우를 제외하고는 「민법」을 준용한다.
② 법령 등 또는 처분에서 국민의 권익을 제한하거나 의무를 부과하는 경우 권익이 제한되거나 의무가 지속되는 기간의 계산은 다음 각 호의 기준에 따른다. 다만, 다음 각 호의 기준에 따르는 것이 국민에게 불리한 경우에는 그러하지 아니하다.

1. 기간을 일, 주, 월 또는 연으로 정한 경우에도 기간의 첫날을 산입한다.
2. 기간의 말일이 토요일 또는 공휴일인 경우에는 기간은 그 날로 만료한다.

제7조(법령 등 시행일의 기간 계산) 법령 등(훈령 · 예규 · 고시 · 지침 등을 포함한다. 이하 이 조에서 같다)의 시행일을 정하거나 계산할 때에는 다음 각 호의 기준에 따른다.

1. 법령 등을 공포한 날부터 시행하는 경우에는 공포한 날을 시행일로 한다.
2. 법령 등을 공포한 날부터 일정 기간이 경과한 날부터 시행하는 경우 법령 등을 공포한 날을 첫날에 산입하지 아니한다.
3. 법령 등을 공포한 날부터 일정 기간이 경과한 날부터 시행하는 경우 그 기간의 말일이 토요일 또는 공휴일인 때에는 그 말일로 기간이 만료한다.

13
정답 ③

영역 행정절차와 행정공개 > 행정절차법 | 난도 중

정답의 이유
③ 행정청이 의무를 부과하거나 권익을 제한하는 처분을 할 때 의견제출의 기회를 주어야 하는 '당사자'는 '행정청의 처분에 대하여 직접 그 상대가 되는 당사자'를 의미한다. 그런데 '고시'의 방법으로 불특정 다수인을 상대로 의무를 부과하거나 권익을 제한하는 처분은 성질상 의견제출의 기회를 주어야 하는 상대방을 특정할 수 없으므로, 이와 같은 처분에 있어서까지 구 행정절차법 제22조 제3항에 의하여 그 상대방에게 의견제출의 기회를 주어야 한다고 해석할 것은 아니다(대판 2014.10.27, 2012두7745).

오답의 이유
① 행정절차법에 의하면, "해당 처분의 성질상 의견청취가 현저히 곤란하거나 명백히 불필요하다고 인정될 만한 상당한 이유가 있는 경우"나 "당사자가 의견진술의 기회를 포기한다는 뜻을 명백히 표시한 경우"에는 청문 등 의견청취를 하지 아니할 수 있는데, 여기에서 '의견청취가 현저히 곤란하거나 명백히 불필요하다고 인정될 만한 상당한 이유가 있는 경우'에 해당하는지는 해당 행정처분의 성질에 비추어 판단하여야 하며, 처분상대방이 이미 행정청에 위반사실을 시인하였다거나 처분의 사전통지 이전에 의견을 진술할 기회가 있었다는 사정을 고려하여 판단할 것은 아니다(대판 2017.4.7, 2016두63224).
② 행정절차법 제21조 제4항 제3호는 침해적 행정처분을 할 경우 청문을 실시하지 않을 수 있는 사유로서 "당해 처분의 성질상 의견청취가 현저히 곤란하거나 명백히 불필요하다고 인정될 만한 상당한 이유가 있는 경우"를 규정하고 있으나, 여기에서 말하는 '의견청취가 현저히 곤란하거나 명백히 불필요하다고 인정될 만한 상당

한 이유가 있는지 여부'는 당해 행정처분의 성질에 비추어 판단하여야 하는 것이지, 청문통지서의 반송 여부, 청문통지의 방법 등에 의하여 판단할 것은 아니며, 또한 행정처분의 상대방이 통지된 청문일시에 불출석하였다는 이유만으로 행정청이 관계 법령상 그 실시가 요구되는 청문을 실시하지 아니한 채 침해적 행정처분을 할 수는 없을 것이므로, 행정처분의 상대방에 대한 청문통지서가 반송되었다거나, 행정처분의 상대방이 청문일시에 불출석하였다는 이유로 청문을 실시하지 아니하고 한 침해적 행정처분은 위법하다(대판 2001.4.13, 2000두3337).

④ 민원사무를 처리하는 행정기관이 민원 1회 방문처리제를 시행하는 절차의 일환으로 민원사항의 심의·조정 등을 위한 민원조정위원회를 개최하면서 민원인에게 회의일정 등을 사전에 통지하지 아니하였다 하더라도, 이러한 사정만으로 곧바로 민원사항에 대한 행정기관의 장의 거부처분에 취소사유에 이를 정도의 흠이 존재한다고 보기는 어렵다. 다만 행정기관의 장의 거부처분 이 재량행위인 경우에, 위와 같은 사전통지의 흠결로 민원인에게 의견진술의 기회를 주지 아니한 결과 민원조정위원회의 심의 과정에서 고려대상에 마땅히 포함시켜야 할 사항을 누락하는 등 재량권의 불행사 또는 해태로 볼 수 있는 구체적 사정이 있다면, 거부처분은 재량권을 일탈·남용한 것으로서 위법하다(대판 2015.8.27, 2013두1560).

14

정답 ①

영역 행정절차와 행정공개 > 정보공개와 개인정보보호 　난도 **중**

[정답의 이유]

① 정보공개 의무기관을 정하는 것은 입법자의 입법형성권에 속하고, 이에 따라 입법자는 구 공공기관의 정보공개에 관한 법률 제2조 제3호에서 정보공개 의무기관을 공공기관으로 정하였는바, 공공기관은 국가기관에 한정되는 것이 아니라 지방자치단체, 정부투자기관, 그 밖에 공동체 전체의 이익에 중요한 역할이나 기능을 수행하는 기관도 포함되는 것으로 해석되고, 여기에 정보공개의 목적, 교육의 공공성 및 공·사립학교의 동질성, 사립대학교에 대한 국가의 재정지원 및 보조 등 여러 사정을 고려해 보면, 사립대학교에 대한 국비 지원이 한정적·일시적·국부적이라는 점을 고려하더라도, 같은 법 시행령 제2조 제1호가 정보공개의무를 지는 공공기관의 하나로 사립대학교를 들고 있는 것이 모법인 구 공공기관의 정보공개에 관한 법률의 위임 범위를 벗어났다거나 사립대학교가 국비의 지원을 받는 범위 내에서만 공공기관의 성격을 가진다고 볼 수 없다(대판 2006.8.24, 2004두2783).

[오답의 이유]

② 대판 2016.11.10, 2016두44674

③ 대판 2009.12.10, 2009두12785

④ 공개청구자가 특정한 바와 같은 정보를 공공기관이 보유·관리하고 있지 않은 경우라면 특별한 사정이 없는 한 해당 정보에 대한 공개거부처분에 대하여는 취소를 구할 법률상 이익이 없다. 이와 관련하여 공개청구자는 그가 공개를 구하는 정보를 공공기관이 보유·관리하고 있을 상당한 개연성이 있다는 점에 대하여 입증할 책임이 있으나, 공개를 구하는 정보를 공공기관이 한때 보유·관리하였으나 후에 그 정보가 담긴 문서들이 폐기되어 존재하지 않게 된 것이라면 그 정보를 더 이상 보유·관리하고 있지 않다는 점에 대한 증명책임은 공공기관에 있다(대판 2013.1.24, 2010두18918).

15

정답 ④

영역 특별행정작용법 > 공용부담법 　난도 **중**

[정답의 이유]

④ 공익사업을 위한 토지 등의 취득 및 보상에 관한 법률(이하 '토지보상법')은 사업시행자로 하여금 우선 협의취득 절차를 거치도록 하고, 협의가 성립되지 않거나 협의를 할 수 없을 때에 수용재결취득 절차를 밟도록 예정하고 있기는 하다. 그렇지만 일단 토지수용위원회가 수용재결을 하였더라도 사업시행자로서는 수용 또는 사용의 개시일까지 토지수용위원회가 재결한 보상금을 지급 또는 공탁하지 아니함으로써 재결의 효력을 상실시킬 수 있는 점, 토지소유자 등은 수용재결에 대하여 이의를 신청하거나 행정소송을 제기하여 보상금의 적정 여부를 다툴 수 있는데, 그 절차에서 사업시행자와 보상금액에 관하여 임의로 합의할 수 있는 점, 공익사업의 효율적인 수행을 통하여 공공복리를 증진시키고, 재산권을 적정하게 보호하려는 토지보상법의 입법 목적에 비추어 보더라도 수용재결이 있은 후에 사법상 계약의 실질을 가지는 협의취득 절차를 금지해야 할 별다른 필요성을 찾기 어려운 점 등을 종합해 보면, 토지수용위원회의 수용재결이 있은 후라고 하더라도 토지소유자 등과 사업시행자가 다시 협의하여 토지 등의 취득이나 사용 및 그에 대한 보상에 관하여 임의로 계약을 체결할 수 있다고 보아야 한다(대판 2017.4.13, 2016두64241)

[오답의 이유]

① 토지보상법 제85조 제1항

② 토지보상법은 사업시행자가 토지 등을 수용하거나 사용하려면 국토교통부장관의 사업인정을 받아야 하고, 사업인정은 고시한 날부터 효력이 발생한다고 규정하고 있다. 이러한 사업인정은 수용권을 설정해 주는 행정처분으로서, 이에 따라 수용할 목적물의 범위가 확정되고, 수용권자가 목적물에 대한 현재 및 장래의 권리자에게 대항할 수 있는 공법상 권한이 생긴다(대판 2019.12.12, 2019두47629).

③ 대판 2010.1.28, 2008두1504

영역 특별행정작용법 > 군사행정법   난도 **중**

정답의 이유

④ 일반군속이기는 하지만 다른 군속과는 달리 정원이 별도로 관리되고 임용 즉시 휴직한 후 주한미군측에 파견되어 북한의 음성통신을 영어로 번역·전사하는 특수업무를 수행하면서 주한미군측으로부터 보수를 지급받는 번역사로 당초 임기 3년의 군속으로 기한부 임용되었다가 군속제도가 군무원제도로 개편된 후 주한미군측 고용기간을 임기로 하는 기한부 임용을 받은 것으로 간주되었는데 주한미군측의 고용해제 통보가 있었다면, 위 번역사들은 군무원관계를 소멸시키기 위한 임면권자의 별도 행정처분을 요하지 아니하고 임기만료로 당연퇴직하였으며, 국방부장관 등이 위 번역사들에 대하여 한 위 직권면직의 인사발령은 그 문언상의 표현에도 불구하고 법률상 당연히 발생된 퇴직의 사유 및 시기를 공적으로 확인하여 알려주는 관념의 통지에 불과할 뿐 군무원의 신분을 상실시키는 새로운 형성적 행위가 아니므로 항고소송의 대상이 되는 행정처분이라고 할 수 없다(대판 1997.10.24, 97누1686).

오답의 이유

① 군무원은 수당을 받을 뿐만 아니라(군무원인사법 제24조 제2항), 대통령령으로 정하는 바에 따라 직무수행에 드는 실비를 변상받을 수 있다(군무원인사법 제25조).

② 공익근무요원은 지방자치단체의 공익목적수행에 필요한 경비·감시·보호 또는 행정업무 등의 지원과 국제협력 또는 예술·체육의 육성을 위하여 소집되어 공익분야에 종사하는 사람으로서 보충역에 편입되어 있는 자이기 때문에, 소집되어 군에 복무하지 않는 한 군인이라고 말할 수 없으므로, 비록 병역법이 공익근무요원으로 복무 중 순직한 사람의 유족에 대하여 국가유공자등예우및지원에관한법률에 따른 보상을 하도록 규정하고 있다고 하여도, 공익근무요원이 국가배상법 제2조 제1항 단서의 규정에 의하여 국가배상법상 손해배상청구가 제한되는 군인·군무원·경찰공무원 또는 향토예비군대원에 해당한다고 할 수 없다(대판 1997.3.28, 97다4036).

③ 육군·해군·공군 참모총장(해병대는 해병대사령관)뿐만 아니라, 국방부직할부대장, 장성급부대장도 임명권자에 해당한다(군무원인사법 제6조 제2항 각호).

> **제6조(임용권자)** ① 5급 이상의 일반군무원(제3조 제3항에 따라 같은 조 제1항 및 제2항에 따른 계급 구분이나 직군 및 직렬의 분류를 적용하지 아니하는 일반군무원 중 이에 상당하다고 대통령령으로 정하는 일반군무원을 포함한다. 이하 같다)은 **국방부장관의 제청으로 대통령이 임용한다.** 다만, 대통령으로부터 그 권한을 위임받은 경우에는 국방부장관이 임용할 수 있다.
> ② 6급 이하의 일반군무원(제3조 제3항에 따라 같은 조 제1항 및 제2항에 따른 계급 구분이나 직군 및 직렬의 분류를 적용하지 아니하

는 일반군무원 중 이에 상당하다고 대통령령으로 정하는 일반군무원을 포함한다. 이하 같다)은 **국방부장관**이 임용한다. 다만, 국방부장관의 위임에 따라 다음 각 호의 사람이 임용할 수 있다.
> 1. 육군·해군·공군 참모총장(해병대의 경우 해병대사령관을 말하며 이하 "참모총장"이라 한다)
> 2. 국방부 직할부대·기관의 장(이하 "국방부직할부대장"이라 한다)
> 3. 장성급(將星級) 장교인 **부대·기관의 장(이하 "장성급부대장"** 이라 한다)

영역 행정상 쟁송 > 행정소송   난도 **중**

정답의 이유

② 수익적 행정처분을 구하는 신청에 대한 거부처분은 당사자의 신청에 대하여 관할 행정청이 이를 거절하는 의사를 대외적으로 명백히 표시함으로써 성립된다. 거부처분이 있은 후 당사자가 다시 신청을 한 경우에는 신청의 제목 여하에 불구하고 그 내용이 새로운 신청을 하는 취지라면 관할 행정청이 이를 다시 거절하는 것은 새로운 거부처분이라고 보아야 한다. 관계 법령이나 행정청이 사전에 공표한 처분기준에 신청기간을 제한하는 특별한 규정이 없는 이상 재신청을 불허할 법적 근거가 없으며, 설령 신청기간을 제한하는 특별한 규정이 있더라도 재신청이 신청기간을 도과하였는지는 본안에서 재신청에 대한 거부처분이 적법한가를 판단하는 단계에서 고려할 요소이지, 소송요건 심사단계에서 고려할 요소가 아니다(대판 2021.1.14, 2020두50324).

오답의 이유

① 건축주 등은 신고제하에서도 건축신고가 반려될 경우 당해 건축물의 건축을 개시하면 시정명령, 이행강제금, 벌금의 대상이 되거나 당해 건축물을 사용하여 행할 행위의 허가가 거부될 우려가 있어 불안정한 지위에 놓이게 된다. 따라서 건축신고 반려행위가 이루어진 단계에서 당사자로 하여금 반려행위의 적법성을 다투어 그 법적 불안을 해소한 다음 건축행위에 나아가도록 함으로써 장차 있을지도 모르는 위험에서 미리 벗어날 수 있도록 길을 열어 주고, 위법한 건축물의 양산과 그 철거를 둘러싼 분쟁을 조기에 근본적으로 해결할 수 있게 하는 것이 법치행정의 원리에 부합한다. 그러므로 건축신고 반려행위는 항고소송의 대상이 된다고 보는 것이 옳다(대판 2010.11.18, 2008두167 전합).

③ 국세기본법상 증액경정처분이 있는 경우, 당초 신고나 결정은 증액경정처분에 흡수됨으로써 독립한 존재가치를 잃게 된다고 보아야 하므로, 원칙적으로는 당초 신고나 결정에 대한 불복기간의 경과 여부 등에 관계없이 증액경정처분만이 항고소송의 심판대상이 되고, 납세의무자는 그 항고소송에서 '당초 신고나 결정에 대한 위법사유'도 함께 주장할 수 있다(대판 2009.5.14, 2006두17390)

④ 기존의 행정처분을 변경하는 내용의 행정처분이 뒤따르는 경우, ⅰ) 후속처분이 종전처분을 완전히 대체하는 것이거나 주요 부분을 실질적으로 변경하는 내용인 경우(→ 종전처분 소멸)에는 특별한 사정이 없는 한 종전처분은 효력을 상실하고 후속처분만이 항고소송의 대상이 되지만, ⅱ) 후속처분의 내용이 종전처분의 유효를 전제로 내용 중 일부만을 추가·철회·변경하는 것이고 추가·철회·변경된 부분이 내용과 성질상 나머지 부분과 불가분적인 것이 아닌 경우(→ 종전처분과 후속처분의 병존)에는, 후속처분에도 불구하고 종전처분이 여전히 항고소송의 대상이 된다(대판 2015. 11.19, 2015두295 전합).

18

영역 행정절차와 행정공개 > 행정절차법 　　　　난도 **중**

정답의 이유

② 특별한 사유가 있는 경우에는 요청에 따르지 않아도 된다(행정절차법 제42조 제5항).

제42조(예고방법) ① 행정청은 입법안의 취지, 주요 내용 또는 전문(全文)을 다음 각 호의 구분에 따른 방법으로 공고하여야 하며, 추가로 인터넷, 신문 또는 방송 등을 통하여 공고할 수 있다.
　　1. 법령의 입법안을 입법예고하는 경우: 관보 및 법제처장이 구축·제공하는 정보시스템을 통한 공고
　　2. 자치법규의 입법안을 입법예고하는 경우: 공보를 통한 공고
② 행정청은 대통령령을 입법예고하는 경우 국회 소관 상임위원회에 이를 제출하여야 한다.
⑤ 행정청은 예고된 입법안의 전문에 대한 열람 또는 복사를 요청받았을 때에는 특별한 사유가 없으면 그 요청에 따라야 한다.

오답의 이유

① 행정절차법 제41조 제1항 본문
③ 입법예고기간은 예고할 때 정하되, 특별한 사정이 없으면 40일(자치법규는 20일) 이상으로 한다(행정절차법 제43조).
④ 행정절차법 제41조 제1항 제3호

제41조(행정상 입법예고) ① 법령 등을 제정·개정 또는 폐지(이하 "입법"이라 한다)하려는 경우에는 해당 입법안을 마련한 행정청은 이를 예고하여야 한다. 다만, 다음 각 호의 어느 하나에 해당하는 경우에는 예고를 하지 아니할 수 있다.
　　1. 신속한 국민의 권리 보호 또는 예측 곤란한 특별한 사정의 발생 등으로 입법이 긴급을 요하는 경우
　　2. 상위 법령 등의 단순한 집행을 위한 경우
　　3. 입법내용이 국민의 권리·의무 또는 일상생활과 관련이 없는 경우
　　4. 단순한 표현·자구를 변경하는 경우 등 입법내용의 성질상 예고의 필요가 없거나 곤란하다고 판단되는 경우
　　5. 예고함이 공공의 안전 또는 복리를 현저히 해칠 우려가 있는 경우

19

영역 행정절차와 행정공개 > 정보공개와 개인정보보호 　　　　난도 **상**

정답의 이유

① 기술적으로 제3자의 권리가 포함된 정보를 분리할 수 있는 경우에는 그 해당부분을 제외한 공공데이터를 제공하여야 한다(공공데이터법 제17조 제2항).

제17조(제공대상 공공데이터의 범위) ① 공공기관의 장은 해당 공공기관이 보유·관리하는 공공데이터를 국민에게 제공하여야 한다. 다만, 다음 각 호의 어느 하나에 해당하는 정보를 포함하고 있는 경우에는 그러하지 아니한다.
　　1. 「공공기관의 정보공개에 관한 법률」 제9조에 따른 비공개대상 정보
　　2. 「저작권법」 및 그 밖의 다른 법령에서 보호하고 있는 제3자의 권리가 포함된 것으로 해당 법령에 따른 정당한 이용허락을 받지 아니한 정보
② 공공기관의 장은 제1항에도 불구하고 제1항 각 호에 해당하는 내용을 기술적으로 분리할 수 있는 때에는 제1항 각 호에 해당하는 부분을 제외한 공공데이터를 제공하여야 한다.
③ 행정안전부장관은 제1항 제2호의 제3자의 권리를 포함하는 것으로 분류되어 제공대상에서 제외된 공공데이터에 대한 정당한 이용허락 확보를 위한 방안을 제시할 수 있으며, 공공기관의 장은 그 방안에 따라 필요한 조치를 취하여야 한다.

오답의 이유

② 공공데이터법 제18조 제1항, 제2항

제18조(공공데이터 목록의 등록) ① 공공기관의 장은 해당 공공기관의 소관 공공데이터 목록을 대통령령으로 정하는 바에 따라 행정안전부장관에게 등록하여야 한다.
② 행정안전부장관은 제1항에 따른 등록의 누락이 있는지를 조사하여 누락된 공공데이터 목록의 등록을 요청할 수 있다.
③ 행정안전부장관은 제1항 및 제2항에 따라 등록된 공공데이터 목록에 관한 정보를 그 내용별, 형태별, 이용대상별 등 이용에 용이하게 분류하여 관리·제공하여야 한다.
④ 행정안전부장관은 공공데이터의 체계적 관리와 제공 및 이용 활성화 정책의 효율적 집행을 위하여 제21조에 따른 공공데이터 포털에 공공데이터 목록 등록 관리시스템을 구축·운영하여야 한다.

③ 공공데이터법 제31조 제1항, 제32조 제9항

제31조(분쟁조정의 신청 및 처리기간) ① 공공데이터의 제공거부 및 제공중단을 받은 자는 그 처분이 있은 날부터 60일 이내에 분쟁조정위원회에 분쟁조정을 신청할 수 있다.
② 분쟁조정위원회는 당사자 일방으로부터 분쟁조정 신청을 받은 때에는 그 신청내용을 상대방에게 알려야 한다.

제32조(분쟁의 조정) ⑧ 당사자가 조정안을 수락한 경우 분쟁조정위원회는 조정서를 작성하고, 분쟁조정위원회의 위원장과 각 당사자가 서명하여야 한다.

⑨ 제8항에 따른 조정의 내용은 재판상 화해와 동일한 효력을 갖는다.

④ 공공데이터법 제22조 제1항

20

정답 ①

영역 특별행정작용법 > 군사행정법   난도 **하**

정답의 이유

① 1급 군무원은 제외된다(군무원인사법 제26조 단서).

> 제26조(의사에 반한 신분조치) 군무원은 형의 선고나 이 법 또는 「국가공무원법」에서 정한 사유에 따르지 아니하고는 본인의 의사(意思)에 반하여 휴직·직위해제·강임(降任) 또는 면직을 당하지 아니한다. 다만, 1급 군무원은 그러하지 아니하다.

오답의 이유

② 군인사법 제48조 제1항 제1호, 제3호

③ 군인사법 시행령은 장기복무전형에 불합격한 단기복무하사관의 복무 연장을 허가할 수 있는 권한을 부여한 것에 불과할 뿐 장기복무전형에 불합격한 단기복무하사관에게 현역정년까지 복무 연장을 할 수 있는 권리를 부여한 것이라고 보기는 어려우므로, 육군의 경우 장기복무전형에 불합격한 단기복무하사관에 대하여 일시적으로 전역 지원을 하지 아니하는 한 복무 연장을 해주고 있다고 하여도 이는 군인력 조정상의 필요에 의한 일시적인 조치에 불과해서 그와 같은 사정만으로 단기하사관으로 복무하던 자가 사고가 없었더라면 장기복무전형에 불합격하였다고 하더라도 중사의 연령정년까지 단기복무하사관으로서 연장 복무를 할 수 있으리라고 단정하기는 어렵다(대판 1998.2.13, 96다52236).

④ 군무원으로 임용되어 동원관리관으로 근무하던 갑이 술을 마신 상태로 주차장 내에서 자신의 차량을 운전하던 중 정차 중인 다른 승용차와 충돌하였고, 신고를 받고 출동한 경찰관으로부터 음주측정을 요구받았음에도 정당한 사유 없이 이에 응하지 않았다는 내용의 도로교통법 위반(음주측정거부)죄로 기소되어 벌금 1,000만 원을 선고받자, 갑이 위 비위행위로 품위유지의무(음주운전)를 위반하였다는 이유로 소속 부대 사단장이 갑을 해임한 경우, 그 처분은 군무원에게 적용되는 구 징계규정(육군규정 180)을 위반하였다고 볼 수 없고 재량권의 범위를 일탈·남용한 것이라고 볼 수 없어 적법하다(대구지법 2019.5.16, 2019구합20336).

21

정답 ③

영역 행정조직법 > 지방자치법   난도 **중**

정답의 이유

③ 교육공무원 징계사무의 성격, 그 권한의 위임에 관한 교육공무원법령의 규정 형식과 내용 등에 비추어 보면, 국가공무원인 교사에 대한 징계는 국가사무이고, 그 일부인 징계의결요구 역시 국가사무에 해당한다고 봄이 타당하다. 따라서 교육감이 담당 교육청 소속 국가공무원인 교사에 대하여 하는 징계의결요구 사무는 국가위임사무라고 보아야 한다(대판 2013.12.26, 2011추63).

오답의 이유

① 기관위임사무는 국가사무이므로 상위법령의 별도의 위임이 없는 한 조례제정의 대상이 되지 않는다.

② 수업료, 입학금 그 자체에 관한 사무는 교육·학예에 관한 사무로서 지방자치단체 중 특별시·광역시·도의 사무에 해당하나, 수업료, 입학금의 지원에 관한 사무는 학생 자녀를 둔 주민의 수업료, 입학금 등에 관한 부담을 경감시킴으로써 청소년에 대한 기본적인 교육여건을 형성함과 동시에 청소년이 평등하게 교육을 받을 수 있도록 하는 것이므로, 이와 같은 사무는 지방자치단체 고유의 자치사무인 지방자치법에서 정한 주민의 복지증진에 관한 사무 중 주민복지에 관한 사업[(가)목] 및 노인·아동·심신장애인·청소년 및 부녀의 보호와 복지증진[(라)목]에 해당되는 사무이다(대판 2013.4.11, 2012추22). 대표적인 자치사무로는 ⅰ) 주민의 복리를 증진하기 위하여 시행되는 사무인 공공복리사무(예 공원, 학교, 병원, 도서관, 박물관, 수도사업, 주택, 후생사무 등), ⅱ) 지방자치단체의 존립을 위하여 필요한 사무인 단체존립사무(예 지방세, 분담금, 수수료, 사용료 등의 징수사무), ⅲ) 당해 지방자치단체의 재량에 맡겨져 있는 임의적 사무인 '수의사무'(예 도서관 설치사무, 농가부업 장려, 버스·지하철사무 등), ⅳ) 지방자치단체가 법령에 의하여 처리할 의무가 있는 사무인 '필요사무'(예 오물처리사무, 소방사무, 예방접종 시행, 하천관리사무 등)가 있다.

④ 시·도와 시·군 및 자치구는 사무를 처리할 때 서로 겹치지 아니하도록 하여야 하며, 사무가 서로 겹치면 시·군 및 자치구에서 먼저 처리한다(지방자치법 제14조 제3항).

22

정답 ④

영역 행정법 서론 > 행정상 법률관계   난도 **중**

정답의 이유

④ 법치주의 및 행정권한법정주의에 따라 모든 행정권한은 법령상 주어진 목적이 있으므로 법령상 규정된 목적이 아닌 다른 목적으로 행정권한을 사용하는 것은 원칙상 권한의 남용으로 위법하다고 보아야 한다. 행정권한의 남용의 기준은 "행정권을 주어진 목적과 실

체적 관련이 없는 다른 목적으로 행사하는 것"이라고 할 수 있다(대판 2017.12.13, 2015두3805).

오답의 이유

① 상급행정기관이 하급행정기관에 대하여 업무처리지침이나 법령의 해석적용에 관한 기준을 정하여 발하는 이른바 '행정규칙이나 내부지침'은 일반적으로 행정조직 내부에서만 효력을 가질 뿐 대외적인 구속력을 갖는 것은 아니므로 행정처분이 그에 위반하였다고 하여 그러한 사정만으로 곧바로 위법하게 되는 것은 아니다. 다만, 재량권 행사의 준칙인 행정규칙이 그 정한 바에 따라 되풀이 시행되어 행정관행이 이루어지게 되면 평등의 원칙이나 신뢰보호의 원칙에 따라 행정기관은 그 상대방에 대한 관계에서 그 규칙에 따라야 할 자기구속을 받게 되므로, 이러한 경우에는 특별한 사정이 없는 한 그를 위반하는 처분은 평등의 원칙이나 신뢰보호의 원칙에 위배되어 재량권을 일탈·남용한 위법한 처분이 된다(대판 2009. 12.24, 2009두7967).

② 행정행위를 한 처분청은 그 행위에 하자가 있는 경우에 별도의 법적 근거가 없더라도 스스로 이를 취소할 수 있는 것이며 다만 그 행위가 국민에게 권리나 이익을 부여하는 이른바 수익적 행정행위인 때에는 그 행위를 취소하여야 할 공익상 필요와 그 취소로 인하여 당사자가 입을 기득권과 신뢰보호 및 법률생활 안정의 침해 등 불이익을 비교교량한 후 공익상 필요가 당사자의 기득권 침해 등 불이익을 정당화할 수 있을 만큼 강한 경우에 한하여 취소할 수 있다(대판 1986.2.25, 85누664).

③ 헌법 제12조 제1항에서 규정하고 있는 적법절차의 원칙은 형사소송절차에 국한되지 아니하고 모든 국가작용 전반에 대하여 적용되며, 세무공무원이 과세권을 행사하는 경우에도 이러한 적법절차의 원칙은 마찬가지로 준수하여야 한다(대판 2016.4.15, 2015두52326).

23

정답 ③

영역 특별행정작용법 > 질서행정법(경찰행정법)   난도 중

정답의 이유

③ 위해성 경찰장비인 살수차와 물포는 필요한 최소한의 범위에서만 사용되어야 하고, 특히 인명 또는 신체에 위해를 가할 가능성이 더욱 커지는 직사살수는 타인의 법익이나 공공의 안녕질서에 직접적이고 명백한 위험이 현존하는 경우에 한해서만 사용이 가능하다고 보아야 한다. 또한 위해성 경찰장비인 살수차와 물포는 집회나 시위 참가자들을 해산하기 위한 목적의 경찰장비이고 경찰관이 직사살수의 방법으로 집회나 시위 참가자들을 해산시키는 것은 집회의 자유나 신체의 자유를 침해할 우려가 있으므로 적법절차의 원칙을 준수하여야 한다. 따라서 경찰관이 직사살수의 방법으로 집회나 시위 참가자들을 해산시키려면, 먼저 집회 및 시위에 관한 법률 제20조 제1항 각호에서 정한 해산 사유를 구체적으로 고지하는 적

법한 절차에 따른 해산명령을 시행한 후에 직사살수의 방법을 사용할 수 있다고 보아야 한다. 경찰청 훈령인 '물포운용지침'에서도 '직사살수'의 사용요건 중 하나로서 '도로 등을 무단점거하여 일반인의 통행 또는 교통소통을 방해하고 경찰의 해산명령에 따르지 아니하는 경우'라고 규정하여, 사전에 적법한 '해산명령'이 있어야 함을 요구하고 있다(대판 2019.1.17, 2015다236196).

오답의 이유

① 국가경찰과 자치경찰의 조직 및 운영에 관한 법률(약칭. 경찰법) 제3조 제7호

> **제3조(경찰의 임무)** 경찰의 임무는 다음 각 호와 같다.
> 1. 국민의 생명·신체 및 재산의 보호
> 2. 범죄의 예방·진압 및 수사
> 3. 범죄피해자 보호
> 4. 경비·요인경호 및 대간첩·대테러 작전 수행
> 5. 공공안녕에 대한 위험의 예방과 대응을 위한 정보의 수집·작성 및 배포
> 6. 교통의 단속과 위해의 방지
> 7. 외국 정부기관 및 국제기구와의 국제협력
> 8. 그 밖에 공공의 안녕과 질서유지

② 자치경찰의 사무에 해당한다(국가경찰과 자치경찰의 조직 및 운영에 관한 법률 제4조 제1항 제2호 라목의 4). 참고로 자기의 성적 욕망을 만족시킬 목적으로 화장실, 목욕장·목욕실 또는 발한실, 모유수유시설, 탈의실 등 불특정 다수가 이용하는 다중이용장소에 침입하거나 같은 장소에서 퇴거의 요구를 받고 응하지 아니하는 것은 성폭력범죄의 처벌 등에 관한 특례법 제12조에 의하여 범죄행위에 해당한다.

④ 의무가 아니라 권한으로 규정되어 있다(경찰관직무집행법 제4조 제1항). 즉, 보건의료기관이나 공공구호기관에 긴급구호를 요청하거나 경찰관서에 보호하는 등 적절한 조치를 할 수 있다.

> **제4조(보호조치 등)** ① 경찰관은 수상한 행동이나 그 밖의 주위 사정을 합리적으로 판단해 볼 때 다음 각 호의 어느 하나에 해당하는 것이 명백하고 응급구호가 필요하다고 믿을 만한 상당한 이유가 있는 사람(이하 "구호대상자"라 한다)을 발견하였을 때에는 보건의료기관이나 공공구호기관에 긴급구호를 요청하거나 경찰관서에 보호하는 등 적절한 조치를 할 수 있다.
> 1. 정신착란을 일으키거나 술에 취하여 자신 또는 다른 사람의 생명·신체·재산에 위해를 끼칠 우려가 있는 사람
> 2. 자살을 시도하는 사람
> 3. 미아, 병자, 부상자 등으로서 적당한 보호자가 없으며 응급구호가 필요하다고 인정되는 사람. 다만, 본인이 구호를 거절하는 경우는 제외한다.

24

영역 행정상 쟁송 > 행정심판   난도 **하**

정답의 이유

② 집행정지로 목적을 달성할 수 있는 경우에는 임시처분이 허용되지 않는다(행정심판법 제31조 제3항).

> **제31조(임시처분)** ① 위원회는 처분 또는 부작위가 위법·부당하다고 상당히 의심되는 경우로서 처분 또는 부작위 때문에 당사자가 받을 우려가 있는 중대한 불이익이나 당사자에게 생길 급박한 위험을 막기 위하여 임시지위를 정하여야 할 필요가 있는 경우에는 직권으로 또는 당사자의 신청에 의하여 임시처분을 결정할 수 있다.
> ③ 제1항에 따른 임시처분은 제30조 제2항에 따른 집행정지로 목적을 달성할 수 있는 경우에는 허용되지 아니한다.

오답의 이유

① 행정심판법 제30조 제2항

③ 행정심판법 제47조

④ 행정심판법 제36조 제1항·제39조

25

영역 행정구제법 > 손해전보제도   난도 **중**

정답의 이유

③ 한국토지공사는 한국토지공사법에 의하여 정부가 자본금의 전액을 출자하여 설립한 법인이고, 한국토지공사의 사업에 관하여는 공익사업을 위한 토지 등의 취득 및 보상에 관한 법률의 규정에 의하여 본래 시·도지사나 시장·군수 또는 구청장의 업무에 속하는 대집행권한을 한국토지공사에게 위탁하도록 되어 있는바, 한국토지공사는 이러한 법령의 위탁에 의하여 대집행을 수권받은 자로서 공무인 대집행을 실시함에 따르는 권리·의무 및 책임이 귀속되는 행정주체의 지위에 있다고 볼 것이지 지방자치단체 등의 기관으로서 국가배상법 제2조 소정의 공무원에 해당한다고 볼 것은 아니다(대판 2010.1.28, 2007다82950 등).

오답의 이유

① 대판 2003.11.27, 2001다33789

② 국가배상책임에 있어 공무원의 가해행위는 법령을 위반한 것이어야 하고, 법령을 위반하였다 함은 엄격한 의미의 법령 위반뿐 아니라 인권존중, 권력남용금지, 신의성실과 같이 공무원으로서 마땅히 지켜야 할 준칙이나 규범을 지키지 아니하고 위반한 경우를 포함하여 널리 그 행위가 객관적인 정당성을 결여하고 있음을 뜻하는 것이므로, 경찰관이 범죄수사를 함에 있어 경찰관으로서 의당 지켜야 할 법규상 또는 조리상의 한계를 위반하였다면 이는 법령을 위반한 경우에 해당한다(대판 2008.6.12, 2007다64365).

④ 공무원이 고의 또는 과실로 그에게 부과된 직무상 의무를 위반하였을 경우라고 하더라도 국가는 그러한 직무상의 의무 위반과 피해자가 입은 손해 사이에 상당인과관계가 인정되는 범위 내에서만 배상책임을 지는 것이고, 이 경우 상당인과관계가 인정되기 위하여는 공무원에게 부과된 직무상 의무의 내용이 단순히 공공 일반의 이익을 위한 것이거나 행정기관 내부의 질서를 규율하기 위한 것이 아니고 전적으로 또는 부수적으로 사회구성원 개인의 안전과 이익을 보호하기 위하여 설정된 것이어야 한다(대판 2011.9.8, 2011다34521).

2020 | **9급** 기출문제 해설

☑ 점수 ( )점/100점 ☑ 문제편 176쪽

영역 분석

일반행정작용법	5문항	★★★★★	20%
행정법 서론	4문항	★★★★	16%
행정절차와 행정공개	4문항	★★★★	16%
행정의 실효성 확보수단	4문항	★★★★	16%
행정상 쟁송	4문항	★★★★	16%
특별행정작용법	3문항	★★★	12%
행정구제법	1문항	★	4%

빠른 정답

01	02	03	04	05	06	07	08	09	10
④	③	②	②	①	②	③	③	①	④
11	12	13	14	15	16	17	18	19	20
①	④	④	②	①	①	①	①	②	③
21	22	23	24	25					
③	③	②	③	③					

01

정답 ④

영역 행정법 서론 > 행정법 난도 **중**

정답의 이유

④ 소급입법은 새로운 입법으로 이미 종료된 사실관계 또는 법률관계에 작용케 하는 진정소급입법과 현재 진행중인 사실관계 또는 법률관계에 작용케 하는 부진정소급입법으로 나눌 수 있는바, 부진정소급입법은 원칙적으로 허용되지만 소급효를 요구하는 공익상의 사유와 신뢰보호의 요청 사이의 교량과정에서 신뢰보호의 관점이 입법자의 형성권에 제한을 가하게 되는데 반하여, 기존의 법에 의하여 형성되어 이미 굳어진 개인의 법적 지위를 사후입법을 통하여 박탈하는 것 등을 내용으로 하는 진정소급입법은 개인의 신뢰보호와 법적 안정성을 내용으로 하는 법치국가원리에 의하여 특단의 사정이 없는 한 헌법적으로 허용되지 아니하는 것이 원칙이고 다만 일반적으로 국민이 소급입법을 예상할 수 있었거나 법적 상태가 불확실하고 혼란스러워 보호할 만한 신뢰이익이 적은 경우와 소급입법에 의한 당사자의 손실이 없거나 아주 경미한 경우 그

리고 신뢰보호의 요청에 우선하는 심히 중대한 공익상의 사유가 소급입법을 정당화하는 경우 등에는 예외적으로 진정소급입법이 허용된다(헌재 1999.7.22, 97헌바76 등 병합).

오답의 이유

① 행정법령은 공포된 후 시행일로부터 효력이 발생한다. 따로 시행일에 대한 규정이 없으면 법령 등 공포에 관한 법률 제13조에 의해 공포한 날부터 20일이 경과함으로써 효력이 발생한다.

② 대판 2002.12.10, 2001두3228

③ 행정처분은 근거 법령이 개정된 경우에도 경과규정에서 달리 정함이 없는 한 처분 당시 시행되는 법령과 그에 정한 기준에 의하는 것이 원칙이다. 개정 법령이 기존의 사실 또는 법률관계를 적용대상으로 하면서 국민의 재산권과 관련하여 종전보다 불리한 법률효과를 규정하고 있는 경우에도 그러한 사실 또는 법률관계가 개정 법령이 시행되기 이전에 이미 완성 또는 종결된 것이 아니라면 개정 법령을 적용하는 것이 헌법상 금지되는 소급입법에 의한 재산권 침해라고 할 수는 없다. 다만 개정 전 법령의 존속에 대한 국민의 신뢰가 개정 법령의 적용에 관한 공익상의 요구보다 더 보호가치가 있다고 인정되는 경우에 그러한 국민의 신뢰를 보호하기 위하여 적용이 제한될 수 있는 여지가 있을 따름이다. 법령불소급의 원칙은 법령의 효력발생 전에 완성된 요건 사실에 대하여 당해 법령을 적용할 수 없다는 의미일 뿐, 계속 중인 사실이나 그 이후에 발생한 요건 사실에 대한 법령적용까지를 제한하는 것은 아니다(대판 2014.4.24, 2013두26552).

02

정답 ③

영역 일반행정작용법 > 행정상 입법 난도 **하**

정답의 이유

③ 의회의 입법독점주의에서 입법중심주의로 전환하여 일정한 범위 내에서 행정입법을 허용하게 된 동기가 사회적 변화에 대응한 입법수요의 급증과 종래의 형식적 권력분립주의로는 현대사회에 대응할 수 없다는 기능적 권력분립론에 있다는 점 등을 감안하여 헌법 제40조와 헌법 제75조, 제95조의 의미를 살펴보면, 국회입법에 의한 수권이 입법기관이 아닌 행정기관에게 법률 등으로 구체적인 범위를 정하여 위임한 사항에 관하여는 당해 행정기관에게

법정립의 권한을 갖게 되고, 입법자가 규율의 형식도 선택할 수 있다 할 것이므로, 헌법이 인정하고 있는 위임입법의 형식은 예시적인 것으로 보아야 할 것이고, 그것은 법률이 행정규칙에 위임하더라도 그 행정규칙은 위임된 사항만을 규율할 수 있으므로, 국회입법의 원칙과 상치되지도 않는다. 다만 행정규칙은 법규명령과 같은 엄격한 제정 및 개정절차를 요하지 아니하므로, 재산권 등과 같은 기본권을 제한하는 작용을 하는 법률이 입법위임을 할 때에는 대통령령, 총리령, 부령 등 법규명령에 위임함이 바람직하고, 고시와 같은 형식으로 입법위임을 할 때에는 적어도 행정규제기본법 제4조 제2항 단서에서 정한 바와 같이 법령이 전문적·기술적 사항이나 경미한 사항으로서 업무의 성질상 위임이 불가피한 사항에 한정된다 할 것이고, 그러한 사항이라 하더라도 포괄위임금지의 원칙상 법률의 위임은 반드시 구체적·개별적으로 한정된 사항에 대하여 행하여져야 한다(헌재 2006.12.28, 2005헌바59).

오답의 이유

① · ② 위의 헌재 2006.12.28, 2005헌바59 전합 참고
④ 제정형식은 비록 법규명령이 아닌 고시 · 훈령 · 예규 등과 같은 행정규칙이더라도 그것이 상위법령의 위임한계를 벗어나지 않는 한 상위법령과 결합하여 대외적인 구속력을 갖는 법규명령으로서 기능하게 된다고 보아야 할 것인바, 헌법소원의 청구인이 법령과 예규의 관계규정으로 말미암아 직접 기본권을 침해받았다면 이에 대하여 헌법소원을 청구할 수 있다(헌재 2000.7.20, 99헌마455).

03
정답 ②

영역 일반행정작용법 > 행정행위   난도 **중**

정답의 이유

② 구 외자도입법 제19조에 따른 기술도입계약에 대한 인가는 기본행위인 기술도입계약을 보충하여 그 법률상 효력을 완성시키는 보충적 행정행위에 지나지 아니하므로 기본행위인 기술도입계약이 해지로 인하여 소멸되었다면 위 인가처분은 무효선언이나 그 취소처분이 없어도 당연히 실효된다(대판 1983.12.27, 82누491).

오답의 이유

① · ④ 기본행위가 적법 · 유효하고 보충행위인 인가처분 자체에 흠이 있다면 그 인가처분의 무효나 취소를 주장할 수 있다. 그러나 인가처분에 흠이 없다면 기본행위에 흠이 있다고 하더라도 따로 기본행위의 흠을 다투는 것은 별론으로 하고 기본행위의 흠을 내세워 바로 그에 대한 인가처분의 무효확인 또는 취소를 구할 수는 없으므로, 그 당부에 관하여 판단할 필요 없이 해당 부분 청구를 기각하여야 한다(대판 2016.12.15, 2015두51347).
③ 공유수면매립법 제20조 제1항 및 같은 법 시행령 제29조 제1항 등 관계법령의 규정내용과 공유수면매립의 성질 등에 비추어 볼 때, 공유수면매립의 면허로 인한 권리의무의 양도 · 양수에 있어서의 면허관청의 인가는 효력요건으로서, 위 각 규정은 강행규정이

라고 할 것인바, 위 면허의 공동명의자 사이의 면허로 인한 권리의 무양도약정은 면허관청의 인가를 받지 않은 이상 법률상 아무런 효력도 발생할 수 없다(대판 1991.6.25, 90누5184).

적중레이더

인가

개념	제3자의 법률적 행위를 보충하여 그의 법률상의 효과를 완성시키는 행위
성질	인가는 형성적 행위의 일종이며, 특별한 규정이 없는 한 기속행위에 속함
수정인가	인가는 신청에 의하여 행해지므로 쌍방적 행정행위이며, 상대방의 출원이 필요요건이므로 수정인가는 인정되지 않음(행정주체가 그 법률행위의 내용을 수정하여 인가하려고 하는 경우에는 법률의 명시적 근거가 있어야 함)
형식	인가는 반드시 특정인에 대하여 구체적인 처분의 형식으로 행해짐
효과	• 인가란 행해지면 비로소 제3자의 법률적 행위의 효과를 완성시켜주는 보충행위임 • 무인가행위는 무효이나 특별한 규정이 없는 한 행정상의 강제집행 또는 행정벌의 대상은 되지 않음
대상	인가는 성질상 반드시 법률적 행위만을 대상으로 하므로 사실행위는 제외되지만 법률적 행위인 한 공법상의 행위(토지거래계약허가, 주택건설촉진법상 재건축조합설립인가 등)이건 사법상의 행위(특허기업의 사업양도인가, 하천점유권의 양도인가 등)이건 불문함
인가와 기본적 행위의 관계	• 인가는 보충행위이므로 기본적 행위가 불성립 또는 무효로 된 경우에는 인가를 받더라도 유효하게 되지 않음, 즉 인가는 기본적 행위의 하자를 치유하는 효력이 없음 • 기본적 행위가 적법 · 유효하게 성립한 후 실효되면 인가도 당연히 효력을 상실함 • 기본적 행위에 하자가 있는 경우에는 기본적 행위를 쟁송의 대상으로 삼을 것이지, 인가를 다툴 것은 아님(판례)
기본적 행위와 인가에 대한 쟁송방법	• 기본적 행위에 하자가 있는 경우에는 기본행위를 다툴 수 있지만 인가를 다툴 수는 없음 • 인가에 하자가 있는 경우에는 인가를 다툴 수 있지만 기본행위를 다툴 수는 없음

04
정답 ②

영역 일반행정작용법 > 기타행정행위   난도 **중**

정답의 이유

② 토지의 매매대금을 허위로 신고하고 계약을 체결하였다면 이는 계약예정금액에 대하여 허위의 신고를 하고 토지 등의 거래계약을 체결한 것으로서 구 국토이용관리법 제33조 제4호에 해당한다고 할 것이고, 행정관청이 국토이용관리법 소정의 토지거래계약신고에 관하여 공시된 기준시가를 기준으로 매매 가격을 신고하도록 행정지도를 하여 그에 따라 허위신고를 한 것이라 하더라도 이와

같은 행정지도는 법에 어긋나는 것으로서 그와 같은 행정지도나 관행에 따라 허위신고행위에 이르렀다고 하여도 이것만 가지고서는 그 범법행위가 정당화될 수 없다(대판 1994.6.14, 93도3247).

① 교육인적자원부장관의 대학총장들에 대한 이 사건 학칙시정요구는 고등교육법 제6조 제2항, 동법 시행령 제4조 제3항에 따른 것으로서 그 법적 성격은 대학총장의 임의적인 협력을 통하여 사실상의 효과를 발생시키는 행정지도의 일종이지만, 그에 따르지 않을 경우 일정한 불이익조치를 예정하고 있어 사실상 상대방에게 그에 따를 의무를 부과하는 것과 다를 바 없으므로 단순한 행정지도로서의 한계를 넘어 규제적·구속적 성격을 상당히 강하게 갖는 것으로서 헌법소원의 대상이 되는 공권력의 행사라고 볼 수 있다(헌재 2003.6.26, 2002헌마337 등 병합).

적중레이더

행정지도의 종류

조성적 행정지도	일정한 질서의 형성, 발전적 유도를 위한 지식·기술·정보 등을 제공(영농지도, 중소기업에 대한 경영지도, 생활개선지도, 기술지식의 제공 등)
조정적 행정지도	이해대립 또는 과당경쟁을 조정(노사분쟁의 조정, 투자·수출량의 조절 등을 위한 지도)
규제적 행정지도	질서유지나 공공복리를 위한 사적활동의 억제 또는 제한(물가의 억제를 위한 행정지도, 환경위생불량업소의 시정권고, 공해방지를 위한 규제조치, 토지거래중지권고, 불공정거래에 대한 시정권고)

05

정답 ①

영역 특별행정작용법 > 군사행정법   난도 **중**

① 군인과 군무원은 모두 국군을 구성하며 국토수호라는 목적을 위해 국가와 국민에게 봉사하는 특정직공무원이기는 하지만 각각의 책임·직무·신분 및 근무조건에는 상당한 차이가 존재한다. 이 사건 법률조항이 현역군인에게만 국방부 등의 보조기관 등에 보해질 수 있는 특례를 인정한 것은 국방부 등이 담당하고 있는 지상·해상·상륙 및 항공작전임무와 그 임무를 수행하기 위한 교육훈련업무에는 평소 그 업무에 종사해 온 현역군인들의 작전 및 교육경험을 활용할 필요성이 인정되는 반면, 군무원들이 주로 담당해 온 정비·보급·수송 등의 군수지원분야의 업무, 행정 업무 그리고 일부 전투지원분야의 업무는 국방부 등에 근무하는 일반직공무원·별정직공무원 및 계약직공무원으로서도 충분히 감당할 수 있다는 입법자의 합리적인 재량 판단에 의한 것이다. 따라서 이와 같은 차별이 입법재량의 범위를 벗어나 현저하게 불합리한 것이라 볼 수는 없으므로 이 사건 법률조항은 청구인들의 평등권을 침해하지 않는다(헌재 2008.6.26, 2005헌마1275).

② 대판 1997.6.19, 95누8669 전합

③ 유원지에 대한 도시계획시설의 설치, 정비, 개량에 관한 계획의 결정 및 변경결정에 관한 권한은 건설부장관으로부터 시·도지사에게 위임된 것이고, 이와 같이 권한의 위임이 행하여진 때에는 위임관청은 그 사무를 처리할 권한을 잃는다(대판 1992.9.22, 91누11292).

④ 대판 1991.12.24, 91다34097

06

정답 ②

영역 행정절차와 행정공개 > 정보공개와 개인정보보호   난도 **하**

② 개인정보 보호법 제24조 제1항 제1호

> 제24조(고유식별정보의 처리 제한) ① 개인정보처리자는 다음 각 호의 경우를 제외하고는 법령에 따라 개인을 고유하게 구별하기 위하여 부여된 식별정보로서 대통령령으로 정하는 정보(이하 "고유식별정보"라 한다)를 처리할 수 없다.
>   1. 정보주체에게 제15조 제2항 각 호 또는 제17조 제2항 각 호의 사항을 알리고 다른 개인정보의 처리에 대한 동의와 별도로 동의를 받은 경우

① 개인정보 보호법 시행령 제19조 제2호

> 제19조(고유식별정보의 범위) 법 제24조 제1항 각 호 외의 부분에서 "대통령령으로 정하는 정보"란 다음 각 호의 어느 하나에 해당하는 정보를 말한다. 다만, 공공기관이 법 제18조 제2항 제5호부터 제9호까지의 규정에 따라 다음 각 호의 어느 하나에 해당하는 정보를 처리하는 경우의 해당 정보는 제외한다.
>   1. 「주민등록법」 제7조의2 제1항에 따른 주민등록번호
>   2. 「여권법」 제7조 제1항 제1호에 따른 여권번호
>   3. 「도로교통법」 제80조에 따른 운전면허의 면허번호
>   4. 「출입국관리법」 제31조 제5항에 따른 외국인등록번호

③ 개인정보 보호법 제24조 제3항

> 제24조(고유식별정보의 처리 제한) ③ 개인정보처리자가 제1항 각 호에 따라 고유식별정보를 처리하는 경우에는 그 고유식별 정보가 분실·도난·유출·위조·변조 또는 훼손되지 아니하도록 대통령령으로 정하는 바에 따라 암호화 등 안전성 확보에 필요한 조치를 하여야 한다.

④ 개인정보 보호법 제24조의2 제1항

> **제24조의2(주민등록번호 처리의 제한)** ① 제24조 제1항에도 불구하고 개인정보처리자는 다음 각 호의 어느 하나에 해당하는 경우를 제외하고는 주민등록번호를 처리할 수 없다.
>
> 1. 법률 · 대통령령 · 국회규칙 · 대법원규칙 · 헌법재판소규칙 · 중앙선거관리위원회규칙 및 감사원규칙에서 구체적으로 주민등록번호의 처리를 요구하거나 허용한 경우
> 2. 정보주체 또는 제3자의 급박한 생명, 신체, 재산의 이익을 위하여 명백히 필요하다고 인정되는 경우
> 3. 제1호 및 제2호에 준하여 주민등록번호 처리가 불가피한 경우로서 보호위원회가 고시로 정하는 경우

07

정답 ③

영역 행정법 서론 > 행정법   난도 **하**

정답의 이유

③ <u>실권 또는 실효의 법리는 법의 일반원리인 신의성실의 원칙에 바탕을 둔 파생원칙인 것이므로</u> 공법관계 가운데 관리관계는 물론이고 권력관계에도 적용되어야 함을 배제할 수는 없다 하겠으나 그것은 본래 권리행사의 기회가 있음에도 불구하고 권리자가 장기간에 걸쳐 그의 권리를 행사하지 아니하였기 때문에 의무자인 상대방은 이미 <u>그의 권리를 행사하지 아니할 것으로 믿을 만한 정당한 사유가 있게 되거나 행사하지 아니할 것으로 추인케 할 경우에 새삼스럽게 그 권리를 행사하는 것이 신의성실의 원칙에 반하는 결과가 될 때 그 권리행사를 허용하지 않는 것을</u> 의미한다(대판 1988.4.27. 87누915). 판례에 의하면 대법원은 실권의 법리를 신의성실의 원칙의 파생원칙으로 보고 있다.

오답의 이유

① 현재 '법적 안정성설'이 통설과 판례의 입장이다.

④ 조세법률관계에서 과세관청의 행위에 대하여 신의성실의 원칙이 적용되기 위하여는, 첫째, 과세관청이 납세자에게 신뢰의 대상이 되는 공적인 견해 표명을 하여야 하고, 둘째, 납세자가 과세관청의 견해 표명이 정당하다고 신뢰한 데 대하여 납세자에게 귀책사유가 없어야 하며, 셋째, 납세자가 그 견해 표명을 신뢰하고 이에 따라 무엇인가 행위를 하여야 하고, 넷째, 과세관청이 위 견해 표명에 반하는 처분을 함으로써 납세자의 이익이 침해되는 결과가 초래되어야 할 것이고, 한편, <u>조세법령의 규정내용 및 행정규칙 자체는 과세관청의 공적 견해 표명에 해당하지 아니한다</u>(대판 2003.9.5. 2001두403)

08

정답 ③

영역 행정절차와 행정공개 > 정보공개와 개인정보보호   난도 **중**

정답의 이유

③ 공공기관의 정보공개에 관한 법률 제21조 제1항

오답의 이유

① 공공기관의 정보공개에 관한 법률 제10조 제1항

> **제10조(정보공개의 청구방법)** ① 정보의 공개를 청구하는 자(이하 "청구인"이라 한다)는 해당 정보를 보유하거나 관리하고 있는 공공기관에 다음 각 호의 사항을 적은 정보공개 청구서를 제출하거나 말로써 정보의 공개를 청구할 수 있다.
>
> 1. 청구인의 성명 · 생년월일 · 주소 및 연락처(전화번호 · 전자우편주소 등을 말한다. 이하 이 조에서 같다). 다만, 청구인이 법인 또는 단체인 경우에는 그 명칭, 대표자의 성명, 사업자등록번호 또는 이에 준하는 번호, 주된 사무소의 소재지 및 연락처를 말한다.
> 2. 청구인의 주민등록번호(본인임을 확인하고 공개 여부를 결정할 필요가 있는 정보를 청구하는 경우로 한정한다)
> 3. 공개를 청구하는 정보의 내용 및 공개방법

② 공공기관의 정보공개에 관한 법률 제11조 제3항

> **제11조(정보공개 여부의 결정)** ③ 공공기관은 공개 청구된 공개 대상 정보의 전부 또는 일부가 제3자와 관련이 있다고 인정할 때에는 그 사실을 제3자에게 지체 없이 통지하여야 하며, 필요한 경우에는 <u>그의 의견을 들을 수 있다.</u>

④ 공공기관의 정보공개에 관한 법률 제21조 제2항

> **제21조(제3자의 비공개 요청 등)** ② 제1항에 따른 비공개 요청에도 불구하고 공공기관이 공개 결정을 할 때에는 공개 결정 이유와 공개 실시일을 분명히 밝혀 지체 없이 문서로 통지하여야 하며, 제3자는 해당 공공기관에 문서로 이의신청을 하거나 행정심판 또는 행정소송을 제기할 수 있다. 이 경우 이의신청은 통지를 받은 날부터 7일 이내에 하여야 한다.

09

영역 행정의 실효성 확보수단 > 행정벌   난도 **중**

정답의 이유

① 통고처분과 고발의 법적 성질 및 효과 등을 조세범칙사건의 처리 절차에 관한 조세범 처벌절차법 관련 규정들의 내용과 취지에 비추어 보면, 지방국세청장 또는 세무서장이 조세범 처벌절차법 제 17조 제1항에 따라 통고처분을 거치지 아니하고 즉시 고발하였다면 이로써 조세범칙사건에 대한 조사 및 처분 절차는 종료되고 형사사건 절차로 이행되어 지방국세청장 또는 세무서장으로서는 동일한 조세범칙행위에 대하여 더 이상 통고처분(→ 무효)을 할 권한이 없다. 따라서 지방국세청장 또는 세무서장이 조세범칙행위에 대하여 고발을 한 후에 동일한 조세범칙행위에 대하여 통고처분을 하였더라도, 이는 법적 권한 소멸 후에 이루어진 것으로서 특별한 사정이 없는 한 효력이 없고, 조세범칙행위자가 이러한 통고처분을 이행하였더라도 조세범 처벌절차법 제15조 제3항에서 정한 일사부재리의 원칙이 적용될 수 없다(대판 2016.9.28, 2014도 10748).

오답의 이유

② 도로교통법 제118조에서 규정하는 경찰서장의 통고처분은 행정소송의 대상이 되는 행정처분이 아니므로 그 처분의 취소를 구하는 소송은 부적법하고, 도로교통법상의 통고처분을 받은 자가 그 처분에 대하여 이의가 있는 경우에는 통고처분에 따른 범칙금의 납부를 이행하지 아니함으로써 경찰서장의 즉결심판청구에 의하여 법원의 심판을 받을 수 있게 될 뿐이다(대판 1995.6.29, 95누4674).

③ 통고처분은 상대방의 임의의 승복을 그 발효요건으로 하기 때문에 그 자체만으로는 통고이행을 강제하거나 상대방에게 아무런 권리의무를 형성하지 않으므로 행정심판이나 행정소송의 대상으로서의 처분성을 부여할 수 없고, 통고처분에 대하여 이의가 있으면 통고내용을 이행하지 않음으로써 고발되어 형사재판절차에서 통고처분의 위법·부당함을 얼마든지 다툴 수 있기 때문에 관세법 제 38조 제3항 제2호가 법관에 의한 재판받을 권리를 침해한다든가 적법절차의 원칙에 저촉된다고 볼 수 없다(헌재 1998.5.28, 96헌바4 전합).

④ 관세청장 또는 세관장은 관세범에 대하여 통고처분을 할 수 있고, 범죄의 정상이 징역형에 처하여질 것으로 인정되는 때에는 즉시 고발하여야 하며, 관세범인이 통고를 이행할 수 있는 자금능력이 없다고 인정되거나 주소 및 거소의 불명 기타의 사유로 인하여 통고를 하기 곤란하다고 인정되는 때에도 즉시 고발하여야 하는 바, 이들 규정을 종합하여 보면, 통고처분을 할 것인지의 여부는 관세청장 또는 세관장의 재량에 맡겨져 있고, 따라서 관세청장 또는 세관장이 관세범에 대하여 통고처분을 하지 아니한 채 고발하였다는 것만으로는 그 고발 및 이에 기한 공소의 제기가 부적법하게 되는 것은 아니다(대판 2007.5.11, 2006도1993).

10

정답 ④

영역 행정법 서론 > 행정법   난도 **하**

정답의 이유

④ 헌법재판소는 헌법의 수호와 국민의 기본권 보장을 사명으로 하는 국가기관이므로 비록 고도의 정치적 결단에 의하여 행해지는 국가작용이라고 할지라도 그것이 국민의 기본권 침해와 직접 관련되는 경우에는 당연히 헌법재판소의 심판대상이 된다(헌재 1996.2.29, 93헌마186).

오답의 이유

①·②·③ 대통령의 긴급재정경제명령은 국가긴급권의 일종으로서 고도의 정치적 결단에 의하여 발동되는 행위이고 그 결단을 존중하여야 할 필요성이 있는 행위라는 의미에서 이른바 통치행위에 속한다고 할 수 있으나, 통치행위를 포함하여 모든 국가작용은 국민의 기본권적 가치를 실현하기 위한 수단이라는 한계를 반드시 지켜야 한다(헌재 1996.2.29, 93헌마186).

11

정답 ①

영역 일반행정작용법 > 기타행정행위   난도 **중**

정답의 이유

① 국가공무원법 제2조 제2항 제2호, 교육공무원법 제2조 제1항 제1호, 제3항, 제8조, 제26조 제1항, 제34조 제2항, 교육공무원임용령 제5조의2 제4항에 의하면, 일정한 자격을 갖추고 소정의 절차에 따라 대학의 장에 의하여 임용된 조교는 법정된 근무기간 동안 신분이 보장되는 교육공무원법상의 교육공무원 내지 국가공무원법상의 특정직공무원 지위가 부여되고, 근무관계는 사법상의 근로계약관계가 아닌 공법상 근무관계에 해당한다(대판 2019.11.14, 2015두52531).

오답의 이유

② 행정규칙의 내용이 상위법령이나 법의 일반원칙에 반하는 것이라면 법치국가원리에서 파생되는 법질서의 통일성과 모순금지 원칙에 따라 그것은 법질서상 당연무효이고, 행정내부적 효력도 인정될 수 없다(대판 2020.5.28, 2017두66541).

③ 계약직공무원에 관한 현행 법령의 규정에 비추어 볼 때, 계약직공무원 채용계약해지의 의사표시는 일반공무원에 대한 징계처분과는 달라서 항고소송의 대상이 되는 처분 등의 성격을 가진 것으로 인정되지 아니하고, 일정한 사유가 있을 때에 국가 또는 지방자치단체가 채용계약 관계의 한쪽 당사자로서 대등한 지위에서 행하는 의사표시로 취급되는 것으로 이해되므로, 이를 징계해고 등에서와 같이 그 징계사유에 한하여 효력 유무를 판단하여야 하거나, 행정처분과 같이 행정절차법에 의하여 근거와 이유를 제시하여야 하는 것은 아니다(대판 2002.11.26, 2002두5948).

④ 대판 1995.11.14, 95누2036

12

영역 특별행정작용법 > 군사행정법　　　　　난도 **중**

정답의 이유

④ 공익근무요원소집처분은 보충역편입처분을 받은 공익근무요원소 집대상자에게 기초적 군사훈련과 구체적인 복무기관 및 복무분야를 정한 공익근무요원으로서의 복무를 명하는 구체적인 행정처분 이므로, 위 두 처분은 후자의 처분이 전자의 처분을 전제로 하는 것이기는 하나 각각 단계적으로 별개의 법률효과를 발생하는 독립된 행정처분이라고 할 것이므로, 따라서 보충역편입처분의 기초가 되는 신체등위 판정에 잘못이 있다는 이유로 이를 다투기 위하여는 신체등위 판정을 기초로 한 보충역편입처분에 대하여 쟁송을 제기하여야 할 것이며, 그 처분을 다투지 아니하여 이미 불가쟁력이 생겨 그 효력을 다툴 수 없게 된 경우에는, 병역처분변경신청에 의하는 경우는 별론으로 하고, 보충역편입처분에 하자가 있다고 할지라도 그것이 당연무효라고 볼만한 특단의 사정이 없는 한 그 위법을 이유로 공익근무요원소집처분의 효력을 다툴 수 없다(대법 2002.12.10. 2001두5422).

오답의 이유

① 현역입영통지서 수령을 거절(예비적 공소사실)하였을 뿐 이를 적법하게 수령하였다고 볼 수 없다는 이유로 현역병입영대상자인 피고인이 현역입영통지서를 받았음에도 정당한 사유 없이 입영기일부터 3일이 경과하여도 입영하지 않았다는 이 사건 주위적 공소사실에 대하여는 그 범죄의 증명이 없는 때에 해당(→ 처벌이 인정되지 않는다)한다고 판단한 것은 정당하고, 거기에 상고이유 주장과 같이 병역의무부과통지서의 송달에 관한 법리를 오해하여 판결에 영향을 미친 위법이 있다고 할 수 없다(대판 2009.6.25. 2009도3387).

② 송달은 병역의무자의 현실적인 수령행위를 전제로 하고 있다고 보아야 하므로, 병역의무자가 현역입영통지의 내용을 이미 알고 있는 경우에도 여전히 현역입영통지서의 송달은 필요하고, 다른 법령상의 사유가 없는 한 병역의무자로부터 근거리에 있는 책상 등에 일시 현역입영통지서를 둔 것만으로는 병역의무자의 현실적인 수령행위가 있었다고 단정할 수 없다(대판 2009.6.25. 2009도3387).

③ 입영하여 현역으로 복무하는 자에 대한 병적을 당해 군 참모총장이 관리한다는 것은 입영 및 복무의 근거가 된 현역병입영통지처분이 적법함을 전제로 하는 것으로서 그 처분이 위법한 경우까지를 포함하는 의미는 아니라고 할 것이므로, 현역입영대상자로서는 현실적으로 입영을 하였다고 하더라도, 입영 이후의 법률관계에 영향을 미치고 있는 현역병입영통지처분 등을 한 관할지방병무청장을 상대로 위법을 주장하여 그 취소를 구할 소송상의 이익이 있다(대판 2003.12.26. 2003두1875).

13

영역 행정절차와 행정공개 > 행정절차법　　　　난도 **하**

정답의 이유

④ 행정절차법 제11조 제6항

> **제11조(대표자)** ⑥ 다수의 대표자가 있는 경우 그 중 1인에 대한 행정청의 행위는 모든 당사자 등에게 효력이 있다. 다만, 행정청의 통지는 대표자 모두에게 하여야 그 효력이 있다.

오답의 이유

① 다수의 당사자 등이 공동으로 행정절차에 관한 행위를 할 때에는 대표자를 선정할 수 있다(행정절차법 제11조 제1항).

② 대표자는 각자 그를 대표자로 선정한 당사자 등을 위하여 행정절차에 관한 모든 행위를 할 수 있다. 다만, 행정절차를 끝맺는 행위에 대하여는 당사자 등의 동의를 받아야 한다(행정절차법 제11조 제4항).

③ 대표자가 있는 경우에는 당사자 등은 그 대표자를 통하여서만 행정절차에 관한 행위를 할 수 있다(행정절차법 제11조 제5항).

14

영역 행정의 실효성 확보수단 > 행정상 강제　　　　난도 **중**

정답의 이유

② 항고소송의 대상이 되는 행정처분이라 함은 행정청의 공법상의 행위로서 특정사항에 대하여 법규에 의한 권리의 설정 또는 의무의 부담을 명하거나 기타 법률상 효과를 발생하게 하는 등 국민의 구체적인 권리의무에 직접적 변동을 초래하는 행위를 말하는 것이고, 행정권 내부에서의 행위나 알선, 권유, 사실상의 통지 등과 같이 상대방 또는 기타 관계자들의 법률상 지위에 직접적인 법률적 변동을 일으키지 아니하는 행위 등은 항고소송의 대상이 될 수 없다. … 보고명령 및 관련서류 제출명령을 이행하기 위하여 위 시정지시에 따른 시정조치의 이행이 사실상 강제되어 있다고 할 것이고, 만일 피고의 위 명령을 이행하지 않는 경우 시정명령을 받거나 법인설립허가가 취소될 수 있고, 자신이 운영하는 사회복지시설에 대한 개선 또는 사업정지 명령을 받거나 그 시설의 장의 교체 또는 시설의 폐쇄와 같은 불이익을 받을 위험 … 의무의 부담을 명하거나 기타 법률상 효과를 발생하게 하는 것으로서 항고소송의 대상이 되는 행정처분에 해당한다고 해석함이 상당하다(대판 2008.4.24. 2008두3500).

오답의 이유

① 교도소장이 수형자 甲을 '접견내용 녹음 · 녹화 및 접견 시 교도관 참여대상자'로 지정한 사안에서, 위 지정행위는 수형자의 구체적 권리의무에 직접적 변동을 가져오는 행정청의 공법상 행위로서 항고소송의 대상이 되는 '처분'에 해당한다고 본 원심판단을 정당한

것으로 수긍한 사례이다(대판 2014.2.13, 2013두20899).
③ 교도소 수형자에게 소변을 받아 제출하게 한 것은, 형을 집행하는 우월적인 지위에서 외부와 격리된 채 형의 집행에 관한 지시, 명령을 복종하여야 할 관계에 있는 자에게 행해진 것으로서 그 목적 또한 교도소 내의 안전과 질서유지를 위하여 실시하였고, 일방적으로 강제하는 측면이 존재하며, 응하지 않을 경우 직접적인 징벌 등의 제재는 없다고 하여도 불리한 처우를 받을 수 있다는 심리적 압박이 존재하리라는 것을 충분히 예상할 수 있는 점에 비추어, 권력적 사실행위로서 헌법재판소법 제68조 제1항의 공권력의 행사에 해당한다(헌재 2006.7.27, 2005헌마277).

15

정답 ①

영역 특별행정작용법 > 규제행정법　　　　　난도 상

정답의 이유

① 환경정책기본법은 <u>오염원인자 책임원칙과 환경오염의 피해에 대한 무과실책임을 정하고 있다.</u> … 방사능에 오염된 고철은 원자력안전법 등의 법령에 따라 처리되어야 하고 유통되어서는 안 된다. 사업활동 등을 하던 중 고철을 방사능에 오염시킨 자는 원인자로서 관련 법령에 따라 고철을 처리함으로써 오염된 환경을 회복·복원할 책임을 진다. 이러한 조치를 취하지 않고 방사능에 오염된 고철을 타인에게 매도하는 등으로 유통시킴으로써 거래 상대방이나 전전 취득한 자가 방사능오염으로 피해를 입게 되면 그 <u>원인자는 방사능오염 사실을 모르고 유통시켰더라도 환경정책기본법 제44조 제1항에 따라 피해자에게 피해를 배상할 의무가 있다</u>(대판 2018.9.13, 2016다35802).

오답의 이유

② 토양은 폐기물 기타 오염물질에 의하여 오염될 수 있는 대상일 뿐 <u>오염토양이라 하여 동산으로서 '물질'인 폐기물에 해당한다고 할 수 없고,</u> 나아가 오염토양은 법령상 절차에 따른 <u>정화 대상이 될 뿐 법령상 금지되거나 그와 배치되는 개념인 투기나 폐기 대상이 된다고 할 수 없다.</u> 따라서 오염토양 자체의 규율에 관하여는 '사람의 생활이나 사업 활동에 필요하지 아니하게 된 물질'의 처리를 목적으로 하는 구 폐기물관리법에서 처리를 위한 별도의 근거 규정을 두고 있지 아니한 이상 구 폐기물관리법의 규정은 성질상 적용될 수 없고, 이는 오염토양이 구 폐기물관리법상의 폐기물이나 구성요소인 오염물질과 섞인 상태로 되어 있다거나 그 부분 오염토양이 정화작업 등의 목적으로 해당 부지에서 반출되어 동산인 '물질'의 상태를 일시 갖추게 되었더라도 마찬가지이다(대판 2011.5.26, 2008도2907).
③ 대판 2019.12.24, 2019두45579

④ 불법행위로 영업을 중단한 자가 영업 중단에 따른 손해배상을 구하는 경우 영업을 중단하지 않았으면 얻었을 순이익과 이와 별도로 영업 중단과 상관없이 불가피하게 지출해야 하는 비용도 특별한 사정이 없는 한 손해배상의 범위에 포함될 수 있다. 위와 같은 순이익과 비용의 배상을 인정하는 것은 이중배상에 해당하지 않는다. 이러한 법리는 환경정책기본법 제44조 제1항에 따라 그 피해의 배상을 인정하는 경우에도 적용된다(대판 2018.9.13, 2016다35802).

((₰)) 적중레이더

환경규제기본법의 법원
현대 산업사회에 있어서 무질서하고 과도한 개발 사업으로 인하여 생활환경과 자연환경에 심각한 부작용이 발생하면서, 모든 국민이 건강하고 쾌적한 환경에서 생활할 수 있도록 하기 위하여 국가는 환경보전을 위하여 노력하여야 하므로(헌법 제35조 제1항). 이러한 헌법 규정에 기초하여 다양한 환경규제행정법이 도입되게 되었는바, 「환경정책기본법」을 비롯하여 「환경영향평가법」, 「대기환경보전법」, 「물환경보전법」, 「폐기물관리법」 등 다양한 환경규제행정법이 있다.

16

정답 ①

영역 행정의 실효성 확보수단 > 행정벌　　　　　난도 중

정답의 이유

① 행정법규 위반에 대하여 가하는 제재조치는 행정목적의 달성을 위하여 행정법규 위반이라는 객관적 사실에 착안하여 가하는 제재이므로 반드시 현실적인 행위자가 아니라도 법령상 책임자로 규정된 자에게 부과되고 특별한 사정이 없는 한 위반자에게 고의나 과실이 없더라도 부과할 수 있다(대판 2012.5.10, 2012두1297).

오답의 이유

② 일정한 법규위반 사실이 행정처분의 전제사실이 되는 한편 이와 동시에 형사법규의 위반 사실이 되는 경우에 행정처분과 형벌은 각기 그 권력적 기초, 대상, 목적을 달리하고 있으므로 <u>동일한 행위에 관하여 독립적으로 행정처분이나 형벌을 과하거나 이를 병과할 수 있는 것이고 법규가 예외적으로 형사소추선행의 원칙을 규정하고 있지 아니한 이상</u> 형사판결 확정에 앞서 일정한 위반사실을 들어 행정처분을 하였다고 하여 절차적 위반이 있다고 할 수 없다(대판 1986.7.8, 85누1002).

17

영역 행정상 쟁송 > 행정심판　　　　　　　　　　난도 **하**

[정답의 이유]

① 행정심판법 제4조 제3항

> **제4조(특별행정심판 등)** ③ 관계 행정기관의 장이 특별행정심판 또는 이 법에 따른 행정심판 절차에 대한 특례를 신설하거나 변경하는 법령을 제정·개정할 때에는 미리 중앙행정심판위원회와 협의하여야 한다.

[오답의 이유]

②·③ 행정심판법 제3조

> **제3조(행정심판의 대상)** ① 행정청의 처분 또는 부작위에 대하여는 다른 법률에 특별한 규정이 있는 경우 외에는 이 법에 따라 행정심판을 청구할 수 있다.
> ② 대통령의 처분 또는 부작위에 대하여는 다른 법률에서 행정심판을 청구할 수 있도록 정한 경우 외에는 행정심판을 청구할 수 없다.

④ 행정심판법 제2조

> **제2조(정의)** 이 법에서 사용하는 용어의 뜻은 다음과 같다.
> 4. "행정청"이란 행정에 관한 의사를 결정하여 표시하는 국가 또는 지방자치단체의 기관, 그 밖에 법령 또는 자치법규에 따라 행정권한을 가지고 있거나 위탁을 받은 공공단체나 그 기관 또는 사인(私人)을 말한다.

18

영역 행정상 쟁송 > 행정소송　　　　　　　　　　난도 **중**

[정답의 이유]

① 구 노동위원회법 제19조의2 제1항의 규정은 행정처분의 성질을 가지는 지방노동위원회의 처분에 대하여 중앙노동위원장을 상대로 행정소송을 제기할 경우의 전치요건에 관한 규정이라 할 것이므로 당사자가 지방노동위원회의 처분에 대하여 불복하기 위하여는 처분 송달일로부터 10일 이내에 중앙노동위원회에 재심을 신청하고 중앙노동위원회의 재심판정서 송달일로부터 15일 이내에 중앙노동위원장을 피고로 하여 재심판정취소의 소를 제기하여야 할 것이다(대판 1995.9.15, 95누6724).

[오답의 이유]

② 지방의회를 대표하고 의사를 정리하며 회의장 내의 질서를 유지하고 의회의 사무를 감독하며 위원회에 출석하여 발언할 수 있는 등의 직무권한을 가지는 지방의회 의장에 대한 불신임의결은 의장으로서의 권한을 박탈하는 행정처분의 일종으로서 항고소송의 대상이 된다(대결 1994.10.11, 94두23).

③ 조례가 집행행위의 개입 없이도 그 자체로서 직접 국민의 구체적인 권리의무나 법적 이익에 영향을 미치는 등의 법률상 효과를 발생하는 경우 그 조례는 항고소송의 대상이 되는 행정처분에 해당하고, 이러한 조례에 대한 무효확인소송을 제기함에 있어서 피고적격이 있는 처분 등을 행한 행정청은, 행정주체인 지방자치단체 또는 지방자치단체의 내부적 의결기관으로서 지방자치단체의 의사를 외부에 표시한 권한이 없는 지방의회가 아니라, 지방자치단체의 집행기관으로서 조례로서의 효력을 발생시키는 공포권이 있는 지방자치단체의 장이다. … 교육에 관한 조례의 무효확인소송을 제기함에 있어서는 그 집행기관인 시·도 교육감을 피고로 하여야 한다. … 경기 가평군 가평읍 상색국민학교 두밀분교를 폐지하는 내용의 이 사건 조례는 위 두밀분교의 취학아동과의 관계에서 영조물인 특정의 국민학교를 구체적으로 이용할 이익을 직접적으로 상실하게 하는 것이므로 항고소송의 대상이 되는 행정처분이라고 전제한 다음, 이 사건과 같이 교육에 관한 조례무효확인 소송의 정당한 피고는 시·도의 교육감이라 할 것이므로 지방의회를 피고로 한 이 사건 소는 부적법하다고 판단한 것은 정당하고, 거기에 논지와 같은 조례무효확인 소송에 있어서의 피고적격에 관한 법리오해의 위법이 있다고 할 수 없다(대판 1996.9.20, 95누8003).

④ 대결 2003.10.9, 2003무23

19

영역 행정상 쟁송 > 행정소송　　　　　　　　　　난도 **중**

[정답의 이유]

② 원자로 및 관계 시설의 부지사전승인처분은 건설허가 전에 신청자의 편의를 위하여 미리 그 건설허가의 일부 요건을 심사하여 행하는 사전적 부분 건설허가처분의 성격을 갖고 있는 것이어서 나중에 건설허가처분이 있게 되면 건설허가처분에 흡수되어 독립된 존재가치를 상실함으로써 그 건설허가처분만이 쟁송의 대상이 되는 것이므로, 부지사전승인처분의 취소를 구하는 소는 소의 이익을 잃게 되고, 따라서 부지사전승인처분의 위법성은 나중에 내려진 건설허가처분의 취소를 구하는 소송에서 이를 다투면 된다(대판 1998.9.4, 97누19588).

[오답의 이유]

① 소음·진동배출시설에 대한 설치허가가 취소된 후 그 배출시설이 어떠한 경위로든 철거되어 다시 복구 등을 통하여 배출시설을 가동할 수 없는 상태라면 이는 배출시설 설치허가의 대상이 되지 아니하므로 외형상 설치허가취소행위가 잔존하고 있다고 하여도 특단의 사정이 없는 한 이제 와서 굳이 위 처분의 취소를 구할 법률상의 이익이 없다(대판 2002.1.11, 2000두2457).

③ 법인이 법인세의 과세표준을 신고하면서 배당, 상여 또는 기타소득으로 소득처분한 금액은 당해 법인이 신고기일에 소득처분의 상대방에게 지급한 것으로 의제되어 그때 원천징수하는 소득세의 납

세의무가 성립·확정되며, 그 후 과세관청이 직권으로 상대방에 대한 소득처분을 경정하면서 일부 항목에 대한 증액과 다른 항목에 대한 감액을 동시에 한 결과 전체로서 소득처분금액이 감소된 경우에는 그에 따른 소득금액변동통지가 납세자인 당해 법인에 불이익을 미치는 처분이 아니므로 당해 법인은 그 소득금액변동통지의 취소를 구할 이익이 없다(대판 2012.4.13, 2009두5510).

④ 대집행계고처분 취소소송의 변론종결 전에 대집행영장에 의한 통지절차를 거쳐 사실행위로서 대집행의 실행이 완료된 경우에는 행위가 위법한 것이라는 이유로 손해배상이나 원상회복 등을 청구하는 것은 별론으로 하고 처분의 취소를 구할 법률상 이익은 없다(대판 1993.6.8, 93누6164).

20
정답 ③

영역 행정상 쟁송 > 행정심판   **난도** 중

정답의 이유

③ 복효적 행정행위, 특히 제3자효를 수반하는 행정행위에 대한 행정심판청구에 있어서 그 청구를 인용하는 내용의 재결로 인하여 비로소 권리이익을 침해받게 되는 자는 그 인용재결에 대하여 다툴 필요가 있고, 그 인용재결은 원처분과 내용을 달리하는 것이므로 그 인용재결의 취소를 구하는 것은 원처분에는 없는 재결에 고유한 하자를 주장하는 셈이어서 당연히 항고소송의 대상이 된다(대판 2001.5.29, 99두10292).

오답의 이유

①·② 행정심판에 대한 재결에 대하여도 그 재결 자체에 고유한 위법이 있음을 이유로 하는 경우에는 항고소송을 제기하여 그 취소를 구할 수 있고(행정소송법 제19조 단서), 여기에서 말하는 '재결 자체에 고유한 위법'이란 그 재결자체에 주체, 절차, 형식 또는 내용상의 위법이 있는 경우를 의미하는데, 행정심판청구가 부적법하지 않음에도 각하한 재결은 심판청구인의 실체심리를 받을 권리를 박탈한 것으로서 원처분에 없는 고유한 하자가 있는 경우에 해당하고, 따라서 위 재결은 취소소송의 대상이 된다(대판 2001.7.27, 99두2970).

④ 대판 1996.2.13, 95누8027

21
정답 ③

영역 행정절차와 행정공개 > 정보공개와 개인정보보호   **난도** 중

정답의 이유

③ 회의록 중 발언내용 이외에 해당 발언자의 인적 사항까지 공개된다면 정화위원들이나 출석자들은 자신의 발언내용에 관한 공개에 대한 부담으로 인한 심리적 압박 때문에 위 정화위원회의 심의절차에서 솔직하고 자유로운 의사교환을 할 수 없고, 심지어 당사자나 외부의 의사에 영합하는 발언을 하거나 침묵으로 일관할 우려

가 있다. 따라서 학교환경위생구역 내 금지행위(숙박시설) 해제결정에 관한 학교환경위생정화위원회의 회의록에 기재된 발언내용에 대한 해당 발언자의 인적 사항 부분에 관한 정보는 공공기관의 정보공개에 관한 법률 제7조 제1항 제5호 소정의 비공개 대상에 해당한다(대판 2003.8.22, 2002두12946).

오답의 이유

① 정보공개법의 입법 목적, 정보공개의 원칙, 위 비공개 대상 정보의 규정 형식과 취지 등을 고려하면, 법원 이외의 공공기관이 위 규정이 정한 '진행 중인 재판에 관련된 정보'에 해당한다는 사유로 정보공개를 거부하기 위하여는 반드시 그 정보가 진행 중인 재판의 소송기록 그 자체에 포함된 내용의 정보일 필요는 없으나, 재판에 관련된 일체의 정보가 그에 해당하는 것은 아니고 진행 중인 재판의 심리 또는 재판 결과에 구체적으로 영향을 미칠 위험이 있는 정보에 한정된다고 보는 것이 타당하다(대판 2018.9.28, 2017두69892).

② 행정처분의 취소를 구하는 항고소송에 있어 처분청은 당초 처분의 근거로 삼은 사유와 기본적 사실관계가 동일성이 있다고 인정되는 한도 내에서는 다른 사유를 추가하거나 변경할 수도 있으나 기본적 사실관계가 동일하다는 것은 처분사유를 법률적으로 평가하기 이전의 구체적인 사실에 착안하여 그 기초인 사회적 사실관계가 기본적인 점에서 동일한 것을 말하며, 처분청이 처분 당시에 적시한 구체적 사실을 변경하지 아니하는 범위 내에서 단지 그 처분의 근거법령만을 추가·변경하거나 당초의 처분사유를 구체적으로 표시하는 것에 불과한 경우에는 새로운 처분사유를 추가하거나 변경하는 것이라고 볼 수 없다(대판 2007.2.8, 2006두4899).

④ 같은 법 제7조 제1항 제5호에서의 '감사·감독·검사·시험·규제·입찰계약·기술개발·인사관리·의사결정과정 또는 내부검토과정에 있는 사항'은 비공개 대상 정보를 예시적으로 열거한 것이라고 할 것이므로 의사결정과정에 제공된 회의관련자료나 의사결정과정이 기록된 회의록 등은 의사가 결정되거나 의사가 집행된 경우에는 더 이상 의사결정과정에 있는 사항 그 자체라고는 할 수 없으나, 의사결정과정에 있는 사항에 준하는 사항으로서 비공개 대상 정보에 포함될 수 있다(대판 2003.8.22, 2002두12946).

22
정답 ③

영역 행정구제법 > 손해전보제도   **난도** 중

정답의 이유

③ • 지자체 담당공무원: 공무원에게 부과된 직무상 의무의 내용이 단순히 공공 일반의 이익을 위한 것이거나 행정기관 내부의 질서를 규율하기 위한 것이 아니고 전적으로 또는 부수적으로 사회구성원 개인의 안전과 이익을 보호하기 위하여 설정된 것이라면, 공무원이 그와 같은 직무상 의무를 위반함으로 인하여 피해자가 입은 손해에 대하여는 상당인과관계가 인정되는 범위 내에

서 국가가 배상책임을 지는 것이고, 이때 상당인과관계의 유무를 판단함에 있어서는 일반적인 결과 발생의 개연성은 물론 직무상 의무를 부과하는 법령 기타 행동규범의 목적이나 가해행위의 태양 및 피해의 정도 등을 종합적으로 고려하여야 하며, 이는 지방자치단체와 그 소속 공무원에 대하여도 마찬가지이다. 유흥주점에 감금된 채 윤락을 강요받으며 생활하던 여종업원들이 유흥주점에 화재가 났을 때 미처 피신하지 못하고 유독가스에 질식해 사망한 사안에서, 지방자치단체의 담당공무원이 위 유흥주점의 용도변경, 무허가 영업 및 시설기준에 위배된 개축에 대하여 시정명령 등 식품위생법상 취하여야 할 조치를 게을리 한 직무상 의무위반행위와 위 종업원들의 사망 사이에 상당인과관계가 존재하지 않는다.

- 소방공무원: 유흥주점에 감금된 채 윤락을 강요받으며 생활하던 여종업원들이 유흥주점에 화재가 났을 때 미처 피신하지 못하고 유독가스에 질식해 사망한 사안에서, 소방공무원이 위 유흥주점에 대하여 화재 발생 전 실시한 소방점검 등에서 구 소방법상 방염 규정 위반에 대한 시정조치 및 화재 발생 시 대피에 장애가 되는 잠금장치의 제거 등 시정조치를 명하지 않은 직무상 의무 위반은 현저히 불합리한 경우에 해당하여 위법하고, 이러한 직무상 의무 위반과 위 사망의 결과 사이에 상당인과관계가 존재한다(대판 2008.4.10, 2005다48994).

오답의 이유

① 국·공립대학 교원에 대한 재임용거부처분이 재량권을 일탈·남용한 것으로 평가되어 그것이 불법행위가 됨을 이유로 국·공립대학 교원 임용권자에게 손해배상책임을 묻기 위해서는 당해 재임용거부가 국·공립대학 교원 임용권자의 고의 또는 과실로 인한 것이라는 점이 인정되어야 한다. 그리고 위와 같은 고의·과실이 인정되려면 국·공립대학 교원 임용권자가 객관적 주의의무를 결하여 그 재임용거부처분이 객관적 정당성을 상실하였다고 인정될 정도에 이르러야 한다.

② 입법부가 법률로써 행정부에게 특정한 사항을 위임했음에도 불구하고 행정부가 정당한 이유 없이 이를 이행하지 않는다면 권력분립의 원칙과 법치국가 내지 법치행정의 원칙에 위배되는 것으로서 위법함과 동시에 위헌적인 것이 되는바, … 위 법률의 규정들은 군법무관의 보수의 내용을 법률로써 일차적으로 형성한 것이고, 위 법률들에 의해 상당한 수준의 보수청구권이 인정되는 것이므로, 위 보수청구권은 단순한 기대이익을 넘어서는 것으로서 법률의 규정에 의해 인정된 재산권의 한 내용이 되는 것으로 봄이 상당하고, 따라서 행정부가 정당한 이유 없이 시행령을 제정하지 않은 것은 위 보수청구권을 침해하는 불법행위에 해당한다(대판 2007.11.29, 2006다3561).

④ 공무원의 행위를 원인으로 한 국가배상책임을 인정하기 위하여는 '공무원이 직무를 집행하면서 고의 또는 과실로 법령을 위반하여 타인에게 손해를 입힌 때'라고 하는 국가배상법 제2조 제1항의 요건이 충족되어야 한다. 여기서 '법령을 위반하여'라고 함은 엄격하게 형식적 의미의 법령에 명시적으로 공무원의 행위의무가 정하여져 있음에도 이를 위반하는 경우만을 의미하는 것은 아니고, 인권존중·권력남용금지·신의성실과 같이 공무원으로서 마땅히 지켜야 할 준칙이나 규범을 지키지 아니하고 위반한 경우를 비롯하여 널리 그 행위가 객관적인 정당성을 결여하고 있는 경우도 포함한다(대판 2015.8.27, 2012다204587).

적중레이더

국가배상법 제2조와의 비교

구분	국가배상법 제2조	국가배상법 제5조
헌법상 근거 규정	있음(헌법 제29조)	없음
성격	과실책임	무과실책임
이중배상청구 제한규정 (동법 제2조 제1항 단서)	적용 긍정	적용 긍정
배상기준규정 (동법 제3조)	적용 긍정	적용 긍정

23
정답 ②

영역 일반행정작용법 > 행정행위
난도 하

정답의 이유

② 징수처분의 취소를 구하는 부분의 소는 전심절차를 거치지 않았는데, 과세처분의 무효선언을 구하는 의미에서 그 취소를 구하는 소송이라도 전심절차를 거쳐야 하므로 이 부분 소는 부적법하다고 판단하여 이를 각하하였는 바, 이러한 원심판단은 정당하고 소론과 같은 채증법칙위배나 심리미진, 이유불비의 위법이 없으니 논지는 이유없다(대판 1990.8.28, 90누1892).

오답의 이유

① 사정재결에는 무효등확인심판에는 적용되지 않는다(행정심판법 제44조 제3항). 따라서 취소심판, 의무이행심판(사정재결), 취소소송(사정판결)에서 인정된다.

③ 행정소송법 제38조 제1항이 무효확인 판결에 관하여 취소판결에 관한 규정을 준용함에 있어서 같은 법 제30조 제2항을 준용한다고 규정하면서도 같은 법 제34조는 이를 준용한다는 규정을 두지 않고 있으므로, 행정처분에 대하여 무효확인 판결이 내려진 경우에는 그 행정처분이 거부처분인 경우에도 행정청에 판결의 취지에 따른 재처분의무가 인정될 뿐 그에 대하여 간접강제까지 허용되는 것은 아니라고 할 것이다(대결 1998.12.24, 98무37).

④ 행정처분의 당연무효를 선언하는 의미에서 그 취소를 청구하는 행정소송을 제기하는 경우에도 소원의 전치와 제소기간의 준수등 취소소송의 제소요건을 갖추어야 한다(대판 1984.5.29, 84누175).

무효와 취소의 구별실익

구분	무효	취소
공정력, 존속력, 강제력	×	○
선결문제	심사 가능	효력 부인 (위법성 판단은 가능)
하자승계	승계○ (모든 후행행위에 승계)	원칙적으로 승계○ (선행행위와 후행행위가 결합하여 하나의 법률 효과를 발생하는 경우)
하자의 치유와 전환	치유 부정/ 전환 인정	치유 인정/ 전환 부정
신뢰보호의 원칙	×	○
쟁송형태	무효등확인심판, 무효등확인소송	취소심판, 취소소송
쟁송제기 기간의 제한	불가쟁력× → 제한×	불가쟁력○ → 제한○
사정판결, 사정재결	×	○
간접강제	×	○
예외적 행정심판전치주의	적용×	적용○

※ 국가배상청구소송, 집행부정지원칙은 구별실익에 해당하지 않음

24

영역 행정의 실효성 확보수단 > 행정상 강제　　난도 **중**

정답의 이유

③ 건축주 등이 장기간 시정명령을 이행하지 아니하였더라도, 그 기간 중에는 시정명령의 이행 기회가 제공되지 아니하였다가 뒤늦게 시정명령의 이행 기회가 제공된 경우라면, 시정명령의 이행 기회 제공을 전제로 한 1회분의 이행강제금만을 부과할 수 있고, 시정명령의 이행 기회가 제공되지 아니한 과거의 기간에 대한 이행강제금까지 한꺼번에 부과할 수는 없다. 그리고 이를 위반하여 이루어진 이행강제금 부과처분은 과거의 위반행위에 대한 제재가 아니라 행정상의 간접강제 수단이라는 이행강제금의 본질에 반하여 구 건축법 제80조 제1항, 제4항 등 법규의 중요한 부분을 위반한 것으로서, 그러한 하자는 중대할 뿐만 아니라 객관적으로도 명백하다(대판 2016.7.14. 2015두46598).

오답의 이유

① 현행 건축법상 위법건축물에 대한 이행강제수단으로 대집행과 이행강제금이 인정되고 있는데, 양 제도는 각각의 장·단점이 있으므로 행정청은 개별사건에 있어서 위반내용, 위반자의 시정의지 등을 감안하여 대집행과 이행강제금을 선택적으로 활용할 수 있으

며, 이처럼 그 합리적인 재량에 의해 선택하여 활용하는 이상 중첩적인 제재에 해당한다고 볼 수 없다(헌재 2004.2.26. 2001헌바80 병합).

② 건축법 제108조, 제110조에 의한 형사처벌의 대상이 되는 행위와 이 사건 법률조항에 따라 이행강제금이 부과되는 행위는 기초적 사실관계가 동일한 행위가 아니라 할 것이므로 이런 점에서도 이 사건 법률조항이 헌법 제13조 제1항의 이중처벌금지의 원칙에 위반되지 아니한다(헌재 2011.10.25. 2009헌바140 전합).

④ 부동산의 소유권이전을 내용으로 하는 계약을 체결하고 반대급부의 이행을 완료한 날로부터 3년 이내에 소유권이전등기를 신청하지 아니한 등기권리자 등(이하 '장기미등기자'라 한다)에 대하여 부과되는 이행강제금은 소유권이전등기신청의무 불이행이라는 과거의 사실에 대한 제재인 과징금과 달리, 장기미등기자에게 등기신청의무를 이행하지 아니하면 이행강제금이 부과된다는 심리적 압박을 주어 의무의 이행을 간접적으로 강제하는 행정상의 간접강제 수단에 해당한다. 따라서 장기미등기자가 이행강제금 부과 전에 등기신청의무를 이행하였다면 이행강제금의 부과로써 이행을 확보하고자 하는 목적은 이미 실현된 것이므로 부동산실명법 제6조 제2항에 규정된 기간이 지나서 등기신청의무를 이행한 경우라 하더라도 이행강제금을 부과할 수 없다(대판 2016.6.23. 2015두36454).

25

영역 행정법 서론 > 사인의 공법행위　　난도 **하**

정답의 이유

③ 행정청은 신청에 구비서류의 미비 등 흠이 있는 경우에는 보완에 필요한 상당한 기간을 정하여 지체 없이 신청인에게 보완을 요구하여야 한다(행정절차법 제17조 제5항).

오답의 이유

① 행정청에 처분을 구하는 신청은 문서로 하여야 한다. 다만, 다른 법령 등에 특별한 규정이 있는 경우와 행정청이 미리 다른 방법을 정하여 공시한 경우에는 그러하지 아니하다(행정절차법 제17조 제1항).

② 행정청은 신청에 필요한 구비서류, 접수기관, 처리기간, 그 밖에 필요한 사항을 게시(인터넷 등을 통한 게시를 포함한다)하거나 이에 대한 편람을 갖추어 두고 누구나 열람할 수 있도록 하여야 한다(행정절차법 제17조 제3항).

④ 행정청은 신청인의 편의를 위하여 다른 행정청에 신청을 접수하게 할 수 있다. 이 경우 행정청은 다른 행정청에 접수할 수 있는 신청의 종류를 미리 정하여 공시하여야 한다(행정절차법 제17조 제7항).

2020 7급 기출문제 해설

☑ 점수 (　　)점/100점　☑ 문제편 185쪽

영역 분석

일반행정작용법	6문항	★★★★★★	24%
행정의 실효성 확보수단	5문항	★★★★★	20%
행정상 쟁송	5문항	★★★★★	20%
행정법 서론	3문항	★★★	12%
행정조직법	3문항	★★★	12%
특별행정작용법	2문항	★★	8%
행정절차와 행정공개	1문항	★	4%

빠른 정답

01	02	03	04	05	06	07	08	09	10
②	③	①	③	④	②	③	②	④	④
11	**12**	**13**	**14**	**15**	**16**	**17**	**18**	**19**	**20**
②	④	④	①	②	②	①	③	④	②
21	**22**	**23**	**24**	**25**					
④	③	①	④	①					

01
정답 ②

영역 행정의 실효성 확보수단 > 행정상 강제　　난도 **하**

정답의 이유

② 법관의 재판에 법령의 규정을 따르지 아니한 잘못이 있다 하더라도 이로써 바로 그 재판상 직무행위가 국가배상법 제2조 제1항에서 말하는 위법한 행위로 되어 국가의 손해배상책임이 발생하는 것은 아니고, 그 국가배상책임이 인정되려면 당해 법관이 위법 또는 부당한 목적을 가지고 재판을 하였다거나 법이 법관의 직무수행상 준수할 것을 요구하고 있는 기준을 현저하게 위반하는 등 법관이 그에게 부여된 권한의 취지에 명백히 어긋나게 이를 행사하였다고 인정할 만한 특별한 사정이 있어야 한다(대판 2003.7.11. 99다24218).

오답의 이유

① 자기책임설의 입장에서는 국가책임이 기본이며, 국가가 책임을 지더라도 이는 공무원의 책임을 대신지는 것이 아니라 국가가 사용자로서 자신의 고유한 책임을 지는 것이다.

③ 과실의 객관화란 주의의무위반 여부를 행위공무원 개개인의 주의력을 기준으로 하지 않고, 평균적 공무원의 주의력을 기준으로 판단하려는 것이다. 따라서 특정 공무원 개인의 지식·능력·경험의 여하에 따라 주관적으로 정해지는 것은 아니다.

(((•))) 적중레이더

과실의 객관화

• 의미: 고의 또는 과실을 공무원 개인의 주관적 인식만을 기준으로 판단하면 과실의 증명이 어려워 국민의 권익구제가 용이하지 않게 된다. 따라서 과실의 객관화를 통해 과실의 의미를 객관화하여 국가의 책임범위를 확대하고 피해자의 권리구제를 용이하게 하는 것을 의미한다.

• 판단 기준: 과실 유무를 해당 공무원 개인의 주의의무를 기준으로 하는 것이 아니라, 당해 직무를 담당하는 '평균적 공무원의 주의의무'를 기준으로 판단하는 것으로 통설의 입장이다.

02
정답 ③

영역 행정상 쟁송 > 행정소송　　난도 **중**

정답의 이유

③ 행정소송법 제4조 제3호에 규정된 부작위위법확인의 소는 행정청이 당사자의 법규상 또는 조리상의 권리에 기한 신청에 대하여 상당한 기간 내에 신청을 인용하는 적극적 처분 또는 각하하거나 기각하는 등의 소극적 처분을 하여야 할 법률상 응답의무가 있음에도 불구하고 이를 하지 아니하는 경우 부작위가 위법하다는 것을 확인함으로써 행정청의 응답을 신속하게 하여 부작위 또는 무응답이라고 하는 소극적 위법상태를 제거하는 것을 목적으로 하는 제도이다(대판 1993.4.23. 92누17099). 판례는 '절차적 심리설'을 취하며, 이는 부작위의 위법 여부만을 심판한다는 것이다.

① • 처분 등을 취소하는 확정판결은 제3자에 대하여도 효력이 있다 (행정소송법 제29조 제1항).
  • 부작위법확인소송은 행정소송법 제38조 제2항에 의해 준용된다.

② 부작위법확인의 소는 부작위상태가 계속되는 한 그 위법의 확인을 구할 이익이 있다고 보아야 하므로 원칙적으로 제소기간의 제한을 받지 않는다. 그러나 행정소송법 제38조 제2항이 제소기간을 규정한 같은 법 제20조를 부작위법확인소송에 준용하고 있는 점에 비추어 보면, 행정심판 등 전심절차를 거친 경우에는 행정소송법 제20조가 정한 제소기간 내에 부작위법확인의 소를 제기하여야 한다(대판 2009.7.23, 2008두10560).

④ 행정소송법상 행정청으로 하여금 일정한 행정처분을 하도록 명하는 이른바 이행판결을 구하는 소송은 허용되지 않는다(대판 1989.5.23, 88누8135).

📡 적중레이더

부작위법확인소송 심리 및 판결
• 심리의 범위: 심리의 범위가 신청의 실체적 내용까지 미치는지에 관해 절차적 심리설(소극설, 응답의무설)과 실체적 심리설(적극설, 특정처분의무설)이 대립한다. 판례는 부작위의 위법성을 확인하는 데 그치고 실체적 내용까지 심리할 수 없다면서 절차적 심리설의 입장을 취하고 있다.
• 위법판단의 기준시: 취소소송에서는 위법판단의 기준시에 대해 처분시설이 통설이나, 부작위법확인소송의 경우 처분이 존재하지 않으므로 판결 시(사실심의 종결 시)설이 통설이다.
• 판결의 효력: 사정판결에 관한 규정은 준용되지 않으며 간접강제에 관한 규정은 준용되고 제3자효, 기속력은 인정되지만 형성력은 존재하지 않는다고 보는 것이 통설이다.

03
영역 행정의 실효성 확보수단 > 서설 　　　난도 **중**　　정답 ①

정답의 이유

① 산업단지관리공단의 지위, 입주계약 및 변경계약의 효과, 입주계약 및 변경계약 체결 의무와 그 의무를 불이행한 경우의 형사적 내지 행정적 제재, 입주계약해지의 절차, 해지통보에 수반되는 법적 의무 및 그 의무를 불이행한 경우의 형사적 내지 행정적 제재 등을 종합적으로 고려하면, 입주변경계약 취소는 행정청인 관리권자로부터 관리업무를 위탁받은 산업단지관리공단이 우월적 지위에서 입주기업체들에게 일정한 법률상 효과를 발생하게 하는 것으로서 항고소송의 대상이 되는 행정처분에 해당한다(대판 2017. 6.15, 2014두46843).

② 어업권면허에 선행하는 우선순위결정은 행정청이 우선권자로 결정된 자의 신청이 있으면 어업권면허처분을 하겠다는 것을 약속하는 행위로서 강학상 확약에 불과하고 행정처분은 아니므로, 우선순위결정에 공정력이나 불가쟁력과 같은 효력은 인정되지 아니하며, 따라서 우선순위결정이 잘못되었다는 이유로 종전의 어업권면허처분이 취소되면 행정청은 종전의 우선순위결정을 무시하고 다시 우선순위를 결정한 다음 새로운 우선순위결정에 기하여 새로운 어업권면허를 할 수 있다(대판 1995.1.20, 94누6529).

③ 다수설과 판례의 입장이다.

④ 사실행위는 직접적인 권리 · 의무의 변동을 가져오지 않는다. 그러나 사실행위로 인한 국가배상청구권은 인정될 수 있다.

04
영역 일반행정작용법 > 행정행위 　　　난도 **중**　　정답 ③

정답의 이유

③ 국토계획법이 정한 용도지역 안에서의 건축허가는 건축법 제11조 제1항에 의한 건축허가와 국토계획법 제56조 제1항의 개발행위허가의 성질을 아울러 갖는데, 개발행위허가는 허가기준 및 금지요건이 불확정개념으로 규정된 부분이 많아 그 요건에 해당하는지 여부는 행정청의 재량판단의 영역에 속한다. 그러므로 그에 대한 사법심사는 행정청의 공익판단에 관한 재량의 여지를 감안하여 원칙적으로 재량권의 일탈이나 남용이 있는지 여부만을 대상으로 하고, 사실오인과 비례 · 평등의 원칙 위반 여부 등이 그 판단 기준이 된다(대판 2017.3.15, 2016두55490).

① · ② 행정행위가 그 재량성의 유무 및 범위와 관련하여 이른바 기속행위 내지 기속재량행위와 재량행위 내지 자유재량행위로 구분된다고 할 때, 그 구분은 당해 행위의 근거가 된 법규의 체재 · 형식과 그 문언, 당해 행위가 속하는 행정 분야의 주된 목적과 특성, 당해 행위 자체의 개별적 성질과 유형 등을 모두 고려하여 판단하여야 하고, 이렇게 구분되는 양자에 대한 사법심사는, 전자의 경우 그 법규에 대한 원칙적인 기속성으로 인하여 법원이 사실인정과 관련 법규의 해석 · 적용을 통하여 일정한 결론을 도출한 후 그 결론에 비추어 행정청이 한 판단의 적법 여부를 독자의 입장에서 판정하는 방식에 의하게 되나, 후자의 경우 행정청의 재량에 기한 공익판단의 여지를 감안하여 법원은 독자의 결론을 도출함이 없이 당해 행위에 재량권의 일탈 · 남용이 있는지 여부만을 심사하게 되고, 이러한 재량권의 일탈 · 남용 여부에 대한 심사는 사실오인, 비례 · 평등의 원칙 위배, 당해 행위의 목적 위반이나 동기의 부정 유무 등을 그 판단 대상으로 한다(대판 2001.2.9, 98두17593).

④ 자유재량에 있어서도 그 범위의 넓고 좁은 차이는 있더라도 법령의 규정뿐만 아니라 관습법 또는 일반적 조리에 의한 일정한 한계가 있는 것으로서 위 한계를 벗어난 재량권의 행사는 위법하다고 하지 않을 수 없다(대판 1990.8.28, 89누8255).

적중레이더

기속행위와 재량행위의 비교

구분	기속행위	재량행위
위반 효과	위법	부당 또는 위법(부당: 단순히 재량을 그르친 행위)
행정심판	가능	가능
행정소송	원칙적 심사	제한적 심사(재량권의 한계를 일탈·남용한 경우에 한하여 심사 가능)
부관의 가부	불가능	가능
개인적공권	행정개입청구권	무하자재량행사청구권

※ 불가변력: 기속행위와 재량행위 구별 실익에 해당 하지 않음(통설) → 불가변력은 상급청의 판단을 전제로 할 뿐이지, 그 판단이 기속행위인지 재량행위인지는 불문함

구별기준

학설	내용
요건재량설	• 요건이 다의적인 경우: 재량행위 • 요건이 일의적인 경우: 기속행위
효과재량설	• 수익적 효과: 재량행위 • 침익적 효과: 기속행위
법률문언설 (판례, 통설)	• 하여야 한다: 기속행위 • 할 수 있다: 재량행위 • 판례: 법률문언설(원칙)+효과재량설(예외)

05

정답 ④

영역 행정조직법 > 지방자치법　　　　　난도 **하**

정답의 이유

④ 전결과 같은 행정권한의 내부위임은 법령상 처분권자인 행정관청이 내부적인 사무처리의 편의를 도모하기 위하여 그의 보조기관 또는 하급 행정관청으로 하여금 그의 권한을 사실상 행사하게 하는 것으로서 법률이 위임을 허용하지 않는 경우에도 인정되는 것이므로, 설사 행정관청 내부의 사무처리규정에 불과한 전결규정에 위반하여 원래의 전결권자 아닌 보조기관 등이 처분권자인 행정관청의 이름으로 행정처분을 하였다고 하더라도 그 처분이 권한 없는 자에 의하여 행하여진 무효의 처분이라고는 할 수 없다(대판 1998.2.27, 97누1105).

오답의 이유

① 권한의 위임이 권한에 대한 법적귀속의 변경인 이상 그것은 법률이 그 위임을 허용하고 있는 경우에 한하여 인정된다고 할 것이다(대판 1986.12.9, 86누569).

② 국가사무로서 지방자치단체의 장에게 위임된 이른바 '기관위임사무'에 해당하므로, 시·도지사가 지방자치단체의 조례에 의하여 이를 구청장 등에게 재위임할 수는 없고, 행정권한의 위임 및 위탁에 관한 규정 제4조에 의하여 위임기관의 장의 승인을 얻은 후 지방자치단체의 장이 제정한 규칙이 정하는 바에 따라 재위임하는 것만이 가능하다(대판 1995.8.22, 94누5694 전합).

③ 수임 및 수탁사무의 처리가 부당한지 여부의 판단은 위법성 판단과 달리 합목적적·정책적 고려도 포함되므로, 위임 및 위탁기관이 그 사무처리에 관하여 일반적인 지휘·감독을 하는 경우는 물론이고 나아가 수임 및 수탁사무의 처리가 부당하다는 이유로 그 사무처리를 취소하는 경우에도 광범위한 재량이 허용된다고 보아야 한다(대판 2017.9.21, 2016두55629).

적중레이더

권한의 위임

- 법적근거: 권한의 위임은 법령상 권한 자체의 귀속 변경을 초래하므로, 반드시 법적근거가 있어야 한다. 따라서 법령의 근거가 없는 권한의 위임은 무효이다.
- 범위: 권한의 '일부'에 대해서만 가능하다. 권한의 전부에 대하여 위임이 가능하다면, 위임관청은 존재할 이유가 없어지기 때문이다.
- 효과: 권한의 위임이 있는 경우에는 그 권한 자체가 수임관청의 권한이 되므로, 그 법적효과도 수임관청에게 귀속된다.

06

정답 ②

영역 일반행정작용법 > 행정행위　　　　　난도 **중**

정답의 이유

② 구 학원의 설립·운영에 관한 법률 제5조 제2항에 의한 학원의 설립인가는 강학상의 이른바 허가에 해당하는 것으로서 그 인가를 받은 자에게 특별한 권리를 부여하는 것은 아니고 일반적인 금지를 특정한 경우에 해제하여 학원을 설립할 수 있는 자유를 회복시켜 주는 것에 불과한 것이기는 하지만 위 법률 제5조 제2항 후단의 규정에 근거한 같은법 시행령 제10조 제1항은 설립자의 변경을 변경인가사항으로 규정하고 있어 학원의 수인가자의 지위(이른바 인가권)의 양도는 허용된다(대판 1992.4.14, 91다39986).

오답의 이유

① 건축허가는 대물적 성질을 갖는 것이어서 행정청으로서는 허가를 할 때에 건축주 또는 토지 소유자가 누구인지 등 인적 요소에 관하여는 형식적 심사만 한다. 건축주가 토지 소유자로부터 토지사용승낙서를 받아 그 토지 위에 건축물을 건축하는 대물적(對物的)

성질의 건축허가를 받았다가 착공에 앞서 건축주의 귀책사유로 해당 토지를 사용할 권리를 상실한 경우, 건축허가의 존재로 말미암아 토지에 대한 소유권 행사에 지장을 받을 수 있는 토지 소유자로서는 건축허가의 철회를 신청할 수 있다고 보아야 한다. 따라서 토지 소유자의 위와 같은 신청을 거부한 행위는 항고소송의 대상이 된다(대판 2017.3.15, 2014두41190).

③ 대판 1982.7.27, 81누174

④ 대판 2006.8.25, 2004두2974

🛰 적중레이더

허가의 특징

• 허가는 상대적 금지에 대해서만 가능하며, 절대적 금지의 경우에는 인정되지 않는다(도박, 마약, 미성년자 흡연에 대한 허가 → 불가).

• 실정법상으로 허가 외에도 인가, 면허, 등록, 지정, 승인 등의 용어로 사용되고 있다.

  − 허가의 신청 후 법률 등이 변경된 경우에 행정처분은 개정된 법률 등에 따라 처분을 함이 원칙(대판 1996.8.20, 95누10877)

  − 법률 등의 근거 없이 행정청이 허가 요건을 임의대로 추가할 수는 없음

  − 허가는 사실행위(예 입산금지 해제)와 법률행위(예 매매금지 해제)를 대상으로 함

  − 대인적 허가는 타인에게 이전이 불가능(예 운전면허, 의사면허)

  − 대물적 허가는 타인에게 이전이 가능(예 주유소허가, 건축허가)

  − 법률 등에서 규정한 사유 이외의 사유를 들어 허가를 거부할 수 없음이 원칙이나 중대한 공익(환경 또는 문화재 등)상 필요가 있는 경우에는 법률의 근거가 없어도 허가를 거부할 수 있음

07

영역 일반행정작용법 > 기타행정행위　　　　　　　난도 **상**

정답 ③

[정답의 이유]

③ 행정절차법 제46조 제1항

> **제46조(행정예고)** ① 행정청은 정책, 제도 및 계획(이하 "정책 등"이라 한다)을 수립·시행하거나 변경하려는 경우에는 이를 예고하여야 한다. 다만, 다음 각 호의 어느 하나에 해당하는 경우에는 예고를 하지 아니할 수 있다.
>   1. 신속하게 국민의 권리를 보호하여야 하거나 예측이 어려운 특별한 사정이 발생하는 등 긴급한 사유로 예고가 현저히 곤란한 경우
>   2. 법령 등의 단순한 집행을 위한 경우
>   3. 정책 등의 내용이 국민의 권리·의무 또는 일상생활과 관련이 없는 경우
>   4. 정책 등의 예고가 공공의 안전 또는 복리를 현저히 해칠 우려가 상당한 경우

[오답의 이유]

① 행정절차법 제22조 제1항

> **제22조(의견청취)** ① 행정청이 처분을 할 때 다음 각 호의 어느 하나에 해당하는 경우에는 청문을 한다
>   1. 다른 법령 등에서 청문을 하도록 규정하고 있는 경우
>   2. 행정청이 필요하다고 인정하는 경우
>   3. 다음 각 목의 처분 시 제21조 제1항 제6호에 따른 의견제출기한 내에 당사자 등의 신청이 있는 경우
>   가. 인허가 등의 취소
>   나. 신분·자격의 박탈
>   다. 법인이나 조합 등의 설립허가의 취소

② 행정절차법 제22조 제2항

> **제22조(의견청취)** ② 행정청이 처분을 할 때 다음 각 호의 어느 하나에 해당하는 경우에는 공청회를 개최한다.
>   3. 국민생활에 큰 영향을 미치는 처분으로서 대통령령으로 정하는 처분에 대하여 대통령령으로 정하는 수 이상의 당사자 등이 공청회 개최를 요구하는 경우

④ 행정청은 처분을 하는 때에는 당사자에게 그 근거와 이유를 제시하여야 한다고 규정하고 있는바, 일반적으로 당사자가 근거규정 등을 명시하여 신청하는 인·허가 등을 거부하는 처분을 함에 있어 당사자가 그 근거를 알 수 있을 정도로 상당한 이유를 제시한 경우에는 당해 처분의 근거 및 이유를 구체적 조항 및 내용까지 명시하지 않았더라도 그로 말미암아 그 처분이 위법한 것이 된다고 할 수 없다(대판 2002.5.17, 2000두8912).

🛰 적중레이더

행정절차법 제23조(처분의 이유 제시) ① 행정청은 처분을 할 때에는 다음 각 호의 어느 하나에 해당하는 경우를 제외하고는 당사자에게 그 근거와 이유를 제시하여야 한다.
  1. 신청 내용을 모두 그대로 인정하는 처분인 경우
  2. 단순·반복적인 처분 또는 경미한 처분으로서 당사자가 그 이유를 명백히 알 수 있는 경우
  3. 긴급히 처분을 할 필요가 있는 경우

정답의 이유

② 사증발급의 법적 성질, 출입국관리법의 입법 목적, 사증발급 신청인의 대한민국과의 실질적 관련성, 상호주의원칙 등을 고려하면, 우리 출입국관리법의 해석상 외국인에게는 사증발급 거부처분의 취소를 구할 법률상 이익이 인정되지 않는다(대판 2018.5.15, 2014두42506).

오답의 이유

① 국민권익위원회가 소방청장에게 인사와 관련하여 부당한 지시를 한 사실이 인정된다며 이를 취소할 것을 요구하기로 의결하고 그 내용을 통지하자 소방청장이 국민권익위원회 조치요구의 취소를 구하는 소송을 제기한 사안에서, 처분성이 인정되는 국민권익위원회의 조치요구에 불복하고자 하는 소방청장으로서는 조치요구의 취소를 구하는 항고소송을 제기하는 것이 유효·적절한 수단으로 볼 수 있으므로 소방청장이 예외적으로 당사자능력과 원고적격을 가진다고 한 사례이다(대판 2018.8.1, 2014두35379).

③ 당사자의 신청을 받아들이지 않은 거부처분이 재결에서 취소된 경우에 행정청은 종전 거부처분 또는 재결 후에 발생한 새로운 사유를 내세워 다시 거부처분을 할 수 있다. 그 재결의 취지에 따라 이전의 신청에 대하여 다시 어떠한 처분을 하여야 할지는 처분을 할 때의 법령과 사실을 기준으로 판단하여야 하기 때문이다. 또한 행정청이 재결에 따라 이전의 신청을 받아들이는 후속처분을 하였더라도 후속처분이 위법한 경우에는 재결에 대한 취소소송을 제기하지 않고도 곧바로 후속처분에 대한 항고소송을 제기하여 다툴 수 있다. 나아가 거부처분을 취소하는 재결이 있더라도 그에 따른 후속처분이 있기까지는 제3자의 권리나 이익에 변동이 있다고 볼 수 없고 후속처분 시에 비로소 제3자의 권리나 이익에 변동이 발생하며, 재결에 대한 항고소송을 제기하여 재결을 취소하는 판결이 확정되더라도 그와 별도로 후속처분이 취소되지 않는 이상 후속처분으로 인한 제3자의 권리나 이익에 대한 침해 상태는 여전히 유지된다. 이러한 점들을 종합하면, 거부처분이 재결에서 취소된 경우 재결에 따른 후속처분이 아니라 그 재결의 취소를 구하는 것은 실효적이고 직접적인 권리구제수단이 될 수 없어 분쟁해결의 유효적절한 수단이라고 할 수 없으므로 법률상 이익이 없다(대판 2017.10.31, 2015두45045).

④ 병무청장이 병역법 제81조의2 제1항에 따라 병역의무 기피자의 인적사항 등을 인터넷 홈페이지에 게시하는 등의 방법으로 공개한 경우 병무청장의 공개결정을 항고소송의 대상이 되는 행정처분으로 보아야 한다(대판 2019.6.27, 2018두49130).

정답의 이유

④ 개발제한구역의 지정 및 관리에 관한 특별조치법 제30조 제1항, 제30조의2 제1항 및 제2항의 규정에 의하면 시정명령을 받은 후 그 시정명령의 이행을 하지 아니한 자에 대하여 이행강제금을 부과할 수 있고, 이행강제금을 부과하기 전에 상당한 기간을 정하여 그 기한까지 이행되지 아니할 때에 이행강제금을 부과·징수한다는 뜻을 문서로 계고하여야 하므로, 이행강제금의 부과·징수를 위한 계고는 시정명령을 불이행한 경우에 취할 수 있는 절차라 할 것이고, 따라서 이행강제금을 부과·징수할 때마다 그에 앞서 시정명령 절차를 다시 거쳐야 할 필요는 없다(대판 2013.12.12, 2012두20397).

오답의 이유

① 대판 1997.2.14, 96누15428

② 이행강제금은 부작위의무나 비대체적 작위의무 위반의 경우뿐만 아니라 대체적 작위의무 위반에 대하여도 부과될 수 있는 것이므로, 이 사건 법률조항에서 이행강제금을 규정하고 있다고 하여 이행강제금 제도의 본질에 반한다고 할 수 없다(헌재 2011.10.25, 2009헌바140).

③ 직접강제의 대상이 되는 의무에는 제한이 없다.

정답의 이유

④ 지방자치법 제192조 제3항에 따르면 법령에 위반된다고 인정되는 때에 제소를 지시하거나 직접 제소 및 집행정지결정을 신청할 수 있다.

> **제192조(지방의회 의결의 재의와 제소)** ① 지방의회의 의결이 법령에 위반되거나 공익을 현저히 해친다고 판단되면 시·도에 대하여는 주무부장관이, 시·군 및 자치구에 대하여는 시·도지사가 재의를 요구하게 할 수 있고, 재의요구를 받은 지방자치단체의 장은 의결사항을 이송받은 날부터 20일 이내에 지방의회에 이유를 붙여 재의를 요구하여야 한다.
> ③ 지방자치단체의 장은 제3항에 따라 재의결된 사항이 법령에 위반된다고 판단되면 재의결된 날부터 20일 이내에 대법원에 소를 제기할 수 있다. 이 경우 필요하다고 인정되면 그 의결의 집행을 정지하게 하는 집행정지결정을 신청할 수 있다.

① 영유아보육법이 보육시설 종사자의 정년에 관한 규정을 두거나 이를 지방자치단체의 조례에 위임한다는 규정을 두고 있지 않음에도 보육시설 종사자의 정년을 규정한 '서울특별시 중구 영유아 보육 조례 일부개정조례안' 제17조 제3항은, 법률의 위임 없이 헌법이 보장하는 직업을 선택하여 수행할 권리의 제한에 관한 사항을 정한 것이어서 그 효력을 인정할 수 없으므로, 위 조례안에 대한 재의결은 무효이다(대판 2009.5.28, 2007추134).

② 지방자치법 제188조 제1항

> 제188조(위법 · 부당한 명령 · 처분의 시정) ① 지방자치단체의 사무에 관한 그 장의 명령이나 처분이 법령에 위반되거나 현저히 부당하여 공익을 해친다고 인정되면 시 · 도에 대하여는 주무부장관이, 시 · 군 및 자치구에 대하여는 시 · 도지사가 기간을 정하여 서면으로 시정할 것을 명하고, 그 기간에 이행하지 아니하면 이를 취소하거나 정지할 수 있다.
> ⑤ 제1항부터 제4항까지의 규정에 따른 자치사무에 관한 명령이나 처분에 대한 주무부장관 또는 시 · 도지사의 시정명령, 취소 또는 정지는 법령을 위반한 것에 한정한다.

③ 법률에서 조례에 위임하는 방식에 관해서는 법률상 제한이 없다. 조례의 제정권자인 지방의회는 선거를 통해서 지역적인 민주적 정당성을 지니고 있는 주민의 대표기관이다. 헌법 제117조 제1항은 지방자치단체에 포괄적인 자치권을 보장하고 있다. 따라서 조례에 대한 법률의 위임은 법규명령에 대한 법률의 위임과 같이 반드시 구체적으로 범위를 정하여 할 필요가 없다. 법률이 주민의 권리의무에 관한 사항에 관하여 구체적으로 범위를 정하지 않은 채 조례로 정하도록 포괄적으로 위임한 경우에도 지방자치단체는 법령에 위반되지 않는 범위 내에서 주민의 권리의무에 관한 사항을 조례로 제정할 수 있다(대판 2017.12.5, 2016추5162).

11

영역 행정법 서론 > 행정상 법률관계　　　　　난도 **하**

② 국가나 지방자치단체에 근무하는 청원경찰은 국가공무원법이나 지방공무원법상의 공무원은 아니지만, 다른 청원경찰과는 달리 그 임용권자가 행정기관의 장이고, 국가나 지방자치단체로부터 보수를 받으며, 산업재해보상보험법이나 근로기준법이 아닌 공무원연금법에 따른 재해보상과 퇴직급여를 지급받고, 직무상의 불법행위에 대하여도 민법이 아닌 국가배상법이 적용되는 등의 특질이 있으며 그외 임용자격, 직무, 복무의무 내용 등을 종합하여 볼때, 그 근무관계를 사법상의 고용계약관계로 보기는 어려우므로 그에 대한 징계처분의 시정을 구하는 소는 행정소송의 대상이지 민사소송의 대상이 아니다(대판 1993.7.13, 92다47564).

① 변상금의 체납 시 국세징수법에 의하여 강제징수토록 하고 있는 점 등에 비추어 보면 국유재산의 관리청이 그 무단점유자에 대하여 하는 변상금부과처분은 순전히 사경제 주체로서 행하는 사법상의 법률행위라 할 수 없고 이는 관리청이 공권력을 가진 우월적 지위에서 행한 것으로서 행정소송의 대상이 되는 행정처분이라고 보아야 한다(대판 1988.2.23, 87누1046).

③ 구 예산회계법에 따라 체결되는 계약은 사법상의 계약이라고 할 것이고 동법 제70조의5의 입찰보증금은 낙찰자의 계약체결의무 이행의 확보를 목적으로 하여 그 불이행시에 이를 국고에 귀속시켜 국가의 손해를 전보하는 사법상의 손해배상 예정으로서의 성질을 갖는 것이라고 할 것이므로 입찰보증금의 국고귀속조치는 국가가 사법상의 재산권의 주체로서 행위하는 것이지 공권력을 행사하는 것이거나 공권력작용과 일체성을 가진 것이 아니라 할 것이므로 이에 관한 분쟁은 행정소송이 아닌 민사소송의 대상이 될 수밖에 없다고 할 것이다(대판 1983.12.27, 81누366).

④ 조세채무는 법률의 규정에 의하여 정해지는 법정채무로서 당사자가 그 내용 등을 임의로 정할 수 없고, 조세채무관계는 공법상의 법률관계이고 그에 관한 쟁송은 원칙적으로 행정사건으로서 행정소송법의 적용을 받는다(대판 2007.12.14, 2005다11848).

🛰 적중레이더

공법과 사법의 구별

구분	공법(공법관계)	사법(사법관계)
절차법	• 행정심판의 인정 • 행정법원의 관할 • 행정소송법 적용	• 행정심판 없음 • 민사법원의 관할 • 민사소송법 적용
실체법	• 공법 · 공법원리의 적용 • 공정력 등 우월적 효력 긍정 • 단기의 소멸시효(5년) • 불법행위 시 국가배상법 적용	• 사법 · 사법원리의 적용 • 공정력 등 우월적 효력 부정 • 장기의 소멸시효(10년) • 불법행위 시 민법 적용
행정절차법	처분 등의 절차에 적용	사적 자치가 적용
집행법	• 자력강제 • 행정벌 가능	• 타력강제 • 행정벌 불가

12

영역 일반행정작용법 > 행정행위　　　난도 **중**

정답의 이유

④ 행정청이 도시 및 주거환경정비법 등 관련 법령에 근거하여 행하는 조합설립인가처분은 단순히 사인들의 조합설립행위에 대한 보충행위로서의 성질을 갖는 것에 그치는 것이 아니라 법령상 요건을 갖출 경우 도시 및 주거환경정비법상 주택재건축사업을 시행할 수 있는 권한을 갖는 행정주체(공법인)로서의 지위를 부여하는 일종의 설권적 처분의 성격을 갖는다고 보아야 한다(대판 2009.9.24. 2008다60568).

오답의 이유

① 관세법 제78조 소정의 보세구역의 설영특허는 보세구역의 설치, 경영에 관한 권리를 설정하는 이른바 공기업의 특허로서 그 특허의 부여여부는 행정청의 자유재량에 속하며, 특허기간이 만료된 때에 특허는 당연히 실효되는 것이어서 특허기간의 갱신은 실질적으로 권리의 설정과 같으므로 그 갱신여부도 특허관청의 자유재량에 속한다(대판 1989.5.9. 88누4188).

② 대판 1994.9.9. 94다4592

③ 개인택시운송사업면허는 특정인에게 권리나 이익을 부여하는 행정행위로서 법령에 특별한 규정이 없는 한 재량행위이고, 위 법과 그 시행규칙의 범위 내에서 면허를 위하여 필요한 기준을 정하는 것 역시 행정청의 재량에 속하는 것이므로, … 택시 이외의 운전경력자에게 반사적인 불이익이 초래된다는 결과만을 들어 그러한 행정청의 조치가 불합리 혹은 부당하여 재량권을 일탈·남용한 위법이 있다고 볼 수는 없다(대판 2009.7.9. 2008두11983).

13

영역 일반행정작용법 > 행정상 입법　　　난도 **하**

정답의 이유

③ 행정부에 의한 법규사항의 제정은 입법부의 권한 내지 의무를 침해하고 자의적인 시행령 제정으로 국민들의 자유와 권리를 침해할 수 있기 때문에 엄격한 헌법적 기속을 받게 하는 것이다. 그런데 법률이 행정부가 아니거나 행정부에 속하지 않는 공기업적 기관의 정관에 특정 사항을 정할 수 있다고 위임하는 경우에는 그러한 권력분립의 원칙을 훼손할 여지가 없다. 이는 자치입법에 해당되는 영역이므로 자치적으로 정하는 것이 바람직하다. 따라서 법률이 정관에 자치법적 사항을 위임한 경우에는 헌법 제75조, 제95조가 정하는 포괄적인 위임입법의 금지는 원칙적으로 적용되지 않는다(헌재 2006.3.30. 2005헌바31).

오답의 이유

① 대판 2013.9.12. 2011두10584

② 대판 2017.12.5. 2016추5162

④ 법규명령의 위임의 근거가 되는 법률에 대하여 위헌결정이 선고되면 그 위임규정에 근거하여 제정된 법규명령도 원칙적으로 효력을 상실한다(대판 1998.4.10. 96다52359).

14

영역 행정의 실효성 확보수단 > 행정벌　　　난도 **하**

정답의 이유

① 대판 1980.10.14. 80누380

오답의 이유

② 고의 또는 과실이 없는 질서위반행위는 과태료를 부과하지 아니한다(질서위반행위규제법 제7조).

③ 자신의 행위가 위법하지 아니한 것으로 오인하고 행한 질서위반행위는 그 오인에 정당한 이유가 있는 때에 한하여 과태료를 부과하지 아니한다(질서위반행위규제법 제8조).

④ 행정청은 당사자가 납부기한까지 과태료를 납부하지 아니한 때에는 납부기한을 경과한 날부터 체납된 과태료에 대하여 100분의 3에 상당하는 가산금을 징수한다(질서위반행위규제법 제24조 제1항).

15

영역 행정의 실효성 확보수단 > 행정상 강제　　　난도 **상**

정답의 이유

② 공익사업을 위한 토지 등의 취득 및 보상에 관한 법률(이하 '토지보상법'이라고 한다) 제72조의 문언, 연혁 및 취지 등에 비추어 보면, 위 규정이 정한 수용청구권은 토지보상법 제74조 제1항이 정한 잔여지 수용청구권과 같이 손실보상의 일환으로 토지소유자에게 부여되는 권리로서 그 청구에 의하여 수용효과가 생기는 형성권의 성질을 지니므로, 토지소유자의 토지수용청구를 받아들이지 아니한 토지수용위원회의 재결에 대하여 토지소유자가 불복하여 제기하는 소송은 토지보상법 제85조 제2항에 규정되어 있는 '보상금의 증감에 관한 소송'에 해당하고, 피고는 토지수용위원회가 아니라 사업시행자로 하여야 한다(대판 2015.4.9. 2014두46669).

오답의 이유

① 청구인들의 주장 및 관계인들의 의견요지 가. 청구인들의 주장 (1) 헌법 제23조 제3항이 '공공필요에 의한 재산권의 수용 … 에 대[하여는] … 정당한 보상을 지급하여야 한다'고 규정하고 있는 것은, 피수용재산의 객관적인 가치를 기준으로 하는 완전보상을 뜻하는 것으로서 그 보상의 시기나 방법에 어떤 제한이 가해져서는 아니된다는 취지이다. 토지수용법 제46조 제1항이 '손실액의 산정은 수용 … 재결 당시의 가격을 기준으로 하되 … 인근토지의 거래가격을 … 고려한 적정가격으로 하여야 한다'고 규정한 것은

헌법의 위와 같은 완전보상의 원칙을 구체적으로 명시한 것이다(헌재 1995.4.20, 93헌바20 등).

③ 공익사업을 위한 토지 등의 취득 및 보상에 관한 법률에 의한 보상합의는 공공기관이 사경제주체로서 행하는 사법상 계약의 실질을 가지는 것으로서, 당사자 간의 합의로 같은 법 소정의 손실보상의 기준에 의하지 아니한 손실보상금을 정할 수 있으며, 이와 같이 같은 법이 정하는 기준에 따르지 아니하고 손실보상액에 관한 합의를 하였다고 하더라도 그 합의가 착오 등을 이유로 적법하게 취소되지 않는 한 유효하다(대판 2013.8.22, 2012다3517).

④ 택지개발사업지구 내 비닐하우스에서 화훼소매업을 하던 甲과 乙이 재결절차를 거치지 않고 사업시행자를 상대로 주된 청구인 영업손실보상금 청구에 생활대책대상자 선정 관련청구소송을 병합하여 제기한 사안에서, 영업손실보상금청구의 소가 재결절차를 거치지 않아 부적법하여 각하되는 이상, 이에 병합된 생활대책대상자 선정 관련청구소송 역시 소송요건을 흠결하여 부적법하므로 각하되어야 한다고 한 사례이다(대판 2011.9.29, 2009두10963).

16

정답 ②

영역 일반행정작용법 > 행정행위   난도 중

정답의 이유

② 통지행위는 법률행위와 같이 효과의사를 표시하는 행위가 아니라 어떠한 사실에 대한 관념이나 의사를 표시하는 행위, 즉 '관념의 표시행위'로서 일정한 법적 효과를 발생시킨다는 점에서 준법률행위적 행정행위이다. 토지수용에 있어서의 사업인정의 고시는 통지에 해당하지만, 이러한 통지는 그 자체가 독립된 행정행위의 성질을 가진다. 이미 성립한 행정행위의 효력발생요건으로서의 교부나 송달은 그 자체가 독립한 행정행위가 아닌 점에서 통지와 구별된다.

오답의 이유

① 수리란 타인의 행정청에 대한 행위를 유효하다고 받아들이는 행위를 말한다. 따라서 행정행위로서 행하는 수리는 하나의 의사작용으로 일정한 법적 효과가 부여된다는 점에서 단순한 사실로서의 도달이나 접수(판단을 하지 않고 단지 받아 두는 행위)와 구별된다.

③ 공증은 특정한 사실 또는 법률관계의 존재를 공적으로 증명하는 행위를 의미한다. 선거인명부에의 등록은 공증으로 준법률행위적 행정행위이며, 법령에 정해진 바에 따라 권리행사의 요건이 된다.

④ 확인은 특정한 사실, 법률관계의 존재 여부, 정당성 여부 등을 공적으로 확정하는 효과가 있다. 따라서 이러한 확인행위에는 불가변력 즉, 실질적 존속력이 발생한다.

17

※ 개정·변경된 내용으로 선지 교체   정답 ①

영역 행정조직법 > 지방자치법   난도 하

정답의 이유

① • 지방자치단체는 법령의 범위 안에서 그 사무에 관하여 조례를 제정할 수 있다. 다만, 주민의 권리 제한 또는 의무 부과에 관한 사항이나 벌칙을 정할 때에는 법률의 위임이 있어야 한다(지방자치법 제28조 제1항).
• 지방자치단체가 조례를 제정할 수 있는 사항은 지방자치단체의 고유사무인 자치사무와 개별 법령에 따라 지방자치단체에 위임된 단체위임사무에 한정된다. 국가사무가 지방자치단체의 장에게 위임되거나 상위 지방자치단체의 사무가 하위 지방자치단체의 장에게 위임된 기관위임사무에 관한 사항은 원칙적으로 조례의 제정범위에 속하지 않는다(대판 2017.12.5, 2016추5162).

오답의 이유

② 지방자치법 제3조 제1항

③ 지방자치법 제12조 제3항

④ 지방자치법 제34조 제1항

18

정답 ③

영역 행정상 쟁송 > 행정쟁송 개관   난도 하

정답의 이유

③ 당사자소송은 국가·공공단체 그 밖의 권리주체를 피고로 한다(행정소송법 제39조). 그리고 취소소송의 피고는 행정청이다.

오답의 이유

① • 법원은 필요하다고 인정할 때에는 직권으로 증거조사를 할 수 있고, 당사자가 주장하지 아니한 사실에 대하여도 판단할 수 있다(행정소송법 제26조).
• 제14조 내지 제17조, 제22조, 제25조, 제26조, 제30조 제1항, 제32조 및 제33조의 규정은 당사자소송의 경우에 준용한다(행정소송법 제44조 제1항).

② 원고가 고의 또는 중대한 과실 없이 행정소송으로 제기하여야 할 사건을 민사소송으로 잘못 제기한 경우, 수소법원으로서는 만약 그 행정소송에 대한 관할도 동시에 가지고 있다면 이를 행정소송으로 심리·판단하여야 하고, 그 행정소송에 대한 관할을 가지고 있지 아니하다면 당해 소송이 이미 행정소송으로서의 전심절차 및 제소기간을 도과하였거나 행정소송의 대상이 되는 처분 등이 존재하지도 아니한 상태에 있는 등 행정소송으로서의 소송요건을 결하고 있음이 명백하여 행정소송으로 제기되었더라도 어차피 부적법하게 되는 경우가 아닌 이상 이를 부적법한 소라고 하여 각하할 것이 아니라 관할법원에 이송하여야 한다(대판 1997.5.30, 95다28960).

19

영역 행정법 서론 > 행정법   난도 하

정답의 이유

④ 지방자치단체는 법령의 범위에서 그 사무에 관하여 조례를 제정할 수 있다. 다만, 주민의 권리 제한 또는 의무 부과에 관한 사항이나 벌칙을 정할 때에는 법률의 위임이 있어야 한다(지방자치법 제28조 제1항).

오답의 이유

① 행정법은 다양한 개별법령으로 구성되어 있어서 단일화 되어 있지 못하다.

② 프리츠 베르너(Fritz Werner)는 「구체화된 헌법으로서의 행정법」에서 위와 같은 언급을 하였다.

③ 헌법 제75조

📡 적중레이더

자치법규(조례 · 규칙)

- 지방자치법상 자치법규에는 지방의회가 제정한 조례와 지방자치단체장이 정한 규칙이 있다.
- 자치법규는 상위규범인 헌법, 법률, 명령에 위반되어서는 안 된다. 판례는 지방자치단체의 사무에 관한 조례와 규칙 중 조례가 상위규범이라고 명시한다.

20

정답 ②

영역 행정법 서론 > 행정법   난도 상

정답의 이유

② 국세징수법상 관허사업 제한 규정이 부당결부금지 원칙에 반한다(위헌)는 판례는 존재하지 않는다. 그러나 학설은 위헌설과 합헌설로 나뉜다. 현재는 법률이 개정되었다.

> **제112조(사업에 관한 허가 등의 제한)** ① 관할 세무서장은 납세자가 허가 · 인가 · 면허 및 등록 등(이하 이 조에서 "허가 등"이라 한다)을 받은 사업과 관련된 소득세, 법인세 및 부가가치세를 체납한 경우 해당 사업의 주무관청에 그 납세자에 대하여 허가 등의 갱신과 그 허가 등의 근거 법률에 따른 신규 허가 등을 하지 아니할 것을 요구할 수 있다. 다만, 재난, 질병 또는 사업의 현저한 손실, 그 밖에 대통령령으로 정하는 사유가 있는 경우에는 그러하지 아니하다.

오답의 이유

① 입법정책만으로 헌법상의 공정경쟁의 원리와 기회균등의 원칙을 훼손하는 것은 부적절하며, 국가유공자의 가족의 공직 취업기회를 위하여 매년 많은 일반 응시자들에게 불합격이라는 심각한 불이익을 입게 하는 것은 정당화될 수 없다. 이 사건 조항의 차별로 인한 불평등 효과는 입법목적과 그 달성수단 간의 비례성을 현저히 초

과하는 것이므로, 이 사건 조항은 청구인들과 같은 일반 공직시험 응시자들의 평등권을 침해한다(헌재 2006.2.23, 2004헌마675).

③ 행정청이 조합설립추진위원회의 설립승인 심사에서 위법한 행정처분을 한 선례가 있다고 하여 그러한 기준을 따라야 할 의무가 없는 점 등에 비추어, 평등의 원칙이나 신뢰보호의 원칙 또는 자기구속의 원칙 등에 위배되고 재량권을 일탈 · 남용하여 자의적으로 조합설립추진위원회 승인처분을 한 것으로 볼 수 없다고 한 사례이다(대판 2009.6.25, 2008두13132).

④ 같은 정도의 비위를 저지른 자들 사이에 있어서도 그 직무의 특성 등에 비추어, 개전의 정이 있는지 여부에 따라 징계의 종류의 선택과 양정에 있어서 차별적으로 취급하는 것은, 사안의 성질에 따른 합리적 차별로서 이를 자의적 취급이라고 할 수 없는 것이어서 평등원칙 내지 형평에 반하지 아니한다(대판 1999.8.20, 99두2611).

21

정답 ④

영역 행정상 쟁송 > 행정심판   난도 중

정답의 이유

④ 행정심판법 제30조 제1항

> **제30조(집행정지)** ① 심판청구는 처분의 효력이나 그 집행 또는 절차의 속행(續行)에 영향을 주지 아니한다.

오답의 이유

① 행정심판법 제51조

> **제51조(행정심판 재청구의 금지)** 심판청구에 대한 재결이 있으면 그 재결 및 같은 처분 또는 부작위에 대하여 다시 행정심판을 청구할 수 없다.

② 행정심판법 제37조 제1항의 규정에 의하면 재결은 행정청을 기속하는 효력을 가지므로 재결청이 취소심판의 청구가 이유 있다고 인정하여 처분청에게 처분의 취소를 명하면 처분청으로서는 그 재결의 취지에 따라 처분을 취소하여야 하지만, 그렇다고 하여 그 재결의 취지에 따른 취소처분이 위법할 경우 그 취소처분의 상대방이 이를 항고소송으로 다툴 수 없는 것은 아니다(대판 1993.9.28, 92누15093).

③ 행정심판법 제47조 제1항

> **제47조(재결의 범위)** ① 위원회는 심판청구의 대상이 되는 처분 또는 부작위 외의 사항에 대하여는 재결하지 못한다(→ 불고불리원칙).
> ② 위원회는 심판청구의 대상이 되는 처분보다 청구인에게 불리한 재결을 하지 못한다(→ 불이익변경금지원칙).

220 시대에듀 | 군무원 군수직

22

영역 특별행정작용법 > 규제행정법 난도 **상**

정답의 이유

③ 허가가 규제지역 내의 모든 국민에게 전반적으로 토지거래의 자유를 금지하고 일정한 요건을 갖춘 경우에만 금지를 해제하여 계약 체결의 자유를 회복시켜 주는 성질의 것이라고 보는 것은 위 법의 입법취지를 넘어선 지나친 해석이라고 할 것이고, 규제지역 내에서도 토지거래의 자유가 인정되나 다만 위 허가를 허가 전의 유동적 무효 상태에 있는 법률행위의 효력을 완성시켜 주는 인가적 성질을 띤 것이라고 보는 것이 타당하다(대판 1991.12.24. 90다12243 전합).

오답의 이유

① 표준지로 선정된 토지의 공시지가에 불복하기 위하여는 구 지가공시 및 토지등의 평가에 관한 법률 제8조 제1항 소정의 이의절차를 거쳐 처분청인 건설부장관을 상대로 그 공시지가 결정의 취소를 구하는 행정소송을 제기하여야 하는 것이지 그러한 절차를 밟지 아니한 채 그 표준지에 대한 조세부과처분의 취소를 구하는 소송에서 그 공시지가의 위법성을 다툴 수 없다(대판 1997.2.28. 96누10225).

② 시장·군수 또는 구청장의 개별토지가격결정은 관계법령에 의한 토지초과이득세, 택지초과소유부담금 또는 개발부담금 산정의 기준이 되어 국민의 권리나 의무 또는 법률상 이익에 직접적으로 관계되는 것으로서 행정소송법 제2조 제1항 제1호 소정의 행정청이 행하는 구체적 사실에 관한 법집행으로서의 공권력행사이므로 항고소송의 대상이 되는 행정처분에 해당한다(대판 1994.2.8. 93누111).

④ 토지거래계약허가를 받은 자는 5년의 범위 이내에서 대통령령이 정하는 기간 동안 그 토지를 허가받은 목적대로 이용하여야 하는 의무도 부담하며, 같은 법에 따른 토지이용의무를 이행하지 아니하는 경우 이행강제금을 부과당하게 되는 등 토지거래계약에 관한 허가구역의 지정은 개인의 권리 내지 법률상의 이익을 구체적으로 규제하는 효과를 가져오게 하는 행정청의 처분에 해당하고, 따라서 이에 대하여는 원칙적으로 항고소송을 제기할 수 있다(대판 2006.12.22. 2006두12883).

23

영역 특별행정작용법 > 급부행정법 난도 **중**

정답의 이유

① 국공립학교 운동장은 '공용물'로서 직접 행정주체가 자신의 사용에 제공함을 목적으로 하기 때문에 원칙적으로는 자유사용의 대상이 되지 않는다.

오답의 이유

② 도로의 특별사용은 반드시 독점적, 배타적인 것이 아니라 그 사용목적에 따라서는 도로의 일반사용과 병존이 가능한 경우도 있고 이러한 경우에는 도로점용부분이 동시에 일반공중의 교통에 공용되고 있다고 하여 도로점용이 아니라고 말할 수 없다(대판 1991.4.9. 90누8855).

④ 하천의 점용허가권은 특허에 의한 공물사용권의 일종으로서 하천의 관리주체에 대하여 일정한 특별사용을 청구할 수 있는 채권에 지나지 아니하고 대세적 효력이 있는 물권이라 할 수 없다(대판 2015.1.29. 2012두27404).

24

영역 행정상 쟁송 > 행정소송 난도 **하**

정답의 이유

④ 민중소송 및 기관소송은 법률이 정한 경우에 법률에 정한 자에 한하여 제기할 수 있다(행정소송법 제45조).

오답의 이유

① 공직선거법 제222조와 제224조에서 규정하고 있는 선거소송은 집합적 행위로서의 선거에 관한 쟁송으로서 선거라는 일련의 과정에서 선거에 관한 규정을 위반한 사실이 있고, 그로써 선거의 결과에 영향을 미쳤다고 인정하는 때에 선거의 전부나 일부를 무효로 하는 소송이다. 이는 선거를 적법하게 시행하고 그 결과를 적정하게 결정하도록 함을 목적으로 하므로, 행정소송법 제3조 제3호에서 규정한 민중소송 즉 국가 또는 공공단체의 기관이 법률을 위반한 행위를 한 때에 직접 자기의 법률상 이익과 관계없이 그 시정을 구하기 위하여 제기하는 소송에 해당한다(대판 2016.11.24. 2016수64).

② 민중소송 또는 기관소송으로써 처분 등의 취소를 구하는 소송에는 그 성질에 반하지 아니하는 한 취소소송에 관한 규정을 준용한다(행정소송법 제46조 제1항).

📡 적중레이더

행정쟁송의 종류(내용에 따른 분류)

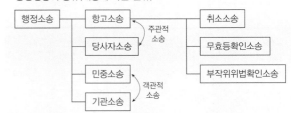

25

영역 행정절차와 행정공개 > 정보공개와 개인정보보호　난도 **중**

정답의 이유

① 공공기관의 정보공개에 관한 법률 제9조 제1항, 제10조, 같은법 시행령 제12조 등 관련 규정들의 취지를 종합할 때, 공개 청구된 정보의 공개 여부를 결정하는 법적인 의무와 권한을 가진 주체는 공공기관의 장이고, 정보공개심의회는 공공기관의 장이 정보의 공개 여부를 결정하기 곤란하다고 보아 의견을 요청한 사항의 자문에 응하여 심의하는 것이며, 그의 구성을 위하여 공공기관의 장이 소속 공무원 또는 임·직원 중에서 정보공개심의회의 위원을 지명하는 것이 원칙이나, 다만 필요한 경우에는 공무원이나 임·직원이었던 자 또는 외부전문가를 위원으로 위촉할 수 있되, 그 필요성 여부나 외부전문가의 수 등에 관한 판단과 결정은 공공기관의 장이 그의 권한으로 할 수 있다는 것이 같은법 시행령 규정의 취지이다(대판 2002.3.15, 2001추95).

오답의 이유

② 국민에는 자연인은 물론 법인, 권리능력 없는 사단·재단도 포함되고, 법인, 권리능력 없는 사단·재단 등의 경우에는 설립목적을 불문하며, 한편 정보공개청구권은 법률상 보호되는 구체적인 권리이므로 청구인이 공공기관에 대하여 정보공개를 청구하였다가 거부처분을 받은 것 자체가 법률상 이익의 침해에 해당한다(대판 2003.12.12, 2003두8050).

③ 공공기관의 정보공개에 관한 법률상 비공개 대상 정보의 입법 취지에 비추어 살펴보면, 같은 법 제7조 제1항 제5호에서의 '감사·감독·검사·시험·규제·입찰계약·기술개발·인사관리·의사결정과정 또는 내부검토과정에 있는 사항'은 비공개 대상 정보를 예시적으로 열거한 것이라고 할 것이므로 의사결정과정에 제공된 회의관련자료나 의사결정과정이 기록된 회의록 등은 의사가 결정되거나 의사가 집행된 경우에는 더 이상 의사결정과정에 있는 사항 그 자체라고는 할 수 없으나, 의사결정과정에 있는 사항에 준하는 사항으로서 비공개 대상 정보에 포함될 수 있다(대판 2003. 8.22, 2002두12946).

④ 헌법 제10조의 인간의 존엄과 가치, 행복추구권과 헌법 제17조의 사생활의 비밀과 자유에서 도출되는 개인정보자기결정권은 자신에 관한 정보가 언제 누구에게 어느 범위까지 알려지고 또 이용되도록 할 것인지를 정보주체가 스스로 결정할 수 있는 권리이다. 개인정보자기결정권의 보호대상이 되는 개인정보는 개인의 신체, 신념, 사회적 지위, 신분 등과 같이 인격주체성을 특징짓는 사항으로서 개인의 동일성을 식별할 수 있게 하는 일체의 정보를 의미하며, 반드시 개인의 내밀한 영역에 속하는 정보에 국한되지 않고 공적 생활에서 형성되었거나 이미 공개된 개인정보까지도 포함한다(대판 2016.3.10, 2012다105482).

222 시대에듀 | 군무원 군수직

2019 | **추가채용** 기출문제 해설

☑ 점수 (   )점/100점 ☑ 문제편 192쪽

영역 분석

일반행정작용법	9문항	★★★★★★★★★	36%
행정법 서론	6문항	★★★★★★	24%
행정절차와 행정공개	4문항	★★★★	16%
행정조직법	2문항	★★	8%
행정의 실효성 확보수단	2문항	★★	8%
행정구제법	2문항	★★	8%

빠른 정답

01	02	03	04	05	06	07	08	09	10
④	①	④	①	②	②	①	①	③	②
11	12	13	14	15	16	17	18	19	20
④	④	④	③	④	②	③	③	②	①
21	22	23	24	25					
②	③	①	②	②					

01
정답 ④

영역 행정법 서론 > 행정상 법률관계   난도 **하**

[정답의 이유]

④ 국유재산법 제31조, 제32조 제3항, 산림법 제75조 제1항의 규정 등에 의하여 국유잡종재산에 관한 관리 처분의 권한을 위임받은 기관이 국유잡종재산을 대부하는 행위는 국가가 사경제 주체로서 상대방과 대등한 위치에서 행하는 사법상의 계약이고, 행정청이 공권력의 주체로서 상대방의 의사 여하에 불구하고 일방적으로 행하는 행정처분이라고 볼 수 없으며, 국유잡종재산에 관한 대부료의 납부고지 역시 사법상의 이행청구에 해당하고, 이를 행정처분이라고 할 수 없다(대판 2000.2.11, 99다61675).

[오답의 이유]

① 국유재산의 관리청이 행정재산의 사용·수익을 허가한 다음 그 사용·수익하는 자에 대하여 하는 사용료 부과는 순전히 사경제주체로서 행하는 사법상의 이행청구라 할 수 없고, 이는 관리청이 공권력을 가진 우월적 지위에서 행한 것으로서 항고소송의 대상이 되는 행정처분이라 할 것이다(대판 1996.2.13, 95누11023).

② 산업단지관리공단의 지위, 입주계약 및 변경계약의 효과, 입주계약 및 변경계약 체결 의무와 그 의무를 불이행한 경우의 형사적 내지 행정적 제재, 입주계약해지의 절차, 해지통보에 수반되는 법적 의무 및 그 의무를 불이행한 경우의 형사적 내지 행정적 제재 등을 종합적으로 고려하면, 입주변경계약 취소는 행정청인 관리권자로부터 관리업무를 위탁받은 산업단지관리공단이 우월적 지위에서 입주기업체들에게 일정한 법률상 효과를 발생하게 하는 것으로서 항고소송의 대상이 되는 행정처분에 해당한다(대판 2017.6.15, 2014두46843).

③ 중학교 의무교육의 위탁관계는 초·중등교육법 제12조 제3항, 제4항 등 관련 법령에 의하여 정해지는 공법적 관계로서, 대등한 당사자 사이의 자유로운 의사를 전제로 사익 상호 간의 조정을 목적으로 하는 민법 제688조의 수임인의 비용상환청구권에 관한 규정이 그대로 준용된다고 보기도 어렵다(대판 2015.1.29, 2012두7387).

📡 적중레이더

공법관계 vs 사법관계

공법관계	사법관계
행정법과 행정소송법 적용 → 국가배상법 적용	민법과 민사소송법 적용 → 민법상 손해배상
자력강제(행정대집행법) → 단속·명령규정	민사집행법 → 효력·능력규정
• 국유재산 중 행정재산의 대부행위(대판 2006.3.9, 2004다31074) • 국유재산 관리청의 행정재산의 사용·수익자에 대한 사용료부과처분(대판 1996.2.13, 95누11023). • 행정청인 국방부장관, 관악구청장, 서울특별시장의 입찰참가자격제한처분은 행정처분 • 서울시 통근버스 교통사고 • 국가의 한국토지주택공사에 대한 감독관계(특별감독관계에 해당) • 국가나 지방자치단체에 근무하는 "청원경찰"에 대한 징계처분(대판 1993.7.13, 92다47564)	• 국유재산의 대부료 납부고지(대판 2000.2.11, 99다61675) • 폐천부지를 양여하는 행위(공용폐지=잡종재산) • 기부채납 받은 공유재산을 무상으로 기부자에게 사용을 허용하는 행위(대판 1994.1.25, 93누7365) • 한국토지개발공사 입찰참가격제한조치(대결 1995.2.28, 94두36) • 서울시 직영버스 교통사고 • 청원주에 의해 고용된 청원경찰(헌재 2010.2.25, 2008헌바160) • 한국조폐공사의 직원에 대한 파면행위(대판 1978.4.25, 78다414)

02

영역 일반행정작용법 > 기타행정행위　　　　　　　난도 **중**

[정답의 이유]

① 절차집중효설(관련법령의 절차적 요건까지 갖출 것을 요하지 않고, 실체적 요건의 구비 여부를 요함)이 다수설, 판례의 입장이기 때문에 '주민의 의견청취'라는 '절차적 요건'이 반드시 필요한 것은 아니다.

[오답의 이유]

② 공유수면점용허가를 필요로 하는 채광계획 인가신청에 대하여도, 공유수면 관리청이 재량적 판단에 의하여 공유수면점용을 허가 여부를 결정할 수 있고, 그 결과 공유수면점용을 허용하지 않기로 결정하였다면, 채광계획 인가관청은 이를 사유로 하여 채광계획을 인가하지 아니할 수 있는 것이다(대판 2002.10.11, 2001두151). 따라서 공유수면점용 불허가결정을 근거로, 채광계획인가는 할 수 없다.

④ 사업시행자가 주택건설사업계획 승인을 받음으로써 도로점용허가가 의제된 경우에 관리청이 도로점용료를 부과하지 않아 그 점용료를 납부할 의무를 부담하지 않게 되었다고 하더라도 특별한 사정이 없는 한 사업시행자가 그 점용료 상당액을 법률상 원인 없이 부당이득하였다고 볼 수는 없다고 할 것이다(대판 2013.6.13, 2012다87010). 즉, 부관(부담)이 없으면, 납부의무가 당연히 발생하는 것은 아니다(→ 의무 없어서 부당이득 ×).

📡 적중레이더

인·허가 의제

주된 인·허가를 받으면, 다른 법률에 따른 관련 인·허가 등을 함께 받은 것으로 간주하며 각종 개발사업을 시행하는 경우 농지전용허가, 산지전용허가, 도로점용허가 등 여러 법률에 규정된 인·허가를 받아야 하는 번거로움을 해소하기 위해 도입되었다.

03

영역 행정법 서론 > 행정법　　　　　　　　　　　난도 **중**

[정답의 이유]

④ 텔레비전 방송수신료는 대다수 국민의 재산권 보장의 측면이나 한국방송공사에게 보장된 방송자유의 측면에서 국민의 기본권 실현에 관련된 영역에 속하고, 수신료금액의 결정은 납부의무자의 범위 등과 함께 수신료에 관한 본질적인 중요한 사항이므로 국회가 스스로 행하여야 하는 사항에 속하는 것임에도 불구하고 한국방송공사법 제36조 제1항에서 국회의 결정이나 관여를 배제한 채 한국방송공사로 하여금 수신료금액을 결정해서 문화관광부장관의 승인을 얻도록 한 것은 법률유보원칙에 위반된다(헌재 1999.5.27, 98헌바70).

[오답의 이유]

① 전부유보설에 따르면(법률유보의 영역을 전체급부행위로 확장) 법치국가를 헌법원리로 제시하여 의회민주주의의 정당성을 강조하고 있다. 또한 의회민주주의는 기본권 보장을 위해 요구된다.

② 법률유보원칙은 입법과 행정 사이의 권한의 문제이다.

③ 법률유보의 원칙은 법률에 근거한 규율을 의미한다. 따라서 법규명령을 통한 규율도 인정한다.

📡 적중레이더

법률유보 vs 법률우위

법률유보의 원칙	법률우위의 원칙
• 적극적 원칙 • 형식적 의미의 법률 • 적용에 있어 학설의 대립	• 소극적 원칙 • 모든 법(행정규칙 제외) • 모든 영역에 적용

법률유보의 적용범위에 관한 학설

침해 유보설	행정작용 가운데 국민의 자유와 권리를 제한 내지 침해하거나 새로운 의무를 부과하는 경우에는 반드시 법률의 근거를 요한다고 보는 입장으로 행정에 대한 자유를 중요시 함	특별권력관계(예 수형자)에는 법률유보가 적용되지 않는다.
권력행정 유보	행정작용의 침익성·수익성 여부를 가리지 않고 행정권의 일방적 의사에 의해 국민의 권리와 의무를 결정하게 되는 모든 권력적 행정작용은 법률의 근거를 요한다고 보는 입장	침해유보설의 틀을 벗어나지 못한다.
급부행정 유보설 (= 사회 유보설)	현대국가에서의 국가적 급부활동의 성격 및 중요성과 그에 대한 국민생활의 밀접한 관련성을 기초로, 급부의 부당한 거부 또는 배분은 실질적으로 침해행정 못지않게 침익적 성격을 가지므로 침해행정뿐만 아니라 급부행정에 있어서도 법률유보의 원칙의 적용이 필요하다는 입장이며 행정을 통한 자유를 중요시 함	법률의 수권(授權)이 없는 경우에 행정기관은 국민에게 급부를 행할 수 없게 되므로 국민의 지위를 오히려 약화시킨다.
중요사항 유보설 (=본질성설, 본질사항 유보설)	• 국가 및 사회생활에 있어서 중요하고도 본질적인 사항에 관해서는 그것이 일반권력관계이든 특별권력관계이든, 권력관계이든 비권력관계이든 상관없이 반드시 법률에 의해야 한다는 입장 • 독일 연방헌법재판소의 칼카르(Kallkar) 결정을 통하여 정립된 이론으로, 우리 헌법재판소도 기본적으로 중요사항유보설의 입장을 취하고 있음	구체적 타당성을 강조한다.

신침해 유보설	원칙적으로 침해유보설의 입장을 취하면서 특별 권력관계에 있어 법률유보의 적용을 긍정하나, 급부행정의 영역에 있어서는 법률유보가 필수적인 것은 아니라고 보는 입장으로 조직법적 근거나 예산에 근거해서도 급부행정은 가능하다고 함	특별권력관계에도 법률유보가 적용된다.
전부 유보설	국민주권주의와 의회민주주의 사상에 기초한 이론으로서 모든 행정작용에는 법률의 근거가 필요하다고 보아 행정권의 고유영역을 부정하게 됨으로써 권력분립의 원칙에 반할 수 있고 오늘날 현대 행정의 양적 증가 및 다양성에 비추어 볼 때 인정하기 힘든 점이 있음	• 국민주권주의와 의회민주주의를 강조한다. • 권력분립에 위반되므로 이상론에 불과하다는 비판을 받는다.

04

정답 ①

영역 일반행정작용법 > 기타행정행위   난도 **하**

정답의 이유

① 공공용지의 취득 및 손실보상에 관한 특례법에 의하여 공공용지를 <u>협의취득한 사업시행자가 그 양도인과 사이에 체결한 매매계약은 공공기관이 사경제주체로서 행한 사법상 매매이다</u>(대판 1999.11.26. 98다47245). 즉, 민사관계이다(+환매권 행사, 환매금액 증감 등 포함)

📡 **적중레이더**

공법상 계약의 종류 – 주체에 따른 분류

행정주체 상호 간	• 국가와 공공단체, 공공단체 상호 간(지방교육자치에 관한 법률에 의한 교육사무위탁) • 지방자치단체 상호 간(도로 · 하천의 경비부담에 관한 협의) • 공공시설의 관리에 관한 합의 등
행정주체와 사인 간	• 임의적 공용부담계약(사유지를 도로 · 학교 · 공원 등의 부지로 제공하는 계약 등 소위 기부채납) • 행정사무의 위탁계약(별정우체국의 지정) • 공법상 보조금지급계약(수출보조금교부계약) • 지방자치단체와 사기업 간의 공해방지 및 환경보전을 위한 환경보전협정 • 특별행정법관계의 설정합의(전문직 공무원의 채용계약, 서울특별시립무용단원의 위촉, 광주시립합창단원의 재위촉, 국립중앙극장 전속단원 채용계약, 공중보건의사 채용계약, 자원입대, 학령아동의 취학)
사인 상호 간	• 공무수탁사인과 사인 간에 체결한 계약 • 사업시행자와 토지소유자 및 관계인 사이의 협의(판례는 사법상 계약으로 봄)

05

정답 ②

영역 행정법 서론 > 법률사실과 법률요건   난도 **상**

정답의 이유

② 행정기본법 제6조 제1항에 따르면 행정에 관한 기간의 계산에 관하여는 이 법 또는 다른 법령 등에 특별한 규정이 있는 경우를 제외하고는 민법을 준용한다.

- 이 법에 따른 기간을 계산할 때에는 <u>첫날을 산입한다</u>(국회법 제168조). 즉, 국회회기는 초일불산입원칙의 예외이다.
- 이 법에 따른 급여를 받을 권리는 급여의 사유가 발생한 날부터 <u>5년간 행사하지 아니하면 시효로 인하여 소멸한다</u>(공무원연금법 제88조 제1항).

오답의 이유

① 금전의 급부를 목적으로 하는 국가의 권리로서 시효에 관하여 다른 법률에 규정이 없는 것은 5년 동안 행사하지 아니하면 시효로 인하여 소멸한다(국가재정법 제96조 제1항).

③ 국가재정법 제96조 제3항

④ 이 법 또는 세법에서 규정하는 기간의 계산은 이 법 또는 그 세법에 특별한 규정이 있는 것을 제외하고는 민법에 따른다(국세기본법 제4조).

📡 **적중레이더**

초일불산입원칙에 대한 예외(초일을 산입하는 경우)

- 연령계산(민법 제158조)
- 민원처리기간(민원처리에 관한 법률 제19조 제2항)
- 영(零)시부터 기간이 시작하는 경우(민법 제157조 단서)
- 사망신고기간(가족관계의 등록 등에 관한 법률 제37조 제1항)
- 출생신고기간(가족관계의 등록 등에 관한 법률 제37조 제1항)
- 국회회기기간(국회법 제168조)
- 공소시효기간(형법 제85조 및 형사소송법 제66조 제1항)
- 구속기간(형법 제85조 및 형사소송법 제66조 제1항)

06

정답 ②

영역 행정법 서론 > 행정상 법률관계   난도 **하**

정답의 이유

② 강원도의회는 행정주체가 아닌 "의결기관"이다.

오답의 이유

① 대한민국 → 국가로서의 행정주체

③ 도시 및 주거환경 정비법상의 주택재건축 정비사업조합 → 공공단체 중 공공사단(조합)

④ 한국토지주택공사 → 공공단체 중 영조물 법인

(•))) 적중레이더

행정주체 인정여부

구분	해당 ○	해당 ×
지방자치 단체	① 보통지방자치단체 • 광역자치단체: 특별시, 광역시, 도, 특별자치도 • 기초자치단체 – 특별시나 광역시가 아닌 시, 군 – 특별시나 광역시에 설치된 구(자치구)	② 특별지방자치단체: 지방자치단체조합 • 특별시나 광역시가 아닌 시(일반 구) 예 제주시, 서귀포시: 행정상 시 • 읍, 면, 동, 리
공공조합	① 농지개량조합: 현재는 한국농어촌공사 ② 도시 및 주거환경 정비법상 주택재개발사업조합 ③ 도시개발법상 도시개발조합	–
공법상 재단	① 한국학술진흥재단 ② 한국과학재단	–
영조물 법인	① 각종 공사: 한국방송공사 등 ② 각종 공단: 시설관리공단 등	국·공립대학교(예외: 서울대학교) ※ 서울대학교는 단순 영조물이었으나 관련 법률 제정으로 법인화
비고	① 읍, 면, 동: 행정주체 부정 ② 특별시, 광역시가 아닌 일반구: 행정주체 부정(예 수원시 팔달구, 전주시 덕진구, 성남시 분당구) ③ 제주특별자치도의 시와 군: 행정주체 부정 ④ 서울대학교: 행정주체에 해당	

07

영역 일반행정작용법 > 기타행정행위   난도 **하**   정답 ①

정답의 이유

① 행정기관은 행정지도의 상대방이 행정지도에 따르지 아니하였다는 것을 이유로 불이익한 조치를 하여서는 아니 된다(행정절차법 제48조 제2항).

오답의 이유

② 행정지도의 상대방은 해당 행정지도의 방식·내용 등에 관하여 행정기관에 의견제출을 할 수 있다(행정절차법 제50조). → 의견제출권

③ 행정기관이 같은 행정목적을 실현하기 위하여 많은 상대방에게 행정지도를 하려는 경우에는 특별한 사정이 없으면 행정지도에 공통적인 내용이 되는 사항을 공표하여야 한다(행정절차법 제51조). → 공통사항 공표의무

④ 행정지도가 말로 이루어지는 경우에 상대방이 제1항의 사항을 적은 서면의 교부를 요구하면 그 행정지도를 하는 자는 직무 수행에 특별한 지장이 없으면 이를 교부하여야 한다(행정절차법 제49조 제2항). → 서면교부요구권

08

영역 행정법 서론 > 행정상 법률관계   난도 **하**   정답 ①

정답의 이유

① 피고적격은 소송에서 피고로서 본안판결을 받을 수 있는 자격으로, 무효등확인소송과 부작위위법확인소송에서도 이 규정을 준용한다. 행정소송에서의 피고인 행정청은 처분 등을 행한 행정청으로 원칙적으로 소송의 대상인 처분 등을 외부적으로 그의 명의로 행한 행정청을 말한다(대판 1994.6.14, 94누1197). 즉, 행정청은 행정주체가 아니다.

(•))) 적중레이더

행정주체 vs 행정청

구분	행정주체	행정청
권리능력 유무 (법인격 유무)	○	×
행위능력 유무	×	○
구체적인 예	국가, 공공단체, 공무수탁사인	대통령, 국무총리, 장관

09

영역 행정법 서론 > 행정상 법률관계   난도 **하**   정답 ③

정답의 이유

③ 고도의 정치성을 띤 국가행위에 대하여는 이른바 통치행위라 하여 법원 스스로 사법심사권의 행사를 억제하여 그 심사대상에서 제외하는 영역이 있을 수 있으나, 이와 같이 통치행위의 개념을 인정하더라도 과도한 사법심사의 자제가 기본권을 보장하고 법치주의 이념을 구현하여야 할 법원의 책무를 태만히 하거나 포기하는 것이 되지 않도록 그 인정을 지극히 신중하게 하여야 한다(대판 2010.12.16, 2010도5986 전합).

오답의 이유

① 대통령의 긴급재정경제명령은 국가긴급권의 일종으로서 고도의 정치적 결단에 의하여 발동되는 행위이고 그 결단을 존중하여야 할 필요성이 있는 행위라는 의미에서 이른바 통치행위에 속한다고 할 수 있으나, … 그것이 국민의 기본권 침해와 직접 관련되는 경우에는 당연히 헌법재판소의 심판대상이 된다(헌재 1996.2.29, 93헌마186).

② 기본권의 보장 및 법치주의의 이념에 비추어 보면, 비록 서훈취소가 대통령이 국가원수로서 행하는 행위라고 하더라도 법원이 사법심사를 자제하여야 할 고도의 정치성을 띤 행위라고 볼 수는 없다(대판 2015.4.23, 2012두26920).

④ 남북정상회담의 개최는 고도의 정치적 성격을 지니고 있는 행위라 할 것이므로 특별한 사정이 없는 한 그 당부를 심판하는 것은 사법권의 내재적·본질적 한계를 넘어서는 것이 되어 적절하지 못하다(대판 2004.3.26, 2003도7878).

적중레이더

통치행위
고도의 정치성을 가지는 국가기관의 행위로서 법적 구속을 받지 않으며 법원의 사법심사의 대상에서 제외되는 행위를 말한다. 통치행위는 최상위의 국가지도의 문제로서 입법·사법·행정의 어느 영역에도 속하지 않는 제4의 영역으로 분류되고 있다.

10
정답 ②

영역 일반행정작용법 > 행정행위　　　　　　　　　난도 **중**

정답의 이유

② 의견제출이란 "행정청이 어떠한 행정작용을 하기 전에 당사자등이 의견을 제시하는 절차로, 청문이나 공청회에 해당하지 아니하는 절차"를 말한다(행정절차법 제2조 제7호). 또한 동법 제22조 제3항을 통하여 "'당사자에게 의무를 부과하거나 권익을 제한하는 처분'에 한하여 '당사자 등'에 대해서만 그리고, 법상 의견제출이 면제되는 경우(청문이나 공청회를 실시하는 경우 등)가 아닌 경우, 의견제출의 기회를 주어야 한다."고 명시하고 있다.

오답의 이유

① 행정절차법 제22조 제3항
③ 행정절차법 제22조 제4항
④ 건축법상의 공사중지명령에 대한 사전통지를 하고 의견제출의 기회를 준다면 많은 액수의 손실보상금을 기대하여 공사를 강행할 우려가 있다는 사정이 사전통지 및 의견제출절차의 예외사유에 해당하지 아니한다고 한 사례이다(대판 2004.5.28, 2004두1254).

적중레이더

행정절차법 제22조(의견청취) ① 행정청이 처분을 할 때 다음 각 호의 어느 하나에 해당하는 경우에는 청문을 한다.
　1. 다른 법령 등에서 청문을 하도록 규정하고 있는 경우
　2. 행정청이 필요하다고 인정하는 경우
　3. 다음 각 목의 처분 시 제21조 제1항 제6호에 따른 의견제출기한 내에 당사자 등의 신청이 있는 경우
　　가. 인허가 등의 취소
　　나. 신분·자격의 박탈
　　다. 법인이나 조합 등의 설립허가의 취소
② 행정청이 처분을 할 때 다음 각 호의 어느 하나에 해당하는 경우에는 공청회를 개최한다.
　1. 다른 법령 등에서 공청회를 개최하도록 규정하고 있는 경우

　2. 해당 처분의 영향이 광범위하여 널리 의견을 수렴할 필요가 있다고 행정청이 인정하는 경우
　3. 국민생활에 큰 영향을 미치는 처분으로서 대통령령으로 정하는 처분에 대하여 대통령령으로 정하는 수 이상의 당사자 등이 공청회 개최를 요구하는 경우
③ 행정청이 당사자에게 의무를 부과하거나 권익을 제한하는 처분을 할 때 제1항 또는 제2항의 경우 외에는 당사자 등에게 의견제출의 기회를 주어야 한다.
④ 제1항부터 제3항까지의 규정에도 불구하고 제21조 제4항 각 호의 어느 하나에 해당하는 경우와 당사자가 의견진술의 기회를 포기한다는 뜻을 명백히 표시한 경우에는 의견청취를 하지 아니할 수 있다.
⑤ 행정청은 청문·공청회 또는 의견제출을 거쳤을 때에는 신속히 처분하여 해당 처분이 지연되지 아니하도록 하여야 한다.
⑥ 행정청은 처분 후 1년 이내에 당사자 등이 요청하는 경우에는 청문·공청회 또는 의견제출을 위하여 제출받은 서류나 그 밖의 물건을 반환하여야 한다.

11
※ 개정·변경된 내용으로 선지 교체　　　　　　　　　정답 ④

영역 행정조직법 > 지방자치법　　　　　　　　　난도 **중**

정답의 이유

④ 지방자치단체의 장이 주민의 의견을 듣기 위하여 필요하다고 판단하는 경우에는 주민투표를 실시할 수 있다(주민투표법 제9조 제1항 제3호)

제9조(주민투표의 실시요건) ① 지방자치단체의 장은 다음 각 호의 어느 하나에 해당하는 경우에는 주민투표를 실시할 수 있다. 이 경우 제1호 또는 제2호에 해당하는 경우에는 주민투표를 실시하여야 한다.
　1. 주민이 제2항에 따라 주민투표의 실시를 청구하는 경우
　2. 지방의회가 제5항에 따라 주민투표의 실시를 청구하는 경우
　3. 지방자치단체의 장이 주민의 의견을 듣기 위하여 필요하다고 판단하는 경우

오답의 이유

① 헌법상의 권리가 아니고, 지방자치법상의 법률상 권리이다.
② 주민투표실시에 관한 지방자치법 제13조의2는 규정문언상 임의규정으로 되어 있고, 실시 여부도 지방자치단체의 장의 재량사항으로 되어 있으며 아직 주민투표법이 제정되지도 아니하였으며, 주민투표절차는 위에서 살펴본 바와 같이 청문절차의 일환이고 그 결과에 구속적 효력이 없다(헌재 1994.12.29, 94헌마201).
③ 국가정책에 관한 주민투표의 실시 요구는 일정사항에 있어서 관계 중앙행정기관의 장이 행정안전부장관과 협의하여 요구하는 것이고, 지방자치단체의 장에게는 그러한 요구권이 없다.

12

영역 행정의 실효성 확보수단 > 행정상 강제　　　　난도**중**

정답의 이유

④ "폐쇄"는 대체적 작위의무이므로 대체적 작위의무 위반에 따른 대집행이 가능하다. 위 행정대집행은 주된 목적이 조합의 위 사무실에 대한 사실상 불법사용을 중지시키기 위하여 사무실 내 조합의 물품을 철거하고 사무실을 폐쇄함으로써 군(郡) 청사의 기능을 회복하는 데 있으므로, 전체적으로 대집행의 대상이 되는 대체적 작위의무인 철거의무를 대상으로 한 것으로 적법한 공무집행에 해당한다고 볼 수 있다(대판 2011.4.28, 2007도7514).

오답의 이유

① 행정대집행법 제2조는 대집행의 대상이 되는 의무를 "법률(법률의 위임에 의한 명령, 지방자치단체의 조례를 포함한다. 이하 같다)에 의하여 직접 명령되었거나 또는 법률에 의거한 행정청의 명령에 의한 행위로서 타인이 대신하여 행할 수 있는 행위"라고 규정하고 있으므로, 대집행계고처분을 하기 위하여는 법령에 의하여 직접 명령되거나 법령에 근거한 행정청의 명령에 의한 의무자의 대체적 작위의무 위반행위가 있어야 한다(대판 1996.6.28, 96누4374). 즉, 법적 근거가 없으면 대집행을 할 수 없다.

② 행정청이 토지구획정리사업의 환지예정지를 지정하고 그 사업에 편입되는 건축물 등 지장물의 소유자 또는 임차인에게 지장물의 자진이전을 요구한 후 이에 응하지 않자 지장물의 이전에 대한 대집행을 계고하고 다시 대집행영장을 통지한 사안에서, 위 계고처분 등은 행정대집행법 제2조에 따라 명령된 지장물 이전의무가 없음에도 그러한 의무의 불이행을 사유로 행하여진 것으로 위법하다(대판 2010.6.24, 2010두1231).

③ 협의취득 시 건물소유자가 매매대상 건물에 대한 철거의무를 부담하겠다는 취지의 약정을 하였다고 하더라도 이러한 철거의무는 공법상의 의무가 될 수 없고, 이 경우에도 행정대집행법을 준용하여 대집행을 허용하는 별도의 규정이 없는 한 위와 같은 철거의무는 행정대집행법에 의한 대집행의 대상이 되지 않는다(대판 2006.10.13, 2006두7096).

(((•))) 적중레이더

대집행

• 의미: 대집행이란 대체적 작위의무(다른 사람이 대신하여 행할 수 있는 의무) 위반이 있는 경우 행정청이 의무자가 해야 할 일을 스스로 행하거나 또는 제3자로 하여금 행하게 함으로써 의무의 이행이 있었던 것과 같은 상태를 실현하고 그 비용을 의무자로부터 징수하는 행정작용을 말한다. 대집행에 관한 일반법으로는 행정대집행법이 있다.

• 요건
　- 대체적 작위의무의 불이행
　- 다른 수단으로는 그 이행을 확보하기 곤란할 것

　- 불이행을 방치함이 심히 공익을 해할 것
　- 불가쟁력의 발생은 요건 ×

대체적 작위의무 해당 여부

대체적 작위의무에 해당하는 경우	대체적 작위의무에 해당하지 않는 경우
• 건물철거의무 • 건물청소의무 • 광고물 제거의무	• 비대체적 작위의무 　- 건물명도(인도)의무 　- 국유지퇴거의무 • 부작위의무 　- 매매금지의무 　- 입산금지의무 • 수인의무 　- 강제예방접종의무

공법관계 vs 사법관계

공법관계	사법관계
행정법과 행정소송법 적용 → 국가배상법 적용	민법과 민사소송법 적용 → 민법상 손해배상
자력강제(행정대집행법) → 단속 · 명령규정	민사집행법 → 효력 · 능력규정

13

정답 ④

영역 일반행정작용법 > 행정행위　　　　난도**중**

정답의 이유

④ 재임용거부취지의 임용기간만료통지 → 강학상 통지

오답의 이유

① 공유수면매립면허 → 강학상 특허

② 조세부과처분 → 강학상 하명

③ 학교법인 임원선임에 대한 감독청의 취임승인 → 강학상 인가

(((•))) 적중레이더

법률행위적 행정행위 vs 준법률행위적 행정행위

• 법률행위적 행정행위: 행정청의 효과의사에 따라 일정한 법률효과가 발생하는 경우를 의미한다.

• 준법률행위적 행정행위: 행정청의 효과의사와 관계없이 법률규정에 따라 일정한 법률효과가 발생하는 경우를 의미한다.

• 준법률행위적 행정행위는 기속행위임이 원칙이다.

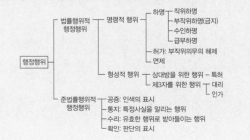

14

영역 일반행정작용법 > 행정상 입법　　　　　　　난도 **중**

정답의 이유

③ 오늘날 의회의 입법독점주의에서 입법중심주의로 전환하여 일정한 범위 내에서 행정입법을 허용하게 된 동기가 사회적 변화에 대응한 입법수요의 급증과 종래의 형식적 권력분립주의로는 현대 사회에 대응할 수 없다는 기능적 권력분립론에 있다는 점 등을 감안하여 헌법 제40조와 헌법 제75조, 제95조의 의미를 살펴보면, 국회입법에 의한 수권이 입법기관이 아닌 행정기관에게 법률 등으로 구체적인 범위를 정하여 위임한 사항에 관하여는 당해 행정기관에게 법정립의 권한을 갖게 되고, 입법자가 규율의 형식도 선택할 수도 있다 할 것이므로, 헌법이 인정하고 있는 위임입법의 형식은 예시적인 것으로 보아야 할 것이고, 그것은 법률이 행정규칙에 위임하더라도 그 행정규칙은 위임된 사항만을 규율할 수 있으므로, 국회입법의 원칙과 상치되지도 않는다(헌재 2006.12.28, 2005헌바59).

📡 **적중레이더**

법규명령과 행정규칙

구분	법규명령	행정규칙
법 형식	대통령령 · 총리령 · 부령 등	훈령 · 고시 등
권력적 기초	일반권력관계	특별행정법관계
법적 근거 (상위법령의 개별적 · 구체적 수권)	• 위임명령: 법적 근거 필요 • 집행명령: 법적 근거 불필요	법적 근거 불필요
성질	법규성(재판규범성, 대외적 구속력) 긍정	법규성(재판규범성, 대외적 구속력) 부정
위반의 효과	위법한 작용	곧바로 위법한 작용이 되는 것 ×
존재 형식	조문의 형식	조문의 형식 또는 구술
공포	공포 필요	공포 불필요
한계	법률유보의 원칙 · 법률 우위의 원칙 적용	법률우위의 원칙만 적용

15

영역 행정절차와 행정공개 > 정보공개와 개인정보보호　　난도 **상**

정답의 이유

④ 300만 원 이하의 범위에서 상당한 금액을 손해액으로 하여 배상을 청구할 수 있다(개인정보 보호법 제39조의2 제1항). 또한 일반손해 배상을 청구한 정보주체는 사실심 변론종결 시까지 법정손해배상의 청구로 변경할 수 있다(개인정보 보호법 제39조의2 제3항).

오답의 이유

① 개인정보를 처리하거나 처리하였던 자가 업무상 알게 된 개인정보를 누설하거나 권한 없이 다른 사람이 이용하도록 제공한 것이라는 사정을 알면서도 영리 또는 부정한 목적으로 개인정보를 제공받은 자라면, 개인정보를 처리하거나 처리하였던 자로부터 직접 개인정보를 제공받지 아니하더라도 개인정보 보호법 제71조 제5호의 '개인정보를 제공받은 자'에 해당한다(대판 2018.1.24, 2015도16508).

② 이미 공개된 개인정보를 정보주체의 동의가 있었다고 객관적으로 인정되는 범위 내에서 수집 · 이용 · 제공 등 처리를 할 때는 정보주체의 별도의 동의는 불필요하다고 보아야 하고, 별도의 동의를 받지 아니하였다고 하여 개인정보 보호법 제15조나 제17조를 위반한 것으로 볼 수 없다(대판 2016.8.17, 2014다235080).

③ 피해자의 의사와 무관하게 주민등록번호가 유출된 경우에는 조리상 주민등록번호의 변경을 요구할 신청권을 인정함이 타당하고, 구청장의 주민등록번호 변경신청 거부행위는 항고소송의 대상이 되는 행정처분에 해당한다(대판 2017.6.15, 2013두2945).

📡 **적중레이더**

개인정보 보호법 제39조의2(법정손해배상의 청구) ① 제39조 제1항에도 불구하고 정보주체는 개인정보처리자의 고의 또는 과실로 인하여 개인정보가 분실 · 도난 · 유출 · 위조 · 변조 또는 훼손된 경우에는 300만 원 이하의 범위에서 상당한 금액을 손해액으로 하여 배상을 청구할 수 있다. 이 경우 해당 개인정보처리자는 고의 또는 과실이 없음을 입증하지 아니하면 책임을 면할 수 없다.
② 법원은 제1항에 따른 청구가 있는 경우에 변론 전체의 취지와 증거조사의 결과를 고려하여 제1항의 범위에서 상당한 손해액을 인정할 수 있다.
③ 제39조에 따라 손해배상을 청구한 정보주체는 사실심(事實審)의 변론이 종결되기 전까지 그 청구를 제1항에 따른 청구로 변경할 수 있다.

16

영역 행정조직법 > 지방자치법　　　　　　　　　　　난도 **상**

㉠ 주민투표부의원

> **제18조(주민투표)** ① 지방자치단체의 장은 주민에게 과도한 부담을 주거나 중대한 영향을 미치는 지방자치단체의 주요 결정사항 등에 대하여 주민투표에 부칠 수 있다.

㉡ 규칙제정권

> **제29조(규칙)** 지방자치단체의 장은 법령 또는 조례의 범위에서 그 권한에 속하는 사무에 관하여 규칙을 제정할 수 있다.

ⓒ 재의요구권

> **제120조(지방의회의 의결에 대한 재의 요구와 제소)** ① 지방자치단체의 장은 지방의회의 의결이 월권이거나 법령에 위반되거나 공익을 현저히 해친다고 인정되면 그 의결사항을 이송받은 날부터 20일 이내에 이유를 붙여 재의를 요구할 수 있다.

ⓓ 소속직원에 대한 임면 및 지휘·감독

> **제118조(직원에 대한 임면권 등)** 지방자치단체의 장은 소속 직원(지방의회의 사무직원은 제외한다)을 지휘·감독하고 법령과 조례·규칙으로 정하는 바에 따라 그 임면·교육훈련·복무·징계 등에 관한 사항을 처리한다.

오답의 이유

ⓔ 청원의 접수 및 수리

> **제85조(청원서의 제출)** ① 지방의회에 청원을 하려는 자는 지방의회의원의 소개를 받아 청원서를 제출하여야 한다.
> ② 청원서에는 청원자의 성명(법인인 경우에는 그 명칭과 대표자의 성명을 말한다) 및 주소를 적고 서명·날인하여야 한다.

ⓕ 조례제정권

> **제28조(조례)** ① 지방자치단체는 법령의 범위에서 그 사무에 관하여 조례를 제정할 수 있다. 다만, 주민의 권리 제한 또는 의무 부과에 관한 사항이나 벌칙을 정할 때에는 법률의 위임이 있어야 한다.

ⓗ 행정감사권

> **제49조(행정사무 감사권 및 조사권)** ① 지방의회는 매년 1회 그 지방자치단체의 사무에 대하여 시·도에서는 14일의 범위에서, 시·군 및 자치구에서는 9일의 범위에서 감사를 실시하고, 지방자치단체의 사무 중 특정 사안에 관하여 본회의 의결로 본회의나 위원회에서 조사하게 할 수 있다.

ⓘ 예산의 심의·확정 및 결산의 승인

> **제47조(지방의회의 의결사항)** ① 지방의회는 다음 각 호의 사항을 의결한다.
> 　2. 예산의 심의·확정
> 　3. 결산의 승인

17 정답 ③

영역 행정절차와 행정공개 > 정보공개와 개인정보보호　난도 **상**

정답의 이유

③ 공공기관이 보유·관리하고 있는 정보가 제3자와 관련이 있는 경우 그 정보공개여부를 결정함에 있어 공공기관이 제3자와의 관계에서 거쳐야 할 절차를 규정한 것에 불과할 뿐, <u>제3자의 비공개요</u>

청이 있다는 사유만으로 정보공개법상 정보의 비공개사유에 해당한다고 볼 수 없다(대판 2008.9.25, 2008두8680).

📡 **적중레이더**

공공기관의 정보공개에 관한 법률 제5조(정보공개 청구권자) ① 모든 국민은 정보의 공개를 청구할 권리를 가진다.

관련 판례

"모든 국민"에는 자연인은 물론 법인, 권리능력 없는 사단·재단도 포함되고, 법인, 권리능력 없는 사단·재단 등의 경우에는 설립목적을 불문한다(대판 2003.12.12, 2003두8050).

18 정답 ③

영역 행정절차와 행정공개 > 정보공개와 개인정보보호　난도 **중**

정답의 이유

③ 개인정보자기결정권의 보호대상이 되는 개인정보는 개인의 신체, 신념, 사회적 지위, 신분 등과 같이 개인의 인격주체성을 특징짓는 사항으로서 그 개인의 동일성을 식별할 수 있게 하는 일체의 정보라고 할 수 있고, 반드시 개인의 내밀한 영역이나 사사(私事)의 영역에 속하는 정보에 국한되지 않고 공적 생활에서 형성되었거나 이미 공개된 개인정보까지 포함한다. 또한 그러한 개인정보를 대상으로 한 조사·수집·보관·처리·이용 등의 행위는 모두 원칙적으로 개인정보자기결정권에 대한 제한에 해당한다(헌재 2005.7.21, 2003헌마282 등 병합).

19 정답 ②

영역 일반행정작용법 > 행정행위　난도 **하**

정답의 이유

② 행정행위의 취소는 일단 유효하게 성립한 행정행위를 그 행위에 위법 또는 부당한 하자가 있음을 이유로 소급하여 그 효력을 소멸시키는 별도의 행정처분이고, 행정행위의 철회는 적법요건을 구비하여 완전히 효력을 발하고 있는 행정행위를 사후적으로 그 행위의 효력의 전부 또는 일부를 장래에 향해 소멸시키는 행정처분이므로, <u>행정행위의 취소사유는 행정행위의 성립 당시에 존재하였던 하자를 말하고, 철회사유는 행정행위가 성립된 이후에 새로이 발생한 것으로서 행정행위의 효력을 존속시킬 수 없는 사유를 말한다</u>(대판 2003.5.30, 2003다6422).

오답의 이유

①·③ 행정행위의 취소는 일단 유효하게 성립한 행정행위를 그 행위에 위법 또는 부당한 하자가 있음을 이유로 소급하여 그 효력을 소멸시키는 별도의 행정처분이고, 행정행위의 철회는 적법요건을 구비하여 완전히 효력을 발하고 있는 행정행위를 사후적으로 그 행위의 효력의 전부 또는 일부를 장래에 향해 소멸시키는 행정처

분이다(대판 2003.5.30, 2003다6422).

④ 수익적 행정처분의 하자가 당사자의 사실은폐나 기타 사위의 방법에 의한 신청행위에 기인한 것이라면 당사자는 처분에 의한 이익이 위법하게 취득되었음을 알아 취소가능성도 예상하고 있었다 할 것이므로, 그 자신이 처분에 관한 신뢰이익을 원용할 수 없음은 물론 행정청이 이를 고려하지 아니하였더라도 재량권의 남용이 되지 아니한다.(2014.11.27, 2013두16111).

(((•))) 적중레이더

행정행위의 취소와 철회

구분	취소	철회
권한자	• 직권취소: 처분청 • 쟁송취소: 행정심판위원회, 법원	처분청
사유	원시적 하자	후발적인 새로운 사정
효과	• 직권취소 　－ 다수설: 부담적 행정행위 → 소급효, 수익적 행정행위 → 장래효 　－ 판례: 원칙상 소급효 • 쟁송취소: 소급효가 원칙	장래효
근거	• 직권취소: 근거 불필요(통설·판례) • 쟁송취소: 실정법에 있음	근거 불필요(통설·판례)

20

정답 ①

영역 행정의 실효성 확보수단 > 서설　　　　난도 **중**

정답의 이유

① 과징금부과처분은 제재적 행정처분으로서 ··· 공공복리를 증진한다는 행정목적의 달성을 위하여 행정법규 위반이라는 객관적 사실에 착안하여 가하는 제재이므로 반드시 현실적인 행위자가 아니라도 법령상 책임자로 규정된 자에게 부과되고 원칙적으로 위반자의 고의·과실을 요하지 아니하나···(대판 2014.10.15, 2013두5005)

오답의 이유

② 행정대집행법 제2조

> 제2조(대집행과 그 비용징수) 법률에 의하여 직접명령되었거나 또는 법률에 의거한 행정청의 명령에 의한 행위로서 타인이 대신하여 행할 수 있는 행위를 의무자가 이행하지 아니하는 경우 다른 수단으로써 그 이행을 확보하기 곤란하고 또한 그 불이행을 방치함이 심히 공익을 해할 것으로 인정될 때에는 당해 행정청은 스스로 의무자가 하여야 할 행위를 하거나 또는 제3자로 하여금 이를 하게 하여 그 비용을 의무자로부터 징수할 수 있다.

③ 헌재 2003.7.24, 2001헌가25

④ 이행강제금은 대체적 작위의무의 위반에 대하여도 부과될 수 있다 (헌재 2004.2.26, 2002헌바26 등 병합).

(((•))) 적중레이더

행정의 실효성 확보수단의 종류

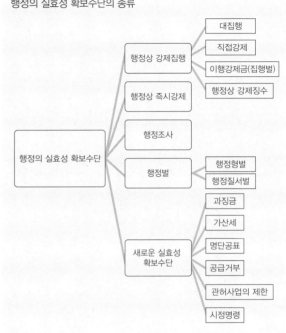

21

정답 ②

영역 일반행정작용법 > 행정행위　　　　난도 **중**

정답의 이유

② 정부의 수도권 소재 공공기관의 지방이전 시책을 추진하는 과정에서 도지사가 도내 특정시를 혁신도시 최종입지로 선정한 행위는 항고소송의 대상이 되는 행정처분이 아니라고 본 사례이다(대판 2007.11.15, 2007두10198).

오답의 이유

① 헌재 2000.6.1, 99헌마538 등 병합

④ 대판 1981.2.10, 80누317

22
정답 ③

영역 행정구제법 > 행정쟁송제도　　　　　난도 **중**

정답의 이유

③ 직접 처분이 가능하다고 하더라도 간접강제를 할 수 없는 것은 아니다.

오답의 이유

① 행정청은 재결의 기속력을 받는다. 따라서 행정소송을 제기하지 못한다.

② 청구인이 경제적 능력으로 인해 대리인을 선임할 수 없는 경우에는 위원회에 국선대리인을 선임하여 줄 것을 신청할 수 있다(행정심판법 제18조의2 제1항).

④ 행정심판법 제6조 제1항

> **제6조(행정심판위원회의 설치)** ① 다음 각 호의 행정청 또는 그 소속 행정청(행정기관의 계층구조와 관계없이 그 감독을 받거나 위탁을 받은 모든 행정청을 말하되, 위탁을 받은 행정청은 그 위탁받은 사무에 관하여는 위탁한 행정청의 소속 행정청으로 본다. 이하 같다)의 처분 또는 부작위에 대한 행정심판의 청구(이하 "심판청구"라 한다)에 대하여는 다음 각 호의 행정청에 두는 행정심판위원회에서 심리·재결한다.
> 1. 감사원, 국가정보원장, 그 밖에 대통령령으로 정하는 대통령 소속기관의 장

📡 적중레이더

행정심판 vs 행정소송

구분	행정심판	행정소송
성질	약식 쟁송	정식 쟁송
대상	부당, 위법한 처분	위법한 처분
절차	구술 또는 서면심리 (비공개원칙)	구술심리 (공개원칙)
기관	행정심판위원회	법원
기간	• 처분이 있음을 안 날: 90일 • 처분이 있은 날: 180일	• 처분이 있음을 안 날: 90일 • 처분이 있은 날: 1년
의무이행심판 인정	긍정	부정
오고지· 불고지 규정	있음	없음
공통점	• 국민의 권리구제수단 • 대심주의원칙 + 직권심리주의 가미 • 불이익변경금지의 원칙 • 집행부정지의 원칙 • 사정재결·사정판결의 인정 • 당사자의 신청에 의해 절차 개시되면 법률상 이익을 가진 자만 제기 가능	

23
정답 ①

영역 행정절차와 행정공개 > 행정절차법　　　　　난도 **중**

정답의 이유

① 입법예고기간은 예고할 때 정하되, 특별한 사정이 없으면 40일(자치법규는 20일) 이상으로 한다(행정절차법 제43조).

오답의 이유

② 행정절차법 제42조 제2항

③ 행정절차법 제42조 제3항

④ 행정절차법 제42조 제5항, 제6항

> **제42조(예고방법)** ① 행정청은 입법안의 취지, 주요 내용 또는 전문(全文)을 다음 각 호의 구분에 따른 방법으로 공고하여야 하며, 추가로 인터넷, 신문 또는 방송 등을 통하여 공고할 수 있다.
> 1. 법령의 입법안을 입법예고하는 경우: 관보 및 법제처장이 구축·제공하는 정보시스템을 통한 공고
> 2. 자치법규의 입법안을 입법예고하는 경우: 공보를 통한 공고
> ② 행정청은 대통령령을 입법예고하는 경우 국회 소관 상임위원회에 이를 제출하여야 한다.
> ③ 행정청은 입법예고를 할 때에 입법안과 관련이 있다고 인정되는 중앙행정기관, 지방자치단체, 그 밖의 단체 등이 예고사항을 알 수 있도록 예고사항을 통지하거나 그 밖의 방법으로 알려야 한다.
> ④ 행정청은 제1항에 따라 예고된 입법안에 대하여 온라인공청회 등을 통하여 널리 의견을 수렴할 수 있다. 이 경우 제38조의2 제3항부터 제5항까지의 규정을 준용한다.
> ⑤ 행정청은 예고된 입법안의 전문에 대한 열람 또는 복사를 요청받았을 때에는 특별한 사유가 없으면 그 요청에 따라야 한다.
> ⑥ 행정청은 제5항에 따른 복사에 드는 비용을 복사를 요청한 자에게 부담시킬 수 있다.

24
정답 ②

영역 일반행정작용법 > 행정행위　　　　　난도 **하**

정답의 이유

② 해산명령은 의무를 부과하기 때문에 강학상 하명이다.

📡 적중레이더

하명의 특징

• 하명은 침익적이므로 법률상 근거가 필요하며 기속행위임이 원칙이다.

• 법률에서 하명을 규정하고 있는 법규하명도 가능하다.

• 사실행위(예 입산금지)와 법률행위(예 매매금지) 모두를 대상으로 한다.

• 특정인뿐만 아니라 불특정 다수인을 상대로 하는 일반처분 형태로도 가능하다. 예 입산금지

25

영역 행정구제법 > 행정쟁송제도   난도 **하**

정답의 이유

② 행정심판법 제44조

> **제44조(사정재결)** ① 위원회는 심판청구가 이유가 있다고 인정하는 경우에도 이를 인용(認容)하는 것이 공공복리에 크게 위배된다고 인정하면 그 심판청구를 기각하는 재결을 할 수 있다. 이 경우 위원회는 재결의 주문(主文)에서 그 처분 또는 부작위가 위법하거나 부당하다는 것을 구체적으로 밝혀야 한다.
> ② 위원회는 제1항에 따른 재결을 할 때에는 청구인에 대하여 상당한 구제방법을 취하거나 상당한 구제방법을 취할 것을 피청구인에게 명할 수 있다.
> ③ 제1항과 제2항은 무효등확인심판에는 적용하지 아니한다.

오답의 이유

③ · ④ 사정판결은 취소소송에 있어 심리의 결과가 위법하면 이를 취소함이 원칙이지만 원고의 청구가 이유 있는 경우에도 예외적으로 공익을 고려하여 기각판결을 하는 경우를 의미한다.

((•)) 적중레이더

행정소송법 제28조(사정판결) ① 원고의 청구가 이유있다고 인정하는 경우에도 처분 등을 취소하는 것이 현저히 공공복리에 적합하지 아니하다고 인정하는 때에는 법원은 원고의 청구를 기각할 수 있다. 이 경우 법원은 그 판결의 주문에서 그 처분 등이 위법함을 명시하여야 한다.
② 법원이 제1항의 규정에 의한 판결을 함에 있어서는 미리 원고가 그로 인하여 입게 될 손해의 정도와 배상방법 그 밖의 사정을 조사하여야 한다.
③ 원고는 피고인 행정청이 속하는 국가 또는 공공단체를 상대로 손해배상, 제해시설의 설치 그 밖에 적당한 구제방법의 청구를 당해 취소소송등이 계속된 법원에 병합하여 제기할 수 있다.

2019 기출문제 해설

☑ 점수 (   )점/100점   ☑ 문제편 199쪽

영역 분석

일반행정작용법	8문항	★★★★★★★★	32%
행정구제법	6문항	★★★★★★	24%
행정법 서론	4문항	★★★★	16%
행정절차와 행정공개	4문항	★★★★	16%
행정의 실효성 확보수단	3문항	★★★	12%

빠른 정답

01	02	03	04	05	06	07	08	09	10
②	③	③	②	③	④	③	②	②	④
11	12	13	14	15	16	17	18	19	20
③	②	④	①	②	④	②	③	④	②
21	22	23	24	25					
④	③	③	②	②					

01
정답 ②

영역 행정절차와 행정공개 > 정보공개와 개인정보보호　난도 상

[정답의 이유]

② 피청구인이 청구인에 대한 형사재판이 확정된 후 그 중 제1심 공판정심리의 녹음물을 폐기한 행위는 법원행정상의 구체적인 사실행위에 불과할 뿐 이를 헌법소원심판의 대상이 되는 공권력의 행사로 볼 수 없다(2012.3.29. 2010헌마599 전합).

[오답의 이유]

① 공공기관의 정보공개에 관한 법률의 입법 목적, 정보공개의 원칙, 비공개 대상 정보의 규정 형식과 취지 등을 고려하면, 법원 이외의 공공기관이 정보공개법 제9조 제1항 제4호에서 정한 '진행 중인 재판에 관련된 정보'에 해당한다는 사유로 정보공개를 거부하기 위하여는 반드시 그 정보가 진행 중인 재판의 소송기록 자체에 포함된 내용일 필요는 없다. 그러나 재판에 관련된 일체의 정보가 그에 해당하는 것은 아니고 진행 중인 재판의 심리 또는 재판결과에 구체적으로 영향을 미칠 위험이 있는 정보에 한정된다고 보는 것이 타당하다(대판 2011.11.24. 2009두19021).

③ 방송법이라는 특별법에 의하여 설립 운영되는 한국방송공사(KBS)는 공공기관의 정보공개에 관한 법률 시행령 제2조 제4호의 '특별법에 의하여 설립된 특수법인'으로서 정보공개의무가 있는 공공기관의 정보공개에 관한 법률 제2조 제3호의 '공공기관'에 해당한다고 판단한 원심판결을 수긍한 사례이다(대판 2010.12.23. 2008두13101).

④ 국민의 정보공개 청구는 정보공개법 제9조에 정한 비공개 대상 정보에 해당하지 아니하는 한 원칙적으로 폭넓게 허용되어야 하지만, 실제로는 해당 정보를 취득 또는 활용할 의사가 전혀 없이 정보공개 제도를 이용하여 사회통념상 용인될 수 없는 부당한 이득을 얻으려 하거나, 오로지 공공기관의 담당공무원을 괴롭힐 목적으로 정보공개 청구를 하는 경우처럼 권리의 남용에 해당하는 것이 명백한 경우에는 정보공개 청구권의 행사를 허용하지 아니하는 것이 옳다(대판 2014.12.24. 2014두9349).

02
정답 ③

영역 일반행정작용법 > 행정상 입법　난도 상

[정답의 이유]

③ 지하철공사의 근로자가 지하철 연장운행 방해행위로 유죄판결을 받았으나, 그 후 공사와 노조가 위 연장운행과 관련하여 조합간부 및 조합원의 징계를 최소화하며 해고자가 없도록 한다는 내용의 합의를 한 경우, 이는 적어도 해고의 면에서는 그 행위자를 면책하기로 한다는 합의로 풀이되므로, 공사가 취업규칙에 근거하여 위 근로자에 대하여 한 당연퇴직 조치는 위 면책합의에 배치된다고 판단한 사례이다(대판 2007.10.25. 2007두2067).

[오답의 이유]

① 대판 2009.2.12. 2008다56262

② 일반적으로 법률의 위임에 의하여 효력을 갖는 법규명령의 경우, 구법에 위임의 근거가 없어 무효였더라도 사후에 법개정으로 위임의 근거가 부여되면 그때부터는 유효한 법규명령이 되나, 반대로 구법의 위임에 의한 유효한 법규명령이 법개정으로 위임의 근거가 없어지게 되면 그때부터 무효인 법규명령이 된다(대판 2012.7.5. 2010다72076).

④ 대판 2006.5.25. 2003두11988

03

영역 일반행정작용법 > 행정행위   **난도 상**

[정답의 이유]

③ 운행시간과 구역을 제한하여 행한 택시영업의 허가는 법률효과의 일부 배제로 볼 수 있다.

📡 적중레이더

부관의 사후변경이 허용되는 범위

행정처분에 이미 부담이 부가되어 있는 상태에서 그 의무의 범위 또는 내용 등을 변경하는 부관의 사후변경은 (1) 법률에 명문의 규정이 있거나 (2) 그 변경이 미리 유보되어 있는 경우 또는 (3) 상대방의 동의가 있는 경우에 한하여 허용되는 것이 원칙이지만, (4) 사정변경으로 인하여 당초에 부담을 부가한 목적을 달성할 수 없게 된 경우에도 그 목적달성에 필요한 범위 내에서 예외적으로 허용된다(대판 1997.5.30, 97누2627).

04

정답 ②

영역 일반행정작용법 > 행정상 입법   **난도 중**

[정답의 이유]

② 우리나라는 구체적 규범통제 방식을 원칙으로 하며, 명령이나 규칙이 헌법이나 법률에 위반됨이 대법원에서 확정된 경우에는 일단 당해 사건의 당사자에 한하여 적용되지 않는다(개별적 효력). 즉, 무효로 판시된 당해 명령이나 규칙이 일반적(국민 전체)으로 효력이 부인되는 것은 아니다.

[오답의 이유]

① 부패방지 및 국민권익위원회의 설치와 운영에 관한 법률 제28조 제1항 제2호

③ 행정소송법 제6조

④ 행정규칙이 법령의 규정에 의하여 행정관청에 법령의 구체적 내용을 보충할 권한을 부여한 경우나 재량권 행사의 준칙인 규칙이 그 정한 바에 따라 되풀이 시행되어 행정관행이 이루어지게 되면, 평등의 원칙이나 신뢰보호의 원칙에 따라 행정기관은 그 상대방에 대한 관계에서 그 규칙에 따라야 할 자기구속을 당하게 되는 경우에는 대외적인 구속력을 가지게 되는바, 이러한 경우에는 헌법소원의 대상이 될 수도 있다(헌재 2001.5.31, 99헌마413).

05

정답 ③

영역 행정법 서론 > 행정상 법률관계   **난도 상**

[정답의 이유]

③ 건축법 제79조는 시정명령에 대하여 규정하고 있으나, 동법이나 동법 시행령 어디에서도 일반국민에게 그러한 시정명령을 신청할 권리를 부여하고 있지 않을 뿐만 아니라, 피청구인에게 건축법 위반이라고 인정되는 건축물의 건축주 등에 대하여 시정명령을 할 것인지와, 구체적인 시정명령의 내용을 무엇으로 할 것인지에 대하여 결정할 재량권을 주고 있으며, 달리 이 사건에서 시정명령을 해야 할 법적 의무가 인정된다고 볼 수 없다(헌재 2010.4.20, 2010헌마189).

[오답의 이유]

① 공무원연금법상의 각종 급여는 헌법 규정만으로는 이를 실현할 수 없고 법률에 의하여 구체적으로 형성할 것을 필요로 하는바, 연금수급권의 구체적 내용, 즉 수급 요건, 수급권자의 범위, 급여금액 등은 법률에 의하여 비로소 확정될 것이므로 연금수급권을 형성함에 있어 입법자는 광범위한 형성의 자유를 가진다(헌재 2011. 12.29, 2011헌바41).

② 행정처분에 있어서 불이익처분의 상대방은 직접 개인적 이익의 침해를 받은 자로서 원고적격이 인정되지만 수익처분의 상대방은 그의 권리나 법률상 보호되는 이익이 침해되었다고 볼 수 없으므로 달리 특별한 사정이 없는 한 취소를 구할 이익이 없다(대판 1995.8.22, 94누8129).

④ 경찰은 범죄의 예방, 진압 및 수사와 함께 국민의 생명, 신체 및 재산의 보호 기타 공공의 안녕과 질서유지를 직무로 하고 있고, 직무의 원활한 수행을 위하여 경찰관 직무집행법, 형사소송법 등 관계 법령에 의하여 여러 가지 권한이 부여되어 있으므로, 구체적인 직무를 수행하는 경찰관으로서는 제반 상황에 대응하여 자신에게 부여된 여러 가지 권한을 적절하게 행사하여 필요한 조치를 할 수 있고, 그러한 권한은 일반적으로 경찰관의 전문적 판단에 기한 합리적인 재량에 위임되어 있으나, 경찰관에게 권한을 부여한 취지와 목적에 비추어 볼 때 구체적인 사정에 따라 경찰관이 권한을 행사하여 필요한 조치를 하지 아니하는 것이 현저하게 불합리하다고 인정되는 경우에는 권한의 불행사는 직무상 의무를 위반한 것이 되어 위법하게 된다(대판 2016.4.15, 2013다20427).

📡 적중레이더

사회권적 기본권

사회권적 기본권의 성격을 가지는 연금수급권 등은 헌법에 근거한 직접적이며 구체적인 권리인 개인적 공권이 아니므로 헌법 규정만으로 실현될 수 없고, 이를 구체화하는 법률이 있어야만 구체적인 권리로서의 개인적 공권으로 인정될 수 있다.

2019 기출문제 해설 **235**

영역 행정절차와 행정공개 > 정보공개와 개인정보보호　　난도 **하**

[정답의 이유]

④ 정보공개 청구권은 법률상 보호되는 구체적인 권리이므로 <u>청구인이 공공기관에 대하여 정보공개를 청구하였다가 거부처분을 받은 것 자체가 법률상 이익의 침해에 해당한다고 할 것이고</u>, 거부처분을 받은 것 이외에 추가로 어떤 법률상의 이익을 가질 것을 요구하는 것은 아니다(대판 2004.9.23, 2003두1370).

[오답의 이유]

① 구 공공기관의 정보공개에 관한 법률 제6조 제1항은 "모든 국민은 정보의 공개를 청구할 권리를 가진다."고 규정하고 있는데, 여기에서 말하는 국민에는 자연인은 물론 법인, 권리능력 없는 사단·재단도 포함되고, 법인, 권리능력 없는 사단·재단 등의 경우에는 설립목적을 불문한다(대판 2003.12.12, 2003두8050).

② 공공기관의 정보공개에 관한 법률 제2조 제1호

③ 청구인이 정보공개와 관련한 공공기관의 비공개 결정 또는 부분공개 결정에 대하여 불복이 있거나 정보공개 청구 후 20일이 경과하도록 정보공개 결정이 없는 때에는 공공기관으로부터 정보공개 여부의 결정 통지를 받은 날 또는 정보공개 청구 후 20일이 경과한 날부터 30일 이내에 해당 공공기관에 문서로 이의신청을 할 수 있다(공공기관의 정보공개에 관한 법률 제18조 제1항).

((•)) 적중레이더

공공기관의 정보공개에 관한 법률상 정보공개 청구권자 및 불복제도
- 정보공개 청구권자: 모든 국민, 비영리법인도 포함
- 불복제도: 이의신청, 행정심판, 행정소송. 다만 이의신청과 행정심판은 임의적 전심절차

07　　　　　　　　　　　　　　　　　　　　정답 ③

영역 행정구제법 > 행정쟁송제도　　난도 **하**

[정답의 이유]

③ 소송요건의 존부 여부는 법원의 직권조사사항이므로 당사자가 주장·입증할 필요가 없다.

[오답의 이유]

① 행정소송의 소송요건에는 원고 적격, 피고 적격, 대상 적격(처분성), 제소기간, 소의 이익(다툴 실익) 등이 있다.

② 소송요건이 흠결되면 각하판결을 한다.

④ 소송요건의 구비 여부를 심리하는 것은 요건심리에 해당하며, 요건심리 후 본안심리가 개시된다.

((•)) 적중레이더

행정소송에서 직권심리주의의 의미

행정소송에 있어서도 행정소송법 제14조에 의하여 민사소송법 제188조가 준용되어 법원은 당사자가 신청하지 아니한 사항에 대하여는 판결할 수 없는 것이고, 행정소송법 제26조에서 직권심리주의를 채용하고 있으나 이는 행정소송에 있어서 <u>원고의 청구범위를 초월하여 그 이상의 청구를 인용할 수 있다는 의미가 아니라 원고의 청구범위를 유지하면서 그 범위 내에서 필요에 따라 주장외의 사실에 관하여도 판단할 수 있다는 뜻이다</u>(대판 1987.11.10, 86누491).

08　　　　　　　　　　　　　　　　　　　　정답 ②

영역 일반행정작용법 > 기타행정행위　　난도 **중**

[정답의 이유]

② 계약직공무원 채용계약해지의 의사표시는 일반공무원에 대한 징계처분과는 달라서 항고소송의 대상이 되는 처분 등의 성격을 가진 것으로 인정되지 아니하고, 일정한 사유가 있을 때에 국가 또는 지방자치단체가 채용계약 관계의 한쪽 당사자로서 대등한 지위에서 행하는 의사표시로 취급되는 것으로 이해되므로, 이를 징계해고 등에서와 같이 그 징계사유에 한하여 효력 유무를 판단하여야 하거나, 행정처분과 같이 <u>행정절차법에 의하여 근거와 이유를 제시하여야 하는 것은 아니다</u>(대판 2002.11.26, 2002두5948).

[오답의 이유]

① 어업권면허에 선행하는 우선순위결정은 행정청이 우선권자로 결정된 자의 신청이 있으면 어업권면허처분을 하겠다는 것을 약속하는 행위로서 강학상 확약에 불과하고 행정처분은 아니므로, 우선순위결정에 공정력이나 불가쟁력과 같은 효력은 인정되지 아니하며, 따라서 우선순위결정이 잘못되었다는 이유로 종전의 어업권면허처분이 취소되면 행정청은 종전의 우선순위결정을 무시하고 다시 우선순위를 결정한 다음 새로운 우선순위결정에 기하여 새로운 어업권면허를 할 수 있다(대판 1995.1.20, 94누6529).

③ 행정관청이 토지거래계약신고에 관하여 공시된 기준지가를 기준으로 매매가격을 신고하도록 행정지도하여 왔고 그 기준가격 이상으로 매매가격을 신고한 경우에는 거래신고서를 접수하지 않고 반려하는 것이 관행화되어 있다 하더라도 이는 법에 어긋나는 관행이라 할 것이므로 그와 같은 위법한 관행에 따라 허위신고행위에 이르렀다고 하여 그 범법행위가 사회상규에 위배되지 않는 정당한 행위라고는 볼 수 없다(대판 1992.4.24, 91도1609).

④ 구 국가를 당사자로 하는 계약에 관한 법률 제11조 규정 내용과 국가가 일방당사자가 되어 체결하는 계약의 내용을 명확히 하고 국가가 사인과 계약을 체결할 때 적법한 절차에 따를 것을 담보하려는 규정의 취지 등에 비추어 보면, 국가가 사인과 계약을 체결할 때에는 국가계약법령에 따른 계약서를 따로 작성하는 등 요건과 절차를 이행하여야 할 것이고, 설령 국가와 사인 사이에 계약이 체

결되었더라도 이러한 법령상 요건과 절차를 거치지 아니한 계약은 효력이 없다(대판 2015.1.15, 2013다215133).

09

영역 행정절차와 행정공개 > 정보공개와 개인정보보호　　난도 **하**

정답의 이유

② "개인정보처리자"란 업무를 목적으로 개인정보파일을 운용하기 위하여 스스로 또는 다른 사람을 통하여 개인정보를 처리하는 공공기관, 법인, 단체 및 개인 등을 말한다(개인정보 보호법 제2조 제5호). 따라서 민간에 의하여 처리되는 정보도 이 법의 개인정보 보호 대상이 된다.

오답의 이유

① "개인정보"란 살아 있는 개인에 관한 정보로서 성명, 주민등록번호 및 영상 등을 통하여 개인을 알아볼 수 있는 정보(해당 정보만으로는 특정 개인을 알아볼 수 없더라도 다른 정보와 쉽게 결합하여 알아볼 수 있는 것을 포함한다)를 말한다(개인정보 보호법 제2조 제1호). 따라서 사자(死者)나 법인의 정보는 개인정보 보호법의 적용대상이 되지 않는다.

③ 누구든지 의견제출 또는 청문을 통하여 알게 된 사생활이나 경영상 또는 거래상의 비밀을 정당한 이유 없이 누설하거나 다른 목적으로 사용하여서는 아니 된다(행정절차법 제37조 제6항).

④ 정보주체는 개인정보처리자가 이 법을 위반한 행위로 손해를 입으면 개인정보처리자에게 손해배상을 청구할 수 있다. 이 경우 그 개인정보처리자는 고의 또는 과실이 없음을 입증하지 아니하면 책임을 면할 수 없다(개인정보 보호법 제39조 제1항).

10

정답 ④

영역 일반행정작용법 > 기타행정행위　　난도 **하**

정답의 이유

④ 행정계획이라 함은 행정에 관한 전문적 · 기술적 판단을 기초로 하여 도시의 건설 · 정비 · 개량 등과 같은 특정한 행정목표를 달성하기 위하여 서로 관련되는 행정수단을 종합 · 조정함으로써 장래의 일정한 시점에 있어서 일정한 질서를 실현하기 위한 활동기준으로 설정된 것이다(대판 1996.11.29, 96누8567). 즉, 판례는 행정계획의 개념을 직접적으로 정의하고 있다.

오답의 이유

① 비구속적 행정계획안이라도 국민의 기본권에 직접적으로 영향을 끼치고 앞으로 법령의 뒷받침에 의하여 그대로 실시될 것이 틀림없을 것으로 예상되는 경우에는 예외적으로 헌법소원의 대상이 될 수 있다(헌재 2000.6.1, 99헌마538).

② 위법한 행정계획으로 인하여 구체적으로 손해를 입은 경우에는 국가배상법에 따라 국가를 상대로 손해배상(국가배상)을 청구할 수 있다(국민 입장).

③ 택지개발 예정지구 지정처분은 건설교통부장관이 법령의 범위 내에서 도시지역의 시급한 주택난 해소를 위한 택지를 개발 · 공급할 목적으로 주택정책상의 전문적 · 기술적 판단에 기초하여 행하는 일종의 행정계획으로서 재량행위라고 할 것이므로 그 재량권의 일탈 · 남용이 없는 이상 그 처분을 위법하다고 할 수 없다(대판 1997.9.26, 96누10096).

📡 **적중레이더**

행정계획의 처분성 인정여부

처분성 인정	처분성 부정
• 도시계획결정 = 도시관리계획 • 관리처분계획	• 도시기본계획 • 대학입시기본계획 • 농어촌도로기본계획 • 하수도정비기본계획 • 국토개발"종합"계획 • 광역도시계획 • 환지계획

11

정답 ③

영역 일반행정작용법 > 행정행위　　난도 **상**

정답의 이유

③ 무효인 토지거래계약에 대하여 토지거래허가를 받았다면 토지거래계약이 무효이므로 그에 대한 토지거래허가처분도 무효가 된다.

오답의 이유

① 토지거래허가에서 허가는 인가에 해당하며, 인가의 대상은 법률행위를 대상으로 하며 사실행위는 제외된다. 법률행위에는 공법상 법률행위와 사법상 법률행위 모두 포함된다. 사안의 경우에는 사법상 법률행위를 대상으로 한 경우에 해당한다.

② 토지거래허가는 인가에 해당하므로 토지거래계약은 행정청의 토지거래허가를 받아야 그에 대한 법률적 효과가 완성된다(인가의 보충성).

④ 건축법상 건축허가는 허가에 해당하며, 토지거래허가는 인가에 해당한다(대판 1991.12.24, 90다12243 전합).

12

정답의 이유

② 행정청은 대통령령을 입법예고하는 경우 국회 소관 상임위원회에 이를 제출하여야 한다(행정절차법 제42조 제2항). 부령은 이에 해당하지 않는다.

오답의 이유

① 행정절차법 제3조 제2항 제5호

> **제3조(적용 범위)** ② 이 법은 다음 각 호의 어느 하나에 해당하는 사항에 대하여는 적용하지 아니한다.
> 1. 국회 또는 지방의회의 의결을 거치거나 동의 또는 승인을 받아 행하는 사항
> 2. 법원 또는 군사법원의 재판에 의하거나 그 집행으로 행하는 사항
> 3. 헌법재판소의 심판을 거쳐 행하는 사항
> 4. 각급 선거관리위원회의 의결을 거쳐 행하는 사항
> 5. 감사원이 감사위원회의의 결정을 거쳐 행하는 사항
> 6. 형사(刑事), 행형(行刑) 및 보안처분 관계 법령에 따라 행하는 사항
> 7. 국가안전보장·국방·외교 또는 통일에 관한 사항 중 행정절차를 거칠 경우 국가의 중대한 이익을 현저히 해칠 우려가 있는 사항
> 8. 심사청구, 해양안전심판, 조세심판, 특허심판, 행정심판, 그 밖의 불복절차에 따른 사항
> 9. 병역법에 따른 징집·소집, 외국인의 출입국·난민인정·귀화, 공무원 인사 관계 법령에 따른 징계와 그 밖의 처분, 이해 조정을 목적으로 하는 법령에 따른 알선·조정·중재(仲裁)·재정(裁定) 또는 그 밖의 처분 등 해당 행정작용의 성질상 행정절차를 거치기 곤란하거나 거칠 필요가 없다고 인정되는 사항과 행정절차에 준하는 절차를 거친 사항으로서 대통령령으로 정하는 사항

③ 행정절차법 제40조 제2항

> **제40조(신고)** ② 제1항에 따른 신고가 다음 각 호의 요건을 갖춘 경우에는 신고서가 접수기관에 도달된 때에 신고 의무가 이행된 것으로 본다.
> 1. 신고서의 기재사항에 흠이 없을 것
> 2. 필요한 구비서류가 첨부되어 있을 것
> 3. 그 밖에 법령 등에 규정된 형식상의 요건에 적합할 것

④ • 행정청은 행정절차법 제40조 제2항 각 호의 요건을 갖추지 못한 신고서가 제출된 경우에는 지체 없이 상당한 기간을 정하여 신고인에게 보완을 요구하여야 한다(행정절차법 제40조 제3항).
- 행정청은 신고인이 제3항에 따른 기간 내에 보완을 하지 아니하였을 때에는 그 이유를 구체적으로 밝혀 해당 신고서를 되돌려 보내야 한다(행정절차법 제40조 제4항).

13

정답 ④

정답의 이유

④ 행정의 자동결정은 행정행위에 해당한다(통설). 견해의 대립은 있으나 행정행위의 자동결정의 행정행위로서의 성격을 인정하는 데 어려움이 있는 것은 아니다.

오답의 이유

① 신호등에 의한 교통신호, 컴퓨터를 통한 중·고등학생의 학교 배정 등은 행정의 자동결정에 해당한다.

② 행정의 자동결정도 행정법상 일반원칙 등의 법적 한계를 준수하여야 한다(통설).

③ 지방자치단체장이 교통신호기를 설치하여 그 관리권한이 도로교통법 제71조의2 제1항의 규정에 의하여 관할 지방경찰청장에게 위임되어 지방자치단체 소속 공무원과 지방경찰청 소속 공무원이 합동근무하는 교통종합관제센터에서 그 관리업무를 담당하던 중위 신호기가 고장난 채 방치되어 교통사고가 발생한 경우, 국가배상법 제2조 또는 제5조에 의한 배상책임을 부담하는 것은 지방경찰청장이 소속된 국가가 아니라, 그 권한을 위임한 지방자치단체장이 소속된 지방자치단체라고 할 것이나, 한편 국가배상법 제6조 제1항은 같은 법 제2조, 제3조 및 제5조의 규정에 의하여 국가 또는 지방자치단체가 손해를 배상할 책임이 있는 경우에 공무원의 선임·감독 또는 영조물의 설치·관리를 맡은 자와 공무원의 봉급·급여 기타의 비용 또는 영조물의 설치·관리의 비용을 부담하는 자가 동일하지 아니한 경우에는 그 비용을 부담하는 자도 손해를 배상하여야 한다고 규정하고 있으므로 교통신호기를 관리하는 지방경찰청장 산하 경찰관들에 대한 봉급을 부담하는 국가도 국가배상법 제6조 제1항에 의한 배상책임을 부담한다(대판 1999.6.25. 99다11120).

14

정답 ①

정답의 이유

① 공무원연금관리공단의 인정에 의하여 퇴직연금을 지급받아 오던 중 구 공무원연금법령의 개정 등으로 퇴직연금 중 일부 금액의 지급이 정지된 경우에는 당연히 개정된 법령에 따라 퇴직연금이 확정되는 것이지 같은 법 제26조 제1항에 정해진 공무원연금관리공단의 퇴직연금 결정과 통지에 의하여 비로소 그 금액이 확정되는 것이 아니므로, 공무원연금관리공단이 퇴직연금 중 일부 금액에 대하여 지급거부의 의사표시를 하였다고 하더라도 그 의사표시는 퇴직연금 청구권을 형성·확정하는 행정처분이 아니라 공법상의 법률관계의 한쪽 당사자로서 그 지급의무의 존부 및 범위에 관하여 나름대로의 사실상·법률상 의견을 밝힌 것일 뿐이어서, 이를

행정처분이라고 볼 수는 없고, 이 경우 미지급퇴직연금에 대한 지급 청구권은 공법상 권리로서 그의 지급을 구하는 소송은 공법상의 법률관계에 관한 소송인 공법상 당사자소송에 해당한다(대판 2004.7.8, 2004두244).

② 고용보험 및 산업재해보상보험의 보험료징수 등에 관한 법률 제4조, 제16조의2, 제17조, 제19조, 제23조의 각 규정에 의하면, 사업주가 당연가입자가 되는 고용보험 및 산재보험에서 보험료 납부의무 부존재확인의 소는 공법상의 법률관계 자체를 다투는 소송으로서 공법상 당사자소송이다(대판 2016.10.13, 2016다221658).

③ 공법상의 법률관계에 관한 당사자소송에서는 그 법률관계의 한쪽 당사자를 피고로 하여 소송을 제기하여야 한다(행정소송법 제3조 제2호, 행정소송법 제39조). 다만 원고가 고의 또는 중대한 과실 없이 당사자소송으로 제기하여야 할 것을 항고소송으로 잘못 제기한 경우에, 당사자소송으로서의 소송요건을 결하고 있음이 명백하여 당사자소송으로 제기되었더라도 어차피 부적법하게 되는 경우가 아닌 이상, 법원으로서는 원고가 당사자소송으로 소 변경을 하도록 하여 심리·판단하여야 한다(대판 2016.5.24, 2013두14863).

④ 지방자치단체가 보조금 지급결정을 하면서 일정 기한 내에 보조금을 반환하도록 하는 교부조건을 부가한 사안에서, 보조사업자의 지방자치단체에 대한 보조금 반환의무는 행정처분인 위 보조금 지급결정에 부가된 부관상 의무이고, 이러한 부관상 의무는 보조사업자가 지방자치단체에 부담하는 공법상 의무이므로, 보조사업자에 대한 지방자치단체의 보조금반환청구는 공법상 권리관계의 일방 당사자를 상대로 하여 공법상 의무이행을 구하는 청구로서 행정소송법 제3조 제2호에 규정한 당사자소송의 대상이라고 한 사례이다(대판 2011.6.9, 2011다2951).

15

영역 행정구제법 > 손해전보제도   난도 **상**

② 국가배상법 제5조 소정의 공공의 영조물이란 공유나 사유임을 불문하고 행정주체에 의하여 특정 공공의 목적에 공여된 유체물 또는 물적 설비를 의미하므로 사실상 군민의 통행에 제공되고 있던 도로 옆의 암벽으로부터 떨어진 낙석에 맞아 소외인이 사망하는 사고가 발생하였다고 하여도 동 사고지점 도로가 피고 군에 의하여 노선인정 기타 공용개시가 없었으면 이를 영조물이라 할 수 없다(대판 1981.7.7, 80다2478).

①·④ 국가배상법 제5조 제1항에 정하여진 '영조물 설치·관리상의 하자'라 함은 공공의 목적에 공여된 영조물이 그 용도에 따라 통상 갖추어야 할 안전성을 갖추지 못한 상태에 있음을 말하는바, 영조물의 설치 및 관리에 있어서 항상 완전무결한 상태를 유지할 정도

의 고도의 안전성을 갖추지 아니하였다고 하여 영조물의 설치 또는 관리에 하자가 있다고 단정할 수 없는 것이고, 영조물의 설치자 또는 관리자에게 부과되는 방호조치의무는 영조물의 위험성에 비례하여 사회통념상 일반적으로 요구되는 정도의 것을 의미하므로 영조물인 도로의 경우도 다른 생활필수시설과의 관계나 그것을 설치하고 관리하는 주체의 재정적, 인적, 물적 제약 등을 고려하여 그것을 이용하는 자의 상식적이고 질서 있는 이용방법을 기대한 상대적인 안전성을 갖추는 것으로 족하다(대판 2002.8.23, 2002다9158).

③ 가변차로에 설치된 신호등의 용도와 오작동 시에 발생하는 사고의 위험성과 심각성을 감안할 때, 만일 가변차로에 설치된 두 개의 신호기에서 서로 모순되는 신호가 들어오는 고장을 예방할 방법이 없음에도 그와 같은 신호기를 설치하여 그와 같은 고장을 발생하게 한 것이라면, 그 고장이 자연재해 등 외부요인에 의한 불가항력에 기인한 것이 아닌 한 그 자체로 설치·관리자의 방호조치의무를 다하지 못한 것으로서 신호등이 그 용도에 따라 통상 갖추어야 할 안전성을 갖추지 못한 상태에 있었다고 할 것이고, 따라서 설령 적정전압보다 낮은 저전압이 원인이 되어 위와 같은 오작동이 발생하였고 그 고장은 현재의 기술수준상 부득이한 것이라고 가정하더라도 그와 같은 사정만으로 손해발생의 예견가능성이나 회피가능성이 없어 영조물의 하자를 인정할 수 없는 경우라고 단정할 수 없다고 한 사례이다(대판 2001.7.27, 2000다56822).

16

영역 행정구제법 > 손해전보제도   난도 **중**

④ 국가배상법 제2조 제1항의 "직무를 집행함에 당하여"라 함은 직접 공무원의 직무집행행위이거나 그와 밀접한 관계에 있는 행위를 포함하고, 이를 판단함에 있어서는 행위 자체의 외관을 객관적으로 관찰하여 공무원의 직무행위로 보여질 때에는 비록 그것이 실질적으로 직무행위가 아니거나 또는 행위자로서는 주관적으로 공무집행의 의사가 없었다고 하더라도 그 행위는 공무원이 "직무를 집행함에 당하여" 한 것으로 보아야 한다(대판 1995.4.21, 93다14240).

① 근대는 국가의 경우 국가무책임 사상에 기초하여 국가배상책임을 부담하지 않았다.

② 국가배상청구는 위법한 행정작용을 전제로 하므로 단순히 부당한 정도에 불과한 경우에는 위법하지 않으므로 국가배상이 인정되지 않는다.

③ 헌법은 공무원의 위법한 직무행위로 인한 손해배상청구권만 규정하고 있다(헌법 제29조).

국가배상과 손실보상의 비교

구분	국가배상	손실보상
의의	위법한 행정작용으로 인하여 국민에게 생명, 신체, 재산상 손해가 발생한 경우	적법한 행정작용으로 인하여 국민에게 재산상 손해가 발생한 경우
정신적 손해 (위자료)	긍정	부정
법적 근거	헌법 제29조 / 일반법: 국가배상법	헌법 제23조 제3항 / 일반법 ×
법적 성질	민사소송(판례)	민사소송(원칙, 판례)
이념	개인주의	단체주의

17
정답 ②

영역 행정구제법 > 행정쟁송제도　　　　난도 **중**

정답의 이유

② 신청은 행정청에게 권력적인 처분을 할 것을 요구하는 것이므로 사경제적 계약 체결의 요구 또는 비권력적 사실행위의 요구는 포함되지 않는다.

오답의 이유

① 행정소송법 제36조
③ 행정처분의 직접 상대방이 아닌 제3자도 행정처분의 취소를 구할 법률상 이익이 있는 경우에는 원고적격이 인정된다 할 것이나, 법률상 이익은 당해 처분의 근거법률에 의하여 보호되는 직접적이고 구체적 이익이 있는 경우를 말하고, 간접적이거나 사실적, 경제적 이해관계를 가지는 데 불과한 경우는 포함되지 아니한다(대판 1993.4.23, 92누17099).
④ 부작위위법확인의 소는 부작위상태가 계속되는 한 그 위법의 확인을 구할 이익이 있다고 보아야 하므로 원칙적으로 제소기간의 제한을 받지 않는다. 그러나 행정소송법 제38조 제2항이 제소기간을 규정한 같은 법 제20조를 부작위위법확인소송에 준용하고 있는 점에 비추어 보면, 행정심판 등 전심절차를 거친 경우에는 행정소송법 제20조가 정한 제소기간 내에 부작위위법확인의 소를 제기하여야 한다(대판 2009.7.23, 2008두10560).

18
정답 ③

영역 행정법 서론 > 행정법　　　　난도 **중**

정답의 이유

③ 평등의 원칙은 본질적으로 같은 것을 자의적으로 다르게 취급함을 금지하는 것이고, 위법한 행정처분이 수차례에 걸쳐 반복적으로 행하여졌다 하더라도 그러한 처분이 위법한 것인 때에는 행정청에 대하여 자기구속력을 갖게 된다고 할 수 없다(대판 2009.6.25, 2008두13132).

오답의 이유

① 한 사람이 여러 종류의 자동차운전면허를 취득하는 경우뿐 아니라 이를 취소 또는 정지하는 경우에 있어서도 서로 별개의 것으로 취급하는 것이 원칙이나 자동차운전면허는 그 성질이 대인적 면허일 뿐만 아니라 도로교통법 시행규칙 제26조 별표 14에 의하면, 제1종 대형면허 소지자는 제1종 보통면허로 운전할 수 있는 자동차와 원동기장치자전거를, 제1종 보통면허 소지자는 원동기장치자전거까지 운전할 수 있도록 규정하고 있어서 제1종 보통면허로 운전할 수 있는 차량의 음주운전은 당해 운전면허뿐만 아니라 제1종 대형면허로도 가능하고, 또한 제1종 대형면허나 제1종 보통면허의 취소에는 당연히 원동기장치자전거의 운전까지 금지하는 취지가 포함된 것이어서 이들 세 종류의 운전면허는 서로 관련된 것이라고 할 것이므로 제1종 보통면허로 운전할 수 있는 차량을 음주운전한 경우에 이와 관련된 면허인 제1종 대형면허와 원동기장치자전거 면허까지 취소할 수 있는 것으로 보아야 한다(대판 1994.11.25, 94누9672).
② 재량권 행사의 준칙인 행정규칙이 그 정한 바에 따라 되풀이 시행되어 행정관행이 이루어지게 되면 평등의 원칙이나 신뢰보호의 원칙에 따라 행정기관은 그 상대방에 대한 관계에서 그 규칙에 따라야 할 자기구속을 받게 되므로, 이러한 경우에는 특별한 사정이 없는 한 그를 위반하는 처분은 평등의 원칙이나 신뢰보호의 원칙에 위배되어 재량권을 일탈 · 남용한 위법한 처분이 된다(대판 2009.12.24, 2009두7967).
④ 지방자치단체장이 사업자에게 주택사업계획승인을 하면서 그 주택사업과는 아무런 관련이 없는 토지를 기부채납하도록 하는 부관을 주택사업계획승인에 붙인 경우, 그 부관은 부당결부금지의 원칙에 위반되어 위법하지만, 지방자치단체장이 승인한 사업자의 주택사업계획은 상당히 큰 규모의 사업임에 반하여, 사업자가 기부채납한 토지 가액은 그 100분의 1 상당의 금액에 불과한 데다가, 사업자가 그 동안 그 부관에 대하여 아무런 이의를 제기하지 아니하다가 지방자치단체장이 업무착오로 기부채납한 토지에 대하여 보상협조요청서를 보내자 그때서야 비로소 부관의 하자를 들고 나온 사정에 비추어 볼 때 부관의 하자가 중대하고 명백하여 당연무효라고는 볼 수 없다고 한 사례이다(대판 1997.3.11, 96다49650).

19

정답 ④

영역 행정구제법 > 행정쟁송제도   **난도** 하

[정답의 이유]

④ 행정심판법 제29조 제3항 본문

[오답의 이유]

① "부작위"란 행정청이 당사자의 신청에 대하여 상당한 기간 내에 일정한 처분을 하여야 할 법률상 의무가 있는 데도 처분을 하지 아니하는 것을 말한다(행정심판법 제2조 제2호).

② 여러 명의 청구인이 공동으로 심판청구를 할 때에는 청구인들 중에서 3명 이하의 선정대표자를 선정할 수 있다(행정심판법 제15조 제1항).

③ 재결은 제23조에 따라 피청구인 또는 위원회가 심판청구서를 받은 날부터 60일 이내에 하여야 한다. 다만, 부득이한 사정이 있는 경우에는 위원장이 직권으로 30일을 연장할 수 있다(행정심판법 제45조 제1항).

(•)) 적중레이더

행정심판법 제29조(청구의 변경) ③ 제1항 또는 제2항에 따른 청구의 변경은 서면으로 신청하여야 한다. 이 경우 피청구인과 참가인의 수만큼 청구변경신청서 부본을 함께 제출하여야 한다.

20

정답 ②

영역 행정의 실효성 확보수단 > 행정상 강제   **난도** 하

[정답의 이유]

② 비대체적 작위의무 또는 부작위의무를 이행하지 아니하는 경우에 그 의무자에게 심리적 압박을 가하여 의무의 이행을 강제하기 위하여 과하는 금전벌은 이행강제금(집행벌)이다.

[오답의 이유]

① 행정상 강제집행은 권력적 사실행위이므로 법률에 근거하여서만 가능하다(통설).

③ 대집행은 계고, 통지, 실행, 비용징수의 절차로 진행된다.

④ 대집행의 계고나 강제징수의 독촉은 준법률행위적 행정행위인 통지에 해당하며 모두 처분성이 인정된다.

(•)) 적중레이더

대집행

의미	대집행이란 대체적 작위의무(다른 사람이 대신하여 행할 수 있는 의무) 위반이 있는 경우 행정청이 의무자가 해야 할 일을 스스로 행하거나 또는 제3자로 하여금 행하게 함으로써 의무의 이행이 있었던 것과 같은 상태를 실현하고 그 비용을 의무자로부터 징수하는 행정작용을 말하며, 대집행에 관한 일반법으로는 행정대집행법이 있음

요건	• 대체적 작위의무의 불이행 • 다른 수단으로는 그 이행을 확보하기 곤란할 것 • 불이행을 방치함이 심히 공익을 해할 것 • 불가쟁력의 발생은 요건 ×

21

정답 ④

영역 일반행정작용법 > 행정행위   **난도** 중

[정답의 이유]

④ 제소기간이 경과하여 선행행위에 불가쟁력이 발생한 경우 선행행위와 후행행위가 목적의 동일성이 인정되는 경우에 하자의 승계는 문제될 수 있다.

[오답의 이유]

① 하자의 승계를 인정해야 선행행위의 위법을 다툴 수 있게 되어 국민의 권리를 보호하고 구제하는 범위가 넓어지게 된다.

② 선행행위가 무효인 경우에는 선행행위의 하자는 후행행위에 당연히 승계된다(대판 2019.1.31, 2017두40372).

③ 조세의 부과처분과 압류 등의 체납처분은 별개의 행정처분으로서 독립성을 가지므로 부과처분에 하자가 있더라도 그 부과처분이 취소되지 아니하는 한 그 부과처분에 의한 체납처분은 위법이라고 할 수는 없다(대판 1987.9.22, 87누383).

(•)) 적중레이더

하자승계 인정 여부

구분		구체적인 예
하자승계 긍정	동일	• 행정대집행에 있어 계고처분과 대집행영장의 통지, 실행, 대집행 비용의 납부명령의 각 행위 • 조세체납처분절차상 독촉, 압류, 매각, 청산(충당)의 각 행위 • 개별공시지가결정과 개발부담금부과처분 • 암매장분묘개장명령과 후행 계고처분사이 • 안경사시험의 합격취소처분과 안경사면허시험취소처분 • 독촉과 가산금, 중가산금 징수처분 • 무효인 조례와 그 조례에 근거한 지방세부과처분 • 한의사시험자격인정과 한의사면허처분 • 기준고시처분과 토지수용처분 • 귀속재산의 임대처분과 후행 매각처분 • 환지예정지지정처분과 공작물이전명령
	별개	• 개별공시지가결정과 과세처분 사건 • 표준지공시지가결정과 수용재결 사건 • 친일반민족행위진상규명위원회의 최종발표와 지방보훈지청장의 독립유공자법 적용배제자 결정

하자승계 부정	• 표준지공시지가결정과 개별토지가격결정 • 표준지공시지가결정과 조세부과처분(과세처분) • 표준공시지가결정과 개별공시지가결정 • 건물철거명령과 계고처분: 하명과 계고처분 • 조세부과처분과 독촉처분: 하명과 독촉처분 • 도시계획결정과 수용재결 • 토지수용법상 사업인정과 수용재결 • 택지개발계획승인과 수용재결 • 지방의회의결과 지방세부과처분 • 토지등급설정과 과세처분 • 택지개발예정지구의 지정과 택지개발계획승인 • 수강거부와 수료처분 • 직위해제처분과 면직처분 • 변상판정과 변상명령 • 보충역편입처분과 공익근무요원소집 • 농지전용부담금처분과 압류처분 • 사업계획승인처분과 도시계획시설변경처분 • 액화석유가스판매허가와 사업개시신고거부 처분 • 취득세 신고와 징수처분 • 토지구획정리사업 시행인가처분과 환지청산 금처분

22

정답 ③

영역 행정의 실효성 확보수단 > 행정상 강제　　　난도 하

정답의 이유

③ 건물의 소유자에게 위법건축물을 일정기간까지 철거할 것을 명함과 아울러 불이행할 때에는 대집행한다는 내용의 철거대집행 계고처분을 고지한 후 이에 불응하자 다시 제2차, 제3차 계고서를 발송하여 일정기간까지의 자진철거를 촉구하고 불이행하면 대집행을 한다는 뜻을 고지하였다면 행정대집행법상의 건물철거의무는 제1차 철거명령 및 계고처분으로서 발생하였고 제2차, 제3차의 계고처분은 새로운 철거의무를 부과한 것이 아니고 다만 대집행기한의 연기통지에 불과하므로 행정처분이 아니다(대판 1994.10.28. 94누5144).

오답의 이유

① 법률(법률의 위임에 의한 명령, 지방자치단체의 조례를 포함한다)에 의하여 직접명령되었거나 또는 법률에 의거한 행정청의 명령에 의한 행위로서 타인이 대신하여 행할 수 있는 행위를 의무자가 이행하지 아니하는 경우 다른 수단으로써 그 이행을 확보하기 곤란하고 또한 그 불이행을 방치함이 심히 공익을 해할 것으로 인정될 때에는 당해 행정청은 스스로 의무자가 하여야 할 행위를 하거나 또는 제삼자로 하여금 이를 하게 하여 그 비용을 의무자로부터 징수할 수 있다(행정대집행법 제2조).

② 계고서라는 명칭의 1장의 문서로서 일정기간 내에 위법건축물의 자진철거를 명함과 동시에 그 소정 기한 내에 자진철거를 하지 아

니할 때에는 대집행할 뜻을 미리 계고한 경우라도 건축법에 의한 철거명령과 행정대집행법에 의한 계고처분은 독립하여 있는 것으로서 각 그 요건이 충족되었다고 볼 것이다(대판 1992.6.12. 91누13564).

④ 토지에 관한 도로구역 결정이 고시된 후 구 토지수용법 제18조의2 제2항에 위반하여 공작물을 축조하고 물건을 부가한 자에 대하여 관리청은 이러한 위반행위에 의하여 생긴 유형적 결과의 시정을 명하는 행정처분을 하여 이에 따르지 않는 경우에는 행정대집행의 방법으로 그 의무 내용을 실현할 수 있는 것이고, 이러한 행정대집행의 절차가 인정되는 경우에는 따로 민사소송의 방법으로 공작물의 철거, 수거 등을 구할 수는 없다(대판 2000.5.12. 99다18909).

23

정답 ③

영역 행정법 서론 > 행정상 법률관계　　　난도 하

정답의 이유

라. 국가나 지방자치단체에 근무하는 청원경찰은 국가공무원법이나 지방공무원법상의 공무원은 아니지만, 다른 청원경찰과는 달리 그 임용권자가 행정기관의 장이고, 국가나 지방자치단체로부터 보수를 받으며, 산업재해보상보험법이나 근로기준법이 아닌 공무원연금법에 따른 재해보상과 퇴직급여를 지급받고, 직무상의 불법행위에 대하여도 민법이 아닌 국가배상법이 적용되는 등의 특질이 있으며 그 외 임용자격, 직무, 복무의무 내용 등을 종합히여 볼 때, 그 근무관계를 사법상의 고용계약관계로 보기는 어려우므로 그에 대한 징계처분의 시정을 구하는 소는 행정소송의 대상이지 민사소송의 대상이 아니다(대판 1993.7.13. 92다47564).

마. 국유재산법 제51조 제1항에 의한 국유재산의 무단점유자에 대한 변상금부과는 대부나 사용, 수익 허가 등을 받은 경우에 납부하여야 할 대부료 또는 사용료 상당액 외에도 그 징벌적 의미에서 국가측이 일방적으로 그 2할 상당액을 추가하여 변상금을 징수토록 하고 있으며 그 체납 시에는 국세징수법에 의하여 강제징수토록 하고 있는 점 등에 비추어 보면 그 부과처분은 관리청이 공권력을 가진 우월적 지위에서 행하는 것으로서 행정처분이라고 보아야 하고, 그 부과처분에 의한 변상금징수권은 공법상의 권리로서 사법상의 채권과는 그 성질을 달리하므로 국유재산의 무단점유자에 대하여 국가가 민법상의 부당이득금반환청구를 하는 경우 국유재산법 제51조 제1항이 적용되지 않는다(대판 1992.4.14. 91다42197).

오답의 이유

가. 국유재산법 제31조, 제32조 제3항, 산림법 제75조 제1항의 규정 등에 의하여 국유잡종재산에 관한 관리 처분의 권한을 위임받은 기관이 국유잡종재산을 대부하는 행위는 국가가 사경제 주체로서 상대방과 대등한 위치에서 행하는 사법상의 계약이고, 행정청이 공권력의 주체로서 상대방의 의사 여하에 불구하고 일방적으로 행하는 행정처분이라고 볼 수 없으며, 국유잡종재산에 관한 대부

료의 납부고지 역시 사법상의 이행청구에 해당하고, 이를 행정처분이라고 할 수 없다(대판 2000.2.11, 99다61675).

나. 예산회계법에 따라 체결되는 계약은 사법상의 계약이라고 할 것이고 동법 제70조의5의 입찰보증금은 낙찰자의 계약체결의무이행의 확보를 목적으로 하여 그 불이행시에 이를 국고에 귀속시켜 국가의 손해를 전보하는 사법상의 손해배상 예정으로서의 성질을 갖는 것이라고 할 것이므로 입찰보증금의 국고귀속조치는 국가가 사법상의 재산권의 주체로서 행위하는 것이지 공권력을 행사하는 것이거나 공권력작용과 일체성을 가진 것이 아니라 할 것이므로 이에 관한 분쟁은 행정소송이 아닌 민사소송의 대상이 될 수밖에 없다고 할 것이다(대판 1983.12.27, 81누366).

다. 판례는 창덕궁 비원 안내원의 채용계약은 공법상 계약이 아니라 사법상 계약에 해당한다고 보았다.

24
정답 ②

영역 행정의 실효성 확보수단 > 행정상 강제   난도 **중**

[정답의 이유]

② 질서위반행위규제법은 과태료의 부과대상인 질서위반행위에 대하여도 책임주의 원칙을 채택하여 제7조에서 "고의 또는 과실이 없는 질서위반행위는 과태료를 부과하지 아니한다."고 규정하고 있으므로, 질서위반행위를 한 자가 자신의 책임 없는 사유로 위반행위에 이르렀다고 주장하는 경우 법원으로서는 그 내용을 살펴 행위자에게 고의나 과실이 있는지를 따져보아야 한다(대결 2011.7. 14, 2011마364).

[오답의 이유]

① 행정청이 질서위반행위에 대하여 과태료를 부과하고자 하는 때에는 미리 당사자(제11조 제2항에 따른 고용주 등을 포함한다)에게 대통령령으로 정하는 사항을 통지하고, 10일 이상의 기간을 정하여 의견을 제출할 기회를 주어야 한다. 이 경우 지정된 기일까지 의견 제출이 없는 경우에는 의견이 없는 것으로 본다(질서위반행위규제법 제16조 제1항).

③ 행정청의 과태료 부과에 불복하는 당사자는 과태료 부과 통지를 받은 날부터 60일 이내에 해당 행정청에 서면으로 이의제기를 할 수 있다. 이의제기가 있는 경우에는 행정청의 과태료 부과처분은 그 효력을 상실한다(질서위반행위규제법 제20조 제1항·제2항).

④ 행정청의 과태료 처분이나 법원의 과태료 재판이 확정된 후 법률이 변경되어 그 행위가 질서위반행위에 해당하지 아니하게 된 때에는 변경된 법률에 특별한 규정이 없는 한 과태료의 징수 또는 집행을 면제한다(질서위반행위규제법 제3조 제3항).

적중레이더

과태료 부과

질서위반행위규제법이 제정되기 이전에는 행정질서유지를 위한 의무위반이라는 객관적 사실에 대하여 과하는 제재로 부과에 고의·과실을 요하지 않는다고 보았으나, 현행 질서위반행위규제법이 제정되면서 과태료의 부과에는 주관적인 요소인 고의·과실을 요하게 되었다.

행정형벌과 행정질서벌

구분	행정형벌	행정질서벌
제재 수단	형법상 형벌 (징역, 벌금, 과료 등)	과태료
형법총칙	적용 긍정(원칙)	적용 부정(원칙)
죄형법정 주의	적용 ○	적용 ○ (질서위반행위규제법 제6조)
고의 또는 과실	필요 ○	필요 ○ (질서위반행위규제법 제7조)
절차	형사소송법(원칙)	질서위반행위규제법

- 질서위반행위규제법이 제정되기 전 판례는 과태료의 경우에는 고의 또는 과실을 요하지 않는다고 판시하였다(대판 2000.5.26, 98두5972).
- 또한 판례에서 과태료는 행정상의 질서유지를 위한 행정질서벌, 죄형법정주의가 적용되지 않는다고 판시하였다(헌재 1998.5.28, 96헌바83).

25
정답 ②

영역 행정법 서론 > 법률사실과 법률요건   난도 **중**

[정답의 이유]

② 개발부담금 부과처분이 취소된 이상 그 후의 부당이득으로서의 과오납금 반환에 관한 법률관계는 단순한 민사 관계에 불과한 것이고, 행정소송 절차에 따라야 하는 관계로 볼 수 없다(대판 1995. 12.22, 94다51253).

[오답의 이유]

① 민법 제741조
③ 대판 2002.11.8, 2001두8780
④ 대판 1995.4.28, 94다55019

적중레이더

공법상 부당이득 사례

- 공무원의 봉급과액수령
- 조세나 수수료 등의 과오납
- 연금 무자격자의 연금수령
- 착오로 인한 사유지의 국공유지 편입

교육은 우리 자신의 무지를 점차 발견해 가는 과정이다.

– 윌 듀란트 –

PART 3

경영학

2024 | **9급** 기출문제 해설

☑ 점수 ( )점/100점 ☑ 문제편 208쪽

영역 분석

경영학의 기초	5문항	★★★★★	20%
마케팅	4문항	★★★★	16%
조직행위	4문항	★★★★	16%
인사관리	3문항	★★★	12%
생산관리	1문항	★	4%
경영정보시스템	2문항	★★	8%
회계학	5문항	★★★★★	20%
재무관리	1문항	★	4%

빠른 정답

01	02	03	04	05	06	07	08	09	10
②	①	②	②	③	②	①	④	①	④
11	**12**	**13**	**14**	**15**	**16**	**17**	**18**	**19**	**20**
③	④	②	③	①	③	①	②	④	④
21	**22**	**23**	**24**	**25**					
③	④	①	④	②					

01

정답 ②

영역 경영학의 기초 > 경영학의 이해 　　난도 **하**

정답의 이유

② 제한된 합리성 모형(만족모형)에 관한 내용이다. 제한된 합리성 모형(Bounded Rationality Model)은 문제해결에 있어 객관적으로 완전한 최선책을 발견하는 것은 불가능하므로 주어진 정보와 능력의 제한 속에서 소정의 기준을 세워 이를 통과하는 만족스러운 대안을 선택하게 된다는 이론이다.

02

정답 ①

영역 경영학의 기초 > 기업의 이해 　　난도 **상**

정답의 이유

① 기업의 관련다각화는 기업이 보유하고 있는 기존의 내부 역량이 기존 사업 내에서 경쟁력을 지니고 있고 이를 관련된 사업에 활용하여 시너지를 극대화할 수 있는 전략으로 기업이 속한 산업이 정체되었거나 저성장인 경우가 관련다각화의 가장 효과적인 전략이라고 할 수 있다.

🔊 **적중레이더**

관련다각화와 비관련다각화

관련 다각화	기존제품과 기술적 유사성이 있고, 마케팅 시너지가 있는 신제품을 추가하는 전략으로, 범위의 경제에서 오는 이점을 누릴 수 있다.
비관련 다각화	기존제품과는 기술적 관련이 없으나 현재의 고객에 소구할 수 있는 신제품을 추가하거나 기존의 기술, 제품, 시장과는 관련이 없는 신제품으로 신시장을 개척하는 전략이다.

03

정답 ②

영역 마케팅 > 마케팅 믹스 　　난도 **중**

정답의 이유

② 촉진은 마케팅 믹스 4p에 해당한다. 4p는 제품(Product), 가격(Price), 유통(Place), 촉진(Promotion)이다.

🔊 **적중레이더**

판매자 관점과 구매자 관점

판매자 관점 4p	구매자 관점 4A
Price(가격)	Affordability(가용성)
Promotion(촉진)	Awareness(인지도)
Product(제품)	Acceptability(수용성)
Place(유통)	Accessibility(접근성)

04

정답 ②

영역 인사관리 > 인사관리론의 이해 　　난도 **중**

정답의 이유

② 성과측정은 관리 체계를 수행하는 과정에서 특정한 기능의 수행 결과를 표준과 비교하여 생산성, 곧 능률성을 평가하는 관리 기법으로 일이 처리되는 방식에 주목해야 한다.

05

영역 조직행위 > 조직구조와 직무설계　　　　　난도 **상**

정답의 이유

③ 지각-운동적 접근은 정신적 능력과 한계에 초점을 둔다. 즉, 사람들이 정신적인 능력과 한계를 초과하지 않는 수준에서 직무설계를 하는 것이다.

오답의 이유

① 기계적 접근은 Taylor의 과학적 관리법에 근간을 두고 있다.

② 임상심리학에 기반을 두고 있는 것은 생물학적 접근법이다.

④ 생물학적 접근은 직업 자체보다 상황(조명, 공기, 공간, 장소, 작업 시간)에 관심을 기울인다.

📡 적중레이더

직무설계

기계론적 접근법	• 효율성을 최대화하기 위한 직무를 가장 단순화시키는 방법 • 인적자원의 효율성 증가와 쉽고 빠른 업무 수행 가능
동기부여적 접근법	• 기계론적 접근법과는 상대되는 개념으로 조직 심리학에 기반을 두고 있음 • 직무 특성이 심리적인 의미와 동기부여의 잠재력에 영향을 줌 • 목적은 일의 의미를 증가시키는 것에 있음
지각-운동적 접근법	• 정신적 능력과 한계에 초점 • 목표는 종업원들이 정신적인 능력과 한계를 초과하지 않는 수준에서 직무 설계하는 것 • 직무의 인지적 요구를 줄임
생물학적 접근법	• 신체의 능력과 한계에 초점 • 종업원들이 일하고 있는 물리적 업무환경을 구조화하여 종업원들의 신체적 제약을 최소화함 • 작업 자체보다 조명 · 공기 · 장소 · 작업 시간 등의 상황에 관심을 보임

06

영역 경영정보시스템 > e 비즈니스 시스템 모델과 구성요소　　난도 **상**

정답의 이유

② 텍스트 마이닝은 대량의 비구조화된 데이터 집합으로부터 핵심 요인을 추출하고 패턴과 관계를 발견하며, 이러한 정보를 요약한다.

오답의 이유

① 온라인 분석 처리(OLAP)는 사용자들이 동일한 데이터를 서로 다른 차원에서 볼 수 있도록 다차원 데이터 분석을 가능하게 해준다.

③ 웹 마이닝은 웹으로부터 유용한 패턴과 정보를 발견하고 분석하는 것으로 웹 컨텐트 마이닝, 웹 구조 마이닝, 웹 사용 마이닝으로 분류할 수 있다.

④ 데이터 마이닝은 데이터 웨어하우스 내의 대량의 데이터를 분석하여 미래 행위 예측과 의사결정에 도움이 되는 숨겨진 패턴과 규칙을 발견하는 것으로 획득할 수 있는 정보의 유형으로는 연관성, 순차, 분류, 군집, 예측 등이 있다.

07

영역 회계학 > 회계의 기초이론　　　　　　　　난도 **하**

정답의 이유

① 현금흐름표상 현금의 유입과 유출의 내역을 영업활동, 투자활동, 재무활동으로 구분한다.

오답의 이유

② 영업활동으로 인한 현금흐름은 손익계산서의 영업손익과 대응하는 것으로 경영 성과의 파악이 가능하다.

③ 투자활동으로 인한 현금흐름은 현금의 대여와 회수, 유가증권, 투자자산의 취득 처분 활동 등의 내역을 기록하여 투자의 활성화 정도에 대한 분석이 가능하도록 작성된다.

④ 재무활동으로 인한 현금흐름은 사채의 발행과 상환, 차입금, 주식 발행 등을 기록하게 된다.

08

영역 회계학 > 회계의 기초이론　　　　　　　　난도 **상**

정답의 이유

④ 이익잉여금이란 기업의 경영활동 등 이익 창출 활동으로 획득된 이익으로서 배당금 등으로 사외로 유출되거나 무상증자로 자본금 등으로 대체되지 않고 기업 내부에 유보되어 있는 금액으로 이익잉여금의 증가를 초래하는 주된 항목은 당기순이익이며, 이익잉여금의 감소를 초래하는 주된 항목은 배당이다.

오답의 이유

① 특정 회계기간의 수익과 비용의 세부적인 내역을 나타내는 것은 손익계산서이다.

② 이익잉여금은 기업의 이익 중에서 사외에 유출, 자본금 계정에 대체되지 않고 사내에 유보된 부분을 말한다.

③ 이익잉여금은 당기순이익만으로 구성되는 것이 아니라 재평가잉여금의 대체 금액도 포함하므로 당기순이익과 이익잉여금은 항상 일치하는 것은 아니다.

09

정답 ①

영역 경영정보시스템 > e 비즈니스 시스템 모델과 구성요소　난도**중**

정답의 이유

① 공급사슬의 유형에는 효율적 사슬, 린 사슬, 신속 대응 사슬이 있다. 효율적 사슬은 식품과 같이 많이 판매되는 제품들을 주요 대상으로 하고, 신속 대응 사슬은 패션의류와 같이 수요예측이 쉽지 않은 제품을 대상으로 한다. 또한, 린 사슬은 자동차와 같이 중간적인 특징을 지니는 제품을 대상으로 한다.

📡 적중레이더

공급사슬의 유형

구분	효율적 사슬	린 사슬	신속 대응 사슬
제조 유연성	낮음	중간	높음
고정비용에 대한 변동 비용의 비율	낮음	중간	높음
가격에 대한 수요 탄력성	높음	중간	낮음
주요 경쟁 수단	가격	제품, 가격, 시간, 서비스	제품, 시간
특징	높은 효율성과 낮은 이익 마진	내부구조가 복잡한 제품을 시장에 소개	제품 판매의 예측이 어려움

10

정답 ④

영역 마케팅 > 목표 시장의 선정(STP)　난도**하**

정답의 이유

④ 가족은 소비자행동에 영향을 미치는 요소 중 사회 문화적 요인에 해당한다.

오답의 이유

①·②·③ 소비자행동의 영향 요인 중 개인 심리적 요인에는 태도, 학습, 개성과 자아정체성, 라이프스타일 등이 있다.

📡 적중레이더

소비자행동의 영향 요인

개인 심리적 요인	동기, 지각, 학습, 신념과 태도, 라이프스타일, 연령, 직업, 라이프사이클 등
사회 문화적 요인	문화, 하위문화, 사회 계층, 준거집단, 가족 역할과 사회적 지위 등
마케팅 요인	마케팅 자극, 마케팅 전략 등

11

정답 ③

영역 인사관리 > 인적자원계획　난도**하**

정답의 이유

③ 직장 외 교육훈련(Off JT; Off the Job Training)에 대한 설명이다. 직장 내 교육훈련(OJT; On the Job Training)은 직속 상사가 부하에게 직접적으로 개별지도를 하고 교육훈련을 시키는 라인 담당자 중심의 교육훈련 방식이다.

오답의 이유

① 교육훈련 프로그램 설계 과정은 필요성 분석 → 프로그램 설계 → 프로그램 실시 → 프로그램 평가 → 종합시스템과의 연계 순이다.
② 직장 내 교육훈련(OJT)은 직장 상사에게 직접적 커뮤니케이션을 주고받는 만큼 친밀감을 제고할 수 있다.
④ 직장 내 교육훈련(OJT)은 실제 업무에 바로 적용이 가능하도록 교육훈련이 현실적이고 실제적이다.

12

정답 ④

영역 경영학의 기초 > 기업의 이해　난도**하**

정답의 이유

④ 기업이 대규모화되고 복잡해지면서 주식 제도가 발전하여 많은 출자자가 출현함으로써 주식의 분산에 따른 소유와 경영의 분리가 촉진되었다.

13

정답 ②

영역 회계학 > 자산　난도**중**

정답의 이유

② 생산량비례법은 유형자산의 감가가 시간의 경과에 따라 발생하기보다는 생산량에 비례하여 나타난다고 하는 것을 전제로 감가상각비를 계산하는 상각방법으로 일반적인 유형자산보다 자연 자원(광산, 유전 등)의 감모상각방법에 적절하다.

오답의 이유

① 가속상각법은 내용연수 초기에 감가상각비를 많이 인식하고 시간 경과에 따라 적게 인식하는 방법이다.
③ 정액법은 유형자산의 감가상각이 내용연수의 경과에 정비례하여 발생하는 것으로 가정하여 매년 동일한 감가상각비를 상각해 나가는 방법이다.
④ 이중체감법은 정률법 계산과 동일하며 상각률을 정액법에 의한 상각률의 두 배로 산정하는 방법이다.

시대에듀 | 군무원 군수직

14

영역 조직행위 > 학습과 태도   정답 ③

난도 **하**

정답의 이유

③ 개인이 사물, 사람, 사건에 대해 가지는 주관적인 경험을 나타내는 태도의 구성요소에는 정서적 요소, 인지적 요소, 행위/행동적 요소가 있다.

◉ 적중레이더

태도의 구성요소

인지적 요소	대상에 대해 가지고 있는 신념
정서적 요소	대상에 대한 호불호의 느낌
행위적 요소	특정 대상에 대해 행위를 하려는 의도나 방식

15

영역 재무관리 > 재무관리의 기초개념   정답 ①

난도 **하**

정답의 이유

① 자본비용(Cost of Capital)이란 자본의 사용에 따른 비용으로 용도에 따라 기대수익률(최소한의 필수수익률), 요구수익률, 할인율, 자본환원율 등으로 불리며 평균수익률은 만기 전 지급을 고려하여 산출한 수익률을 가리킨다.

16

영역 계량의사결정론 > 확실한 상황하의 의사결정   정답 ③

난도 **상**

정답의 이유

③ 공헌마진(Contribution Margin) 가격결정은 매출액에서 변동비를 제외하고 가격을 결정하는 것이다.

◉ 적중레이더

가격결정의 방법

• 비용 중심적 가격결정(Cost Based Pricing): 제품의 생산과 판매에 들어가는 모든 비용을 충당하고, 목표로 한 이익을 낼 수 있는 수준에서 가격을 결정하는 방식으로 고전적 방식

지수 가격결정	서비스산업에서 주로 사용되며 총원가와 원가 비율을 이용해 가격결정
비용 가산에 따른 가격결정	사전에 결정된 목표이익을 총비용에 가산함으로써 가격을 결정하는 방법
공헌마진/이익 가격결정	판매가격에서 변동비를 제외하고 가격결정
손익분기점에 따른 가격결정	주어진 가격하에서 총수익이 총비용과 같아지는 매출액이나 매출 수량을 산출해 이에 근거해 가격을 결정하는 방법
목표이익에 따른 가격결정	기업이 목표로 하는 투자이익률을 달성할 수 있도록 가격을 설정하는 방법

• 수요 중심적 가격결정(Consumer Based Pricing): 상품의 원가나 인건비 등 투입되는 비용보다는 시장에서 소비자들의 수요와 가격에 대한 지각을 기초로 결정하는 방식

• 경쟁 중심적 가격결정(Competition Based Pricing): 시장에서의 수요나 비용보다는 경쟁자들의 가격을 기초로 결정하는 방식

17

영역 인사관리 > 인적자원계획   정답 ①

난도 **중**

정답의 이유

① 타당성에 대한 설명으로 타당성은 측정하고자 하는 평가 내용이나 항목이 얼마나 정확하게 측정되었는지에 대한 개념이다. 신뢰성은 성과측정에 있어서 결과치의 일관성 또는 안정성을 의미한다.

18

영역 마케팅 > 유통경로관리   정답 ②

난도 **상**

정답의 이유

② 조인트벤처의 후방통합은 기업의 업스트림(상향) 활동에 합작 투자를 의미한다. 후방통합은 회사와 공급업체의 합병을 의미하고, 전방통합은 회사와 유통업체의 합병을 의미한다.

◉ 적중레이더

통합적 성장전략

산업의 성장성이 높은 경우에 기존 유통 경로의 일부를 통합함으로써 시장에서 경쟁적 우위를 확보하려는 전략

• 수평적 통합: 일부 경쟁기업을 매수하거나 지배력을 강화하려는 방법

• 수직적 통합: 통합유통경로가 서로 다른 수준에 있는 구성원들(공급자, 제조업자, 유통업자)을 통합해 하나의 기업조직을 이루는 방법

전방통합	제품의 유통시스템을 매수하거나 유통시스템에 대한 지배력을 강화(소비자 쪽 분야의 기업을 통합)
후방통합	원료, 부품의 공급시스템을 매수하거나 지배력을 강화

19

영역 회계학 > 자산 난도 중

정답의 이유

④ 유형자산은 기업의 영업활동에 사용할 목적으로 취득한 형체가 있는 물적 자산으로 토지, 건물, 구축물, 기계장치, 비품 및 차량운반구 등을 의미한다. 감가상각이란 유형자산의 자산가치에 대한 감소 또는 취득원가의 소멸을 나타내는 것으로써 어떤 자산으로부터 효익을 얻는 기간 동안 그 취득원가를 체계적이고 합리적인 방법을 사용해 비용으로 배분하는 과정을 말한다.

20

정답 ④

영역 마케팅 > 제품관리 난도 중

정답의 이유

④ 라인 확장(Line Extension) 전략이란 기업이 기존 브랜드명을 기존 제품 범주로 확장하는 것이다.

((•)) 적중레이더

브랜드 전략

브랜드/상표 확장 전략	• 개념: 새로운 범주에 대해 기존의 성공한 상표를 사용하는 전략 • 장점: 상표 인식도를 즉각적으로 높일 수 있고, 비용이 적게 소요 • 단점: 확장된 상표의 실패가 다른 제품들에도 확장될 수 있음
복수 브랜드/ 상표 전략	• 개념: 동일한 제품 범주 내에 두 가지 이상의 상표를 사용하는 것 • 장점: 주요 상표 보호, 새로운 고객에게 소구 가능, 위험 분산 가능, 세분시장 이용 가능, 신선한 이미지 구축 • 단점: 기업의 재원이 분산되므로, 상표별 수익집중이 어려워짐
신규 브랜드/ 신상표 전략	• 개념: 새로운 범주의 제품을 출시할 경우, 새로운 상표를 창조하는 전략 • 장점: 기존 상표의 부정적 이미지를 해소할 수 있으며, 새로운 이미지를 획득할 수 있음 • 단점: 비용이 너무 많이 들고, 상표가 너무 많아져 소비자가 차이를 못 느낄 수 있음
라인/계열 확장 전략	• 개념: 기업이 동일한 상표명으로 특정한 제품 범주 내에서 추가적인 품목을 도입하는 전략 • 장점: 비용이 적게 소요되며, 상표 인식에 대한 위험이 적다. • 단점: 상표의 의미를 상실하게 되며, 소비자 혼란을 초래한다.

21

정답 ③

영역 경영학의 기초 > 경영전략 난도 상

정답의 이유

③ 사회계약론적 윤리관: 사회적 관행과 규범, 즉 산업계와 사회 전반에 통용되는 관행에 근거하여 경영의 옳고 그름을 판단해야 한다고 주장하는 관점이다.

오답의 이유

① 공리주의 윤리관: 벤담(J. Bentham)의 '다수를 위한 다수의 행복'이라는 공리주의에 근거하여 다수가 행복하면 설령 소수가 희생될지라도 그것을 윤리적이라 판단하는 관점이다.

② 정의론적 윤리관: 사회적 규칙을 준수하고, 공평과 공정의 원칙에 따라 실체적 정의를 실현하는지가 윤리적 판단의 기준이 되는 관점이다.

④ 인권론적 윤리관: 헌법이 보장하는 인간의 존엄과 권리를 윤리적 평가의 기준으로 보는 관점이다.

22

정답 ④

영역 회계학 > 재무제표 난도 상

정답의 이유

④ 손익분기점 매출 수량

$=\dfrac{\text{고정비}}{\text{단위당 판매가격} - \text{단위당 변동원가}}$ 이므로

$\dfrac{₩1,000,000(임대료) + ₩200,000(감가상각비)}{₩2,000,000(단위당 판매가격) - ₩1,800,000(단위당 변동원가)}$

$=\dfrac{₩1,200,000}{₩200,000}=6$

23

정답 ①

영역 조직행위 > 조직구조와 직무설계 난도 중

정답의 이유

① 수직적 조직구조에 대한 장점이다. 수평적 조직은 수직적 조직과는 다르게 보다 탄력적이고 유연한 조직구조로, 기업 내부의 직원들 간에 협력과 참여를 중시한다.

조직구조의 유형

수직적 조직	• 개념: 상하 계층 구조가 명확하게 구성되어 있는 조직이며, 상위 관리자가 하위 직원에게 지시하고, 하위 직원은 지시를 따른다. • 장점 　– 지휘 · 명령 계통이 단순하고 책임, 의무 및 권한의 통일적인 귀속이 명확하다. 　– 경영자는 신속한 의사결정을 내릴 수 있다. 　– 강한 통솔력으로 조직 전체의 질서를 확립할 수 있다. • 단점 　– 경영자는 전반적 업무를 관리하고 감독하므로 전문성이 결여되기 쉽고, 만능의 경영자를 양성하는 데는 장기간이 소요되므로 경영자 양성이 어렵다. 　– 상위자의 지휘 · 명령을 받아 업무를 수행하는 하위 관리자는 의욕이 상실되고 창의력을 발휘하기 어렵다.
수평적 조직	• 개념: 전통적인 수직 조직과는 다르게 더 탄력적이고 유연한 조직구조를 가지며, 업무 수행과 의사결정에 있어서 직원들 간의 협력과 참여를 중시하는 것을 목표로 한다. • 장점 　– 조직 내에서 각 부서와 직원들이 동등한 역할과 책임을 지므로, 개인의 참여와 자율성이 증가하며, 이는 조직의 역량을 높인다. 　– 직공에 대한 작업지도가 쉬워 미숙련공을 활용할 수 있다. 　– 하나의 직능부서 내에서는 조정이 잘 이루어진다. 　– 작업자는 전문적 지식이나 기술을 가진 선임의 지도로 직무 경험을 축적할 수 있다. • 단점 　– 의사결정 시간이 지체된다. 　– 기능별로 지휘와 명령을 받으므로 전체적 관리 차원에서 질서가 유지되기 어렵다.
매트릭스 조직	• 개념: 수평적 조정 기구가 공식화 · 일상화된 조직구조이다. • 장점 　– 최종 결과에 초점을 맞출 수 있다. 　– 전문 분야별 동일성을 유지할 수 있다. 　– 조직의 인력을 신축적으로 활용할 수 있다. 　– 전문적 지식과 기술의 활용을 극대화할 수 있다. 　– 최고경영자는 조직의 전략적 계획이나 중요한 업무에만 전념할 수 있다. • 단점 　– 지휘계통이 혼란해지기 쉽다. 　– 권력투쟁이 일어나기 쉽다. 　– 의사결정이 공동으로 이루어져 책임소재가 불분명해질 소지가 있다.

24
정답 ④

영역 조직행위 > 리더십 이론　　　　　　　　난도 **중**

정답의 이유

④ 창의성이란 개인의 독특성에서 나오는 유용하고 가치 있는 새로운 생각이나 참신한 통찰을 산출하는 것이나, 기존 방식을 깨트리는 속성도 있어서 최소한의 합의된 규칙을 어기는 문제에 이를 수도 있으므로 윤리와는 유의한 상관관계가 높다고 볼 수 없다.

25
정답 ②

영역 생산관리 > 재고자산관리　　　　　　　　난도 **중**

정답의 이유

② 안전재고란 수급의 변동, 수송의 지연 등으로 품절이 발생하는 등 예상치 못한 수요나 공급의 변동에 대응하기 위한 여유(보유) 재고이다.

오답의 이유

① 수요가 높아질 것을 기대하고 미리 마련해 두는 예비재고에 관한 내용이다.

③ 재고 품목을 주기적으로 일정한 단위로 발주하여 발생하는 주기재고에 관한 내용이다.

④ 가격 인상이 예상되는 경우 재고 확보가 수익에서 유리하여 비축하는 투기재고에 관한 내용이다.

((•)) 적중레이더

재고의 유형

예비/예상재고	비축재고라고도 하며 수요의 상승을 기대하여 의도적으로 사전에 준비하여 위험 상황에 대비하는 재고이다.
안전재고	• 완충재고라고도 하며 불확실한 수요 변화에 대처하고 판매 · 생산의 불확실성, 자재 조달의 불확실성에 대처하여 보유하는 재고이다. • 품절을 예방함으로써 납기 준수뿐만 아니라 고객서비스 향상이 가능하다.
주기재고	• 재고 품목을 주기적으로 일정한 단위로 발주하여 발생하는 재고이다. • 경제적 구매를 위하여 필요량보다 훨씬 많은 양을 구입하거나 생산하여 주문 · 생산 준비 횟수를 현저히 줄이면서 준비 비용을 절감하고자 하는 것에 목적을 두고 있다.
투기/사재기 재고	가격 인상이 예상되는 경우 재고 확보가 수익에서 유리하여 비축하는 재고이다.
수송 중 재고/파이프라인 재고	이동재고라고도 하며 현재 수송하고 있는 품목(구매 대금은 이미 지급하였으나 아직 이동 중인 재고)을 말한다.
수량할인을 받기 위한 재고	수량할인을 받기 위한 필요 이상의 대량 구매로 발생하는 재고이다.

2024 | 7급 기출문제 해설

☑ 점수 (   )점/100점 ☑ 문제편 212쪽

영역 분석

경영학의 기초	3문항	★★★	12%
마케팅	5문항	★★★★★	20%
조직행위	6문항	★★★★★★	24%
인사관리	1문항	★	4%
생산관리	4문항	★★★★	16%
경영정보시스템	2문항	★★	8%
회계학	2문항	★★	8%
재무관리	2문항	★★	8%

빠른 정답

01	02	03	04	05	06	07	08	09	10
①	④	②	③	①	②	②	①	④	④
11	12	13	14	15	16	17	18	19	20
①	④	③	③	②	②	③	①	②	③
21	22	23	24	25					
③	④	②	④	③					

01

정답 ①

영역 경영학의 기초 > 경영학의 이해　　난도 **중**

정답의 이유

① 과학적 관리론은 경영 현상에 대한 체계적인 관찰, 실험 또는 판단을 통하여 획득한 사실에 의해 도출된 표준을 근거로 사업 또는 업무를 수행하는 관리방식으로, 소품종대량생산 체제하에서 보다 많은 제품을 더욱 값싸게 생산할 수 있도록 작업방식을 개선하는 방법을 제시한 이론이다.

오답의 이유

② 고전적 관리론 중 관리과정이론을 주장한 페이욜(Henry Fayol)은 기업조직 전체의 관리 문제에 관심을 가지고 모든 기업조직이 5개의 하위체계로 구성된다고 보았으며 현대 경영 이론에 밑바탕을 제공하였다.

③ 막스 베버(Max Weber)는 관료제 이론에서 합리성을 추구하는 실체로서의 조직을 구축하는 데 관심을 두며 조직의 규모가 크면 클수록 관료제의 성격은 더욱 분명하게 나타난다고 지적했다.

④ 인간관계론은 1930년대 대공황 이후 과학적 관리론의 한계를 극복하고자 개발된 조직이론으로, 인간에 대한 이해를 제시하고 기업조직에서 인적요소의 중요성을 강조한 이론이다.

02

정답 ④

영역 회계학 > 재무제표　　난도 **중**

정답의 이유

④ 재무상태표에서 자산과 부채는 유동성 순서로 보고한다.

오답의 이유

① 재무상태표는 특정 시점 기업의 재무 상태를 나타내며, 손익계산서는 일정 기간 회사가 달성한 경영 성과(수입, 비용, 수익 등)를 나타낸다.

② 재무상태표에서 기업의 재무 상태는 자산을 차변에, 부채 및 자본을 대변에 분류하여 기재한다.

③ 자산, 부채 및 자본은 총액에 의하여 기재함을 원칙으로 하고, 자산의 항목과 부채 또는 자본의 항목을 상계함으로써 그 전부 또는 일부를 재무상태표에서 제외하여서는 안 되므로, 자본은 자산 총액에서 부채 총액을 차감한 금액과 항상 일치한다.

03

정답 ②

영역 마케팅 > 시장기회 분석과 소비자 행동　　난도 **하**

정답의 이유

② 외적 타당도는 실험의 결과에 따라 기술된 인과관계가 연구 대상 이외의 경우로 확대·일반화될 수 있는 정도를 말한다.

오답의 이유

① 속성의 절대적 크기를 측정하기 때문에 사칙연산이 가능한 척도는 비율척도이다.

③ 표적 집단 면접, 문헌조사, 전문가 의견조사는 탐색조사 방법에 해당한다.

④ 전화 설문 기법은 응답자가 선정된 표본인지를 확인하기 어려워 표본 범주를 통제하기가 쉽지 않다.

04

영역 경영학의 기초 > 경영학의 이해　　　　　　난도 **중**

[정답의 이유]

③ 제한된 합리성의 한계로는 합리성에도 수준의 차이가 있다면 집단이 개인보다 더 합리적인 결정을 할 수 있다고 할 수 없는 점이다.

[오답의 이유]

① 제한된 합리성 모형(Bounded Rationality Model)은 합리성 의사결정 모형이 제시하는 완전한 합리성에 대한 한계로부터 출발하였다.

② 합리성을 제한하는 것에는 결정이 필요한 문제의 어려움, 의사결정자들의 마음의 인지 능력 및 결정을 내리는 데 사용할 수 있는 시간 부족 등이 있다.

④ 정보가 완전할 수 없다는 것이 용인된다면 의사결정자들은 정보를 왜곡·조작하여 자신에게 유리한 결정이 이루어지도록 할 수도 있다.

(📡) 적중레이더

의사결정 모델

구분	합리성 의사결정	제한된 합리성 의사결정
의사결정의 합리성	완전한 합리성	제한된 합리성
대체안의 선택	최적 선택	만족 선택
모형의 유형	규범적	기술적

05
정답 ①

영역 조직행위 > 조직변화와 조직문화　　　　　　난도 **중**

[정답의 이유]

① 경쟁 가치 프레임워크에서는 조직문화의 유형을 조직에 대한 자율 및 유연성을 강조하는 측면과 질서 및 통제를 강조하는 측면으로 구분되는 첫 번째 차원과 조직의 내부 통합을 강조하는 측면과 조직 외부를 지향하는 측면으로 구분되는 두 번째 차원 등 두 가지 차원에서 접근하여 조직유효성(Effectiveness)을 설명하고 있다.

(📡) 적중레이더

경쟁 가치 프레임워크(Competing Values Framework)

구분		내부 통합	외부 지향
유연성 강조		관계 지향적(Clan) 조직문화	혁신 지향적(Adhocracy) 조직문화
		협업, 팀워크 및 직원 개발 중시	혁신, 창의성 및 기업가 정신 중시
질서 강조		계층 지향적(Hierarchy) 조직문화	시장 지향적(Market) 조직문화
		안정성, 제어 및 효율성 중시	경쟁, 고객 중심 및 성과 중시

06
정답 ②

영역 생산관리 > 수요예측　　　　　　난도 **중**

[정답의 이유]

② 5월의 수요예측치를 지수평활법에 대입하여 지수평활 계수 α를 구하면 $50=60+\alpha(52-60)$에서 지수평활 계수는 1.25가 되므로 6월의 수요예측치 x를 구하면 $x=50+1.25(55-50)=56.25$가 된다.

(📡) 적중레이더

지수평활법

- 현시점에서 가까운 실제치에는 큰 비중을 주고 과거로 거슬러 올라갈수록 비중을 지수적으로 적게 주어 예측하는 방법
- $F_{t+1}=F_t+\alpha(D_t-F_t)$
  (F_{t+1}=차기 수요예측치, F_t=당기 수요예측치, α=지수평활 계수, D_t=당기 실제 수요)

07
정답 ②

영역 조직행위 > 동기부여이론　　　　　　난도 **하**

[정답의 이유]

② 허츠버그는 2요인 이론에서 만족과 관련된 요인을 동기요인(성취감, 인정, 책임감, 성장 가능성 등), 불만족과 관련된 요인을 위생요인(작업환경, 임금, 지위, 안전 등)으로 분류하였다. 만족과 불만족은 동일한 개념에서의 양극이 아니라 독립된 개념으로 만족의 반대는 '불만족'이 아니라 '만족이 0(영)인 상태'이며, 불만족의 반대는 '만족'이 아니라 '불만족이 0(영)인 상태'를 말하므로 불만이 없더라도 동기부여 효과에는 영향을 끼치지 않는다.

(📡) 적중레이더

허츠버그의 2요인 이론

	일에 만족을 주는 요인
동기요인 (만족 요인)	• 성취(Achievement) • 인정(Recognition) • 책임(Responsibility) • 작업 그 자체(Work Itself) • 승진(Advancement)
	불만족을 감소시키는 요인
위생요인 (불만족 요인)	• 기술적 감독(Supervision–Technical) • 회사정책 및 관리(Company Policy & Administration) • 작업조건(Working Condition) • 대인관계(Interpersonal Relations) • 임금(Salary)

08

정답 ①

영역 마케팅 > 마케팅 계획 수립과정　　**난도** 중

정답의 이유

① 브랜드 전환 매트릭스는 고객의 행동에 기초하여 경쟁자를 분석하는 방법이다.

((·)) 적중레이더

경쟁자 분석 방법

기업중심적 방법		• 제품-시장 매트릭스 • 기술적 대체 가능성 판단법 • 표준 산업분류 코드 활용법
고객중심적 방법	행동 기초	• 브랜드(상품) 전환 매트릭스 • 수요의 교차탄력성
	지각 기초	• 지각도 • 상품 제거 • 사용 상황별 대체

09

정답 ④

영역 인사관리 > 직무관리　　**난도** 하

정답의 이유

④ 직무의 내용과 범위 등은 공평하고 안정적인 직무 여건을 위해 수시로 변경되지는 않는다.

오답의 이유

①·② 직무는 조직 내 개인들 간의 관계를 체계적으로 형성하고 연계시키는 단위 기준으로 조직에서 재화나 서비스를 산출하도록 의도적으로 설계, 조직화된 것을 관리하는 것이다.

③ 직무는 수행자와 상관없이 독립적으로 완성도 있게 설계되어 있는 객관적 기술이어야 한다.

10

정답 ④

영역 마케팅 > 마케팅 믹스　　**난도** 중

정답의 이유

④ (라) 유형은 고객과의 접촉이 높고 주문 맞춤화 정도가 높으며 전문적인 교육을 받은 서비스 제공자가 고객의 맞춤 요구에 맞는 차별화된 서비스를 제공한다.

((·)) 적중레이더

슈머너의 서비스 프로세스 매트릭스

구분		고객과의 상호작용 및 고객화 정도	
		저	고
노동 집약도의 정도	저	Service Factory 예 운송업, 호텔, 리조트 여행 등	Service Shop 예 병원, 자동차 정비소, 식당 등
	고	Mass Service 예 도·소매점, 학교, 은행 등	Professional Service 예 변호사, 의사, 회계사 등

11

정답 ①

영역 경영정보시스템 > 시스템의 개발　　**난도** 하

정답의 이유

① 고품질 데이터는 정보에 누락된 값이 없는 완전성, 동일한 데이터는 조직 모든 곳에서 동일한 포맷을 유지하는 일관성, 데이터가 유효한 기간 내에 확보되고 분석되는 적시성 등의 특징을 갖는다.

((·)) 적중레이더

고품질 데이터의 특징

• 완전성(Complete): 데이터는 누락 값을 가져서는 안 된다.

• 일관성(Consistent): 동일한 데이터는 조직 모든 곳에서 동일한 포맷을 유지해야 한다.

• 적시성(Timely): 데이터는 유효한 기간 내에 확보되고 분석되어야 한다.

• 접근성(Accessible): 유저가 필요한 데이터에 쉽게 접근하고 추출할 수 있어야 한다.

• 정확도(Accurate): 데이터가 가지는 값은 실제상황을 정확하게 기록해야 한다.

• 연계성(Coherent): 관련된 데이터 항목 상호 간에는 정확히 조합될 수 있어야 한다.

• 명료성(Defined): 각각의 데이터 항목은 명확히 정의되어 중의적이지 않아야 한다.

• 관련성(Relevant): 데이터는 다운스트림의 데이터 분석작업이 관련되어 있어야 한다.

• 안정성(Reliable): 정확도와 완전성을 갖춘 데이터가 지속해서 확보되어야 한다.

12

정답 ④

영역 생산관리 > 생산능력과 시설입지   난도 **중**

[정답의 이유]

④ 유효생산능력은 설계생산능력에서 제품믹스 변경, 정비, 휴식, 일정계획 문제 등으로 인한 공제량을 뺀 것으로 설계생산능력을 초과할 수 없다.

[오답의 이유]

① 설계상에 표시된 성능이나 용량으로서 생산시스템의 내·외부 여건과 관계없이 생산설비나 시설에서 일정 기간 중 생산할 수 있는 최대 산출량(생산량)은 설계생산능력이다.

② 규모의 경제란 생산량의 증가 등으로 인해 단위당 고정비가 줄어들어 단위당 평균원가가 감소하는 현상을 의미한다.

③ 최적조업도는 단위당 평균원가가 최소로 되는 산출량을 말한다.

((•)) 적중레이더

생산능력

• 개념: 작업자, 기계, 작업장, 공정, 공장, 또는 조직이 단위 시간당 산출물을 생산할 수 있는 능력, 즉 생산시스템이 일정 기간 제공할 수 있는 최대 산출량

• 유형

설계생산능력 (Design Capacity)	설계 시 사전에 결정된 최대 생산 용량
유효생산능력 (Effective Capacity)	설계생산능력에서 제품믹스 변경, 정비, 휴식, 일정계획 문제 등으로 인한 공제량을 뺀 용량
실제생산능력 (Actual Capacity)	일정 기간 실제로 달성한 생산량

13

정답 ③

영역 생산관리 > 생산관리의 기초개념   난도 **상**

[정답의 이유]

㉠ 소품종 대량 생산 시스템하에서의 고객의 다양한 욕구를 충족시켜 최적화를 실현하기 위한 생산방식이다.

㉡ 고객수요에 신속하게 대응할 수 있는 제품 설계의 유연성 제고에도 도움이 되어 대량 고객화를 가능하게 한다.

㉣ 소량생산 체제만으로는 다양한 수요를 만족시키는 데에 한계가 있기에 대량생산 체제를 최적화하기 위해 모듈러 설계 방식을 활용한다.

[오답의 이유]

㉢ 모듈러 설계는 중간 조립품의 표준화를 위한 기법이다.

((•)) 적중레이더

모듈러 설계

제품이 아닌 모듈 단위로 기획, 설계·개발하고, 모듈을 통합하여 제품을 만드는 설계 방식으로 사내 또는 외부 협력사로부터 부품 단위보다 큰 단위인 표준화된 중간 조립품인 모듈을 공급받아서 내부에서 조립 또는 소규모의 가공만으로 완제품을 만들어내는 방식

예 자동차엔진, 변속장치 등

14

정답 ③

영역 경영정보시스템 > e 비즈니스 시스템 모델과 구성요소   난도 **중**

[정답의 이유]

③ 공급사슬관리(SCM: Supply Chain Management)란 재고 감소를 통한 비용 절감 및 생산성 제고를 목표로 물자, 정보, 및 재정 등이 공급자로부터 생산자, 도매업자, 소매상인과 소비자에게 이동함에 따라 그 진행 과정을 통합적으로 관리하는 것이다.

[오답의 이유]

① 정보와 물류의 리드타임이 길수록 불확실성이 커져 공급사슬 내 채찍효과로 인한 현상은 증가한다.

② 공급자 재고관리를 활용하면, 구매자의 재고 유지비용은 감소하고, 공급자의 수요예측 정확도는 높아진다.

④ 대량 고객화(mass customization) 전략은 맞춤화된 상품과 서비스를, 대량생산을 통해 비용을 낮춰 경쟁력을 창출하는 새로운 생산과 마케팅 전략을 말한다.

((•)) 적중레이더

채찍효과

• 의의: 공급사슬 상류(소비자로부터 생산자)로 갈수록 수요정보가 왜곡되는 현상이다.

• 원인

  – 수요의 급변동과 예측 오류

  – 긴 리드타임: 주문에서 배송까지의 시간이 길면 주문량의 불확실성이 커짐

  – 일괄 주문 방식: 대량 주문하면 저렴하므로 주문을 대량으로 하는 경향

  – 생산업체들의 유동적 가격정책: 가격이 수시로 바뀌므로 저렴할 때 대량 주문하는 경향

  – 배급게임: 인기 상품의 배분을 두고 구매자들끼리 경쟁

• 대책

  – 공급사슬 참여자들 간에 정보와 협조 강화

  – 리드타임 감축 필요

  – 전자문서교환(EDI), 무선주파수인식과 같은 정보기술을 활용하여 공급사슬망 가시성을 높임

  – 유통업자 및 소매상의 재고를 공급자가 직접 모니터링하고 필요 시에 재고를 자동적으로 보충하는 공급자 재고관리(Vendor Managed Inventory)를 도입

15

| 영역 조직행위 > 조직행위의 이해 | 난도 중 |

[정답의 이유]

② 호프스테드는 국가적 문화 유형의 차이를 구분하는 기준으로 권력 격차(권력 불평등 수용 정도), 개인주의–집단주의, 불확실성 회피(위험선호–회피), 남성성–여성성(과업 지향성–인간 지향성) 장기 지향성–단기지향성, 쾌락 추구–절제를 제시하였다.

📡 적중레이더

호프스테드의 문화 차원 이론
어느 사회의 문화가 그 사회 구성원의 가치관에 미치는 영향과, 그 가치관과 행동의 연관성을 요인분석으로 구조를 통하여 설명하는 이론으로 관측되는 문화간 차이점을 수치화하여 설명하려 한 최초의 시도에 속한다.

16

| 영역 조직행위 > 지각이론과 평가 | 난도 중 |

[정답의 이유]

② 기대 불일치 모형(불만족 모델)은 기존의 기대와 실제 제공된 가치를 비교함으로써 고객이 얼마나 기업의 약속을 이행했는지를 평가한다는 개념에 기반하는 고객 만족을 설명하는 모델이다.

[오답의 이유]

① 정교화 가능성 모형에 따르면, 소비자의 정보처리 경로는 중심경로–주변경로로 구분된다.

③ 소비자의 구매 의사결정과정에서 '구매 후 과정'과 관련하여, 귀인 이론은 구매 후 소비자가 불만족 원인이 지속적이고, 기업이 통제할 수 있는 것이었고, 기업의 잘못으로 일어났다고 소비자가 생각할수록 불만족할 가능성이 높다.

④ 구매하기로 선택한 대안이 갖지 못한 장점을 선택하지 않은 대안에 있을 때, 구매 후 부조화 현상이 발생한다.

📡 적중레이더

정교화 가능성 모델
- 태도의 변화를 설명하는 이중 과정 이론으로, 자극을 처리하는 다양한 방법, 사용 이유 및 태도 변화에 관한 결과를 설명하는 것을 목표로 하고 있다.
- 태도 변화 또는 설득을 위한 중심 경로와 주변 경로를 제안하고 있다.

17

| 영역 마케팅 > 마케팅 커뮤니케이션(촉진관리) | 난도 상 |

[정답의 이유]

③ 매체 결정에서 표적 청중을 명확히 하기 어려운 경우에는 일반적으로 빈도(일정한 기간에 한 사람당 특정 광고에 노출된 평균 횟수)보다는 도달률(일정한 기간에 특정 광고에 적어도 한 번 이상 노출된 사람들의 비율)을 높이는 것이 바람직하다.

📡 적중레이더

광고의 빈도와 도달률
- 빈도보다는 도달률을 높이는 것이 바람직한 경우
  - 신상품인 경우
  - 유명 브랜드의 브랜드 확장 상품인 경우
  - 구매 주기가 긴 상품인 경우
  - 표적 청중을 명확히 정의하기 어려운 경우
- 달률보다는 빈도를 높이는 것이 바람직한 경우
  - 강력한 경쟁자가 있는 경우
  - 메시지가 복잡한 경우
  - 표적 청중들이 광고 상품에 대하여 부정적인 태도를 갖고 있는 경우
  - 구매 주기가 짧은 상품인 경우

중간상 공제의 유형
- 입점 공제: 제조업자가 소매업자의 제품 취급을 대가로 상품 대금의 일부를 공제해 주는 것
- 구매 공제: 제조업자가 일시적으로 출고 가격을 인하하거나, 일정 비율의 상품을 무료로 제공하는 것
- 광고 공제: 소매업자가 어떤 상품을 중점 광고해 주는 대가로 제조업자가 상품 대금의 일부를 공제해 주는 것
- 진열 공제: 소매업자가 점포 내에 어떤 상품을 일정 기간 눈에 잘 띄게 진열해 주는 대가로 제조업자가 상품 대금의 일부를 공제해 주는 것

18

| 영역 경영학의 기초 > 경영혁신 | 난도 중 |

[정답의 이유]

① 마이클 포터는 신규진입 및 대체품의 위협, 수요자 및 공급자의 교섭력, 기존 기업 간 경쟁 관계의 정도가 강하면 해당 산업에 속한 기업들의 평균 수익률은 떨어져서 전반적인 산업의 매력도도 감소한다는 산업구조 분석 모형을 제시하였다.

마이클 포터의 산업구조 분석 모형

수요자의 교섭력	최종소비자 또는 구매 기업이 제품의 가격, 품질, 서비스 조건 등을 협상하는 능력으로 수요자의 구매량이 많거나 부가가치가 낮은 제품을 구매했을 때, 가격에 대한 반응이 낮고 수요자의 영향력이 높은 상황 등에서 발생하여 산업의 매력 감소
공급자의 교섭력	공급자가 기업에 대한 가격, 품질, 수량 등의 조건을 결정하는 능력으로 소수의 공급자 또는 독점적 공급자가 존재할 경우, 공급자에 대한 제품 수요가 높고 대체가 불가할 때 공급자의 교섭력은 강해지며 산업의 매력 감소
신규진입의 위협	새로운 경쟁자가 시장에 진입하여 기존 기업의 시장 점유율, 수익성에 영향을 미치는 가능성을 의미하며 신규진입장벽이 낮을수록 산업의 매력 감소
대체품의 위협	기업의 제품이나 서비스를 대체할 수 있는 다른 제품이나 서비스의 존재가 많을수록 산업의 매력 감소
기존 기업 간 경쟁	산업 성장률이 낮거나 경쟁자 수가 많아 경쟁이 높으면 산업의 매력 감소

19

정답 ②

영역 재무관리 > 효율적 자본시장　　　　　난도 **중**

정답의 이유

② 효율적 시장에서는 연속적인 증권가격 변동은 무작위적으로 움직이며 어제의 주가 변화와 오늘의 주가 변화는 상관관계가 존재하지 않아야 한다.

(📡) 적중레이더

효율적 시장가설(EMH; Efficiency Market Hypothesis)
• 개념: 주식시장에 주어진 새로운 정보가 주식가격에 즉각 반영된다는 의미로 투자자가 새로운 정보를 얻은 후 시간이 조금이라도 지나면 이익 창출이 불가능하여 특정 애널리스트의 우월한 성과 지속 가능성이 없음을 의미하며 공격적이고 위험한 투자만이 나름대로 높은 수익률을 올리는 방법이라는 가설
• 유형

약형 효율적 시장 (Weak form Efficient Market)	모든 과거의 정보가 현재의 주가에 반영되어 있는 시장
준강형 효율적 시장 (Semi-Strong form Efficient Market)	현재 주식가격이 과거의 주가 움직임에 관한 정보를 완전히 반영할 뿐만 아니라 이미 공개된 재무제표 또는 경제잡지의 새로운 기사 등도 반영된 시장
강형 효율적 시장 (Strong form Efficient Market)	현재의 증권가격이 공개된 정보뿐만 아니라 비공개된 내부정보까지도 완전히 반영되고 있는 시장

20

정답 ③

영역 회계학 > 재무제표　　　　　난도 **상**

정답의 이유

③ 이익잉여금은 자본 계정으로, 자본은 자산에서 부채를 차감하여 계산하므로
　• 자산: ₩150,000(매출채권)＋₩1,200,000(토지)
　　＋₩250,000(현금 및 현금성자산)＋₩1,000,000(건물)
　　＋₩200,000(장기대여금)＋₩300,000(단기대여금)
　　＋₩800,000(상품)＝₩3,900,000
　• 부채: ₩700,000(단기차입금)＋₩750,000(매입채무)
　　＋₩550,000(사채)＝₩2,000,000
　• 자본＝₩3,900,000－₩2,000,000＝₩1,900,000
　　＝₩400,000(자본금)＋이익잉여금
∴ 이익잉여금＝₩1,500,000

21

정답 ③

영역 조직행위 > 리더십 이론　　　　　난도 **중**

정답의 이유

③ 하우스(Robert House)의 경로-목표 이론에 의하면, 지시적 리더십은 부하들에게 과업을 명확하게 제시하여 외재적 통제 위치를 갖거나 과업 능력이 낮은 하급자들에게 긍정적으로 작용하여 만족도를 높여준다.

(📡) 적중레이더

하우스(Robert House)의 경로목표 이론
• 개념: 목표에 도달하기 위한 리더십 유형은 추종자의 특성과 환경적 요인에 달려있다고 주장하는 이론
• 리더십 유형

지시적/도구적 리더십	부하들에게 과업을 명확하게 제시하여 외재적 통제 위치를 갖거나 과업 능력이 낮은 하급자들에게 만족도가 높은 리더십이다.
참여적 리더십	의사결정을 할 때 하급자들과 상의하고 그들의 아이디어를 진지하게 고려해 주는 리더십이다. 내재론자에 속하는 하급자들에게 긍정적으로 작용하며 만족도를 높여줄 수 있다.
지원적/후원적 리더십	추종자들의 욕구와 복지에 관심을 보이고 언제든지 친구처럼 대해 주며 동지적 관계를 중시하는 리더십이다. 스트레스나 좌절감 또는 욕구불만을 느끼게 하는 과업을 수행하는 하급자들에게 긍정적으로 작용하여 만족도를 높여준다.
성취지향적 리더십	도전적 목표를 수립하고 최우수를 지향하며 자기의 능력에 자신감을 느끼도록 함으로써 추종자들이 최고의 성과를 달성할 수 있도록 하는 리더십이다. 애매하고 반복적이지 않은 과업을 수행하는 하급자들에게 자신감과 동기를 높여줄 수 있다.

22
정답 ④

영역 마케팅 > 마케팅의 기초개념　　　　　난도**중**

정답의 이유

④ CRM은 전사적인 관점에서 통합된 마케팅, 영업 및 고객서비스 전략을 이용하여 개별 고객의 평생 가치를 극대화하는 것으로 잠재고객은 자사의 제품 및 서비스를 구매한 경험이 없는 사람 중에서 미래에 자사의 고객이 될 잠재적인 가치를 가진 고객으로 정의할 수 있다.

(🛰) **적중레이더**

CRM(Customer Relationship Management, 고객관계관리)
- 고객과의 신뢰를 중시하는 고객 지향적 경영 기법
- 전사적인 관점에서 통합된 마케팅, 영업 및 고객서비스 전략을 이용하여 개별 고객의 평생 가치를 극대화하는 것
- 기업이 고객의 거래 정보를 포함하여 모든 고객 접점에서 얻어지는 접촉 정보들을 통합적으로 분석 및 관리하고 이를 영업 및 마케팅 활동에 전략적으로 활용함으로써 고객의 이탈을 방지하고 개별 고객의 평생 가치인 기업 수익 기여도를 극대화하고자 하는 모든 경영 활동

23
정답 ②

영역 생산관리 > 수요예측　　　　　난도**상**

정답의 이유

② 단순이동평균법(Simple Moving Average Method)은 평균의 계산 기간을 순차적으로 1기간씩 이동시켜 나가면서 기간별 평균을 계산하여 수요를 예측하는 기법으로, 수요가 시간에 따라 안정적일 때 신뢰할 수 있다.

(🛰) **적중레이더**

시계열 예측기법
- 과거의 자료로부터 얻은 시계열에 대해 그 추세나 경향을 분석함으로써 장래의 상태를 예측하는 방법이다.
- 일반적으로 시계열은 추세, 계절적 요소, 주기 등과 같은 패턴이 있으며 시계열 수요예측 기법에는 추세분석, 단순이동평균법, 지수평활법 등이 있다.

지수평활법
- 현시점에서 가까운 실제치에는 큰 비중을 주고, 과거로 거슬러 올라갈수록 비중을 지수적으로 적게 주어 예측하는 방법이다.
- 회귀분석법이나 단순이동평균법에 비해 최근의 단기자료만으로도 수요예측이 가능하다.

24
정답 ④

영역 조직행위 > 리더십 이론　　　　　난도**중**

정답의 이유

④ ㉠, ㉡, ㉢, ㉣ 모두 임파워먼트의 구성요소이다.

(🛰) **적중레이더**

임파워먼트의 구성요소

의미감 (Meaning)	• 업무 자체로부터 느끼는 가치를 뜻한다. • 조직성과 창출에 중요한 업무나 본인의 직업관이나 가치관에 부합하는 업무라면 그 업무에 대하여 상당한 의미를 부여하게 되고 업무수행의 과정에서 보람도 느낄 가능성도 크다.
능력/역량감 (Competence)	• 본인의 업무수행 능력에 대한 믿음으로, 자기효능감(Self-Efficacy)과도 관련이 있다. • 자기 임파워먼트의 정도가 높거나 보유하고 있는 지식기술의 수준이 높은 사람은 역량감도 높다고 할 수 있다.
자기결정력 (Self-Determination)	• 업무의 방법과 시기를 결정할 수 있는 주인의식을 말한다. • 비록 업무 자체는 원해서 하는 것은 아니지만 자기 결정에 의한 가능성이 높다면 업무에 대한 흥미가 유발될 수 있다.
영향력 (Impact)	• 최종성과에 대한 기여도를 말한다. • 대개 사람들은 자신이 수행하는 업무가 어떤 결과로 이어지는지 잘 알 수 있는 경우에 그 업무에 대한 흥미를 더 강하게 느끼는 것으로 알려져 있다.

25
정답 ③

영역 재무관리 > 수익률과 위험　　　　　난도**상**

정답의 이유

③ 전체 투자액 2,000만원 중 A주식에 대한 투자 비율은 0.5, B주식에 대한 투자 비율은 0.3, C주식에 대한 투자 비율은 0.20이므로 세 주식으로 구성된 포트폴리오의 기대수익률은 $0.5 \times 10\% + 0.3 \times 8\% + 0.2 \times 6\% = 8.6\%$이다.

(🛰) **적중레이더**

포트폴리오의 기대수익률

$$\sum_{i=1}^{n} \omega_i E(R_i)$$

ω_i: 개별 투자에 대한 투자 비율
$E(R_i)$: 개별 투자에 대한 기대수익률

2023 | 9급 기출문제 해설

☑ 점수 (   )점/100점 ☑ 문제편 217쪽

영역 분석

경영학의 기초	3문항	★★★	12%
마케팅	8문항	★★★★★★★★	32%
조직행위	3문항	★★★	12%
인사관리	2문항	★★	8%
생산관리	3문항	★★★	12%
경영정보시스템	1문항	★	4%
국제경영과 국제경제	1문항	★	4%
회계학	1문항	★	4%
재무관리	3문항	★★★	12%

빠른 정답

01	02	03	04	05	06	07	08	09	10
③	④	①	③	②	①	③	④	④	①
11	**12**	**13**	**14**	**15**	**16**	**17**	**18**	**19**	**20**
②	③	①	③	④	②	④	①	④	②
21	**22**	**23**	**24**	**25**					
①	④	③	②	②					

01

정답 ③

영역 경영학의 기초 > 기업의 이해　　　난도 **하**

정답의 이유

③ 합자회사는 무한책임사원과 유한책임사원으로 구성된 이원적 회사이다.

오답의 이유

① 주식회사는 각자가 가진 주식의 인수가액을 한도로 하는 간접유한책임을 부담하는 사원으로 이루어지는 회사이다.

② 유한회사는 1인 이상의 사원이 회사에 대해 출자액을 한도로 책임을 지는 회사이다.

④ 합명회사는 회사의 재산으로 회사의 채무를 완제할 수 없는 경우 각 사원이 직접 연대 무한변제책임을 지는 무한책임사원으로 구성되는 회사이다.

02

정답 ④

영역 마케팅 > 마케팅 계획 수립과정　　　난도 **중**

정답의 이유

④ 기존시장에서 기존제품의 판매증대를 도모하는 것은 '시장침투전략'에 해당한다.

오답의 이유

① 기존제품으로 기존시장에 매장을 추가하는 방법은 '시장침투전략'에 해당한다.

② 기존제품으로 새로운 시장을 개척하는 것은 '시장개발전략'에 해당한다.

③ 새로운 제품으로 기존시장을 공략하는 방법은 '제품개발전략'에 해당한다. '다각화전략'은 새로운 제품으로 새로운 시장에 진출하여 영역을 확대하는 전략이다.

((•)) 적중레이더

앤소프(Ansoff)의 제품-시장 매트릭스

마케팅적 측면에서 매출과 이익을 높일 수 있는 방법들을 시장의 측면과 제품의 측면에서 분석하여 전략을 도출하는 방법이다.

구분	기존제품	신제품
기존시장	시장침투전략	제품개발전략
신시장	시장개발전략	다각화전략

• 시장침투전략(Market Penetration Strategy): 기존시장에서 기존제품의 판매증대 도모

• 시장개발전략(Market Development Strategy): 기존제품을 가지고 신시장을 개척해서 판매증대 도모

• 제품개발전략(Product Development Strategy): 기존시장에 부응하는 신제품을 개발하거나 제품을 개량

• 다각화전략(Diversification Strategy): 신시장과 신제품의 결합

03

정답 ①

영역 생산관리 > 생산시스템　　　　　　　　난도**중**

정답의 이유

① 린(Lean) 생산시스템은 작업공정의 혁신을 통해 비용은 줄이고 생산성은 높이기 위해 인력, 생산설비 등 생산능력을 필요한 만큼만 유지하면서 생산효율을 극대화한다.

오답의 이유

② ERP 생산시스템은 정보기술을 활용하는 경영 전략으로 기업 활동에 필요한 모든 자원을 하나의 체계로 통합·운영하고 기업의 업무 처리 방식을 선진화시킴으로써 한정된 기업의 자원을 효율적으로 관리하여 생산성을 극대화하려는 기법이다.

③ MRP 생산시스템은 전산화 프로그램으로 재고관리와 생산 일정을 계획·통제하고, 적량의 품목을 적시에 주문하여 적정 재고수준을 통제하기 위한 시스템이다.

④ Q-system은 재고수준을 계속적으로 관찰한 후, 재주문점에 도달하면 원래 정해놨던 양만큼 주문하는 정량발주시스템(고정주문량 모형)을 말한다.

04

정답 ③

영역 경영학의 기초 > 경영전략　　　　　　　난도**하**

정답의 이유

③ 포터(M. Porter)는 기업이 경쟁우위를 가질 수 있는 전략으로 3가지(원가우위 전략, 차별화 전략, 집중화 전략) 본원적 경쟁전략을 제시하였다.

(📡) **적중레이더**

포터(M. Porter)의 본원적 경쟁전략

• 원가우위 전략: 우월한 생산기술을 이용해 제조원가를 절감하여 안정적 이익을 확보하고 새로운 설비에 재투자하는 전략

• 차별화 전략: 타 기업이 가지고 있지 않은 제품을 만들어 독자적인 시장을 형성해 높은 이익을 확보하는 전략

• 집중화 전략: 시장 전체를 세분화하여 일부의 세분 시장에 집중하는 전략

05

정답 ②

영역 마케팅 > 마케팅의 기초개념　　　　　　난도**하**

정답의 이유

② 마케팅 관리 철학은 시간의 경과에 따라 생산지향 → 제품지향 → 판매지향 → 고객지향 → 사회지향으로 진화해왔다.

(📡) **적중레이더**

마케팅 관리 철학의 변천 과정

• 생산지향: 고객은 접근성이 좋고 낮은 가격의 제품을 선호한다는 가정하에 경영역량을 생산공정과 유통의 효율성 개선에 집중하는 개념

• 제품지향: 고객은 가격 대비 최고의 품질과 기능을 가진 제품을 선호한다는 가정하에 경영역량을 제품의 품질 개선에 집중하는 개념

• 판매지향: 고객은 단지 필요와 욕구에 의해서 구매를 하는 것이 아니라 자사 제품을 구매하도록 하기 위한 기업의 판촉 노력이 있어야 자사 제품을 구매한다는 개념으로, 제품을 시장에 홍보하고 다양한 촉진에 집중

• 고객지향: 고객을 마케팅의 중심에 놓고 고객의 욕구를 먼저 파악해서 고객이 만족할 만한 제품이나 서비스를 경쟁자보다 효율적으로 제공함으로써 기업의 목표를 달성하는 데 집중

• 사회지향: 고객의 관심이 단순히 제품뿐만 아니라 사회 전체의 복지, 환경에도 민감해지면서 기업도 사회구성원 모두가 만족하는 활동에 집중하고 기업의 사회적 책임을 강조

06

정답 ①

영역 조직행위 > 동기부여 이론　　　　　　　난도**중**

정답의 이유

① 임금, 안전 감독, 정책과 관리, 상사·동료·부하 간의 관계, 작업 조건 등은 환경 조건과 관련된 위생요인에 해당한다.

오답의 이유

② 위생요인을 개선하면 불만족을 감소시킬 수 있다.

③ 직장에서 타인의 인정 여부는 만족을 주는 요인이며, 이를 받지 못한 직원은 불만족스럽지는 않지만 인정받으면 만족이 높아진다.

④ 위생요인을 아무리 개선해도 조직구성원의 욕구는 충족되지 못하고, 동기요인이 충족되어야 만족이 증가한다.

(📡) **적중레이더**

허츠버그(F. Herzberg)의 2요인 이론

동기 요인(만족 요인)	위생 요인(불만족 요인)
• 일에 만족을 주는 요인 • 업무 자체와 관련된 성취감, 책임감, 승진, 직무충실 등	• 불만족을 감소시키는 요인 • 환경 조건과 관련된 작업환경, 임금, 대인관계, 지위, 안전 등

07

정답 ③

영역 마케팅 > 유통경로관리　　　　　　　　난도**중**

정답의 이유

③ 제품이 판매를 위하여 출고할 때부터 고객에게 인도될 때까지의 물류 활동을 판매 물류(outbound logistics)라고 한다.

08

영역 경영학의 기초 > 경영혁신　　　　　　　　난도 **하**

오답의 이유

① 블루오션 전략은 기업이 성공하려면 많은 경쟁자들이 비슷한 전략과 상품으로 경쟁하는 시장인 레드오션을 벗어나 경쟁이 없는 독창적인 새로운 시장을 창출하고 발전시켜야 한다는 경영 전략이다.

② 지식경영은 조직 내에 존재하는 지식을 발굴하고 공유하며, 이를 실제 업무에 적용하면서 조직의 문제해결 역량을 향상시킴으로써 경쟁우위를 갖추게 하는 경영혁신 방법이다.

③ 브레인스토밍은 문제해결을 위해 여러 사람이 생각나는 대로 마구 아이디어를 쏟아내는 방법으로, 질보다 양을 중시하는 집단의사결정 방법이다.

09

정답 ④

영역 인사관리 > 노사관계관리　　　　　　　　난도 **중**

정답의 이유

④ 유니온 숍(union shop)은 조합원 여부와 상관없이 고용할 수 있으나 일단 종업원이 고용된 후에는 일정 기간 이내에 노동조합에 가입하여야 하는 제도이다.

오답의 이유

① 오픈 숍(open shop)은 사용자가 조합원 또는 비조합원의 여부에 상관없이 아무나 채용할 수 있으며, 근로자 또한 노동조합에 대한 가입이나 탈퇴가 자유롭다.

② 클로즈드 숍(closed shop)은 조합원만을 종업원으로 신규 채용하며 채용된 노동자가 해당 노동조합을 탈퇴하거나 제명되면 종업원 지위도 상실하게 된다.

③ 에이전시 숍(agency shop)은 조합 가입의 의사가 없는 자에게는 조합 가입에 대한 강제는 없으나 조합 가입에 대신하여 조합비를 납부하여야 하는 제도이다.

10

정답 ①

영역 마케팅 > 가격관리　　　　　　　　난도 **중**

정답의 이유

① 원가가산 가격결정 방법은 단위당 원가에 일정률의 마진을 가산하여 가격을 결정하는 방법으로 방법이 단순해 적용이 용이하고, 주로 소매상에서 이용한다.

오답의 이유

② 소비자가 제품의 구매를 결정할 때 기준이 되는 가격은 준거가격이다. 단수가격은 상품 가격이 5,000원 등으로 정확하게 떨어지는 것이 아니라 4,999원 등으로 책정하여 소비자에게 싸다는 인상을 주려는 것이다.

③ 이용 시간에 따른 가격 차별화에 대한 전략이다. 2부제가격은 서비스가격을 기본요금과 사용료의 합으로 결정하는 방법이다.

④ 최저수용가격에 대한 설명이다. 최저수용가격보다 제품의 가격이 낮으면, 소비자는 제품의 품질을 의심해서 구매를 유보하게 된다. 유보가격은 구매자가 어떤 상품에 대해 지불할 용의가 있는 최고 가격을 말하며, 제품의 가격이 유보가격보다 높으면 소비자는 구매를 유보하게 된다.

11

정답 ②

영역 재무관리 > 주식과 채권의 평가　　　　　　　　난도 **중**

정답의 이유

② 만기일까지 매 기간 지급하기로 약속한 이자율을 '액면이자율'이라고 한다. 만기에 돌려받는 채권 수익 중 이자에 해당하는 부분을 '쿠폰(표면이자)'이라고 한다.

12

정답 ③

영역 국제경영과 국제경제 > 국제경영전략　　　　　　　　난도 **중**

정답의 이유

③ ODM(Original Development Manufacturing, 제조자 개발생산)은 제조업체가 제품 설계 및 개발을 주도하고 판매망을 갖춘 주문업체에 상품을 제공하는 방식이다.

오답의 이유

① OJT(On-the-job-training, 직장 내 교육훈련)는 구체적 직무를 수행하는 과정에서 상사가 부하를 직접·개별적으로 지도하는 직장 내 훈련으로, 실제 업무에 바로 적용할 수 있고 적은 비용으로 운영되는 장점이 있지만 지도자의 전문적인 교육 능력이 부족하다는 단점이 있다.

② OBM(Original Brand Manufacturing, 자체 상표생산)은 개발, 생산, 유통 등의 전반적인 단계를 모두 한 기업에서 진행하는 방식이다.

④ OEM(Original Equipment Manufacturing, 주문자 상표부착 생산)은 주문자가 제조를 의뢰하면 제조업체는 하청생산방식으로 생산만 하고 완성된 완제품에 주문자의 상표를 부착하여 판매하는 방식이다.

13

영역 경영정보시스템 > 시스템의 개발 　　　　난도 **하**

정답의 이유

① 빅데이터의 3V는 빅데이터의 기본적 특성인 거대한 양(Volume), 다양한 형태(Variety), 빠른 생성 속도(Velocity)를 의미한다.

((•)) 적중레이더

빅데이터 공통 속성 3V

- 데이터 크기(Volume): 단순 저장되는 물리적 데이터양
- 데이터의 다양성(Variety): 정형 데이터뿐만 아니라 사진, 오디오, 비디오, 소셜미디어 데이터 등 다양한 형태의 데이터
- 데이터 속도(Velocity): 데이터의 고도화된 실시간 처리

14

정답 ③

영역 마케팅 > 유통경로관리 　　　　난도 **중**

정답의 이유

③ 프랜차이즈 시스템은 계약형 VMS에 해당하며 법적 계약을 통해 통합적으로 운영된다.

((•)) 적중레이더

수직적 마케팅시스템

공급자로부터 소비자에게로 가는 과정을 통제하기 위하여 전후방의 구성원을 통합하여 규모의 경제를 목표로 운영하는 시스템

- 기업형 VMS: 유통경로의 수준이 다른 구성원을 통합해 하나의 기업으로 운영
- 계약형 VMS: 프랜차이즈나 체인점과 같이 법적 계약을 통해 통합적으로 운영
- 관리형 VMS: 유통경로 내의 한 경로 구성원(경로지도자)이 강한 권력이나 영향력을 기반으로 타 구성원에게 영향력을 행사하여 통합적으로 운영

15

정답 ④

영역 회계학 > 회계의 순환과정과 거래의 기록 　　　　난도 **중**

정답의 이유

회계상 거래는 자산·부채·자본의 증감을 수반하는 거래이다. 일상 생활에서는 거래라고 생각되는 것들이 회계상으로는 거래가 아닌 것들도 존재하고 그 반대의 경우도 있다.

ㄴ. ₩5,000짜리 상품을 도난당한 것은 자산 감소에 해당하므로 회계상의 거래이다.

ㄷ. ₩1,000,000짜리 프린터를 기증받은 것은 자산 증가에 해당하므로 회계상의 거래이다.

ㄹ. ₩500,000짜리 상품을 외상으로 매입한 것은 부채 증가에 해당하므로 회계상의 거래이다.

오답의 이유

ㄱ. ₩1,000짜리 상품을 주문받은 것은 일상생활상의 거래에 해당한다.

((•)) 적중레이더

- 회계상의 거래: 화재, 홍수, 도난, 분실, 대손, 감가상각 등
- 일상생활상의 거래: 상품 주문, 종업원 채용, 담보제공, 토지계약 등
- 회계상 거래이면서 일상생활상의 거래: 상품매매, 부동산매매, 채권·채무의 발생, 수익·비용의 발생

16

정답 ②

영역 인사관리 > 직무관리 　　　　난도 **하**

정답의 이유

② 직무분석 결과에 따라 직무 수행에 필요한 종업원의 인적 요건을 기술한 문서를 직무명세서라고 한다.

17

정답 ④

영역 생산관리 > 생산운영관리 　　　　난도 **상**

정답의 이유

④ 계층화 분석법(Analytic Hierarchy Process)은 여러 요소들을 계층적으로 분류하고 각 속성의 중요도를 비교·파악하여 전략적 의사결정을 위한 최적의 대안을 선정하는 분석기법이다.

오답의 이유

① 선형계획법은 여러 가지 제약조건을 만족시키면서 특정한 목적을 달성하는 최적해를 찾는 방법이다. 예를 들어 총괄 생산계획 기간 동안 가용 가능한 자원을 최적으로 배분하는 해를 찾기 위해 수학적 방법을 사용하여 최적의 생산율과 작업자 수를 결정하는 방법이다.

② 게임 이론은 하나 또는 다수의 경쟁사의 불확실한 행동에 직면하여 의사결정자의 손실을 최소화하는 결정이다.

③ 네트워크 모형은 대상들과 대상들의 관계를 네트워크로 연결하여 유연한 방식으로 이해할 수 있는 데이터베이스 모델을 말한다.

18

영역 마케팅 > 제품관리　　　　　　　　　　　난도 **상**

정답의 이유

① 제품 전략은 목표로 삼은 세분 시장의 욕구를 바탕으로 적절한 제품의 개발 및 운영을 위한 전략이다.

오답의 이유

② · ③ 확장된 제품의 개념으로 봤을 때 제품은 물리적 유형의 제품뿐만 아니라 가격, 품질, 배송, A/S 등 다양한 요소를 포함하며, 따라서 핵심 혜택 외의 부가적 서비스를 포함하여 제품 전략을 수립하여야 한다.

④ 마케팅 믹스의 구성요소(4P)는 제품(Product), 가격(Price), 유통경로(Place), 촉진(Promotion)이며, 제품 전략은 마케팅 믹스(4P) 중 하나의 전략이다.

19　　※ '모두 정답' 처리된 문항으로, 선지를 교체하여 수록함　　정답 ④

영역 재무관리 > 재무관리의 기초개념　　　　　난도 **상**

정답의 이유

대리인 문제(agency problem)는 대리인(예를 들어 전문경영인)이 기업의 이해관계를 생각하여 의사결정을 내리지 않고 대리인 자신의 사적인 이익을 추구하여 발생하는 것을 말한다.

④ 1주 1의결권 원칙의 예외를 인정해 일반 주식보다 자신이 소유한 주식에 더 많은 의결권을 부여하는 것을 차등의결권이라고 하는데, 일부 주주의 지배권을 강화해 적대적 M&A로부터 경영권을 방어하는 수단으로도 이용된다.

📡 **적중레이더**

대리인 문제

경영자, 주주, 채권자, 소비자 등 기업과 관련된 이해관계자들 사이에는 '본인(Principal)'이 '대리인(Agent)'에게 자신을 대신하여 의사결정을 할 수 있도록 의사결정을 위임한 계약관계인 대리관계(Agency Relationship)가 존재한다. 주식회사 형태의 기업에서 소유주인 주주가 그들을 대신하여 경영자에게 경영권 전반을 위임하는 것이 대리관계의 대표적 예이다. 대리인은 본인(Principal)의 이해관계를 생각하여 의사결정을 내려야 하지만 대리인이 자신의 이익을 추구할 경우 두 집단 간에 갈등이 발생하는데 이를 대리인 문제(Agency Problem)라 한다.

20

영역 조직행위 > 리더십 이론　　　　　　　　난도 **중**

정답의 이유

② 통제 범위란 상급자에게 직접 보고하는 하급자 또는 부문의 수를 말하는 것으로, 통제 범위가 좁아지면 상급자의 통제가 보다 엄격해지므로 하급자의 창의성 발휘가 저하될 수 있다.

21

영역 마케팅 > 시장기회 분석과 소비자 행동　　난도 **하**

정답의 이유

① 소비자의 정보처리 과정은 소비자가 자극에 노출되고, 노출된 자극에 주의를 기울이며 이해하는 과정을 말하는 것으로, 노출 → 주의 → 지각 → 태도의 순서로 이루어진다.

22

영역 생산관리 > 품질관리　　　　　　　　　　난도 **하**

정답의 이유

④ SERVQUAL 모형의 5가지 서비스 품질 차원은 유형성, 신뢰성, 반응성, 확신성, 공감성이다.

📡 **적중레이더**

서비스(용역)의 품질

서비스의 품질은 고객이 지각하고 있는 품질과 고객이 기대하고 있는 품질의 차이를 측정하여 평가하여야 한다는 SERVQUAL 모형과 고객이 지각한 품질만을 측정의 대상으로 삼아야 한다는 SERVPERF 모형으로 구분된다.

SERVQUAL 모형의 5가지 서비스 품질 차원	
유형성	물리적인 시설, 도구, 종업원 등의 서비스 유형화
신뢰성	정확하고 믿을 수 있도록 서비스를 수행해 내는 능력
반응성	고객의 요구에 맞춰 신속하게 응답하는 대응능력
확신성	서비스 제공자의 예의바름과 지식, 고객에 대한 믿음과 안정성을 줄 수 있는 능력
공감성	고객을 향한 개별적인 주의집중

23

정답 ③

영역 조직행위 > 리더십 이론　　　　　　난도 **중**

정답의 이유

③ 변혁적리더십은 리더의 개인적 가치와 신념에 기초하여 구성원들의 정서, 윤리규범, 가치체계 등을 변화시켜 부하가 미래에 대한 비전을 받아들이고 추구하도록 격려하고 개인, 집단, 조직을 바람직한 방향으로 변혁시키는 리더십을 의미한다.

24

정답 ②

영역 재무관리 > 효율적 자본시장　　　　　난도 **상**

정답의 이유

② 레버리지 효과란 타인자본을 지렛대로 삼아 자기자본 이익률을 높이는 것을 뜻하는 것으로 차입금으로 발생한 금융비용보다 높은 수익률이 기대될 때 타인자본을 적극적으로 활용해 투자하는 것이 바람직하다.

오답의 이유

① 기업이 타인자본을 사용하여 차입비용보다 투자이익이 높을 때 자기자본만을 사용하는 경우보다 자기자본 이익률이 높아지지만, 반대로 차입비용보다 투자이익이 낮을 때 자기자본만을 사용했을 때보다 자기자본 이익률이 낮아진다.

③ 기업의 부채비율이 높을수록 레버리지 효과가 나타나 투자수익률이 증가하지만 이자지급 비용 증가 등으로 재무안전성이 하락한다.

④ 레버리지 비율을 낮추기 위해서는 타인자본(부채)을 줄이고, 자본을 증가시켜야 한다.

25

정답 ②

영역 마케팅 > 목표시장의 선정(STP)　　　　난도 **중**

정답의 이유

② 시장을 고객의 심리적 특성에 따라 구분하기 위해서는 소비자의 라이프스타일, 개성 등의 요소를 고려한다. 소비자의 구매 패턴, 소비자가 추구하는 편익 등을 고려하여 시장을 구분하는 방법은 구매행위적 세분화이다.

((•)) **적중레이더**

시장세분화의 방법

구분	변수	예시
지리적 세분화	지역, 도시 규모, 인구밀도, 기후 등	인구밀도에 따라 대도시, 중소도시, 교외로 구분
인구통계적 세분화	연령, 성별, 가족 규모, 가족생활주기, 소득직업, 교육, 종교, 인종, 세대, 사회계층 등	가족생활주기에 따라 독신 청년, 젊은 무자녀 부부, 젊은 유자녀 부부, 장년 무자녀 부부로 구분
심리묘사적 세분화	라이프스타일, 개성 등	개성에 따라 사교적, 개인적, 권위적, 야심적으로 구분
구매행위적 세분화	구매동기, 혜택, 사용자 지위, 사용률, 충성도 등	혜택에 따라 품질, 서비스, 가격, 속도로 구분

2023 | **7급** 기출문제 해설

☑ 점수 (　　)점/100점　☑ 문제편 221쪽

영역 분석

경영학의 기초	2문항	★★	8%
마케팅	4문항	★★★★	16%
조직행위	4문항	★★★★	16%
인사관리	1문항	★	4%
생산관리	4문항	★★★★	16%
경영정보시스템	4문항	★★★★	16%
회계학	3문항	★★★	12%
재무관리	3문항	★★★	12%

빠른 정답

01	02	03	04	05	06	07	08	09	10
②	①	①	④	②	②	④	①	①	③
11	12	13	14	15	16	17	18	19	20
④	③	③	④	②	③	①	④	②	③
21	22	23	24	25					
④	③	④	②	①					

01

정답 ②

영역 재무관리 > 효율적 자본시장　　　　난도 **하**

[정답의 이유]

적대적 M&A란 거래당사자와의 합의에 의하지 않고 어느 일방의 전략과 작전에 의해 시도되는 기업인수합병을 의미한다.

② 차입매수(LBO)는 인수기업이 기업 인수에 필요한 자금을 전부 보유하지 않고도 바이아웃을 시도할 수 있는 M&A 방법이다. 매수할 기업의 자산을 담보로 인수 자금의 대부분을 금융회사에서 빌려 조달함으로써 적은 자기자본으로 큰 기업을 인수할 수 있다.

[오답의 이유]

① 황금낙하산(Golden Parachute)은 인수대상 기업의 경영진이 임기 전에 물러나게 된 경우에 거액의 특별 퇴직금이나 스톡옵션 등을 제공하는 것을 말하며, 기업 인수 비용을 높임으로써 사실상 M&A를 어렵게 만들어 경영권을 지키기 위한 방어 수단으로 유효하다.

③ 기업 간 적대적 M&A가 진행되는 경우, 현재의 경영진의 경영권 방어에 우호적인 주주를 백기사(White Knight)라고 부른다. 덧붙여 적대적 M&A의 방어 수단 중 핵심사업부를 매각하여 회사를 빈껍데기로 만들어 매수 의도를 저지하려는 방법은 왕관의 보석(Crown Jewel)이라고 한다.

④ 포이즌 필(Poison Pill)은 적대적 M&A 또는 경영권 침해 시도 등이 있을 때 기존 주주들에게 회사 신주를 시세보다 훨씬 싼 값에 매입할 수 있는 콜옵션을 부여해 적대적 M&A 시도자의 지분 확보를 어렵게 함으로써 경영권을 방어하는 것을 말한다.

02

정답 ①

영역 마케팅 > 마케팅 관리　　　　난도 **하**

[정답의 이유]

① 층화표본추출은 인구비례 표본추출과 같이 모집단을 분류하여 무작위 추출하는 방법으로 확률표본추출방법에 해당한다.

[오답의 이유]

② 편의표본추출은 편리성에 기준을 두고 임의로 표본을 추출하는 방법으로 비확률표본추출방법에 해당한다.

③ 판단표본추출은 조사자의 판단에 따라 모집단을 대표하는 표본을 추출하는 방법으로 비확률표본추출방법에 해당한다.

④ 할당표본추출은 모집단을 몇 개의 범주로 나눈 뒤 작위적으로 표본을 추출하는 방법으로 비확률표본추출방법에 해당한다.

표본추출

표본추출은 모집단을 확정하고 표본 프레임(표집틀; Sampling Frame)을 선정한 후 표본추출 방법을 결정하고 표본의 크기를 결정하여 표본추출을 실행하는 순서로 진행되며, 표본을 추출하는 방법은 확률적 방법과 비확률적 방법이 있다.

구분		방법
비확률표본 추출방법	편의	편리성에 기준을 두고 임의로 표본을 추출
	판단(의도적)	조사자의 판단에 따라 모집단을 대표하는 표본을 추출
	할당	모집단을 몇 개의 범주로 나눈 뒤 작위적으로 표본을 추출
	누적(눈덩이)	소수의 인원을 표본으로 추출한 뒤 그 주위 사람을 조사
확률표본 추출방법	단순무작위	• 일정한 규칙에 따라 확률적으로 균등하게 추출 • 컴퓨터에서 난수와 일련번호를 발생시켜 추출
	체계적	모집단에서 n번째의 간격으로 추출
	층화	인구비례 표본추출과 같이 모집단을 분류하여 무작위 추출
	군집	모집단을 구분하고 그중에서 한 계층을 선택하여 추출

03

정답 ①

영역 생산관리 > 생산운영관리　　　난도 **중**

정답의 이유

① 최소여유시간법에 따라 작업순서를 결정할 때는 남아있는 납기 일수와 작업을 완료하는 데 소요되는 일수의 차이를 계산하여 그 값이 짧은 것부터 순서대로 작업한다.

A: 10-3=7일

B: 18-10=8일

C: 17-8=9일

D: 8-4=4일

따라서 D → A → B → C 의 순서대로 작업한다.

04

정답 ④

영역 마케팅 > 유통경로관리　　　난도 **중**

정답의 이유

④ 의류제조업체가 섬유제조업체를 통합하는 것은 원료의 공급시스템을 갖추는 것이므로 수직적 통합 중 후방통합에 해당한다.

오답의 이유

① 수평적 통합을 통해 경쟁기업을 매수하거나 지배력을 강화함으로써 대량생산에 의해 원가를 절감하는 규모의 경제를 달성할 수 있다.

② 수직적 통합에서 전방통합을 통해 제품의 유통시스템을 매수하거나 그 유통시스템에 대한 지배력을 강화하면 안정적인 판로를 확보할 수 있다.

③ 수직적 통합에서 후방통합을 통해 원료의 공급시스템을 매수하거나 지배력을 강화하면 원가를 절감할 수 있다.

📡 적중레이더

통합적 성장전략

산업의 성장성이 높은 경우에 기존 유통경로의 일부를 통합함으로써 시장에서 경쟁적 우위를 확보하려는 전략

• 수평적 통합: 일부 경쟁기업을 매수하거나 지배력을 강화하려는 방법

　예 현대자동차가 기아자동차를 인수·합병하여 현대자동차그룹이 된 것

• 수직적 통합: 통합유통경로가 서로 다른 수준에 있는 구성원들(공급업자, 제조업자, 유통업자)을 통합해 하나의 기업조직을 이루는 방법

　- 전방통합: 제품의 유통시스템을 매수하거나 유통시스템에 대한 지배력을 강화(소비자 쪽 분야의 기업을 통합)

　　예 원료공급기업이 생산업체를 통합하거나 제조기업이 유통업체를 통합

　- 후방통합: 원료, 부품의 공급시스템을 매수하거나 지배력을 강화

　　예 유통기업이 제조업체를 통합하거나 제조업체가 원재료 공급업체를 통합

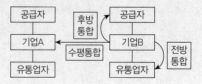

05

영역 조직행위 > 집단 행위에 대한 이해   난도 **중**

정답의 이유

② 매트릭스 조직에 대한 설명이다. 라인스탭 조직(직계참모 조직)은 기업 규모가 커지면 '라인'은 생산이나 판매 등 핵심 활동을 수행하고 '스태프'는 전문적 지식이나 기술을 제공하여 보조 역할을 한다.

오답의 이유

① 라인 조직(군대식 조직)은 명령계통이 일직선(라인)으로 연결되어 있어 의사결정이 신속하다.

③ 사업부제 조직(부문별 조직)은 기능별 조직과 달리 사업부 단위를 편성하고 각 사업부 단위에 독자적인 생산, 마케팅, 영업 등의 권한을 부여한다. 따라서 분권화된 의사결정이 특징이다.

④ 네트워크 조직(무경계 조직, 가상조직)은 아웃소싱, 전략적 제휴 등을 통해 핵심역량에만 집중하는 조직 형태이다. 상호협조를 통해 시너지효과를 창출하고, 환경변화에 유연하게 적응할 수 있다.

((•)) 적중레이더

매트릭스 조직

• 특징
  - 사업부의 단점을 보완하기 위하여 고안되었다.
  - 기능별 부문과 프로젝트별 부문의 조합적인 조직 형태이다.
  - 종업원들은 기능식 조직과 프로젝트 조직에 동시에 속하게 된다.
• 장·단점
  - 장점: 인적 자원의 효율적 활용, 시장의 변화에 융통성 있게 대응 가능
  - 단점: 두 명 이상의 상급자 존재에 따른 명령일원화 원칙 위배, 기능 부서와 프로젝트 부서 간의 갈등

06

영역 재무관리 > 주식과 채권의 평가   난도 **중**

정답의 이유

② 주주가 투자한 원금(주식)은 빚이 아니라 주식회사의 자기자본에 해당하므로 상환해야 할 의무가 없다.

오답의 이유

① 정부나 기업은 필요한 장기자금을 대량으로 조달하기 위하여 채권을 발행한다.

③ 영구채권은 원금의 상환없이 이자만 영구히 받는 채권이다.

④ 채권을 보유하면 약속된 발행이자율만큼 이자를 지급받는다.

((•)) 적중레이더

주주와 채권자의 비교

주주	• 실질적인 기업의 소유자로서 주주총회의 구성원임 • 기업의 성패에 따라 자신이 보유한 지분율만큼의 책임을 짐 • 자신이 보유한 지분 이상의 수익과 손해는 보지 않음
채권자	• 채무자에게 급부할 것을 요구할 자격이 있음 • 채무자에게 금전적 가치를 제공하는 대신 정해진 기간 동안 이자 및 원금을 수령할 권리를 가짐

채권의 종류

이자지급의 유무와 만기에 따라 무이표채, 이표채, 영구채로 구분된다.

• 무이표채: 만기까지 이자지급이 전혀 없고 만기일에 액면가를 지급 받는 채권
• 이표채: 이자지급채권으로, 만기까지 매 기간 일정액의 이자를 지급받고 만기일에 마지막 이자와 액면가를 받는 채권
• 영구채: 만기가 없이 영원히 이자만을 받는 채권

07

영역 경영정보시스템 > 시스템의 개발   난도 **중**

정답의 이유

④ 증강현실(AR; Augmented Reality)에 대한 설명이다. 가상현실(VR; Virtual Reality)이란 특정한 환경이나 상황을 컴퓨터로 구현하여, 사용자가 마치 실제 주변 상황이나 환경과 상호작용을 하고 있는 것처럼 만들어 주는 인간–컴퓨터 사이의 인터페이스를 의미한다.

08

영역 경영정보시스템 > 경영정보시스템의 기초 개념   난도 **하**

정답의 이유

① 멧칼프의 법칙은 네트워크의 규모가 커지면 비용은 직선적으로 늘지만 가치는 사용자 수의 제곱에 비례한다는 법칙이다.

오답의 이유

② 길더의 법칙은 통신시스템의 전체 대역폭(통신 네트워크에서 사용하는 신호의 최고 주파수와 최저 주파수의 차이)은 12개월마다 3배가 된다는 법칙이다.

③ 무어의 법칙은 반도체에 저장할 수 있는 데이터 분량이 18개월마다 2배씩 증가한다는 법칙이다.

④ 황의 법칙은 반도체 메모리 용량이 1년마다 2배씩 증가한다는 법칙으로 삼성전자 황창규 사장이 발표한 메모리 신성장론을 토대로 하며 그의 성을 따라 '황의 법칙'이라고 한다.

09

영역 조직행위 > 동기부여이론　　　　　　　　　　난도 **중**

정답의 이유

① 맥클랜드(D. G. McClelland)의 성취동기이론에 대한 설명이다. 알더퍼(C. Alderfer)의 ERG이론은 인간의 욕구를 생존욕구, 관계욕구, 성장욕구의 3단계로 구분하였다.

오답의 이유

② 아담스(J. Adams)의 공정성이론은 조직구성원이 자신의 투입에 대한 결과의 비율을 동일한 직무 상황에 있는 준거인의 투입 대 결과의 비율과 비교하여 자신의 행동을 결정하게 된다는 이론이다.

③ 브룸(V. Vroom)의 기대이론은 개인은 여러 가지 행동대안을 평가하여 가장 선호하는 결과가 기대되는 것을 선택하여 행동한다는 이론이다. 동기의 변수인 기대감(E), 수단성(I), 유의성(V)이 각각 최댓값이 되면 최대의 동기부여가 된다고 하였으며 각 요소 중 하나라도 0이 되면 전체값이 0이 되므로 성공적인 동기부여를 위해서는 세 요소를 적절히 조합해야 한다고 주장하였다.

④ 허츠버그(F. Herzberg)의 2요인이론은 만족과 관련된 요인을 동기요인(성취감, 인정, 책임감, 성장가능성 등), 불만족과 관련된 요인을 위생요인(작업환경, 임금, 지위, 안전 등)으로 분류하였다. 만족과 불만족은 동일한 개념에서의 양극이 아니라 독립된 개념으로 만족의 반대는 '불만족'이 아니라 '만족이 0(영)인 상태'이며, 불만족의 반대는 '만족'이 아니라 '불만속이 0(영)인 상태'를 밀한다.

10

정답 ③

영역 회계학 > 재무제표　　　　　　　　　　난도 **중**

정답의 이유

③ 2021.12.31. (주)甲의 자본 = 2021 총자산 − 2021 총부채 = ₩6,000 − ₩2,000 = ₩4,000
2022.12.31. (주)甲의 자본 = 2022 총자산 − 2021 총부채 = ₩8,000 − ₩3,000 = ₩5,000
따라서 2022년도 순이익 = 자본증가분 + 2022년 자본금인출액 = ₩5,000 − ₩4,000 + ₩500 = ₩1,500이다.

11

정답 ④

영역 마케팅 > 시장기회 분석과 소비자 행동　　　　　　　　　　난도 **중**

정답의 이유

④ 단순노출효과는 '친숙성의 원리'라고도 하며, 단순히 노출되는 횟수가 많아질수록 그 대상에 대해 호감이 증가하는 현상을 말한다.

오답의 이유

① 휴리스틱은 합리적인 사고방식을 기반으로 결론을 도출하는 체계적 의사결정 과정이 아니라 이전 경험 등에 따른 편견을 통해 직관적으로 결정하는 방법이다. 일본의 대규모 지진 사고 직후 일본과 인접한 부산에서 지진보험 가입자가 증가한 사례 등을 들 수 있다.

② 프로스펙트 이론은 같은 크기의 이익과 손실이라고 해도 이익에서 얻는 기쁨보다 손실에서 얻는 고통을 더 크게 느끼는 사람들의 심리에 의한 선택을 말한다.

③ 사회판단이론은 사람들이 새로운 정보를 수용할 시, 정보를 객관적으로 평가하는 게 아니라 자신의 신념과 상반되면 거부하고 일치하면 더욱 적합하도록 받아들임으로써 유입된 정보와 기존 신념 간에 일관성을 유지하려고 한다는 이론이다. 정보를 실제보다 더 긍정적으로 해석하는 현상을 동화효과, 더 부정적으로 해석하는 현상을 대조효과라고 한다.

12

정답 ③

영역 생산관리 > 품질관리　　　　　　　　　　난도 **상**

정답의 이유

③ 합격으로 판정해야 할 로트를 불합격으로 처리할 경우에는 생산자로서 좋은 로트가 불합격되는 것이므로 이를 생산자 위험이라고 한다. 생산자 위험은 보통 α로 표기하며, 가설검정에서의 제1종 오류를 범할 확률과 동일하다.

오답의 이유

① 샘플링 검사에서는 로트로부터 무작위로 추출한 샘플을 검사하여 그 결과에 따라 로트 전체를 합격 또는 불합격 판정한다.

② 검사특성곡선이란 로트의 품질(불량률)과 그 로트가 합격 또는 불합격될 확률과의 관계를 그래프로 나타낸 것이다. 합격 품질의 수준을 높게 관리하면 불량률이 높아지고 합격 품질의 수준을 낮게 관리하면 불량률이 낮아지기 때문에 로트의 품질수준과 로트의 합격률 간에는 우하향의 관계가 성립한다.

④ 샘플링 검사가 효과적인 경우로는 재료의 인장시험, 전구의 수명시험 등 파괴 검사, 전선, 필름, 석탄, 약품 등 연속체나 대량생산품의 검사, 자동차 파괴 검사처럼 검사에 막대한 비용과 시간이 걸리는 검사를 하는 경우, 생산자나 납품자에게 자극을 주고 싶은 경우, 검사항목이 많은 경우 등이 있다.

생산자 위험과 소비자 위험

- 생산자 위험(Producer's Risk): 제1종 오류(Type 1 error), α 오류, 합격임에도 불구하고 그것을 불합격 처리하는 오류, 양품임에도 불구하고 불량품으로 판정하는 오류
- 소비자 위험(Consumer's Risk): 제2종 오류(Type 2 error), β 오류, 불합격임에도 불구하고 그것을 합격 처리하는 오류, 불량품임에도 불구하고 양품으로 판정하는 오류

13 정답 ③

영역 경영학의 기초 > 경영혁신 난도 **하**

정답의 이유

③ 노나카(Ikuziro Nonaka)는 지식을 형식지와 암묵지로 구분하고 암묵지가 형식지로 변화하고 다시 형식지로 변화한 지식이 암묵지로 변화하는 과정을 통해 지식의 상호작용이 일어나고 '사회화 – 외재화 – 종합화 – 내재화'를 통해 지적 창조 활동이 이루어진다고 주장하였다.

적중레이더

피터 드러커의 지식경영(Knowledge Management)

- 지식경영은 조직 내에 존재하는 지식을 발굴·공유하고 이를 실제 업무에 적용하면서 조직의 문제해결역량을 향상시킴으로써 경쟁 우위를 갖추게 하는 경영혁신 방법을 말한다.
- 피터 드러커에 의해 정립되고 노나카에 의해 발전되었다.
- 암묵지: 개인의 행동과 머릿속에 체화된 암묵적 지식을 말하며 구체적으로 표현이 어려운 스킬이나 노하우 등을 들 수 있다.
- 형식지: 언어나 부호로 형식화된 표현 가능한 지식을 말하며 매뉴얼, 보고서, 책 등이다.
- 지식기반사회의 지식변환과정

사회화 (socialization)	타인의 암묵지식을 경험을 통해 자신의 암묵지식으로 습득하는 단계
외재화 (externalization)	암묵지식을 형식지식으로 전환시키는 단계
종합화 (combination)	형식지식을 새로운 형식지식으로 전환시키는 단계
내재화 (internalization)	형식지식을 암묵지식으로 내부화시키는 단계

14 정답 ④

영역 마케팅 > 목표시장의 선정(STP) 난도 **하**

정답의 이유

④ 위상정립(Positioning; 포지셔닝)은 소비자의 마음속에 경쟁사와 비교해 뚜렷하고 차별적으로 인지되도록 자사의 포지션을 기억시키는 과정을 말하는 것으로, 자원에 의한 위상정립은 해당되지 않는 방법이다.

적중레이더

포지셔닝(Positioning; 위상정립) 유형

- 제품속성에 의한 포지셔닝: 제품의 중요한 속성이 주는 편익이나 효익에 따라 포지셔닝하는 방법
- 편익에 의한 포지셔닝: 제품 특징을 소비자 편익으로 전환해 브랜드와의 연관 관계를 형성하는 방법
- 이미지 포지셔닝: 소비자들이 자사 제품으로부터 긍정적 연상이 유발되도록 자사 브랜드만의 독특한 이미지를 구축하는 방법
- 사용상황에 의한 포지셔닝: 제품의 적절한 사용 상황을 묘사함으로써 제품을 포지셔닝하는 방법
- 제품사용자에 의한 포지셔닝: 제품을 사용하는 고객들의 유형에 따라 포지셔닝하는 방법
- 경쟁자에 의한 포지셔닝: 이미 소비자의 지각 속에 자리잡고 있는 경쟁제품과 비교하여 자사 제품의 혜택을 강조하는 방법

15

영역 회계학 > 자산   난도 **중**

정답의 이유

② 노트북 취득원가 = 3,000,000원

　잔존가치(잔존가액) = 3,000,000 × 10% = 300,000원

　내용연수 = 5년

　정액법의 감가상각비 = $\dfrac{취득원가 - 잔존가액}{내용연수}$ = $\dfrac{3,000,000 - 300,000}{5}$

　 = 540,000

　따라서 감가상각비는 540,000원이다.

(((ᵒ))) **적중레이더**

감가상각비의 계산요소

- 감가상각기준액(Depreciation Base): 내용연수 기간 동안 인식할 감가상각비의 총액

　　감가상각기준액 = 취득원가 - 잔존가액

- 내용연수(Useful Life): 수리 유지 노력이나 생산기술변화 등을 고려할 때 해당 유형자산을 경제적으로 사용할 수 있다고 판단되는 기간
- 잔존가액(Scrap Value or Salvage Value): 내용연수가 종료되는 시점에서 자산을 처분할 때 회수될 것으로 추정하는 금액에서 그 자산의 철거비나 판매비 등을 차감한 금액
- 감가상각방법(Depreciation Methods): 유형자산이 원가배분 방법으로 우리나라 기업회계기준에서는 정액법, 정률법, 이중체감법, 연수합계법, 생산량비례법을 인정한다.
- 정액법(Straight-Line Method)에 따른 감가상각방법
  - 유형자산의 가치감소가 시간의 경과와 비례해 발생한다는 가정에 의한다.
  - 감가상각기준액을 내용연수 기간 동안 균등하게 할당해 감가상각비로 인식한다.
  - 감가상각비 = $\dfrac{감가상각기준액}{내용연수}$ = $\dfrac{취득원가 - 잔존가액}{내용연수}$

16

영역 경영학의 기초 > 경영혁신   난도 **하**

정답의 이유

③ 포터(M. Porter)가 제시한 5대 경쟁세력모형(5-Forces Model)은 신규업체 진출 위협, 공급업체 협상력, 동종기업 간 경쟁, 고객 협상력, 대체재 출현 위협 등을 5대 경쟁요인으로 보고 기업, 산업의 현황 및 미래를 분석하는 기법이다.

(((ᵒ))) **적중레이더**

포터(M. Porter)의 산업구조 분석(5-Forces Model)

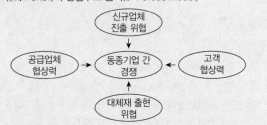

5가지 경쟁요인을 통해서 기업, 산업의 수익률이 결정되며 이를 기업이 경영전략을 수립하는 데 활용할 수 있다고 주장하였다.

신규업체 진출 위협	신규진입 기업들이 시장에 보다 안정적으로 진입하기 위해서는 진입장벽을 넘어야 한다.
공급업체 협상력	원자재 공급업체의 영향력이 크면 수익성이 낮아진다. 예 OPEC - 산유국의 교섭력을 높이려는 카르텔
동종기업 간 경쟁	• 경쟁이 치열할수록 수익성이 떨어진다. • 경쟁은 기업 간 제품 차별화가 없고 퇴거장벽이 높은 경우 치열해진다.
고객 협상력	• 구매자의 영향력이 크면 수익성이 낮아진다. • 대량 구매나 구매자의 수익성이 낮으면 교섭력이 강해진다. 예 엘리베이터 제조업체와 건설업체
대체재 출현 위협	대체재가 많을수록 높은 가격을 받을 수 있는 가능성이 낮아진다.

17

영역 조직행위 > 리더십 이론 　　　　　　　　　난도 **상**

정답의 이유

① 지시적 리더는 하급자들에게 규정을 준수하도록 하고 작업 일정을 수립해주는 등 직무를 명확하게 제시하는 리더십 스타일을 말한다.

📡 **적중레이더**

하우스(House)의 경로목표 이론(path-goal theory)
- 부하들의 동기부여에 초점을 맞추고 있다.
- 리더는 부하들이 목표를 달성할 수 있도록 보조적인 역할을 한다.
- 브룸의 기대이론의 연장선상에 놓여 있다.
- 리더십의 유형

지시적 리더십	부하들에게 과업을 명확하게 제시함
지원적 리더십	부하들에게 후원적 태도를 취함
참여적 리더십	부하들을 의사결정 과정에 포함시킴
성취지향적 리더십	도전적 목표를 설정함

18

정답 ④

영역 경영정보시스템 > 경영정보시스템의 기초 개념 　　　난도 **상**

정답의 이유

④ 데이터웨어하우스의 특징 중 비휘발성은 데이터웨어하우스에 일단 데이터가 적재되면 일괄 처리(batch) 작업에 의한 갱신 이외에는 '삽입(Insert)' 또는 '삭제(Delete)' 등의 변경이 수행되지 않는 것을 말한다.

오답의 이유

① 주제 지향성으로 인해 데이터를 주제별로 구성함으로써 최종 사용자와 전산에 약한 분석자도 이해하기 쉬운 형태가 된다.

② 통합성으로 인해 데이터가 데이터웨어하우스에 들어갈 때는 일관적인 형태(데이터의 일관된 이름짓기, 일관된 변수 측정, 일관된 코드화 구조 등)로 변환된다.

③ 시계열성으로 인해 데이터웨어하우스의 모든 데이터는 일정 기간 정확성을 유지한다.

📡 **적중레이더**

데이터웨어하우스 특징과 의미
- 주제지향성: 업무 중심이 아닌 주제 중심
- 통합성: 혼재한 DB로부터의 데이터의 통합
- 시계열성: 시간에 따라 변화된 데이터 정보를 저장
- 비휘발성: 데이터 입력 후 batch 작업 이외 데이터 변경 수행 불가

19

정답 ②

영역 회계학 > 재무제표 　　　　　　　　　　　난도 **하**

정답의 이유

② 현금흐름표는 일정 기간 기업실체의 현금유입과 현금유출에 대한 정보를 제공하는 재무제표로서 특정 보고 기간의 현금의 유입과 현금의 유출내용을 영업활동 현금흐름, 투자활동 현금흐름, 재무활동 현금흐름으로 구분한다.

📡 **적중레이더**

현금흐름표의 3가지 구성요소
- 영업활동: 기업의 주된 사업 활동
- 재무활동: 기업의 납입자본과 차입금의 크기 및 구성내용에 변동을 가져오는 활동
- 투자활동: 장기성 자산 및 현금성 자산에 속하지 않는 기타 투자자산의 취득과 처분 활동

20

정답 ③

영역 생산관리 > 재고자산관리 　　　　　　　　　난도 **하**

정답의 이유

③ 경제적 주문량(EOQ) 모형에서는 재고부족이나 과잉재고는 없다고 가정하고 경제적 주문량을 계산한다.

📡 **적중레이더**

경제적 주문량(EOQ) 모형
경제적 주문량 모형은 1회에 얼마만큼 주문할 것인가의 확정적 의사결정모형으로 재고매입비용과 재고부족비용은 고려하지 않는다. 따라서 경제적 주문량은 재고유지비용과 주문비용의 합을 최소화시키는 1회 주문량을 말한다.

경제적 주문량(EOQ) 모형의 가정
- 연간사용량은 일정하다.
- 단위기간의 사용률은 일정하다.
- 재고를 주문해서 회사에 도착할 때까지의 기간인 조달기간은 일정하다.
- 수량할인은 없다. 즉, 구입량에 관계없이 단위당 구입가격은 일정하다.
- 재고부족은 없다. 즉, 재고부족비용을 총재고관련비용에 포함시키지 않는다.
- 주문량은 모두 일시에 배달된다.
- 단위당 재고유지비용과 횟수당 주문비용은 일정하다

21

영역 조직행위 > 리더십 이론 　　　　난도 **중**

정답의 이유

④ 과업형 리더는 과업달성에만 관심이 높고 인간에 대한 관심은 부족하므로 인간에 대한 관심을 높여야 한다.

⦿ 적중레이더

블레이크와 머튼(Blake & Mouton)의 관리격자 모형(Managerial Grid) 이론

생산과 인간에 대한 관심을 변수로 보고 리더십 유형을 계량화함

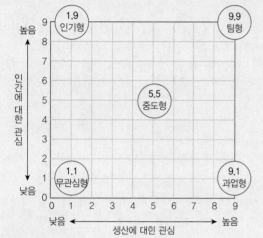

무관심형(1.1형)	• 인간과 생산성 모두에 무관심 • 자기 직무에 최소한의 관심
인기(컨트리클럽)형 (1.9형)	• 생산성에는 무관심, 오로지 인간에 대한 관심 • 쾌적하고 우호적인 작업환경
과업형(9.1형)	• 오로지 효율적인 과업 달성에만 관심 • 매우 독재적인 리더
중도형(5.5형)	과업의 능률과 인간적 요소를 절충하여 적당한 성과 추구
팀형(9.9형)	• 바람직한 리더의 모델로 기업의 생산성 욕구와 개인의 욕구에 관심 • 모두 만족시킬 수 있음

22

영역 생산관리 > 품질관리 　　　　난도 **중**

정답의 이유

③ 투빈시스템(Two-bin System)은 재고를 2개의 용기(bin)에 나누어 놓고, 이 중 한 용기에 들어 있는 재고가 고갈되면 즉시 주문하고 조달기간 동안에는 다른 용기에 들어있는 재고로 수요를 총괄하는 재고관리기법으로 정량발주시스템을 변형한 것이다.

오답의 이유

① 정량발주시스템(고정주문량모형)은 1회 주문량을 정해 놓고 보유 재고가 일정 수준(재주문점)에 도달하면 고정주문량만큼 주문하는 방법으로, 재고 소진 속도가 빨라지면 주문량은 일정하나 주문 시기는 빨라진다.

② 정기발주시스템(정기주문모형)은 정량발주시스템에 대비되는 개념으로 주문 시기는 일정하고 주문량은 변동한다. 즉 재고 소진이 많으면 다음 주문 시 많은 양을 주문하게 된다.

④ ABC 재고관리는 자재의 중요도나 가치를 중심으로 자재 품목을 분류하고 차별적으로 관리하는 방식으로, C등급의 다수의 저가 품목보다는 A등급의 소수의 중요 품목을 중점 관리하는 방식이다.

23

영역 인사관리 > 직무관리 　　　　난도 **하**

정답의 이유

④ 직무분석을 토대로 직무기술서와 직무명세서를 작성한다.

오답의 이유

① 직무분석은 직무와 관련된 모든 정보를 체계적으로 수집, 분석, 정리하는 과정을 말하며, 직무분석의 결과는 인사관리의 기초 자료가 된다.

② 직무기술서에는 직무 명칭, 부서, 부호, 직무 목적, 내용, 직무수행 방법, 기간, 활동사항, 기술 및 숙련도 등이 기록된다.

③ 직무명세서에는 직무 수행에 필요한 종업원의 인적 요건이 기록된다.

24

영역 재무관리 > 위험과 자본예산　　　　　　　난도 **중**

[정답의 이유]

② 투자자들은 위험회피 성향이 높으며 기대효용을 최대화하려고 노력한다.

[오답의 이유]

① 투자자들의 투자기간은 단기간으로 가정한다.

③ 투자자들은 평균(E, 기대수익률)−분산(V, 위험) 모형에 따라 포트폴리오를 선택한다. 즉, 위험 수준이 같다면 기대수익률이 높은 포트폴리오를 선택하고, 기대수익률이 같다면 위험이 낮은 포트폴리오를 선택한다(지배원리).

④ 투자자들은 자산의 기대수익률, 분산, 공분산에 대해 같은 기대를 한다고 가정한다.

(((ㄱ))) 적중레이더

자본자산가격결정모형(CAPM; Capital Asset Pricing Model)의 기본 가정

- 투자자들은 위험회피형 투자자이다.
- 투자자들은 평균−분산 모형에 따라 포트폴리오를 선택한다.
- 모든 투자자들은 무위험 이자율로 제한없이 차입 또는 대출할 수 있다.
- 투자 기간은 단일기간이다.
- 증권시장은 완전경쟁시장이며, 증권의 공급은 고정되어 있다.
- 모든 투자자들은 자산의 기대수익률, 분산, 공분산에 대해 같은 기대를 한다.

25

영역 경영정보시스템 > 경영정보시스템의 기초 개념　　　난도 **중**

[정답의 이유]

① 거래처리시스템: 반복적이고 일상적인 거래처리 활동을 기록하는 시스템

[오답의 이유]

② 정보보고시스템: 경영상의 관리통제에 도움을 주기 위해서 거래처리시스템이나 현장에서 발생한 데이터를 관리자에게 요약된 형태로 제공하는 시스템

③ 중역정보시스템: 고위경영층(중역)의 비구조화된 의사결정을 지원하도록 설계된 전략적 수준의 정보시스템

④ 의사결정지원시스템: 특별하거나 자주 변하며 사전에 쉽게 정의 내릴 수 없는 비구조적 의사결정 문제를 지원하는 시스템

(((ㄱ))) 적중레이더

경영정보시스템

고객 가치를 증대시키기 위해 기업의 생산성과 효율성을 높일 수 있도록 활용되는 정보시스템을 말하며, 기능에 따라 아래와 같이 구분할 수 있다.

- 지식업무지원시스템: 사무정보시스템(OIS; Office Information System)이 대표적이며 사무실의 지식근로자가 사용한다.
- 운영지원시스템: 거래처리시스템(TPS; Transaction Processing System)이 대표적이며 일상적으로 반복되는 거래처리를 지원한다.
- 관리지원시스템: 경영자에게 과거 및 현재의 경영 정보를 제공하는 경영보고시스템(MRS; Management Reporting System), 비구조적 의사결정 문제를 지원하는 의사결정지원시스템(DSS; Decision Support System), 고위경영층의 전략 수준의 의사결정을 지원하는 중역정보시스템(EIS; Executive Information System) 등이 있다.

2022 | **9급** 기출문제 해설

☑ 점수 ( )점/100점 ☑ 문제편 226쪽

영역 분석

경영학의 기초	5문항	★★★★★	20%
마케팅	4문항	★★★★	16%
조직행위	3문항	★★★	12%
생산관리	4문항	★★★★	16%
경영정보시스템	2문항	★★	8%
국제경영과 국제경제	1문항	★	4%
회계학	3문항	★★★	12%
재무관리	3문항	★★★	12%

빠른 정답

01	02	03	04	05	06	07	08	09	10
①	④	①	④	②	①	②	①	④	②
11	12	13	14	15	16	17	18	19	20
①	③	③	①	③	④	③	④	②	②
21	22	23	24	25					
③	①	②	④	③					

01

영역 경영학의 기초 > 경영전략 난도 **중** 정답 ①

정답의 이유

① 규모의 경제란 생산량이 고정비를 흡수하게 됨으로써 단위당 고정 비용이 감소하는 현상을 말한다. 즉, 생산시설을 짓는 데 드는 초기 고정비용을 절약할 수 있게 되면 규모의 경제가 실현된다.

오답의 이유

② 범위의 경제란 한 기업이 여러 제품을 함께 생산할 경우, 각 제품을 별도로 생산하는 경우보다 생산비용이 적게 드는 현상을 말한다.

③ 경험효과(학습효과)란 동일 제품이나 서비스를 생산하는 두 기업을 비교할 때 일정 기간 내에 더욱 많은 제품이나 서비스를 생산했던 기업의 비용이 낮아지는 것을 말한다.

④ 시너지는 상승효과 또는 종합효과라고 하며, 두 개 이상의 자원을 다면적으로 활용하여 독립적으로만 얻을 수 있는 것 이상의 결과를 내는 작용을 말한다.

02

영역 마케팅 > 가격관리 난도 **중** 정답 ④

정답의 이유

④ 가격을 결정하는 접근방법에는 원가기준 가격책정, 수요기준 가격책정, 경쟁기준 가격책정 등이 있다.

오답의 이유

① 원가가산의 방법은 단위당 원가에 일정률의 마진(이폭)을 가산하여 가격을 결정하는 방법이다.

② 수요지향적 방법은 원가보다는 제품에 대한 수요의 강약과 소비자의 지각을 중시하여 가격을 결정하는 방법이다.

③ 경쟁지향적 방법은 원가나 수요와 무관하게 오로지 경쟁자의 가격 전략에 대응해 자사 제품의 가격을 결정하는 방법이다.

03

영역 조직행위 > 리더십 이론 난도 **상** 정답 ①

오답의 이유

②·③·④ 리더십 이론은 훌륭한 리더가 보유한 특성을 연구하는 특성이론에서 출발하여, 개별적 리더의 특성보다는 리더들의 행동의 보편성을 연구하는 행동이론으로 발전하였다가, 환경의 상황에 따른 적절한 리더십을 연구하는 상황이론으로 발전하였고, 이후 여러 가지의 현대 리더십 이론으로 발전하였다.

04

정답 ④

영역 생산관리 > 생산관리의 기초개념　　　　난도 **중**

정답의 이유

④ 생산관리란 생산목표를 달성하기 위하여 유형인 재화의 생산이나 무형인 서비스의 공급을 담당하는 생산시스템을 관리하는 활동을 의미하며, 품질, 납기, 원가, 유연성 향상을 목표로 한다.

(•)•) **적중레이더**

생산운영관리의 목표

- 생산관리의 경쟁요소에 기반하여 낮은 원가, 품질(최고, 일관성), 납품(속도, 정시), 유연성(고객화, 다양성, 수량 유연성, 신제품의 개발 속도) 등 4가지를 말한다.
- 생산관리의 목표가 설정되면 목표에 따라서 생산과 관련된 생산공정, 생산능력, 재고, 품질에 대한 기준이 순차적으로 설정된다.

05

정답 ②

영역 경영정보시스템 > e 비즈니스 시스템 모델과 구성요소　　　　난도 **상**

정답의 이유

② 채찍효과란 수요변동의 폭이 소매점, 도매점, 제조사, 원재료 공급자의 순으로 점점 커지고 공급사슬 상류(소비자로부터 생산자)로 갈수록 수요정보가 왜곡됨으로써 제품을 생산하는 기업이 느끼는 시장수요의 변동폭이 최종소비자의 실제 시장수요의 변동폭보다 큰 현상을 말한다.

(•)•) **적중레이더**

SCM(Supply Chain Management)

- 공급자에서 기업 내 변환과정과 유통망을 거쳐 최종 고객에 이르기까지 자재, 제품, 서비스 및 정보의 흐름을 전체 시스템 관점에서 설계하고 관리하는 것으로, 고객이 원하는 제품을 적기에 공급하고 재고를 줄일 수 있게 하는 시스템이다.
- 원재료, 부품 등 제품의 생산과 유통 등의 모든 공급사슬 단계를 최적화하여 소비자가 원하는 제품을 원하는 시간과 장소에 공급하는 것을 목표로 구축하는 혁신 방법이다.
- SCM은 경영의 세계화, 시장의 역동화, 고객 필요성의 다양화 등에 따라 경영환경의 불확실성이 증가되고, 기업 간의 경쟁이 강화되며, 아웃소싱의 증대, 물류비용의 증대 등을 해결하기 위해 개발되었다.

06

정답 ①

영역 경영학의 기초 > 경영전략　　　　난도 **상**

정답의 이유

① 기업전략은 기업의 넓은 활동범위에 대한 전략과 장기적인 수익 극대화를 위하여 기업의 개발과 발전을 관리하는 것을 말한다.

오답의 이유

② 사업부전략은 각각의 시장에서 구체적으로 경쟁하는 방법을 말하며 특정 산업/사업에서 어떻게 경쟁할 것인가. 경쟁우위와 수익성 최대화를 위한 전략 방안을 마련한다. 경쟁사 대비 비교 우위 확보를 목적으로 하는데, 예를 들면 어떤 소비자 집단의 욕구를 만족시키고 어떤 차별역량을 기반으로 할 것인가 등이 있다.

③ 기능별전략은 제품군, 개별 제품 등 사업부 하위 단위의 전략을 말하는 것으로, 경쟁 제품 대비 비교 우위 확보를 목적으로 한다.

④ 마케팅전략은 마케팅의 목표를 달성하기 위하여 여러 가지 판매 활동을 하는 것을 말한다.

(•)•) **적중레이더**

경영전략의 3가지 계층

경영전략을 수립하는 계층에 따라 서로 다른 수준의 전략을 수립하게 되는데, 최고경영층에서는 참여할 사업의 결정, 자원의 배분과 같은 기업 수준의 전략을 수립하고, 중간경영층에서는 사업부 내의 경쟁 우위 확보와 같은 사업부 수준의 전략, 일선경영층에서는 기능 부서별 실행계획과 같은 기능별 전략 또는 제품 수준의 전략을 수립하게 된다.

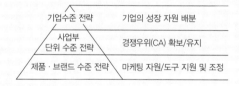

기업수준 전략	기업의 성장 자원 배분
사업부 단위 수준 전략	경쟁우위(CA) 확보/유지
제품 · 브랜드 수준 전략	마케팅 자원/도구 지원 및 조정

07

영역 경영학의 기초 > 경영학의 이해 난도**상**

정답의 이유

② '조직화'란 계획 활동으로 수립된 계획을 실천에 옮기는 데 필요한 자원들을 할당하고 투입하는 일을 말한다.

📡 적중레이더

관리과정의 단계

계획 (Planning)	미래에 기업에서 발생할 각종 문제를 예측하여, 어떻게 해결해 나갈 것인가를 사전에 결정하는 과정
조직화 (Organizing)	수립된 계획을 실천에 옮기는 데 필요한 자원들을 투입하는 일
지휘활동 (Directing)	구체적인 업무를 수행하도록 지시하고, 진행시키는 것
조정활동 (Coordinating)	목표달성을 위해 관련 자원들이 중복되거나, 부족할 경우 계획대로 진행되도록 보완 내지는 조율하는 과정
통제활동 (Controlling)	실행이 끝난 후에 수행 결과를 계획하고 비교하여 차이를 분석하여 수정하고 차기 계획에 반영하는 것

08

정답 ①

영역 회계학 > 회계의 기초이론 난도**중**

정답의 이유

① 관리회계는 경영자가 내부통제 또는 재무예측을 위해 필요로 하는 경제적 정보를 정리하는 일련의 과정을 말한다. 즉, 관리회계는 기업 내부의 의사결정에 사용하기 위한 것이다.

📡 적중레이더

회계의 분류

구분	재무회계	관리회계
목적	재무제표 작성	경영자의 의사결정
이용자	투자자, 채권자(외부)	내부 경영자
작성기준	기업회계기준 등	내부 작성 기준
보고양식	재무제표	내부의 양식 기준
강제성	있다	없다
특성	정확성, 신뢰성, 객관성	적시성, 목적적합성

09

정답 ④

영역 재무관리 > 재무비율분석 난도**상**

정답의 이유

④ 안전성 비율이란 기업의 장기지급능력을 측정하는 지표로 레버리지 비율이라고도 부른다. 종류에는 유동비율, 당좌비율, 부채비율, 고정비율, 이자보상비율 등을 들 수 있다.

10

정답 ②

영역 마케팅 > 마케팅 계획 수립과정 난도**중**

정답의 이유

② BCG매트릭스 기법에서 현금젖소(Cash Cow) 영역은 시장점유율은 높지만 시장성장률이 낮은 사업이다.

📡 적중레이더

BCG매트릭스의 정의

다양한 산업구성 및 여러 제품을 가진 기업이 가장 생산적인 제품이나 서비스에 자원을 공급할 수 있도록 진단하는 사업 포트폴리오 분석 기법으로, 올바른 경영전략을 수립하는 데 사용된다.

BCG매트릭스의 유형

시장성장률		
높음	별(STAR)	물음표(QUESTION)
낮음	현금젖소(CASH COW)	개(DOG)
	높음 시장점유율 낮음	

- 별(Star): 성공적으로 성장하고 있는 사업으로, 수익성과 성장성이 크므로 지속적인 투자가 필요하다.
- 현금젖소(Cash Cow): 성숙기의 사업으로, 기존의 투자에 의해 수익이 계속적으로 실현되고 시장성장률이 낮아 투자금액은 유지, 보수 차원이기 때문에 기업의 현금창출원이 되는 사업이다.
- 개(Dog): 성장성과 수익성이 낮은 사양사업으로, 시장의 상황에 따라 철수나 매각을 검토해야 한다.
- 물음표(Question Mark): 일반적으로 신규사업 부문으로 상대적으로 낮은 시장점유율과 높은 시장성장률을 가진 사업이며, 기업의 행동에 따라 차후 별(Star)이 되거나 개(Dog)로 전락할 수 있는 장래가 불확실한 위치에 있다.

276 **시대에듀** | 군무원 군수직

11

정답 ①

영역 회계학 > 재무제표   난도 **중**

정답의 이유

① 당기순이익은 경영활동의 결과로써 주주에게 귀속되는 이익으로, 법인세비용 차감 이후의 이익을 말한다.

오답의 이유

② 매출총이익은 총매출액에서 매출원가를 뺀 값이다.

③ 영업이익은 매출총이익에서 판매비와 관리비를 더한 값을 뺀 값이다.

④ 법인세비용차감전순이익은 영업이익에 영업 외 수익은 더하고 영업 외 비용을 뺀 값이다.

12

정답 ③

영역 조직행위 > 조직행위론의 이해   난도 **중**

정답의 이유

③ 인간관계론은 조직 내 비공식집단이라는 사회적 구조를 파악하여 조직의 의사전달, 문제해결 등에 인사적 기능이 필요하다는 새로운 관점을 제시하였다.

📡 적중레이더

인간관계론의 시사점

• 기업조직은 경제, 기술적 체계인 동시에 사회심리적 체계이다.

• 사람은 경제적 요인 외에 사회, 심리적 요인에 의해서도 동기부여가 된다.

• 비공식집단은 작업자의 태도와 성과에 중요한 영향을 미친다.

• 인간의 정서적 측면은 기업조직의 관리에 있어서 중요한 변수이다.

• 인간을 중시하는 태도와 인간에 대한 이해를 제공함으로써 조직행위론의 성립에 기여하였다.

• 기업조직에서 인적요소의 중요성만을 지나치게 강조한 결과, 조직의 목표 달성을 무시한 이론이라는 비판을 받았다.

13

정답 ③

영역 경영학의 기초 > 기업의 이해   난도 **중**

정답의 이유

③ 기업의 사회적 책임(CSR)이란 기업이 지속적으로 존속할 수 있도록 기업의 이해 당사자들이 기업에 기대하고 요구하는 사회적 의무들을 충족시키기 위해 수행하는 활동을 말하며, 이 중 윤리적 책임은 사회지원활동, 공공질서 준수를 내용으로, 환경 · 윤리경영, 제품 안전, 여성 · 현지인 · 소수 인종에 대한 공정한 대우 등을 말한다.

14

정답 ①

영역 경영학의 기초 > 경영혁신   난도 **중**

정답의 이유

① 지식을 발전시키는 과정은 이식–표출–연결–체화의 단계를 따른다. 이 중 '이식'은 타인의 암묵지식을 전수받는 과정을 말한다.

15

정답 ③

영역 조직행위 > 동기부여이론   난도 **중**

정답의 이유

③ 목표관리(MBO)란 목표를 설정할 때 종업원들을 참여하도록 하여 생산목표를 명확하고 체계적으로 설정 · 활용하여 공식 목표를 실체화하는 과정을 말한다. 목표가 구체성, 적정 난이도, 수용 가능성을 갖추게 되면 구성원들의 동기가 증진되고 성과도 창출된다.

16

정답 ④

영역 재무관리 > 자본예산 기법   난도 **중**

정답의 이유

④ 선입선출법(FIFO ; First–In First–Out Method)은 실제 물량의 흐름과는 관계없이 먼저 취득한 자산이 먼저 판매된 것으로 가정하여 매출원가와 기말재고로 구분하는 재고자산의 단가결정방법이다. 매출원가는 오래전에 구입한 상품의 원가로 구성되고, 기말재고는 최근에 구입한 상품의 원가로 구성된다.

오답의 이유

① · ② · ③ 자본예산기법에는 회수기간법, 평균회계이익률법, 순현가법, 수익성지수법, 내부수익률법 등이 있다.

17

정답 ③

영역 마케팅 > 목표시장의 선정(STP)   난도 **상**

정답의 이유

③ 잘못된 시장세분화 전략은 모든 잠재적 고객을 대상으로 한 전략보다 매출액이 많이 줄어들 수 있다.

오답의 이유

① · ② · ④ 시장을 세분화하면 각 세분화된 시장별로 고객의 요구를 보다 잘 이해하고 충족시킬 수 있으므로 경쟁우위를 확보할 수 있고, 마케팅의 기회도 증가한다.

18

영역 마케팅 > 마케팅 믹스　　　　　　　　　**난도 하**

정답의 이유

④ 마케팅 믹스에는 상품(Product), 가격(Price), 유통(Place) 그리고 촉진(Promotion)이 있다. 과정(Process)은 마케팅 믹스에 해당하지 않는다.

19
정답 ②

영역 국제경영과 국제경제 > 국제경영전략　　　**난도 중**

정답의 이유

② 글로벌경영으로 지리적 다변화를 통해 위험을 분산시킬 수 있다.

📡 적중레이더

글로벌경영의 필요성
- 자유화와 개방화, 해외시장 확보를 통한 매출액 증대
- 규모의 경제의 중요성
- 기술진보와 연구 개발비용의 증대
- 소비자수요의 동질화 현상
- 해외조달을 통한 투입요소 비용의 절감
- 국내 규제의 회피

20
정답 ②

영역 생산관리 > 품질관리　　　　　　　　　**난도 중**

정답의 이유

② 품질관리(QC)란 소비자가 요구하는 품질의 제품이나 서비스를 경제적으로 만들어 내기 위한 모든 수단과 활동의 시스템을 말한다. 그에 반해 전사적품질경영(TQC)은 고객에게 최대의 만족을 주는 가장 경제적인 품질을 생산하고 서비스할 수 있도록 사내 각 부문의 활동을 품질개발, 품질유지, 품질향상을 위해 최고경영자뿐만 아니라 전 종업원이 참여하여 전사적으로 조정, 통합하는 시스템을 말한다.

📡 적중레이더

총괄적 품질관리(TQC)의 특징
- 품질은 품질관리부서만의 책임이 아니라 기업 내 모든 구성원들의 책임이며, 특히 제품생산현장에서의 품질보증을 강조한다.
- 종전의 품질관리와 같이 생산된 제품에 대한 사후검사가 아니라 제품생산현장에서의 불량품 발생을 미연에 방지하고자 하는 예방 측면을 강조, 즉 전사적 품질관리와 사후품질보증이라는 행동적 측면을 중시한다.
- 품질과 경영관리의 양 측면을 결합한 것으로 생산시스템 내의 모든 단계에서 수행되는 품질관리이다. 즉, 제품뿐만 아니라 납기, 원가, 서비스 등도 대상으로 한다.

21
정답 ③

영역 생산관리 > 재고자산관리　　　　　　　**난도 상**

정답의 이유

③ 재고유지비용은 재고자산을 일정수준으로 유지하고 보관하는 데 발생하는 비용을 말한다. 재고자산에 대한 평균 투자액에 비례하여 발생하며, 재고자산에 투자된 자금의 기회원가, 보험료, 보관료, 재고자산 감모손실, 진부화로 인한 재고자산평가손실 등 재고유지와 관련된 모든 비용항목이 해당된다.

📡 적중레이더

재고관련비용의 유형
- 재고매입비용: 재고자산을 매입하기 위하여 발생한 매입원가로서 구입수량에 단위당 구입원가를 곱하여 산출하므로 구입수량에 비례하여 발생한다.
- 재고유지비용: 재고자산을 일정수준으로 유지하고 보관하는 데 발생하는 비용으로서 재고자산에 대한 평균 투자액에 비례하여 발생한다. 이에는 재고자산에 투자된 자금의 기회원가, 보험료, 보관료, 재고자산 감모손실, 진부화로 인한 재고자산평가손실 등 재고유지와 관련된 모든 비용항목이 해당된다.
- 주문비용: 필요한 재고를 주문하여 창고에 입고시켜 이용 가능한 상태에 도달할 때까지 구매와 관련하여 발생한 모든 비용으로서 통신비, 운송비, 선적 및 하역료 등이 해당된다.
- 재고부족비용: 재고가 고갈되어 발생하는 판매 기회의 상실과 이로 인한 고객들이 불신, 생산계획의 차질 등에 의하여 발생하는 기회비용을 말한다.

22
정답 ①

영역 생산관리 > 수요예측　　　　　　　　　**난도 중**

정답의 이유

① 델파이법은 여러 전문가의 의견을 설문을 통해 반복적으로 집계하여 합의된 아이디어를 도출하도록 유도하는 질적 수요예측기법이다.

오답의 이유

② 이동평균법은 구입이 이루어질 때마다 가중평균단가를 구하고 상품출고 시마다 출고단가를 계속 기록하는 방법이다.

③ 지수평활법은 현시점에서 가까운 실제치에는 큰 비중을 주고 과거로 거슬러 올라갈수록 비중을 지수적으로 적게 주어 예측하는 방법이다.

④ 추세분석법은 시계열자료가 증가하는 추세인지 감소하는 추세인지 알아보는 방법이다.

시계열분석기법

과거의 자료로부터 얻은 시계열에 대해 그 추세나 경향을 분석함으로써 장래의 상태를 예측하는 방법이다. 일반적으로 시계열은 추세, 계절적 요소, 주기 등과 같은 패턴을 갖으며 시계열 수요예측기법에는 추세분석, 이동평균법, 지수평활법 등이 있다.

23

정답 ②

영역 회계학 > 회계의 순환과정과 거래의 기록　　　난도 **중**

정답의 이유

② 분개 시 자산의 증가는 차변, 자산의 감소는 대변에 기입한다. 부채의 증가는 대변, 부채의 감소는 차변에 기입하고, 자본의 증가는 대변, 자본의 감소는 차변, 비용의 발생은 차변, 비용의 소멸은 대변, 수익의 발생은 대변, 수익의 소멸은 차변에 기입한다. 따라서 상품구매 40,000원은 자산의 증가이므로 차변에, 현금 지급 10,000원은 비용의 발생이므로 대변에, 외상 30,000원은 부채의 발생이므로 대변에 분개한다.

24

정답 ④

영역 재무관리 > 포트폴리오 이론　　　난도 **상**

정답의 이유

④ 비체계적 위험은 분산투자를 통해서 제거되는 위험을 말한다. 종업원의 파업, 법적 문제, 판매 부진 등 기업의 특수한 상황과 관련된 것으로 기업 고유의 위험이라고도 하며, 투자자가 포트폴리오를 구성하여 분산투자를 함으로써 제거할 수 있는 위험이다.

오답의 이유

① 포트폴리오 효과란 둘 이상의 자산(혹은 주식)을 결합하여 포트폴리오를 구성함으로써 위험이 줄어들어 기대효용이 증가하는 현상을 말한다.

② 체계적 위험(Systematic Risk)이란 분산투자로 제거되지 않는 위험을 말한다. 시장의 전반적인 상황과 관련된 것으로 시장 위험(Market Risk)이라고도 하며, 모든 기업에 공통적으로 영향을 미치는 경기변동, 물가변화, 정부정책, 인플레이션이나 이자율의 변화 등과 관련된 요인이다.

③ 변동계수는 표준 편차를 표본 평균이나 모 평균 등 산술 평균으로 나눈 것이다. 측정 단위가 다른 자료를 비교할 때 쓴다.

25

정답 ③

영역 경영정보시스템 > e 비즈니스 시스템 모델과 구성요소　　　난도 **중**

정답의 이유

③ 균형성과표(BSC)는 기업의 성과를 재무적 관점, 고객 관점, 업무 프로세스 관점, 학습과 성장(학습효과) 관점의 4가지 관점으로 구분하여 평가·관리하고, 측정 결과들을 바탕으로 전체적인 기업의 경영전략 및 사업부조직 단위별 전략을 관리한다.

2022 | **7급** 기출문제 해설

✔ 점수 (　　)점/100점　✔ 문제편 230쪽

영역 분석

경영학의 기초	5문항	★★★★★	20%
마케팅	5문항	★★★★★	20%
조직행위	2문항	★★	8%
인사관리	3문항	★★★	12%
생산관리	4문항	★★★★	16%
경영정보시스템	1문항	★	4%
회계학	1문항	★	4%
재무관리	4문항	★★★★	16%

빠른 정답

01	02	03	04	05	06	07	08	09	10
①	③	③	①	②	②	①	②	④	③
11	12	13	14	15	16	17	18	19	20
③	①	④	②	④	③	②	④	②	④
21	22	23	24	25					
①	④	①	④	③					

01

영역 경영학의 기초 > 경영혁신　　　　　난도 **하**　　　정답 ①

오답의 이유

② 조직화는 수립된 계획을 효과적으로 수행하기 위한 인적, 물적 자원 등을 투입하는 것이다.

③ 지휘는 계획의 차질 없는 실행을 위해 경영자가 리더십, 동기부여 및 의사소통 기술을 이용하여 경영자원을 이용하는 것이다.

④ 통제는 실행이 끝난 후에 수행 결과를 계획하고 비교하여 차이를 분석하여 수정하고 차기 계획에 반영하는 과정이다.

적중레이더

경영의 관리과정과 순환

• 경영활동은 효율적 경영을 위해서 투입할 자원들이 무엇들이고, 이를 어떻게 연결할 것인가에 대한 계획을 세우고(Planning), 계획한 대로 조직을 구성하고(Organizing), 계획대로 일이 실행되도록 구성원들을 관리 감독하며(Directing), 구성원들 간의 협력을 조정한 후(Coordinating), 실행의 결과가 계획과 어떤 차이를 보이는지 평가·수정하여 통제하는(Controlling) 활동을 말한다.

• 계획 – 조직화 – 지휘 – 조정 – 통제 활동은 지속적으로 순환하고 있다는 특징이 있다.

02

영역 경영학의 기초 > 경영전략　　　　　난도 **중**　　　정답 ③

정답의 이유

③ 지속가능경영은 경제, 환경, 사회 분야의 지속가능성을 위해 기업과 사회 차원에서 기여하고자 하는 기업의 경영활동을 말한다.

오답의 이유

① 경제적 수익성이란 기업이 경제의 질적 성장을 위해 지속가능 성장을 뒷받침해 줄 수 있는 혁신적인 기술의 개발과 상용화를 추진하여 경제적 성과의 획득을 통해 경제적 수익성을 가져야 한다는 것이다.

② 환경적 건전성이란 에코 효율성을 위해 환경에 대한 부정적인 영향은 줄이면서 경제적 성과를 제고해야 한다는 것이다.

④ 사회적 책임성이란 기업이 법을 준수하는 준법 경영, 여성 및 장애인의 고용을 확대하는 인권 경영, 안전 보건 활동, 적극적으로 사회 발전에 기여하고 사회적 책임을 다하기 위해 문화, 복지, 역사, 스포츠 의료 등에 걸쳐 사회 공헌 활동을 전개해야 한다는 것이다.

03

영역 경영학의 기초 > 경영전략   난도 **중**

정답의 이유

③ 밀턴 프리드먼은 기업의 사회적 책임은 이윤을 늘리는 것임을 강조하며, 기업 경영자가 주주 이외의 다른 이해관계자, 즉 직원과 협력업체, 지역사회 등의 이익을 지나치게 고려하면 안 된다고 하였다.

🔊 적중레이더

기업의 사회적 책임

- 개념: 기업이 사업 영역에서 이해관계자들의 사회적, 환경적 관심사들을 분석하고 자발적으로 수용하여 기업의 경영활동에 적극적으로 적용하면서 이해 당사자들과 지속적으로 상호작용을 하는 것이다.
- 내용: 기업은 세금을 납부함으로써 사회의 약자에게 이미 기여를 하였기에 더 이상의 사회적 책임이 없다는 고전적 견해와 개인이 자신의 행복을 추구하면서 동시에 이웃에게 봉사하듯이 기업도 지역사회에 봉사하여야 한다는 사회경제적 견해가 있다.
- 구분: 미국 경제학자 캐롤 교수는 기업의 사회적 책임을 경제적, 법적, 윤리적, 자선적 책임으로 구분하였다. 1단계 경제적 책임과 2단계 법적 책임은 의무적인 영역이고, 3단계 윤리적 책임은 윤리경영의 영역이며, 4단계 자선적 책임은 기업의 자율에 의해 수행되는 영역이다.

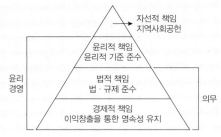

[기업의 사회적 책임(CSR) 피라미드 모형]

04

영역 조직행위 > 동기부여이론   난도 **상**

정답의 이유

① 기대이론은 동기가 부여되는 것은 욕구의 내용이 아니라 동기가 부여되는 과정에 따라 좌우된다는 과정이론의 하나이다. 기대이론에 따르면 개인은 여러 가지 행동 대안을 평가하여 가장 선호하는 결과가 기대되는 것을 선택하여 행동한다.

🔊 적중레이더

브룸의 기대이론

- 내용: 동기 = 기대(Expectancy) × 수단성(Instrumentality) × 유의성(Valence)
  - 기대: 1차 결과가 '내가 할 수 있는 것이다'라고 생각해야 행동으로 실행함
  - 수단성: 성과(1차 산출)가 나오면 그 보상(2차 산출)이 있을 것이라는 기대가 있어야 행동으로 실행함
  - 유의성: 보상이 주어질 때 내가 원했던 것이거나 마음에 들어야 행동으로 실행함
- 특징: 브룸은 기대, 수단성, 유의성이 각각 최댓값이 되면 최대의 동기부여가 된다고 판단하였으며, 각 요소 중에 하나라도 0이 되면 전체 값이 0이 되어 동기부여가 되지 않기 때문에 성공적인 동기부여를 위해서는 세 요소를 모두 적절히 조합하는 것이 필요하다고 주장하였다.

05

영역 인사관리 > 임금관리의 개념   난도 **중**

정답의 이유

② 직능급은 직무급과 연공급을 결합한 형태이며 종업원의 직무수행 능력에 따라 임금을 결정하는 제도이다.

오답의 이유

① 직무급은 직무의 중요도, 난이도, 기여도에 따라 직무의 질과 양에 대한 상대적 가치를 평가하고 그 결과에 따라 임금액을 결정하는 제도이다.

③ 연공급은 종업원의 연령, 근속기간, 학력, 성별, 경력 등 인적요소를 중심으로 임금을 결정하는 제도이다.

④ 성과급은 높은 능률의 종업원에게 높은 임금을 지급하여 그들의 생활을 보장하고 생산성을 향상하고자 하는 임금형태이다.

06

영역 인사관리 > 직무관리　　　　　　　　　**난도** 중

정답의 이유

② 점수법은 직무와 관련된 각 요소들을 구분하여 중요도에 따라 특정값을 매긴 후, 합계값으로 평가하는 방법이다.

📡 적중레이더

직무평가 방법

평가방법	내용
점수법	직무와 관련된 각 요소들을 구분하여 중요도에 따라 특정값을 매긴 후, 합계값으로 평가하는 방법
요소비교법	직무에 대한 평가기준을 순위별 등급으로 구분한 후, 구분된 등급에 평가 요소 항목을 적용하여 평가하는 방법
서열법	직무별 중요도와 난이도 등을 포괄적이고 전체적으로 평가하여 상대적 기준에 따라 순위를 결정하는 방법(=순위법)
분류법	직무 전체를 종합적으로 판단해 미리 정해 놓은 등급기준에 따라 분류한 후, 해당 내용을 그 등급에 따라 구분하여 평가하는 방법(=등급법)

07

정답 ①

영역 생산관리 > 생산시스템 설계　　　　　　**난도** 상

정답의 이유

ㄱ. 가치분석은 제품의 기능적인 감소 없이 경제적인 측면을 통해 원가를 절감하여 고객에게 가치 있는 제품을 제공함으로써 기업의 경쟁력을 강화하는 방법이다.

ㄴ. 모듈러 설계는 최소 종류의 부품, 즉 호환성이 있는 부품을 통하여 최대 종류의 제품을 생산하는 기법이다.

ㄷ. 로버스트 설계는 제품이나 공정을 처음부터 환경변화에 의해 영향을 덜 받도록 설계하는 방법이다.

ㄹ. 동시공학은 제품개발 과정에 관련되는 모든 주요부서의 전문가가 동시에 참여하여 제품설계, 생산방법, 공정설계, 생산계획 등을 동시에 수행함으로써 제품개발 시간과 개발 단계를 단축하고자 하는 개발방식이다.

08

정답 ②

영역 회계학 > 재무제표　　　　　　　　　　**난도** 중

정답의 이유

② 수익 1,000,000원, 총비용 850,000원(임차료＋급여＋운송비＋소모품 및 기타 비용＝300,000＋400,000＋50,000＋100,000)

$$\begin{aligned}(당기순이익) &= (매출) - (비용) \\ &= 1,000,000 - 850,000 \\ &= 150,000(원)\end{aligned}$$

09

정답 ④

영역 마케팅 > 마케팅 계획 수립과정　　　　　**난도** 중

정답의 이유

④ 스타(Star)는 성장률과 점유율이 모두 높은 사업으로, 성장률이 높기 때문에 기술개발, 생산시설 확충, 시장개척 등에 지속적인 투자가 필요한 사업이다.

10

정답 ③

영역 경영학 기초 > 경영전략　　　　　　　　**난도** 중

정답의 이유

③ 다양한 제품의 기획이나 제품 품질에 대한 광고전략 등을 통해서는 차별화우위전략을 추진할 수 있다. 비용우위전략은 경쟁사에 비해 낮은 가격으로 시장점유율을 확보하거나 비슷한 가격대에 판매함으로써 높은 이윤을 확보하는 전략이며, 규모의 경제, 경험효과(학습효과), 투입요소비용, 인터넷을 활용한 비용 절감, 생산시설의 활용 등을 통해 추진할 수 있다.

📡 적중레이더

3가지 경쟁전략

원가우위전략	• 경쟁제품에 비해 품질은 그다지 차이가 없지만 가격을 현저하게 내리는 전략 • 과거 우리나라 기업들의 해외 전략
차별화전략	• 고객이 비싼 가격을 기꺼이 지불하도록 가치 있는 제품을 만드는 전략 • 경쟁제품보다 품질이나 디자인이 월등하거나 유명 상표가 부착된 경우
집중화전략	• 특정구매자 집단이나 지역적으로 한정된 특정 시장을 표적으로 하는 전략 • 원가우위전략이나 차별화전략 중 하나만을 선택하여 집중적으로 공략

11

영역 생산관리 > 품질관리　　　　　　　　　　　난도 **상**

정답의 이유

③ 대응성은 고객의 요구에 맞춰 신속하게 응답하는 대응능력으로 고객을 적극적으로 돕고 신속한 서비스를 제공하는 능력을 의미한다.

오답의 이유

① 신뢰성은 정확하고 믿을 수 있도록 서비스를 정확하게 수행해 내는 능력을 의미한다.

② 공감성은 고객에게 배려를 제공하는 등 고객을 향한 개별적인 주의집중을 의미한다.

④ 확신성은 서비스 제공자의 예의 바름과 지식, 고객에 대한 믿음과 안정성(신뢰)을 줄 수 있는 능력을 의미한다.

12

정답 ①

영역 마케팅 > 유통경로관리　　　　　　　　　　난도 **중**

정답의 이유

① 경비 절감을 위해 외부의 인력과 시설, 기술 자원을 활용하는 전략적 아웃소싱의 사례이다.

오답의 이유

② 전략적 제휴는 경쟁 관계에 있는 기업과 일부 사업에서 일시적인 협력관계를 갖는 것이다.

③ 다각화 전략은 기업이 위험 분산을 목적으로 기존의 업종과 전혀 별개의 사업이나 연관이 있는 사업에 진출하여 사업 자체를 다각화하는 방법이다.

④ 수직적 통합은 서로 다른 수준에 있는 구성원들(공급업자, 제조업자, 유통업자)을 통합해 하나의 기업조직을 이루는 형태로 메모리 반도체 제조회사가 반도체 장비 제조업에 진출하는 등의 사례를 들 수 있다.

((•)) **적중레이더**

다각화 전략(Diversification strategy)

다각화	• 위험분산 추구 • 종래의 업종 이외에 다른 업종에 진출하여 동시 운영	수직적 다각화: 승용차+부품
		수평적 다각화: 트럭+승용차
		복합적 다각화: 섬유회사+컴퓨터

13

정답 ④

영역 생산관리 > 재고자산관리　　　　　　　　　난도 **상**

정답의 이유

④ 고정주문량 모형은 재고수준이 미리 정한 재주문점 시점에 도달하면 미리 정해 놓은 주문량을 발주하는 시스템을 말하며, 주문 주기는 변동적이지만 주문량은 일정하다. 이에 비해 정기주문모형(= 고정주문기간모형)은 일정 기간마다 재고 실사를 하여 최대재고와 현재고의 차이만큼 주문하는 시스템을 말하며, 리드타임과 주문간격을 합한 기간 동안 보호할 수 있는 안전재고가 필요하므로 고정주문량 모형보다 더 많은 안전재고를 요구한다.

14

정답 ②

영역 재무관리 > 자본예산 기법　　　　　　　　　난도 **상**

정답의 이유

② 회수기간법은 투자시점에서 발생한 비용을 회수하는 데 걸리는 회수기간을 기준으로 투자를 결정하는 방법이다. 회수기간법에서는 계산된 투자 회수기간이 목표한 회수기간보다 짧으면 투자를 하게 된다.

((•)) **적중레이더**

투자안 평가방법

전통적 기법 (화폐의 시간가치를 고려하지 않는 방법)	회수 기간법	회수기간을 기준으로 투자를 결정하는 방법
	회계적 이익률법	연평균 순이익을 연평균 투자액으로 나누어 회계적 이익률을 산출하여 목표 이익률과 비교한 후 투자를 결정하는 방법
현금흐름할인법 (화폐의 시간가치를 고려하는 방법)	순현재 가치법	투자로 인해 발생할 미래의 현금흐름을 적절한 할인율로 할인해 현가를 계산한 후, 투자금액의 현재가치를 차감하여 0 이상이 되면 투자를 결정하는 방법
	내부 수익률법	투자로 인하여 얻는 연평균 수익률이 내부 수익의 할인율보다 큰 대안을 선택하는 방법
	수익성 지수법	미래 현금유입의 현재가치를 현금유출의 현재가치로 나눈 값(=수익성지수)이 1 이상이거나 가장 크면 투자를 결정하는 방법

15

정답 ④

정답의 이유

④ 공급사슬관리(SCM; Supply Chain Management)는 물류 시스템의 기능을 극대화하기 위해 물자, 정보, 재정 등이 공급자로부터 생산자에게, 도매업자에게, 소매상인에게, 그리고 소비자에게 이동함에 따라 그 진행 과정을 통합적으로 관리하는 것으로, 재고 감소를 통한 비용절감 및 생산성 제고를 목표로 한다.

16

정답 ③

정답의 이유

ㄱ. 제품믹스(Product Mix)는 기업이 소비자에게 제공하는 제품계열과 제품품목들의 집합을 말하며, 기업이 취급하는 제품 전체를 나타내는 개념이다.

ㄴ. 제품계열(Product Line)은 기업이 생산하는 모든 제품 중에서 물리적 특성, 용도, 구매집단, 가격범위, 유통채널이 비슷한 제품의 집단을 말한다.

ㄷ. 제품품목(Product Item)은 제품계열 내에서 크기, 가격 및 기타 속성에 의하여 구별될 수 있는 최소단위를 말한다.

17

정답 ②

정답의 이유

② 유사효과에 대한 설명으로 후광효과는 현혹효과라고도 하는데, 대상자의 두드러진 하나의 특성이 그 대상자의 다른 세부 특성을 평가하는 데에도 영향을 미쳐 모든 것을 좋거나 나쁘게 평가하는 오류이다. 즉, 하나의 특징적 부분의 인상이 전체를 좌우하는 것을 말한다.

📡 적중레이더

평가의 오류

관대화 오류	평가자가 관대한 평가 기준에 의해 전체적으로 높은 점수를 부여하는 것
가혹화 오류	전체적으로 낮은 점수를 부여하는 것
중심화 오류	중간점수대에 평가가 집중되는 것
논리적 오류	고과 요소 간에 상관관계가 있을 때 하나를 통하여 다른 하나를 미루어 짐작하는 것
유사효과	자신과 유사한 사람을 후하게 평가하는 것
대비효과	한 사람에 대한 평가가 다른 사람의 평가에 영향을 주는 것
후광효과	현혹효과라고도 하며 하나의 특징적 부분의 인상이 전체를 좌우하는 오류
지각적 방어	자신이 싫어하는 것이나 보고 싶지 않은 것을 외면하고 회피하는 오류
귀인상의 오류	성공은 내적귀인, 실패는 외적귀인하여 성공은 자신의 기여로, 실패는 외부의 환경 탓으로 돌리는 오류
초기효과	초기의 업적에 영향을 크게 받는 경향
최근효과	근무성적의 막바지 실적이나 능력을 중심으로 평가하는 오류
상동적 태도	상대방을 소속집단으로 평가하는 오류
상관적 편견	사람의 특질 간에 연관성이 있다는 오류
선택적 지각	외부적 상황이 모호할 경우 원하는 정보만 선택하여 판단하는 오류
주관의 객관화	자신과 비슷한 기질을 잘 지적하는 오류

18

영역 생산관리 > 수요예측　　　　　　　난도 **상**

정답의 이유

④ 역사적 유추법은 자료 유추법이라 부르며 과거 자료가 없는 품목의 수요를 예측할 때 신제품과 유사한 기존제품의 과거 자료를 이용하여 신제품의 미래수요를 예측하는 방법이다. 중기·장기 수요예측에 적합하다고 알려져 있으며, 비용이 적게 든다는 장점이 있으나, 기존제품을 어떻게 선정하는가에 따라 예측 결과가 큰 차이가 난다는 단점이 있다.

오답의 이유

① 델파이기법은 조직 내외의 전문가들에게 설문조사를 통해 미래에 관련된 의견을 수집하고, 의견을 종합한 후, 다시 설문하는 과정을 반복하여 일관된 합의를 이끌어냄으로써 예측하는 방법이다.

② 주관적 모형은 2년 이상의 장기적 추세의 확인을 중시하므로 장기 예측을 하고, 인과형 모형은 수요와 그에 영향을 주는 환경요인 간의 인간관계를 파악함으로써 중장기 예측을 하며, 시계열 모형은 작업 일정과 재고수준 관련 월별, 주별, 일별 예측이 필요하므로 중단기 예측을 한다.

③ 주관적 모형의 상호영향분석 기법은 과거에 나타났던 현상이나 거기에 작용했던 힘들이 미래에도 유사하게 나타날 것이라는 가정하에 예측하는 것이다.

19

정답 ②

영역 조직행위 > 리더십 이론　　　　　　난도 **중**

정답의 이유

② 즉각적이고 가시적인 보상으로 동기를 부여하는 것은 거래적 리더십에 대한 설명이다.

((•)) 적중레이더

리더십 이론

거래적 리더십	변혁적 리더십	카리스마적 리더십	슈퍼 리더십
• 전통적 리더십 이론 • 현상유지적, 안정 지향성 • 즉각적이고 가시적인 보상 체계 • 단기적 관점	• 거래적 리더십에 대한 비판 • 현상 탈 피, 변화 지향성 • 내재적 보상의 강조 • 장기적 관점	• 구성원들 스스로 리더를 따르게 만드는 능력 • 리더의 신념을 신뢰 • 무조건적인 수용과 자발적인 수용 발생	• 부하들이 셀프 리더가 될 수 있도록 환경을 조성해 주고 동기부여를 할 줄 아는 리더 • 셀프 리더로서 솔선수범 • 자율경영

20

정답 ④

영역 경영학 기초 > 기업의 이해　　　　난도 **중**

오답의 이유

① 수직적 통합에서 전방통합은 제품의 유통시스템을 매수하거나 그 유통시스템에 대한 지배력을 강화할 수 있고, 후방통합은 원료, 부품의 공급시스템을 매수하거나 지배력을 강화할 수 있다.

② 관련다각화는 기존제품과 기술적 유사성이 있고, 마케팅 시너지가 있는 신제품을 추가하는 전략이다.

③ 비관련다각화는 기존제품과는 기술적 관련이 없으나 현재의 고객에 소구할 수 있는 신제품을 추가하거나 기존의 기술, 제품, 시장과는 관련이 없는 신제품으로 신시장을 개척하는 전략이다.

21

정답 ①

영역 재무관리 > 재무비율분석　　　　　난도 **중**

정답의 이유

① 부채비율은 총자본을 구성하고 있는 자기자본과 타인자본의 비율을 의미하며, 기업의 부채를 자기자본으로 나누어 계산한다.

22

정답 ④

영역 재무관리 > 주식과 채권의 평가　　　난도 **중**

정답의 이유

④ PER은 주가가 주당순이익의 몇 배가 되는지를 나타내는 것이며 당기순이익을 기준으로 한다. 그러나 당기순이익은 실적 부진으로 본업에서 이익이 나오지 않으면 토지, 유가증권을 매각하거나 적립금을 헐어서 이익을 높이는 경우 등이 발생할 수 있으므로 PER로 투자원금 회수를 예상하고 투자수익률을 평가하기는 어렵다.

오답의 이유

① 주가수익비율(PER)은 주가를 1주당 순이익(EPS)으로 나눈 것이다.

② 주가가 1주당 순이익의 몇 배인가를 나타내는 지표가 되므로, 기업의 이익 대비 주가가 몇 배인가를 의미한다.

③ $PER = \dfrac{(주가)}{(1주당\ 순이익)}$ 이므로 당기순이익이 커지면 PER은 작아진다.

23

정답 ①

영역 재무관리 > 포트폴리오 이론 　　　　　　　　　난도 **중**

정답의 이유

① 분산투자 시 제거할 수 있는 비체계적 위험에는 종업원의 파업, 법적 문제, 판매 부진 등이 있다. 비체계적 위험은 기업의 특수한 상황과 관련된 기업 고유의 위험을 말한다.

오답의 이유

②·③·④ 이자율의 변화, 물가 상승, 정부의 경기 정책 변화는 시장의 전반적인 상황과 관련된 것이며 분산투자로 제거되지 않는 체계적 위험이다.

((•)) 적중레이더

체계적 위험과 비체계적 위험

체계적 위험	비체계적 위험
• 분산투자로 제거되지 않는 위험 • 분산 불가능한 위험 • 시장의 전반적인 상황과 관련된 시장 위험 • 인플레이션, 이자율의 변화 등	• 분산투자를 통해서 제거되는 위험 • 분산 가능한 위험 • 기업 상황과 관련된 기업 고유의 위험 • 종업원의 파업, 법적 문제, 판매 부진 등

24

정답 ④

영역 마케팅 > 마케팅 믹스 　　　　　　　　　　　난도 **중**

정답의 이유

④ 서비스가 생성되어 고객에게 전달될 때까지의 전 과정(서비스 전달 시스템)에 고객이 참여하더라도 서비스는 제공자와 이용자에 따라 환경과 조건이 항상 변하므로 고객마다 동일한 서비스가 제공되기는 어렵다.

25

정답 ③

영역 마케팅 > 목표 시장의 선정(STP) 　　　　　　난도 **중**

정답의 이유

③ 행동적 세분화는 구매동기, 혜택, 사용자지위, 사용률, 충성도, 구매준비단계, 제품에 대한 태도 등이 기준이 된다.

오답의 이유

① 인구통계적 세분화는 연령, 성별, 가족규모, 가족생활주기, 소득직업, 교육, 종교, 인종 등이 기준이 된다.
　예 독신청년, 젊은 무자녀 부부, 젊은 유자녀 부부 등
② 지리적 세분화는 지역, 도시규모, 인구밀도, 기후 등이 기준이 된다.
　예 대도시, 중소도시, 교외 등
④ 심리적 특성에 의한 세분화는 라이프스타일, 개성 등이 기준이 된다.
　예 사교적, 개인적, 권위적, 야심적 등

2021 | **9급** 기출문제 해설

☑ 점수 (　　)점/100점　☑ 문제편 236쪽

영역 분석

경영학의 기초	3문항	★★★	12%
마케팅	2문항	★★	8%
조직행위	5문항	★★★★★	20%
인사관리	2문항	★★	8%
생산관리	4문항	★★★★	16%
경영정보시스템	1문항	★	4%
국제경영과 국제경제	1문항	★	4%
회계학	2문항	★★	8%
재무관리	5문항	★★★★★	20%

빠른 정답

01	02	03	04	05	06	07	08	09	10
①	①	②	④	①	③	④	②	③	①
11	12	13	14	15	16	17	18	19	20
④	③	④	②	④	①	②	③	②	②
21	22	23	24	25					
②	③	④	③	③					

01

정답 ①

영역 조직행위 > 조직구조와 직무설계　난도 **중**

정답의 이유

① 업무몰입의 지원은 직무설계와 관련이 있다. ② · ③ · ④가 분업화와 관련이 있다.

02

정답 ①

영역 경영학의 기초 > 경영학의 이해　난도 **중**

정답의 이유

① 테일러의 과학적 관리법은 외적 보상(회사에서 의도된 환경, 보상 등)을 통해 동기가 부여되며, 내적 보상(심리적 보상으로 인정, 성취감, 칭찬, 격려 등)을 통해 동기부여가 되는 것은 인간관계론이다.

03

정답 ②

영역 인사관리 > 노사관계관리　난도 **중**

정답의 이유

② 노동자의 3가지 기본 권리에 단체협의권은 포함되어 있지 않다.

(•) 적중레이더

노동3권

근로자의 인간다운 생활을 보장하기 위해 헌법에 보장된 세 가지의 기본권으로 단결권, 단체교섭권, 단체행동권이 있다. 또한 이를 구체화하기 위한 법률로 '노동조합 및 노동관계조정법'이 있다. 한편, 공무원인 근로자는 법률이 정하는 자에 한하여 단결권, 단체교섭권 및 단체행동권이 주어진다.

- 단결권: 근로자들이 단결할 수 있는 권리로 노동조합을 결성 · 가입하거나 운영할 권리를 말한다.
- 단체교섭권: 근로자를 대표하여 노동조합이 사용자 또는 사용자단체와 교섭할 수 있는 권리로, 사용자가 이에 정당한 이유없이 응하지 않으면 부당노동행위로 처벌된다.
- 단체행동권: 근로자가 사용자에 대항하여 단체적 행동할 수 있는 권리로 근로자의 요구를 관철하기 위한 수단으로 단체행동에 나서는 것을 보장한다. 종류로는 파업, 태업, 연장근무 거부, 집회 등이 있다.

04

영역 조직행위 > 리더십 이론   난도 **중**

정답의 이유

④ 연구개발은 지원적 활동에 해당한다.

📡 **적중레이더**

가치사슬(Value Chain)

마이클 포터 하버드대 교수가 주장한 개념으로, 기업이 원재료를 구매하여 가공 · 판매해 부가가치를 만드는 일련의 과정을 말한다. 가치사슬은 크게 본원적 활동과 지원활동으로 나눌 수 있다.

- 본원적 활동(Primary Activities): 물류투입, 운영 · 생산, 물류산출, 마케팅 및 영업, 서비스 활동이 포함되며, 제품 · 서비스의 물리적 가치창출과 관련된 활동들로써 직접적으로 고객들에게 전달되는 부가가치 창출에 기여하는 활동들을 의미한다.
- 지원 활동(Support Activities): 회사 인프라, 인적자원관리, 기술개발, 조달활동이 포함되며, 본원적 활동이 발생하도록 하는 투입물 및 인프라를 제공한다. 지원활동들은 직접적으로 부가가치를 창출하지는 않지만, 이를 창출할 수 있도록 지원하는 활동들을 의미한다.

05
정답 ①

영역 재무관리 > 효율적 자본시장   난도 **하**

오답의 이유

② 가중 효과: 두 개 이상의 자극에 의한 효과가 겹쳐서 하나의 자극보다 커지는 현상을 말한다.

③ 톱니바퀴 효과: 생산 또는 소비가 일정 수준에 도달하고 나면, 이전으로 돌아가기 힘든 현상을 말한다.

④ 비례 효과: 광고와 판매량이 같은 방향으로 진행하는 것을 의미한다.

06
정답 ③

영역 국제경영과 국제경제 > 국제경영전략   난도 **중**

정답의 이유

③ 경영참가나 기술제휴를 목적으로 해외에 자회사를 설립하는 것으로써, 모회사의 지배하에 갈등이 발생할 수 있으며, 경영관리를 위한 이슈나 의사결정이 많이 발생한다.

오답의 이유

① 글로벌 소싱(Global Sourcing): 활동 범위를 세계적으로 확대하여, 외부조달 비용을 절감하는 구매전략을 말한다.

② 전략적 제휴(Strategic Alliance): 기업 간의 상호협력을 바탕으로 기술 · 생산 · 자본 등의 기업 기능에 2개 또는 그 이상의 기업이 제휴하는 것을 말한다.

④ 프랜차이즈(Franchise): 가맹점에 일정한 지역 내에서의 독점적 사업권을 부여해 시장을 개척하는 방식이다.

07
정답 ④

영역 회계학 > 자산   난도 **상**

정답의 이유

④ 손익분기점은 총비용과 총수익이 같아지는 것을 말한다. 이를 산출하기 위해서는 다음의 공식을 사용한다.

$$손익분기점(매출액) = \frac{(총고정비용)}{1 - \frac{(제품단위당 변동비용)}{(제품가격)}}$$

따라서 영업이익은 해당하지 않는다.

08
정답 ②

영역 조직행위 > 집단 행위에 대한 이해   난도 **중**

정답의 이유

② 응집력이 이미 높은 상태에서 조직목표가 불일치하면 생산성이 저하될 위험이 가장 크다.

오답의 이유

① 생산성이 가장 높은 상황이다.

③ 어느 정도 생산성이 향상되는 상황이다.

④ 생산성이 저하되는 상황이지만, 위험이 가장 큰 상황은 아니다.

📡 **적중레이더**

집단 응집력

집단의 구성원들이 서로를 좋아하고 집단의 일원으로서 존재하고 싶어 하는 정도를 의미한다. 집단의 크기, 공유된 성공체험, 집단과 가치관의 유사성 등에 영향을 받으며, 집단의 사기 · 만족 증대, 원활한 커뮤니케이션, 외부집단에 대한 거부감 등이 발생한다.

09
정답 ③

영역 경영정보시스템 > e 비즈니스 시스템 모델과 구성요소 　**난도** 중

[정답의 이유]

③ 차별화된 현지 생산은 특수상황이 반영된 자원관리로 전사적 자원
관리(ERP)에 해당하는 내용이 아니다.

(((•))) 적중레이더

전사적 자원관리(ERP)

생산관리, 판매관리, 인사관리, 재무관리 등 기업의 기본적 업무를 컴
퓨터 시스템을 사용하여 밀접하게 관련시켜 실행하는 것으로서, 인
력 · 생산재 · 물류 · 회계 등 기업의 모든 자원을 전체적으로 관리하여
최적화된 기업 활동을 가능하게 하는 전산 시스템을 말한다.

10
정답 ①

영역 조직행위 > 리더십 이론 　**난도** 상

[정답의 이유]

① 명확한 비전제시는 변혁적 리더십의 특성이다.

(((•))) 적중레이더

진성 리더십

리더의 진정성을 강조하는 리더십을 말한다. 본연의 자기 모습을 인
식하고 다른 사람을 모방하지 않으며, 자신의 신념을 소신껏 실행하
여 조직 구성원들에게 긍정적인 영향을 미친다.

• 자아 인식: 리더 자신의 강점과 약점, 가치관, 감정, 본성 등에 대한
  이해이다.
• 내면화된 도덕적 신념: 외부의 영향을 받지 않고 자신의 가치관에
  따라 움직이는 과정이다.
• 균형 잡힌 정보처리: 의사결정을 내리기 전에 정보를 객관적으로
  검토하는 과정이다.
• 관계의 투명성: 자신의 진정성을 다른 사람에게 보여주는 것으로
  자신의 생각과 감정을 다른 사람들과 공유하는 것이다.

11
정답 ④

영역 경영학의 기초 > 경영학의 이해 　**난도** 중

[정답의 이유]

④ 통제란 조직의 구성원들이 목표달성을 위해 업무가 계획적으로 진
행되고 있는지 확인하고 감독하는 기능을 말한다.

12
정답 ③

영역 회계학 > 재무제표 　**난도** 중

[정답의 이유]

③ 일정기간 동안의 경영성과를 나타낸 재무제표는 포괄손익계산서
(I/S)이다. 재무상태표는 특정시점의 재무상태를 나타낸다.

(((•))) 적중레이더

재무상태표의 구성

• 자산: 유동자산(당좌자산, 재고자산), 비유동자산(투자자산, 유형자
  산, 무형자산, 이연자산)
• 부채: 유동부채, 비유동부채
• 자본: 자본금, 자본잉여금, 자본조정

13
정답 ④

영역 인사관리 > 인적자원계획 　**난도** 중

[정답의 이유]

④ 직속상사가 부하에게 직접적, 개별적으로 지도하고 교육하는 방식
으로 많은 종업원들에게 체계적이고 통일된 훈련을 시킬 수 없다.

(((•))) 적중레이더

직장 내 교육훈련(OJT; On The Job Training)

구체적인 직무를 수행하는 과정에서 직속상사가 부하에게 직접적으
로 개별지도를 하고 교육훈련을 시키는 라인담당자 중심의 교육훈련
방식이다. 따라서 업무수행의 중단이 없다.

14
정답 ②

영역 마케팅 > 시장기회 분석과 소비자 행동 　**난도** 중

[정답의 이유]

② 가족은 사회적 요인 중 준거집단에 해당하는 요인으로 외적인 동
기요인에 해당한다.

(((•))) 적중레이더

구매행동의 영향요인

외적 동기요인	문화적 요인	문화, 사회계층
	사회적 요인	준거집단, 가족, 역할과 지위
내적 동기요인	개인적 요인	연령, 라이프사이클, 직업, 경제적 상황, 라이프 스타일
	심리적 요인	동기, 지각, 학습 등

15

영역 조직행위 > 권력과 갈등 　　　　　　　　　**난도중**

정답의 이유

④ 특정 분야에 대해 가지는 전문적 지식은 개인적 권력이다.

오답의 이유

① 타인에게 부정적 강화를 제공할 수 있는 권력은 강압적 권력이다.
② 타인에게 긍정적 강화를 제공할 수 있는 권력은 보상적 권력이다.
③ 조직 내의 지위나 역할에 의해 권한을 가지는 합법적 권력이다.

(((•))) 적중레이더

프렌치와 레이븐(J. French & B. Raven)의 권력의 분류

보상적 권력	타인에게 긍정적 강화를 제공할 수 있는 경우
강제적 권력	타인에게 부정적 강화를 제공할 수 있는 경우
합법적 권력	조직 내의 지위나 역할에 의해 권한을 가지는 경우
준거적 권력	상사에게 주관적인 충성심을 가지고 있는 경우
전문적 권력	특정 분야에서 전문적 지식을 가지고 있는 경우

16

정답 ①

영역 마케팅 > 제품관리 　　　　　　　　　　　**난도중**

오답의 이유

② 시제품은 '제품개발 및 시험생산' 단계에 해당한다.
③ 신상품 컨셉트는 '추상적'이 아니라, '구체적'으로 표현하는 것이다.
④ 시장테스트는 '출시 전'에 실시하고 마케팅 프로그램을 수정하는 과정이다.

(((•))) 적중레이더

신제품 개발절차
아이디어 개발(창출) → 제품 컨셉트의 개발과 테스트 → 사업성 분석 → 제품개발 및 시험생산 → 시험마케팅 → 상업화

17

정답 ②

영역 생산관리 > 품질관리 　　　　　　　　　　**난도상**

정답의 이유

② 식스 시그마(Six Sigma)는 백만 개의 제품 중 3~4개의 불량만을 허용하는 품질관리 방법이다.

(((•))) 적중레이더

식스 시그마의 방법론

DMAIC	• 기존의 프로세스를 향상시키기 위해 쓰인다. • 정의–측정–분석–개선–통제(관리)
DMADV	• 새로운 제품을 만들거나 예측가능하고 결함이 없는 성능을 내는 디자인을 만들기 위한 목적으로 쓰인다. • 정의–측정–분석–디자인–검증

18

정답 ③

영역 생산관리 > 자재소요계획 및 적시생산시스템 　　　**난도중**

정답의 이유

JIT(Just–In–Time)는 적시생산시스템이라고도 한다. 필요한 부품을 필요한 시간에 필요한 양만큼 공급함으로써 생산 활동에서 모든 낭비의 근원이 되는 재고를 없애고 작업자의 능력을 완전하게 활용하여 생산성 향상을 달성하고자 하는 풀시스템(Pull System)이다.
③ 안전재고의 저장은 MRP기법에 해당한다.

19

정답 ②

영역 생산관리 > 생산시스템의 설계 　　　　　　　**난도중**

정답의 이유

② 생산시스템의 설계과정은 '제품결정 및 설계 → 공정설계 → 생산입지선정 → 설비배치 → 작업측정'의 순서로 이루어진다.

오답의 이유

① 생산입지선정: 시설의 위치, 개수, 규모의 결정을 총괄적 시스템의 관점에서 총유통비가 최소로 되는 방식으로 접근하는 것이다.
③ 설비배치: 생산공정의 공간적 배열, 즉 공장 내에 필요한 기계설비 등을 공간적으로 적절히 배치하여 생산활동의 최적흐름을 실현하고자 하는 것이다.
④ 제품설계: 개발대상으로 선정된 제품을 공정에서 제조하기 위하여 해당 제품의 기술적 기능을 구체적으로 규정하는 것이다.

20

영역 재무관리 > 재무관리의 기초개념   난도**중**

정답의 이유

② 관리회계는 경영자가 내부통제 또는 재무예측을 위해 필요로 하는 정보를 정리하고, 재무분석은 기업의 외부 이해관계자들이 기업의 재무상태와 경영성과의 적정성 여부를 검토하는 것이다.

21

정답 ②

영역 재무관리 > 자본예산 기법   난도**중**

정답의 이유

② 순현가(NPV)는 투자로 인하여 발생할 미래의 모든 현금흐름을 적절한 할인율로 할인한 현가로 나타내어 투자결정에 이용하는 방법이다. 모든 개별 투자안들 간의 상호관계를 고려하지 않아 독자적 평가가 가능하다.

(((•))) 적중레이더

순현가(NPV)의 특성
- 화폐의 시간가치를 고려한다.
- 내용 연수 동안의 모든 현금흐름을 고려한다.
- 현금흐름과 할인율만으로 투자안을 평가하므로 자의적 요인이 배제된다.
- 투자안에 대한 가치가산의 원칙이 적용된다. 즉, A와 B 두 투자안에 모두 투자할 경우의 순현가는 각 투자안의 순현가를 합한 것과 동일하다.
- 선택된 모든 투자안의 순현가의 합으로 해당 기업의 가치를 알 수 있다.

22

정답 ③

영역 재무관리 > 재무관리의 기초개념   난도**중**

정답의 이유

③ 회계처리는 회계관리자의 역할이다.

(((•))) 적중레이더

재무관리자의 역할
- 기업 내 재무관리: 제품 및 용역의 생산과 판매를 위해 관련된 자금의 조달과 분배에 대한 결정을 한다.
- 재무계획: 현금의 유입·유출을 추정하고 재무에 어떤 영향을 미칠지 분석하고 예측한다.
- 투자결정: 기업이 미래의 경제적 혜택을 위하려 현재의 자금을 사용하는 것이다.
- 자금조달결정: 기업의 규모가 커질수록 투자의 필요성이 커지고, 여러 가지 다양한 자금 조달 방법을 결정한다.

23

정답 ④

영역 재무관리 > 자본예산의 기초   난도**중**

정답의 이유

④ 매몰비용의 오류란 진행하고 있는 일의 결과가 좋지 않을 것을 예상하지만, 투자한 비용과 시간이 아까워 상황을 객관적으로 판단하지 못하고 계속 진행하는 상황을 말한다.

24

정답 ③

영역 경영학의 기초 > 경영학의 이해   난도**중**

정답의 이유

③ 업무를 조직화하고 감독하는 활동은 경영이다.

(((•))) 적중레이더

경영
조직과 관련된 의사결정으로 목표, 계획, 업무수행, 조직화, 실적 평가, 개선 등이 있다.

25

정답 ③

영역 생산관리 > 품질관리   난도**중**

오답의 이유

① PDCA(Plan–Do–Check–Act) 싸이클 또는 데밍 싸이클로 불리며 지속적인 품질개선을 위한 모델이다. 월터 슈하트(Walter A. Shewhart), 에드워즈 데밍(W. Edwards Deming) 등에 의해 유명해졌다.

② 싱고 시스템은 오류를 사전에 방지하고 비정상적인 것을 빠른 시간 안에 피드백을 주어 정상적으로 운영할 수 있도록 하는 프로그램이다. 고객지향 상호신뢰, 인간성 존중이 핵심 철학이다.

④ 품질의 집 구축과정은 경영 품질 기능 전개를 수행하는 데 필요한 도구로, 고객의 요구와 기술적 속성을 행렬 형태로 나타낸 표를 말한다.

2021 | 7급 기출문제 해설

☑ 점수 (   )점/100점   ☑ 문제편 240쪽

영역 분석

경영학의 기초	5문항	★★★★★	20%
마케팅	3문항	★★★	12%
조직행위	7문항	★★★★★★★	28%
생산관리	4문항	★★★★	16%
경영정보시스템	3문항	★★★	12%
회계학	2문항	★★	8%
재무관리	1문항	★	4%

빠른 정답

01	02	03	04	05	06	07	08	09	10
④	④	①	②	③	②	②	②	①	①
11	12	13	14	15	16	17	18	19	20
①	②	④	②	①	②	③	④	③	②
21	22	23	24	25					
④	③	③	③	④					

01
정답 ④

영역 조직행위 > 개인행위   난도 중

정답의 이유

④ 밀턴 로키치는 개인의 가치체계를 '가치관의 상대적 중요성'에 따라 순위를 매기며, 그것에 기인하여 하나의 가치체계를 형성한다고 주장한다. 그 유형으로는 궁극적 가치와 수단적 가치가 있는데, 행동방식, 용기, 정직, 지성 등은 궁극적 가치가 아닌 수단적 가치에 해당한다.

오답의 이유

① 통제의 위치는 스스로 운명을 통제할 수 있다고 믿는 정도를 의미하며 내재론자와 외재론자로 나눌 수 있다.

🎙 적중레이더

로키치(Rokeach) 가치조사 척도(RVS; Rokeach Value Survey)

• 가치를 삶의 최종목표인 궁극적 가치와 그것을 성취하기 위한 수단적 가치로 구분한다.

• 궁극적 가치관의 유형으로 안락, 평화, 가족인정, 행복 등의 18개 유형이 있으며, 수단적 가치의 유형으로는 이상적, 관대함, 유능함 등을 포함하는 18개 항목이 있다.

• 가치연구는 수단·목적 사슬을 통해 마케팅에 응용할 수 있다. 소비자의 궁극적 가치가 무엇인가에 따라 어떤 종류의 속성을 가진 상품을 선택하는지가 달라진다.

수단적 가치 (Instrumental Value)	야심적인 < 생각이 넓음 < 유능한 < 명랑하고 즐거운 < 청결한 < 용감한 < 관대한 < 도움이 되는 < 정직한 < 창조적인 < 독립적인 < 지적인 < 논리적인 < 자애로운 < 순종적인 < 예의바른 < 책임 있는 < 자제력 있는
궁극적 가치 (Terminal Value)	편안한 생활 < 재미있는 생활 < 성취감 < 평화로운 세계 < 미적 세계 < 평등 < 가족 안전 < 자유 < 행복 < 내적 조화 < 성숙한 사랑 < 국가의 안전 < 구원 < 자존 < 사회적 인정 < 진실한 우정 < 지혜

02
정답 ④

영역 회계학 > 자산   난도 중

정답의 이유

④ 대상 자산에서 잔존가치를 차감하는 것은 맞지만 매년 동일하게 차감하지 않는다. 잔존가치는 계산에 따라 변경된다.

오답의 이유

①은 정액법, ②는 연수합계법, ③은 정액법에 대한 설명이다.

감가상각결정요인

- 취득원가(Historical Cost): 기초가치라고도 하며 고정자산을 구입하는 가격, 즉 공정시장가치(Fair Market Value)에 그 고정자산을 가동하기까지의 제비용과 취득 시점 이후에 가산될 수 있는 자본적 지출을 포함한 것까지를 말한다.
- 잔존가치(Residual Value): 처분 시 받을 금액에서 제거 및 판매비용을 차감한 잔존가액이다. 세법에서는 유형고정자산의 잔존가치를 보통 취득원가의 10%로 하고 있다. 무형고정 자산은 그 잔존가치가 없는 것으로 하고 있다.
- 추정내용연수(Estimated Useful Life): 고정자산을 사용할 수 있는 기간으로서 고정자산이 용역 잠재력을 제공하는 기간을 말한다. 내용 연수를 객관적으로 추정하기 위해서는 물리적 요소인 생산능력 또는 조업도, 수선 · 유지정책과 경제적 요소인 진부화, 부적합화, 경기변동, 기타보험에 의해서 보상될 수 없는 기업외적 요소를 고려해야 한다.

03

정답 ①

영역 재무관리 > 자본예산 기법 　　　난도 **상**

정답의 이유

① 실물옵션 접근법은 시장 환경의 불확실성이 크거나 경영자의 의사결정에 따른 미래 현금흐름 및 투자비용의 변동성이 큰 경우에도 기술의 가치를 보다 합리적으로 평가할 수 있다. 이에 비해 순현재가치법(NPV)은 미래의 유입 현금흐름을 현재가치로 평가한 금액에서 미래의 유출 현금흐름을 현재가치로 평가한 금액을 뺀 값으로 위험 개념을 사용한다.

오답의 이유

② 실물옵션 접근법에는 투자연기옵션, 성장옵션, 유연옵션, 포기옵션, 학습옵션 유형이 있다.

③ 실물옵션 접근법은 불확실한 시장에 반응하기 위한 이론으로 현금흐름이 고정되어 있지 않다고 가정하고, 순현재가치법 또한 화폐가치의 변화, 물가변동을 고려해야 한다고 가정한다.

04

정답 ②

영역 조직행위 > 조직구조와 직무설계 　　　난도 **중**

정답의 이유

② 학습은 맥킨지 7S 모형에 포함되지 않는다.

맥킨지(Mckinsey)의 7S 모형

전략(Strategy), 조직구조(Structure), 제도(System), 구성원(Staff), 관리기술(Skill), 리더십 스타일(Style), 공유가치(Shared Value)

05

정답 ③

영역 조직행위 > 지각이론과 평가 　　　난도 **중**

정답의 이유

③ 켈리의 입방체 이론에서 외부 귀인성은 일관성이 낮고, 일치성과 특이성이 높은 경우라고 설명한다.

켈리(Kelly)의 입방체 이론

구분	일관성	일치성	특이성
높음	내부 귀인성	외부 귀인성	외부 귀인성
낮음	외부 귀인성	내부 귀인성	내부 귀인성

06

정답 ②

영역 회계학 > 재무제표 　　　난도 **상**

정답의 이유

② 판매가격에서 판매원가와 판매비용을 차감해야 이익을 계산할 수 있다. 단위변동비는 제품의 총변동원가를 판매량으로 나눈 값을 말하며 이익과는 관련이 없다.

07

정답 ②

영역 경영학의 기초 > 경영학의 이해 　　　난도 **중**

정답의 이유

② 베버의 관료제는 인간적인 면을 고려하지 않는다. 즉, 인간적인 측면을 너무 무시하다 보니, 이에 대한 반발로 나온 것이 인간관계론이다.

08

정답 ②

영역 조직행위 > 조직행위론의 이해　　　　　　난도 **상**

정답의 이유

② 동형화란 기업 간에 유사한 전략을 추진하거나, 동일한 경영 기법을 활용하는 것을 말한다.

📡 적중레이더

동형화(Isomorphism)

특정 조직 내 모든 조직의 형태와 구조가 수렴되고 동형화되고 있는 현상을 말한다.

- 규범적(Normative) 동형화: 전문가 직업사회에서 전문화 과정을 통하여 나타나고, 전문직의 작업조건과 방법을 정의하고, 생산자들의 생산을 통제하고, 직업적 자율성을 취득하기 위한 인지적 기초와 정당화를 확립하기 위한 집합적 노력으로 자기들만의 네트워크로 정교화하는 과정으로 정의할 수 있다.
- 억압적(Coercive) 동형화: 초점조직이 자신의 자원을 통제하는 다른 조직들 또는 자신의 조직 사회로부터 가해지는 공식 · 비공식 압력에 순응하는 과정으로 정의할 수 있다. 모방(Mimetic)은 초점조직이 자발적으로 성공사례를 벤치마킹하여 모방하는 과정으로 정의할 수 있는데, 일반적으로 불분명한 목표와 해결책(당면한 불확실성이 높을 때)이 없는 경우에 단순히 모방할 가능성이 높아지며 다양한 경로를 통해 동형화될 가능성이 크다.

09

정답 ①

영역 생산관리 > 품질관리　　　　　　난도 **상**

정답의 이유

① 품질(Quality)경쟁력은 양질의 제품과 서비스를 제공하는 것으로, 두 제품의 가격이 같다면 더 좋은 품질의 제품을 구매하는 것과 제품의 품질수준이 일정하게 유지되는 것을 말한다. 설계의 품질과는 관련이 없다.

오답의 이유

② 유연성(Flexibility)경쟁력은 생산시스템이 외적인 환경변화에 유연하게 반응할 수 있는 능력을 말하며, 제품 수량의 유연성과 고객화로 구분할 수 있다. 고객화는 세분화된 고객과 시장의 요구에 맞게 설계를 변경하는 것이고, 수량의 유연성은 시장수요 변동에 맞춰 탄력적으로 제품을 생산하고 공급하는 것을 말한다.

10

정답 ①

영역 경영학의 기초 > 기업의 이해　　　　　　난도 **중**

정답의 이유

① 카르텔(Cartel)은 기업 상호 간의 경쟁 제한이나 완화를 위하여 동종 또는 유사산업 분야의 기업 간에 결성되는 기업 결합 형태이며, 가맹기업 독립성을 유지하고 있다. 법률적으로 독립성을 유지하고 있는 형태는 콘체른이다.

📡 적중레이더

기업집단화

- 의의: 둘 이상의 단위기업이 보다 큰 경제단위로 결합하는 것을 말한다.
- 결합방식에 따른 분류
  - 수평적 결합: 동종 산업에서 생산활동단계가 비슷한 기업 간 결합
  - 수직적 결합: 생산 또는 판매경로상 이전 또는 이후 단계에 있는 기업과의 결합
- 독립성에 따른 분류
  - 카르텔: 동일업종의 수평적 결합으로 경쟁이 제한되고 시장을 독점적으로 지배하기 위한 결합
  - 콘체른: 법률상 형식적인 독립성 유지하지만, 실질적으론 경제적 독립성을 상실하는 결합
  - 트러스트: 시장경쟁을 제한하고 독점하기 위해 경제적, 법률적 독립성을 완선히 상실하는 결합

11

정답 ①

영역 조직행위 > 조직구조와 직무설계　　　　　　난도 **중**

오답의 이유

b. 프로젝트를 수행하기 위해 만들어지는 한시적인 조직 형태는 프로젝트 조직이다.

c. 다양한 경험을 통해 전문기술의 개발과 더불어 좀 더 넓은 시야와 목표관을 가질 수 있어 동기부여 효과가 있다.

e. 이중 권한 체계로 인해 기능부서와 사업부서의 갈등이 발생할 수 있다.

📡 적중레이더

매트릭스 조직

사업부서의 단점을 보완하기 위하여 고안되었으며, 기능별 부문과 프로젝트별 부문의 조합적인 조직 형태이다. 종업원들은 기능 조직과 프로젝트 조직에 동시에 속하게 된다.

12

정답 ②

영역 경영학의 기초 > 경영전략　　　　난도 중

정답의 이유

② 가치사슬을 활용해 기업의 활동분야를 여러 단계로 나누고 각 단계별로 가장 뛰어난 경쟁자와 벤치마킹을 통해 경쟁우위가 있는 부문과 열위가 있는 부문을 파악함으로써 자사의 핵심역량이 어디에 있는지 파악할 수 있다.

오답의 이유

① 현장 업무 활동으로 이윤을 창출하는 역할을 '기간활동' 또는 '주활동'이라고 한다.

④ 기업의 하부 구조는 생산 관계를 통틀어 이르는 말로 보조 활동에 포함된다.

((•)) 적중레이더

포터의 가치사슬

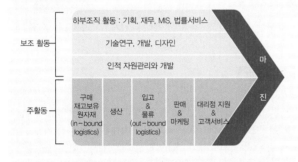

출처: 장세진, 「경영전략(10th)」, 박영사

13

정답 ④

영역 경영정보시스템 > 인터넷 마케팅 광고　　　　난도 중

정답의 이유

④ 전략적 제휴란 기업 간 상호협력관계를 유지하며 다른 기업에 대한 경쟁우위를 확보하려는 경영전략이다. 기업은 모든 것을 혼자서 실현할 수 없기 때문에 상호협력을 바탕으로 기술·생산·자본 등의 기능에 2개 또는 다수의 기업이 제휴한다.

14

정답 ②

영역 경영학의 기초 > 경영혁신　　　　난도 중

정답의 이유

② 자원기반이론에 의하면 기업 내부의 인적자원 시스템이 기업의 지속적 경쟁 우위를 창출한다고 보고 있다.

((•)) 적중레이더

자원기반이론

시장은 기본적으로 불완전하기 때문에 특정자원은 특정기업과 분리될 수 없으며, 이러한 특정자원의 보유가 기업의 경쟁력을 좌우한다는 것으로, 기술이나 인력, 조직, 생사 프로세스 등이 내부 경영 자원을 형성한다.

15

정답 ①

영역 조직행위 > 학습과 태도　　　　난도 중

정답의 이유

① 강화이론에서 부정적 강화는 바람직하지 않은 결과를 회피시켜, 바람직한 행동의 빈도를 늘려나가는 강화방법이다.

((•)) 적중레이더

강화이론

- 적극적 강화(Positive Reinforcement): 바람직한 행동을 했을 경우에 매력적인 결과를 제공하는 것이다(예 부하가 특정 상황에서 업무수행을 잘 했을 경우 감독자가 부하를 칭찬).
- 부정적 강화(Negative Reinforcement): 바람직하지 않은 결과를 회피시켜, 바람직한 행동의 빈도를 늘려나가는 것이다(예 근로자가 일을 정확하게 수행하고 정시에 출근했을 경우 감독자는 근로자를 꾸지람하거나 괴롭히는 것을 삼가는 것).
- 소거(Extinction): 바람직하지 못한 행동을 했을 경우 적극적 강화를 하지 않는 것이다(예 근로자가 지각할 경우 감독자로부터 칭찬을 받지 못하며 추가급 추천도 받지 못하는 것).
- 처벌(Punishment): 바람직하지 못한 행동을 했을 경우 불쾌한 결과를 제공하는 것이다(예 계속 지각하는 근로자를 공개적으로 꾸짖거나 벌금을 부과하는 것).

16

영역 조직행위 > 리더십 이론   난도 **중**

정답의 이유

② 거래적 리더십은 안정지향적이며 현상유지를 하려고 하기 때문에 새로운 변화와 시도를 추구하지 않는다.

오답의 이유

③ 변혁적 리더십의 특징
- 구성원을 리더로 개발
- 낮은 정도의 신체적 필요에 대한 구성원들의 관심을 높은 수준의 정신적인 필요로 끌어올림
- 구성원들의 기대수준보다 더 넘어설 수 있도록 고무
- 미래의 비전을 가치 있게 만드는 변화 의지를 만드는 방법을 서로 의사소통

🔊 **적중레이더**

거래적 리더십

구분	내용
변화관	안정지향 · 현상유지, 폐쇄적, 소극적
관리계층	하위관리층, 중간관리층
관리전략	• 리더와 부하 간 교환관계나 통제 • 즉시적 · 가시적인 보상으로 동기부여
행위표준	부하들이 명령 · 지시에 충실할 것을 의도
문제해결	부하에게 문제를 해결하거나 해답을 찾을 수 있는 곳을 알려 줌
이념	능률지향 – 단기적인 효율성과 타산
조직구조	기술구조(기술 위주)나 기계적 관료제에 적합
리더십 사용	과소사용

17

정답 ③

영역 생산관리 > 생산시스템의 설계   난도 **상**

정답의 이유

③ 동시공학은 제품개발 속도를 줄이기 위한 것이 아닌 빨리하기 위한 개발된 제품개발 방식이다. 동시공학을 구현하기 위해서는 각 부서가 독립적으로 운영하던 컴퓨터 지원 설계(CAD) · 제조(CAM) · 엔지니어링(CAE) · 실험(CAT) 등 전산시스템을 하나로 통합, 공유하는 것이 필요하다.

18

정답 ④

영역 생산관리 > 생산능력과 시설입지   난도 **상**

정답의 이유

④ 생산능력 이용률을 구하는 공식에서 설계생산능력이 분모에 해당하므로 설계생산능력이 증가하면 이용률은 감소한다.

🔊 **적중레이더**

생산능력 이용률

$$(이용률)=\frac{(실제생산량)}{(설계생산능력)}\times100$$

19

정답 ③

영역 경영학의 기초 > 경영전략   난도 **중**

정답의 이유

③ 고정비용과 관련되는 것은 규모의 경제이다. 즉, 생산시설을 짓는 데 드는 초기 고정비용을 절약할 수 있게 되어 규모의 경제가 실현되는 것이다.

🔊 **적중레이더**

규모의 불경제
- 의의: 어떤 상품의 생산량을 증가시킬 때 상품 한 단위당 들어가는 평균비용이 상승하는 현상으로 많이 만들수록 돈이 더 든다.
- 발생 원인: 주로 기업 조직이 비효율적으로 커지는 경우(사내 통신비용의 증가, 중복업무, 경영진의 비대화 등)에 발생한다.

20
정답 ②

영역 경영정보시스템 > e 비즈니스 시스템 모델과 구성요소   난도 상

정답의 이유

② 지연차별화(Delayed Differentiation)는 제품이나 서비스의 생산을 진행하되 고객의 요구나 선호도가 알려지기 전까지는 일부를 완성하지 않고 미루다가 고객의 요구를 안 다음 그것을 반영하여 완성하는 것을 의미한다.

🛰 **적중레이더**

채찍효과

• 의의: 공급사슬 상류(소비자로부터 생산자)로 갈수록 수요정보가 왜곡되는 현상이다.
• 원인
  – 수요의 급변동과 예측오류
  – 긴 리드타임: 주문에서 배송까지의 시간이 길면 주문량의 불확실성이 커짐
  – 일괄주문방식: 대량주문하면 저렴하므로 주문을 대량으로 하는 경향
  – 생산업체들의 유동적 가격정책: 가격이 수시로 바뀌므로 저렴할 때 대량주문하는 경향
  – 배급게임: 인기상품의 배분을 두고 구매자들끼리 경쟁
• 대책
  – 공급사슬 참여자들 간에 정보와 협조 강화
  – 리드타임 감축 필요
  – 전자문서교환(EDI), 무선주파수인식과 같은 정보기술을 활용하여 공급사슬망 가시성을 높임
  – 유통업자 및 소매상의 재고를 공급자가 직접 모니터링하고 필요 시에 재고를 자동적으로 보충하는 공급자 재고관리(Vendor Managed Inventory)를 도입

21
정답 ④

영역 마케팅 > 제품관리   난도 중

정답의 이유

④ 제품에 대한 소비자의 관여도가 높은 경우는 '고관여'로 지문에서와 같이 광고에 의하여 영향받는 소비자는 '저관여 소비자'를 의미하여 옳지 않다.

🛰 **적중레이더**

소비자 행동과 관여도

구분	고관여 소비자	저관여 소비자
정보의 탐색	적극적이고 광범위한 탐색	제한된 속성이나 상표에 대한 탐색
인지적 반응	모순된 정보를 배제하고 자신의 의견을 정당화하기 위한 반론	제한된 반론과 모순된 정보도 수용함
태도의 변화	태도형성이 어려우며, 한 번 형성된 태도는 쉽게 변하지 않음	태도 변화가 자주 일어나고, 태도의 지속성이 낮음
상표에 대한 선호도	상표에 대한 선호도로 구매	선호도와 상관없이 습관적으로 구매
인지의 부조화	인지부조화가 크게 느낌	인지부조화를 작게 느낌
타인의 영향	타인의 정보를 활용	타인의 정보를 활용하지 않음
광고의 반복 효과	소비자의 행동을 유발하기 위해 광고의 반복보다 메시지가 효과적	소비자의 행동을 유발하기 위해 광고의 반복이 효과적

22
정답 ③

영역 마케팅 > 목표시장의 선정(STP)   난도 중

정답의 이유

③ 표적시장 선정(Targeting)에 대한 설명이다.

🛰 **적중레이더**

STP 전략의 기본체계

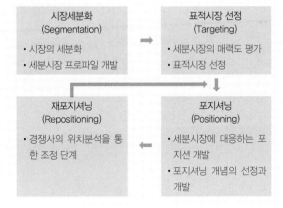

23

정답 ③

| 영역 경영정보시스템 > 품질경영과 정보시스템 | 난도 중 |

정답의 이유

③ TQM에서 '원천에서의 품질관리'는 제품의 결함과 오류를 고객에게 넘어가기 전에 검사하는 것을 말한다.

📡 적중레이더

SERVQUAL

• 의의: 파라슈라만 등이 1988년에 기업의 서비스 품질(Service Quality)에 대한 고객의 인식을 측정하기 위해 5개 차원 22개 항목으로 구성하여 제시한 다항척도이다. 서비스는 생산과 소비가 비유형적이고 이질적이며 분리가 불가능하다. 따라서 서비스 품질을 측정함에 있어서는 고객의 품질에 대한 인식을 측정하는 질적 측정 방법이 유용하다.

• 모형: SERVQUAL은 서비스 인식값(P)과 서비스 기대값(E)의 차이 값(Q)으로 측정할 수 있다.

$$Q = P - E$$

24

정답 ③

| 영역 마케팅 > 제품관리 | 난도 중 |

정답의 이유

③ 라인확장이 아닌 브랜드확장전략에 대한 설명이다. 브랜드확장 유형에는 라인확장과 브랜드확장전략이 있다.

• 라인확장전략(Line Extension Strategy): 기존 제품범주 내에서 새로운 형태, 색상, 크기, 원료를 도입한 신제품을 출시하고 여기에 기존 브랜드명을 사용하는 전략

• 브랜드확장전략(Brand Extension Strategy): 전혀 다른 범주의 신제품에 기존 브랜드명을 사용하는 전략

📡 적중레이더

브랜드확장전략의 장점

• 신제품을 즉시 인지: 소비자들은 친숙한 기존 브랜드명을 부착한 신제품이 있다면 쉽게 인지할 수 있기 때문에 신제품의 성공확률을 높일 수 있다.

• 마케팅비용을 절감: 기존 브랜드명은 이미 많은 촉진활동을 통해 소비자에게 알려져 있는 상태이다. 따라서 낯선 브랜드를 출시하는 것보다 촉진비용이 절감된다.

• 기존 브랜드의 이미지를 강화: 기존 브랜드명을 부착한 신제품이 소비자에게 호의적인 평가를 받는다면 자연스럽게 기존 브랜드 이미지가 더 좋아진다.

25

정답 ④

| 영역 생산관리 > 총괄생산계획 | 난도 중 |

정답의 이유

④ 총괄계획 비용은 채용비용과 해고비용, 잔업비용과 유휴시간비용, 재고유지비용과 재고부족비용, 하청비용이 고려하는 비용으로, 생산입지 선정비용은 해당하지 않는다.

📡 적중레이더

총괄생산계획 전략과 비용

• 총괄생산계획 전략

　– 노동력 규모의 조정전략[추적전략(Chase Strategy)]: 각 총괄생산계획 기간마다 그 기간중의 수요에 맞추어 노동력의 규모를 조정해 나가는 전략

　– 노동력 이용률의 조정전략: 노동력 규모는 일정하게 유지하되 이용률을 조정하여 수요의 변동에 대비

　– 재고수준의 조정전략: 수요의 변동을 극복하기 위해 완제품의 재고를 유지

　– 하청을 통한 조정전략: 완제품, 중간조립품, 부품 등의 공급을 다른 기업에 의뢰

• 총괄생산계획 비용

구분		내용
채용비용과 해고비용	채용비용	모집비용, 선발비용, 교육훈련비용 등
	해고비용	퇴직수당과 같은 해고와 관련된 제반 비용
잔업비용과 유휴시간 비용	잔업비용	정규작업시간을 초과하여 작업할 때 정규임금 이상으로 지급되는 비용
	유휴시간 비용	정규작업시간 이하로 공장을 가동할 때 발생하는 유휴시간에 대해 지급된 임금
재고유지비용		• 재고에 묶여 있는 자본에 대한 기회비용 • 보관비용, 보험료, 보관 중의 손실, 진부화 비용 등
재고부족 비용	품절비용	이익 상실 기회비용 + 신용 상실로 인한 미래 손실
	추후납품 비용	생산독촉비용, 가격할인, 신용상실비용 등 납품 지연으로 인한 제 비용
하청비용		하청제품의 품질관리

2020 | 기출문제 해설

☑ 점수 (　　)점/100점　☑ 문제편 246쪽

영역 분석

경영학의 기초	3문항	★★★	12%
마케팅	4문항	★★★★	16%
조직행위	7문항	★★★★★★★	28%
인사관리	1문항	★	4%
생산관리	2문항	★★	8%
경영정보시스템	2문항	★★	8%
회계학	3문항	★★★	12%
재무관리	3문항	★★★	12%

빠른 정답

01	02	03	04	05	06	07	08	09	10
②	③	③	①	④	③	③	③	①	④
11	12	13	14	15	16	17	18	19	20
①	④	①	③	①	②	②	②	③	③
21	22	23	24	25					
③	②	④	①	③					

01

정답 ②

영역 조직행위 > 리더십 이론　　난도 중

정답의 이유

② 예산편성은 페이욜(H. Fayol)이 주장한 리더의 본질적 역할에는 포함되지 않는다.

📡 적중레이더

경영자의 관리과정 5요소

페이욜(H. Fayol)은 경영자의 관리과정 5요소를 '계획(Planning) – 조직화(Organizing) – 지휘(Commanding) – 조정(Coordinating) – 통제(Controlling)'로 구분했다.

02

정답 ③

영역 경영정보시스템 > e 비즈니스 시스템 모델과 구성요소　　난도 중

정답의 이유

암묵지란 학습과 경험을 통하여 개인에게 체화되어 있지만 겉으로 드러나지 않는 지식을 말한다.

③ 컴퓨터 매뉴얼은 형식지에 해당하는 예시이다.

📡 적중레이더

형식지와 암묵지

형식지(Explicit Knowledge)	암묵지(Tacit Knowledge)
형식을 갖추어 외부로 표출되어 여러 사람이 공유할 수 있는 지식	체화(體化)되어 있지만 말이나 글 등의 형식을 갖추어 표현할 수 없는 지식
구체적, 체계적	추상적, 비체계적
예 매뉴얼, 문서	예 노하우, 개인만의 지식, 어머니의 손맛

03

정답 ③

영역 회계학 > 자산　　난도 상

정답의 이유

③ 이동평균법은 구입이 이루어질 때마다 가중평균단가를 구하고 상품출고 시마다 출고단가를 계속 기록하는 방법이다. 이동평균법을 적용하여 기말재고자산을 구하면,

$$[(10개 \times 200원 + 30개 \times 220원) \times \frac{20}{40}개 + (50개 \times 230원)] \times \frac{30}{70}개$$

≒6,771원이다.

구분	재고금액	매출원가	재고(누적)
1월	2,000	–	10개
	↓(+)6,600		
2월	8,600	–	40개
	↓(−)4,300		
3월	4,300	4,300	20개
	↓(+)11,500		

4월	15,800	–	70개
	↓ (−)9,029		
5월	6,771	9,029	30개

04

영역 생산관리 > 재고자산관리   **난도 하**

[정답의 이유]

① 창고비용은 재고유지비용이므로 재고비용에 포함된다.

((•)) **적중레이더**

재고비용

발주 · 주문 비용	물품의 주문과 관련하여 드는 비용으로서, 물품을 주문해서 입고되기까지의 과정에서 발생하는 비용 **예** 수송비, 하역비, 통관비 등
준비비용	제품을 생산하기 위해 발생하는 비용으로서, 생산 공정의 변경 또는 기기 교체 등으로 발생하는 비용 **예** 생산중단으로 인한 유휴비용. 직접 노무비, 공구 비용 등
재고유지비용	재고 입고 후 재고보관, 재고유지에 발생하는 비용. 재고량이 증가할수록 유지비용은 증가 **예** 재고창고의 임대료 · 보관료, 재고 도난 및 변질에 의한 손실비용 등
재고부족비용	품절로 인하여 물품을 판매하지 못했을 때 발생되는 기회비용

05

영역 조직행위 > 조직구조와 직무설계   **난도 하**

[정답의 이유]

태스크포스 조직이라고도 불리는 프로젝트 조직은 어떤 구체적인 문제를 다루기 위해 만들어진 후 문제가 해결되거나 임무가 완성되면 해체되는 조직이다. 주로 어떤 프로젝트 업무를 단기간 내에 수행해야 하는 경우 그때마다 기능별 조직에서 인원을 파견받아 형성된다.

④ 환경 변화에 따라 인력 등의 조직을 유연하게 조정할 수 있다는 것은 프로젝트 조직의 장점이다.

[오답의 이유]

① 프로젝트 조직은 복잡한 환경 속에서 조직의 중요한 혁신이 필요하거나 신제품을 개발할 때 어울리는 조직이다.

② 프로젝트 조직은 특정한 사업목표 달성을 위해 일시적으로 결합된 조직이기 때문에 한정된 시간 안에 목표를 완수하기 위해 업무량이 가중될 수 있다.

③ 프로젝트 조직은 짧은 시간 동안 조직의 프로젝트가 수행될 때 운용된다.

06

영역 마케팅 > 시장기회 분석과 소비자 행동   **난도 하**

[정답의 이유]

③ 의사결정과정은 문제를 인식하고 해결방안을 선택하는 과정을 거쳐 의사결정의 효과성을 평가하는 일련의 과정을 의미한다. 일반적으로 의사결정은 '⊙ 문제 인식 − ⓒ 의사결정 기준 설정 − ⓒ 기준별 가중치 부여 − ⓜ 대안 탐색 − ⓱ 대안 평가 − ④ 대안 선택 − ⓒ 의사 결정 − ⓔ 효과성 평가 및 진단'의 8단계로 이뤄진다.

07

영역 경영학의 기초 > 경영학의 이해   **난도 중**

[정답의 이유]

③ 생물학자 버틀란피(Bertalanffy)는 시스템을 '전체의 목적을 위해 함께 일하는 부분으로 구성된 체계'라고 정의했다. 또한 개방시스템에서 이뤄지는 구조적 절차로 '투입 − 과정 − 산출 − 피드백'의 4단계를 언급하면서, 이 과정을 거치면서 외부의 다양한 요인들과 상호작용을 한다고 주장하였다.

08

영역 경영학의 기초 > 기업의 이해   **난도 하**

[정답의 이유]

기업의 사회적 책임(CSR)이란 기업이 지속적으로 존속하기 위해서 기업의 이해 당사자들이 기업에 기대하고 요구하는 사회적 의무들을 충족시키기 위해 수행하는 활동을 말한다.

③ 윤리적 책임: 환경 · 윤리경영, 제품 안전, 여성 · 현지인 · 소수인종에 대한 공정한 대우 등의 책임을 말한다.

((•)) **적중레이더**

기업의 사회적 책임

제1단계 경제적인 책임	이윤 극대화와 고용 창출 등의 책임
제2단계 법적인 책임	회계의 투명성. 성실한 세금 납부, 소비자의 권익 보호 등의 책임
제3단계 윤리적인 책임	환경 · 윤리경영, 제품 안전, 여성 · 현지인 · 소수인종에 대한 공정한 대우 등의 책임
제4단계 자선적인 책임	사회공헌 활동 또는 자선 · 교육 · 문화 · 체육 활동 등에 대한 기업의 지원을 의미

09

영역 조직행위 > 조직구조와 직무설계   난도 **중**

정답의 이유

기능식 조직은 조직이 수행하는 기능에 따라 직무를 구조화하는 부문화 조직구조이다.

① 기능식 조직은 하나의 조직 내 유사한 업무를 담당하기 때문에, 분절된 전문지식 및 기술과 같은 자원들을 조금 더 효율적으로 활용할 수 있다.

10

정답 ④

영역 생산관리 > 자재소요계획 및 적시생산시스템   난도 **하**

정답의 이유

④ 생산능력소요계획(CRP)은 자재소요계획(MRP) 운영과는 관계없는 계획이다.

(((•))) **적중레이더**

자재소요계획(MRP)
자재소요계획이란 재고의 종속성을 이용한 일정계획 및 재고통제기법이다. 자재소요계획의 구성요소로는 주일정계획(MPS), 자재명세서(BOM), 재고기록철(IR) 등이 있다.

11

정답 ①

영역 재무관리 > 재무비율분석   난도 **중**

정답의 이유

① 레버리지 비율은 기업이 타인자본에 의존하고 있는 정도를 나타내는 비율이다. 부채 비율, 이자보상 비율이 레버리지 비율에 해당한다.

오답의 이유

② 수익성 비율은 기업이 얼마나 효율적으로 관리되고 있는가를 나타내는 종합적 지표다. 투자수익률이 수익성 비율에 해당한다.

③ 활동성 비율은 기업이 소유하고 있는 자산들을 얼마나 효율적으로 이용하고 있는가를 측정하는 비율이다. 재고회전율이 활동성 비율에 해당한다.

④ 유동성 비율은 기업의 단기 지급능력에 해당하는 현금 동원력을 가능하는 지표로, 재무구조 안정성을 측정하는 비율이다. 당좌 비율이 유동성 비율에 해당한다.

12

정답 ④

영역 경영학의 기초 > 기업의 이해   난도 **하**

정답의 이유

④ 자본의 비한계성은 자본조달의 한계가 없는 대기업(주식회사)의 특징이다.

(((•))) **적중레이더**

중소기업
자본금 · 종업원 · 시설 등의 규모가 일정 수준보다 작은 기업을 중소기업이라고 칭한다. 중소기업은 대개 대기업의 보완적 역할을 담당하기도 하며, 때에 따라 특수기술이나 수공기술이 필요한 물자 생산을 담당하기도 한다. 규모가 비교적 작아서 시장수요의 변동에 탄력적으로 대응할 수 있고, 소유와 경영이 분리되지 않기 때문에 효율적인 경영이 가능한 측면이 있다. 하지만 기업의 낮은 신용도와 자본의 영세성은 중소기업의 단점이라 여겨지는 부분이다.

13

정답 ①

영역 재무관리 > 포트폴리오 이론   난도 **중**

정답의 이유

① 대부분 투자자들이 하나의 투자대상에 투자하기보다는 여러 자산에 나누어 투자하게 되는데, 이때 나누어 투자한 여러 자산의 모임을 우리는 포트폴리오(Portfolio)라 칭한다. 포트폴리오의 위험 분산 효과는 상관계수가 작은 주식으로 포트폴리오를 구성할수록 더욱 커지게 된다. 즉 상관계수가 −1일 때 분산 효과가 가장 크며, 상관계수가 1일 때 분산 효과는 발생하지 않는다.

14

정답 ③

영역 마케팅 > 목표시장의 선정(STP)　　　　난도 중

정답의 이유

③ 시장 전문화 전략은 하나의 세분 시장에 마케팅을 집중하여 선도적 위치를 차지하려는 전략이다. 따라서 시장 전문화 전략은 복수 시장이 아닌 단일 시장에 집중하는 것이 더 효과적이다.

📡 적중레이더

시장 전문화 전략과 제품 전문화 전략

구분	시장 전문화 전략	제품 전문화 전략
전략	하나의 시장을 대상으로, 해당 시장의 고객 집단을 위해서 다양한 제품을 만드는 형태	단일 제품으로 여러 고객 집단을 상대하는 형태
특징	타겟팅 중인 시장 상황에 많은 영향을 받는다.	신기술(신제품) 등장에 취약하다.
예	유아용품점	감자탕만 판매하는 감자탕 전문점

15

정답 ①

영역 조직행위 > 조직구조와 직무설계　　　　난도 중

정답의 이유

① 기계적 접근법에서는 능률을 극대화하는 방식으로 직무를 분업화하고 단순환하는 직무전문화를 추구한다.

16

정답 ②

영역 회계학 > 회계의 기초이론　　　　난도 하

오답의 이유

①·④ 재무회계는 외부정보이용자의 의사결정에 정보를 제공하는 것을 목적으로 하기 때문에 일정한 회계원칙을 가지고 있지만, 관리회계는 주 대상자가 내부정보이용자이기 때문에 일정한 형식이 존재하지 않는다.
③ 재무회계는 과거관련 정보를 제공하고, 관리회계는 미래지향 정보를 제공한다.

📡 적중레이더

재무회계와 관리회계

구분	재무회계	관리회계
사용목적	외부정보이용자의 의사결정에 유용한 정보제공	내부정보이용자의 의사결정에 유용한 정보 제공
주 이용자	외부이용자(주주, 채권자와 미래의 투자자 및 정부)	내부이용자(경영자)
작성기준	기업회계기준과 같이 일반적으로 인정된 회계원칙	일정한 형식이 없으며, 의사결정에 목적적합한 방법
정보의 특성	과거관련 정보	미래지향 정보

17

정답 ②

영역 마케팅 > 유통경로관리　　　　난도 중

정답의 이유

② 수직적 통합으로 인해 생산부터 판매까지 하나의 기업에서 운영하기 때문에, 기술 보호가 철저하게 이루어지는 장점이 있다.

📡 적중레이더

수직적 통합

유통경로가 서로 다른 수준에 있는 구성원들(공급업자, 제조업자, 유통업자)을 통합해 하나의 기업조직을 이루는 형태이다. 일반적으로 전방통합과 후방통합으로 구분되며, 최근 프랜차이즈 시스템의 확산으로 그 가치가 주목받고 있다. 하지만 생산에서 유통까지 철저한 관리가 이뤄진다는 장점과는 달리 기업 활동의 유연성이 낮아지고, 힘을 가진 경로구성원에 의한 횡포가 발생할 수 있으며, 거래비용 감소라는 장점을 가지지만 관련 활동 간의 생산능력의 불균형, 그리고 독점적 공급으로 인한 비효율성에 의한 원가열위 문제가 발생할 수 있다.

18

정답 ②

영역 경영정보시스템 > e 비즈니스 시스템 모델과 구성요소　　　　난도 중

정답의 이유

② 기업은 균형성과표(BSC)를 통해 기업의 성과를 재무, 고객, 내부프로세스, 학습과 성장 4가지 분야로 구분하여 평가 및 관리할 수 있다. 경영전략 관점은 균형성과표(BSC)에서 고려하지 않는다.

19

정답 ③

영역 마케팅 > 마케팅 계획 수립과정　　　　난도**상**

정답의 이유

③ 고속 주기순환은 매출의 극대화를 위해 고객의 충성도를 높이는 것을 시도하지 않는다.

20

정답 ③

영역 회계학 > 자산　　　　난도**중**

정답의 이유

③ 감가상각방법은 유형자산의 원가배분방법으로, 우리나라 기업회계 기준에서는 정액법, 정률법, 이중체감법, 연수합계법, 생산량비례법을 인정한다. 생산성비율법은 감가상각방법에 포함되지 않는다.

21

정답 ③

영역 조직행위 > 조직구조와 직무설계　　　　난도**중**

정답의 이유

③ 해크먼(R.Hackman)과 올드햄(G.Oldham)의 직무특성모형은 핵심 직무특성을 '기술다양성, 과업정체성, 과업중요성, 자율성, 피드백'으로 구분하고 있다. 동기부여는 해크먼과 올드햄이 제시한 핵심 직무특성 5가지에 포함되지 않는다.

22

정답 ②

영역 인사관리 > 인사고과　　　　난도**중**

정답의 이유

② 행위기준고과법(BARS)은 직무수행자와 관리자의 공동 설계 및 개발이 복잡하고 많은 시간과 비용의 투입을 요구하기 때문에 실무에 적용하기 어렵다는 단점이 있다.

📡 적중레이더

행위기준고과법(BARS)

인성적인 부분을 중시하는 전통적인 인사평가 방법의 비판에 기초하여 피평가자의 실제 행동을 관찰하여 평가하는 방식이다. 이는 주요 사건기록법과 평정척도법을 혼용하여 평가해 해당 직무에 직접 적용되는 행동묘사를 다양한 척도의 수준으로 평가한다. 이 때문에 상대적으로 신뢰도가 높은 고과 방법으로 알려져 있다. 하지만 개발에 시간과 비용이 많이 들어가며, 직무와 조직이 변화하면 고과의 타당도가 낮아질 우려가 있다.

23

정답 ④

영역 조직행위 > 리더십 이론　　　　난도**중**

정답의 이유

④ 상황이론은 유일·최선의 관리방식을 추구하는 고전적 조직이론을 비판하기 위한 이론이다.

📡 적중레이더

상황이론

조직 효과성 극대화를 위한 보편적인 조직원리가 있다는 가정을 비판하면서 등장한 이론이다. 효과적인 조직구조나 관리방법은 환경 등의 상황요인에 따라 달라지기 때문에 구체적인 상황인 환경, 기술, 구조 등에 따라 적합한 조직구조나 관리방법을 찾아내는 것에 중점을 두었다.

24

정답 ①

영역 조직행위 > 조직변화와 조직문화　　　　난도**중**

정답의 이유

① 공통된 리더십은 작업집단보다는 작업팀에 해당하는 용어이다.

📡 적중레이더

작업집단과 작업팀

구분	작업집단	작업팀
목표	정보 공유	단체 성과
업무시너지	크지 않음	큼
기술	다양함	상호보완적
책임	개인 책임	팀 책임

25

정답 ③

영역 재무관리 > 재무관리의 기초개념　　　　난도**중**

정답의 이유

③ 채권에 대한 이자 지급은 사업비용이기 때문에 발행한 기업에 법인세 감면 효과를 가져온다.

오답의 이유

① 타인자본조달은 주식 지분율에 변동을 주지 않기 때문에 소유권을 포기하지 않게 된다.
② 부채 조달 시 타인자본 비용이 발생한다. 따라서 변제 기한 문제와 같은 요소들이 기업의 현금흐름에 악영향을 줄 수 있다.
④ 이율 하락에 따른 이자 비용 감소는 대출을 포기하였을 때의 기회비용을 하락시킨다.

2019 | **추가채용** 기출문제 해설

☑ 점수 (　　)점/100점　☑ 문제편 250쪽

영역 분석

경영학의 기초	4문항	★★★★	16%
마케팅	3문항	★★★	12%
조직행위	2문항	★★	8%
인사관리	1문항	★	4%
생산관리	5문항	★★★★★	20%
경영정보시스템	2문항	★★	8%
국제경영과 국제경제	1문항	★	4%
회계학	4문항	★★★★	16%
재무관리	3문항	★★★	12%

빠른 정답

01	02	03	04	05	06	07	08	09	10
④	②	④	①	②	①	③	②	①	①
11	12	13	14	15	16	17	18	19	20
②	④	①	④	①	④	④	②	①	④
21	22	23	24	25					
②	②	②	②	④					

01

정답 ④

> 영역 생산관리 > 총괄생산계획　　　　난도 하

[정답의 이유]
④ 작업일정계획(OP)은 자재소요계획(MRP)의 구성요소가 아니다.

(((•))) 적중레이더

자재소요계획(MRP)의 구성요소
자재명세서(Bill Of Material), 재고기록철(Inventory Record File), 기준생산계획(Master Production Scheduling)이다.

02

정답 ②

> 영역 생산관리 > 생산일정계획　　　　난도 상

[정답의 이유]
② 주문생산(Make-to-Order)에서는 소량으로 만들기 때문에 납기관리가 중요하고, 재고생산(Make-to-Stock)에서는 대량으로 만들기 때문에 수요예측이 중요하다.

03

정답 ④

> 영역 경영학의 기초 > 경영전략　　　　난도 하

[정답의 이유]
④ SWOT분석은 기업 내·외부 환경의 S(강점), W(약점), 외부 환경인 O(기회), T(위협)를 나누어 상황별 대처 방안을 제시하고, 기업 강점을 이용하여 주어진 기회를 기업에 유리하게 만들거나 위협에는 적절히 대처하며, 약점을 최대한 보완하는 전략을 수립하는 분석 방법이다.

[오답의 이유]
① 가치사슬분석: 기업이 상품과 서비스를 만들어 유통하면서 고객들에게 가치를 제공하는 활동에 관한 분석
② 시장침투전략: 기존 시장에서 기존 상품을 더 팔아 성장을 유지하려는 마케팅 전략
③ 사업포트폴리오 분석: 적절한 자원 분배를 위해 경영진이 사업 포트폴리오에서 핵심적인 사업단위를 식별해 내고, 각각의 사업단위를 평가하는 행위

04

정답 ①

> 영역 인사관리 > 임금관리의 개념　　　　난도 상

[오답의 이유]
② 집단성과급제도는 기업의 생산량을 향상시키기 위한 제도이다.
③ 집단이기주의가 발생하여 조직의 협력을 깨뜨릴 우려가 있다.
④ 집단의 성과를 측정하기 때문에 개인별 성과 측정은 어렵다.

05

정답 ②

영역 경영정보시스템 > 경영정보시스템의 기초 개념 난도**중**

정답의 이유

② 처음에는 정형적인 의사결정에 쓰였으나 현재는 비정형적인 의사결정에도 쓰인다.

📡 적중레이더

의사결정지원시스템(DSS)

- 의의: 사업체를 비롯한 조직의 의사 결정을 지원하는 컴퓨터 기반 정보 시스템으로 대량의 데이터를 처리 및 분석하여 의사 결정에 필요한 지식을 추출하고 사용자에게 제공하는 역할을 한다.
- 의사결정지원시스템의 구성

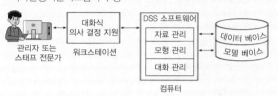

06

정답 ①

영역 회계학 > 회계의 기초이론 난도**중**

정답의 이유

① 채권자는 기업의 성과 여부에 상관없이 일정한 이익을 취하며 주주는 성과에 따른 책임을 진다. 따라서 주주는 채권자가 이자비용을 가져가고 남은 가치를 지분율에 맞게 받는다.

📡 적중레이더

주주와 채권자의 비교

주주	• 실질적인 기업의 소유자로서 주주총회의 구성원임 • 기업의 성패에 따라 자신이 보유한 지분율만큼의 책임을 짐 • 자신이 보유한 지분 이상의 수익과 손해는 보지 않음
채권자	• 채무자에게 급부할 것을 요구할 자격이 있음 • 채무자에게 금전적 가치를 제공하는 대신 정해진 기간 동안 이자 및 원금을 수령할 권리를 가짐

07

정답 ③

영역 회계학 > 회계의 기초이론 난도**중**

오답의 이유

① 손익계산서는 수익에서 비용을 차감한 순손익을 통해 기업의 경영 성과를 보여준다.

② 기업의 재무 상태를 나타내는 보고서는 재무상태표이다.

④ 기업의 현금이 어떻게 조달되는지 보여주는 것은 현금흐름표이다.

08

정답 ②

영역 조직행위 > 동기부여이론 난도**중**

정답의 이유

② ERG이론은 앨더퍼(Alderfer)가 주장한 동기부여 이론으로 인간의 욕구를 생존욕구(Existence Needs), 관계욕구(Relatedness Needs), 성장욕구(Growth Needs)의 3단계로 구분했다.

오답의 이유

③ PM이론은 리더십 이론 중 행동이론에 포함된다.

📡 적중레이더

리더십 이론

특성이론	• 1940~1950년대 • 성공적인 리더의 특성 연구
행동이론	• 1950~1960년대 • 리더와 부하 간의 관계를 중심으로 리더의 행동 연구
상황이론	• 1970년대 이후 • 리더와 환경적인 상황의 관계 연구

09

정답 ①

영역 경영학의 기초 > 경영자의 역할 난도**중**

정답의 이유

① 단기이익을 추구하는 경영자는 전문경영자이다. 전문경영자는 임기가 정해져 있기 때문에 임기 연장을 위해서는 성과가 있어야 한다.

📡 적중레이더

소유경영자와 전문경영자의 비교

소유경영자 (Owner)	기업을 소유하고 있는 사람, 즉 출자자 또는 대주주가 직접 경영에 참가하여 운영 · 관리하는 경영자
전문경영자 (Professional Manager)	• 고도의 기술과 대규모의 자본 필요 • 소유와 경영의 분리에 따라 경영의 역할 담당 • 종업원보다는 경영자의 속성

10

영역 마케팅 > 목표시장의 선정(STP)　　　　　난도 **상**

정답의 이유

① 시장세분화는 이질적 시장을 동질의 시장으로 나누어, 세분화된 시장 안에서는 최대한 동질적이고, 세분화된 시장 사이에서는 최대한 이질적이다.

((•)) 적중레이더

시장세분화

비슷한 선호와 취향을 가진 소비자를 묶어서 몇 개의 고객집단으로 나누고 이 중에 특정 집단을 골라 기업의 마케팅 자원과 노력을 집중하는 것을 말하며, 기업의 한정된 자원을 효율적으로 집행하는 데 필요한 전략이다. 시장세분화를 위해서는 다수의 소비자를 소수 그룹으로 분류할 수 있는 기준이 필요하다. 소비자의 나이, 소득수준, 교육수준 등의 인구통계학적 특성, 라이프스타일, 성격 등의 심리적 특성, 이 외에도 소비패턴, 주거지역, 문화 등 다양한 소비자 특성 변수를 활용해 시장세분화를 할 수 있다.

11

정답 ②

영역 생산관리 > 수요예측　　　　　난도 **하**

정답의 이유

② $F_{t+1} = F_t + a(D_t - F_t)$
　　　 $= 100 + 0.6 \times (110 - 100)$
　　　 $= 100 + 6 = 106$

지수평활법에 대입하여 계산을 해보면 106이 나오므로 올해의 예측 수요는 106만 대이다.

((•)) 적중레이더

지수평활법

$F_{t+1} = F_t + a(D_t - F_t)$
(F_t=예측수요, D_t=실제수요, a=지수평활계수)

12

정답 ④

영역 마케팅 > 마케팅 믹스　　　　　난도 **하**

정답의 이유

④ 포장(Package)은 마케팅 믹스에 해당하지 않는다.

((•)) 적중레이더

마케팅 믹스(4P)

제품(Product), 가격(Price), 장소(Place), 촉진(Promotion)

13

정답 ①

영역 재무관리 > 재무비율분석　　　　　난도 **상**

정답의 이유

① 부채비율: 기업의 자본 구성상의 안정성을 측정하는 데 사용하며, 이 비율이 낮으면 재무 구조가 안정적이라고 본다.

$$부채비율 = \frac{타인자본(부채총계)}{자기자본(자본총계)}$$

오답의 이유

② 총자본순이익률: 기업의 수익성을 대표하는 비율로 경영에 투하된 총자본에 대한 이익률을 나타낸다.

$$총자본순이익률 = \frac{순이익}{총자본(총자산)}$$

③ 매출액순이익률: 기업의 경영 활동에 따른 성과를 총괄적으로 파악하는 비율로 매출액 1원에 대한 순이익을 나타낸다.

$$매출액순이익률 = \frac{순이익}{매출액}$$

④ 이자보상비율: 기업의 부채에 따른 이자 비용으로 이 비율이 1보다 커야 이자를 정상적으로 지급할 수 있다.

$$이자보상비율 = \frac{영업이익}{이자비용}$$

14

정답 ④

영역 재무관리 > 자본예산 기법　　　　　난도 **상**

정답의 이유

④ 순현가법은 현금유입의 현재가치에서 현금유출의 현재가치를 뺀 것으로, 매출액이 아닌 순현금흐름의 현재가치를 기준으로 한다.

((•)) 적중레이더

순현재가치법(NPV; Net Present Value method)

• 의의: 투자로 인하여 발생할 미래의 모든 현금흐름을 적절한 할인율로 할인한 현가로 나타내어 투자결정에 이용하는 방법이다.
• 순현재가치법의 유용성
　- 화폐의 시간가치를 고려함
　- 내용연수 동안의 모든 현금흐름을 고려함
　- 현금흐름과 할인율만으로 투자안을 평가하므로 자의적 요인이 배제됨
　- 투자안에 대한 가치가산의 원칙이 적용된다. 즉, A와 B 두 투자안에 모두 투자할 경우의 순현가는 각 투자안의 순현가를 합한 것과 동일
　- 선택된 모든 투자안의 순현가의 합으로 해당 기업의 가치를 알 수 있음

15

영역 경영정보시스템 > 정보시스템의 전략적 활용　　　난도 **중**

정답의 이유

① 소기업이 집중화전략을 쓰는 경우 경쟁사보다 낮은 비용구조 확보를 위해 저원가전략을 고려해야 하는 경우도 있다.

📡 적중레이더

포터의 본원적 경쟁전략

		경쟁우위	
		저원가	차별화
경쟁영역	넓은 영역	원가우위 전략	차별화 전략
	좁은 영역	원가 집중화	차별적 집중화

16

정답 ④

영역 생산관리 > 재고자산관리　　　난도 **중**

정답의 이유

④ 매출손실비용은 재고비용에 해당하지 않는다.

📡 적중레이더

재고관련비용

- 재고매입비용: 재고자산을 매입하기 위하여 발생한 매입원가로서 구입수량에 단위당 구입원가를 곱하여 산출하므로 구입수량에 비례하여 발생한다.
- 재고유지비용: 재고자산을 일정 수준으로 유지하고 보관하는 데 발생하는 비용으로서 재고자산에 대한 평균 투자액에 비례하여 발생한다. 이에는 재고자산에 투자된 자금의 기회원가, 보험료, 보관료, 재고자산감모손실, 진부화로 인한 재고자산평가손실 등 재고유지와 관련된 모든 비용항목이 해당한다.
- 주문비용: 필요한 재고를 주문하여 창고에 입고시켜 이용 가능한 상태에 도달할 때까지 구매와 관련하여 발생한 모든 비용으로서 통신비, 운송비, 선적 및 하역료 등이 해당한다.
- 재고부족비용: 재고가 고갈되어 발생하는 판매기회의 상실과 이로 인한 고객들의 불신, 생산계획의 차질 등에 의하여 발생하는 기회비용을 말한다.

17

정답 ④

영역 재무관리 > 주식과 채권의 평가　　　난도 **중**

정답의 이유

④ 영구채권(Perpetual Bond)은 원금 상환 없이 영구히 이자만 지급하는 고수익·고위험채권이다.

📡 적중레이더

채권

- 의의: 정부채권, 공공기관, 기업이 일반대중 투자자들로부터 비교적 장기의 자금을 집단적, 대량적으로 조달하기 위하여 부담하는 채무를 표시하는 유가증권이다.
- 채권의 종류
  - 할인채(Discount Bond or Zero-Coupon Bond): 만기까지의 총 이자를 채권 발행 시 미리 공제해서 액면가보다 낮게 발행하여 만기에 가서 액면금액을 받는 채권이다.
  - 이표채(Coupon Rate Bond): 이자지급채권으로, 만기까지 매 기간 일정액의 이자를 지급받고 만기에 가서 마지막 이자와 액면금액을 받는 채권이다. 이표채의 가격은 액면이자율과 시장이자율 간의 관계에 의해 좌우된다.
- 채권의 관계
  - 할인채(Discount Bond): 시장이자율>액면이자율 → 채권가격<액면가
  - 액면채(Par Bond): 시장이자율=액면이자율 → 채권가격=액면가
  - 할증채(Premium Bond): 시장이자율<액면이자율 → 채권가격>액면가

18

정답 ②

영역 회계학 > 자산   난도 중

정답의 이유

② 유럽형은 만기에만 결제가 가능하고 미국형은 언제든지 결제가 가능하다.

(((•))) 적중레이더

옵션계약의 종류

선택권 보유자	• 콜옵션(Call Option): 기초자산을 매입하기로 한 측이 옵션보유자가 되는 경우 • 풋옵션(Put Option): 기초자산을 매도하기로 한 측이 옵션보유자가 되는 경우
권리행사 시기	• 유럽식 옵션(European Option): 옵션의 만기일에만 권리를 행사할 수 있는 형태의 옵션 • 미국식 옵션(American Option): 옵션의 만기일이 될 때까지 언제라도 권리를 행사할 수 있는 형태의 옵션
거래장소	• 장내옵션: 정규 거래소에 상장되어 거래되는 옵션 • 장외옵션: 은행이나 증권사 등 거래 당사자끼리 전화나 텔렉스 등을 통해 거래하는 옵션. 장외옵션은 계약당사자들 간에 자유롭게 계약조건을 정한다는 점에서 선도계약과 비슷함

19

정답 ①

영역 경영학의 기초 > 경영전략   난도 중

정답의 이유

① 성장기에는 시장이 커지면서 경쟁자들이 진입하게 되고 이에 대비하기 위하여 제품의 품질에 대한 신뢰성을 확보하게 된다.

오답의 이유

②·③ 성숙기에 해당하는 설명이다.

④ 쇠퇴기에 해당하는 설명이다.

(((•))) 적중레이더

제품수명주기(PLC; Product Life Cycle)

신제품이 시장에 출시되어 사라지기까지의 시간적 과정을 말한다.

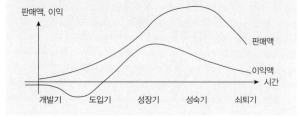

20

정답 ④

영역 국제경영과 국제경제 > 국제경영전략   난도 상

오답의 이유

① 라이센싱계약은 해외시장에 이미 진입해 있는 자회사와도 이루어질 수 있다.

② 상대적으로 많은 비용이 드는 것은 프렌차이징이 아니라 해외 직접투자이다. 프렌차이징은 자본을 많이 투자하지 않고도 가맹점을 늘려 시장을 확대하는 방법이다.

③ 계약생산은 외국의 기업과 계약을 맺고 마케팅과 판매를 직접 담당하도록 하는 것을 말한다.

21

정답 ②

영역 마케팅 > 시장기회 분석과 소비자 행동   난도 중

정답의 이유

② 1차 자료는 직접 마케팅과 관련된 자료를 수집한다.

(((•))) 적중레이더

1차 자료와 2차 자료의 비교

1차 자료 (Primary Data)	• 2차 자료에서 원하는 정보를 입수할 수 없을 때 직접 특별한 조사 프로젝트를 구성하여 수집한 자료 • 2차 자료에 비해 정확성, 신뢰성, 객관성이 높음
2차 자료 (Secondary Data)	• 이미 어느 곳에 존재하고 다른 목적을 위해 수집된 정보 • 1차 자료에 비해 시간과 비용의 절약이 가능 • 신상품 기획의 경우 필요 정보가 존재하지 않을 수도 있음

22

정답 ②

영역 회계학 > 재무제표   난도 하

정답의 이유

② 영업순이익 = (총매출액 - 매출원가) - (판매관리비용)
　　　　　 = (2,000,000 - 1,000,000) - 400,000
　　　　　 = 600,000(원)

따라서 영업순이익은 600,000원이다.

(((•))) 적중레이더

재무제표 계산식

• (영업순이익) = (매출총이익) - (판매관리비용)
• (매출총이익) = (총매출액) - (매출원가)
• (법인세차감전순이익) = (영업순이익) - (이자비용)
• (당기순이익) = (법인세차감전순이익) - (법인세)

23

영역 경영학의 기초 > 경영학의 이해   난도 **하**

정답의 이유

② 성장욕구는 매슬로우 욕구가 아니라 ERG이론에 해당한다.

📡 **적중레이더**

매슬로우의 5단계 욕구 이론

24

정답 ②

영역 조직행위 > 동기부여이론   난도 **중**

정답의 이유

② 직무충실화란 직무의 수직적 확대를 의미하며, 근로자가 직무를 계획, 조직, 실행, 평가하는 정도를 확장시키는 직무설계 방법을 말한다. 즉, 근로자가 현재 수행하고 있는 업무에 책임 및 의사결정 재량권이 추가되는 과업을 더 부여하는 것을 말한다.

오답의 이유

① 직무확대에 해당하는 내용으로 과업량은 늘리나 권한은 추가하지 않는다.

③ 직무순환에 대한 내용으로 과업을 주기적으로 변경함으로써 과업의 단조로움을 극복한다.

25

정답 ④

영역 생산관리 > 품질관리   난도 **중**

정답의 이유

④ 신뢰성은 잘못되거나 실패할 가능성의 정도로, 소비자가 받아들이는 제품에 대한 만족도와는 관련이 없다.

📡 **적중레이더**

가빈의 품질 8차원

- 성능(Performance): 제품과 서비스의 기본적 운영특성으로 대개는 측정이 가능하다. 자동차는 최대속도, 가속력, 안전성 등이, 항공사는 정시 도착률 등이 성능에 해당한다.

- 특징(Feature): 제품이나 서비스가 사용자에게 소구하는 부가적인 특성이다. 자동차의 에어백, 항공사의 기내식 등이 이에 해당한다. 어둠 속에서 번호를 볼 수 있는 전화기, 눈부심을 줄여주는 전구의 코팅 등도 좋은 예이다.

- 신뢰성(Reliability): 일정 기간 동안 제품이 고장 없이 작동할 확률이다. 평균고장간격(MTBF; Mean Time Between Failures) 초기고장평균시간(MTTF; Mean Time To Failures) 등은 내구재의 주요 품질요소이다.

- 적합성(Conformance): 제품이나 서비스가 명세서의 규격과 일치하는 정도이다. 일치에 대한 전통적 접근법은 미리 정해진 허용오차 한계에 맞추는 것이다. 제품의 95% 이상이 허용오차 한계 안에 있으면 품질이 높다고 간주하는 식이다.

- 내구성(Durability): 제품의 성능이 제대로 발휘되는 수명의 길이이다. 예를 들면 전구의 필라멘트가 끊어지거나 자동차 머플러에 구멍이 생겨서 교체되기 전까지 얼마나 오래 쓸 수 있는가를 측정하며, 이 기간을 기술적 수명이라고 한다. 반면 제품이 수리될 수 있을 때 내구성 측정은 더 복잡하다. 수리 가능한 제품은 수리율과 관련 수리비용에 따라 더 이상 사용하지 않는 것이 경제적일 때까지 사용한다. 이 수명을 경제적 수명이라 한다.

- 편의성(Serviceability): 제품이 고장났을 때 서비스를 받는 속도와 서비스를 수행하는 사람의 능력과 행동이다. 서비스의 속도는 반응시간이나 수리까지 걸리는 평균시간으로 측정한다. 서비스를 수행하는 사람의 행동은 서비스가 이루어지고 난 후에 고객조사, 재수리 요구의 횟수, 서비스 불만 대응 절차 평가 등을 통해 측정이 가능하다.

- 미적감각(Aesthetics): 사용자가 외양, 질감, 색채, 소리, 맛 등 제품의 외형에 대해 반응을 나타내는 주관적인 감각이다. 개인에 따라 다르고 유행에 따라 변한다.

- 품질인식도(Perceived Quality): 소비자는 제품이나 서비스에 대한 완전한 정보를 갖고 있지 못하므로 광고, 상표, 명성 등 간접적인 측정에 기초하여 품질을 지각한다. 항공기 탑승자는 좌석의 청결이나 정돈상태를 보고 그 항공사의 수준을 추정하고 어떤 사람은 상표명으로 품질을 추론한다.

2019 | 기출문제 해설

☑ 점수 (　　)점/100점　☑ 문제편 254쪽

영역 분석

경영학의 기초	7문항	★★★★★★★	28%
마케팅	4문항	★★★★	16%
조직행위	3문항	★★★	12%
인사관리	1문항	★	4%
생산관리	2문항	★★	8%
계량의사결정론	1문항	★	4%
국제경영과 국제경제	1문항	★	4%
회계학	2문항	★★	8%
재무관리	4문항	★★★★	16%

빠른 정답

01	02	03	04	05	06	07	08	09	10
②	③	③	④	①	②	③	③	④	①
11	**12**	**13**	**14**	**15**	**16**	**17**	**18**	**19**	**20**
①	①	④	④	②	④	④	③	③	④
21	**22**	**23**	**24**	**25**					
①	③	②	①	②					

01

정답 ②

영역 마케팅 > 시장기회 분석과 소비자 행동　　난도 중

정답의 이유

② 패널조사는 조사대상을 고정시키고 동일한 조사대상에 대하여 동일한 질문을 반복하여 조사하는 것으로, 기술조사에 속한다.

오답의 이유

①·③·④ 탐색조사는 드러나지 않은 사물이나 현상 따위를 찾아내거나 밝히기 위하여 살피어 찾는 방법으로 대상을 달리하는 사례조사, 면접조사, 관찰조사, 질문지법 등이 있다.

📡 적중레이더

조사의 방법

• 탐색조사: 선행단계의 조사로 광범위한 문제를 세분화하여 의사결정에 관계된 변수들을 찾아내고 새로운 해결방안 제시를 목적으로 하는 방법이다.

• 기술조사: 조사대상으로부터 수집한 자료를 분석하고 그 결과를 설명하는 방법이다.

• 인과조사: 원인과 결과의 관계를 밝히기 위해 엄격한 실험설계를 통해 실험상황과 그 변수들을 파악하는 방법이다.

02

정답 ③

영역 재무관리 > 재무비율분석　　난도 중

정답의 이유

③ 활동성 비율이란 기업에서 소유하고 있는 자산이 얼마나 효율적으로 활용되는가를 나타내는 비율로, 매출액을 각종 주요 자산항목으로 나눈 비율로 측정된다. 대표적 방법으로 매출액을 총자산으로 나눈 총자산회전율이 있다.

오답의 이유

① 수익성 비율은 기업이 투자한 자본으로 얼마만큼의 이익을 달성했는지를 측정하는 비율을 의미한다.

② 유동성 비율은 유동자산항목과 유동부채항목을 비율로 만들어 기업의 단기채무지급능력을 평가하는 비율을 의미한다.

📡 적중레이더

주요 재무비율

• 유동성 비율: 유동성(Liquidity)은 보통 기업이 단기부채를 상환할 수 있는 능력으로 정의된다. 즉, 유동성이란 기업이 현금을 동원할 수 있는 능력이라 할 수 있는데 이러한 유동성을 보여주는 비율들을 유동성 비율이라 하며, 짧은 기간 내에 갚아야 하는 채무를 지급할 수 있는 기업의 능력을 측정해준다.

- 레버리지 비율: 부채성 비율이라고도 하며, 기업이 타인자본에 의존하고 있는 정도를 나타내는 비율이다. 특히 장기부채의 상환능력을 측정하는 것이다.
- 활동성 비율: 기업이 소유하고 있는 자산들을 얼마나 효과적으로 이용하고 있는가를 측정하는 비율이다. 이와 같은 비율들은 매출액에 대한 각 중요 자산의 회전율로 표시되는 것이 보통이며 여기서 회전율이란 자산의 물리적 효율성을 말하는 것이다.
- 수익성 비율: 기업의 수익성은 기업의 여러 가지 정책과 의사결정의 종합적 결과로서 나타나는 것이다. 앞에서 설명한 비율들은 기업이 어떻게 운영되고 있는가를 부분적으로 고려하고 있는 데 반하여, 수익성 비율은 기업의 모든 활동이 종합적으로 어떤 결과를 나타내는가를 측정한다.
- 시장가치 비율: 주식가격과 관련된 여러 가지 비율도 기업을 분석하는 데 있어 매우 중요하다. 시장가치 비율은 투자자가 기업의 과거 성과와 미래 전망에 대해 어떻게 평가하고 있는지를 알 수 있게 하는 지표이다.

03
정답 ③

영역 회계학 > 수익과 비용　　　　　　　　　난도 **상**

정답의 이유

③ (총수익)−(총비용)=(순이익), (총비용)=(변동비)+(고정비)

$1,000x - [\{200,000(변동비) \times 1,000\} + 20,000,000(고정비)]$
$= 20,000,000$
$1,000x = 240,000,000$
$\therefore x = \dfrac{240,000,000}{1,000} = 240,000$

04
정답 ④

영역 조직행위 > 조직변화와 조직문화　　　　　난도 **상**

정답의 이유

④ 정보시스템 구성요소의 소프트웨어(Software)는 컴퓨터의 작업을 지시하는 프로그램으로 컴퓨터 운영을 통제하는 시스템이다.

📡 **적중레이더**

파스칼과 피터스의 조직문화 구성요소(7S 모델)
공유가치(Shared Value), 전략(Strategy), 구조(Structure), 제도(System), 구성원(Staff), 기술(Skill), 리더십 스타일(Leadership Style)

05
정답 ①

영역 생산관리 > 자재소요계획 및 적시생산시스템　　난도 **중**

정답의 이유

① JIT는 요구에 의한 풀(Pull)시스템, MRP는 계획에 의한 푸시(Push)시스템이다.

📡 **적중레이더**

JIT와 MRP 비교

구분	JIT	MRP
재고	부채	자산
로트크기	즉시 필요한 양의 크기	일정계획에 의거한 경제적 로트
납품업자	인간적 관계	기능적 관계
조달기간	짧게 유지	길수록 좋음
생산준비시간	최소	(JIT에 비해) 상대적으로 낮은 우선순위
전략	요구에 의한 풀시스템	계획에 의한 푸쉬시스템
생산계획	안정된 MPS	변경이 잦은 MPS
관리방식	눈으로 보는 관리 (Kanban)	컴퓨터 처리
품질	무결점	불량품 인정
적용	반복생산	비반복생산

06
정답 ②

영역 마케팅 > 유통경로관리　　　　　　　　　난도 **중**

정답의 이유

② 소매와 도매의 구분은 누구와의 거래인가에 의한 구분이다. 소매상은 개인용으로 사용하려는 최종소비자에게 직접 제품과 서비스를 제공하여 소매활동을 하는 유통기관을 말하고, 도매상은 제품을 재판매하거나 산업용 또는 업무용으로 구입하려는 재판매업자(Reseller)나 기관구매자(Institutional Buyer)에게 제품이나 서비스를 제공하는 상인 또는 유통기구를 의미한다.

07
정답 ③

영역 국제경영과 국제경제 > 국제경영전략　　　　난도 **중**

정답의 이유

③ 환경오염 문제의 해결을 위해 국제 환경 협약과 관련된 법령을 제·개정하여 적극적으로 국제 협약을 이행하고 환경 정책의 국제화를 도모해야 한다.

오답의 이유

①·②·④ 인구증가, 도시화, 산업화는 환경오염의 원인에 해당한다.

08

영역 조직행위 > 커뮤니케이션과 의사결정 　　　　　 난도상

정답의 이유

③ 투사법이란 특정 주제에 대해 직접적으로 질문하지 않고 단어, 문장, 이야기, 그림 등 간접적인 자극을 제공해 응답자가 자신의 신념과 감정을 이러한 자극에 자유롭게 투사하게 함으로써 진솔한 반응을 표현하게 하는 방법이다.

오답의 이유

① 프로빙 기법은 응답자의 응답이 완전하지 않거나 불명확할 때 다시 질문하는 것으로 캐묻기라고도 한다.

② 래더링 기법은 소비자가 특정 제품의 속성이나 가치를 어떻게 자신의 개인적 가치(Personal Value)에 연결시키는가를 밝히는 심층 면접 기법이다.

④ 에스노그라피는 특정 집단 구성원의 삶의 방식, 행동 등을 그들의 관점에서 이해하고 기술하는 연구 방법이다. 문화의 고유성을 인정하고, 사람들이 어떻게 지각하고 행동하는가를 그들이 속한 일상적·문화적 맥락 속에서 파악한다.

09

정답 ④

영역 계량의사결정론 > 상충하의 의사결정 　　　　　 난도상

정답의 이유

④ 시험효과는 대상자가 시험에 익숙해짐에 따라 변화하는 것을 말한다.

오답의 이유

① 성숙효과는 시간이 지나감에 따라 자연스럽게 변화하는 것으로 외생변수의 타당성을 저해한다.

② 매개효과에서 매개변인이란 종속변인에 영향을 주는 독립변인 이외의 변인으로, 그 효과가 직접적인 것은 아니지만 연구에서 통제되어야 할 변인이다. 예를 들어 사회·경제적 수준에 따라 학업 성취도에 차이가 있다면 부모의 사회·경제적 지위가 학업 성취도를 예언하는 데 매개변인으로 작용하게 된다.

③ 상호작용효과는 여러 변인들이 서로 영향을 주는 방식으로 두 가지 이상의 변수에 대해 각각의 기준을 조합하였을 때, 그들이 상호 간에 어떤 효과를 나타내는 상태로 하나의 종속변수에 대한 두 독립변수의 결합효과라고 할 수 있다.

10

정답 ①

영역 회계학 > 자본 　　　　　 난도중

정답의 이유

① 우선주는 보통주보다 재산적 내용에 있어서 우선권이 인정되는 대신 의결권이 부여되지 않은 주식을 말한다. 참가방법에 따라 참가적 우선주, 비참가적 우선주, 누적적 우선주, 비누적적 우선주로 나뉜다. 또한 통상의 우선주가 분기별로 고정배당이 지급되는 반면, 변동배당우선주는 사전에 결정된 기간마다 배당이 재조정된다.

오답의 이유

② 이자가 미리 정해져 있는 것은 사채이다.

③ 우선주도 배당에 대한 세금이 부여된다.

④ 우선주라도 비용은 공제 후 우선 배당이 이루어진다.

((•)) 적중레이더

보통주와 우선주의 비교

- 보통주(Common Stock): 의결권, 배당권, 신주인수권, 잔여재산청구권 등이 부여된 주식이다.
- 우선주(Preferred Stock): 이익배당과 잔여재산분배 등 재산상 권리가 보통주보다 우위에 있는 반면, 일반적으로 의결권이 없는 주식이다.

11

정답 ①

영역 경영학의 기초 > 기업의 이해 　　　　　 난도중

정답의 이유

① 수직적 결합(Vertical Combination)이란 원료 – 생산 – 판매의 과정을 결합함으로써 비용 절감, 생산성 향상, 시너지 효과를 지향하는 것으로 전방적 결합과 후방적 결합으로 구분할 수 있다. 예를 들어 자동차 생산회사가 부품업체와 결합하면 후방적 결합이며, 자동차 판매회사와 결합하면 전방적 결합이 된다.

오답의 이유

② 수평적 결합(Horizontal Combination)은 동업종 간 합병으로 대형화를 구축하여 시장점유율 증대, 마케팅 비용 절감, 시장지배력 강화 등을 지향한다.

312 시대에듀 | 군무원 군수직

12

정답 ①

영역 경영학의 기초 > 기업의 이해　　　　　　　　　난도**상**

정답의 이유

① 관련다각화는 핵심 역량을 효율적으로 활용하여 시너지를 극대화 할 수 있다. 대표적인 예로 세계 최고의 이커머스 기업인 아마존 이 있다. 아마존은 다양한 사업 영역을 갖고 있는 기업으로 2억 3 천만 개에 달하는 상품을 판매하고 있는 초우량기업이다. 관련다 각화를 통해 세계에서 가장 큰 클라우드 서비스를 제공하며, 아마 존 프라임 비디오를 통해 음악과 비디오 스트리밍 서비스도 제공 하고 있다. 또한 자체적으로 하드웨어와 모바일 OS를 개발하고, eBook시장을 만드는 등 다양한 영역을 개발하고 있다.

오답의 이유

② · ③ · ④ 비관련다각화의 특징으로 내부 자원의 효율적 활용이 가 능하고, 다양한 범위 경제의 효과가 있으며, 다분야사업으로 현금 흐름이 원활하다는 것이다. 그러나 사업 운영에 필요한 핵심 역량 을 갖고 있지 못한 사업 분야이므로 인수 이후에도 이를 효과적으 로 통합하고 운영하기 어렵다.

((•)) 적중레이더

다각화와 계열화의 비교

다각화 (Diversification)	• 목적: 위험분산 • 종래의 업종 이외에 다른 업종에 진출하여 동시 운영	수직적 다각화: 승용차+부품
		수평적 다각화: 트럭+승용차
		사행적 다각화: 섬유회사+컴퓨터
계열화 (Integration)	• 목적: 생산 공정 합리 화와 안정된 판로의 확보 • 기업이 생산이나 판 매, 자본 및 기술 등의 여러 가지 이유로 서 로 관계를 맺음	대기업의 중소기업 계 열화

※ 기업관련다각화 → 규모경제(**예** 코카콜라) → 청량음료

※ 기업비관련다각화 → 범위경제(**예** 일본 소니사) → 시청각

13

정답 ④

영역 인사관리 > 임금관리의 개념　　　　　　　　　난도**중**

정답의 이유

④ 성과급은 표준단가결정, 작업량측정 등 계산이 복잡하다.

오답의 이유

① 집단성과급은 집단별 성과평가를 통해 성과급을 차등지급함으로 써 임금의 내부공정성을 확보하면서도 개인 간, 부서 간 협업을 통 한 기업 경쟁력 강화로 이어질 수 있는 체계를 구축함과 동시에 동반 성장의 기반을 구축할 수 있다는 장점이 있다. 대표적으로 스 캔론플랜, 럭커플랜, 임프로쉐어플랜 등이 있다.

② · ③ 성과급은 노동의 성과를 측정하여 측정된 성과에 따라 임금을 산정하여 지급하는 방식이다. 합리적이므로 근로자의 수용성이 높 으며 생산성 제고, 원가절감, 근로자의 소득증대효과가 있다. 그러 나 임금이 확정액이 아니므로 근로자의 수입이 불안정하며 생산량 만을 중시하여 제품 품질이 낮아질 수 있다.

14

정답 ④

영역 재무관리 > 효율적 자본시장　　　　　　　　　난도**중**

정답의 이유

④ 적대적 M&A란 거래당사자와의 합의에 의하지 않고 어느 일방의 전략과 작전에 의해 시도되는 기업인수합병을 의미한다. 역매수 제의는 역으로 상대기업을 인수하려고 공개매수를 시도하는 것으 로 적대적 M&A가 개시된 이후 이를 저지하기 위한 구체적 방어전 략 중 하나이다.

오답의 이유

① · ② · ③ 적대적 M&A를 시도하는 측(공격자)은 M&A 대상기업의 주식(지분) 취득을 통하여 경영권을 획득하고자 하며, 이를 위하여 주로 주식공개매수 공개시장매수, 위임장경쟁의 방안을 활용한다.

15

정답 ②

영역 생산관리 > 생산시스템의 설계　　　　　　　　　난도**중**

정답의 이유

② 유기적 조직은 개인과 개성이 존중되고 이들의 기능이 횡적 유대 관계로써 기업 전체의 목적에 부합하도록 하는 관리체계이고, 기 계적 조직은 공식적인 권한 계층이 존재하고 명령계통의 원칙이 적용되는 통제 중심의 조직구조로 과업 분업화와 공식화의 정도가 높으며 권한이 조직 상층부에 집중되어 있다. 따라서 단위생산은 유기적 조직, 대량생산은 기계적 조직이 적합하다.

16

영역 조직행위 > 커뮤니케이션과 의사결정　　　난도 **중**

정답의 이유

④ 사슬형은 공식적 명령체계이며, 수직적 경로를 통해 의사가 전달되는 것으로, 군대식 조직에서 주로 활용되며 만족도가 낮다.

오답의 이유

② 원형은 권력의 집중이 없고 민주적으로 구성되므로 의사소통 속도가 빠른 편이며, 위원회조직이 대표적이다.

③ Y형은 명령(Line)과 조언(Staff)이 혼합된 조직에 적합한 유형이다.

((•)) 적중레이더

의사소통 네트워크의 특성

쇠사슬형	공식적 명령 체계
수레바퀴형	• 공식적 작업 집단 • 중심인물이 존재 • 간단한 작업일 경우에만 유효 • 상황파악과 문제해결의 즉각성
Y형	• Line—Staff 집단 • 확고하지는 않으나 리더의 존재가 있음
원형	• 위원회 조직 • 지역적으로 분리되었거나 자유방임적 조직 • 종합적 문제해결 능력은 떨어지지만 구성원 만족도는 높음
완전연결형	• 비공식적 조직 • 구성원들의 창의성을 최대한 발휘할 수 있는 상태 • 구성원 만족도가 가장 높음

17
정답 ④

영역 경영학의 기초 > 경영학의 이해　　　난도 **중**

정답의 이유

④ 일반적으로 성장성은 기업의 창업 후 고려해야 할 사항이다.

18
정답 ③

영역 경영학의 기초 > 경영혁신　　　난도 **중**

정답의 이유

③ 지휘는 근로자에게 동기를 부여하고 행동을 지휘하며 갈등을 해결하는 역할을 하고, 통제는 업무가 계획대로 수행되고 있는지 점검하고 감독하는 역할을 한다.

19
정답 ③

영역 경영학의 기초 > 경영혁신　　　난도 **중**

정답의 이유

③ 마이클 포터는 기업의 가치 창출 활동을 주활동(Primary Activities)과 보조 활동(Support Activities)의 2가지 범주로 구분하고 있다. 주활동에는 물류투입, 제조·생산, 물류, 영업마케팅, 서비스가 있고, 보조 활동에는 기업의 하부구조, 인적자원, 기술개발, 조달활동이 포함된다.

20
정답 ④

영역 마케팅 > 마케팅의 기초개념　　　난도 **중**

정답의 이유

④ 마케팅 컨셉은 기업의 모든 마케팅 행위의 중심을 고객에게 두는 것으로 기업의 목표달성 여부는 소비자의 욕구를 파악하고 이들에게 만족을 전달해 주는 활동을 경쟁자보다 얼마나 효율적으로 수행할 수 있느냐에 달려 있다고 본다. 기업은 전사적 노력을 통해 올바른 고객 욕구의 충족이 가능하도록 하며 고객만족을 통해 이익을 실현하는 것을 목적으로 한다.

오답의 이유

①·②·③ 기업 입장에서의 마케팅 컨셉에 해당한다.

① 소비자는 저렴한 제품을 선호한다는 가정에서 출발한 개념으로, 기업의 목적은 대량생산과 넓은 유통망의 확보를 통해 낮은 제품 원가를 실현하는 것이다.

② 소비자는 가장 우수한 품질이나 효용을 제공하는 제품을 선호한다는 개념으로, 기업은 보다 나은 양질의 제품을 생산하고 이를 개선하는 데 노력을 기울인다.

③ 기업은 경쟁회사 제품보다 자사 제품을 더 많이 구매하도록 설득하기 위하여 이용 가능한 모든 효과적인 판매활동과 촉진도구를 활용하여야 한다고 보는 개념으로, 판매를 위한 강력한 판매조직의 형성이 필요하다. 또한 생산능력의 증대로 제품 공급의 과잉상태가 발생하고, 고압적인 마케팅 방식에 의존한다.

21
정답 ①

영역 마케팅 > 마케팅 계획 수립과정　　　난도 **중**

정답의 이유

① 차별화 전략은 제품의 특성, 디자인이나 이미지, 서비스, 기술력 등에서 다른 제품과의 차별성을 통해 경쟁우위를 확보하는 전략이다. 고객의 요구가 다양해지면서 최근에 특히 유용한 전략이다.

314 시대에듀 | 군무원 군수직

22

영역 경영학의 기초 > 기업의 이해 　　　　　난도 **하**

정답의 이유

③ 주식회사는 현대산업사회의 전형적인 기업형태로 자본(소유)과 경영을 분리하여 주주라는 불특정 전문경영자에 의한 운영이 가능하고 다수인으로부터 거액의 자본조달이 가능하다.

23

정답 ②

영역 재무관리 > 재무관리의 기초개념 　　　　　난도 **중**

정답의 이유

ㄴ · ㄷ. 기업어음 발행과 은행차입은 간접적 자본 조달 방법(간접금융)에 속한다.

오답의 이유

ㄱ · ㄹ. 주식 발행과 회사채 발행은 기업의 직접적 자본 조달 방법(직접금융)에 속한다.

24

정답 ①

영역 경영학의 기초 > 경영전략 　　　　　난도 **상**

정답의 이유

① 사회적 책임투자(SRI; Social Responsible Investment)란 기업의 재무적 요소뿐만 아니라 환경, 노동, 투명한 지배구조, 지역사회의 공헌도 등 비재무적 요소를 고려하여 장기적인 관점에서 지속가능 경영을 실천하는 기업에게 투자하는 것을 말한다. 즉, 환경오염이나 유해행위를 하는 기업을 투자대상에서 배제함으로 이들이 도태되도록 하는 방식이다.

25

정답 ②

영역 재무관리 > 자본예산 기법 　　　　　난도 **중**

정답의 이유

② 목표이익률 가격결정은 총원가에 대한 특정 목표이익률을 가산하여 가격을 결정하는 방법으로 원가 중심 가격결정법에 해당한다. 생산자 입장에서 결정되며, 손익분기점 분석을 주로 이용한다.

오답의 이유

① 지각기준 가격결정은 소비자 입장에서 결정되는 방법으로, 제품의 지각 가치를 기반으로 가격이 결정된다.

③ 모방 가격결정은 현재 시장가격을 기준으로 하여 업계의 가격 수준에 맞춰 가격을 일치시키는 방법으로, 경쟁기준 가격결정법에 해당한다.

④ 입찰참가 가격결정은 경쟁 기업이 입찰 시 설정하는 가격을 기준으로 이와 비슷하게 가격을 결정하는 방법으로, 경쟁기준 가격결정법에 해당한다.

좋은 책을 만드는 길, 독자님과 함께하겠습니다.

2025 시대에듀 군무원 기출이 답이다 군수직 6개년 기출문제집

개정6판1쇄 발행	2025년 01월 10일(인쇄 2024년 10월 10일)
초 판 발 행	2019년 09월 10일(인쇄 2019년 08월 16일)
발 행 인	박영일
책 임 편 집	이해욱
편 저	시대군무원시험연구소
편 집 진 행	박종옥 · 정유진
표지디자인	박종우
편집디자인	박지은 · 고현준
발 행 처	(주)시대고시기획
출 판 등 록	제10-1521호
주 소	서울시 마포구 큰우물로 75 [도화동 538 성지 B/D] 9F
전 화	1600-3600
팩 스	02-701-8823
홈 페 이 지	www.sdedu.co.kr

I S B N	979-11-383-7973-1 (13350)
정 가	22,000원

군무원 수험생이라면 주목!

2025년 대비 시대에듀가 준비한

2025
군무원

과목별 기출이 답이다 시리즈!

국어
군무원 채용 대비

행정법
군무원 채용 대비

행정학
군무원 채용 대비

군수직
군무원 채용 대비

전자공학
군무원·공무원·공사/공단 채용 대비

합격의 길! 군무원 합격은 역시 기출이 답이다!

나는 이렇게 합격했다

자격명: 위험물산업기사
구분: 합격수기
작성자: 배*상

나는 할 수 있다

69년생 50중반 직장인 입니다. 요즘 자격증을 2개 정도는 가지고 입사하는 젊은 친구들에게 일을 시키고 지시하는 역할이지만 정작 제자신에게 부족한점 이많다는것을 느꼈기 때문에 자격증을 따야겠다고 결심했습니다. 처음 시작할때는 과연되겠 냐? 하는 의문과 걱정 이한가득이었지만 시대에듀인강 을 우연히 접하게 되었고 잘 차려 진 밥상과 같은 커 리큘럼은 뒤늦게 시 작한 늦깍이 수험 생이었던 저를 합격의 길 로 인도해주었습니다. 직장생활을 하면서 취득했기에 더욱 기뻤습니다. 감사합니다!

합격은 시대에듀

♥

당신의 합격 스토리를 들려주세요.
추첨을 통해 선물을 드립니다.

나는 이렇게 합격했다

자격명: 위험물산업기사
구분: 합격수기
작성자: 배*상

나는 할수있다

69년생 50중반 직장인 입니다. 요즘 자격증을 2개정도는 가지고 입사하는 젊은친구들에게 일을시키고 지시하는 역할이지만 정작 제자신에게 부족한점이 많다는것을느꼈기 때문에 자격증을 따야겠다고 결심했습니다. 처음 시작할때는 과연 되겠냐? 하는의문과 걱정이 한가득이었지만 시대에듀 인강을 우연히 접하게 되었고 잘차려진밥상과같은 커리큘럼은 뒤늦게 시작한 늦깍이 수험생이었던 저를 합격의길로 인도해주었습니다. 직장생활을 하면서 취득했기에 더욱 기뻤습니다.

합격은 시대에듀

감사합니다!

♥